I0009580

Ulysses de Oliveira

Estruturas de Dados Usando a Linguagem C

Volume 2: Busca e Ordenação

Pirataria é crime

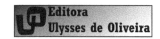

Editora Ulysses de Oliveira

Estruturas de Dados Usando a Linguagem C — Volume 2: Busca e Ordenação

Copyright© Editora Ulysses de Oliveira Ltda., 2016

Todos os direitos para a língua portuguesa reservados pela Editora Ulysses de Oliveira Ltda.

De acordo com a Lei 9.610 de 19/2/1998, nenhuma parte deste livro poderá ser reproduzida, transmitida ou gravada por qualquer meio eletrônico, mecânico, por fotocópia e outros, sem a prévia autorização, por escrito, da Editora.

Editor: Ulysses de Oliveira

Supervisor Editorial: Ulysses de Oliveira

Copidesque: Ulysses de Oliveira e centenas de alunos dos cursos de Bacharelado em Ciência da Computação e de Engenharia da Computação da Universidade Federal da Paraíba

Capa e Temática gráfica: *Mind Bubbles* criada pelo autor usando Adobe Illustrator™

Diagramação: Ulysses de Oliveira

Assistentes Editoriais: Adobe InDesign™ & Illustrator™

O48e Oliveira, Ulysses de.

Estruturas de Dados Usando a Linguagem C — v. 2 / Ulysses de Oliveira. João Pessoa: Edição do Autor, 2016.

828 p.: il.

ISBN: 978-85-921213-3-4

1. Estruturas de Dados (Ciência da Computação). 2. Linguagem de Programação C. I. Título. II. Autor.

CDD: 005.73

CDU: 004.43

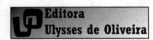

Editora
Ulysses de Oliveira

R. Juvenal Mário da Silva, 314
João Pessoa, PB – Brasil – CEP 50038–510
Telefone: +55 (83) 3246 6524
ulysses@ulysseso.com
www.ulysseso.com

DEDICATÓRIA

À memória de
Doris Ferraz de Aragon
com minha eterna gratidão

VISÃO GERAL DA OBRA

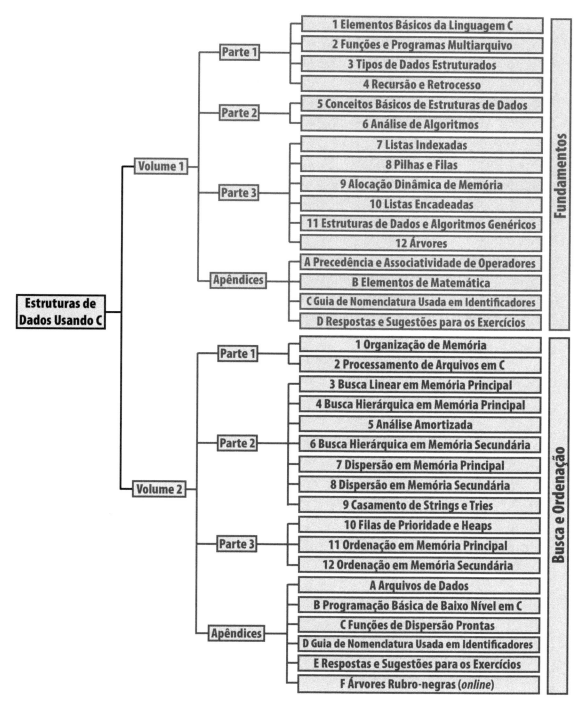

Estruturas de Dados Usando C

Volume 1 — Fundamentos

Parte 1
- 1 Elementos Básicos da Linguagem C
- 2 Funções e Programas Multiarquivo
- 3 Tipos de Dados Estruturados
- 4 Recursão e Retrocesso

Parte 2
- 5 Conceitos Básicos de Estruturas de Dados
- 6 Análise de Algoritmos

Parte 3
- 7 Listas Indexadas
- 8 Pilhas e Filas
- 9 Alocação Dinâmica de Memória
- 10 Listas Encadeadas
- 11 Estruturas de Dados e Algoritmos Genéricos
- 12 Árvores

Apêndices
- A Precedência e Associatividade de Operadores
- B Elementos de Matemática
- C Guia de Nomenclatura Usada em Identificadores
- D Respostas e Sugestões para os Exercícios

Volume 2 — Busca e Ordenação

Parte 1
- 1 Organização de Memória
- 2 Processamento de Arquivos em C

Parte 2
- 3 Busca Linear em Memória Principal
- 4 Busca Hierárquica em Memória Principal
- 5 Análise Amortizada
- 6 Busca Hierárquica em Memória Secundária
- 7 Dispersão em Memória Principal
- 8 Dispersão em Memória Secundária
- 9 Casamento de Strings e Tries

Parte 3
- 10 Filas de Prioridade e Heaps
- 11 Ordenação em Memória Principal
- 12 Ordenação em Memória Secundária

Apêndices
- A Arquivos de Dados
- B Programação Básica de Baixo Nível em C
- C Funções de Dispersão Prontas
- D Guia de Nomenclatura Usada em Identificadores
- E Respostas e Sugestões para os Exercícios
- F Árvores Rubro-negras (*online*)

PARTE 1: MEMÓRIAS INTERNAS E EXTERNAS

PARTE 2: BUSCA

PARTE 3: ORDENAÇÃO

APÊNDICES

REFERÊNCIAS

(*) O **Apêndice F** é disponível apenas online no site: *www.ulysseso.com/ed2*.

PARTE 1: MEMÓRIAS INTERNAS E EXTERNAS

PARTE 2: BUSCA

3 Busca Linear em Memória Principal 139

7 Dispersão em Memória Principal 359

PARTE 3: ORDENAÇÃO

10   Filas de Prioridade e Heaps 535

11 Ordenação em Memória Principal 579

12 Ordenação em Memória Secundária e Bulkloading 649

APÊNDICES

REFERÊNCIAS

(*) O **Apêndice F** é disponível apenas online no site: *www.ulysseso.com/ed2*.

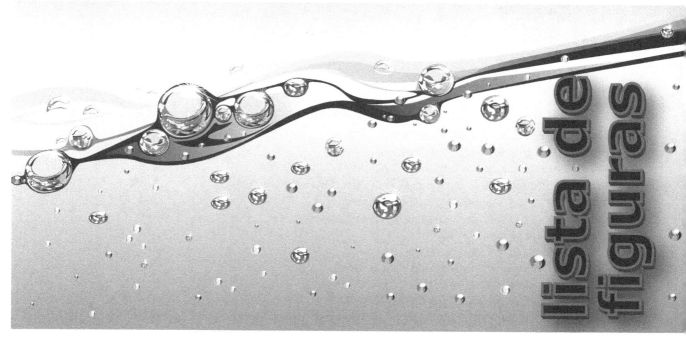

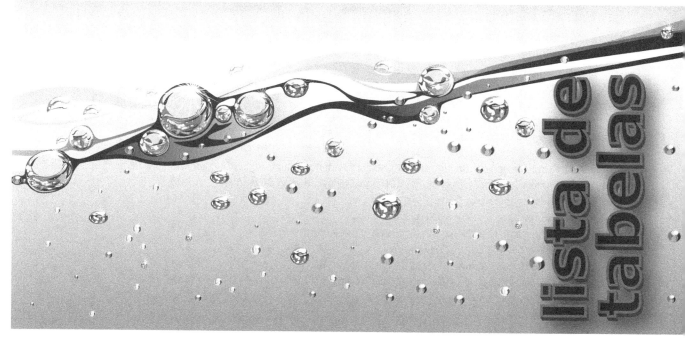

lista de tabelas

lista de algoritmos

Capítulo 3

Capítulo 4

Capítulo 5

Capítulo 6

Objetivos e Público-alvo

LGORITMOS E ESTRUTURAS DE DADOS constituem os alicerces da programação. Assim, para se tornar um bom programador, o aspirante precisa dominar bem essas ferramentas e saber qual delas utilizar no desenvolvimento de cada programa.

Estruturas de Dados é uma disciplina essencialmente de programação e, por isso, deve ser melhor apresentada com a adoção de uma linguagem de programação. Muitos algoritmos apresentados neste livro aparecem em forma de funções da linguagem C, em vez de em pseudolinguagem (como em muitos livros similares). Essa abordagem não apenas é menos formal como (espera-se) motiva o leitor e serve como fonte de referência para o programador.

Este livro destina-se primariamente a alunos de cursos das áreas de computação e informática que estejam cursando uma disciplina de construção de algoritmos e estrutura de dados. Portanto conhecimentos básicos de programação e matemática de nível médio são requeridos.

Organização do Livro

Esta obra é dividida em dois volumes. O **Volume 1** é dedicado às estruturas de dados fundamentais enquanto que o **Volume 2** devota-se ao estudo de busca e ordenação de dados.

Volume 2

O presente volume é dividido em cinco apêndices e três partes principais, que são:

- ❏ **Parte 1**, constituída pelos **Capítulos 1** e **2**, discute memórias internas e externas e como o tipo de armazenamento no qual os dados se encontram influencia o desempenho dos algoritmos que os processam.
- ❏ **Parte 2** é dedicada à busca e é composta pelos **Capítulos** de 3 a 9.
- ❏ **Parte 3** cobre a área de ordenação de dados. Os **Capítulos** de 10 a 12 compõem essa parte.

Capítulo 1 descreve conceitos e tecnologias relacionados com armazenamento de dados. Esse conhecimento é importante por duas razões principais: (1) ele mostra que a eficiência de algoritmos que processam dados em memória secundária deve ser julgada de modo bem diferente do modo como é avaliada a eficiência de algoritmos que processam dados em memória principal e (2) ele ensina como melhorar o desempenho de programas utilizando conhecimento sobre hierarquias de memória.

Capítulo 2 discute brevemente as facilidade de processamento de arquivos providas pela biblioteca padrão de C e mostra várias maneiras pelas quais um arquivo pode ser processado. Processamento sequencial é usado em virtualmente todo o **Volume 2** a partir do **Capítulo 3** e processamento por acesso direto será necessário a partir do **Capítulo 6**. Logo o estudo desse último tipo de processamento poderá ser adiado para quando ele for de fato necessário.

Capítulo 3 introduz conceitos básicos associados a busca e, em especial, concentra-se numa categoria de busca efetuada em memória principal denominada *busca linear*. Nesse capítulo, as estruturas de dados utilizadas são listas indexadas e encadeadas convencionais bem como as mais recentes listas com salto.

Capítulo 4 lida com tabelas de busca implementadas como árvores binárias em memória principal. A primeira estrutura de dados discutida nesse capítulo é a árvore binária ordinária de busca. A seguir, esse capítulo explora as árvores binárias balanceadas AVL, que, devido às suas complexidades, requerem um esforço maior para que sejam completamente entendidas. A última estrutura de dados a ser discutida neste capítulo é a árvore binária de busca afunilada, que é baseada no conceito de localidade de referência discutido no **Capítulo 1**.

Capítulo 5 apresenta uma ferramenta de análise de algoritmos, denominada *análise amortizada*, que constitui uma alternativa para a análise assintótica discutida em detalhes no **Capítulo 6** do **Volume 1**. Esse novo tipo de análise é conveniente em situações nas quais a análise assintótica convencional, apesar de correta, resulta em avaliações consideradas pessimistas demais. A ideia básica que norteia esse tipo de análise é o exame de operações em conjunto (em vez de individualmente), de modo que as poucos operações dispendiosas quando combinadas com muitas operações menos onerosas resultam numa boa avaliação de desempenho para uma longa sequência de operações.

Capítulo 6 começa apresentando árvores multidirecionais descendentes de busca, que, apesar de não terem nenhuma utilidade prática, são importantes do ponto de vista didático, visto que são bem mais fáceis de entender e implementar do que árvores B e B+, que são discutidas mais adiante nesse capítulo.

Capítulo 7 lida com uma das mais importantes técnicas de implementação de tabelas de busca em memória principal. Essa técnica é denominada *dispersão* (*hashing*, em inglês) e consiste basicamente em associar cada chave a um índice de uma tabela de busca. Por meio dessa técnica, espera-se obter custo temporal constante para as operações básicas de busca, inserção e remoção.

Capítulo 8 discute o uso de dispersão em memória secundária. Em especial, esse capítulo explora duas técnicas frequentemente usadas na prática: dispersão estática e dispersão extensível.

Capítulo 9 discute algoritmos básicos para casamento de strings, que são essenciais em várias aplicações de processamento de documentos, tais como editores de texto, recuperação de informação e mecanismos de busca da internet. Nesse capítulo, a estrutura de dados *trie*, usada principalmente para representar strings, também é examinada.

Capítulo 10 descreve o conceito de lista de prioridade e apresenta diversas maneiras de implementação dessa estrutura de dados. Uma delas, o *heap* binário, merece destaque especial. Assim como arrays, *heaps* são usados apenas como estruturas básicas na implementação de estruturas de dados de maior nível de abstração.

Capítulo 11 ocupa-se de ordenação de dados em memória principal, que é um dos mais antigos e bem estudados problemas de programação. Embora alguns algoritmos de ordenação apresentados nesse capítulo sejam fáceis de entender e implementar, outros levam um pouco mais de tempo para entender e requerem mais prática para implementar. Tipicamente, os algoritmos de ordenação mais fáceis de entender e implementar têm aplicações limitadas a pequenas quantidades de dados e vice-versa.

Capítulo 12 discute algoritmos de ordenação externa, que são elaborados para lidar com volumes de dados muito grandes que residem numa memória externa mais lenta (usualmente, um HD). Ou seja, esse capítulo lida com situações nas quais deseja-se ordenar um arquivo sem ter que mantê-lo integralmente em memória principal. O último tópico discutido neste livro é o processo de criação de uma árvore B+ usando um enorme arquivo de registros numa única operação. A discussão desse processo, denominado *inserção massiva* (*bulkloading*, em inglês), foi adiada para esse último capítulo porque ele requer que os referidos registros sejam ordenados em memória externa.

Os apêndices do **Volume 2** apresentam os seguintes conteúdos:

- ❑ **Apêndice A** apresenta os arquivos de dados usados nos diversos exemplos de busca e ordenação discutidos neste volume.
- ❑ **Apêndice B** expõe noções básicas de programação de baixo nível em C. Esse conhecimento é necessário para completo entendimento do texto principal, especialmente o **Capítulo 8**.
- ❑ **Apêndice C** descreve várias boas funções de dispersão que têm sido exaustivamente estudadas e são publicamente disponíveis.
- ❑ **Apêndice D** exibe as convenções utilizadas na escrita de identificadores que constituem os exemplos de programação deste livro.
- ❑ **Apêndice E** apresenta respostas e sugestões para os **Exercícios de Revisão** de cada capítulo deste volume.
- ❑ **Apêndice F** discute árvores rubro-negras e é encontrado exclusivamente online no site dedicado a este livro na internet (*www.ulysseso.com/ed2*).

Volume 1

O **Volume 1** desta obra é dividida em três partes principais e quatro apêndices. Essas partes são:

- ❑ **Parte 1** é dedicada a uma revisão da linguagem C, que será utilizada como ferramenta de implementação. Essa parte é constituída pelos **Capítulos** de 1 a 4.
- ❑ **Parte 2**, que é composta pelos **Capítulos 5** e **6**, apresenta os conceitos fundamentais de estruturas de dados e as ferramentas matemáticas necessárias para analisá-las.
- ❑ **Parte 3** é constituída pelos demais capítulos e discute em detalhes todas as estruturas de dados básicas.

Capítulo 1 apresenta as construções básicas da linguagem C, mas não pretende ser um mini curso dela. Ao contrário, esse e os dois próximos capítulos constituem apenas uma revisão dessa linguagem que deverá ser útil como referência no acompanhamento dos tópicos centrais deste livro.

Capítulo 2 continua com a revisão da linguagem C apresentando tópicos mais avançados de programação nessa linguagem. É recomendável conhecer os tópicos discutidos resumidamente nesse capítulo, pois eles serão considerados pré-requisitos em capítulos posteriores.

Apesar de o **Capítulo 3** ser ainda considerado uma revisão da linguagem C, novamente, o leitor é aconselhado a examiná-lo, pois poderá desconhecer construções dessa linguagem que serão usadas subsequentemente.

A despeito de o **Capítulo 4** estar incluído na parte dedicada à revisão da linguagem C, dificilmente o conhecimento básico sobre programação dará completa ciência de todos os tópicos apresentados nesse capítulo, que lida com recursão e retrocesso. Portanto é recomendado que se inicie nesse capítulo o estudo do tema central.

Capítulo 5 enfoca em conceitos e definições fundamentais de algoritmos e estruturas de dados. Em especial, esse capítulo explora os conceitos de tipos de dados transparentes e opacos (TADs) e mostra como implementá-los em C.

O foco do **Capítulo 6** é a análise assintótica, que é uma ferramenta matemática fundamental para a avaliação de algoritmos. Esse capítulo tem um formato diferente dos demais porque é recheado com muitos exemplos que visam motivar os leitores menos afeitos a formalismos.

Capítulo 7 apresenta lista indexada como a primeira estrutura de dados fundamental. Além de definir conceitualmente essa estrutura de dados, esse capítulo também mostrará como essa abstração pode ser naturalmente implementada por meio de arrays estáticos.

Capítulo 8 lida com duas categorias de contêineres: pilhas e filas, que são estruturas de dados semelhantes às listas, mas que apresentam restrições de acesso. Ele mostra ainda como implementar essas estruturas de dados por meio de arrays estáticos.

No **Capítulo 9**, os conceitos de alocação estática e dinâmica de memória são discutidos. Na prática, ele ensina como alocar e liberar memória dinamicamente por meio de chamadas de funções da biblioteca padrão de C. Listas implementadas como arrays dinâmicos, com e sem ordenação, também são estudadas nesse capítulo.

Capítulo 10 justifica a necessidade de implementação de listas de forma encadeada e mostra por meio de inúmeras ilustrações e linhas de código como os diversos tipos de listas encadeadas podem ser implementados.

Capítulo 11 discute o conceito e aplicações de ponteiros para funções. Esse importante tópico de programação permite a implementação de algoritmos e estruturas de dados genéricos, que constituem o tema central desse capítulo.

Capítulo 12 é dedicado ao estudo introdutório das estruturas de dados hierárquicas mais importantes em programação: as árvores — especialmente as árvores binárias. Como texto introdutório, esse capítulo diverge dos demais, pois ele não descreve árvores como um tipo de dados convencional munido de operações essenciais e complementares. Esse capítulo terá prosseguimento mais aprofundado no **Volume 2**.

Os apêndices do **Volume 1** apresentam os conteúdos descritos a seguir:

- ❏ **Apêndice A** contém uma tabela com precedências e associatividades de todos os operadores da linguagem C e representa uma fonte de referência essencial para programadores dessa linguagem.
- ❏ **Apêndice B** expõe uma revisão dos tópicos de matemática utilizados nesse volume bem como demonstrações de teoremas enunciados nos **Capítulos 6** e **12**.
- ❏ **Apêndice C** exibe as convenções utilizadas na escrita de identificadores que constituem os exemplos de programação desse volume.
- ❏ **Apêndice D** apresenta respostas e sugestões para os **Exercícios de Revisão** de cada capítulo desse volume.

Exemplos de Programação

A maioria dos capítulo deste livro contém uma seção intitulada **Exemplos de Programação** na qual são demonstradas aplicações práticas dos conceitos apresentados no respectivo capítulo. Alguns poucos exemplos de programação incluídos nessas seções requerem conhecimentos específicos de uma determinada área de conhecimento e, quando isso ocorre, apresenta-se um preâmbulo cujo objetivo é prover definições e conceitos necessários para o completo entendimento do problema que será resolvido.

Exercícios

Ao final de cada capítulo são incluídos exercícios que servem para reforçar e ajudar a fixar o material exposto no respectivo capítulo. Eles estão divididos em dois grupos:

❑ **Exercícios de Revisão.** Esses exercícios objetivam a verificação de aprendizagem de cada capítulo. Resolvendo os exercícios de revisão, é possível fazer uma autoavaliação e, então, rever aquilo que ficou mal entendido. As respostas para a maioria desses exercícios são encontradas no **Apêndice D** do **Volume 1** e no **Apêndice E** do **Volume 2**. Exercícios de revisão não requerem a escrita de programas, embora algumas questões possam ser respondidas prontamente desse modo.

❑ **Exercícios de Programação.** O objetivo desses exercícios é estritamente prático e eles requerem o uso de um computador e um ambiente de desenvolvimento adequados. Deve-se salientar que não há solução única para cada problema e, além disso, pode-se constatar facilmente se uma proposta de solução é correta executando-se o programa (i.e., a solução) e verificando-se se os resultados são compatíveis com o enunciado do respectivo problema.

Organizadores Prévios

No início de cada capítulo é incluído um quadro contendo as competências que o leitor deverá adquirir após o estudo desse capítulo. Esses quadros são denominados **organizadores prévios** e foram criados pelo psicólogo educacional americano David Ausubel (v. **Bibliografia**). Segundo seu criado, um organizador prévio facilita o entendimento do novo material que será apresentado no capítulo.

Material Complementar

Este livro possui um site dedicado a si na internet que pode ser acessado no endereço: *www.ulysseso.com/ed2*. Nesse site encontram-se os códigos-fonte de todos os exemplos apresentados no texto, além de outros programas não inseridos nele. Esse material é classificado de acordo com os capítulos correspondentes no livro

Recursos Utilizados

Este livro foi diagramado pelo autor usando **Adobe InDesign**™. A maioria das figuras foi criada com **Adobe Illustrator**™ e grande parte das fórmulas matemáticas foi concebida com **MathType**™.

Agradecimentos

Muitos exemplos e exercícios propostos neste livro foram inventados pelo próprio autor, mas muitos outros são oriundos de textos referenciados na **Bibliografia** ao final do livro. Outros tantos foram coletados ao longo da extensa carreira do autor e, se não foram devidamente reconhecidos na bibliografia, o autor lamenta tal omissão não intencional.

Este livro é oriundo de notas de aula continuamente refinadas durante vários semestres de ensino das disciplinas **Estruturas de Dados** e **Ordenação e Recuperação de Dados** nos cursos de **Ciência da Computação e de Engenharia da Computação** da **Universidade Federal da Paraíba**. Desse modo, o autor gostaria de agradecer a alunos e monitores do **Departamento de Informática da UFPB** que indicaram falhas em versões anteriores do texto e apresentaram sugestões para sua melhoria.

Em especial, gostaria de agradecer ao amigo arquiteto a quem sou penhoradamente grato Amaro Muniz pelas inúmeras sugestões para melhoria do design gráfico.

Ulysses de Oliveira

Janeiro de 2019

Memórias Internas e Externas

parte 1

ORGANIZAÇÃO DE MEMÓRIA

Após estudar este capítulo, você deverá ser capaz de:

➤ Descrever os diversos tipos de memória de computador

➤ Definir o conceito de hierarquia de memória

➤ Expressar a relação entre caching e hierarquia de memória

➤ Explicar o funcionamento básico de um disco magnético

➤ Fazer distinção entre programa baseado em processamento e programa baseado em entrada e saída

➤ Discutir a diferença entre análise de algoritmo em memória interna e análise de algoritmo em memória externa

➤ Descrever o conceito de localidade de referência e saber usá-lo na prática para melhorar a eficiência de um programa

objetivos

STE CAPÍTULO descreve conceitos e tecnologias relacionados com armazenamento de dados que são importantes para o entendimento de requisitos de implementação de algoritmos e estruturas de dados em diferentes meios de armazenamento.

O conhecimento coberto neste capítulo é importante por duas razões principais: (1) ele mostra que a eficiência de algoritmos que processam dados em memória secundária deve ser julgada de modo bem diferente da eficiência de algoritmos que processam dados contidos em memória principal e (2) ele ensina ao programador como utilizar o conhecimento adquirido sobre hierarquias de memória para melhorar o desempenho de programas.

1.1 Meios de Armazenamento

Esta seção descreve os meios de armazenamento mais comuns. Em resumo, as tecnologias básicas de armazenamento discutidas nesta seção são:

- ❏ Memória RAM estática (SRAM) é um tipo de memória volátil, cara e extremamente rápida. Esse tipo de memória é usado em memórias cache que podem ou não fazer parte de uma CPU.
- ❏ Memória RAM dinâmica (DRAM) é um tipo de memória volátil, bem mais barata e lenta do que memória SRAM (embora DRAM seja ainda bastante rápida). Esse tipo de memória é comumente usada em memória principal e em placas de vídeo.
- ❏ Memória ROM é uma memória não volátil tipicamente usada para armazenamento de *firmware*.
- ❏ Discos magnéticos (HD) constituem uma memória com grande capacidade de armazenamento de dados. Eles são relativamente baratos, mas muito lentos quando comparados aos demais meios de armazenamento.
- ❏ Discos SSD e bastões de USB (*pen drive*) são memórias *flash* não voláteis que podem servir como alternativas para discos magnéticos.

Registradores constituem o meio de armazenamento mais rápido de todos e serão discutidos na **Seção 1.3**.

1.1.1 Memória RAM

Memória RAM[1] é um tipo de memória que não envolve componentes mecânicos (como ocorre com um disco, por exemplo) e que permite acesso direto aos dados que ela armazena.

Fisicamente, existem dois tipos de memória RAM:

1. **Memória RAM estática** (**SRAM**) é o tipo de memória RAM mais rápido, mas também é o mais caro. Esse tipo de memória é usado para memórias cache internas ou externas a uma CPU.
2. **Memória RAM dinâmica** (**DRAM**). Normalmente, esse é o tipo de memória que compõe a memória principal de um computador e também é usada em placas de vídeo.

Chips de memória DRAM se apresentam em módulos que se encaixam na placa mãe de um computador. A **Figura 1–1** mostra um **módulo de memória** DRAM, popularmente conhecido como **pente de memória** devido à sua aparência similar a um pente. Atualmente, esses módulos de memória possuem 168 pinos (**DIMM**) ou 72 pinos (**SIMM**). A transferência de dados entre o controlador de memória e um módulo DRAM com pinos DIMM é efetuada com pacotes de 64 bits, enquanto, quando pinos SIMM são usados, essa transferência se dá em pacotes de 32 bits.

---

[1] Em língua inglesa, a denominação *RAM* é derivada, por razões históricas, de *random access memory*, que, traduzido literalmente para português, significa memória de acesso aleatório (ou randômico). Mas tanto *random* em inglês quanto *aleatório* em português são qualificações enganosas para esse tipo de memória. Quer dizer, não existe nada de aleatório no sentido de fortuito em memórias RAM, de modo que a melhor tradução para *random access memory* é realmente memória de acesso direto. A propósito, o único meio de armazenamento discutido (brevemente) neste livro que não permite acesso direto são as fitas magnéticas.

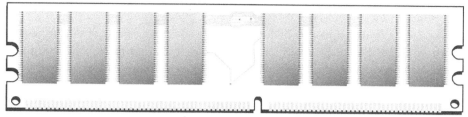

FIGURA 1–1: MÓDULO DE MEMÓRIA DRAM

Tipicamente, um computador pessoal possui alguns poucos megabytes de memória SRAM e entre 4 e 16 gigabytes de memória DRAM. Memória SRAM é cerca de dez vezes mais rápida e cem vezes mais cara do que memória DRAM. Memória SRAM não é sensível a distúrbios elétricos, como ocorre com memória DRAM. Em compensação, memória SRAM consome mais energia do que memória DRAM.

Memória RAM é **volátil** no sentido de que todos os dados que nela se encontram são perdidos caso ela deixe de estar energizada.

A **Tabela 1–1** apresenta uma breve comparação entre memórias SRAM e DRAM.

TIPO DE MEMÓRIA	PRÓS	CONTRAS	USO
SRAM	❏ Dez vezes mais rápida ❏ Insensível a distúrbios elétricos	❏ Cem vezes mais cara ❏ Maior consumo de energia	❏ Memória cache
DRAM	❏ Mais barata ❏ Menor consumo de energia	❏ Mais lenta ❏ Sensível a distúrbios elétricos	❏ Memória principal ❏ Placa de vídeo

TABELA 1–1: COMPARAÇÃO ENTRE MEMÓRIAS SRAM E DRAM

1.1.2 Memórias ROM, PROM, EPROM e EEPROM

Memórias **PROM**, **EPROM** e **EEPROM** são utilizadas principalmente para armazenamento de programas de **firmware**, que são programas que controlam ou monitoram certos sistemas. Por exemplo, computadores, periféricos e muitos eletrodomésticos usam *firmware*. Num computador pessoal, as funções básicas de entrada e saída (BIOS) são armazenadas em *firmware*.

Esses tipos de memória se distinguem pelo número de vezes que permitem ser escritas

❏ Memória PROM permite uma única escrita.

❏ Memória EPROM permite várias escritas (tipicamente, cerca de 1000).

❏ Memória EEPROM é semelhante a memória EPROM, mas, ao contrário desse último tipo de memória, ela não requer um dispositivo isolado para ser reprogramada. Em compensação, a capacidade de reescrita de uma memória EEPROM é bem menor do que a de uma memória EPROM.

Coletivamente, por razões históricas, esses tipos de memórias são conhecidos como memórias **ROM**[2]. Elas constituem um tipo de memória **não volátil**, de modo que os dados que elas armazenam persistem na ausência de energia.

Normalmente, memórias ROM não são de interesse em programação de alto nível, de modo que este livro não fará mais referência a elas.

---

[2] A denominação ROM é derivada de *read only memory* em inglês, que significa memória apenas para leitura (i.e., memória que não permite escrita). Novamente, essa denominação é enganosa como foi discutido acima.

1.1.3 Discos Magnéticos

Existem programas (p. ex., alguns bancos de dados, programas que analisam dados científicos) que lidam com enorme quantidade de dados que não podem ser mantidos em memória principal. Esses programas armazenam seus dados em memória secundária, que tipicamente, é representada por um ou mais discos magnéticos.

Características Físicas Importantes

Um disco magnético é constituído por **pratos** montados uns sobre os outros como mostra a **Figura 1–2**. Cada prato de um disco possui uma **superfície** de cada lado coberta com material magnetizável. Esse material é capaz de armazenar informação de modo não volátil. O disco ilustrado na **Figura 1–2** possui três pratos e seis superfícies. Em geral, um disco com *n* pratos possui *2n* superfícies.

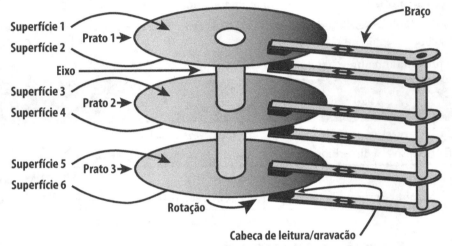

FIGURA 1–2: DISCO MAGNÉTICO COM TRÊS PRATOS E SEIS SUPERFÍCIES

Durante uma operação de acesso aos dados de um disco magnético, um **eixo** rotatório gira seus pratos a uma taxa constante, que, tipicamente, varia entre *5.400* e *15.000* rotações por minuto (**RPM**). Um **braço** contém em sua extremidade mais próxima ao disco uma **cabeça** responsável por leitura e escrita de dados numa superfície do disco. Existe uma cabeça para cada superfície do disco e isso significa que o número de cabeças (e braços) de um disco é igual ao número de superfícies do disco. As cabeças são alinhadas verticalmente e os braços se movem para frente e para trás na direção indicada pelas setas duplas da **Figura 1–2** e de modo uníssono. Quer dizer, todos os braços se movem de modo harmônico, de modo que, em qualquer instante, todas as cabeças estão posicionadas no mesmo cilindro imaginário (v. adiante). As cabeças de leitura e escrita flutuam sobre um colchão de ar extremamente fino com cerca de *0,1* mícron de espessura.

Quando os braços estão estacionados enquanto o disco gira, cada cabeça traça um círculo imaginário concêntrico em sua respectiva superfície. Esse círculo é chamado **trilha**. As trilhas verticalmente alinhadas a uma dada posição de braço constituem um **cilindro**. Apenas uma cabeça de leitura/escrita de cada vez atua na transmissão de dados entre o disco e a memória principal.

O conjunto formado pelas peças que aparecem na **Figura 1–2** é hermeticamente envolvido por um invólucro metálico (que não aparece na referida figura).

O tipo de disco magnético que acaba de ser descrito é popularmente conhecido como **disco rígido** ou, simplesmente, **HD**.

Geometria de Superfície

A **Figura 1–3** apresenta esquematicamente a geometria de uma superfície de disco magnético. Cada superfície é dividida em anéis concêntricos denominados **trilhas**. Cada trilha é dividida em **setores**.

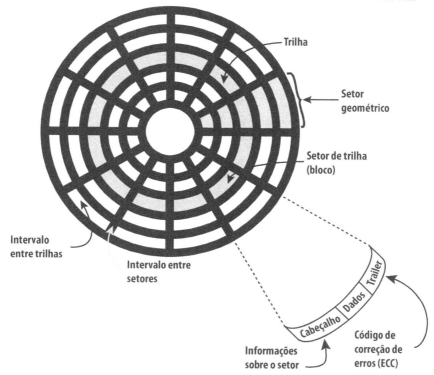

FIGURA 1–3: GEOMETRIA DE SUPERFÍCIE DE DISCO MAGNÉTICO

Cada setor é constituído de três partes básicas: **cabeçalho**, **área de dados** e **extrato** (*trailer*, em inglês).

O cabeçalho de um setor contém informações sobre o próprio setor, que, resumidamente, são as seguintes:

- ❏ **Identificação do setor**, que contém um número que identifica o setor e sua localização no disco. A identificação de endereço é usada para assegurar que o disco posicionará a cabeça de leitura/gravação sobre a localização correta.

- ❏ **Informação sobre sincronização**, que é usada pelo controlador de disco (v. adiante) para guiar os processos de leitura e escrita.

O cabeçalho pode também incluir um endereço alternativo para ser usado se a área de dados deixar de ser confiável.

O extrato (*trailer*) de um setor contém um **código de correção de erro** (**ECC** — sigla em inglês) que assegura a integridade dos dados. Quer dizer, esse código é baseado na área de dados e é usado para checar e possivelmente corrigir erros que possam ter sido introduzidos nos dados.

A área de dados de um setor contém os dados que efetivamente são úteis para o usuário. Obviamente, quanto maior for o espaço ocupado pelas demais informações, menor será o espaço deixado para armazenar dados úteis para processamento.

Intervalos (ou **espaçadores**) são áreas de separação entre trilhas e setores. Esses intervalos, que são desproporcionalmente representados na **Figura 1–3**, não armazenam dados, mas contêm bits que os identificam.

Como foi visto, no contexto de discos magnéticos, setor é uma subdivisão de uma trilha, mas se deve tomar cuidado para não confundir *setor de trilha* com *setor geométrico*. Geometricamente, um setor é a parte de um círculo delimitada por dois raios do círculo e um arco que intercepta esses raios. Em outras palavras, um setor é análogo a uma fatia de pizza [v. **Figura 1–4 (a)**]. Por outro lado, um setor de trilha (doravante, denominado apenas **setor**) é a interseção de um setor geométrico com uma trilha [v. **Figura 1–4 (b)**]. Frequentemente, setor é também denominado *bloco*.

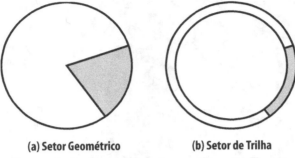

(a) Setor Geométrico   (b) Setor de Trilha

FIGURA 1–4: SETOR GEOMÉTRICO E SETOR DE TRILHA

Capacidade

A **capacidade** de um disco é o número máximo de bytes que podem ser armazenados nele e é determinada pelos seguintes fatores:

- ❑ **Densidade de gravação**. Essa propriedade é medida em bits por polegada e representa o número de bits que podem ser armazenados numa polegada de trilha[3].

- ❑ **Densidade de trilha**, que é o número de trilhas que cabe numa polegada de raio que parte do centro de uma superfície. Essa propriedade é medida em bits por polegada.

- ❑ **Densidade de área**, que é determinado pelo produto da densidade de gravação pela densidade de trilha e é medida em bits por polegada ao quadrado.

Na prática, a capacidade de um disco é obtida por meio da fórmula:

$$capacidade = \frac{bytes}{setor} \times \frac{setores}{trilha} \times \frac{trilhas}{superfície} \times \frac{superfícies}{prato} \times \frac{pratos}{disco}$$

Fórmula 1–1

Exemplo 1.1 Suponha que um disco tenha as seguintes características:

Número de pratos: 3

Número de bytes por setor: 512

Número de trilhas por superfície: 20.000

Número de setores por trilha: 300

Número de superfícies por prato: 2

Então, usando-se a **Fórmula 1–1**, esse disco terá a seguinte capacidade:

capacidade = 512 × 300 × 20000 × 2 × 3 = 18432000000 = 18.432 GB

Fabricantes de discos consideram 1 GB igual a *10⁹* bytes (em vez de *2³⁰*) e esse fato foi levado em consideração no exemplo acima.

---

[3]   Uma polegada vale 2,54 centímetros.

Antes que um disco possa ser usado ele precisa ser **formatado** pelo controlador do disco. Nesse processo, os intervalos entre setores (v. **Seção 1.2**) são preenchidos com informações que identificam os setores. No processo de formatação, também são identificados cilindros defeituosos, que são logicamente excluídos. Além disso, alguns cilindros saudáveis são logicamente separados dos demais para atuarem como sobressalentes. Por causa desses cilindros defeituosos e sobressalentes, a capacidade de um disco formatado é menor do que aquela anunciada pelo fabricante do disco.

Acesso a Setores

O acesso aos dados armazenados nas superfícies magnéticas de um disco é efetuado por meio de suas cabeças de leitura e escrita. Movendo os braços para frente e para trás em direção ao eixo do disco, essas cabeças podem alcançar qualquer trilha de uma superfície, como ilustra a **Figura 1–5**. Assim, para acessar (i.e., ler ou escrever) dados num determinado setor de um disco, primeiro, o braço deve ser movido de modo que ele seja posicionado sobre a trilha correta e então deve esperar que o setor apareça sob ele enquanto o disco gira.

Movimento do disco

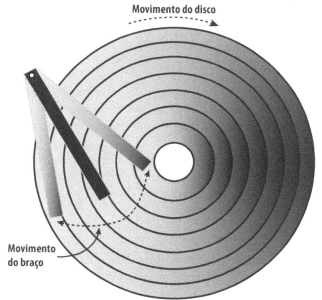

Movimento do braço

FIGURA 1–5: ACESSO A BLOCOS NUM DISCO MAGNÉTICO

Medidas de Desempenho

Tempo de acesso é o intervalo de tempo decorrido desde o instante em que uma solicitação de leitura ou escrita é emitida até o instante em que a transferência de dados é iniciada. Para **armazenar** (i.e., escrever) ou **recuperar** (i.e., ler) dados em algum local de um disco, as cabeças de leitura/escrita devem posicionar-se mecanicamente sobre o cilindro adequado e esperar que o setor desejado passe por uma cabeça. Leitura ou escrita num disco é efetuada em blocos do tamanho de um setor, que, num disco formatado, contém tipicamente 512 bytes ou 4 KiB de dados. O tempo de acesso depende dos seguintes intervalos de tempo:

❑ **Tempo de posicionamento**[4] ($T_{posicionamento}$) é o tempo necessário para posicionar a cabeça de leitura e escrita sobre a trilha que contém o setor desejado. Esse tempo depende da posição inicial da cabeça e da velocidade de movimentação do braço. Nos dias atuais, o tempo médio de posicionamento varia entre 3 ms e 9 ms, mas pode chegar a 20 ms, dependendo da distância em que uma trilha se encontra com relação à posição inicial do braço e do modelo de disco. Discos menores tendem a apresentar

---

[4]   *Seek time*, em inglês.

menores tempos de posicionamento, visto que a cabeça de leitura/gravação precisa percorrer uma distância menor. O tempo de posicionamento pode ser economizado se o próximo acesso ocorrer no mesmo cilindro em que se encontra correntemente o braço do mecanismo.

❑ **Atraso rotacional** (ou **latência rotacional** — $T_{latência}$) é o tempo de espera pela passagem do primeiro bit do setor desejado pela cabeça de leitura e gravação depois de o braço ter sido movido para a trilha desejada. Esse tempo depende da posição da superfície do disco no instante em que a cabeça atinge a trilha que contém o setor desejado e da velocidade de rotação do disco. No pior caso, nesse instante, o setor desejado acabou de passar pela referida cabeça e é preciso esperar por uma rotação completa do disco para que ele passe novamente pela mesma posição. Em média, a metade de uma rotação do disco é requerida para que o início do setor desejado apareça sob a cabeça de leitura/gravação. Assim o **tempo médio de latência** de um disco é a metade do tempo de uma rotação completa dele. Uma vez que o primeiro setor dos dados que serão acessados apareça sob a cabeça de leitura/gravação, a transferência de dados começa.

❑ O **tempo de transferência** ($T_{transferência}$) depende da velocidade rotacional e do número de setores por trilha, de modo que se pode calcular seu valor, em segundos, como:

$$T_{transferência} = \frac{1}{RPM} \times \frac{1}{setores\ por\ trilha} \times 60$$

A latência de acesso, que é uma combinação de tempo de posicionamento e latência rotacional, é tipicamente da ordem de vários milissegundos. Por outro lado, leva menos do que um nanossegundo para acessar registradores e memória cache L1 (i.e., esse acesso é mais de um milhão de vezes mais rápido do que acesso a um disco magnético).

O tempo médio de acesso ao conteúdo de um setor de disco, que varia de 8 a 20 milissegundos, pode ser calculado como a soma do tempo médio de posicionamento, da latência rotacional e do tempo médio de transferência. Portanto, formalmente, tem-se que o tempo médio de acesso pode ser calculado usando-se a fórmula:

$$T_{acesso} = T_{posicionamento} + T_{latência} + T_{transferência} \qquad \text{**Fórmula 1–2**}$$

Exemplo 1.2 Nos dias atuais, um disco gira a uma velocidade angular constante entre *5.400* e *15.000* rotações por minuto (RPM). Suponha que um disco gire a *12.000* RPM. Então isso corresponde a *200* rotações por segundo, o que significa que um setor passa pela cabeça de leitura/escrita 200 vezes a cada segundo ou que o atraso rotacional é *0,005* segundos (ou *5 ms*). Nesse exemplo, a latência rotacional é de *2,5 ms*.

Exemplo 1.3 Considere um disco com as seguintes características:

Taxa de rotação (RPM):	10000 RPM
Tempo médio de posicionamento ($T_{posicionamento}$):	9 ms
Número de setores por trilha:	400
Número de superfícies por prato:	2

Então esse disco apresentará a seguinte latência rotacional:

$$T_{latência} = 1/2 \times 60/10000\ s = 0,003\ s = 3,0\ ms$$

O tempo médio de transferência desse disco é dado por:

$$T_{transferência} = 60/10000 \times 1/400\ s = 1,5 \times 10^{-5}\ s = 0,015\ ms$$

Usando a **Fórmula 1–2**, a estimativa de tempo de acesso para o disco deste exemplo é:

$$T_{acesso} = T_{posicionamento} + T_{latência} + T_{transferência} = 9 + 3,0 + 0,015 = 12,01 \ ms$$

Esse último exemplo mostra que o tempo de acesso a um setor (*12,01 ms* no exemplo) é dominado pelo tempo de posicionamento (*9 ms*) e pela latência rotacional (*3 ms*). Ou seja, o tempo de transferência (*0,015 ms* no exemplo) tem importância relativamente desprezível nesse processo. Além disso, o acesso ao primeiro byte de um bloco é relativamente lento, mas, em compensação, os demais bytes do mesmo bloco são acessados num intervalo de tempo ínfimo.

Exemplo 1.4 O tempo de acesso a uma palavra de *32* bits armazenada em memória cache (SRAM) é aproximadamente *4 ns* (ou 4×10^{-6} *ms*), enquanto acessar uma palavra do mesmo tamanho armazenada em memória principal (DRAM) leva cerca de *60 ns* (ou 6×10^{-5} *ms*). Assim para ler um bloco de 4 KiB (*1024* palavras de *32* bits) em memória cache leva-se cerca de *0,004 ms* e para ler essa mesma quantidade em memória principal leva-se cerca de *0.061 ms*.

Considerando-se um tempo aproximado de acesso a um bloco de disco igual a *12 ms* (como no exemplo anterior), tem-se que esse disco leva quase *3.000* vezes mais tempo para ler a mesma quantidade de dados que uma memória SRAM e cerca de *200* vezes mais tempo para ler a mesma quantidade de dados que uma memória DRAM.

Quando a cabeça de leitura e escrita está posicionada sobre a trilha desejada, à medida que cada bit passa sob a cabeça, ora ele é obtido (em caso de leitura), ora ele é alterado (em caso de escrita). De qualquer modo, o tempo para localizar e ler um bloco em memória secundária é muito grande comparado com o tempo gasto para processá-lo em memória principal.

Exemplo 1.5 Suponha que a largura do tipo **int** seja *32* bits numa dada implementação de C. O tempo gasto para ler um bloco contendo *1024* elementos do tipo **int** de um array armazenado num disco com rotação de 10000 RPM é em média igual a *12 ms*, como foi visto nos dois últimos exemplos. Nesse intervalo de tempo, uma CPU moderna de alto desempenho é capaz de executar cerca de 8.000.000 (oito milhões) de instruções. Esse tempo é muito mais do que necessário para processar todos os elementos do array (p. ex., somando-os ou ordenando-os).

Apesar de discos serem mais baratos e terem maior capacidade do que memória principal, eles são muito mais lentos devido às suas partes mecânicas móveis. O movimento mecânico tem dois componentes: rotação de prato e movimento de braço. Correntemente, discos comerciais giram a velocidades entre *5.400* e *15.000* rotações por minuto (RPM). Embora *15.000* RPM possa parecer rápido, nesse caso, uma rotação leva *4* milissegundos, que é muito maior do que o tempo de acesso de *60* nanossegundos comumente encontrado em memórias DRAM. Ou seja, no intervalo de tempo de espera por uma rotação completa para um determinado item passar sob a cabeça de leitura/gravação, pode-se acessar a memória principal mais de *60.000* vezes durante esse intervalo. Em média, tem-se que esperar por apenas metade da rotação, mas, ainda assim, a diferença em tempo de acesso de memória de silício comparado com discos magnéticos é enorme. Mover os braços que contêm as cabeças de leitura e gravação também leva um tempo considerável. Correntemente, em discos comerciais, o tempo gasto para completar esse movimento está no intervalo entre 8 e 11 milissegundos.

A **taxa de transferência de dados** é a taxa com a qual os dados podem ser lidos ou armazenados num disco. Discos atuais suportam taxas de transferência máximas de 25 até 100 megabytes por segundo. Taxas de transferência para trilhas internas de um disco são significativamente menores do que as taxas de transferência máximas do mesmo disco, visto que essas trilhas possuem menos setores. Por exemplo, um disco com a taxa máxima de transferência de 100 megabytes por segundo pode ter uma taxa de transferência de cerca de 30 megabytes por segundo em suas trilhas internas.

Outra medida de desempenho comumente usada para discos é o **tempo médio de falha** (**MTTF**[5]), que é uma medida de confiabilidade do disco. O tempo médio de falha de um disco mede quanto tempo, em média, se pode esperar que o disco seja usado continuamente sem qualquer falha. De acordo com afirmações de fabricantes, o tempo médio de falha de discos hoje em dia varia de 500.000 a 1.200.000 horas — cerca de 57 a 136 anos. Na prática, o tempo médio de falha assegurado para um disco é calculado sobre uma probabilidade de falha quando ele é novo. Por exemplo, dados 1.000 discos relativamente novos, se o MTTF deles for 1.200.000 horas, em média, um deles irá falhar em 1200 horas. Portanto um tempo médio de falha de 1.200.000 horas de um disco não quer dizer que se possa esperar que ele funcione por 136 anos.

Armazenamento de Arquivos

Cluster é o menor espaço que pode ser alocado para conter um arquivo. Ou seja, *cluster* é o conjunto de setores que constitui a menor unidade de alocação capaz de ser endereçada num disco magnético. Entretanto os setores que constituem um *cluster* não precisam ser necessariamente contíguos em disco. O armazenamento de arquivos num sistema de arquivos que usa tamanhos muito grandes de *cluster* causa desperdício de espaço (i.e., gera **espaço ocioso**). Quanto maior for o tamanho de um *cluster* maior será o desperdício de espaço em disco, mas, em compensação, um *cluster* maior reduz a manutenção e a fragmentação, o que, em consequência, reduz o tempo de acesso aos arquivos. O tamanho típico de um *cluster* varia de um setor (*512* bytes ou *4* KiB) a *128* setores (*64* KiB).

Um bloco é uma unidade lógica consistindo de um número fixo de setores contíguos e sistemas de arquivos dividem memória secundária em blocos do mesmo tamanho, que varia entre 512 bytes e 4 KB. Neste contexto, bloco é uma sequência de bytes que apresenta certo tamanho. O tamanho de um bloco é prefixado pelo sistema de arquivos e não pode ser alterado. Num sistema de arquivos, o tamanho de um bloco pode ser igual ou múltiplo do tamanho físico de um bloco.

Fisicamente, um **arquivo** é uma sequência de blocos físicos e o custo de processamento dele é determinado pelo número de blocos lidos no arquivo e armazenados em memória principal ou lidos em memória principal e escritos no arquivo. Idealmente, cada bloco contém um número inteiro de registros[6], o que pode causar desperdício de espaço, mas, em compensação, isso evita que um registro faça parte de dois blocos.

Um bloco pode conter uma parte de um arquivo, o que causa ineficiência de uso de espaço devido à fragmentação, pois nem sempre um arquivo tem tamanho que é múltiplo do tamanho de um bloco. Portanto os últimos blocos de um arquivo são parcialmente preenchidos, acarretando espaço ocioso. Em média, metade de um bloco por arquivo é espaço ocioso.

Otimização de Acesso a Blocos

Solicitações para operações de entrada e saída (E/S) num disco são geradas pelo sistema operacional. Cada solicitação especifica o número (endereço) do bloco a ser acessado no disco. Dados são transferidos entre disco e memória principal em **blocos**, que se tornam, assim, **unidades de transferência**. O termo **página** é frequentemente usado em lugar de *bloco*, embora em alguns contextos esses termos possam se referir a conceitos diferentes.

Uma sequência de solicitações de blocos num disco pode ser classificada como um **padrão de acesso sequencial** ou um **padrão de acesso direto**. Num padrão de acesso sequencial, solicitações sucessivas são referentes

---

[5] Em inglês, esse acrônimo significa *Mean Time To Failure*.
[6] Um registro é uma subdivisão lógica de um arquivo, como será visto na **Seção 2.11.2**.

a números sucessivos de blocos, que estão na mesma trilha ou em trilhas adjacentes. Para acessar blocos sequencialmente, um posicionamento da cabeça de leitura/gravação pode ser requerido para o primeiro bloco, mas solicitações sucessivas não requerem outro posicionamento ou requererem um posicionamento para uma trilha adjacente, o que é bem mais rápido do que um posicionamento para uma trilha que está mais distante.

Em contraste, num padrão de acesso direto, solicitações sucessivas se referem a blocos que estão aleatoriamente distribuídos no disco[7], de sorte que cada tal solicitação pode requer um posicionamento bem diferente da cabeça de leitura/escrita. O número de acessos diretos a blocos que pode ser satisfeito por um disco num segundo depende do tempo de posicionamento e é tipicamente cerca de 100 a 200 acessos por segundo. Como apenas uma pequena quantidade de dados (i.e., exatamente um bloco) é acessada em cada posicionamento, a taxa de transferência é significativamente menor para um padrão de acesso direto do que para um padrão de acesso sequencial.

Várias técnicas foram desenvolvidas para acelerar o acesso a blocos, dentre as quais:

❑ **Buffering**. Blocos que são lidos de um disco são armazenados temporariamente num buffer em memória principal para satisfazer futuras solicitações. Buffering é levado a efeito pelo sistema operacional. O funcionamento de buffering é semelhante ao funcionamento básico de caching (v. **Seção 1.4**), mas, rigorosamente, esses dois conceitos são diferentes.

❑ **Leitura antecipada**. Quando um bloco é acessado em disco, blocos consecutivos da mesma trilha são lidos para um buffer em memória principal, mesmo que não haja solicitação pendente para outros blocos. No caso de acesso sequencial, essa leitura antecipada assegura que muitos blocos já estejam em memória quando eles forem requisitados e isso minimiza o tempo gasto em posicionamento e latência rotacional por bloco lido. Leitura antecipada, entretanto, não é muito útil para acesso direto.

❑ **Organização de arquivo**. Para reduzir o tempo de acesso aos blocos que constituem um arquivo, eles podem ser organizados em disco de uma maneira que corresponda aproximadamente ao modo que se espera que os dados do arquivo sejam acessados. Por exemplo, quando se espera que um arquivo seja acessado sequencialmente, deve-se idealmente manter todos os blocos do arquivo em cilindros adjacentes. Sistemas operacionais modernos ocultam a organização de discos de seus usuários e gerenciam a alocação de blocos internamente. No decorrer do tempo, os blocos de um arquivo podem se tornam espalhados no disco, o que é denominado **fragmentação**. Para reduzir fragmentação, alguns sistemas proveem utilidades que efetuam varreduras no disco e reposicionam blocos para melhorar o desempenho no acesso aos arquivos.

1.1.4 Memórias Flash

Memória flash é um tipo de memória não volátil cuja tecnologia é baseada em EEPROM (v. **Seção 1.1.2**). Recentemente, esse tipo de memória tem sido empregado em vários equipamentos, incluindo câmeras digitais, telefones celulares e computadores. Além disso, um novo tipo de disco denominado **disco de estado sólido** (**SSD**) tem sido cada vez mais utilizado como memória secundária em computadores pessoais.

Discos SSD

Um disco de estado sólido (SSD) é uma tecnologia de armazenamento de dados que consiste em chips de memória flash (v. **Seção 1.1.2**). De fato, essa tecnologia não tem nada a ver com disco (pelo menos, no sentido geométrico). Quer dizer, um *disco* SSD não contém nenhum dos componentes descritos na **Seção 1.1.3**. Ele é conectado ao barramento de entrada e saída e comporta-se como um disco rígido, sendo que os chips de memória flash substituem as partes mecânicas de um HD. Assim um disco SSD funciona como um disco rígido em muitas situações e, como a expressão disco SSD já se tornou popular, ela continuará a ser utilizada aqui.

---

[7] Por isso, acesso direto é frequentemente denominado **acesso aleatório**.

A **Figura 1–6** apresenta esquematicamente um disco SSD. Nessa figura, a camada de tradução flash é um dispositivo que traduz solicitações de acesso a blocos em acessos aos chips de memória flash.

FIGURA 1–6: CONFIGURAÇÃO DE UM DISCO SSD

Discos SSD apresentam desempenhos diferentes de discos magnéticos. Quando blocos são acessados sequencialmente, a escrita é ligeiramente mais lenta do que a leitura, mas quando o acesso é direto, operações de escrita são cerca de dez vezes mais lentas do que operações de leitura. Isso ocorre devido ao modo de funcionamento dessas operações nessa tecnologia.

Como mostra a **Figura 1–6**, a memória flash que constitui um disco SSD consiste em *b* blocos, cada um dos quais contendo *p* páginas. O tamanho de uma página varia entre *512* bytes e *4* KB e o número de blocos varia entre *32* e *128* páginas, com tamanhos de bloco variando entre *16* KB e *512* KB. A unidade de acesso a um disco é a página. Isso significa que uma página inteira é lida ou escrita em cada operação elementar de entrada ou saída de dados num disco SSD. Agora, uma página só pode ser escrita após o bloco à qual ela pertence ter sido apagado. No entanto, uma vez que um bloco tenha sido apagado, todas as páginas que fazem parte desse bloco podem ser escritas sem que seja preciso apagar o bloco novamente. A escrita num disco SSD é mais demorada do que a leitura porque apagar um bloco antes de escrever nele leva mais tempo do que acessá-lo.

Um bloco de um disco SSD torna-se desgastado após aproximadamente 100.000 operações de escrita. Quando isso ocorre, o bloco não pode mais ser utilizado.

Discos SSD apresentam vantagens e desvantagens com relação a discos magnéticos. Como discos SSD não possuem componentes mecânicos e por isso oferecem acessos mais rápidos do que discos magnéticos e consomem menos energia. Por outro lado, a principal desvantagem de discos SSD é que eles se desgastam mais rapidamente com o tempo de uso do que HDs. Além disso, o custo por byte de um disco SSD ainda é muito maior do que o custo correspondente de um disco rígido.

Assim como discos magnéticos, discos SSD também podem falhar. O problema com discos SSD é que eles raramente dão sinal de que irão falhar. Quer dizer, a falha repentina de um disco SSD é mais provável do que no caso de discos rígidos que frequentemente sinalizam (p. ex., por meio de ruídos e lentidão) que irão falhar em breve.

Pen Drive

Um **bastão de memória**, popularmente conhecido e doravante referido como **pen drive**, é mostrado na **Figura 1–7**. Esse é um dispositivo de armazenamento de dados portátil que inclui memória flash com uma interface USB integrada. Como são portáteis, eles são tipicamente usados para backups e transferência de arquivos entre computadores.

FIGURA 1–7: BASTÃO DE MEMÓRIA USB (PEN DRIVE)

Como esses dispositivos são constituídos de memória flash, eles apresentam as mesmas vantagens e desvantagens que os discos SSD. Eles apresentam como vantagem adicional o fato de serem portáteis e apresentarem pequenas dimensões. Mas essa mesma vantagem pode ser uma desvantagem, visto que, devido às suas dimensões reduzidas, eles são facilmente perdidos, esquecidos ou furtados. Pen drives usam estruturas de blocos semelhantes àquelas vistas para discos SSD.

1.1.5 Fitas Magnéticas

Fitas magnéticas constituem um dos mais antigos meios de armazenamento. Antigamente, essas fitas eram usadas como memória secundária com a mesma intensidade que os atuais discos magnéticos. Hoje em dia, fita magnética é mais utilizada como meio de armazenamento de reserva (**backup**) para grandes volumes de dados, de modo que raramente um programador precisa se preocupar em como manipular dados armazenados em fita.

Fitas magnéticas continuam sendo uma alternativa para meios de armazenamento mais modernos devido ao seu baixo custo por byte, o que constitui uma grande vantagem quando se lidam com enormes quantidades de dados. Por outro lado, fitas magnéticas são mais lentas do que discos magnéticos.

1.2 Acesso a Dispositivos de Entrada e Saída

1.2.1 Arquitetura Básica de um Computador

A **Figura 1–8** mostra de modo simplificado a arquitetura clássica de um computador. Os componentes principais mostrados na **Figura 1–8** são: a **unidade central de processamento (CPU)**, a **ponte de entrada e saída** e a **memória principal**, composta de módulos DRAM. Esses componentes são conectados por dois barramentos: (1) o **barramento de sistema**, que conecta a CPU com a ponte de entrada e saída, e (2) o **barramento de memória**, que conecta a ponte de entrada e saída com a memória principal.

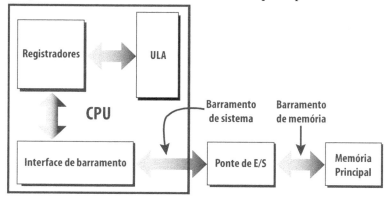

FIGURA 1–8: ACESSO A MEMÓRIA PRINCIPAL

Um **barramento** é um conjunto de fios elétricos paralelos que interliga componentes de um computador e através do qual fluem dados, endereços e sinais de controle. Um único barramento pode ser compartilhado por dois ou mais dispositivos.

A ponte de entrada e saída traduz sinais elétricos do barramento de sistema em sinais elétricos do barramento de memória. Essa ponte também conecta os barramentos de memória e de sistema com um **barramento de entrada e saída**, que é compartilhado por dispositivos de entrada ou saída (v. adiante).

1.2.2 Dispositivos de Entrada e Saída

Um **dispositivo de entrada** é um equipamento periférico que permite que dados sejam transferidos dele para a memória principal. Exemplos de dispositivos de entrada são mouse e teclado. Por outro lado, um **dispositivo de saída** permite que dados residentes em memória principal sejam escritos nele. Podem ser citados como dispositivos de saída: monitor de vídeo e impressora. Existem ainda dispositivos que ora são de entrada ora são de saída, como, por exemplo, um disco rígido.

A **Figura 1–9** mostra como dispositivos de entrada ou saída são conectados à memória principal. O responsável por essa conexão é o barramento de entrada e saída, que, diferentemente do que ocorre com os barramentos de sistema e de memória, não depende de uma CPU específica. Além disso, um barramento de entrada e saída é bem mais lento do que um barramento de sistema ou de memória.

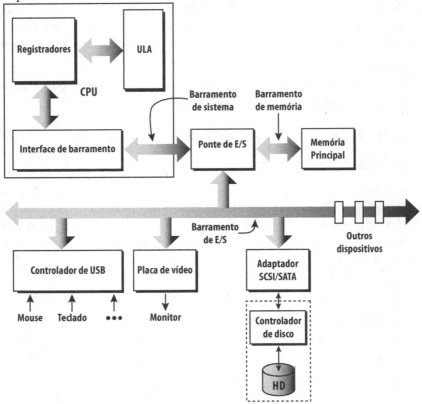

FIGURA 1–9: CONEXÃO DE DISPOSITIVOS DE ENTRADA E SAÍDA

O barramento de entrada e saída apresentado na **Figura 1–9** é baseado na tecnologia PCI do fabricante Intel e conecta CPU, memória principal e dispositivos de entrada e saída. Ele é capaz de acomodar uma grande variedade de dispositivos de entrada e saída, conforme é ilustrado nessa figura.

O **controlador de USB**[8] mostrado na **Figura 1–9** é um dispositivo que serve como interface para dispositivos conectados a um barramento de USB. Hoje em dia, existem inúmeros dispositivos que podem ser conectados via USB, dentre os quais mouse, teclado, câmeras e telefones celulares.

---

[8]   *USB* é um acrônimo para *Universal Serial Bus*. Para os propósitos deste livro você não precisa se preocupar com o exato significado dessa sigla.

O **adaptador SCSI/SATA** que aparece na **Figura 1–9** é uma interface para discos rígidos do tipo SCSI ou do tipo SATA. Interface de disco é um mecanismo de comunicação entre o disco e o resto do sistema. Exemplos de interfaces de disco são SATA, ATA e SCSI. Tipicamente, **discos SCSI** são mais rápidos e mais caros do que **discos SATA**. Um adaptador SCSI pode servir para vários discos, diferentemente do que ocorre com um adaptador SATA que suporta apenas um disco.

Como mostra a **Figura 1–9**, vários outros dispositivos podem ser conectados ao barramento de entrada e saída por meio de adaptadores. Na prática, esses adaptadores são inseridos na placa mãe de um computador que provê conexão elétrica com o referido barramento.

1.2.3 Operações de Entrada e Saída

Uma **operação de entrada** consiste na transferência de dados de um dispositivo de entrada para a memória principal. Por sua vez, uma **operação de saída** consiste no caminho inverso para um dispositivo de saída.

Operações de entrada e saída de um programa são efetuadas por intermédio do **sistema operacional** que serve como hospedeiro para o programa. Por exemplo, um programa escrito em C pode solicitar ao sistema operacional, por intermédio da função **fopen()**, a abertura de um arquivo.

Quando o sistema operacional executa uma operação de entrada ou saída, tal como a leitura de um bloco de um disco, ele inicia a seguinte sequência de eventos:

1. O sistema operacional envia um comando para o **controlador de disco** (v. **Figura 1–9**) solicitando-o que leia o bloco cuja numeração única lhe é passada. Esse bloco é exatamente aquele que contém os dados que precisam ser lidos (i.e., o bloco cujos dados serão copiados para a memória principal).

2. O controlador de disco usa informações armazenadas em *firmware* para traduzir a numeração de bloco que lhe foi passada numa tripla constituída por informações sobre superfície, trilha e setor que identificam o bloco desejado.

3. O hardware do controlador interpreta essa tripla e provoca o movimento da cabeça de leitura e gravação para o setor desejado.

4. A leitura é efetuada conforme foi descrito na **Seção 1.1.3** e os dados lidos são copiados numa área de armazenamento temporário (buffer) do controlador.

5. Os dados são finalmente movidos do buffer do controlador para a memória principal.

A **Figura 1–10** ilustra resumidamente o processo de leitura de dados num disco. Nessa figura, a CPU emite um comando para um dispositivo de entrada ou saída. Neste caso, o comando ilustrado é referente a leitura num disco. Enquanto a solicitação é processada, se for o caso, a CPU prossegue com a execução de suas tarefas. É importante salientar que uma CPU com 1 GHz é capaz de executar 14 milhões de instruções no intervalo de tempo de cerca de *12* ms que leva para ler um bloco (v. **Seção 1.1.3**). Uma eternidade em termos de tempo de processamento que é desperdiçada.

Depois que o controlador de disco recebe o comando de leitura emitido pela CPU, ele lê o conteúdo do bloco e o transfere para memória principal conforme foi descrito na **Seção 1.1.3**. Como mostra a **Figura 1–11**, esse processo não sofre nenhuma intervenção da CPU e recebe a denominação **acesso direto à memória** (**DMA**). Após concluída a transferência dos dados lidos para a memória principal, o controlador envia um **sinal de interrupção** para a CPU, como mostra a **Figura 1–12**. Após receber esse sinal, a CPU interrompe suas tarefas e passa a executar o procedimento iniciado pelo sistema operacional. Esse procedimento registra o fato de a operação de entrada/saída ter terminado e retorna o controle para o ponto no qual a CPU foi interrompida.

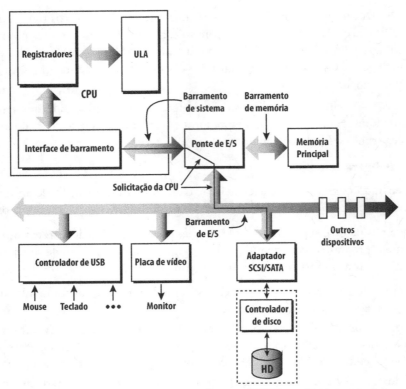

FIGURA 1–10: LEITURA DE UM SETOR: CPU FAZ A SOLICITAÇÃO

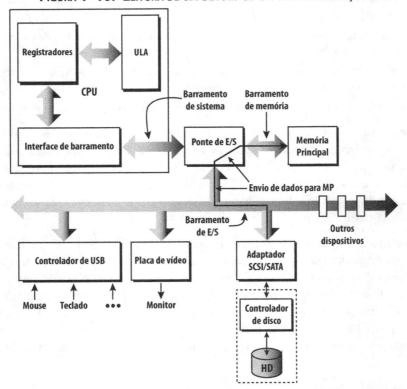

FIGURA 1–11: LEITURA DE UM SETOR: ENVIO DE DADOS PARA MEMÓRIA PRINCIPAL

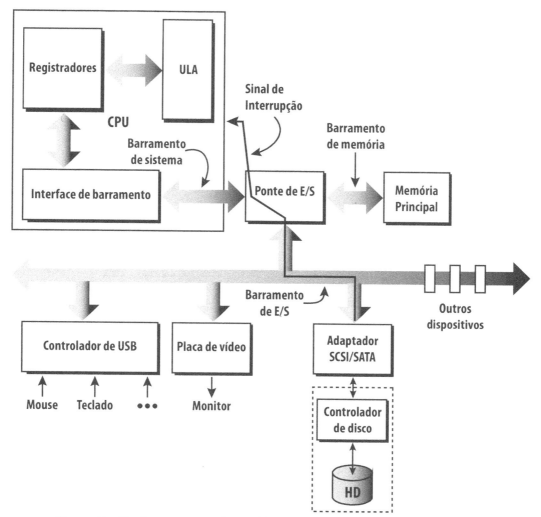

FIGURA 1–12: LEITURA DE UM SETOR: ENVIO DE SINAL DE INTERRUPÇÃO PARA CPU

1.3 Hierarquias de Memória

Tecnologias de armazenamento diferentes possuem diferentes preços e desempenhos. Memória SRAM é mais rápida do que memória DRAM, que é bem mais rápida do que discos magnéticos. Por outro lado, memórias mais rápidas são mais caras do que memórias mais lentas.

O espaço total utilizado por um computador para armazenamento de dados pode ser visualizado como uma **hierarquia de memória** imposta pelo tempo de resposta, pela capacidade e pelo custo de cada componente. Quer dizer, componentes mais caros e com tempos de acesso e capacidades menores ocupam postos superiores nessa hierarquia, como mostra a **Figura 1–13**. Ou seja, dispositivos de armazenamento tornam-se mais lentos, mais baratos e com maior capacidade à medida que se desce do mais elevado para o mais baixo nível da hierarquia.

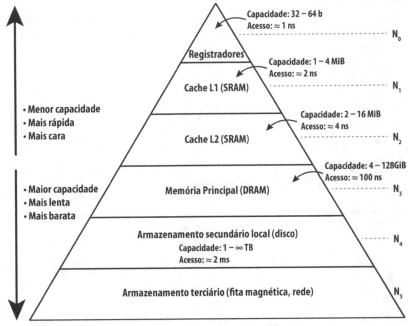

FIGURA 1–13: HIERARQUIA DE MEMÓRIA

O objetivo de uma hierarquia de memória é fazer com que um sistema de memória funcione com os tempos de acesso dos níveis mais altos, mas com os custos e as capacidades dos níveis mais baixos.

Os níveis da hierarquia mostrada na **Figura 1–13** são:

- ☐ **Nível N0**. No topo da hierarquia encontra-se um pequeno número de registradores que a CPU acessa com um único ciclo de instrução[9].

- ☐ **Níveis N1 e N2**. Memórias cache (SRAM) com capacidades (entre 6 KiB e 128 MiB) muito maiores do que a capacidade do conjunto de registradores, mas são mais lentas (entre 700 GB/s e 40 GB/s). Essas memórias cache atuam como armazenamento temporário para dados e instruções armazenados em memória principal, que é mais lenta. Num sistema com memórias cache múltiplas, identificadas como L1, L2 etc., essas memórias são progressivamente mais lentas, têm maior capacidade e são mais baratas. Tipicamente, essas memórias cache são entre três e dez vezes mais rápidas do que a memória principal. Um computador moderno pode conter até cinco níveis de memória cache, mas, na hierarquia ilustrada na **Figura 1–13** há apenas dois níveis de memória cache.

- ☐ **Nível N3**. A **memória interna** ou **memória principal** (DRAM) é bem maior do que a memória cache, mas requer um tempo maior de acesso (i.e., dezenas ou centenas de ciclos de instrução). A memória principal age como espaço transitório para dados armazenados em disco, que é um dispositivo de acesso bem mais lento, apesar de apresentar uma capacidade relativamente grande.

- ☐ **Nível N4**. A memória secundária é representada por discos com enorme capacidade, mas relativamente muito lentos. Os discos servem como área de armazenamento temporário para fitas magnéticas ou outros discos acessados via rede.

- ☐ **Nível N5**. Memórias terciárias representadas por fitas magnéticas e discos que se encontram em servidores remotos acessados via rede.

---

[9]   Um ciclo de instrução é o ciclo de operação básica de uma CPU. Para entender os detalhes de funcionamento de uma CPU, consulte um texto básico sobre arquitetura de computadores.

Obviamente, existem outras combinações para composição de uma hierarquia de memória. Por exemplo, um disco SSD pode ser interposto entre a memória principal e discos magnéticos.

Os níveis de hierarquia que interessam ao programador dependem do tamanho dos dados processados. Para a maioria dos programas, existem apenas dois níveis: aquele que armazena os dados do programa e o nível logo abaixo. Por exemplo, se todos os dados cabem em memória principal, os níveis de interesse são a memória interna e a memória cache. Se os dados não cabem completamente em memória principal, os níveis de interesse são memória principal e memória secundária. A diferença em termos de acesso entre as memórias principal e secundária é mais dramática do que entre as memórias principal e cache.

1.4 Caching

Em computação, **memória cache** (ou, simplesmente, **cache**) consiste em hardware ou software dedicado a estocar dados ou instruções para uso futuro, de modo que eles possam ser acessados mais rapidamente do que se estivessem em seus espaços originais em memória. Em outras palavras, memória cache é um meio de armazenamento menor e mais rápido que serve como área de armazenamento temporário para dados armazenados num meio de armazenamento maior e mais lento. Cache também armazena resultados de operações recentes de modo que elas não precisem ser refeitas. **Caching** refere-se ao uso de memória cache.

A ideia central na qual se baseia o uso de memória cache é que um meio de armazenamento no nível n numa hierarquia de memória serve como cache para o meio de armazenamento no nível $n + 1$ nessa hierarquia. Por exemplo, um disco rígido pode servir de cache para arquivos obtidos via Web e, por sua vez, a memória principal serve como cache para o disco local.

Computadores antigos possuíam apenas três níveis de memória: registradores, memória principal e disco magnético. Mas devido à grande diferença entre tempo de acesso a registradores e a memória principal, decidiu-se acrescentar uma pequena memória cache SRAM, denominada **cache L1**, entre os registradores e a memória principal, como mostra a **Figura 1–14**. Uma memória cache L1 pode ser acessada quase tão rapidamente quanto um registrador; i.e., o tempo de acesso para esse tipo de cache situa-se entre 2 e 4 ciclos de instrução[10]. Além disso, computadores mais modernos podem incluir memórias cache denominadas **L2** (acessadas em 10 ciclos) e **L3** (acessadas em 30 ou 40 ciclos) que são progressivamente maiores e mais lentas do que a memória cache **L1**, mas, mesmo assim, são bem mais rápidas do que a memória principal.

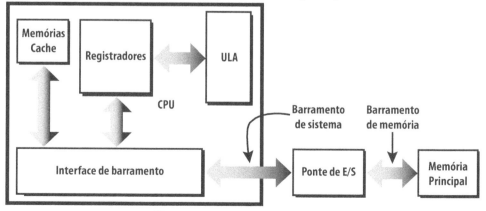

FIGURA 1–14: MEMÓRIAS CACHE

[10] É importante notar que *cache* é um conceito, mas aqui neste caso, esse conceito é representado por um dispositivo físico. Isso pode ser um tanto ambíguo. Neste texto, quando se fala em cache de CPU ou cache nível L1, L2 etc. se está fazendo referência a um dispositivo físico. Em outras situações, cache pode se referir a qualquer meio de armazenamento que aparece num nível superior a outro numa hierarquia de memória.

A **Figura 1–15** mostra o funcionamento de caching numa hierarquia de memória. Nessa figura, dados armazenados no nível $n + 1$ são divididos em blocos, cada um dos quais possui um endereço único[11]. Usualmente, o tamanho desses blocos é fixo, mas também pode ser variável (p. ex., arquivos da Web). Dados armazenados no nível n também são particionados em blocos e esses blocos têm o mesmo tamanho daqueles do nível $n + 1$.

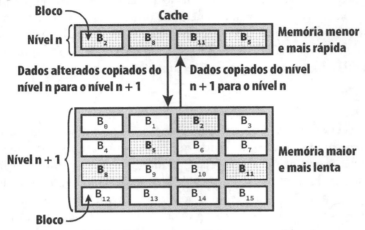

FIGURA 1–15: CACHING NUMA HIERARQUIA DE MEMÓRIA

Como ilustra a **Figura 1–15**, a memória cache no nível n armazena alguns blocos do nível $n + 1$. Nessa figura, os blocos B_2, B_8, B_{11} e B_5 do meio de armazenamento no nível $n + 1$ se encontram armazenados na memória cache do nível n. A referida figura indica ainda que dados são copiados entre os meios de armazenamento nos níveis n e $n + 1$, sendo que dados que se encontram no nível n são copiados para o nível $n + 1$ apenas se eles tiverem sido alterados.

Em geral, meios de armazenamento que ocupam as posições mais baixas numa hierarquia de memória tendem a usar blocos maiores para compensar a relativa lentidão desses dispositivos.

Quando um programa precisa acessar um dado que se encontra no nível $n + 1$ numa hierarquia de memória, ele primeiro procura-o em algum bloco que se encontra no nível n dessa hierarquia. Quando o referido dado é encontrado no nível n, diz-se que ocorreu um **acerto de cache**. Em caso contrário, diz-se que ocorreu um **lapso de cache**. Por exemplo, considerando-se a configuração apresentada na **Figura 1–15**, se um programa tenta acessar um dado que se encontra no bloco B_{11}, ocorre um acerto de cache. Por outro lado, se ele tenta acessar um dado que se encontra no bloco B_0, ocorre um lapso de cache.

Quando ocorre um acerto de cache, o programa acessa o dado desejado diretamente no nível n que, em virtude da natureza da hierarquia de memória, permite acesso mais rápido do que o nível $n + 1$. Por outro lado, quando ocorre um lapso de cache, o sistema obtém o bloco que contém o dado no nível $n + 1$ e armazena esse bloco no nível n. Nesse processo, é possível que um bloco que já se encontre armazenado no nível n precise ser sobrescrito se a memória cache desse nível já estiver cheia.

O processo de sobrescrita de um bloco em memória cache é conhecido como **desalojamento de bloco**. A **Figura 1–16** ilustra um exemplo de lapso de cache e desalojamento de bloco. Nesse exemplo, um programa procura um dado d e não o encontra na memória cache no nível n. Entretanto esse dado se encontra no bloco B_3 que se acha no nível $n + 1$. Então esse bloco deve ser carregado na memória cache no nível n. Mas como essa memória se encontra lotada, um dos blocos que lá se encontram precisa ser sobrescrito. Nesse exemplo, o bloco desalojado é o bloco B_5, mas poderia ser outro (v. adiante). Depois que a memória cache do nível n

---

[11]   No corrente contexto, esses blocos são também denominados **linhas de cache**.

obtém o bloco B_3 no nível $n + 1$, o programa pode ler o dado d no nível n, conforme foi descrito acima. Uma vez que o bloco B_3 é carregado no nível n, ele permanece lá com a expectativa de que será novamente acessado.

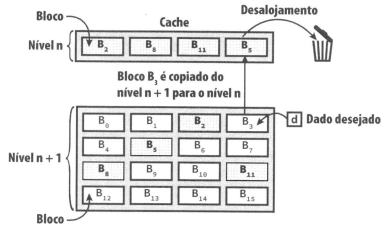

FIGURA 1–16: LAPSO DE CACHE E DESALOJAMENTO DE BLOCO

Heurísticas são usadas para tentar reduzir o número de lapsos de cache[12]. Quer dizer, a decisão sobre qual bloco desalojar quando ocorre um lapso de cache é ditada por uma heurística denominada **política de substituição** (ou **política de desalojamento**) de memória cache. A implementação dessa política envolve diferentes algoritmos e estruturas de dados. Existem três políticas básicas de substituição de blocos de memória cache:

❏ **Política aleatória**. Essa política causa o desalojamento de um bloco escolhido aleatoriamente e é ilustrada na **Figura 1–17**. Essa abordagem é muito fácil de implementar e tem custo temporal $\theta(1)$, mas, em compensação, ela não leva em consideração localidade temporal ou espacial (v. **Seção 1.5.1**).

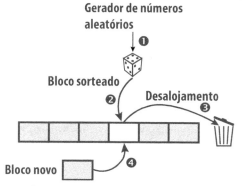

FIGURA 1–17: POLÍTICA ALEATÓRIA DE DESALOJAMENTO DE CACHE

❏ **Política FIFO**. Nessa política de desalojamento, os blocos são armazenados numa fila, de modo que essa abordagem remove o bloco mais antigo na fila (i.e., aquele que se encontra na frente da fila)[13]. A **Figura 1–18** ilustra essa política, que também apresenta custo temporal $\theta(1)$. A política FIFO também não leva em consideração localidade temporal ou espacial (v. **Seção 1.5.1**).

---

[12] *Heurística* é um dos termos mais mal-empregados em computação e esta é uma ótima oportunidade para tentar esclarecer o conceito ao qual esse termo se refere. Um algoritmo que *sempre* resolve um determinado problema não pode ser classificado como *heurístico*. Um **algoritmo heurístico** é aquele que *pode* resolver um problema numa dada situação, mas não há garantia de que isso ocorrerá. Se a heurística na qual tal algoritmo se baseia é bem fundamentada em experimentos, a probabilidade de que isso ocorra é grande. Heurística tem tudo a ver com cache e localidade de referência, que será discutido na próxima seção.

[13] A denominação dessa política torna-se óbvia se você estudou filas adequadamente, pois essas estruturas de dados são também denominadas de *estruturas FIFO*, como foi visto no **Volume 1** desta obra.

FIGURA 1–18: POLÍTICA FIFO DE DESALOJAMENTO DE CACHE

❑ **Política MRU**. MRU é um acrônimo para (bloco) **menos recentemente usado**, o que significa que o bloco desalojado nessa abordagem é aquele cujo acesso foi o mais antigo. De acordo com as pesquisas, essa é a melhor abordagem, pois ela leva em conta localidade temporal, que será discutida na **Seção 1.5.1**. Essa abordagem pode ser implementada por meio de uma fila de prioridade (v. **Capítulo 10**), que apresenta custo temporal $\theta(n \cdot log\ n)$ no melhor caso. Essa política é ilustrada na **Figura 1–19**.

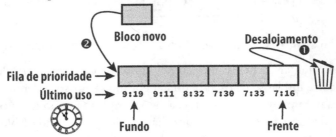

FIGURA 1–19: POLÍTICA MRU DE DESALOJAMENTO DE CACHE

Existem muitos detalhes referentes a caching que não são abordados aqui, pois eles estão além do escopo deste texto. Além disso, caching é um tópico intimamente relacionado com gerenciamento de memória virtual, que também está além do alcance deste livro.

1.5 Localidade de Referência

Diz-se que um programa é **dirigido por processamento** quando, durante a maior parte de sua execução, ele executa instruções. Por outro lado, um programa é **dirigido por entrada e saída** se, na maior parte de seu tempo de execução, ele efetua operações de leitura ou escrita de dados em memória secundária. Por exemplo, um programa que ordena um array completamente contido em memória principal é dirigido por processamento, enquanto um programa que ordena um conjunto de milhões de registros mantidos num arquivo em disco é dirigido por entrada e saída (v. **Capítulo 12**).

Uma maneira de melhorar o desempenho de um programa é reduzir o acesso aos níveis inferiores de uma hierarquia de memória, como aquela apresentada na **Seção 1.3**. Computadores (hardware) e sistemas operacionais possuem mecanismos para acelerar a maioria dos acessos de memória. Por exemplo, o hardware é responsável pelo movimento de dados entre memória cache (SRAM) e memória principal (DRAM) para acelerar o acesso a dados. Essa memória cache armazena dados e instruções usados mais recentemente. Por outro lado, sistemas operacionais usam a memória principal como cache para o bloco de um disco magnético mais recentemente acessado. Isso evita que a CPU desperdice tempo demais aguardando a finalização de operações de entrada e saída. Esses mecanismos usados por hardware e software são baseados em localidade de referência, que será discutida nesta seção.

Programas com boa **localidade de referência** tendem a acessar os mesmos dados repetidamente ou a acessar dados adjacentes em memória. Programas com boa localidade também tendem a acessar dados que se encontram em porções superiores da hierarquia de memória. Assim boa localidade é uma qualidade desejável de um programa, pois essa qualidade faz com ele seja executado mais rapidamente. Um bom programa tende a acessar dados próximos a outros dados recentemente acessados e essa tendência é conhecida como **princípio de localidade**.

1.5.1 Localidades Temporal e Espacial

Existem duas categorias de localidade de referência: localidade temporal e localidade espacial. **Localidade temporal** diz respeito ao uso repetido de um determinado conjunto de dados ou instruções durante um certo intervalo de tempo, enquanto **localidade espacial** se refere ao uso de um determinado conjunto de dados cujos elementos estão localizados em endereços próximos entre si.

Memórias cache favorecem localidade temporal com base no seguinte fato experimental: se um programa acessa certo espaço em memória, é provável que ele torne a acessá-lo muitas vezes em breve. Um exemplo de constatação desse fato é o uso de uma variável de contagem em diversas instruções num laço de contagem. Por outro lado, o benefício do uso de memórias cache para localidade espacial baseia-se em outro resultado experimental: se um programa acessa certo espaço em memória, é provável que ele também acesse em breve outras posições vizinhas. Em geral, o uso de memórias cache com intuito de favorecer a localidade de referência de programas baseia-se num fato experimental que é uma espécie de **Princípio de Pareto** (ou **regra 80/20**) de utilização de dados[14]:

> **Na maioria dos programas, cerca de 80% do acesso à memória incide sobre 20% de dados.**

Por exemplo, de acordo com esse princípio, se um programa utiliza *100* variáveis, em média, ele acessa apenas *20* delas *80%* das vezes.

Agora, considere como exemplo de localidade de referência, a função `SomaArray()`, definida abaixo, que acessa sequencialmente os elementos de um array com o objetivo de somá-los. Nessa função, a variável `soma` é acessada a cada passagem no laço `for`. Portanto essa função apresenta uma boa localidade temporal com respeito à variável `soma`. Por outro lado, como essa variável não é um elemento de uma variável estruturada, não existe localidade espacial com relação a essa variável.

```c
int SomaArray(int ar[], int n)
{
    int i, soma = 0;

    for (i = 0; i < n; i++)
        soma += ar[i];

    return soma;
}
```

Na função `SomaArray()`, os elementos do array `ar[]` são acessados sequencialmente exatamente na ordem em que eles são armazenados em memória. Portanto a função `SomaArray()` possui boa localidade espacial com relação à variável `ar[]`, mas tem má localidade temporal com relação a essa mesma variável pois cada elemento desse array é acessado exatamente uma única vez. Como a função `SomaArray()` apresenta boa localidade espacial ou temporal com relação a cada variável no corpo do laço, em geral, ela tem boa localidade.

Uma função tal qual `SomaArray()` possui **padrão de referência sequencial** ou **padrão de referência de ordem 1**. Em geral, quando se acessa cada enésimo elemento de um array unidimensional classifica-se esse acesso como **padrão de referência (de ordem) n**. À medida que a ordem de um padrão de referência aumenta, assim diminui a localidade espacial. Portanto o melhor que se pode obter num acesso a elementos de um array é o padrão de referência 1 (ou **padrão sequencial**). Por exemplo, suponha que o parâmetro `ar[]` da função `SomaArray()` represente um array com *5* elementos (i.e., o parâmetro **n** dessa função vale **5**), que seu primeiro

---

[14] Este é mais um exemplo de heurística.

elemento possui endereço **e** e que a largura de cada elemento é igual a 4 bytes. Desse modo, a **Tabela 1–2** mostra como os elementos do array recebido como parâmetro pela referida função são acessados.

Endereço	e	e + 4	e + 8	e + 12	e + 16
Conteúdo	ar[0]	ar[1]	ar[2]	ar[3]	ar[4]
Ordem de acesso	1	2	3	4	5

TABELA 1–2: PADRÃO DE REFERÊNCIA SEQUENCIAL EM ARRAY UNIDIMENSIONAL

Para melhor entender o processo, serão adotadas as seguintes simplificações adicionais:

- ❑ O array está alinhado com um bloco em memória principal. Quer dizer, o endereço do elemento **ar[0]** coincide com o endereço inicial de um bloco em memória principal.

- ❑ O tamanho de cada bloco entre a memória principal e a memória cache exatamente acima dela na hierarquia de memória é de 16 bytes. Ou seja, cabem precisamente quatro elementos do array em questão em cada um desses blocos.

- ❑ A referida memória cache está inicialmente vazia (**memória cache fria**).

Levando em consideração essas simplificações, durante a execução da função **SomaArray()**, ocorre a seguinte sequência de eventos:

1. Na primeira passagem pelo corpo do laço **for** da função **SomaArray()**, ocorre um lapso de cache, uma vez que, por hipótese, a memória cache está fria (i.e., vazia). Assim o bloco que contém os quatro primeiros elementos do array **ar[]** é carregado na memória cache. Esse fato é ilustrado na **Figura 1–20**.

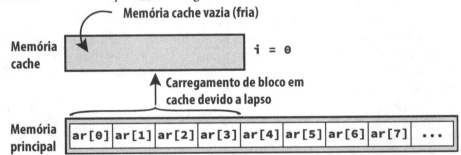

FIGURA 1–20: PADRÃO DE REFERÊNCIA 1: PRIMEIRO LAPSO DE CACHE

2. Nas três passagens seguintes pelo laço **for** sob discussão, ocorrem acertos de cache porque os elementos do array que são acessados já se encontram na memória cache, como mostra a **Figura 1–21**. Portanto nesse caso, não ocorre movimentação de bloco entre a memória principal e a memória cache.

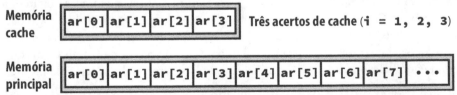

FIGURA 1–21: PADRÃO DE REFERÊNCIA 1: TRÊS ACERTOS DE CACHE

3. Como mostra a **Figura 1–22**, na quinta passagem pelo corpo do laço **for** da função **SomaArray()**, ocorre um novo lapso de cache. Dessa vez, a memória cache não está fria, mas o elemento **ar[4]** não se encontra nela. Desse modo, um novo bloco precisa ser carregado na memória cache.

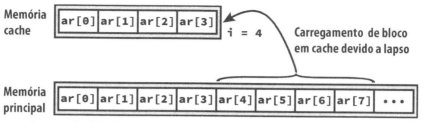

FIGURA 1–22: PADRÃO DE REFERÊNCIA 1: SEGUNDO LAPSO DE CACHE

Nas próximas passagens pelo corpo do laço **for** da função `SomaArray()`, o padrão apresentado acima irá se repetir (v. **Figura 1–23**). Logo com as suposições feitas acima, ocorre um lapso de cache a cada quatro acessos (ou 75% de acertos de cache), o que é considerado muito bom em termos de eficiência.

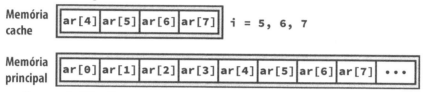

FIGURA 1–23: PADRÃO DE REFERÊNCIA 1: MAIS TRÊS ACERTOS DE CACHE

Padrões de referência também são importantes quando se acessam elementos de arrays multidimensionais. Considere, por exemplo, a função `SomaArrayBi1()` apresentada a seguir[15].

```
int SomaArrayBi1(int a[][N], int m)
{
    int i, j, soma = 0;

    for (i = 0; i < m; i++)
        for (j = 0; j < N; j++)
            soma += a[i][j];

    return soma;
}
```

A função `SomaArrayBi1()` soma os elementos de um array bidimensional e retorna o valor obtido. Os laços **for** dessa função acessam os elementos do array `a[][]` **por linha**; i.e., o laço interno acessa os elementos da primeira linha, depois os elementos da segunda linha e assim por diante. Esse padrão de acesso coincide exatamente com o modo como um array bidimensional é armazenado em memória, como ilustra a **Figura 1–24** que mostra como um array com três linhas e três colunas é armazenado em memória. Examinado-se essa figura, percebe-se que a função `SomaArrayBi1()` exibe ótima localidade espacial, visto que ela acessa os elementos do array na mesma ordem em que eles são armazenados em memória. Portanto o que se tem aqui é um padrão de referência 1, o que garante à função `SomaArrayBi1()` uma ótima localidade espacial.

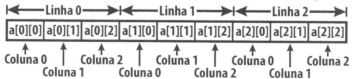

FIGURA 1–24: ARMAZENAMENTO DE UM ARRAY BIDIMENSIONAL EM MEMÓRIA

Para entender melhor a razão pela qual a função `SomaArrayBi1()` exibe essa localidade espacial, suponha que o parâmetro `a[][]` casa com um array com três linhas e três colunas (nesse caso, o parâmetro `m` e a constante

[15] Neste e no próximo exemplos, `N` é uma constante simbólica previamente definida.

N valem 3). A **Tabela 1–3** mostra como a função `SomaArrayBi1()` acessa os elementos do array recebido como parâmetro.

ENDEREÇO	e	e + 4	e + 8	e + 12	e + 16	e + 20
CONTEÚDO	a[0][0]	a[0][1]	a[0][2]	a[1][0]	a[1][1]	a[1][2]
ORDEM DE ACESSO	1	2	3	4	5	6

TABELA 1–3: PADRÃO DE REFERÊNCIA 1 EM ARRAY BIDIMENSIONAL

Agora considere a função `SomaArrayBi2()` a seguir.

```
int SomaArrayBi2(int a[][N], int m)
{
    int i, j, soma = 0;

    for (j = 0; j < N; j++)
        for (i = 0; i < m; i++)
            soma += a[i][j];

    return soma;
}
```

A função `SomaArrayBi2()` é funcionalmente equivalente à função `SomaArrayBi1()`. Quer dizer, ambas as funções fazem o mesmo. Entretanto elas o fazem de modo diferente. Note que, como foi dito acima, a função `SomaArrayBi1()` acessa os elementos do array que ela recebe como parâmetro por linha, enquanto a função `SomaArrayBi2()` acessa esses mesmos elementos **por coluna**. Objetivamente, note atentamente que o que diferencia essas funções é o modo como os laços de repetição **for** são escritos. Para entender melhor, suponha que, como no exemplo anterior, o parâmetro `a[][]` é um array com três linhas e três colunas e (i.e., os parâmetros m e n valem 3). A **Tabela 1–4** mostra como a função `SomaArrayBi2()` acessa os elementos que ela recebe como parâmetro.

ENDEREÇO	e	e + 4	e + 8	e + 12	e + 16	e + 20
CONTEÚDO	a[0][0]	a[0][1]	a[0][2]	a[1][0]	a[1][1]	a[1][2]
ORDEM DE ACESSO	1	3	5	2	4	6

TABELA 1–4: PADRÃO DE REFERÊNCIA N EM ARRAY BIDIMENSIONAL

A função `SomaArrayBi2()` tem padrão de referência de ordem n, em que n é o número de elementos na segunda dimensão (colunas) do array recebido como parâmetro. Se esse array não couber inteiramente em memória cache, cada acesso causará um lapso de cache.

A **Figura 1–25** ilustra o conceito de padrão de referência para acesso a elementos de um array.

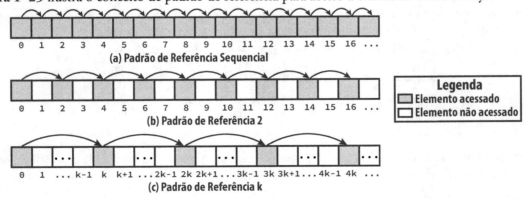

FIGURA 1–25: PADRÕES DE REFERÊNCIA PARA ACESSO A ARRAYS

Como mostram os exemplos acima, após um bloco ter sido carregado em memória cache em decorrência de um lapso de cache, espera-se que ocorram vários acertos de cache com esse bloco. Além disso, como uma memória cache que se encontra num nível n na hierarquia de memória é mais rápida do que a memória que se encontra no nível $n + 1$ da mesma hierarquia, os acertos de cache subsequentes compensam o referido lapso de cache.

Altas taxas de lapso de cache têm um grande impacto negativo sobre a eficiência de um programa. Por exemplo, a função `SomaArrayBi1()` pode apresentar um desempenho duas vezes maior do que a função `SomaArrayBi2()`. Em suma, os programadores devem ter ciência sobre localidade quando codificam para serem capazes de explorá-la.

É importante salientar que um array se beneficia bem mais com o uso de memória cache do que uma estrutura encadeada (p. ex., lista encadeada ou árvore) porque os elementos de um array são armazenados contiguamente. Por outro lado, os elementos de uma estrutura encadeada são alocados individualmente e, provavelmente, se situam em posições dispersas em memória.

1.5.2 Localidade de Acesso a Instruções

Instruções em **linguagem de máquina** são armazenadas em memória e, antes de serem executadas, precisam ser lidas pela CPU. Além disso, memórias cache podem não apenas armazenar dados como também instruções. Portanto um programa também pode ser julgado de acordo com a facilidade de acesso a suas instruções. Por exemplo, na função `SomaArray()` apresentada na **Seção 1.5.1**, as instruções no corpo do laço **for** são acessadas de modo sequencial, de maneira que o laço apresenta boa localidade espacial. Além disso, como o corpo do referido laço é executado várias vezes, ele também apresenta boa localidade temporal.

1.5.3 Blocagem e Memória Virtual

Blocagem é o processo de organizar dados em blocos e é usado para facilitar o processamento de dados armazenados em memória secundária. Quando os dados que se encontram numa certa localização em memória secundária são acessados, transfere-se um grande bloco de bytes contíguos que inclui os dados desejados. Essa ideia é motivada por localidade espacial (v. **Seção 1.5.1**). Ou seja, ela se baseia na expectativa de que outros dados vizinhos àqueles almejados serão em breve acessados. Neste contexto, esses blocos são também denominados **páginas**.

Especificamente, se os dados armazenados numa localização l em memória secundária são acessados, então carrega-se em memória principal um grande bloco de dados contíguos que incluem a localização l (v. **Figura 1–26**). Essa ação é motivada pela expectativa de que outros locais em memória secundária próximas a l serão acessados em breve.

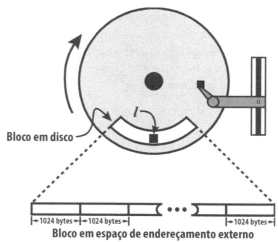

FIGURA 1–26: BLOCO EM DISCO E EM ESPAÇO DE ENDEREÇAMENTO EXTERNO

Blocagem para discos também é motivada pelas propriedades de funcionamento dos próprios discos. Quer dizer, como foi visto na **Seção 1.1.3**, uma cabeça de leitura de um disco leva um tempo relativamente longo para se posicionar para leitura numa certa localização, mas, uma vez que o braço esteja posicionado, ele pode rapidamente ler muitos locais contíguos, porque o disco que está sendo lido continua girando em alta velocidade.

Em programação, *bloco* tem múltiplos significados dependendo do contexto. No contexto de armazenamento de dados em disco e para um sistema de arquivos, um bloco é uma abstração que engloba um ou vários setores de um disco.

Na prática, pode-se verificar qual é o **tamanho de um bloco** usado por um sistema de arquivos utilizando a interface de comandos (terminal ou console) do sistema operacional ora em uso. Por exemplo, num sistema operacional da família Unix, pode-se digitar o seguinte comando numa janela de console:

```
touch teste.txt
```

Esse comando irá criar no diretório corrente um arquivo chamado `teste.txt` que não contém nada (pois nada foi escrito nele, de modo que o arquivo existe apenas como uma entrada no diretório). Se você usar seu sistema operacional para obter informações sobre esse arquivo verá que ele contém 0 KiB (i.e., ele ainda não contém nenhum dado armazenado). Entretanto se você abrir esse arquivo num editor de texto, introduzir um único caractere e salvá-lo, apesar de o único caractere que constitui o conteúdo do arquivo ocupar apenas um byte, o arquivo passará a ocupar 4 KiB no disco. Quer dizer, ele agora está ocupando um bloco no disco[16]. À medida que você acrescenta mais caracteres ao arquivo, o tamanho dele, obviamente, cresce, mas ele continuará ocupando os mesmos 4 KiB de espaço em disco até que o número de caracteres no arquivo ultrapasse 4 KiB. Nesse último caso, outro bloco será alocado para o arquivo em disco e o espaço utilizado em disco pelo mesmo arquivo passará a ser 8 KiB.

Isso significa, por exemplo, que se for utilizado um disco (hipotético) com espaço disponível de 40 KiB e formatado em blocos de 4 KiB, pode-se torná-lo repleto criando-se 10 arquivos contendo apenas 1 byte cada, de modo que serão desperdiçados aproximadamente 39.990 bytes que poderiam ser usados em novos arquivos. Nesse caso, é claro que se pode acrescentar mais dados em cada arquivo já criado até o limite de espaço disponível, mas não será possível acrescentar mais arquivos a esse disco hipotético. Assim pode-se concluir que blocos de 4 KiB são bem ineficientes para um disco de 40 KiB. Na vida real, isso não constitui um problema desde que tenham discos tão grandes que o número de blocos disponíveis exceda em grande quantidade o número de arquivos que se deseja armazenar em disco.

Memória virtual consiste em prover um espaço de endereçamento tão grande quanto a capacidade da memória secundária e transferir dados e instruções para a memória principal à medida que eles são acessados. Desse modo, o uso de memória virtual não limita o programador ao tamanho da memória interna. Trazendo-se dados e instruções para a memória principal, espera-se que eles sejam acessados novamente em breve. Portanto essa ação é motivada por localidade temporal (v. **Seção 1.5.1**).

Quando implementada usando caching e blocagem, memória virtual permite muitas vezes que se perceba memória secundária como sendo mais rápida do que ela realmente o é. Agora, sabe-se que, normalmente, memória principal é muito menor do que memória secundária. Além disso, comumente um programa chega a um ponto em que ele precisa de dados ou instruções que se encontram originalmente em memória secundária (virtual), mas que não se encontram em memória principal porque ela já está repleta de blocos. Para satisfazer essa necessidade, algum bloco que se encontra na memória principal deve ser removido para abrir espaço para um novo bloco proveniente da memória secundária. Existem inúmeros algoritmos e estruturas de dados que

---

[16]   Supondo, evidentemente, que um bloco ocupa 4 KiB.

podem ser usados para lidar com esse problema, cuja solução é semelhante às políticas de desalojamento usadas com memória cache vistas na **Seção 1.4**.

1.5.4 Uso de Registradores

Todo computador possui um pequeno número de registradores que são pequenas unidades de armazenamento dentro da CPU. O computador utiliza seus registradores para efetuar operações lógicas e aritméticas. Por exemplo, a seguinte instrução em C:

```
z = x + y;
```

pode fazer com que os valores de x e y sejam carregados em dois registradores. Então o computador adiciona os valores contidos nestes dois registradores e armazena o valor resultante na posição de memória representada por z.

Geralmente, operações envolvendo registradores são muito mais rápidas do que operações envolvendo dados armazenados em memória principal. Infelizmente, o número de registradores em qualquer computador é muito limitado se comparado com a capacidade de memória do computador. Também, muito frequentemente, o número de variáveis em uso num programa é muito maior do que o número de registradores disponíveis. Portanto normalmente, não é possível manter todas as variáveis de um programa em registradores, como seria ideal. Bons compiladores são dotados de estratégias para decidir quais variáveis manter em registradores de forma a minimizar o acesso à memória principal.

Em C, a palavra-chave **register** serve para o programador sugerir ao compilador as variáveis que devem ser armazenadas em registradores. Entretanto o compilador tem liberdade para aceitar ou não tal sugestão. Os compiladores comportam-se de maneiras bastante variadas nesse aspecto. Por exemplo, alguns compiladores admitem que o programador utilize uma opção de compilação que especifica se o compilador deve tentar seguir a sugestão do programador ou usar sua própria estratégia de uso de registradores. Outros compiladores podem rejeitar categoricamente qualquer sugestão do programador e utilizar suas próprias estratégias de utilização de registradores.

Uma variável definida com **register** pode nunca ter um endereço em memória (i.e., pode ser que ela seja mantida num registrador durante todo seu tempo de vida). Portanto como registradores não possuem endereço, não se pode fazer referência ao endereço de uma variável declarada com o especificador **register**. Isto resultaria em erro de compilação, independentemente do fato de a variável ser realmente armazenada num registrador ou não.

O especificador **register** pode ser utilizado apenas com parâmetros de funções ou variáveis de duração automática e deve ser usado quando eles são acessados com muita frequência. Um caso típico de uso do especificador **register** é aquele de variáveis utilizadas como contadores em laços **for**, como, por exemplo:

```
register  int  i;
for  (i = 0; i <= 10000; i++){
    ...
}
```

Em princípio, não existe nenhum limite quanto ao número de variáveis ou parâmetros que podem ser qualificados com **register**. Na prática, se houver um número maior de variáveis e parâmetros qualificados com **register** do que o número de registradores disponível e o compilador aceitar as sugestões de alocação de registradores, ele irá considerar apenas as primeiras qualificações dessa natureza até que o número de registradores disponíveis seja atingido.

Nos dias atuais, muitos compiladores são suficientemente *inteligentes* para utilizar ótimas estratégias de alocação de registradores, de modo que o programador raramente precisa se preocupar com o uso da palavra-chave **register**.

1.5.5 Como Melhorar a Localidade de Referência de um Programa

Um programa com boa localidade de referência apresenta menos lapsos de cache e, assim, é mais rápido. Ou seja, programas que obtêm seus dados em níveis mais elevados de uma hierarquia de memória são executados mais rapidamente do que aqueles que assim o fazem em níveis inferiores dessa hierarquia. Portanto o programador deve escrever programas que sejam favoráveis ao uso de memória cache; i.e., programas que possuam boa localidade de referência. Esta seção apresenta algumas regras para julgamento de programas quanto a localidade de referência e sugestões sobre como o programador pode melhorar seus programas nesse aspecto.

Programas com boa localidade de referência satisfazem pelo menos os seguintes requisitos:

- ❏ Eles fazem referência às mesmas variáveis repetidamente e, assim, exibem uma boa localidade temporal.
- ❏ Quando processam arrays, eles usam o menor padrão de referência possível para obterem a melhor localidade espacial.
- ❏ Eles usam laços de repetição com corpos pequenos, pois quanto menor for o corpo do laço e o número de iterações, melhores serão as localidades espacial e temporal com relação a instruções.

O programador que conhece bem o funcionamento de hierarquias de memória usa esse conhecimento para escrever programas eficientes, independentemente da organização específica de memória utilizada. Programadores conscientes podem acelerar seus programas usando localidade espacial e temporal seguindo as seguintes recomendações:

- ❏ Concentre-se na otimização de laços internos, nos quais a maior carga de processamento ocorre.
- ❏ Melhore a localidade espacial acessando dados sequencialmente com padrão de referência 1 na ordem em que eles são armazenados em memória. Padrões de referência 1 são bons porque todas as memórias cache de uma hierarquia de memória armazenam dados em blocos contíguos.
- ❏ Melhore a localidade espacial usando dados repetidamente logo após eles terem sido acessados pela primeira vez.
- ❏ Variáveis locais e parâmetros usados repetidamente devem ser qualificados com a palavra-chave **register** para sugerir ao compilador que eles sejam carregados em registradores. Mas bons compiladores não precisam desse auxílio.

1.6 Análise de Algoritmos em Memória Secundária

No **Capítulo 6** do **Volume 1** desta obra, mostra-se como analisar custos temporais e espaciais de algoritmos que lidam com dados disponíveis exclusivamente em memória interna. Resumidamente, nesse caso, o custo temporal de um algoritmo é proporcional ao número de instruções que ele requer para processar dados de um certo tamanho n. O acesso aos dados em si é irrelevante nessa análise, visto que se considera que os dados estão prontamente disponíveis em memória. Além disso, o custo espacial de um algoritmo, medido em termos do espaço adicional que ele usa para processar seus dados, pode ser importante porque, conforme foi visto na **Seção 1.3**, o custo desse espaço em memória interna é relativamente dispendioso. Por sua vez, o custo espacial de algoritmos que atuam em memória secundária é, normalmente, negligenciado.

A análise convencional de algoritmos não leva localidade de referência em consideração e assume que tempos de acesso a dados são iguais independentemente de onde eles se encontram armazenados numa hierarquia de memória. Existem duas justificativas para essa simplificação:

1. Informações sobre uma organização específica de memória são dependentes de hardware e difíceis de obter.
2. Sistemas operacionais possuem mecanismos baseados em localidade de referência que facilitam o acesso rápido a dados, como foi descrito na **Seção 1.5**.

A análise assintótica deixa de fazer sentido quando grande parte dos dados processados é mantida em memória secundária, pois esse tipo de análise assume que todas as operações possuem o mesmo custo de processamento. Ocorre, porém, que a análise de algoritmos que precisam acessar dados armazenados em memória secundária deve ser baseada em outros parâmetros devido a dois fatores principais:

1. Como foi visto na **Seção 1.1**, o custo de transferência de dados entre memória principal e memória secundária é muito maior do que o custo de execução de uma instrução. De fato, no tempo gasto para acessar um bloco armazenado em disco, por exemplo, podem ser executadas bilhões de instruções. Assim efetuar um número elevado de operações em memória principal torna-se irrelevante em face de um único acesso a disco.

2. Análise de custo espacial tradicional tem pouca importância aqui, porque o custo de espaço em memória secundária é relativamente muito baixo.

Deve-se ainda levar em consideração que, quando se lê um byte em memória secundária, um bloco inteiro, cujo tamanho típico é 4 KiB, é transferido dessa memória para a memória principal. Assim sendo, se os dados forem organizados cuidadosamente, como será mostrado no **Capítulo 6**, cada acesso à memória secundária pode resultar no carregamento em memória principal de 4 KiB que serão úteis no complemento de qualquer operação que esteja em andamento.

O que foi exposto acima constitui a ideia que norteia o modelo de análise de algoritmos que atuam em memória secundária ilustrado na **Figura 1–27**. Nesse modelo, o computador tem acesso a uma memória secundária de grande capacidade na qual os dados residem. Essa memória é dividida em blocos de memória, sendo que cada um deles contém B bytes. O computador também possui memória interna de capacidade limitada na qual os dados devem ser carregados logo antes de ser processados. A transferência de um bloco entre as memórias interna e externa leva um tempo considerado constante (apesar de ser relativamente enorme). Por outro lado, o custo temporal de processamento efetuado em memória interna é considerado irrelevante.

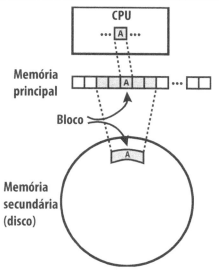

Figura 1–27: Leitura de uma Variável em Memória Secundária

À primeira vista, o fato de se considerar o processamento em memória interna sem custo temporal pode parecer um tanto estranho, mas isso simplesmente enfatiza o fato de acessos à memória secundária serem bem mais lentos do que acessos à memória interna. Desse modo, a diferença em termos de tempo de acesso entre disco e memória interna é tão grande que é aceitável executar um número considerável de acessos à memória interna se eles permitem evitar algumas poucas transferências de dados de memória secundária.

Concluindo, um algoritmo que processa dados armazenados em memória secundária deve tentar efetuar o menor número possível de acessos, mesmo que isso se dê a custa da execução de um maior número de instruções.

1.7 Exemplo de Programação

1.7.1 Medindo Tempo de Execução

Problema: Escreva uma função que mede intervalos de tempo entre duas chamadas consecutivas dela.

Solução: A função MedidaDeTempo() apresentada abaixo atende aquilo que foi solicitado. Seu único parâmetro é a informação que será apresentada na tela acompanhando a medida de tempo.

```c
void MedidaDeTempo(const char *info)
{
    static int      numeroDeChamadas = 0;
    static time_t t0; /* Instante inicial */
    time_t         tf; /* Instante final   */
    double         intervalo;

    if (info) {
        printf("\n>>> %s\n", info);
        fflush(stdout);
    }

    ++numeroDeChamadas; /* Esta função foi chamada mais uma vez */

        /* Se o número da chamada for ímpar, esta chamada é a primeira de um par */
    if (numeroDeChamadas%2) { /* Calcula o instante inicial */
        t0 = time(NULL);
    } else{/* Calcula e apresenta o intervalo de tempo entre as duas últimas chamadas */
        tf = time(NULL);

        intervalo = difftime(tf, t0);

        if (intervalo < 60)
            printf("\n\t*** Tempo gasto na operacao: %5.2f segundos ***\n", intervalo);
        else
            printf("\n\t*** Tempo gasto na operacao: %5.2f minutos ***\n", intervalo/60);
    }
}
```

Um programa que contenha a função MedidaDeTempo() precisa incluir o cabeçalho <time.h> para permitir o uso das funções **time()** e **difftime()**. Note que as variáveis **numeroDeChamadas** e **t0** têm duração fixa, pois elas precisam manter seus valores entre uma chamada da função e a próxima chamada.

1.8 Exercícios de Revisão

Meios de Armazenamento (Seção 1.1)

1. O que é memória RAM?
2. (a) O que é memória SRAM? (b) Em que dispositivos memórias SRAM são tipicamente usadas?
3. (a) O que é memória DRAM? (b) Em que dispositivos memórias DRAM são tipicamente usadas?
4. (a) Que vantagens apresenta uma memória SRAM? (b) Quais são suas desvantagens?
5. (a) Que vantagens apresenta uma memória DRAM? (b) Quais são suas desvantagens?

6. (a) O que é um meio de armazenamento volátil? (b) O que é um meio de armazenamento não volátil? (c) Quais são os meios de armazenamento voláteis apresentados neste capítulo? (d) Quais são os meios de armazenamento apresentados neste capítulo que não são voláteis?

7. Por que *memória de acesso aleatório* pode ser uma denominação enganosa para memória RAM?

8. Em que diferem as memórias PROM, EPROM e EEPROM?

9. Por que *memória apenas para leitura* é uma denominação enganosa para as memórias ROM atuais?

10. Uma cabeça de leitura/escrita de um disco pode ser movida independentemente das demais cabeças de leitura/escrita do mesmo disco? Explique sua resposta.

11. Descreva os seguintes componentes de um disco magnético:

    (a) Prato

    (b) Superfície

    (c) Braço

    (d) Cabeça de leitura/gravação

12. Descreva os seguintes componentes geométricos de um disco magnético:

    (a) Trilha

    (b) Setor

    (c) Cilindro

    (d) Bloco

    (e) Espaçamento

    (f) Intervalo

13. Qual é a diferença entre setor geométrico e setor de trilha?

14. No contexto de discos magnéticos, o que é um cluster?

15. O que é um sistema de arquivos?

16. Descreva os seguintes conceitos relativos a discos magnéticos:

    (a) Densidade de gravação

    (b) Densidade de trilha

    (c) Densidade de área

17. Como se determina a capacidade de um disco magnético?

18. Determine a capacidade de um disco magnético com as seguintes características:

Número de pratos	3
Número de superfícies por prato	2
Número de bytes por setor	512
Número de trilhas por superfície	20.000
Número de setores por trilha	300

19. (a) O que é tempo de posicionamento num disco magnético? (b) O que é atraso rotacional num disco magnético? (c) O que é latência rotacional num disco magnético?

20. Considerando o acesso a discos magnéticos, descreva os seguintes intervalos de tempo:

    (a) Tempo de posicionamento

    (b) Atraso rotacional

    (c) Latência rotacional

    (d) Tempo de transferência

21. Como se calcula o tempo de transferência de dados num disco magnético?

22. O que leva mais tempo para ser acessado um arquivo cujos blocos constituintes fazem parte de um mesmo cilindro ou um arquivo cujos blocos constituintes fazem parte de uma mesma superfície de um disco? Explique sua resposta.

23. O que é memória flash?

24. O que é um disco de estado sólido (SSD)?

25. Por que um disco SSD não pode ser considerado exatamente um *disco*?

26. Em que diferem discos magnéticos de discos SSD?

27. Tecnicamente, o que é um bastão de memória USB (*pen drive*)?

28. Em que situações fitas magnéticas são usadas atualmente?

29. Unidades de fitas magnéticas são dispositivos periféricos muito antigos, lentos e só permitem acesso sequencial. O que ainda justifica seus usos nos dias atuais?

30. Determine a capacidade de um disco rígido com dois pratos, *10.000* cilindros, *400* setores por trilha e *512* bytes por setor.

31. Estime o tempo médio em milissegundos que leva para acessar um bloco de um HD com as seguintes propriedades:

Taxa rotacional	*12.000* RPM
Tempo médio de posicionamento	*8* ms
Número médio de setores por trilha	600

32. O que é taxa de transferência de dados?

33. O que é é o tempo médio de falha (MTTF)?

34. Um fabricante de disco afirma que um de seus modelos apresenta MTTF de 1.000.000 horas. O que isso significa?

35. Como um sistema de arquivos interpreta o conceito de bloco?

36. Fisicamente, o que é um arquivo?

37. Qual é a unidade de transferência de dados entre memória principal e um disco?

38. O que é um padrão de acesso sequencial? O que é um padrão de acesso direto?

39. O que é uma página no contexto de processamento de arquivos?

40. Por que acesso sequencial é bem mais rápido do que acesso direto?

41. Por que acesso direto é frequentemente denominado *acesso aleatório*?

42. Descreva as técnicas utilizadas para acelerar o acesso a blocos de um disco.

43. O que é fragmentação de arquivo?

44. Por que é desejável que um registro faça parte de apenas um bloco?

Acesso a Dispositivos de Entrada e Saída (Seção 1.2)

45. (a) O que é um dispositivo de entrada de dados? (b) O que é um dispositivo de saída de dados?

46. Qual é o papel desempenhado pelo barramento de entrada e saída num computador?

47. Para que serve o controlador de USB de um computador?

48. O que é adaptador SCSI/SATA?

49. (a) O que é operação de entrada? (b) O que é operação de saída?

50. Descreva a sequência de eventos que ocorre quando o sistema operacional efetua uma leitura num disco magnético.

51. (a) O que significa formatar um disco magnético? (b) O que ocorre durante esse processo?

52. O que é acesso direto à memória (DMA)?

53. O que é um sinal de interrupção?

54. (a) O que é um buffer? (b) Qual é a diferença entre buffer e cache?

Hierarquias de Memória (Seção 1.3)

55. O que é uma hierarquia de memória?

56. Apresente duas hierarquias de memória diferentes daquela apresentada no texto.

57. Por que um programador deve entender o funcionamento de hierarquias de memória?

58. Qual é a diferença entre memória externa, memória secundária e disco magnético?

Caching (Seção 1.4)

59. (a) O que é memória cache? (b) O que é caching?

60. Qual é a relação entre caching e hierarquia de memória?

61. (a) O que é acerto de cache? (b) (a) O que é lapso de cache? (c) O que é memória cache fria?

62. Por que muitas vezes lapsos de cache são inevitáveis?

63. O que é desalojamento de bloco?

64. O que é política de substituição de memória cache?

65. Descreva as principais abordagens de implementação de políticas de substituição de memória cache apresentando as vantagens e desvantagens de cada uma delas.

Localidade de Referência (Seção 1.5)

66. O que é localidade de referência?

67. (a) O que é localidade espacial? (b) O que é localidade temporal?

68. O que garante a um programa uma boa localidade espacial?

69. O que diz o Princípio de Pareto aplicado a processamento de dados?

70. Apresente três técnicas que um programador pode usar para melhorar a localidade espacial de seus programas.

71. (a) O que é padrão de referência sequencial? (b) O que é padrão de referência de ordem n?

72. (a) Para que serve a palavra-chave **register** em C? (b) Quando é recomendável que o programador use essa palavra-chave?

73. O que é localidade de acesso a instruções?

74. O que é blocagem?

75. Como se determina o tamanho de um bloco num sistema de arquivos?

76. (a) Qual é o tamanho de um arquivo logo após ele ser criado? (b) Qual é o tamanho de um arquivo logo após um byte ter sido acrescentado a ele?

77. A função `Transposta()` a seguir calcula a transposta da matriz representada pelo segundo parâmetro. (a) Qual é o padrão de referência dessa função? (b) Esse padrão de referência pode ser melhorado? Explique seu raciocínio.

```
typedef int tMatriz[200][200];

void Transposta(tMatriz transposta, tMatriz matriz)
{
   int i, j;

   for (i = 0; i < 200; i++)
      for (j = 0; j < 200; j++)
         transposta[j][i] = matriz[i][j];
}
```

78. As três funções a seguir são funcionalmente equivalentes, mas elas executam as mesmas operações com diferentes graus de localidade espacial. Ordene essas funções com relação à localidade espacial que elas apresentam. Explique seu raciocínio.

```
typedef struct {
            int x[3];
            int y[3];
         } tPonto;

void F1(tPonto *p, int n)
{
   int i, j;

   for (i = 0; i < n; i++) {
      for (j = 0; j < 3; j++)
         p[i].x[j] = 0;

      for (j = 0; j < 3; j++)
         p[i].y[j] = 0;
   }
}
void F2(tPonto *p, int n)
{
   int i, j;

   for (i = 0; i < n; i++)
      for (j = 0; j < 3; j++) {
         p[i].x[j] = 0;
         p[i].y[j] = 0;
      }
}
void F3(tPonto *p, int n)
{
   int i, j;

   for (j = 0; j < 3; j++) {
      for (i = 0; i < n; i++)
         p[i].x[j] = 0;

      for (i = 0; i < n; i++)
         p[i].y[j] = 0;
   }
}
```

79. Por que a palavra-chave **register** perdeu seu significado prático?

80. (a) O que é memória virtual? (b) Qual é a relação entre memória virtual e caching?

81. O que há de comum entre acesso sequencial a disco e acesso sequencial aos elementos de um array?

82. Supondo que as constantes simbólicas `M` e `N` sejam definidas antes das funções a seguir, verifique se cada uma delas apresenta boa localidade de referência.

(a)

```
int SomaLinhas(int a[M][N])
{
    int i, j, soma = 0;

    for (i = 0; i < M; i++)
        for (j = 0; j < N; j++)
            soma += a[i][j];

    return soma;
}
```

(b)

```
int SomaColunas(int a[M][N])
{
    int i, j, soma = 0;

    for (j = 0; j < N; j++)
        for (i = 0; i < M; i++)
            soma += a[i][j];

    return soma;
}
```

83. É possível rearranjar os laços **for** da função `SomaArrayTri()` apresentada abaixo de modo que essa função exiba padrão de referência sequencial no acesso ao array tridimensional recebido como parâmetro?

```
#define N 10

int SomaArrayTri(int ar[][N][N], int n1, int n2, int n3)
{
    int  i, j, k, soma = 0;

    for (i = 0; i < n1; i++)
        for (j = 0; j < n2; j++)
            for (k = 0; k < n3; k++)
                soma += ar[k][i][j];

    return soma;
}
```

84. A função `MultiplicaMatrizes()` a seguir multiplica duas matrizes representadas por arrays bidimensionais. Como se pode melhorar o padrão de referência dessa função?

```
#define N 100

void MultiplicaMatrizes(int C[N][N], const int A[N][N], const int B[N][N])
{
    int i, j, k;

    for (i = 0; i < N; i++)
        for (j = 0; j < N; j++)
            for (k = 0; k < N; k++)
                C[i][j] = C[i][j] + A[i][k] * B[k][j];
}
```

85. Qual é o tipo de programa que não precisa se preocupar com localidade de referência?

Análise de Algoritmos em Memória Secundária (Seção 1.6)

86. O que justifica o fato de a análise de algoritmos convencional não levar em conta localidade de referência?

87. Por que a análise de algoritmos tradicional em termos de análise assintótica não é conveniente para algoritmos que processam dados armazenados em memória secundária?

88. Por que a análise de algoritmos que processam dados armazenados em memória secundária considera o custo de temporal de execução de instruções igual a zero?

89. Como se avalia a eficiência de um algoritmo de memória secundária?

Exemplo de Programação (Seção 1.7)

90. Descreva o funcionamento da função `MedidaDeTempo()`.

91. Por que as variáveis `numeroDeChamadas` e `t0` da função `MedidaDeTempo()` precisam ser definidas com static?

capítulo 2

PROCESSAMENTO DE ARQUIVOS EM C

Após estudar este capítulo, você deverá ser capaz de:

➤ Definir e usar a seguinte terminologia referente a arquivos:

- ☐ Formato de arquivo
- ☐ Arquivo de texto
- ☐ Arquivo binário
- ☐ Stream
- ☐ Stream de texto

- ☐ Stream binário
- ☐ Buffer
- ☐ Arquivo temporário
- ☐ Registro
- ☐ Campo de registro

- ☐ Bloco de memória
- ☐ Condição de exceção
- ☐ Tratamento de exceção
- ☐ Indicador de posição
- ☐ Acessos direto e sequencial

➤ Descrever o que ocorre quando se abre e fecha um arquivo

➤ Contrastar os diversos modos de abertura de arquivos

➤ Explicar as diversas categorias de processamento de arquivo

➤ Implementar um programa que abre e processa um arquivo usando leitura sequencial ou por acesso direto

➤ Processar arquivos por byte, linha ou bloco

➤ Lidar com erros em processamento de arquivos

➤ Implementar operações básicas de leitura e escrita formatadas

➤ Manipular arquivos temporários

➤ Identificar dificuldades no processamento de arquivos grandes

objetivos

M GERAL, PROCESSAMENTO DE ENTRADA E SAÍDA consiste na troca de dados entre a memória principal do computador e seus dispositivos periféricos, como um disco rígido, por exemplo. Isto é, uma **operação de entrada** (ou de **leitura**) copia dados de um dispositivo de entrada para a memória principal e uma **operação de saída** (ou de **escrita**) copia dados da memória principal para um dispositivo de saída. Em C, **arquivo** refere-se a qualquer dispositivo que possa ser utilizado como origem ou destino de dados de um programa. Assim processamento de entrada e saída e **processamento de arquivos** são termos equivalentes em programação em C. Contudo, neste livro, *arquivo* corresponde ao conceito popular e cotidiano de arquivo; ou seja, um conjunto de dados armazenados num meio de armazenamento não volátil (p. ex., um disco rígido).

Este capítulo discute brevemente as facilidades de processamento de arquivos providas pela biblioteca padrão de C. Ele mostra várias maneiras pelas quais um arquivo pode ser processado. Se preferir, o leitor com pouca experiência em processamento de arquivos poderá dividir seu estudo em duas partes: processamento sequencial e processamento por acesso direto.

Processamento sequencial, discutido na **Seção 2.11.1**, é usado em virtualmente todo este volume, a partir do próximo capítulo. Por sua vez, processamento por acesso direto será necessário a partir do **Capítulo 6**, que é dedicado a operações sobre tabelas de busca armazenadas em memória secundária. Em ambos os casos, este livro lida apenas com registros de comprimento fixo que são recuperados da memória secundária com base no valor de um campo desses registros, denominado chave primária. Como será visto no **Capítulo 3**, uma chave primária identifica inequivocamente um registro e é tipicamente usada como chave de busca ou chave de ordenação.

2.1 Arquivos de Texto e Binários

Formato de um arquivo é uma propriedade que se refere ao modo como os bytes que o compõem são tratados. De acordo com essa propriedade, existem dois tipos de arquivos: (1) **arquivo de texto** e (2) **arquivo binário**.

Informalmente, um arquivo de texto é aquele no qual sequências de bytes são interpretadas como caracteres, de modo que, quando exposto adequadamente, ele apresenta informação humanamente legível. Além disso, os caracteres são agrupados em linhas, cada uma delas terminada por um caractere de **quebra de linha**, representado em C por '\n'. O formato preciso de um arquivo de texto depende do sistema operacional no qual ele é usado. Por exemplo, em alguns sistemas, um arquivo de texto pode conter apenas caracteres com representação gráfica, tabulação horizontal e quebra de linha.

Novamente, usando uma definição informal, arquivo binário é aquele que, quando seu conteúdo é exposto, não exibe informação humanamente legível. Em outras palavras, um arquivo binário é uma sequência irrestrita de bytes.

2.2 Streams

Processamento de arquivos em C é baseado no conceito de **stream**[1]. Esse tipo de processamento é realizado por meio de um conjunto de funções da biblioteca padrão de C que se encontram definidas no módulo **stdio**.

2.2.1 Conceito

Stream é uma abstração importante em programação em C e em outras linguagens de programação, porque provê uma interface lógica comum a quaisquer dispositivos de entrada e saída. Isto é, do modo como C

---

[1]   A palavra *stream* significa *corrente* ou *fluxo* em português e é derivada da analogia existente entre o escoamento de um fluido e o escoamento de dados entre um dispositivo de entrada ou saída e um programa. Em ambas as situações, o fluido ou o fluxo de dados é continuamente renovado.

considera o conceito de arquivo, ele pode se referir a um arquivo armazenado em disco, um monitor de vídeo, um teclado, uma porta de comunicação etc. Todos esses arquivos funcionam de maneiras diferentes, mas o uso de streams permite tratá-los do mesmo modo. Em outras palavras, streams provêm uma abstração consistente que é independente de dispositivo e do sistema de arquivos utilizado pelo sistema operacional em uso. Por causa disso, pode-se usar uma mesma função que escreve num arquivo armazenado em disco para escrever na tela ou numa impressora. Além disso, pode-se ainda usar uma mesma função para escrever num arquivo armazenado num sistema da família Unix ou da família Windows.

O conceito de stream é importante apenas para deixar claro que se estão processando arquivos sem levar em consideração diferenças inerentes a dispositivos de entrada e saída. Mas na prática, os termos processamento de streams e processamento de arquivos podem ser usados indiferentemente sem que haja ambiguidade. Ou seja, ler num stream é o mesmo que ler num arquivo, visto que um stream é um intermediário nessa operação sobre os dados que, em última instância, provêm de um arquivo. De modo semelhante não faz diferença falar em escrever num stream ou escrever num arquivo.

2.2.2 Estruturas do Tipo FILE

Em C, o conceito de stream é implementado por meio de estruturas do tipo **FILE**, cuja definição encontra-se no cabeçalho `<stdio.h>`.

Antes de processar um arquivo utilizando o conceito de stream, deve-se primeiro definir um ponteiro para estruturas do tipo **FILE**, como por exemplo:

```
FILE *stream;
```

Esse ponteiro é denominado ponteiro de **stream** ou apenas *stream*. Na prática, um ponteiro dessa natureza representa o conceito de stream.

Depois de definir um ponteiro para a estrutura **FILE**, que representa um stream, deve-se associá-lo a um arquivo. Isso é realizado utilizando-se a função **fopen()**, conforme será visto na **Seção 2.3**.

Após ser associada a um arquivo, uma estrutura do tipo **FILE** passa a armazenar informações sobre o arquivo. Dentre essas informações, as seguintes merecem destaque:

- ❑ **Indicador de erro** — a esse campo algumas funções da biblioteca padrão atribuem um valor que indica a ocorrência de erro durante uma operação de escrita ou leitura no stream.

- ❑ **Indicador de final de arquivo** — a esse campo algumas funções da biblioteca padrão atribuem um valor que indica que houve tentativa de acesso além do final do arquivo durante uma operação de leitura.

- ❑ **Indicador de posição** — esse campo determina onde o próximo byte será lido ou escrito no arquivo. Após cada operação de leitura ou escrita, o indicador de posição é atualizado de modo a refletir o número de bytes lidos ou escritos.

- ❑ **Endereço e tamanho de uma área de buffer** — esse campo especifica, se for o caso, um buffer utilizado em operações de entrada ou saída (v. **Seção 2.5**).

A implementação dos campos de uma estrutura do tipo **FILE** depende do sistema operacional em uso e eles não devem ser acessados diretamente num programa. Em vez disso, o programa deve utilizar apenas streams (i.e., ponteiros do tipo **FILE ***) em conjunto com funções do módulo stdio.

2.3 Abrindo e Fechando um Arquivo

Abrir um arquivo significa associá-lo a um stream, que é um ponteiro para uma estrutura do tipo **FILE** (v. Seção 2.2) que armazena todas as informações necessárias para processamento do arquivo. Após a abertura de um arquivo, qualquer operação de entrada e saída sobre ele passa a ser realizada por intermédio do respectivo stream associado.

2.3.1 Função fopen()

Uma operação de abertura de arquivo cria dinamicamente uma estrutura do tipo **FILE** e a associa a um arquivo. Essa operação é realizada pela função **fopen()**, cujo protótipo é:

```
FILE *fopen(const char *nome, const char *modo)
```

A função **fopen()** possui dois parâmetros, sendo ambos strings: o primeiro parâmetro é um nome de arquivo, especificado de acordo com as regras do sistema operacional utilizado e o segundo parâmetro é um modo de acesso ou de abertura (v. adiante). Esse último parâmetro determina a natureza das operações permitidas sobre o arquivo.

Um nome de arquivo pode especificar qualquer dispositivo de entrada ou saída (p. ex., uma impressora) para qual o sistema operacional usado provê uma denominação em forma de string. Por exemplo, no sistema operacional DOS/Windows, uma impressora pode ser denominada `"LPT1"`, enquanto, em sistemas da família Unix, essa denominação pode ser `"/dev/lp0"`.

A função **fopen()** aloca dinamicamente uma estrutura do tipo **FILE**, preenche os campos dessa estrutura com informações específicas do arquivo, cujo nome é recebido como parâmetro, e, finalmente, retorna o endereço da referida estrutura. Esse endereço pode, então, ser utilizado para processar o arquivo. Se, por algum motivo, não for possível abrir o arquivo especificado, **fopen()** retorna **NULL**.

Existem diversas razões pelas quais a abertura de um arquivo pode não ser bem-sucedida. Em particular, a abertura de um arquivo depende do modo de abertura (v. adiante) e do sistema operacional utilizados. Por exemplo, quando se tenta abrir um arquivo apenas para leitura e o arquivo não existe ou o programa não tem permissão para acessá-lo, a abertura do arquivo não logra êxito.

Antes de tentar processar um arquivo, é importante testar o valor retornado pela função **fopen()** para constatar se o arquivo foi realmente aberto, como mostra o fragmento de programa a seguir:

```c
FILE *stream;

    /* Tenta abrir o arquivo para leitura */
stream = fopen("Inexistente.txt", "r");

    /* Verifica se a abertura foi bem-sucedida */
if (stream == NULL) { /* Abertura falhou */
   printf( "O arquivo nao pode ser aberto.\n" );
} else { /* Abertura foi OK */
   printf("Arquivo aberto com sucesso\n");

     /* Processa o arquivo */
   /* ... */
}
```

A função `AbreArquivo()`, apresentada a seguir, incorpora tratamento de exceção quando um arquivo não é aberto e pode ser usada em substituição a **fopen()**.

```
FILE *AbreArquivo(const char *nome, const char *modo)
{
   FILE *stream;

   stream = fopen(nome, modo);

   if (!stream) { /* Erro de abertura */
      fprintf( stderr, "\n>>> O arquivo %s nao pode ser aberto", nome);
      exit(1); /* Aborta o programa */
   }

   return stream;
}
```

Pode-se ter mais de um arquivo aberto ao mesmo tempo num programa e o número de arquivos que podem estar simultaneamente abertos varia de acordo com o sistema operacional utilizado. A constante simbólica **FOPEN_MAX**, definida em `<stdio.h>`, representa o número máximo de arquivos que a respectiva implementação de C garante que podem estar simultaneamente abertos. Quer dizer, um número bem maior de arquivos pode estar aberto ao mesmo tempo, mas não há garantia de que isso ocorra. De qualquer modo, raramente, um programa simples, como aqueles apresentados neste livro, precisa abrir mais de dois arquivos ao mesmo tempo.

A constante simbólica **FILENAME_MAX**, definida em `<stdio.h>`, representa o número máximo de caracteres (incluindo `'\0'`) que um string que representa um nome de arquivo pode ter numa dada implementação de C. Essa constante é importante porque permite dimensionar seguramente um array usado para armazenar um string que representa o nome de um arquivo.

2.3.2 Streams de Texto e Binários

Um **stream de texto** é aquele associado a um arquivo (usualmente, de texto) aberto em modo de texto; i.e., usando um dos modos de abertura que se apresentam na **Tabela 2–1**. Normalmente, não faz sentido associar um arquivo binário a um stream de texto.

Streams de texto pressupõem a existência de bytes que representam quebras de linha e uma quebra de linha pode ter diferentes interpretações dependendo do sistema operacional usado como hospedeiro. Comumente, uma quebra de linha pode ser representada por um ou dois bytes e um byte que representa quebra de linha num sistema operacional pode não representar quebra de linha em outro sistema.

Quando um stream de texto é processado, as funções de leitura e escrita do módulo **stdio** da biblioteca padrão de C realizam interpretações de quebra de linha de acordo com o sistema hospedeiro que vigora. Em sistemas operacionais da família Unix, não existem tais interpretações. Em outras palavras, em sistemas operacionais dessa família, não há diferença entre streams de texto e binários.

Um **stream binário** é aquele associado a um arquivo aberto em modo binário (v. adiante). Tipicamente, arquivos binários são associados a streams binários, mas também é comum associar arquivos de texto a streams binários. Num stream binário, bytes são processados sem nenhuma interpretação. Ou seja, cada byte lido no arquivo associado ao stream é armazenado em memória exatamente como ele é e cada byte lido em memória é escrito no arquivo associado ao stream exatamente como ele é.

2.3.3 Modos de Abertura

Existem dois conjuntos de modos de abertura de arquivos: um deles é dirigido para streams de texto e o outro se destina a streams binários. O conjunto de modos de acesso para streams de texto é apresentado na **Tabela 2–1**.

MODO DE ACESSO	DESCRIÇÃO
"r"	Abre um arquivo existente apenas para leitura em modo de texto.
"w"	Cria um arquivo apenas para escrita em modo de texto. Se o arquivo já existir, seu conteúdo será destruído.
"a"	Abre um arquivo existente em modo de texto para acréscimo; i.e., com escrita permitida apenas ao final do arquivo. Se o arquivo com o nome especificado não existir, um arquivo com esse nome será criado.
"r+"	Abre um arquivo existente para leitura e escrita em modo de texto.
"w+"	Cria um arquivo para leitura e escrita em modo de texto. Se o arquivo já existir, seu conteúdo será destruído.
"a+"	Abre um arquivo existente ou cria um arquivo em modo de texto para leitura e acréscimo. Podem-se ler dados em qualquer parte do arquivo, mas eles podem ser escritos apenas ao final do arquivo.

TABELA 2-1: MODOS DE ACESSO PARA STREAMS DE TEXTO

Em termos de formato, única diferença entre os especificadores de modo de acesso para streams binários mostrados na **Tabela 2–2** e aqueles apresentados na **Tabela 2–1** para streams de texto é que os especificadores para streams binários têm a letra *b* acrescentada. Streams de texto também podem ter acrescidos a letra *t* em seus modos de abertura, como mostra a **Tabela 2–2**.

MODO DE ACESSO PARA STREAMS BINÁRIOS	MODO DE ACESSO EQUIVALENTE PARA STREAMS DE TEXTO
"rb"	"r" ou "rt"
"wb"	"w" ou "wt"
"ab"	"a" ou "at"
"r+b"	"r+" ou "r+t"
"w+b"	"w+" ou "w+t"
"a+b"	"a+" ou "a+t"

TABELA 2-2: MODOS DE ACESSO PARA STREAMS BINÁRIOS E DE TEXTO

Os modos de abertura **"r+"** (ou **"r+b"**), **"w+"** (ou **"w+b"**) e **"a+"** (ou **"a+b"**), coletivamente denominados modos de atualização, causam certa confusão entre iniciantes, pois todos eles permitem leitura e escrita. A **Tabela 2–3** tenta esclarecer eventuais dúvidas com relação a esses modos de abertura.

	MODO DE ABERTURA		
	"r+" ou "r+b"	**"w+" ou "w+b"**	**"a+" ou "a+b"**
Arquivo deve existir?	Sim	Não. Se ele existir, seu conteúdo será destruído	Não. Se ele existir, seu conteúdo será preservado
Onde escrita pode ocorrer?	Em qualquer local	Em qualquer local	Ao final do arquivo

TABELA 2-3: MODOS DE ACESSO USADOS EM ATUALIZAÇÃO DE ARQUIVO

	MODO DE ABERTURA		
	"r+" ou "r+b"	**"w+" ou "w+b"**	**"a+" ou "a+b"**
Recomendado quando?	Dados precisam ser lidos, atualizados e escritos novamente no arquivo	Um conteúdo para o arquivo deve ser criado e, depois, lido e casualmente modificado	Dados existentes no arquivo precisam ser lidos e novos dados precisam ser acrescentados

TABELA 2–3: MODOS DE ACESSO USADOS EM ATUALIZAÇÃO DE ARQUIVO

2.3.4 Fechando um Arquivo

Quando um programa não precisa mais processar um arquivo, deve-se fechá-lo utilizando a função **fclose()**, que tem o seguinte o protótipo:

```
int fclose(FILE *stream)
```

Essa função possui como único parâmetro um ponteiro de stream associado a um arquivo aberto pela função **fopen()** e retorna zero, se o arquivo for fechado com sucesso. Caso ocorra algum erro durante a operação, ela retorna a constante **EOF**.

Ao fechar-se um arquivo, libera-se o espaço ocupado pela estrutura **FILE** associada ao arquivo e alocada pela função **fopen()** quando ele foi aberto. Antes de liberar esse espaço, quando se trata de um **stream de saída** com buffering (v. **Seção 2.5**), a função **fclose()** descarrega o conteúdo da área de buffer para o arquivo. No caso de um arquivo aberto apenas para leitura (**stream de entrada**) que utilize buffering, o conteúdo do buffer é descartado.

Um erro frequente entre os iniciantes em C é utilizar o nome do arquivo como parâmetro, ao invés do ponteiro de stream associado a ele, numa chamada de **fclose()** [p. ex., `fclose("teste.dat")`]. Isso certamente trará um sério problema durante a execução do programa, pois apesar de um string ser interpretado como um ponteiro, esse ponteiro, obviamente, não é compatível com um ponteiro para uma estrutura do tipo **FILE**.

Um engano ainda mais frequente é achar que a função **fclose()** nunca falha numa tentativa de fechamento de arquivo e, assim, o valor retornado por essa função raramente é testado como deveria. De fato, a ocorrência de erro numa operação de fechamento é muito mais incomum do que numa operação de abertura. Entretanto um programa robusto não pode contar com o acaso e deve testar o resultado de qualquer operação de fechamento.

A função `FechaArquivo()`, apresentada a seguir, tenta fechar um arquivo e, quando isso não é possível, aborta o programa e seus parâmetros são:

- `stream` (entrada) — stream associado ao arquivo
- `nomeArq` (entrada) — nome do arquivo ou **NULL**; se esse parâmetro não for **NULL**, o nome do arquivo aparece na mensagem de erro

```
void FechaArquivo(FILE *stream, const char *nomeArq)
{
   /* Se fclose() retornar um valor diferente de zero ocorreu */
   /* algum erro na tentativa de fechamento do arquivo. Nesse */
   /* caso, apresenta mensagem de erro e aborta o programa.   */

   if (fclose(stream)) { /* Erro de fechamento */
      fprintf( stderr, "\a\n>>> Ocorreu erro no fechamento do arquivo %s."
            "\n>>> O programa sera' encerrado.\n", nomeArq ? nomeArq : "");
      exit(1); /* Aborta o programa */
   }
}
```

A função `FechaArquivo()` apresentada acima é tão simples de usar quanto **fclose()** e oferece como vantagem o fato de testar o resultado de uma operação de fechamento de arquivo, de modo que torna-se desnecessário para o programador escrever uma instrução condicional a cada chamada de **fclose()**. Devido às vantagens oferecidas pela função `FechaArquivo()`, ela será doravante usada em detrimento da função **fclose()**, a não ser quando o fechamento do arquivo ocorrer logo antes de o programa encerrar. Nesse último caso, não faz muito sentido usar a função `FechaArquivo()`, já que o programa será encerrado de qualquer modo.

Como boa norma de programação, uma função só deve fechar um arquivo se ela tiver sido responsável pela abertura desse arquivo. Em outras palavras, uma função que recebe um stream aberto como parâmetro (i.e., um parâmetro do tipo **FILE** *), não deve fechar o arquivo:

> *A função que abre um arquivo é aquela que tem a responsabilidade de fechá-lo.*

É importante seguir essa norma porque uma função que abre um arquivo espera tê-lo ainda aberto quando outra função é chamada e conclui sua execução (v. exemplos na **Seção 2.15**).

Qualquer sistema operacional fecha os arquivos abertos por um programa quando o programa termina normalmente e muitos sistemas os fecham mesmo quando o programa é abortado. Mas como boa norma de programação, é sempre recomendado fechar um arquivo quando não é mais necessário processá-lo.

2.4 Ocorrências de Erros

Esta seção apresenta as funções **feof()** e **ferror()**, que se destinam a apontar erros em processamento de arquivos. Dedique bastante atenção ao uso dessas duas funções, pois elas são de importância essencial em processamento de arquivos.

A função **feof()** retorna um valor diferente de zero quando há uma tentativa de leitura além do final do arquivo associado ao respectivo stream que ela recebe como parâmetro e seu protótipo é:

> `int feof(FILE *stream)`

Para verificar se ocorreu erro após uma determinada operação de entrada ou saída, pode-se usar a função **ferror()**, que tem como protótipo:

> `int ferror(FILE *stream)`

A função **ferror()** retorna um valor diferente de zero após ocorrer algum erro de processamento associado ao stream recebido como parâmetro ou zero, em caso contrário.

A constante simbólica **EOF**, definida no cabeçalho **<stdio.h>**, é retornada por diversas funções que lidam com arquivos para indicar ocorrência de erro ou de tentativa de leitura além do final de um arquivo. Tipicamente, essa constante está associada a um valor negativo do tipo **int** e esse valor é dependente de implementação[2]. O uso dessa constante causa muita confusão entre programadores de C, porque, muitas vezes, ela é ambígua. Quer dizer, ora ela indica tentativa de leitura além do final de arquivo, ora ela indica ocorrência de erro. Além disso, muitas vezes, essa constante só pode ser usada de modo confiável com arquivos de texto.

Para evitar confusão, siga sempre as recomendações resumidas nos quadros a seguir:

> ☐ *Após qualquer operação de leitura num arquivo, use feof() para verificar se houve tentativa de leitura além do final do arquivo.*

---

[2] Apesar de **EOF** ter seu nome derivado de *End Of File* (final de arquivo, em inglês), essa constante não é retornada apenas quando uma função de leitura tenta ler além do final de um arquivo nem representa um caractere armazenado num arquivo.

> ❑ *Após qualquer operação de leitura num arquivo, use feof() para verificar se houve tentativa de leitura além do final do arquivo.*
>
> ❑ *Após qualquer tentativa de leitura ou escrita num arquivo, use ferror() para verificar se ocorreu algum erro durante a operação.*
>
> ❑ *Evite usar EOF em substituição a feof() ou ferror().*

Um detalhe importante com respeito a indicação de erro é que, quando ocorre um erro durante o processamento de um arquivo, o campo da estrutura **FILE** associada ao arquivo que armazena essa informação (v. **Seção 2.2**) permanece com essa indicação de erro até que ela seja removida. Isso significa que qualquer chamada subsequente de **ferror**() que tenha como parâmetro um stream para o qual haja uma indicação de erro continuará a indicar que houve erro na última operação de entrada ou saída no stream, mesmo quando esse não é o caso. Portanto se for necessário processar novamente um stream para o qual há um indicativo de erro, esse indicativo deve ser removido antes de o processamento do stream prosseguir. Essa mesma discussão se aplica ao caso de indicação de final de arquivo.

Em qualquer caso mencionado, normalmente, a função **rewind**() (v. **Seção 2.12**), cuja finalidade precípua é mover o indicador de posição de um arquivo (v. **Seção 2.11.2**) para seu início, remove a condição de erro ou de final de arquivo de um stream. Por outro lado, **fseek**() (v. **Seção 2.11.2**) e **ungetc**() (v. **Seção 2.10**) removem apenas indicativo de final de arquivo num stream. Finalmente, a função **clearerr**() tem como única finalidade remover ambos os indicativos de erro e de final de arquivo, mas, na prática, raramente ela se faz necessária.

2.5 Buffering e a Função fflush()

Buffer é uma área de memória na qual dados provenientes de um arquivo ou que se destinam a um arquivo são armazenados temporariamente. O uso de buffers permite que o acesso a dispositivos de entrada ou saída, que é relativamente lento se comparado ao acesso à memória principal, seja minimizado.

Buffering refere-se ao uso de buffers em operações de entrada ou saída. Em C, existem dois tipos de buffering:

❑ **Buffering de linha**. Nesse tipo de buffering, o sistema armazena caracteres até que um caractere de quebra de linha, representado por '\n', seja encontrado ou até que o buffer esteja repleto. Esse tipo de buffering é utilizado, por exemplo, quando dados são lidos via teclado. Nesse caso, os dados são armazenados num buffer até que um caractere de quebra de linha seja introduzido (p. ex., por meio da digitação de [ENTER]) e, quando isso acontece, os caracteres digitados são enviados para o programa. Os streams padrão **stdin** e **stdout** (v. **Seção 2.6**) utilizam buffering de linha.

❑ **Buffering de bloco**. Nesse caso, bytes são armazenados até que um bloco inteiro seja preenchido (independentemente de o caractere '\n' ser encontrado). O tamanho padrão de um bloco é tipicamente definido de acordo com o sistema operacional utilizado. Como padrão, streams associados a arquivos armazenados usam buffering de bloco.

Em qualquer caso, pode-se explicitamente descarregar o buffer associado a um stream de saída ou atualização (v. **Seção 2.3**), forçando o envio de seu conteúdo para o respectivo arquivo associado, por meio de uma chamada da função **fflush**(). Por exemplo, a chamada:

```
fflush(stdout);
```

força a descarga da área de buffer associada ao stream **stdout** (v. **Seção 2.6**), enviando o conteúdo desse buffer para o meio de saída padrão.

A função **fflush**() serve para descarregar apenas buffers associados a streams de saída ou atualização. Ou seja, não existe nenhuma função na biblioteca padrão de C que descarregue buffers associados a streams de entrada.

Algumas implementações de C permitem que a função **fflush**() seja utilizada para expurgar caracteres remanescentes em buffers associados a streams de entrada [p. ex., `fflush(stdin)`], mas esse uso da função **fflush**() não é portável, uma vez que o padrão ISO não especifica que essa função possa ser utilizada com streams de entrada.

Quando o parâmetro único de **fflush**() é **NULL**, essa função descarrega todos os buffers associados a streams de escrita ou atualização correntemente em uso num programa.

A função **fflush**() retorna **EOF** (v. **Seção 2.4**), se ocorrer algum erro durante sua execução; caso contrário, ela retorna **0**. Contudo, raramente, o valor retornado por essa função é testado.

2.6 Streams Padrão

Um **stream padrão** é um stream para o qual existem funções que o processam sem necessidade de especificação explícita do stream. Por exemplo, as funções **scanf**() e **printf**(), utilizadas abundantemente neste livro, não requerem especificação de um stream no qual será feita a leitura ou escrita de dados, respectivamente.

Existem três streams padrão em C que são automaticamente abertos no início da execução de qualquer programa. Eles são todos streams de texto e são denominados **stdin**, **stdout** e **stderr**. Uma descrição sumária desses streams é apresentada abaixo.

- ❑ **stdin** — representa a entrada padrão de dados e, no caso de computadores pessoais, tipicamente, é associado ao teclado. A função **scanf**() faz leitura nesse stream.

- ❑ **stdout** — representa a saída padrão de dados e, no caso de computadores pessoais, tipicamente, é associado a um monitor de vídeo (tela). A função **printf**() escreve nesse stream.

- ❑ **stderr** — representa a saída padrão de mensagens de erro e é associado ao mesmo dispositivo que stdout. A função **perror**(), declarada em `<stdio.h>`, exibe mensagens de erro detectados pelo sistema nesse stream, mas essa função tem pouca importância prática e não receberá maiores considerações neste livro.

2.7 Leitura e Escrita Formatadas

2.7.1 Saída Formatada

Uma operação de escrita formatada consiste em:

1. Ler valores de tipos primitivos armazenados em memória.
2. Converter os dados lidos em texto de acordo com uma especificação de formato.
3. Escrever o texto resultante num stream de texto (v. **Seção 2.2**).

O funcionamento de uma função de escrita formatada é ilustrado na **Figura 2–1** (suponha que a largura do tipo **int** é 16 bits).

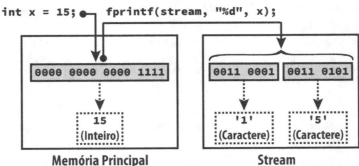

FIGURA 2–1: ESCRITA FORMATADA

A função **fprintf()**, que aparece na **Figura 2–1**, é uma função de escrita formatada semelhante a **printf()** e será discutida adiante.

Leitura formatada é um tipo de processamento de arquivo que consiste em:

1. Ler caracteres num stream de texto.
2. Tentar converter os caracteres lidos em valores de tipos de dados primitivos usando especificadores de formato.
3. Armazenar os valores convertidos em variáveis.

A ação de uma função de leitura formatada é ilustrada na **Figura 2–2** (novamente, suponha que a largura do tipo **int** é 16 bits).

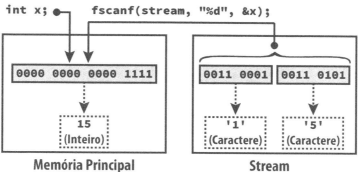

FIGURA 2–2: LEITURA FORMATADA

A função **fscanf()**, que aparece na **Figura 2–2**, é uma função de leitura formatada semelhante a **scanf()** e será discutida adiante.

2.7.2 Funções fprintf() e sprintf()

A única diferença entre as funções **fprintf()** e **printf()** é que **fprintf()** permite a especificação de um stream, enquanto **printf()** escreve apenas no stream padrão **stdout** (v. **Seção 2.6**). Ambas as funções usam um string de formatação como parâmetro e os especificadores de formato que podem ser utilizados no string de formatação de cada função são os mesmos. No caso de **fprintf()** o stream no qual será efetuada a escrita é o primeiro parâmetro e seu string de formatação é o segundo parâmetro.

As funções **printf()** e **fprintf()** possuem a mesma especificação de retorno. Isto é, elas retornam o número de caracteres escritos, quando bem-sucedidas ou **EOF**, quando ocorre algum erro. Porém muito raramente, o valor retornado por essas funções é usado.

As funções **printf()** e **fprintf()** fazem parte de um conjunto de funções denominadas coletivamente família printf. Outra função notável nessa família de funções, e que será discutida em seguida, é **sprintf()**.

A função **sprintf()** converte valores de tipos primitivos em strings. Isto é, essa função escreve num array de caracteres dados formatados de acordo com um string de formatação, acrescentando o caractere terminal `'\0'` ao final do processo de escrita. O protótipo dessa função é:

```
int sprintf(char *ar, const char *formato, ...)
```

Nesse protótipo, os parâmetros têm os seguintes significados:

- `ar` é o endereço do array no qual será feita a escrita.
- `formato` é um string de formatação como aqueles usados com **printf()**.
- `...` representa valores que serão escritos no array de acordo com o string de formatação. Esses três pontos fazem realmente parte do protótipo da função, pois **sprintf()** é uma função com parâmetros variantes.

A função **sprintf()** retorna o número de caracteres escritos no array, sem incluir o caractere terminal `'\0'`.

É preciso ser cuidadoso com o uso da função **sprintf()**, pois ela pode escrever além do limite do array recebido como parâmetro, causando corrupção de memória. Além disso, um engano comum no uso de **sprintf()** é achar que a utilização de um especificador de largura pode resolver um eventual problema de corrupção de memória, mas isso não ocorre, porque tal especificador estabelece um valor mínimo, e não um valor máximo, como se poderia supor. Por exemplo, na chamada da função **sprintf()** a seguir, o valor do especificador de largura (i. e, 4) informa à função que, pelo menos, quatro caracteres devem ser escritos no array apontado por `ar`.

```
sprintf(ar, "\%4d", n);
```

2.7.3 Entrada Formatada e fscanf()

A função **fscanf()** é idêntica à função **scanf()** em quase todos os aspectos. Ambas fazem parte de um conjunto de funções coletivamente denominadas família scanf e a única diferença entre elas é que **scanf()** faz leitura apenas no stream padrão **stdin** (v. Seção 2.6), enquanto a função **fscanf()** requer um parâmetro que especifique o stream no qual a leitura será efetuada. Na função **fscanf()**, o string de formatação é o segundo parâmetro e o primeiro parâmetro é do tipo **FILE** *. É exatamente esse primeiro parâmetro que especifica o stream no qual **fscanf()** fará a leitura.

As funções **fscanf()** e **scanf()** possuem a mesma especificação de retorno: quando bem-sucedidas, elas retornam o número de valores lidos, convertidos e armazenados em variáveis; quando ocorre algum erro de leitura, elas retornam **EOF** (v. Seção 2.4).

Uma informação importante que o aprendiz de C deve memorizar é que quase todas as funções do módulo stdio cujos nomes começam com *f* requerem um parâmetro do tipo **FILE** * que representa o stream sobre o qual elas atuam. A única exceção a essa regra é a função **fopen()**, cujo nome começando com *f* significa que ela retorna um valor do tipo **FILE** *.

2.8 Trabalhando com Arquivos Temporários

Um **arquivo temporário** é um arquivo utilizado para armazenar dados temporariamente enquanto outro arquivo, que irá armazenar os mesmos dados definitivamente, está sendo processado. Normalmente, arquivos temporários são removidos quando deixam de ser necessários. A propósito, assegurar que um programa sempre remove arquivos temporários por ele utilizados é considerada boa norma de programação.

No cabeçalho `<stdio.h>`, são declaradas duas funções que permitem ao programador o uso de arquivos temporários: **tmpfile()** e **tmpnam()**.

A função **tmpfile()** cria um arquivo temporário e abre-o para leitura e escrita no modo `"w+b"` (v. Seção 2.3). Essa função retorna o stream associado ao arquivo recém-criado, se não ocorrer nenhum erro ou **NULL**, se o arquivo não puder ser criado. O protótipo dessa função é:

```
FILE *tmpfile(void)
```

O diretório no qual o arquivo temporário é criado depende do sistema operacional em uso. Além disso, se o caminho que conduz ao arquivo temporário não for modificado após a criação desse arquivo, ele será removido quando for fechado ou quando o programa encerrar.

A função **tmpnam()** cria um string que pode ser utilizado como nome de um arquivo temporário e seu protótipo é:

```
char *tmpnam(char *nomeDoArquivo)
```

O parâmetro único de **tmpnam**() pode ser **NULL** ou o endereço de um array no qual será armazenado o nome do arquivo. Nesse último caso, o array deve ser capaz de conter um número de caracteres pelo menos igual a **L_tmpnam**, que é uma constante simbólica definida em `<stdio.h>`. A função **tmpnam**() retorna o endereço do array recebido como parâmetro quando esse parâmetro não for **NULL**. Caso contrário, a função retorna o endereço de um array de duração fixa local à função contendo o nome de arquivo gerado.

É importante observar que a função **tmpnam**() gera apenas nomes de arquivo; i.e., ela não cria, abre ou remove arquivos. Por isso arquivos temporários criados por intermédio da função **tmpnam**() não são removidos automaticamente quando o programa termina, de modo que é responsabilidade do programador excluir arquivos assim criados [p. ex., usando **remove**()]. Além disso, quando o parâmetro de **tmpnam**() é **NULL**, uma chamada subsequente da função pode modificar o conteúdo do array cujo endereço é retornado.

Em termos práticos, na maioria das vezes, é mais recomendável usar a função **tmpfile**() para a criação de arquivos temporários.

2.9 Removendo e Rebatizando Arquivos

Remover e dar um novo nome a um arquivo constituem tarefas comuns de gerenciamento de arquivos, e não exatamente de processamento de arquivos. A biblioteca padrão de C oferece duas funções para essas finalidades, a saber, respectivamente, **remove**() e **rename**().

A função **remove**() exclui o arquivo cujo nome (string) é recebido como parâmetro e seu protótipo é:

```
int remove(const char *nomeDoArquivo)
```

Essa função retorna zero, quando obtém êxito ou um valor diferente de zero, em caso contrário. Se o arquivo a ser removido estiver aberto, o resultado da operação é imprevisível.

A função **rename**() altera o nome de um arquivo e tem como protótipo:

```
int rename(const char *nomeAtual, const char *nomeNovo)
```

O primeiro parâmetro dessa função é o nome corrente do arquivo a ser rebatizado, enquanto o segundo parâmetro é o nome que o arquivo terá após ter seu nome alterado. Essa função retorna zero quando obtém êxito ou um valor diferente de zero, em caso contrário. Se o arquivo a ser rebatizado estiver aberto ou se já existir um arquivo com o novo nome especificado como parâmetro, o resultado será indefinido.

2.10 A Função ungetc()

A função **ungetc**() é considerada exótica porque permite inserir um caractere num stream de entrada e seu protótipo é:

```
int ungetc(int c, FILE *stream)
```

O primeiro parâmetro dessa função é o caractere a ser inserido no stream e o segundo parâmetro representa o próprio stream, que deve estar associado a um arquivo aberto num modo que permite leitura. O retorno de **ungetc**() é o caractere inserido no stream, quando não ocorre erro durante a operação ou **EOF** (v. **Seção 2.4**), em caso contrário.

O caractere inserido no stream por **ungetc()** será lido na próxima operação de leitura nesse stream, o que significa que essa função decrementa o indicador de posição de arquivo e, portanto, não deve ser chamada quando ele estiver apontando para o início do arquivo. Ademais, uma chamada bem-sucedida desta função elimina uma eventual sinalização de final de arquivo no stream.

O caractere inserido num stream por **ungetc()** não precisa necessariamente ter sido lido nesse stream. Contudo, na prática, o caractere inserido num stream por essa função é, normalmente, o último caractere que foi lido no mesmo stream. Além disso, não há garantia de inserção de dois ou mais caracteres num stream com o uso repetido da função **ungetc()** sem chamadas intercaladas de operações de leitura no mesmo stream, como mostram os fragmentos de programa a seguir:

```
ungetc('A', stdin);  /* Inserção garantida */
ungetc('B', stdin);  /* Pode não haver inserção */
...
ungetc('A', stdin);  /* Inserção garantida */
getchar();
ungetc('B', stdin);  /* Inserção garantida */
```

Quando uma chamada de **fseek()** ou **rewind()** (v. Seção 2.12) é executada com êxito, ela descarta qualquer caractere inserido no stream por meio de **ungetc()**.

2.11 Tipos de Processamento

Uma vez que um arquivo tenha sido aberto conforme foi descrito na **Seção 2.3**, pode-se usar o ponteiro de stream que o representa para processá-lo. Processar um arquivo significa ler ou escrever dados nele usando o respectivo stream como intermediário. Processamento de arquivos pode ser categorizado conforme exposto adiante:

- ❏ **Processamento sequencial.** Quando um stream é processado sequencialmente, suas partições são acessadas uma a uma na ordem em que se encontram no stream. Todo stream permite esse tipo de acesso e, de acordo com as partições nas quais o stream é logicamente dividido, esse tipo de processamento pode ainda ser subdividido em:

  - ◆ **Por byte** (ou **por caractere**). Nesse tipo de processamento, as funções utilizadas leem ou escrevem um byte por vez. Esse tipo de processamento é apropriado para qualquer tipo de stream e será apresentado na **Seção 2.11.1**.

  - ◆ **Por linha.** As funções utilizadas nesse tipo de processamento leem ou escrevem uma linha de cada vez. Esse tipo de processamento é dirigido para streams de texto e será explorado na **Seção 2.11.1**.

  - ◆ **Por bloco.** No contexto de processamento de arquivos, um bloco de memória (ou apenas bloco) é um array de bytes. Mas como será visto adiante, qualquer variável pode ser vista como um array de bytes. Assim as funções utilizadas nesse tipo de processamento leem ou escrevem uma variável ou um array de variáveis de um determinado tipo de cada vez. Esse tipo de processamento é mais apropriado para streams binários associados a arquivos binários e será descrito em detalhes na **Seção 2.11.1**.

  - ◆ **Formatado.** As funções que executam processamento dessa natureza convertem caracteres em valores de tipos de dados primitivos durante uma operação de leitura e realizam o inverso durante uma operação de escrita. As funções **scanf()** e **printf()** constituem exemplos de funções usadas em processamento formatado de arquivos. Esse tipo de processamento, que é conveniente apenas para streams de texto, foi discutido na **Seção 2.7**.

- ❏ **Processamento por acesso direto.** Num processamento dessa natureza, um conjunto de bytes pode ser acessado num determinado local de um arquivo sem que os bytes que o precedem sejam necessariamente acessados, porém nem todo arquivo permite esse tipo de acesso. Esse tipo de processamento é conveniente para arquivos binários que podem ser indexados (i.e., divididos em partições de mesmo tamanho) e que, obviamente, admitem acesso direto. Esse tipo de processamento será apresentado na **Seção 2.11.2**.

A **Tabela 2–4** e a **Tabela 2–5** têm o intuito de servirem como rápida referência para ajudar o programador a decidir que tipo de processamento é conveniente numa determinada situação.

PROCESSAMENTO	FUNÇÕES TIPICAMENTE USADAS	CONVENIENTE PARA ARQUIVO...
Por byte	❑ **fgetc()** (leitura) ❑ **fputc()** (escrita)	Texto ou binário
Por linha	❑ **fgets()** (leitura) ❑ **fputs()** (escrita)	Texto
Por bloco	❑ **fread()** (leitura) ❑ **fwrite()** (escrita)	Binário
Formatado	❑ **fscanf()** (leitura) ❑ **fprintf()** (escrita)	Texto (apenas)

TABELA 2–4: PROCESSAMENTO SEQUENCIAL DE ARQUIVOS (RESUMO)

AÇÃO	FUNÇÕES USADAS	O QUE FAZ
Movimentação	**fseek()**	*Move o indicador de posição do arquivo para um local determinado*
Localização	**ftell()**	*Informa o local onde se encontra o indicador de posição do arquivo*
Processamento	❑ **fread()** (leitura) ❑ **fwrite()** (escrita)	*Lê ou escreve um bloco no local onde se encontra o indicador de posição do arquivo*

TABELA 2–5: PROCESSAMENTO DE ARQUIVOS COM ACESSO DIRETO (RESUMO)

2.11.1 Processamento Sequencial

Esta seção descreve em detalhes as categorias de processamento sequencial.

Por Byte

Existem duas funções para processamento de um stream byte a byte: **fgetc()**, que lê um byte no stream e **fputc()**, que escreve um byte no stream. Antes de retornarem, essas funções movem o indicador de posição do stream para o próximo caractere a ser lido ou escrito. Os protótipos dessas funções são apresentados na **Tabela 2–6**.

FUNÇÃO	PROTÓTIPO
fgetc()	`int fgetc(FILE *stream)`
fputc()	`int fputc(int byte, FILE *stream)`

TABELA 2–6: PROTÓTIPOS DE FUNÇÕES PARA PROCESSAMENTO DE CARACTERES (BYTES)

Na **Seção 2.15**, serão apresentados exemplos de uso prático das funções **fgetc()** e **fputc()**.

Por Linha

O processamento de arquivo linha por linha é conveniente apenas para streams de texto. Existem duas funções do módulo stdio que leem e escrevem uma linha num dado stream de texto, respectivamente: **fgets()** e **fputs()**. A função **fgets()** tem como protótipo:

```
char *fgets(char *ar, int n, FILE *stream)
```

O primeiro parâmetro dessa função é o endereço do array que armazenará o string lido e o segundo parâmetro é o tamanho desse array. O terceiro parâmetro de **fgets()** especifica o stream associado ao arquivo no qual a leitura será efetuada. No caso de leitura via teclado, esse parâmetro é, naturalmente, **stdin** (v. **Seção 2.6**).

A função **fgets()** é capaz de ler `n - 1` caracteres, mas a leitura pode encerrar prematuramente se uma quebra de linha (`'\n'`) for encontrada ou o final do arquivo for atingido. Essa função armazena automaticamente um caractere nulo (`'\0'`) após o último caractere armazenado no array `ar[]`. A função **fgets()** retorna o endereço do array recebido como parâmetro quando consegue cumprir sua missão ou **NULL**, quando ocorre erro ou tentativa de leitura além do final do arquivo sem que ela tenha conseguido ler nenhum caractere.

O valor passado como segundo parâmetro pode ser menor do que o tamanho do array (primeiro parâmetro) se o programador não desejar preencher todo o array com o string lido. Mas se esse valor for maior do que o verdadeiro tamanho do array, poderá haver corrupção de memória. Nesse último caso, todavia, o erro é causado por descuido do programador e não é inerente à função **fgets()**.

É interessante ressaltar que, quando a função **fgets()** encontra o caractere `'\n'` durante uma leitura, ela o inclui no string resultante da leitura e, muitas vezes, isso constitui um incômodo para o programador. Se esse for o caso, para remover esse caractere, o programador deve notar que ele deve ser o último caractere do string antes do caractere terminal, porque, ao encontrar o caractere `'\n'`, **fgets()** encerra a leitura e acrescenta o caractere `'\0'` ao final dos caracteres armazenados no array recebido como parâmetro. Por exemplo, suponha que essa função seja chamada como no seguinte trecho de programa:

```
char ar[10];
...
fgets(ar, 10, stdin);
```

e o usuário introduz apenas cinco caracteres seguidos de [ENTER]. Então quando executada, a função **fgets()** encontrará o caractere `'\n'`, antes de ler os nove caracteres que lhe são permitidos. Assim após o retorno dessa função, a situação no array `ar[]` pode ser esquematizada como na **Figura 2–3**, na qual `x` representa cada caractere introduzido pelo usuário antes de ele digitar [ENTER].

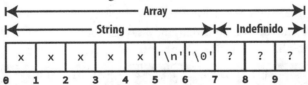

FIGURA 2–3: FUNÇÃO FGETS() LENDO QUEBRA DE LINHA

Como se pode verificar na ilustração, quando lido, o caractere `'\n'` ocupa a posição do array determinada por:

```
strlen(ar) - 1
```

Assim o trecho de programa a seguir é capaz de remover do string o caractere `'\n'`:

```
int posicao = strlen(ar) - 1;
if (ar[posicao] == '\n') /* '\n' foi encontrado */
    ar[posicao] = '\0'; /* Sobrescreve-o com '\0' */
```

Uma maneira equivalente e mais sucinta de remover o caractere `'\n'` é obtida por meio da função **strchr**(), como é mostrado abaixo:

```
char *p = strchr(ar, '\n');

if (p) /* '\n' foi encontrado */
    *p = '\0'; /* Sobrescreve-o com '\0' */
```

A função **fputs**() é usada para escrita de linhas num stream de texto e tem o seguinte protótipo:

```
int fputs(const char *s, FILE *stream)
```

Nesse protótipo, os parâmetros são interpretados como:

- `s` é o endereço de um string.
- `stream` representa o stream no qual será feita a escrita.

A função **fputs**() escreve todos os caracteres do string `s` no stream recebido como parâmetro até que o caractere nulo seja encontrado (esse caractere nulo não é escrito no stream). A função **fputs**() retorna um valor não negativo quando a escrita é bem-sucedida; caso contrário, ela retorna **EOF**. Essa função não escreve no stream um caractere de quebra de linha após a escrita do último caractere do string, como faz a função **puts**() que escreve no meio de saída padrão.

A **Seção 2.15** apresentará exemplos de uso prático das funções **fgets**() e **fputs**().

Por Bloco

Conforme foi visto no início deste capítulo, um bloco (de memória) é apenas um array unidimensional de bytes. Esses bytes podem ser agrupados para constituir elementos multibytes de um array. Por exemplo, um array de elementos do tipo **double** pode ser interpretado desse modo ou como um array de bytes, pois não apenas os elementos do tipo **double** são contíguos em memória, como também há contiguidade entre os bytes que compõem cada elemento do tipo **double**. Assim quando se lê ou escreve um bloco, é necessário especificar o número de elementos do bloco e o tamanho (i.e., o número de bytes) de cada elemento.

As funções do módulo stdio usadas para entrada e saída de blocos são **fread**() e **fwrite**(), respectivamente.

A função **fread**() tem o seguinte protótipo:

```
size_t  fread(void  *ar, size_t tamanho, size_t n, FILE *stream)
```

As interpretações dos parâmetros nesse protótipo são as seguintes:

- `ar` é o endereço do array de bytes no qual o bloco lido será armazenado. O tipo **void** * utilizado na declaração desse parâmetro permite que ele seja compatível com ponteiros e endereços de variáveis de quaisquer tipos.
- `tamanho` é o tamanho de cada elemento do array.
- `n` é o número de elementos do tamanho especificado que serão lidos no stream e armazenados no array.
- `stream` é o stream no qual será feita a leitura.

A função **fread**() retorna o número de elementos que foram realmente lidos. Esse valor deverá ser igual ao valor do terceiro parâmetro da função, a não ser que ocorra um erro ou o final do stream seja atingido antes da leitura de todos os elementos especificados nesse parâmetro.

O protótipo da função **fwrite**() é muito parecido com o protótipo de **fread**():

```
size_t fwrite(const void *ar, size_t tamanho, size_t n, FILE *stream)
```

Os parâmetros dessa função são interpretados como:

- **ar** é o endereço do array que armazena os bytes que serão escritos no stream. O tipo **void** * utilizado na declaração desse parâmetro permite que ele seja compatível com ponteiros e endereços de variáveis de quaisquer tipos.
- **tamanho** é o tamanho de cada elemento do array.
- **n** é o número de elementos do array que serão escritos no stream.
- **stream** representa o stream no qual será feita a escrita.

A função **fwrite()** retorna o número de itens que foram realmente escritos no stream especificado.

Apesar das semelhanças nos protótipos, as funções **fread()** e **fwrite()** diferem bastante em termos de funcionamento, pois **fwrite()** faz o contrário de **fread()**. Isto é, **fwrite()** lê bytes armazenados em memória e escreve-os num stream, enquanto **fread()** lê bytes num stream e armazena-os em memória. Usando qualquer dessas funções, o programador deve tomar cuidado para não especificar um número de itens (terceiro parâmetro) que ultrapasse o número de elementos do array.

Deve-se ressaltar que quando se fala em *array de bytes*, não se está necessariamente considerando um array de elementos de um tipo específico. Um array de bytes é um conceito de baixo nível e refere-se a qualquer agrupamento de bytes contíguos em memória. Assim um simples valor do tipo **int** ou **double**, por exemplo, constitui um array de bytes. Logo as funções **fread()** e **fwrite()** podem ser utilizadas para processar valores de tipos primitivos, tais como **int** ou **double**, ou mais complexos, e não apenas arrays convencionais, como parece ser sugerido. Por exemplo, para escrever num arquivo um único valor do tipo **double** armazenado em memória, pode-se usar o seguinte fragmento de programa:

```
double  umDouble = 2.54;
FILE   *stream = fopen("MeuArquivo", "wb");
...
fwrite(&umDouble, sizeof(double), 1, stream);
```

Para ler um valor do tipo **double** num arquivo binário e armazená-lo numa variável, pode-se utilizar, de modo semelhante, a função **fread()**:

```
double umDouble;
FILE   *stream = fopen("MeuArquivo", "rb");
...
fread(&umDouble, sizeof(double), 1, stream);
```

Algoritmo Geral para Leitura Sequencial de Arquivos

Em geral, leitura sequencial num arquivo pode ser realizada seguindo-se o algoritmo delineado na **Figura 2–4**, que foi escrito com uma mistura de linguagem algorítmica e português.

ALGORITMO LeituraSequencialDeArquivo
1. Repita:
1.1 Leia uma partição do arquivo
1.2 Se houve tentativa de leitura além do final do arquivo, encerre o laço
1.3 Se ocorreu erro de leitura, encerre o laço
1.4 Processe a partição lida
2. Se ocorreu erro de leitura, informe que a leitura foi malsucedida

FIGURA 2–4: ALGORITMO GERAL PARA LEITURA SEQUENCIAL DE ARQUIVOS

Deve-se salientar o seguinte a respeito do algoritmo LeituraSequencialDeArquivo e sua implementação em C:

❑ Na implementação do laço do algoritmo acima, tipicamente, usa-se um laço **while**, como:

```
while(1) {
    ...
}
```

❑ Se a natureza da partição considerada for byte, linha ou bloco, a leitura deve ser efetuada usando, respectivamente, **fgetc()**, **fgets()** ou **fread()**.

❑ Tentativa de leitura além do final do arquivo é checada chamando-se **feof()** (v. **Seção 2.4**).

❑ Ocorrência erro de leitura deve ser verificada chamando-se **ferror()** (v. **Seção 2.4**).

❑ *Processar a partição lida* significa efetuar qualquer tipo de operação sobre os dados que, nesse instante, encontram-se armazenados em memória.

❑ Após o encerramento do laço de repetição, o algoritmo informa, se for o caso, a ocorrência de erro de leitura. Essa comunicação pode ser efetuada, por exemplo, por meio de um valor de retorno da função que implementa o algoritmo.

Existem situações particulares nas quais o algoritmo acima não se aplica. Por exemplo, o último programa apresentado acima escreve e lê todo o conteúdo de um arquivo com uma única chamada de **fwrite()** e uma única chamada de **fread()**, respectivamente. Ou seja, nesse caso, não há necessidade de uso de laço de repetição.

2.11.2 Processamento por Acesso Direto

Nos exemplos de processamento de arquivos apresentados até aqui, os arquivos foram acessados sequencialmente. Isto é, todas as partições de um arquivo (i.e., bytes, linhas ou blocos) foram processadas uma após a outra, do primeiro até o último byte. Existem aplicações, entretanto, em que se deseja processar uma partição particular que se encontra numa determinada posição num arquivo. Esse tipo de processamento de arquivo é denominado **processamento com acesso direto**.

Uma operação de processamento de arquivo com acesso direto envolve duas etapas:

1. Mover o indicador de posição do arquivo para o local desejado. Funções designadas para essa tarefa são denominadas **funções de posicionamento**.
2. Executar a operação de leitura ou escrita desejada.

Nem todo arquivo (no sentido genérico) permite acesso direto. Por exemplo, arquivos armazenados em disco permitem acesso direto, mas arquivos associados a um console não o permitem. Além disso, nem toda configuração de arquivo é conveniente para processamento com acesso direto. Um arquivo é adequado para esse tipo de processamento quando faz sentido dividi-lo em partições do mesmo tamanho, de tal modo que essas divisões possam ser indexadas como um array. Essas partições de um arquivo são comumente denominadas **registros**.

Movimentação do Indicador de Posição

Existem três funções no módulo stdio que podem ser utilizadas para posicionamento do indicador de posição de um arquivo. Elas são resumidamente descritas na **Tabela 2–7**.

Função	Descrição sumária
fseek()	Move o indicador de posição do arquivo para um local especificado por seus parâmetros

Tabela 2–7: Funções de Posicionamento Utilizadas em Acesso Direto

Função	Descrição Sumária
ftell()	Indica onde se encontra correntemente o indicador de posição do arquivo associado ao stream especificado como parâmetro
rewind()	Move o indicador de posição do arquivo para o início do arquivo associado ao stream recebido como único parâmetro

Tabela 2–7: Funções de Posicionamento Utilizadas em Acesso Direto

A função **fseek()** tem o seguinte protótipo:

```
int fseek(FILE *stream, long distancia, int deOnde)
```

Nesse protótipo, os parâmetros têm os seguintes significados:

- **stream** representa um stream associado a um arquivo que suporta acesso direto.
- **distancia** é um deslocamento (positivo ou negativo), medido a partir do terceiro parâmetro, que indica para onde o indicador de posição do arquivo será movido.
- **deOnde** é o local a partir de onde o deslocamento (segundo parâmetro) será determinado.

Em arquivos binários, o valor do segundo parâmetro (**distancia**) é medido em bytes, enquanto, em arquivos de texto, ele deve ser especificado utilizando um valor retornado pela função **ftell()** (v. adiante). O terceiro parâmetro (**deOnde**) pode assumir um dos valores representados pelas constantes simbólicas definidas em `<stdio.h>` e descritas na **Tabela 2–8**.

Constante	Representa...
SEEK_SET	Início do arquivo
SEEK_CUR	Posição corrente do indicador de posição do arquivo
SEEK_END	Final do arquivo

Tabela 2–8: Constantes Simbólicas de Posicionamento em Arquivos

Quando a função **fseek()** consegue deslocar o indicador de posição do arquivo para a posição desejada, ela retorna zero; caso contrário, ela retorna um valor diferente de zero. Considere, por exemplo, a chamada de **fseek()** no fragmento de programa a seguir:

```
int    retorno;
...
FILE *stream = fopen("arquivo.bin", "rb");

if (stream) { /* Abertura de arquivo bem-sucedida */
   retorno = fseek(stream, 10, SEEK_SET);

   if (!retorno) { /* Movimentação do indicador bem-sucedida */
      ... /* Pode-se ler ou escrever na posição desejada */
   } else { /* Não foi possível mover o indicador de posição */
      ... /* Informa o usuário sobre o problema etc. */
   }
} else {/* Arquivo não pode ser aberto */
   ... /* Informa o usuário sobre o problema etc. */
}
```

Se bem-sucedida, a chamada de **fseek()** nesse exemplo moveria o indicador de posição associado ao stream para o byte de índice **10** nesse stream. Como os bytes de um arquivo são indexados a partir de zero, o byte de índice **10** é o 11º byte no stream.

Considerando que o stream do exemplo acima foi aberto no modo de leitura apenas, a chamada:

```
fseek(stream, 1, SEEK_END);
```

retornaria um valor diferente de zero indicando que a solicitação não pode ser atendida, pois, quando um arquivo é aberto apenas para leitura, não se pode mover o indicador de posição além do final do arquivo. Portanto se a constante simbólica **SEEK_END** for utilizada como valor do terceiro parâmetro de **fseek()** e o arquivo tiver sido aberto apenas para leitura, a distância (segundo parâmetro) deve ser negativa. De modo análogo, se a constante simbólica **SEEK_SET** for utilizada, a distância deve ser sempre positiva; nesse último caso, independentemente do modo de abertura do arquivo.

Para streams binários, a distância utilizada com **fseek()** pode ser qualquer valor inteiro que não faça o indicador de posição de arquivo ultrapassar os limites do arquivo. Para streams de texto, o segundo parâmetro de **fseek()** deve ser 0 ou um valor retornado por **ftell()** (v. adiante), considerando-se o mesmo stream. Mais precisamente, as únicas chamadas portáveis da função **fseek()** para streams de texto são:

- ❐ `fseek(stream, 0, SEEK_CUR);`
- ❐ `fseek(stream, 0, SEEK_END);`
- ❐ `fseek(stream, 0, SEEK_SET);`
- ❐ `fseek(stream, ftell(stream), SEEK_SET);`

A função `MoveApontador()`, definida abaixo, inclui tratamento de exceção e pode ser usada em substituição à função **fseek()**.

```
void MoveApontador(FILE *stream, long bytes, int DeOnde)
{
    int deuErrado;

    deuErrado = fseek(stream, (long) bytes, DeOnde);

    /* Verifica se houve erro */
    if (deuErrado) {
    fprintf( stderr, "\n>>> Erro na tentativa de mover apontador de arquivo" );
    exit(1);
    }
}
```

A função **ftell()** recebe apenas um parâmetro, que é um ponteiro de stream e retorna a posição corrente do indicador de posição do arquivo associado ao stream. Quando ocorre erro, essa função retorna `-1L` e seu protótipo é:

```
long ftell(FILE *stream)
```

Essa função é frequentemente usada para guardar o valor corrente do indicador de posição de modo que se possa, posteriormente, retornar àquela posição após uma operação de entrada ou saída.

A posição retornada por **ftell()** é sempre medida a partir do início do arquivo. Para streams binários, o valor retornado por **ftell()** representa o verdadeiro número de bytes contado a partir do início do arquivo. Para streams de texto, o valor retornado por **ftell()** representa um valor que faz sentido apenas quando utilizado como distância (segundo parâmetro) numa chamada subsequente da função **fseek()**.

A função `ObtemApontador()`, apresentada a seguir, é semelhante à função **ftell()**, mas inclui tratamento de exceção.

```
long ObtemApontador(FILE *stream)
{
    long resultado;
```

```
    resultado = ftell(stream);

    /* Verifica se houve erro */
    if (resultado < 0L) {
    fprintf( stderr, "\n>>> Erro na tentativa de obter posicao "
                     "do apontador de arquivo" );
    exit(1);
    }

    return resultado;
}
```

É importante salientar que nem todo stream permite acesso direto. Por exemplo, streams associados a um terminal de computador não permitem acesso direto, enquanto aqueles associados a arquivos armazenados em disco o permitem. O programa a seguir mostra como determinar se um arquivo permite ou não acesso direto[3].

```
#include <stdio.h>

#define NOME_ARQUIVO "Tudor.txt"

int main(void)
{
  FILE  *stream;

    /* Tenta abrir o arquivo em modo texto apenas para leitura */
  stream = fopen(NOME_ARQUIVO, "r");

    /* Checa se arquivo foi aberto */
  if (!stream) {
    printf("\nImpossivel abrir o arquivo %s\n", NOME_ARQUIVO);
    return 1;
  }

    /* Informa se o arquivo recém aberto suporta acesso direto */
  printf( "\n>>> O stream associado a \"%s\" %spermite acesso direto", NOME_ARQUIVO,
        fseek(stream, 0, SEEK_CUR) ? "NAO " : "" );

    /* Informa se o meio de entrada padrão suporta acesso direto */
  printf("\n>>> O stream stdin %spermite acesso direto\n",
        fseek(stdin, 0, SEEK_CUR) ? "NAO " : "");

  return 0;
}
```

Quando executado, esse programa produz o seguinte resultado:

```
>>> O stream associado a "Tudor.txt" permite acesso direto
>>> O stream stdin NAO permite acesso direto
```

As chamadas de **fseek()** no programa acima especificam um deslocamento de zero em relação à posição corrente do indicador de posição de arquivo. Portanto elas servem apenas para testar o valor retornado pela função **fseek()**. Isto é, quando esse valor é igual a zero, o arquivo permite acesso direto; caso contrário, ele não permite acesso direto.

Funções de posicionamento desempenham um importante papel quando um arquivo é aberto num modo de atualização (v. **Seção 2.3**), que permite leitura e escrita (i.e., um modo de abertura que use o sinal +), pois entre uma operação de leitura e uma operação de escrita (ou vice-versa) deve haver uma chamada de função de posicionamento. Para permitir passagem de escrita para leitura, pode-se ainda usar a função **fflush()**. O seguinte quadro resume esse arrazoado:

[3] O arquivo **Tudor.txt** é descrito no **Apêndice A**.

> *Quando o modo de abertura de um arquivo é "r+", "r+b", "w+", "w+b", "a+" ou "a+b", entre uma operação de leitura e uma operação de escrita no arquivo ou vice-versa, deve haver uma chamada bem-sucedida de fseek() ou rewind(), que recebe como parâmetro o stream associado ao arquivo.*

Leitura e Escrita

Em princípio, qualquer função do módulo stdio que é capaz de ler ou escrever num stream pode ser utilizada para realizar a segunda etapa de uma operação de acesso direto descrita no início desta seção, mas, na prática, tipicamente, usam-se **fread**() e **fwrite**() com o arquivo aberto em modo binário.

Uma situação excepcional na qual pode ser conveniente o uso de acesso direto com arquivos de texto ocorre quando as linhas do arquivo são todas do mesmo tamanho. Nesse caso específico, pode-se abrir o arquivo em modo texto e usar as funções **fgets**() e **fputs**() para leitura e escrita, respectivamente.

2.11.3 Inserção, Remoção e Alteração de Registros

Por simplicidades, os arquivos de interesse neste texto são divididos em registros de **tamanho fixo**. Como esses registros têm o mesmo tamanho e são armazenados contiguamente, eles podem ser indexados e, assim, ser processados sequencialmente como se constituíssem um array. Além disso, cada campo que constitui um registro também tem tamanho fixo. Por exemplo, todos os valores de um campo que representa um nome de rua têm o mesmo tamanho, mesmo que uma rua com nome muito pequeno cause desperdício de memória e uma rua com nome muito grande precise ter seu nome truncado.

Essas simplificações não podem ser subestimadas numa aplicação real, mas neste livro elas serão negligenciadas porque, aqui, organização e processamento de arquivos de dados é apenas um tópico secundário. Tais simplificações permitem acesso direto a cada registro para leitura ou alteração por meio de uma simples operação aritmética combinada com uma chamada de função de posicionamento [p. ex., **fseek**()], como será visto na **Seção 2.14**.

Apesar das semelhanças com arrays, as operações de inserção e remoção não são tão facilmente implementadas com arquivos quanto ocorre com arrays. Inserir um registro entre dois outros que já se encontram num arquivo só faz sentido quando existe algum tipo de ordenação entre esses registros e pode ser uma operação excessivamente demorada se ela for efetuada com afastamento de registros (como ocorre com arrays). Neste livro, inserção (ou melhor, acréscimo) de um registro num arquivo de dados é sempre efetuada ao final do arquivo.

Existem diversas abordagens para remoção de registros de arquivo, mas a maioria delas referem-se à remoção lógica; i.e., um registro removido não é considerado integrante de um arquivo mesmo que, fisicamente, ele ainda esteja armazenado no arquivo. A abordagem a ser utilizada nos programas que ilustram aplicações das estruturas de dados discutidas nos capítulos seguintes consiste no seguinte:

1. Quando um registro é removido, sua chave é removida da estrutura de dados usada para acessá-lo. Logo, embora o registro continue fazendo parte do arquivo, ele não poderá mais ser acessado por meio dessa estrutura de dados. Esse é um exemplo de remoção lógica provisória.

2. A chave do registro que foi removida fisicamente da estrutura de dados mencionada é armazenada em outra estrutura de dados, denominada `removidos` nos referidos programas.

3. Ao encerramento do programa, o arquivo de dados é reconstruído, deixando-se fora dele todos os registros cujas chaves se encontrem na estrutura de dados `removidos`. Mais precisamente, todos os registros do arquivo de dados original são copiados para um novo arquivo com exceção daqueles cujas chaves façam parte da estrutura de dados `removidos`. Neste passo, ocorre remoção física de cada registro removido logicamente durante a execução do programa.

Devido às simplificações citadas no início desta seção, atualizar ou alterar o conteúdo de um registro é uma tarefa trivial: basta obter os novos dados do registro e utilizá-los para sobrescrever o antigo conteúdo do registro.

2.12 rewind() ou fseek()?

A função **rewind()** é uma função de posicionamento, mas ela merece destaque especial por ser mais usada em processamento sequencial do que em processamento com acesso direto. Diferentemente da função **fseek()**, essa função move o indicador de posição de arquivo para uma posição específica apenas, a saber, o início do arquivo [mas **fseek()** também faz isso — v. adiante].

Imediatamente após a abertura de um arquivo, o indicador de posição do arquivo aponta para seu início. Portanto se uma função que abre um arquivo deseja processá-lo sequencialmente do início até certo ponto, logo após sua abertura, ela não precisa chamar **rewind()**. Entretanto se uma função recebe como parâmetro um stream já aberto e deseja garantir que o processamento do arquivo inicia-se no primeiro byte do arquivo, ela deve chamar a função **rewind()** ou **fseek()** (v. adiante) antes de iniciar o processamento.

A função **rewind()** é comumente usada em operações de leitura de arquivos e raramente usada em operações de escrita. Contudo, apesar de essa função ser utilizada com muita frequência, ela não é recomendada quando se deseja ter um programa 100% robusto, pois ela não permite testar se foi bem-sucedida. Assim se robustez completa for desejável, deve-se dar preferência ao uso de **fseek()** em substituição a **rewind()**, como mostrado esquematicamente a seguir:

```
if (fseek(stream, 0, SEEK_SET)) {
    /* Indicador de posição não foi   */
    /* movido para o início do arquivo */
    ...
}
```

2.13 Condições de Exceção e a Lei de Murphy

Uma **condição de exceção** é uma situação que impede o funcionamento considerado normal de uma função. Por exemplo, quando se chama a função **fgetc()**, espera-se que, sob condições normais, ela seja capaz de ler um byte num arquivo. Nesse caso, entretanto, existem inúmeros fatores que podem impedir essa função de cumprir sua missão (p. ex., o modo de abertura de arquivo não permite leitura, falha de dispositivo, tentativa de leitura além do final do arquivo etc.). Na maioria das vezes, quando encontra uma condição de exceção, uma função não é capaz de sinalizar exatamente qual foi a causa de seu insucesso, mas, a maior parte delas informa, por meio de um valor de retorno, quando fracassa. O arrazoado apresentado neste parágrafo não se refere exclusivamente a funções de entrada e saída ou à linguagem C. Quer dizer, exceção, condição de exceção e tratamento de exceção são conceitos genéricos em programação.

A **Lei de Murphy** é um adágio popular que afirma que o que pode dar errado, certamente, dará. Aplicada a processamento de arquivos pode-se reformular essa afirmação como:

> *Se uma operação sobre um arquivo que pode ser malsucedida não for testada, certamente, ela será malsucedida.*

Mas existe o **Corolário 1** que serve de consolo para o programador:

> *Se uma operação sobre um arquivo for testada, um erro nunca se manifestará nessa operação.*

Ou o **Corolário 2**, que é ainda mais específico:

> *Se uma função de processamento de arquivos que pode ser malsucedida for testada logo após ser chamada, ela nunca será malsucedida.*

Em processamento de arquivos, quase todas as chamadas de função do módulo stdio podem ser malsucedidas (i.e., resultar em erro). Portanto para evitar que seu programa seja mais uma vítima da Lei de Murphy de processamento de arquivos, siga as recomendações preconizadas na **Tabela 2–9**.

Operação	Função	Como testar se ocorreu erro ou precaver-se
Abertura de arquivo	**fopen()**	Teste se o retorno da função é **NULL**
Fechamento de arquivo	**fclose()**	Use `FechaArquivo()` (v. Seção 2.3), em vez de **fopen()**
Leitura	Qualquer função de leitura	Use **ferror()** após cada operação
Escrita	Qualquer função de escrita	Use **ferror()** após cada operação
Posicionamento	**fseek()**	Verifique se o retorno da função é diferente de zero (ou EOF)
Posicionamento	**rewind()**	Use **fseek()**, em vez de **rewind()**
Posicionamento	**ftell()**	Teste se o retorno da função é negativo
Descarga de buffer	**fflush()**	Verifique se o retorno da função é diferente de zero (ou EOF)

TABELA 2–9: PROTEÇÃO CONTRA A LEI DE MURPHY DE PROCESSAMENTO DE ARQUIVOS

Em qualquer operação enumerada na **Tabela 2–9**, o que pode dar errado é, obviamente, o fato de a respectiva operação não ser bem-sucedida. Mas qualquer que seja a causa do erro (o que nem sempre é óbvio), do ponto de vista pragmático, o importante é verificar se ele ocorreu e, se for o caso, adotar a medida que a situação requer.

2.14 Lidando com Arquivos Grandes em C

Por um longo tempo, muitos sistemas operacionais e suas implementações de sistemas de arquivos usaram valores inteiros de 32 bits para representar tamanhos de arquivos e posições de bytes em arquivos. Consequentemente, nenhum arquivo poderia ser maior do que $2^{31} - 1$ bytes (i.e., aproximadamente *2 GiB*). Assim no contexto de processamento de arquivos, um arquivo grande demais para ser manipulado por um **sistema operacional de 32 bits** passou a ser conhecido como **arquivo grande**. Os modernos sistemas operacionais de 64 bits surgiram com o intuito de suprir essas deficiências.

2.14.1 Portabilidade

Como foi na **Seção 2.11.2**, as funções **fseek()** e **ftell()** da biblioteca padrão de C são essenciais em processamento por acesso direto, que, por sua vez, é fundamental na implementação de estruturas de dados em memória secundária, como será visto no **Capítulo 6**. Ocorre, porém, que essas funções especificam posições (índices) de bytes em arquivos usando inteiros do tipo **long int**, que não é portável. Quer dizer, assim como ocorre com a maioria dos tipos inteiros de C, o tipo **long int** não tem largura especificada por nenhum padrão da linguagem C, de modo que um compilador que segue um padrão de C pode usar qualquer largura desde que ela não seja menor do que a largura do tipo **int** usada pelo mesmo compilador. E, infelizmente, isso de fato ocorre. Por exemplo, na versão do compilador GCC para Windows, a largura do tipo **long int** é 32 bits que não permite que as funções **fseek()** e **ftell()** lidem com arquivos grandes[4]. As funções de posicionamento **fsetpos()** e **fsetpos()**, que fazem parte da biblioteca padrão de C, não resolvem esse problema. Portanto tais compiladores não possuem meios para oferecer uma solução portável para acesso direto para arquivos grandes. Por outro

---

[4]   É possível que quando você estiver lendo este livro, essa deficiência já tenha sido suprida e, então, você poderá ignorar a discussão que segue.

lado, se o programador usar um compilador para o qual a largura do tipo **long int** é 64 bits (p. ex., Clang ou GCC para Linux/Unix), ele não precisa se preocupar.

2.14.2 Índice de Registro e Índice de Byte

Em qualquer arquivo que permite acesso direto, os bytes que o constituem podem ser indexados de zero até o tamanho do arquivo (i.e., seu número de bytes) menos um. Mas quando um arquivo é composto de registros do mesmo tamanho, esses registros também podem ser indexados de zero até o número de registros menos um, como ocorre com arrays armazenados em memória principal. Portanto, nesse caso, um registro pode ser indexado por seu primeiro byte ou por seu próprio índice.

Quando os registros de um arquivo são representados pelas chaves desses registros, como será visto no **Capítulo 6**, a posição de cada registro no arquivo deve ser armazenada juntamente com sua chave. Para arquivos muito grandes, é mais vantajoso armazenar o índice de um registro do que o índice do primeiro byte desse registro. Essa vantagem é decorrente do fato de, normalmente, o número de bytes de um arquivo ser muito maior do que seu número de registros. Logo, para arquivos muito grandes, o índice armazenado junto com a chave do registro poderia requerer o uso de um tipo inteiro com largura de 64 bits (p. ex., o tipo **long long** em C).

Para entender melhor o argumento apresentado no último parágrafo, considere um arquivo bem grande, como aquele que será utilizado para testar árvores multidirecionais no **Capítulo 6**. Esse arquivo possui cerca de 4 GiB e, portanto, seus bytes só podem ser indexados utilizando-se um inteiro com largura de 64 bits. Entretanto esse mesmo arquivo possui *apenas* cerca de 9,5 milhões de registros, que podem ser indexados utilizando-se um tipo inteiro de 32 bits. A única desvantagem que essa indexação de registros apresenta é que ela requer uma operação de multiplicação adicional cada vez que se precisa mover o apontador de posição de um arquivo para o local em que se encontra um determinado registro (com exceção do primeiro registro). Mais precisamente, para mover o apontador de arquivo para um determinado registro por meio da função **fseek()**, é necessário calcular o índice do byte para o qual essa função deve mover o apontador de arquivo. Por exemplo, suponha que o tamanho de um registro é *80* bytes. Então, usando indexação de registros, o registro de número *655* do arquivo poderia ser localizado como:

```
fseek(stream, 655*80, SEEK_SET);
```

A desvantagem mencionada acima é desprezível porque, quando se processam dados armazenados em memória secundária, o principal interesse é minimizar o número de acessos ao meio de armazenamento. No caso de estruturas de dados armazenadas em arquivos, essa minimização de acesso é obtida maximizando-se o tamanho de cada nó da estrutura. Mas quanto menor for o tamanho de cada par chave/índice armazenado nos nós de uma tal estrutura, maior poderá ser o tamanho do nó. Assim está justificada a opção de indexação de registros descrita acima.

2.15 Exemplos de Programação

Nesta seção serão apresentados exemplos que usam o arquivo `Tudor.txt` descrito no **Apêndice A**.

2.15.1 Saltando Linhas de um Arquivo de Texto

Preâmbulo: Linha vazia de um arquivo de texto é aquela contendo apenas quebra de linha (i.e., um caractere `'\n'`).

Problema: Escreva uma função que salta o restante da linha corrente e linhas vazias subsequentes de um arquivo de texto a partir da posição corrente do indicador de posição do arquivo.

Solução: A função `SaltaLinhas()` apresentada abaixo salta o restante da linha corrente e linhas vazias subsequentes de um arquivo de texto. O único parâmetro dessa função é stream, que representa o stream associado ao arquivo. Essa função retorna o número de linhas saltadas, se não ocorrer erro ou um valor negativo, em caso contrário. Para usar essa função adequadamente, stream que ela recebe como parâmetro deve ter sido aberto em modo texto que permite leitura.

```c
int SaltaLinhas(FILE *stream)
{
    int c, /* Armazena um caractere */
        linhasSaltadas = 0; /* Conta o número de linhas saltadas */

    /* O laço encerra quando o final do arquivo for atingido, */
    /* ocorrer erro ou for encontrado um caractere após a      */
    /* linha corrente que não seja quebra de linha             */
    while (1) {
        c = fgetc(stream); /* Lê o próximo caractere */

        /* Se ocorreu erro de leitura, retorna um valor que indica esse fato */
        if (ferror(stream))
            return -1; /* Ocorreu erro */

        /* Se o final do arquivo foi atingido antes que fosse encontrada */
        /* uma quebra de linha, o número de linhas saltadas é zero       */
        if (feof(stream)) /* O arquivo acabou e não foi encontrado '\n'*/
            return 0;

        /* Se o final da linha corrente foi atingido, */
        /* saltam-se as linhas vazias subsequentes     */
        if(c == '\n') { /* Fim da linha corrente */

            /* O laço encerra quando o final do arquivo for atingido, ocorrer */
            /* erro ou for encontrado um caractere que  não é '\n'             */
            while(c == '\n') { /* Salta linhas */
                linhasSaltadas++; /* Mais uma quebra de linha encontrada */

                c = fgetc(stream); /* Lê o próximo caractere */

                /* Se ocorreu erro retorna um valor que indica esse fato */
                if (ferror(stream))
                    return -1;

                /* Se o final do arquivo foi atingido, não */
                /* há mais nada a fazer a não ser retornar */
                if (feof(stream))
                    return linhasSaltadas; /* Retorna número de linhas saltadas */
            }

            /* Neste ponto, sabe-se que o último caractere lido é o primeiro */
            /* caractere da primeira  linha que não é vazia. Esse caractere   */
            /* deve ser o primeiro a ser lido na próxima leitura do arquivo. */
            /* Portanto é preciso devolver  esse caractere para o stream. É   */
            /* para isso que serve a função ungetc().                         */

            /* Devolve o último caractere lido para o stream */
            if (ungetc(c, stream) == EOF)
                return -1; /* Não foi possível devolver caractere */

            break; /* Encerra o laço externo */
        }
    }

    /* Retorna o número de caracteres '\n' que foram lidos */
    return linhasSaltadas;
}
```

O uso de **ungetc()** (v. Seção 2.10) em SaltaLinhas() é apropriado porque essa última função precisa ler e descartar caracteres até encontrar um caractere que não seja quebra de linha. Quando tal caractere é lido, ele precisa ser devolvido ao stream, pois ele não deve ser saltado.

2.15.2 Copiando Arquivos

Problema: (a) Escreva uma função que copia, byte a byte, o conteúdo de um arquivo para outro. (b) Escreva um programa que recebe como argumentos de linha de comando o nome do arquivo que será copiado e o nome do arquivo que receberá a cópia e efetua a devida cópia.

Solução de (a): A função CopiaArquivo() faz aquilo que é solicitado e seus parâmetros são:

- streamEntrada (entrada) — stream associado ao arquivo que será copiado
- streamSaida (entrada) — stream associado ao arquivo que receberá a cópia

A função CopiaArquivo() retorna 0, se não ocorrer erro, ou 1, em caso contrário. Note que o stream que será lido deve estar aberto num modo que permita leitura e o stream que será escrito deve estar aberto num modo que permite escrita.

```c
int CopiaArquivo(FILE *streamEntrada, FILE *streamSaida)
{
   int c; /* Armazenará cada byte lido e escrito  */

      /* Garante que a leitura começa no início do arquivo */
   rewind(streamEntrada);

      /* O laço encerra quando houver tentativa de leitura    */
      /* além do final do arquivo de entrada ou ocorrer erro */
      /* de leitura ou escrita em qualquer dos arquivos       */
   while (1) {
         /* Lê um byte no arquivo de entrada */
      c = fgetc(streamEntrada);

         /* Testa se final do arquivo de entrada foi */
         /* atingido ou ocorreu erro de leitura       */
      if (feof(streamEntrada) || ferror(streamEntrada))
         break; /* Processamento encerrado */

         /* Escreve o byte lido no arquivo de saída */
      fputc(c, streamSaida);

         /* Verifica se ocorreu erro de escrita */
      if (ferror(streamSaida))
         break;
   }

   /* O processamento está terminado, mas a função não deve fechar os */
   /* arquivos, já que ela não foi responsável por suas aberturas       */

      /* Se ocorreu erro de escrita ou leitura, o   */
      /* retorno será 1. Caso contrário, será zero. */
   return ferror(streamEntrada) || ferror(streamSaida);
}
```

A função CopiaArquivo() funciona quando ambos os streams são abertos em modo binário ou ambos são abertos em modo de texto, uma vez que, dessa maneira, o que é lido no arquivo de entrada corresponde exatamente àquilo que é escrito no arquivo de saída. Entretanto se os arquivos forem abertos em modo texto, a operação tende a ser menos eficiente em consequência da necessária interpretação de quebra de linha tanto na leitura quanto na escrita. É importante notar que essa função não fecha os arquivos ao encerrar sua tarefa, seguindo a norma preconizada na **Seção 2.3**.

Solução de (b): A função **main**() apresentada abaixo realiza o que foi solicitado.

```
int main(int argc, char *argv[])
{
    FILE *streamEntrada, /* Stream de entrada */
         *streamSaida;   /* Stream de saída  */
    int   resultado;

    /* Verifica se o usuário informou quais serão os arquivos envolvidos na cópia */
    if (argc != 3) {
        printf("\n\t>>> Este programa deve ser usado assim: %s arquivo-a-ser-copiado "
               "\n\t> arquivo-que-recebe-a-copia\n", argv[0]);
        return 1;
    }

    /* Verifica se os arquivos de entrada e de saída são os mesmos */
    if (!strcmp(argv[1], argv[2])) {
        printf("\nOs nomes dos arquivos nao podem ser iguais\n");
        return 1;
    }

    streamEntrada = fopen(argv[1], "rb"); /* Tenta abrir o arquivo de entrada */

    /* Verifica se o arquivo de entrada foi aberto */
    if (!streamEntrada) {
        printf("\nO arquivo \"%s\" nao pode ser aberto\n", argv[1]);
        return 1;
    }

    /* Aqui, o arquivo de entrada foi aberto com sucesso. Se o arquivo de saída */
    /* não for aberto, deve-se fechar o arquivo de entrada antes de retornar.   */
    streamSaida = fopen(argv[2], "wb"); /* Tenta abrir arquivo de saída */

    /* Verifica se o arquivo de saída foi aberto */
    if (!streamSaida) {
        printf("\nO arquivo \"%s\" nao pode ser aberto\n", argv[2]);
        fclose(streamEntrada);
        return 1;
    }

    resultado = CopiaArquivo(streamEntrada, streamSaida); /* Efetua a cópia */

    fclose(streamEntrada); /* Os arquivos não precisam mais estar abertos */
    fclose(streamSaida);

    /* Comunica ao usuário o resultado da operação */
    if (!resultado) {
        printf( "\n\t>>> O arquivo %s foi copiado em %s\n", argv[1], argv[2] );
    } else {
        printf("\n\t>>> Impossivel copiar o arquivo %s\n", argv[1]);
        return 1; /* Operação falhou */
    }

    return 0;
}
```

2.15.3 Atualizando Registros de um Arquivo de Texto

Problema: Considerando o arquivo de texto `Tudor.txt` descrito no **Apêndice A**, escreva um programa que lê esse arquivo, acrescenta um ponto à segunda nota de cada aluno e, finalmente, cria um arquivo de texto contendo os dados atualizados.

Esboço de solução:

Para resolver o problema proposto é preciso seguir a seguinte sequência de passos:

1. Ler cada linha do arquivo.
2. Converter cada linha lida numa estrutura do seguinte tipo:

```
typedef  struct {
              char    nome[MAX_NOME + 1];
              char    matr[TAM_MATR + 1];
              double  n1, n2;
          } tAluno;
```

Nessa definição de tipo, MAX_NOME e TAM_MATR são constantes simbólicas previamente definidas.

3. Acrescentar um ponto à segunda nota (campo n2) de cada estrutura obtida no **Passo 2**.
4. Escrever a estrutura modificada num arquivo de texto especificado usando o mesmo formato de linha do arquivo original.

Solução: A função **main**() apresentada a seguir implementa o esboço de solução exposto acima.

```
int main(void)
{
  FILE *streamE, /* Associado ao arquivo de entrada */
       *streamS; /* Associado ao arquivo de saída    */

    /* Tenta abrir arquivo de entrada para leitura em modo texto */
  streamE = fopen(NOME_ARQUIVO, "r");
    /* Se o arquivo de entrada não pode      */
    /* ser aberto, nada mais pode ser feito */
  if (!streamE) {
    printf( "\nArquivo \"%s\" nao pode ser aberto\n", NOME_ARQUIVO );
    return 1; /* Arquivo de entrada não foi aberto */
  }

    /* Tenta abrir arquivo de saída para escrita em modo texto */
  streamS = fopen(NOME_ARQUIVO_ATUAL, "w");

    /* Se o arquivo de saída não pode ser aberto, nada mais pode ser feito */
  if (!streamS) {
    fclose(streamE); /* Fecha arquivo de entrada antes de partir */

    printf( "\nArquivo \"%s\" nao pode ser aberto\n", NOME_ARQUIVO_ATUAL );

    return 1; /* Arquivo de saída não foi aberto */
  }

    /* Cria o arquivo atualizado */
  if (AtualizaArquivo(streamS, streamE)) {
    printf( "\n\t>>> Ocorreu um erro na atualizacao do"
            "\n\t>>> arquivo \"%s\"\n", NOME_ARQUIVO_ATUAL );
    return 1; /* Ocorreu algum erro durante atualização */
  }
  printf( "\n\t>>> Atualizacao do arquivo \"%s\" foi \n\t>>> escrita no "
          "arquivo \"%s\"\n", NOME_ARQUIVO, NOME_ARQUIVO_ATUAL );

  return 0; /* Tudo ocorreu bem */
}
```

Essa função **main**() abre os arquivos de entrada e saída em questão e, em seguida, chama a função AtualizaArquivo() para completar a tarefa de criação do arquivo que conterá a atualização. Essa última função lê cada linha do arquivo de entrada, converte-a numa estrutura do tipo **tAluno**, atualiza a estrutura e escreve-a modificada no arquivo de saída por meio de **fprintf()** usando o mesmo formato do arquivo de entrada. A implementação da função `AtualizaArquivo()`, que será apresentada a seguir, tem como parâmetros:

- `streamSaida` (entrada) — stream associado ao arquivo que conterá a atualização. Esse stream deve estar aberto em modo de texto que permite leitura.
- `streamEntrada` (entrada) — stream associado ao arquivo que será lido. Esse stream deve estar aberto em modo `"w"`.

A função `AtualizaArquivo()` retorna zero, se não ocorrer nenhum erro, ou um valor diferente de zero em caso contrário.

```
int AtualizaArquivo(FILE *streamSaida, FILE *streamEntrada)
{
    tAluno umAluno; /* Armazenará dados de uma estrutura */
    char    linha[MAX_LINHA + 1]; /* Armazena uma linha do arquivo de entrada */

        /* Garante que a leitura começa no primeiro byte */
    rewind(streamEntrada);

        /* Lê cada linha do arquivo de entrada, armazena os dados numa estrutura,   */
        /* atualiza a estrutura e escreve-a no arquivo de saída no formato de linha */
        /* do arquivo original. O laço encerra quando houver tentativa de leitura   */
        /* além do final do arquivo de entrada, ou ocorrer erro de leitura/escrita. */
    while (1) {
            /* Lê uma linha no arquivo de entrada */
        fgets(linha, MAX_LINHA + 1, streamEntrada);

            /* Verifica se ocorreu erro ou tentativa */
            /* de leitura além do final do arquivo    */
        if ( feof(streamEntrada) || ferror(streamEntrada) )
            break;

            /* Converte a linha lida numa estrutura do tipo tAluno */
        LinhaEmRegistro(&umAluno, linha);

            /* Atualiza o campo n2 da estrutura */
        umAluno.n2 = umAluno.n2 + 1;

            /* Escreve a estrutura no arquivo de saída usando fprintf() */
        fprintf(streamSaida, "%s\t%s\t%3.1f\t%3.1f\n", umAluno.nome,
                umAluno.matr, umAluno.n1, umAluno.n2);

            /* Encerra o laço se ocorreu algum erro de escrita */
        if (ferror(streamSaida))
            break;
    }

        /* Se ocorreu algum erro de processamento, o valor retornado será 1 */
    return ferror(streamEntrada) || ferror(streamSaida);
}
```

A função `AtualizaArquivo()` usa um laço de repetição para ler cada linha do arquivo de entrada, convertê-la numa estrutura, atualizar o campo **n2** da estrutura e, finalmente, escrever a estrutura atualizada no arquivo de saída no formato de linha do arquivo original.

A função `LinhaEmRegistro()` que converte o conteúdo de uma linha do arquivo numa estrutura do tipo **tAluno** é definida como se mostra a seguir. Essa função usa os seguintes parâmetros:

- `pAluno` (saída) — ponteiro para a estrutura resultante da conversão

■ `linha` (entrada/saída) — linha que será convertida. Para simplificar, a função assume que esse parâmetro realmente é um string no formato das linhas do arquivo. Portanto os valores retornados por **strtok()** não são testados como deveriam. Esse parâmetro é alterado por **strtok()**.

A função `LinhaEmRegistro()` retorna o endereço da estrutura que armazena o resultado.

```
tAluno *LinhaEmRegistro(tAluno *pAluno, char *linha)
{
    char *str; /* Apontará para cada token da linha */

        /* Obtém o nome e acrescenta-o ao respectivo campo da estrutura */
    str = strtok(linha, "\t\n");
    strcpy(pAluno->nome, str);

        /* Obtém a matrícula e acrescenta-a ao respectivo campo da estrutura */
    str = strtok(NULL, "\t\n");
    strcpy(pAluno->matr, str);

        /* Obtém a 1a. nota, converte-a em double e acrescenta o */
        /* valor convertido ao campo respectivo da estrutura     */
    str = strtok(NULL, "\t\n"); /* Obtém a 1a. nota e... */
    pAluno->n1 = strtod(str, NULL); /* converte em double */

        /* Idem para a 2a. nota */
    str = strtok(NULL, "\t\n"); /* Obtém a 2a. nota e... */
    pAluno->n2 = strtod(str, NULL); /* converte em double */

    return pAluno;
}
```

A função `LinhaEmRegistro()` extrai cada token da linha recebida como parâmetro usando a função **strtok()** (v. **Seção 9.10.1**) e usa-os para preencher os campos da estrutura cujo endereço é recebido como parâmetro. Os campos `nome` e `matr` da referida estrutura são preenchidos copiando-se os respectivos tokens com **strcpy()**. Os preenchimentos dos campos `n1` e `n2` usam a função **strtod()**, que converte um string num valor do tipo **double**. As funções **strtok()**, **strcpy()**, e **strtod()** fazem parte da biblioteca padrão de C.

O complemento do programa poderá ser encontrado no site dedicado a este livro na internet.

2.15.4 Convertendo um Arquivo de Registros de Texto para Binário

Problema: Escreva uma função que lê cada linha de um arquivo com o mesmo formato do arquivo `Tudor.txt`, descrito no **Apêndice A** e converte-a numa estrutura do tipo `tAluno` definido na **Seção 2.15.3**.

A referida função deve armazenar cada estrutura num arquivo binário especificado como parâmetro. Se não ocorrer nenhum erro, essa função deve retornar o número de registros escritos no arquivo binário; caso contrário, a função deve retornar um valor negativo.

Solução: A função `CriaArquivoBin()` apresentada abaixo lê cada linha de um arquivo no formato especificado, converte-a numa estrutura do tipo `tAluno` e armazena a estrutura num arquivo binário. Os parâmetros dessa função são:

■ `streamTexto` (entrada) — stream associado ao arquivo que será lido. Esse stream deve estar aberto em modo de texto que permite leitura

■ `streamBin` (entrada) — stream associado ao arquivo que será escrito. Esse stream deve estar aberto em modo `"wb"`.

A função `CriaArquivoBin()` retorna o número de estruturas escritas no arquivo binário ou um valor negativo, se ocorrer erro.

```
int CriaArquivoBin(FILE *streamTexto, FILE  *streamBin)
{
    char    linha[MAX_LINHA + 1]; /* Armazenará cada linha lida */
    tAluno  umAluno; /* Dados de uma linha convertida em estrutura */
    int     nRegistros = 0; /* Número de estruturas escritas no arquivo binário */

        /* Garante leitura a partir do início do arquivo */
    rewind(streamTexto);

        /* Lê cada linha do arquivo, cria um registro do tipo    */
        /* tAluno e armazena-o no arquivo binário. O laço encerra */
        /* quando há tentativa de leitura além do final do        */
        /* arquivo de entrada, ou ocorre erro de leitura/escrita  */
    while (1) {
        /* Lê uma linha no arquivo de entrada */
        fgets(linha, MAX_LINHA + 1, streamTexto);

        /* Verifica se o final do arquivo foi atingido */
        if (feof(streamTexto))
            break;

        /* Verifica se ocorreu erro de leitura */
        if (ferror(streamTexto))
            return -1; /* Operação mal sucedida */

        /* Converte a linha lida em estrutura */
        LinhaEmRegistro(&umAluno, linha);

        /* Escreve a estrutura resultante da conversão no arquivo binário */
        fwrite(&umAluno, sizeof(umAluno), 1, streamBin);

        /* Verifica se ocorreu erro de escrita */
        if (ferror(streamBin))  /* Ocorreu */
            return -1; /* Operação mal sucedida */

        ++nRegistros; /* Mais um registro lido */
    }

    return nRegistros; /* Não ocorreu nenhum erro */
}
```

A função `CriaArquivoBin()` usa o array `linha[]` definido como:

```
char linha[MAX_LINHA + 1];
```

para armazenar cada linha lida no arquivo de texto. Nessa definição, `MAX_LINHA` é uma constante simbólica, previamente definida, que representa o tamanho máximo estimado de uma linha do arquivo de texto. Isso constitui uma limitação dessa função, pois nem sempre é possível, do ponto de vista prático, estimar seguramente qual é o tamanho da maior linha de um arquivo. Por exemplo, como o programador estimará o tamanho da maior linha num arquivo com milhões de linhas? Esse problema é facilmente resolvido com alocação dinâmica de memória, como foi visto no **Volume 1**.

O funcionamento normal (i.e., sem ocorrência de erros de processamento de arquivos) da função `CriaArquivoBin()` é simples e resume-se ao seu laço while: uma linha é lida pela função **fgets**(), essa linha é convertida numa estrutura do tipo **tAluno** e essa estrutura é escrita no arquivo binário.

A função `LinhaEmRegistro()` chamada por `CriaArquivoBin()` é aquela definida na **Seção 2.15.3**.

2.16 Exercícios de Revisão

Arquivos de Texto e Binários (Seção 2.1)

1. O que é um arquivo armazenado?

2. Qual é o significado de arquivo em C (no sentido genérico)?

3. Os dispositivos teclado e monitor de vídeo são considerados arquivos? Explique.

4. Em linhas gerais, qual é o conteúdo do arquivo de cabeçalho `<stdio.h>`?

5. O que é formato de arquivo?

6. (a) O que é um arquivo de texto? (b) O que é um arquivo binário?

7. Que restrições um sistema operacional pode impor a arquivos de texto?

Streams (Seção 2.2)

8. (a) O que é um stream? (b) Que vantagem esse conceito oferece ao processamento de arquivos?

9. Qual é a diferença entre stream e arquivo?

10. Como o conceito de stream é implementado em C?

11. Do ponto de vista prático, faz diferença confundir stream com arquivo?

12. (a) Qual é o significado do identificador **FILE**? (b) Onde o identificador **FILE** é definido?

13. Cite algumas informações que devem estar armazenadas numa estrutura do tipo **FILE**.

Abrindo e Fechando um Arquivo (Seção 2.3)

14. (a) O que significa abrir um arquivo? (b) Como isso é realizado em C?

15. (a) Quais são os parâmetros da função **fopen**()? (a) O que essa função retorna?

16. Para que serve a constante simbólica **FILENAME_MAX**?

17. Cite três razões pelas quais um arquivo não pode ser aberto.

18. (a) Como se testa se um arquivo foi realmente aberto? (b) O que pode ocorrer se esse teste não for efetuado?

19. (a) O que é um stream de texto e (b) O que é um stream binário?

20. (a) O que ocorre quando um arquivo de texto é associado a um stream binário? (b) O que ocorre quando um arquivo de texto é associado a um stream de texto?

21. Um arquivo binário pode estar associado a um stream de texto?

22. O que é modo de abertura de arquivo?

23. O que é um modo de atualização?

24. Descreva os seguintes modos de abertura de arquivo:
    (a) `"r"`
    (b) `"w"`
    (c) `"a"`
    (d) `"r+"`
    (e) `"w+"`
    (f) `"a+"`

25. Que formato de arquivo é recomendado para cada modo de abertura do exercício anterior?

26. Qual é a diferença entre modos de abertura para streams de texto e modos de abertura correspondentes para streams binários em termos de sintaxe?

27. Quais são as diferenças entre os seguintes modos de abertura de arquivo:
    (a) `"r"` e `"rb"`

(b) "r" e "rt"

(c) "rt" e "rb"

28. Quais são as diferenças entre os modos de abertura "r+", "w+" e "a+"?

29. Que precaução deve ser tomada quando se usam os modos de abertura "w", "w+", "wb" e "w+b"?

30. (a) Um arquivo de texto pode ser seguramente aberto no modo binário com o objetivo de criar uma cópia dele? (b) Um arquivo binário pode ser seguramente aberto no modo texto com o mesmo objetivo?

31. O que deve ser imediatamente feito após chamar **fopen**() para abrir um arquivo e antes de processá-lo?

32. Como se pode determinar o número máximo de arquivos que podem ser abertos simultaneamente?

33. Como se pode determinar o tamanho máximo de um nome de arquivo no sistema operacional utilizado?

34. Como a constante simbólica **FILENAME_MAX** deve ser usada na prática?

35. O que representa a constante simbólica **FOPEN_MAX**?

36. O programa a seguir não consegue abrir o arquivo introduzido no meio de entrada padrão pelo usuário, mesmo que o arquivo exista no diretório (pasta) corrente. Explique por que isso ocorre e encontre uma maneira de corrigir o problema.

```c
#include <stdio.h>

int main(void)
{
    char    nome[FILENAME_MAX]; /* Nome do arquivo */
    FILE    *stream;

    printf("Nome do arquivo: ");
    fgets(nome, sizeof(nome), stdin);

    stream = fopen(nome, "r");

    if (!stream) {
        fprintf(stderr, "Nao foi possivel abrir o arquivo\n");
        return 1;
    }

    printf("Arquivo aberto\n");

    fclose(stream);

    return 0;
}
```

37. (a) O que ocorre quando um arquivo é fechado? (b) Que função é utilizada com esse propósito? (c) Qual é a importância de fechar um arquivo após seu processamento?

38. O que a função **fclose**() retorna?

39. Qual é a facilidade que a função `FechaArquivo()` apresentada na **Seção 2.3** oferece?

40. É importante fechar um arquivo mesmo quando ele é aberto apenas para leitura?

41. O que está errado no seguinte fragmento de programa?

```c
FILE *p = fopen("teste.bin", "r+b");

... /* Processamento do arquivo */

fclose("teste.bin")
```

42. (a) Descreva a função `AbreArquivo()`. (a) Qual é a função da biblioteca padrão de C que corresponde à função `AbreArquivo()`? (b) Que vantagem essa função oferece com relação à função correspondente da biblioteca padrão de C?

Ocorrências de Erros (Seção 2.4)

43. O que representa a constante simbólica **EOF**?

44. É verdade que **EOF** representa um caractere encontrado num arquivo? Explique.

45. Como a constante **EOF** deve ser usada?

46. Por que, muitas vezes, quando uma função do módulo stdio retorna **EOF**, esse valor é ambíguo?

47. (a) Qual é o propósito da função de biblioteca **feof()**? (b) Como ela deve ser usada?

48. Por que o uso de **feof()** é mais recomendável do que o uso de **EOF**?

49. Qual é a importância da função **ferror()**?

50. Que vantagem a função **ferror()** oferece em comparação a **EOF** para testar ocorrência de erro?

51. O que pode acontecer quando um indicativo de erro ou de final de arquivo não é removido?

52. Como um indicativo de erro de processamento de arquivo pode ser removido (a) implicitamente e (b) explicitamente?

53. Como um indicativo de final de arquivo pode ser removido (a) implicitamente e (b) explicitamente?

54. (a) Para que serve a função **clearerr()**? (b) Por que raramente essa função se faz necessária?

Buffering e a Função fflush() (Seção 2.5)

55. (a) O que é um buffer? (b) O que é buffering? (c) Qual é a vantagem que se obtém com a utilização de buffering em operações de entrada ou saída?

56. (a) O que é buffering de linha? (b) O que é buffering de bloco?

57. O que significa descarregar um buffer?

58. Qual é a relação entre um stream e uma área de buffer associada a ele?

59. Para que serve a função **fflush()**?

60. O que há de errado com a seguinte chamada da função **fflush()**?

```
fflush(stdin);
```

61. Qual é o efeito da seguinte chamada da função **fflush()**?

```
fflush(NULL);
```

Streams Padrão (Seção 2.6)

62. Descreva os streams padrão de C.

63. Por que os streams padrão são qualificados como padrão?

Leitura e Escrita Formatadas (Seção 2.7)

64. (a) O que é leitura formatada? (b) O que é escrita formatada?

65. Qual é a principal diferença entre as funções **fscanf()** e **scanf()**?

66. (a) Uma chamada da função **fscanf()** pode ser usada em substituição a uma chamada de **scanf()**? (b) Se a resposta for afirmativa, como deve ser efetuada a chamada de **fscanf()**? (c) Uma chamada da função **fscanf()** pode ser substituída por uma chamada de **scanf()**?

67. Qual é a principal diferença entre as funções **printf()** e **fprintf()**?

68. (a) Uma chamada da função **fprintf()** pode ser usada em substituição a uma chamada de **printf()**? (b) Se a resposta for afirmativa, como deve ser efetuada a chamada de **fprintf()**? (c) Uma chamada da função **fprintf()** pode ser substituída por uma chamada de **printf()**?

69. (a) Descreva a função **sprintf()**. (b) Em que situações essa função é útil?

70. Que precaução deve ser tomada quando se usa **sprintf()**?

Trabalhando com Arquivos Temporários (Seção 2.8)

71. Em que situações tipicamente se faz necessário o uso de arquivos temporários?

72. Como funciona a função **tmpfile()**?

73. Arquivos temporários criados pela função **tmpfile()** precisam ser fechados explicitamente pelo programador?

74. É possível fechar um arquivo temporário criado por meio de **tmpfile()** usando a função `FechaArquivo()` definida na **Seção 2.3**?

75. Qual é a finalidade da função **tmpnam()**?

76. Quais são os significados das constantes simbólicas: (a) **L_tmpnam** e (b) **TMP_MAX**?

77. O que ocorre quando a função **tmpnam()** é chamada recebendo **NULL** como parâmetro?

78. É possível fechar um arquivo temporário criado por meio de **tmpnam()** usando a função `FechaArquivo()` definida na **Seção 2.3**?

79. (a) Arquivos temporários criados por **tmpfile()** são removidos automaticamente? (b) Arquivos temporários criados com auxílio de **tmpnam()** são excluídos automaticamente?

80. Que vantagens a função **tmpfile()** oferece em relação à função **tmpnam()**?

81. Suponha que um arquivo temporário precisa ser criado para leitura e escrita em modo de texto. Que função você usaria para tal finalidade: **tmpfile()** ou **tmpnam()**?

Removendo e Rebatizando Arquivos (Seção 2.9)

82. O que faz a função **remove()**?

83. O que a função **remove()** retorna?

84. O que ocorre quando o arquivo cujo nome é passado como parâmetro para a função **remove()** está aberto?

85. (a) Qual é a finalidade da função **rename()**? (b) Quais são os parâmetros dessa função? (c) O que essa função retorna?

A Função ungetc() (Seção 2.10)

86. Descreva o funcionamento da função **ungetc()**.

87. O que há de esquisito com a função **ungetc()**?

88. Em que situações a função **ungetc()** é normalmente usada?

89. Quando não há garantia de inserção de um caractere num stream por meio de uma chamada de **ungetc()**?

90. Por que não se deve chamar **ungetc()** quando o indicador de posição do arquivo associado ao stream usado na chamada aponta para o início do arquivo?

Tipos de Processamento (Seção 2.11)

91. Descreva as categorias de processamento sequencial de arquivos.

92. Defina os seguintes conceitos:

    (a) Acesso sequencial a arquivo

    (b) Acesso direto a arquivo

    (c) Entrada formatada

    (d) Saída formatada

93. Para que tipo de stream cada uma das seguintes categorias de processamento é conveniente?

    (a) Por byte

    (b) Por linha

    (c) Por bloco

(d) Formatado

94. Que funções são tipicamente usadas para:

   (a) Processamento por byte

   (b) Processamento por linha

   (c) Processamento por bloco

   (d) Processamento formatado

95. (a) No contexto de processamento de arquivos, o que são registros? (b) O que é um campo de registro?

96. (a) Descreva as funções **fgetc()** e **fputc()**. (b) Por que essas funções podem funcionar de modo diferente dependendo do modo de abertura do arquivo (i.e., se o arquivo é aberto em modo de texto ou binário)?

97. O funcionamento das funções **fgetc()** e **fputc()** depende do formato do arquivo representado no modo de abertura do arquivo se o sistema utilizado for da família Unix?

98. Qual é o problema como o seguinte laço **while**?

```
while (c = fgetc(stream) != EOF) {
   ...
}
```

99. Suponha que **streamEntrada** e **streamSaida** sejam streams abertos respectivamente nos modos **"rb"** e **"wb"**. O que há de errado com o seguinte laço **while**?

```
while ( !feof(streamEntrada) )
    fputc(fgetc(streamEntrada), streamSaida);
```

100. Suponha que **streamA** e **streamB** são dois streams binários, sendo que o primeiro stream é aberto para leitura e o segundo é aberto para escrita. Escreva um trecho de programa que demonstre como copiar o conteúdo do primeiro stream para o segundo.

101. Descreva o funcionamento das funções: (a) **fgets()** e (b) **fputs()**.

102. (a) Descreva o funcionamento de cada uma das seguintes funções. (b) Em que tipo de processamento cada uma delas é mais adequada?

   (a) **fread()**

   (b) **fwrite()**

103. O que é um bloco de memória em processamento de arquivos?

104. Qual é a diferença entre as funções **fgetc()** e **getchar()**?

105. Em que situações o uso das funções **fscanf()** e **fread()** é mais conveniente?

106. A função **TamanhoDaLinha()** apresentada adiante se propõe a calcular o tamanho da linha corrente do stream de texto recebido como parâmetro. Descubra o que há de errado com essa função e encontre uma maneira de corrigi-la.

```
int TamanhoDaLinha(FILE *stream)
{
    char c;
    int  contador = 0;

    while((c = fgetc(stream)) != EOF && c != '\n')
        contador++;

    return contador;
}
```

107. Suponha que **teste** seja o nome de um arquivo de texto residente no mesmo diretório em que se encontra o programa executável correspondente ao programa-fonte a seguir. Descubra o que há de errado com esse programa e encontre uma maneira de corrigi-lo.

```
#include <stdio.h>

int main(void)
{
    FILE *stream = fopen("teste", "r");
    char  linha[100];

    while(!feof(stream)) {
        fgets(linha, sizeof(linha), stream);
        fputs(linha, stdout);
    }

    fclose(stream);

    return 0;
}
```

108. O programa apresentado a seguir é semelhante àquele do exercício anterior. No entanto, quando executado, esse programa é abortado, enquanto aquele, apesar de não estar correto, não é abortado. Assumindo as mesmas suposições referentes ao arquivo **teste** do exercício anterior, explique por que o programa a seguir é abortado.

```
#include <stdio.h>

int main(void)
{
    FILE *stream = fopen("teste", "r");
    char  linha[100], *str;

    while(!feof(stream)) {
        str = fgets(linha, sizeof(linha), stream);
        fputs(str, stdout);
    }

    fclose(stream);

    return 0;
}
```

109. Um famoso livro de programação ilustra por meio do seguinte fragmento de programa como arquivos devem ser lidos em C:

```
do {
    ch = fgetc(fp);
    /* ... */
} while (!feof(fp));
```

Nesse fragmento de programa, **ch** é uma variável do tipo **char**, **fp** é um stream associado a um arquivo aberto para leitura e o comentário representa a operação a ser efetuada com cada caractere lido no stream. O que há de errado com essa recomendação para leitura de arquivo?

110. Explique a diferença entre acesso sequencial e acesso direto a arquivos.

111. Como é possível determinar se um arquivo permite acesso direto?

112. Apresente um exemplo de stream que não permite acesso direto.

113. O seguinte programa foi escrito com o objetivo de copiar o conteúdo de um arquivo para outro. O que há de errado com esse programa?

```c
#include <stdio.h>

int main(int argc, char *argv[])
{
    FILE *entrada, *saida;
    int   c;

    if (argc != 3) {
        printf( "Uso do programa: %s arquivo-entrada "
                "arquivo-saida\n", argv[0] );
        return 1;
    }

    entrada = fopen(argv[1], "rb");

    if (!entrada) {
        printf("Impossivel abrir %s\n", argv[1]);
        return 1;
    }

    saida = fopen(argv[2], "wb");

    if (!saida) {
        printf("Impossivel abrir %s\n", argv[2]);
        fclose(entrada);
        return 1;
    }

    while ((c = getc(entrada)) != EOF) {
        putc(c, saida);
    }

    fclose(entrada);
    fclose(saida);

    return 0;
}
```

114. O que é uma função de posicionamento?

115. (a) Para que serve a função **fseek()**? (b) Para que serve a função **ftell()**?

116. Como é interpretado o valor retornado pela função **fseek()**?

117. Por que o valor retornado por **ftell()** depende do modo de abertura do arquivo associado ao stream que essa função recebe como parâmetro?

118. Apresente o significado de cada constante simbólica a seguir:
    (a) **SEEK_SET**
    (b) **SEEK_CUR**
    (c) **SEEK_END**

119. (a) O que se deve fazer entre uma operação de leitura e uma operação de escrita subsequente num arquivo aberto para atualização? (b) O que se deve fazer entre uma operação de escrita e uma operação de leitura subsequente num arquivo aberto para atualização?

120. (a) O que é um registro de tamanho fixo? (b) De que maneira um arquivo que contém apenas registros de tamanho fixo facilita seu processamento?

121. Uma abordagem para inserção de registros num arquivo de dados consiste em inseri-los em substituição a registros que foram logicamente removidos. (a) Explique como essa abordagem pode ser implementada à luz do que foi exposto na **Seção 2.11.3**. (b) Qual é a vantagem dessa abordagem?

122. (a) Descreva a função `MoveApontador()`. (a) Qual é a função da biblioteca padrão de C que corresponde à função `MoveApontador()`? (b) Que vantagem essa função oferece com relação à função correspondente da biblioteca padrão de C?

123. (a) Descreva a função `ObtemApontador()`. (a) Qual é a função da biblioteca padrão de C que corresponde à função `ObtemApontador()`? (b) Que vantagem essa função oferece com relação à função correspondente da biblioteca padrão de C?

rewind() ou fseek()? (Seção 2.12)

124. Qual é a finalidade da função **rewind()**?

125. Por que, apesar de ser uma função de posicionamento, a função **rewind()** é mais usada em processamento sequencial?

126. Em que situação o uso de **rewind()** é recomendado?

127. (a) Por que se recomenda usar **rewind()** [ou **fseek()**] quando uma função que efetua leitura sequencial recebe como parâmetro um stream? (b) Por que uma função que abre um arquivo com o mesmo propósito não precisa usar **rewind()**?

128. Como **fseek()** pode ser usada em substituição a **rewind()**?

129. Por que o uso de **fseek()** é mais recomendado do que o uso de **rewind()**?

Condições de Exceção e a Lei de Murphy (Seção 2.13)

130. O que é uma condição de exceção?

131. O que afirma a Lei de Murphy específica para processamento de arquivos?

132. Enuncie os corolários 1 e 2 da Lei de Murphy para processamento de arquivos.

133. Como precaver-se ou testar a ocorrência de erro em chamadas das seguintes funções:
   (a) **fopen()**
   (b) **fclose()**
   (c) Qualquer função de leitura
   (d) Qualquer função de escrita
   (e) **fseek()**
   (f) **rewind()**
   (g) **ftell()**
   (h) **fflush()**

Lidando com Arquivos Grandes em C (Seção 2.14)

134. O que é um arquivo grande no contexto de processamento de arquivos?

135. Qual é o problema com o qual um programador pode se deparar quando lida com arquivos grandes em C?

136. Por que o processamento de arquivos grandes em C não é portável?

137. (a) Qual é a diferença entre índice de registro e índice de byte num arquivo binário contendo registros de mesmo tamanho? (b) Quais são as vantagens e desvantagens do uso de índice de registro em vez de índice de byte no processamento de arquivos?

138. Qual é o problema com o qual o programador pode se deparar quando usa **fseek()** ou **ftell()** para lidar com arquivos grandes?

139. (a) O que é índice de registro? (b) O que é índice de byte. (c) Quando é mais vantajoso usar índices de registro em contraste com índices de bytes?

140. Qual é o pressuposto necessário para que registros possam ser indexados?

Exemplos de Programação (Seção 2.15)

141. (a) Descreva o funcionamento da função `SaltaLinhas()` apresentada na **Seção 2.15.1.** (b) Qual é a utilidade prática dessa função? (c) Descreva o uso de **ungetc()** na função `SaltaLinhas()`.

142. A função `CopiaArquivo()`, apresentada na **Seção 2.15.2**, funciona quando ambos os streams são abertos em modo de texto? Explique.

143. Por que a função `CopiaArquivo()` não fecha arquivos?

144. (a) Descreva a função `LinhaEmRegistro()` apresentada na **Seção 2.15.3**. (b) Qual é o papel desempenhado por essa função na atualização do arquivo de texto dessa seção?

2.17 Exercícios de Programação

EP2.1 Sabendo que a maior linha de um arquivo, denominado `Tudor.txt` (v. **Apêndice A**), contém **29** caracteres, incluindo o caractere de quebra de linha, escreva um programa que cria uma cópia desse arquivo num arquivo denominado `BK.txt` usando as funções **fgets()** e **fprintf()**.

EP2.2 Reescreva a função `CopiaArquivo()`, apresentada na **Seção 2.15.2**, de tal modo que ela conte o número de bytes copiados. A nova versão dessa função deve retornar o número de caracteres copiados, se ela for bem-sucedida ou um valor negativo, em caso contrário.

EP2.3 Reescreva o programa apresentado na **Seção 2.15.3**, de maneira que o resultado da atualização seja escrito no próprio arquivo de entrada (que, então, passará a ser de entrada e saída).

EP2.4 Escreva um programa em C que lê e apresenta na tela o conteúdo de um arquivo de texto cujo nome é especificado em linha de comando.

EP2.5 Implemente um programa que escreve na tela os conteúdos de todos os arquivos especificados em linha de comando.

EP2.6 Escreva um programa em C que lê e exibe na tela, de dez em dez linhas, o conteúdo de um arquivo de texto cujo nome é especificado na linha de comando. Isto é, o programa apresenta na tela as 10 primeiras linhas e solicita que o usuário digite uma tecla qualquer para que as próximas 10 linhas sejam escritas e assim por diante até que todo arquivo tenha sido exibido.

EP2.7 Escreva um programa em C que copia, no máximo, as **n** primeiras linhas de um arquivo de texto para um novo arquivo. Os nomes dos arquivos e o número de linhas que serão copiadas devem ser solicitados pelo programa ao usuário.

EP2.8 Escreva um programa que converte todas as letras de um arquivo em maiúsculas. O nome do arquivo deve ser um argumento de linha de comando.

EP2.9 Escreva um programa que converte o arquivo `Tudor.bin`, criado na **Seção 2.15.4**, num arquivo de texto no formato descrito no início da **Seção 2.15**. O resultado deve ser armazenado num arquivo denominado `Tudor2.txt` e seu conteúdo deverá ser exatamente igual ao arquivo `Tudor.txt` usado nos exemplos apresentados na **Seção 2.15**.

EP2.10 Escreva um programa em C que escreve na tela as 10 últimas linhas de um arquivo de texto cujo nome é especificado na linha de comando.

EP2.11 Escreva um programa que lê o arquivo `Tudor.txt` (v. **Apêndice A**) e apresenta o nome e a média de cada aluno e, ao final, a média da turma.

EP2.12 Escreva um programa que lê o arquivo `Tudor.bin`, criado na **Seção 2.15.4**, e apresenta o nome e a média de cada aluno e, ao final, a média da turma.

EP2.13 Escreva uma função que determina o tamanho da maior linha de um stream de texto. (b) Escreva um programa que apresenta o tamanho da maior linha de um arquivo de texto cujo nome é introduzido via linha de comando.

EP2.14 Escreva um programa que conta os números de linhas, palavras e caracteres de um arquivo de texto cujo nome é recebido como argumento de linha de comando.

EP2.15 Escreva um programa que determina qual é a maior linha de um arquivo de texto cujo nome é introduzido via linha de comando.

EP2.16 Escreva um programa em C que lê e apresenta na tela, de 10 em 10 linhas, o conteúdo de um arquivo de texto cujo nome é especificado na linha de comando. Isto é, o programa deve escrever na tela as 10 primeiras linhas e solicitar que o usuário digite uma tecla qualquer para que as próximas 10 linhas sejam escritas e assim por diante, até que todo arquivo tenha sido apresentado. Suponha que o número máximo de caracteres numa linha do arquivo é `50`.

EP2.17 Escreva um programa em C que copia as `n` primeiras linhas de um arquivo de texto para um novo arquivo de texto. O nome dos arquivos e o número `n` de linhas que devem ser copiadas constitui dados solicitados pelo programa ao usuário. Assuma que o número máximo de caracteres numa linha do arquivo é `50`.

EP2.18 Escreva um programa que conta o número de ocorrências de cada letra encontrada num arquivo de texto. O nome do arquivo deve ser um argumento de linha de comando.

EP2.19 Considerando o arquivo binário `Tudor.bin` criado na **Seção 2.15.4**, escreva um programa que realize o seguinte:

(i) Leia o conteúdo desse arquivo binário e armazene num array apenas as matrículas de cada registro lido.

(ii) Obtenha uma matrícula válida do usuário.

(iii) Verifique se a matrícula faz parte do array que contém as matrículas.

(iv) Se a matrícula não for encontrada no array, informe o usuário e encerre o programa.

(v) Se a matrícula for encontrada no array, leia o registro que a possui no arquivo.

(vi) Altere para um valor especificado pelo usuário o valor do campo `n2` do registro lido no arquivo.

(vii) Atualize o arquivo escrevendo o registro no devido local.

EP2.20 Escreva um programa que conta os números de linhas, palavras e caracteres de um arquivo de texto cujo nome é recebido como argumento de linha de comando. O que deve separar palavras são espaços em branco, de acordo com **isspace()** e símbolos de pontuação, de acordo com **ispunct()**. Esse programa não considera palavra no sentido usual; i.e., palavra aqui é apenas uma sequência de caracteres sem espaços em branco ou caracteres de pontuação em seu interior.

EP2.21 Escreva um programa que remove comentários de um programa-fonte escrito em C. Suponha que o único tipo de comentário seja aquele delimitado por /* e */ e que o nome do programa-fonte seja recebido pelo programa via linha de comando.

EP2.22 Escreva uma função que substitui todas as ocorrências de um determinado caractere num arquivo de texto por outro caractere e retorna o número de substituições efetuadas.

Busca parte 2

BUSCA LINEAR EM MEMÓRIA PRINCIPAL

Após estudar este capítulo, você deverá ser capaz de:

➤ Definir e usar a seguinte terminologia:

❏ Registro	❏ Busca de intervalo	❏ Buscas interna e externa
❏ Chave	❏ Tabela de busca	❏ Programa-cliente
❏ Chave interna	❏ Algoritmo de busca	❏ Busca sequencial
❏ Chave externa	❏ Algoritmo de inserção	❏ Busca binária
❏ Chave primária	❏ Algoritmo de remoção	❏ Busca por interpolação
❏ Chave secundária	❏ Dicionário	❏ Tabela de busca indexada
❏ Teto e piso de chave	❏ Lista com saltos	❏ Tabela de busca encadeada

➤ Implementar operações de busca, inserção e remoção em tabelas de busca lineares

➤ Analisar custos temporal e espacial de operações em tabelas de busca lineares

➤ Discutir uma possível ocorrência de overflow em implementação de busca binária

➤ Definir o conceito de estrutura de dados probabilística

➤ Explicar como se simula lançamento de moeda em programação

➤ Especificar e implementar uma lista com saltos real

M DOS PROBLEMAS básicos de programação consiste em encontrar informação que tenha sido armazenada em algum lugar. Com o uso cada vez mais disseminado da internet, busca é uma das atividades mais frequentes do cotidiano. Quando você utiliza um mecanismo, tal como Google, para procurar algum documento ou imagem na internet você está, de fato, efetuando uma operação de busca. Busca também é uma tarefa fundamental em qualquer sistema de banco de dados.

Informalmente, uma operação de busca consiste em tentar encontrar um objeto que faz parte de uma coleção a partir de alguma informação parcial sobre o objeto desejado. Mais precisamente, em programação, **busca** refere-se à atividade de procurar alguma informação num conjunto de dados a partir de dados incompletos relacionados com a informação procurada. Por exemplo, tentar encontrar os dados completos de um contribuinte de imposto de renda a partir de seu CPF é uma atividade de busca. Este capítulo se concentra numa categoria de busca em **memória principal**[1] denominada **busca linear**.

3.1 Definições Fundamentais

Esta seção apresenta definições fundamentais relacionadas com busca de dados. Tais conceitos lhe ajudarão a entender o conteúdo abordado neste capítulo e serão essenciais para o entendimento de qualquer tópico relacionado a busca de dados que você estude nos capítulos posteriores.

Um **registro** é uma coleção de dados relacionados entre si e agrupados numa unidade. Por exemplo, um registro de aluno de uma universidade contém um conjunto de informações sobre cada aluno, tais como nome, matrícula, endereço, telefone etc. Essas informações sobre cada aluno constituem um registro. Por sua vez, uma coleção de registros é denominada **tabela** (ou **arquivo**). Por exemplo, o conjunto de todos os registros dos alunos de uma universidade constitui uma tabela. Quando uma tabela é utilizada em operações de busca, inserção e remoção de registros, ela também é denominada **tabela de busca**.

Uma **chave** é um componente de um registro utilizado numa operação de busca. Por exemplo, matrícula ou nome de aluno pode ser utilizada como chave de busca numa tabela contendo registros de alunos de uma universidade. Quando cada valor de chave é único num conjunto de registros (i.e., tabela), diz-se que essa chave é **primária**. Por exemplo, no conjunto de registros de contribuintes da Receita Federal, CPF é considerado uma chave primária, pois não existem dois contribuintes com o mesmo número de CPF. Por outro lado, quando uma chave pode ter valores repetidos numa mesma tabela, essa chave é considerada **secundária**. Por exemplo, é muito provável que dois ou mais contribuintes no conjunto de registros da Receita Federal tenham o mesmo nome. Portanto nome de contribuinte é uma chave secundária. Uma tabela de busca que permite buscas com chaves secundárias é denominada **dicionário**, pois duas ou mais entradas distintas podem possuir a mesma chave, como ocorre num dicionário de língua portuguesa, por exemplo. A grande maioria dos exemplos deste livro não lida com chave secundária, mas pode ser estendida para acomodá-las (v. **Seção 3.7.2**).

Definida mais precisamente, tabela de busca é um conjunto de **pares chave/valor**, de modo que o valor pode ser obtido especificando-se a chave associada a ele. Cada par chave/valor de uma tabela de busca é um **elemento** dessa tabela. Uma tabela de busca permite que chaves e valores sejam de quaisquer tipos. Tipicamente, o valor associado a uma chave numa tabela de busca é o próprio registro associado à chave ou é a posição na qual esse registro se encontra num arquivo de dados. No primeiro caso, a tabela de busca é análoga a um arquivo de escritório tradicional (i.e., não informatizado), como mostra a **Figura 3–1**. Nessa analogia, a chave é aquilo que se encontra impresso na aba de cada pasta (de papel), o valor é o próprio conteúdo da pasta e a tabela é o armário que armazena essas pastas. Um elemento nessa analogia é uma pasta do arquivo.

---

[1] A denominação mais precisa para o local onde as estruturas de dados estudadas neste capítulo são armazenadas seria *memória interna*, de acordo com o que foi visto na **Seção 1.3**. Mas, no contexto de Estruturas de Dados, termo mais comum é mesmo *memória principal*.

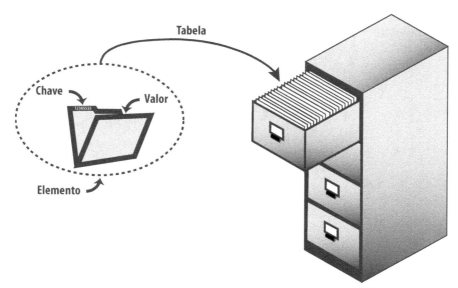

FIGURA 3–1: ANALOGIA ENTRE TABELA DE BUSCA E ARQUIVO DE ESCRITÓRIO

O objetivo de uma busca é encontrar os registros com chaves iguais a uma certa chave de busca. Ou seja, o propósito de uma busca é usualmente acessar informação dentro do item (não meramente a chave) para processamento. Um **algoritmo de busca** tenta encontrar um registro numa tabela de busca cuja chave coincida com o valor recebido como entrada pelo algoritmo. Esse valor de entrada deve ser do mesmo tipo de cada chave da tabela e é chamado **chave de busca**. Ademais, quando ocorre uma coincidência entre a chave de busca e uma chave que se encontra na tabela, diz-se que houve um **casamento** entre essas chaves (ou que as chaves **casam**).

Uma busca é **bem-sucedida** (ou **obtém êxito**) quando ocorre um casamento entre a chave de busca e uma chave na tabela que permita encontrar o registro procurado. Nesse caso, diz-se que o respectivo registro foi recuperado (i.e., ocorreu uma **recuperação de informação**) e o algoritmo de busca deve retornar uma indicação do local onde se encontra o referido registro ou o próprio registro. Quando não é encontrado nenhum registro que casa com a chave de busca, o algoritmo de busca deve retornar um valor indicando esse fato. Nesse último caso, diz-se que a busca foi **malsucedida** (ou que ela **não obteve êxito**).

Quando o valor associado a cada chave numa tabela de busca é o próprio registro, diz-se que essa é uma **chave interna**. Por outro lado, quando o valor associado a cada chave numa tabela de busca é um indicador de um local em outra tabela ou num arquivo de dados que contém os respectivos registros, diz-se que essa chave é **externa**. Nesse último caso, a recuperação de um registro se dá em dois passos:

1. A busca é efetuada na tabela contendo as chaves e retorna o endereço ou o índice do respectivo registro.
2. Usando-se o endereço ou índice retornado no **Passo 1**, o registro é acessado.

Numa **busca interna**, a tabela de busca se encontra totalmente armazenada em memória principal. Nesse caso, a eficiência de um algoritmo de busca é medida como foi visto no **Capítulo 6** do **Volume 1** (i.e., em termos de uso de tempo e espaço adicional estimado usando análise assintótica). É importante salientar que, nesse caso, uma busca é considerada interna mesmo que os registros a ser recuperados estejam armazenados em memória externa, desde que as chaves que permitem recuperar os registros estejam todas armazenadas em memória principal. A **Figura 3–2** ilustra uma tabela de busca com chaves internas, enquanto a **Figura 3–3** exemplifica uma tabela de busca com chaves externas.

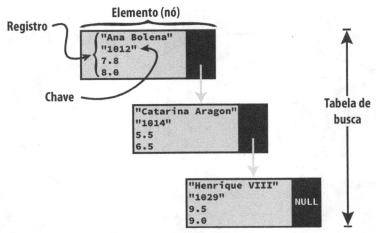

FIGURA 3–2: TABELA DE BUSCA COM CHAVES INTERNAS

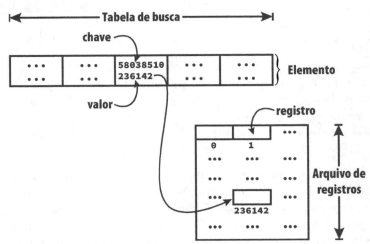

FIGURA 3–3: TABELA DE BUSCA COM CHAVES EXTERNAS

Tabelas de busca podem ser enormes, de modo que, nesse caso, elas precisam ser mantidas em memória secundária. Numa **busca externa**, a tabela de busca encontra-se totalmente armazenada num meio de armazenamento externo (p. ex., disco rígido). Nesse caso, um algoritmo de busca eficiente deve minimizar o número de acessos ao meio de armazenamento externo. Quando tabelas de busca são armazenadas em memória secundária, elas também são frequentemente chamadas **índices**.

Existem alguns tipos de buscas que são específicas para determinadas aplicações, como, por exemplo:

- **Busca de intervalo** (v. Seção 3.7.4), que tenta recuperar ou contar todos os registros que se encontram no intervalo entre dois valores limites de chaves.

- **Busca dedilhada**, que começa do ponto em que uma busca anterior terminou.

- **Busca de piso** (v. Seção 3.7.3), que tenta encontrar a maior chave que é menor do que a chave recebida como entrada. Se a referida chave encontrar-se na tabela, ela é seu próprio piso.

- **Busca de teto**, que tenta encontrar a menor chave que é maior do que a chave recebida como entrada. Se a referida chave encontrar-se na tabela, ela é seu próprio teto.

- **Busca de menor chave**, que encontra a menor chave armazenada numa tabela de busca. Esse tipo de busca só não obtém êxito quando a tabela de busca está vazia.

❏ **Busca de maior chave**, que encontra a maior chave armazenada numa tabela de busca. Esse tipo de busca só não obtém êxito quando a tabela de busca está vazia.

Existem várias maneiras de organizar dados de modo a tornar a busca mais eficiente. **Organização de tabela** refere-se às estruturas de dados usadas na implementação de uma tabela de busca. Tabelas de busca podem ser implementadas utilizando-se diversas estruturas de dados, tais como listas, árvores ou por meio de dispersão, como será visto nos próximos capítulos deste livro. Tipicamente, a organização de uma tabela reflete a técnica de busca a ser usada e vice-versa.

Além de busca, uma implementação de tabela de busca deve prover pelo menos duas outras operações: (1) inserção e (2) remoção. Um **algoritmo de inserção** é um algoritmo que tenta inserir numa tabela uma chave e seu respectivo valor recebidos como entrada. Existem duas abordagens básicas para implementação de um algoritmo de inserção quando a chave é considerada primária:

1. Se a chave primária for encontrada, o valor associado a ela é substituído.
2. Se a chave primária for encontrada, não há inserção. Nesse caso, o algoritmo de inserção deve retornar um valor que indique que não houve inserção. Essa é a abordagem adotada por este livro.

Em qualquer caso, se a chave não for encontrada, um novo elemento é inserido na tabela de busca, assim como ocorre quando a chave é secundária.

O fato de não haver espaço na tabela de busca para conter um novo elemento (ou, equivalentemente, não ser possível alocar espaço adicional) é considerado uma condição de exceção, que é tratada com o uso de **asserção**, como foi discutido no **Capítulo 7** do **Volume 1**.

Um **algoritmo de remoção** remove de uma tabela de busca o elemento que corresponde a uma chave recebida como entrada pelo algoritmo. Obviamente, tal algoritmo só obtém êxito se a referida chave for encontrada, de modo que ele deve retornar um valor indicando se foi bem-sucedido ou não. Quando as chaves de uma tabela de busca são secundárias, existem duas abordagens possíveis para remoção:

1. Remover o primeiro elemento da tabela cuja chave case com a chave de busca.
2. Remover todos os elementos da tabela cujas chaves casem com a chave de busca.

Diferentes implementações de operações da tabela de busca diferem em eficiência de uso de tempo e espaço, que pode depender da mescla de operações usadas por um **programa-cliente** (ou **aplicativo**). Por exemplo, um aplicativo pode usar inserção com pouca frequência e efetuar um grande número de operações de busca. Por sua vez, outro aplicativo pode usar operações de inserção e remoção um enorme número de vezes mescladas com algumas operações de busca. Assim uma implementação de tabela de busca pode prover suporte eficiente para certas operações à custa de outras, assumindo que as operações mais ineficientes serão executadas raramente.

Como se faz com muitas estruturas de dados, pode-se também precisar acrescentar a esse conjunto básico de operações outras para iniciar, testar se está vazia, destruir e copiar. Neste livro, serão consideradas implementações das funções fundamentais de iniciação, inserção, remoção, busca e destruição (para tabelas de busca alocadas dinamicamente).

3.2 **Programas-Clientes**

Os **programas-clientes** a serem usados implementam uma interação dirigida por menu simples que oferece ao usuário as três operações básicas sobre tabelas de busca: (1) busca, (2) inserção e (3) remoção. Além dessas opções, cada programa oferece ao usuário (obviamente) a opção de encerramento do programa. Em resumo, cada programa-cliente segue o algoritmo da **Figura 3–4**.

1. Abra o arquivo de dados para leitura e escrita
2. Crie a tabela de busca
3. Enquanto o usuário não escolher a opção de encerramento faça
   3.1 Apresente o menu de opções
   3.2 Leia a opção do usuário
   3.3 Execute a operação escolhida pelo usuário
   3.4 Apresente o resultado dessa operação
4. Se o arquivo de dados foi alterado, atualize-o
5. Feche o arquivo de dados
6. Encerre o programa

FIGURA 3–4: ALGORITMO SEGUIDO POR UM PROGRAMA CLIENTE

O **Passo 2** do algoritmo delineado na **Figura 3**–4 implica que, por conveniência, deve haver uma operação responsável pela criação da tabela de busca usada pelo aplicativo. Essa operação consiste em ler um arquivo contendo os dados necessários à construção da tabela e invocar a operação de inserção para inseri-los na tabela. Parece razoável supor que essa seja uma operação executada apenas uma vez durante a execução do programa e não deve fazer parte do menu de opções oferecidas ao usuário, a não ser que o propósito do programa-cliente seja depuração.

Basicamente, o que muda de um programa aplicativo de busca apresentado neste livro para outro é como as operações básicas são executadas. Ademais, alguns aplicativos oferecem operações adicionais que têm como propósito demonstrar ou testar algumas características específicas de alguma implementação de tabela de busca.

Todos os aplicativos incluem um módulo constituído pelos arquivos **Registros.h** e **Registros.c** que implementa operações básicas sobre os registros (do tipo **tNoCaminhoB**) usados pelo aplicativo. Essas operações incluem as funções brevemente descritas na **Tabela 3**–1.

PROTÓTIPO DA FUNÇÃO	O QUE ELA FAZ
`void ExibeRegistro(tRegistro *registro)`	*Exibe um registro na tela*
`tRegistro *LeRegistro(tRegistro *regCEP)`	*Lê um registro no arquivo de dados*
`void SubstituiRegistro( tRegistro *novo, tRegistro *antigo )`	*Substitui um registro por outro no arquivo*
`int TamanhoDeArquivo(FILE *stream)`	*Retorna o número de bytes do arquivo*
`int NumeroDeRegistros( FILE *stream, int tamRegistro )`	*Retorna o número de registros do arquivo*

TABELA 3–1: FUNÇÕES DE PROCESSAMENTO DE REGISTROS

Essas funções de processamento de registros são relativamente fáceis de implementar e fogem dos tópicos centrais deste livro, de modo que elas não receberão maiores considerações no presente texto.

É importante lembrar que todas as implementações de tabelas de busca acompanhadas de seus programas-clientes podem ser obtidas no site dedicado a este livro na internet.

3.3 Busca Sequencial Simples

3.3.1 Conceitos

Busca sequencial é a forma mais simples de busca e aplica-se a tabelas organizadas de modo linear (p. ex., quando a tabela de busca é implementada por meio de lista indexada ou encadeada). Nesse tipo de busca, cada chave, a partir do início da tabela, é comparada à chave de busca e a busca continua até que seja encontrada uma chave que casa com a chave de busca ou até que o final da tabela de busca seja atingido. Formalmente, uma operação de busca sequencial segue o algoritmo apresentado na **Figura 3–5**.

ALGORITMO BUSCASEQUENCIAL

ENTRADA: Uma tabela indexada ou encadeada com n elementos e uma chave de busca

SAÍDA: O valor associado à primeira chave da tabela que casa com a chave de busca ou um valor indicando que a chave não foi encontrada

1. Considere como elemento corrente o primeiro elemento da tabela
2. Enquanto o último elemento da tabela não tiver sido visitado, faça o seguinte:
   2.1 Se a chave do elemento corrente casar com a chave de busca, retorne o valor associado à chave desse elemento
   2.2 Considere como elemento corrente o próximo elemento da tabela
3. Retorne um valor que indique que a chave de busca não foi encontrada

---

FIGURA 3–5: ALGORITMO DE BUSCA SEQUENCIAL

Busca sequencial é a única forma de encontrar algum registro numa tabela não ordenada na qual os registros são organizados aleatoriamente de acordo com a chave de busca. Mesmo que os registros sejam ordenados de acordo com um campo que não seja a chave de busca, eles serão considerados desordenados do ponto de vista das suas chaves. Se estiverem ordenados de acordo com a chave de busca, existem meios mais eficientes de busca do que a busca sequencial, conforme será visto adiante.

3.3.2 Implementação

A tabela de busca a ser apresentada nesta seção, denominada **tabela de busca indexada**, é implementada usando lista indexada, que, por sua vez, é implementada usando array dinâmico. Além disso, as chaves são armazenadas na tabela juntamente com as posições em arquivo de seus respectivos registros (i.e., as chaves são externas). A justificativa para tal decisão é que o arquivo de dados a ser utilizado, `CEPs.bin` (v. **Apêndice A**), é suficientemente grande para não ser mantido em memória principal.

Definições de Tipos

A tabela de busca será implementada como TAD, de modo que a definição desse tipo é escrita em duas partes:

1. No arquivo de cabeçalho (`TabelaIdx.h`):

```
typedef char tCEP[TAM_CEP + 1]; /* Tipo de chave */

    /* Tipo de conteúdo de um elemento */
typedef struct {
        tCEP chave; /* CEP */
        int  valor; /* Índice do CEP no arquivo de registos de CEPs */
    } tCEP_Ind;

typedef struct rotTabelaIdx *tTabelaIdx;
```

2. No arquivo de programa (`TabelaIdx.c`):

```
struct rotTabelaIdx {
    tCEP_Ind *elementos;  /* Ponteiro para o array que contém os elementos */
    int       nElementos; /* Número de elementos */
    int       tamanhoArray;
};
```

Criação e Destruição

A função **tNoCaminhoB** cria uma tabela de busca vazia e retorna seu endereço.

```
tTabelaIdx CriaTabelaIdx(void)
{
    tTabelaIdx tabela;

    /* Aloca espaço para a estrutura que armazena a tabela */
    tabela = malloc(sizeof(struct rotTabelaIdx));

    /* Garante que a alocação realmente ocorreu */
    ASSEGURA(tabela, "Nao foi possivel alocar tabela");

    /* Aloca previamente um array para um elemento */
    tabela->elementos = calloc(1, sizeof(tCEP_Ind));

    /* Garante que o array foi realmente alocado */
    ASSEGURA( tabela->elementos, "Nao foi possivel alocar "
            "array para conter elementos da tabela" );

    /* Atualiza a variável que armazena o tamanho do array */
    tabela->tamanhoArray = 1;

    tabela->nElementos = 0; /* Inicialmente a tabela está vazia */

    return tabela;
}
```

Note que o array que armazenará a tabela é alocado pela função `CriaTabelaIdx()` com apenas um elemento, o que não parece ser razoável visto que a tabela deverá conter um número muito grande de elementos. A razão para tal decisão deverá ser bem compreendida quando o desempenho da tabela for analisado usando análise amortizada no **Capítulo 5**.

A função **tNoCaminhoB** libera o espaço ocupado pela tabela de busca recebida como parâmetro.

```
void DestroiTabelaIdx(tTabelaIdx tabela)
{
    free(tabela->elementos); /* Libera o array que contém os elementos */
    free(tabela); /* Libera a própria tabela */
}
```

Busca

A função **BuscaSequencialIdx()**, apresentada a seguir, efetua uma busca sequencial numa tabela de busca do tipo proposto nesta seção. Os parâmetros desta função são:

- **tabela** (entrada) — tabela de busca na qual será efetuada a busca
- **chaveProcurada** (entrada) — a chave de busca

```
int BuscaSequencialIdx(tTabelaIdx tabela, tCEP chaveProcurada)
{
    for (int i = 0; i < tabela->nElementos; ++i)
        /* Verifica se a chave foi encontrada */
```

```
        if (!strcmp(tabela->elementos[i].chave, chaveProcurada))
            return i; /* Elemento foi encontrado */

    return -1; /* Elemento não foi encontrado */
}
```

Note que a função `BuscaSequencialIdx()` compara chaves usando a função **strcmp**(), uma vez que as chaves são strings. A função **strcmp**() faz parte da biblioteca padrão de C.

Ao fim da sua execução, a função `BuscaSequencialIdx()` retorna o índice do primeiro elemento na tabela que casa com o valor recebido como parâmetro ou `-1`, se o valor não for encontrado. É importante notar que essa função não permite a recuperação imediata do registro procurado. Quer dizer, em vez de retornar esse registro, a referida função retorna o índice de sua chave na tabela. Assim, para completar a recuperação do registro almejado, é necessário chamar uma função adicional que usa a tabela e o referido índice como parâmetros e retorna esse registro. É isso que faz a função `ObtemElementoIdx()` apresentada abaixo.

```
tCEP_Ind ObtemElementoIdx(tTabelaIdx tabela, int indice)
{
    ASSEGURA(indice >= 0 && indice < tabela->nElementos, "Elemento inexistente");

    return tabela->elementos[indice];
}
```

Agora, por que a função `BuscaSequencialIdx()` é aparentemente tão complicada? Quer dizer, por que, em vez de retornar um índice, ela não retorna o próprio registro? A razão para tal implementação de `BuscaSequencialIdx()` é que, retornando um índice, ela pode facilmente indicar se o elemento foi encontrado ou não. Ou seja, quando ela retorna `-1`, o programa-cliente pode facilmente constatar que o registro procurado não foi encontrado. Se essa função retornasse um valor do tipo `tCEP_Ind`, como faz a função `ObtemElementoIdx()`, essa tarefa não seria tão fácil. Agora, por outro lado, a função `BuscaSequencialIdx()` poderia ser implementada retornando um ponteiro para o registro procurado, caso ele seja encontrado, ou **NULL**, caso ele não seja encontrado, como faz a função `BuscaSequencialIdx2()` apresentada a seguir.

```
tCEP_Ind *BuscaSequencialIdx2(tTabelaIdx tabela, tCEP chaveProcurada)
{
    for (int i = 0; i < tabela->nElementos; ++i)
            /* Verifica se a chave foi encontrada */
        if (!strcmp(tabela->elementos[i].chave, chaveProcurada))
            return &tabela->elementos[i]; /* Elemento encontrado */

    return NULL; /* Elemento não foi encontrado */
}
```

O próximo passo para a recuperação do registro é deixado a cargo do programa-cliente. O trecho desse programa que recupera um registro poderia ser escrito como se vê abaixo.

```
LeMatricula("CEP", umCEP, TAM_CEP + 1); /* Lê um CEP introduzido pelo usuário */

indice = BuscaSequencialIdx(tabela, umCEP); /* Procura o CEP na tabela de busca */

    /* Se a chave for encontrada, utiliza-se seu índice    */
    /* para recuperar o registro correspondente no arquivo */
if (indice < 0) {
    printf("\n>>> CEP nao foi encontrado\n");
} else {
    /* Obtém o elemento da tabela que Contém o índice do registro */
    elemento = ObtemElementoIdx(tabela, indice);

    /* Utilizando o índice do registro, calcula-se a    */
    /* posição no arquivo do primeiro byte do registro */
```

```
    primeiroByte = elemento.valor*sizeof(tRegistroCEP);

        /* Move apontador de posição para o primeiro byte do     */
        /* registro. Se isso não for possível, aborta o programa. */
    ASSEGURA( !fseek(stream, primeiroByte, SEEK_SET),
"Erro de posicionamento em arquivo" );

        /* Lê o registro no arquivo */
    fread(&umRegistro, sizeof(umRegistro), 1, stream);

        /* Se ocorreu erro de leitura aborta */
    ASSEGURA(!ferror(stream), "Erro de leitura");

    ExibeRegistro(&umRegistro); /* Apresenta o registro ao usuário */

    putchar('\n'); /* Embelezamento */
}
```

O trecho de programa acima contém funções que não são definidas aqui, mas não deve ser difícil de entender.

Inserção

Nesta implementação de tabela de busca, na qual as chaves não são ordenadas, a melhor opção para inserção de um elemento é acrescentá-lo ao final da tabela, como faz a função `AcrescentaElementoIdx()`, apresentada abaixo e que usa os seguintes parâmetros:

- **tabela** (entrada e saída) — a tabela na qual será feito o acréscimo
- **elemento** (entrada) — o elemento a ser adicionado à tabela

```
void AcrescentaElementoIdx(tTabelaIdx tabela, const tCEP_Ind *elemento)
{
    tCEP_Ind *novoArray; /* Ponteiro para array redimensionado */

        /* Se o array estiver repleto, tenta redimensioná-lo */
    if (tabela->nElementos >= tabela->tamanhoArray) {
        tabela->tamanhoArray *= 2; /* O tamanho do array irá dobrar */

            /* Tenta redimensionar o array */
        novoArray = realloc(tabela->elementos, tabela->tamanhoArray*sizeof(tCEP_Ind));

            /* Checa se houve realocação de memória */
        ASSEGURA(novoArray, "Nao houve redimensionamento");

            /* O ponteiro que apontava para o início do array    */
            /* pode não ser mais válido e é preciso atualizá-lo */
        tabela->elementos = novoArray;
    }

        /* Acrescenta o novo elemento ao final da tabela */
    tabela->elementos[tabela->nElementos] = *elemento;

    ++tabela->nElementos; /* O tamanho da tabela aumentou */
}
```

Note que esse tipo de inserção permite que chaves duplicadas sejam inseridas na tabela e que, como a tabela de busca é implementada usando um array dinâmico, ela é redimensionada de acordo com a necessidade.

Quando um novo elemento é inserido na tabela de busca, deve haver uma inserção correspondente de registro no arquivo e essa última tarefa fica a cargo do programa-cliente, de modo que a operação completa de inserção pode ser implementada por esse programa como:

```
LeRegistro(&umRegistro); /* Lê dados do novo CEP */

    /* O valor do campo 'numero' corresponde à posição do registro */
    /* no arquivo de CEPs (isso é coisa dos Correios)              */
umRegistro.numero = ComprimentoIdx(tabela) + 1;

    /* Cria a chave a ser inserida na tabela de busca. Na tabela, */
    /* a chave é um string mas no registro CEP não é string       */
strncpy(elemento.chave, umRegistro.CEP, TAM_CEP);

elemento.chave[TAM_CEP] = '\0'; /* Torna a chave um string */

    /* Acrescenta o índice do registro ao elemento */
elemento.valor = umRegistro.numero;

    /* Acrescenta novo elemento à tabela de busca */
AcrescentaElementoIdx(tabela, &elemento);

    /* Move apontador de posição para o final do arquivo. */
    /* Se isso não for possível, aborta o programa.        */
ASSEGURA( !fseek(stream, 0, SEEK_END), "Erro de posicionamento em arquivo");

    /* Escreve o novo registro no final do arquivo */
fwrite(&umRegistro, sizeof(umRegistro), 1, stream);

    /* Se ocorreu erro de escrita, aborta */
ASSEGURA(!ferror(stream), "Erro de escrita em arquivo ");

printf("\n>>> Acrescimo bem sucedido\n");
```

Novamente, o trecho de programa acima contém chamadas de funções auxiliares cujas implementações não são apresentadas aqui, mas esse fato não deve dificultar o entendimento da ideia. O programa-cliente completo encontra-se no site dedicado ao livro.

Remoção

Nesta implementação de tabela de busca, a remoção de um elemento é efetuada em dois passos:

1. Obtém-se o índice do elemento a ser removido utilizando-se a função **BuscaSequencialIdx()** descrita acima.

2. Se o elemento for encontrado, utiliza-se o índice retornado pela função **BuscaSequencialIdx()** para removê-lo utilizando-se a função **RemoveElementoIdx()** apresentada a seguir. Essa última função recebe como parâmetros **tabela**, que representa a tabela de busca, e **indice**, que é o índice do elemento a ser removido da tabela. A mesma função retorna o elemento removido da tabela.

```
tCEP_Ind RemoveElementoIdx(tTabelaIdx tabela, int indice)
{
    tCEP_Ind itemRemovido;

        /* Verifica se o índice é válido */
    ASSEGURA( indice >= 0 && indice < tabela->nElementos,
            "Posicao de remocao inexistente" );

    itemRemovido = tabela->elementos[indice];

    /* Remover um elemento significa mover cada elemento uma posição  */
    /* para trás a partir  do sucessor do elemento que será  removido */
    for (int i = indice; i < tabela->nElementos - 1; i++)
        tabela->elementos[i] = tabela->elementos[i + 1];

    --tabela->nElementos; /* O tamanho da tabela diminuiu */

    return itemRemovido;
}
```

A função `RemoveElementoIdx()` pode ser usada por um programa-cliente como no trecho de programa abaixo.

```
    /* Lê um CEP introduzido pelo usuário */
LeMatricula("CEP", umCEP, TAM_CEP + 1);

    /* Procura o CEP na tabela de busca */
indice = BuscaSequencialIdx(tabela, umCEP);

    /* Se a chave for encontrada, remove-a da tabela de busca e      */
    /* acrescenta-se um novo elemento na tabela de removidos. A remoção */
    /* do registro do arquivo só será efetuada ao final  do programa.   */
if (indice >= 0) {
    /* Remove a chave da tabela de busca */
  (void) RemoveElementoIdx(tabela, indice);

    /* Cria um novo elemento e acrescenta-o à tabela de */
    /* removidos. O campo 'valor' não é importante aqui */
  strcpy(elemento.chave, umCEP);
  AcrescentaElementoIdx(removidos, &elemento);

  printf("\n>>> Remocao bem sucedida\n");
} else  /* O CEP não se encontra na tabela */
  printf("\n>>> CEP nao encontrado\n");
```

A remoção de um elemento da tabela de busca deve ser acompanhada pela remoção do respectivo registro no arquivo, o que, na prática, equivale a reconstruir o arquivo e talvez a própria tabela. Portanto é bem mais razoável reconstruir o arquivo uma única vez ao final do programa. Essa abordagem é implementada utilizando-se uma lista auxiliar, denominada **removidos**, que armazena os registros que deverão ser removidos. Então, antes de encerrar o programa, executa-se a instrução:

```
    /* Atualiza arquivo binário se for necessário */
if (!EstaVaziaIdx(removidos))
    AtualizaArquivoBin(NOME_ARQUIVO_BIN, removidos);
```

Construção

A função `ConstroiTabelaIdx()` lê um arquivo de dados binário e o armazena numa tabela implementada como lista indexada sem ordenação. Os parâmetros dessa função são:

- **arq** (entrada) — nome do arquivo de dados
- ***tabela** (saída) — tabela que conterá os registros lidos

Essa função retorna o stream associado ao arquivo aberto para leitura e escrita.

```
FILE *ConstroiTabelaIdx( const char *arqBin, tTabelaIdx tabela )
{
    FILE         *stream;
    tCEP_Ind     umElemento;
    tRegistroCEP umRegistro;
    int          indiceReg = 0;

    /* Tenta abrir o arquivo binário para leitura e escrita */
    stream = fopen(arqBin, "rb+");

    /* Se o arquivo não pode ser aberto, aborta o programa */
    ASSEGURA(stream, "Arquivo nao pode ser aberto");

    /* Lê cada registro do arquivo e acrescenta sua chave (CEP) na tabela */
    while (1) {
        /* Lê um registro no arquivo */
      fread( &umRegistro, sizeof(umRegistro), 1, stream);
```

```
    /* Verifica se ocorreu erro ou o final do arquivo foi atingido */
    if (ferror(stream) || feof(stream))
        break;

    /* A chave não é armazenada como string no registro. */
    /* Portanto, não se pode usar strcpy().              */
    strncpy(umElemento.chave, umRegistro.CEP, TAM_CEP);

    /* Transforma a chave num string. Isso não é */
    /* essencial, mas facilita o processamento.  */
    umElemento.chave[TAM_CEP] = '\0';

    /* Acrescenta o índice ao elemento e ao */
    /* mesmo tempo incrementa esse índice   */
    umElemento.valor = indiceReg++;

    /* Acrescenta a chave na tabela. O valor associado */
    /* à chave é sua posição (índice) na tabela.       */
    AcrescentaElementoIdx(tabela, &umElemento);
}

    /* Se ocorreu erro de leitura no arquivo, */
    /* fecha o arquivo e aborta o programa     */
    if (ferror(stream)) {
    fclose(stream);
    ASSEGURA(0, "Erro de leitura de arquivo ");
    }

    return stream;
}
```

3.3.3 Análise

Teorema 3.1: No pior caso, o custo temporal de uma operação de busca sequencial é $\theta(n)$, em que n é o número de elementos da tabela.

Prova: A prova é trivial e é deixada como exercício para o leitor.

Teorema 3.2: No melhor caso, o custo temporal de uma operação de busca sequencial é $\theta(1)$.

Prova: A prova é trivial e é deixada como exercício para o leitor.

Teorema 3.3: Supondo que encontrar qualquer chave da tabela seja equiprovável, em média, o custo temporal de uma operação de busca sequencial é $\theta(n)$, em que n é o número de elementos da tabela.

Prova: Suponha que a tabela de busca tenha uma distribuição de probabilidade uniforme e que seu número de elementos seja n. Seja X a variável aleatória que representa o número de comparações de chaves numa operação de busca. Então $p(X = x)$ é a probabilidade de ocorrência de x comparações. Supondo que a probabilidade de encontrar a chave procurada após x comparações é a mesma para qualquer valor de x, pode-se escrever: $p(X = x) = 1/n. \forall x \mid 1 \leq x \leq n$. Assim o número esperado de comparações efetuadas para encontrar uma chave é dado por:

$$E[X = x] = \sum_{x=1}^{n} xp(x) = \sum_{x=1}^{n} \frac{x}{n} = \frac{1}{n} \cdot \sum_{x=1}^{n} x = \frac{1}{n} \cdot \frac{n(n+1)}{2} = \frac{n+1}{2}$$

Logo, no caso médio, o custo temporal de uma operação de busca sequencial é $\theta(n)$. ∎

Teorema 3.4: No pior caso, o custo temporal de uma operação de inserção numa tabela indexada (dinâmica) que oferece apenas busca sequencial é $\theta(n)$.

Prova: A inserção de um novo elemento ao final da tabela tem custo temporal $\theta(1)$. Mas, no pior caso, essa inserção requer redimensionamento, que tem custo temporal $\theta(n)$ (v. **Capítulo 9** do **Volume 1**). ∎

Corolário 3.1: No pior caso, o custo temporal de construção de uma tabela de busca indexada que oferece apenas busca sequencial é $\theta(n^2)$, em que n é o número de elementos da tabela.

Prova: Como, de acordo com o **Teorema 3.4**, o custo temporal no pior caso de uma inserção é $\theta(n)$, o custo temporal de n inserções nesse caso é $\theta(n^2)$. ∎

Teorema 3.5: Em qualquer caso, o custo temporal de uma operação de remoção numa tabela indexada é $\theta(n)$, em que n é o número de elementos da tabela.

Prova: Uma operação de remoção pode ser dividida em duas partes: (1) busca pela chave e (2) remoção do elemento da tabela. No melhor caso, o custo temporal da parte (1) é $\theta(1)$ (v. **Teorema 3.2**), mas a parte (2) tem custo $\theta(n)$, pois é preciso mover adiante todos os elementos que já se encontram na tabela. No pior caso e no caso médio, o custo temporal da parte (1) é $\theta(n)$ e, mesmo que a parte (2) tenha custo $\theta(1)$, o custo das partes em conjunto terá custo $\theta(n)$. Portanto, em todos esses casos, o custo temporal de uma operação de remoção numa tabela indexada é $\theta(n)$. ∎

Usando-se análise assintótica tradicional, no pior caso, o custo temporal da função `AcrescentaElementoIdx()` é $\theta(n)$, e não $\theta(1)$, como talvez fosse esperado. Isso ocorre porque essa função chama **realloc()**, que tem custo $\theta(n)$ no pior caso. No entanto será mostrado no **Capítulo 5** que o custo amortizado dessa operação é $\theta(1)$.

O custo temporal de cada operação sobre a tabela de busca indexada implementada de acordo com o que foi visto nesta seção é apresentado na **Tabela 3–2**.

OPERAÇÃO	MELHOR CASO	PIOR CASO	CASO MÉDIO
BUSCA	$\theta(1)$	$\theta(n)$	$\theta(n)$
INSERÇÃO	$\theta(n)$	$\theta(n)$	$\theta(n)$
REMOÇÃO	$\theta(n)$	$\theta(n)$	$\theta(n)$
CONSTRUÇÃO	$\theta(n^2)$	$\theta(n^2)$	$\theta(n^2)$

TABELA 3–2: CUSTOS TEMPORAIS DE OPERAÇÕES COM TABELAS INDEXADAS SEM ORDENAÇÃO

3.4 Busca Sequencial com Movimentação

3.4.1 Conceitos

A eficiência de busca sequencial pode ser melhorada movendo-se os registros com maior frequência de acesso para o início ou para uma posição mais próxima do início da tabela de busca. Existem diversas maneiras (heurísticas) de organização de tabelas de busca que procuram atingir esse objetivo. Esta seção descreve duas delas:

1. **Heurística de movimentação para o início**. Após a chave desejada ser localizada, ela é colocada no início da tabela. Mais precisamente, sempre que uma busca obtiver êxito, o elemento que contém a chave recuperada é movido para o início da tabela.

2. **Heurística de transposição**. Após o elemento desejado ser localizado, ele é trocado com seu predecessor a não ser que ele esteja no início da lista. Ou seja, quando um registro é recuperado, o elemento que contém sua chave na tabela de busca é trocado com seu antecessor.

A principal justificativa que norteia essas heurísticas é semelhante ao uso de cache. Ou seja, essas heurísticas são baseadas na expectativa de que uma chave recém acessada será provavelmente acessada novamente em breve. Assim colocando tal chave na frente da tabela de busca ou próximo dela, as buscas subsequentes serão mais rápidas.

No caso de posicionamento da chave no início da tabela de busca, como se espera que ela seja acessada novamente, ela deve ser colocada na melhor posição da tabela para que isso aconteça (i.e., na frente da tabela). Já no método de transposição, um único acesso não significa que a chave será acessada com frequência. Se a chave for movida para a frente apenas uma posição de cada vez, garante-se que ela estará na frente apenas se realmente tiver alta frequência de busca. Nos dois casos, tenta-se posicionar as chaves mais prováveis de serem procuradas próximo ao início da lista. Isso ocorre mais categoricamente com a heurística de movimentação para a frente e mais cautelosamente com o método de transposição.

A **Figura 3–6 (a)** mostra que, quando a tabela é implementada como lista indexada, no máximo dois elementos da lista são alterados. Por outro lado, a **Figura 3–6 (b)** mostra que a busca com movimentação para o início é inerentemente ineficiente quando a lista é indexada. Nessas duas figuras, os elementos com fundo colorido são aqueles afetados na operação. Assim o método de movimentação para o início é eficiente apenas se a tabela for implementada em forma de lista encadeada, pois mover um elemento para o início de uma lista encadeada tem custo temporal $\theta(1)$, já que temos o ponteiro para o início da lista.

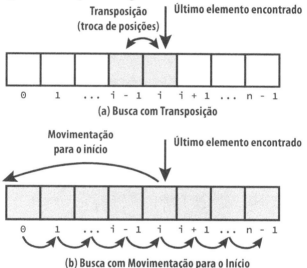

FIGURA 3–6: TRANSPOSIÇÃO E MOVIMENTAÇÃO PARA INÍCIO EM LISTA INDEXADA

3.4.2 Implementação Usando Lista Encadeada

Para implementação da tabela de busca com movimentação utilizando lista simplesmente encadeada (**tabela de busca encadeada**[2]), é utilizada a seguinte definição de tipo[3]:

```
typedef struct rotNoLSE {
        tCEP_Ind         conteudo;
        struct rotNoLSE *proximo;
    } tNoListaSE, *tListaSE;
```

O tipo **tNoCaminhoB** utilizado na definição acima foi definido na **Seção 3.3.2**.

Busca Sequencial com Transposição

A **Figura 3–7** ilustra uma busca com transposição numa tabela de busca implementada como lista encadeada.

[2] Embora a denominação mais adequada para uma tabela de busca implementada usando lista encadeada seja *tabela de busca sequencialmente encadeada*, visto que árvores também podem ser usadas para implementar tabelas de busca encadeadas, para simplificar a linguagem, essa denominação, ou simplesmente **tabela encadeada**, será doravante utilizada.

[3] O acrônimo *LSE* que aparece em alguns identificadores na implementação a seguir é derivado de *Lista Simplesmente Encadeada* (v. **Apêndice D**).

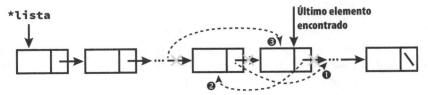

FIGURA 3–7: BUSCA COM TRANSPOSIÇÃO EM LISTA ENCADEADA

A função `BuscaComTransposicaoLSE()` retorna o endereço do conteúdo efetivo do nó que possui uma determinada chave numa tabela de busca implementada como uma lista simplesmente encadeada. Se esse nó for encontrado, troca-o de posição com seu antecessor. Essa função retorna o endereço dos dados que contêm o referido conteúdo, se a busca obtiver êxito. Caso contrário, ela retorna **NULL**. Os parâmetros dessa função são:

- `*lista` — a tabela de busca
- `chave` — a chave de busca

```
tCEP_Ind *BuscaComTransposicaoLSE(tListaSE *lista, tCEP chave)
{
   tListaSE p,          /* p apontará para o nó corrente    */
            q = NULL, /* q apontará para o antecessor de p */
            r = NULL; /* r apontará para o antecessor de q */

      /* Enquanto p não assume NULL ou a chave de um nó não */
      /* casa com o parâmetro 'chave', a busca prossegue     */
   for ( p = *lista; p && strcmp(p->conteudo.chave, chave);
         p = p->proximo) {
      r = q;
      q = p;
   }

      /* Se 'p' assume NULL é porque a chave especificada */
      /* como parâmetro não foi encontrado               */
   if(!p)
      return NULL; /* Chave não foi encontrada */

      /*                                                */
      /* Neste ponto, q aponta para o antecessor imediato */
      /* de p e r aponta para o antecessor imediato de q  */

   if (!q) /* O nó encontrado já é o primeiro da lista */
      return &p->conteudo; /* Não é necessária a transposição */

   q->proximo = p->proximo;
   p->proximo = q;

   if (!r)
        /* Nó encontrado passa a ser o primeiro da lista */
      *lista = p;
   else
      r->proximo = p;

   return &p->conteudo;
}
```

Se você estudar a implementação da função `BuscaComTransposicaoLSE()` enquanto examina a **Figura 3–7** será mais fácil entender essa função.

Busca Sequencial com Movimentação para Início

A **Figura 3–8** ilustra uma busca com movimentação para o início numa tabela de busca encadeada.

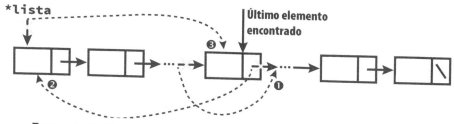

FIGURA 3–8: BUSCA COM MOVIMENTAÇÃO PARA INÍCIO EM LISTA ENCADEADA

A função `tNoCaminhoB`, definida a seguir, implementa busca com movimentação para início usando lista encadeada. Os parâmetros e a especificação de retorno dessa função são os mesmos da função `BuscaComTransposicao()` apresentada acima.

```
tCEP_Ind *BuscaComMovimentoLSE(tListaSE *lista, tCEP chave)
{
   tListaSE p = *lista, /* p apontará para o nó corrente    */
            q = NULL;    /* q apontará para o nó anterior a p */

      /* Enquanto p não assume NULL ou a chave de um nó não */
      /* casa com o parâmetro 'chave', a busca prossegue    */
   while (p && strcmp(p->conteudo.chave, chave)) {
      q = p;
      p = p->proximo;
   }

      /* Se 'p' assume NULL é porque a chave especificada */
      /* como parâmetro não foi encontrado               */
   if(!p)
      return NULL; /* Chave não foi encontrada */

      /* A chave foi encontrada. Se o nó que a contém for o primeiro */
      /* da lista, a movimentação para o início não é necessária.    */
      /* Caso contrário, ela será efetuada a seguir.                 */
   if (p != *lista) {
      q->proximo = p->proximo;
      p->proximo = *lista;
      *lista = p;
   }

      /* Neste ponto, p aponta para o nó encontrado. Então, */
      /* retorna-se o endereço de seu campo 'conteudo'.     */
   return &p->conteudo;
}
```

O uso da **Figura 3–8** em conjunto com o código facilitará o entendimento da implementação da função `tNoCaminhoB()`.

3.4.3 Análise

Teorema 3.6: Se forem admitidas chaves duplicadas, em qualquer caso, o custo temporal de uma operação de inserção numa tabela de busca encadeada é $\theta(1)$.

Prova: Se a inserção não incluir uma operação de busca para verificar se a chave do novo elemento já existe na tabela, ela pode ocorrer no início da tabela e essa operação tem custo temporal $\theta(1)$. ∎

Corolário 3.2: Se forem admitidas chaves duplicadas, o custo temporal de construção de uma tabela de busca encadeada é $\theta(n)$, em que n é o número de elementos da tabela.

Prova: De acordo com o **Teorema 3.6**, o custo temporal de uma inserção é $\theta(1)$. Portanto o custo de n inserções é $\theta(n)$. ∎

Teorema 3.7: No melhor caso, o custo temporal de uma operação de remoção numa tabela de busca encadeada é $\theta(1)$.

Prova: No melhor caso, o custo temporal da operação de busca tem custo temporal $\theta(1)$. Tendo encontrado o elemento a ser removido, as demais operações (alteração de ponteiros e liberação do nó) têm custo $\theta(1)$. ∎

Teorema 3.8: No pior caso e no caso médio, o custo temporal de uma operação de remoção numa tabela de busca encadeada é $\theta(n)$, em que n é o número de elementos da tabela.

Prova: A prova desse teorema é similar àquela do **Teorema 3.5** e é deixada como exercício para o leitor.

Teorema 3.9: O custo espacial de uma tabela encadeada contendo n elementos é $\theta(n)$.

Prova: Além do conteúdo efetivo, cada elemento (nó) da tabela contém um campo contendo o endereço do próximo elemento. ∎

O custo temporal de cada operação sobre a tabela de busca implementada utilizando lista encadeada de acordo com o que foi visto nesta seção é exibida resumidamente na **Tabela 3–3**.

OPERAÇÃO	MELHOR CASO	PIOR CASO	CASO MÉDIO
BUSCA	$\theta(1)$	$\theta(n)$	$\theta(n)$
INSERÇÃO	$\theta(1)$	$\theta(1)$	$\theta(1)$
REMOÇÃO	$\theta(1)$	$\theta(n)$	$\theta(n)$
CONSTRUÇÃO	$\theta(n)$	$\theta(n)$	$\theta(n)$

TABELA 3–3: CUSTOS TEMPORAIS DE OPERAÇÕES COM TABELAS ENCADEADAS

Estudos experimentais mostram que o método de transposição é mais eficiente quando ele é utilizado com aplicativos que efetuam um grande número de buscas e quando as chaves são mais ou menos equipprováveis (i.e., se elas têm aproximadamente a mesma frequência de acesso). Por outro lado, o método de movimentação para frente é mais eficiente para um número de buscas que se situa entre pequeno e médio e quando as chaves não são tão equipprováveis.

No pior caso, a heurística de movimentação para frente é mais eficiente do que o método de transposição e, por isso, ele é o preferido na maioria das situações que requerem busca sequencial. A grande vantagem do método de transposição é que ele pode ser aplicado eficientemente sobre arrays e listas encadeadas.

Apesar de as heurísticas apresentadas aqui apresentarem potencial de acelerar as buscas, em termos de análise assintótica (i.e., em termos de notação ó), o custo temporal das buscas discutidas nesta seção não é afetado.

3.5 Busca Linear em Tabela Ordenada

Se uma tabela de busca implementada como lista indexada ou encadeada estiver ordenada, podem-se usar técnicas elementares para melhorar a eficiência das operações de busca. Quer dizer, se uma tabela com n elementos estiver ordenada, são necessárias apenas $n/2$ comparações em média para efetuar uma operação de busca. Isso ocorre porque, se, durante uma busca, for encontrada uma chave maior do que a chave de busca, sabe-se que ela não faz parte da tabela. Contudo essa melhora de eficiência não é suficiente para abrandar o custo temporal dessa operação em termos de notação ó, que continua sendo $\theta(n)$.

Agora, se a tabela de busca for implementada como lista *indexada* ordenada, podem-se efetuar buscas com custo $\theta(\log n)$, como será visto nesta seção.

É importante notar que essas técnicas não podem ser aplicadas quando a tabela de busca é implementada como lista *encadeada*, quer ela esteja ordenada ou não. Isso ocorre porque ambas as técnicas que serão descritas aqui, busca binária e busca por interpolação, requerem acesso imediato a alguns elementos, o que só é possível por meio de indexação. Uma lista encadeada não permite acesso dessa natureza. Por exemplo, o único modo de atingir o elemento mediano de uma lista simplesmente encadeada é seguindo ponteiros para nós a partir do nó inicial.

O problema agora é como construir e manter uma lista indexada ordenada. Bem, inserir um único elemento numa lista indexada tem custo temporal $\theta(n)$, visto que essa operação pode ser dividida em duas etapas[4]:

1. Encontrar o local de inserção. O custo temporal dessa etapa é $\theta(n)$.

2. Efetuar a inserção propriamente dita. Inexoravelmente, essa etapa tem custo temporal $\theta(n)$, pois, no pior caso, todos os elementos que já se encontram na lista precisam ser movidos para ceder espaço para o novo elemento.

Portanto, pela regra da soma de análise de algoritmos, o custo temporal de uma operação de inserção ordenada é $\theta(n)$. Assim construir uma tabela de busca implementada como lista ordenada por meio de inserções sucessivas tem custo temporal total quadrático, de modo que não se deve usar esse método para tabelas grandes. Isso significa na prática que criar uma tabela de busca usando essa técnica para o conteúdo do arquivo `Tudor.bin` é admissível, mas isso é inaceitável para o arquivo `CEPs.bin` (v. **Apêndice A**).

O arquivo de exemplo a ser utilizado é exatamente `CEPs.bin`, de modo que a abordagem a ser adotada aqui consiste em dois passos:

1. A tabela de busca é criada usando a função `AcrescentaElementoIdx()` discutida na **Seção 3.3.2**. O custo temporal amortizado dessa função é $\theta(1)$ (v. **Capítulo 5**), de modo que o custo amortizado de construção de toda a tabela é $\theta(n)$.

2. A tabela é ordenada usando um algoritmo de ordenação *ótimo* [i.e., com custo temporal $\theta(n \cdot log\ n)$]. Tipicamente, por razões pragmáticas, o algoritmo escolhido para essa tarefa é *QuickSort*[5] (v. **Capítulo 11**).

A ordenação da tabela de busca criada no **Passo 1** acima pode ser efetuada pela função `OrdenaTabelaIdx()` que transfere sua tarefa para **qsort()**, que é uma função da biblioteca padrão de C declarada em `<stdlib.h>` e que foi discutida no **Capítulo 11** do **Volume 1**. Os parâmetros da função `OrdenaTabelaIdx()` são:

- `tabela` (entrada e saída) — tabela que será ordenada
- `FComp` (entrada) — ponteiro para a função que compara elementos da tabela

```
void OrdenaTabelaIdx(tTabelaIdx tabela, int (*FComp) (const void *, const void *))
{
    /* A função qsort() faz o serviço */
  qsort(tabela->elementos, tabela->nElementos, sizeof(tabela->elementos[0]), FComp);
}
```

O encapsulamento da função **qsort()** pela função `OrdenaTabelaIdx()` se faz necessário porque, como o tipo `tTabelaIdx` é opaco (v. **Seção 3.3.2**), um programa-cliente não tem acesso aos três primeiros parâmetros necessários para a chamada de **qsort()**.

A função de comparação usada por **qsort()** é definida no programa-cliente como:

```
int ComparaCEPs(const void *s1, const void *s2)
{
    /* Convertem-se os ponteiros genéricos em ponteiros para o tipo tCEP_Ind */
  const tCEP_Ind *e1 = (tCEP_Ind *)s1;
  const tCEP_Ind *e2 = (tCEP_Ind *)s2;
```

---

[4] Uma análise similar poderia ser feita para inserção ordenada em lista encadeada, mas isso não é de interesse neste caso.

[5] As referidas razões pragmáticas são decorrentes de dois fatos: (1) esse algoritmo é o mais recomendável quando a configuração dos dados não é conhecida e (2) esse algoritmo é implementado na biblioteca de qualquer linguagem de programação decente.

```
        /* Os elementos são comparados por meio de suas chaves, que são strings */
    return strcmp(e1->chave, e2->chave);
}
```

Após construir a tabela de busca usando a função **tNoCaminhoB**, como foi visto na **Seção 3.3**, ordena-se essa tabela chamando-se a função **OrdenaTabelaIdx()** como se vê abaixo:

```
OrdenaTabelaIdx(tabela, ComparaCEPs);
```

Manter uma tabela ordenada tem custo temporal $\theta(mn)$, em que n é o tamanho da tabela e m é o número de inserções consecutivas, mas esse custo pode ser tolerado se o número de operações de busca for bem maior do que o número de inserções. Assim a função **tNoCaminhoB**, definida a seguir, pode ser usada para inserções esporádicas (ou pouco frequentes) numa tabela de busca ordenada. Os parâmetros dessa função são:

- **lista** (entrada e saída) — lista na qual será feita a inserção
- ***elemento** (entrada) — elemento que será inserido

```
void InsereEmOrdemIdx(tTabelaIdx tabela, const tCEP_Ind *elemento)
{
    int        posicao; /* Posição de inserção do elemento */
    tCEP_Ind *novoArray; /* Ponteiro para o array redimensionado */

    /* Se o array estiver repleto, tenta redimensioná-lo */
    if (tabela->nElementos >= tabela->tamanhoArray) {
        tabela->tamanhoArray *= 2; /* Dobrará o tamanho do array */

        /* Tenta redimensionar o array */
        novoArray = realloc(tabela->elementos, tabela->tamanhoArray*sizeof(tCEP_Ind));

        /* Checa se houve realocação de memória */
        ASSEGURA(novoArray, "Nao houve redimensionamento");

        /* O ponteiro que apontava para o início do array pode não */
        /* ser mais válido.  Portanto, é preciso atualizá-lo.       */
        tabela->elementos = novoArray;
    }

    /* Se a tabela estiver vazia, o elemento é */
    /* inserido na primeira posição do array   */
    if (EstaVaziaIdx(tabela)) {
        /* O elemento será o primeiro da tabela */
        tabela->elementos[0] = *elemento;

        ++tabela->nElementos; /* A tabela cresceu */

        return;
    }

    /* Encontra a posição no array onde o elemento será inserido */
    for (posicao = 0; posicao < tabela->nElementos; ++posicao)
        if ( strcmp(tabela->elementos[posicao].chave, elemento->chave) > 0 )
            break; /* Posição de inserção encontrada */

    /* Abre espaço para o novo elemento */
    for (int i = tabela->nElementos - 1; i >= posicao; --i)
        /* Move cada elemento uma posição adiante a partir do  */
        /* elemento que ora se encontra na posição de inserção */
        tabela->elementos[i + 1] = tabela->elementos[i];

    tabela->elementos[posicao] = *elemento; /* Insere o novo elemento */

    ++tabela->nElementos; /* A tabela cresceu */
}
```

3.5.1 Busca Binária

Conceito

Busca binária é um tipo de busca que se aplica apenas a tabelas de busca com chaves ordenadas em ordem crescente ou decrescente. Aqui, supõe-se que as chaves são ordenadas em ordem crescente, mas se a ordem utilizada for oposta, o raciocínio empregado é semelhante. A denominação *busca binária* é decorrente do fato de a tabela de busca ser continuamente dividida em duas partes iguais.

Busca binária é *mais ou menos*[6] análoga a uma busca por uma palavra num dicionário tradicional (de papel). Ou seja, inicialmente, procura-se a palavra desejada no meio da lista. Se o nome procurado estiver na página central, a busca encerra; se a palavra procurada estiver além daquelas encontradas na página central, reduz-se a busca à metade final da lista. Por outro lado, se a palavra procurada estiver abaixo daqueles encontrados na página central, reduz-se a busca à metade inicial da lista. Então se for o caso, o procedimento é repetido sucessivamente considerando a metade inicial ou o final da lista.

Se a tabela contém um número de elementos par não existe um único elemento central. De fato, nesse caso, existem dois elementos centrais cujos índices são determinados por $\lfloor (inf + sup)/2 \rfloor$ e $\lceil (inf + sup)/2 \rceil$. Logo o algoritmo deve escolher qual desses elementos utilizar na comparação de chaves. De fato, qualquer um deles serve igualmente, mas, do ponto de vista pragmático, é melhor usar o piso do que o teto da divisão *(inf + sup)/2*. A razão para tal escolha é o modo como muitas linguagens de programação (e. g., C, C++ e Java) calculam o resultado de uma divisão inteira na qual o numerador e o denominador são positivos[7].

Mais formalmente, o algoritmo seguido por uma busca binária é apresentado na **Figura 3–9**.

ALGORITMO BUSCABINÁRIA

ENTRADA: Uma tabela indexada ordenada com *n* elementos e uma chave de busca

SAÍDA: O valor associado à primeira chave da tabela que casa com a chave de busca ou um valor indicando que a chave não foi encontrada

1. Atribua à *inf* o menor índice e a *sup* o maior índice da tabela
2. Enquanto *inf* ≤ *sup* faça:
   2.1 Atribua $\lfloor inf + (sup - inf)/2 \rfloor$ à variável *meio*
   2.2 Compare a chave de busca com a chave do elemento que se encontra no índice *meio* da tabela
   2.3 Se as chaves forem iguais, encerre a busca indicando o sucesso da operação
   2.4 Se a chave de busca for menor do que a chave do elemento que se encontra no índice *meio* da tabela, atribua *meio – 1* à *sup*
   2.5 Caso contrário (se a chave de busca for maior do que a chave do elemento que se encontra no índice meio da tabela), atribua *meio + 1* à *inf*
3. Retorne um valor que indique que a chave de busca não foi encontrada

---

FIGURA 3–9: ALGORITMO DE BUSCA BINÁRIA

Note que, na discussão anterior a posição central é calculada como $\lfloor (inf + sup)/2 \rfloor$, enquanto, no algoritmo da **Figura 3–9**, esse valor é calculado como $\lfloor inf + (sup - inf)/2 \rfloor$. De fato os resultados obtidos são equivalentes do ponto de vista matemático, mas, do ponto de vista de programação, calcular o meio da tabela como

---

[6] *Mais ou menos*, porque apenas um debiloide irá procurar uma palavra num dicionário ou em qualquer outra lista ordenada em ordem alfabética que comece em *A*, por exemplo, começando pelo meio da lista. Essa é uma analogia ridícula que aparece em outros livros de programação que o autor decidiu seguir por falta de exemplo melhor. Além disso, nenhuma pessoa normal consegue abrir um dicionário exatamente em sua página central.

[7] Nesse caso, o truncamento efetuado por essas linguagens corresponde à aplicação da função piso. Por exemplo, *5/2 = 2*, que é o piso dessa divisão.

⌊*(inf + sup)/2*⌋ é problemático, pois se *sup* for um valor bem grande essa soma pode causar overflow e fazer com que o índice calculado seja negativo.

Implementação

A função `BuscaBinariaIdx()`, definida a seguir, implementa o algoritmo da **Figura 3–9** e tem como parâmetros:

- `tabela` (entrada) — a tabela de busca
- `chave` (entrada) — a chave de busca

```
int BuscaBinariaIdx(tTabelaIdx tabela, tCEP chave)
{
   int inf, /* Limite inferior da busca */
       sup, /* Limite superior da busca */
       meio, /* Meio do intervalo */
       teste; /* Resultado da comparação de duas chaves */

   inf = 0; /* Limite inferior inicial */
   sup = tabela->nElementos - 1; /* Limite superior inicial */

      /* Efetua a busca binária */
   while (inf <= sup) {
         /* Calcula o meio do intervalo */
      meio = inf + (sup - inf)/2;

      teste = strcmp(chave, tabela->elementos[meio].chave);

         /* Verifica se a chave se encontra */
         /* no meio do intervalo          */
      if (!teste)
         return tabela->elementos[meio].valor; /* Sucesso */

         /* Ajusta o intervalo de busca */
      if (teste < 0)
         sup = meio - 1;
      else
         inf = meio + 1;
   }
   return -1; /* Elemento não foi encontrado */
}
```

Note que o retorno da função `BuscaBinariaIdx()` é substancialmente diferente daquele da função `BuscaSequencialIdx()` discutida na **Seção 3.3.2**. Quer dizer, quando obtém êxito, essa última função retorna o índice do elemento que contém a chave de busca, de modo que o programa-cliente precisa chamar a função `tNoCaminhoB` para ter acesso ao elemento em si. Por outro lado, quando bem-sucedida, a função `BuscaBinariaIdx()` retorna o valor associado à chave de busca, que é suficiente para recuperar o registro desejado no arquivo, como foi mostrado na **Seção 3.3.2**.

A Função bsearch()

A biblioteca padrão de C provê a função **bsearch**() (incluir `<stdlib.h>`) que executa busca binária em arrays de elementos de qualquer tipo. Essa função tem como protótipo:

```
void *bsearch( const void *chave, const void *array, size_t nElem, size_t tamanho,
               int (*FComp)(const void *e1, const void *e2) )
```

Os parâmetros da função **bsearch**() têm a seguinte interpretação:

- **chave** — ponteiro para a chave a ser procurada
- **array** — array a ser pesquisado
- **nElem** — número de elementos do array
- **tamanho** — tamanho de cada elemento do array
- **FComp** — ponteiro para uma função que compara os elementos do array. Essa função deve possuir dois parâmetros do tipo **const void** *, cada um dos quais aponta para um elemento do array a ser pesquisado. A função deve comparar estes elementos e retornar um valor inteiro de acordo com os seguintes critérios de comparação:
  - ◆ Um valor menor do que zero, se o primeiro elemento for menor do que o segundo.
  - ◆ Zero, se os elementos forem iguais.
  - ◆ Um valor maior do que zero, se o primeiro elemento for maior do que o segundo.

A função **bsearch()** retorna o endereço do primeiro elemento encontrado no array que tiver uma chave igual à chave de busca ou **NULL**, se a chave não for encontrada. Se a tabela de busca (array) não estiver ordenada ou se ela não for implementada como lista indexada, o resultado será indefinido. Além disso, se a chave não for primária, o primeiro elemento encontrado não é necessariamente o primeiro elemento da tabela que casa com a chave procurada.

A função **bsearch()** é apresentada em maiores detalhes no **Capítulo 11** do **Volume 1** desta obra.

3.5.2 Busca por Interpolação

Conceito

Um possível melhoramento com relação à busca binária consiste em calcular com mais precisão o índice da tabela na qual se espera encontrar a chave de busca, em vez de supor que ela sempre se encontra no meio de cada intervalo. Essa técnica, chamada **busca por interpolação**, imita o modo como se procura uma palavra num dicionário com mais precisão (ao contrário da analogia apresentada para busca binária): se o elemento que se está procurando começa com uma letra próxima ao início do alfabeto, abre-se o dicionário próximo ao seu início, se a palavra começa com uma letra próxima ao final do alfabeto, abre-se o dicionário próximo ao seu final e assim por diante. Assim como ocorre com busca binária, busca por interpolação pode ser aplicada apenas a tabelas de busca ordenadas implementadas como listas indexadas.

A busca por interpolação é semelhante à busca binária no sentido de que em ambos os casos a busca é realizada entre dois limites — *inf* e *sup* — que são continuamente reduzidos, mas, diferentemente da busca binária, a busca por interpolação não divide a tabela em duas metades iguais. Quer dizer, o local onde se espera encontrar a chave é calculado como:

$$meio = inf + (sup - inf) \frac{chave - chave[inf]}{chave[sup] - chave[inf]}$$

Como na busca binária, se *chave < chave(meio)*, redefine-se *sup* com *meio − 1* e, se *chave > chave(meio)*, redefine-se *inf* com *meio + 1*. Esse processo é repetido até que a chave seja encontrada ou que o valor de *inf* seja maior do que *sup*.

A principal desvantagem de busca por interpolação é que, se as chaves não forem uniformemente distribuídas, as buscas não serão eficientes. Na prática, frequentemente, as chaves não são uniformemente distribuídas (p. ex., num dicionário, há mais nomes começando com *A* do que com *X*). Outra desvantagem dessa técnica é que ela é inconveniente para chaves que não sejam numéricas. Ou seja, busca por interpolação utilizando strings não é trivial, a não ser que esses strings sejam estritamente numéricos, como será visto na implementação a seguir.

Implementação

A função **tNoCaminhoB** definida a seguir efetua uma busca por interpolação numa tabela de busca implementada como lista indexada ordenada. Os parâmetros e o valor retornado por essa função têm a mesma interpretação que aqueles da função **tNoCaminhoB** apresentada na **Seção 3.5.1**.

```c
int BuscaInterpolacaoIdx(tTabelaIdx tabela, tCEP chave)
{
   int inf, /* Limite inferior da busca */
       sup, /* Limite superior da busca */
       meio, /* Meio do intervalo */
       chaveInf, chaveSup, /* Chaves dos limites inferior e */
                        /* superior convertidas em int    */
       teste; /* Resultado da comparação de duas chaves */

   inf = 0; /* Limite inferior inicial */
   sup = tabela->nElementos - 1; /* Limite superior inicial */

      /* Efetua a busca por interpolação */
   while (inf <= sup) {
         /* Converte as chaves nos extremos do intervalo */
      chaveInf = atoi(tabela->elementos[inf].chave);
      chaveSup = atoi(tabela->elementos[sup].chave);

         /* Calcula o meio do intervalo */
      meio = inf + (sup - inf)*((atoi(chave) - chaveInf)/(chaveSup - chaveInf));

         /* Compara a chave de busca com a que se encontra no meio do intervalo */
      teste = strcmp(chave, tabela->elementos[meio].chave);

         /* Verifica se o elemento encontra-se no meio do intervalo */
      if (!teste)
         return tabela->elementos[meio].valor; /* Sucesso */

      if (teste < 0) /* Ajusta o intervalo de busca */
         sup = meio - 1;
      else
         inf = meio + 1;
   }

   return -1; /* Elemento não foi encontrado */
}
```

Note que a função **BuscaInterpolacao()** chama a função **atoi()** da biblioteca padrão de C (incluir **<stdlib.h>**) para converter as chaves que se encontram nos extremos do intervalo de busca. Isso é possível porque as chaves (CEPs) são strings numéricos.

3.5.3 Análise

Lema 3.1: Se k for um número inteiro e x for um número real tais que $2^k \leq x < 2^{k+1}$, então $k = \lfloor log_2 x \rfloor$.

Prova: Se $2^k \leq x < 2^{k+1}$, aplicando-se logaritmos na base 2 aos termos dessa relação, obtém-se $k \leq log_2 x < k+1$ (pois $f(x) = log_2 x$ é uma função crescente). Pela definição de função piso, tem-se que $k = \lfloor log_2 x \rfloor$. ∎

Lema 3.2: Para qualquer inteiro $n > 1$ que seja ímpar, $\lfloor log_2 (n-1) \rfloor = \lfloor log_2 n \rfloor$.

Prova: Se n for um inteiro ímpar e $n > 1$, tem-se que $2^k < n < 2^{k+1}$, para algum $k > 0$. Portanto, de acordo com o **Lema 3.1**, tem-se $k = \lfloor log_2 n \rfloor$ (†). Além disso, tem-se: $2^k < n < 2^{k+1} \Rightarrow 2^k \leq n-1 < 2^{k+1} \Rightarrow k = \lfloor log_2 (n-1) \rfloor$ (††). Essa última implicação é novamente decorrência do **Lema 3.1**. De (†) e (††), obtém-se $\lfloor log_2 (n-1) \rfloor = \lfloor log_2 n \rfloor$. ∎

Lema 3.3: Se, no início do laço do algoritmo de busca binária, a tabela busca usada como entrada contiver n elementos, após uma iteração na qual a chave de busca não é encontrada, essa tabela terá, no máximo, $\lfloor n/2 \rfloor$ elementos.

Prova: O tamanho da próxima tabela de busca a ser usada no laço depende do fato de n ser par ou ímpar. Se n for ímpar, os tamanhos das subtabelas esquerda e direita serão os mesmos e serão dados por: $(n – 1)/2 = \lfloor n/2 \rfloor$. Se n for par, o tamanho da subtabela esquerda será $n/2 – 1 = \lfloor n/2 \rfloor – 1$ e o tamanho da subtabela direita será $n/2 = \lfloor n/2 \rfloor$. Portanto os tamanhos possíveis para a próxima tabela de busca são $\lfloor n/2 \rfloor – 1$ e $\lfloor n/2 \rfloor$, e o maior deles é $\lfloor n/2 \rfloor$. ∎

Teorema 3.10: O número máximo de comparações de chaves efetuadas numa busca binária é $\lfloor \log_2 n \rfloor + 1$, em que n é o número de elementos da tabela recebida como entrada pelo algoritmo de busca.

Prova: Seja n o tamanho da tabela recebida como entrada pelo algoritmo de busca binária. No pior caso, de acordo com o **Lema 3.3**, a cada iteração do laço desse algoritmo, a tabela de busca terá tamanho igual a $\lfloor n/2 \rfloor$. Portanto o número máximo de iterações desse laço para uma tabela com n elementos é igual a 1 mais o número máximo de iterações para uma tabela de tamanho $\lfloor n/2 \rfloor$. Ou seja,

$$f(n) = f(\lfloor n/2 \rfloor) + 1$$

Para $n = 1$, tem-se que $f(1) = 1$, visto que, para uma tabela de tamanho igual a 1, o laço é executado apenas uma vez. Para tentar encontrar uma conjectura de solução para essa relação de recorrência, serão examinados a seguir alguns de seus valores:

	n	$f(n)$
$f(1) = 1$	$1 = 2^0$	$1 = 0 + 1$
$f(2) = f(\lfloor 2/2 \rfloor) + 1 = f(1) + 1 = 2$	$2 = 2^1$	$2 = 1 + 1$
$f(3) = f(\lfloor 3/2 \rfloor) + 1 = f(1) + 1 = 2$		
$f(4) = f(\lfloor 4/2 \rfloor) + 1 = f(2) + 1 = 3$	$4 = 2^2$	$3 = 2 + 1$
$f(5) = f(\lfloor 5/2 \rfloor) + 1 = f(2) + 1 = 3$		
$f(6) = f(\lfloor 6/2 \rfloor) + 1 = f(3) + 1 = 3$		
$f(7) = f(\lfloor 7/2 \rfloor) + 1 = f(3) + 1 = 3$		
$f(8) = f(\lfloor 8/2 \rfloor) + 1 = f(4) + 1 = 4$	$8 = 2^3$	$4 = 3 + 1$
$f(9) = f(\lfloor 9/2 \rfloor) + 1 = f(4) + 1 = 4$		
$\vdots$	$\vdots$	$\vdots$
$f(16) = f(\lfloor 16/2 \rfloor) + 1 = f(8) + 1 = 5$	$16 = 2^4$	$5 = 4 + 1$
$\vdots$	$\vdots$	$\vdots$

No desenvolvimento acima, quando n se encontra entre duas potências de 2, $f(n)$ é 1 mais a menor dessas potências. Ou seja, formalmente, se $2^k \leq n < 2^{k+1}$, então $f(n) = n + k$.

Agora, de acordo com o **Lema 3.1**, tem-se que, nesse caso, $k = \lfloor \log_2 n \rfloor$. Portanto a conjectura que será verificada a seguir usando indução finita é que a solução da relação de recorrência é $f(n) = \lfloor \log_2 n \rfloor + 1$, $\forall n \mid n \geq 1$.

Base da indução. Para $n = 1$, tem-se que $f(1) = \lfloor \log_2 1 \rfloor + 1 = 1$.

Hipótese indutiva. Suponha que $f(n) = \lfloor \log_2 n \rfloor + 1$, $\forall n \mid 1 \leq n \leq k$.

Passo indutivo. Deve-se mostrar que $f(k + 1) = \lfloor \log_2 (k + 1) \rfloor + 1$.

Caso 1: Suponha que k seja par.

	Justificativa
$f(k + 1) = f(\lfloor (k + 1)/2 \rfloor) + 1$	Por definição de $f(n)$
$= f(\lfloor k/2 \rfloor) + 1$	$k + 1$ é ímpar
$= (\lfloor log_2 (k/2) \rfloor + 1) + 1$	Hipótese indutiva, pois, como k é par, $k \geq 2$ e, consequentemente, $1 \leq \lfloor k/2 \rfloor \leq k/2 < k$
$= \lfloor log_2 k - log_2 2 \rfloor + 2$	Propriedade de logaritmos
$= \lfloor log_2 k - 1 \rfloor + 2$	Propriedade de logaritmos
$= \lfloor log_2 k \rfloor - 1 + 2$	Propriedade de piso: $\lfloor x - 1 \rfloor = \lfloor x \rfloor - 1$
$= \lfloor log_2 (k + 1) \rfloor + 1$	**Lema 3.2**

Caso 2: Suponha que k seja ímpar. Deve-se mostrar que, quando k é ímpar, obtém-se $f(k + 1) = \lfloor log_2 (k + 1) \rfloor + 1$. Essa parte da prova é deixada como exercício para o leitor. ∎

Corolário 3.3: No pior caso, uma busca binária tem custo $\theta(log\ n)$, em que n é o tamanho (número de elementos) da tabela.

Prova: No pior caso, o algoritmo de busca binária efetua o número máximo de comparações de chaves, que, de acordo com o **Teorema 3.10**, é $\lfloor log_2 n \rfloor + 1$, o que corresponde ao número de vezes que o laço desse algoritmo é executado. Portanto o custo temporal $T(n)$ de pior caso do algoritmo de busca binária é:

$$T(n) = \lfloor log_2 n \rfloor + 1 \quad \Rightarrow \quad log_2 n \leq T(n) \leq log_2 n + 1$$
$$\Rightarrow \quad log_2 n \leq T(n) \leq log_2 n + log_2 n$$
$$\Rightarrow \quad log_2 n \leq T(n) \leq 2 \cdot log_2 n$$

$\therefore\ T(n)$ é $\theta(log\ n)$ ∎

Teorema 3.11: Supondo que encontrar uma chave de busca em qualquer posição de uma tabela de busca seja equiprovável, no caso médio, uma busca binária tem custo temporal $\theta(log\ n)$, em que n é o número de elementos da tabela..

Prova: Usando-se uma única comparação de chaves, é possível encontrar apenas uma chave; usando-se duas comparações de chaves, é possível encontrar duas chaves; e assim por diante, de modo que, usando-se k comparações de chaves, é possível encontrar 2^{k-1} chaves. Seja $p(i)$ o número de comparações de chaves necessárias para encontrar o elemento que se encontra no índice i da tabela. Então o número esperado de comparações de chaves efetuadas para encontrar esse elemento é dado por:

$$\sum_{i=1}^{n} \frac{1}{n} p(i) = \frac{1}{n} \cdot \sum_{i=1}^{n} p(i)$$

Assumindo que o número de chaves da tabela pode ser dado por $n = 2^k - 1$, para algum $k > 0$, o número esperado de comparações efetuadas pode ser escrito como:

$$\sum_{i=1}^{n} \frac{1}{n} p(i) = \frac{1}{n} \cdot \sum_{i=1}^{k} i \cdot 2^{i-1}$$

Essa última expressão leva em conta o fato de i aparecer exatamente 2^{i-1} vezes no somatório original. Após alguma manipulação algébrica, obtém-se o seguinte número esperado de comparações:

$$\frac{1}{n} \cdot [(k-1) \cdot 2^k + 1] = \frac{(k-1) \cdot 2^k + 1}{2^k - 1} \cong k - 1$$

Como supõe-se que $n = 2^k - 1$, tem-se que número esperado de comparações de chaves é $\theta(\log n)$, que corresponde ao custo temporal esperado de uma operação de busca binária. ∎

Teorema 3.12: Em qualquer caso, o custo temporal de inserção numa tabela indexada ordenada é $\theta(n)$, em que n é o número de elementos da tabela.

Prova: Para inserir um novo elemento numa tabela ordenada, é preciso, primeiro, encontrar o local de inserção usando busca sequencial. Quando a chave do elemento a ser inserido é menor do que a chave de qualquer outro elemento da tabela de busca, o custo temporal dessa operação de busca é $\theta(1)$, mas, como o novo elemento será o primeiro elemento da tabela será preciso afastar todos os elementos que já encontram na tabela para abrir espaço para o novo elemento. Portanto o custo temporal dessa operação de inserção é $\theta(n)$. Quando a chave do elemento a ser inserido é maior do que a chave de qualquer outro elemento da tabela de busca, o custo da referida operação de busca é $\theta(n)$ e a inserção em si tem custo $\theta(1)$. Em conjunto, essas duas últimas operações têm custo $\theta(n)$. No caso médio, supondo que as posições de inserção sejam equiprováveis, o custo temporal da referida operação de busca é $\theta(n)$, de acordo com o **Teorema 3.5**, e o custo temporal da inserção em si é $\theta(n)$, pois, no máximo, n elementos serão movidos. Portanto, em qualquer caso, o custo temporal de inserção numa tabela indexada ordenada é $\theta(n)$. ∎

O custo temporal da função `InsereEmOrdem()` é $\theta(n)$, em que n é o tamanho da tabela. Assim a construção de uma tabela com n registros usando essa função tem custo $\theta(n^2)$. Para que o leitor possa apreciar melhor a gravidade da situação, quando a tabela de busca associada ao arquivo `CEPs.bin` é construída usando essa função no computador em que este livro foi escrito, o tempo gasto nessa operação é de cerca de 11 minutos. Em contraste, quando essa mesma tabela é construída usando a abordagem de dois passos discutida acima, o tempo gasto é apenas 1 segundo aproximadamente. Ou seja, nesse caso, a abordagem de dois passos é cerca de 660 vezes mais rápida.

Teorema 3.13: Se as chaves forem uniformemente distribuídas, uma busca por interpolação numa tabela indexada ordenada contendo n chaves usa menos de $\log \log (n + 1)$ comparações.

Prova: A prova desse teorema é bem complicada e está além do escopo deste livro.

Corolário 3.4: O custo temporal de uma busca por interpolação numa tabela indexada ordenada contendo n chaves é $\theta(\log \log n)$.

Prova: É consequência imediata do **Teorema 3.13**. ∎

A função $\log \log (n + 1)$ cresce muito lentamente, de maneira que, por exemplo, se n for igual a um bilhão, $\log \log (n + 1) \cong 4,9$. Assim pode-se encontrar qualquer elemento de uma tabela de busca acessando muito poucos elementos em média, o que é um melhoramento substancial com relação à busca binária. Busca por interpolação, entretanto, depende muito da suposição de que as chaves são bem distribuídas na tabela de busca. Se esse não for o caso, esse algoritmo de busca pode reduzir muitas vezes o intervalo de busca por apenas um elemento, de modo que o custo temporal passa a ser $\theta(n)$. Além disso, busca por interpolação requer cálculos extras, pois ela envolve operações de multiplicação e de divisão sobre chaves, enquanto a busca binária envolve apenas operações aritméticas bem mais simples. Portanto a busca por interpolação pode ser mais lenta mesmo quando ela envolve menos comparações do que a busca binária.

Para pequenos valores de n, o custo temporal $\theta(\log n)$ de busca binária é tão próximo de $\theta(\log \log n)$ que é provável que o ganho obtido com o uso de busca por interpolação não valha a pena. Por outro lado, busca por interpolação certamente deve ser levada em consideração para tabelas grandes e para situações nas quais comparações entre chaves são dispendiosas.

A **Tabela 3–4** apresenta uma comparação resumida entre busca por interpolação e busca binária.

Busca Binária	Busca por Interpolação
A tabela deve ser implementada como uma lista indexada ordenada	Idem
Divide a tabela em partes (quase) iguais	Divide a tabela em partes desiguais
Pode ser usada quando a chave é string	Dificilmente pode ser usada quando a chave é string
Complexidade temporal: $\theta(\log n)$	Complexidade temporal: $\theta(\log \log n)$

TABELA 3–4: COMPARAÇÃO ENTRE BUSCA POR INTERPOLAÇÃO E BUSCA BINÁRIA

Em geral, o problema que ocorre com métodos de busca que requerem o uso de tabelas indexadas ordenadas é como criar e manter ordenadas tais tabelas. Como foi visto nesta seção, para tabelas grandes, o custo de criação da tabela por meio de inserções que mantenham a tabela tem custo proibitivo [i.e., $\theta(n^2)$], de modo que é melhor criar a tabela desordenada e, então, ordená-la usando um método eficiente de ordenação. Além disso, o uso de tabelas desordenadas é preferível para aplicações nas quais ocorre um enorme número de operações de inserção e relativamente poucas operações de busca.

3.6 Listas com Saltos

3.6.1 Motivação e Conceito

Listas encadeadas possuem como defeito inerente só permitirem busca sequencial. Isso é, uma busca começa no início da lista e para quando a chave procurada é encontrada ou o final da lista é atingido sem encontrá-la. Ordenar elementos na lista pode acelerar a busca, mas uma busca sequencial ainda é requerida. Quer dizer, mesmo que a eficiência de uma operação de busca numa lista encadeada possa ser ligeiramente melhorada quando a lista é ordenada, a operação ainda tem custo temporal $\theta(n)$, em que n é o número de nós da lista. Mas, em 1990, o cientista da computação William Pugh (v. **Bibliografia**) apresentou uma ideia genial para superar esse obstáculo: a lista com saltos, que é uma interessante variante de lista encadeada ordenada que permite evitar esse tipo de busca sequencial.

A ideia original de Pugh consiste numa lista encadeada ordenada dividida em níveis. Todos os nós da lista fariam parte do primeiro **nível**. Então metade dos nós do primeiro nível fariam parte do segundo nível, metade dos nós do segundo nível fariam parte do terceiro nível e assim por diante até que a referida metade fosse reduzida a zero. Pugh denominou sua ideia **lista com saltos** (originalmente, *skip list*, em inglês). A denominação *lista com saltos* é decorrente do fato de nós em níveis elevados de tal lista permitirem *saltar* alguns nós em níveis inferiores durante uma operação de busca, inserção ou remoção.

A **Figura 3–10** ilustra um exemplo de lista com saltos contendo sete nós ordinários. Como se vê nessa figura, cada segundo nó da lista aponta para o nó que se encontra duas posições adiante, cada quarto nó aponta para o nó que está quatro posições à frente e assim por diante. Isso é realizado usando nós com diferentes números de ponteiros, sendo que cada nó da lista possui pelo menos um ponteiro, metade dos nós tem um ponteiro adicional, um quarto dos nós tem dois ponteiros adicionais, um oitavo dos nós tem três ponteiros adicionais e assim por diante.

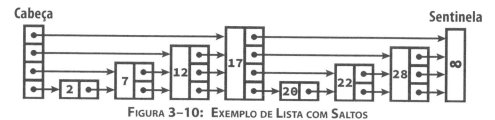

FIGURA 3–10: EXEMPLO DE LISTA COM SALTOS

O **nível de um nó** de uma lista com saltos é o número de ponteiros que ele contém menos um. Por exemplo, na lista da **Figura 3–10**, o nó cujo conteúdo é 2 possui nível 0, enquanto o nível do nó com conteúdo 12 é 2. Por outro lado, o **nível de uma lista com saltos** corresponde ao nível do nó de maior nível da lista, incluindo o nó cabeça. Por exemplo, a lista da **Figura 3–10** possui nível 3. Nessa mesma figura, **cabeça** e **sentinela** são nós especiais. O nó cabeça é o nó a partir do qual começam todas as operações sobre uma lista com saltos. Por sua vez, o nó sentinela contém um valor que é maior do que o valor de qualquer chave armazenada na lista, que, na referida figura, é representada por ∞.

A lista com saltos discutida até então é uma **lista com saltos perfeita** e criar e manter uma lista dessa natureza tem custo computacional muito elevado. Uma **lista com saltos real** é aquela que relaxa a exigência de que cada nível tenha exatamente metade dos itens do nível anterior e, em vez disso, usa uma abordagem de construção probabilística, de modo que, se o número de elementos for suficientemente grande, ela seja uma lista com saltos **quase perfeita**. Mais precisamente, em vez de requerer que exatamente 50% dos elementos da lista faça parte do segundo nível da lista, uma lista com saltos real requer que essa porcentagem seja apenas aproximada. E o mesmo critério de aproximação se aplica aos seus demais níveis, de maneira que o número de nós esperados em cada nível seja aproximadamente igual àquele obtido numa lista com saltos perfeita.

Diferentemente de qualquer outra estrutura de dados vista até aqui, uma lista com saltos real é uma **estrutura de dados probabilística**, pois ela é mantida de acordo com as leis da teoria das probabilidades. Assim uma mesma sequência de inserções pode produzir diferentes estruturas dependendo dos resultados de *lançamentos de uma moeda*. Essa randomização permite algum desequilíbrio, mas, quando o número de elementos na lista é suficientemente grande, o comportamento esperado de uma lista com saltos real é igual àquele que seria obtido com listas com saltos perfeitas.

Na **Seção 3.6.3**, será mostrado que o número máximo esperado de níveis (**altura**) de uma lista com saltos contendo n nós é $\theta(\log n)$.

Busca

Uma busca numa lista com saltos inicia em seu nível mais alto e que contém o menor número de nós. Se a chave de busca não for encontrada nesse nível, tenta-se encontrá-la no nível imediatamente abaixo, e assim por diante. Desse modo, uma busca numa lista com saltos se assemelha a uma busca binária numa lista indexada ordenada. O algoritmo seguido por uma busca em lista com saltos é apresentado na **Figura 3–11**.

ALGORITMO BUSCAEMLISTACOMSALTOS

ENTRADA: Uma lista com saltos e uma chave de busca

SAÍDA: O valor associado à primeira chave da tabela que casa com a chave de busca ou um valor indicando que a chave não foi encontrada

1. Atribua à i o maior nível da lista
2. Faça p apontar para a cabeça da lista

FIGURA 3–11: ALGORITMO DE BUSCA EM LISTA COM SALTOS

ALGORITMO BUSCAEMLISTACOMSALTOS (CONTINUAÇÃO)

3. Enquanto $i \geq 0$ faça:

    3.1 Enquanto o próximo nó não é o nó sentinela e a chave desse nó é menor do que a chave de busca faça p apontar para o próximo nó

    3.2 Decremente i

4. Faça p apontar para o próximo nó

5. Se p estiver apontando para um nó cuja chave é igual à chave de busca, retorne o valor associado à chave do elemento encontrado

6. Retorne um valor que indique que a chave de busca não foi encontrada

---

FIGURA 3–11 (CONT.): ALGORITMO DE BUSCA EM LISTA COM SALTOS

A **Figura 3–12** ilustra o procedimento de busca na lista da **Figura 3–10** quando a chave de busca é igual a *22*. Note que se a chave de busca fosse *21*, que não se encontra na referida lista, o caminho de visitação de nós seria o mesmo.

FIGURA 3–12: BUSCA NUMA LISTA COM SALTOS

Inserção

Para determinar o nível de um novo nó (i.e., o número de ponteiros requeridos por ele), simulam-se lançamentos de uma moeda usando um gerador de números aleatórios. Então, enquanto os lançamentos da moeda resultam na mesma face, o nível do nó é incrementado. Quando o resultado de um lançamento resulta numa face diferente das anteriores, encerra-se esse procedimento e tem-se como resultado o nível do nó a ser inserido. Para o leitor pouco afeito à teoria das probabilidades e acostumado com estruturas de dados tradicionais, esse procedimento pode parecer obscuro e, talvez, até místico. Mas acredite, ele funciona maravilhosamente bem, principalmente quando o número de nós na lista é suficientemente grande. Em caso de relutância, o leitor é convidado a ler a **Seção 3.6.3** antes de seguir em frente. Naquela seção é feita uma análise experimental de uma implementação de lista com saltos utilizada por um cliente com cerca de 700 mil registros.

O algoritmo de inserção numa lista com saltos é apresentado na **Figura 3–13**.

ALGORITMO INSEREEMLISTACOMSALTOS

ENTRADA/SAÍDA: Uma lista com saltos

ENTRADA: O conteúdo de um novo nó

SAÍDA: Um valor informando se ocorreu inserção

1. Crie um array auxiliar de ponteiros (*aux*) para nós com um número de elementos igual ao nível máximo da lista mais 1

2. Atribua à i o maior nível da lista

3. Faça p apontar para a cabeça da lista

FIGURA 3–13: ALGORITMO DE INSERÇÃO EM LISTA COM SALTOS

ALGORITMO INSEREEMLISTACOMSALTOS (CONTINUAÇÃO)

4. Enquanto $i \geq 0$ faça:

   4.1 Enquanto o próximo nó não é o nó sentinela e a chave desse nó é menor do que a chave de busca faça p apontar para o próximo nó

   4.2 Atribua p ao elemento *aux[i]*

   4.3 Decremente i

5. Faça p apontar para o próximo nó

6. Se p estiver apontando para um nó cuja chave é igual à chave de busca, retorne um valor indicando que não houve inserção (pois a chave já existe e ela é considerada primária)

7. Atribua 0 ao nível (*nv*) do novo nó

8. Enquanto o lançamento da moeda resultar em *cara* (ou *coroa*, de acordo com sua preferência) e *nv* for menor do que o nível máximo da lista, incremente *nv*

9. Crie um novo nó com o conteúdo recebido como entrada e um número de ponteiros igual a *nv + 1*

10. Se o nível do novo nó for maior do que o nível corrente da lista:

    10.1 Faça os ponteiros dos níveis excedentes do novo nó apontarem para o sentinela

    10.2 Torne o nível corrente da lista igual ao nível do novo nó

11. Faça o novo nó apontar para os nós para os quais os antecessores dele apontavam

12. Faça os antecessores do novo nó apontarem para ele

13. Retorne um valor que indique que a inserção foi bem-sucedida

---

FIGURA 3–13 (CONT.): ALGORITMO DE INSERÇÃO EM LISTA COM SALTOS

Remoção

A remoção de um nó numa lista com saltos ocorre normalmente como em outras listas encadeadas, mas deve-se levar em consideração que pode ser necessário ajustar vários ponteiros para refletir a remoção adequadamente. Novamente, esse procedimento pode intrigar o leitor. Afinal, ele não é capaz de destruir uma lista com saltos? A resposta a essa dúvida é: sim, mas apenas se a lista com saltos for considerada perfeita. Mas não é isso que ocorre na prática. O algoritmo de remoção numa busca em lista com saltos é apresentado na **Figura 3–14**.

ALGORITMO REMOVEEMLISTACOMSALTOS

ENTRADA/SAÍDA: Uma lista com saltos

ENTRADA: A chave do nó a ser removido

SAÍDA: Um valor informando se ocorreu remoção

1. Crie um array auxiliar de ponteiros para nós (*aux*) com um número de elementos igual ao nível máximo da lista mais 1

2. Atribua à i o maior nível da lista

3. Faça p apontar para a cabeça da lista

4. Enquanto $i \geq 0$ faça:

   4.1 Enquanto o próximo nó não é o nó sentinela e a chave desse nó é menor do que a chave de busca

   4.1.1 Faça p apontar para o próximo nó

FIGURA 3–14: ALGORITMO DE REMOÇÃO EM LISTA COM SALTOS

ALGORITMO REMOVEEMLISTACOMSALTOS (CONTINUAÇÃO)

4.1.2 Armazene no array *aux* o endereço do último nó visitado no nível *i* antes que se encontre o nó a ser removido

4.2 Decremente *i*

5. Se a chave do próximo nó adiante daquele para o qual *p* está apontando for diferente da chave de busca, retorne um valor informando que a operação foi malsucedida

6. Usando o array *aux*, faça os antecessores do nó removido apontarem para o sucessor dele

7. Se for necessário, ajuste o nível da lista de modo que não exista nenhum ponteiro que emane da cabeça e termine no nó sentinela

8. Retorne um valor indicando o sucesso da operação

FIGURA 3–14 (CONT.): ALGORITMO DE REMOÇÃO EM LISTA COM SALTOS

Considere novamente a lista da **Figura 3–10** como exemplo. Nessa lista, se o procedimento de remoção normal em lista encadeada for seguido e forem removidos os nós com conteúdos *7*, *12* e *17*, a lista se tornará uma lista encadeada simples. Pior, ela estará desperdiçando memória inutilmente com cabeça, níveis e sentinela pois o uso dessa memória adicional não facilitará a busca na lista resultante. Novamente, o leitor cético é convidado a consultar a **Seção 3.6.3** para verificar que isso não ocorre na prática quando o número de chaves é suficientemente grande.

3.6.2 Implementação

Aqui, lista com saltos será implementada como uma lista encadeada circular com cabeça, de modo que a sentinela descrita acima é a própria cabeça da lista. A **Figura 3–15** mostra uma lista simplesmente encadeada com cabeça contendo três nós com conteúdos inteiros. Use essa figura como referência para facilitar o entendimento da implementação que será apresentada a seguir. Nessa figura, o fato de o conteúdo do nó cabeça conter uma interrogação denota que esse conteúdo é desconhecido (de fato, ele é irrelevante).

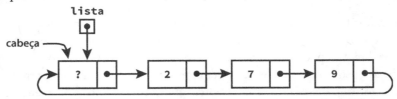

FIGURA 3–15: LISTA SIMPLESMENTE ENCADEADA COM CABEÇA

O arquivo de dados a ser usado nessa implementação é `CEPs.bin`, cujo número de registros é suficientemente grande para mostrar que, na prática, uma lista com saltos real é muito próxima de uma lista com saltos perfeita.

Alerta: Não confunda *nível* (corrente ou máximo) de uma lista com saltos com seu *número de níveis* (corrente ou máximo). Como a numeração de níveis começa com zero, o número corrente de níveis é sempre o nível corrente mais um. E o mesmo raciocínio se aplica a número máximo de níveis e nível máximo. Esse tipo comum de confusão prejudica o entendimento da implementação a ser apresentada a seguir.

Definições de Tipos

As seguintes definições de tipos são utilizadas na implementação de listas com saltos:

```
  /* Tipo de nó do nível 0 */
typedef struct rotNoLS {
      tCEP_Ind         conteudo; /* Conteúdo efetivo    */
      struct rotNoLS **proximo;  /* Próximo nó da lista */
   } tNoListaComSalto;
```

```
    /* Tipo de lista com saltos */
typedef struct {
        tNoListaComSalto *cabeca;    /* Cabeça da lista        */
        int              nivel;    /* Nível corrente da lista */
        int              nivelMax; /* Nível máximo da lista   */
    } tListaComSaltos;
```

O tipo **tCEP_Ind** utilizado na definição acima foi definido na **Seção 3.3.2**.

Iniciação

A função **IniciaListaComSaltos()** é responsável pela iniciação de uma lista com saltos na presente implementação. A função **IniciaListaComSaltos()** não retorna nenhum valor e seus parâmetros são:

- **lista** (saída) — ponteiro para a lista que será iniciada
- **maxRegs** (entrada) — número máximo de registros esperados na lista

```
void IniciaListaComSaltos(tListaComSaltos *lista, int maxRegs)
{
  int i, nMax;

    /* Determina o nível máximo de um nó da lista */
  nMax = lista->nivelMax = (int) floor(log2(maxRegs) )+ 1;

    /* Aloca a cabeça da lista */
  lista->cabeca = malloc(sizeof(tNoListaComSalto));

    /* Se a alocação não foi possível, aborta o programa */
  ASSEGURA(lista->cabeca, "Nao foi possivel alocar cabeca");

    /* Aloca o array de ponteiros da cabeça */
  lista->cabeca->proximo = malloc((nMax + 1)*sizeof(tNoListaComSalto *));

    /* Se a alocação não foi possível, aborta o programa */
  ASSEGURA(lista->cabeca->proximo, "Nao foi possivel alocar cabeca");

    /* A lista é circular com cabeça, de modo que, inicialmente, */
    /* cada ponteiro proximo[i] aponta para a cabeça da lista    */
  for (i = 0; i <= lista->nivelMax; i++)
     lista->cabeca->proximo[i] = lista->cabeca;

  lista->nivel = 0; /* O nível corrente da lista é 0 */
}
```

Note que o nível máximo de um nó de uma lista com saltos é determinado na função **IniciaListaComSaltos()** pela instrução:

```
  lista->nivelMax = (int) ceil(log2(maxRegs));
```

Matematicamente, essa instrução informa que o nível máximo é dado pelo piso do logaritmo na base dois do número máximo de registros mais um. Como a probabilidade de que uma inserção atinja um nível maior do que $\theta(\log n)$ é muito baixa, a escolha desse valor como nível máximo deve funcionar bem.

A **Figura 3–16** ilustra a iniciação de uma lista com saltos promovida pela função **IniciaListaComSaltos()** quando o número de registros do programa-cliente é de cerca de 700 mil registros, como é o caso do programa-cliente que lida com o arquivo **CEPs.bin** descrito no **Apêndice A**.

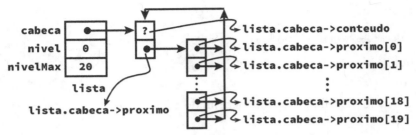

FIGURA 3–16: INICIAÇÃO DE UMA LISTA COM SALTOS

Busca

Como, aqui, a lista com saltos é implementada como uma lista circular com cabeça, a sentinela à qual se fez referência acima é a própria cabeça da lista. Isso significa que, durante uma visitação de nós de uma lista com saltos, quando um ponteiro atinge a cabeça da lista, sabe-se que a sentinela foi encontrada. Ademais, a busca numa lista com saltos é implementada conforme foi descrito acima, como mostra a função `BuscaListaComSaltos()` apresentada a seguir. Essa função usa os seguintes parâmetros:

- `lista` (entrada) — lista que será pesquisada
- `chave` (entrada) — chave de busca

A função `BuscaListaComSaltos()` retorna o valor associado à chave do nó que possui a chave de busca, se ela for encontrada. Se essa chave não for encontrada, essa função retorna `-1`.

```
int BuscaListaComSaltos(tListaComSaltos lista, tCEP chave)
{
   int                 i; /* Representará um nível da lista  */
   tNoListaComSalto *ptrNo = lista.cabeca; /* Ponteiro utilizado para */
                                           /* visitar nós da lista     */

      /* A busca começa no nível mais alto da lista e termina sempre no nível 0 */
   for (i = lista.nivel; i >= 0; i--) {
         /* A busca prossegue no mesmo nível até que a sentinela ou uma  */
         /* chave maior do que ou igual a chave de busca seja encontrada */
      while (ptrNo->proximo[i] != lista.cabeca &&
             strcmp(ptrNo->proximo[i]->conteudo.chave, chave) < 0)
            /* Passa para o próximo nó no mesmo nível */
         ptrNo = ptrNo->proximo[i];
   }

   /* Neste ponto o próximo nó no nível 0 adiante de ptrNo é a cabeça da lista */
   /* ou é o primeiro nó cuja chave é maior do que ou igual à chave de busca    */

      /* Faz ptrNo apontar para a cabeça da lista ou para o primeiro */
      /* nó cuja chave é maior do que ou igual a chave de busca       */
   ptrNo = ptrNo->proximo[0];

      /* Verifica se a chave foi encontrada */
   if ( ptrNo != lista.cabeca && !strcmp(ptrNo->conteudo.chave, chave) )
      return ptrNo->conteudo.valor; /* Chave encontrada */

   return -1; /* A chave não foi encontrada */
}
```

Inserção

Como a implementação de lista com saltos aqui apresentada é baseada numa lista simplesmente encadeada com cabeça, para entender a implementação da operação de inserção numa lista com saltos, é importante que o leitor entenda bem como funciona a inserção numa lista simplesmente encadeada com cabeça, o que é ilustrado na **Figura 3–17**. Em caso de dúvida no entendimento do mecanismo de inserção que será descrito adiante, sugere-se ao leitor que consulte essa figura.

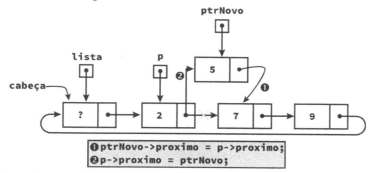

FIGURA 3–17: INSERÇÃO EM LISTA SIMPLESMENTE ENCADEADA COM CABEÇA

A função `InsereListaComSaltos()`, apresentada adiante, insere um nó numa lista encadeada com saltos. Aqui, a chave é considerada primária, de modo que um novo elemento só será inserido se sua chave for diferente de qualquer outra chave presente na lista. Essa função utiliza os seguintes parâmetros:

- `*lista` (entrada/saída) é a lista na qual será feita a inserção
- `conteudo` (entrada) é o conteúdo do nó que será inserido

A função `InsereListaComSaltos()` retorna o endereço do novo nó ou **NULL** se a chave do novo elemento já se encontra na lista.

```
tNoListaComSalto *InsereListaComSaltos(tListaComSaltos *lista, tCEP_Ind conteudo)
{
    int                 i, /* Representará um nível da lista */
                        novoNivel; /* Nível do novo nó */
    tNoListaComSalto **enderecos, /* Apontará para um array de ponteiros para nós */
                     *novoNo, /* Ponteiro para o nó a ser criado */
                     *ptrNo; /* Ponteiro utilizado para visitar nós da lista */

    /* Aloca um array auxiliar de ponteiros para nós.  */
    /* Esses ponteiros apontarão para nós que terão    */
    /* ponteiros 'proximo' apontando para o novo nó.   */
    enderecos = calloc(lista->nivelMax + 1, sizeof(tNoListaComSalto *));

    /* Se o array não foi alocado aborta o programa */
    ASSEGURA(enderecos, "Nao foi possivel alocar array");

        /* Encontra a posição de inserção */

    ptrNo = lista->cabeca; /* Faz ptrNo apontar para a cabeça da lista */

    /* A busca começa sempre no nível mais alto e termina no nível 0 */
    for (i = lista->nivel; i >= 0; i--) {
        /* A busca prossegue no mesmo nível até que a sentinela ou uma  */
        /* chave maior do que ou igual a chave de busca seja encontrada */
        while ( ptrNo->proximo[i] != lista->cabeca &&
                strcmp(ptrNo->proximo[i]->conteudo.chave, conteudo.chave ) < 0)
            ptrNo = ptrNo->proximo[i]; /* Passa para o próximo nó no mesmo nível */

        /* O array enderecos[] armazena o endereço do último nó visitado */
        /* no nível i antes que se atinja o local da possível inserção   */
        enderecos[i] = ptrNo;
    }
```

```c
    /* Verifica se a chave foi encontrada. Aqui, a chave */
    /* é considerada primária e não será duplicada.      */
if ( ptrNo->proximo[0] != lista->cabeca &&
     !strcmp( ptrNo->proximo[0]->conteudo.chave, conteudo.chave ) ) {

    /* A chave foi encontrada */

    free(enderecos); /* Este array não é mais necessário */

    return NULL; /* Retorna NULL indicando que não houve inserção */
}

    /* Determina o nível do novo nó por meio do lançamento de uma moeda;  */
    /* i.e., enquanto o resultado do lançamento for CARA, o nível do novo */
    /* nó vai aumentando (se preferir COROA, o resultado será o mesmo)     */
for (novoNivel = 0; CaraOuCoroa() == CARA &&
                    novoNivel < lista->nivelMax; novoNivel++)
    ; /* Vazio */

novoNo = malloc(sizeof(tNoListaComSalto));  /* Cria um nó novo */

    /* Se a alocação não ocorreu, aborta o programa */
ASSEGURA(novoNo, "Impossivel criar um no'");

    /* Cria o array ponteiros do novo nó */
novoNo->proximo = malloc((novoNivel + 1)*sizeof(tNoListaComSalto *));

    /* Se a alocação não ocorreu, aborta o programa */
ASSEGURA(novoNo->proximo, "Impossivel criar um no'");

novoNo->conteudo = conteudo; /* Armazena o conteúdo do novo nó */

    /* Se o nível do novo nó for maior do que o nível corrente da lista, */
    /* os ponteiros 'proximo' dos níveis excedentes do novo nó apontarão */
    /* para a cabeça, já que os demais nós têm níveis menores e o novo   */
    /* nó não deverá apontar para nenhum deles                           */
if (novoNivel > lista->nivel) {
    for (i = lista->nivel + 1; i <= novoNivel; i++)
        /* O array 'enderecos' armazena os endereços dos nós que apontarão */
        /* para o novo nó. Como o nível desse nó é maior do que o nível   */
        /* corrente, o único nó com nível maior do que o nível corrente   */
        /* que apontará para ele é a cabeça.                              */
        enderecos[i] = lista->cabeca;

        /* O nível da lista passa a ser igual ao nível do novo nó */
    lista->nivel = novoNivel;
}

    /* Ajusta os ponteiros do novo nó e dos nós que o antecedem */
for (i = 0; i <= novoNivel; i++) {
        /* Faz o novo nó apontar para os nós para  */
        /* os quais os antecessores dele apontavam */
    novoNo->proximo[i] = enderecos[i]->proximo[i];
        /* Faz os antecessores do novo nó apontarem para ele */
    enderecos[i]->proximo[i] = novoNo;
}

free(enderecos); /* O array auxiliar não é mais necessário */

return novoNo; /* Retorna o endereço do novo nó */
}
```

A função `InsereListaComSaltos()` chama a função `CaraOuCoroa()`, descrita abaixo, para simular o lançamento de uma moeda. Essa última função retorna o valor resultante do lançamento da moeda que é um dos valores do tipo enumeração **tCaraCoroa** definido como:

```
typedef enum {CARA, COROA} tCaraCoroa;
```

A função `CaraOuCoroa()` é implementada como:

```
static tCaraCoroa CaraOuCoroa(void)
{
   static int primeiraChamada = 1;

   if (primeiraChamada) {
      srand(time(NULL)); /* Inicia o gerador de números aleatórios */
      primeiraChamada = 0; /* A próxima chamada não será mais a primeira */
   }
      /* CARA corresponde a um número par e COROA corresponde */
      /* a um número ímpar, mas poderia ser o contrário        */
   return rand()%2 ? CARA : COROA;
}
```

De fato, a função `CaraOuCoroa()` e o tipo **tCaraCoroa** têm objetivos meramente didáticos. Quer dizer, eles foram incluídos nessa implementação apenas para facilitar o entendimento, mas eles são completamente dispensáveis do ponto de vista funcional. Mais precisamente, o único trecho da implementação que usa esses componentes:

```
for (novoNivel = 0;CaraOuCoroa() == CARA && novoNivel < lista->nivelMax;novoNivel++)
```

poderia ser substituído por:

```
for (novoNivel = 0; rand()%2 && novoNivel < lista->nivelMax; novoNivel++)
```

Esse último trecho de código pode ser um pouco mais difícil de compreender, mas produz o mesmo efeito que o trecho anterior, pois a probabilidade de um número sorteado ser ímpar (ou par) é a mesma probabilidade de um lançamento de moeda resultar em cara (ou coroa). Ou seja, em ambos os casos, a probabilidade é *50%*.

Na primeira chamada da função `CaraOuCoroa()`, ela alimenta o gerador de números aleatórios, de modo que os lançamentos da moeda não produzam sempre os mesmos resultados a cada execução do programa-cliente. Mas esse fato também não tem grande relevância do ponto de vista prático. Além disso, a chamada da função **srand()** poderia ter sido efetuada pela função `IniciaListaComSalto()`.

A **Figura 3–18** ilustra a execução da função `tNoCaminhoB()` logo após a instrução **for** quando o nó a ser inserido contém a chave com valor igual a **13**.

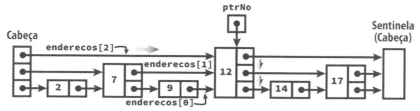

FIGURA 3–18: INSERÇÃO EM LISTA COM SALTOS 1

A **Figura 3–19** ilustra uma situação na qual o nó a ser inserido tem um nível menor do que ou igual ao nível corrente da lista, enquanto a **Figura 3–20** mostra uma situação na qual o nó a ser inserido tem um nível maior do que o nível corrente da lista. Nessas últimas figuras, o ponteiro **ptrNo** foi removido porque, deste ponto em diante ele deixa de ser relevante para a operação de inserção.

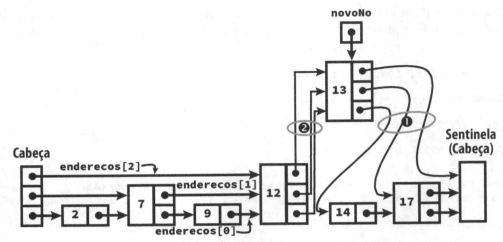

FIGURA 3–19: INSERÇÃO EM LISTA COM SALTOS 2

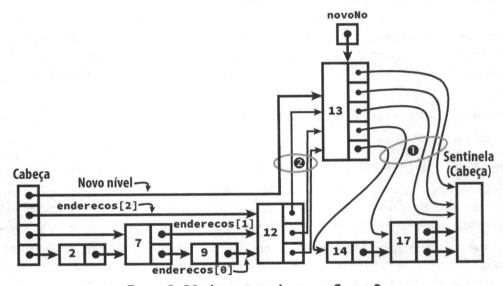

FIGURA 3–20: INSERÇÃO EM LISTA COM SALTOS 3

Remoção

Como a implementação de lista com saltos aqui apresentada é baseada numa lista simplesmente encadeada com cabeça, para entender a implementação da operação de remoção numa lista com saltos, é importante que o leitor entenda bem como funciona a remoção numa lista simplesmente encadeada com cabeça, como é ilustrado na **Figura 3–21**. Em caso de dúvida no entendimento do mecanismo de remoção que será descrito abaixo, sugere-se ao leitor que consulte essa figura.

A função `RemoveListaComSaltos()` implementa a remoção de nós numa lista com saltos. Os parâmetros dessa função são:

- `lista` (entrada/saída) — ponteiro para a lista na qual será feita a remoção
- `conteudo` (entrada) — conteúdo do nó a ser removido

Essa função retorna `0`, se a remoção for bem-sucedida, ou `1`, se o nó a ser removido não for encontrado.

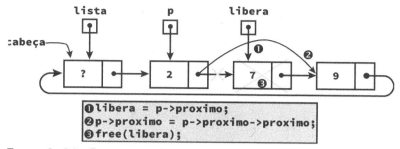

FIGURA 3-21: REMOÇÃO EM LISTA SIMPLESMENTE ENCADEADA COM CABEÇA

```
int RemoveListaComSaltos(tListaComSaltos *lista, tCEP chave)
{
    int                 i; /* Representará um nível da lista */
    tNoListaComSalto **enderecos, /* Apontará para um array de ponteiro para nós */
                    *ptrNo; /* Ponteiro utilizado para visitar nós da lista */

    /* Aloca um array auxiliar de ponteiros */
    enderecos = calloc(lista->nivelMax + 1, sizeof(tNoListaComSalto *));

    /* Se o array não foi alocado aborta o programa */
    ASSEGURA(enderecos, "Nao foi possivel alocar array");

        /* Procura o elemento a ser removido */

    ptrNo = lista->cabeca; /* Faz ptrNo apontar para a cabeça da lista */

    /* A busca começa sempre no nível mais alto e termina no nível 0 */
    for (i = lista->nivel; i >= 0; i--) {
        /* A busca prossegue no mesmo nível até que a sentinela ou uma   */
        /* chave maior do que ou igual a chave de busca seja encontrada */
        while ( ptrNo->proximo[i] != lista->cabeca &&
                strcmp( ptrNo->proximo[i]->conteudo.chave, chave ) < 0 )
            ptrNo = ptrNo->proximo[i]; /* Passa para o próximo nó no mesmo nível */

        /* O array enderecos[] armazena o endereço do último nó visitado */
        /* no nível i antes  que se encontre o nó a ser removido          */
        enderecos[i] = ptrNo;
    }

    /* Se o elemento não foi encontrado,  ele não pode ser removido */
    if ( ptrNo->proximo[0] == lista->cabeca ||
        strcmp( ptrNo->proximo[0]->conteudo.chave, chave ) ) {
        return 1; /* Elemento não foi encontrado */
    }

    /* Neste ponto, ptrNo aponta para o nó antecessor daquele que será */
    /* removido. Agora, faz-se ptrNo apontar para esse último nó. Esta */
    /* instrução não é essencial, mas facilita a escrita das demais.   */
    ptrNo = ptrNo->proximo[0];

    /* Faz os antecessores do nó removido apontarem para o sucessor dele. */
    /* A atualização começa no nível 0 e encerra quando o nível da lista  */
    /* for atingido ou  quando for encontrado um nó que não aponta para o */
    /* nó a ser removido.                                                 */
    for (i = 0; i <= lista->nivel && enderecos[i]->proximo[i] == ptrNo; i++)
        enderecos[i]->proximo[i] = ptrNo->proximo[i]; /* Efetua o desvio */

    /* Libera o espaço ocupado pelo nó removido e pelo array auxiliar */
    free(ptrNo);
```

```
    free (enderecos);

        /* É possível que o nó removido tenha o mesmo nível da lista e que ele */
        /* seja o único nó com esse nível.  Logo, se esse for o caso, ajusta- */
        /* se o nível da  lista de modo que não exista nenhum ponteiro que    */
        /* emane da cabeça e termine na própria cabeça.                       */
    while (lista->nivel > 0 &&
           lista->cabeca->proximo[lista->nivel] == lista->cabeca)
        lista->nivel--;

    return 0;
}
```

A **Figura 3–22** ilustra a remoção do nó com conteúdo igual a **12** numa lista com saltos utilizando a função `RemoveListaComSaltos()`.

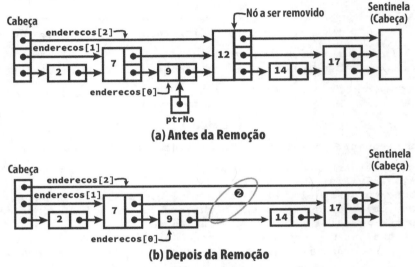

(a) Antes da Remoção

(b) Depois da Remoção

FIGURA 3–22: REMOÇÃO EM LISTA COM SALTOS

3.6.3 Análise

Teorema 3.14: O número máximo esperado de níveis (altura) de uma lista com saltos é $\theta(\log n)$.

Prova: Os lançamentos de moeda usados para definir o nível de um nó são independentes e a probabilidade (*p*) de obtenção de cara (ou coroa) é *50%*. A probabilidade de um nó obter altura *a* é determinada por uma distribuição geométrica, cuja função de densidade é dada por: $P(x) = (1 - p)^{x-1} \cdot p$. Assim a probabilidade de um nó ter altura *a* é $P(X = a) = (1 - p)^{a-1} \cdot p$. Nesse caso, a função de distribuição cumulativa (i.e., a probabilidade de um nó ter altura máxima igual a *a*) é dada por $P(X \le a) = 1 - (1 - p)^a$.

A altura esperada de uma lista com saltos é obtida calculando-se o número máximo esperado de caras resultante de *n* lançamentos da moeda. O resultado de cada um desses lançamentos é considerado uma variável aleatória e assume-se que essas *n* variáveis aleatórias sejam independentes e uniformemente distribuídas. Portanto, para obter a altura esperada da lista, deve-se resolver a seguinte equação:

$$1/n = P(X > a)$$
$$= 1 - P(X \le a)$$
$$= 1 - [1 - (1 - p)^a]$$
$$= (1 - p)^a$$

Como *p* = *1/2*, obtém-se:

$1/n = (1 - p)^a \Rightarrow 1/n = (1/2)^a \Rightarrow log(1/n) = log\,(1/2)^a \Rightarrow a = log\,n$

Com base nesse último resultado, conclui-se que a altura esperada de uma lista com saltos é $\theta(log\,n)$.

∎

Teorema 3.15: O custo temporal esperado de uma operação de busca numa lista com saltos é $\theta(log\,n)$.

Prova: Considere o caminho inverso percorrido até encontrar um nó ou descobrir que ele não faz parte da lista. Seja $C(j)$ o número esperado de nós visitados nesse caminho até que se atinja o nível j da lista. A probabilidade de subir-se um nível após visitar-se um nó nesse caminho inverso é $1/2$ (pois só existem duas alternativas com a mesma probabilidade: subir ou não subir). Portanto o valor de $C(j)$ é dado por:

	JUSTIFICATIVA
$C(j) = 1 +$	Nó recém-visitado
$C(j)/2 +$	Nós que serão visitados se o nó corrente *não* permite subir mais um nível com probabilidade *1/2*
$C(j-1)/2$	Nós que serão visitados se o nó corrente permite subir mais um nível com probabilidade *1/2*

Com alguma manipulação algébrica, obtém-se a seguinte relação de recorrência para $C(j)$:

$C(j) = 1 + C(j)/2 + C(j-1)/2 \Rightarrow C(j) = 2 + C(j-1)$

Como $C(0) = 0$, é fácil mostrar por indução (faça isso) que a solução dessa última relação de recorrência é $C(j) = 2j$. Como, de acordo com o **Teorema 3.14**, a altura esperada de uma lista com saltos é $\theta(log\,n)$, tem-se que o custo temporal esperado de uma operação de busca em tal lista é $\theta(log\,n)$. ∎

Teorema 3.16: O custo temporal esperado de uma operação de inserção numa lista com saltos é $\theta(log\,n)$.

Prova: De acordo com o **Teorema 3.15**, o custo temporal esperado da busca pelo local de inserção é $\theta(log\,n)$. Como as demais operações envolvidas numa inserção (i.e., alterações de ponteiros) têm custo $\theta(1)$, o custo temporal esperado de inserção numa lista com saltos com n elementos é $\theta(log\,n)$. ∎

Teorema 3.17: O custo temporal esperado de uma operação de remoção numa lista com saltos real é $\theta(log\,n)$.

Prova: A prova é similar àquela do **Teorema 3.16**. ∎

Teorema 3.18: O custo espacial esperado para uma lista com saltos com n elementos é $\theta(n)$.

Prova: A probabilidade de que um dado nó tenha um nível $i \geq 1$ é igual à probabilidade de obter i caras (ou coroas) consecutivas quando se lança uma moeda, que é $1/2^i$. Consequentemente, o número esperado de elementos no nível i é $n/2^i$, de maneira que o número total de elementos esperado numa lista com saltos é dado por:

$$\sum_{i=0}^{a} \frac{n}{2^i} = n \cdot \sum_{i=0}^{a}\left(\frac{1}{2}\right)^i$$

em que a é maior nível (i.e., altura) da lista. Desenvolvendo-se essa última expressão, obtém-se:

$$n \cdot \sum_{i=0}^{a}\left(\frac{1}{2}\right)^i = n \cdot \frac{\left(\frac{1}{2}\right)^{a+1} - 1}{\frac{1}{2} - 1} = 2n \cdot \left(1 - \frac{1}{2^{a+1}}\right) < 2n$$

Portanto o custo espacial esperado de uma lista com saltos é $\theta(n)$. ∎

Na situação ideal (i.e., quando a lista com saltos é perfeita), o custo temporal da busca é $\theta(\log n)$. No pior caso, quando todas as sublistas estão no mesmo nível, as operações básicas com listas com saltos têm custo temporal $\theta(n)$. Entretanto essa última situação é improvável de ocorrer. Quer dizer, numa lista com saltos real (i.e., aleatória), o tempo de busca é tão bom quanto no caso ideal. Além disso, listas com saltos apresentam excelente desempenho em comparação com tabelas de busca implementadas com estruturas de dados mais sofisticadas, tais como árvores autoajustáveis ou árvores AVL. De fato, evidência experimental sugere que listas com saltos podem ser mais rápidas na prática do que árvores AVL e outras árvores de busca balanceadas, que serão discutidos no **Capítulo 4**. Portanto listas com saltos são uma alternativa viável para essas estruturas de dados mais complicadas.

O custo temporal de uma busca numa lista com saltos perfeita é $\theta(\log n)$ porque se reduz o número de elementos visitados à metade em cada nível. Espera-se que a lista com saltos randomizada funcione aproximadamente tão bem quanto uma lista com saltos perfeita com alguma probabilidade muito pequena de que isso não ocorra. A estrutura de níveis de uma lista com saltos é independente das chaves inseridas. Portanto não há sequências ruins de chave que resultem em listas com saltos degeneradas.

A **Tabela 3–5** resume os custos temporais esperados das operações sobre listas com saltos reais contendo n elementos.

Operação	Custo Temporal Esperado
Inserção	$\theta(\log n)$
Remoção	$\theta(\log n)$
Busca	$\theta(\log n)$

TABELA 3–5: CUSTOS TEMPORAIS ESPERADOS DE OPERAÇÕES COM LISTAS COM SALTOS

3.6.4 Resultados Experimentais

A segunda coluna da **Tabela 3–6** mostra o número de nós por nível numa lista com saltos contendo os *673580* elementos contendo chaves e índices dos registros do arquivo `CEPs.bin`. Por sua vez, a terceira coluna apresenta o número de nós por nível que teria uma lista com saltos perfeita contendo os mesmos elementos. Finalmente, a última coluna dessa tabela mostra a diferença percentual entre os números de nós real e ideal em cada nível. Note que em apenas alguns poucos níveis essa diferença é maior do que *10%*. Observe ainda que, apesar de a lista ter sido criada com a expectativa de que ela tivesse nível máximo igual a *20*, a lista real tem nível máximo igual a *15*.

Nível	Número de Nós (1)	Valor Esperado (2)	Diferença Percentual $\lvert(1) - (2)\rvert/(2)$
0	*673580*	*673580*	*0,00*
1	*336836*	*336790*	*0,01*
2	*168499*	*168395*	*0,06*
3	*84429*	*84197*	*0,28*
4	*42082*	*42099*	*0,04*
5	*21229*	*21049*	*0,86*
6	*10641*	*10525*	*1,10*
7	*5266*	*5262*	*0,08*
8	*2502*	*2631*	*4,90*

TABELA 3–6: NÚMERO DE NÓS POR NÍVEL NUMA LISTA COM SALTOS REAL

Nível	Número de Nós (1)	Valor Esperado (2)	Diferença Percentual |(1) − (2)|/(2)
9	1188	1316	9,73
10	563	658	14,44
11	285	329	13,37
12	132	164	19,51
13	81	82	1,22
14	30	41	26,83
15	20	21	4,76
16	0	10	100
17	0	5	100
18	0	3	100
19	0	1	100
20	0	1	100

Tabela 3–6: Número de Nós por Nível numa Lista com Saltos Real

A **Tabela 3–6** mostra ainda que a relação entre o número de nós num nível e o número de nós no imediatamente subsequente na lista com saltos que representa a tabela de busca do arquivo `CEPs.bin` é muito próxima de *2* até o nível *15*, o que mostra, novamente, que essa lista com saltos real se aproxima de uma lista com saltos perfeita.

3.7 Exemplos de Programação

3.7.1 Busca de Fibonacci

Preâmbulo: Uma **busca de Fibonacci** divide continuamente uma tabela de busca em subtabelas cujos tamanhos são números da sequência de Fibonacci[8]. Sendo *tab[0..n − 1]* a tabela de busca e *c* a chave de busca, um algoritmo que descreva a busca de Fibonacci é apresentado na **Figura 3–23**.

Algoritmo BuscaDeFibonacci

Entrada: Uma tabela indexada ordenada com *n* elementos e uma chave de busca

Saída: O valor associado à primeira chave da tabela que casa com a chave de busca ou um valor indicando que a chave não foi encontrada

1. Encontre o menor número de Fibonacci maior do que ou igual a *n*. Suponha que esse número seja *fib* e que *fib1* seja seu antecessor imediato. Suponha ainda que *fib2* seja o antecessor imediato de *fib1*. A **Figura 3–24 (a)** mostra a configuração inicial dessas variáveis logo antes de a busca propriamente dita ser iniciada.

2. Enquanto a tabela de busca ainda tem elementos a ser comparados:

   2.1 Compare *c* com a chave do último elemento do intervalo entre *0* e *fib2* (i.e., *tab[i]*) [v. **Figura 3–24 (a)**]

   2.2 Se *c* for igual à chave em *tab[i]*, retorne *i* [v. **Figura 3–24 (d)**]

   2.3 Caso contrário, se *c* for menor do que a chave em *tab[i]*, mova as três variáveis *fib*, *fib1* e *fib2* dois números de Fibonacci abaixo, indicando a eliminação de aproximadamente dois terços finais da tabela remanescente [v. **Figura 3–24 (a)**]

Figura 3–23: Algoritmo de Busca de Fibonacci

---

[8] Se você desconhece sequência (ou números) de Fibonacci, consulte o **Volume 1** desta obra.

ALGORITMO BUSCADEFIBONACCI (CONTINUAÇÃO)

2.4 Caso contrário, se *c* for maior do que a chave em *tab[i]*, mova as três variáveis de Fibonacci *fib*, *fib1* e *fib2* um número de Fibonacci abaixo e atribua *i* à variável *ajuste*. Isso indica a eliminação de aproximadamente um terço inicial da tabela remanescente [v. **Figura 3–24 (b)**]

3. Verifique se *fib1* é igual a *1*. Se for o caso, compare *c* com a chave desse elemento remanescente. Se elas forem iguais, retorne *i*.

4. Neste ponto, sabe-se que a chave não foi encontrada. Retorne *–1* para indicar esse fato.

FIGURA 3–13 (CONT.): ALGORITMO DE BUSCA DE FIBONACCI

A **Figura 3–25** apresenta outro exemplo de busca de Fibonacci. Dessa vez, diferentemente do que ocorre na **Figura 3–24**, a chave de busca não é encontrada.

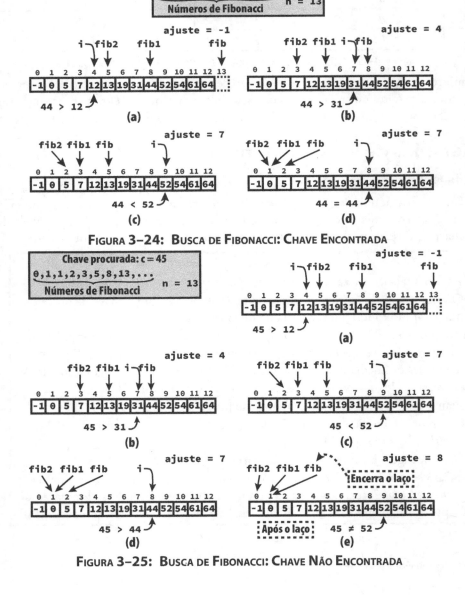

FIGURA 3–24: BUSCA DE FIBONACCI: CHAVE ENCONTRADA

FIGURA 3–25: BUSCA DE FIBONACCI: CHAVE NÃO ENCONTRADA

Problema: (a) Escreva uma função que implemente a busca de Fibonacci. (b) Apresente uma comparação entre busca binária e busca de Fibonacci.

Solução de (a): A função `BuscaFibonacciIdx()`, definida adiante, efetua uma busca de Fibonacci numa tabela de busca implementada como lista indexada ordenada. Essa função retorna o índice do primeiro elemento encontrado na tabela que casa com a chave de busca ou `-1`, se a chave não for encontrada. Os parâmetros dessa função são:

- `tab` (entrada) — tabela na qual será efetuada a busca
- `c` (entrada) — a chave de busca

```c
int BuscaFibonacciIdx(tTabelaIdx tab, tCEP chave)
{
   int fib = 1, /* Número de Fibonacci maior do que */
                /* ou igual ao tamanho da tabela    */
     fib1 = 1, /* Número de Fibonacci que antecede 'fib'  */
     fib2 = 0, /* Número de Fibonacci que antecede 'fib1' */
     ajuste = -1, /* Ajuste das variáveis de Fibonacci */
     i, /* Índice do elemento que contém a chave */
       /* a ser comparada com a chave de busca   */
     teste; /* Resultado de comparação de duas chaves */

   /* Passo 1: Atribui a 'fib' o menor número de Fibonacci   */
   /* maior do que ou igual ao número de elementos da tabela */
   while (fib < tab->nElementos) {
     fib2 = fib1;
     fib1 = fib;
     fib  = fib2 + fib1;
   }

   /* Passo 2: Enquanto a tabela de busca ainda tem */
   /* elementos a ser comparados, a busca continua  */
   while (fib > 1) {
       /* Atribui a 'i' um índice válido */
     i = fib2 + ajuste < tab->nElementos - 1 ? fib2 + ajuste : tab->nElementos - 1;

       /* Passo 2.1: Compara a chave de busca com */
       /* a chave no índice 'i' da tabela         */
     teste = strcmp(chave, tab->elementos[i].chave);

     if (!teste) {     /* Passo 2.2: Se a chave de busca for igual à */
                       /* chave no índice 'i' da tabela, retorne 'i' */
       return i; /* Chave encontrada */
     } else if (teste < 0) {/* Passo 2.3: Se 'c' for menor do que a chave */
                            /* no índice 'i',  fib, fib1 e fib2 dois números */
                            /* de Fibonacci abaixo                           */
       fib  = fib2;
       fib1 = fib1 - fib2;
       fib2 = fib - fib1;
     } else {/* Passo 2.4: Se 'c' for maior do que a chave no */
             /*  índice 'i', mova fib, fib1 e fib2 um número   */
             /* de Fibonacci abaixo e atribua 'i' a 'ajuste'  */
       fib  = fib1;
       fib1 = fib2;
       fib2 = fib - fib1;
       ajuste = i;
     }
   }
}
```

```
      /* Passo 3: Compara o a chave do elemento restante com a chave de busca */
   if( fib1 && !strcmp(chave, tab->elementos[ajuste + 1].chave) )
      return ajuste + 1; /* A chave foi encontrada */

   return -1; /* Passo 4: A chave não foi encontrada */
}
```

Solução de (b): Uma vantagem da busca de Fibonacci é que, em cada passo, o próximo endereço estará mais próximo do presente endereço do que seria o caso numa busca binária. Portanto essa técnica é vantajosa para buscas em meios de armazenamento que permitem apenas acesso sequencial, como, por exemplo, fita magnética. Além disso, como a busca de Fibonacci acessa elementos relativamente próximos em passos consecutivos, ela é vantajosa para listas grandes que não cabem inteiramente em memória cache. Portanto essa técnica apresenta boa localidade de referência (v. **Seção 1.5**).

Assim como a busca binária, a busca de Fibonacci tem custo temporal de $\theta(log\ n)$, mas, ao contrário do que ocorre com busca binária, a prova dessa afirmação não é tão *fácil* de ser realizada.

A **Tabela 3–7** apresenta uma comparação entre a busca de Fibonacci e a busca binária.

BUSCA BINÁRIA	BUSCA DE FIBONACCI
A tabela deve ser implementada como uma lista indexada ordenada	Idem
Divide a tabela em partes iguais	Divide a tabela em partes desiguais
Usa operação de divisão	Usa apenas soma e subtração
Complexidade temporal: $\theta(log\ n)$	Idem

TABELA 3–7: COMPARAÇÃO ENTRE BUSCA DE FIBONACCI E BUSCA BINÁRIA

3.7.2 Busca com Chaves Secundárias

Problema: (a) Apresente as definições de tipos necessárias para implementar uma tabela de busca para o arquivo `CEPs.bin` (v. **Apêndice A**) usando uma lista simplesmente encadeada na qual as chaves sejam os nomes abreviados das localidades (i.e., o campo `nomeAbr`). (b) Escreva uma função que efetua buscas sequenciais na tabela de busca descrita no item (a) e retorna as posições de todos os registros que contêm a mesma chave de busca. (c) Escreva um trecho de programa-cliente que mostre como a função descrita no item (b) pode ser chamada e como o resultado de uma busca bem-sucedida pode ser apresentado. A seguir, um exemplo de como o referido programa apresentaria esses resultados.

```
Escolha uma das opcoes a seguir:
        (1) Acrescenta um CEP
        (2) Remove um CEP
        (3) Consulta dados de um CEP
        (4) Altera dados de um CEP
        (5) Apresenta a lista de CEPs
        (6) Encerra o programa

        >>> 3
Digite o nome (max = 40 letras):
        > Lula
```

```
>>> Foram encontrados 5 registros <<<

*********** Registro No. 1 ***********

Numero: 8017
UF: AM
Numero de localidade: 243
Nome abreviado: Lula
Nome: Beco Lula
Bairro inicio: 172
Bairro fim: 0
CEP: 69075446
Complemento:
Tipo de logradouro: Beco
Status de logradouro: S
Nome sem acento:: Lula
Chave DNE: 2ABKUGFOC4DID3QH
```
[Trecho removido]

```
>>> Resta ainda 1 registro.
>>> Digite 'c' para continuar ou 'e'
>>> para encerrar a apresentacao: c

*********** Registro No. 5 ***********
```
[Trecho removido]

Solução de (a): As definições de tipos necessárias nesta implementação são aquelas apresentadas na **Seção 3.4.2**.

Solução de (b): A função **BuscaSecundariaLSE()** apresentada a seguir retorna o endereço de uma lista encadeada contendo chaves que casam com uma chave de busca e seus parâmetros são:

- **lista** (entrada) — a tabela de busca
- **chave** (entrada) — a chave de busca

Se a busca não obtiver êxito, a função **BuscaSecundariaLSE()** retorna **NULL**.

```c
tListaSE BuscaSecundariaLSE(tListaSE lista, tCEP chave)
{
    tListaSE encontrados = NULL; /* Lista contendo as chaves que */
                                 /* casam com a chave de busca   */

        /* Enquanto 'lista' não assume NULL, a busca prossegue */
    while (lista) {
        /* Se ocorrer casamento entre a chave de busca e */
        /* a chave do elemento corrente, acrescenta-se   */
        /* esse elemento à lista de chaves encontradas    */
        if (!strcmp(lista->conteudo.chave, chave))
            InsereNoLSE(&encontrados, &lista->conteudo);

        lista = lista->proximo;
    }

    return encontrados;
}
```

Solução de (c): Um trecho de programa capaz de produzir o resultado mostrado acima é apresentado a seguir.

```c
    /* Lê um nome de rua (chave de busca) introduzido pelo usuário */
LeNome(umNome, MAX_NOME + 1);

    /* Obtém uma lista de chaves que casam com a chave de busca */
encontrados = BuscaSecundariaLSE(lista, umNome);
```

```
     /* Se a chave for encontrada, apresenta os registros que possuem essa chave */
if (EstaVaziaLSE(encontrados)) {
   printf("\n>>> Nome nao foi encontrado\n");
} else {
   printf("\n>>> Foram encontrados %d registros <<<\n",
          ComprimentoListaSE(encontrados));
   (void) ExibeEncontrados(encontrados, stream);

     /* A lista de chaves encontradas não é */
     /* mais necessária e deve ser liberada */
   DestroiListaSE(&encontrados);
}
```

Além da função `BuscaSecundariaLSE()` definida acima, esse trecho de programa-cliente chama as seguintes funções

- `LeNome()`, que é uma função que simplesmente lê um string contendo apenas letras e espaços em branco e que tem tamanho limitado introduzido via teclado.

- `EstaVaziaLSE()`, `ComprimentoListaSE()` e `DestroiListaSE()` são funções básicas de implementação de listas simplesmente encadeadas. Essas funções foram discutidas no **Volume 1** desta obra.

- `ExibeEncontrados()` é a função responsável pela apresentação dos registros cujas chaves casam com a chave de busca e será apresentada abaixo.

A função `ExibeEncontrados()` retorna o número de registros exibidos na tela e tem como parâmetros:

- `lista` (entrada) — lista na qual cada elemento contém uma chave e o índice do respectivo registro no arquivo

- `stream` (entrada) — stream associado ao arquivo que armazena os registros

```
int ExibeEncontradosLSE(tListaSE lista, FILE *stream)
{
   tCEP_Ind *ptrElemento; /* Apontará para o conteúdo de um nó da lista */
   int      ordem = 1, /* Número de ordem de um registro */
            restantes, /* Número de registros que faltam ser apresentados */
            nRegistros = ComprimentoListaSE(lista),
            op; /* Opção do usuário */

     /* Se o número de elementos da lista for zero, */
     /* esta função não deveria ter sido chamada     */
   ASSEGURA(nRegistros, "Nao ha' registros para apresentar");

     /* Garante que a lista será escrita a partir do seu início*/
   while (ProximoListaSE(lista))
      ; /* Vazio */

     /* Apresenta um cabeçalho diferente se a lista tiver apenas um elemento */
   if (nRegistros == 1)
      printf("\n*********** Registro encontrado ***********\n");
   else
      printf("\n*********** Registro No. %d ***********\n", ordem++);

     /* Obtém o primeiro elemento da lista e exibe-o na tela */
   ptrElemento = ProximoListaSE(lista);
   ApresentaUmRegistro(ptrElemento->indiceCEP, stream);

     /* Obtém os demais elementos da lista e exibe-os */
   while ((ptrElemento = ProximoListaSE(lista))) {
      printf("\n\n*********** Registro No. %d ***********\n", ordem);
      ApresentaUmRegistro(ptrElemento->indiceCEP, stream);
```

```
        /* Calcula o número de registros que faltam ser apresentados */
    restantes = nRegistros - ordem;

        /* Se   restam registros a ser exibidos e o número máximo de registros   */
        /* apresentados por tela foi  atingido, solicita confirmação do usuário */
        /* antes de continuar exibindo registros                                 */
    if ((restantes > 0) && !(ordem%MAX_REGISTROS_NA_TELA)) {
        printf( "\n\n>>> Restam ainda %d registros.\n", restantes );
        printf("\n>>> Digite 'c' para continuar ou 'e'"
              "\n>>> para encerrar a apresentacao: ");
        op = LeOpcao("cCeE");

            /* Se o usuário estiver satisfeito, retorna */
            /* o número de registros que foram exibidos */
        if (op == 'e' || op == 'E')
            return ordem;
    }

    ++ordem;
    }

    putchar('\n'); /* Embelezamento */

    return nRegistros; /* Todos os registros foram exibidos */
}
```

3.7.3 Busca de Piso de Chave

Preâmbulo: O **piso** de uma chave de busca é a própria chave de busca, quando ela se encontra na tabela de busca, ou é a maior chave que é menor do que a chave de busca.

Problema: Escreva uma função que retorne o piso de uma chave recebida como parâmetro supondo que a tabela de busca é implementada como lista indexada sem ordenação.

Solução: A função **tNoCaminhoB** efetua uma busca sequencial de piso numa tabela implementada como lista indexada, como aquela vista na **Seção 3.3**. Essa função retorna o endereço do elemento que contém o piso da chave recebida como parâmetro ou **NULL** se tal piso não for encontrado.

```
tCEP_Ind *BuscaPisoIdx( tTabelaIdx tabela, tCEP chave )
{
    tCEP piso;
    int  teste, indicePiso;

    strcpy(piso, "");

    for (int i = 0; i < tabela->nElementos; ++i) {
        teste = strcmp(tabela->elementos[i].chave, chave);

        if (!teste)
            return &tabela->elementos[i]; /* Chave foi encontrada e será o piso */
        else if (teste < 0)
            /* A chave corrente é menor do que a chave de busca */
            if (strcmp(tabela->elementos[i].chave, piso) > 0) {
                /* A chave corrente é maior do que o piso */
                /* corrente e passará a ser o novo piso   */
                strcpy(piso, tabela->elementos[i].chave);
                indicePiso = i;
            }
    }
    return *piso ? &tabela->elementos[indicePiso] : NULL;
}
```

3.7.4 Busca de Intervalo

Preâmbulo: Uma **busca de intervalo** tem como objetivo encontrar as chaves que se encontram entre duas chaves.

Problema: Escreva uma função que realiza buscas de intervalo para a mesma tabela de busca usada no exemplo da **Seção 3.7.2**, mas usando chave primária em vez de chave secundária.

Solução: A função `BuscaIntervaloLSE()` retorna o endereço de uma lista encadeada contendo chaves que se encontram num intervalo especificado e seus parâmetros são:

- `tabela` (entrada) — a tabela de busca
- `chave1` (entrada) — chave que representa o limite inferior do intervalo
- `chave2` (entrada) — chave que representa o limite superior do intervalo

Se nenhuma chave for encontrada no intervalo especificado, essa função retorna **NULL**.

```
tListaSE BuscaIntervaloLSE(tListaSE tabela, tCEP chave1, tCEP chave2)
{
   tListaSE intervalo = NULL; /* Lista contendo as chaves que estão no intervalo */
   int      compara1, compara2;

   ASSEGURA(strcmp(chave1, chave2) <= 0, "Erro: Intervalo mal especificado");

      /* Compara a chave de elemento com 'chave1' e 'chave2'. Se a chave  */
      /* do elemento estiver nesse intervalo, acrescenta-se esse elemento */
      /* à lista de chaves encontradas                                    */
   while (tabela) {
         /* Compara a chave do elemento corrente com as chaves do intervalo */
      compara1 = strcmp(tabela->conteudo.chave, chave1);
      compara2 = strcmp(tabela->conteudo.chave, chave2);

         /* Verifica se a chave corrente está no intervalo */
      if (compara1 >= 0 && compara2 <= 0)
         /* A chave corrente faz parte do intervalo */
         InsereNoLSE(&intervalo, &tabela->conteudo);

      tabela = tabela->proximo;
   }

   return intervalo;
}
```

Note que, devido a similaridade entre a função `BuscaIntervaloLSE()` e a função `BuscaSecundariaLSE()` definida na **Seção 3.7.2**, essas funções são utilizadas de modo semelhante e essa utilização foi mostrada na referida seção.

3.8 Exercícios de Revisão

Definições Fundamentais (Seção 3.1)

1. Defina os seguintes termos:
   - (a) Registro
   - (b) Tabela de busca
   - (c) Chave
   - (d) Algoritmo de busca
   - (e) Dicionário

2. Descreva os seguintes tipos de chaves:

(a) Chave interna

(b) Chave externa

(c) Chave primária

(d) Chave secundária

3. Qual é a diferença entre busca interna e busca externa?

4. Descreva a analogia entre busca com chave externa e uma busca efetuada num catálogo de biblioteca.

5. (a) Numa busca interna, as chaves podem ser externas? (b) Numa busca externa, as chaves podem ser internas?

6. (a) O que é busca de intervalo? (b) Que tipo de chave é utilizada nesse tipo de busca?

7. (a) O que é piso de uma chave? (b) O que é teto de uma chave?

8. Em que situação prática uma busca dedilhada seria útil?

9. (a) O que é organização de tabela de busca? (b) Quais são os tipos de organização de tabela de busca discutidos neste capítulo?

10. (a) Quais são as abordagens possíveis para remoção de elementos de uma tabela de busca? (b) De que dependem essas abordagens?

Programas Clientes (Seção 3.2)

11. No contexto de estruturas de dados, o que é um programa-cliente (ou aplicativo)?

12. Por que arquivos são usados nos exemplos apresentados neste capítulo, que lida com busca em memória principal?

Busca Sequencial Simples (Seção 3.3)

13. Em que consiste a busca sequencial?

14. Por que a busca sequencial é o único tipo de busca que pode ser usado quando a tabela de busca não possui nenhum tipo de ordenação?

15. (a) No pior caso, qual é o custo temporal de uma operação de busca sequencial? (b) Esse custo depende do fato de a tabela de busca ser indexada ou encadeada? Explique.

16. Por que a implementação de tabela de busca apresentada na **Seção 3.3** inclui a função `DestroiTabelaIdx()`?

17. (a) Por que o custo temporal da função `AcrescentaElementoIdx()` apresentada na **Seção 3.3.2** tem custo temporal $\theta(n)$? (b) Qual é o custo espacial dessa função?

18. Por que, no aplicativo descrito na **Seção 3.3.2**, a inserção de um registro no arquivo de dados é efetuada durante a operação de inserção, mas a remoção do registro associado a uma chave removida da tabela de busca é efetuada apenas ao final do programa?

19. Suponha que a chave que se procura não esteja presente numa tabela de busca indexada com *100* elementos. Qual é o número médio de comparações necessárias numa busca sequencial para determinar que a chave não está presente quando:

(a) As chaves estão completamente desordenadas?

(b) As chaves estão ordenadas da menor para a maior?

(c) As chaves estão ordenadas da maior para a menor?

20. Prove o **Teorema 3.1**.

21. Prove o **Teorema 3.2**.

22. Suponha que, durante operações de busca sequencial, na metade das vezes, a chave de busca não se encontra na tabela, enquanto, quando esse não é o caso, encontrar qualquer chave da tabela é equiprovável. Mostre que o número esperado de comparações efetuadas para encontrar uma chave é *(3·n + 2)/2*.

23. Suponha que a chave que se procura *não* esteja presente numa tabela de busca com *100* elementos. Assumindo que as chaves são distribuídas uniformemente, qual é o número esperado de comparações de chaves necessárias numa busca sequencial para determinar que a chave não está presente na tabela quando:

    (a) As chaves estão completamente fora de ordem?

    (b) As chaves estão ordenadas da menor para a maior?

    (c) As chaves estão ordenadas da maior para a menor?

24. Suponha que a chave que se procura esteja presente numa tabela de busca com *100* elementos. Assumindo que as chaves são distribuídas uniformemente, qual é o número esperado de comparações de chaves necessárias numa busca sequencial para determinar a posição do elemento quando:

    (a) As chaves estão completamente fora de ordem?

    (b) As chaves estão ordenadas da menor para a maior?

    (c) As chaves estão ordenadas da maior para a menor?

25. Se o índice de um elemento armazenado num array de *n* elementos desordenados for conhecido, qual é o custo temporal de um algoritmo usado para acessar esse elemento?

26. Por que, quando uma tabela de busca desordenada é implementada usando lista indexada, um novo elemento é acrescentado ao final da lista, enquanto quando ela é implementada como lista encadeada, um novo elemento é acrescentado no início da lista?

Busca Sequencial com Movimentação (Seção 3.4)

27. (a) Explique como funciona o método de busca sequencial com movimentação para o início. (b) O que justifica essa abordagem de busca?

28. (a) Descreva o funcionamento do método de busca sequencial com transposição. (b) Em que se baseia essa abordagem de busca?

29. Por que os métodos de busca sequencial com movimentação são denominados *heurísticas*?

30. Por que o método de busca sequencial com movimentação para o início não é eficiente se a tabela de busca for implementada usando lista indexada?

31. (a) Qual é o custo temporal de uma operação de transposição? (b) Esse custo depende do fato de a tabela ser indexada ou encadeada?

32. (a) Qual é o custo temporal de uma operação de movimentação para o início? (b) Esse custo depende do fato de a tabela ser indexada ou encadeada?

33. Por que, no pior caso, o custo temporal de uma busca com movimentação é o mesmo que uma busca sem movimentação?

34. Prove o **Teorema 3.8**.

Busca Linear em Tabela Ordenada (Seção 3.5)

35. Descreva o algoritmo de busca binária.

36. Por que o algoritmo de busca binária funciona apenas se as chaves estiverem ordenadas?

37. Por que o algoritmo de busca binária nem sempre retorna o índice da primeira chave da tabela que casa com a chave de busca? Dê exemplo de tal situação.

38. Por que não faz sentido falar em busca binária quando a tabela de busca é implementada como lista encadeada?

39. Por que, quando se tem um enorme número de elementos para serem inseridos consecutivamente numa tabela que deve ser ordenada, é mais eficiente criar a tabela desordenada e depois ordená-la do que construí-la já ordenada?

40. Por que o programa-cliente discutido na **Seção 3.5** usa a função intermediária `OrdenaTabelaIdx()` para ordenar a tabela de busca, em vez de chamar **qsort()** diretamente?

41. (a) Explique o funcionamento da função `ComparaCEPs()` apresentada na **Seção 3.5**. (b) Qual é o papel desempenhado por essa função no programa discutido na referida seção?

42. Um algoritmo de busca recebe um array de inteiros ordenado em ordem crescente e uma chave de busca inteira como parâmetros, efetua uma busca binária e retorna o índice da chave de busca se ela se encontra no array. Suponha que esse algoritmo recebe o seguinte array como entrada:

-5	1	3	8	8	8	10	11	13	21	22	25
0	1	2	3	4	5	6	7	8	9	10	11

(a) Se a chave de busca recebida como parâmetro for **8**, qual será o índice retornado por esse algoritmo e quantas comparações de chaves serão efetuadas?

(b) Se a chave de busca recebida como parâmetro for **4**, quantas comparações de chaves serão efetuadas até que o algoritmo conclua que a chave não se encontra no array.

43. (a) Por que a analogia entre busca binária e a busca que uma pessoa costuma fazer num dicionário é equivocada? (b) Por que a analogia entre busca por interpolação e a mesma busca em dicionário é aceitável?

44. Matematicamente, calcular o índice central de uma tabela indexada usando a fórmula *(inf + sup)/2* é equivalente ao uso da fórmula *inf + (sup − inf)/2*. Por que, do ponto de vista de programação, essas duas expressões não são equivalentes?

45. (a) Qual é a diferença entre busca binária e busca por interpolação? (b) Quais são as semelhanças entre esses dois tipos de busca? (c) Qual é o custo temporal da busca por interpolação?

46. Qual é o custo do algoritmo de busca por interpolação quando as chaves não são uniformemente distribuídas na tabela de busca?

47. Qual é a grande desvantagem de busca por interpolação?

48. Um algoritmo de busca recebe um array de inteiros ordenado em ordem crescente e uma chave de busca inteira como parâmetros, efetua uma busca por interpolação e retorna o índice da chave de busca se ela for encontrada no array. Suponha que esse algoritmo recebe o mesmo array da questão **42** como entrada.

(a) Se a chave de busca recebida como parâmetro for **8**, qual será o índice retornado por esse algoritmo e quantas comparações de chaves serão realizadas?

(b) Se a chave de busca recebida como parâmetro for **4**, quantas comparações de chaves serão efetuadas até que o algoritmo conclua que a chave não se encontra no array.

49. Quando é preferível usar uma tabela de busca sem ordenação em detrimento a uma tabela de busca com ordenação?

50. Complete a prova do **Teorema 3.10**.

Listas com Saltos (Seção 3.6)

51. O que é uma lista com saltos?

52. Como uma busca em lista com saltos se assemelha a uma busca binária?

53. (a) O que é uma lista com saltos perfeita? (b) O que é uma lista com saltos quase perfeita (ou real)? (c) Quando uma lista com saltos real se aproxima de uma lista com saltos perfeita?

54. Por que lista com saltos é considerada uma estrutura de dados probabilística?

55. Explique a presença de *com saltos* na denominação de listas com saltos.

56. O que são nó cabeça e nó sentinela de uma lista com saltos?

57. Por que listas com saltos perfeitas não são usadas na prática?

58. (a) Como é definido o nível de um nó de uma lista com saltos? (b) Por que qualquer nó de uma lista com saltos deve fazer parte do nível 0?

59. Como se determina o número máximo de níveis numa lista com saltos?

60. (a) Como se simula o lançamento de uma moeda em programação? (b) Que importância essa simulação tem em implementação de listas com saltos?

61. Descreva o funcionamento da técnica de busca em lista com saltos.

62. Descreva o mecanismo de inserção em lista com saltos.

63. Descreva o mecanismo de remoção em lista com saltos.

64. Qual é a justificativa para implementação de lista com saltos por meio de lista encadeada com cabeça circular?

65. Qual é a importância do uso da função **srand**() na implementação de lista com saltos apresentada neste capítulo?

Considere a figura a seguir, que representa uma lista com saltos, na resolução das questões de **66** a **69**.

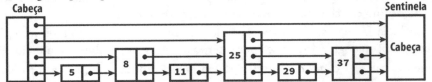

66. Apresente a sequência de nós visitados até que uma busca encontre a chave com valor igual a 29.

67. Mostre qual é a sequência de nós visitados até que uma busca conclua que a chave com valor igual a 35 não se encontra na lista.

68. Apresente a lista resultante da inserção de uma chave com valor igual a 45.

69. Apresente a lista resultante da remoção da chave cujo valor é igual a 8.

70. Como é calculado o comprimento (i.e., o número de nó) de uma lista com saltos?

71. Claramente, uma lista com saltos ocupa bem mais espaço do que uma lista simplesmente encadeada supondo que ambas apresentem o mesmo conteúdo efetivo. Então por que ambas as listas têm o mesmo custo espacial?

Exemplos de Programação (Seção 3.7)

72. Qual é o papel desempenhado pela variável `ajuste` na implementação de busca de Fibonacci apresentada na **Seção 3.7.1**?

73. Que vantagens a busca de Fibonacci apresenta com relação à busca binária?

74. Suponha que uma função que realiza busca de Fibonacci receba o seguinte array como entrada:

0	1	3	5	7	8	10	11	13	21	22	25
0	1	2	3	4	5	6	7	8	9	10	11

(a) Mostre por meio de diagramas os passos seguidos pela referida função até encontrar a chave com valor 21?

(b) Quantas comparações essa função efetuará até concluir que a chave com valor 4 não se encontra no array?

75. Suponha que uma tabela de busca seja indexada e ordenada. Suponha ainda que as chaves armazenadas na tabela são secundárias. Descreva um método para encontrar todos os elementos que possuem uma determinada chave com custo temporal $\theta(\log n + s)$, em que s é o número desses elementos.

76. Suponha a chave de busca de uma tabela implementada como lista indexada ordenada seja primária e que se saiba que uma dada chave se encontra nessa tabela. Como se pode encontrar o teto ou piso dessa chave com custo $\theta(\log n)$?

77. (a) Considerando que a chave não é primária na questão anterior, como se encontra o piso e o teto da referida chave? (b) Qual é o custo temporal dessa busca no pior caso? (c) Qual é o custo temporal dessa busca no melhor caso?

78. Suponha que se saiba que a chave inicial de um dado intervalo de chaves está presente numa tabela de busca implementada como lista indexada ordenada. Supondo ainda que a chave é primária, mostre como efetuar a busca por esse intervalo de chaves com custo temporal $\theta(\log n + s)$, em que s é o número de elementos da tabela que fazem parte do referido intervalo.

3.9 Exercícios de Programação

EP3.1 Considerando o programa-cliente descrito na **Seção 3.2**, escreva uma função que apresenta na tela, em forma tabular, os elementos da tabela de busca cujos elementos são estruturas do tipo `tAluno` descrito no **Apêndice A**.

EP3.2 Considerando o programa-cliente descrito na **Seção 3.2**, escreva uma função que escreve num arquivo de texto os elementos da tabela de busca cujos elementos são estruturas do tipo `tAluno` descrito no **Apêndice A**.

EP3.3 Escreva uma função, denominada `BuscaEInsere()`, que efetua busca e inserção na tabela de busca implementada na **Seção 3.3.2**. Essa função deve substituir as funções `BuscaSequencialIdx()` e `AcrescentaElementoIdx()`. Essa função recebe como parâmetro o endereço de um elemento e insere esse elemento na tabela se sua chave não for encontrada e houver espaço na tabela. A função `BuscaEInsere()` deve retornar o endereço desse elemento na tabela. O fato de não haver espaço para inserção deve ser considerada uma condição de exceção.

EP3.4 Suponha que a tabela de busca implementada na **Seção 3.5** utilize como chave o campo `nomeAbr` do tipo `tCEP` (v. **Apêndice A**) em vez de `CEP`. (Note que `nomeAbr` representa uma chave secundária). Escreva uma função para encontrar todos os elementos que possuem uma determinada chave de busca com custo temporal $\theta(\log n + s)$, em que s é o número desses elementos.

EP3.5 Implemente uma função semelhante à função `BuscaBinariaIdx()` apresentada na seção **Seção 3.5.1** que retorna o número de elementos na tabela de busca cujas chaves casam com a chave de busca.

EP3.6 Escreva uma função que retorne o teto de uma chave recebida como parâmetro supondo que a tabela é implementada como uma lista indexada. (A definição de teto de chave encontra-se na **Seção 3.1**.)

EP3.7 Uma heurística semelhante àquelas discutidas na **Seção 3.4** usa, para cada elemento da tabela de busca, um campo que conta quantas vezes o elemento foi acessado. O elemento avança em direção à frente da lista à medida que sua contagem de acesso é maior do que a contagem de seus antecessores. (a) Apresente uma definição de tipo e funções que implementem essa heurística. (b) Qual é o custo temporal dessa heurística? (c) Qual é o custo espacial dessa heurística? (d) Compare a eficiência da implementação dessa heurística quando a tabela de busca é implementada como lista indexada e lista encadeada.

EP3.8 Suponha que se saiba que a chave inicial de um dado intervalo de chaves está presente na tabela de busca implementada na **Seção 3.5**. Sob essa suposição, implemente uma busca de intervalo utilizando uma abordagem semelhante àquela usada pelo algoritmo de busca binária.

EP3.9 Escreva uma função em C que implemente o algoritmo de busca binária considerando que os elementos da tabela de busca são armazenados numa lista encadeada.

EP3.10 Dado um array ordenado de valores inteiros que, possivelmente, contém elementos duplicados, escreva uma função em C com custo temporal $\theta(\log n)$ que encontra a primeira ocorrência de um determinado valor.

EP3.11 Escreva uma função em C que implemente o algoritmo de busca por interpolação considerando que as chaves são strings não numéricos.

EP3.12 Escreva uma função que calcula o número de nós de uma lista com saltos que estão num determinado nível.

EP3.13 Escreva um trecho de programa-cliente que remove um elemento de uma tabela de busca considerando que as chaves armazenadas nessa tabela são secundárias. Esse trecho de programa deve receber uma chave de busca do usuário e proceder à busca pela chave como foi mostrado na **Seção 3.7.2**. Se a referida chave for encontrada, o programa deve exibir todos os registros que apresentam essa chave (novamente, como foi mostrado na **Seção 3.7.2**) e solicitar ao usuário que ele indique o registro que deverá ser removido. Uma função que recebe como parâmetros a tabela de busca, a lista de elementos encontrados na busca e o índice do registro a ser removido facilitará sua tarefa.

EP3.14 Reescreva o trecho de programa solicitado no exercício **EP3.13** de modo que ele permita ao usuário escolher vários registros (inclusive todos) a serem removidos.

EP3.15 Escreva um trecho de programa semelhante àquele do exercício **EP3.13** que permite ao usuário escolher um registro que será alterado.

EP3.16 (a) Escreva uma função que verifica se existem chaves duplicadas numa tabela de busca implementada como lista indexada. (b) Qual é o custo temporal dessa operação?

EP3.17 (a) Escreva uma função que verifica se existem chaves duplicadas numa tabela de busca implementada como lista encadeada. (b) Qual é o custo temporal dessa operação?

EP3.18 Suponha que uma tabela de busca é implementada como uma lista indexada desordenada com chaves secundárias. Escreva uma função que apresente a chave que aparece o maior número de vezes nessa tabela.

EP3.19 Suponha que uma tabela de busca é implementada como uma lista indexada desordenada com chaves secundárias. Escreva uma função que implemente busca dedilhada (v. **Seção 3.1**) para essa tabela. Essa função deve possuir um parâmetro que indique se ela deve continuar a última busca que ela realizou ou iniciar uma nova busca.

EP3.20 Escreva uma função que apresenta o número de nós de uma lista com saltos em cada nível.

EP3.21 Escreva uma função que apresenta relações entre números de nós de uma lista com saltos em níveis consecutivos, como mostra a **Tabela 3–6**.

EP3.22 Escreva uma função que implemente busca dedilhada similar àquela do exercício **EP3.19**, mas agora considerando que a tabela de busca é implementada como lista indexada.

EP3.23 (a) Escreva uma função que remove de um arquivo todos os registros que possuem um campo que casa com uma determinada chave de busca. Essa função deve permitir que a operação seja desfeita. (b) Escreva uma função que desfaz e refaz, indefinidas vezes, a operação descrita em (a). (c) Escreva um programa contendo uma função **main**() que ofereça um menu contendo as seguintes opções:

```
[1] Remove registro
[2] Exibe arquivo
[3] Desfaz
[4] Refaz
[5] Encerra o programa
```

O arquivo usado para testar o programa deve ser **Tudor.bin**, descrito no **Apêndice A**.

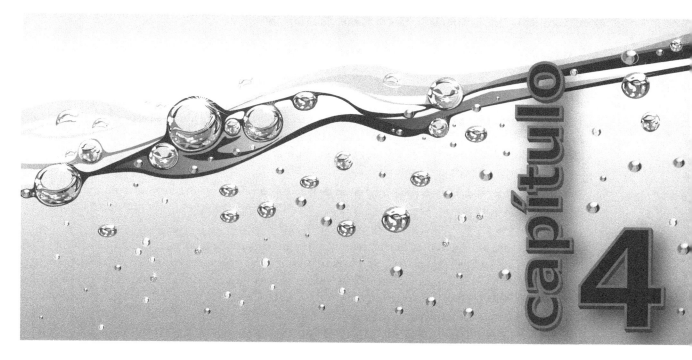

capítulo 4

BUSCA HIERÁRQUICA EM MEMÓRIA PRINCIPAL

Após estudar este capítulo, você deverá ser capaz de:

➤ Definir e usar os seguintes conceitos:

❑ Árvore binária de busca	❑ Árvore autoajustável	❑ Zig-zag
❑ Árvore binária degenerada	❑ Árvore AVL	❑ Zig-zig
❑ Rotações direita e esquerda	❑ Árvore afunilada	❑ Zag-zag
❑ Árvore binária balanceada	❑ Zig e zag	❑ Zag-zig

➤ Explicar quando não se deve usar árvore binária ordinária para implementar tabela de busca

➤ Descrever os algoritmos de busca e inserção em árvore binária ordinária de busca

➤ Identificar os casos de remoção de chave em árvore binária ordinária de busca

➤ Mostrar como se encontra o sucessor/antecessor imediato de um nó de árvore binária de busca

➤ Provar que caminhamento infixo em árvore binária de busca visita suas chaves em ordem crescente

➤ Descrever as operações de rotação em árvores binárias

➤ Mostrar que rotações preservam a ordenação de árvores binárias de busca

➤ Explicar como é efetuado o balanceamento de uma árvore AVL

➤ Descrever a operação de afunilamento

➤ Contrastar árvore AVL e árvore afunilada

objetivos

O CAPÍTULO 3, foram apresentadas tabelas de busca implementadas como estruturas lineares que apresentam vantagens e desvantagens resumidamente enumeradas a seguir:

☐ Tabelas de busca implementadas como listas indexadas sem ordenação apresentam custo temporal $\theta(n)$ para operações de busca, inserção e remoção. Por outro lado, tabelas de busca implementadas como listas encadeadas admitem inserção com custo temporal $\theta(1)$, mas, em compensação, as operações de busca e remoção têm custo temporal $\theta(n)$.

☐ Tabelas implementadas como listas indexadas ordenadas permitem buscas com custo temporal $\theta(\log n)$ (usando busca binária) ou $\theta(\log \log n)$ (usando busca por interpolação), mas, por outro lado, operações de inserção e remoção apresentam custo temporal $\theta(n)$.

☐ Listas com saltos são excelentes alternativas para implementação de tabelas de busca que realizam operações em memória principal. De fato, o custo temporal das operações de busca, inserção e remoção numa lista com saltos, no pior caso, é $\theta(n)$, mas esse caso é muito difícil de ocorrer na prática. Na prática, entretanto, essas listas apresentam custo temporal esperado $\theta(\log n)$ para essas operações, o que as torna bem competitivas.

Assim como o capítulo anterior, este capítulo lida com busca em memória principal. Contudo o presente capítulo trata de tabelas implementadas como árvores binárias e não como listas.

A primeira estrutura de dados a ser discutida neste capítulo (v. **Seção 4.1**) é a árvore binária ordinária de busca. Essa estrutura de dados oferece custo temporal $\theta(\log n)$ em operações de busca, inserção e remoção no melhor caso. No pior caso, todavia, quando a árvore é degenerada, o custo de cada uma dessas operações é $\theta(n)$, o que torna árvores binárias ordinárias de busca uma opção pior do que listas encadeadas, por exemplo.

As duas próximas estruturas a serem discutidas neste capítulo são árvores binárias balanceadas de busca (árvores AVL na **Seção 4.4**), que garantem busca, inserção e remoção com custo temporal $\theta(\log n)$ mesmo no pior caso[1]. Entretanto quem paga o preço por esse formidável desempenho é o programador responsável por implementá-las, pois essa tarefa exige um esforço considerável.

Por fim, a última estrutura de dados hierárquica usada em implementações de tabelas de busca em memória principal a ser discutida neste capítulo é a árvore afunilada (v. **Seção 4.5**). Esse tipo de estrutura é novamente uma árvore binária de busca, mas não é nem ordinária nem balanceada. Quer dizer, esse tipo de árvore pode ser classificado como autoajustável, pois ela é reestruturada cada vez que é acessada numa operação de busca, inserção ou remoção. A ideia na qual se baseiam árvores afuniladas é a mesma que norteia a noção de memória cache (v. **Capítulo 1**): facilitar o acesso aos elementos acessados mais recentemente. A análise de custo temporal de árvores afuniladas requer uma nova ferramenta de análise denominada análise amortizada, que será discutida no **Capítulo 5**.

Na **Seção 4.6**, será apresentada uma comparação entre todas as estruturas de dados discutidas neste capítulo.

4.1 Árvores Binárias Ordinárias de Busca

4.1.1 Conceitos

Uma **árvore binária de busca** é um tipo de árvore binária usado para implementar tabelas de busca e que satisfaz as seguintes propriedades[2]:

---

[1] **Árvore rubro-negra** é outro tipo bem conhecido de árvore balanceada. Esse tipo de árvore é discutido exclusivamente no **Apêndice F**, que se encontra no site dedicado a este livro na internet.

[2] Por conveniência, este capítulo lida apenas com chaves primárias. Mas isso não constitui uma limitação de árvores binárias de busca. Se forem usadas chaves secundárias, basta trocar *menor* por *menor ou igual* ou *maior* por *maior ou igual* nas descrições.

☐ Para todo nó X, se sua subárvore esquerda não for vazia, todas as chaves que se encontram nessa subárvore são menores do que a chave do nó X (v. **Figura 4–1**).

☐ Para todo nó X, se sua subárvore direita não for vazia, todas as chaves que se encontram nessa subárvore são maiores do que a chave do nó X (novamente, v. **Figura 4–1**).

Uma propriedade importante decorrente da definição de árvores binárias de busca é o fato de a menor chave armazenada numa tal árvore ser aquela que se encontra no nó mais à esquerda na árvore. Isto é, para encontrar a menor chave que se encontra numa árvore binária de busca desce-se a árvore sempre seguindo o ponteiro para o filho esquerdo de cada nó visitado. Quando não for mais possível seguir um desses ponteiros, o último nó visitado conterá a menor chave da árvore, como ilustra a **Figura 4–2**. Raciocínio semelhante é empregado para encontrar a maior chave armazenada numa árvore binária de busca. Ou seja, nesse último caso, basta seguir sempre o ponteiro para o filho direito de cada nó visitado. O último nó encontrado nesse percurso conterá a maior chave.

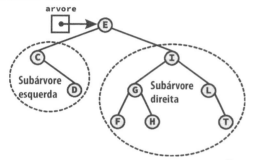

FIGURA 4–1: RELAÇÃO ENTRE CHAVES NUMA ÁRVORE BINÁRIA DE BUSCA

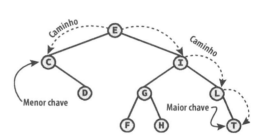

FIGURA 4–2: MAIOR E MENOR CHAVES DE UMA ÁRVORE BINÁRIA DE BUSCA

É importante alertar que o fato de a menor chave de uma árvore binária ser encontrada do modo descrito no último parágrafo, não implica necessariamente que se esteja lidando com uma árvore binária de busca. Raciocínio similar é empregado para concluir que o fato de a maior chave de uma árvore binária encontrar-se em seu nó mais à direita não implica que essa árvore seja uma árvore binária de busca. É fácil mostrar que essas duas afirmações são verdadeiras por meio de contraexemplos.

Teorema 4.1: Uma árvore binária é uma árvore binária de busca se, e somente se, um caminhamento em ordem infixa acessa as chaves armazenadas nessa árvore em ordem crescente.

Prova: (⇒) Deve-se mostrar que, se uma árvore binária é uma árvore binária de busca, um caminhamento visita as chaves dessa árvore em ordem crescente. Essa prova será feita por indução sobre a altura a da árvore.

Base da indução. Se $a = 0$, o teorema é válido, pois a árvore é vazia e, consequentemente, a lista de nós visitados é vazia (e toda lista vazia é considerada ordenada).

Hipótese indutiva. Suponha que o teorema vale para todo k, tal que $0 \leq k < a$.

Passo indutivo. Deve-se mostrar que o teorema é válido para $k = a$. Seja A uma árvore binária de busca de altura a. Então as subárvores esquerda e direita, respectivamente, A_E e A_D têm alturas menores do que a. Portanto, de acordo com a hipótese indutiva, um caminhamento em ordem infixa em cada uma dessas subárvores acessa suas chaves em ordem crescente. Como A é uma árvore de busca, a chave que se encontra na raiz de A é maior do que qualquer chave em A_E e menor do que qualquer chave em A_D. Portanto, um caminhamento em ordem infixa em A acessa as chaves dessa árvore em ordem crescente.

(⇐) Agora suponha que um caminhamento em ordem infixa acessa as chaves de uma árvore binária A em ordem crescente e que a subárvore esquerda de A seja A_E e que a subárvore direita de A seja A_D. Como é efetuado um caminhamento em ordem infixa em A_E antes que a raiz de A seja visitada, ou A_E

é uma subárvore vazia ou todas as suas chaves são menores do que a chave que se encontra na raiz de A. Usando um raciocínio similar, conclui-se que A_D é uma subárvore vazia ou todas as suas chaves são maiores do que a chave que se encontra na raiz de A. Portanto A é uma árvore binária de busca. ∎

O **Teorema 4.1** permite decidir se uma árvore binária é uma árvore binária de busca ou não. Quer dizer, de acordo com esse teorema, se você efetuar um caminhamento em ordem infixa numa árvore binária contendo chaves e essas chaves forem visitadas em ordem crescente, você pode concluir que se trata de uma árvore binária de busca (v. exemplo na **Seção 4.7.3**).

Inserção

A inserção de uma chave (ou registro) numa árvore binária de busca segue o algoritmo descrito na **Figura 4–3**.

ALGORITMO INSEREEMÁRVOREBINÁRIADEBUSCA

ENTRADA: O conteúdo de um novo elemento (nó)

ENTRADA/SAÍDA: Uma árvore binária de busca

1. Se a árvore estiver vazia, armazene o elemento na raiz da árvore e retorne
2. Se a chave do novo elemento for menor do que a chave que se encontra na raiz:
    2.1 Se a subárvore esquerda estiver vazia, torne o novo elemento filho esquerdo da raiz e retorne
    2.2 Caso contrário, repita este procedimento a partir do **Passo 2** usando a raiz dessa subárvore
3. Se a chave do novo elemento for maior do que a chave que se encontra na raiz:
    3.1 Se a subárvore direita estiver vazia, torne o novo elemento filho direito da raiz e retorne
    3.2 Caso contrário, repita este procedimento a partir do **Passo 2** usando a raiz dessa subárvore

---

FIGURA 4–3: ALGORITMO DE INSERÇÃO EM ÁRVORE BINÁRIA DE BUSCA

Suponha, por exemplo, que as letras E, I, G, C, H, L, F, D e T representem chaves associadas aos elementos que se desejam inserir numa árvore binária de busca na ordem em que essas chaves se encontram. A **Figura 4–4 (a)** mostra a árvore inicialmente vazia representada por um ponteiro nulo (ilustrado pela barra invertida na referida figura), enquanto **Figura 4–4 (b)** apresenta a árvore resultante da inserção do elemento contendo a chave E. Nesse último caso, segue-se apenas o **Passo 1** do algoritmo de inserção exibido na **Figura 4–4**.

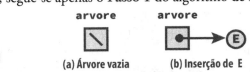

(a) Árvore vazia   **(b) Inserção de E**

FIGURA 4–4: INSERÇÃO NUMA ÁRVORE BINÁRIA DE BUSCA VAZIA

Lembre-se que, como foi visto no **Capítulo 3**, elementos de uma tabela de busca são constituídos por pares chave/valor, embora na maioria das ilustrações de tabelas de busca só apareçam as chaves. Isso ocorre por duas razões: (1) nas operações de busca, inserção e remoção do componente de tal par que recebe mais atenção é a chave e (2) além de não contribuir para absorção do conhecimento que se deseja transmitir, o uso desses pares completos nessas ilustrações as tornariam bem mais complicadas de desenhar. Portanto para simplificar as figuras e facilitar o entendimento, apenas as chaves aparecem como conteúdos dos nós na **Figura 4–4** e na maioria das figuras deste livro que ilustram tabelas de busca.

A **Figura 4–5 (c)** ilustra a inserção do elemento contendo a chave I na árvore do mesmo exemplo. Nessa inserção, seguem-se os **Passos 1, 3** e **3.1** do algoritmo de inserção. Por outro lado, a inserção do elemento que contém a chave G mostrada na **Figura 4–5 (d)** segue os **Passos 1, 3, 3.2, 2** e **2.1**, nessa ordem. Nesse último caso, o **Passo 1** é executado para verificar se a árvore está vazia; o **Passo 3** é executado porque, além de a árvore não estar vazia, a chave do novo elemento é maior do que a chave que se encontra na raiz da árvore. Então o **Passo 3.2** é executado porque essa raiz já possui um filho direito. O **Passo 2** é levado a efeito porque a chave do novo nó é menor do que a chave desse filho direito e, finalmente, o **Passo 2.1** é aplicado, de forma que o nó contendo a chave *G* é inserido como filho esquerdo do nó que contém a chave *G*.

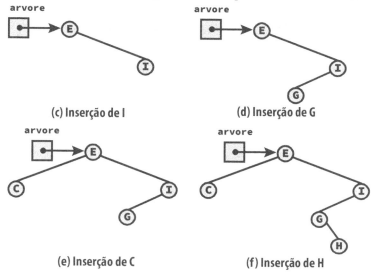

(c) Inserção de I

(d) Inserção de G

(e) Inserção de C

(f) Inserção de H

FIGURA 4–5: INSERÇÃO NUMA ÁRVORE BINÁRIA DE BUSCA 1

A inserção do elemento contendo a chave *C*, mostrada na **Figura 4–5 (e)**, é simples: basta seguir os **Passos 1**, **2** e **2.1** do algoritmo de inserção (v. **Figura 4–3**). Já a inserção do elemento que contém a chave *H*, mostrada na **Figura 4–5 (f)**, é um pouco mais complicada, pois requer a execução dos **Passos 1**, **2**, **3**, **3.2**, **2**, **2.1**, **2**, **3** e **3.1**, nessa ordem.

O leitor é convidado a justificar, com base no algoritmo apresentado na **Figura 4–3**, as inserções das chaves *L*, *F*, *D* e *T*. Os resultados dessas inserções são ilustrados na **Figura 4–6**.

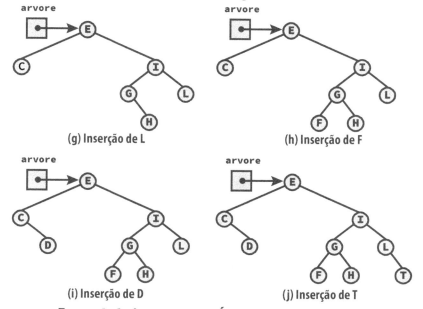

(g) Inserção de L

(h) Inserção de F

(i) Inserção de D

(j) Inserção de T

FIGURA 4–6: INSERÇÃO NUMA ÁRVORE BINÁRIA DE BUSCA 2

A **Figura 4–6 (j)** mostra que a árvore resultante das inserções de chaves do último exemplo apresentado realmente satisfaz as propriedades enumeradas no início desta seção. Quer dizer, todas as chaves na subárvore esquerda de *E* são menores do que *E* e todas as chaves na subárvore direita de *E* são maiores do que *E*. É importante notar ainda que toda subárvore de uma árvore binária de busca também é uma árvore binária de busca. Por exemplo, na **Figura 4–6 (j)**, a subárvore direita de *E* também é uma árvore binária de busca, pois todas as chaves na subárvore esquerda de *I* são menores do que *I* e todas as chaves na subárvore direita de *I* são maiores do que *I*. O mesmo raciocínio pode ser usado para qualquer outra subárvore mostrada na **Figura 4–6 (j)**.

Um determinado conjunto de chaves pode originar diversas árvores binárias dependendo da ordem na qual elas são inseridas. Suponha, por exemplo, que se tenha à disposição o seguinte conjunto de chaves: *1, 3, 7, 8, 12, 13* e *16*. Quando as chaves que compõem esse conjunto são inseridas numa árvore binária de busca nessa ordem, o resultado é uma árvore que muito se assemelha a uma lista encadeada, como mostra a **Figura 4–7**. De fato, do ponto de vista prático de operações básicas em tabelas de busca, a árvore que aparece nessa figura é equivalente a uma lista simplesmente encadeada ordenada em ordem crescente de chaves e com o agravante de ocupar mais espaço[3].

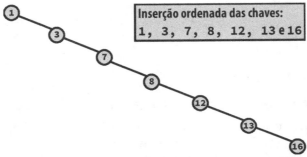

Inserção ordenada das chaves:
1, 3, 7, 8, 12, 13 e 16

FIGURA 4–7: CHAVES ORDENADAS INSERIDAS NUMA ÁRVORE BINÁRIA DE BUSCA

A árvore binária de busca da **Figura 4–7** representa um dos piores casos para operações elementares de uma tabela de busca[4]. Ou seja, nesse caso, operações de busca, inserção e remoção têm todas custo temporal $\theta(n)$, o que se poderia obter com a implementação de tabela de busca com o pior custo temporal apresentada no capítulo anterior.

Se, neste ponto da discussão, o leitor achar que não faz sentido estudar árvores de busca binárias ordinárias (i.e., tal qual elas foram descritas nesta seção), ele tem razão, pois, de fato, árvores binárias de busca ordinárias raramente são usadas na prática. Quer dizer, o programador só deve utilizar tabelas de busca implementadas como árvores binárias de busca ordinárias quando tiver absoluta certeza que o pior caso jamais ocorrerá. Mas como tipicamente o programador desconhece a configuração das chaves, árvores binárias de busca ordinárias serão exploradas mais por razões didáticas do que práticas, pois elas são mais fáceis de entender e implementar do que aquelas que são usadas na prática e que serão exploradas em seções posteriores.

Busca

O algoritmo de busca para árvores binárias de busca, apresentado na **Figura 4–8**, é bem parecido com o algoritmo usado em inserção. Esse algoritmo de busca é usado por qualquer árvore binária de busca discutida neste capítulo, com exceção das árvores afuniladas, que serão discutidas na **Seção 4.5**.

---

[3]   Quer dizer, nesse caso, uma lista simplesmente encadeada utilizaria apenas um ponteiro para o próximo elemento da lista, enquanto uma árvore binária de busca utiliza dois ponteiros, sendo que um deles nunca é usado nesse caso.

[4]   O outro pior caso extremo ocorre quando as chaves estão ordenadas em ordem inversa. Outros casos tão ruins quanto esses ocorrem quando as chaves estão quase ordenadas em ordem direta ou inversa.

ALGORITMO BUSCAEMÁRVOREBINÁRIADEBUSCA

ENTRADA: Uma árvore binária de busca e uma chave de busca

SAÍDA: O valor associado à chave que casa com a chave de busca ou um valor informando que a chave não foi encontrada

1. Faça um ponteiro p apontar para a raiz da árvore

2. Enquanto p não for um ponteiro nulo, faça:

   2.1 Se a chave de busca for igual àquela do nó para o qual p aponta, retorne o valor associado a essa chave

   2.2 Se a chave de busca for menor do que a chave do nó para o qual p aponta, faça p apontar para o filho esquerdo desse nó

   2.3 Se a chave de busca for maior do que a chave do nó para o qual p aponta, faça p apontar para o filho direito desse nó

3. Retorne um valor informando que a chave não foi encontrada

---

FIGURA 4-8: ALGORITMO DE BUSCA EM ÁRVORE BINÁRIA DE BUSCA

A **Figura 4-9** mostra uma busca bem-sucedida, ao passo que a **Figura 4-10** ilustra uma busca malsucedida numa árvore binária de busca. Novamente, o leitor é convidado a justificar como essas buscas são efetuadas à luz do algoritmo da **Figura 4-8**.

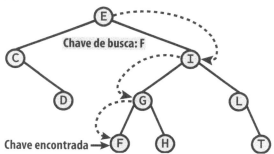

FIGURA 4-9: BUSCA BEM-SUCEDIDA NUMA ÁRVORE BINÁRIA DE BUSCA

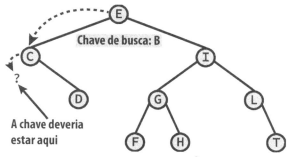

FIGURA 4-10: BUSCA MALSUCEDIDA NUMA ÁRVORE BINÁRIA DE BUSCA

Remoção

Para remover um nó de uma árvore binária de busca, três casos devem ser levados em consideração de acordo com o número de filhos do nó a ser removido:

❑ **Caso 1: O nó a ser removido não possui filhos.** Nesse caso, ele pode ser eliminado sem outros ajustes na árvore, conforme mostra a **Figura 4-11**.

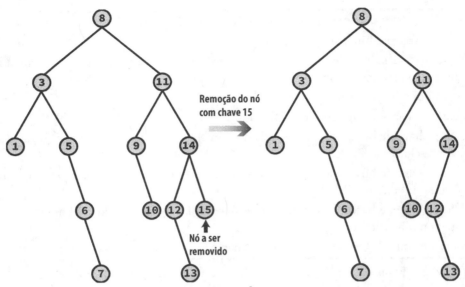

FIGURA 4–11: REMOÇÃO DE NÓ NUMA ÁRVORE BINÁRIA DE BUSCA: CASO 1

☐ **Caso 2: O nó a ser removido possui apenas um filho**. Nesse caso, o único filho é movido para cima para ocupar o lugar do nó removido, como mostra a **Figura 4–12**.

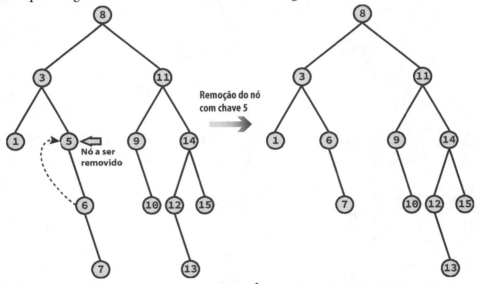

FIGURA 4–12: REMOÇÃO DE NÓ NUMA ÁRVORE BINÁRIA DE BUSCA: CASO 2

☐ **Caso 3: O nó a ser removido possui dois filhos**. Neste caso, o sucessor imediato em ordem infixa deve ocupar o lugar do nó removido. O **sucessor** (**imediato**) de um nó numa árvore binária de busca é o nó que contém a menor chave que é maior do que a chave do nó em questão. Portanto para encontrar o sucessor de um nó que possui filho direito, começa-se a busca por esse filho e prossegue-se descendo na árvore sempre seguindo o filho esquerdo de cada nó visitado até que se encontre um ponteiro nulo (i.e., um nó sem filho esquerdo). O último nó visitado seguindo esse procedimento é o sucessor procurado. Esse sucessor não pode ter filho à esquerda (por que será?). Assim o filho direito desse sucessor pode ser movido para cima para ocupar o lugar do próprio sucessor. Este caso é ilustrado na **Figura 4–13**.

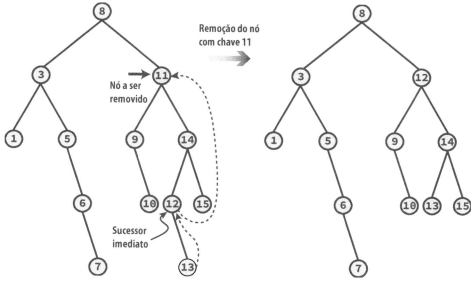

FIGURA 4–13: REMOÇÃO DE NÓ NUMA ÁRVORE BINÁRIA DE BUSCA: CASO 3

Alternativamente, no **Caso 3** de remoção, o nó a ser removido pode ser substituído por seu **antecessor** (em vez de sucessor) **imediato**, que é o nó que possui a maior chave menor do que a chave do nó em questão. Não há nenhuma vantagem ou desvantagem de uma alternativa sobre a outra. Quer dizer, a substituição do nó removido por esse antecessor produz exatamente o mesmo resultado que a substituição pelo referido sucessor. Aqui, se escolheu usar o referido sucessor como substituto do nó removido.

O algoritmo de remoção de nós de árvores binárias de busca, apresentado na **Figura 4–14**, resume o arrazoado apresentado acima.

ALGORITMO RemoveEmÁrvoreBináriaDeBusca

ENTRADA: A chave do nó a ser removido

ENTRADA/SAÍDA: Uma árvore binária de busca

SAÍDA: Um valor informando se a operação foi bem-sucedida

1. Efetue uma busca pelo nó que contém a chave de busca usando o algoritmo de busca da **Figura 4–8**
2. Se a chave não for encontrada, encerre informando o fracasso da operação
3. Se o nó a ser removido for uma folha, remova-a e retorne informando o sucesso da operação
4. Se o nó a ser removido possuir apenas um filho, substitua o referido nó por seu filho e retorne informando o sucesso da operação
5. Se o nó a ser removido possuir dois filhos faça o seguinte:
   - 5.1 Encontre o nó que é sucessor imediato do nó a ser removido
   - 5.2 Guarde o conteúdo do nó sucessor
   - 5.3 Remova o nó sucessor usando o **Passo 3** ou o **Passo 4**
   - 5.4 Substitua o conteúdo do nó que seria removido pelo conteúdo do nó sucessor

---

FIGURA 4–14: ALGORITMO DE REMOÇÃO DE NÓ EM ÁRVORE BINÁRIA DE BUSCA

4.1.2 Implementação

O arquivo de dados a ser utilizado na implementação de árvore binária de busca será `CEPs.bin` (v. **Apêndice A**).

Definições de Tipos

As seguintes definições de tipos serão usadas nesta implementação de árvore binária de busca:

```
typedef struct rotNoABB {
        struct rotNoABB *esquerda;
        tCEP_Ind         conteudo;
        struct rotNoABB *direita;
    } tNoArvoreBB, *tArvoreBB;
```

Os tipos **tCEP** e **tCEP_Ind** usados nesta implementação foram definidos na **Seção 3.3.2** e também são exibidos no **Apêndice A**.

Iniciação

A função **IniciaArvoreBB()**, inicia uma árvore binária de busca fazendo com que o ponteiro que a representa seja nulo.

```
void IniciaArvoreBB(tArvoreBB *arvore)
{
   *arvore = NULL;
}
```

Busca

A função **BuscaArvoreBB()** implementa a busca em árvore binária delineada no algoritmo apresentado na **Figura 4-8**. Essa função retorna o endereço do conteúdo do nó que possui uma determinada chave numa árvore binária de busca se ela for encontrada; ou **NULL**, se a busca não for bem-sucedida. Os parâmetros dessa função são:

- **arvore** (entrada) — ponteiro para a raiz da árvore na qual será efetuada a busca
- **chave** (entrada) — a chave de busca

```
tCEP_Ind *BuscaArvoreBB(tArvoreBB arvore, tCEP chave)
{
   int compara; /* Resultado da comparação de duas chaves */

      /* Enquanto 'arvore' não assume NULL ou a chave de */
      /* um nó não casa com 'chave', a busca prossegue    */
   while (arvore) {
       /* Compara a chave de busca com a chave do nó corrente */
       compara = strcmp(chave, arvore->conteudo.chave);

       /* Verifica se a chave foi encontrada */
       if (!compara)
          return &arvore->conteudo; /* Chave encontrada */

       /* Se a chave de busca for menor do que a chave do nó */
       /* corrente, desce-se pela subárvore esquerda. Caso   */
       /* contrário, desce-se pela subárvore direita.        */
       arvore = compara < 0 ? arvore->esquerda : arvore->direita;
   }

   return NULL; /* A chave não foi encontrada */
}
```

Inserção

A função **InsereArvoreBB()**, apresentada a seguir, insere uma nova chave numa árvore binária de busca e seus parâmetros são:

- ■ `*arvore` (entrada/saída) — ponteiro para a raiz da árvore na qual será feita a inserção
- ■ `*conteudo` (entrada) — conteúdo (chave/valor) do nó que será inserido

A função `InsereArvoreBB()` retorna 1, se não houver inserção porque a chave já existe, ou 0, se a inserção for exitosa.

```c
int InsereArvoreBB( tArvoreBB *arvore, const tCEP_Ind *conteudo )
{
   tArvoreBB p, /* Ponteiro usado para descer na árvore */
             q, /* Ponteiro que apontará para o pai de p */
             pNovoNo; /* Ponteiro para nó que será inserido */
   int       compara; /* Resultado da comparação de duas chaves */

   p = *arvore; /* Começa a busca na raiz da árvore */
   q = NULL; /* A raiz não tem pai */

      /* Desce na árvore até encontrar um ponteiro nulo */
   while (p) {
         /* Compara a chave do novo nó com a chave do nó corrente */
      compara = strcmp(conteudo->chave, p->conteudo.chave);

         /* A chave é primária. Portanto, se ela */
         /* for encontrada, não haverá inserção. */
      if (!compara) /* A chave foi encontrada */
         return 1; /* Não há mais nada a fazer */

         /* Faz q apontar para o nó para o qual */
         /* p aponta antes que p mude de valor  */
      q = p;

         /* Se a chave de busca for menor do que a chave do nó corrente, */
         /* desce-se à esquerda. Caso contrário, desce-se à direita.    */
      if (compara < 0)
         p = p->esquerda;
      else
         p = p->direita;
   }

      /*** Aqui, sabe-se que a chave não foi encontrada ***/

   pNovoNo = ConstroiNoArvoreBB(*conteudo);  /* Constrói um novo nó */

      /* Se a árvore não estiver vazia, q está apontando */
      /* para o nó que será o pai do novo nó            */
   if (!q) /* A árvore estava vazia */
      *arvore = pNovoNo; /* Novo nó será a raiz */

      /* Se a chave do novo nó for menor do que a chave */
      /* de seu pai, ele será o filho da esquerda. Caso */
      /* contrário, ele será o filho da direita.       */
   else if (strcmp(conteudo->chave, q->conteudo.chave) < 0)
         /* q aponta para o nó que terá um filho à esquerda */
      q->esquerda = pNovoNo;
   else
         /* q aponta para o nó que terá um filho à direita */
      q->direita = pNovoNo;

   return 0; /* Inserção foi OK */
}
```

A **Figura 4–15** e a **Figura 4–16** ilustram a atuação da função `InsereArvoreBB()` em duas inserções de nós.

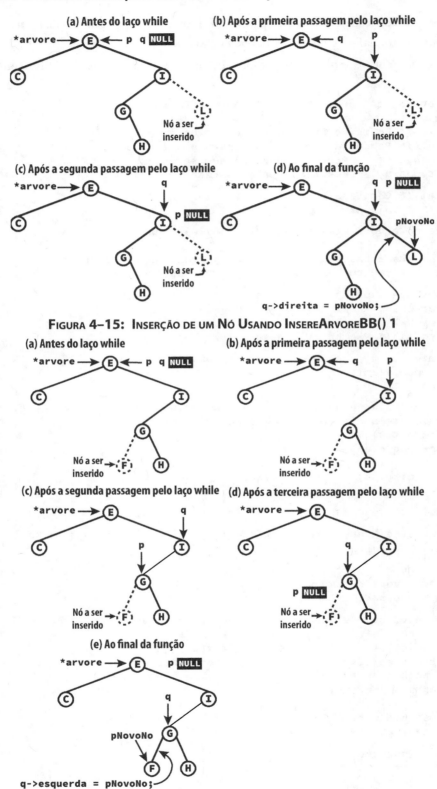

Figura 4–15: Inserção de um Nó Usando InsereArvoreBB() 1

Figura 4–16: Inserção de um Nó Usando InsereArvoreBB() 2

A função `InsereArvoreBB()` chama a função `ConstroiNoArvoreBB()`, definida a seguir, para criar um nó de uma árvore binária. A função `ConstroiNoArvoreBB()` possui um único parâmetro — `item` — que representa o conteúdo efetivo do nó que será criado e cujo endereço será retornado. Essa função é definida com `static` porque ela não será de interesse de nenhum programa-cliente.

```
static tArvoreBB ConstroiNoArvoreBB(tCEP_Ind item)
{
    tArvoreBB no;

    no = malloc(sizeof(tNoArvoreBB)); /* Tenta alocar o novo nó */

       /* Se não houve alocação, aborta o programa */
    ASSEGURA(no, "Erro: Nao foi possivel alocar no'");

    no->conteudo = item; /* Preenche o conteúdo do nó */
    no->esquerda = NULL; /* Este nó ainda não tem filho */
    no->direita = NULL;

    return no;
}
```

Remoção

A função `RemoveArvoreBB()`, apresentada adiante, remove um nó de uma árvore binária de busca levando em consideração os três casos discutidos acima. Essa função usa os seguintes parâmetros:

- `arvore` (entrada/saída) — endereço do ponteiro que representa a árvore na qual será feita a remoção
- `chave` (entrada) — chave do nó a ser removido

A função `RemoveArvoreBB()` retorna `0`, se a remoção for bem-sucedida, ou `1`, se o nó a ser removido não for encontrado.

```
int RemoveArvoreBB(tArvoreBB *arvore, tCEP chave)
{
    tArvoreBB p, /* Apontará para o nó que será removido */
            q, /* Apontará para o pai de p */
            subs, /* Apontará para o nó que substituirá p */
            filho, /* O filho esquerdo de 'subs' */
            pai; /* O pai de 'subs' */
    int     compara; /* Resultado da comparação de duas chaves */

    p = *arvore; /* Começa a busca na raiz da árvore */
    q = NULL; /* A raiz não tem pai */

       /* Procura o nó a ser removido. O laço encerra quando */
       /* esse nó ou um ponteiro nulo for encontrado.        */
    while (p) {
        /* Compara a chave que será removida com a chave do nó corrente */
      compara = strcmp(chave, p->conteudo.chave);

        /* Verifica se a chave foi encontrada */
      if (!compara)
        break; /* Chave encontrada */

        /* Faz q apontar para o nó para o qual p aponta antes de alterar o valor de p */
      q = p;

        /* Se a chave procurada for menor do que a chave do nó corrente, */
        /* desce-se pela subárvore esquerda. Caso contrário, desce-se    */
        /* pela subárvore direita.                                       */
      p = compara < 0 ? p->esquerda : p->direita;
    }
```

```
    /* Se a chave não foi encontrada, a tarefa está encerrada */
if (!p)
    return 1; /* Não ocorreu remoção */

/*****************************************************************************/
/* Neste ponto, p aponta para o nó que será removido e q aponta para seu */
/* pai. O próximo passo é encontrar o nó que substituirá o nó apontado    */
/* por p. O ponteiro 'subs' apontará para esse nó substituto.             */
/*****************************************************************************/

    /* Faz 'subs' apontar para o nó que substituirá p */
if (!p->esquerda)
        /* O nó a ser eliminado não possui nenhum filho ou só tem   */
        /* filho à direita. Esse filho ocupará o lugar do seu pai. */
    subs = p->direita;
else if (!p->direita)
        /* O nó a ser eliminado só tem filho à esquerda. */
        /* Esse filho ocupará o lugar do seu pai.        */
    subs = p->esquerda;
else {
        /* p tem dois filhos. Neste caso, faz-se 'subs' apontar para o sucessor */
        /* em ordem infixa de p e 'pai' apontar para o pai de 'subs'.           */
    pai = p;
    subs = p->direita;

    filho = subs->esquerda; /* 'filho' é sempre o filho à esquerda de 'subs' */

        /* Faz 'subs' apontar para o sucessor em ordem infixa de p e 'pai' */
        /* apontar para o pai de  'subs'. Usa-se o ponteiro 'filho' para   */
        /* descer na árvore sempre à esquerda até que 'filho' seja NULL.   */
    while (filho) {
        pai = subs;
        subs = filho;
        filho = subs->esquerda;
    }

        /* Neste ponto, sabe-se que 'subs' é o sucessor em ordem infixa */
        /* de p. Se 'pai' e 'p' estiverem apontando para o mesmo nó,    */
        /* 'subs' não tem filho à esquerda.                             */
    if (pai != p) {
            /* Faz com que o filho direito de 'subs' */
            /* torne-se o filho esquerdo de 'pai'    */
        pai->esquerda = subs->direita;

            /* Substitui o filho direito de 'subs' pelo filho direito */
            /* de p, que aponta para o nó a ser removido              */
        subs->direita = p->direita;
    }

        /* Substitui o filho esquerdo de 'subs' pelo filho esquerdo de p */
    subs->esquerda = p->esquerda;
} /* else */

/*** Faz o nó apontado por 'subs' ocupar o lugar do nó apontado por p ***/

    /* Verifica se o nó a ser removido é a raiz pois a remoção da raiz é especial */
if (!q) /* O nó removido era a raiz */
    *arvore = subs;
else if (p == q->esquerda)
    q->esquerda = subs; /* O filho esquerdo de q será removido */
```

```
else
   q->direita = subs; /* O filho direito de q será removido */
free(p); /* Libera o nó removido */
return 0; /* A remoção foi bem sucedida */
}
```

A função `RemoveArvoreBB()` é relativamente complexa, mas, por outro lado, seu entendimento é crucial para assimilar operações sobre as árvores de busca mais sofisticadas que serão discutidas mais adiante. Para facilitar o entendimento dessa função, é útil dividir suas instruções em duas partes:

1. A primeira parte consiste em procurar o nó que deve ser removido, que é aquele que contém a chave especificada como parâmetro da referida função. Essa parte encerra com a instrução **if**:

```
if (!p)
   return 1;
```

Essa instrução encerra a função `RemoveArvoreBB()` quando o nó procurado não é encontrado, pois, obviamente, o nó só poderá ser removido se ele for encontrado. Agora, considerando o **Caso 3** de remoção descrito acima e ilustrado na **Figura 4–13**, a **Figura 4–17** mostra a situação ao final da execução dessa primeira parte da função.

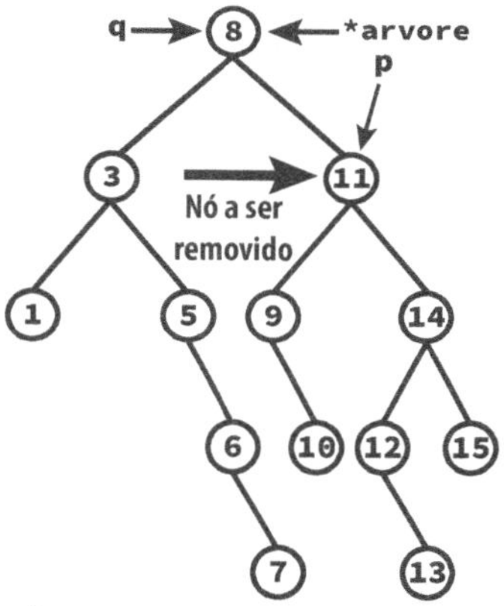

FIGURA 4–17: Ação da Função de Remoção de Nós numa Árvore Binária de Busca 1

2. A segunda parte da função começa na instrução **if** que segue a instrução **if** discutida acima. É essa parte que, efetivamente, lida com a remoção do nó após ele ter sido encontrado. Para facilitar a discussão que seguirá, essa parte é reproduzida abaixo sem os comentários que a acompanham na função `RemoveArvoreBB()`.

```
1.  if (!p->esquerda)
2.      subs = p->direita;
3.  else if (!p->direita)
4.      subs = p->esquerda;
5.  else {
6.      pai = p;
7.      subs = p->direita;
8.      filho = subs->esquerda;
9.
10.     while (filho) {
11.         pai = subs;
12.         subs = filho;
13.         filho = subs->esquerda;
14.     }
```

```
15.
16.    if (pai != p) {
17.        pai->esquerda = subs->direita;
18.        subs->direita = p->direita;
19.    }
20.
21.    subs->esquerda = p->esquerda;
22. }
23.
24. if (!q)
25.    *arvore = subs;
26. else if (p == q->esquerda)
27.    q->esquerda = subs;
28. else
29.    q->direita = subs;
30.
31. free(p);
```

Quando o nó a ser removido não possui nenhum filho (**Caso 1**) ou possui apenas filho direito (**Caso 2**), a condição da instrução **if** na **Linha 1** é satisfeita, de modo que a instrução na **Linha 2**:

```
subs = p->direita;
```

é executada. Essa última instrução faz com que o ponteiro **subs** aponte para o filho direito do nó a ser removido. Se esse nó não possuir filho direito **subs** assumirá **NULL**. Adiante, o nó apontado pelo ponteiro **subs** irá substituir o nó ora sendo removido. O fato de esse ponteiro ser **NULL** não afeta o resultado que será obtido, como será visto.

Quando o nó a ser removido possui apenas filho esquerdo (**Caso 2**, novamente), a seguinte instrução (**Linha 4**) será executada:

```
subs = p->esquerda;
```

Essa instrução faz com que **subs** aponte para o filho esquerdo do nó a ser removido. Novamente, o nó apontado por **subs** substituirá o nó que está sendo removido.

O caso que se pretende escrutinar aqui é o **Caso 3**, que é o mais complexo. Esse caso ocorre quando o nó a ser removido possui dois filhos e, como foi descrito acima, o nó removido deverá ser substituído pelo nó que é seu sucessor imediato. Quando esse caso ocorre, as instruções nas linhas de **6** a **23** no trecho de programa acima são executadas. Em resumo, o que essas instruções fazem é exatamente encontrar o nó que é sucessor imediato do nó a ser removido.

Voltando ao processo de remoção do nó cuja chave é *11* e cujo último status foi apresentado na **Figura 4–17**, as instruções nas **Linhas 6**, **7** e **8**:

```
6. pai = p;
7. subs = p->direita;
8. filho = subs->esquerda;
```

do trecho de programa em discussão são responsáveis pela configuração apresentada na **Figura 4–18**.

O próximo trecho da função a ser executado é o laço **while**:

```
10. while (filho) {
11.     pai = subs;
12.     subs = filho;
13.     filho = subs->esquerda;
14. }
```

A execução desse laço **while** faz com que os ponteiros `subs`, `pai` e `filho` assumam os valores ilustrados na **Figura 4–19**.

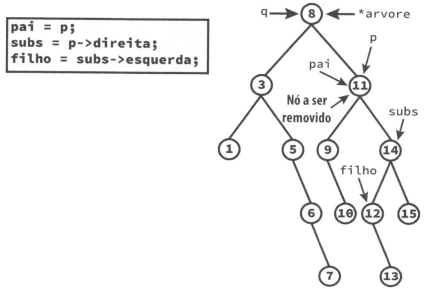

FIGURA 4–18: AÇÃO DA FUNÇÃO DE REMOÇÃO DE NÓS NUMA ÁRVORE BINÁRIA DE BUSCA 2

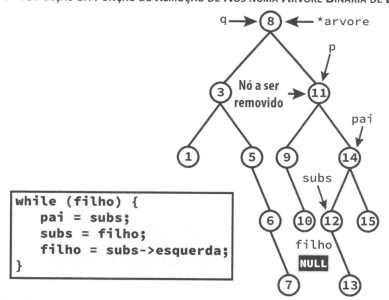

FIGURA 4–19: AÇÃO DA FUNÇÃO DE REMOÇÃO DE NÓS NUMA ÁRVORE BINÁRIA DE BUSCA 3

O próximo conjunto de instruções da função sob escrutínio a ser executado é:

```
16. if (pai != p) {
17.     pai->esquerda = subs->direita;
18.     subs->direita = p->direita;
19. }
20.
21. subs->esquerda = p->esquerda;
```

A execução dessas instruções é ilustrada na **Figura 4–20**.

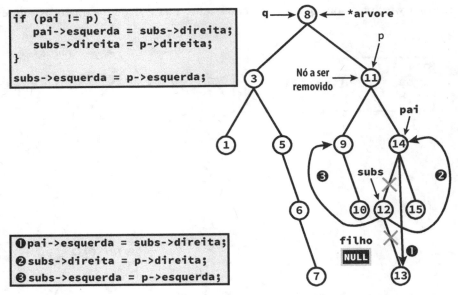

```
if (pai != p) {
    pai->esquerda = subs->direita;
    subs->direita = p->direita;
}

subs->esquerda = p->esquerda;
```

```
❶ pai->esquerda = subs->direita;
❷ subs->direita = p->direita;
❸ subs->esquerda = p->esquerda;
```

FIGURA 4-20: AÇÃO DA FUNÇÃO DE REMOÇÃO DE NÓS NUMA ÁRVORE BINÁRIA DE BUSCA 4

As instruções que concluem a remoção são as seguintes:

```
24. if (!q)
25.    *arvore = subs;
26. else if (p == q->esquerda)
27.    q->esquerda = subs;
28. else
29.    q->direita = subs;
30.
31. free(p);
```

A **Figura 4–21** ilustra a execução dessas instruções.

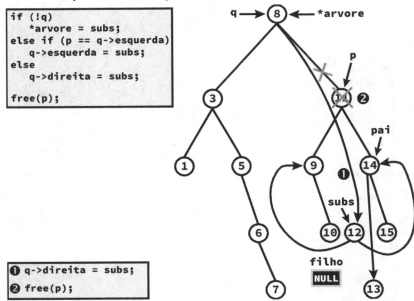

```
if (!q)
    *arvore = subs;
else if (p == q->esquerda)
    q->esquerda = subs;
else
    q->direita = subs;

free(p);
```

```
❶ q->direita = subs;
❷ free(p);
```

FIGURA 4-21: AÇÃO DA FUNÇÃO DE REMOÇÃO DE NÓS NUMA ÁRVORE BINÁRIA DE BUSCA 5

4.1.3 Análise

Teorema 4.2: No pior caso, a altura de uma árvore binária ordinária de busca que armazena n chaves é n.

Prova: O pior caso de uma árvore binária ordinária de busca ocorre quando as chaves são inseridas em ordem crescente ou decrescente. Nesse caso, usando o algoritmo padrão de inserção, haverá um nó em cada nível, de modo que a altura da árvore será n. ∎

Corolário 4.1: No pior caso, uma operação de busca, inserção ou remoção numa árvore binária ordinária de busca tem custo temporal $\theta(n)$, em que n é o número de chaves armazenadas na árvore.

Prova: No pior caso, qualquer uma dessas operações requer uma descida até a única folha da árvore; ou seja, essa operação requer que n nós sejam visitados. Logo o custo temporal de qualquer uma dessas operações é $\theta(n)$. ∎

De acordo com o **Corolário 4.1**, os custos das operações de busca, inserção ou remoção em árvores binárias ordinárias de busca não são melhores do que os custos correspondentes para listas simplesmente encadeadas. O mais grave é que esse pior caso não é improvável na prática.

4.2 Rotações em Árvores Binárias de Busca

Rotação é uma operação que envolve um nó de uma árvore binária de busca e um dos seus filhos, que pode ser o filho esquerdo ou o filho direito de acordo com o tipo de rotação. Rotações são extremamente importantes no estudo das árvores binárias de busca que serão discutidas nas próximas seções.

Rotações alteram as posições relativas de alguns nós de uma árvore binária, de modo que sua configuração é alterada. O objetivo prático do uso de rotações é reduzir a altura de uma árvore binária de busca ao mesmo tempo que mantém suas propriedades como árvore de busca. Em geral, uma operação de rotação eleva um nó (e seus filhos) para o próximo nível superior da árvore e abaixa outro nó para o próximo nível inferior da árvore.

Existem dois tipos de rotação: (1) **rotação direita** e (2) **rotação esquerda**. Numa rotação direita, o filho esquerdo de um nó gira em torno do seu pai no sentido horário, como mostra a **Figura 4–22**[5]. O pré-requisito para que uma rotação direita possa ocorrer é que o referido filho esquerdo exista (i.e., ele não pode ser nulo).

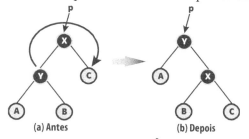

(a) Antes   (b) Depois

Figura 4–22: Rotação Direita em Árvore Binária de Busca

Na rotação ilustrada na **Figura 4–22**, diz-se, informalmente, que *ocorre uma rotação (à direita) do nó Y em torno do nó X* ou, simplesmente, *uma rotação sobre X*. Nesse contexto, o nó que sofre a rotação (nó Y na figura) é denominado **pivô** e seu pai (nó X na figura) é denominado **raiz**. Em outras palavras, de modo mais simples, pivô é o nó que sobe um nível e raiz é o nó que desce um nível.

Numa rotação direita, ocorre o seguinte:

1. A raiz passa a ocupar o lugar ora ocupado por seu filho direito. Na **Figura 4–22**, o nó rotulado com X ocupa o lugar do nó ocupado pelo nó rotulado com C.

---

[5] As letras no interior dos nós são rótulos usados para facilitar as referência aos nós aos quais essas letras estão associadas. Ou seja, essas letras *não são chaves*.

2. O filho direito do antigo filho esquerdo da raiz (na **Figura 4–22**, é o nó rotulado com *B*) torna-se o filho esquerdo da raiz.

3. O filho esquerdo da raiz ocupa o lugar dantes ocupado pela raiz. Na **Figura 4–22**, o nó rotulado com *Y* ocupa o lugar do nó ocupado pelo nó rotulado com *X*.

4. O ponteiro *p* que apontava para a antiga raiz (i.e., *X*) passa a apontar para a nova raiz (i.e., *Y*).

Numa rotação esquerda, o filho direito de um nó gira em torno do seu pai no sentido anti-horário, como mostra a **Figura 4–23**. O pré-requisito para que uma rotação esquerda possa ocorrer é que o referido filho direito exista (i.e., ele não pode ser nulo).

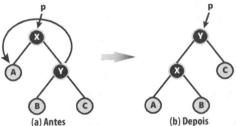

FIGURA 4–23: ROTAÇÃO ESQUERDA EM ÁRVORE BINÁRIA DE BUSCA

Na rotação ilustrada na **Figura 4–23**, diz-se, informalmente, que *ocorre uma rotação (à esquerda) do nó Y em torno do nó X* ou, simplesmente, *uma rotação sobre X*.

Numa rotação esquerda, acontece o seguinte:

1. A raiz ocupa o lugar do filho esquerdo. Na **Figura 4–23**, o nó *X* ocupa o lugar do nó *A*.

2. O filho esquerdo do filho direito da raiz (na **Figura 4–23**, é o nó *B*) torna-se o filho direito da raiz.

3. O filho direito da raiz ocupa o antigo lugar da raiz. Na **Figura 4–23**, nó rotulado com *Y* ocupa o lugar do nó outrora ocupado pelo nó rotulado com *X*.

4. O ponteiro *p* que apontava para a antiga raiz (*X*) passa a apontar para a nova raiz (*Y*).

Descritas em palavras, as rotações acima parecem ser complicadas. Mas, se você utilizar ilustrações gráficas como as últimas duas figuras, verá que elas são bastante simples de entender. Numa rotação direita, por exemplo, o filho esquerdo (i.e., *Y*) da raiz (i.e., *X*) gira de modo que seu pai se torna seu filho direito. Como um nó não pode ter dois filhos direitos, o antigo filho direito de *Y* (i.e., *B*) se torna filho esquerdo de *X*. E não poderia ser diferente, pois *X* já possui filho direito. Um raciocínio similar pode ser empregado para melhor entender a rotação esquerda.

Em representações gráficas de árvores que ilustram rotações, tipicamente, em vez de nós, frequentemente, utilizam-se triângulos para representar os filhos dos nós protagonistas das operações de rotação (esses nós estão representados com uma cor mais escura na **Figura 4–22** e na **Figura 4–23**). Esses triângulos representam subárvores das quais os nós protagonistas das rotações são raízes. Essas subárvores podem consistir de um único nó ou até ser vazias. Quando uma tal subárvore não é vazia, os níveis de seus nós podem aumentar ou diminuir. A **Figura 4–24** ilustra as rotações direita e esquerda utilizando essa notação.

Supondo que *chaves(A$_i$)* seja o conjunto de chaves da subárvore *A$_i$* e *chave(n)* seja a chave do nó *n*, tem-se que, na **Figura 4–24**, a seguinte relação é válida antes e depois de uma rotação esquerda ou direita:

$$chaves(A_1) < chave(y) < chaves(A_2) < chave(x) < chaves(A_3)$$

A **Figura 4–25** ilustra a preservação dessas propriedades durante uma rotação.

É importante observar que a ordem de visitação de nós num caminhamento infixo é preservada quando se faz uma rotação esquerda ou direita em torno de qualquer nó de uma árvore binária. Portanto uma árvore binária de busca permanece sendo uma árvore de busca após qualquer operação de rotação esquerda ou direita em torno de um de seus nós (v. **Seção 4.1.1**).

FIGURA 4–24: ROTAÇÕES EM ÁRVORE BINÁRIA DE BUSCA

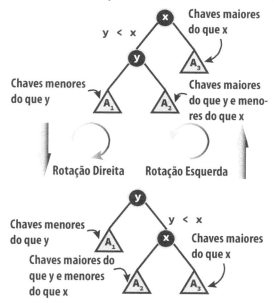

FIGURA 4–25: PRESERVAÇÃO DE ORDEM EM ROTAÇÕES EM ÁRVORES BINÁRIAS DE BUSCA

A função `RotacaoDireitaArvoreBB()`, apresentada a seguir, implementa a operação de rotação direita sobre a raiz de uma árvore binária. Nessa função, o parâmetro e a variável local são rotulados de acordo com a **Figura 4–22**, mas, diferentemente do que ocorre nessa figura, x e y são ponteiros para nós e não nós em si. Essa função retorna o endereço da raiz da árvore após a rotação. O tipo **tArvoreBB** é o mesmo definido na **Seção 4.1.2**.

```
static tArvoreBB RotacaoDireitaArvoreBB(tArvoreBB x)
{
    tArvoreBB y = x->esquerda; /* Guarda o endereço da nova raiz após a rotação*/

    /* Garante que é possível efetuar a rotação */
    ASSEGURA(y, "Rotacao direita impossivel: filho esquerdo e' nulo");

    /***********************************************/
    /* A ordem das instruções a seguir é essencial */
    /***********************************************/

    /* O filho direito de y torna-se filho esquerdo de x */
    x->esquerda = y->direita;

    y->direita = x; /* x torna-se filho direito de y */

    return y; /* Retorna a nova raiz */
}
```

216 | Capítulo 4 — Busca Hierárquica em Memória Principal

A função `RotacaoEsquerdaArvoreBB()` implementa a operação de rotação esquerda sobre a raiz de uma árvore binária. Nessa função, `x` e `y` são ponteiros para os nós rotulados com `X` e `Y`, respectivamente, na **Figura 4–23**. Essa função retorna o endereço da nova raiz da árvore após a rotação.

```
static tArvoreBB RotacaoEsquerdaArvoreBB(tArvoreBB x)
{
  tArvoreBB y = x->direita; /* Guarda o endereço da nova raiz após a rotação */

    /* Garante que é possível efetuar a rotação */
  ASSEGURA(y, "Rotacao esquerda impossivel: filho direito e' nulo");

    /****************************************************/
    /* A ordem das instruções a seguir é essencial */
    /****************************************************/

    /* O filho esquerdo de y torna-se filho direito de x */
  x->direita = y->esquerda;

    /* x torna-se filho esquerdo de y */
  y->esquerda = x;

  return y; /* Retorna a nova raiz */
}
```

Note que, qualquer que seja o número de nós ou altura de uma árvore binária, uma rotação esquerda ou direita de um nó dessa árvore tem custo temporal $\theta(1)$, pois ela só envolve a alteração de alguns poucos ponteiros. Em árvores binárias que serão discutidas nas próximas seções, são comuns rotações duplas que são combinações das rotações básicas esquerda e direita discutidas nesta seção. Essas rotações duplas também possuem custos temporais $\theta(1)$ pelas mesmas razões expostas aqui.

Em geral, rotações alteram o formato de uma árvore binária de busca preservando suas propriedades. Elas diminuem a altura de uma árvore movendo subárvores de alturas menores para baixo e subárvores de alturas maiores para cima.

4.3 Balanceamento de Árvores Binárias de Busca

O **balanceamento** de uma árvore binária de busca é medido pela diferença entre as alturas de quaisquer duas de suas subárvores. Uma árvore binária **perfeitamente balanceada** é aquela na qual cada nó possui subárvores de mesma altura. Tal árvore possui número de nós igual a $2^a - 1$, em que a é a altura da árvore, conforme foi mostrado no **Apêndice B** do **Volume 1**. Mas esse critério de balanceamento é rígido demais para ser utilizado na prática e precisa ser relaxado. Quer dizer, nem sempre é viável manter uma árvore binária de busca com sua altura mínima, pois o custo computacional pode ser muito elevado.

O fato de uma árvore binária de busca ser mais eficiente do que uma lista encadeada depende do formato da árvore. Além disso, uma árvore inicialmente balanceada pode se tornar muito desbalanceada após experimentar muitas inserções e remoções. A **Figura 4–26** mostra três árvores binárias contendo a mesma informação, mas com configurações bem distintas. Como já foi discutido, uma árvore inclinada como aquela da **Figura 4–26 (a)** é praticamente uma lista encadeada. A árvore da **Figura 4–26 (b)** não é perfeitamente balanceada, mas apresenta um balanceamento aceitável. Por outro lado, a árvore da **Figura 4–26 (c)** não representa o pior caso de balanceamento, mas seu balanceamento não pode ser considerado aceitável.

Existem várias técnicas de balanceamento de árvores binárias de busca. Árvores com autobalanceamento reduzem suas alturas para valores próximos a $log_2\, n$ executando rotações quando chaves são inseridas ou removidas. O ônus associado a essas transformações é justificado pela aceleração das operações posteriores.

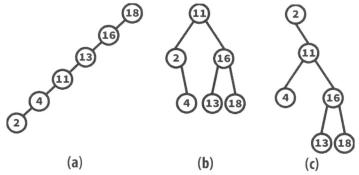

FIGURA 4–26: ÁRVORES DE BUSCA COM DIFERENTES BALANCEAMENTOS

4.4 Árvores AVL

4.4.1 Motivação e Conceito

Uma **árvore AVL** é uma árvore binária de busca na qual as alturas de quaisquer duas subárvores nunca diferem em mais de *1*. A denominação *AVL* é uma homenagem a **A**delson-**V**elskii e **L**andis que demonstraram várias propriedades interessantes dessas árvores. Árvore AVL é também a árvore binária balanceada de busca mais antiga usada na prática, tendo sido inventada em 1962.

O custo temporal da maioria das operações com árvores binárias de busca é $\theta(a)$, em que *a* é a altura da árvore, que pode se tornar $\theta(n)$, em que *n* é o número de nós, quando a árvore é inclinada (v. **Figura** 4–7). Nesse último caso, uma árvore binária de busca se comporta como uma lista encadeada. Árvores AVL garantem que suas alturas são sempre $\theta(\log n)$ após operações de inserção ou remoção. Portanto operações sobre árvore AVL têm custo temporal $\theta(\log n)$.

Note que toda árvore perfeitamente balanceada também é uma árvore AVL, mas a recíproca não é verdadeira, pois árvores perfeitamente balanceadas têm critério de balanceamento mais rígido do que árvores AVL. Por exemplo, a árvore da **Figura 4–27 (a)** é AVL, mas não é perfeitamente balanceada, enquanto a árvore da **Figura 4–27 (b)** é AVL e também é perfeitamente balanceada.

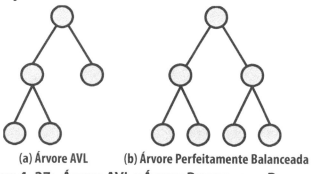

(a) Árvore AVL   **(b) Árvore Perfeitamente Balanceada**
FIGURA 4–27: ÁRVORE AVL E ÁRVORE PERFEITAMENTE BALANCEADA

O **balanceamento de um nó** é definido como a altura de sua subárvore esquerda menos a altura de sua subárvore direita. Portanto de acordo com a definição apresentada acima, cada nó de uma árvore AVL tem balanceamento *–1*, *0* ou *1*, conforme sua subárvore esquerda tem altura menor, igual ou maior do que a altura de sua subárvore direita, respectivamente.

A **Figura 4–28** ilustra uma árvore AVL. Nessa figura, o número no interior de cada nó é o balanceamento do nó.

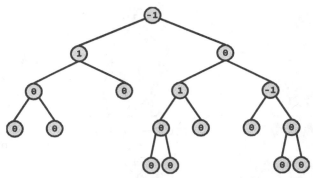

FIGURA 4–28: BALANCEAMENTO DE NÓS NUMA ÁRVORE AVL

Uma consequência imediata da propriedade de balanceamento de árvores AVL é que qualquer subárvore de uma árvore AVL é em si uma árvore AVL. Essa propriedade de balanceamento também tem como importante consequência o fato de manter pequena a altura de qualquer árvore AVL, como mostra o **Teorema 4.3**. Restabelecer o balanceamento de uma árvore perfeitamente balanceada após inserção ou remoção de um nó não é trivial, mas, no caso de árvores AVL, essa tarefa é relativamente fácil. Para facilitar as discussões sobre esse rebalanceamento as seguintes definições serão adotadas:

❑ **Caminho de inserção** numa árvore binária de busca são os nós visitados desde a raiz da árvore até a folha na qual será efetuada a inserção de um nó [v. **Figura 4–29 (a)**]. Por outro lado, **caminho inverso de inserção** é um caminho de inserção considerado no sentido oposto (i.e., do último nó do caminho de inserção até a raiz).

❑ **Caminho de remoção** numa árvore binária de busca são os nós visitados desde a raiz da árvore até um nó dessa árvore que será removido, se esse nó for encontrado, ou são os nós visitados desde a raiz da árvore até um nó nulo, quando o nó a ser removido não for encontrado [v. **Figura 4–29 (b)**]. **Caminho inverso de remoção** é um caminho de remoção considerado no sentido oposto.

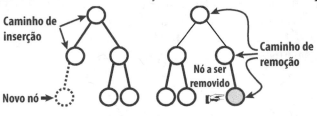

(a) Caminho de Inserção   **(b) Caminho de Remoção**

FIGURA 4–29: CAMINHO DE INSERÇÃO E CAMINHO DE REMOÇÃO

4.4.2 Desbalanceamento Devido a Inserção

Após um nó ser inserido, apenas os nós que estão no caminho de inserção têm suas subárvores alteradas. Além disso, apenas o primeiro nó de baixo para cima que se tornou desbalanceado no caminho inverso de inserção precisa ser rebalanceado (v. adiante).

A **Figura 4–30** a seguir ilustra todas as inserções possíveis que podem ser feitas na árvore da **Figura 4–28**. Nessa figura, cada inserção que resulta numa árvore balanceada é rotulada com B e cada inserção que resulta numa árvore desbalanceada é rotulada com D_i (sendo $1 \leq i \leq 12$). Note que a árvore torna-se desbalanceada apenas quando um nó é inserido na subárvore esquerda de um nó que tinha balanceamento igual a 1 ou quando um nó é inserido na subárvore direita de um nó que tinha balanceamento igual a -1. Na **Figura 4–30**, os nós com fundos coloridos são os nós mais profundos que se tornam desbalanceados em consequência de alguma inserção abaixo deles.

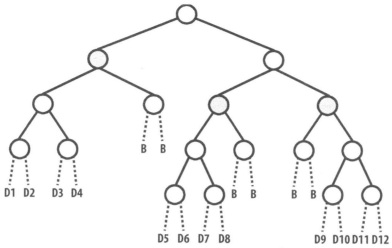

FIGURA 4–30: POSSÍVEIS INSERÇÕES NUMA ÁRVORE AVL

Para manter uma árvore AVL balanceada após uma inserção é necessário transformar a árvore, de tal modo que:

☐ O caminhamento em ordem infixa na árvore resultante seja igual ao da árvore original (i.e., a árvore resultante deve continuar sendo uma árvore de busca)

☐ A árvore resultante permaneça balanceada segundo o critério AVL

Os possíveis desbalanceamentos que podem ocorrer em operações de inserção e remoção são resumidos a quatro casos. Suponha que z seja o primeiro ancestral de um nó w recém inserido que se torna desbalanceado em virtude dessa inserção. Suponha ainda que y seja o filho de z que se encontra no caminho entre w e z e que x é o primeiro neto de z encontrado nesse mesmo caminho. Esses quatro casos de desbalanceamento mencionados serão descritos a seguir.

Caso 1: Esquerda-esquerda

Esse tipo de desbalanceamento é decorrente de uma inserção na subárvore esquerda (enraizada em x) de um nó (y) que é filho esquerdo de outro nó (z) cujo balanceamento é igual a 1 (antes da inserção). Nesse caso, y é filho esquerdo de z e x é filho esquerdo de y. O rebalanceamento requerido nesse caso é uma simples rotação à direita como mostra a **Figura 4–31**. Nessa figura, os triângulos representam subárvores e o desbalanceamento nesse caso ocorre quando há uma inserção na subárvore A_1 ou na subárvore A_2. A seta para a esquerda nessa figura indica o nó sobre o qual incide a rotação (i.e., o nó z)[6].

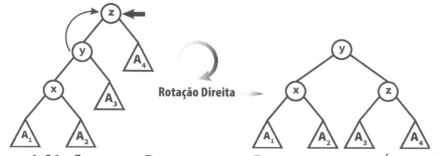

FIGURA 4–31: CORREÇÃO DE DESBALANCEAMENTO ESQUERDA-ESQUERDA EM ÁRVORE AVL

Para tornar a discussão mais palpável, a **Figura 4–32** mostra de modo mais concreto esse caso de desbalanceamento, enquanto a **Figura 4–33** apresenta a correção efetuada para corrigir esse desbalanceamento.

[6] Lembre-se que x, y e z são rótulos associados aos nós para facilitar a discussão (i.e., não representam chaves).

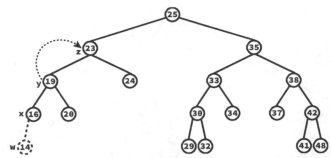

FIGURA 4–32: EXEMPLO DE DESBALANCEAMENTO ESQUERDA-ESQUERDA EM ÁRVORE AVL

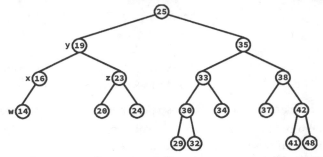

FIGURA 4–33: EXEMPLO DE CORREÇÃO DE DESBALANCEAMENTO ESQUERDA-ESQUERDA

Caso 2: Esquerda-direita

Esse tipo de desbalanceamento é ocasionado por uma inserção na subárvore direita (enraizada em x) de um nó (y) que é filho esquerdo de outro nó (z) cujo balanceamento é igual a *1* (antes da inserção). Aqui, y é filho esquerdo de z e x é filho direito de y. A **Figura 4–34** mostra que o rebalanceamento neste caso requer duas rotações: uma rotação esquerda seguida de uma rotação direita. Nessa figura, a inserção ocorre na subárvore A_2 ou na subárvore A_3 e as setas mais escuras indicam os nós sobre os quais incidem as rotações.

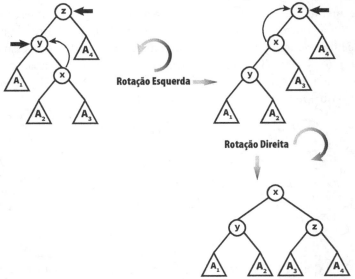

FIGURA 4–34: CORREÇÃO DE DESBALANCEAMENTO ESQUERDA-DIREITA EM ÁRVORE AVL

A **Figura 4–35** mostra de modo mais concreto esse caso de desbalanceamento, ao passo que a **Figura 4–36** e a **Figura 4–37** apresentam as correções efetuadas para retificar esse desbalanceamento.

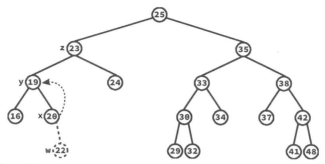

FIGURA 4–35: EXEMPLO DE DESBALANCEAMENTO ESQUERDA-DIREITA EM ÁRVORE AVL

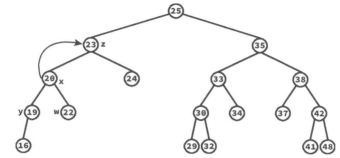

FIGURA 4–36: EXEMPLO DE CORREÇÃO DE DESBALANCEAMENTO ESQUERDA-DIREITA 1

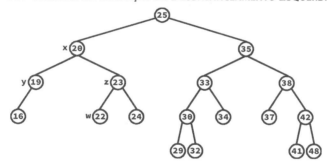

FIGURA 4–37: EXEMPLO DE CORREÇÃO DE DESBALANCEAMENTO ESQUERDA-DIREITA 2

Caso 3: Direita-direita

Esse tipo de desbalanceamento é ocasionado por uma inserção na subárvore direita (enraizada em x) de um nó (y) que é filho direito de outro nó (z) cujo balanceamento é igual a -1 (antes da inserção). Nesse caso, y é filho direito de z e x é filho direito de y. Aqui, o rebalanceamento requerido é uma simples rotação à esquerda, como mostra a **Figura 4–38**. Nessa figura, a inserção ocorre na subárvore A_3 ou A_4.

A **Figura 4–39** mostra de modo mais concreto esse caso de desbalanceamento, enquanto a **Figura 4–40** apresenta a correção efetuada para corrigir esse desbalanceamento.

Note que o **Caso 3** é simétrico ao **Caso 1**. Quer dizer, a descrição do **Caso 3** pode ser obtida da descrição do **Caso 1** trocando-se entre si as palavras *direita* e *esquerda*. E o mesmo é o caso das respectivas correções desses casos.

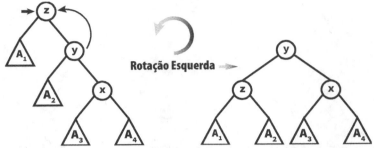

FIGURA 4–38: CORREÇÃO DE DESBALANCEAMENTO DIREITA-DIREITA EM ÁRVORE AVL

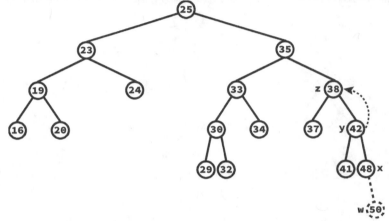

FIGURA 4–39: EXEMPLO DE DESBALANCEAMENTO DIREITA-DIREITA EM ÁRVORE AVL

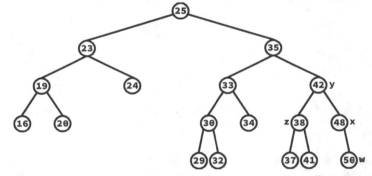

FIGURA 4–40: EXEMPLO DE CORREÇÃO DE DESBALANCEAMENTO DIREITA-DIREITA

Caso 4: Direita-esquerda

Este tipo de desbalanceamento decorre de uma inserção na subárvore esquerda (enraizada em x) de um nó (y) que é filho direito de outro nó (z) cujo balanceamento é igual a -1 (antes da inserção). Aqui, y é filho direito de z e x é filho esquerdo. Nesse caso, a correção necessária consiste numa rotação direita seguida de uma rotação esquerda. Ambas as rotações são efetuadas sobre o nó z. A **Figura 4–41** ilustra o rebalanceamento necessário nesse caso. As setas pretas nessa figura indicam os nós sobre os quais incidem as rotações. Nessa mesma figura, a inserção ocorre na subárvore A_2 ou A_3.

A **Figura 4–42** mostra de modo mais concreto esse caso de desbalanceamento, enquanto a **Figura 4–43** e a **Figura 4–44** apresentam as correções efetuadas para retificar esse desbalanceamento. Note que o **Caso 4** é simétrico ao **Caso 2**.

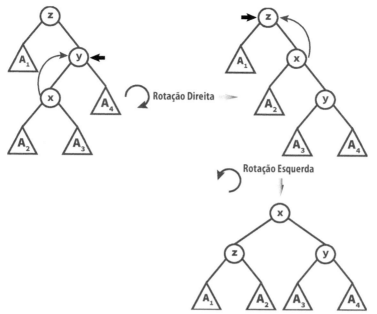

FIGURA 4–41: CORREÇÃO DE DESBALANCEAMENTO DIREITA-ESQUERDA EM ÁRVORE **AVL**

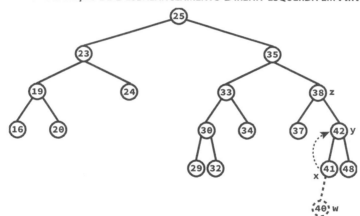

FIGURA 4–42: EXEMPLO DE DESBALANCEAMENTO DIREITA-ESQUERDA EM ÁRVORE **AVL**

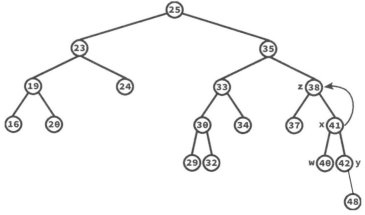

FIGURA 4–43: EXEMPLO DE CORREÇÃO DE DESBALANCEAMENTO DIREITA-ESQUERDA **1**

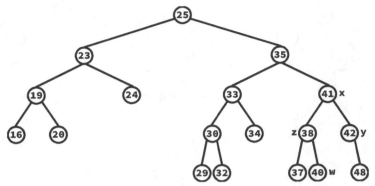

Figura 4–44: **Exemplo de Correção de Desbalanceamento Direita-esquerda 2**

Em resumo, o procedimento a ser adotado para corrigir um desbalanceamento em virtude de inserção é o seguinte:

1. Se o balanceamento[7] de um ancestral for maior do que *1*, então tem-se um desbalanceamento esquerda-esquerda (**Caso 1**) ou esquerda-direita (**Caso 2**). Para verificar qual deles se aplica, compara-se a chave do nó recém inserido com a chave do filho esquerdo do ancestral ora escrutinado. Se a chave recém-inserida for menor do que a chave do referido filho, trata-se do **Caso 1** (i.e., esquerda-esquerda) de desbalanceamento; caso contrário, trata-se do **Caso 2** (i.e., esquerda-direita).

2. Se o balanceamento de um ancestral for menor do que *−1*, então tem-se um desbalanceamento direita-direita (**Caso 3**) ou direita-esquerda (**Caso 4**). Para decidir qual é o caso correto, compara-se a chave do nó recém inserido com a chave do filho direito do ancestral sob escrutínio. Se a chave recém-inserida for menor do que a chave do referido filho, trata-se do **Caso 4** (i.e., direita-esquerda) de desbalanceamento; caso contrário, trata-se do **Caso 3** (i.e., direita-direita).

O algoritmo de inserção em árvore AVL é apresentado na **Figura 4–45**.

Algoritmo InsereEmÁrvoreAVL

Entrada: O conteúdo de um novo elemento (nó)

Entrada/Saída: Uma árvore AVL

Saída: Um valor informando se a operação foi bem-sucedida

1. Se a árvore estiver vazia, faça com que o novo nó seja a raiz da árvore e retorne informando o sucesso da operação

2. Se a chave do novo nó for igual à chave da raiz, retorne informando o fracasso da operação

3. Se na chave do novo nó for menor do que a chave da raiz, insira-o na subárvore esquerda usando **InsereEmÁrvoreAVL**

4. Se na chave do novo nó for maior do que a chave da raiz, insira-o na subárvore direita usando **InsereEmÁrvoreAVL**

5. Atualize a altura da árvore

6. Obtenha o balanceamento (*bal*) da árvore

7. Se *bal > 1*, faça:

   7.1 Se a chave recém-inserida for menor do que a chave da raiz da subárvore esquerda, efetue uma rotação direita na árvore e retorne informando o sucesso da operação

   7.2 Se a chave recém-inserida for maior do que a chave da raiz da subárvore esquerda:

Figura 4–45: **Algoritmo de Inserção em Árvore AVL**

[7]   Lembrando: o balanceamento de um nó é a altura de sua subárvore esquerda menos a altura de sua subárvore direita.

> **ALGORITMO INSEREEMÁRVOREAVL (CONTINUAÇÃO)**
>
> **7.2.1** Efetue uma rotação esquerda na subárvore esquerda
>
> **7.2.2** Efetue uma rotação direita na árvore
>
> **7.2.3** Retorne informando o sucesso da operação
>
> **8.** Se *bal* < −1, faça:
>
> **8.1** Se a chave recém-inserida for maior do que a chave da raiz da subárvore direita, efetue uma rotação esquerda na árvore e retorne informando o sucesso da operação
>
> **8.2** Se a chave recém-inserida for menor do que a chave da raiz da subárvore direita:
>
> **8.2.1** Efetue uma rotação direita na subárvore direita
>
> **8.2.2** Efetue uma rotação esquerda na árvore
>
> **8.2.3** Retorne informando o sucesso da operação

CONTINUAÇÃO

FIGURA 4–45 (CONT.): ALGORITMO DE INSERÇÃO EM ÁRVORE AVL

4.4.3 Desbalanceamento Causado por Remoção

A análise dos casos de desbalanceamentos de árvores AVL em virtude de remoção é semelhante à análise correspondente para inserção, mas as correções desses desbalanceamentos são bem mais complicadas porque um dado desbalanceamento pode se propagar no caminho inverso de remoção até a raiz da árvore. Do mesmo modo que inserção, há quatro casos possíveis de desbalanceamento que podem ocorrer após a remoção de um nó. Entretanto, diferentemente do que ocorre com inserção, não é suficiente corrigir o balanceamento do primeiro nó que era ancestral do nó removido que se torna desbalanceado em virtude dessa remoção. Quer dizer, após corrigir esse balanceamento pode ser necessário ainda corrigir nós que sejam ancestrais do nó recém-corrigido. Os casos de desbalanceamento devido a remoção são semelhantes àqueles causados por inserção, mas as causas são (obviamente) diferentes. Esses casos serão resumidos a seguir.

Esquerda-esquerda

Esse desbalanceamento é igual ao desbalanceamento de idêntica denominação que ocorre durante inserção, mas a causa aqui é uma remoção numa subárvore direita (em vez de uma inserção numa subárvore esquerda). Uma rotação direita em torno do nó que se torna desbalanceado é suficiente para corrigir esse desbalanceamento, como ilustra a **Figura 4–46**. Nessa figura, a remoção do nó *w*, que se encontra na subárvore direita de *z*, faz com que esse último nó se torne desbalanceado. Essa figura mostra ainda a devida correção.

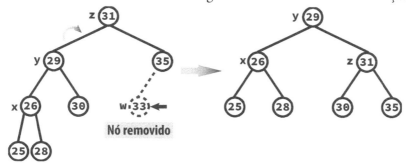

FIGURA 4–46: EXEMPLO DE DESBALANCEAMENTO ESQUERDA-ESQUERDA APÓS REMOÇÃO

Esquerda-direita

Esse desbalanceamento é idêntico ao desbalanceamento de mesma denominação que ocorre durante inserção, mas a causa aqui é (novamente) devido a uma remoção numa subárvore direita. Assim como ocorre no desbalanceamento idêntico que ocorre durante uma inserção, uma rotação dupla corrige o problema, como mostra a **Figura 4–47**.

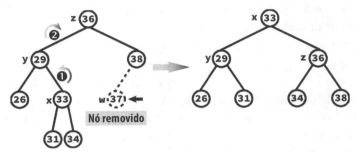

FIGURA 4–47: EXEMPLO DE DESBALANCEAMENTO ESQUERDA-DIREITA APÓS REMOÇÃO

Direita-direita

Esse desbalanceamento é idêntico ao desbalanceamento de mesma denominação que ocorre durante inserção, porém a causa aqui é uma remoção numa subárvore esquerda. A **Figura 4–48** mostra um exemplo desse caso de desbalanceamento e sua devida correção.

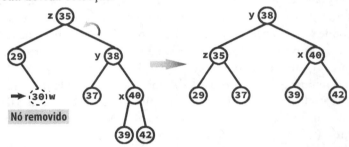

FIGURA 4–48: EXEMPLO DE DESBALANCEAMENTO DIREITA-DIREITA APÓS REMOÇÃO

Direita-esquerda

Esse desbalanceamento é idêntico ao desbalanceamento de mesma denominação que ocorre durante inserção, contudo a causa aqui é uma remoção numa subárvore esquerda. A **Figura 4–49** apresenta um exemplo desse caso de desbalanceamento e sua respectiva correção.

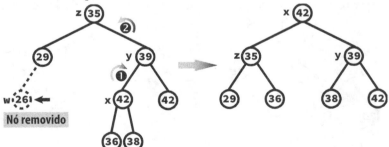

FIGURA 4–49: EXEMPLO DE DESBALANCEAMENTO DIREITA-ESQUERDA APÓS REMOÇÃO

Propagação de Desbalanceamento

O rebalanceamento de uma árvore AVL após a remoção de um nó é um tanto mais complicado do que após inserção, mas continua envolvendo combinações de rotações (às vezes, múltiplas) esquerdas e direitas de porções da árvore. O algoritmo básico de remoção de nós é aquele apresentado na **Seção 4.1.2**, mas esse algoritmo é acrescido com porções de código que realizam o rebalanceamento da árvore. Contudo, assim como ocorre com inserção, nem sempre o rebalanceamento de uma árvore AVL se faz necessário após uma operação de remoção.

Para entender a razão pela qual reajustes múltiplos podem ser necessários, considere o exemplo de remoção apresentado na **Figura 4–50**.

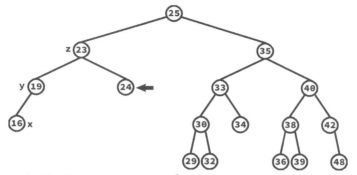

FIGURA 4–50: REMOÇÃO DE NÓ EM ÁRVORE AVL COM DESBALANCEAMENTO

Quando o nó indicado pela seta na **Figura 4–50** é removido, o nó rotulado como z torna-se desbalanceado e, de fato, esse é o único nó que se torna desbalanceado em virtude da referida remoção. Conforme se pode constatar nessa figura, esse é um desbalanceamento do tipo esquerda-esquerda (**Caso 1**) que pode ser corrigido com uma simples rotação direita sobre o nó z. A remoção do nó em questão e a subsequente correção do desbalanceamento mencionado são mostrados na **Figura 4–51**.

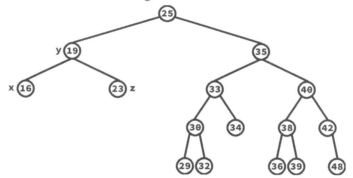

FIGURA 4–51: CORREÇÃO PARCIAL APÓS REMOÇÃO DE NÓ EM ÁRVORE AVL

O problema é que o rebalanceamento mostrado na **Figura 4–51** faz com que o nó contendo a chave 25 (i.e., a raiz da árvore) se torne desbalanceado. Esse novo desbalanceamento é do tipo direita-direita e é corrigido com uma única rotação esquerda em torno do nó contendo a chave 25, o que resulta na **Figura 4–52**.

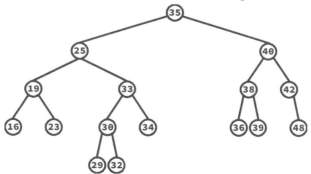

FIGURA 4–52: CORREÇÃO COMPLETA APÓS REMOÇÃO DE NÓ EM ÁRVORE AVL

O que esse último exemplo mostra é que após o balanceamento de um nó, pode ser necessário rebalancear alguns de seus ancestrais. Assim é necessário seguir o caminho desde o último nó rebalanceado até a raiz da árvore para checar se esses ancestrais se tornaram desbalanceados e, se for o caso, proceder com a devida correção.

O algoritmo de remoção em árvore AVL é apresentado na **Figura 4–53**.

ALGORITMO REMOVEEMÁRVOREAVL

ENTRADA: A chave do nó a ser removido

ENTRADA/SAÍDA: Uma árvore AVL

SAÍDA: Um valor informando o sucesso da operação

1. Se a árvore estiver vazia, retorne informando que não houve remoção
2. Se a chave a ser removida for menor do que a chave da raiz, remova-a da subárvore esquerda usando REMOVEEMÁRVOREAVL
3. Caso contrário, se a chave a ser removida for maior do que a chave da raiz, remova-a da subárvore direita usando REMOVEEMÁRVOREAVL
4. Caso contrário, faça:
    4.1 Se o nó a ser removido for uma folha, remova-a
    4.2 Se o nó a ser removido possuir apenas um filho, substitua o referido nó por seu filho
    4.3 Se o nó a ser removido possuir dois filhos:
        4.3.1 Substitua o conteúdo do nó que seria removido pelo conteúdo de seu sucessor
        4.3.2 Remova o nó sucessor usando REMOVEEMÁRVOREAVL
5. Se a árvore ficou vazia, retorne informando o sucesso da remoção
6. Atualize a altura da árvore
7. Obtenha o balanceamento (*bal*) da árvore
8. Se $-1 \leq bal \leq 1$, retorne informando o sucesso da operação
9. Se *bal* > *1* e o balanceamento da subárvore esquerda for maior do que ou igual a *0*, efetue uma rotação direita na árvore e retorne informando o sucesso da operação
10. Se *bal* > *1* e o balanceamento da subárvore esquerda for menor do que *0*:
    10.1 Efetue uma rotação esquerda na subárvore esquerda
    10.2 Efetue uma rotação direita na árvore
    10.3 Retorne informando o sucesso da operação
11. Se *bal* < *−1* e o balanceamento da subárvore direita for menor do que ou igual a *0*, efetue uma rotação esquerda na árvore e retorne informando o sucesso da operação
12. Se *bal* < *−1* e o balanceamento da subárvore direita for maior do que *0*:
    12.1 Efetue uma rotação direita na subárvore direita
    12.2 Efetue uma rotação esquerda na árvore
    12.3 Retorne informando o sucesso da operação

FIGURA 4–53: ALGORITMO DE REMOÇÃO EM ÁRVORE AVL

4.4.4 Implementação

Definições de Tipos

Para facilitar inserções e remoções em árvores AVL, um novo campo é adicionado na definição de tipo do nó da árvore. Esse novo campo armazena o valor do balanceamento do nó (`-1`, `0` ou `1`). A definição do tipo de nó de uma árvore AVL é apresentada a seguir:

```
typedef struct rotNoAVL {
        struct rotNoAVL *esquerda, *direita; /* Filhos deste nó */
        tCEP_Ind        conteudo; /* Par chave/índice */
        int             altura; /* Altura da árvore que tem este nó como raiz */
    } tNoAVL, *tArvoreAVL;
```

Busca

Busca em árvore AVL é exatamente igual a busca em árvore binária ordinária de busca (v. **Seção 4.1.2**).

Inserção

A função **InsereAVL()**, apresentada a seguir, insere um novo nó numa árvore AVL. Essa função retorna o endereço da raiz da árvore se a inserção ocorrer, ou **NULL** se não houver inserção porque a chave já se encontra na árvore. Os parâmetros dessa função são:

- **arvore** (entrada) — ponteiro para a raiz da árvore na qual será feita a inserção
- ***conteudo** (entrada) — conteúdo do nó que será inserido

```
tArvoreAVL InsereAVL(tArvoreAVL arvore, const tCEP_Ind *conteudo)
{
  int bal,     /* Balanceamento de um nó */
      compara; /* Comparação de duas chaves */

    /* Se a árvore estiver vazia, o novo nó será a raiz da árvore */
  if (!arvore)
    return NovoNoAVL(conteudo);

    /* Compara a chave do nó a ser inserido com a chave do nó corrente */
  compara = strcmp(conteudo->chave, arvore->conteudo.chave);

  if (compara < 0)
    arvore->esquerda = InsereAVL(arvore->esquerda, conteudo);
  else if (compara > 0)
    arvore->direita = InsereAVL(arvore->direita, conteudo);
  else
    return NULL; /* Chave já existe */

    /* Atualiza a altura desta arvore */
  arvore->altura = MAIOR(AlturaAVL(arvore->esquerda), AlturaAVL(arvore->direita))+1;

  bal = BalanceamentoAVL(arvore); /* Obtém o balanceamento da árvore */

    /* Examina os 4 casos possíveis de desbalanceamento */

  if (bal > 1) {
    /* Desbalanceamento esquerda-esquerda ou esquerda-direita */

    compara = strcmp(conteudo->chave, arvore->esquerda->conteudo.chave);

    if (compara < 0) /* Caso esquerda-esquerda */
      return RotacaoDireitaAVL(arvore);

    if (compara > 0) { /* Caso esquerda-direita */
      arvore->esquerda = RotacaoEsquerdaAVL(arvore->esquerda);
      return RotacaoDireitaAVL(arvore);
    }
  }

  if (bal < -1) {
    /* Desbalanceamento direita-direita ou direita-esquerda */

    compara = strcmp(conteudo->chave, arvore->direita->conteudo.chave);
```

```
    if (compara > 0) /* Caso direita-direita */
        return RotacaoEsquerdaAVL(arvore);

    if (compara < 0) { /* Caso direita-esquerda */
        arvore->direita = RotacaoDireitaAVL(arvore->direita);
        return RotacaoEsquerdaAVL(arvore);
    }
  }
  return arvore; /* Não ocorreu desbalanceamento */
}
```

A macro **MAIOR** invocada por **InsereAVL()** resulta no maior de dois números e sua implementação é trivial. Por sua vez, a função **BalanceamentoAVL()**, que é chamada por **InsereAVL()** para calcular o balanceamento de um nó, é implementada como:

```
static int BalanceamentoAVL(tArvoreAVL pNo)
{
   return pNo ? AlturaAVL(pNo->esquerda) - AlturaAVL(pNo->direita) : 0;
}
```

A função **AlturaAVL()** chamada por **InsereAVL()** e **BalanceamentoAVL()** para calcular a altura de uma árvore AVL é trivial, pois simplesmente não há o que calcular visto que a altura de cada nó é armazenada no próprio nó. Assim a função **AlturaAVL()** é implementada como:

```
int AlturaAVL(tArvoreAVL arvore)
{
   return arvore ? arvore->altura : 0;
}
```

Remoção

A implementação de uma função iterativa para remoção em árvores AVL que leve em consideração o que foi exposto é bastante complicada. Portanto novamente, será dada preferência a uma implementação recursiva que é relativamente mais fácil de entender, implementar e, ao mesmo tempo, é menos sujeita a erros de programação. Usando uma implementação recursiva da função que efetua a remoção de um nó de uma árvore AVL, todos os endereços dos nós ancestrais do nó removido são armazenados na pilha de execução e podem ser acessados durante a fase de decréscimo da função. Em caso de dúvidas na implementação dessa função, sugere-se que o leitor consulte o **Capítulo 4** do **Volume 1** desta obra.

A função **RemoveAVL()**, apresentada adiante, remove um nó de uma árvore AVL. Essa função retorna o endereço da raiz da árvore após a conclusão da operação, se a remoção for bem-sucedida ou **NULL**, se a árvore estiver vazia, se ela se tornar vazia após a remoção ou se a chave não for encontrada. Os parâmetros dessa função são:

- **arvore** (entrada) — ponteiro que representa a árvore na qual será feita a remoção
- **chave** (entrada) — a chave do nó a ser removido

```
tArvoreAVL RemoveAVL(tArvoreAVL arvore, tCEP chave)
{
   int       bal,      /* BalanceamentoAVL de um nó    */
             compara;  /* Comparação de duas chaves */
   tArvoreAVL p;       /* Ponteiro auxiliar */

   if (!arvore)  /* Se a árvore estiver vazia, não há remoção */
      return NULL;

      /* Compara a chave do nó a ser removido com a chave do nó corrente */
   compara = strcmp(chave, arvore->conteudo.chave);
```

```
if ( compara < 0 )
        /* O nó a ser removido se encontra na subárvore esquerda */
    arvore->esquerda = RemoveAVL(arvore->esquerda, chave);
else if( compara > 0 )
        /* O nó a ser removido se encontra na subárvore direita */
    arvore->direita = RemoveAVL(arvore->direita, chave);
else {
    /* Chave encontrada. Este é o nó a ser removido */

        /* Se o nó possui apenas um filho ou não possui nenhum */
        /* filho, p apontará para o nó a ser removido         */
    if( (!arvore->esquerda) || (!arvore->direita) ) {
        p = arvore->esquerda ? arvore->esquerda : arvore->direita;

        if(!p) { /* Nó não possui filhos */
            p = arvore;
            arvore = NULL;
        } else /* Nó possui um único filho */
            /* Copia o conteúdo do filho único para o pai */
            *arvore = *p;

        free(p); /* Libera o devido nó */
    } else { /* Nó possui dois filhos */
        /* Obtém o sucessor em ordem infixa do nó a ser removido */
        p = MenorNoAVL(arvore->direita);

        /* Copia o conteúdo do sucessor para o nó que seria removido */
        arvore->conteudo = p->conteudo;

        /* Remove o referido sucessor */
        arvore->direita = RemoveAVL(arvore->direita, p->conteudo.chave);
    }
}

    /* Se a árvore só tinha um nó e ele foi removido, o serviço está completo */
if (!arvore)
  return arvore;

    /* Atualiza a altura do nó corrente */
arvore->altura = MAIOR(AlturaAVL(arvore->esquerda),
                       AlturaAVL(arvore->direita)) + 1;

    /* Obtém o balanceamento desta árvore para  */
    /* verificar se ela se tornou desbalanceada */
bal = BalanceamentoAVL(arvore);

    /* Examina os 4 casos possíveis de desbalanceamento */

    /* Caso esquerda-esquerda */
if (bal > 1 && BalanceamentoAVL(arvore->esquerda) >= 0)
    return RotacaoDireitaAVL(arvore);

    /* Caso esquerda-direita */
if (bal > 1 && BalanceamentoAVL(arvore->esquerda) < 0) {
    arvore->esquerda =  RotacaoEsquerdaAVL(arvore->esquerda);
    return RotacaoDireitaAVL(arvore);
}

    /* Caso direita-direita */
if (bal < -1 && BalanceamentoAVL(arvore->direita) <= 0)
    return RotacaoEsquerdaAVL(arvore);
```

```
    /* Caso direita-esquerda */
  if (bal < -1 && BalanceamentoAVL(arvore->direita) > 0) {
    arvore->direita = RotacaoDireitaAVL(arvore->direita);
    return RotacaoEsquerdaAVL(arvore);
  }
  return arvore; /* Não ocorreu desbalanceamento */
}
```

4.4.5 Análise

Teorema 4.3: A altura de uma árvore AVL contendo n elementos é $\theta(log\ n)$.

Prova: Suponha que n_a seja o número mínimo de nós de uma árvore AVL com altura a. Então, de acordo com a definição de árvore AVL, o valor de n_a é determinado pela seguinte relação de recorrência:

$$n_a = n_{a-1} + n_{a-2} + 1$$

sendo que $n_0 = 0$ e $n_1 = 1$ são as condições iniciais dessa relação de recorrência.

Resolvendo-se essa relação de recorrência[8], obtêm-se os seguintes limites para a altura a de uma árvore AVL em função de seu número de nós n:

$$log(n + 1) \leq a < 1{,}44 \cdot log(n + 2) - 0{,}328$$

Esse resultado significa que a altura a de uma árvore AVL contendo n nós é $\theta(log\ n)$. ∎

Teorema 4.4: No pior caso, uma operação de busca, inserção ou remoção em árvore AVL tem custo temporal $\theta(log\ n)$.

Prova: Qualquer operação básica de tabela de busca implementada como árvore AVL (i.e., busca, inserção e remoção) tem, no pior caso, custo temporal $\theta(a)$, em que a é a altura da árvore. Mas, como foi provado na **Seção 4.4.1** que a é $\theta(log\ n)$, tem-se que cada uma dessas operações básicas tem custo temporal $\theta(log\ n)$. No caso de inserção e remoção, esse custo, por enquanto, é parcial, pois faltou levar em consideração o rebalanceamento da árvore.

Conforme foi visto na **Seção 4.2**, operações de rotação apresentam custo temporal $\theta(1)$, pois uma rotação altera apenas alguns ponteiros. Os cálculos de balanceamento após operações de inserção e remoção também têm custo temporal $\theta(1)$, pois eles só envolvem operações aritméticas elementares. No pior caso, os ajustes de balanceamento numa árvore AVL devido a operações de inserção e de remoção acrescentam um fator $\theta(log\ n)$ aos custos temporais dessas operações. Portanto pela regra da soma da análise assintótica, tem-se que o custo temporal de cada operação básica é $\theta(log\ n)$. ∎

Conforme foi visto no **Capítulo 12** do **Volume 1**, a altura mínima de uma árvore binária é $\lfloor log_2\ n + 1 \rfloor$. Agora, como mostra a **Figura 4–7**, quando chaves ordenadas são inseridas numa árvore ordinária de busca, a árvore obtém sua altura máxima que corresponde exatamente ao número de nós da árvore. A diferença entre uma árvore com altura máxima e uma árvore com altura mínima pode ser gigantesca. Por exemplo, uma árvore binária com altura máxima *1.000.000* tem altura mínima igual a *20* (que é igual a $\lfloor log_2\ 1000000 + 1 \rfloor$).

Devido ao uso de um campo adicional que armazena a altura em cada nó, árvores AVL consomem mais espaço do que árvores binárias ordinárias de busca. Mesmo assim, os dois tipos de árvores possuem custo espacial $\theta(n)$, visto que o espaço adicional não altera o custo espacial, pois toda implementação encadeada de tabela de busca vista até aqui tem custo espacial $\theta(n)$.

As operações de inserção e remoção exibem um custo adicional $\theta(log\ n)$ devido ao uso de recursão. Esse custo espacial é desprezível na prática. Por exemplo, uma remoção numa árvore AVL contendo *1.000.000* requer o empilhamento de apenas cerca de *20* registros de ativação na pilha de execução.

---

[8] No **Apêndice B** do **Volume 1**, é apresentada uma breve introdução a relações de recorrência homogêneas, o que não é o caso aqui, pois essa relação de recorrência é heterogênea e sua resolução está além do escopo deste livro.

A **Tabela 4–1** resume os custos temporais das operações básicas em tabelas de busca implementadas como árvores AVL.

Operação	Custo da Operação	Custo do Balanceamento	Custo Total
Busca	$\theta(\log n)$	*Não há*	$\theta(\log n)$
Inserção	$\theta(\log n)$	$\theta(\log n)$	$\theta(\log n)$
Remoção	$\theta(\log n)$	$\theta(\log n)$	$\theta(\log n)$

Tabela 4–1: Custos Temporais de Operações com Árvores AVL

A **Tabela 4–2** resume as razões favoráveis e contrárias ao uso de árvores AVL

Prós	Contras
Todas as operações têm, no pior caso, custo temporal $\theta(\log n)$, pois árvores AVL estão sempre balanceadas	Algoritmos de inserção e remoção são difíceis de implementar e depurar. Notadamente, se eles não forem recursivos
As operações de rebalanceamento acrescentam apenas um fator constante aos custos das operações de inserção e remoção de nós	O custo espacial é $\theta(n)$

Tabela 4–2: Prós e Contras de Árvores AVL

4.5 Árvores Binárias Afuniladas

4.5.1 Conceitos

As seções anteriores mostraram que os custos temporais das operações básicas em árvores binárias de busca podem ser substancialmente melhorados por meio de balanceamento. Mas como será visto na presente seção, a eficiência dessas operações pode ser melhorada não apenas com balanceamento. A técnica a ser desenvolvida nesta seção baseia-se no pressuposto de que nem todos os elementos armazenados numa árvore de busca são acessados com a mesma frequência. Assim de acordo com essa técnica, elementos acessados com maior frequência são colocados próximos à raiz da árvore.

Uma **árvore afunilada** (*splay tree*, em inglês) é uma árvore binária de busca **autoajustável** no sentido de que cada operação de busca, inserção ou remoção provoca uma alteração em seu formato. A denominação *afunilada* é derivada do fato de, após uma dessas operações, um elemento ser movido para níveis mais altos e mais estreitos (i.e., afunilados) da árvore. Mais precisamente, por meio de rotações, o último elemento acessado na árvore ou um de seus parentes é movido para cima e se torna a nova raiz. Árvores afuniladas foram propostas originalmente por Sleator e Tarjan em 1985 (v. **Bibliografia**) e boa parte do texto e figuras apresentadas nesta seção são baseadas no artigo original desses autores.

Usando essa técnica, denominada **afunilamento**, pode ser que, eventualmente, elementos acessados ocasionalmente sejam promovidos para posições próximas à raiz da árvore de busca, mas a tendência é que, na maioria das vezes, isso ocorra com elementos com grande frequência de acesso.

O resultado que se pretende alcançar com árvores afuniladas é o mesmo pretendido com árvores balanceadas (p. ex., árvores AVL): obter melhor desempenho em operações de busca, inserção e remoção. Contudo esses dois tipos de árvores de busca são bem diferentes em diversos aspectos. Em primeiro lugar, como foi visto na **Seção 4.3**, árvores balanceadas procuram atingir esse objetivo por meio de balanceamento, mas esse não é o caso de árvores afuniladas. Quer dizer, uma árvore afunilada não tem a pretensão de ser balanceada e pode até mesmo apresentar custo temporal semelhante ao custo temporal de uma tabela encadeada no pior caso [i.e., $\theta(n)$]. Acontece que o princípio que norteia árvores afuniladas não está associado aos seus formatos, pois ele é baseado no conceito heurístico de localidade de referência (v. **Seção 1.5**) e não no conceito de balanceamento. Assim do mesmo modo que um sistema de gerenciamento de memória cache (v. **Seção 1.4**) é susceptível a lapsos de cache, uma árvore afunilada também permite que ocorram operações com custo temporal $\theta(n)$, que corresponde ao pior caso. Novamente, assim como ocorre com memória cache, uma árvore afunilada só apresentará bom desempenho se o número de operações efetuadas no pior caso não superar a expectativa. Mais precisamente, após uma sequência de operações, os elementos próximos ao topo da árvore devem ser acessados com mais frequência do que aqueles que se encontram em níveis inferiores.

Cada vez que se acessa um nó de uma árvore afunilada, executa-se uma alteração radical na árvore, movendo-se o nó recentemente acessado para cima, de modo que ele se torna a raiz da árvore modificada. Desse modo, nós que são frequentemente acessados são elevados e permanecem próximos da raiz. Nós inativos, por outro lado, serão gradativamente colocados cada vez mais longe da raiz.

Árvores afuniladas funcionam bem quando alguns de seus nós são acessados com mais frequência do que outros. Por exemplo, considere um banco de dados de registros de alunos de uma universidade. Agora, suponha que um aluno tranque sua matrícula por um determinado período, de modo que, durante esse período, o registro dele será acessado com pouquíssima frequência. Então é natural que ele seja mantido distante dos registros dos alunos regularmente matriculados e que, portanto, são acessados frequentemente. Quando o aluno mencionado retornar às atividades normais, seu registro passará a ser acessado com mais frequência e, à medida que é acessado, ele vai se aproximando dos registros mais usados.

Outro exemplo no qual o uso de árvore afunilada é adequado seria um banco de dados de informações sobre filmes. Nesse caso, os registros dos filmes mais populares (i.e., aqueles mais acessados) seriam armazenados em nós próximos da raiz da árvore, enquanto filmes menos populares seriam armazenados em nós mais profundos.

4.5.2 Afunilamento

Quando se lida com árvores afuniladas, cada operação de busca, inserção ou remoção é combinada com uma operação básica: o afunilamento de um nó. **Afunilar um nó** significa promovê-lo a raiz e, nesse processo, outros nós podem também ocupar níveis mais elevados na árvore. No contexto corrente, um nó a ser afunilado é denominado **nó-alvo** ou simplesmente **alvo**. É importante notar que, quando a chave de um nó-alvo não faz parte de uma árvore, ele passa a ser aquele que foi acessado por último durante uma operação de busca, inserção ou remoção.

Uma operação de afunilamento de um nó consiste numa sequência de rotações, de modo que, a cada rotação, o nó-alvo passa para um nível mais elevado na árvore (i.e., ele fica cada vez mais próximo da raiz da árvore a cada rotação).

As rotações necessárias para afunilamento de um nó dependem das posições relativas entre ele, seu pai e seu avô. Nos casos que serão descritos a seguir, suponha que R é o nó-alvo, Q é seu pai e P é seu avô. Se o nó R for a própria raiz da árvore, não haverá nenhum reajuste. Caso contrário, existem três casos de reajuste que serão discutidos abaixo.

Antes de prosseguir, lembre-se que o afunilamento de um nó não tem como objetivo balancear a árvore da qual ele faz parte, embora isso eventualmente possa ocorrer. Quer dizer, apesar de afunilamento utilizar rotações, como ocorre com árvores AVL, essas operações são usadas aqui para elevar o nível de um nó e não para rebalancear uma árvore.

Caso 1: O Alvo É Filho da Raiz (Zig e Zag)

Nesse caso, o pai Q de R (o alvo do afunilamento) é a raiz da árvore e uma rotação simples à direita ou à esquerda é suficiente. O tipo de rotação depende do fato de R ser filho esquerdo (que requer rotação direita) ou direito (que requer rotação esquerda) de Q. A **Figura 4–54** ilustra essas situações e os respectivos afunilamentos.

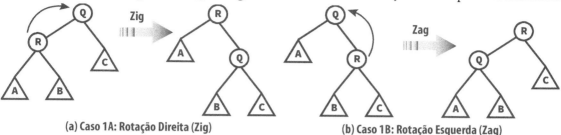

(a) Caso 1A: Rotação Direita (Zig)   (b) Caso 1B: Rotação Esquerda (Zag)

FIGURA 4–54: CASOS DE AFUNILAMENTO ZIG E ZAG

No jargão de árvores afuniladas, a rotação para a direita é denominada **zig**, enquanto a rotação para a esquerda é denominada de **zag**.

Caso 2: Configuração Homogênea (Zig-zig e Zag-zag)

Existem duas situações nesse caso:

❏ **Caso 2A:** R é filho esquerdo de Q, que é filho esquerdo de P. Nessa situação, são efetuadas duas rotações à direita, denominadas em conjunto como **zig-zig**. A **Figura 4–55** mostra essa situação.

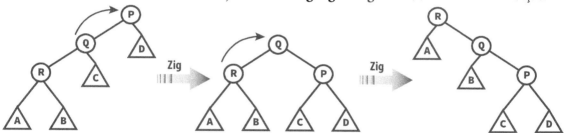

FIGURA 4–55: CASO DE AFUNILAMENTO 2A (ZIG-ZIG)

❏ **Caso 2B:** R é filho direito de Q, que é filho direito de P. Nesse caso, são efetuadas duas rotações à esquerda, denominadas **zag-zag**, como mostra a **Figura 4–56**.

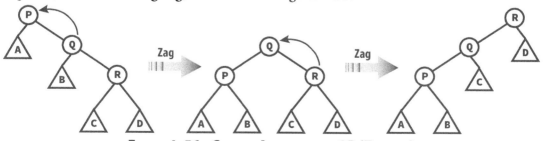

FIGURA 4–56: CASO DE AFUNILAMENTO 2B (ZAG-ZAG)

Observe que, nesses dois últimos casos, a primeira rotação gira Q (o pai) em torno de P (o avô) e a segunda rotação, gira R (o filho) em torno de Q (o pai), de modo que, ao final, o nó R é movido dois níveis acima. Note ainda na **Figura 4–55** e na **Figura 4–56** que a primeira rotação tende a balancear a árvore, mas a segunda rotação tende a desbalanceá-la. Portanto esses dois tipos de rotação não possuem correspondência para árvores balanceadas, como árvores AVL (v. **Seção 4.5**). Ou seja, uma operação zig-zig é diferente de uma rotação direita dupla de um mesmo nó frequentemente usada com árvores AVL, como mostra a **Figura 4–57**. De modo semelhante, zag-zag é diferente de uma rotação esquerda dupla de um mesmo nó.

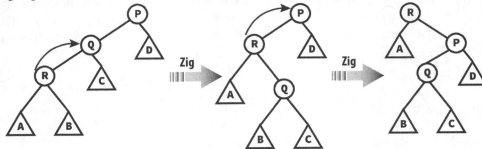

FIGURA 4–57: NEM TODA ROTAÇÃO DIREITA DUPLA É ZIG-ZIG

Para evitar o erro mostrado na **Figura 4–57**, sempre pense em elevar o nó-alvo dois níveis em cada caso (exceto quando resta apenas uma única rotação zig ou zag). Note ainda que são apenas os nós no caminho do nó-alvo até a raiz que têm suas posições relativas alteradas. Nenhuma das subárvores dos nós envolvidos diretamente no afunilamento (mostradas como A, B, C e D na **Figura 4–56**) altera sua forma.

Caso 3: Configuração Heterogênea (Zag-zig e Zig-zag)

Nesse caso, também existem duas situações:

- ❏ **Caso 3A:** R é filho direito de Q, que é filho esquerdo de P. Nessa situação, o afunilamento de R requer uma rotação esquerda (zag) de R em torno de Q e, em seguida, uma rotação direita (zig) de R em torno de P, como ilustra a **Figura 4–58**. Esse tipo de rotação é denominado **zag-zig**.

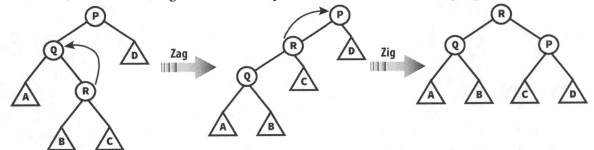

FIGURA 4–58: CASO DE AFUNILAMENTO 3A (ZAG-ZIG)

- ❏ **Caso 3B:** R é filho esquerdo de Q, que é filho direito de P. O afunilamento nesse caso requer uma rotação direita (zig) de R em torno de Q e, em seguida, uma rotação esquerda (zag) de R sobre P. Esse tipo de rotação é denominado **zig-zag** e é ilustrado na **Figura 4–59**.

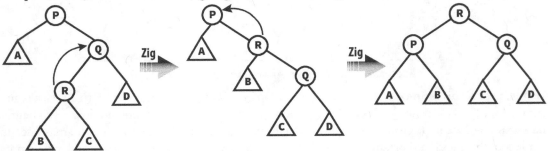

FIGURA 4–59: CASO DE AFUNILAMENTO 3B (ZIG-ZAG)

Observe que, nessas duas últimas situações, a primeira rotação gira R em torno de Q e a segunda rotação gira R em torno de P, de modo que, ao final, o nó R é elevado dois níveis acima. Essas duas rotações tendem a balancear a árvore e possuem rotações correspondentes para árvores AVL (v. **Seção 4.4**).

Exemplos de Afunilamento

A **Figura 4–60** mostra o afunilamento do nó cujo conteúdo é *10* (com fundo colorido na figura). Por sua vez, a **Figura 4–61** mostra o afunilamento do nó cujo conteúdo é *21* (com fundo colorido na figura).

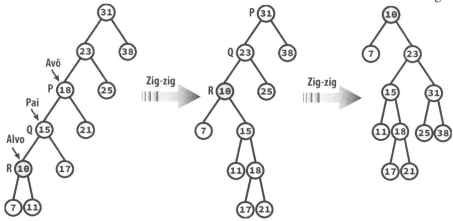

FIGURA 4–60: EXEMPLO DE AFUNILAMENTO 1

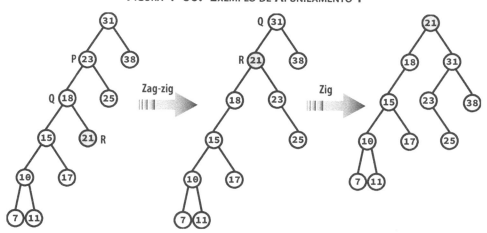

FIGURA 4–61: EXEMPLO DE AFUNILAMENTO 2

Sempre que um nó de uma árvore afunilada é acessado, ele passa a ser a raiz da árvore e esse efeito é obtido por meio das rotações descritas acima. Por outro lado, essas rotações têm como efeito colateral a elevação de níveis de alguns nós encontrados no caminho que leva até o nó em questão. Quanto mais profundo for o nó acessado, maior será o número de nós que têm seus níveis elevados, de modo que futuros acessos a esses nós apresentarão menor custo temporal. Além disso, o efeito líquido de um grande número de afunilamentos numa árvore dessa natureza é um balanceamento *razoável* da árvore (v. **Seção 4.6**).

Agora, se você já entende bem sobre rotações em árvores binárias de busca (o que é provável após tantas rotações), talvez esteja intrigado com a seguinte pergunta: *Não é possível elevar um nó até a raiz simplesmente efetuando rotações desse nó em torno de seu pai sem ter que se preocupar com posições relativas de nós?* A resposta a essa questão é obviamente *sim*, visto que, a cada rotação, o pivô da rotação é elevado um nível acima. Assim de rotação em rotação em torno de seu pai ele acabará chegando até a raiz. Ocorre, porém, que o efeito colateral desejado não é obtido. Ou seja, utilizando esse raciocínio os nós próximos ao nó afunilado não ficam cada vez mais próximos da raiz da árvore como se deseja.

Para entender melhor essa última afirmação, suponha, por exemplo, que se pretenda afunilar o nó contendo a chave c_1 na árvore binária de busca ilustrada na **Figura 4–62 (a)**. Então quando esse afunilamento é conduzido corretamente, a árvore obtida é aquela mostrada na **Figura 4–62 (b)**. Por outro lado, quando a configuração da árvore é alterada por meio das rotações descritas no parágrafo anterior, a árvore obtida é aquela mostrada na **Figura 4–63 (b)**.

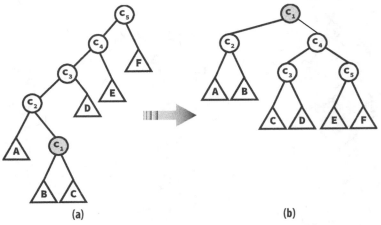

(a)   (b)

FIGURA 4–62: AFUNILAMENTO CORRETO DE UM NÓ

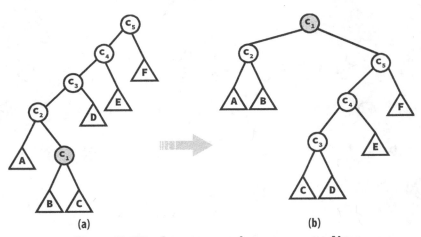

(a)   (b)

FIGURA 4–63: AFUNILAMENTO INCORRETO DE UM NÓ

O que se nota nessas duas últimas figuras é que a árvore obtida por meio das rotações descritas antes apresenta o efeito principal e o efeito colateral desejados. Por outro lado, as rotações intuitivas descritas acima produziram apenas o efeito principal desejado que era elevar o nó alvo até a raiz. Quer dizer, nós que inicialmente estavam próximos do nó-alvo não foram elevados junto com ele. Por exemplo, como mostra a **Figura 4–63**, o nó contendo a chave c_3, que, inicialmente, estava a dois níveis de distância do nó afunilado, passou a distar três níveis do nó afunilado após as rotações equivocadas. É importante notar ainda que a árvore da **Figura 4–62 (b)** é mais bem balanceada do que a árvore da **Figura 4–63 (b)** e esse é outro efeito colateral importante ocasionalmente obtido com as rotações corretas.

Embora seja difícil visualizar esses efeitos colaterais estudando-se exemplos pequenos como aqueles apresentados neste livro, afunilamento tem como efeito secundário diminuir aproximadamente pela metade as alturas dos nós encontrados no caminho que leva a um nó-alvo.

A nomenclatura *zig, zag, zig-zag* etc. utilizada para rotular as operações de rotação descritas acima não contribui com nada para o melhor entendimento dessas operações. Mas em compensação, também não atrapalha. Essa terminologia foi incluída neste texto porque ela é comumente utilizada em discussões sobre árvores afuniladas. No fundo, ela é irrelevante e você pode, se preferir, continuar usando *esquerda, direita, esquerda-direita* etc.

Afunilamentos Ascendente e Descendente

Existem duas maneiras básicas de afunilar um nó. Em ambas, se o nó for encontrado, ele é colocado na raiz, enquanto, se o nó não for encontrado, o último nó acessado durante a busca pelo nó-alvo se torna raiz.

O tipo de afunilamento descrito informalmente até aqui é denominado **afunilamento ascendente**, pois ele parte do nó alvo que pode se encontrar num nível inferior da árvore e sobe até a raiz que está no nível mais elevado da árvore. Mas existe um outro tipo de afunilamento, denominado **afunilamento descendente**, que afunila a árvore à medida que seus nós são visitados na busca pelo nó a ser afunilado.

A implementação de afunilamento ascendente não é tão trivial quanto parece sugerir a discussão apresentada no início desta seção, mas não é tão difícil de implementar se ela for recursiva. Uma alternativa para implementação de afunilamento ascendente é o uso de um ponteiro para o pai de cada nó. Essa opção acrescenta um custo extra em termos de espaço (porque um campo a mais é usado em cada nó) e tempo de execução (porque esse campo adicional precisa ser frequentemente atualizado).

O algoritmo de afunilamento descendente baseia-se no fato de qualquer operação de busca, inserção ou remoção requerer afunilamento. Então por que não afunilar todos os nós à medida que eles são visitados durante uma busca pelo nó-alvo? Assim procedendo, torna-se desnecessário guardar todos endereços dos nós visitados, como implicitamente ocorre com o algoritmo de afunilamento ascendente. Portanto o algoritmo de afunilamento descendente é relativamente mais eficiente e mais fácil de implementar do que o algoritmo de afunilamento ascendente.

A **Figura 4–64** apresenta o algoritmo de afunilamento descendente. Esse algoritmo é baseado no artigo original de Sleator e Tarjan (1985) (v. **Bibliografia**).

ALGORITMO AFUNILAMENTODESCENDENTE

ENTRADA: A chave (*c*) do nó a ser afunilado

ENTRADA/SAÍDA: Uma árvore binária de busca

1. Se a árvore estiver vazia, retorne

2. Faça dois ponteiros, *esq* e *dir*, apontarem para um nó auxiliar (*noAux*) com subárvores vazias

3. Enquanto o nó contendo a chave a ser afunilada não for a raiz ou filho da raiz, faça:

   3.1 Se *c* for menor do que a chave da raiz, faça:

      3.1.1 Se a subárvore esquerda da raiz estiver vazia, encerre o laço

      3.1.2 Se *c* for menor do que a chave da raiz da subárvore esquerda

         3.1.2.1 Faça uma rotação direita na árvore

         3.1.2.2 Se a subárvore esquerda ficou vazia, encerre o laço

---

FIGURA 4–64: ALGORITMO DE AFUNILAMENTO DESCENDENTE

ALGORITMO AFUNILAMENTODESCENDENTE (CONTINUAÇÃO)

3.1.3 Faça a subárvore esquerda do ponteiro *dir* apontar para a árvore

3.1.4 Faça o ponteiro *dir* apontar para a árvore

3.1.5 Faça o ponteiro que representa a árvore apontar para seu filho esquerdo

3.2 Caso contrário, se *c* for maior do que a chave da raiz da subárvore esquerda

    3.2.1 Se a subárvore direita da raiz estiver vazia, encerre o laço

    3.2.2 Se *c* for maior do que a chave da raiz da subárvore direita

        3.2.2.1 Faça uma rotação esquerda na árvore

        3.2.2.2 Se a subárvore direita ficou vazia, encerre o laço

    3.2.3 Faça a subárvore direita do ponteiro *esq* apontar para a árvore

    3.2.4 Faça o ponteiro *esq* apontar para a árvore

    3.2.5 Faça o ponteiro que representa a árvore apontar para seu filho direito

3.3 Caso contrário (a chave da raiz é igual a *c*), encerre o laço

4. Faça a subárvore direita do ponteiro *esq* apontar para o filho esquerdo da árvore

5. Faça a subárvore esquerda do ponteiro *dir* apontar para o filho direito da árvore

6. Faça o filho esquerdo da árvore apontar para o filho direito de *noAux*

7. Faça o filho direito da árvore apontar para o filho esquerdo de *noAux*

FIGURA 4–64 (CONT.): ALGORITMO DE AFUNILAMENTO DESCENDENTE

A **Figura 4–65** ilustra o funcionamento do algoritmo da **Figura 4–64** no afunilamento do nó cujo conteúdo é *21* (com fundo colorido na figura). Note que esse é o mesmo exemplo de afunilamento ascendente apresentado na **Figura 4–61** e que as árvores resultantes nos dois exemplos *não são iguais* (**Figura 4–66**).

A **Figura 4–66** mostra, de maneira mais clara, a árvore resultante do exemplo de afunilamento visto na **Figura 4–65**. Compare essa última árvore com aquela obtida no exemplo da **Figura 4–61** e note que elas são diferentes, apesar de a diferença entre elas ser ínfima.

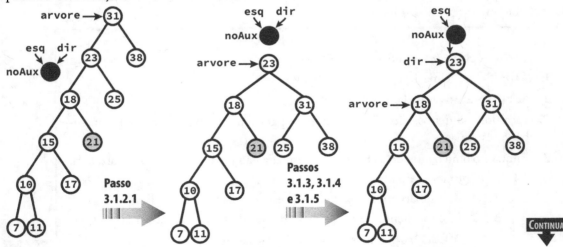

FIGURA 4–65: EXEMPLO DE AFUNILAMENTO DESCENDENTE DE NÓ 1

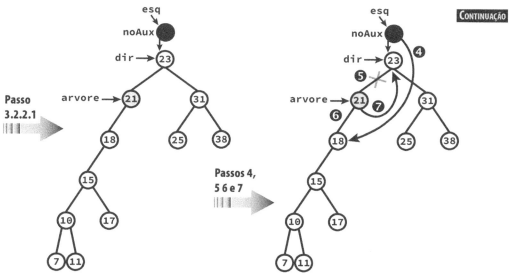

FIGURA 4–65 (CONT.): ALGORITMO DE AFUNILAMENTO DESCENDENTE DE NÓ 1

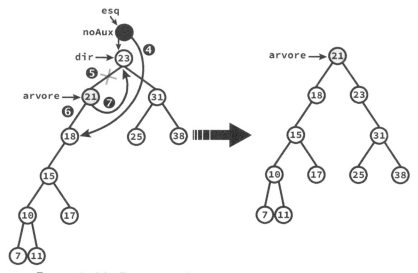

FIGURA 4–66: EXEMPLO DE AFUNILAMENTO DESCENDENTE DE NÓ 2

4.5.3 Operações Básicas

Busca

O algoritmo de busca de um nó contendo uma chave *c* é descrito na **Figura** 4–67.

ALGORITMO BUSCAEMÁRVOREAFUNILADA
ENTRADA: Uma chave de busca
ENTRADA/SAÍDA: Uma árvore afunilada
SAÍDA: O valor associado à chave do nó cuja chave casa com a chave de busca ou um valor informando que a chave não foi encontrada

CONTINUA

FIGURA 4–67: ALGORITMO DE BUSCA EM ÁRVORE AFUNILADA

ALGORITMO BuscaEmÁrvoreAfunilada (Continuação)

1. Se a árvore estiver vazia, retorne um valor informando que a chave não se encontra na árvore

2. Afunile a chave *c* usando o algoritmo AfunilamentoDescendente (v. **Figura 4–64**)

3. Compare a chave de busca com aquela que se encontra na raiz:

   3.1 Se as chaves forem iguais, retorne o valor associado à chave da raiz

   3.2 Se as chaves forem diferentes, retorne um valor informando que a chave não se encontra na árvore

---

FIGURA 4–67 (CONT.): ALGORITMO DE BUSCA EM ÁRVORE AFUNILADA

Inserção

O algoritmo de inserção de um nó contendo uma determinada chave *c* numa árvore afunilada é descrito na **Figura 4–68**.

ALGORITMO InsereEmÁrvoreAfunilada

ENTRADA: O conteúdo de um novo nó

ENTRADA/SAÍDA: Uma árvore afunilada

SAÍDA: Um valor informando se a operação foi bem-sucedida

1. Se a árvore estiver vazia, crie um novo nó com o conteúdo de entrada, torne-o raiz da árvore e retorne informando o sucesso da operação

2. Afunile a chave *c* do novo nó usando o algoritmo da **Figura 4–64**

3. Se a chave que se encontra na raiz for igual a *c*, encerre informando que não ocorreu inserção (pois a chave é considerada primária)

4. Crie um novo nó contendo a chave *c*

5. Se *c* for menor do que a chave que se encontra na raiz:

   5.1 Faça o filho direito do novo nó apontar para a raiz

   5.2 Faça o filho esquerdo do novo nó apontar para o filho esquerdo da raiz

   5.3 Torne nulo o filho esquerdo da raiz

6. Se *c* for maior do que a chave que se encontra na raiz:

   6.1 Faça o filho esquerdo do novo nó apontar para a raiz

   6.2 Faça o filho direito do novo nó apontar para o filho direito da raiz

   6.3 Torne nulo o filho direito da raiz

7. Faça o ponteiro que representa a árvore apontar para o novo nó

FIGURA 4–68: ALGORITMO DE INSERÇÃO EM ÁRVORE AFUNILADA

É importante notar que o **Passo 5** do algoritmo de inserção apresentado na **Figura 4–68** assume que a chave do nó a ser inserido é maior do que a chave do filho esquerdo do nó afunilado (que ora se encontra na raiz), pois, se esse não for o caso, não se terá uma árvore binária de busca ao final do processo de inserção. Ocorre, porém, que, nesse caso, existe uma relação entre o nó a ser inserido e o nó afunilado que impede que essa suposição seja contrariada. Para tornar a discussão mais palpável, o que se pretende mostrar é que uma situação como aquela ilustrada na **Figura 4–69** não pode ocorrer se o **Passo 5** do algoritmo sob discussão for seguido.

O que coíbe o surgimento de uma situação como aquela da **Figura 4–69** é o fato de existir uma relação entre o nó a ser inserido e o nó que foi afunilado. Ou seja, quando se tenta afunilar um nó cuja chave não se encontra numa árvore afunilada, o nó que é realmente afunilado é o último nó acessado. No caso de inserção, esse último nó acessado é aquele que seria pai do nó a ser inserido se a inserção ocorresse como numa árvore binária ordinária de busca. Portanto existem duas relações alternativas importantes entre o nó ser inserido e o nó afunilado:

[1] O nó a ser inserido é antecessor imediato do nó afunilado (caso ele fosse inserido como filho esquerdo numa inserção ordinária) ou

[2] O nó a ser inserido é sucessor imediato do nó afunilado (caso ele fosse inserido como filho direito numa inserção ordinária).

FIGURA **4–69**: CONFIGURAÇÃO IMPOSSÍVEL EM INSERÇÃO DE NÓ APÓS AFUNILAMENTO

Ora, mas se o nó a ser inserido for antecessor imediato do nó afunilado, todas as chaves que são menores do que a chave do nó afunilado também são menores do que a chave do nó a ser inserido. Isso explica por que a situação mostrada na **Figura 4–69** não pode acontecer.

Um raciocínio semelhante é usado para mostrar que, quando a chave do nó a ser inserido é maior do que a chave do nó afunilado, o filho direito do nó afunilado não pode ter chave menor do que aquela do nó a ser inserido. Ou seja, isso mostra que o **Passo 6** do algoritmo de inserção exibido na **Figura 4–68** também é correto.

Remoção

O algoritmo de remoção de um nó contendo uma chave *c* de uma árvore afunilada é apresentado na **Figura 4–70**.

ALGORITMO REMOVEEMÁRVOREAFUNILADA

ENTRADA: A chave (*c*) do nó que será removido

ENTRADA/SAÍDA: Uma árvore afunilada

SAÍDA: Um valor informando se a operação foi bem-sucedida

1. Se a árvore estiver vazia, retorne um valor informando que a chave não se encontra na árvore

2. Afunile a chave *c* usando o algoritmo da **Figura 4–64**

3. Se a chave que se encontra na raiz for diferente de *c*, retorne um valor informando que a chave não se encontra na árvore.

4. Se a chave que se encontra na raiz for igual a *c*, faça o seguinte:

    4.1 Se a raiz não possui filhos:

        4.1.1 Remova a raiz

        4.1.2 Torne nulo o ponteiro que representa a árvore

        4.1.3 Retorne um valor informando o sucesso da operação

---

FIGURA **4–70**: ALGORITMO DE REMOÇÃO EM ÁRVORE AFUNILADA

ALGORITMO REMOVEEMÁRVOREAFUNILADA (CONTINUAÇÃO)

4.2 Se a raiz possui apenas um filho:

    4.2.1 Faça o ponteiro que representa a árvore apontar para o filho da raiz

    4.2.2 Remova a raiz

    4.2.3 Retorne um valor informando o sucesso da operação

4.3 Faça dois ponteiros E e D apontarem para as os filhos esquerdo e direito da raiz, respectivamente

4.4 Libere a raiz. (Neste ponto, obtêm-se duas árvores: o ponteiro E aponta para uma delas e o ponteiro D aponta para a outra. Todas as chaves da primeira árvore são menores do que as chaves da segunda árvore)

4.5 Afunile o nó que contém a menor chave na árvore D (ao final, D estará apontando para esse nó)

4.6 Como o último nó afunilado não tem filho esquerdo, faça com que o filho esquerdo desse nó aponte para a árvore apontada por E.

4.7 Faça o ponteiro que representa a árvore apontar para o nó apontado por D.

4.8 Retorne um valor informando o sucesso da operação

FIGURA 4–70 (CONT.): ALGORITMO DE REMOÇÃO EM ÁRVORE AFUNILADA

4.5.4 Implementação Descendente

Definições de Tipos

Afunilamento descendente não requer o acréscimo de nenhum campo ao nó de uma árvore binária ordinária de busca, de modo que aqui serão utilizadas as mesmas definições de tipos apresentadas na **Seção 4.1.2**.

Afunilamento

A operação de afunilamento descendente é implementada pela função `Afunila()` apresentada abaixo. Essa função retorna a raiz da árvore após o afunilamento e usa os seguintes parâmetros:

- **arvore** (entrada/saída) — raiz da árvore que será afunilada
- **chave** (entrada) — chave do nó que será afunilado

Note que, se a chave não for encontrada, o último nó acessado se tornará a raiz da árvore. Essa função é chamada pelas demais funções que implementam as operações básicas de busca, inserção e remoção.

```
tArvoreBB Afunila(tArvoreBB arvore, tCEP chave)
{
   int        compara;/* Resultado de comparação de duas chaves */
   tNoArvoreBB noAux; /* Um nó auxiliar */
   tArvoreBB  esq,    /* Ponteiro auxiliar */
              dir;    /* Outro ponteiro auxiliar */

      /* Passo 1: Se a árvore estiver vazia, retorne */
   if (!arvore)
      return arvore;

      /* Passo 2: Faça 'esq' e 'dir' apontarem para 'noAux' */
   esq = dir = &noAux;
   noAux.esquerda = noAux.direita = NULL;
```

```
    /* Passo 3: Enquanto o nó contendo a chave a ser    */
    /* afunilada não for a raiz ou filho da raiz, faça */
while(1) {
    /* Compara a chave do nó a ser afunilado com a chave da raiz */
    compara = strcmp(chave, arvore->conteudo.chave);

    /* Passo 3.1: Verifique se a chave encontra-se na subárvore esquerda */
    if (compara < 0) {
        /* Passo 3.1.1: Se a chave não se encontra */
        /* na subárvore esquerda, encerre o laço    */
        if (!arvore->esquerda)
            break;

        /* Passo 3.1.2: Verifique se a chave é menor do */
        /* que a chave da raiz da subárvore esquerda    */

        compara = strcmp(chave, arvore->esquerda->conteudo.chave);

        if (compara < 0) {
            /* Passo 3.1.2.1: Faça uma rotação zig na árvore */
            arvore = RotacaoDireitaArvoreBB(arvore);

            /* Passo 3.1.2.2: Encerre o laço se a subárvore esquerda ficou vazia */
            if (!arvore->esquerda)
                break;
        }

        /* Passo 3.1.3: Faça a subárvore esquerda  */
        /* do ponteiro 'dir' apontar para a árvore */
        dir->esquerda = arvore;

        /* Passo 3.1.4: Faça o ponteiro 'dir' apontar para a árvore */
        dir = arvore;

        /* Passo 3.1.5: Faça o ponteiro que representa */
        /* a árvore apontar para seu filho esquerdo    */
        arvore = arvore->esquerda;

    /* Passo 3.2: Verifique se a chave se encontra na subárvore direita */
    } else if (compara > 0) {
        /* Passo 3.2.1: Se a chave não se encontra */
        /* na subárvore direita, encerre o laço    */
        if (!arvore->direita)
            break;

        /* Passo 3.2.2: Verifique se a chave é maior do */
        /* que a chave da raiz da subárvore direita     */

        compara = strcmp(chave, arvore->direita->conteudo.chave);

        if (compara > 0) {
            /* Passo 3.2.2.1: Faça uma rotação zag na árvore */
            arvore = RotacaoEsquerdaArvoreBB(arvore);

            /* Passo 3.2.2.2: Encerra o laço se a subárvore direita ficou vazia */
            if (!arvore->direita)
                break;
        }
        /*  Passo 3.2.3: Faça a subárvore direita do */
        /* ponteiro 'esq' apontar para a árvore      */
        esq->direita = arvore;

        /* Passo 3.2.4: Faça o ponteiro 'esq' apontar para a árvore */
```

```
      esq = arvore;

         /*  Passo 3.2.5: Faça o ponteiro que representa */
         /* a árvore apontar para seu filho direito      */
      arvore = arvore->direita;
   } else /* A chave já está na raiz */
      break;
}

   /* Passo 4: Faça a subárvore direita do ponteiro */
   /* 'esq' apontar para o filho esquerdo da árvore */
esq->direita = arvore->esquerda;

   /* Passo 5: Faça a subárvore esquerda do ponteiro */
   /* 'dir' apontar para o filho direito da árvore   */
dir->esquerda = arvore->direita;

   /* Passo 6: Faça o filho esquerdo da árvore */
   /* apontar para o filho direito de 'noAux'  */
arvore->esquerda = noAux.direita;

   /* Passo 7: Faça o filho direito da árvore  */
   /* apontar para o filho esquerdo de 'noAux' */
arvore->direita = noAux.esquerda;

   return arvore;
}
```

Busca

A função `BuscaArvoreFunil()` apresentada abaixo implementa a operação de busca numa árvore afunilada. Essa função usa os seguintes parâmetros:

- `arvore` (entrada) — árvore que será pesquisada
- `chave` (entrada) — chave de busca

A função `BuscaArvoreFunil()` retorna o endereço do conteúdo que contém a referida chave, se ela for encontrada. Caso contrário, ela retorna **NULL**.

```
tCEP_Ind *BuscaArvoreFunil(tArvoreBB *arvore, tCEP chave)
{
   /* Verifica se a árvore está vazia */
   if (!*arvore)
      return NULL; /* A árvore está vazia */

   /* Afunila o nó que contém a chave de busca */
   *arvore = Afunila(*arvore, chave);

   /* Se a chave foi encontrada, ela agora está na raiz */
   if (!strcmp(chave, (*arvore)->conteudo.chave))
      return &(*arvore)->conteudo;

   return NULL; /* A chave não foi encontrada */
}
```

Inserção

A função `InsereArvoreFunil()` apresentada abaixo implementa a operação de inserção de nós numa árvore afunilada. Essa função usa os seguintes parâmetros:

- `*arvore` (entrada/saída) — ponteiro para a raiz da árvore na qual será feita a inserção
- `*conteudo` (entrada) — conteúdo do nó que será inserido

A função `InsereArvoreFunil()` retorna `1`, se não houver inserção porque a chave já existe, ou `0`, se a inserção ocorrer.

```c
int InsereArvoreFunil(tArvoreBB *arvore, tCEP_Ind *conteudo)
{
   tArvoreBB pNovoNo; /* Ponteiro para nó que será inserido */
   int          compara; /* Resultado da comparação de duas chaves */

      /* Se a árvore estiver vazia torna o novo nó sua raiz e retorna */
   if (!*arvore) {
      *arvore = ConstroiNoArvoreBB(*conteudo);
      return 0;
   }

      /* Afunila o nó que contém a chave do nó a ser inserido */
   *arvore = Afunila(*arvore, conteudo->chave);

      /* Compara a chave do nó a ser inserido com a chave que */
      /* se encontra na raiz da árvore após o afunilamento     */
   compara = strcmp(conteudo->chave, (*arvore)->conteudo.chave);

      /* Verifica se a chave já existe */
   if (!compara)
      return 1; /* A chave já existe e é primária */

   pNovoNo = ConstroiNoArvoreBB(*conteudo); /* Constrói o novo nó */

      /* Faz com que o novo nó se torne a raiz da árvore */
   if (compara < 0) {
      /*                                                    */
      /* A chave do novo nó é menor do que a chave da raiz atual */

         /* Faz o filho direito do novo nó apontar para a raiz */
      pNovoNo->direita = *arvore;

         /* Faz o filho esquerdo do novo nó apontar */
         /* para o filho esquerdo da raiz           */
      pNovoNo->esquerda = (*arvore)->esquerda;

      (*arvore)->esquerda = NULL; /* Torna nulo o filho esquerdo da raiz */
   } else {
      /*                                                    */
      /* A chave do novo nó é maior do que a chave da raiz atual */

         /* Faz o filho esquerdo do novo nó apontar para a raiz */
      pNovoNo->esquerda = *arvore;

         /* Faz o filho direito do novo nó apontar para o filho direito da raiz */
      pNovoNo->direita = (*arvore)->direita;
      (*arvore)->direita = NULL;
   }

   *arvore = pNovoNo; /* O novo nó passa a ser a nova raiz */

   return 0; /* Inserção foi OK */
}
```

Remoção

A função `RemoveNoArvoreFunil()` apresentada abaixo implementa a operação de inserção de nós numa árvore afunilada. Essa função retorna `0`, se a remoção for bem-sucedida, ou `1`, se o nó a ser removido não for encontrado. Ela usa como parâmetros:

- **arvore** (entrada/saída) — endereço do ponteiro que representa a árvore na qual será feita a remoção
- **chave** (entrada) — chave do nó a ser removido

```
int RemoveArvoreFunil(tArvoreBB *arvore, tCEP chave)
{
   tArvoreBB pE, /* Apontará para o filho esquerdo da raiz */
             pD, /* Apontará para o filho direito da raiz  */
             pS, /* Apontará para o sucessor da raiz */
             p;  /* Um ponteiro auxiliar */

   /* Verifica se a árvore está vazia */
   if (!*arvore)
      return 1; /* Não há o que remover */

   /* Afunila o nó que será removido */
   *arvore = Afunila(*arvore, chave);

   /* Se a chave foi encontrada, ela agora está na raiz */
   if (strcmp(chave, (*arvore)->conteudo.chave))
      return 1; /* Chave não foi encontrada */

   /*                                                    */
   /* A chave encontra-se na raiz e será removida a seguir */
   /*                                                    */

   /* Verifica quantos filhos a raiz possui */
   if (!(*arvore)->esquerda && !(*arvore)->direita) {
       /* A raiz não tem filhos logo a árvore ficará vazia após a remoção */
      free(*arvore);
      *arvore = NULL;
   } else if ((*arvore)->esquerda && (*arvore)->direita) {
      /*                      */
      /* A raiz tem dois filhos */

      pE = (*arvore)->esquerda; /* Faz pE apontar para o filho esquerdo da raiz */

      pD = (*arvore)->direita; /* Faz pD apontar para o filho direito da raiz */

       /* A raiz já pode ser liberada */
      free(*arvore);

       /* Obtém o sucessor imediato da antiga raiz */
      pS = MenorNoArvoreBB(pD);

       /* Afunila o sucessor imediato da antiga raiz */
      pD = Afunila(pD, pS->conteudo.chave);

       /* Apesar de o sucessor ter sido movido para a raiz, */
       /* ele ainda deve ocupar o mesmo endereço em memória */
      ASSEGURA(pS == pD, "Sucessor nao esta' na raiz");

       /* O nó apontado por pD não pode ter filho esquerdo */
      ASSEGURA(!pD->esquerda, "Sucessor tem filho esquerdo");

       /* Faz com que o filho esquerdo do sucessor */
       /* seja a árvore apontada por pE            */
      pD->esquerda = pE;

       /* Faz o ponteiro que representa a árvore apontar para a nova raiz */
      *arvore = pD;
   } else {
      /* A raiz só tem um filho. Esse filho será a */
      /* nova raiz e a raiz antiga será removida.  */
```

```
    p = *arvore; /* Guarda o endereço da raiz para removê-la depois */

        /* Faz a raiz apontar para seu único filho */
    *arvore = (*arvore)->esquerda ? (*arvore)->esquerda : (*arvore)->direita;

    free(p); /* Remove a raiz antiga */
  }

  return 0; /* A remoção foi bem sucedida */
}
```

A função `RemoveNoArvoreFunil()` chama `MenorNoArvoreBB()` para encontrar o nó que contém a menor chave de uma árvore binária de busca. Essa última função é similar à função `MenorChaveArvoreBB()` que será apresentada na **Seção 4.7.1**.

4.5.5 Análise

Árvores afuniladas apresentam algumas boas propriedades em comparação com árvores balanceadas, tais como árvores AVL. Implementação de árvores afuniladas, por exemplo, é bem mais simples do que implementações de árvores balanceadas.

Árvores afuniladas apresentam ótima localidade de referência (v. **Seção 1.5.1**) porque o nó mais recentemente acessado passa a ser raiz da árvore, de modo que um acesso subsequente desse nó terá custo $\theta(1)$, o que mostra que árvores afuniladas apresentam ótima localidade temporal. Além disso, nós próximos ao nó mais recentemente acessado têm seus níveis elevados, o que mostra que árvores afuniladas apresentam ótima localidade espacial. Por causa dessas características, árvores afuniladas são frequentemente usadas na implementação de algoritmos de gerenciamento de cache (v. **Seção 1.4**).

A eficiência de uma árvore afunilada não é derivada de seu formato, como ocorre com árvores balanceadas. Essa eficiência é derivada da mesma heurística que norteia o conceito de cache. Ou seja o objetivo de um afunilamento é minimizar o número de operações necessárias para acessar um nó durante certo período. Assim o custo temporal $\theta(n)$ que árvores afuniladas apresentam no pior caso não é considerado ruim, desde que esse pior caso não ocorra com muita frequência (v. **Capítulo 5**).

A **Tabela 4–3** apresenta um resumo de pontos positivos e negativos exibidos por árvores afuniladas.

Prós	Contras
Operações de busca, inserção e remoção têm, em média, custo temporal $\theta(log\ n)$, considerando um número de operações suficientemente grande e não uniformes	Individualmente, cada operação tem, no pior caso, custo temporal $\theta(n)$. Em contraste, árvores AVL possuem custo temporal $\theta(log\ n)$ no pior caso
Usam menos espaço do que árvores AVL, pois não precisam armazenar informações adicionais para auxiliar o autoajuste	—
São muito mais fáceis de implementar do que árvores AVL	—

TABELA 4–3: Prós e Contras de Árvores Afuniladas

4.6 Comparando Árvores Binárias de Busca

Este capítulo discutiu três tipos de árvores binárias de busca:

[1] Árvore binária ordinária de busca (v. **Seção 4.1**)

[2] Árvore AVL (v. **Seção 4.4**)

[3] Árvore afunilada (v. **Seção 4.5**)

Cada abordagem de implementação de árvore binária de busca possui vantagens e desvantagens dependendo do contexto no qual elas são utilizadas. Esta seção indica em que situação cada uma delas é a mais apropriada.

Atualmente, árvores binárias de busca ordinárias são usadas apenas com o propósito didático, pois, além de serem mais fáceis de implementar, elas servem como base para implementações mais sofisticadas e complicadas.

Em qualquer implementação de tabela de busca, o que importa é o custo com que as operações básicas de busca, inserção e remoção são executadas. Mas deve-se ainda levar em consideração a dificuldade com que um programador se depara durante a própria implementação.

O foco de árvores afuniladas é em cada nó individualmente, enquanto, em árvores balanceadas, o foco é na altura da árvore constituída pelo conjunto de nós. Quer dizer, o enfoque da técnica de afunilamento é nos elementos em si e não no formato da árvore de busca. Essa técnica funciona bem quando alguns elementos são acessados com muito mais frequência do que outros. Se elementos próximos da raiz forem acessados com a mesma frequência com que elementos em níveis bem mais baixos são acessados, então árvore afunilada não é uma boa escolha para tabela de busca. Nesse caso, é melhor utilizar uma árvore com autobalanceamento (i.e., árvore AVL).

Para facilidade de referência, a **Tabela 4–4** compara árvores afuniladas e árvores AVL.

	ÁRVORE AFUNILADA	**ÁRVORE AVL**
PRINCÍPIO BÁSICO	Localidade de referência	Balanceamento
COMPLEXIDADE TEMPORAL	$\theta(n)$ no pior caso	$\theta(\log n)$ no pior caso
COMPLEXIDADE ESPACIAL	$\theta(n)$	$\theta(n)$
CUSTO TEMPORAL AMORTIZADO	$\theta(\log n)$	$\theta(\log n)$
BALANCEADA?	Não	Sim
PARADIGMA	Heurístico	Determinístico
IMPLEMENTAÇÃO	Relativamente fácil	Complicada se recursão não for usada

TABELA 4–4: DIFERENÇAS ENTRE ÁRVORES AFUNILADAS E ÁRVORES AVL

A título de comparação, a **Tabela 4–5** mostra as alturas das árvores binárias de busca criadas para o arquivo `CEPs.bin` descrito no **Apêndice A**. Como esse arquivo possui 673.580 registros, a altura (ideal) de uma árvore perfeitamente balanceada seria igual a 20 (i. e, $\log_2 673580$), que, conforme foi discutido na **Seção 4.4**, não faz sentido tentar obter na prática.

ABORDAGEM	**ALTURA DA ÁRVORE**
ÁRVORE BINÁRIA ORDINÁRIA	*3.376*
ÁRVORE AVL	*24*
ÁRVORE AFUNILADA	*445*

TABELA 4–5: DESEMPENHO DE ÁRVORES BINÁRIAS DE BUSCA COM CEPs.BIN

A **Tabela 4–5** mostra que os resultados relativos obtidos condizem com a expectativa. Ou seja, era esperado que uma árvore binária ordinária fosse bastante desbalanceada, visto que muitas chaves (CEPs) no arquivo `CEPs.bin` estão ordenadas. Por outro lado, o fato de árvores AVL possuírem alturas próximas da altura ideal, com pequena vantagem para a árvore AVL, também era esperado. Enfim a implementação de tabela de busca com árvore afunilada parece ruim, visto que a altura dessa árvore é cerca de 20 vezes maior do que a altura ideal. Mas novamente, lembre-se que árvore afunilada não é árvore balanceada, de forma que uma altura ainda maior do que essa ainda seria aceitável.

A análise amortizada de árvores afuniladas, que será apresentada no **Capítulo 5**, garante que *m* operações consecutivas são executadas com custo temporal máximo $\theta(m \cdot log\ n)$, mas essa garantia não exclui a possibilidade de uma única operação ter custo temporal $\theta(n)$. Portanto embora essa garantia de custo temporal não seja tão enfática quanto nos casos de árvores AVL, que apresentem custos temporais $\theta(log\ n)$ no pior caso, o desempenho líquido de árvores afuniladas quando se considera uma sequência de operações é o mesmo exibido por árvores balanceadas.

4.7 Exemplos de Programação

4.7.1 Menor e Maior Chaves numa Árvore Binária de Busca

Problema: (a) Escreva uma função que retorne o elemento contendo a menor chave de uma tabela de busca implementada como árvore binária de busca. (b) Escreva uma função que retorne o elemento contendo a maior chave de uma tabela de busca implementada como árvore binária de busca.

Solução: Uma propriedade fundamental de árvores de busca é o fato de um caminhamento de ordem infixa resultar em acesso às chaves armazenadas em ordem crescente. Com base neste fato, pode-se concluir que a menor chave de uma árvore binária de busca está armazenada no nó mais à esquerda da árvore. A função `MenorChaveArvoreBB()` apresentada a seguir mostra como a menor chave de uma árvore binária de busca pode ser obtida. Essa função recebe como único parâmetro um ponteiro para a raiz da árvore e retorna o endereço do conteúdo que contém a menor chave, se a árvore não estiver vazia. Caso contrário, ela retorna **NULL**.

```
tCEP_Ind *MenorChaveArvoreBB(tArvoreBB p)
{
    tArvoreBB q; /* Apontará para o nó que armazena a menor chave */

    /* Se a árvore estiver vazia não há menor chave */
    if (!p)
        return NULL;

    /* A menor chave encontra-se no nó mais à esquerda da árvore de busca */
    while (p) {
        q = p; /* Faz q apontar para o nó para o qual p aponta */
        p = p->esquerda; /* Faz p apontar para o nó à esquerda */
    }
    /* Neste ponto, q aponta para o nó que armazena a menor chave */
    return &q->conteudo;
}
```

Utilizando um raciocínio análogo, pode-se obter o índice do registro que contém a maior chave armazenada numa árvore binária de busca, como faz a função `MaiorChaveArvoreBB()` a seguir.

```
tCEP_Ind *MaiorChaveArvoreBB(tArvoreBB p)
{
    tArvoreBB q; /* Apontará para o nó que armazena a maior chave */

    /* Se a árvore estiver vazia não há maior chave */
    if (!p)
        return NULL;

    /* A maior chave encontra-se no nó mais à direita da árvore de busca */
    while (p) {
        q = p; /* Faz q apontar para o nó para o qual p aponta */
```

```
      p = p->direita; /* Faz p apontar para o nó à direita */
   }
      /* Neste ponto, q aponta para o nó que armazena a maior chave */
   return &q->conteudo;
}
```

4.7.2 Exibindo em Ordem as Chaves de uma Árvore Binária de Busca

Problema: (a) Defina uma função que acessa em ordem crescente, as chaves contidas numa árvore binária de busca. (b) Defina uma função usada por um programa-cliente que chama a função definida no item (a) para escrever em arquivo os conteúdos dos nós de uma árvore binária de busca.

Solução de (a): Para acessar as chaves armazenadas numa árvore de busca binária em ordem crescente basta efetuar um caminhamento em ordem infixa na árvore, como faz a função `CaminhamentoInfixoBB()` apresentada adiante. Os parâmetros dessa função são:

- **arvore** (entrada) — ponteiro para a raiz da árvore sobre a qual será efetuado o caminhamento
- **op** (entrada) — ponteiro para a função que representa a operação de saída a ser efetuada sobre a informação contida em cada nó
- **stream** (entrada) — stream no qual o resultado da operação será escrito

```
void CaminhamentoInfixoBB( tArvoreBB arvore, tOperacao op, FILE *stream )
{
   if (arvore) {
         /* Caminha na subárvore esquerda */
      CaminhamentoInfixoBB(arvore->esquerda, op, stream);

      op(arvore->conteudo, stream); /* Visita a raiz */

         /* Caminha na subárvore direita */
      CaminhamentoInfixoBB(arvore->direita, op, stream);
   }
}
```

O tipo **tOperacao** do segundo parâmetro da função `CaminhamentoInfixoBB()` é definido como:

```
typedef void (*tOperacao) (tCEP_Ind, FILE*);
```

Solução de (b): A função `EscreveEmArquivoArvoreBB()` escreve em arquivo os conteúdos dos nós de uma árvore binária de busca e seu único parâmetro é um ponteiro para a raiz da árvore.

```
void EscreveEmArquivoArvoreBB(tArvoreBB arvore)
{
   FILE *stream;

      /* Tenta abrir o arquivo para escrita em modo texto */
   stream = fopen(NOME_ARQUIVO_CHAVES, "w");

      /* Se arquivo não foi aberto, aborta o programa */
   ASSEGURA(stream, "Impossivel criar arquivo para escrita de chaves");

   printf("\nEscrevendo tabela em arquivo...");

      /* Cabeçalho de apresentação */
   fprintf( stream, "  Chave   \tIndice\n"
                    "  =====   \t======\n");

      /* Apresenta cada estrutura numa linha separada */
   CaminhamentoInfixoBB( arvore, ExibeConteudoNoArvoreBB, stream );

   fclose(stream);
```

```
    printf("\n*** Resultado escrito no arquivo %s *** \n", NOME_ARQUIVO_CHAVES);
}
```

A função `ExibeConteudoNoArvoreBB()` usada como parâmetro por `EscreveEmArquivoArvoreBB()` na chamada de `CaminhamentoInfixoBB()` poderia ser definida como:

```
void ExibeConteudoNoArvoreBB(tCEP_Ind conteudo, FILE *stream)
{
    fprintf( stream, "%s\t%d\n", conteudo.chave, conteudo.valor );
}
```

4.7.3 Checando Árvores Binárias de Busca

Problema: (a) Escreva uma função que verifica se uma árvore binária é uma árvore binária *de busca*. O tipo de nó e o tipo de ponteiro para nó da árvore binária são aqueles usados na **Seção 4.1.2**. (b) Suponha que o tipo do campo **conteudo** seja **int** (em vez de **tCEP_Ind**, como nos exemplos anteriores). Escreva um programa que cria as árvores binárias de busca da **Figura 4–71** e verifica se essas árvores são legítimas árvores binárias de busca. [Note que a árvore da **Figura 4–71 (a)** deve ser aprovada no teste, mas isso não deve ocorrer com a árvore da **Figura 4–71 (b)**.]

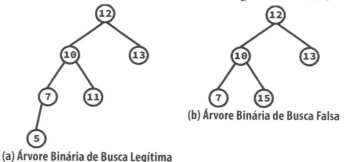

(a) Árvore Binária de Busca Legítima

(b) Árvore Binária de Busca Falsa

FIGURA 4–71: CHECANDO ÁRVORES BINÁRIAS DE BUSCA

Solução de (a): Para tornar a função solicitada genérica (i.e., para torná-la independente do conteúdo efetivo de cada nó), é uma boa ideia incluir um parâmetro na função solicitada que compara os conteúdos dos nós da árvore. O tipo **tCompara** definido abaixo é aquele que programadores de C estão acostumados a usar em funções como **bsearch()** e **qsort()** da biblioteca padrão dessa linguagem.

```
    typedef int (*tCompara) (const void *, const void *);
```

Existe um algoritmo tentador para resolver o problema proposto, mas que, de fato, não funciona (v. questão **32** na **Seção 4.8**). Um algoritmo que realmente funciona nesse caso é aquele que segue o **Teorema 4.1**. Ou seja, de acordo com esse teorema, se for efetuado um caminhamento em ordem infixa numa árvore binária e as chaves presentes nessa árvore forem visitadas em ordem crescente, então essa árvore é uma árvore binária de busca.

A função `EhArvoreBinDeBusca()` a seguir verifica se uma árvore binária é realmente uma árvore binária de busca efetuando um caminhamento em ordem infixa nessa árvore e verificando se as chaves são visitadas em ordem crescente. O primeiro parâmetro dessa função representa o endereço da raiz da árvore que se deseja testar e o segundo parâmetro é um ponteiro para uma função que compara os conteúdos efetivos de dois nós da árvore. A especificação de retorno dessa função de comparação deve ser compatível com aquela de **strcmp()** da biblioteca padrão de C.

```
int EhArvoreBinDeBusca(tNoArvoreBB *p, tCompara compara)
{
   static tNoArvoreBB *antecessor = NULL; /* Armazenará o antecessor de cada */
                                          /* nó visitado em ordem infixa     */

      /* Efetua um caminhamento em ordem infixa guardando */
      /* o valor do nó antecessor imediato do nó corrente */
   if (p) {
         /* Verifica se a subárvore esquerda é de busca */
      if (!EhArvoreBinDeBusca(p->esquerda, compara))
         return 0;

         /* Se o conteúdo do nó corrente for menor do que o conteúdo */
         /* do nó antecessor, não se  trata de árvore de busca       */
      if ( antecessor && compara(&p->conteudo, &antecessor->conteudo) < 0 )
         return 0;

      antecessor = p; /* O antecessor passa a ser o nó corrente */

         /* Verifica se a subárvore direita é de busca */
      return EhArvoreBinDeBusca(p->direita, compara);
   }

   return 1; /* Se ainda não houve retorno, a árvore foi aprovada */
}
```

Solução de (b): Primeiro, é necessário escrever uma função que compara o conteúdo de dois nós. Como foi dito acima, a especificação de retorno dessa função deve ser semelhante aquele de **strcmp**(), que faz parte da biblioteca padrão de C. No caso em que o tipo do campo **conteudo** é **int**, essa função é muito fácil de implementar, como faz a função `ComparaInts()`:

```
int ComparaInts(const void *e1, const void *e2)
{
   ASSEGURA(e1 && e2, "Elemento nulo recebido por ComparaInts()");

   return *(int *)e1 - *(int *)e2;
}
```

Agora já se pode escrever a função **main**() que irá compor o programa solicitado:

```
int main(void)
{
   tNoArvoreBB *raiz = NoNovo(12); /* Raiz da árvore da Figura (a) */

      /* Insere os demais nós na árvore da Figura (a) */
   raiz->esquerda = NoNovo(10);
   raiz->direita = NoNovo(13);
   raiz->esquerda->esquerda = NoNovo(7);
   raiz->esquerda->direita = NoNovo(11);
   raiz->esquerda->esquerda->esquerda = NoNovo(5);

      /* Testa se a árvore binária da Figura (a) é de busca */
   if (EhArvoreBinDeBusca(raiz, ComparaInts))
      printf("\n\t>>> A arvore da Figura (a) e' de busca");
   else
      printf("\n\t>>> A arvore da Figura (a) NAO e' de busca");

   DestroiArvoreBB(raiz); /* Destrói a árvore da Figura (a) */

      /* Cria a árvore da Figura (b) */
   raiz = NoNovo(12);
   raiz->esquerda = NoNovo(10);
```

```
raiz->direita = NoNovo(13);
raiz->esquerda->esquerda = NoNovo(7);
raiz->esquerda->direita = NoNovo(15);

    /* Testa se a árvore binária da Figura (b) é de busca */
if (EhArvoreBinDeBusca(raiz, ComparaInts))
    printf("\n\t>>> A arvore da Figura (b) e' de busca");
else
    printf("\n\t>>> A arvore da Figura (b) NAO e' de busca");

return 0;
}
```

A função **main**() definida acima, de fato, constrói as árvores solicitadas e verifica que a árvore da **Figura** 4–71 **(a)** é uma árvore binária de busca e que a árvore da **Figura** 4–71 **(b)** não o é. Essa função chama a função `NoNovo()` para criar cada nó da árvore em questão. Essa última função é semelhante à função `ConstroiNoArvoreBB()` apresentada na **Seção 4.1.2**. A referida função **main**() também chama `DestroiArvoreBB()` para liberar o espaço ocupado pela primeira árvore construída pelo programa. A função `DestroiArvoreBin()`, discutida no **Capítulo 12** do **Volume 1**, é semelhante à função `DestroiArvoreBB()`.

4.7.4 Conferindo Balanceamento AVL

Problema: Escreva uma função em C que recebe como parâmetro um ponteiro para a raiz de uma árvore binária e retorna 1, se a referida árvore satisfizer o balanceamento AVL, ou 0, em caso contrário.

Solução: A função `EhArvoreAVL()`, apresentada a seguir, atende aquilo que foi solicitado. É importante notar que essa função não testa se a árvore binária cuja raiz é recebida como parâmetro é uma árvore *de busca*. Ela apenas testa se essa árvore apresenta um balanceamento que satisfaz o critério AVL de balanceamento.

```
int EhArvoreAVL(tNoArvoreBB *raiz)
{
    int altEsquerda, /* Altura de uma subárvore esquerda */
        altDireita;  /* Altura de uma subárvore direita  */

        /* Se a árvore estiver vazia, ela é AVL */
    if (!raiz)
        return 1;

        /* Obtém as alturas das subárvores esquerda e direita */
    altEsquerda = AlturaArvoreBB2(raiz->esquerda);
    altDireita = AlturaArvoreBB2(raiz->direita);

        /* A árvore será AVL se sua raiz tiver balanceamento  */
        /* AVL e suas subárvores esquerda e direita forem AVL */
    if ( ABS(altEsquerda - altDireita) <= 1 && EhArvoreAVL(raiz->esquerda) &&
         EhArvoreAVL(raiz->direita) )
      return 1;

    return 0; /* Se ainda não houve retorno, a árvore não é AVL */
}
```

A função `EhArvoreAVL()` chama a função `AlturaArvoreBB2()` que calcula a altura de uma árvore (ou subárvore) binária e é definida como:

```
int AlturaArvoreBB2(tNoArvoreBB *raiz)
{
    /* Se a árvore estiver vazia, sua altura é zero */
    if (!raiz)
```

```
    return 0;

    /* Se a árvore não estiver vazia, calcula-se a */
    /* maior altura de suas subárvore e soma-se um */
  return 1 + MAIOR_VALOR( AlturaArvoreBB2(raiz->esquerda),
                          AlturaArvoreBB2(raiz->direita) );
}
```

As macros **ABS** e **MAIOR_VALOR** usadas pelas funções acima calculam o valor absoluto e o maior valor dentre dois números, respectivamente, e são fáceis de serem implementadas.

4.8 Exercícios de Revisão

Árvores Binárias Ordinárias de Busca (Seção 4.1)

1. Como uma chave é inserida numa árvore binária ordinária de busca?

2. Descreva o algoritmo de busca numa árvore binária de busca.

3. (a) Mostre que o fato de a menor chave de uma árvore binária ser aquela que se encontra mais à esquerda na árvore não implica que ela seja uma árvore binária de busca. (b) Mostre que o fato de a maior chave de uma árvore binária ser aquela que se encontra mais à direita na árvore não implica que ela seja uma árvore binária de busca.

4. (a) Como se encontra o sucessor imediato de um nó de uma árvore binária de busca que possui dois filhos? (b) Como se encontra o antecessor imediato de um nó de uma árvore binária de busca que possui dois filhos?

5. (a) Qual é o único nó de uma árvore binária de busca que não possui antecessor? (b) Qual é o único nó de uma árvore binária de busca que não possui sucessor?

6. (a) Mostre que, numa árvore binária de busca, se um nó possui filho direito, seu sucessor imediato não pode ter filho esquerdo. (b) Mostre que, numa árvore binária de busca, se um nó possui filho esquerdo, seu antecessor imediato não pode ter filho direito.

7. (a) Se um nó de uma árvore binária de busca não possui filho direito, como se encontra seu sucessor imediato? (b) Se um nó de uma árvore binária de busca não possui filho esquerdo, como se encontra seu antecessor imediato?

8. Suponha que os nós de uma árvore binária de busca contenham apenas chaves inteiras cujos valores são: *28, 37, 23, 55, 46, 24, 10* e *13*. Desenhe essa árvore quando os nós são inseridos nessa mesma ordem.

9. Descreva os casos de remoção de um nó de uma árvore binária ordinária de busca.

10. De acordo com o que foi visto na **Seção 4.1**, quando o nó a ser removido de uma árvore binária de busca possui dois filhos, ele é substituído por seu sucessor imediato em ordem infixa. Existe alguma alternativa para esse procedimento que seja igualmente eficiente?

11. Se um nó de uma árvore binária de busca não possuir filhos ele tem sucessor? Se for o caso, onde ele se encontra?

12. (a) O que é uma árvore binária inclinada à esquerda? (b) Sob que condição é criada uma árvore binária de busca inclinada à esquerda?

13. (a) O que é uma árvore binária inclinada à direita? (b) Sob que condição é criada uma árvore binária de busca inclinada à direita?

14. Desenhe a árvore binária de busca resultante da inserção de um nó contendo a chave *11* na árvore da figura abaixo.

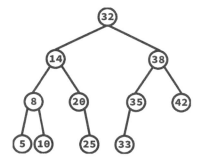

15. Desenhe a árvore binária de busca resultante da remoção do nó contendo a chave *14* na árvore ilustrada na figura do exercício 14.

16. Apresente a árvore resultante da remoção do nó com conteúdo *35* na árvore ilustrada na figura do exercício 14.

17. Apresente a árvore resultante da remoção da raiz da árvore ilustrada na figura do exercício 14.

18. Desenhe todas as árvores binárias de busca possíveis que contenham as chaves *1*, *2* e *3*.

19. Desenhe a árvore binária de busca criada pelo seguinte programa:

```c
#include <stdlib.h>

typedef struct no {
        char        conteudo;
        struct no *filho[2];
    } tNo, *tArvore;

int InsereNoListaSE( tArvore *arvore, char conteudo )
{
    tArvore p = *arvore, q = NULL, pNovoNo;

    while (p) {
        if (conteudo == p->conteudo)
            return 1;

        q = p;

        p = p->filho[conteudo < p->conteudo];
    }

    pNovoNo = malloc(sizeof(*pNovoNo));

    pNovoNo->conteudo = conteudo;
    pNovoNo->filho[0] = pNovoNo->filho[1] = NULL;

    if (!q)
        *arvore = pNovoNo;
    else
        q->filho[conteudo < q->conteudo] = pNovoNo;

    return 0;
}
void CriaArvore(tArvore *arvore, char ar[], int inf, int sup)
{
  for (int i = inf; i < sup; ++i)
      InsereNoListaSE(arvore, ar[i]);
}
```

CONTINUA

CONTINUAÇÃO

```
int main(void)
{
    char alfabeto[] = { 'A', 'B', 'C', 'D', 'E', 'F', 'G',
                        'H', 'I', 'J', 'K', 'L', 'M', 'N',
                        'O', 'P', 'Q', 'R', 'S', 'T', 'U',
                        'V', 'W', 'X', 'Y', 'Z' };

    tArvore raiz = NULL;

    CriaArvore( &raiz, alfabeto, 0,
                sizeof(alfabeto)/sizeof(alfabeto[0]) );

    return 0;
}
```

20. Se a função `CriaArvore()` do programa do exercício **19** for substituída pela função `CriaArvore2()` a seguir, qual será a árvore de busca criada pelo programa?

```
void CriaArvore2(tArvore *arvore, char ar[], int inf, int sup)
{
    int meio;

    if (inf <= sup) {
        meio = (inf + sup)/2;

        InsereNoListaSE(arvore, ar[meio]);

        CriaArvore(arvore, ar, inf, meio - 1);
        CriaArvore(arvore, ar, meio + 1, sup);
    }
}
```

21. Após estudar listas com saltos e árvores binárias de busca, um candidato a cientista maluco decidiu adaptar o método de inserção dessas listas para essas árvores. Seu algoritmo de inserção segue os seguintes passos:

1. Se a árvore estiver vazia, crie um novo nó contendo a chave, torne esse nó raiz da árvore e encerre.
2. Caso contrário, lance uma moeda.
3. Se o resultado do lançamento for cara, insira a chave na subárvore esquerda.
4. Se o resultado do lançamento for coroa, insira a chave na subárvore direita.

O cientista batizou sua criação de *CrazyTree*. (a) Como é possível efetuar uma operação de busca numa *CrazyTree*? (b) Qual é o custo temporal dessa operação de busca? (c) Sugira um meio de efetuar remoções numa *CrazyTree*. (d) Faz sentido balancear uma *CrazyTree*? Explique seu raciocínio.

22. Quando um nó a ser removido possui dois filhos, ele pode ser substituído por seu sucessor imediato (como foi visto na **Seção 4.1.2**) ou por seu antecessor imediato. Mostre como o nó contendo a chave *8* na figura a seguir é substituído dessa última maneira.

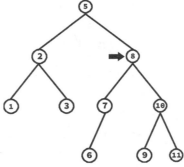

23. Mostre como o nó contendo a chave *5* na árvore binária de busca a seguir é removida de modo que ele seja substituído por seu (a) antecessor imediato e (b) sucessor imediato.

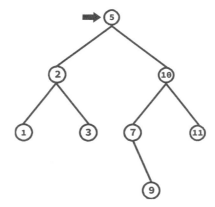

24. (a) Mostre que, quando se substitui um nó de uma árvore binária de busca que possui dois filhos por seu sucessor imediato em ordem infixa, o resultado é uma árvore binária de busca. (b) Mostre que, quando se substitui um nó de uma árvore binária de busca que possui dois filhos por seu antecessor imediato em ordem infixa, o resultado é uma árvore binária de busca.

25. Apresente cinco permutações das chaves *1*, *2*, *3*, *5*, *7*, *9*, *10* e *11* tais que quando essas chaves forem inseridas numa árvore binária de busca inicialmente vazia em qualquer dessas ordenações o resultado seja a árvore da questão **23**.

26. Um algoritmo bastante comum, porém equivocado, utilizado para verificar se uma árvore binária é uma árvore (binária) de busca é implementado pela função `EhArvoreDeBuscaErrada()` a seguir. (a) Qual é a abordagem usada por essa função? (b) Mostre que essa função não funciona apresentando uma árvore binária que não é uma árvore binária de busca, mas que, mesmo assim, passa no teste efetuado pela função `EhArvoreDeBuscaErrada()`.

```
int EhArvoreDeBuscaErrada(tNo *p)
{
   int compEsquerda,
       compDireita;

      /* Se a árvore estiver vazia, ela é de busca */
   if (!p)
      return 1;

      /* Compara o conteúdo do nó corrente com os   */
      /* conteúdos de seus filhos esquerdo e direito */
   compEsquerda = !p->esquerda || p->esquerda->conteudo < p->conteudo;

   compDireita = !p->direita || p->direita->conteudo > p->conteudo;

      /* Se o nó corrente e seus filhos satisfazem o   */
      /* critério, a árvore será de busca se suas sub-  */
      /* árvores esquerda e direita também satisfizerem */
   if (compEsquerda && compDireita)
     return EhArvoreDeBuscaErrada(p->esquerda) && EhArvoreDeBuscaErrada(p->direita);
   else
      return 0;

   return 0;
}
```

27. Numa **remoção negligente**, os nós a serem removidos são mantidos na árvore e apenas marcados como removidos. Quais são as vantagens e desvantagens dessa abordagem?

28. Suponha que se tenha uma estimativa antecipada de quão frequentemente chaves de busca são acessadas numa árvore binária. As chaves devem ser inseridas na árvore em ordem crescente ou decrescente de provável frequência de acesso? Explique sua resposta.

29. Desenhe todas as árvores binárias de busca estruturalmente diferentes que resultem quando n chaves são inseridas numa árvore inicialmente vazia, quando $2 \leq n \leq 5$.

30. Para que servem árvores binárias de busca ordinárias?

31. Apresente o custo temporal para as operações de busca, inserção e remoção em árvores binárias ordinárias de busca no melhor caso, no pior caso e no caso médio.

32. Mostre que o fato de o menor valor armazenado numa árvore binária encontrar-se na folha mais à esquerda da árvore não implica necessariamente que essa árvore seja uma árvore binária de busca.

33. Como as chaves de uma árvore binária de busca podem ser armazenadas em ordem crescente num array?

34. Se um nó de uma árvore binária não possui filho esquerdo, onde se encontra o antecessor imediato desse nó?

Rotações em Árvores Binárias de Busca (Seção 4.2)

35. (a) Descreva a operação de rotação esquerda simples de um nó. (b) Descreva a operação de rotação direita simples de um nó.

36. (a) Que condição deve satisfazer o filho esquerdo do nó sobre o qual incide uma rotação direita? (b) Que condição deve satisfazer o filho direito do nó sobre o qual incide uma rotação esquerda?

37. Que propriedades de uma árvore binária de busca são preservadas após uma operação de rotação?

38. Quais são as rotações necessárias para transformar a árvore da figura (a) na árvore da figura (b) abaixo?

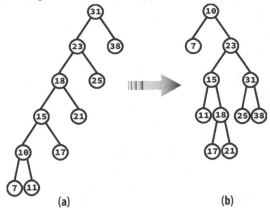

(a)   (b)

39. O que significam os triângulos rotulados A e B na figura abaixo?

40. Qual é a relação entre as chaves da árvore na figura a seguir?

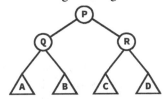

41. (a) Desenhe a árvore resultante da rotação esquerda do nó *R* na árvore da figura do exercício **40**. (b) Desenhe a árvore resultante da rotação direita do nó *Q* na árvore da figura do exercício **40**.

42. Qual é o custo temporal de uma rotação de nó numa árvore binária de busca?

43. Quais são as rotações necessárias para transformar a árvore da figura (a) na árvore da figura (b) abaixo?

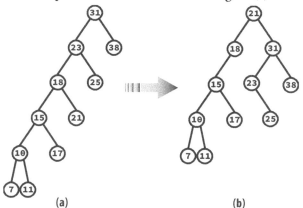

(a)   (b)

Balanceamento de Árvores Binárias de Busca (Seção 4.3)

44. O que é uma árvore binária perfeitamente balanceada?

45. (a) Qual é o número mínimo de nós de uma árvore perfeitamente balanceada com profundidade (altura) *p*? (b) Qual é o número máximo de nós de uma árvore perfeitamente balanceada com profundidade *p*?

46. (a) Qual é o número mínimo de folhas de uma árvore perfeitamente balanceada de altura *p*? (b) o número máximo de folhas de uma árvore perfeitamente balanceada com altura *p*?

47. Por que árvores binárias de busca balanceadas são desejáveis?

48. Apresente um exemplo de árvore binária de busca perfeitamente balanceada que se torna degenerada após uma sequência de remoções de nós.

49. (a) Qual é a vantagem das árvores perfeitamente balanceadas? (b) Qual é a desvantagem das árvores perfeitamente balanceadas?

50. Sejam *a*, *b* e *c* nós arbitrários nas subárvores *A*, *B* e *C*, respectivamente, na árvore à esquerda da figura a seguir. Como as alturas de *a*, *b* e *c* mudam quando uma rotação direita é executada no nó *y* dessa figura?

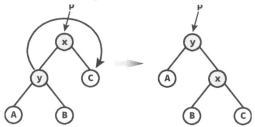

Árvores AVL (Seção 4.4)

51. O que é uma árvore AVL?

52. (a) Apresente um exemplo de árvore AVL que também seja perfeitamente balanceada. (b) Dê exemplo de uma árvore AVL que não seja perfeitamente balanceada.

53. Que vantagem árvores AVL oferecem com relação a árvores binárias perfeitamente balanceadas?

54. O que é balanceamento de um nó de uma árvore AVL?

55. Mostre que cada nó de uma árvore AVL tem balanceamento −1, 0 ou 1.

56. Apresente exemplos das possíveis situações nas quais uma árvore AVL pode se tornar desbalanceada após uma operação de inserção.

57. Para que servem operações de rotação em árvores AVL?

58. (a) Descreva a rotação dupla esquerda-direita. (b) Descreva a rotação dupla direita-esquerda. (c) Em que situações cada uma dessas rotações é utilizada?

59. Suponha que a figura abaixo represente o arcabouço de uma árvore binária de busca. (a) Qual é o balanceamento de cada nó desta árvore considerando a definição de balanceamento para árvores AVL apresentada na **Seção 4.4**? (b) Essa árvore de busca é uma árvore AVL?

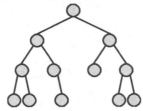

60. Considerando a árvore da questão **59**, em que posições podem ser inseridos nós nessa árvore de modo que ela continue balanceada segundo o critério AVL?

61. Que propriedades de uma árvore AVL são preservadas em qualquer das operações de rotação apresentadas?

62. Descreva as operações de rebalanceamento que podem ocorrer após a inserção de um nó numa árvore AVL.

63. Suponha que a figura a seguir represente o arcabouço de uma árvore AVL. Quando algum dos nós rotulados como D_1, D_2, ..., D_{12} é inserido nessa árvore ocorre um desbalanceamento. Identifique o caso de desbalanceamento (esquerda-esquerda, esquerda-direita etc.) que a inserção de cada um desses nó provoca nessa árvore e informe qual é a respectiva correção (rotação ou rotações) que cada um desses desbalanceamentos requer.

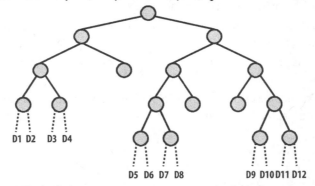

64. Considerando a árvore AVL da figura a seguir, em que caso de desbalanceamento devido a inserção se encaixam as inserções dos nós contendo as chaves: (a) 6 (b) 14 (c) 47 e (d) 50?

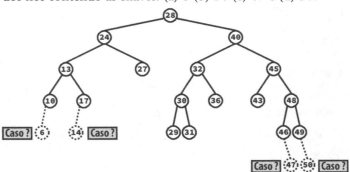

65. Numa árvore binária de Fibonacci de ordem *n*, se *n = 0* ou *n = 1*, a árvore consiste num único nó e, se *n > 1*, a árvore consiste numa raiz, tendo a árvore de Fibonacci de ordem *n − 1* como sua subárvore esquerda e a árvore de Fibonacci de ordem *n − 2* como sua subárvore direita. Uma árvore binária de Fibonacci pode ser considerada o pior caso de árvore AVL, pois ela possui o menor número de nós dentre todas as árvores AVL de altura *a*. Desenhe árvores de Fibonacci para alturas iguais a *1, 2, 3* e *4*.

66. Qual é o custo de temporal de uma (a) busca, (b) inserção e (c) remoção numa árvore AVL?

67. (a) Apresente o balanceamento de cada nó da árvore ilustrada na figura abaixo. (b) Essa árvore é AVL?

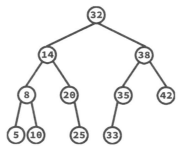

68. Apresente a árvore AVL resultante da inserção de um nó com chave igual a *11* na árvore ilustrada na figura do exercício **67**.

69. Apresente a árvore AVL resultante da remoção do nó contendo a chave *35* na árvore ilustrada na figura do exercício **67**.

70. Apresente a árvore AVL resultante da remoção da raiz da árvore ilustrada na figura do exercício **67**.

71. A ordem com que um conjunto de chaves é inserido numa árvore AVL influencia a eficiência das operações básicas sobre essa árvore?

72. Suponha que os nós de uma árvore AVL contenham apenas chaves inteiras cujos valores são: *10, 20, 30, 40, 50, 60, 70* e *80*. Desenhe essa árvore quando os nós são inseridos nessa mesma ordem.

73. (a) Uma árvore AVL contendo três nós pode ser inclinada à esquerda (ou à direita)? (b) Uma árvore AVL contendo quatro nós pode ser inclinada à esquerda (ou à direita)?

74. A árvore AVL da figura abaixo torna-se desbalanceada após a remoção do nó que contém a chave *4*. Mostre como a árvore resultante dessa remoção é rebalanceada.

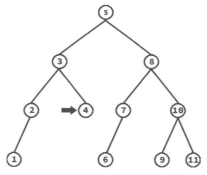

75. Desenhe a árvore AVL resultante da inserção em ordem alfabética das letras do alfabeto latino.

76. (a) Apresente representações gráficas de árvores AVL contendo o número mínimo de nós quando a altura da árvore é *1, 2, 3* e *4*. (b) Qual é o número mínimo de nós de uma árvore AVL com altura igual a *5*?

77. A árvore AVL da figura abaixo torna-se desbalanceada após a remoção do nó que contém a chave *6*. Mostre como a árvore resultante dessa remoção é rebalanceada.

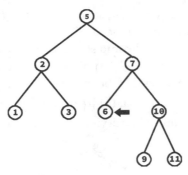

78. A remoção do nó com a chave *2* na figura abaixo é relativamente fácil, mas requer rebalanceamento um tanto complexo. Apresente a árvore resultante dessa remoção com o subsequente rebalanceamento.

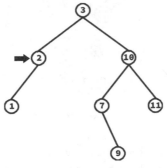

79. A remoção do nó contendo a chave *9* na árvore AVL da figura abaixo requer rebalanceamento. Apresente a árvore resultante dessa remoção com o subsequente rebalanceamento.

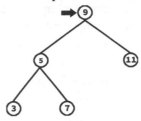

Árvores Binárias Afuniladas (Seção 4.5)

80. O que é uma árvore afunilada?

81. Em que diferem árvores afuniladas e árvores AVL?

82. Suponha que os nós de uma árvore afunilada contenham apenas chaves inteiras cujos valores são: *10, 20, 30, 40, 50, 60, 70* e *80*. Desenhe essa árvore quando os nós são inseridos nessa mesma ordem.

83. Apresente a nova configuração da árvore afunilada obtida no exercício **82** quando se efetua uma busca pela chave *40*.

84. Apresente a nova configuração da árvore afunilada obtida no exercício **82** quando se efetua uma busca pela chave *32*.

85. Apresente a nova configuração da árvore afunilada obtida no exercício **82** quando o nó contendo a chave *50* é removido.

86. A reconfiguração de uma árvore AVL nunca ocorre durante uma operação de busca. Por que, então, uma árvore afunilada pode ser reconfigurada durante tal operação?

87. Qual é a configuração de nós (avô, pai e filho) de uma árvore afunilada que requer cada um dos seguintes afunilamentos?

   (a) Zig-zag

   (b) Zig-zig

   (c) Zag-zag

   (d) Zag-zig

88. Em que diferem rotações duplas em árvores AVL e rotações duplas em árvores afuniladas?

89. (a) Se uma chave não for encontrada durante uma operação de busca numa árvore afunilada, ocorre afunilamento? (b) Em caso afirmativo, como é esse afunilamento?

90. (a) Descreva o afunilamento que ocorre durante a inserção de um nó numa árvore afunilada. (b) Descreva o afunilamento que ocorre durante a remoção de um nó de uma árvore afunilada.

91. (a) O que significa afunilar uma chave que faz parte de uma árvore afunilada? (b) O que significa afunilar uma chave que não faz parte de uma árvore afunilada?

92. (a) Construa graficamente a árvore afunilada resultante da inserção das seguintes chaves: *1, 2, 3, 4* e *5*, inseridas nessa ordem. (b) Desenhe a árvore afunilada resultante da remoção da chave *1* da árvore obtida no item (a).

93. Considere a árvore binária de busca da figura abaixo. Se todos os nós dessa árvore forem acessados em ordem crescente de suas chaves e cada acesso afunilar o nó acessado, qual será o formato da árvore resultante?

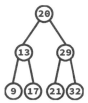

94. Se todos os nós da árvore do exercício **93** forem acessados em ordem decrescente de suas chaves e cada acesso afunilar o nó acessado, qual será o formato da árvore resultante?

95. Qual é a relação entre árvore afunilada e localidade de referência?

96. Apresente exemplos práticos de uso de árvores afuniladas.

97. (a) Descreva todas as rotações necessárias para a obtenção da árvore da **Figura 4–62 (b)** a partir da árvore da **Figura 4–62 (a)**. (b) Descreva todas as rotações necessárias para a obtenção da árvore da **Figura 4–63 (b)** a partir da árvore da **Figura 4–63 (a)**.

98. (a) O que é afunilamento ascendente? (b) O que é afunilamento descendente? (c) Por que afunilamento descendente é mais fácil de implementar?

99. Quais são os custos temporais no pior caso das operações de busca, inserção e remoção em árvores afuniladas?

100. (a) Efetue o afunilamento ascendente apresentado na **Figura 4–60** usando afunilamento descendente. (b) O resultado obtido é o mesmo?

Comparando Árvores Binárias de Busca (Seção 4.6)

101. Por que o resultado de um caminhamento em ordem infixa de uma árvore binária de busca é o mesmo quer ela seja ordinária, AVL ou afunilada?

102. Apresente uma comparação entre árvores AVL e árvores afuniladas.

103. Em que situação você escolheria árvore afunilada para implementar uma tabela de busca em detrimento a árvore AVL?

104. Em que situação você escolheria árvore AVL para implementar uma tabela de busca em detrimento a árvore afunilada?

Exemplos de Programação (Seção 4.7)

105. Qual é o papel desempenhado pela função `ExibeConteudoNoArvoreBB()` no exemplo da **Seção 4.7.2**?

106. Como se verifica se uma árvore binária pode ser classificada como uma árvore binária de busca?

107. (a) Qual é o papel desempenhado pela variável `antecessor` na implementação da função `EhArvoreDeBusca()` apresentada na **Seção 4.7.3**? (b) Por que essa variável precisa ter duração fixa?

108. Como se verifica se uma árvore binária pode ser classificada como uma árvore AVL?

109. No pior caso, qual é o custo temporal da operação de checagem de árvores binárias de busca apresentada da na **Seção 4.7.3**?

110. No pior caso, qual é o custo temporal da operação que encontra a menor (ou maior) chave de uma árvore binária de busca?

111. Qual é o custo temporal da operação que escreve as chaves de uma árvore binária ordenadas em ordem crescente?

112. Qual é o custo temporal da operação que verifica se uma árvore binária tem balanceamento AVL apresentada da na **Seção 4.7.4**?

4.9 Exercícios de Programação

EP4.1 Escreva uma função em C que determine se uma árvore binária é perfeitamente balanceada.

EP4.2 Suponha que as chaves armazenadas nos nós de uma árvore binária sejam do tipo **int**. Escreva uma função recursiva que exibe o conteúdo de cada ancestral de um nó cujo endereço essa função recebe como parâmetro.

EP4.3 Suponha que o conteúdo armazenado em cada nó de uma árvore binária seja do tipo **int**. Escreva uma função que retorna o número de nós que apresentam um valor menor do que o valor que ela recebe como parâmetro.

EP4.4 Escreva uma função recursiva que armazena em ordem crescente numa lista simplesmente encadeada os conteúdos efetivos dos nós de uma árvore binária de busca. Suponha que o conteúdo efetivo de cada nó da árvore seja do tipo **int**.

EP4.5 Escreva uma função em C que retorne o endereço do nó que contém a i-ésima menor chave armazenada numa árvore binária de busca, supondo que as chaves são do tipo **int**.

EP4.6 Suponha que as chaves armazenadas numa árvore binária de busca sejam do tipo **int**. Escreva uma função que encontra o piso de uma chave (possivelmente) armazenada numa árvore desse tipo.

EP4.7 Suponha que as chaves armazenadas numa árvore binária de busca sejam do tipo **int**. Escreva uma função que encontra o teto de uma chave (possivelmente) armazenada numa árvore desse tipo.

EP4.8 Suponha que as chaves armazenadas numa árvore binária de busca sejam do tipo **int**. Escreva uma função que retorna uma lista encadeada contendo todas as chaves que se encontram entre os valores inteiros `c1` e `c2`.

EP4.9 Escreva uma função que cria uma árvore AVL com o número mínimo de nós para uma determinada altura recebida como parâmetro. O conteúdo de cada deve ser um número inteiro gerado aleatoriamente.

EP4.10 Conforme foi visto no texto, se um array de chaves ordenadas for usado para criar uma árvore binária de busca inserindo-as na ordem em que se encontram, a árvore binária resultante será inclinada à esquerda (se as chaves estiverem em ordem decrescente) ou à direita (se as chaves estiverem em ordem crescente). Implemente uma função que recebe como parâmetro de entrada um array de chaves orde-nadas e utiliza uma abordagem semelhante a uma de busca binária de tal modo que a árvore binária de busca criada por essa função seja razoavelmente balanceada.

EP4.11 Reimplemente a função `RemoveArvoreBB()` apresentada na **Seção 4.1.2** de modo que quando um nó a ser removido possui dois filhos ele seja substituído por seu antecessor imediato em ordem infixa (em vez de ser substituído pelo sucessor imediato em ordem infixa, como ocorre na **Seção 4.1.2**).

EP4.12 Dadas duas árvores binárias de busca A e B tais que as chaves armazenadas em A são menores do que qualquer chave armazenada em B, uma maneira de unir essas duas árvores de modo a obter uma úni-ca árvore binária de busca é seguindo o seguinte procedimento:

1. Afunile o nó que contém a maior chave da árvore A. Como esse nó contém a maior chave da árvore A, ele não possui filho direito.

2. Torne raiz da árvore B o filho direito da raiz de A.

Crie uma função em C que implementa o procedimento descrito acima.

EP4.13 Dada uma árvore binária de busca A e um nó contendo uma chave c (**pivô**), é possível dividir essa árvore em duas outras binárias de busca B e C seguindo o seguinte procedimento:

1. Afunile o nó contendo a chave c. Desse modo, todas as chaves na subárvore esquerda da nova raiz da árvore A serão menores do que c e todas as chaves na subárvore direita da nova raiz dessa árvore serão maiores do que c.

2. Faça o ponteiro que representará a árvore B apontar para a nova raiz mencionada.

3. Faça o ponteiro que representa a árvore C apontar para o filho direito da árvore B.

4. Torne nulo o filho direito de B.

EP4.14 Supondo que c é a chave de um novo nó a ser inserido numa árvore afunilada, uma alternativa para o algoritmo de inserção implementado pela função `InsereArvoreFunil()` é a seguinte:

1. Encontre o nó contendo a maior chave que é menor do que ou igual à chave c (i.e., o nó con-tendo o piso de c). Se o piso de c for igual a c, encerre, visto que a chave é considerada primária.

2. Divida a árvore original conforme foi descrito no exercício **EP4.13** tendo como pivô o nó en-contrado no passo anterior. A árvore A obtida nessa divisão será aquela contendo as menores chaves enquanto a árvore B será aquela contendo as maiores chaves.

3. Crie um novo nó e use a operação descrita no exercício **EP4.12** para tornar A o filho esquerdo e B o filho direito do novo nó.

Crie uma função em C que implementa o procedimento descrito acima.

EP4.15 (a) Escreva uma função em C que efetua buscas numa árvore binária usando caminhamento infixo. (b) Qual é o custo temporal dessa função? (c) Qual é o custo espacial dessa função? (d) Em que situ-ação tal função se faz necessária?

EP4.16 Suponha que uma árvore binária de busca armazena chaves secundárias. Escreva uma função que retorna o número de nós nessa árvore com chaves iguais a uma chave recebida como parâmetro.

EP4.17 Suponha que uma árvore binária de busca armazena chaves secundárias. Implemente uma função de remoção para essa árvore que remove todos os nós na árvore que tenha chaves iguais a uma chave recebida como parâmetro.

EP4.18 Escreva uma função semelhante àquela apresentada na **Seção 4.7.4** que, além de verificar seus nós possuem balanceamento AVL, também verifica que ela é uma árvore de busca.

EP4.19 Implemente uma tabela de busca como um TAD que represente árvores binárias de busca usando as seguintes definições de tipos:

```
typedef enum {ESQUERDA = 0, DIREITA = 1} tDirecao;

typedef struct noBB2 {
        tConteudo     conteudo; /* Conteúdo do nó */
        struct noBB2 *filho[2]; /* Os filho do nó  */
    } tNoBB2;

typedef struct {
        tNoBB2 *raiz;  /* Raiz da árvore */
        int     nNos; /* Número de nós da árvore */
    } tArvoreBB2;
```

capítulo 5

ANÁLISE AMORTIZADA

Após estudar este capítulo, você deverá ser capaz de:

➤ Definir e usar os seguintes conceitos no contexto de análise amortizada de algoritmos:

❑ Amortização	❑ Método de agregado	❑ Soma telescópica
❑ Custo amortizado	❑ Método contábil	❑ Função potencial
❑ Moeda virtual	❑ Método de potencial	

➤ Discutir a principal motivação que norteia análise amortizada de algoritmos
➤ Descrever os métodos de análise amortizada
➤ Explicar por que o tamanho de um array dinâmico deve crescer geometricamente
➤ Apresentar as diferenças e semelhanças entre análise amortizada e análise assintótica
➤ Decidir se análise amortizada é adequada na avaliação de determinado algoritmo
➤ Avaliar algoritmos usando análise amortizada

ANÁLISE ASSINTÓTICA, discutida em detalhes no **Capítulo 6** do **Volume 1**, é uma ferramenta matemática poderosa e tem sido usada desde então na análise de custos de algoritmos e estruturas de dados. Contudo existem situações em programação nas quais a análise assintótica rigorosa, apesar de correta, resulta em custos considerados pessimistas demais.

Considere, por exemplo, a tabela de busca implementada usando array dinâmico discutida na **Seção 3.3.2**. Naquela ocasião foi afirmado que o custo temporal de uma operação de inserção nessa tabela de busca era $\theta(n)$ devido ao fato de uma tal operação requerer um redimensionamento do array, que tem custo temporal $\theta(n)$ no pior caso. Agora suponha que o programa que processa essa tabela aloca um espaço capaz de conter um milhão de elementos e que o referido array dobra de tamanho sempre que é redimensionado. Então, se houver uma sequência de um milhão e meio de chaves inseridas nessa tabela, apenas uma dessas inserções será de fato dispendiosa, que é aquela que requer redimensionamento do array; todas as demais inserções terão custo temporal $\theta(1)$. Portanto não parece ser justo que cada uma dessas inserções seja avaliada com custo $\theta(n)$.

Este capítulo estuda em detalhes o problema de tabela de busca implementada usando array dinâmico na **Seção 5.3** usando uma ferramenta denominada **análise amortizada de algoritmos**. A ideia básica que norteia esse tipo de análise é o exame de operações em conjunto (e não individualmente), de modo que as poucas operações dispendiosas quando combinadas com muitas operações menos onerosas resultem numa boa avaliação de desempenho quando se considera uma longa sequência de operações.

Como foi visto no **Capítulo 4**, uma árvore afunilada pode se tornar muito desbalanceada, fazendo com que um único acesso a um nó da árvore seja muito dispendioso. Mas, neste capítulo, será mostrado que, ao longo de uma sequência de acessos, árvores afuniladas não são tão dispendiosas e não requerem muito mais operações de rotação do que árvores AVL, por exemplo. Uma avaliação de cada operação básica sobre árvore afuniladas usando análise amortizada será apresentada na **Seção 5.4**.

5.1 Fundamentos

5.1.1 Conceitos

Análise amortizada é uma importante ferramenta de análise de algoritmos que facilita o entendimento dos custos temporais de estruturas de dados que apresentam operações com desempenhos variados.

O **custo amortizado** de uma sequência de m operações é o custo total dessa sequência dividido por m. Ou seja, quando uma sequência de m operações apresenta custo total igual a $\theta(m \cdot f(n))$, o custo amortizado de cada operação é igual a $\theta(f(n))$. Durante a execução dessas m operações, algumas delas podem ter custo maior do que $\theta(f(n))$, mas, em compensação, algumas outras operações podem ter custo bem menor do que esse.

Em vez de enfocar em cada operação isoladamente como ocorre em análise assintótica tradicional, análise amortizada considera interações entre operações que constituem uma **sequência de operações**. A análise amortizada é motivada pelo fato de a análise assintótica de pior caso por operação poder resultar num limite pessimista demais quando a única situação que suscita uma operação onerosa é a ocorrência de um grande número de operações módicas precedentes.

Para muitas estruturas de dados, tal como a tabela dinâmica mencionada no início deste capítulo, não é razoável considerar o custo de pior caso para cada operação numa sequência de operações, de forma que, nesse caso, a análise assintótica pode resultar num custo muito pessimista. Levando em conta as propriedades do problema em questão e os algoritmos envolvidos em sua solução, a análise amortizada permite encontrar um custo que reflete melhor o desempenho desses algoritmos, pois ela leva em consideração o desempenho médio de cada operação no pior caso.

A ideia básica que norteia a análise amortizada é que uma operação de alto custo pode alterar o estado de uma estrutura de dados de tal maneira que essa operação não ocorra novamente por um longo período, o que amortiza seu custo. Ou seja, análise amortizada é usada para algoritmos nos quais uma operação ocasional é muito lenta, mas muitas outras operações são bem mais rápidas. A análise amortizada tenta garantir que o custo médio de uma sequência de operações, no pior caso, é menor do que o custo no pior caso de uma operação onerosa específica.

Tanto análise assintótica quanto análise amortizada devem ser consideradas quando se escolhe um algoritmo para uso na prática, pois, como a análise amortizada não informa nada com respeito ao custo de operações isoladas, é possível que uma operação de uma sequência de operações tenha um custo enorme.

A Tabela 5–1 resume as situações nas quais a análise amortizada deve ou não ser usada.

QUANDO USAR ANÁLISE AMORTIZADA	QUANDO NÃO USAR ANÁLISE AMORTIZADA
A operação que representa o pior caso do algoritmo ocorre esporadicamente e, quando ela ocorre, é compensada por um número muito maior de operações de baixo custo	Operações de alto custo não são compensadas por operações de baixo custo
O programa que executa o algoritmo suporta uma eventual operação com alto custo	É importante para o programa que executa o algoritmo que todas as operações tenham custos baixos

TABELA 5–1: USOS DE ANÁLISE AMORTIZADA

5.1.2 Comparação com Análise Assintótica de Caso Médio

Tipicamente, em análise de algoritmos tradicional, são considerados três casos: melhor caso, pior caso e caso médio. Em cada um desses casos, considera-se uma única execução do algoritmo e tenta-se determinar qual é o seu custo para processar a respectiva entrada. Análise amortizada difere de análise assintótica por apresentar uma estimativa de custo de pior caso para uma longa sequência de operações, em vez de para uma única operação isoladamente. Ou seja, análise amortizada avalia o mesmo pior caso da análise tradicional, mas ela leva em conta a ocorrência dele em conjunto com outras operações que não são tão ruins.

Análise amortizada é semelhante à análise assintótica de caso médio, pois ela é associada ao custo médio de uma sequência de operações. Entretanto análise tradicional de caso médio conta com suposições estatísticas sobre os dados de entrada do algoritmo cujo custo se deseja estimar (v., por exemplo, o **Teorema 3.3**). Portanto sua validade depende de suposições sobre distribuições desses dados, o que significa que essa análise é inválida se essas suposições não forem válidas. Por outro lado, análise amortizada não usa tais suposições.

5.2 Métodos de Análise Amortizada

Existem três métodos básicos usados em análise amortizada[1]:

- ❏ **Método de agregado**, no qual qualquer operação que constitui uma sequência de operações sob análise contribui com o mesmo peso para o resultado final da análise.
- ❏ **Método contábil**, que é baseado num modelo financeiro que impõe uma cobrança extra na execução de operações módicas e usa o excedente para compensar execuções de operações dispendiosas.
- ❏ **Método de (energia) potencial**, que é baseado num modelo de energia da Física no qual é usada uma função potencial que caracteriza a quantidade de energia que se tem à disposição para executar uma

---

[1]   A denominação do método agregado é derivada de um dos significados da palavra *aggregate* em inglês, que é um todo constituído por várias partes que, tipicamente, são díspares. Em português, a palavra *agregado* não tem exatamente esse significado.

determinada operação. Os valores dessa função aumentam ou diminuem de acordo com a execução de cada operação sucessiva e não podem ser negativos.

Para executar uma análise amortizada, deve-se escolher um desses métodos. Essas abordagens produzem resultados equivalentes, mas uma delas pode ser mais apropriada do que outra para um determinado problema. Não existe nenhuma fórmula mágica para a obtenção de uma função de potencial ou esquema contábil que sempre funcione.

5.2.1 Método de Agregado

O método de agregado é uma abordagem simples que consiste em calcular o custo para uma sequência de operações e depois dividir esse custo pelo número de operações para obter o custo amortizado de cada operação. O mesmo custo amortizado é atribuído a cada operação, mesmo quando essas operações possuem naturezas distintas (p. ex., qualquer inserção numa tabela dinâmica tem o mesmo custo amortizado quer ela requeira redimensionamento da tabela ou não). Na prática, esse método não é muito aplicável, de modo que ele é usado em conjunto com um dos demais métodos de análise amortizada.

5.2.2 Método Contábil

O método contábil de análise amortizada usa um esquema de créditos e débitos para acompanhar os custos de diferentes operações consideradas em sequência. Para levar a efeito essa abordagem, considera-se o computador como uma máquina que requer o pagamento de uma **moeda virtual** por uma quantia constante de tempo de processamento. Quando uma operação é executada, deve haver moedas virtuais disponíveis suficientes para pagar por seu custo temporal.

Deve-se enfatizar que o método contábil é simplesmente uma ferramenta de análise. Ele não requer que se modifique uma estrutura de dados ou um algoritmo de qualquer modo. Por exemplo, esse método não requer que se acrescentem componentes para armazenar moedas virtuais gastas ou economizadas. Além disso, a cobrança não corresponde necessariamente ao tempo real requerido para uma operação específica. Quer dizer, é possível que uma operação termine em menos tempo do que o tempo que é cobrado pela operação. Em tal caso, sobra um saldo positivo para cobrir operações futuras.

Pode-se fazer uma analogia entre o método contábil e a manutenção de uma conta bancária na qual operações de baixo custo são cobradas um pouco mais do que seus custos reais e o excedente é depositado nessa conta para uso posterior. Operações de custo elevado podem então ser cobrados menos do que seu custo real e o déficit é pago pelo que foi poupado na conta. Desse modo, repartem-se os custos de operações mais onerosas com a sequência inteira. O valor cobrado por cada operação deve ser suficientemente elevado para que o saldo na conta bancária sempre permaneça positivo, mas, ao mesmo tempo, suficientemente baixo para que não seja cobrado de nenhuma operação muito além do que ela realmente custa. Em resumo, o segredo para uma análise amortizada bem-sucedida utilizando o método contábil é efetuar cobranças apropriadas e mostrar que elas são suficientes para cobrir o custo de qualquer sequência de operações.

Suponha que se tenha uma sequência de m operações sobre uma estrutura de dados e seja r_i o custo real da operação i para $1 \leq i \leq m$. Suponha ainda que os valores da função de crédito sejam c_0, c_1, ..., c_m, sendo c_0 o saldo antes da primeira operação e c_i o saldo depois da operação i, para $1 \leq i \leq m$. Assim o custo amortizado a_i de cada operação é definido como:

$$a_i = r_i + c_i - c_{i-1}$$

Equação 5–1

A **Equação 5–1** significa que o custo amortizado é o custo real mais a alteração de saldo que ocorreu durante a execução da operação. Essa equação pode ser rearranjada como $r_i = a_i + c_{i-1} - c_i$, de forma que o custo real total é dado pelo **Lema 5.1**.

Lema 5.1: O custo real total e o custo amortizado total de uma sequência de m operações numa estrutura de dados são relacionados por:

$$\sum_{i=1}^{m} r_i = \sum_{i=1}^{m}(a_i + c_{i-1} - c_i) = \left(\sum_{i=1}^{m} a_i\right) + c_0 - c_m \qquad \text{Equação 5–2}$$

Prova: O resultado final é decorrente do fato de o somatório:

$$\sum_{i=1}^{m}(c_{i-1} - c_i)$$

constituir uma soma telescópica (v. **Apêndice B** do **Volume 1**), de modo que com exceção do primeiro e do último valores, todos os valores cancelam-se mutuamente e, portanto, não entram no cômputo final. ∎

Escolhendo uma função de saldo de tal maneira que os valores a_i sejam aproximadamente iguais, é fácil calcular o lado direito da **Equação 5–2** e, portanto, o custo real da sequência de m operações.

5.2.3 Método de Potencial

No método de potencial, associa-se a uma estrutura de dados uma função Φ que representa o estado corrente de energia potencial da estrutura. Cada operação executada sobre essa estrutura irá acrescentar alguma quantia para a função Φ, mas também irá extrair de Φ um valor proporcional ao tempo realmente gasto na operação. Usam-se $\Phi_0 \geq 0$ como valor inicial de Φ (i.e., antes da execução de qualquer operação) e Φ_i como valor da função Φ depois da execução da i-ésima operação. O objetivo aqui é usar a alteração de potencial causada pela i-ésima operação, representada por $\Phi_i - \Phi_{i-1}$, para calcular o custo amortizado necessário para realizar essa operação.

Mais formalmente, define-se o estado de uma estrutura de dados logo após a execução de uma operação i como e_i. A função potencial $\Phi(e_i)$, escrita sucintamente como Φ_i, mapeia e_i num valor real. Denotando-se o custo real da operação i como r_i, o custo amortizado da operação i é igual ao custo real mais a alteração de potencial decorrente da execução da operação:

$a_i = r_i + \Phi(e_i) - \Phi(e_{i-1})$ \qquad **Equação 5–3**

em que r_i é o custo real da operação e e_{i-1} e e_i são os estados da estrutura de dados antes e depois da execução de uma operação, respectivamente.

A **Equação 5–3** pode ser escrita de modo mais sucinto como:

$a_i = r_i + \Phi_i - \Phi_{i-1}$ \qquad **Equação 5–4**

Idealmente, a função Φ deve ser definida de modo que o custo amortizado de cada operação seja pequeno. Além disso, a alteração de potencial deve ser positiva para operações de baixo custo e negativa para operações de alto custo.

O custo total amortizado A de execução de n operações numa estrutura de dados é definido como:

$$A = \sum_{i=1}^{n} a_i \qquad \Rightarrow$$

$$A = \sum_{i=1}^{n}(r_i + \Phi_i - \Phi_{i-1}) \qquad \Rightarrow$$

$$A = \sum_{i=1}^{n} r_i + \sum_{i=1}^{n} (\Phi_i - \Phi_{i-1}) \Rightarrow$$

$$A = R + \sum_{i=1}^{n} (\Phi_i - \Phi_{i-1})$$

Como o segundo termo dessa última equação forma uma soma telescópica (v. **Lema 5.1**), obtém-se o seguinte dessa última expressão:

$A = R + \Phi_n - \Phi_0$ **Equação 5–5**

Em palavras, o custo amortizado total é igual ao custo real total mais a alteração de potencial ocorrida durante a execução da sequência inteira de operações. Assim, para garantir que o custo amortizado total seja um limite superior sobre o custo real total (i.e., $A \geq R$) para uma sequência de qualquer tamanho, deve-se assegurar que $\Phi(e_n) \geq \Phi(e_0)$ para todo n. Tipicamente, o valor de $\Phi(e_0)$ é definido como 0 e a função potencial é definida de modo que ela seja sempre não negativa.

O sucesso de uma análise amortizada usando o método de potencial depende de uma boa escolha para a função potencial. Essa função deve ser definida de modo que uma operação cujo custo real seja menor do que seu custo amortizado resulte num aumento de potencial e uma operação cujo custo real seja maior do que seu custo amortizado resulte numa redução de potencial. Assim ela economiza energia suficiente para ser usada quando for necessário, mas não pode economizar energia demais que faça com que o custo amortizado da operação corrente seja alto demais. Infelizmente, a escolha de uma boa função potencial nem sempre é trivial.

5.2.4 Comparação de Métodos de Análise Amortizada

O método contábil cobra por cada operação uma certa quantia de acordo com a natureza da operação, com enfoque em pagamentos prévios que compensem os custos de futuras operações onerosas. Por sua vez, o método de potencial é baseado no efeito de uma operação sobre uma estrutura de dados. Contudo os dois métodos efetuam cobranças (monetária num caso e energética no outro) que compensem um eventual custo adicional para realização de operações futuras. O método contábil *armazena* créditos numa estrutura de dados, enquanto o método de potencial considera propriedades da estrutura de dados para calcular seu *potencial*.

O método contábil e o método de potencial são equivalentes em termos de aplicabilidade a determinados problemas e os custos amortizados que eles proveem. Todavia um deles pode ser mais fácil de aplicar do que o outro num caso específico de análise.

O método de agregado é o mais simples de todos, mas sua aplicabilidade é limitada. Por exemplo, esse método é difícil de aplicar na análise amortizada de árvores afuniladas (v. **Seção 5.4**).

A **Tabela 5–2** apresenta as principais características dos métodos de análise amortizada discutidos aqui.

Método	Características
Agregado	Não faz distinção entre operações com respeito ao custo de cada uma delas
Contábil	Pode atribuir custos (*monetários*) distintos a operações distintas de uma sequência de operações
Potencial	Atribui um valor (*energia potencial*) para cada estado de uma estrutura de dados

Tabela 5–2: Principais Características dos Métodos de Análise Amortizada

5.2.5 Exemplos de Análise Amortizada

Para facilitar o entendimento das técnicas de análise amortizada, será apresentada como exemplo uma estrutura de dados fictícia, que será aqui denominada **tabela de destruição**. Essa tabela é implementada como uma lista simplesmente encadeada e suporta apenas duas operações:

1. Acréscimo, que acrescenta um elemento ao início da tabela.

2. Destruição, que libera o espaço que a tabela ocupa em memória.

O tipo de nó e o tipo de ponteiro para nó da lista são definidos como:

```
typedef struct rotNoLSE {
        int                conteudo;
        struct rotNoLSE *proximo;
    } tNoListaSE, *tListaSE;
```

A operação de acréscimo é simples de implementar, como mostra a função `InsereListaSE()` abaixo.

```
void InsereListaSE(tListaSE *lista, int conteudo)
{
   tNoListaSE *ptrNovoNo; /* Apontará para o novo nó alocado */

   ASSEGURA(ptrNovoNo = malloc(sizeof(tNoListaSE)), /* Tenta alocar */
           "Nao foi possivel alocar no'");  /* um novo nó    */

   ptrNovoNo->conteudo = conteudo; /* Preenche conteúdo do nó */

      /* Faz o novo nó apontar para o primeiro nó da lista */
   ptrNovoNo->proximo = *lista;

   *lista = ptrNovoNo; /* Torna o novo nó o primeiro da lista */
}
```

A operação de destruição também é relativamente trivial, como mostra a função `DestroiListaSE()` apresentada a seguir.

```
void DestroiListaSE(tListaSE *lista)
{
   tListaSE p; /* Aponta para o próximo nó a ser liberado */

   if (!*lista)
      return; /* Lista vazia não precisa ser destruída */

   p = *lista; /* Faz p apontar para o início da lista */

   do { /* Visita cada nó da lista liberando-o */
      *lista = (*lista)->proximo;

      free(p); /* Libera o espaço do nó corrente */

      p = *lista; /* Faz p apontar para o próximo nó */
   } while (p);
}
```

Usando análise assintótica tradicional, claramente, a função `InsereListaSE()` tem custo temporal $\theta(1)$, enquanto a função `DestroiListaSE()` tem custo temporal $\theta(n)$, visto que todos os elementos da tabela devem ser acessados para que o espaço ocupado pela tabela seja liberado. O que será mostrado a seguir é que o custo temporal da operação de destruição implementada pela função `DestroiListaSE()` tem custo amortizado $\theta(1)$.

Usando o Método de Agregado

Considere uma sequência de n operações numa tabela de destruição inicialmente vazia. Se a análise tradicional de pior caso for considerada, o custo temporal dessa sequência de operações é $\theta(n^2)$, visto que o pior caso de uma única operação de destruição na sequência é $\theta(n)$ e pode haver $\theta(n)$ operações de destruição nessa sequência. Embora essa análise seja correta, ela é um tanto exagerada, pois uma análise que leva em conta as interações entre essas operações mostra que o custo temporal da sequência inteira é realmente $\theta(n)$, como mostra o **Teorema 5.1**.

Teorema 5.1: Uma sequência de n operações numa tabela de destruição inicialmente vazia tem custo temporal $\theta(n)$.

Prova: Considere uma sequência qualquer de n operações de acréscimo e destruição, representadas por chamadas das funções `InsereListaSE()` e `DestroiListaSE()`, numa tabela de destruição inicialmente vazia. O número máximo de execuções do corpo do laço **do-while** da função `DestroiListaSE()` é igual ao número de vezes que a função `InsereListaSE()` foi chamada anteriormente nessa sequência. Portanto o número de execuções desse laço em toda a sequência é menor do que n. Logo o custo temporal de toda a sequência é menor do que *2n*, de modo que esse custo é $\theta(n)$. ∎

Como o custo temporal amortizado de uma operação que faz parte de uma sequência de operações é o custo de pior caso da sequência de operações dividido pelo número de operações, pelo **Teorema 5.1**, pode-se dizer que o custo temporal amortizado de cada operação numa tabela de destruição é $\theta(1)$. Note que o custo temporal real de uma operação específica pode ser muito maior do que seu custo temporal amortizado [p. ex., uma determinada operação de destruição pode ter custo temporal $\theta(n)$].

Usando o Método Contábil

Agora será apresentada uma prova alternativa do **Teorema 5.1** obtida por meio do método contábil. Suponha que uma moeda virtual (*V$ 1*) seja suficiente para pagar pela execução de uma operação de acréscimo e pelo acesso a um elemento efetuado por uma operação de destruição. Serão cobradas *V$ 2* para cada uma dessas operações. Isso significa cobrar menos por uma operação de destruição e cobrar *V$ 1* a mais por cada operação de acréscimo. A moeda virtual lucrada numa operação de acréscimo será *armazenada* no elemento acrescentado por essa operação, como mostra a **Figura 5–1**. Quando uma operação de destruição é executada, a moeda virtual armazenada em cada elemento da tabela é usada para pagar pelo tempo gasto acessando-o. Portanto tem-se um esquema de amortização válido, no qual cobram-se *V$ 2* por cada operação, de modo que todo o tempo de processamento é quitado. Esse esquema simples de amortização implica no resultado do **Teorema 5.1**.

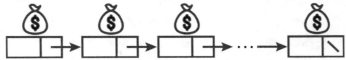

FIGURA 5–1: MOEDAS VIRTUAIS ARMAZENADAS NUMA ESTRUTURA DE DADOS

Note que o pior caso para o custo temporal ocorre quando uma sequência de operações de acréscimo é seguida por uma única operação de destruição. Em outros casos, ao final da sequência de operações, podem-se lucrar algumas moedas virtuais que não foram gastas, que são aquelas obtidas nas operações de inserção e armazenadas nos elementos que ainda fazem parte da tabela. Por exemplo, se forem efetuadas três acréscimos, seguidas por uma destruição e mais dois acréscimos, nessa ordem, ao final dessa sequência haverá na tabela dois elementos, cada um dos quais com *V$ 1*.

Usando o Método de Potencial

A função potencial Φ a ser usada na análise amortizada de tabela de destruição por meio do método de potencial é escolhida como o número de elementos dessa tabela. O objetivo agora será mostrar que o custo amortizado para qualquer operação é *2*. Isto é, $a_i = 2$, para $1 \le i \le n$. Para tal, considere as duas operações possíveis na i-ésima operação:

☐ **Inserção**. Inserir um nó na tabela acrescenta *1* à função Φ e o custo real r_i necessário é *1* unidade de tempo. Assim, nesse caso, tem-se:

$$a_i = r_i + \Phi_i - \Phi_{i-1} \Rightarrow a_i = 1 + 1 = 2$$

☐ **Destruição**. Remover todos os *m* elementos de uma tabela de destruição requer, no máximo, $m + 2$ unidades de tempo, sendo *m* unidades de tempo para executar o laço **do-while** mais, no máximo, *2* unidades de tempo para as demais instruções da função `DestroiListaSE()`. Mas essa operação também reduz o potencial Φ da estrutura de *m* para *0*, visto que, após essa operação a tabela fica sem nenhum elemento. Portanto, nesse caso, tem-se que:

$$a_i = r_i + \Phi_i - \Phi_{i-1} \Rightarrow a_i = m + 2 + 0 - m = 2$$

Portanto o custo temporal amortizado de qualquer operação numa tabela de destruição é $\theta(1)$. Além disso, como $\Phi_i \geq \Phi_0$ para qualquer $i \geq 1$, o custo temporal amortizado para execução de *n* operações numa tabela de destruição inicialmente vazia é $\theta(n)$.

5.3 Análise Amortizada de Array Dinâmico

Considere uma tabela de busca indexada implementada por meio de um array dinâmico cujo tamanho dobra sempre que mais espaço se faz necessário. Uma tabela como essa foi implementada na **Seção 3.3.2** e é aconselhável que o leitor releia essa seção antes de prosseguir para que possa ficar bem inteirado sobre o problema que será discutido aqui. A **Figura 5–2** ilustra a evolução de uma tabela indexada dinâmica desde seu estado inicial até o instante em que ela contém cinco elementos.

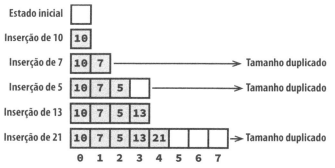

FIGURA 5–2: TABELA DE BUSCA INDEXADA DINÂMICA

Se o espaço alocado inicialmente para o referido array fosse suficiente para conter quatro elementos da tabela, o custo temporal para inserção dos primeiros quatro elementos dessa tabela seria constante. Contudo a inserção de um quinto elemento nessa tabela levaria mais tempo, visto que o array teria de ser redimensionado antes do acréscimo do novo elemento. As próximas quatro operações de inserção também teriam custo temporal constante. Então um acréscimo subsequente iria requerer outra duplicação do tamanho do array e assim por diante.

Em C, o que retarda o redimensionamento de um array dinâmico é o comportamento da função **realloc()** em seu pior caso, que é ilustrado na **Figura 5–3**[2].

Se for usada análise assintótica tradicional, o custo temporal de inserção numa tabela de busca indexada dinâmica (v. **Seção 3.3.2**) é $\theta(n)$ no pior caso, o que faz com que o custo de pior caso de *n* inserções seja $\theta(n^2)$. De fato, essa análise resulta num limite superior pessimista demais, pois poucas dessas *n* inserções têm custo temporal $\theta(n)$.

A seguir, serão apresentadas análises amortizadas de arrays dinâmicos usando os três métodos de análise descritos acima.

---

[2]   Uma discussão completa sobre o comportamento da função **realloc()** é apresentada no **Volume 1**.

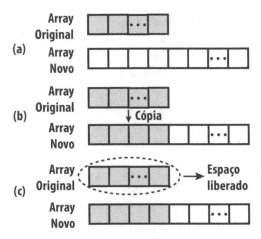

FIGURA 5–3: PIOR CASO DA FUNÇÃO `realloc()`

5.3.1 Usando Método de Agregado

O custo c_i da i-ésima inserção numa tabela indexada dinâmica que dobra de tamanho quando necessário é dado por:

$$c_i = \begin{cases} i & \text{se } i - 1 \text{ for potência de 2} \\ 1 & \text{em caso contrário} \end{cases}$$

Supondo que o tamanho de uma tabela indexada dinâmica seja t_i, a **Figura 5–4** ilustra as inserções dos 10 primeiros itens numa tabela dessa natureza.

i	1	2	3	4	5	6	7	8	9	10
t_i	1	2	4	4	8	8	8	8	16	16
c_i	1	2	3	1	5	1	1	1	9	1

FIGURA 5–4: INSERÇÕES NUMA TABELA INDEXADA DINÂMICA 1

O que se pretende é obter a soma dos custos c_i para uma sequência de n inserção e isso é facilitado se for observado que os custos que são diferentes de 1 podem ser reescritos como a soma de 1 com uma potência de 2, como mostra a **Figura 5–5**.

i	1	2	3	4	5	6	7	8	9	10
t_i	1	2	4	4	8	8	8	8	16	16
c_i	1	$1 + 2^0$	$1 + 2^1$	1	$1 + 2^2$	1	1	1	$1 + 2^3$	1

FIGURA 5–5: INSERÇÕES NUMA TABELA INDEXADA DINÂMICA 2

Como sugere a **Figura 5–5**, a soma dos custos de inserção c_i de uma sequência de n inserções pode ser subdividida em duas partes: (1) a soma das n parcelas iguais a 1 e (2) a soma das parcelas iguais a 2^i, em que i varia entre 0 e $\lfloor log_2 (n - 1) \rfloor$. Ou seja:

$$\sum_{i=1}^{n} c_i \leq \sum_{i=1}^{n} 1 + \sum_{i=0}^{\lfloor \log(n-1) \rfloor} 2^i$$

Claramente, o primeiro somatório do lado direito resulta em n. Por sua vez, o último somatório é uma soma geométrica cuja razão é 2, de maneira que, usando-se a fórmula de soma de progressão geométrica, obtém-se:

$$\sum_{i=0}^{\lfloor \log(n-1) \rfloor} 2^i = 2^{\lfloor \log(n-1) \rfloor + 1} - 1 = 2 \cdot 2^{\lfloor \log(n-1) \rfloor} - 1 \leq 2 \cdot (n-1) - 1 = 2n - 3$$

Assim o custo temporal total de n inserções é limitado por:

$$\sum_{i=1}^{n} c_i \leq n + 2n - 3 = 3n - 3$$

Portanto esse custo é $\theta(n)$. Como há n operações na sequência, pode-se concluir que o custo temporal amortizado de inserção de um elemento na tabela implementada como array dinâmico descrita acima tem custo temporal $\theta(1)$.

5.3.2 Usando Método Contábil

Suponha que custa *V\$ 1* para inserir um elemento e *V\$ 1* para copiá-lo quando o array é duplicado. Claramente a cobrança de *V\$ 1* por inserção não é suficiente, porque não sobra nada para pagar pela cópia. A cobrança de *V\$ 2* por inserção também não é suficiente, mas a cobrança de *V\$ 3* parece ser satisfatória, como mostrado na **Figura 5–6**, em que s_i é o saldo depois da i-ésima inserção e p_i é o pagamento efetuado.

i	1	2	3	4	5	6	7	8	9	10
t_i	1	2	4	4	8	8	8	8	16	16
c_i	1	2	3	1	5	1	1	1	9	1
p_i	3	3	3	3	3	3	3	3	3	3
s_i	2	3	3	5	3	5	7	9	3	5

FIGURA 5–6: ANÁLISE AMORTIZADA DE TABELA INDEXADA DINÂMICA 1

A prova do **Teorema 5.2** mostra que a cobrança de *V\$ 3* por inserção é, de fato, suficiente.

Teorema 5.2: Considere uma tabela implementada por meio de um array dinâmico, como foi descrito acima. O custo temporal total para executar uma sequência de n operações de acréscimo na tabela, inicialmente vazia e usando um array de tamanho inicial $n = 1$, é $\theta(n)$.

Prova: Suponha que *V\$ 1* seja suficiente para pagar pela execução de cada operação de inserção na tabela, excluindo o tempo despendido para redimensionar o array. Assuma também que aumentar o tamanho do array de k para $2k$ requer k moedas virtuais (i.e., *V\$ k*) para pagar pelo tempo gasto copiando seus elementos. Será cobrado *V\$ 3* por cada operação de inserção. Assim cobra-se *V\$ 2* a mais por cada operação de inserção que não causa redimensionamento. Imagine que as *2* moedas virtuais lucradas numa inserção dessa natureza sejam armazenadas em cada elemento inserido. Um redimensionamento ocorre quando a tabela tem 2^i elementos, para algum inteiro $i \geq 0$ e o tamanho do array é 2^i. Assim dobrar o tamanho dele irá requer 2^i moedas virtuais, que podem ser encontradas nos elementos armazenados entre as posições 2^{i-1} e $2^i - 1$.

A **Figura 5–7** ilustra essa situação quando o array é duplicado de *8* para *16* elementos. Note que o redimensionamento anterior ocorreu quando o número de elementos se tornou maior do que 2^{i-1} pela primeira vez e assim as moedas virtuais armazenadas nas posições entre 2^{i-1} e $2^i - 1$ não foram previamente gastas. Portanto tem-se um esquema de amortização válido no qual cobram-se *3* moedas virtuais por cada operação que são suficientes para pagar todo o custo de processamento. Ou seja, pode-se pagar pela execução de n operações de acréscimo usando *3n* moedas virtuais. Portanto o aludido custo temporal é $\theta(n)$. ∎

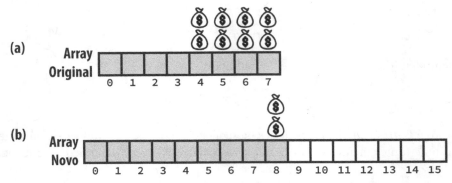

FIGURA 5–7: ANÁLISE AMORTIZADA DE TABELA INDEXADA DINÂMICA 2

Usando esse esquema de amortização, sempre que um array é duplicado, essa operação já está paga. Na primeira vez que um elemento é copiado, sua cópia é paga por uma de suas próprias moedas virtuais que foram cobradas quando ele foi inserido. Todas as demais cópias subsequentes desse elemento serão pagas por doações de elementos inseridos posteriormente.

5.3.3 Usando Método de Potencial

Para um array dinâmico cujo redimensionamento é efetuado por duplicação, pode-se usar a seguinte função potencial:

$$\Phi(e_i) = 2n - m$$

em que e é o estado da estrutura, n é o número corrente de elementos e m é a capacidade corrente do array. Se o array for iniciado com capacidade igual a 0 e for alocado um array de tamanho 1 quando o primeiro elemento for acrescentado e, então, dobrar-se o tamanho do array sempre que se precisar de mais espaço, tem-se que: $\Phi(e_0) = 0$. Além disso, como $n \geq m/2$, tem-se que $2n - m \geq 0 \Rightarrow \Phi(e_i) \geq 0, \forall i$.

Para mostrar que o acréscimo de um elemento à tabela tem custo temporal amortizado constante, dois casos devem ser levados em conta:

1. Se $n < m$, o custo temporal amortizado é dado por:

$$\begin{aligned} a_i &= r_i + \Phi_i - \Phi_{i-1} \\ &= 1 + 2\cdot(n + 1) - m - (2\cdot n - m) \\ &= 3 \end{aligned}$$

2. Se $n = m$, o custo temporal amortizado é:

$$\begin{aligned} a_i &= r_i + \Phi_i - \Phi_{i-1} \\ &= n + 1 + 2\cdot(n + 1) - 2\cdot m - (2\cdot n - m) \\ &= n + 3 - m \\ &= 3 \text{ (já que } n = m) \end{aligned}$$

Em ambos casos, o custo temporal amortizado é $\theta(1)$.

5.3.4 Efeito de Crescimento Geométrico

Qualquer que seja o método utilizado na análise amortizada de array dinâmico, para que o custo temporal amortizado obtido acima seja válido, é crucial que o tamanho do array cresça geometricamente (i.e., dobrando de tamanho). Pode ser tentador aumentar o array por um incremento constante, mas essa abordagem resulta em custo temporal amortizado linear, em vez de custo temporal amortizado constante.

Quando se redimensiona o tamanho do array incrementando-o e são consideradas *n* operações de inserção, mesmo levando em conta apenas o redimensionamento do array, o custo temporal total será, pelo menos, *1 + 2 + 3 + 4 + ... + (n – 1) = n·(n – 1)/2*. Ou seja, o custo amortizado por operação é *(n – 1)/2* considerando apenas redimensionamento. Por outro lado, quando o tamanho do array é duplicado a cada redimensionamento, em qualquer sequência de *n* operações, o custo total de redimensionamento é *1 + 2 + 4 + 8 + ... + 2^i* sendo *2^i < n*, que é, no máximo, *2·n – 1*. Acrescentando-se *n* como custo adicional para inserção ou remoção, obtém-se que o custo total é menor que *3n* e, assim, o custo amortizado por operação é menor do que *3*.

5.4 Análise Amortizada de Árvores Afuniladas

No **Capítulo 4**, foi visto que o custo temporal de qualquer operação sobre um nó *X* de uma árvore binária de busca é proporcional ao número de nós encontrados no caminho entre a raiz e *X*. Além disso, cada operação de busca, inserção ou remoção efetuada numa árvore afunilada requer o afunilamento de um nó, que é efetuado por meio de **passos**.

Esta seção apresentará uma análise amortizada de árvores afuniladas usando o método de potencial[3]. Por questão de simetria, serão considerados apenas os passos de afunilamento zig, zig-zig e zig-zag.

Se cada passo zig numa árvore afunilada contar como uma rotação e cada passo zig-zig ou zig-zag contar como duas rotações, então o custo temporal real de qualquer uma dessas operações será igual a *1* mais o número de rotações.

Para obter o custo temporal amortizado de afunilamento, podem-se enumerar todas as alterações possíveis numa árvore que um único passo de afunilamento pode causar. Então, para cada caso, calcula-se o potencial para a árvore inteira antes e depois dessa operação e o custo real requerido para executá-la. Isso resulta num limite para o custo amortizado de um único passo de afunilamento. Somando-se todos esses custos obtém-se um limite para o custo amortizado de uma operação inteira de afunilamento.

Suponha que $S_i(X)$ seja a subárvore cuja raiz é o nó *X* no instante *i* e $|S_i(X)|$ seja o número de nós (**tamanho**) dessa subárvore nesse instante. Define-se o **posto** do nó *X* como:

$$R_i(X) = log\ |S_i(X)|$$

De acordo com essa definição, para uma árvore contendo *n* nós e cuja raiz seja *A*, o posto dessa raiz é simplesmente *R(A) = log n*.

Supondo que $R_i(X)$ indica o posto do nó *X* de uma árvore cuja raiz é *A* no instante *i*, a função potencial *Φ* para essa árvore nesse instante é definida como:

$$\phi_i(A) = \sum_{X \in A} R_i(X)$$

Equação 5–6

Usar a soma de postos como função potencial é similar a usar a soma de alturas para a mesma finalidade, mas existe uma importante diferença: apesar de uma rotação poder alterar as alturas de muitos nós, no máximo três nós podem ter seus postos alterados em consequência de uma rotação (v. **Figura 5–10**, por exemplo). Se *X* for uma folha, então $|S_i(X)| = 1$ e, assim, $R_i(X) = 0$. Nós próximos das folhas de uma árvore têm postos pequenos, enquanto a raiz tem o maior posto na árvore.

A **Figura 5–8** ilustra os conceitos de tamanho e posto de um nó e de potencial de uma árvore binária. Nessa figura, a árvore que se encontra no centro e aquela mais à direita são árvores resultantes de afunilamentos ocorridos na árvore à esquerda. Note como os valores dos tamanhos, postos e potenciais variam de uma árvore para outra.

---

[3]   Essa análise é baseada no trabalho de Sleator e Tarjan (1985) (v. **Bibliografia**).

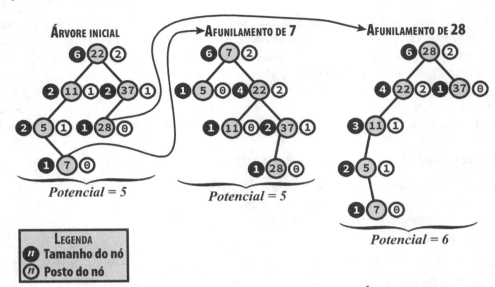

FIGURA 5–8: TAMANHOS E POSTOS DE NÓS E POTENCIAIS DE ÁRVORES BINÁRIAS

O **Lema 5.2**, apresentado a seguir, facilitará a prova do principal resultado desta seção.

Lema 5.2: Se a, b e c são números reais positivos com $a + b \leq c$, então tem-se que: $\log a + \log b \leq 2 \cdot \log c - 2$.

Prova:

$$\left(\sqrt{a} - \sqrt{b}\right)^2 \geq 0 \Rightarrow \sqrt{ab} \leq \frac{a+b}{2} \Rightarrow \sqrt{ab} \leq \frac{c}{2}$$

A última desigualdade acima é decorrente da hipótese: $a + b \leq c$. Elevando-se ao quadrado ambos os lados da última desigualdade e aplicando-se logaritmos na base *2*, obtém-se o resultado desejado. ∎

Teorema 5.3:   O custo temporal amortizado de afunilamento de um nó X de uma árvore com raiz A é, no máximo, $3(R(A) - R(X)) + 1$, que é $O(\log n)$.

Prova: A função potencial que será usada é a soma dos postos dos nós da árvore A representada na **Equação 5–6**.

Se X for a raiz de A, então não haverá nenhuma rotação e não haverá alteração no potencial. Nesse caso, o custo temporal real para acesso ao nó X é *1*, de maneira que o custo temporal amortizado também é *1* e o teorema é válido.

Suponha agora que há pelo menos uma rotação. Para qualquer passo de afunilamento, sejam $R_i(X)$ e $|S_i(X)|$ o posto e o tamanho (i.e., número de nós) de X antes desse passo sejam $R_f(X)$ e $|S_f(X)|$ o posto e o tamanho de X imediatamente depois do passo de afunilamento. Será mostrado que o custo temporal amortizado requerido para um passo zig é no máximo $3 \cdot (R_f(X) - R_i(X)) + 1$ e que o custo temporal amortizado para um passo zig-zag ou zig-zig é no máximo $3 \cdot (R_f(X) - R_i(X))$.

Caso zig. Para um passo zig, o custo temporal real é *1* (para a única rotação) e a alteração de potencial é $R_f(X) + R_f(P) - R_i(X) - R_i(P)$ (v. **Figura 5–9**). Essa alteração de potencial é fácil de calcular, porque apenas as árvores com raízes X e P mudam de tamanho. Assim, usando a_{zig} para representar o custo temporal amortizado, obtém-se:

$$a_{zig} = 1 + R_f(X) + R_f(P) - R_i(X) - R_i(P)$$

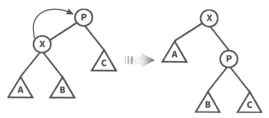

FIGURA 5–9: ANÁLISE AMORTIZADA DO CASO ZIG DE ÁRVORES AFUNILADAS

Na **Figura 5–9**, observa-se que $|S_i(P)| \geq |S_f(P)|$, de modo que $R_i(P) \geq R_f(P)$ e, assim, tem-se:

$$a_{zig} \leq 1 + R_f(X) - R_i(X)$$

Como $|S_f(X)| \geq |S_i(X)|$, segue-se que $R_f(X) - R_i(X) \geq 0$, de maneira que se pode aumentar o lado direito da última expressão acima, obtendo:

$$a_{zig} \leq 1 + 3 \cdot [R_f(X) - R_i(X)]$$

Caso zig-zag. Para o caso zig-zag, o custo real é *2* (pois há duas rotações) e a mudança de potencial é $R_f(X) + R_f(P) + R_f(Q) - R_i(X) - R_i(P) - R_i(Q)$ (v. **Figura 5–10**), o que resulta no seguinte custo temporal amortizado:

$$a_{zig\text{-}zag} = 2 + R_f(X) + R_f(P) + R_f(Q) - R_i(X) - R_i(P) - R_i(Q)$$

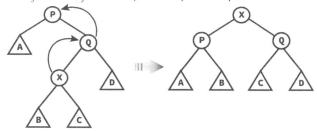

FIGURA 5–10: ANÁLISE AMORTIZADA DO CASO ZIG-ZAG DE ÁRVORES AFUNILADAS

Na **Figura 5–10**, vê-se que $|S_f(X)| = |S_i(Q)|$, de maneira que os postos de X e Q são iguais e, assim, obtém-se:

$$a_{zig\text{-}zag} = 2 + R_f(P) + R_f(Q) - R_i(X) - R_i(P) \tag{†}$$

Nota-se ainda que $|S_i(P)| \geq |S_i(X)|$ (v. **Figura 5–10**), de modo que $R_i(X) \leq R_i(P)$. Fazendo-se essa substituição em (**†**), obtém-se:

$$a_{zig\text{-}zag} \leq 2 + R_f(P) + R_f(Q) - 2R_i(X) \tag{††}$$

Como se vê na **Figura 5–10**, $|S_f(P)| + |S_f(Q)| \leq |S_f(X)|$, de forma que, usando-se esse fato e aplicando-se o **Lema 5.2** em (**††**), obtém-se:

$$log\ |S_f(P)| + log\ |S_f(Q)| \leq 2\ log\ |S_f(X)| - 2$$

Pela definição de posto, essa última expressão pode ser reescrita como:

$$R_f(P) + R_f(Q) \leq 2R_f(X) - 2 \tag{†††}$$

Substituindo-se (**†††**) em (**††**), obtém-se:

$$a_{zig\text{-}zag} \leq 2R_f(X) - 2R_i(X) \Rightarrow$$

$$a_{zig\text{-}zag} \leq 2(R_f(X) - R_i(X))$$

Finalmente, como $R_f(X) \geq R_i(X)$, obtém-se

$$a_{zig\text{-}zag} \leq 3(R_f(X) - R_i(X))$$

Caso zig-zig. A prova do caso zig-zig (v. **Figura 5–11**) é muito similar ao caso zig-zag. Agora os fatos importantes que devem ser levados em consideração são: $R_f(X) = R_i(Q)$, $R_f(X) \geq R_f(P)$, $R_i(X) \leq R_i(P)$ e $|S_i(X)| + |S_f(Q)| \leq |S_f(X)|$. O complemento da prova desse caso é deixado como exercício para o leitor. Somando-se os custos amortizados de todas as rotações, das quais, no máximo, uma delas pode ser zig (ou zag), vê-se que o custo total amortizado para afunilamento do nó X é no máximo $3 \cdot (R_f(X) - R_i(X)) + 1$, sendo que $R_i(X)$ é o posto de X antes do primeiro passo de afunilamento e $R_f(X)$ é o posto de X depois do último passo de afunilamento. Como o último passo de afunilamento deixa X na raiz da árvore, obtém-se um custo amortizado de $3 \cdot (R(A) - R_i(X)) + 1$, que é $O(\log n)$. ∎

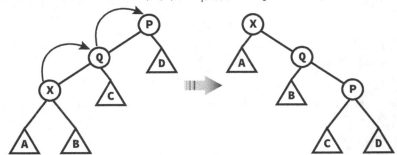

FIGURA 5–11: ANÁLISE AMORTIZADA DE CASO ZIG-ZIG DE ÁRVORES AFUNILADAS

A título de ilustração, a **Figura 5–12** mostra os passos que são executados num afunilamento no nó rotulado com 3. Sejam $R_1(3)$, $R_2(3)$, $R_3(3)$ e $R_4(3)$ os postos do nó 3 em cada uma das quatro árvores. O custo do primeiro passo, que é um zag-zig, é no máximo $3 \cdot (R_2(3) - R_1(3))$. O custo do segundo passo, que é um zig-zig, é $3 \cdot (R_3(3) - R_2(3))$. O último passo é um zig e tem custo que não é maior do que $3 \cdot (R_4(3) - R_3(3)) + 1$. Com o efeito telescópico (v. **Lema 5.1**), o custo total de afunilamento do nó 3 resulta em $3 \cdot (R_4(3) - R_1(3)) + 1$.

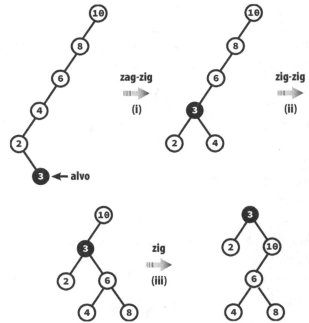

FIGURA 5–12: PASSOS DE AFUNILAMENTO

Corolário 5.1: O custo temporal amortizado de uma operação de busca numa árvore afunilada é $O(\log n)$.

Prova: Como cada operação de busca numa árvore afunilada requer um afunilamento, o custo amortizado de qualquer operação difere por um fator constante do custo amortizado de um afunilamento, que, em consonância com o **Teorema 5.3**, é $O(\log n)$. Assim qualquer operação de busca numa árvore afunilada tem custo temporal amortizado $O(\log n)$. ∎

Corolário 5.2: O custo temporal amortizado de uma operação de inserção numa árvore afunilada é $O(\log n)$.

Prova: Como foi visto na **Seção 4.5.3**, no pior caso de inserção, um nó é afunilado e, em seguida um novo nó contendo a chave a ser inserida passa a ser a nova raiz da árvore. Essa segunda operação tem custo $O(1)$, enquanto o afunilamento tem custo amortizado $O(\log n)$, de acordo com o **Teorema 5.3**. Portanto o custo amortizado de inserção em árvore afunilada é $O(\log n)$. ∎

Corolário 5.3: O custo temporal amortizado de uma operação de remoção numa árvore afunilada é $O(\log n)$.

Prova: Conforme foi visto na **Seção 4.5.3**, uma remoção consiste em dois afunilamentos seguidos por uma operação que une duas subárvores. Isso aumenta o posto de um nó, mas é limitado por $\log n$. Assim o custo de uma remoção é limitado pelo custo de afunilamento, que é $O(\log n)$, em virtude do **Teorema 5.3** ∎

5.5 Exercícios de Revisão

Fundamentos (Seção 5.1)

1. Descreva os seguintes conceitos:
   (a) Amortização
   (b) Análise amortizada
   (c) Custo amortizado

2. Descreva as principais diferenças entre análise amortizada e análise assintótica.

3. Qual é a semelhança entre análise amortizada e análise assintótica de caso médio.

4. Qual é a principal motivação que norteia a análise amortizada?

5. Quais são os tipos de problemas que podem ser avaliados mediante análise amortizada?

6. Por que análise amortizada não é adequada para análise de algoritmos de ordenação?

7. (a) Cite duas estruturas de dados cujos algoritmos são adequadamente avaliados usando análise amortizada.
   (b) Cite duas estruturas de dados para as quais análise amortizada não é adequada.

Métodos de Análise Amortizada (Seção 5.2)

8. Descreva os seguintes métodos de análise amortizada:
   (a) Método de agregado
   (b) Método contábil
   (c) Método de potencial

9. (a) O que é moeda virtual no contexto de análise amortizada? (b) Em qual método de análise amortizada moedas virtuais são usadas?

10. Moedas virtuais são armazenadas em estruturas de dados? Explique.

11. O que é soma (ou série) telescópica?

12. (a) O que é função potencial? (b) Quais são as propriedades que uma função potencial deve satisfazer?

13. Explique a analogia entre o método de potencial usando em análise amortizada e energia potencial em Física.

14. (a) Descreva a estrutura de dados tabela de destruição. (b) Para que serve essa estrutura de dados?

Análise Amortizada de Array Dinâmico (Seção 5.3)

15. Por que o tamanho de um array dinâmico deve crescer geometricamente para que a análise amortizada apresentada para esses arrays seja válida?

16. Por que se um array dinâmico for acrescido de um valor fixo quando ele aumenta de tamanho, seu custo amortizado de inserção será $\theta(n)$, e não $\theta(1)$, como no caso mostrado na **Seção 5.3**?

17. Explique por que a seguinte relação é válida:

$$\sum_{i=0}^{\lfloor \log(n-1) \rfloor} 2^i \leq 2n$$

Análise Amortizada de Árvores Afuniladas (Seção 5.4)

18. (a) O que é posto de um nó de uma árvore binária? (b) Qual é a importância desse conceito na análise amortizada de árvores afuniladas?

19. (a) Apresente o posto e o tamanho de cada nó da árvore da figura abaixo. (b) Qual é o potencial dessa árvore?

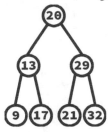

20. Quais são os custos temporais no pior caso das operações de busca, inserção e remoção em árvores afuniladas?

21. Quais são os custos amortizados das operações de busca, inserção e remoção em árvores afuniladas?

22. (a) Usando a função potencial descrita na **Seção 5.4** para análise amortizada de árvores afuniladas, qual é o potencial máximo e o potencial mínimo de uma árvore afunilada? (b) Quanto o potencial pode diminuir num afunilamento? (c) Quanto o potencial pode aumentar num afunilamento? Apresente suas respostas usando a notação ó.

23. Apresente uma análise amortizada de operações sobre árvores afuniladas usando o método contábil.

24. Considere as estruturas de dados lista com saltos, árvore AVL e árvore afunilada que são usadas em implementações de tabelas de busca. É correto afirmar que todas essas estruturas apresentam custo temporal $\theta(\log n)$ para operações de busca, inserção e remoção?

25. Mostre que o custo amortizado de um afunilamento zig-zig é, no máximo, $3(R_f(X) - R_i(X))$.

26. Mostre que o custo amortizado de um afunilamento zag-zag é, no máximo, $3(R_f(X) - R_i(X))$.

27. Uma função potencial para análise amortizada de árvores afuniladas poderia ser definida como a soma das alturas de todos os nós da árvore. Explique por que essa função não funcionaria.

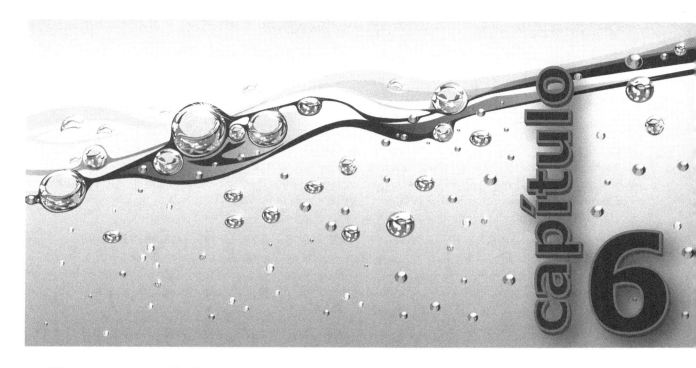

capítulo 6

Busca Hierárquica em Memória Secundária

objetivos

Após estudar este capítulo, você deverá ser capaz de:

➤ Definir os seguintes conceitos relativos a árvores multidirecionais de busca:

❑ Árvore descendente	❑ Filho de chave	❑ Árvore balanceada
❑ Árvore ascendente	❑ Folha	❑ Conjunto de índices
❑ Ordem	❑ Semifolha	❑ Conjunto sequencial
❑ Grau	❑ Nó completo	❑ Preenchimento de estrutura

➤ Descrever o algoritmo de busca para árvores multidirecionais

➤ Explicar por que árvores multidirecionais descendentes de busca não são usadas na prática

➤ Definir transferência de disco e custo de transferência

➤ Dimensionar o grau de uma árvore multidirecional de busca implementada em arquivo

➤ Descrever os mecanismos de divisão e junção de nós de árvores B e B+

➤ Implementar árvore B em arquivo

➤ Comparar árvores B, B+ e B*

➤ Mostrar onde se encontram a maior e a menor chaves de uma árvore multidirecional de busca

➤ Calcular a altura de uma árvore multidirecional de busca

➤ Implementar busca de intervalo em árvores B e B+

XISTEM MUITOS PROGRAMAS que precisam lidar com enormes quantidades de dados que não cabem inteiramente em memória principal. Um exemplo de tal situação seria um banco de dados de correntistas de uma grande instituição financeira. Às vezes, essa quantidade de dados é tão grande que mesmo uma tabela de busca que contenha apenas as chaves dos registros precisa ser mantida em memória secundária.

Este capítulo lida com algoritmos e estruturas de dados para busca e atualização de tabelas de busca armazenadas em memória secundária. Mais precisamente, este capítulo ensina técnicas que permitem encontrar um registro num arquivo com vários gigabytes armazenado em disco usando duas ou três operações de leitura. Esse é um tópico de enorme importância prática e para seu bom acompanhamento recomenda-se ao leitor uma releitura do **Capítulo 1**, notadamente as seções que tratam de hierarquias de memória e *caching*.

A medida de complexidade de algoritmos que operam sobre dados armazenados em memória secundária é o número de acessos a blocos, de modo que é melhor acessar uma grande quantidade de dados de uma vez do que acessar a memória secundária várias vezes para obter a mesma quantidade de dados. Logo os dados devem ser organizados de modo a minimizar o número de acessos. Resumindo, os algoritmos que operam sobre dados armazenados em arquivo (memória secundária) são avaliados de acordo com o número de vezes em que blocos são acessados (i.e., lidos ou escritos).

Transferência de disco é a leitura de um bloco em memória secundária e seu subsequente armazenamento em memória principal, ou vice-versa. O desempenho de algoritmos que lidam com tabelas de busca armazenadas em memória secundária é medido em termos do número de transferências de disco necessárias para efetuar uma busca ou atualização da tabela. Essa medida é denominada **custo de entrada e saída** ou **custo de transferência** do algoritmo em questão.

Este capítulo começa apresentando árvores multidirecionais descendentes e pode ser um tanto frustrante saber que elas não possuem nenhuma utilidade prática, pois são deveras ineficientes. Pior ainda, árvores multidirecionais não devem ser implementadas em memória principal. Então por que essas árvores são apresentadas aqui? A resposta a essa última questão é de natureza didática. Árvores multidirecionais descendentes são bem mais fáceis de implementar do que árvores multidirecionais ascendentes que serão discutidas mais adiante neste capítulo. Além disso, como o leitor já deve estar familiarizado com a implementação de árvores em memória principal, implementar inicialmente árvores multidirecionais em memória principal deve facilitar sua implementação em memória secundária.

Este capítulo é melhor apreciado utilizando-se programas-clientes com arquivos de registros realmente grandes, como o arquivo `CensoMEC.bin` descrito no **Apêndice A**, como fazem os programas que usam árvores multidirecionais encontrados no site deste livro na internet.

6.1 Árvores Multidirecionais Descendentes de Busca

6.1.1 Conceitos

Uma **árvore multidirecional de busca de ordem** (ou **grau**) **n** é uma árvore na qual cada nó possui n ou menos **filhos** e um número de chaves armazenadas igual ao número de filhos menos um (p. ex., se um nó tiver 3 filhos, ele terá 2 chaves). Se os m filhos de um nó forem representados por $f_0, f_1, ..., f_{m-1}$ e suas **chaves** forem representadas por $c_0, c_1, ..., c_{m-2}$, em ordem crescente, então todas as chaves em f_0 serão menores do que ou iguais a c_0, todas as chaves em f_j, sendo $1 \leq j \leq m-2$, serão maiores do que c_{j-1} e menores do que ou iguais a c_j e todas as chaves em f_{m-1} serão maiores do que c_{m-2}. O filho f_j é chamado **filho esquerdo da chave** c_j e **filho direito da chave** c_{j-1}. Um nó pode ter um ou mais filhos vazios.

A **Figura 6–1** ilustra uma árvore multidirecional de busca de ordem (grau) *4*:

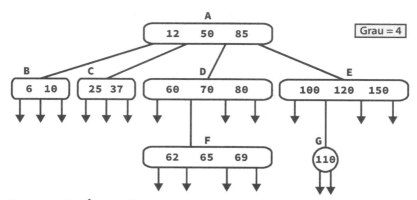

FIGURA 6–1: ÁRVORE MULTIDIRECIONAL DESCENDENTE DE BUSCA DE ORDEM 4

Na **Figura 6–1**, os nós rotulados com *A*, *D*, *E* e *F* possuem o número máximo de filhos (i.e., *4*) e chaves (i.e., *3*) e, assim, são chamados **nós completos**. As setas representam filhos vazios dos respectivos nós. Nessa mesma figura, os nós *B*, *C* e *G* são **incompletos**. Note ainda que as chaves do nó *B* são todas menores do que a primeira chave de *A* e as chaves do nó *E* são todas maiores do que a última chave de *A*. Finalmente, note que os valores das chaves de *C* estão entre a primeira e a segunda chave de *A*, as chaves de *D* se encontram entre os valores da segunda e da terceira chaves de *A*, e assim por diante.

Uma **folha** de uma árvore multidirecional é um nó cujos filhos são todos nulos. Numa árvore multidirecional de busca **descendente**, qualquer nó incompleto é uma folha. Uma **semifolha** é um nó com pelo menos um filho vazio, de modo que toda folha é também uma semifolha. Por exemplo, na árvore de grau 3 da **Figura 6–2**, os nós de *B* a *G* e de *I* a *R* são semifolhas. De fato, nessa figura, os únicos nós que não são semifolhas são *A* e *H*.

Numa árvore multidirecional de busca descendente, cada semifolha é completa ou é folha, o que significa que um nó só terá seu primeiro filho não vazio após possuir o número máximo de chaves. Por exemplo, na árvore da **Figura 6–2**, o nó *G* só poderá ter seu primeiro filho não vazio após possuir duas chaves.

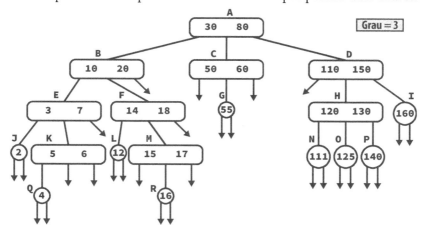

FIGURA 6–2: ÁRVORE MULTIDIRECIONAL DESCENDENTE DE BUSCA DE ORDEM 3

Numa **árvore multidirecional de busca balanceada**, todas as semifolhas se encontram no mesmo nível, o que implica no fato de todas as semifolhas serem folhas. Árvores B, que serão discutidas na **Seção 6.4**, constituem exemplos de árvores multidirecionais balanceadas.

A **Figura 6–3** mostra uma árvore multidirecional de busca balanceada de ordem *3*. Note que essa árvore não é *descendente*, pois, por exemplo, sua raiz não é completa e, mesmo assim, possui dois filhos que não são vazios.

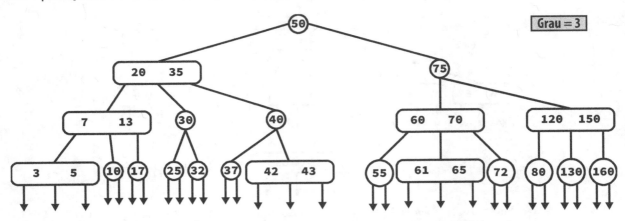

FIGURA 6–3: ÁRVORE MULTIDIRECIONAL BALANCEADA DE BUSCA DE ORDEM 3

6.1.2 Busca

Busca em árvores multidirecionais é uma generalização de busca em árvores binárias. Quer dizer, essa operação começa sempre na raiz da árvore até que se encontre a menor chave que é maior do que ou igual à chave de busca. Se a chave de busca for igual à chave encontrada, a busca estará encerrada. Caso contrário, desce-se na árvore seguindo o filho esquerdo da chave encontrada.

O algoritmo de busca para árvores multidirecionais é apresentado na **Figura 6–4**.

ALGORITMO BUSCAEMÁRVOREMULTIDIRECIONAL

ENTRADA: Uma árvore multidirecional de busca e uma chave de busca

SAÍDA: O valor associado à chave que casa com a chave de busca ou um valor informando que a chave não foi encontrada

1. Faça um ponteiro p apontar para a raiz da árvore

2. Obtenha o índice i da menor chave que é maior do que ou igual à chave de busca no nó apontado por p; se tal chave não for encontrada, torne i igual ao número de chaves desse nó

3. Se a chave na posição i do nó apontado por p for igual à chave de busca, retorne o valor associado a essa chave

4. Caso contrário, se o filho na posição i desse nó for nulo, retorne um valor que indique o fracasso da operação

5. Caso contrário, faça com que p aponte para esse filho e volte para o **Passo 2**

FIGURA 6–4: ALGORITMO DE BUSCA EM ÁRVORE MULTIDIRECIONAL DE BUSCA

A **Figura 6–5** apresenta exemplos de aplicação do algoritmo de busca descrito na **Figura 6–4** numa árvore multidirecional de busca de ordem *4*.

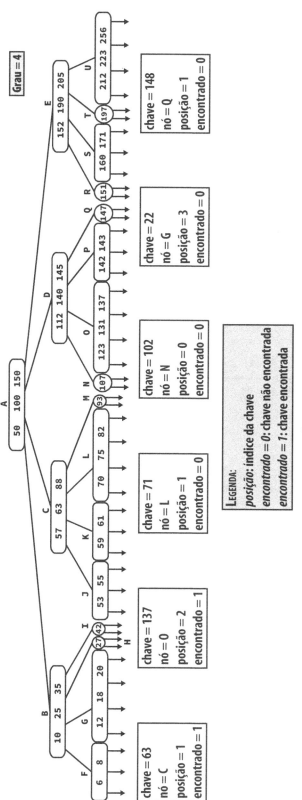

FIGURA 6-5: EXEMPLOS DE BUSCA EM ÁRVORE MULTIDIRECIONAL DESCENDENTE DE BUSCA

6.1.3 Inserção

No algoritmo de inserção apresentado na **Figura 6–6**, assume-se que chaves duplicadas não são permitidas na árvore (i.e., as chaves são consideradas primárias).

ALGORITMO INSEREEMÁRVOREMULTIDIRECIONALDESCENDENTE

ENTRADA: Uma nova chave e seu valor associado

ENTRADA/SAÍDA: Uma árvore multidirecional descendente de busca

1. Se a árvore estiver vazia, crie um nó, acrescente a chave a esse nó, torne-o raiz da árvore e retorne informando o sucesso da operação

2. Encontre o nó que contém ou deveria conter a chave a ser inserida

3. Se a chave foi encontrada, retorne um valor informando o fracasso da operação (pois a chave é considerada primária)

4. Se a chave não foi encontrada, o nó encontrado no **Passo 2** é aquele que acomodará a nova chave. Então faça o seguinte:

    4.1 Se o nó não estiver completo, insira a nova chave no nó de modo que suas chaves permaneçam ordenadas

    4.2 Caso contrário, crie um nó contendo a nova chave e torne esse nó filho esquerdo da menor chave do nó encontrado no **Passo 2** que é maior do que a nova chave

5. Retorne um valor indicando que a operação foi bem-sucedida

---

FIGURA 6–6: ALGORITMO DE INSERÇÃO EM ÁRVORE MULTIDIRECIONAL DESCENDENTE DE BUSCA

A árvore construída de acordo com o algoritmo de inserção da **Figura 6–6** é descendente, pois um novo nó só é criado quando seu pai está completo. Assim nenhum nó incompleto possui filho não vazio e é, portanto, uma folha.

A **Figura 6–7** mostra a inserção da chave *102* na folha *N* e *148* na folha *Q* do exemplo ilustrado na **Figura 6–5**. Em ambos os casos, o nó no qual ocorre a inserção é incompleto.

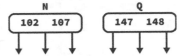

FIGURA 6–7: INSERÇÃO EM FOLHA DE ÁRVORE MULTIDIRECIONAL DESCENDENTE DE BUSCA

A **Figura 6–8** apresenta o resultado obtido com a inserção da chave *71* no nó *L* e da chave *22* no nó *G* da árvore ilustrada na **Figura 6–5**. Nesses casos, cada nó no qual ocorre inserção é completo, de modo que é necessário criar um novo nó (folha) para conter a chave inserida.

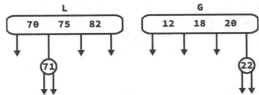

FIGURA 6–8: INSERÇÃO EM ÁRVORE MULTIDIRECIONAL DESCENDENTE DE BUSCA 1

Exercício: Para certificar-se que realmente entendeu o processo de inserção em árvores multidirecionais descendentes de busca, desenhe o estado intermediário da árvore da **Figura 6–8** após a inserção de cada chave.

A **Figura 6–9** ilustra as inserções no nó L das chaves com valores *86, 77, 87, 84, 85* e *73*, nessa ordem. Nessa figura, o estado inicial do nó L antes dessas inserções é aquele da **Figura 6–8**.

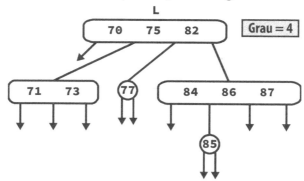

FIGURA 6–9: INSERÇÃO EM ÁRVORE MULTIDIRECIONAL DESCENDENTE DE BUSCA 2

6.1.4 Remoção

O algoritmo de remoção de árvores multidirecionais descendentes é uma generalização daquele apresentado para árvores de busca binárias e segue os passos descritos na **Figura 6–10**.

ALGORITMO REMOVEEMÁRVOREMULTIDIRECIONALDESCENDENTE

ENTRADA: A chave a ser removida

ENTRADA/SAÍDA: Uma árvore multidirecional de busca

SAÍDA: Um valor informando se a operação foi bem-sucedida

1. Tente encontrar a chave a ser removida usando o algoritmo de busca apresentado na **Figura 6–4**
2. Se a chave não for encontrada, encerre anunciando o fracasso da operação
3. Se a chave a ser removida tiver um filho esquerdo ou direito vazio:
    3.1 Remova a chave
    3.2 Se houver outras chaves no nó, compacte-o (v. adiante)
    3.3 Se a chave removida era a única chave do nó
        3.3.1 Libere o nó
        3.3.2 Atualize o pai desse nó
4. Se a chave a ser removida tiver filhos esquerdo e direito não vazios
    4.1 Encontre a chave sucessora da chave a ser removida (essa chave sucessora deve ter uma subárvore esquerda vazia — v. **Seção 4.1.2**)
    4.2 Substitua a chave a ser removida pela chave sucessora
    4.3 Remova a chave sucessora usando o **Passo 3** acima

FIGURA 6–10: ALGORITMO DE REMOÇÃO EM ÁRVORE MULTIDIRECIONAL DESCENDENTE DE BUSCA

A compactação de nós a que se refere o **Passo 3.2** do algoritmo acima consiste em mover todas as chaves a partir daquela que imediatamente segue a chave removida para uma posição anterior, como ilustra a **Figura 6–11**. Observe nessa figura que alguns filhos dos nós também são movidos para trás, mas de modo diferente dependendo de qual dos filhos da chave removida está vazio. Quer dizer, se o filho esquerdo dessa chave for vazio, o primeiro filho a ser movido é filho direito da chave removida [v. **Figura 6–11 (a)**]. Por outro lado, se o filho esquerdo da chave removida não for vazio, o primeiro filho a ser movido é o filho direito da próxima chave à direita da chave removida [v. **Figura 6–11 (b)**].

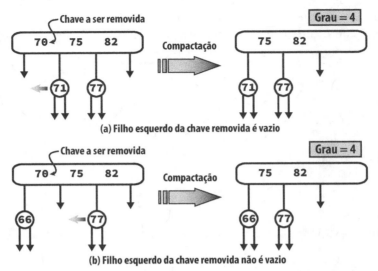

Figura 6-11: Exemplos de Compactação de Nó após Remoção

Seguindo o algoritmo descrito acima, uma árvore multidirecional de busca pode deixar de ser considerada como tal de acordo com a definição apresentada na **Seção 6.1.1**. Isto é, após uma operação de remoção, pode-se obter uma árvore com um nó incompleto que não é folha. Esse problema pode ser resolvido fazendo-se algumas alterações no algoritmo de remoção descrito anteriormente. Mas não compensa lidar com essa complicação adicional, visto que árvores multidirecionais descendentes não têm muita utilidade prática, o que não ocorre com as árvores B e B+, que serão estudadas adiante.

6.1.5 Implementação em Memória Principal

Conforme foi afirmado, árvores multidirecionais de busca são dirigidas para a implementação de tabelas de busca residentes em memória secundária. Todavia, por razões meramente didáticas, será parcialmente mostrado a seguir como essas árvores podem ser implementadas em memória principal. A implementação completa dessas árvores em memória principal encontra-se no site dedicado ao livro na internet (v. **Prefácio**).

O tipo de nó de uma árvore multidirecional implementada em memória principal é definido utilizando uma estrutura com três campos, conforme se vê abaixo.

```
typedef struct rotNoMulti {
        int               nFilhos; /* O número de filhos do nó */
        tChaveIndice      chaves[G - 1]; /* array contendo chaves  */
                                      /* e índices de registros */
        struct rotNoMulti *filhos[G]; /* array contendo as posições dos filhos */
                                      /* no arquivo que contém a árvore       */
        } tNoMulti, *tArvoreMulti;
```

Nessa definição de tipo, tem-se que:

- **G** é uma constante que representa o grau da árvore
- **nFilhos** é um campo inteiro que representa o número de filhos de um nó
- **filhos[]** é um array, cujo número de elementos é igual a **G**, contendo ponteiros para os filhos do nó
- **chaves[]** é um array com **G — 1** elementos contendo pares do tipo definido como:

```
typedef struct {
        tChave chave;
        int    indice;
      } tChaveIndice;
```

Nessa última definição de tipo, tem-se que:

- **chave** é a chave do registro ao qual a chave pertence
- **indice** é o índice (i.e., a posição) do registro no arquivo que armazena os registros

A **Figura 6–12** ilustra a interpretação de um item de informação do tipo **tChaveIndice** armazenado num nó de uma árvore multidirecional de busca.

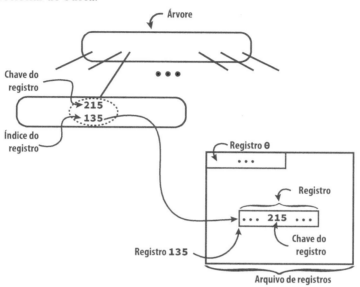

FIGURA 6–12: CONTEÚDO EFETIVO DE UM NÓ DE ÁRVORE MULTIDIRECIONAL DE BUSCA

Aqui, a chave será considerada do tipo **int**, de modo que o tipo **tChave** é definido como:

```
typedef int tChave;
```

6.1.6 Análise

Assim como ocorre com árvores de busca binárias, a ordem na qual as chaves são inseridas afeta o posicionamento das chaves na árvore e, consequentemente, o formato da árvore. Uma inserção pode transformar uma folha em semifolha e, assim, desbalancear a árvore, mas, na prática, essa técnica não produz árvores muito desbalanceadas.

Uma desvantagem do método de inserção em árvores multidirecionais descendentes é que são criadas folhas contendo apenas uma chave e algumas folhas podem ser criadas antes que outras folhas estejam completas. Por isso esse método pode causar grande desperdício de memória.

A vantagem de árvores de busca multidirecionais descendentes é que seus nós superiores são completos, de modo que um grande número de chaves é encontrado em caminhos curtos. No entanto, essas árvores podem tornar-se degeneradas (i.e., muito profundas) quando um grande número de chaves ordenadas são inseridas, assim como ocorre com árvores binárias ordinárias de busca (v. **Capítulo 4**).

6.2 Estruturas de Dados em Memória Secundária

Conforme foi visto nos últimos capítulos referentes a implementações de tabelas de busca em memória principal, o melhor que se pode obter em termos de custo temporal para operações básicas de busca, inserção e remoção é $\theta(log\ n)$. Dentre as estruturas vistas até aqui, a única que garante esses custos é a árvore AVL. Mas, apesar de esses custos serem formidáveis em memória principal, eles não são tão bons para uma tabela de busca implementada em memória secundária.

Como uma CPU não lida com disco diretamente, para qualquer dado ser acessado, ele tem que ser primeiro lido do disco para a memória principal. Dados são armazenados em disco em unidades chamadas **blocos** ou **páginas** (v. Seção 1.1.3). Cada acesso a disco deve ler ou escrever um ou múltiplos blocos. Isto é, mesmo que se precise acessar um único byte armazenado num bloco de disco que contém milhares de bytes, precisa-se ler o bloco inteiro. Isso mostra por que estruturas de dados usadas em memória interna não podem ser diretamente implementadas como estruturas de indexação de memória secundária.

Árvores binárias, mesmo que completamente balanceadas, não constituem uma boa alternativa, visto que, no pior caso, cada nó acessado para uma busca ou atualização numa dessas estruturas estará num bloco diferente. Assim todas essas operações requerem custos de transferências $\theta(log\ n)$ no pior caso para executar uma operação de busca ou atualização. Para entender melhor a gravidade da situação considere o mesmo exemplo apresentado na **Seção 4.4.5**. Naquele exemplo, argumentou-se que uma busca numa árvore AVL que armazena *1.000.000* de chaves requer, no máximo, cerca de *20* acessos a nós, o que é considerado excelente para uma operação em memória principal. Mas, já pensou quantas operações uma CPU moderna poderia executar enquanto são efetuados *20* acessos à memória secundária[1]?

Processar dados que se encontram em memória secundária (i.e., num meio de armazenamento externo) é radicalmente diferente de processar dados que se encontram em memória principal. A principal diferença reside no fato de uma CPU não processar diretamente dados que não se encontrem em memória principal ou acima dela na hierarquia de memória discutida no **Capítulo 1**. Quer dizer, dados que se encontram em memória secundária precisam ser transferidos para a memória principal antes de ser processados.

Dados que residem em memória principal são armazenados em variáveis estáticas e dinâmicas. Variáveis estáticas são *automaticamente*[2] alocadas à medida que o programa precisa delas, e liberadas quando esse não é o caso. Por outro lado, em linguagens algorítmicas convencionais, como C, variáveis dinâmicas são explicitamente alocadas e liberadas pelo programador por meio de chamadas de funções de alocação dinâmica de memória. O conteúdo de uma variável estática pode ser acessado usando-se simplesmente seu nome. Por sua vez, o conteúdo de uma variável dinâmica é acessado por meio de seu endereço e do operador de indireção. Tanto num caso quanto no outro, dados são alterados por meio de operadores com efeito colateral, como, por exemplo, os operadores de incremento e atribuição.

Dados armazenados em memória secundária, como um disco rígido, por exemplo, precisam ser carregados em memória principal antes que possam ser processados. Essa operação é efetuada por meio de uma chamada de função de leitura como, por exemplo, **fread()**. Dados são armazenados ou alterados em memória secundária por meio de funções de escrita, como **fwrite()**, por exemplo.

Dados residentes em memória secundária não podem ser acessados diretamente por nome ou por meio de ponteiros. Ou seja, o acesso se dá pela posição relativa ao início do arquivo e pela chamada de uma função de posicionamento, tal como **fseek()**, por exemplo. Arquivos enormes, como aqueles tipicamente indexados por árvores multidirecionais, precisam usar tipos com largura adequada para suportar valores muito grandes de índices de bytes em tais arquivos (v. **Seção 2.14**).

A **Tabela 6–1** apresenta algumas diferenças entre processamento de dados residentes em memória principal e em memória secundária.

---

[1] Se o leitor não souber fazer uma estimativa, mesmo que grosseira, para a resposta a essa questão sugere-se que ele estude o **Capítulo 1**.

[2] Aqui, *automaticamente* significa que o compilador gera código que permite alocar e liberar essas variáveis quando o programa é executado.

MEMÓRIA PRINCIPAL	MEMÓRIA SECUNDÁRIA
Encadeamento é obtido por meio de ponteiros que armazenam endereços de nós	Encadeamento se dá armazenando-se posições de nós (i.e., índices de bytes)
Ponteiro nulo (**NULL**) indica o fim de um caminho	Posição inválida indica o fim de um caminho. Essa posição inválida deve ser representada por um valor inteiro negativo, visto que zero é uma posição válida em arquivo

TABELA 6–1: ESTRUTURAS ENCADEADAS EM MEMÓRIAS PRINCIPAL E SECUNDÁRIA

Quando uma árvore é mantida em arquivo, um *ponteiro* para um nó é interpretado como a posição no arquivo desse nó. Determinar essa posição é deveras facilitado quando o arquivo que armazena a árvore contém apenas seus nós e eles são do mesmo tamanho. A **Tabela 6–2** mostra as principais diferenças entre efetuar buscas em duas árvores de busca idênticas, sendo que uma delas é armazenada em memória principal e a outra é armazenada em arquivo.

MEMÓRIA PRINCIPAL	MEMÓRIA SECUNDÁRIA
Usa dois ponteiros, frequentemente denominados p e q, sendo que q segue p um nível acima	Usa duas variáveis inteiras, frequentemente denominadas p e q, para armazenar posições de nós no arquivo que armazena a árvore. A variável q armazena a posição de um nó que está um nível acima da posição do nó indicada por p.
Os nós já se encontram em memória principal	Nós precisam ser localizados e carregados (lidos) em memória principal. Uma função [como LeNoMultiMS(), apresentada na Seção 6.3.3] é bastante útil para efetuar essa operação.
Nós são tipicamente acessados por meio de ponteiros (i.e., usando-se o operador seta)	Nós são tipicamente acessados por meio de variáveis (estruturas) que os armazenam (i.e., usando-se o operador ponto)

TABELA 6–2: DESCIDAS EM ÁRVORES EM MEMÓRIAS PRINCIPAL E SECUNDÁRIA

Tipicamente, na análise de desempenho de algoritmos que atuam sobre estruturas de dados em memória secundária, utiliza-se o **modelo de memória externa padrão**, proposto por Aggarwal e Vitter em 1988 (v. **Bibliografia**). De acordo com esse modelo, o computador consiste em:

❑ Um único processador
❑ Uma memória interna capaz de armazenar M bytes
❑ Uma memória externa ilimitada

Além disso, esse modelo apresenta os seguintes pressupostos:

❑ Em cada operação de entrada ou saída o computador transfere um bloco contíguo de B bytes da memória interna para a memória secundária ou vice-versa, sendo que $1 \leq B \leq M$.

❑ O custo temporal de um algoritmo é definido como o número de operações de entrada ou saída efetuadas durante sua execução. O custo de operações efetuadas em memória interna é considerado nulo.

❑ O tamanho n dos dados de entrada processados pelo algoritmo é definido como o número de blocos que os constituem.

A notação a ser usada em análise de algoritmos para memória secundária considera letras maiúsculas como números de bytes e letras minúsculas como números de blocos, como mostra a **Tabela 6–3**. Bloco é considerado a unidade de leitura ou escrita em memória secundária.

NOTAÇÃO	SIGNIFICADO
B	Número de bytes por bloco
M	Número de bytes que podem ser mantidos em memória interna (i.e., o tamanho da memória principal disponível)
N	Número de bytes dos dados de entrada (i.e., o tamanho em bytes do arquivo de entrada)
S	Número de bytes dos dados de saída (i.e., o tamanho em bytes do arquivo de saída)
$m = M/B$	Número de blocos que podem ser mantidos em memória interna (i.e., a capacidade da memória principal em termos de número de blocos)
$n = N/B$	Número de blocos nos dados (arquivo) de entrada
$s = S/B$	Número de blocos nos dados (arquivo) de saída

TABELA 6–3: NOTAÇÃO PARA ANÁLISE DE ALGORITMOS EM MEMÓRIA SECUNDÁRIA

6.3 Árvores Multidirecionais de Busca em Memória Secundária

Árvores de busca multidirecionais são bastante usadas na prática quando implementadas em dispositivos de armazenamento externo que permitem acesso direto (p. ex., HD). Como cada acesso a um nó da árvore requer uma operação de leitura no meio de armazenamento externo e essas operações são relativamente lentas, sistemas de armazenamento externo baseados em árvores de busca multidirecionais tentam maximizar o tamanho de cada nó (p. ex., árvores multidirecionais de ordem 200 ou mais são comuns). Quando muitos nós não são completos, árvores de busca multidirecionais podem desperdiçar muito espaço em disco.

Os registros podem ser armazenados juntamente com as chaves (i.e., cada registro é armazenado num nó da árvore) ou separadamente (i.e., cada chave é armazenada num nó juntamente com um ponteiro para o respectivo registro).

Como o tamanho de um nó é afetado pela quantidade de dados lidos de cada vez no meio externo, obtém-se uma árvore de ordem maior mantendo-se os registros fora dos nós (tabela de busca com chave externa). Essa opção compensa mesmo que implique numa leitura adicional para acessar o registro após a localização de sua chave.

Recomenda-se ao leitor que tenha dificuldade de entender a implementação em memória secundária, que será apresentada a seguir, que estude detidamente a implementação em memória principal, que se encontra no site do livro, antes de prosseguir.

6.3.1 Dimensionamento de Grau e Preenchimento de Estruturas

O tipo `tChaveIndice` definido na Seção 6.1.5 é o tipo do par chave/valor armazenado como *chave* nos nós da árvore. O tipo `tNoMultiMS` definido a seguir representa os nós de uma árvore multidirecional de busca implementada em arquivo.

```
typedef struct {
        int          nFilhos;
        tChaveIndice chaves[G - 1];
        int          filhos[G];
    } tNoMultiMS, *tArvoreMultiMS;
```

Observe que o tipo dos elementos do array `filhos[]`, apesar de representar índices de nós no meio de armazenamento externo, não pode ser um tipo inteiro sem sinal porque a posição inválida (equivalente ao endereço

NULL em memória principal) é indicada por um valor inteiro negativo. Mais precisamente, esse valor é definido pela macro:

```
#define POSICAO_NULA -1
```

A largura do tipo dos elementos do array `filhos[]` também não precisa ser de 64 bits, pois apesar de o arquivo que conterá a árvore ser bem grande, ele não é tão grande ao ponto de justificar o uso dessa largura (v. **Seção 2.14**).

O valor da constante **G**, que determina o grau da árvore, é calculado em função do tamanho do bloco usado pelo sistema de arquivos utilizado e dos tamanhos dos tipos dos campos que constituem cada nó da árvore. Para efetuar esse cálculo, suponha que:

- ❑ *TB* é o tamanho de um bloco lido ou escrito num arquivo (v. **Seção 1.5.3**)
- ❑ *TCI* é o tamanho de um par chave/índice armazenado num nó; esse valor pode ser calculado usando-se o operador **sizeof** como `sizeof(tChaveIndice)`
- ❑ *TI* é a largura do tipo inteiro usado para representar a posição de um filho de um nó e do número de filhos do nó; esse valor pode ser calculado usando-se o operador **sizeof** como `sizeof(int)`
- ❑ *G* é o grau da árvore, que se deseja determinar

Assim pode-se calcular o tamanho (*TN*) de um nó da árvore da seguinte maneira:

$$TN = TI + (G - 1) \cdot TCI + G \cdot TI$$

Fatorando-se essa expressão tem-se que:

$$TN = G \cdot (TCI + TI) + TI - TCI$$

Agora, como, idealmente, deve-se ter $TN \leq TB$, obtém-se:

$$G \leq (TB + TCI - TI)/(TCI + TI)$$

Idealmente, deve-se escolher o grau da árvore de acordo com o tamanho de cada bloco lido/escrito no meio de armazenamento externo no qual a árvore se encontra armazenada. Portanto em princípio, bastaria considerar o grau da árvore como sendo:

$G = (TB + TCI - TI)/(TCI + TI) - 1$ **Equação 6–1**

e o problema estaria resolvido.

Acontece, porém, que o tamanho de uma estrutura em memória principal nem sempre coincide com a soma dos tamanhos dos seus campos, pois compiladores costumam adicionar preenchimentos para permitir alinhamento de campos. Discutir esse tema em profundidade está além do escopo desse livro[3], mas o leitor deve ter ciência desse problema potencial, pois ele poderá detonar todo o dimensionamento de grau exposto acima, fazendo com que um nó ocupe mais de um bloco, requerendo dois acessos ao disco para leitura de cada nó. Assim a detecção e a solução para esse problema serão brevemente discutidas aqui.

Em primeiro lugar, a ocorrência de preenchimento pode ser detectada simplesmente calculando-se a soma dos tamanhos dos campos da estrutura e o tamanho da estrutura inteira. Esses cálculos são efetuados utilizando-se o operador **sizeof** e os tipos dos campos da estrutura, no primeiro caso, e esse mesmo operador em conjunto com o tipo da própria estrutura. Se esses valores forem iguais, não haverá preenchimento; se o tamanho da estrutura for maior do que a soma dos tamanhos dos campos haverá preenchimento; caso contrário, você errou nos cálculos, pois isso é impossível de ocorrer.

Os cálculos descritos acima devem ser efetuados antes de o programa ser considerado *pronto*, pois, caso seja detectada a ocorrência de preenchimento, o programador precisa levá-la em consideração. No caso em questão, a maneira mais simples de lidar com preenchimento de estruturas é impedindo que esse preenchimento seja

---

[3] Consulte, por exemplo, o livro *Programando em C: Volume 2* (2009) do autor deste livro (v. **Bibliografia**).

escrito em arquivo, o que é obtido escrevendo sempre (literalmente) cada campo da estrutura individualmente. Nesse caso, é importante que cada leitura de estrutura também seja lida campo a campo. Essa abordagem parece ser entediante e sujeita a erros, mas esse não é o caso. Para implementá-la, basta que o programador escreva uma função contendo uma instrução para leitura de cada campo da estrutura e outra função contendo uma instrução de escrita para cada um desses campos. Então em vez de usar uma função da biblioteca padrão de C [p. ex., **fread()**] para leitura de uma estrutura, usa-se a função que lê os campos da estrutura individualmente. O programador deve proceder de modo semelhante com relação à escrita de estrutura em disco.

Outra abordagem para lidar com preenchimento de estruturas consiste em reduzir o tamanho do grau obtido como foi descrito antes, de tal modo que o tamanho do nó mais o tamanho do preenchimento seja o mais próximo possível do tamanho de um bloco no sistema utilizado. Esse resultado é obtido por tentativa e erro, já que, agora, há duas variáveis (o tamanho do bloco e o tamanho do preenchimento) e apenas uma equação. Não é difícil realizar essa segunda abordagem, mas, utilizando-a, o grau da árvore poderá ser menor do que aquele obtido com a primeira abordagem, o que indica uma solução subótima.

As definições de constantes a seguir refletem o que foi discutido acima sem levar em consideração um possível preenchimento de estrutura.

```
#define TB   4096 /* Tamanho do bloco lido/escrito */

#define TCI  sizeof(tChaveIndice) /* Tamanho de um par chave/índice */

  /* Tamanho de um filho e do inteiro que representa o grau do nó */
#define TI   sizeof(int)

#define G ((TB + TCI - TI)/(TCI + TI) - 1) /* Cálculo do grau da árvore */
```

Como exemplo de cálculo de grau de uma árvore multidirecional armazenada em arquivo, considere os seguintes valores típicos:

- ❏ Tamanho do bloco lido/escrito (*TB*): *4096* bytes
- ❏ Tamanho de cada par chave/índice (*TCI*): *8* bytes
- ❏ Tamanho de cada índice (*TI*): *4* bytes
- ❏ Tamanho do inteiro que representa o grau do nó (*TG*) = 4 bytes

Considerando-se esses valores e usando a **Equação 6–1** apresentada antes, o grau da árvore, pode ser obtido como:

$$G = (TB + TCI - TI)/(TCI + TI) - 1 = (4096 + 8 - 4)/(8 + 4) - 1 \cong 340$$

6.3.2 Tratamento de Exceções

Lembra a Lei de Murphy para processamento de arquivos descrita na **Seção 2.13**? Essa lei enfatiza o fato de operações de entrada e saída com arquivos requererem atenção especial com relação a condições de exceção.

Aqui, a macro básica utilizada em tratamento de condições de exceção continua sendo **ASSEGURA**, cuja definição é repetida abaixo para facilidade de referência:

```
#define ASSEGURA(condicao, msg) if (!(condicao)) {\
                                fprintf(stderr, "\n%s\n", msg);\
                                exit(1); \
                              }
```

As seguintes macros são usadas em conjunto com a macro **ASSEGURA** para exibir mensagens de erro indicando o tipo de erro e em que função do programa o erro ocorreu:

```
#define ERRO_OPEN(f) "ERRO: Impossivel abrir o arquivo em " #f "()"

#define ERRO_SEEK(f) "ERRO: Impossivel mover apontador de arquivo em " #f "()"
```

```
#define ERRO_TELL(f) "ERRO: Impossivel obter apontador de arquivo em " #f "()"

#define ERRO_FWRITE(f) "ERRO: Impossivel escrever em arquivo em " #f "()"

#define ERRO_FREAD(f) "ERRO: Impossivel ler arquivo em " #f "()"

#define ERRO_STREAM_NULL(s, f) "ERRO: Stream " #s "' e' NULL em " #f "()"

#define ERRO_POSICAO(f) "ERRO: Posicao invalida em " #f "()"
```

O parâmetro **f** nas macros acima deve ser substituído pelo nome da função na qual a macro é invocada e **#f** no corpo dessas macros significa que esse parâmetro será convertido em string.

Essas últimas macros são utilizadas em conjunto com a macro **ASSEGURA** e levam em consideração todos os erros básicos que podem ocorrer em processamento de arquivos. O uso dessas macros tem dois objetivos:

1. Uniformizar as mensagens de erro mais comuns.
2. Reduzir o tamanho da intervenção de instruções de tratamento de exceções. Por exemplo, em vez de se escrever:

```
ASSEGURA(pos >= 0, "Erro em LeNoMultiMS(): posicao invalida");
```

pode-se escrever o seguinte, usando a macro **ERRO_POSICAO**:

```
ASSEGURA(pos >= 0, ERRO_POSICAO(LeNoMultiMS));
```

6.3.3 Leitura e Escrita de Nós

Uma implementação de árvore multidirecional em arquivo precisa com frequência ler e atualizar nós que se encontram em arquivo. Por consequência ter funções que realizem essas tarefas facilita tal implementação.

A função **LeNoMultiMS()**, apresentada a seguir, faz a leitura de um nó de uma árvore multidirecional armazenada em arquivo. Essa função recebe como parâmetro a posição de um nó dentro de um arquivo, lê o nó nesse arquivo e armazena o conteúdo lido no endereço em memória especificado por seu terceiro parâmetro. Mais precisamente, os parâmetros dessa função são:

- **stream** (entrada) — stream associado ao arquivo que armazena a árvore e no qual será feita a leitura do nó
- **pos** (entrada) — posição no arquivo onde será feita a leitura (i.e., o índice do nó no arquivo)
- ***no** (saída) — ponteiro para o nó que conterá o resultado da leitura

```
static void LeNoMultiMS(FILE *stream, int pos, tNoMultiMS *no)
{
    ASSEGURA(stream, ERRO_STREAM_NULL(stream, LeNoMultiMS));
    ASSEGURA(pos >= 0, ERRO_POSICAO(LeNoMultiMS));

        /* Tenta mover o apontador de arquivo para o local */
        /* de leitura; se não conseguir, aborta o programa */
    MoveApontador(stream, sizeof(tNoMultiMS)*pos, SEEK_SET);

    fread(no, sizeof(tNoMultiMS), 1, stream); /* Tenta ler o nó */

    ASSEGURA(!ferror(stream), ERRO_FREAD(LeNoMultiMS)); /* Houve erro de leitura? */
}
```

A função **EscreveNoMultiMS()**, implementada abaixo, é usada para atualizar o conteúdo de um nó no arquivo que contém a árvore e seus parâmetros são:

- **stream** (entrada) — stream associado ao arquivo que contém a árvore
- **pos** (entrada) — posição do nó no arquivo que contém a árvore
- ***pNo** (entrada) — nó que será atualizado

```
static void EscreveNoMultiMS(FILE *stream, int pos, const tNoMultiMS *pNo)
{
    /* Tenta mover o apontador de posição para o local onde o nó está armazenado */
    MoveApontador(stream, sizeof(*pNo)*pos, SEEK_SET);

    fwrite(pNo, sizeof(*pNo), 1, stream); /* Escreve o nó no arquivo */

    /* Se ocorreu erro, aborta o programa */
    ASSEGURA(!ferror(stream), ERRO_FWRITE(EscreveNoMultiMS));
}
```

A função `MoveApontador()` chamada pelas funções `LeNoMultiMS()` e `EscreveNoMultiMS()` foi definida na **Seção 2.14**.

6.3.4 Busca

A função `BuscaMultiMS()`, apresentada a seguir, faz uma busca numa árvore multidirecional armazenada em arquivo e retorna o índice do registro correspondente à chave de busca, se ela for encontrada, ou a constante `POSICAO_NULA`, se a chave não for encontrada. Os parâmetros dessa função são:

- `stream` (entrada) — stream associado ao arquivo no qual a árvore reside
- `chave` (entrada) — a chave de busca

```
int BuscaMultiMS(FILE *stream, tChave chave)
{
    tNoMultiMS no;    /* Armazenará cada nó lido no arquivo */
    int        posNo = 0, /* Posição do nó no arquivo; a busca    */
                          /* começa na raiz que ocupa a posição 0 */
               i; /* Índice de uma chave num nó */

    /* Desce na árvore até encontrar a chave de busca ou uma posição nula */
    while (posNo != POSICAO_NULA) {
        LeNoMultiMS(stream, posNo, &no); /* Lê o nó na posição indicada */

        /* Tenta encontrar a chave no nó recém-recuperado */
        i = BuscaEmNoMultiMS(chave, &no);

        /* Verifica se a chave foi encontrada. A primeira comparação abaixo é    */
        /* necessária para evitar acesso a uma posição inválida no array chaves[] */
        if (i < no.nFilhos - 1 && chave == no.chaves[i].chave)
            return no.chaves[i].indice; /* A chave foi encontrada */

        posNo = no.filhos[i]; /* Desce mais um nível na árvore */
    }
    return POSICAO_NULA;   /* A chave não foi encontrada */
}
```

A função `BuscaMultiMS()` chama a função `BuscaEmNoMultiMS()` para tentar encontrar dentro de um nó uma chave que seja menor do que ou igual a uma dada chave de busca. Essa última função retorna o índice da chave dentro do nó se for encontrada uma chave maior do que a chave de busca; em caso contrário, ela retorna o número de chaves. Os parâmetros dessa função são:

- `chave` (entrada) — a chave
- `no` (entrada) — ponteiro para o nó no qual será feita a busca

```
static int BuscaEmNoMultiMS(tChave chave, const tNoMultiMS *no)
{
    int i,
        nChaves = no->nFilhos - 1; /* Número de chaves do nó */

    /* Procura no nó uma chave que seja maior do que ou igual à chave de busca */
```

```
      for (i = 0; i < nChaves; ++i)
          /* Verifica se tal chave foi encontrada */
       if (chave <= no->chaves[i].chave)
          return i;   /* A chave foi encontrada */

       /* A chave de busca é maior do que qualquer chave do nó */
    return nChaves; /* A chave NÃO foi encontrada */
}
```

6.3.5 Inserção

A função `InsereMultiMS()`, vista a seguir, é responsável por inserção em árvores multidirecionais de busca implementadas em arquivo. Essa função tem como parâmetros:

- `*posicaoRaiz` (entrada/saída) — posição no arquivo da raiz da árvore
- `chaveEIndice` (entrada) — ponteiro para um par chave/índice que será inserido
- `streamArvore` (entrada) — stream associado ao arquivo que contém a árvore

O retorno dessa função é `1`, se a inserção ocorrer, ou `0`, se não ocorrer inserção porque a chave já existe na árvore.

```
int InsereMultiMS(int *posicaoRaiz, tChaveIndice *chaveEIndice, FILE *streamArvore)
{
   tNoMultiMS no, novoNo;
   int        pNo, pNovoNo,
              encontrado,    /* Indicará se a chave foi encontrada */
              indiceDaChave; /* Índice da chave no nó onde ela */
                             /* encontrada ou inserida          */

       /* O stream que representa o arquivo que contém a árvore não pode ser NULL */
   ASSEGURA( streamArvore, ERRO_STREAM_NULL(streamArvore, InsereMultiMS) );

   if (*posicaoRaiz == POSICAO_NULA) {
          /* A árvore ainda não foi criada */
       IniciaNoMultiMS(chaveEIndice, &no);
       *posicaoRaiz = 0;

          /* Armazena a raiz da árvore na posição 0 do arquivo*/
       EscreveNoMultiMS(streamArvore, 0, &no);

       return 1;
   }
          /* Tenta encontrar o nó que contém a chave */
   pNo = EncontraNoMultiMS( streamArvore, chaveEIndice->chave, &indiceDaChave,
                            &encontrado );

       /* Se a chave foi encontrada, não há mais nada */
       /* a fazer, pois ela é considerada primária    */
   if (encontrado)
       return 0; /* Não houve inserção */

   /* Neste ponto, sabe-se que a chave não foi encontrada */

       /* Lê no arquivo o nó cuja posição foi       */
       /* retornada pela função EncontraNoMultiMS() */
   LeNoMultiMS(streamArvore, pNo, &no);

       /* Verifica se há espaço para inserção nesse nó */
   if (no.nFilhos < G) {
      /* Há espaço para inserção nesse nó */

          /* Usando esse esquema de inserção, se o nó tem espaço sobrando */
          /* ele é uma folha. Então tenta-se inserir a chave no nó-folha  */
```

```
           /* cuja posição é indicada por 'pNo'.                          */
    InsereEmFolhaMultiMS( streamArvore, pNo, indiceDaChave, *chaveEIndice );

    return 1;  /* Serviço completo */
}

    /*** Neste ponto, sabe-se que não há nenhum nó ***/
    /*** na árvore com espaço para conter a chave  ***/

    /* É necessário criar um novo nó para colocar a chave */
IniciaNoMultiMS(chaveEIndice, &novoNo);

    /* O novo nó será armazenado ao final do arquivo; portanto sua posição */
    /* no arquivo será igual ao número de registros (nós) do arquivo.      */
    /* NB: a indexação do arquivo começa em zero; por isso, não se soma    */
    /* 1 a esse valor).                                                    */
pNovoNo = NumeroDeRegistros(streamArvore, sizeof(tNoMultiMS));

    /* O nó encontrado não tinha espaço para inserção da chave. Portanto */
    /* o índice da chave retornado pela função EncontraNoMultiMS() é o    */
    /* índice do novo nó que será filho do nó encontrado                 */
no.filhos[indiceDaChave] = pNovoNo;

    /* O nó encontrado foi alterado; é preciso atualizá-lo no arquivo */
EscreveNoMultiMS(streamArvore, pNo, &no);

/****                                            ****/
/**** Insere o novo nó ao final do arquivo ****/
/****                                            ****/

    /* Primeiro, tenta-se mover o apontador do arquivo para o final */
    /* do arquivo. Se isso não for possível, aborta-se o programa   */
MoveApontador(streamArvore, 0, SEEK_END);

    /* Agora tenta-se escrever o nó no arquivo. Se */
    /* isso não for possível, aborta-se o programa */
fwrite(&novoNo, sizeof(tNoMultiMS), 1, streamArvore);
ASSEGURA(!ferror(streamArvore), ERRO_FWRITE(InsereMultiMS));

    return 1;  /* Serviço completo */
}
```

A função `NumeroDeRegistros()` invocada por `InsereMultiMS()` calcula o número de registros de um arquivo e sua implementação é relativamente fácil quando esses registros são do mesmo tamanho (o que é o caso aqui).

A função `InsereMultiMS()` chama a função `IniciaNoMultiMS()` para iniciar um nó contendo apenas um par chave/índice e a implementação dessa última função é a seguinte:

```
static void IniciaNoMultiMS(const tChaveIndice *chaveIndice, tNoMultiMS *pNo)
{
    int i;

    if (chaveIndice)
        pNo->chaves[0] = *chaveIndice; /* A chave será a primeira do nó */

    /* O número de filhos num nó de uma árvore multidirecional é igual */
    /* ao número de chaves mais um, a não ser que não haja chave       */
    pNo->nFilhos = chaveIndice ? 2 : 0;

    /* Inicia todos os possíveis filhos do nó */
    for (i = 0; i < G; ++i)
        pNo->filhos[i] = POSICAO_NULA; /* Um novo nó ainda não possui filhos */
}
```

A função `IniciaNoMultiMS()`, definida acima, usa como parâmetros:
- ■ `chaveIndice` (entrada) — um par chave/índice a ser armazenado no nó
- ■ `pNo` (saída) — endereço do nó recém-criado

O primeiro parâmetro dessa função poderá ser **NULL**. Nesse caso, será criado um nó vazio (i.e., sem nenhuma chave).

A função `EncontraNoMultiMS()` chamada por `InsereMultiMS()` procura uma chave numa árvore multidirecional de busca armazenada em arquivo e retorna a posição no arquivo do nó que contém a chave, se ela for encontrada. Se a chave não for encontrada, o nó cuja posição é retornada é o pai do nó no qual ela deveria estar. Os parâmetros dessa função são:
- ■ `stream` (entrada) — stream associado ao arquivo que contém a árvore
- ■ `chave` (entrada) — a chave de busca
- ■ `*posicaoDaChaveNoNo` (saída) — conterá o índice da chave no nó
- ■ `*encontrado` (saída) — indicará se a chave foi encontrada

```
static int EncontraNoMultiMS( FILE *stream, tChave chave, int *posicaoDaChaveNoNo,
                              int *encontrado )
{
   int      p,  /* p conterá a posição desejada    */
            q,  /* q conterá a posição do pai de p */
            posChave;
   tNoMultiMS umNo;

      /* Verifica se o stream é NULL */
   ASSEGURA(stream, ERRO_STREAM_NULL(stream, EncontraNoMultiMS));

      /* Tenta mover o apontador de arquivo para seu início */
   MoveApontador(stream, 0, SEEK_SET);

   p = 0; /* Começa busca na raiz da árvore */
   q = POSICAO_NULA; /* A raiz não tem pai */

   while (p != POSICAO_NULA) {
      LeNoMultiMS(stream, p, &umNo); /* Lê um nó da árvore na posição p do arquivo */

         /* Tenta encontrar a chave no nó corrente */
      posChave = BuscaEmNoMultiMS(chave, &umNo);

         /* Verifica se a chave foi encontrada */
      if( ( posChave < umNo.nFilhos - 1) && chave == umNo.chaves[posChave].chave ) {
         *encontrado = 1;  /* A chave foi encontrada */
         *posicaoDaChaveNoNo = posChave;

            /* Retorna a posição do nó no arquivo que contém a árvore */
         return p;
      }

         /* A chave ainda não foi encontrada; desce um nível na árvore.  */
         /* Antes que p passe a referir-se a um filho, guarda seu valor. */
      q = p;
      p = umNo.filhos[posChave];
   }

   *encontrado = 0; /* A chave não foi encontrada */

   *posicaoDaChaveNoNo = posChave; /* Posição onde a chave deve ser inserida */

   return q;  /* Retorna o pai do nó p */
}
```

A função `InsereEmFolhaMultiMS()` chamada pela função `InsereMultiMS()` insere uma chave numa folha incompleta de uma árvore multidirecional de busca armazenada em arquivo e seus parâmetros são:

- **`stream`** (entrada) — stream associado ao arquivo que contém a árvore
- **`posicaoNo`** (entrada) — posição no arquivo do nó no qual será feita a inserção
- **`posicaoDaChave`** (entrada) — posição da nova chave no array de chaves do nó
- **`chaveEIndice`** (entrada) — a chave e seu respectivo índice que serão inseridos

```
static void InsereEmFolhaMultiMS( FILE *stream, int posicaoNo, int posicaoDaChave,
                        tChaveIndice chaveEIndice )
{
    int        i;
    tNoMultiMS umNo;

        /* Verifica se o stream é válido */
    ASSEGURA(stream, ERRO_STREAM_NULL(stream, InsereEmFolhaMultiMS));

        /* Lê o nó-folha no arquivo que contém a árvore */
    LeNoMultiMS(stream, posicaoNo, &umNo);

        /* O número de filhos do nó deve ser estritamente menor do que */
        /* o grau da árvore. Se não o for, o nó não é uma folha, deve   */
        /* haver algo errado e o programa será abortado.                */
    ASSEGURA( umNo.nFilhos < G, "ERRO: Tentativa de inserir em folha completa" );

        /* Abre espaço para a nova chave */
    for (i = umNo.nFilhos - 1; i > posicaoDaChave; --i)
        umNo.chaves[i] = umNo.chaves[i - 1];

        /* Armazena a nova chave */
    umNo.chaves[posicaoDaChave] = chaveEIndice;

    ++umNo.nFilhos; /* O número de filhos do nó é acrescido de um */

    EscreveNoMultiMS(stream, posicaoNo, &umNo); /* Atualiza nó no arquivo */
}
```

6.3.6 Remoção

A função `RemoveChaveMultiMS()`, que será definida a seguir, o usa os seguintes parâmetros:

- **`*streamArvore`** (entrada/saída) — stream associado ao arquivo que contém a árvore de busca
- **`chave`** (entrada) — a chave que será removida

A função `RemoveChaveMultiMS()` retorna `1`, se a remoção for bem-sucedida, ou `0`, em caso contrário.

```
int RemoveChaveMultiMS(FILE **streamArvore, tChave chave)
{
    tChaveIndice sucessoraEIndice;
    tNoMultiMS   no, /* Armazenará cada nó lido no arquivo */
                 noPai; /* Armazenará o pai de 'no' */
    int          i,
                 posNo = 0, /* Posição no arquivo do nó que contém a chave, */
                            /* se ela for encontrada. A busca começa na     */
                            /* raiz que está na posição 0                   */
                 posNoPai = POSICAO_NULA, /* Posição de 'noPai' */
                 iPai; /* Índice do filho do penúltimo nó visitado que */
                       /* contém a posição no arquivo de 'no'          */

    ASSEGURA(*streamArvore, ERRO_STREAM_NULL(streamArvore, RemoveChaveMultiMS) );

        /* A busca inicia na raiz e prossegue até que se */
        /* encontre a chave a ser removida ou um nó nulo */
```

```
while (posNo != POSICAO_NULA) {
    /* Lê o nó na posição indicada por 'posNo' */
    LeNoMultiMS(*streamArvore, posNo, &no);

    /* Tenta encontrar a chave no nó recém-recuperado */
    i = BuscaEmNoMultiMS(chave, &no);

    /* Verifica se a chave foi encontrada */
    if (i < no.nFilhos - 1 && chave == no.chaves[i].chave)
        break; /* A chave foi encontrada */

    /* Atualiza os valores de 'posNoPai', 'noPai' e    */
    /* 'iPai' antes de descer mais um nível na árvore */
    posNoPai = posNo;
    noPai = no;
    iPai = i;

    posNo = no.filhos[i]; /* Desce mais um nível na árvore */
}

if (posNo == POSICAO_NULA)
    return 0; /* Chave não foi encontrada */

/* Neste ponto sabe-se que 'no' contém a chave que será removida */
/* e que a posição dessa chave nesse nó é i. O índice do filho   */
/* de'noPai' que contém a posição em arquivo de 'no' é 'iPai'.   */

/* O nó será logicamente removido, pois ele não poderá mais ser acessado, mas*/
/* continuará a ocupar espaço no arquivo até que a árvore seja reconstruída  */

/* Verifica quantos filhos a chave a ser removida possui */
if ( no.filhos[i] == POSICAO_NULA || no.filhos[i + 1] == POSICAO_NULA ) {
    /* A chave tem, no máximo, um filho */

    /* Verifica se o nó só tem uma chave */
    if(no.nFilhos == 2) {
        /* A última chave do nó será removida. Logo esse nó também será removido */

        /* Se o nó a ser removido não tem pai, trata-se da raiz */
        if (posNoPai == POSICAO_NULA) {
            *streamArvore = NULL; /* A árvore acabou-se */
            return 1; /* Game over */
        }
        /* Verifica quantos filhos o nó a ser removido possui */
        if(no.filhos[i] != POSICAO_NULA) {
            /* O nó tem filho esquerdo. O pai desse filho */
            /* passará a ser o pai do nó a ser removido   */
            noPai.filhos[iPai] = no.filhos[i];
            EscreveNoMultiMS(*streamArvore, posNoPai, &noPai);
        } else if(no.filhos[i + 1] != POSICAO_NULA) {
            /* O nó tem filho direito. O pai desse filho */
            /* passará a ser o pai do nó a ser removido  */
            noPai.filhos[iPai] = no.filhos[i + 1];
            EscreveNoMultiMS(*streamArvore, posNoPai, &noPai);
        } else {
            /* O nó não tem nenhum filho. O pai do */
            /* nó a ser removido passa a ser nulo  */
            noPai.filhos[iPai] = POSICAO_NULA;
        }
    } else {  /* Havia mais de uma chave no nó */
        CompactaNoMultiMS(&no, i); /* Essa função completa a remoção */
```

```
            /* O nó precisa ser atualizado em arquivo */
        EscreveNoMultiMS(*streamArvore, posNo, &no);
    }
    return 1;
}

/* Neste ponto, sabe-se que a chave a ser removida possui dois filhos */
/* não vazios. Nesse caso, substitui-se a chave a ser removida por    */
/* sua sucessora imediata e remove-se essa sucessora                  */

    /* A chave sucessora imediata da chave a ser removida é a menor chave da */
    /* subárvore cuja raiz é o filho direito da chave a ser removida         */
sucessoraEIndice = MenorChaveMultiMS(*streamArvore, no.filhos[i + 1]);

    /* Agora chama-se esta função recursivamente para remover a chave */
    /* sucessora. Haverá apenas uma chamada recursiva porque a chave  */
    /* sucessora possui, no máximo, um filho.                         */
if (!RemoveChaveMultiMS(streamArvore, sucessoraEIndice.chave))
    return 0;

    /* Substitui a chave a ser removida por sua sucessora */
no.chaves[i] = sucessoraEIndice;
EscreveNoMultiMS(*streamArvore, posNo, &no);

    return 1;
}
```

É importante observar que, na prática, a remoção da chave da árvore deveria vir acompanhada da respectiva remoção do registro correspondente no arquivo de registro, o que não é feito aqui.

A função `CompactaNoMultiMS()`, chamada por `RemoveChaveMultiMS()` e apresentada a seguir, é usada para compactar um nó após uma operação de remoção e tem como parâmetros:

- **pNo** (entrada) — ponteiro para o nó que será compactado
- **posicao** (entrada) — posição da chave removida

```
static void CompactaNoMultiMS(tNoMultiMS *pNo, int posicao)
{
    int i;
    ASSEGURA(pNo->filhos[posicao] == POSICAO_NULA ||
             pNo->filhos[posicao + 1] == POSICAO_NULA,
             "Nenhum dos filhos da chave removida e' nulo");
    /* Primeiro, move as chaves */
    for (i = posicao; i < pNo->nFilhos - 2; ++i)
        pNo->chaves[i] = pNo->chaves[i + 1];

    /* A movimentação de filhos depende de qual dos filhos */
    /* da chave removida é vazio. Se o filho esquerdo não  */
    /* for vazio, a movimentação começa uma posição adiante */
    if (pNo->filhos[posicao])
        posicao++;

    /* Move os filhos do nó */
    for (i = posicao; i < pNo->nFilhos - 1; ++i)
        pNo->filhos[i] = pNo->filhos[i + 1];

    --pNo->nFilhos; /* O número de filhos (e de chaves) diminuiu */
}
```

A função `MenorChaveMultiMS()`, chamada por `RemoveChaveMultiMS()` e vista abaixo, encontra a menor chave de uma árvore multidirecional de busca armazenada em arquivo e é usada aqui para achar a chave sucessora imediata de uma chave a ser removida, quando essa última chave possui dois filhos. Os parâmetros da função `MenorChaveMultiMS()` são:

- **streamArvore** (entrada) — stream associado ao arquivo que armazena a árvore
- **raiz** (entrada) — posição da raiz da árvore no arquivo que contém a árvore

```
tChaveIndice MenorChaveMultiMS(FILE *streamArvore, int raiz)
{
   tNoMultiMS umNo; /* Armazena um nó */
   int       pos;  /* Armazena a posição de um nó */

      /* Verifica se o stream que representa a árvore é válido */
   ASSEGURA(streamArvore, ERRO_STREAM_NULL(streamArvore, MenorChaveMultiMS));

   LeNoMultiMS(streamArvore, raiz, &umNo); /* Lê o nó que representa a raiz da árvore */

   pos = umNo.filhos[0]; /* Armazena em 'pos' o filho mais à esquerda da raiz */

      /* Encontra o nó mais à esquerda na árvore */
   while (pos != POSICAO_NULA) {
         /* Lê o nó cuja posição no arquivo é indicada por 'pos' */
      LeNoMultiMS(streamArvore, pos, &umNo);

      pos = umNo.filhos[0]; /* Desce-se até o filho mais à esquerda deste nó */
   }
   return umNo.chaves[0]; /* Retorna o par chave/índice que tem a menor chave */
}
```

6.4 Árvores B

6.4.1 Conceitos

Árvore B de ordem (ou grau) G é uma árvore multidirecional de busca de ordem G balanceada na qual cada nó, exceto a raiz, possui no mínimo $\lceil G/2 \rceil$ filhos. Por exemplo, numa árvore B de ordem 9 ou 10, cada nó possui, no mínimo, 5 filhos (ou 4 chaves).

Árvores B apresentam as seguintes vantagens principais com relação às árvores multidirecionais de busca descendentes: (1) o número máximo de nós acessados numa busca é pequeno e (2) todos os nós, exceto a raiz, são completos ou semicompletos, de modo que pouco espaço é desperdiçado. Árvores B e suas variantes são muito utilizadas na prática em sistemas de gerenciamento de arquivos e de bancos de dados, por exemplo.

Muitas vezes, em vez de grau, árvores B são especificadas usando-se o número mínimo de filhos que um nó pode ter, que é o teto da divisão do grau por dois. Obviamente, essa é uma formulação equivalente, mas que introduz uma complicação a mais, visto que todas as árvores têm sido especificadas por seus graus até aqui.

Alguns autores usam o termo *árvore B* para representar uma família inteira de árvores balanceadas armazenadas em memória secundária, enquanto outros autores usam o mesmo termo para referir-se ao tipo específico de estrutura de dados descrito aqui, que é a árvore originalmente proposta por Bayer e McCreight em 1972 (v. **Bibliografia**).

6.4.2 Busca

Como árvores B e árvores multidirecionais descendentes diferem apenas no modo como inserções e remoções são efetuadas, uma operação de busca numa árvore B segue exatamente o mesmo algoritmo descrito na **Seção 6.1.2** para busca em árvores multidirecionais descendentes.

6.4.3 Inserção

Os dois primeiros passos do algoritmo de inserção em árvores B são idênticos aos respectivos passos do algoritmo de inserção em árvores multidirecionais descendentes apresentados na **Seção 6.1.3**:

[1] Encontra-se o nó-folha dentro do qual a chave será inserida, usando uma função como a função `EncontraNoMultiMS()` apresentada na **Seção 6.3.5**.

[2] Se a folha não estiver completa, insere-se a chave usando uma função como `InsereEmFolhaMultiMS()` apresentada na referida seção

Árvores B e árvores multidirecionais descendentes diferem no terceiro passo do algoritmo de inserção; i.e., quando o nó-folha encontrado no segundo passo é completo. Nesse caso, em vez de criar-se um novo nó contendo apenas uma chave, **divide-se** a folha completa em duas folhas.

Suponha que o grau da árvore G seja ímpar. Então as G chaves ($G-1$ chaves na folha completa mais a chave a ser inserida) são divididas em três grupos: as $\lfloor G/2 \rfloor$ chaves menores são colocadas na folha da esquerda, as $\lfloor G/2 \rfloor$ chaves maiores são colocadas na folha da direita e a chave do meio é inserida no nó-pai seguindo o mesmo procedimento. Os filhos à esquerda e à direita da chave colocada no nó-pai serão, respectivamente, as folhas esquerda e direita resultantes da divisão do nó-folha original. A **Figura 6–13** apresenta um exemplo de inserção numa árvore B de grau 5. Note como um nó é dividido e como uma chave sobe para um nó no nível imediatamente superior.

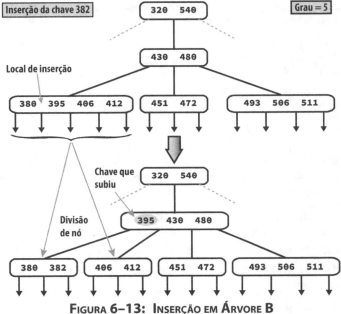

FIGURA 6–13: INSERÇÃO EM ÁRVORE B

Se a ordem G for par, as primeiras $G/2$ chaves são colocadas na folha da esquerda e as últimas $(G/2) - 1$ chaves são colocadas na folha da direita ou, alternativamente, pode-se colocar $(G/2) - 1$ chaves na folha da esquerda e $G/2$ chaves na folha da direita. Essas duas abordagens são respectivamente denominadas **tendência esquerda** e **tendência direita**. Novamente, a chave do meio passa para o nó-pai.

A **Figura 6–14** apresenta um exemplo de inserção numa árvore B de ordem 4 com tendência esquerda, enquanto a **Figura 6–15** apresenta um exemplo de inserção numa árvore B de ordem 4 com tendência direita.

Quando o nó-pai para o qual a chave do meio é deslocada está completo, repete-se o procedimento, como se ela fosse uma nova chave sendo inserida. Esse processo pode continuar até que a raiz seja atingida e, se ela também estiver completa, ela é dividida e cria-se uma nova raiz, como mostra a **Figura 6–16**. Nessa figura, o valor da chave a ser inserida é *27* e o grau da árvore é *4*. Note que, como mostra a **Figura 6–16 (a)**, o nó no qual a inserção deverá ser efetuada, encontra-se completo, de modo que ocorrerá uma divisão de nós. A **Figura 6–16 (b)** mostra essa divisão de nós, com a subsequente subida de uma chave para o nível superior. Observe nessa última figura, que o novo nó (i.e., aquele contendo a chave *35*) resultante da referida divisão fica temporariamente sem pai, pois, ao final do processo de inserção, ele será filho direito da chave que sobe, que, como mostra a última figura, é aquela cujo valor é *30*. A **Figura 6–16 (c)** mostra o resultado final do processo de inserção. Note que, quando a chave que subiu foi inserida na raiz da árvore, ocorreu outra divisão de nós, de modo que a nova chave que subiu (nesse caso, aquela cujo valor é *40*) constituiu uma nova raiz contendo apenas essa última chave.

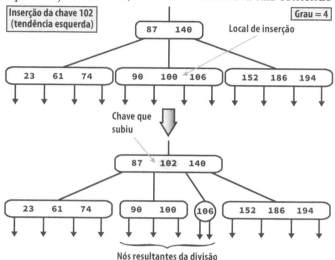

FIGURA 6–14: INSERÇÃO EM ÁRVORE B COM TENDÊNCIA ESQUERDA

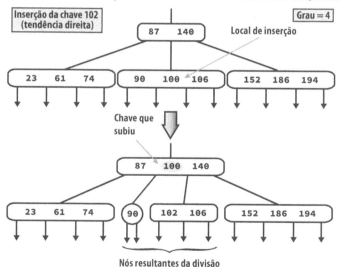

FIGURA 6–15: INSERÇÃO EM ÁRVORE B COM TENDÊNCIA DIREITA

É importante observar que qualquer inserção mantém uma árvore B balanceada e que a altura de uma árvore B aumenta quando a raiz é dividida e uma nova raiz é criada, ao passo que a largura de uma árvore B aumenta quando outros nós são divididos. Em virtude dessa abordagem de inserção, a altura de uma árvore aumenta apenas quando uma nova raiz é criada. Desse modo, árvores B crescem de baixo para cima e, por isso, são denominadas **árvores multidirecionais ascendentes**.

Para que uma inserção ocorra numa árvore B, é necessária uma busca para localizar a folha na qual a chave deve ser inserida. Essa busca percorre um caminho que começa na raiz da árvore e termina na referida folha. Quando essa folha é completa, a inserção retrocede nesse mesmo caminho dividindo todos os nós completos encontrados no sentido inverso (i.e., da referida folha até a raiz). Esse percurso inverso encerra quando é encontrado um nó incompleto onde se pode fazer uma inserção sem necessidade de divisão ou quando a raiz da árvore é encontrada. Então se estiver completa, ela é dividida e uma nova raiz é criada.

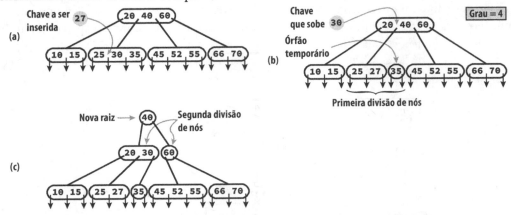

FIGURA 6–16: DIVISÃO DE NÓ EM ÁRVORE B COM CRIAÇÃO DE NOVA RAIZ

De acordo com essa descrição de algoritmo, o passo inicial da inserção consiste em encontrar o caminho até um nó-folha, em vez de simplesmente encontrar esse nó (como ocorre com inserção em árvores multidirecionais descendentes). Esse caminho é armazenado numa pilha na qual cada elemento contém o nó, seu endereço e seu índice entre seus irmãos. Em seguida, a inserção é feita explorando-se o caminho inverso (i.e., desempilhando-se) conforme foi descrito antes.

O algoritmo de inserção em árvores B segue os passos descritos na **Figura 6–17**.

ALGORITMO INSEREEMÁRVOREB

ENTRADA: A chave e a raiz da árvore B

SAÍDA: A árvore modificada, se a operação for bem-sucedida, e um valor informando o sucesso ou fracasso da operação

1. Se a árvore estiver vazia, crie um novo nó, insira a chave nele e encerre informando o sucesso da operação

2. Faça uma busca usando a chave a ser inserida e empilhe os nós que se encontram no caminho desde a raiz até o nó no qual a chave será inserida

3. Se a chave for encontrada, esvazie a pilha e encerre informando o fracasso da operação (pois a chave é primária)

4. Atribua à variável *chave* a chave recebida como parâmetro

5. Atribua o endereço nulo à variável *filhoDireito*

6. Enquanto a pilha não estiver vazia, faça o seguinte
   6.1 Desempilhe o nó no qual ocorrerá uma inserção
   6.2 Se o nó no qual a chave será inserida não estiver completo, insira a chave e seu filho direito nesse nó e encerre informando o sucesso da operação
   6.3 Caso contrário, divida o nó usando o algoritmo DIVIDENóEMÁRVOREB
   6.4 Atualize as variáveis *chave* e *filhoDireito* com os valores retornados pela função DIVIDENóEMÁRVOREB

7. Crie uma nova raiz tendo como filho esquerdo a antiga raiz e como filho direito o nó resultante da última divisão de nós

---

FIGURA 6–17: ALGORITMO DE INSERÇÃO EM ÁRVORE B

O algoritmo de divisão de nós que complementa o algoritmo de inserção em árvores B é apresentado na **Figura 6–18**.

ALGORITMO DivideNóEmÁrvoreB

ENTRADA: A chave a ser inserida, a posição de inserção, o filho direito da chave e o nó completo da árvore B no qual ocorrerá a inserção

SAÍDA: O novo nó resultante da divisão e a chave que subirá para um nó no próximo nível superior

1. Se a posição de inserção estiver na parte superior do array de chaves, faça o seguinte:
   1.1 Copie a metade das chaves do nó dividido menos um para um novo nó direito
   1.2 Insira a nova chave no nó da direita
   1.3 A chave que subirá para o próximo nível superior da árvore será a última chave do nó que foi dividido
2. Se a posição de inserção estiver na parte inferior do array de chaves, faça o seguinte:
   2.1 Copie a metade das chaves do nó dividido para o novo nó
   2.2 Insira a nova chave no nó que foi dividido
   2.3 A chave que subirá para o próximo nível superior da árvore será a última chave do nó que foi dividido após a inserção da nova chave
3. Se a posição de inserção coincidir com o índice central do array de chaves, faça o seguinte:
   3.1 Copie a metade das chaves do nó dividido menos um para o novo nó
   3.2 A chave que subirá para o nível superior da árvore será a nova chave

---

FIGURA 6–18: ALGORITMO DE DIVISÃO DE NÓ EM ÁRVORE B

6.4.4 Remoção

A remoção de uma chave pode requerer a combinação de nós, de modo que a árvore continue satisfazendo os critérios estabelecidos para árvores B, conforme será visto a seguir.

Algoritmos

O algoritmo de remoção em árvores B segue os passos descritos na **Figura 6–19**.

ALGORITMO RemoveEmÁrvoreB

ENTRADA: A chave e a árvore B

SAÍDA: A árvore modificada, se a operação for bem-sucedida, e um valor indicando o sucesso ou fracasso da operação

1. Faça uma busca pela chave a ser removida, empilhando os nós que se encontram no caminho da raiz até o nó que contém essa chave
2. Se a chave não for encontrada, encerre a operação informando que ela fracassou
3. Se a chave for encontrada numa folha
   3.1 Remova a chave usando REMOVEEMFOLHADEÁRVOREB
   3.2 Encerre indicando que a operação foi bem-sucedida
4. Se a chave for encontrada num nó que não é folha
   4.1 Substitua a chave por sua sucessora (que se encontra numa folha)
   4.2 Remova a chave sucessora usando REMOVEEMFOLHADEÁRVOREB
   4.3 Encerre indicando que a operação foi bem-sucedida

FIGURA 6–19: ALGORITMO DE REMOÇÃO EM ÁRVORE B

O algoritmo REMOVEEMFOLHADEÁRVOREB de remoção de uma chave de uma folha de árvore B segue os passos descritos na **Figura 6–20**.

ALGORITMO REMOVEEMFOLHADEÁRVOREB

ENTRADA: Uma pilha contendo os nós encontrados desde a raiz até a folha

SAÍDA: A pilha esvaziada e a árvore B alterada

1. Desloque para uma posição anterior cada chave que segue a chave a ser removida
2. Decremente o número de filhos do nó
3. Ajuste o nó usando JUNTANÓSDEÁRVOREB
4. Esvazie a pilha

FIGURA 6–20: ALGORITMO DE REMOÇÃO EM FOLHA DE ÁRVORE B

O algoritmo JUNTANÓSDEÁRVOREB, que combina um nó com outros de uma árvore B quando ele fica com grau abaixo do mínimo estabelecido, segue os passos descritos na **Figura 6–21**.

ALGORITMO JUNTANÓSDEÁRVOREB

ENTRADA: Uma folha e uma pilha contendo os nós encontrados desde a raiz até ela

SAÍDA: A pilha e a árvore B alteradas

1. Se o número de chaves da folha (N) não for menor do que o número mínimo de chaves permitido, encerre
2. Se o irmão vizinho à esquerda (E) do nó N tiver um número de chaves maior do que o mínimo (v. **Figura 6–22**)
   2.1 Insira a sucessora da última chave do nó E (encontrada no nó-pai) no início das chaves do nó N
   2.2 Faça o filho esquerdo da (nova) primeira chave de N apontar para o filho direito da última chave de E
   2.3 Substitua a sucessora da última chave do nó E por essa chave
   2.4 Decremente o número de filhos de E
   2.5 Incremente o número de filhos de N
   2.6 Encerre
3. Se o irmão vizinho à direita (D) do nó N tiver um número de chaves maior do que o mínimo (v. **Figura 6–23**)
   3.1 Acrescente a sucessora da última chave do nó N ao final das chaves desse nó
   3.2 Faça o filho direito da (nova) última chave de N apontar para o filho esquerdo da primeira chave de D
   3.3 Substitua a sucessora da última chave do nó N pela primeira chave do nó D
   3.4 Desloque cada chave e filho de D uma posição para trás
   3.5 Decremente o número de filhos de D
   3.6 Incremente o número de filhos de N
   3.7 Encerre
4. Se nenhum irmão vizinho do nó N tiver um número de nós maior do que o mínimo
   4.1 Se N tem um irmão vizinho direito D (v. **Figura 6–24**)
      4.1.1 Acrescente a chave sucessora (S) da última chave do nó N ao final das chaves de N

FIGURA 6–21: ALGORITMO DE JUNÇÃO DE NÓS EM ÁRVORE B

ALGORITMO JUNTANÓSDEÁRVOREB (CONTINUAÇÃO)

4.1.2 Faça o filho direito da (nova) última chave de *N* apontar para o filho esquerdo da primeira chave de *D*

4.1.3 Desloque cada chave do nó-pai de *N* e seu filho direito, a partir da chave sucessora *S*, para uma posição anterior

4.1.4 Decremente o número de filhos do pai de *N*

4.1.5 Acrescente todas as chaves de *D* e seus filhos direitos ao final das chaves de *N*

4.1.6 Atualize o número de filhos de *N*

4.1.7 Libere o nó *D*

4.1.8 Ajuste o pai de *N* usando JUNTANÓSDEÁRVOREB

4.2 Caso contrário, se *N* tem um irmão vizinho esquerdo *E* (v. **Figura 6–25**)

4.2.1 Acrescente ao final das chaves de *E* a chave sucessora (*S*) da última chave de *E*

4.2.2 Faça o filho direito da (nova) última chave de *E* apontar para o filho esquerdo da primeira chave de *N*

4.2.3 Desloque cada chave e filho direito correspondente do nó-pai de *N*, a partir da chave sucessora *S*, para uma posição anterior

4.2.4 Decremente o número de filhos do pai de *N*

4.2.5 Acrescente cada chave de *N* e seu filho direito ao final das chaves de *E*

4.2.6 Atualize o número de filhos de *E*

4.2.7 Libere o nó *N*

4.2.8 Ajuste o pai de *E* usando JUNTANÓSDEÁRVOREB

FIGURA 6–21 (CONT): ALGORITMO DE JUNÇÃO DE NÓS EM ÁRVORE B

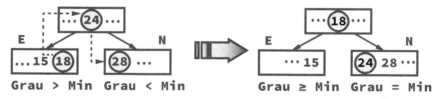

FIGURA 6–22: ILUSTRAÇÃO DO PASSO 2 DO ALGORITMO JUNTANÓSDEÁRVOREB

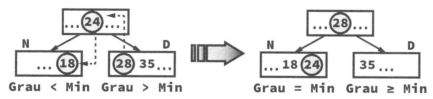

FIGURA 6–23: ILUSTRAÇÃO DO PASSO 3 DO ALGORITMO JUNTANÓSDEÁRVOREB

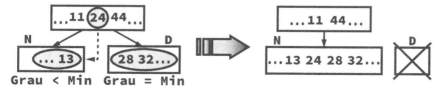

FIGURA 6–24: ILUSTRAÇÃO DO PASSO 4.1 DO ALGORITMO JUNTANÓSDEÁRVOREB

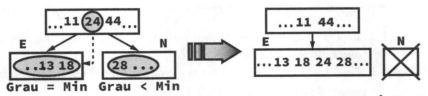

FIGURA 6–25: ILUSTRAÇÃO DO PASSO 4.2 DO ALGORITMO JUNTANÓSDEÁRVOREB

Exemplos de Remoção

Os exemplos a seguir ilustram alguns casos de remoção numa árvore B com ordem igual a 5. Na **Figura 6–26** a chave que se deseja remover é aquela cujo valor é 8. Esse é o tipo de remoção mais simples, pois ele não envolve a alteração de outros nós além daquele que contém a chave removida.

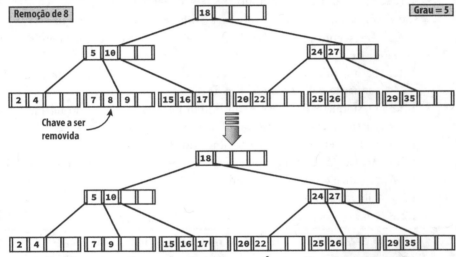

FIGURA 6–26: EXEMPLO DE REMOÇÃO EM ÁRVORE B SEM JUNÇÃO DE NÓS

Na **Figura 6–27**, a chave 7 é removida. Esse exemplo de remoção explora o **Passo 3** do algoritmo JUNTANÓSDEÁRVOREB.

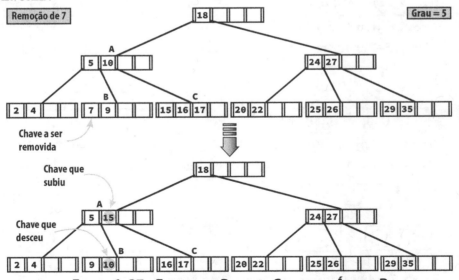

FIGURA 6–27: EXEMPLO DE REMOÇÃO SIMPLES EM ÁRVORE B

A remoção ilustrada na **Figura 6–27** é um pouco mais complicada do que aquela do exemplo anterior, pois ela envolve a alteração de três nós:

❑ O nó rotulado com *B* é aquele que contém a chave removida. Após a remoção, esse nó ficou com seu número de chaves abaixo do limite permitido, de modo que, para restabelecer o número mínimo de chaves desse nó, ele recebe a doação da chave *10* vinda do nó *A*, que contém seu pai.

❑ Agora, após essa doação, o nó *A* torna-se deficiente em número de chaves, de forma que o nó *C* lhe cede a chave *15* para suprir essa deficiência.

❑ Finalmente, os três nós envolvidos nessa operação ficam com números de nós permitidos para árvores B e o processo é encerrado.

A remoção da chave *10* ilustrada na **Figura 6–28** é ainda mais complicada do que aquelas dos exemplos anteriores, pois, desta vez, ocorrem duas junções de nós.

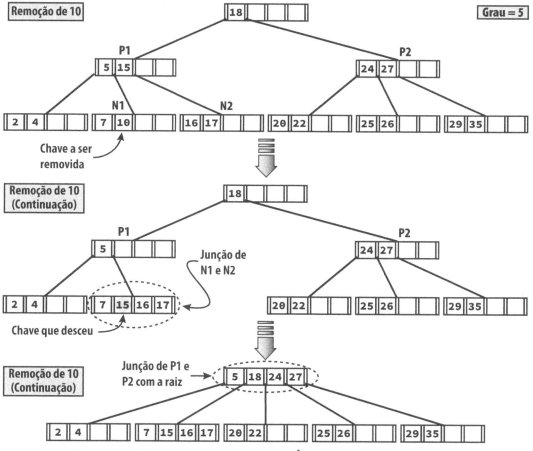

FIGURA 6–28: EXEMPLO DE REMOÇÃO EM ÁRVORE B COM JUNÇÃO DE NÓS

No exemplo ilustrado na **Figura 6–29**, a chave a ser removida é *18*. O que diferencia esse exemplo dos exemplos anteriores é o fato de a chave a ser removida não se encontrar numa folha. Nesse caso, a referida chave é substituída por sua antecessora imediata (i.e., a chave *17*). Como foi visto no **Capítulo 3**, a chave *18* poderia ter sido substituída por sua sucessora imediata, que é a chave *20*. Aqui, a escolha da antecessora é pragmática e didática. Quer dizer, se a substituta da chave a ser removida tivesse sido a sucessora imediata, o nó contendo essa chave substituta ficaria deficiente em número de chaves e precisaria ser recomposto. Enfim o exemplo se tornaria mais longo e mais difícil de entender.

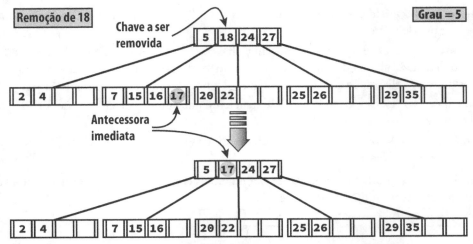

Figura 6–29: Exemplo de Remoção de Nó Interno em Árvore B

Como exemplo mais complexo de remoção numa árvore B, suponha que a árvore da **Figura 6–30** tenha grau igual a *5* e se deseje remover a chave *3*.

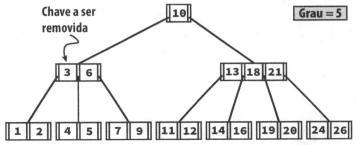

Figura 6–30: Exemplo de Remoção em Árvore B 1

O primeiro passo na remoção da chave *3* é encontrar sua chave sucessora, que é a chave *4*. Essa chave sucessora deve substituir *3*, mas essa substituição deixa o nó contendo *5* com um número de chaves menor do que o mínimo permitido (que é *2*), como mostra a **Figura 6–31**.

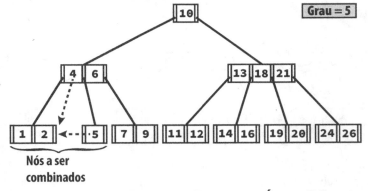

Figura 6–31: Exemplo de Remoção em Árvore B 2

Como nenhum dos irmãos vizinhos do nó contendo *5* tem chaves sobressalentes, deve-se combinar esse nó com um dos seus irmãos. Aqui, combinam-se o nó contendo *1* e *2* com aquele contendo *5* (v. **Figura 6–31**). Além disso, a chave antecessora (i.e., *4*) da chave *5* é acrescentada a essa combinação de nós. O resultado dessa combinação é mostrado na **Figura 6–32**.

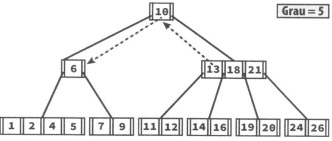

FIGURA 6–32: EXEMPLO DE REMOÇÃO EM ÁRVORE B 3

Na **Figura 6–32**, a situação se complica porque o nó contendo *6* fica com um número insuficiente de chaves. Entretanto o irmão desse nó possui uma chave sobressalente. Assim pega-se a chave *13* do irmão do nó deficiente, move-se para o nó-pai e traz-se a chave *10* do nó-pai para juntar-se à chave *6* no nó deficiente (v. **Figura 6–32**). Note que o nó contendo as chaves *11* e *12* passa a ser o filho direito da chave *10*, como mostra a **Figura 6–33**.

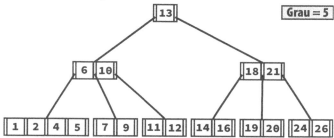

FIGURA 6–33: EXEMPLO DE REMOÇÃO EM ÁRVORE B 4

6.4.5 Implementação

Tipos e Constantes

As mesmas definições de constantes e tipos utilizadas na implementação de árvore multidirecional descendente em memória secundária, de modo que os mesmos tipos **tNoMultiMS** e **tArvoreMultiMS** (v. **Seção 6.3.1**) serão usadas na implementação de árvore B. Além desses tipos, o tipo **tNoCaminhoB**, apresentado a seguir, será usado para definir elementos de uma pilha que armazena caminhos de nós visitados durante uma operação de inserção ou remoção.

```
typedef struct {
        tNoMultiMS no;       /* O nó              */
        int        endereco; /* Seu endereço      */
        int        pos;      /* Sua posição entre seus irmãos */
    } tNoCaminhoB;
```

Note que cada nó num caminho de inserção ou remoção é armazenado na pilha. Isso não é estritamente necessário, visto que a posição de cada nó no arquivo também é armazenada. Mas armazenando-se esses nós, evitam-se possíveis acessos adicionais para leitura de nós no meio de armazenamento secundário.

Funções Auxiliares

Antes da apresentação da função que implementa o algoritmo de inserção para árvores B descrito na **Seção 6.4.3**, é necessário discutir algumas funções auxiliares que facilitam a implementação desse algoritmo.

As seguintes funções utilizadas na implementação de árvore B são idênticas às funções de mesmas denominações usadas para árvores multidirecionais descendentes implementadas em arquivo (v. **Seção 6.3**):

- ■ `BuscaEmNoMultiMS()` — utilizada pelas funções que fazem busca e inserção em árvores B (v. **Seção 6.3.4**).
- ■ `LeNoMultiMS()` — faz a leitura de um nó de uma árvore B armazenada em arquivo (v. **Seção 6.3.3**)
- ■ `EscreveNoMultiMS()` — atualiza o conteúdo de um nó no arquivo (v. **Seção 6.3.3**)
- ■ `IniciaNoMultiMS()` — cria um nó de uma árvore multidirecional armazenada em arquivo (v. **Seção 6.3.5**)

A função `EncontraCaminhoB()`, apresentada a seguir, armazena (i.e., empilha) o caminho de nós visitados desde a raiz até o nó no qual uma chave é encontrada ou no qual ela deve ser inserida. Essa função faz uso de uma pilha implementada como lista encadeada (v. exemplo completo no site deste livro). A função `EncontraCaminhoB()` é semelhante à função `EncontraNoMultiMS()` apresentada na **Seção 6.3.5**, mas agora o caminho da raiz até o nó encontrado é empilhado. Os parâmetros da função `EncontraCaminhoB()` são:

- ■ `stream` (entrada) — stream associado ao arquivo que contém a árvore
- ■ `chave` (entrada) — a chave de busca
- ■ `raiz` (entrada) — posição no arquivo da raiz da árvore
- ■ `posicaoDaChaveNoNo` (saída) — ponteiro para uma variável que conterá o índice da chave no nó
- ■ `encontrado` (saída) — ponteiro para uma variável que indicará se a chave foi encontrada
- ■ `*pilha` (saída) — pilha que armazenará o caminho de nós visitados

```
static void EncontraCaminhoB(FILE *stream, tChave chave, int raiz,
                             int *posicaoDaChaveNoNo, int *encontrado, tPilha *pilha)
{
    int          p,  /* Conterá a posição desejada */
                 indiceNo; /* Índice de um nó entre seus irmãos */
    tNoMultiMS   umNo;
    tNoCaminhoB  caminho;

        /* Verifica se o stream é NULL */
    ASSEGURA(stream, ERRO_STREAM_NULL(stream, EncontraCaminhoB));

        /* Tenta mover o apontador de arquivo para seu início */
    MoveApontador(stream, 0, SEEK_SET);

    p = raiz; /* Começa busca na raiz da árvore */
    indiceNo = -1;  /* A raiz não tem irmãos */
    *encontrado = 0;  /* A chave ainda não foi encontrada */
    CriaPilha(pilha); /* Inicia a pilha */

        /* Desce na árvore até encontrar a chave de busca ou */
        /* atingir uma folha na qual a chave não se encontra */
    while (p != POSICAO_NULA) {
        /* Lê um nó da árvore na posição p do arquivo */
        LeNoMultiMS(stream, p, &umNo);

    /***                            ***/
    /*** Cria o item que será empilhado ***/
    /***                            ***/

        caminho.no = umNo; /* Armazena o nó no item da pilha */
        caminho.endereco = p; /* Armazena a posição do nó */
        caminho.pos = indiceNo; /* Armazena seu índice entre irmãos */

        Empilha(caminho, pilha); /* Faz o empilhamento */

            /* Tenta encontrar a chave no nó corrente */
        indiceNo = BuscaEmNoMultiMS(chave, &umNo);
```

```
        /* Verifica se a chave foi encontrada */
    if(( indiceNo < umNo.nFilhos - 1) && chave == umNo.chaves[indiceNo].chave) {
        *encontrado = 1;   /* A chave foi encontrada */
        *posicaoDaChaveNoNo = indiceNo;

        return;
    }

        /* A chave ainda não foi encontrada. Desce um nível na árvore */
    p = umNo.filhos[indiceNo];
}

    /* A chave não foi encontrada. 'posicaoDaChaveNoNo' conterá o índice no */
    /* último nó visitado (folha) no qual a chave deverá ser inserida      */
    *posicaoDaChaveNoNo = indiceNo;
}
```

A função `InsereEmNoB()`, apresentada a seguir, insere uma chave e seu respectivo filho direito num nó incompleto de uma árvore B. Essa função é parecida com a função `InsereEmFolhaMultiMS()` utilizada em inserção em árvores multidirecionais descendentes. No caso de árvores B, contudo, inserções não ocorrem apenas em folhas. Os parâmetros dessa função são:

- `*pNo` (entrada/saída) — nó no qual será feita a inserção
- `pos` (entrada) — posição no array de chaves do nó na qual a chave será inserida
- `chaveEIndice` (entrada) — par chave/índice que será inserido
- `pFilho` (entrada) — ponteiro para o filho a ser inserido à direita do novo par

```
static void InsereEmNoB(tNoMultiMS *pNo, int pos, tChaveIndice chaveEIndice, int pFilho)
{
    int i;

    /* Verifica se o nó é válido */
    ASSEGURA( pNo, "Tentativa de insercao em no' nulo" );

    /* Verifica se a posição de inserção é válida */
    ASSEGURA(pos <= pNo->nFilhos, ERRO_POSICAO(InsereEmNoB));

    /* Abre espaço para a nova chave */
    for (i = pNo->nFilhos - 1; i > pos; --i){
        pNo->filhos[i + 1] = pNo->filhos[i];
        pNo->chaves[i] = pNo->chaves[i - 1];
    }

    /* Insere o novo par chave/índice e seu filho direito */
    pNo->chaves[pos] = chaveEIndice; /* Insere o par */
    pNo->filhos[pos + 1] = pFilho; /* Insere seu filho direito */

    /* O número de filhos (e de chaves) foi acrescido de um */
    pNo->nFilhos++;
}
```

A função `CopiaChavesB()`, apresentada a seguir, é utilizada para copiar chaves e filhos de um nó para outro. Essa função é útil no processo de divisão de nós, que é fundamental no processo de inserção em árvores B. Os parâmetros dessa função são:

- `pNo1` (entrada) — ponteiro para o nó cujas chaves serão copiadas
- `*pNo2` (saída) — nó que receberá as chaves copiadas
- `indiceI` (entrada) — índice da primeira chave a ser copiada
- `indiceF` (entrada) — índice da última chave a ser copiada

```
static void CopiaChavesB( const tNoMultiMS *pNo1, tNoMultiMS *pNo2,
                          int indiceI, int indiceF )
{
  int i,
      nChaves; /* Número de chaves a copiar. Essa variável */
               /* não é essencial, mas facilita a operação */

  nChaves = indiceF - indiceI + 1;

    /* Verifica se o número de chaves é válido */
  ASSEGURA( nChaves < G, "Chaves demais para copiar" );

    /* Idem */
  ASSEGURA( nChaves > 0,  "ERRO: Nao ha' chaves para copiar" );

    /* Copia chaves e filhos do nó apontado por */
    /* pNo1 para o nó apontado por pNo2          */
  for (i = 0; i < nChaves; ++i) {
    pNo2->chaves[i] = pNo1->chaves[indiceI + i];
    pNo2->filhos[i] = pNo1->filhos[indiceI + i];
  }

    /* Faltou copiar o último filho */
  pNo2->filhos[nChaves] = pNo1->filhos[indiceI + nChaves];

    /* Atualiza o número de chaves do nó que recebeu a doação */
  pNo2->nFilhos = nChaves + 1;
}
```

A função `DivideNoB()`, apresentada a seguir, implementa o processo de divisão de nós e é fundamental no processo de inserção em árvores B. Os parâmetros dessa função são:

- **`*pNoDiv`** (entrada/saída) — nó que será dividido
- **`pos`** (entrada) — posição onde a nova chave será inserida se ela for menor do que a chave intermediária
- **`chaveEIndice`** (entrada) — a chave (e seu respectivo índice) que será inserida num dos nós resultantes da divisão ou num nó que fica num nível acima
- **`pFilhoDireita`** (entrada) — posição no arquivo do nó que será o filho à direita da chave inserida
- **`*pNoDireita`** (saída) — posição no arquivo do novo nó no qual serão colocadas as chaves superiores do nó dividido
- **`*chaveMeio`** (saída) — a chave do meio (i.e., aquela que subirá para o nó-pai do nó dividido)
- **`stream`** (entrada) — stream associado ao arquivo que contém a árvore

```
static void DivideNoB( tNoMultiMS *pNoDiv, int pos,
                       tChaveIndice chave, int pFilhoDireita,
                       int *pNoDireita, tChaveIndice *chaveMeio, FILE *stream )
{
  static const int meio = G/2; /* Evita recalcular esse valor */
                               /* a cada chamada desta função */
  tNoMultiMS      noDireita; /* Novo nó que será acrescentado à árvore */

    /* Inicia o novo nó que receberá as chaves superiores */
  IniciaNoMultiMS(NULL, &noDireita);

    /* Efetua a inserção com a devida divisão de nós */
  if (pos > meio) { /* Caso 1: A nova chave pertence ao novo nó da direita */
      /* Copia metade menos uma chave do nó dividido para o novo nó */
    CopiaChavesB(pNoDiv, &noDireita, meio + 1, G - 2);

      /* Insere a nova chave no novo nó da direita */
    InsereEmNoB( &noDireita, pos - meio - 1, chave, pFilhoDireita );
```

```
      pNoDiv->nFilhos = meio + 1; /* Ajusta o número de nós do nó dividido */

        /* A chave que subirá é a última chave do */
        /* nó que foi dividido depois da divisão  */
      *chaveMeio = pNoDiv->chaves[meio];
  } else if (pos == meio) { /* Caso 2: A nova chave é aquela que subirá um nível */
        /* Copia metade das chaves do nó dividido para o novo nó */
      CopiaChavesB(pNoDiv, &noDireita, meio, G - 2);

      pNoDiv->nFilhos = meio + 1; /* Ajusta o número de nós do nó dividido */

        /* O filho direito da nova chave passa */
        /* a ser o primeiro filho do novo nó   */
      noDireita.filhos[0] = pFilhoDireita;

      *chaveMeio = chave; /* A chave que subirá é a nova chave */
  } else { /* Caso 3: A nova chave pertence ao nó que será dividido */
        /* Copia metade das chaves do nó dividido para o novo nó */
      CopiaChavesB(pNoDiv, &noDireita, meio, G - 2);

        /* Ajusta o número de nós do nó dividido */
      pNoDiv->nFilhos = meio + 1;

        /* Insere a nova chave no nó que foi dividido */
      InsereEmNoB(pNoDiv, pos, chave, pFilhoDireita);

        /* A chave que subirá é a última chave do */
        /* nó que foi dividido depois da divisão  */
      *chaveMeio = pNoDiv->chaves[meio];

        /* Corrige o número de filhos do nó dividido, pois    */
        /* sua última chave subirá para o próximo nível acima */
      --pNoDiv->nFilhos;
  }

    /* O novo nó será armazenado ao final do arquivo; */
    /* portanto sua posição no arquivo será igual ao  */
    /* número de registros (nós) do arquivo (NB: a    */
    /* indexação do arquivo começa em zero; por isso, */
    /* não se acrescenta 1 a esse valor).             */
  *pNoDireita = NumeroDeNosB(stream);

  EscreveNoMultiMS(stream, *pNoDireita, &noDireita); /* Atualiza nó no arquivo */
}
```

A função `DivideNoB()` insere uma chave num nó completo, criando um novo nó para a metade superior das chaves e mantendo a metade inferior das chaves no nó dividido. A chave intermediária é guardada para posterior inserção num nó que fica num nível acima. Observe que, se o grau da árvore for par, a árvore terá tendência à esquerda; i.e., o nó dividido terá uma chave a mais do que o novo nó. É importante notar ainda que o nó apontado por `pNoDiv` deve ser atualizado no arquivo que contém a árvore pela função que chama a presente função.

As funções auxiliares apresentadas até aqui são aquelas utilizadas em busca e inserção em árvores B. As funções auxiliares usadas em remoção serão apresentadas oportunamente mais adiante.

Busca

A função `BuscaB()`, que implementa o processo de busca em árvores B armazenadas em arquivo é essencialmente igual àquela que faz o mesmo para árvores multidirecionais descendentes. Por essa razão, a função não será apresentada aqui.

Inserção

A função `InsereB()`, apresentada a seguir, é a função principal do processo de inserção em árvores B. Essa função insere um par chave/índice numa árvore B armazenada em arquivo e seus parâmetros são:

- `*posicaoRaiz` (entrada/saída) — posição da raiz da árvore no arquivo
- `chaveEIndice` (entrada/saída) — ponteiro para um par chave/índice que será encontrado ou inserido
- `streamArvore` (entrada) — stream associado ao arquivo que contém a árvore

A função `InsereB()` retorna `1`, se houver inserção, ou `0`, em caso contrário.

```c
int InsereB( int *posicaoRaiz, tChaveIndice *chaveEIndice, FILE *streamArvore )
{
    tNoMultiMS     no; /* Novo nó que poderá ser inserido */
    int            encontrado, /* Indicará se a chave foi encontrada */
                   indiceDaChave, /* Índice da chave no nó onde    */
                              /* ela for encontrada ou inserida */
                   pFilhoDireito,
                   pNoDireito;
    tPilha         pilha; /* Pilha que armazenará o caminho de nós visitados */
    tNoCaminhoB    caminho; /* Armazenará cada item desempilhado */
    tChaveIndice   chaveAInserir, chaveQueSobe;

        /* O stream que representa o arquivo      */
        /* que contém a árvore não pode ser NULL */
    ASSEGURA( streamArvore, ERRO_STREAM_NULL(streamArvore, InsereB) );

        /* Verifica se a árvore já existe */
    if (*posicaoRaiz == POSICAO_NULA) {
        /* A árvore ainda não foi criada */

        /* Cria a raiz  */
        IniciaNoMultiMS(chaveEIndice, &no);
        indiceDaChave = 0;
        *posicaoRaiz = 0;

            /* Armazena a raiz da árvore na posição 0 do arquivo */
        EscreveNoMultiMS(streamArvore, 0, &no);

        return 1;
    }

            /* Tenta encontrar o nó que contém a chave e o caminho que leva até ele */
    EncontraCaminhoB( streamArvore, chaveEIndice->chave, *posicaoRaiz,
                      &indiceDaChave, &encontrado, &pilha );

        /* Verifica se a chave foi encontrada */
    if (encontrado) {
        /* A chave foi encontrada. Obtém o valor do par    */
        /* chave/índice que se encontra no topo da pilha. */
        caminho = Desempilha(&pilha);

            /* Atualiza-se o índice do par 'chaveEIndice', */
            /* cujo endereço foi recebido  como parâmetro. */
        chaveEIndice->indice = caminho.no.chaves[indiceDaChave].indice;

        EsvaziaPilha(&pilha); /* Antes de retornar, esvazia-se a pilha */

        return 0; /* Não houve inserção */
    }

        /* A diferença significativa entre esta função e a função correspondente */
        /* para árvores multidirecionais descendentes começa aqui               */
```

```
    /* A inserção começa numa folha. Assim o filho */
    /* à direita da chave a ser inserida é nulo     */
pFilhoDireito = POSICAO_NULA;

    /* A primeira chave a ser inserida é aquela recebida como parâmetro */
chaveAInserir = *chaveEIndice;

    /* Percorre o caminho inverso até encontrar */
    /* a raiz ou um nó incompleto para inserção */
while (!PilhaVazia(pilha)) {
    caminho = Desempilha(&pilha); /* Obtém informações sobre o nó corrente */

        /* Verifica se é possível inserir neste nó */
    if (caminho.no.nFilhos < G) {
            /* Há espaço para inserção neste nó */
        InsereEmNoB(&caminho.no, indiceDaChave, chaveAInserir, pFilhoDireito);

            /* Atualiza o nó na árvore */
        EscreveNoMultiMS(streamArvore, caminho.endereco, &caminho.no);

            /* O conteúdo da pilha não é mais necessário */
        EsvaziaPilha(&pilha);

        return 1; /* Serviço concluído */
    }

        /* O nó corrente é completo e precisa ser dividido */
    DivideNoB( &caminho.no, indiceDaChave, chaveAInserir,
               pFilhoDireito, &pNoDireito, &chaveQueSobe, streamArvore );

        /* Atualiza o nó na árvore */
    EscreveNoMultiMS(streamArvore, caminho.endereco, &caminho.no);

        /* O filho à direita da chave que subirá para o nível */
        /* superior será o novo nó criado no nível atual      */
    pFilhoDireito = pNoDireito;
    indiceDaChave = caminho.pos;
    chaveAInserir = chaveQueSobe;
}

/* Neste ponto, sabe-se que o último caminho desempilhado continha uma */
/* raiz completa, que já foi dividida no laço while. Resta criar uma   */
/* nova raiz contendo a chave que deve subir um nível tendo como filho */
/* direito o nó dividido e à esquerda a antiga raiz após a divisão     */

IniciaNoMultiMS(&chaveQueSobe, &no); /* Cria a nova raiz */

    /* O filho da esquerda da nova raiz é o nó   */
    /* que restou da raiz antiga após a divisão */
no.filhos[0] = caminho.endereco;

    /* O filho da direita da nova raiz é o novo nó resultante da divisão */
no.filhos[1] = pNoDireito;

    /* A nova raiz será acrescentada ao final do arquivo que armazena a */
    /* árvore. Portanto sua posição é igual ao número corrente de nós.  */
*posicaoRaiz = NumeroDeNosB(streamArvore);

EscreveNoMultiMS(streamArvore, *posicaoRaiz, &no); /* Atualiza raiz no arquivo */

return 1; /* Inserção bem-sucedida */
}
```

A função IniciaNoMultiMS() chamada por InsereB() foi definida na Seção 6.3.5.

Remoção

A função `RemoveChaveB()` remove a chave especificada de uma árvore B armazenada em arquivo. Os parâmetros dessa função são:

- `*streamArvore` (entrada) — stream associado ao arquivo que armazena a árvore
- `*raiz` (entrada/saída) — posição no arquivo da raiz da árvore
- `chave` (entrada) — a chave que será removida

A função `RemoveChaveB()` retorna `1`, se a remoção for bem-sucedida, ou `0`, em caso contrário. O algoritmo seguido por essa função é aquele apresentado na **Figura 6–19**.

```
int RemoveChaveB(FILE *streamArvore, int *raiz, tChave chave)
{
    int         encontrado, /* A chave foi encontrada? */
                indiceDaChave, /* Índice da chave no nó no qual */
                            /* ela está ou deveria estar    */
                iEntreIrmaos, /* O índice de um nó entre seus irmãos */
                p, /* Posição de um nó no arquivo que armazena a árvore */
                pNoDaRemocao; /* Posição em arquivo do nó que */
                            /* contém a chave a ser removida */
    tPilha      pilha, /* Pilha que armazenará o caminho de nós visitados */
                pilhaAux; /* Uma pilha auxiliar */
    tNoCaminhoB caminho; /* Um elemento da pilha que representa o caminho de nós */
    tNoMultiMS  no; /* Um nó da árvore */

    /* Se a árvore for vazia, não há chave para remover */
    if (*raiz == POSICAO_NULA)
        return 0; /* Não há chave para remover */

    /* Encontra o caminho da raiz até o nó */
    /* que contém a chave a ser removida   */
    EncontraCaminhoB(streamArvore, chave, *raiz, &indiceDaChave, &encontrado, &pilha);

    /* Se a chave não for encontrada, não há mais nada a */
    /* fazer. Mas antes de retornar, esvazia-se a pilha. */
    if (!encontrado) {
        EsvaziaPilha(&pilha);

        return 0; /* Não há chave para remover */
    }

/*** A chave foi encontrada e informações sobre ***/
/*** o nó que a contém estão no topo da pilha   ***/

    /* Obtém o elemento no topo da pilha sem desempilhá-lo */
    caminho = ElementoTopo(pilha);

    /* Verifica se o nó no qual será feita a remoção é uma folha */
    if (caminho.no.filhos[0] == POSICAO_NULA) {
        /* O nó é uma folha. A função RemoveEmFolhaB() completa o serviço */
        RemoveEmFolhaB(&pilha, streamArvore);

        return 1; /* Serviço concluído */
    }

/* A chave a ser removida não se encontra numa folha. É necessário substituí  */
/* -la por sua sucessora e, depois, remover esta sucessora. Em seguida, será   */
/* feito um caminhamento, empilhando os nós no caminho que leva até a sucessora */

    /* Guarda a posição em arquivo do nó que contém a chave */
```

```
      pNoDaRemocao = caminho.endereco;

         /*** Será feita uma descida na árvore usando ***/
         /*** p para indicar um nó no nível corrente  ***/

         /* Atribui a p a posição do filho direito da chave a ser removida */
      p = caminho.no.filhos[indiceDaChave + 1];
      iEntreIrmaos = indiceDaChave + 1;

      ASSEGURA(p != POSICAO_NULA, "p nao deveria ser POSICAO_NULA em RemoveChaveB()");

         /* Segue descendo até encontrar uma subárvore esquerda vazia */
      while (p != POSICAO_NULA) {
         LeNoMultiMS(streamArvore, p, &no); /* Lê o nó na posição indicada por p */

            /* Armazena num item da pilha o nó mais recentemente visitado, */
            /* sua posição no arquivo da árvore e seu índice entre irmãos  */
         caminho.no = no;
         caminho.endereco = p;
         caminho.pos = iEntreIrmaos;

         Empilha(caminho, &pilha); /* Faz o empilhamento */

         p = no.filhos[0]; /* Desce mais um nível à esquerda da primeira chave */

         iEntreIrmaos = 0; /* A primeira chave tem índice zero */
      }
      /* A chave sucessora da chave a ser removida é a primeira chave do   */
      /* último nó lido. Essa chave sucessora deve substituir a chave a    */
      /* ser removida. Portanto é preciso substituir a chave a ser removida */
      /* no nó que se encontra na pilha.                                    */

         /* Cria uma pilha auxiliar para guardar os nó */
         /* que se encontram sobre o nó a ser alterado */
      CriaPilha(&pilhaAux);

      do { /* Desempilha até encontrar o nó que será alterado */
         caminho = Desempilha(&pilha);
         Empilha(caminho, &pilhaAux);
      } while (caminho.endereco != pNoDaRemocao);

         /* Substitui a chave a ser removida por sua sucessora */
      caminho.no.chaves[indiceDaChave] = no.chaves[0];

         /* Atualiza nó no arquivo */
      EscreveNoMultiMS(streamArvore, caminho.endereco, &caminho.no);

         /* Reconstrói a pilha */
      while (!PilhaVazia(pilhaAux)) {
         caminho = Desempilha(&pilhaAux);
         Empilha(caminho, &pilha);
      }

         /* Resta remover a chave sucessora na folha que se encontra no topo da pilha */
      RemoveEmFolhaB(&pilha, streamArvore);

      return 1; /* Remoção bem-sucedida */
}
```

A função `RemoveChaveB()` chama as seguintes funções auxiliares:

- `CompactaNoMultiMS()`, que compacta um nó de uma árvore B após uma remoção. Essa função é idêntica àquela com a mesma denominação apresentada na **Seção 6.3.6**.

■ `RemoveEmFolhaB()`, que remove uma chave de uma folha de uma árvore B (v. adiante).

As demais funções chamadas por `RemoveChaveB()` representam operações básicas sobre pilhas: `EsvaziaPilha()`, `ElementoTopo()`, `Empilha()`, `CriaPilha()`, `Desempilha()`, `PilhaVazia()`. Espera-se que leitor não tenha dúvidas com relação a cada uma dessas operações (caso contrário, aconselha-se a consultar o **Volume 1** desta obra).

A função `RemoveEmFolhaB()` remove uma chave de uma folha de uma árvore B e seus parâmetros são:

■ `*pilha` (entrada/saída) — pilha que armazena os nós encontrados no caminho da raiz até a folha (incluindo-a)

■ `stream` (entrada) — stream associado ao arquivo que contém a árvore

```
static void RemoveEmFolhaB(tPilha *pilha, FILE *stream)
{
   tNoCaminhoB caminho; /* Um elemento da pilha que representa o caminho de nós */
   int        i;

   ASSEGURA( !PilhaVazia(*pilha), "ERRO: Pilha vazia em RemoveEmFolhaB()" );

      /* No topo da pilha, encontra-se a folha na qual a remoção será efetuada */
   caminho = Desempilha(pilha);

      /* Move as chaves */
   for (i = caminho.pos; i < caminho.no.nFilhos - 2; ++i)
      caminho.no.chaves[i] = caminho.no.chaves[i + 1];

   caminho.no.nFilhos--; /* O número de filhos da folha foi reduzido */

      /* Chama JuntaNosB() para completar o serviço */
   JuntaNosB(&caminho.no, pilha, stream);

      /* Atualiza o nó na árvore */
   EscreveNoMultiMS(stream, caminho.endereco, &caminho.no);

      /* O conteúdo da pilha não é mais necessário */
   EsvaziaPilha(pilha);
}
```

A função `JuntaNosB()` chamada por `RemoveEmFolhaB()` combina um nó com outros nós de uma árvore B quando ele fica com um número de chaves abaixo do mínimo permitido. Essa função é longa demais para ser apresentada neste livro. O leitor poderá encontrá-la no site dedicado ao livro na internet.

6.4.6 Persistência de Dados

Esta seção discute funções que garantem a **persistência dos dados** armazenados numa árvore B entre seções de execução de um programa-cliente. Quer dizer, as funções que serão discutidas aqui permitem que uma árvore B criada numa seção de execução de um programa-cliente possa continuar sendo usada em seções de execução subsequentes do mesmo programa sem que a árvore precise ser reconstruída a cada seção. Essa persistência de dados garantida por essas funções é importante porque, tipicamente, a construção de uma árvore B utilizada como tabela de busca para recuperação de dados num arquivo contendo milhões de registros leva um tempo considerável.

A função `LeRaizB()` lê num arquivo binário a posição da raiz de uma árvore B armazenada em arquivo. Seu único parâmetro é o nome do arquivo que armazena a raiz da árvore e ela retorna o valor lido no arquivo.

```
int LeRaizB(const char *nomeArqRaiz)
{
   FILE *stream;
   int  raiz;

      /* Tenta abrir o arquivo que contém a raiz da árvore para leitura apenas */
```

```
stream = AbreArquivo(nomeArqRaiz, "rb");

fread(&raiz, sizeof(raiz), 1, stream);

    /* Certifica-se que não ocorreu erro de leitura */
ASSEGURA(!ferror(stream), ERRO_FREAD(LeRaizB));

FechaArquivo(stream, nomeArqRaiz); /* O arquivo não precisa mais estar aberto */

return raiz;
}
```

A função `EscreveRaizB()` escreve num arquivo binário a posição da raiz de uma árvore B armazenada em arquivo e seus parâmetros são:

- **`nomeArqRaiz`** — string que representa o nome do arquivo que armazena a raiz da árvore
- **`raiz`** — índice do nó que representa a raiz no arquivo que representa a árvore

```
void EscreveRaizB(const char *nomeArqRaiz, int raiz)
{
    FILE *stream;

    /* Tenta abrir o arquivo que contém a raiz da árvore para escrita apenas */
    stream = AbreArquivo(nomeArqRaiz, "wb");

    fwrite(&raiz, sizeof(raiz), 1, stream);

    /* Certifica-se que não ocorreu erro de escrita */
    ASSEGURA(!ferror(stream), ERRO_FWRITE(EscreveRaizB));

    FechaArquivo(stream, nomeArqRaiz); /* O arquivo não precisa mais estar aberto */
}
```

6.4.7 Programa-cliente

Um programa-cliente que use a implementação de árvore B apresentada acima deve incluir funções que verifiquem se a árvore B com a qual ele espera contar existe no local (i.e., diretório) esperado. Se esse for o caso, ele pode instar o usuário a decidir se ele pretende usar a árvore já existente ou criar uma nova árvore. Se o programa não encontra a árvore no local esperado ou se o usuário deseja construir uma nova árvore o programa lê o arquivo de registro e constrói a devida árvore. Um programa que assim procede e oferece as operações básicas de uma tabela de busca pode ser encontrado no site dedicado ao livro na internet.

6.4.8 Análise

Como foi visto acima, o grau de uma árvore B depende do tamanho da chave e do bloco. Nesta seção, será mostrado que a altura de uma árvore B será bem pequena quando o grau da árvore for suficientemente grande.

O **grau mínimo** d de uma árvore multidirecional é o menor grau permitido para cada nó dessa árvore. No caso de árvores B, o grau mínimo é a metade do grau da árvore (i.e., $d = \lceil G/2 \rceil$).

Teorema 6.1: Sejam a a altura, d o grau mínimo e n o número de chaves de uma árvore B. Então:

$$a \leq \left\lfloor \log_d \left(\frac{n+1}{2} \right) \right\rfloor + 1$$

Prova: A árvore B de maior altura é obtida quando cada nó possui o menor grau permitido. Ou seja, quando a raiz da árvore possui dois filhos e os demais nós possuem d filhos, como mostra a **Figura 6–34**. Na situação exposta nessa figura, o número total de nós da árvore B é dado por:

Número de chaves no primeiro nível: *1*   +

Número de chaves no segundo nível: *2(d – 1)*   +

Número de chaves no terceiro nível: $2d(d-1)$ +

Número de chaves no quarto nível: $2d^2(d-1)$ +

$$\vdots \qquad\qquad \vdots \qquad \vdots$$

Usando esse raciocínio, obtém-se que o número total de chaves no pior caso de uma árvore B é dado por:

$$n_{pior\ caso} = 1 + \left(\sum_{i=0}^{a-2} 2d^i\right)(d-1) = 1 + 2 \cdot \frac{1-d^{a-1}}{1-d} \cdot (d-1) = 2d^{a-1} - 1$$

O último resultado foi obtido aplicando-se a fórmula de soma de elementos de uma progressão geométrica e fatorando-se a expressão resultante da aplicação dessa fórmula. Diante desse resultado, a relação entre o número de chaves em qualquer árvore B e sua altura pode ser expressa como:

$$n \geq -1 + 2d^{a-1}$$

Resolvendo-se essa inequação para a altura a, obtém-se:

$$a \leq \log_d\left(\frac{n+1}{2}\right) + 1$$

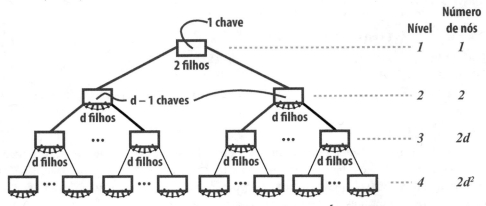

FIGURA 6–34: ALTURA MÁXIMA DE UMA ÁRVORE B

Corolário 6.1: No nível a de uma árvore B, há, pelo menos, $2d^{a-1} - 1$ chaves.

Prova: V. prova do **Teorema 6.1**.

O pior caso de busca numa árvore B ocorre quando ela possui o menor número de filhos permitidos em cada nó. Isto é, quando ela possui dois filhos na raiz e $d = \lceil G/2 \rceil$ filhos em cada um dos demais nós, sendo G o grau da árvore. Suponha que, como foi visto no exemplo da **Seção 6.3.1**, o grau de uma árvore B seja *340*, de modo que seu grau mínimo seja *170*. Então de acordo com o **Corolário 6.1**, ela terá no nível *3*, pelo menos:

$$2 \cdot d^{a-1} - 1\ chaves = 2 \cdot 170^2 - 1 \cong 57.800\ chaves$$

Por sua vez, no nível *4*, essa mesma árvore poderia conter, no mínimo, *9.826.000* de chaves.

Um fator de otimização para tabelas de busca implementadas como árvores B consiste em deixar a raiz sempre armazenada em memória principal, pois como qualquer operação com árvore B começa sempre na raiz da árvore, economiza-se um acesso ao disco sempre que for necessário efetuar uma delas.

Considerando o exemplo anterior, podem-se realizar operações típicas sobre essa árvore B com capacidade de armazenar quase 10 milhões de chaves com, no máximo, apenas três operações de leitura ou escrita. Evidentemente, na primeira dessas operações, a raiz da árvore deve ser lida. Também, se a raiz for alterada, ela deve ser reescrita no meio de armazenamento.

De acordo com o **Teorema 6.1**, para um valor de G (o grau da árvore) suficientemente grande, a altura de uma árvore B é pequena mesmo quando se armazena nela um grande número de chaves. Por exemplo, se G for igual a *200* (e, portanto, d for igual a *100*) e o número de chaves for igual a *100.000.000* (cem milhões), tem-se que $a \leq 4$, de modo que, na pior situação, encontrar uma chave nessa árvore requer no máximo quatro acessos ao disco. Melhor ainda, se a raiz da árvore for mantida sempre em memória principal, esse número de acessos é reduzido para três.

Teorema 6.2: Qualquer operação de busca, inserção ou remoção em árvores B com grau mínimo d e n chaves requer menos do que $log_d n$ acessos à memória secundária.

Prova: No caso de busca, a prova é trivial (v. abaixo). Inserção numa árvore B requer a execução dos seguintes passos:

1. Uma operação de busca pelo local de inserção que, de acordo com o **Teorema 6.1**, requer no máximo

$$\log_d \left(\frac{n+1}{2} \right) + 1$$

    operações de leitura em disco.

2. Inserção da chave no devido nó eventualmente seguida por divisões de nós que, no pior caso, podem se propagar até a raiz da árvore.

No melhor caso de inserção, que é aquele no qual não ocorre nenhuma divisão, o número de acessos ao disco é acrescido de apenas uma operação de escrita em arquivo do nó modificado. Contudo, no pior caso, que é aquele em que ocorrem divisões até a raiz da árvore, o número de acessos adicionais de escrita em disco é igual ao número de nós visitados em busca pelo local de inserção.

A prova para remoção é feita de modo semelhante ao caso para inserção e é deixada como exercício. ∎

Pode-se mostrar[4] que a probabilidade média de ocorrência de uma divisão de nó numa árvore B é dada por:

$$\frac{1}{\lceil G/4 \rceil - 1}$$

Esse resultado indica que, quanto maior for o grau da árvore, menor é a probabilidade de ocorrência de divisão de nós. Por exemplo, se uma árvore B tiver grau G igual a *200*, tem-se que a possibilidade de ocorrência de divisão é igual a *2%*. Ou seja, nesse caso, a cada *100* inserções espera-se que ocorram duas divisões de nós. Por consequência a propagação da divisão de nós até a raiz durante uma inserção é um evento muito raro.

A exigência de que cada nó interno tenha pelo menos $\lceil G/2 \rceil$ filhos implica que cada bloco de disco usado para suportar uma árvore B é pelo menos preenchido pela metade. Raramente, os nós de uma árvore B são completos, mas estudos analíticos e experimentais indicam que a ocupação de nós é próxima de *67%*, o que é considerado muito bom.

6.5 Árvores B+

6.5.1 Conceitos

Numa **árvore B+** todas as chaves são mantidas em folhas e outros nós contêm repetições das chaves (nem todas as chaves são repetidas). Essas folhas são conectadas e constituem uma lista encadeada. Além disso, os registros estão associados apenas às chaves contidas nas folhas, de modo que uma busca termina sempre numa folha (i.e., a busca não para se a chave for encontrada num nó que não seja folha). A principal vantagem oferecida por árvores B+ é a facilidade de se percorrerem os nós sequencialmente, que é uma das maiores deficiências de

[4] Consulte, por exemplo, *Drozdek, A., Data Structures and Algoritmos in C++* (v. **Bibliografia**).

árvores B. A lista encadeada de folhas de uma árvore B+ é denominada **conjunto sequencial**. As ligações do conjunto sequencial permitem fácil processamento sequencial. Nós internos formam um **conjunto de índices** e as folhas são encadeadas da esquerda para a direita formando um conjunto sequencial.

Os níveis superiores de uma árvore B+, que são organizados como uma árvore B, consistem apenas de um roteiro para permitir rápida localização de chaves. A **Figura 6–36** mostra a separação lógica do conjunto de índices e do conjunto sequencial.

6.5.2 Busca

Uma operação de busca numa árvore B+ começa na raiz da árvore e prossegue seguindo os filhos encontrados no conjunto de índices, como ocorre numa busca em árvore B, até encontrar uma folha. Como todas as chaves que efetivamente fazem parte de uma tabela representada por uma árvore B+ residem em folhas, operações de busca em árvores B+ diferem de buscas em árvores B no sentido de que uma busca não é encerrada quando uma chave no conjunto de índices é igual à chave de busca. Em vez disso, o filho direito dessa chave é seguido e a busca prossegue até atingir uma folha.

O algoritmo completo de busca em árvore B+ é exibido na **Figura 6–35**.

ALGORITMO BuscaEmÁrvoreB+

ENTRADA: Uma chave de busca, a raiz de uma árvore B+ e o arquivo que contém a árvore

SAÍDA: O valor associado à chave que casa com a chave de busca ou um valor informando que a chave não foi encontrada

1. Faça com que a raiz da árvore seja o nó corrente
2. Enquanto o nó corrente for um nó interno, faça:
   - 2.1 Encontre a posição em que a chave está ou deveria estar no nó corrente
   - 2.2 Se a chave foi encontrada, faça com que o nó corrente passe a ser seu filho direito
   - 2.3 Caso contrário, se a chave for menor do que alguma chave do nó corrente, faça com que o nó corrente seja o filho esquerdo da chave que ocupa a (virtual) posição da chave de busca
   - 2.4 Caso contrário, faça com que o próximo nó corrente seja o filho diteiro da chave mais à direita do corrente nó atual
3. Se a chave for encontrada na folha atingida, retorne o valor associado a ela
4. Caso contrário, retorne um valor indicando o fracasso da operação

---

FIGURA 6–35: ALGORITMO DE BUSCA EM ÁRVORE B+

Quando se atinge uma folha, a chave deve estar nessa folha se ela existir na árvore. Isto é, se a chave não estiver nessa folha, pode-se concluir que ela não faz parte da tabela. Considere como exemplo a localização da chave *53* na árvore B+ da **Figura 6–36**. Nesse caso, percorre-se o caminho composto pelos nós *A, B e E*. Se for desejado percorrer sequencialmente todas as chaves dessa árvore a partir da chave **53**, basta seguir os ponteiros que ligam os nós folhas.

6.5.3 Inserção

Inserção em árvores B+ é, em muitos aspectos, semelhante à inserção em árvores B, mas o leitor precisa estar atento, pois, apesar das semelhanças, também há várias diferenças. Quando há espaço para inserção numa folha, a chave é inserida em ordem e o conjunto de índices não é alterado. Por outro lado, se a folha estiver completa, ela é dividida e uma nova folha é inserida no conjunto sequencial. Então as chaves são divididas entre a nova folha e a folha antiga e a primeira chave da nova folha é *copiada* (e não *movida*) para o nó-pai. O resto da história é semelhante ao que ocorre com inserção em árvores B.

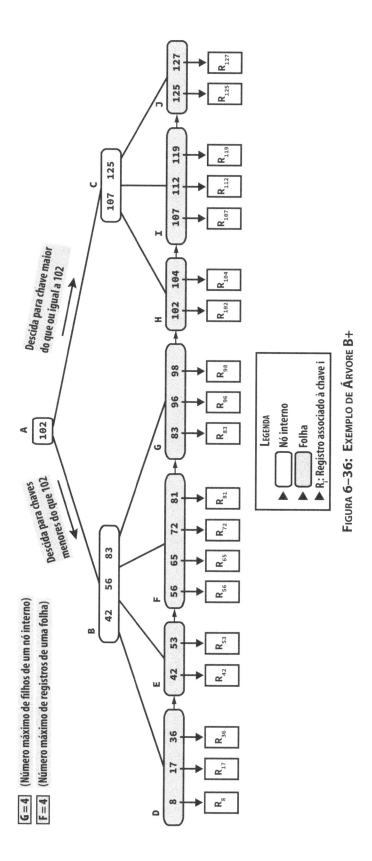

FIGURA 6-36: EXEMPLO DE ÁRVORE B+

O algoritmo de inserção em árvores B+ segue os passos descritos na **Figura 6–37**.

ALGORITMO InsereEmÁrvoreB+

Entrada: A chave a ser inserida e seu valor associado

Entrada/Saída: A árvore B+ na qual ocorrerá a inserção

Saída: Um valor informando o sucesso ou o fracasso da operação

1. Se a árvore estiver vazia:
   1.1 Crie uma folha nova
   1.2 Insira a chave nessa folha
   1.3 Faça a folha apontar para uma posição que indique final de encadeamento
   1.4 Faça com que a raiz da árvore seja representada por essa folha
   1.5 Encerre informando o sucesso da operação
2. Faça uma busca usando a chave a ser inserida empilhando os nós encontrados no caminho até a folha na qual a chave será inserida
3. Se a chave for encontrada, encerre a operação informando o fracasso da operação (pois se supõe que a chave seja primária)
4. Se a folha na qual a chave será inserida não estiver completa, insira a chave nesse nó e encerre informando o sucesso da operação
5. A folha (doravante denominada F_E) na qual a chave será inserida está completa
6. Crie uma nova folha (doravante denominada F_D)
7. Copie metade das chaves maiores da folha F_E para a folha F_D
8. Faça a folha F_D apontar para a folha para a qual F_E aponta
9. Faça a folha F_E apontar para a folha F_D
10. Atribua à variável *chave* a primeira chave da folha F_D
11. Atribua à variável *posição* a posição da folha F_D em arquivo
12. Enquanto a pilha não estiver vazia, faça o seguinte:
    12.1 Desempilhe um nó interno *I*
    12.2 Se o nó *I* não estiver cheio:
        12.2.1 Insira *chave* tendo *posição* como seu filho direito em seu devido lugar no nó *I*
        12.2.2 Encerre informando o sucesso da operação
    12.3 Caso contrário, se o nó *I* estiver cheio
        12.3.1 Divida o nó *I* usando o algoritmo DivideNóInternoB+
        12.3.2 Atualize os valores das variáveis *chave* e *posição*
13. Crie uma nova raiz contendo o valor da variável *chave* como chave, e tendo como filho esquerdo o último nó dividido e como filho direito o novo nó resultante da divisão
14. Retorne informando o sucesso da operação

Figura 6–37: Algoritmo de Inserção em Árvore B+

O algoritmo DivideNóInternoB+ que complementa o algoritmo de inserção em árvores B+ é semelhante ao algoritmo de divisão de nós para árvores B apresentado na **Figura 6–18** (v. **Seção 6.4.3**).

Nos exemplos a seguir, o número máximo de filhos de um nó interno *G* é *4* e o número máximo de chaves *F* numa folha também é *4*. Portanto o número mínimo de chaves num nó interno é *1* e o número mínimo de chaves numa folha é *2*. Para simplificar, o encadeamento das folhas é omitido das figuras.

A **Figura 6–38** mostra a criação do primeiro nó interno de uma árvore B+ após a inserção de uma chave que causa a divisão da única folha da árvore.

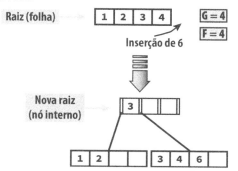

FIGURA 6–38: EXEMPLO DE INSERÇÃO EM ÁRVORE B+ 1

A **Figura 6–39** mostra um caso simples de inserção que não requer divisão de nós. Por sua vez, a **Figura 6–40** apresenta um exemplo de inserção que requer uma divisão de folha, mas não requer divisão de nó interno. Ao final desse passo, a folha F_E estará apontando para a folha F_D que, por sua vez, estará apontando para a folha F_I. Esse encadeamento de folhas não é ilustrado na referida figura.

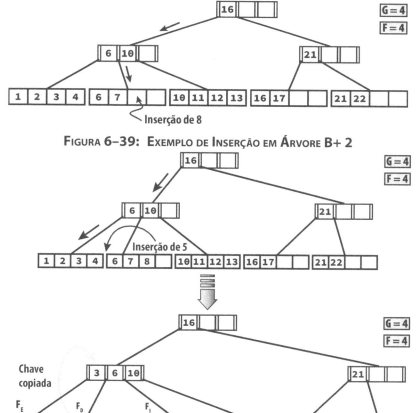

FIGURA 6–39: EXEMPLO DE INSERÇÃO EM ÁRVORE B+ 2

FIGURA 6–40: EXEMPLO DE INSERÇÃO EM ÁRVORE B+ 3

A **Figura 6–41** mostra a inserção da chave *14* na árvore B+ resultante da **Figura 6–40**. Como exercício, o leitor é convidado a explicar em detalhes como a árvore resultante dessa inserção é obtida à luz dos algoritmos apresentados na **Figura 6–37** e na **Figura 6–18**.

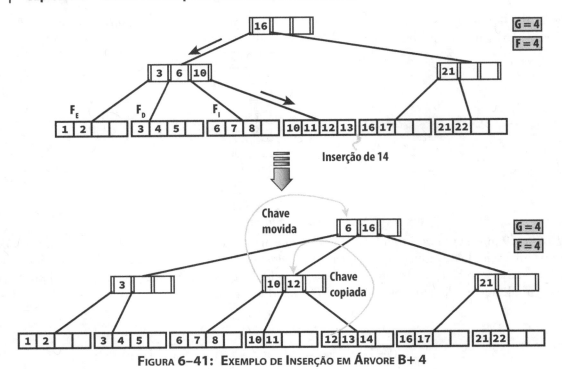

FIGURA 6–41: EXEMPLO DE INSERÇÃO EM ÁRVORE B+ 4

6.5.4 Remoção

Obviamente, a chave a ser removida deve sempre residir numa folha. Se o número de chaves restantes na folha na qual ocorre a remoção não ficar abaixo da metade, o complemento da remoção requer apenas reorganização das chaves na folha para mantê-la ordenada.

Quando uma remoção faz com que uma folha fique com um número de chaves abaixo do esperado, podem ocorrer duas situações:

[1] As chaves da folha e as chaves de uma folha-irmã são redistribuídas entre si, de tal modo que ambas permaneçam com um número de chaves dentro do limite permitido. Nesse caso, a chave do nó-pai cujo filho direito é a folha direita envolvida na distribuição de chaves deve ser substituída pela menor chave dessa folha.

[2] A folha é removida e suas chaves são incluídas numa irmã. Então as chaves dessa folha e sua irmã são combinadas para constituir uma única folha. Nesse caso, o filho do nó-pai que aponta para a folha que foi removida e a chave à sua direita (ou esquerda) devem ser removidos. Outros ajustes em nós ancestrais podem ser necessários, assim como ocorre com árvores B (v. **Seção 6.4.4**).

É interessante notar que, com exceção da primeira folha de uma árvore B+ (i.e., aquela mais à esquerda da árvore), cada primeira chave de uma folha aparece num nó interno. Assim o número de chaves em nós internos é igual ao número de folhas menos um. Excetuando-se a chave mais à esquerda de uma árvore B+, os seguintes fatos são verdadeiros:

❑ A primeira chave da primeira folha filha de um dado nó interno aparece num nó interno que está num nível superior ao nível mais baixo de nós internos.

❑ As primeiras chaves das demais folhas filhas de um dado nó interno aparecem nesse nó interno.

A **Figura 6–42** ilustra essas afirmações. Note que a folha mais à esquerda nessa figura não é a folha mais à esquerda da árvore.

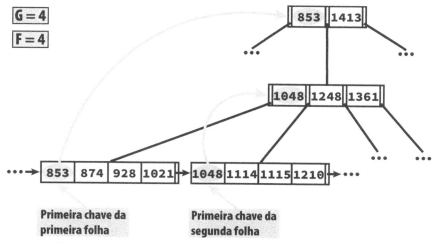

FIGURA **6–42**: PRIMEIRA CHAVE DE UMA FOLHA DE ÁRVORE B+

Uma consequência desses fatos na remoção de uma chave é que, quando a primeira chave de uma folha (salvo a exceção apontada acima) é alterada, essa alteração deve se refletir no nó interno que contém essa chave. Isso ocorre em duas ocasiões:

[1] A referida primeira chave é removida, como ilustra a **Figura 6–43**.

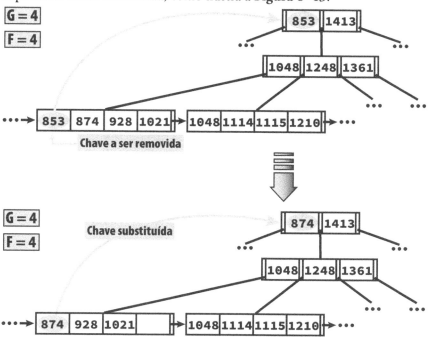

FIGURA **6–43**: REMOÇÃO DA PRIMEIRA CHAVE DE UMA FOLHA DE ÁRVORE B+

[2] Após uma remoção, a primeira chave de uma folha é alterada devido a uma transferência de chaves de uma folha para outra. Essa situação é mostrada na **Figura 6–44**. Na situação ilustrada nessa figura, a folha da esquerda F tem uma chave removida o que faz com ela fique com um número de folhas abaixo do mínimo permitido. Assim ela recebe a menor chave da folha direita D, de modo que o nó interno que contém essa chave precisa ser atualizado. É importante notar que, se a remoção ocorresse na folha da direita D, de tal maneira que ela se tornasse deficiente e a folha da esquerda F cedesse

uma chave para suprir essa deficiência, novamente, o nó interno contendo a antiga primeira chave de *D* precisaria ser atualizado.

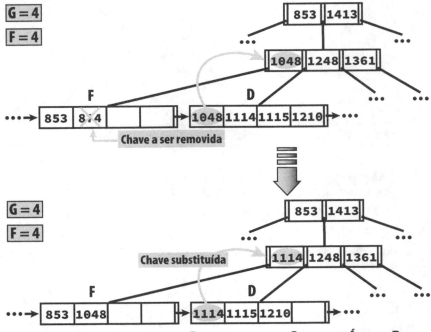

FIGURA 6–44: REMOÇÃO COM REDISTRIBUIÇÃO DE CHAVES EM ÁRVORE B+

Quando, após uma remoção, ocorre uma fusão de nós, de sorte que um nó deixa de existir, deve haver uma remoção correspondente num nó interno. Essa situação é ilustrada na **Figura 6–45**. Nessa figura, a folha *F* (ou *D*) é extinta e, consequentemente, a chave que dividia as folhas *F* e *D* é removida do nó interno que a contém.

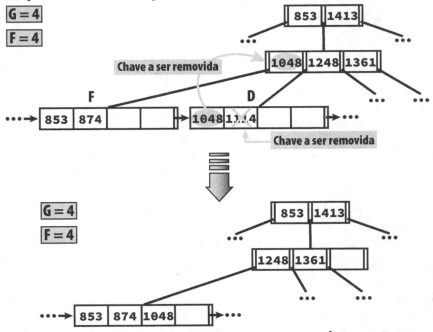

FIGURA 6–45: REMOÇÃO COM FUSÃO DE FOLHAS EM ÁRVORE B+

O algoritmo de remoção de árvores B+ segue os passos descritos na **Figura 6–46**.

ALGORITMO RemoveEmÁrvoreB+

ENTRADA: A chave e a árvore B+

SAÍDA: A árvore modificada, se a operação for bem-sucedida, e um valor indicando o sucesso ou fracasso da operação

1. Faça uma busca pela chave a ser removida, empilhando os nós que se encontram no caminho da raiz até a folha que deverá conter essa chave

2. Se a chave não for encontrada numa folha, encerre a operação informando que ela fracassou

3. Se a chave for encontrada numa folha F, remova-a, promovendo os deslocamentos de chaves que se fizerem necessários

4. Se a folha F for a raiz da árvore

   4.1 Se F ficar vazia, torne a árvore vazia

   4.2 Encerre informando o sucesso da operação

5. Se a chave removida era a menor chave da folha F, guarde a nova menor chave (ela poderá ser necessária para substituir a chave removida em algum nó interno)

6. Se a folha F não ficar com um número de chaves menor do que o mínimo estabelecido, atualize o índice usando o algoritmo ATUALIZAINDICE

7. Caso contrário, faça o seguinte:

   7.1 Se a irmã esquerda F_E da folha F tiver um número de chaves maior do que o mínimo requerido:

      7.1.1 Transfira a maior chave de F_E para F

      7.1.2 Atualize os nós internos usando o algoritmo ATUALIZAINDICE

   7.2 Caso contrário, se a irmã direita F_D da folha F tiver um número de chaves maior do que o mínimo requerido

      7.2.1 Transfira a menor chave de F_D para F

      7.2.2 Atualize os nós internos usando o algoritmo ATUALIZAINDICE

   7.3 Caso contrário, se F possui irmã esquerda F_E

      7.3.1 Transfira todas as chaves de F para F_E

      7.3.2 Remova do último nó interno visitado o apontador para a folha F e a chave que separa as folhas F para F_E

      7.3.3 Atualize os nós internos usando o algoritmo ATUALIZAINDICE

   7.4 Caso contrário (F possui irmã direita F_D):

      7.4.4 Transfira todas as chaves de F para F_D

      7.4.5 Remova do último nó interno visitado o apontador para a folha F e a chave que separa as folhas F para F_D

      7.4.6 Atualize os nós internos usando o algoritmo ATUALIZAINDICE

8. Retorne informando o sucesso da operação

FIGURA 6–46: ALGORITMO DE REMOÇÃO EM ÁRVORE B+

O algoritmo ATUALIZAINDICEEMÁRVOREB+, que combina um nó interno com outros de uma árvore B+ quando ele fica com grau abaixo do mínimo estabelecido, segue os passos descritos na **Figura 6–47**.

Algoritmo AtualizaIndiceEmÁrvoreB+

Entrada: Uma pilha contendo os nós encontrados desde a raiz até o último nó interno visitado numa operação de remoção, a chave removida, a (eventual) chave substituta, a (eventual) chave a ser removida do índice

Saída: A árvore B+ alterada

1. Enquanto a pilha não estiver vazia, faça o seguinte:
    1.1 Desempilhe um nó (N)
    1.2 Se a chave removida se encontrar em N e precisar ser substituída, troque-a pela chave substituta
    1.3 Se não houver remoção em N, encerre
    1.4 Caso contrário, remova a chave juntamente com seu filho direito
    1.5 Se o número de chaves de N não for menor do que o mínimo, encerre
    1.6 Caso contrário, ajuste os nós internos usando o algoritmo JuntaNosB+

Figura 6–47: Algoritmo de Atualização de Índice em Árvore B+

O algoritmo JuntaNosB+ invocado pelo algoritmo de remoção em árvores B+ é semelhante ao algoritmo de junção de nós para árvores B apresentado na **Figura 6–21** (v. **Seção 6.4.4**).

Novamente, nos exemplos a seguir, o número máximo de filhos de um nó interno G é *4* e o número máximo de chaves F numa folha também é *4*. Portanto o número mínimo de chaves num nó interno é *1* e o número mínimo de chaves numa folha é *2*. Para simplificar, o encadeamento das folhas é omitido das figuras que ilustram esse exemplos.

A **Figura 6–48** apresenta o caso mais simples de remoção quando a chave a ser removida é encontrada. Nesse caso, quando a chave é removida de uma folha, essa folha permanece com o número de chaves dentro do limite requerido. Além disso, a chave removida não aparece no índice, de modo que nenhuma outra ação se faz necessária.

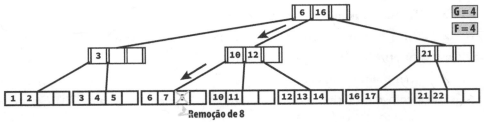

Figura 6–48: Exemplo de Remoção em Árvore B+ 1

A **Figura 6–49** mostra um caso mais complicado de remoção, que requer atualização de um nó interno. Os números escritos em círculos nessa figura mostram a sequência de passos seguida para a obtenção da árvore resultante da remoção. Esses passos são:

❶ A chave *2* é removida da folha F, o que faz com que essa folha fique com um número de chaves abaixo do limite mínimo requerido (que é *2*)
❷ A chave *3* é transferida da folha-irmã direita D para a folha F
❸ As chaves de D são movidas uma posição para a esquerda
❹ A chave *3* do nó I é substituída por *4*, que é a menor chave do nó D

A **Figura 6–50** exibe outro caso complicado de remoção, que requer a remoção de uma chave de um nó interno. Os passos envolvidos nessa operação são:

❶ A chave *7* é removida da folha *F*, o que faz com que essa folha fique com um número de chaves abaixo do limite mínimo requerido

❷ A chave *6* é transferida da folha *F* para a folha *D*, o que requer o deslocamento para a direita das chaves que já estavam presentes em *D*

❸ A folha *F* é removida, visto que ela ficou vazia

❹ A chave que separava *F* e *D* e o ponteiro para a folha *F* são removidos do nó *I*, pois a folha *F* deixou de existir

❺ A chave *12* do nó *I* e seus filhos são movidos uma posição para a esquerda

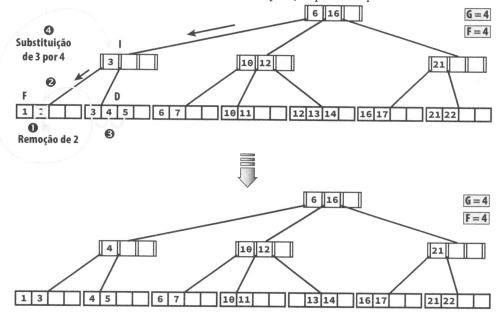

FIGURA 6-49: EXEMPLO DE REMOÇÃO EM ÁRVORE B+ 2

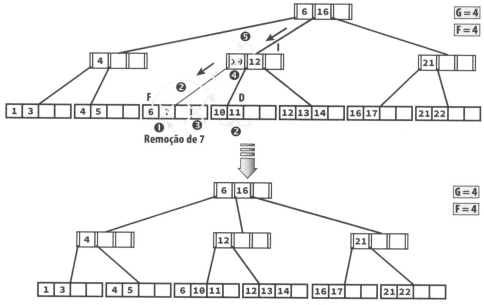

FIGURA 6-50: EXEMPLO DE REMOÇÃO EM ÁRVORE B+ 3

A **Figura 6–51** apresenta outro caso complicado de remoção de uma chave numa árvore B+, que requer a atualização do índice da árvore. Na situação ilustrada na **Figura 6–51**, os passos envolvidos na atualização da árvore são os seguintes:

❶ A chave *3* é removida da folha *F*, fazendo com que essa folha fique com o número de chaves abaixo do limite mínimo requerido

❷ A chave *1* é transferida de *F* para sua irmã direita *D*, o que requer o deslocamento para a direita das chaves que já estavam presentes em *D*

❸ A folha *F* se torna vazia e é excluída da árvore

❹ A chave *4*, que é a única chave do nó *I*, é removida juntamente com seus filhos, deixando esse nó vazio (o nó *D* torna-se temporariamente órfão)

❺ O nó *I*, que ficou vazio, é removido

❻ A chave *6* da raiz é movida para o nó *J*, requerendo o deslocamento para a direita da chave *12* de *J* juntamente com os filhos dessa última chave

❼ O filho esquerdo da chave *6* passa a apontar para o nó *D*

❽ A chave *16* da raiz é movida uma posição para esquerda juntamente com seus filhos

A **Figura 6–52** mostra outro caso complicado de remoção em árvore B+, que requer atualização de nós internos. Com base nos algoritmos apresentados na **Figura 6–46** e na **Figura 6–47**, o leitor é desafiado a explicar em detalhes como a árvore resultante dessa inserção é obtida.

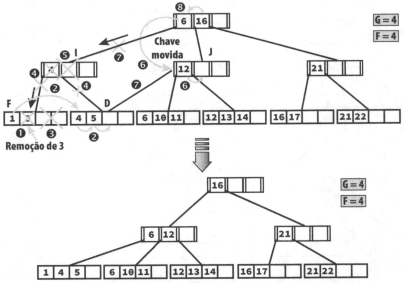

FIGURA 6–51: EXEMPLO DE REMOÇÃO EM ÁRVORE B+ 4

6.5.5 Busca de Intervalo

As folhas de uma árvore B+ são tipicamente unidas umas às outras formando uma lista encadeada. Isso torna consultas de intervalo ou qualquer outro tipo de acesso ordenado às chaves mais eficiente. Esse encadeamento não aumenta substancialmente o consumo de espaço ou manutenção da árvore e ilustra uma das vantagens mais significativas de uma árvore B+ sobre uma árvore B. Numa árvore B, como nem todas as chaves estão presentes nas folhas, tal lista encadeada ordenada não pode ser construída.

Além de busca comum, uma árvore B+ também suporta a consulta de intervalo. Isto é, encontrar todos os objetos cujas chaves pertencem a um intervalo *R*. Para fazer isso, todas as folhas de uma árvore B+ são encadeadas.

Se for desejado procurar todos os objetos cujas chaves estão no intervalo $R = [inf .. sup]$, efetua-se uma busca comum pela chave *inferior*, que termina numa folha *f*. Então recuperam-se todos os registros em *f* a partir de *inf* ou da primeira chave maior do que *inf*, se a chave *inf* não existir. Depois, segue-se o ponteiro para a folha seguinte e assim por diante, até que seja encontrada uma chave maior do que *sup*.

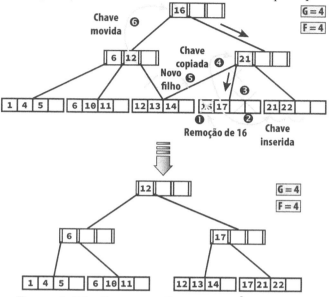

FIGURA 6–52: EXEMPLO DE REMOÇÃO EM ÁRVORE B+ 5

6.5.6 Implementação

Além dos tipos **tChave** e **tChaveIndice** definidos na **Seção 6.1.5**, os seguintes tipos e constantes simbólicas são utilizados na implementação de árvores B+.

```
/* Constantes usadas para informar se   */
/* um nó é interno, folha ou está vazio */
typedef enum {FOLHA, INTERNO, NO_VAZIO} tTipoDoNo;

    /***                             ***/
    /*** Dimensionamento de nós da árvore ***/

#define TB    4096 /* Tamanho do bloco lido/escrito */
#define TC    sizeof(tChave) /* Tamanho de uma chave */
#define TCI   sizeof(tChaveIndice)  /* Tamanho de um par chave/índice */
#define TI    sizeof(int) /* Tamanho de um filho e do inteiro */
                         /* que representa o grau do nó      */
#define TT    sizeof(tTipoDoNo) /* Tamanho de uma constante de enumeração */

#define CORRECAO 5 /* Correção devido a preenchimento (tentativa e erro) */

    /* Cálculo do grau da árvore */
#define G    ((TB - CORRECAO - TT - TI + TC)/(TC + TI))

#define TG    G%2 ? G/2 + 1 : G/2   /* Metade do grau da árvore */

    /* Número máximo de pares chave/índice em cada folha */
#define F    ((TB - CORRECAO - TT - 2*TI)/TCI)

    /* Metade do máximo de pares chave/índice numa folha */
#define TF    F%2 ? F/2 + 1 : F/2

        /*** Fim do dimensionamento de nós da árvore ***/
```

```
    /* Tipo usado para armazenamento de nós internos */
typedef struct {
        int     nFilhos;      /* Número de filhos do nó */
        tChave chaves[G - 1]; /* Array de chaves        */
        int     filhos[G];    /* Array de filhos do nó  */
      } tNoInterno;

    /* Tipo usado para armazenamento de folhas */
typedef struct {
        int           nChaves;     /* Número de chaves do nó */
        tChaveIndice chaves[F];    /* Array de pares chave/índice*/
        int           proximaFolha; /* Índice da próxima folha */
      } tNoFolha;

    /* Tipo usado para armazenamento de nós (internos/folhas) da árvore B+ */
typedef struct {
        tTipoDoNo     tipoDoNo; /* Tipo do nó */
        union {
          tNoInterno noInterno; /* Usado se o nó é interno */
          tNoFolha   noFolha;   /* Usado se o nó é folha   */
        } conteudo;
      } tNoBM, *tArvoreBM;
```

O dimensionamento de nós de uma árvore B+ é semelhante àquele discutido para árvores multidirecionais descendentes e árvores B (v. **Seção 6.3.1**). Note, entretanto, que aqui há duas complicações adicionais: (1) existem dois tipos de nós e (2) há necessidade de correção devido ao preenchimento das estruturas que representam nós da árvore. O restante da implementação de árvores B+ é longo demais para ser exibido num livro didático, mas ela pode ser encontrada no site dedicado ao livro na internet.

6.5.7 Análise

A principal vantagem de árvores B+ é permitir o acesso a chaves em ordem crescente sem precisar de caminhamento em ordem infixa, que é bastante dispendioso. Assim árvores B+ são bem convenientes para aplicações que requerem acessos direto e sequencial. Uma vantagem adicional de árvores B+ é que, como os nós internos não contêm índices de registros, pode-se usar o espaço economizado para aumentar o número de chaves em cada nó interno, o que ajuda a diminuir a altura do conjunto de índices.

Como, tipicamente, os registros residem em memória secundária, cada operação de recuperação de registro requer, pelo menos, dois acessos à memória secundária. Mas isso é melhor do que manter registros inteiros nas folhas da árvore, porque, nesse caso, essas folhas poderiam conter um número bem menor de chaves, de modo que a árvore se tornaria mais profunda e, consequentemente, as buscas requereriam um número maior de acessos ao disco.

Árvores B+ são tão eficientes quanto árvores B em termos de busca e inserção. Quer dizer, numa operação de busca ou atualização numa árvore B+ com grau mínimo d, é necessário acessar apenas $\theta(log_d n)$ blocos em memória secundária. Como um valor típico de d é maior do que *100*, mesmo se houver bilhões de chaves, a altura de uma árvore B+ será no máximo *4* ou *5*. Esse resultado é formalizado no teorema a seguir.

Teorema 6.3: Numa árvore B+ com grau mínimo d e n chaves, (a) o custo de transferência em operações de busca, inserção e remoção é $\theta(log_d n)$. (b) O custo de acesso de uma busca de intervalo é $\theta(log_d n + m - d)$, sendo m o número de chaves obtidas numa consulta de intervalo.

Prova: (a) Para uma árvore B+, todos os algoritmos comuns de busca, inserção e remoção visitam os nós num caminho desde a raiz até uma folha. Logo, do ponto de vista de análise assintótica, o custo de transferência desses algoritmos é igual à altura da árvore. Quando há n chaves e o grau mínimo da árvore é d, a altura da árvore é $\theta(log_d\,n)$. Assim os custos de transferência desses algoritmos também é $\theta(log_d\,n)$. (b) De acordo com o item (a) o custo de acesso à primeira chave do intervalo é $\theta(log_d\,n)$. Depois, é necessário transferir $m - d$ blocos para acessar as demais chaves do intervalo. ∎

6.6 Outras Variantes de Árvores B

Árvore B+ é a variante mais comum de árvore B, mas existem várias outras. Uma **árvore B*** é uma variante de árvore B na qual cada nó é pelo menos 2/3 preenchido (em vez do mínimo de preenchimento pela metade de árvores B). Inserção em árvores B* emprega um esquema local de redistribuição para retardar divisão até que dois nós-irmãos estejam cheios. Então os dois nós são divididos em três, cada um dos quais com 2/3 do número total de chaves envolvidas nessa operação. Esse esquema garante que ocupação dos nós seja pelo menos 66%, enquanto requer apenas pequenos ajustes dos algoritmos de inserção e remoção usados para árvores B originais. Deve-se notar que esse aumento em índice de utilização de nós tem como efeito colateral acelerar as buscas, visto que a altura da árvore resultante pode ser menor.

Numa árvore B*, todos os nós, exceto a raiz, contêm pelo menos 2/3 do número máximo de chaves permitido em cada nó (em vez da metade como em árvores B). Uma consequência desse fato é que a frequência com que ocorrem divisões de nós é reduzida. Além disso, as divisões em árvores B* envolvem três nós (e não dois como em árvores B). Quer dizer, em árvores B*, uma divisão de nós envolve dois nós originais que resultam em três após essa divisão.

A divisão de nós é adiada por meio da redistribuição de chaves entre irmãos quando o nó no qual deveria ocorrer uma inserção já se encontra completo. Por exemplo, suponha que a árvore B* da **Figura 6–53** tenha ordem igual a *9* e se deseje inserir a chave *11*. Observe que caso se tratasse de uma árvore B, ocorreria uma divisão de nós devido ao excesso de chaves no nó no qual ocorre a inserção. No caso de árvore B*, no entanto, essa divisão é adiada por meio de uma redistribuição de chaves entre nós irmãos, como mostra a **Figura 6–53**. Note que as chaves dos nós-irmãos são distribuídas igualmente entre eles e a chave mediana ocupa o lugar da chave que tem os dois irmãos em questão como filhos. Note ainda que essa redistribuição de chaves abre espaço nos nós-irmãos envolvidos na divisão.

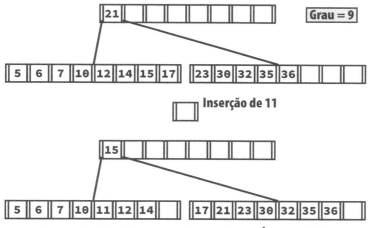

Figura 6–53: Exemplo de Inserção em Árvore B* 1

Se um nó e seu irmão estiverem ambos completos, um nó é criado e as chaves desses nós mais a chave que os divide no nó-pai são distribuídas entre os três nós. Além disso, o nó-pai passa a ter uma chave a mais e os três nós participantes da divisão terão dois terços do número máximo permitido de filhos. Por exemplo, suponha que a árvore B* na porção superior da **Figura 6–54** tenha ordem igual a *9* e se deseje inserir a chave *9*. O resultado aparece na porção inferior dessa mesma figura.

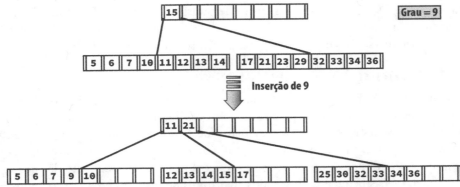

FIGURA 6–54: EXEMPLO DE INSERÇÃO EM ÁRVORE B* 2

Outra variante de árvores B relativamente conhecida é a **árvore B#**. Se você tornou-se fã de árvores B e suas variantes, aconselha-se que consulte a internet sobre o vasto material que lá se encontra sobre o assunto.

6.7 Comparando Árvores Multidirecionais de Busca

Árvores B e B+ requerem codificações longas, mas que não são tão complicadas de entender quanto aquelas requeridas para árvores binárias balanceadas (p. ex., árvores AVL). Além disso, essa longa codificação tem recompensa, pois essas estruturas têm poucas competidoras para implementação de tabelas de busca em memória secundária. Uma dessas competidoras é a tabela de dispersão extensível (v. **Capítulo 8**), que é muito mais complicada de entender (e mais complicada ainda de implementar).

Árvores B e suas variantes (notadamente as árvores B+) são utilizadas em inúmeras aplicações práticas bastante conhecidas. Por exemplo, árvores B+ fazem parte de quase todos os sistemas de gerenciamento de bancos de dados, como Oracle e SQL Server. Além disso, sistemas operacionais (p. ex., Windows NT e Linux) também utilizam intensamente essas estruturas.

A **Tabela 6–4** apresenta comparações entre as árvores multidirecionais discutidas neste capítulo. Com exceção de árvores multidirecionais descendentes de busca, todas as demais árvores de busca discutidas neste capítulo têm custo de transferência $\theta(log_d n)$, em que d é o grau mínimo da árvore.

	ÁRVORE MULTIDIRECIONAL			
	DESCENDENTE	**B**	**B+**	**B***
CHAVES ARMAZENADAS EM...	Qualquer nó	Qualquer nó	Folhas	Qualquer nó
GRAU MÍNIMO DE UM NÓ	Não há	Metade do grau máximo	Metade do grau máximo	Dois terços do grau máximo
DIVISÃO DE NÓS	Não há	Um nó é dividido em dois	Um nó é dividido em dois	Dois nós são divididos em três
COMBINAÇÃO DE NÓS	Não há	Dois nós são combinados em um	Dois nós são combinados em um	Três nós são combinados em dois
PERMITE INSERÇÃO MASSIVA?	Não	Sim	Sim	Sim
FACILITA PESQUISA DE INTERVALO?	Não	Não	Sim	Não
UTILIZAÇÃO	Didática	Prática	Prática	Prática

TABELA 6–4: COMPARAÇÕES ENTRE ÁRVORES MULTIDIRECIONAIS

6.8 Exemplos de Programação

6.8.1 Caminhamento em Árvore Multidirecional de Busca

Preâmbulo: Caminhamento em árvores multidirecionais tem o mesmo significado que caminhamento em árvores binárias: visitar todos os nós de uma árvore numa dada sequência. Aqui, *visitar um nó* implica em visitar todas as chaves do nó na ordem em que se encontram. Assim como ocorre no caso de árvores binárias de busca, um caminhamento em ordem infixa numa árvore multidirecional de busca acarreta na visitação em ordem crescente de todas as chaves armazenadas na árvore.

Problema: Escreva uma função que efetua um caminhamento em ordem infixa numa árvore B usando os tipos e constantes definidos na **Seção 6.4.5**.

Solução: A função `CaminhamentoInfixoB()`, apresentada a seguir, executa um caminhamento em ordem infixa numa árvore B e escreve num arquivo de texto todas as chaves da árvore em ordem crescente. Os parâmetros dessa função são:

- `streamArvore` (entrada) — stream associado ao arquivo que armazena a árvore
- `posNo` (entrada) — posição no arquivo que contém a árvore do nó inicial do caminhamento
- `streamChaves` (entrada) — stream associado ao arquivo onde serão escritas as chaves

```
void CaminhamentoInfixoB( FILE *streamArvore, int posNo, FILE *streamChaves )
{
    int         i;
    tNoMultiMS  umNo;

    /* Nenhum dos streams recebidos pode ser NULL */
    ASSEGURA(streamArvore, ERRO_STREAM_NULL(streamArvore, CaminhamentoInfixoB));
    ASSEGURA(streamChaves, ERRO_STREAM_NULL(streamChaves, CaminhamentoInfixoB));

    /* Visita cada nó da árvore em ordem infixa até   */
    /* que a posição 'posNo' assuma um valor inválido */
    if (posNo != POSICAO_NULA) {
        /* Lê o nó na posição 'posNo' do arquivo que contém a árvore */
        LeNoMultiMS(streamArvore, posNo, &umNo);

        /* Para cada nó, caminha-se recursivamente na subárvore esquerda de */
        /* cada chave e depois escreve-se essa chave no arquivo de texto    */
        for (i = 0; i < umNo.nFilhos-1; ++i) {
            CaminhamentoInfixoB( streamArvore, umNo.filhos[i], streamChaves );
            /* Visita a chave de índice i */
            fprintf(streamChaves, "%d\n", umNo.chaves[i].chave);
        }

        /* Agora caminha-se recursivamente na subárvore direita da última chave  */
        CaminhamentoInfixoB(streamArvore, umNo.filhos[umNo.nFilhos-1], streamChaves);
    }
}
```

6.8.2 Menor e Maior Chaves de uma Árvore Multidirecional de Busca

Problema: (a) Usando os tipos e constantes definidos na **Seção 6.4.5**, escreva uma função que encontra a menor chave numa árvore B. (b) Usando esses mesmos tipos e constantes, escreva uma função que encontra a maior chave numa árvore B.

Solução de (a): A função `MenorChaveMultiMS()` foi usada na **Seção 6.3.6** para encontrar a chave que é sucessora imediata de uma dada chave, mas, em geral, ela encontra a menor chave de uma árvore multidirecional de busca armazenada em arquivo.

Solução de (b): A função `MaiorChaveB()` encontra, numa árvore B, a maior chave com a respectiva posição (índice) do registro correspondente. Essa função retorna o par chave/índice que contém a maior chave da árvore e seus parâmetros são:

- `streamArvore` (entrada) — stream associado ao arquivo que contém a árvore
- `raiz` (entrada) — posição da raiz da árvore no arquivo que contém a árvore

```
tChaveIndice MaiorChaveB(FILE *streamArvore, int raiz)
{
   tNoMultiMS umNo; /* Armazena um nó */
   int        pos = raiz; /* Armazena a posição de um nó, começando pela raiz */

      /* Verifica se o stream que representa a árvore é válido */
   ASSEGURA( streamArvore, ERRO_STREAM_NULL(streamArvore, MaiorChaveB) );

      /* Verifica se a raiz da árvore é válida */
   ASSEGURA(raiz >= 0, ERRO_POSICAO(MaiorChaveB));

   do { /* Encontra o nó mais à direita na árvore */
        /* Lê o nó cuja posição no arquivo é indicada por 'pos' */
      LeNoMultiMS(streamArvore, pos, &umNo);

         /* Passa para o filho mais à direita deste nó */
      pos = umNo.filhos[umNo.nFilhos - 1];
   } while (pos != POSICAO_NULA);

      /* Retorna o par chave/índice que tem a maior chave */
   return umNo.chaves[umNo.nFilhos - 2];
}
```

6.8.3 Número de Nós de uma Árvore B

Problema: Escreva uma função que encontra o número de nós de uma árvore B que usa os mesmos tipos e constantes definidos na **Seção 6.4.5**.

Solução: A função `NumeroDeNosB()` calcula o número de nós de uma árvore B. Essa função retorna o número de nós da referida árvore e seu único parâmetro é **stream**, que representa o stream associado ao arquivo contendo a árvore.

```
int NumeroDeNosB(FILE *stream)
{
   int        nNos = 0;
   tNoMultiMS umNo;

      /* O stream que contém a árvore não pode ser NULL */
   ASSEGURA(stream, ERRO_STREAM_NULL(stream, NumeroDeNosB) );

      /* Tenta mover o apontador de posição do arquivo para o seu início */
   MoveApontador(stream, 0, SEEK_SET);

      /* Acessa sequencialmente cada nó da árvore */
      /* contando o número de chaves em cada nó    */
   while (1) {
      fread(&umNo, sizeof(umNo), 1, stream); /* Lê um nó da árvore */

         /* Se ocorreu erro ou o final do arquivo foi atingido, encerra o laço */
      if (ferror(stream) || feof(stream))
         break;

         /* Verifica se o nó não foi removido */
      if (umNo.nFilhos > 0)
         ++nNos;
   }
```

```
      /* Verifica se houve erro de leitura */
   ASSEGURA(!ferror(stream),ERRO_FREAD(NumeroDeNosB));

   return nNos; /* Serviço completo */
}
```

6.8.4 Número de Chaves de uma Árvore B

Problema: Escreva uma função que encontra o número de chaves de uma árvore B que usa os mesmos tipos e constantes definidos na **Seção 6.4.5**.

Solução: A função `NumeroDeChavesB()` B calcula o número de chaves de uma árvore B. Essa função retorna o referido número de chaves e seus parâmetros são:

- `stream` (entrada) — stream associado ao arquivo que armazena a árvore cujo número de chaves será determinado
- `posNo` (entrada) — a posição da raiz da árvore no arquivo que a contém

```
int NumeroDeChavesB(FILE *stream)
{
   int        nChaves = 0;
   tNoMultiMS umNo;

      /* O stream que contém a árvore não pode ser NULL */
   ASSEGURA(stream, ERRO_STREAM_NULL(stream, NumeroDeChavesB) );

      /* Tenta mover o apontador de posição do arquivo para o seu início */
   MoveApontador(stream, 0, SEEK_SET);

      /* Acessa sequencialmente cada nó da árvore */
      /* contando o número de chaves em cada nó   */
   while (1) {
      fread(&umNo, sizeof(umNo), 1, stream); /* Lê um nó da árvore */

         /* Se ocorreu erro ou o final do arquivo foi atingido, encerra o laço */
      if (ferror(stream) || feof(stream))
         break;

         /* Conta o número de chaves do nó corrente */
      if (umNo.nFilhos > 0)
         nChaves += umNo.nFilhos - 1;
   }

      /* Verifica se houve erro de leitura */
   ASSEGURA(!ferror(stream),ERRO_FREAD(NumeroDeChavesB));

   return nChaves; /* Serviço completo */
}
```

6.8.5 Altura de uma Árvore B

Problema: Escreva uma função que calcula a altura de uma árvore B que usa os mesmos tipos e constantes definidos na **Seção 6.4.5**.

Solução: A função `AlturaB()` calcula e retorna a altura de uma árvore B e seus parâmetros são:

- `stream` (entrada) — stream associado ao arquivo que armazena a árvore cuja altura será determinada
- `raiz` (entrada) — a posição da raiz da árvore no arquivo que a contém

```
int AlturaB(FILE *stream, int raiz)
{
   int        prof = 0;
   tNoMultiMS no;
```

```
      /* Se a árvore estiver vazia, sua altura é zero */
  if (raiz == POSICAO_NULA)
      return 0;

      /* O stream que contém a árvore não pode ser NULL */
  ASSEGURA( stream, ERRO_STREAM_NULL(stream, AlturaB) );

      /* A altura de uma árvore B corresponde ao nível de qualquer folha, já que  */
      /* todas elas estão no mesmo  nível. Como a folha mais fácil de encontrar é */
      /* aquela mais à esquerda na árvore, é isso que faz o laço a seguir.        */
  do {
      LeNoMultiMS(stream, raiz, &no);

      prof++; /* Visitou-se mais um nó */

          /* Desce-se sempre pelo filho esquerdo do nó corrente */
      raiz = no.filhos[0];
  } while (raiz != POSICAO_NULA);

  return prof;
}
```

6.8.6 Busca de Intervalo em Árvore B+

Problema: Usando os mesmos tipos e constantes definidos na **Seção 6.5.6**, escreva uma função que retorna todas as chaves armazenadas numa árvore B+ que se encontram dentro de um intervalo de valores.

Solução: A função **BuscaIntervaloBM()** coleta num arquivo todas as chaves que estão entre duas chaves especificadas de uma árvore B+. Seus parâmetros são:

- **chave1** (entrada) — primeira chave que define o intervalo
- **chave2** (entrada) — segunda chave que define o intervalo
- **arvore** (entrada) — ponteiro para a raiz da árvore na qual será feita a busca
- ***streamArv** (entrada) — stream associado ao arquivo que contém a árvore
- **streamChaves** (entrada) — stream associado ao arquivo que conterá as chaves resultantes da busca

A função **BuscaIntervaloBM()** retorna **1**, se a coleta de chaves for bem-sucedida, ou **0**, em caso contrário.

```
int BuscaIntervaloBM( tChave chave1, tChave chave2, const tNoBM* arvore,
                      FILE *streamArv, FILE *streamChaves )
{
   tChave menorChave, /* Menor chave */
          maiorChave; /* Maior chave */
   tNoBM  no; /* Armazenará cada nó visitado */
   int    i,
          encontrado = 0, /* Usada para chamar BuscaEmNoBM() */
          posNo = 0; /* Posição do nó no arquivo */

      /* Verifica se streamArv é válido */
   ASSEGURA( streamArv, ERRO_STREAM_NULL(streamArv, BuscaIntervaloBM) );

      /* Verifica se streamChaves é válido */
   ASSEGURA( streamChaves, ERRO_STREAM_NULL(streamChaves, BuscaIntervaloBM) );

      /* Verifica se o ponteiro para a raiz é válido */
   ASSEGURA( arvore, "Erro: A arvore NULL em BuscaIntervaloBM");

      /* Verifica se a árvore é vazia */
   if (arvore->tipoDoNo == NO_VAZIO)
      return 0; /* A árvore é vazia */
```

```
if (chave1 == chave2) /* Se as chaves forem iguais, não há intervalo */
   return 0; /* Não há intervalo */

/* O trecho a seguir permite que as chaves que definem */
/* o intervalo sejam introduzidas em qualquer ordem    */

if (chave1 < chave2) { /* chave1 < chave2 */
   menorChave = chave1;
   maiorChave = chave2;
} else { /* chave1 >= chave2 */
   menorChave = chave2;
   maiorChave = chave1;
}

no = *arvore; /* A busca começa na raiz da árvore */

   /* Desce na árvore até encontrar uma folha */
while (no.tipoDoNo == INTERNO) {
   i = BuscaEmNoBM(menorChave, &no, &encontrado);

      /* Desce até o próximo nó */
   posNo = encontrado ? no.conteudo.noInterno.filhos[i + 1]
                      : no.conteudo.noInterno.filhos[i];

   LeNoBM(streamArv, posNo, &no);
}

   /* Chegou-se a uma folha. Encontra, nessa folha, a posição da */
   /* primeira chave que é maior do que ou igual à menor chave    */
i = BuscaEmNoBM(menorChave, &no, &encontrado);

   /* Armazena em arquivo as chaves encontradas a partir dessa posição */
   /* na folha encontrada até encontrar a última chave da última folha */
   /* ou uma chave maior do que 'maiorChave'                           */

   /* A coleta de chaves na primeira folha encontrada é diferente daquela    */
   /* nas demais folhas da sequência porque começa com a chave na posição i */
for ( ; i < no.conteudo.noFolha.nChaves &&
      no.conteudo.noFolha.chaves[i].chave <= maiorChave; ++i ){
      /* Escreve a chave corrente */
   fprintf( streamChaves, "%ld\n", no.conteudo.noFolha.chaves[i].chave );
}

   /* Se a última chave escrita foi a última chave da */
   /* folha, é preciso ajustar o índice dessa chave    */
if (i == no.conteudo.noFolha.nChaves)
   --i;

if (no.conteudo.noFolha.chaves[i].chave > maiorChave)
      /* Foi encontrada uma chave maior do que a maior */
      /* chave do intervalo e nada mais resta a fazer  */
   return 1;

   /* Escreve cada chave de cada folha seguinte que     */
   /* não seja maior do que a maior chave do intervalo */
do {
   posNo = no.conteudo.noFolha.proximaFolha; /* Passa para a próxima folha */

   LeNoBM(streamArv, posNo, &no); /* Lê a folha  */

      /* Escreve cada chave que não é maior do que a maior chave do intervalo */
   for (i = 0; i < no.conteudo.noFolha.nChaves &&
            no.conteudo.noFolha.chaves[i].chave <= maiorChave; ++i)
```

```
        /* Escreve a chave corrente */
      fprintf( streamChaves, "%ld\n", no.conteudo.noFolha.chaves[i].chave );

      /* Checa se é preciso ajustar o índice da última chave */
    if (i == no.conteudo.noFolha.nChaves)
      --i;
  } while (posNo != POSICAO_NULA && no.conteudo.noFolha.chaves[i].chave <= maiorChave);

  return 1;
}
```

Na função `BuscaIntervaloBM()`, não faz diferença qual das duas chaves é menor do que a outra, mas as chaves devem ser diferentes para que haja um intervalo.

6.9 Exercícios de Revisão

Árvores Multidirecionais Descendentes de Busca (Seção 6.1)

1. (a) O que é uma árvore multidirecional de busca de ordem *n*? (b) Em que situação prática, árvores de busca multidirecionais são tipicamente utilizadas?

2. (a) O que é uma árvore multidirecional de busca descendente? (b) Qual é a grande vantagem do uso desse tipo de árvores com relação a árvores binárias de busca?

3. O que é um nó completo de uma árvore multidirecional de busca descendente?

4. Por que, no contexto de árvores multidirecionais de busca fala-se em *filho direito* (ou *esquerdo*) *de uma chave*, em vez de *filho direito* (ou *esquerdo*) *de um nó*?

5. (a) O que é uma semifolha? (b) Mostre que, numa árvore multidirecional de busca descendente, qualquer semifolha é um nó completo ou é uma folha.

6. Descreva o algoritmo de busca para árvores multidirecionais descendentes.

7. Por que, na prática, os registros devem ser armazenados separadamente, ao invés de serem armazenados diretamente numa árvore multidirecional de busca?

8. Descreva o algoritmo de inserção para árvores multidirecionais apresentado na **Seção 6.1.3**.

9. Explique por que o método de inserção apresentado na **Seção 6.1.3** resulta numa árvore multidirecional de busca descendente.

10. Qual é a desvantagem do método de inserção apresentado na **Seção 6.1.3**?

11. (a) Descreva o algoritmo de remoção para árvores multidirecionais descendentes apresentado na **Seção 6.1.4**. (b) Por que utilizando-se esse algoritmo uma árvore multidirecional descendente de busca pode deixar de ser assim classificada?

12. (a) Por que árvores multidirecionais descendentes de busca não são úteis na prática? (b) Afinal, se esse é o caso, para que servem árvores multidirecionais descendentes de busca?

13. Que vantagens e desvantagens apresenta o algoritmo de inserção para árvores multidirecionais descendentes de busca?

Estruturas de Dados em Memória Secundária (Seção 6.2)

14. (a) O que é transferência de disco? (b) O que é custo de transferência?

15. Como se estima o desempenho de algoritmos que lidam com tabelas de busca armazenadas em memória secundária?

16. Por que as estruturas de dados apresentadas em capítulos anteriores não são convenientes para implementação de tabelas de busca residentes em memória secundária?

17. Que dificuldades um programador inexperiente em implementação de algoritmos que manipulam dados em memória secundária pode encontrar?

18. Como se interpreta o conceito de *ponteiro* em memória secundária?

19. Como se representa ponteiro nulo em memória secundária?

Árvores Multidirecionais de Busca em Memória Secundária (Seção 6.3)

20. Por que o tamanho de um nó de uma árvore multidirecional de busca implementada em memória secundária deve ser o mais próximo possível do tamanho do bloco utilizado pelo sistema de arquivos no qual a árvore será implementada, mas o tamanho desse nó não deve ser maior do que o tamanho desse bloco?

21. Como é dimensionado o grau de uma árvore multidirecional de busca implementada em memória secundária?

22. (a) Para que serve a função `EncontraNoMultiMS()` utilizada na implementação de árvores multidirecionais descendentes de busca? (b) Em que difere essa função da função `BuscaEmNoMultiMS()`?

23. Se o tamanho de bloco varia de acordo com o sistema de arquivo, como ele pode ser considerado constante como nas implementações apresentadas neste capítulo?

24. Explique a necessidade da constante simbólica `POSICAO_NULA` em implementações de árvores multidirecionais de busca em memória secundária.

25. Qual é a importância da função `LeNoMultiMS()` em implementações de árvores multidirecionais de busca em memória secundária.

26. Explique o funcionamento da função `CompactaNoMultiMS()` definida na **Seção 6.3.6**.

27. (a) O que é preenchimento de estruturas? (b) Por que muitos compiladores preenchem uma estrutura com espaços vazios?

28. (a) Por que não existe preenchimento de arrays? (b) É possível haver preenchimento de uma união?

29. Como é possível evitar que preenchimentos de estruturas (i.e., espaços vazios) sejam copiados para um arquivo?

30. Que abordagens podem ser utilizadas para dimensionamento do grau de uma árvore multidirecional de busca que levem em consideração preenchimento de estruturas?

Árvores B (Seção 6.4)

31. O que é uma árvore multidirecional de busca balanceada?

32. (a) O que é uma árvore B? (b) Quais são as semelhanças entre árvores B e árvores de busca multidirecionais descendentes? (c) Quais são as diferenças entre árvores B e árvores de busca multidirecionais descendentes?

33. Mostre que, numa árvore B, todas as semifolhas são folhas.

34. Por que não faz sentido armazenar todas as chaves de um conjunto de registros na raiz de uma árvore B de modo que apenas um acesso ao meio de armazenamento externo seja necessário?

35. (a) Quais são os passos coincidentes nos algoritmos de inserção em árvores multidirecionais descendentes e em árvores B? (b) Em que diferem esses algoritmos?

36. (a) Por que o algoritmo de inserção para árvores B utiliza uma pilha para armazenar todos os nós no caminho que vai da raiz até o nó onde deve ser feita uma inserção? (b) Por que essa pilha também armazena os endereços desses nós? (c) Por que essa pilha também armazena a posição de cada um desses nós com relação aos seus irmãos?

37. Descreva a divisão de nós que ocorre quando é feita a inserção de uma chave numa árvore B.

38. (a) O que significa inserção com tendência esquerda em árvores B? (b) O que é uma árvore B com tendência direita?

39. Apresente em forma diagramática a árvore B resultante da inserção das chaves *C, N, G, A* e *H* numa árvore B de ordem *5* inicialmente vazia.

40. Apresente o resultado da inserção das chaves *F, S, Q, K, C, L, H, T, V, W, M, R, N, P, A, B, X, Y, D, Z* e *E* (nessa ordem) numa árvore B de ordem *5* inicialmente vazia.

41. Explique como encontrar numa árvore B (a) a menor chave e (b) a maior chave.

42. Suponha que se saiba que uma dada chave possui filho esquerdo não-vazio. Qual dessas operações é facilitada: encontrar a chave sucessora ou encontrar a chave antecessora da chave dada?

43. Qual é o número máximo de nós de uma árvore B de grau G que armazena n chaves em termos de G e n?

44. Sabe-se que as chaves contidas num nó de uma árvore B são dispostas em ordem crescente. Assim para efetuar a busca por uma chave dentro de um nó, é possível efetuar busca binária, em vez de busca sequencial como faz a função `BuscaEmNoMultiMS()`. Existe alguma vantagem nessa abordagem de busca binária?

45. Apresente graficamente todas as árvores B com grau igual a *6* que contenham as chaves *1, 2, 3, 4* e *5*.

46. Mostre de forma diagramática a árvore B resultante da inserção da chave *M* na árvore B de ordem *5* mostrada na figura abaixo.

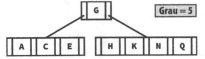

47. Mostre de modo diagramático a árvore B resultante da inserção da chave *Z* na árvore B de ordem *5* da figura abaixo.

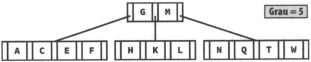

48. Apresente a árvore B resultante da inserção da chave *D* na árvore B de ordem *5* mostrada na figura abaixo.

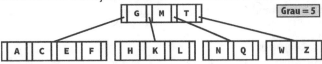

49. Mostre de forma diagramática a árvore B resultante da inserção da chave *S* na árvore B de ordem *5* mostrada na figura abaixo.

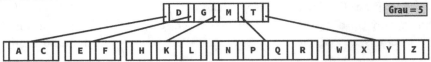

50. Descreva o algoritmo de remoção em árvores B.

51. Descreva o algoritmo de junção de nós após uma remoção de uma chave numa árvore B.

52. Como se efetua uma busca numa árvore B?

53. Como se dimensiona o grau de uma árvore B?

54. Em que diferem a função `EncontraCaminhoB()`, utilizada com árvores B, e a função `EncontraNoMultiMS()`, utilizada para árvores multidirecionais descendentes de busca?

55. (a) Qual é o papel desempenhado pela função `DivideNoB()` na implementação de árvores B? (b) Explique o funcionamento dessa função.

56. (a) Explique o funcionamento da função `JuntaNosB()`. (b) Para que serve essa função?

57. Por que a função `RemoveEmFolhaB()`, que remove uma chave de uma folha de uma árvore B, utiliza uma pilha como parâmetro?

58. Apresente a árvore B resultante da remoção da chave *H* da árvore B da figura abaixo, considerando que a ordem dessa árvore é *5*.

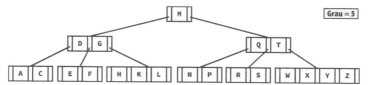

59. Apresente a árvore B resultante da remoção da chave *T* da árvore B da figura abaixo, considerando que a ordem dessa árvore é *5*.

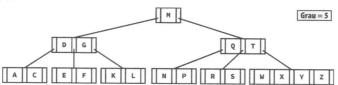

60. Apresente a árvore B resultante da remoção da chave *R* da árvore B da figura abaixo, sabendo que a ordem dessa árvore é *5*.

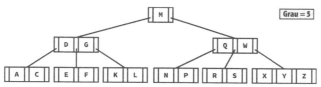

61. Apresente a árvore B resultante da remoção da chave *E* da árvore B da figura abaixo, considerando que a ordem dessa árvore é *5*.

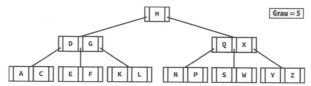

62. Apresente a árvore B resultante da remoção da chave *C* da árvore B da figura abaixo, considerando que a ordem dessa árvore é *5*.

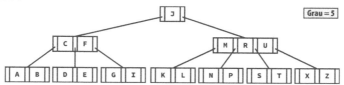

63. (a) Como se calcula a altura de uma árvore B? (b) Por que é mais fácil calcular a altura de uma árvore B do que a altura de uma árvore multidirecional descendente?

64. Existe diferença entre busca em árvore B e busca em árvore multidirecional descendente?

65. O que é persistência de dados?

66. Descreva em linhas gerais o papel desempenhado por cada função utilizada em persistência de dados.

67. Por que existe um arquivo que armazena a posição da raiz de uma árvore B, enquanto isso não ocorre no caso de árvore multidirecional de busca implementada em arquivo?

68. O que é grau mínimo de uma árvore B?

69. Qual é o custo de transferência de uma árvore B numa operação de busca, inserção ou remoção?

Árvores B+ (Seção 6.5)

70. (a) O que é uma árvore B+? (b) Que vantagens uma árvore B+ apresenta com relação a outras árvores de busca multidirecionais?

71. (a) O que é conjunto de índices de uma árvore B+? (b) O que é conjunto sequencial de uma árvore B+?

72. Qual é a diferença entre uma folha de uma árvore B e uma folha de uma árvore B+?

73. (a) Descreva o procedimento de busca numa árvore B+. (b) Qual é a diferença entre busca em árvore B e busca em árvores B+?

74. Em que diferem nós internos e nós-folhas numa árvore B+?

75. Descreva o algoritmo de inserção numa árvore B+.

76. (a) O que é busca de intervalo? (b) Como árvores B+ facilitam busca de intervalo?

77. Em que diferem o dimensionamento de grau de uma árvore B e o dimensionamento de grau de uma árvore B+?

78. Qual é o papel desempenhado por enumerações do tipo `tTipoDoNo` na implementação de uma árvore B+?

79. Por que chaves removidas de uma árvore B+ podem permanecer no conjunto de índices dessa árvore?

80. Qual é o custo de transferência de uma busca de intervalo numa árvore B+?

81. Seja G o grau de uma árvore B+ e a a altura de seu conjunto de índices. Supondo que o número máximo de chaves numa folha seja igual a G, mostre que:

    (a) O número mínimo de pares chave/índice armazenados em suas folhas é dado por: $2d^a$, sendo $d = \lceil G/2 \rceil$.

    (b) O número máximo de pares chave/índice armazenados em suas folhas é dado por: G^{a+1}.

    (c) O número mínimo de chaves no conjunto de índices é dado por: $2d^{a-1} - 1$, sendo $d = \lceil G/2 \rceil$.

    (d) O número máximo de chaves no conjunto de índices é dado por: $G^a - 1$.

82. Mostre que o espaço requerido para armazenar uma árvore B+ contendo n registros num arquivo tem custo $\theta(n)$.

83. Mostre que uma busca numa árvore B+ armazenada em arquivo contendo n chaves e com grau G tem custo de transferência $\theta(log_G n)$.

84. Mostre que a inserção de um par chave/índice numa árvore B+ armazenada em arquivo contendo n chaves e com grau G tem custo de transferência $\theta(log_G n)$.

85. Mostre que a remoção de um par chave/índice numa árvore B+ contendo n chaves e com grau G tem custo de transferência $\theta(log_G n)$.

86. Como se calcula a altura de uma árvore B+?

87. (a) Como se encontra a menor chave de uma árvore B+? (b) Como se encontra a maior chave de uma árvore B+?

88. Suponha que as chaves de um arquivo de registros estejam ordenadas em ordem crescente e que elas são acrescentadas na ordem em que se encontram numa árvore B+. Apresente um argumento que comprove que quase todos os nós da árvore resultante serão preenchidos apenas pela metade.

Outras Variantes de Árvores B (Seção 6.6)

89. O que é uma árvore B*?

90. (a) Como uma árvore B* adia uma divisão de nós após uma operação de inserção? (b) Como ocorre essa divisão de nós?

91. Existe diferença entre busca em árvore B* e busca em árvore B?

92. (a) Quais são as vantagens oferecidas por árvores B* com relação a árvores B? (b) Qual é a principal desvantagem de árvores B*?

93. O que é uma árvore B#? (**NB:** Este livro apenas menciona essas árvores. Se for de seu interesse, pesquise sobre elas na internet.)

Comparando Árvores Multidirecionais de Busca (Seção 6.7)

94. Dentre as árvores de busca apresentadas neste capítulo, quais delas possuem as seguintes propriedades:

(a) Divisão de nós

(b) Combinação de nós

(c) Facilidade para inserção massiva

(d) Facilidade para pesquisa de intervalo

95. Em que tipos de programa comumente encontrados no cotidiano, árvores B e suas variantes são utilizadas?

Exemplos de Programação (Seção 6.8)

96. Qual é a melhor maneira de acessar todas as chaves de uma árvore B+ em ordem crescente?

97. (a) A função `CaminhamentoInfixoB()` apresentada na **Seção 6.8.1** pode ser utilizada para efetuar caminhamentos em árvores multidirecionais descendentes de busca? (b) Essa função pode ser usada com a mesma finalidade com árvores B+?

98. (a) A função `MaiorChaveB()` apresentada na **Seção 6.8.2** pode ser usada para encontrar a maior chave, numa árvore multidirecional descendente de busca? (b) Essa função pode ser usada com a mesma finalidade com árvores B+?

99. (a) Explique o raciocínio empregado para calcular a altura de uma árvore B. (b) Esse mesmo raciocínio pode ser usado para calcular a altura de uma árvore B+?

100. Por que o raciocínio utilizado para calcular a altura de uma árvore B apresentada na **Seção 6.8.5** não pode ser utilizado para calcular a altura de uma árvore multidirecional descendente de busca?

101. Qual é o custo de transferência da função `CaminhamentoInfixoB()` apresentada na **Seção 6.8.1**?

102. Qual é o custo de transferência da função `MenorChaveB()` apresentada na **Seção 6.8.2**?

103. Qual é o custo de transferência da função `NumeroDeNosB()` apresentada na **Seção 6.8.3**?

104. Qual é o custo de transferência da função `NumeroDeChavesB()` apresentada na **Seção 6.8.4**?

105. Qual é o custo de transferência da função `AlturaB()` apresentada na **Seção 6.8.5**?

6.10 Exercícios de Programação

EP6.1 (a) Escreva uma função em C que calcula a altura de uma árvore multidirecional de busca descendente. (b) Escreva uma função em C que calcula a altura de uma árvore B+. (c) Qual dessas funções é mais difícil (i.e., mais complexa) de implementar e por quê?

EP6.2 Escreva uma função em C que retorna a menor chave armazenada numa árvore multidirecional de busca do tipo apresentado na **Seção 6.1**.

EP6.3 Escreva uma função em C que retorna a maior chave armazenada numa árvore multidirecional de busca do tipo apresentado na **Seção 6.1**.

EP6.4 Existe outra abordagem para inserção em árvores B que consiste numa divisão prévia enquanto se faz uma busca. Isto é, quando se faz uma busca, cada nó completo é dividido, de modo que divisões de nós não se propagam para cima. Implemente uma função similar à função `InsereB()`, apresentada na **Seção 6.4.5**, que implemente a abordagem descrita aqui.

EP6.5 A função `BuscaIntervaloBM()`, apresentada na **Seção 6.8.6**, coleta num arquivo todas as chaves que estão entre duas chaves especificadas de uma árvore B+. Numa aplicação prática (e não meramente didática), faria mais sentido coletar os registros (e não apenas as chaves). Implemente uma extensão dessa função que coleta num arquivo todos os registros cujas chaves se encontram entre duas chaves especificadas de uma árvore B+.

EP6.6   Escreva uma função que escreve num arquivo de texto todas as chaves de uma árvore B+ em ordem crescente usando os tipos e constantes definidos na **Seção 6.5.6**.

EP6.7   (a) Usando os tipos e constantes definidos na **Seção 6.5.6**, escreva uma função que encontra a menor chave numa árvore B+. (b) Usando esses mesmos tipos e constantes, escreva uma função que encontra a maior chave numa árvore B+.

EP6.8   Usando os tipos e constantes definidos na **Seção 6.4.5**, escreva uma função que encontra a chave de uma árvore B que é sucessora imediata de uma chave recebida como parâmetro.

EP6.9   Usando os tipos e constantes definidos na **Seção 6.4.5**, escreva uma função que encontra a chave de uma árvore B que é antecessora imediata de uma chave recebida como parâmetro.

EP6.10   Usando os tipos e constantes definidos na **Seção 6.5.6**, escreva (a) uma função que determina o número de nós internos de uma árvore B+ e (b) uma função que determina o número de folhas de uma árvore B+.

EP6.11   Usando os tipos e constantes definidos na **Seção 6.4.5**, escreva uma função que encontra o piso de uma chave que se encontra numa árvore B.

EP6.12   Usando os tipos e constantes definidos na **Seção 6.4.5**, escreva uma função que encontra o teto de uma chave que se encontra numa árvore B.

EP6.13   Escreva uma única função que calcula, ao mesmo tempo, o número de nós e o número de chaves de uma árvore B. Utilize os tipos e constantes definidos na **Seção 6.4.5**.

DISPERSÃO EM MEMÓRIA PRINCIPAL

objetivos

Após estudar este capítulo, você deverá ser capaz de:

➤ Definir e usar os seguintes conceitos:

- ☐ Dispersão
- ☐ Colisão
- ☐ Coletor
- ☐ Sondagem
- ☐ Dispersão cuco

- ☐ Função de dispersão
- ☐ Valor de dispersão
- ☐ Tabela de dispersão
- ☐ Método de Horner
- ☐ Função de sondagem

- ☐ Dispersão com encadeamento e com endereçamento aberto
- ☐ Agrupamento
- ☐ Filtro de Bloom

➤ Expressar limitações de tabelas de dispersão

➤ Descrever pelo menos três métodos de dispersão

➤ Discutir as propriedades de uma boa função de dispersão

➤ Explicar o uso de número primo em dispersão

➤ Explicar por que o uso de divisão modular é imprescindível em tabelas de dispersão

➤ Efetuar redimensionamento de dispersão

➤ Testar uma função de dispersão

➤ Implementar tabela de busca com dispersão cuco, encadeamento e endereçamento aberto

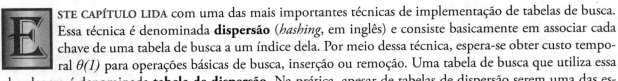 STE CAPÍTULO LIDA com uma das mais importantes técnicas de implementação de tabelas de busca. Essa técnica é denominada **dispersão** (*hashing*, em inglês) e consiste basicamente em associar cada chave de uma tabela de busca a um índice dela. Por meio dessa técnica, espera-se obter custo temporal $\theta(1)$ para operações básicas de busca, inserção ou remoção. Uma tabela de busca que utiliza essa abordagem é denominada **tabela de dispersão**. Na prática, apesar de tabelas de dispersão serem uma das estruturas de dados mais fáceis de programar, esse objetivo não é fácil de ser obtido devido à possibilidade de ocorrer colisões, o que acontece quando duas ou mais chaves são associadas a um mesmo índice. A **Seção 7.1** apresentará os principais conceitos e a terminologia usados em dispersão.

Os problemas centrais de dispersão que serão explorados neste capítulo são:

☐ **Criação de funções de dispersão** que distribuam as chaves de modo uniforme e minimizem o número de colisões. Esse tópico será explorado na **Seção 7.2**.

☐ **Resolução de colisões**. Há vários métodos para lidar com colisões, que dependem de como uma tabela de dispersão é organizada. Este capítulo discute as duas técnicas mais simples e comuns de organização de tabelas de dispersão: encadeamento (v. **Seção 7.3**) e endereçamento aberto (v. **Seção 7.4**). A técnica de dispersão cuco, que é relativamente recente e pouco explorada, também será investigada (v. **Seção 7.6**).

Aspectos gerais de dispersão e o uso de dispersão para implementação de tabelas de busca em memória principal serão examinados no presente capítulo. O uso de dispersão em memória secundária será discutido no **Capítulo 8**. Sugere-se ao leitor que examine o **Apêndice B** antes de prosseguir, pois ele é importante para o completo entendimento dos tópicos abordados nesses dois capítulos.

7.1 Conceitos, Terminologia e Aplicações

7.1.1 Funções e Tabelas de Dispersão

Em geral, dispersão é uma técnica usada para acessar chaves numa tabela de busca em tempo (idealmente) constante, processando cada chave para identificar sua posição na tabela. Teoricamente, esse objetivo não é impossível. Considere como exemplo uma empresa que possui um número fixo de *100* empregados identificados por um número de identificação entre *0* e *99*. Suponha ainda que, se um empregado dessa empresa deixar o emprego por alguma razão, outro seja contratado e receba o mesmo número de identificação do antigo empregado. Então, nessa situação idealizada, se os registros dos empregados forem armazenados numa tabela indexada de *0* a *99*, pode-se acessar diretamente qualquer registro de empregado utilizando-se o número de registro de cada empregado como índice da referida tabela. De fato, nesse caso, a função de dispersão é a função identidade que associa cada chave (i.e., o referido número de identificação) a um índice da tabela de dispersão. Essa função é injetora, já que existe uma correspondência um a um entre as chaves e os índices da tabela.

Função de dispersão é uma função matemática usada para mapear chaves em índices de uma tabela de busca indexada (v. **Capítulo 3**). Nesse contexto, o resultado da aplicação de uma função de dispersão sobre uma chave é denominado **valor de dispersão**. Uma chave pode ser de qualquer tipo, mas seu valor de dispersão é sempre um inteiro não negativo (porque índices não podem ser negativos). Um **algoritmo** (ou **método**) **de dispersão** descreve os passos que uma função de dispersão deve seguir para calcular o valor de dispersão de uma chave.

Neste contexto, cada espaço de uma tabela de dispersão é frequentemente denominado **coletor** (*bucket*, em inglês). Um coletor de uma tabela de dispersão pode, por exemplo, ser representado por uma lista encadeada (v. **Seção 7.3**) ou por um bloco num meio de armazenamento externo (v. **Capítulo 8**).

Uma tabela de dispersão **diretamente endereçável** é aquela para a qual existe uma função de dispersão que garante que duas chaves nunca resultem no mesmo valor de dispersão. Essa é a situação ideal, mas raramente é possível na prática. A tabela de dispersão apresentada como exemplo no primeiro parágrafo desta seção é diretamente endereçável.

Na prática, essa perfeita relação entre chaves e posições numa tabela de dispersão não é fácil de se obter ou manter. Considere uma pequena alteração no referido exemplo. Ou seja, suponha que a mesma empresa decida usar um número de identificação com seis dígitos de modo que esse número possa ser qualquer valor entre *0* e *999999*. Nesse caso, é impraticável usar uma tabela com *1.000.000* de elementos, dos quais apenas *100* são realmente necessários para assegurar que cada chave que representa um empregado seja armazenada numa posição fácil de ser obtida (i.e., usando a função identidade).

Numa situação como essa, a solução mais simples é usar uma função de dispersão que associe cada chave ao resto da divisão dela pelo tamanho da tabela, como mostra a **Figura 7–1**, que ilustra a atuação de uma função de dispersão cujo domínio é um conjunto de chaves inteiras positivas e que obtém o valor de dispersão de cada chave calculando o resto da divisão dela por *100*. Ou seja, se *c* for a chave, seu valor de dispersão é calculado como[1]: *f(c) = c mod 100*.

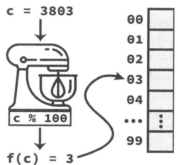

FIGURA 7–1: USO DE FUNÇÃO DE DISPERSÃO PARA DETERMINAR POSIÇÃO EM TABELA

A **Figura 7–2 (a)** mostra uma tabela de dispersão que armazena as chaves *21804, 33300, 50001, 31702* e *65606*, que foram acrescentadas nessa ordem usando a função de dispersão descrita no último parágrafo.

	(a) Tabela de Dispersão		**(b) Lista Desordenada**		**(c) Lista Ordenada**
00	33300	00	21804	00	21804
01	50001	01	33300	01	31702
02	31702	02	50001	02	33300
03	Vazio	03	31702	03	50001
04	21804	04	65606	04	65606
05	Vazio	05	Vazio	05	Vazio
06	65606	06	Vazio	06	Vazio
07	Vazio	07	Vazio	07	Vazio
08	Vazio	08	Vazio	08	Vazio
09	Vazio	09	Vazio	09	Vazio
10	Vazio	10	Vazio	10	Vazio
11	Vazio	11	Vazio	11	Vazio
•••	⋮	•••	⋮	•••	⋮

FIGURA 7–2: COMPARAÇÃO ENTRE TABELA DE DISPERSÃO E TABELA INDEXADA

[1]   Nessa fórmula, *mod* denota a operação resto da divisão em matemática. Em C, essa operação é representada pelo símbolo **%**.

Note na **Figura 7–2 (a)** que a função não preenche os espaços da tabela de dispersão sequencialmente, como ocorre com a tabela de busca representada como lista não ordenada mostrada na **Figura 7–2 (b)**, ou na tabela ordenada ilustrada na **Figura 7–2 (c)**. Note que, como não foram ainda inseridas quaisquer chaves que produzem os valores de dispersão *3* e *5*, essas posições da tabela de dispersão são consideradas vazias.

7.1.2 Colisões e suas Resoluções

A maioria das funções de dispersão usada na prática mapeia várias chaves num mesmo coletor de uma tabela de dispersão. Uma **colisão** ocorre quando duas ou mais chaves são mapeadas numa mesma posição da tabela de dispersão. Por exemplo, usando a função de dispersão descrita no exemplo da **Figura 7–1**, as chaves *02166* e *92266* são ambas mapeadas na mesma posição *66* da tabela de dispersão.

Colisões são perfeitamente naturais para uma função de dispersão e todas as implementações de tabelas de dispersão lidam com essa situação de alguma maneira. Uma boa função de dispersão é aquela que minimiza colisões dispersando as chaves uniformemente por toda a tabela de dispersão. Fala-se em *minimizar colisões*, porque é muito difícil evitá-las completamente.

A abordagem a ser utilizada quando ocorrem colisões numa tabela de dispersão depende de como os coletores são organizados na tabela. Existem duas abordagens básicas para lidar com colisões numa tabela de busca:

1. Tabela de dispersão com **encadeamento**. Nessa abordagem, que será discutida na **Seção 7.3**, os coletores são listas encadeadas. Portanto lidar com colisões aqui significa simplesmente armazenar todas as chaves que colidem numa mesma lista encadeada.

2. Numa tabela de dispersão com **endereçamento aberto** ou com **sondagem** (v. Seção 7.4), os coletores são os próprios elementos da tabela, como mostra a **Figura 7–2**. Essa abordagem admite vários esquemas de resolução de colisão denominados **sondagens**. Uma sondagem é semelhante a uma busca numa tabela de busca comum, mas ela também inclui o exame de coletores para verificar se eles estão vazios. Os tipos de sondagem mais comuns são:

   2.1 **Sondagem linear** é uma forma de resolução de colisões por meio de uma visita sequencial aos coletores de uma tabela de dispersão a partir da posição retornada pela função de dispersão utilizada.

   2.2 **Sondagem quadrática** consiste em usar uma fórmula de resolução de colisões, tal como $(d \pm i^2)\ mod\ m$, sendo *d* o valor de dispersão de uma chave, *i* o número de vezes que a fórmula é aplicada e *m* o tamanho da tabela de dispersão.

   2.3 **Sondagem por dispersão dupla** consiste em resolver colisões por meio de uma função de dispersão secundária.

7.1.3 Fator de Carga

O **fator de carga** α de uma tabela de dispersão é definido como:

$$\alpha = n/m$$

em que *n* é o número de chaves da tabela e $m \neq 0$ é o número de coletores nos quais as chaves podem ser armazenadas.

O fator de carga de uma tabela de dispersão indica o número médio de chaves que se espera encontrar num coletor, supondo a existência de dispersão uniforme. Esse conceito é de suma importância na análise de desempenho de tabelas de dispersão.

7.1.4 Aplicações de Dispersão

Existem inúmeras aplicações de tabelas de dispersão. Por exemplo, compiladores usam tabelas de dispersão numa estrutura de dados conhecida como **tabela de símbolos** para acessar identificadores definidos num programa-fonte. Tabelas de dispersão são ideais para esse problema, pois identificadores são tipicamente curtos, de modo que os cálculos de seus valores de dispersão podem ser efetuados rapidamente. Além disso, o armazenamento desses identificadores não precisa ser mantido em nenhuma ordem.

Outro uso de tabelas de dispersão é em verificação ortográfica. Nesse caso, calculam-se valores de dispersão para todas as palavras de uma lista de palavras (dicionário), de maneira que a ortografia de uma palavra num texto possa ser verificada com custo temporal constante. Novamente, tabelas de dispersão são convenientes nesse caso, porque a ordem das palavras na tabela não é importante.

Tabelas de dispersão também são frequentemente usadas para implementar arquivos de cache, como, por exemplo, aqueles usados em navegadores da internet.

7.2 Funções de Dispersão

Uma implementação de tabela de dispersão é apenas tão boa quanto a função de dispersão utilizada em conjunto com ela, pois uma má escolha de função de dispersão para uma tabela pode resultar em baixa eficiência em operações nessa tabela. Portanto escolher uma função de dispersão adequada é a primeira decisão que deve ser tomada quando se implementa uma tabela de dispersão. Embora a ideia de dispersão tenha sido concebida na década de 1950, a elaboração de boas funções de dispersão é ainda um tópico de intensa pesquisa.

Desenvolver uma boa função de dispersão é difícil. De fato, se você tiver que escolher uma função de dispersão antes que as chaves sejam conhecidas, é provavelmente impossível evitar o cenário do pior caso em que todas as chaves terminam no mesmo coletor e o custo temporal de busca torna-se $\theta(n)$.

Muitas vezes, uma função de dispersão fraca é usada porque ela não é imprescindível numa situação específica. Uma função de dispersão ruim pode tornar um algoritmo de busca mais lento, mas, desde que a tabela de dispersão lide corretamente com os casos de colisão, é possível que um mau desempenho não seja notado. Em muitos casos em que o número de chaves n não é muito grande, o custo de pior caso $\theta(n)$ pode não ser percebido.

Frequentemente, chaves que seguem um determinado padrão resultam em valores de dispersão que também seguem algum padrão. Uma função ideal de dispersão distribui igualmente as chaves entre todos os coletores (não importando como as chaves possam estar relacionadas entre si), de maneira que qualquer padrão entre chaves que possa levar a uma distribuição desigual seja corrigido.

Um modo de minimizar colisões é usar uma tabela de dispersão com um número maior de coletores do que é realmente necessário para acomodar as chaves esperadas, de modo a aumentar o intervalo de valores de dispersão. Portanto escolher o tamanho de uma tabela de dispersão envolve um conflito de escolha entre espaço versus tempo. Quanto maior for o intervalo de índices da tabela, menor será a possibilidade de duas chaves colidirem. Contudo alocar um array que contém um grande número de coletores vazios desperdiça espaço.

Uma função de dispersão mal projetada pode afetar consideravelmente o desempenho da tabela de dispersão que a utiliza. Assim, qualquer que seja a implementação de tabela de dispersão, é recomendável testar a função de dispersão utilizada quando a eficiência das operações for realmente importante. O **Apêndice C** apresenta uma breve análise das funções de dispersão prontas mais comumente encontradas na internet.

7.2.1 Propriedades Desejáveis

Um algoritmo de dispersão é selecionado com base no fato de ele ser melhor do que outros. O problema é definir critérios que possam ser usados para decidir quando um algoritmo de dispersão é melhor do que outro. Dois critérios essenciais são o grau com que o algoritmo distribui uniformemente chaves sobre o intervalo de valores e a rapidez com que ele é executado, mas outros critérios relevantes que uma função de dispersão deve satisfazer também serão discutidos nesta seção.

Simplicidade

Simplicidade significa que uma boa função de dispersão não deve desperdiçar espaço em memória e deve ser fácil de entender e depurar (para facilitar a vida do programador).

Uma função exótica que produza valores de dispersão para todas as chaves conhecidas pode não funcionar se o domínio das chaves for alterado posteriormente. Tal função pode fazer com que o programador responsável por ela desperdice muito tempo tentando adaptá-la para um novo conjunto de chaves.

Eficiência

Eficiência é uma medida da rapidez com que uma função de dispersão produz valores de dispersão para as chaves de uma tabela. Quando as operações com tabelas de dispersão são analisadas, geralmente, assume-se que funções de dispersão apresentam custo temporal $\theta(1)$. É por isso que se diz que busca numa tabela de dispersão tem, em média, custo temporal $\theta(1)$. Como a maior vantagem de uma tabela de dispersão é a rapidez com que são efetuadas operações de busca, inserção e remoção, se uma função de dispersão for lenta, esse desempenho será degradado. Uma função de dispersão que envolve muitas multiplicações e divisões, por exemplo, pode ser ineficiente.

Uniformidade

Uniformidade é uma medida de como uma função de dispersão distribui bem os valores de dispersão das chaves de uma tabela de dispersão. Uma função de dispersão ideal distribui um conjunto de chaves num intervalo *[0..m − 1]* de maneira uniforme e independente, de modo que todos os valores de dispersão sejam equiprováveis. Ou seja, uma função de dispersão que distribui os valores de dispersão de maneira uniforme minimiza colisões e preenche a tabela de dispersão mais igualmente. Portanto essa é a principal qualidade que se deve esperar de uma boa função de dispersão.

Idealmente, essa propriedade deve ser independente do tamanho da tabela de dispersão e vice-versa. Isso assegura que, independentemente de tamanho m da tabela e do número n de chaves, o número esperado de chaves por coletor será aproximadamente o mesmo: $\theta(n/m)$. Ou seja, as chaves serão distribuídas igualmente entre os coletores da tabela.

Determinismo

Uma função de dispersão deve ser **determinística**, o que significa que, para uma dada chave, ela deve sempre gerar o mesmo valor de dispersão. Esse requisito exclui, por exemplo, funções de dispersão que usam geradores de números pseudoaleatórios que dependem do instante em que são executadas [p. ex., em C, não se deve usar **srand**() e **rand**() para obter valores de dispersão]. Caso contrário, após serem gerados, esses valores de dispersão precisam ser armazenados de modo persistente (i.e., em arquivo).

Independência

Uma boa função de dispersão deve ser independente das chaves sobre os quais ela é aplicada. Ou seja, ela deve ser eficaz para qualquer tipo de chave e esse requisito exclui peremptoriamente o uso de funções de dispersão talhadas para um conjunto específico de chaves. O programador pode, obviamente, elaborar sua própria função de dispersão para chaves específicas, mas talvez ela deixe de funcionar tão logo essas chaves sejam alteradas.

Avalanche

Uma função de dispersão apresenta **avalanche** quando dois valores de dispersão são substancialmente diferentes, mesmo se as chaves que lhes deram origem diferirem em apenas um único bit. Esse efeito ajuda na distribuição dos valores de dispersão porque chaves muito próximas entre si não terão os mesmos valores de dispersão.

7.2.2 Tipos de Chaves

Uma função de dispersão não deve depender do tipo de chave sobre o qual ela atua, mas isso não constitui um problema porque qualquer chave pode ser vista como um array de bytes (i.e., um array de elementos do tipo **char** em C). De qualquer modo, funções de dispersão mais simples podem ser criadas levando em consideração o tipo específico das chaves sob consideração, como será visto a seguir.

Chaves Inteiras

A técnica mais simples comumente utilizada para calcular valores de dispersão de chaves inteiras não negativas é denominada **dispersão modular**. Uma função de dispersão modular simplesmente obtém como valor de dispersão de uma chave o resto da divisão dela pelo tamanho da tabela de busca (v. *método de divisão modular* na **página 366**). Contudo essa ideia só é razoável se as chaves não apresentarem nenhuma propriedade indesejável, como será visto na **Seção 7.2.3**.

Chaves Reais

Quando as chaves são números reais, uma maneira fácil de calcular valores de dispersão consiste em combinar as partes inteira e fracionária de cada chave usando alguma função de dispersão. Em C, a função **modf()** (#include <math.h>) pode ser usada para separar as partes inteira e fracionária de um valor do tipo **double**, como mostra o exemplo a seguir:

```
unsigned DispersaoReal(double chave, int tam)
{
   unsigned precisao = 1000000;
   double   pInteira,
            pReal = modf(chave, &pInteira);

   return ((unsigned) pInteira + (unsigned) (pReal*precisao))%tam;
}
```

Strings

Se as chaves forem strings, pode-se usar a mesma técnica que será descrita na **Seção 9.6** para implementação da digital de Rabin do algoritmo de casamento de strings de Karp e Rabin.

Chaves Compostas

Se as chaves forem constituídas por registros contendo campos inteiros, esses campos podem ser combinados de modo semelhante ao que ocorre com strings. Por exemplo, se o tipo **tData** for definido como:

```
typedef struct {
          int dia;
          int mes;
          int ano;
       } tData;
```

o valor de dispersão de uma chave do tipo **tData** pode ser calculado como:

```
unsigned DispersaoData(const tData *c, int tam)
{
   unsigned b = 31; /* Base */

   return (((c->dia*b + c->mes)%tam)*b + c->ano)%tam;
}
```

É muito importante que, no caso sob discussão, os campos da chave sejam levados em consideração individualmente, em vez de em conjunto, pois estruturas podem conter preenchimentos (v. questão **23** na **página 410**).

7.2.3 Métodos de Cálculo de Valores de Dispersão

Esta seção apresenta métodos (ou algoritmos) clássicos de cálculo de valores de dispersão e alguns deles não são comumente utilizados. O leitor deve estar atento para as observações sobre cada método, pois nem sempre um método apresentado aqui é adequado.

Aditivo

Geralmente, qualquer algoritmo de dispersão que conta essencialmente com uma operação comutativa terá uma distribuição ruim, pois, como será visto na **Seção 9.6**, essa função de dispersão fracassa ao lidar com permutações diferentes dos bytes de uma mesma chave.

Polinomial

O método de **dispersão polinomial** consiste em considerar informações posicionais dos componentes de uma chave e usar o método de Horner para calcular os valores de dispersão. Esse método é usado pelo algoritmo de Karp e Rabin que será discutido na **Seção 9.6**.

Tabular

Quando cada chave pode ser interpretada como uma sequência de componentes $c = c_0 c_1 \ldots c_{d-1}$, para um dado valor $d > 0$, pode-se usar uma função de dispersão que requer uma simples consulta a uma tabela. Tal função é conhecida como **função de dispersão tabular**.

Supondo que cada c_i $(0 \leq i < d)$ encontra-se no intervalo $[0 .. k - 1]$, são criadas d tabelas, $T_0, T_1, \ldots, T_{d-1}$, cada uma de tamanho k, de modo que cada $T_i[j]$ é um número aleatório escolhido no intervalo $[0 .. n - 1]$. Então calcula-se um valor de dispersão de c, $f(c)$, como:

$$f(c) = T_0[c_0] \oplus T_1[c_1] \oplus \ldots \oplus T_{d-1}[c_{d-1}]$$

Nessa fórmula, o símbolo $\oplus$ representa **disjunção exclusiva**, que é popularmente conhecida como *xor*. Em C, a operação *xor* é representada pelo operador ^ (v. **Apêndice B**).

Como os valores dos elementos das tabelas aludidas são escolhidos aleatoriamente, os valores de dispersão produzidos por uma função de dispersão tabular são razoavelmente aleatórios. Por exemplo, pode-se mostrar que ela causa colisão de duas chaves distintas com probabilidade $1/n$, que é o que se obteria usando uma função perfeitamente aleatória. Além disso, essa função usa apenas operações *xor* que, tipicamente, são executadas muito eficientemente.

Um exemplo de função de dispersão que usa a abordagem tabular é a função **JSW**, apresentada no **Apêndice C**.

Divisão Modular

O método de dispersão mais vulgar (literalmente) é aquele que usa apenas **divisão modular** (ou **resto de divisão**) para calcular valores de dispersão. O formato geral desse tipo de função é:

$$f(c) = c \bmod m$$

sendo c uma chave inteira e m o tamanho da tabela de dispersão. Ou seja, usando dispersão modular, o valor de dispersão de cada chave c é calculado como o resto da divisão de c por m (em C, isso significa c % m).

O tamanho da tabela (m) precisa ser cuidadosamente escolhido, e é sempre uma boa ideia assegurar que ele seja um número primo. Se m não for primo, pode ser que nem todos os bits que constituem uma chave contribuam para seu valor de dispersão, fazendo com que os valores de dispersão obtidos não sejam distribuídos uniformemente. Por exemplo, se as chaves forem valores inteiros representados na base 10 e o valor de m for 10^x, então apenas os x dígitos menos significativos da chave serão levados em conta[2]. Usando o mesmo racio-

---

[2]   Para tornar o exemplo mais palpável, suponha que $m = 100$. Nesse caso, as chaves *2045*, *1145* e quaisquer outras chaves que terminem em *45* terão o mesmo valor de dispersão. Em geral, para esse valor de m, quaisquer chaves que tenham a mesma centena colidirão.

cínio, valores de *m* que sejam potências de *2* também devem ser evitados, pois, se $m = 2^x$, *f(c)* resulta nos *x* bits de menor ordem da chave *c*. Usualmente, escolhe-se *m* como um número primo que não seja próximo de uma potência de *2* (p. ex., *7* é primo, mas não é uma boa escolha, pois *7* é próximo de *8*, que é uma potência de *2*).

A vantagem de uma função de dispersão que usa divisão modular é sua simplicidade. Quer dizer, quando as chaves são valores inteiros aleatórios, dispersão modular não apenas é simples de calcular como também distribui as chaves igualmente. Frequentemente, entretanto, é necessário usar uma função de dispersão mais bem elaborada para obter uma boa distribuição de valores de dispersão. Tipicamente, o método de dispersão modular é utilizado em combinação com algum outro método para assegurar que os valores de dispersão se encontram dentro dos limites dos índices da tabela de dispersão.

Multiplicativo

O **método de multiplicação** para obtenção de valores de dispersão considera que as chaves são numéricas e consiste dos seguintes passos:

1. Multiplica-se a chave *c* por uma constante real *a*, tal que *0 < a < 1*. Tipicamente, usa-se o seguinte valor para *a*:

$$a = \frac{\sqrt{5}-1}{2} = 0.618$$

2. Extrai-se a parte fracionária do resultado obtido no passo anterior.

3. Multiplica-se o valor obtido no último passo pelo tamanho *m* da tabela de dispersão e considera-se o piso do resultado obtido.

De acordo com a descrição acima, a função de dispersão é dada por:

$$f(c) = \lfloor m \cdot modf(c \cdot a) \rfloor$$

Nessa fórmula, *modf(r)* resulta na parte fracionária de *r*.

Supondo, por exemplo, que uma tabela de dispersão tenha *2000* coletores (*m*), o valor de dispersão da chave *6341* (*c*) será obtido como:

$$f(6341) = \lfloor 2000 \cdot modf(6341 \cdot 0,618) \rfloor$$
$$= \lfloor 2000 \cdot modf(3918,738) \rfloor$$
$$= \lfloor 2000 \cdot 0,738 \rfloor = 1476$$

A função `DispersaoMultiplicacao()` a seguir mostra uma implementação em C do método de multiplicação.

```
unsigned DispersaoMultiplicacao(unsigned chave, unsigned tamTabela)
{
    double a = (sqrt(5) - 1)/2,
           pInteira,
           pFracionaria = modf(chave*a, &pInteira);
    return (unsigned) floor(tamTabela*pFracionaria);
}
```

A desvantagem desse método de dispersão é que ele é adequado apenas para chaves inteiras.

Disjunção Exclusiva (XOR)

O **método de dispersão xor** mistura repetidamente os bytes de uma chave para produzir um valor de dispersão aparentemente aleatório. A função `DispersaoXOR()` ilustra o uso desse método no cálculo de valores de dispersão de chaves que são strings.

```
unsigned int DispersaoXOR(const char *chave)
{
    unsigned int dispersao = *chave;

    while (*chave)
        dispersao ^= *chave++;

    return dispersao;
}
```

Infelizmente, esse algoritmo é simples demais para funcionar apropriadamente com muitos tipos de chaves. O **estado interno** do valor de dispersão, representado pela variável **dispersao** na função **DispersaoXOR()**, não é misturado suficientemente para que se obtenha avalanche (v. **Seção 7.2.1**). Além disso, uma única operação *xor* não é efetiva para misturar bem o estado interno. Assim a distribuição resultante, embora seja melhor do que os métodos aditivo e multiplicativo de dispersão, não é muito bom.

Rotativo

O método de **dispersão rotativa** é semelhante ao método de dispersão *xor*, exceto que, em vez de simplesmente misturar cada byte da chave com o estado interno, ele efetua uma mistura do estado interno antes de combiná-lo com cada byte da chave. Essa mistura extra é suficiente para dotar a dispersão rotativa com uma distribuição de chaves bem melhor do que aquela obtida com os métodos anteriores. Muitas vezes, a dispersão rotativa é suficiente e pode ser considerada aceitável.

A função **DispersaoRotativa()** a seguir apresenta um exemplo de implementação de função de dispersão que usa o método rotativo.

```
unsigned DispersaoRotativa(const char *chave)
{
    unsigned int dispersao = 0;

    while (*chave)
        dispersao = (dispersao << 4) ^ (dispersao >> 28) ^ (*chave++);

    return dispersao;
}
```

Dispersão por Mistura

Mistura é um método de dispersão que divide uma chave em várias partes e concatena ou aplica disjunção exclusiva (*xor*) a algumas das partes para formar o valor de dispersão esperado. Em outras palavras, esse método de dispersão envolve separar a chave em várias partes e concatenar ou aplicar *xor* a algumas dessas partes para obter o valor de dispersão. O **Apêndice B** apresenta um exemplo de criação de uma função de dispersão por mistura.

7.2.4 Anatomia de uma Função de Dispersão Bem Elaborada

Uma função de dispersão bem elaborada é composta de quatro partes principais, como mostra o diagrama da **Figura 7–3**.

O valor de dispersão, representado por d_i na **Figura 7–3**, é o valor calculado no instante i pela função de dispersão f, que recebe um valor inicial d_0, e é sucessivamente modificado por cada símbolo de entrada x_i. O símbolo de entrada x_i é a parcela da chave de entrada que alimenta a função no instante i e faz com que o valor de dispersão resulte em d_i.

Uma boa função de dispersão deve exibir confusão e difusão. **Difusão** é observada quando um único bit alterado na entrada afeta muitos bits na saída. Mais precisamente, quando um bit de uma chave é alterado, seu valor de dispersão muda substancialmente. **Confusão** ocorre quando um bit de saída depende de vários bits de entrada. Em outras palavras, cada bit de um valor de dispersão depende de vários bits da respectiva chave. Se uma função de dispersão exibir ambas as propriedades, ela será robusta. Confusão e difusão[3] tornam o valor de dispersão resultante suficientemente imprevisível.

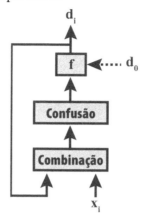

FIGURA 7–3: ANATOMIA DE UMA FUNÇÃO DE DISPERSÃO

O passo de **combinação** na **Figura 7–3** combina o valor de dispersão d_{i-1} com o próximo símbolo de entrada x_i. Essa operação pode ser tão simples quanto somar esse símbolo ao valor corrente de dispersão, mas é preferível que seja uma operação cujo resultado seja muito mais difícil de prever. O passo de **confusão** mistura o valor de dispersão resultante do passo de combinação e é necessário para atenuar qualquer ineficiência que o passo de combinação possa exibir. Se houvesse um passo de combinação perfeito, o passo de confusão seria desnecessário, mas, raramente, esse é o caso.

A escolha do valor inicial de dispersão d_0 não é crítico, pois, se a função de dispersão exibir passos de combinação e confusão suficientemente bons, o efeito do valor inicial será pequeno. Se, por outro lado, a função de dispersão for realmente ruim (p. ex., uma simples soma dos símbolos de entrada), esse valor inicial não irá ajudar em nada. Frequentemente, usa-se zero como valor de d_0.

Um exemplo de função de dispersão que usa o esquema descrito acima é a função **JOAAT** (v. **Apêndice C**):

```
unsigned int DispersaoJOAAT(const char *chave)
{
    unsigned int dispersao = 0; /* Valor inicial */

    /* Combinação */
    while (*chave) {
        dispersao += *chave++;
        dispersao += (dispersao << 10);
        dispersao ^= (dispersao >> 6);
    }

    /* Confusão */
    dispersao += (dispersao << 3);
    dispersao ^= (dispersao >> 11);
    dispersao += (dispersao << 15);

    return dispersao;
}
```

[3] Do ponto de vista da teoria de informação de Shannon — v. **Bibliografia**, difusão significa que, se um único bit da chave for alterado, aproximadamente a metade dos bits do valor de dispersão deve ser alterada e vice-versa (i.e., se um bit do valor de dispersão for alterado, aproximadamente a metade dos bits da chave deve ser alterada). De acordo com a teoria de Shannon, confusão significa que cada bit do valor de dispersão deve depender de várias partes da chave.

7.2.5 Testando uma Função de Dispersão

Em geral, criar uma função de dispersão realmente boa é difícil e, em muitos casos, talvez você precise encontrar uma função pronta que exiba boas propriedades e tenha sido bem testada. O **Apêndice C** apresenta várias boas funções de dispersão prontas dentre as quais você poderá escolher aquela que for mais adequada para uma dada situação.

O teste mais importante para uma função de dispersão é aquele que verifica se ela exibe uma distribuição uniforme para uma amostra das chaves esperadas. Nenhuma função de dispersão é a melhor para qualquer conjunto possível de chaves, o que justifica a oferta de várias funções prontas no referido apêndice. Algumas vezes, numa situação específica, uma boa função de dispersão funcionará melhor do que as demais, e essa melhor função deve ser usada. Outras vezes, todas elas apresentarão o mesmo desempenho e você pode escolher qualquer uma delas. O ponto central é que uma função de dispersão (pronta ou personalizada) não deve jamais ser usada sem ser testada.

Criar um teste para distribuição uniforme é uma tarefa simples. É preciso apenas usar uma amostra das chaves esperadas e inseri-las numa tabela de dispersão encadeada (v. **Seção 7.3**) utilizando a função de dispersão em tela. Então calculando-se os comprimentos das listas, pode-se determinar quantas colisões ocorreram (v. **Seção 7.8.1**).

7.2.6 Recomendações Práticas

Na prática, construir uma função de dispersão envolve mais tentativa e erro com uma pitada de teoria do que o acompanhamento de um procedimento bem definido. Tipicamente, para obter uma distribuição uniforme desejável de valores de dispersão, a parte crítica da elaboração de uma função de dispersão consiste em manipular constantes e operadores para verificar quais deles funcionam melhor. Por exemplo, apesar de boas funções de dispersão serem difíceis de obter e requererem cuidadosa análise, em muitos casos, muitas funções de dispersão prontas famosas seguem uma abordagem relativamente simples que consiste no seguinte:

1. Atribua um valor arbitrário inicial à variável que armazenará o valor de dispersão:

```
unsigned int x = ALGUM_VALOR;
```

2. Para cada byte *b* da chave e para um dado operador **OP** (tipicamente de baixo nível) efetue a seguinte atribuição:

```
x = x OP b;
```

Não se pode afirmar com certeza que a elaboração de qualquer função de dispersão de natureza pragmática segue sempre essa metodologia, mas existem evidências que sugerem que seja assim.

Apesar de não existir nenhum procedimento efetivo a ser seguido que garanta a obtenção de uma boa função de dispersão para cada situação, existem recomendações práticas que, se seguidas, poderão, pelo menos, garantir que ela não seja considerada de má qualidade. Essas recomendações mínimas serão enumeradas a seguir.

- ❏ **Use todos os componentes de cada chave**. Cada parte relevante de uma chave deve contribuir para o valor de dispersão. Quanto mais porções da chave contribuírem para seu valor de dispersão, mais provável será que as chaves sejam dispersas igualmente em todo o intervalo de índices de uma tabela de dispersão.

- ❏ **Não use dados irrelevantes**. Informações redundantes ou que não são relevantes não devem contribuir para o valor de dispersão. Considere, por exemplo, CPF como chave. Nesse caso, todos os dígitos que constituem a parte principal de um CPF devem ser levados em consideração. Entretanto o mesmo não é recomendável para dígitos de verificação, visto que eles já são obtidos desses dígitos principais e, portanto, não acrescentam qualquer informação útil e são considerados redundantes. Se os *números* de CPF incluírem separadores (p. ex., – ou /), eles também não devem ser levados em conta, já que todas as chaves incluem esses separadores e também são considerados redundantes.

7.3 Dispersão com Encadeamento

7.3.1 Conceitos

Numa tabela de **dispersão com encadeamento,** uma lista encadeada é associada a cada índice da tabela. Nesse esquema de armazenamento de coletores, cada chave cujo valor de dispersão resulta no mesmo índice é inserida na lista encadeada associada a esse índice. Na prática, uma tabela de dispersão com encadeamento consiste num array de listas encadeadas. Cada uma dessas listas encadeadas forma um coletor no qual são colocadas todas as chaves que possuem um mesmo valor de dispersão.

Nessa abordagem de organização, se as colisões resultarem em listas encadeadas muito longas, o custo temporal das operações básicas poderá ser $\theta(n)$ no pior caso. Por exemplo, imagine uma empresa cujos registros de empregados são identificados com chaves de seis dígitos. Então é criada uma tabela de dispersão contendo 100 listas encadeadas para armazenar as chaves dos 500 empregados da empresa. Nesse exemplo, a expectativa é obter uma média de cinco chaves por lista encadeada utilizando-se a função de dispersão *c mod 100*.

Essa função de dispersão usa apenas os dois últimos dígitos do número de identificação como valor de dispersão. Assim, a tabela de dispersão planejada é aquela mostrada na **Figura 7–4 (a)**, ao passo que aquela realmente obtida usando esse esquema de dispersão é apresentada na **Figura 7–4 (b)**.

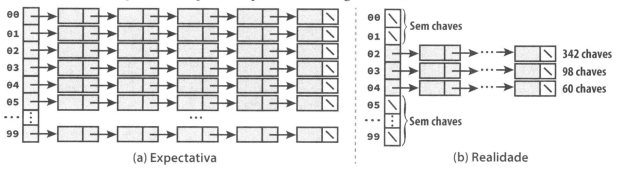

(a) Expectativa   (b) Realidade

FIGURA 7–4: DISPERSÃO COM ENCADEAMENTO: EXPECTATIVA E REALIDADE

Uma aplicação comum de tabelas de dispersão encadeadas é na implementação de tabelas de símbolos (v. **Seção 7.1.4**), porque um compilador não pode prever quantos identificadores um programa pode ter.

Fator de Carga

Em dispersão com encadeamento, é normal ter m ou mais chaves numa tabela com m coletores. Assim o fator de carga (v. **Seção 7.1.3**) pode ser igual a *1* ou maior do que *1*. Por exemplo, se uma tabela tiver $m = 1500$ coletores e $n = 3000$ chaves, então $\alpha = 2$. Nesse exemplo, espera-se encontrar em média duas chaves em cada coletor.

Em dispersão com encadeamento, o fator de carga pode ser maior do que *1* sem afetar muito o desempenho das operações. Isso torna tabelas de dispersão com encadeamento especialmente indicadas quando é difícil prever quantas chaves serão armazenadas nelas.

Em dispersão com encadeamento, é recomendável usar um tamanho da tabela quase tão grande quanto o número de chaves esperadas (i.e., usando $\alpha \approx 1$). Quando o fator de carga ultrapassa *1*, aconselha-se redimensionar o tamanho da tabela. Esse redimensionamento é discutido na **Seção 7.5**. É também uma boa ideia ter um número primo como tamanho da tabela para assegurar uma boa distribuição de valores de dispersão.

Busca

Busca numa tabela de dispersão com encadeamento é simples e segue o algoritmo delineado na **Figura 7–5**.

ALGORITMO BuscaEmDispersãoComEncadeamento

ENTRADA: Uma tabela de dispersão com encadeamento e uma chave de busca

SAÍDA: O valor associado à primeira chave da tabela que casa com a chave de busca ou um valor indicando que a chave não foi encontrada

1. Aplique a função de dispersão sobre a chave de busca, obtendo assim o índice da lista encadeada na qual a chave deve estar armazenada

2. Efetue uma busca sequencial na lista encadeada que se situa no índice da tabela de dispersão correspondente ao valor de dispersão obtido (v. **Capítulo 3**)

FIGURA 7–5: ALGORITMO DE BUSCA EM DISPERSÃO COM ENCADEAMENTO

Inserção

Se a tabela de dispersão permite chaves duplicadas, o algoritmo de inserção de uma chave consiste simplesmente em seguir os passos mostrados na **Figura 7–6**.

ALGORITMO InsereEmDispersãoComEncadeamento

ENTRADA: O conteúdo de um novo elemento

ENTRADA/SAÍDA: Uma tabela de dispersão com encadeamento

SAÍDA: Um valor informando o sucesso da operação

1. Aplique a função de dispersão sobre a chave.

2. Utilize o valor de dispersão para localizar a lista encadeada da qual a chave fará parte

3. Insira a chave no início da lista encadeada (coletor) correspondente

---

FIGURA 7–6: ALGORITMO DE INSERÇÃO EM DISPERSÃO COM ENCADEAMENTO

Se a tabela de dispersão não admite chaves duplicadas, o primeiro passo do algoritmo de inserção deve ser uma operação de busca para verificar se a chave a ser inserida já faz parte da tabela. Se a chave ainda não estiver presente na tabela, ela será inserida utilizando-se os **Passos 2 e 3**. Caso contrário, o procedimento de inserção é encerrado. A inserção é feita no início da lista encadeada porque é, obviamente, mais simples e eficiente.

Remoção

Em dispersão com encadeamento, o algoritmo de remoção segue os passos da **Figura 7–7**.

ALGORITMO RemoveEmDispersãoComEncadeamento

ENTRADA: A chave a ser removida

ENTRADA/SAÍDA: Uma tabela de dispersão com encadeamento

SAÍDA: Um valor informando o sucesso da operação

1. Aplique a função de dispersão à chave a ser removida

2. Utilize o valor de dispersão obtido para localizar lista encadeada da qual a chave deve fazer parte

3. Remova a chave usando o algoritmo comum de remoção em lista encadeada

---

FIGURA 7–7: ALGORITMO DE REMOÇÃO EM DISPERSÃO COM ENCADEAMENTO

7.3.2 Implementação

Conceitualmente, dispersão com encadeamento é mais simples do que outros esquemas de resolução de colisões. Contudo o código é mais longo porque ele deve incluir uma implementação para listas encadeadas.

Definições de Tipos

As seguintes definições de tipos são usadas na construção de uma tabela de dispersão com encadeamento:

```
typedef char tCEP[TAM_CEP + 1]; /* Tipo da chave */

    /* Tipo do conteúdo armazenado em cada nó das listas (coletores) */
typedef struct {
        tCEP chave;   /* Chave de um registro          */
        int  indice; /* Índice do registro no arquivo */
    } tCEP_Ind;

    /* Tipo de nó e tipo de ponteiro para nó de uma */
    /* lista encadeada que representa um coletor     */
typedef struct rotNoLSE {
        tCEP_Ind          conteudo;
        struct rotNoLSE *proximo;
    } tNoListaSE, *tListaSE;

    /* A tabela de dispersão será um array de listas encadeadas */
typedef tListaSE *tTabelaDE;
```

As operações de busca, inserção e remoção usam uma função de dispersão com o seguinte protótipo:

```
unsigned FDispersao(const char *chave);
```

Para permitir que a função de dispersão usada pelo programa seja escolhida durante a execução do programa, é necessário que as funções que executam as operações de busca, inserção e remoção recebam como parâmetro um ponteiro para a função de dispersão a ser usada. O tipo definido a seguir é usado para especificação desse parâmetro:

```
    /* Tipo de um ponteiro para uma função de dispersão */
typedef unsigned (*tFDispersao)(const char *);
```

Iniciação da Tabela

A função `CriaTabelaDE()` a seguir cria e inicializa os elementos de uma tabela de dispersão com encadeamento. O único parâmetro dessa função é o número de coletores da tabela de dispersão e ela retorna o endereço da tabela de dispersão criada.

```
tTabelaDE CriaTabelaDE(int nElementos)
{
    tTabelaDE tabela;
    int       i;

        /* Aloca o array que representa a tabela de dispersão */
    tabela = calloc(nElementos, sizeof(tListaSE));

        /* Certifica que houve alocação */
    ASSEGURA(tabela, "Impossivel alocar tabela de dispersao");

    for (i = 0; i < nElementos; ++i) /* Inicializa as listas encadeadas */
        IniciaListaSE(tabela + i);

    return tabela;
}
```

A função `CriaTabelaDE()` chama `IniciaListaSE()` para iniciar cada lista encadeada da tabela de dispersão. Essa última função foi discutida no **Capítulo 10** do **Volume 1**.

Busca

A função `BuscaDE()` executa uma busca simples numa tabela de dispersão com encadeamento e seus parâmetros são:

- **tabela** (entrada) — a tabela de dispersão
- **tamTabela** (entrada) — tamanho da tabela de dispersão
- **chave** (entrada) — a chave de busca
- **fDispersao** (entrada) — ponteiro para a função de dispersão a ser usada

Essa função retorna o índice do registro no arquivo de registros (i.e., o valor da chave), se a chave for encontrada, ou **-1**, em caso contrário.

```
int BuscaDE(tTabelaDE tabela, int tamTabela, tCEP chave, tFDispersao fDispersao)
{
  int posColetor;

    /* Encontra a respectiva lista encadeada */
  posColetor = fDispersao(chave)%tamTabela;

    /* A lista deve ter sido encontrada */
  ASSEGURA( posColetor >= 0 && posColetor < tamTabela,
          "ERRO: Impossivel localizar lista" );

    /* A função BuscaListaSE() completa o serviço */
  return BuscaListaSE(tabela + posColetor, chave);
}
```

A função **BuscaDE()** chama **BuscaListaSE()** para efetuar uma busca na lista encadeada na qual a chave pode ser encontrada. Essa última função foi discutida no **Capítulo 10** do **Volume 1**.

Inserção

A função **InsereDE()** insere uma nova chave numa tabela de dispersão com encadeamento. Os parâmetros dessa função são:

- **tabela** (entrada) — a tabela de dispersão
- **tamTabela** (entrada) — tamanho da tabela de dispersão (i.e., o número de coletores)
- **conteudo** (entrada) — a chave de busca e seu respectivo índice
- **fDispersao** (entrada) — ponteiro para a função de dispersão a ser usada

```
void InsereDE( tTabelaDE tabela, int tamTabela,
              const tCEP_Ind *conteudo, tFDispersao fDispersao )
{
  int posColetor;

    /* Encontra a lista encadeada que deverá conter a chave */
  posColetor = fDispersao(conteudo->chave)%tamTabela;

    /* Garante que o índice é válido */
  ASSEGURA( posColetor >= 0 && posColetor < tamTabela,
          "ERRO: Impossivel localizar um lista" );

    /* A função InsereListaSE() completa o serviço */
  return InsereListaSE(&tabela[posColetor], conteudo );
}
```

A função **InsereDE()** chama **InsereListaSE()** para inserir um novo nó na devida lista encadeada da tabela. Essa última função foi discutida no **Capítulo 10** do **Volume 1**.

Note que a função **InsereDE()** não verifica se a chave que será inserida já existe na tabela, de maneira que ela permite chaves duplicadas.

Remoção

A função `RemoveDE()`, apresentada abaixo, remove uma chave de uma tabela de dispersão com encadeamento e seus parâmetros são:

- `tabela` (entrada) — a tabela de dispersão
- `tamTabela` (entrada) — tamanho da tabela de dispersão (i.e., número de coletores)
- `chave` (entrada) — a chave de busca
- `fDispersao` (entrada) — ponteiro para a função de dispersão a ser usada

Essa função retorna `1`, se a remoção foi bem-sucedida, ou `0`, em caso contrário.

```
int RemoveDE(tTabelaDE tabela, int tamTabela, tCEP chave, tFDispersao fDispersao)
{
    int posColetor;

    /* Encontra a lista encadeada que contém a chave */
    posColetor = fDispersao(chave)%tamTabela;

    /* Garante que o índice é válido */
    ASSEGURA( posColetor > 0 && posColetor < tamTabela,
            "ERRO: Impossivel localizar lista" );

    /* A função RemoveListaSE() completa o serviço */
    return RemoveListaSE(tabela +posColetor, chave);
}
```

A função `RemoveDE()` chama `RemoveListaSE()` para remover um nó na devida lista encadeada da tabela. Essa última função foi discutida no **Capítulo 10** do **Volume 1**.

7.3.3 Análise

Teorema 7.1: Uma busca bem-sucedida numa tabela de dispersão com encadeamento com fator de carga α requer que cerca de $1 + \alpha/2$ nós sejam visitados.

Prova: A lista que está sendo examinada contém o nó que armazena a chave procurada mais zero ou mais nós adicionais. O número esperado desses *nós adicionais* numa tabela com *n* chaves e *m* listas é $(n - 1)/m = \alpha - 1/m$, que é essencialmente α, uma vez que se presume que o valor de *m* é bem grande. Em média, metade desses *nós adicionais* são examinados. Assim, combinando-se esses nós com aquele que contém a chave, obtém-se que cerca de $1 + \alpha/2$ nós são visitados. ∎

O **Teorema 7.1** mostra que o tamanho da tabela não é realmente importante, mas o fator de carga é deveras relevante. Além disso, esse resultado é válido quer as listas estejam ordenadas ou não.

Teorema 7.2: Numa busca malsucedida numa tabela de dispersão com encadeamento com fator de carga α, se as listas forem desordenadas, no pior caso, o número de nós visitados é $1 + \alpha$.

Prova: Nesse caso, todas as chaves devem ser acessadas, de modo que o número de nós visitados é $1 + \alpha$. ∎

Teorema 7.3: Numa busca malsucedida numa tabela de dispersão com encadeamento com fator de carga α, se as listas forem ordenadas, no pior caso, o número de nós visitados é $1 + \alpha/2$.

Prova: Quando as listas estão ordenadas, apenas a metade das chaves deve ser examinada, de modo que, numa busca malsucedida, o custo temporal é o mesmo que aquele para uma busca bem-sucedida (v. **Teorema 7.1**). ∎

Corolário 7.1: O número médio de nós visitados durante uma inserção numa tabela de dispersão com encadeamento é $1 + \alpha/2$ se as listas forem ordenadas.

Prova: Se as listas forem ordenadas, assim como ocorre com uma busca malsucedida, o número de nós visitados é, em média, $1 + \alpha/2$. ∎

Teorema 7.4: O custo temporal de inserção numa tabela de dispersão com encadeamento é $\theta(1)$ se as listas não forem ordenadas.

Prova: Se as listas não forem ordenadas, uma inserção é sempre imediata, pois uma chave pode ser inserida no início da lista, de sorte que nenhuma comparação de chaves é necessária. ∎

A inserção de chaves no início de cada lista encadeada não apenas é conveniente como também favorece localidade de referência (v. **Seção 1.5**), já que, frequentemente, chaves recentemente inseridas são mais prováveis de ser acessadas em breve.

Teorema 7.5: Em qualquer caso, o custo temporal de remoção numa tabela de dispersão com encadeamento é igual ao custo de busca pela chave a ser removida.

Prova: Quando a chave a ser removida não se encontra na tabela, a prova é trivial. Uma vez que ela tenha sido encontrada, o que resta a ser feito é alterar alguns ponteiros e liberar o nó que contém essa chave. Todas essas últimas operações têm custo $\theta(1)$. ∎

Uma vantagem de dispersão com encadeamento é que a tabela de dispersão não é limitada a um número fixo de elementos, enquanto a maior desvantagem é que o desempenho das operações de busca e remoção é degradado se existirem muitas chaves em cada lista; i.e., se houver excesso de colisões.

Em dispersão com encadeamento, é típico usar um fator de carga igual a *1,0* (i.e., o número de chaves é igual ao tamanho da tabela). Fatores de carga menores não melhoram o desempenho de modo significativo, mas o custo temporal de todas as operações aumenta linearmente com o fator de carga, de maneira que usar um fator de carga maior do que *2* não é geralmente uma boa ideia.

7.4 Dispersão com Endereçamento Aberto

7.4.1 Conceitos

Numa tabela de dispersão com **endereçamento aberto** (ou com **sondagem**), todas as chaves residem no próprio array com o qual a tabela é implementada; i.e., os coletores são elementos desse array. Como todas as chaves residem nesse array, o fator de carga é sempre menor do que ou igual a *1*. Ou seja, uma tabela de dispersão com endereçamento aberto não pode conter mais chaves do que o número de elementos alocados para si, como ocorre com tabela de dispersão com encadeamento. Geralmente, o fator de carga deve ser mantido abaixo de $\alpha = 0,5$ para uma tabela de dispersão com endereçamento aberto.

Resolução de colisões em dispersão com endereçamento aberto é efetuada examinando-se posições da tabela a partir da posição na qual ocorre a colisão até que se encontre a chave de busca, uma posição vazia ou todas as possíveis posições tenham sido examinadas. Nesses dois últimos casos, conclui-se que a chave não está presente na tabela. Esse processo de resolução de colisões é denominado **sondagem**. As posições de uma tabela de dispersão acessadas durante uma operação de busca, inserção ou remoção formam uma **sequência de sondagem** e a distância entre duas posições consecutivas nessa sequência é denominada **passo de sondagem**.

Para sondar as posições da tabela depois que ocorre uma colisão, utiliza-se uma função de dispersão que depende não apenas da chave de busca, como também de um **índice de sondagem** (v. adiante).

Para ser possível determinar se um coletor da tabela de dispersão está vazio, pode-se iniciar cada elemento da tabela de modo que ele contenha um valor especial. Esse valor deve ser sintaticamente válido, mas semanticamente inválido. Por exemplo, se todas as chaves são valores inteiros não negativos, pode-se usar −*1* como valor de chave de cada coletor disponível. Assim para verificar se um coletor está livre, compara-se o valor de sua chave com −*1*.

Para resolução de colisões em dispersão com endereçamento aberto, são empregadas duas funções de dispersão. A primeira função de dispersão, denominada **função de dispersão primária**, é aplicada numa chave para obtenção de seu valor de dispersão. Ou seja, uma função de dispersão primária é simplesmente uma função de dispersão comum (como aquelas usadas em dispersão com encadeamento, por exemplo). Quando a aplicação de uma função primária resulta em colisão, o valor de dispersão que ela produz é usado como entrada para uma outra função chamada **função de dispersão secundária** (ou **função de sondagem**). Além de usar esse valor como entrada, essa segunda função também usa um índice de sondagem, que é um valor inteiro $i > 0$.

7.4.2 Resoluções de Colisões (Sondagens)

Sondagem Linear

Em **sondagem linear**, examinam-se posições sucessivas circularmente na tabela usando-se uma função de dispersão, que é definida como:

$$f(c, i) = (f'(c) + i) \bmod m$$

em que i é o índice de sondagem e é tal que $0 \le i < m$ e f' é uma função de dispersão primária e f é uma função de dispersão secundária. Por exemplo, usando-se $f'(c) = c \bmod m$ e $m = 1000$, os possíveis valores de dispersão da chave $c = 2998$ serão:

$f(2998, 0) = (2998 \bmod 1000 + 0) \bmod 1000 = 998$	*[Primeira sondagem]*
$f(2998, 1) = (2998 \bmod 1000 + 1) \bmod 1000 = 999$	*[Segunda sondagem]*
$f(2998, 2) = (2998 \bmod 1000 + 2) \bmod 1000 = 0$	*[Terceira sondagem]*
$\vdots$	*[etc]*

Esse resultado significa que a chave $c = 2998$ será primeiro procurada na posição *998*; se ela não for encontrada nessa posição e a posição não estiver vazia, ela será procurada na posição *999*, depois na posição *0* e assim por diante.

A **Figura** 7–8 mostra um exemplo de operação de busca malsucedida numa tabela de dispersão que usa sondagem linear para resolver colisões. Nesse exemplo, a função (primária) de dispersão é $f'(c) = c \bmod 13$ e a chave de busca é *17*.

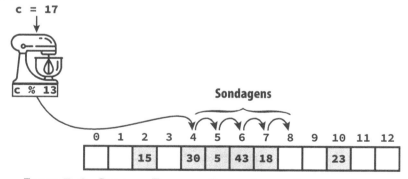

FIGURA 7–8: BUSCA EM TABELA DE DISPERSÃO COM SONDAGEM LINEAR

Sondagens são aplicadas em qualquer operação de busca, inserção ou remoção em tabelas de dispersão com endereçamento aberto. Considerando que a chave é primária, em qualquer uma dessas operações, uma sequência de sondagens para quando a chave procurada é encontrada ou quando o índice de sondagem i é igual a m, que é o tamanho da tabela. No caso de inserção, uma sequência de sondagem também para quando se encontra um coletor vazio no qual será efetuada a inserção.

Supondo que uma tabela de dispersão seja suficientemente grande, um espaço livre para inserção pode sempre ser encontrado, mas o tempo gasto em sondagem pode ser muito elevado. Ainda pior, mesmo se a tabela estiver pouco ocupada, sequências de coletores ocupados se formarão. Esse efeito, conhecido como **agrupamento primário**, significa que qualquer chave que esteja alojada num desses agrupamentos irá requerer uma longa sequência de sondagem antes que ela seja acrescentada ao mesmo agrupamento.

Agrupamento primário faz com que chaves tornem-se desigualmente distribuídas na tabela de dispersão, com muitas chaves se agrupando em torno de uma única posição de dispersão. Em geral, quanto maior for o fator de carga, mais agrupamentos ocorrerão. Entretanto agrupamentos podem ser formados mesmo quando o fator de carga não é grande. Partes da tabela de dispersão podem consistir de grandes agrupamentos, enquanto outras são vagamente habitadas. Agrupamentos prejudicam o desempenho, pois eles acarretam num número excessivo de sondagens.

A **Figura 7–9** mostra exemplos de inserção numa tabela de busca com sondagem linear. Nesse exemplo, a função de dispersão é: $f(c, i) = ((c \bmod 11) + i) \bmod 11$.

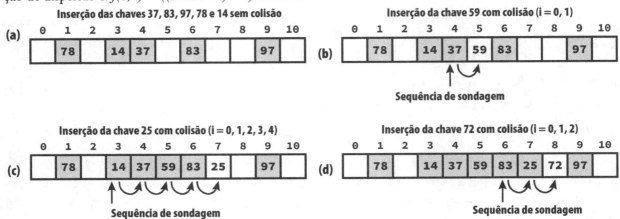

FIGURA 7–9: INSERÇÕES EM TABELA DE DISPERSÃO COM SONDAGEM LINEAR

A principal vantagem do método de sondagem linear é sua simplicidade e o fato de não haver restrição com relação ao tamanho da tabela para assegurar que todas as chaves serão eventualmente examinadas.

Sondagem Quadrática

Numa sondagem linear, se um valor da primeira sondagem for x, as sondagens subsequentes seriam $x + 1$, $x + 2$, $x + 3$ e assim por diante. Ou seja, o passo de sondagem é constante. Existe outra abordagem de resolução de colisões utilizada com endereçamento aberto, conhecida como **sondagem quadrática**. Usando-se sondagem quadrática, as sondagens nesse caso seriam $x + 1$, $x + 4$, $x + 9$, $x + 16$, $x + 25$ e assim por diante. Numa sondagem quadrática, a função de resolução de colisão é quadrática e comumente é escolhida como:

$$f(c, i) = (f'(c) + i^2) \bmod m$$

A **Figura 7–10** apresenta exemplos de inserção numa tabela de dispersão com encadeamento aberto que usa sondagem quadrática para resolver colisões. Nesses exemplos, a função de dispersão é: $f(c, i) = ((c \bmod 11) + i^2) \bmod 11$. As chaves usadas nesse exemplo são as mesmas usadas no exemplo de sondagem linear na **Figura 7–9**. Além disso, essas chaves são inseridas na mesma ordem nas duas figuras.

Sondagem quadrática é uma tentativa de impedir a formação de agrupamentos. A ideia é sondar coletores mais largamente separados, em vez daquelas adjacentes à posição inicial de dispersão na qual ocorre colisão. De fato, sondagens quadráticas reduzem a ocorrência de agrupamentos, mas não examinam necessariamente cada coletor da tabela.

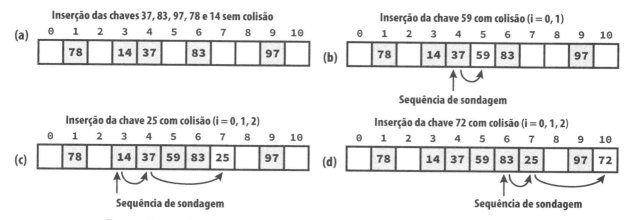

FIGURA 7–10: INSERÇÕES EM TABELA DE DISPERSÃO COM SONDAGEM QUADRÁTICA

Se o tamanho da tabela não for um número primo, o número de posições alternativas pode ser severamente reduzido. Em particular, se *m* for uma potência de *2*, relativamente poucos coletores da tabela são examinados. Por exemplo, se o tamanho da tabela for *16*, as únicas posições alternativas estarão a distâncias *1, 4* ou *9* entre si. Quando o tamanho da tabela é um número primo, é mais provável que uma sequência de sondagem eventualmente examine cada coletor.

Sondagens quadráticas eliminam o problema de agrupamento primário. Contudo elas sofrem de um problema de agrupamento diferente e mais sutil denominado **agrupamento secundário**. Isso ocorre porque todas as chaves cujos valores de dispersão resultam num determinado índice seguem a mesma sequência de sondagem. Agrupamentos secundários constituem uma deficiência amena, pois resultados experimentais sugerem que eles causam menos do que meia sondagem adicional para cada operação de busca.

Quando se usa sondagem linear, não é recomendável deixar que a tabela de dispersão se torne quase completa porque a eficiência das operações de busca, inserção e remoção pode ser severamente prejudicada. Usando-se sondagem quadrática, a situação é ainda mais drástica, pois não há garantia que se encontre um espaço vazio quando mais da metade da tabela estiver completa ou mesmo antes disso, se o tamanho da tabela não for um número primo. Mas pode-se mostrar que, quando se usa sondagem quadrática e o tamanho da tabela é um número primo, uma nova chave pode sempre ser inserida se pelo menos metade da tabela estiver vazia.

Sondagem com Dispersão Dupla

Para evitar agrupamentos primários ou secundários, pode-se usar a abordagem de **dispersão dupla**. Sondagens com dispersão dupla utilizam duas funções primárias de dispersão, f_1 e f_2, na composição da função de sondagem, que é definida como:

$$f(c, i) = (f_1(c) + i \cdot f_2(c)) \bmod m$$

em que $0 \le i < m$, e $f_1(c)$ e $f_2(c)$ são funções de dispersão comuns.

Em dispersão dupla, o tamanho do passo de sondagem depende do valor da chave, e é obtido por meio da função f_2. Por exemplo, se os valores resultantes das aplicações de f_1 e f_2 forem, respectivamente, *x* e *p*, então os passos de sondagem serão *x, x + p, x + 2p, x + 3p, x + 4p* e assim por diante, sendo que *p* depende da chave, mas permanece constante durante uma sondagem.

Tipicamente, usa-se $f_1(c) = c \bmod m$ e $f_2(c) = 1 + c \bmod m'$, sendo que *m'* é ligeiramente menor do que *m* (p. ex., *m' = m − 1* ou *m' = m − 2*). Mas existem abordagens alternativas para escolha das funções f_1 e f_2, sendo que duas dessas abordagens são:

[1] *m* é uma potência de *2* e f_2 sempre retorna um valor ímpar

[2] *m* é um número primo e f_2 sempre retorna um valor positivo menor do que *m*

Além de satisfazer esses requisitos, a função f_2 não deve ser igual a f_1 nem deve resultar em zero.

A **Figura** 7–11 mostra um exemplo de dispersão dupla com função de dispersão dada por:

$$f(c, i) = (c \bmod 11 + i \cdot (1 + c \bmod 9)) \bmod 11$$

Diferentemente do que ocorre com sondagem linear e quadrática, sequências de sondagem em tabelas com endereçamento aberto com dispersão dupla dependem das chaves, de modo que chaves que colidem podem ter diferentes sequências de sondagem. Esse fato minimiza os efeitos de agrupamentos.

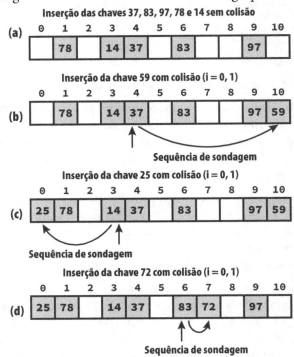

FIGURA 7–11: INSERÇÕES EM TABELA DE DISPERSÃO COM DISPERSÃO DUPLA

7.4.3 Operações Básicas

Busca

Uma operação de busca numa tabela de dispersão com endereçamento aberto segue o algoritmo delineado na **Figura** 7–12.

ALGORITMO BUSCAEMDISPERSÃOCOMENDEREÇAMENTOABERTO

ENTRADA: Uma tabela de dispersão com endereçamento aberto de tamanho *m* e uma chave de busca *c*

SAÍDA: O valor associado à chave, se ela for encontrada, ou um valor informando o fracasso da operação

1. Para cada índice *i* de uma tabela de dispersão com endereçamento aberto, aplique a função de dispersão *f(c, i)*, obtendo, assim, a posição *p* em que a chave pode ser encontrada

    1.1 Se o espaço na posição *p* da tabela estiver vazio, encerre informando o fracasso da busca

    1.2 Se a chave for encontrada na posição *p*, retorne o valor associado à chave

---

FIGURA 7–12: ALGORITMO DE BUSCA EM DISPERSÃO COM ENDEREÇAMENTO ABERTO

Inserção

Uma operação de inserção numa tabela de dispersão com endereçamento aberto segue o algoritmo apresentado na **Figura 7–13**.

ALGORITMO INSEREEMDISPERSÃOCOMENDEREÇAMENTOABERTO

ENTRADA: Conteúdo de um novo elemento cuja chave é c

ENTRADA/SAÍDA: Tabela de dispersão com endereçamento aberto de tamanho m

SAÍDA: Um valor informando o sucesso da operação

1. Para cada índice i de uma tabela de dispersão com endereçamento aberto de tamanho m, aplique a função $f(c, i)$, obtendo, assim, a posição p em que a chave deve ser inserida.
   1.1 Se o espaço na posição p da tabela estiver vazio ou marcado como removido, armazene a chave e seu valor associado nessa posição
   1.2 Se a chave for encontrada na posição p e ela for considerada primária, retorne informando o fracasso da operação
2. Se o final da tabela for atingido sem que se tenha encontrado espaço para inserção, retorne informando o fracasso da operação

---

FIGURA 7–13: ALGORITMO DE INSERÇÃO EM DISPERSÃO COM ENDEREÇAMENTO ABERTO

Remoção

Uma remoção comum não pode ser executada numa tabela de dispersão com sondagem, porque o coletor que contém a chave removida pode fazer parte de uma sequência de sondagem. Por exemplo, se a chave *83* na **Figura 7–9 (d)** for removida (i.e., declarada como vazia), uma operação subsequente de busca não encontrará mais a chave *72*.

Numa operação de remoção, deve-se levar em consideração que a chave a ser removida pode ser necessária para localizar outra chave na tabela. Uma solução simples para amenizar essa dificuldade é utilizar um campo do elemento armazenado na tabela para marcá-lo como removido, de modo que uma sequência de sondagem não seja quebrada. Inserções subsequentes podem ocupar os lugares de chaves marcadas como removidas. A desvantagem desse método é que se forem acumuladas muitas chaves marcadas como removidas, a busca pode tornar-se demasiadamente lenta. Nesse caso, a melhor solução é reconstruir a tabela de dispersão, como mostra a **Seção 7.5**.

Uma operação de remoção numa tabela de dispersão com endereçamento aberto segue o algoritmo da **Figura 7–14**.

ALGORITMO REMOVEEMDISPERSÃOCOMENDEREÇAMENTOABERTO

ENTRADA: A chave do elemento a ser removido

ENTRADA/SAÍDA: Uma tabela de dispersão com endereçamento aberto

SAÍDA: Um valor informando o sucesso ou fracasso da operação

1. Efetue uma busca pela chave a ser removida de acordo com o algoritmo de busca apresentado na **Figura 7–12**
2. Se a chave for encontrada, marque como removido o coletor que ela ocupa e retorne informando o sucesso da operação
3. Se a chave não for encontrada, retorne informando o fracasso da operação

---

FIGURA 7–14: ALGORITMO DE REMOÇÃO EM DISPERSÃO COM ENDEREÇAMENTO ABERTO

7.4.4 Implementação

Aqui, será apresentada uma implementação de tabela de dispersão com endereçamento aberto que usa ponteiros para funções para permitir o uso de qualquer uma das abordagens de resolução de colisão discutidas acima.

Definições de Tipos

Os seguintes tipos são utilizados na criação de uma tabela de dispersão com endereçamento aberto, além dos tipos `tCEP` e `tCEP_Ind` definidos na **Seção 7.3.2**:

```
    /* Tipo usado para indicar o status de um elemento da tabela */
typedef enum {VAZIO, OCUPADO, REMOVIDO} tStatusDEA;

    /* Tipo dos elementos da tabela de busca */
typedef struct {
        tCEP_Ind    chaveEIndice;
        tStatusDEA   status;
    } tColetorDEA, *tTabelaDEA;
```

Quando uma chave é removida de uma tabela de dispersão com endereçamento aberto, não se pode simplesmente marcar seu coletor com `VAZIO`, pois isso poderá interromper prematuramente uma sequência de sondagem. Nesse caso, o tipo `tStatusDEA` usa uma constante, denominada `REMOVIDO`, para indicar tal situação. Assim, o fato de o status de um coletor ser `REMOVIDO`, indica que ele está livre neste momento, mas já esteve ocupado antes.

As funções de dispersão que serão utilizadas em dispersão com endereçamento aberto possuem um parâmetro a mais do que aquelas usadas em dispersão com encadeamento. Esse parâmetro corresponde ao índice de sondagem. Portanto o tipo de ponteiro para tais funções usado nesta implementação é definido como:

```
    /* Tipo de um ponteiro para uma função de dispersão com endereçamento aberto */
typedef unsigned (*tFDispersaoDEA) (tCEP, unsigned, unsigned);
```

Iniciação da Tabela

A função `CriaTabelaDEA()` a seguir é usada para alocar e iniciar os elementos de uma tabela a ser usada com dispersão com endereçamento aberto. O único parâmetro dessa função é o número de posições da tabela de dispersão e ela retorna o endereço da tabela de dispersão criada.

```
tTabelaDEA CriaTabelaDEA(int nElementos)
{
  tTabelaDEA   tabela;
  int          i;

  tabela = calloc(nElementos, sizeof(tColetorDEA));
  ASSEGURA( tabela, "Impossivel alocar a tabela de dispersao" );

  for (i = 0; i < nElementos; ++i)
    tabela[i].status = VAZIO;/* Todos os elementos estão inicialmente desocupados */

  return tabela;
}
```

Busca

A função `BuscaDEA()` apresentada a seguir executa uma operação de busca numa tabela de dispersão com endereçamento aberto. Os parâmetros dessa função são:

- ■ `tabela` (entrada) — a tabela de dispersão
- ■ `tamanhoTab` (entrada) — tamanho da tabela de dispersão
- ■ `chave` (entrada) — a chave de busca
- ■ `fDispersao` (entrada) — ponteiro para a função de dispersão a ser usada

O retorno dessa função é o índice do registro no arquivo de registros, se a chave for encontrada, ou **-1**, em caso contrário.

```
int BuscaDEA( tTabelaDEA tabela, int tamanhoTab,
              tCEP chave, tFDispersaoDEA fDispersao )
{
  int i, pos;

    /* Faz sucessivas sondagens até encontrar a chave, */
    /* uma posição vazia ou a última sondagem          */
  for (i = 0; i < tamanhoTab; ++i) {
    pos = fDispersao(chave, i, tamanhoTab);
    ASSEGURA(pos < tamanhoTab, "Dispersao invalida recebido por BuscaDEA()");

    if (tabela[pos].status == VAZIO)
      return -1; /* A chave não foi encontrada */

    if (tabela[pos].status == OCUPADO &&
        !memcmp( tabela[pos].chaveEIndice.chave, chave, sizeof(tCEP) ))
      return tabela[pos].chaveEIndice.indice; /* Chave encontrada */
  }
  return -1;   /* A chave não foi encontrada */
}
```

Note que a função `BuscaDEA()` pode ser usada com sondagem linear, quadrática ou com dispersão dupla. O que muda nesses tipos de sondagens é a função passada como último parâmetro para a função `BuscaDEA()`.

Inserção

A função `InsereDEA()` apresentada a seguir faz inserção numa tabela de dispersão com endereçamento aberto. Os parâmetros dela são:

- ■ `tabela` (entrada) — a tabela de dispersão
- ■ `tamanhoTab` (entrada) — tamanho da tabela de dispersão
- ■ `chaveEIndice` (entrada) — a chave de busca e seu respectivo valor
- ■ `fDispersao` (entrada) — ponteiro para a função de dispersão a ser usada

O retorno dessa função é **1**, se houver inserção, ou **0**, em caso contrário.

```
int InsereDEA( tTabelaDEA tabela, int tamanhoTab,
               tCEP_Ind chaveEIndice, tFDispersaoDEA fDispersao )
{
  int i, pos, posInsercao = -1;

    /* Faz sucessivas sondagens até encontrar a chave */
    /* ou um local onde se pode fazer a inserção.     */
  for (i = 0; i < tamanhoTab; ++i) {
    pos = fDispersao(chaveEIndice.chave, i, tamanhoTab);
    ASSEGURA( pos < tamanhoTab, "Valor invalido recebido por InsereDEA()" );

    if ( tabela[pos].status == REMOVIDO && posInsercao < 0 )
        /* Se a chave não for encontrada numa nova   */
        /* sondagem, esta será a posição de inserção */
      posInsercao = pos;
```

```
    if (tabela[pos].status == VAZIO && posInsercao < 0) {
      posInsercao = pos; /* A chave não foi encontrada */
      break; /* A chave será inserida fora do laço */
    }

    if ( tabela[pos].status == OCUPADO &&
        !memcmp(tabela[pos].chaveEIndice.chave, chaveEIndice.chave, sizeof(tCEP)))
      return 0; /* Chave encontrada */
  }

    /* Insere chave e índice na posição determinada dentro do laço for */
  tabela[posInsercao].chaveEIndice = chaveEIndice;
  tabela[posInsercao].status = OCUPADO;

  return 1;
}
```

A função `InsereDEA()` pode ser usada com sondagem linear, quadrática ou com dispersão dupla [v. discussão ao final da apresentação da função `BuscaDEA()`].

Remoção

A função `RemoveDEA()` apresentada abaixo remove uma chave de uma tabela de dispersão com endereçamento aberto. A mesma função pode ser usada com sondagem linear, quadrática ou com dispersão dupla [v. discussão ao final da apresentação da função `BuscaDEA()`]. Os parâmetros da função `RemoveDEA()` são:

- `tabela` (entrada) — a tabela de dispersão
- `tamanhoTab` (entrada) — tamanho da tabela de dispersão
- `chave` (entrada) — a chave de busca
- `fDispersao` (entrada) — ponteiro para a função de dispersão a ser usada

O retorno dessa função é **1**, se houver remoção, ou **0**, em caso contrário.

```
int RemoveDEA(tTabelaDEA tabela, int tamanhoTab, tCEP chave, tFDispersaoDEA fDispersao)
{
  int i, pos;

    /* Faz sucessivas sondagens até encontrar a chave, */
    /* uma posição vazia ou atingir a última sondagem. */
  for (i = 0; i < tamanhoTab; ++i) {
    pos = fDispersao(chave, i, tamanhoTab);
    ASSEGURA(pos < tamanhoTab, "Valor dispersao invalido em RemoveDEA()");

    if (tabela[pos].status == VAZIO)
      return 0; /* A chave não foi encontrada */

    if (tabela[pos].status == OCUPADO &&
        !memcmp( tabela[pos].chaveEIndice.chave, chave,sizeof(tCEP))) {
      tabela[pos].status = REMOVIDO; /* Marca como removido */

      return 1; /* Remoção foi OK */
    }
  }

  return 0;  /* A chave não foi encontrada */
}
```

7.4.5 Análise

As demonstrações das várias afirmações que serão apresentadas nesta seção não são triviais e podem ser encontradas no livro de Knuth (Volume 3, 1997 — v. **Bibliografia**).

O custo temporal de acesso a uma chave depende dos tamanhos das sondagens requeridas. Cada coletor acessado durante uma sondagem acrescenta uma unidade ao custo temporal de busca por um coletor vago (para inserção) ou por um coletor ocupado. Durante um acesso, um coletor deve ser testado para verificar se ele está vazio e, no caso de busca ou remoção, se ele contém a chave desejada. Assim o custo temporal de uma operação de busca, inserção ou remoção é proporcional ao tamanho da sondagem. Como o tamanho médio de sondagem (e, portanto, o custo temporal médio de acesso) depende do fator de carga, à medida que o fator de carga aumenta, os tamanhos de sondagem tornam-se maiores.

Em geral, buscas malsucedidas levam mais tempo do que buscas bem-sucedidas. Durante uma sequência de sondagem, o algoritmo pode parar assim que ele encontra a chave desejada, que é, em média, metade da sequência de sondagem. Por outro lado, ele deve ir até o fim de tal sequência antes de estar seguro que não pode encontrar uma chave.

Custos Temporais em Sondagem Linear

Pode ser mostrado que, quando se usa sondagem linear, o número esperado de sondagens (i.e., o tamanho de sondagem T_s) em inserções e buscas malsucedidas em função do fator de carga (α) é aproximadamente:

$$T_s = (\ 1 + 1\ /\ (1 - \alpha)\ )/2$$

Para buscas bem-sucedidas, o resultado equivalente é:

$$T_s = (\ 1 + 1\ /\ (1 - \alpha)^2\ )/2$$

Em média, buscas bem-sucedidas devem levar menos tempo do que buscas malsucedidas. Assumindo-se que ocorre dispersão uniforme (i.e., quando não ocorrem agrupamentos), o número esperado de sondagens quando uma busca é malsucedida é:

$$1/(1 - \alpha)$$

em que α é o fator de carga da tabela de dispersão. Por exemplo, o número de posições que se espera sondar numa tabela de dispersão com metade de suas posições ocupadas (i.e., com $\alpha = 0,5$) é $1/(1 - 0,5) = 2$.

Por outro lado, o número médio de sondagens numa busca bem-sucedida é dado por:

$$\frac{1}{\alpha} \ln \frac{1}{1 - \alpha}$$

Esses resultados são melhores do que os resultados correspondentes quando ocorrem agrupamentos. Por exemplo, se $\alpha = 0,75$, então $8,5$ sondagens são esperadas numa inserção com sondagem linear. Por outro lado, se $\alpha = 0,90$, 50 sondagens são esperadas numa inserção com sondagem linear, o que é ruim em termos de eficiência. Caso não ocorram agrupamentos, os resultados serão, respectivamente, 4 e 10 sondagens. A conclusão que se pode tirar dessas fórmulas é que sondagem linear não é uma boa abordagem quando $\alpha > 0,5$.

Com um fator de carga de $0,5$, uma busca bem-sucedida consome $1,5$ comparações e uma busca malsucedida consome $2,5$ comparações. Com um fator de carga igual a $2/3$, esses valores são, respectivamente, $2,0$ e $5,0$. Com fatores de carga maiores, esses valores também serão bem maiores.

Custos Temporais em Sondagens Quadrática e com Dispersão Dupla

Sondagens quadrática e com dispersão dupla compartilham seus desempenhos, que indicam uma modesta superioridade sobre sondagem linear. Para uma busca bem-sucedida, o número de sondagens é dado por:

$$[-log_2\ (1 - \alpha)]/\alpha$$

Por outro lado, para uma busca malsucedida, o número de sondagens é expresso como:

$$1/(1 - \alpha)$$

Com um fator de carga de $0,5$, buscas bem-sucedidas e malsucedidas requerem uma média de duas sondagens. Usando um fator de carga igual a $0,8$, os respectivos números de sondagens são $2,9$ e 5. Assim fatores de carga maiores do que aqueles recomendados para sondagem linear podem ser tolerados com sondagem quadrática e com dispersão dupla.

Custo Espacial

Como foi visto, o fator de carga deve ser mantido preferencialmente abaixo de *0,5*. Por outro lado, quanto menor for o fator de carga, maior será a memória necessária para armazenar uma certa quantidade de chaves. O fator de carga ótimo numa situação particular depende de uma disputa entre gasto de memória, que diminui com menores fatores de carga α, e rapidez, que aumenta com maiores valores de α.

Comparando Métodos de Sondagem

Resumindo o que foi exposto nesta seção, as seguintes recomendações devem ser seguidas quando se lida com tabela de dispersão com endereçamento aberto:

- ❏ O fator de carga máximo em dispersão com endereçamento aberto deve ser em torno de *0,5*. Para dispersão dupla com esse fator de carga, as buscas terão um tamanho de sondagem médio igual a *2*.
- ❏ O custo temporal de uma operação de busca tende a infinito à medida que o fator de carga da tabela na qual a busca é efetuada se aproxima de *1,0* em dispersão com endereçamento aberto.

Normalmente, dispersão dupla é a melhor opção para dispersão com endereçamento aberto. A principal vantagem de dispersão dupla é que ela produz uma boa distribuição de chaves por toda uma tabela de dispersão. Como desvantagem tem-se que o tamanho da tabela sofre restrições de modo a assegurar que todas as posições na tabela sejam visitadas numa sequência de sondagens antes que algum coletor seja visitado duas vezes.

Quando há abundância de memória, é mais simples usar uma tabela de dispersão maior com sondagem linear do que usar dispersão dupla. A justificativa é que, uma vez que a tabela tenha cerca de *50%* de ocupação, não há muito benefício que se possa obter usando dispersão dupla.

A **Tabela 7–1** apresenta uma comparação dos métodos de resolução de colisão usados em dispersão com endereçamento aberto.

SONDAGEM LINEAR	SONDAGEM QUADRÁTICA	SONDAGEM COM DISPERSÃO DUPLA
Melhor localidade de referência	Fácil de implementar	Uso mais eficiente de espaço
Usa poucas sondagens	Não explora todas as posições da tabela	Implementação é mais complicada
Acarreta agrupamento primário	Acarreta agrupamento secundário	Usa menos sondagens, mas leva mais tempo
Passo de sondagem é fixo	Passo de sondagem aumenta de acordo com o índice	Passo de sondagem varia de acordo com o valor de dispersão

TABELA 7–1: DISPERSÃO COM ENDEREÇAMENTO ABERTO: COMPARAÇÃO DE MÉTODOS

7.5 Redimensionamento de Dispersão

7.5.1 Conceito

Quando o fator de carga excede algum valor (tipicamente, *2* para dispersão com encadeamento e *0,75* para endereçamento aberto), aloca-se uma nova tabela, usualmente, dobrando o tamanho da antiga tabela, e realocam-se todas as chaves na nova tabela. Essa operação inteira é chamada **redimensionamento de dispersão**.

Uma operação de redimensionamento de dispersão é claramente uma operação muito onerosa, com custo temporal $\theta(n)$, em que n é o número de chaves no instante em que a tabela é aumentada. Mesmo assim essa operação não afeta tanto a eficiência global de uma tabela de dispersão, porque ela acontece muito raramente.

Suponha, por exemplo, que as chaves *5, 13, 15, 27, 30* e *45* sejam inseridas numa tabela de dispersão de tamanho (*m*) igual a *7* com sondagem linear, e a função de dispersão seja *f(c) = c mod 7*. A tabela de dispersão resultante é ilustrada na **Figura 7–15 (a)**. Após essas inserções, o fator de carga (*α*) dessa tabela será igual a *0,86* (i.e., *6/7*). Ou seja, o preenchimento dessa tabela é cerca de *86%*. Assim uma nova tabela é criada. O tamanho dessa tabela é *17*, porque esse é o primeiro número primo que é duas vezes tão grande quanto o tamanho da tabela antiga (que é *7*). A nova função de dispersão é *f'(c) = c mod 17*. Então as chaves *5, 13, 15, 27, 30* e *45* da antiga tabela são acessadas sequencialmente na antiga tabela e inseridas na nova tabela usando-se a função de dispersão *f'*. A tabela resultante dessa operação é mostrada na **Figura 7–15 (b)**.

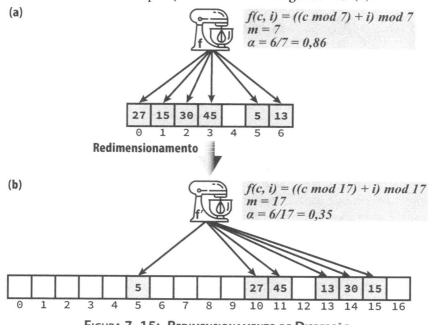

FIGURA 7–15: REDIMENSIONAMENTO DE DISPERSÃO

A decisão sobre quando redimensionar depende da abordagem usada para resolução de colisões e existem diversas alternativas. Por exemplo, com sondagem quadrática, uma alternativa é redimensionar tão logo a tabela esteja completa pela metade, enquanto uma alternativa extrema é redimensionar apenas quando uma inserção fracassar. Uma terceira abordagem é redimensionar quando o fator de carga da tabela atinge um certo valor. Como a eficiência é penalizada à medida que o fator de carga aumenta, a terceira estratégia certamente é a melhor.

7.5.2 Implementação

A função `RedimensionaTabDEA()` apresentada abaixo redimensiona uma tabela de dispersão com endereçamento aberto. Essa função retorna o endereço da nova tabela resultante do redimensionamento e seus parâmetros são:

- `tabela` (entrada) — a tabela de dispersão atual
- `tamanhoTab` (entrada) — tamanho da tabela de dispersão atual
- `fDispersao` (entrada) — ponteiro para a função de dispersão a ser usada

```
static tTabelaDEA RedimensionaTabDEA( tTabelaDEA tabela, int tamanhoTab,
                                      tFDispersaoDEA fDispersao )
{
```

```
  tTabelaDEA  tabelaNova;
  int         i, tamanhoNovo = 2*tamanhoTab;

  tabelaNova = calloc(tamanhoNovo, sizeof(tColetorDEA));
  ASSEGURA(tabelaNova, "Impossivel redimensionar a tabela");

     /* Inicia os coletores */
  for (i = 0; i < tamanhoNovo; ++i)
        /* Todos os coletores da nova tabela estão inicialmente desocupados */
     tabela[i].status = VAZIO;

     /* Transfere as chaves da tabela antiga para a tabela nova */
  for (i = 0; i < tamanhoTab; ++i)        if (tabela[i].status == OCUPADO)
     ASSEGURA( InsereDEA( tabelaNova, tamanhoNovo,
                          tabela[i].chaveEIndice, fDispersao ),
                 "Erro de insercao de redimensionamento");

  free(tabela); /* Libera o espaço ocupado pela tabela antiga */

  return tabelaNova;
}
```

Note que a função `RedimensionaTabDEA()` não pode usar **realloc**(), pois, se esse fosse o caso, as chaves armazenadas na antiga tabela seriam copiadas com o mesmo valor de dispersão para a tabela nova. Observe ainda que o redimensionamento efetuado por essa função sempre dobra o tamanho atual da tabela.

7.5.3 Análise

Quando uma tabela de dispersão se torna demasiadamente ocupada, o custo temporal das operações básicas fica elevado e inserções podem fracassar para dispersão com endereçamento aberto e resolução de colisões quadrática. A solução é construir outra tabela que seja cerca de duas vezes maior e com uma nova função de dispersão associada, calcular um novo valor de dispersão para cada chave e inseri-la na nova tabela.

Se o tamanho da tabela for duplicado cada vez que um redimensionamento for necessário, pode-se mostrar, usando um raciocínio similar àquele empregado na **Seção 5.3**, que o custo temporal amortizado de uma operação de inserção numa tabela de dispersão é $\theta(1)$, mesmo quando ocorre redimensionamento. O problema é que, quando uma tabela é duplicada, seu tamanho passa a ser múltiplo de dois, o que não é recomendável.

7.6 Dispersão Cuco

7.6.1 Conceitos

No esquema de **dispersão cuco**, são usadas duas tabelas, T_1 e T_2, cada uma das quais com tamanho m, em que m é maior do que n, o número de chaves a ser armazenadas. Comumente, usa-se $m \geq 2 \cdot n$. Além disso, são usadas duas funções de dispersão: f_1, associada à tabela T_1, e f_2, associada à tabela T_2. Para qualquer chave c, existem dois locais nos quais ela pode ser armazenada, que são $T_1[f_1(c)]$ e $T_2[f_2(c)]$. A **Figura 7–16** ilustra esse tipo de dispersão, que usa um esquema de endereçamento aberto (v. **Seção 7.4**). Observe nessa figura que as chaves *22* e *77* colidem na posição *06* da tabela T_2, mas isso não constitui um problema, pois a chave *22* pode ser armazenada normalmente na posição alternativa *01* da tabela T_1.

É curioso assinalar que a denominação *dispersão cuco* é inspirada no estranho hábito de pássaros da espécie **cuco comum**, cujas fêmeas põem seus ovos em ninhos de outros pássaros para que seus filhotes sejam incubados e criados por esses pais involuntários. Quando esses filhotes nascem, eles jogam para fora do ninho os ovos ou outros filhotes que lá se encontrem. Ou seja, usando um eufemismo, o filhote bastardo *desaloja* seus irmãos (involuntários) de criação. Analogamente, inserir uma nova chave numa tabela de dispersão cuco pode **desalojar** uma chave mais antiga para uma diferente posição na tabela. Pássaros dessa espécie habitam principalmente alguns países da Europa, Ásia e África.

Quando ocorre uma colisão numa operação de inserção em dispersão cuco, a chave que se encontra na posição de colisão é desalojada e a nova chave é inserida em seu lugar. Isso faz com que a chave desalojada vá para sua posição alternativa na outra tabela e lá seja inserida, o que pode causar a repetição desse processo se houver colisão com outra chave. Eventualmente, encontra-se um espaço vazio e encerra-se ou repete-se um desalojamento que já havia ocorrido, o que indica um ciclo sem fim. Se tal ciclo for encontrado, encerra-se o processo de inserção e redimensionam-se as tabelas de dispersão (com novas funções de dispersão, obviamente).

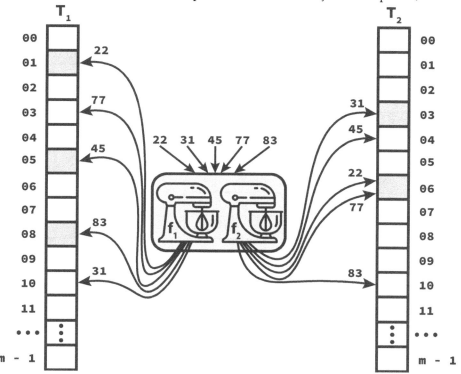

FIGURA 7–16: DISPERSÃO CUCO

Mais formalmente, para inserir uma nova chave x, a primeira das duas possíveis posições é testada, i.e., $f_1(x)$ em T_1 e $f_2(x)$ em T_2. Se uma dessas posições estiver disponível, a chave é armazenada nessa posição. Caso ambas as posições já estejam ocupadas, então algumas mudanças de posição serão necessárias. Nesse caso, uma das funções de dispersão e sua tabela associada são escolhidas, como, por exemplo, a função f_1 e a tabela T_1. Suponha que y seja uma chave residente na tabela T_1 que colide com uma nova chave x a ser inserida nessa mesma tabela; isto é, essas chaves são tais que $f_1(x) = f_1(y)$. Então o processo de inserção removerá a chave y de sua posição e armazenará a nova chave x nessa posição. Em seguida, o processo tentará inserir y na tabela T_2, pois como essa chave foi removida de sua posição em T_1, ela não poderá mais ser armazenada nessa última tabela. Assim a única possibilidade para y é sua posição alternativa em T_2 na posição determinada por $f_2(y)$. Se esse espaço estiver vazio, a chave y será armazenada nele e o processo de inserção é encerrado. Se já houver uma chave ocupando esse espaço, essa chave será desalojada e a história se repete. Esse processo continua até que uma chave desalojada seja armazenada num espaço vazio. Mas existe a possibilidade de esse processo tornar-se um ciclo sem fim e, por essa razão, o número de desalojamentos deve ser limitado por uma constante. Quando o número de desalojamentos atinge o valor dessa constante, as tabelas são redimensionadas.

Considere o exemplo mostrado na **Figura** 7–17. Nela estão representadas as duas tabelas de uma dispersão cuco bem como os valores de dispersão obtidos quando se aplicam as funções de dispersão f_1 e f_2 às chaves A, B, C, D, E e F, que devem ser inseridas nessas tabelas. A função f_1 está associada à tabela 1, ao passo que a função f_2 está associada à tabela 2. Mais precisamente, os valores de dispersão obtidos com a aplicação da função f_1 são índices da tabela 1 e os valores de dispersão obtidos com a aplicação da função f_2 são índices da tabela 2.

TABELA 1		TABELA 2		c	$f_1(c)$	$f_2(c)$
ÍNDICE	**CHAVE**	**ÍNDICE**	**CHAVE**			
0		0		A	0	2
1		1		B	0	0
2		2		C	1	4
3		3		D	1	0
4		4		E	3	2
				F	3	4

FIGURA 7–17: CONDIÇÃO INICIAL DE UMA TABELA DE DISPERSÃO CUCO

A inserção da primeira chave (nesse caso, A) é sempre fácil, pois as duas tabelas estão vazias. O valor de dispersão $f_1(A)$ indica que a chave A deve ser inserida na posição 0 da tabela 1, o que ocorre normalmente, como mostra a **Figura** 7–18.

TABELA 1		TABELA 2		c	$f_1(c)$	$f_2(c)$
ÍNDICE	**CHAVE**	**ÍNDICE**	**CHAVE**			
0	A	0		A	0	2
1		1		B	0	0
2		2		C	1	4
3		3		D	1	0
4		4		E	3	2
				F	3	4

FIGURA 7–18: INSERÇÃO SEM DESALOJAMENTO EM TABELA DE DISPERSÃO CUCO

Na inserção da chave B, nota-se que $f_1(B)$ resulta em 0, indicando que essa chave deve ser inserida na posição 0 da tabela 1. Ocorre, porém, que essa posição já está ocupada pela chave A. Então a chave A é movida para sua posição alternativa na tabela 2, que é determinada pelo valor de dispersão $f_2(A)$. O resultado é mostrado na **Figura** 7–19, que também mostra a inserção subsequente de C. Essa última inserção ocorre normalmente, visto que a posição 1 [resultante de $f_1(C)$] da tabela 1 encontra-se vazia.

TABELA 1		TABELA 2		c	$f_1(c)$	$f_2(c)$
ÍNDICE	**CHAVE**	**ÍNDICE**	**CHAVE**			
0	B	0		A	0	2
1	C	1		B	0	0
2		2	A	C	1	4
3		3		D	1	0
4		4		E	3	2
				F	3	4

FIGURA 7–19: DISPERSÃO CUCO: INSERÇÃO COM E SEM DESALOJAMENTO 1

A inserção da chave D, mostrada na **Figura 7–20**, novamente, requer o desalojamento de uma chave. Ou seja, a posição de D na tabela 1, dada por $f_1(D) = 1$, já está ocupada, o que requer que a chave C, que ocupa a referida posição, seja movida para sua posição alternativa na tabela 2, que é dada por $f_2(C) = 4$. Na mesma **Figura 7–20**, aparece a inserção da chave E, que ocorre normalmente, pois sua posição na tabela 1, dada por $f_1(E) = 3$, encontra-se vazia.

TABELA 1			TABELA 2			c	$f_1(c)$	$f_2(c)$
ÍNDICE	**CHAVE**		**ÍNDICE**	**CHAVE**		A	0	2
0	B		0			B	0	0
1	D		1			C	1	4
2			2	A		D	1	0
3	E		3			E	3	2
4			4	C		F	3	4

FIGURA 7–20: DISPERSÃO CUCO: INSERÇÃO COM E SEM DESALOJAMENTO 2

A inserção da chave F é a mais complicada e segue os seguintes passos:

1. A posição de F na tabela 1, dada por $f_1(F) = 3$, já está ocupada pela chave E, o que faz com que se tente mover E para a tabela 2.

2. A posição alternativa de E na tabela 2, dada por $f_2(E) = 2$, já está ocupada pela chave A, o que faz com que se tente mover A para a tabela 1.

3. A posição da chave A na tabela 1, dada por $f_1(A) = 0$, já está ocupada pela chave B. Logo essa última chave deve ser movida para sua posição alternativa na tabela 2.

4. Finalmente, a posição da chave B na tabela 2, dada por $f_2(B) = 0$, está vazia e essa chave pode ser armazenada nessa posição. Este último passo encerra a inserção da chave F e o resultado é mostrado na **Figura 7–21**.

TABELA 1			TABELA 2			c	$f_1(c)$	$f_2(c)$
ÍNDICE	**CHAVE**		**ÍNDICE**	**CHAVE**		A	0	2
0	A		0	B		B	0	0
1	D		1			C	1	4
2			2	E		D	1	0
3	F		3			E	3	2
4			4	C		F	3	4

FIGURA 7–21: DISPERSÃO CUCO: INSERÇÃO COM MÚLTIPLOS DESALOJAMENTOS

Considerando o mesmo exemplo acima, suponha que houvesse uma chave G com valores de dispersão dados por $f_1(G) = 1$ e $f_2(G) = 2$. Nesse caso, a tentativa de inserção de G numa das tabelas resultaria na seguinte sequência de eventos:

1. A inserção de G na tabela 1 desaloja D
2. A inserção de D na tabela 2 desaloja B
3. A inserção de B na tabela 1 desaloja A
4. A inserção de A na tabela 1 desaloja E
5. A inserção de E na tabela 2 desaloja F
6. A inserção de F na tabela 1 desaloja C
7. A inserção de C na tabela 1 desaloja G
8. A inserção de G na tabela 2 desaloja A
⋮

Portanto a tentativa de inserção da chave G resulta num ciclo sem fim.

Aparentemente, o problema que surge com a tentativa de inserção da chave G é decorrente do fato de o fator de carga de cada tabela ser elevado, pois a inserção de G resultaria em $\alpha = 0,7$. Mas esse não é o caso aqui. Quer dizer, com os valores de dispersão utilizados, esse ciclo sem fim ocorreria mesmo que cada tabela tivesse milhares de posições disponíveis. Assim a solução para o referido problema consiste em considerar novas funções de dispersão com a respectiva reconstrução das tabelas de dispersão.

Felizmente, estudos revelam que a probabilidade de ocorrência de ciclo sem fim como aquele apresentado no último exemplo é muito pequena quando o fator de carga se situa abaixo de $0,5$. Além disso, é improvável que o número esperado de desalojamentos durante uma operação de inserção seja maior do que $\theta(\log n)$. Assim pode-se redimensionar as tabelas após a detecção de um certo número de desalojamentos. Por outro lado, se o fator de carga for maior do que $0,5$, a probabilidade de ocorrência de um ciclo sem fim se torna bastante elevada.

7.6.2 Operações Básicas

Busca

Uma operação de busca numa tabela de dispersão cuco segue o algoritmo delineado na **Figura 7–22**.

ALGORITMO BUSCAEMDISPERSÃOCUCO

ENTRADA: Uma tabela de dispersão cuco e uma chave de busca c

SAÍDA: O valor associado à chave, se ela for encontrada, ou um valor informando o fracasso da operação

1. Obtenha o valor de dispersão d_1 de c usando a função de dispersão associada à primeira tabela
2. Se a chave na posição d_1 da primeira tabela for igual a c, retorne o valor associado a essa chave
3. Obtenha o valor de dispersão d_2 de c usando a função de dispersão associada à segunda tabela
4. Se a chave na posição d_2 da segunda tabela for igual a c, retorne o valor associado a essa chave
5. Retorne um valor informando que a busca não obteve sucesso

---

FIGURA 7–22: ALGORITMO DE BUSCA EM DISPERSÃO CUCO

Inserção

Uma operação de inserção numa tabela de dispersão cuco segue o algoritmo apresentado na **Figura 7–23**.

ALGORITMO INSEREEMDISPERSÃOCUCO

ENTRADA: O conteúdo de um novo elemento com chave c

ENTRADA/SAÍDA: Uma tabela de dispersão cuco

SAÍDA: Um valor informando o sucesso da operação

1. Se a chave já existe na tabela, encerre informando o fracasso da operação (a chave é primária)
2. Calcule o número limite de desalojamentos
3. Enquanto o número máximo de desalojamentos não for atingido, faça:
   3.1 Obtenha o valor de dispersão d_1 da chave do elemento a ser inserido aplicando-lhe a função de dispersão associada à primeira tabela
   3.2 Se a posição d_1 da primeira tabela estiver vazia, efetue a inserção e retorne indicando o sucesso da operação

---

FIGURA 7–23: ALGORITMO DE INSERÇÃO EM DISPERSÃO CUCO

Algoritmo InsereEmDispersãoCuco (Continuação)

3.3 Caso contrário, faça o seguinte:

    3.3.1 Guarde o elemento que se encontra na posição d_1

    3.3.2 Armazene o novo elemento na posição d_1

    3.3.3 Faça com que o elemento a ser inserido passe a ser aquele que foi guardado

3.4 Obtenha o valor de dispersão d_2 da chave do elemento a ser inserido aplicando-lhe a função de dispersão associada à segunda tabela

3.5 Se a posição d_2 da segunda tabela estiver vazio, efetue a inserção e retorne indicando o sucesso da operação

3.6 Caso contrário, faça o seguinte:

    3.6.1 Guarde o elemento que se encontra na posição d_2

    3.6.2 Armazene o novo elemento na posição d_2

    3.6.3 Faça com que o elemento a ser inserido passe a ser aquele que foi guardado

4. Redimensione a tabela usando o algoritmo RedimensionaTabelaCuco

---

Figura 7–23 (Cont.): Algoritmo de Inserção em Dispersão Cuco

O algoritmo RedimensionaTabelaCuco invocado por InsereEmDispersãoCuco segue os passos apresentados na **Figura 7–24**.

Algoritmo RedimensionaTabelaCuco

Entrada: O conteúdo de um novo elemento

Entrada/Saída: Uma tabela de dispersão cuco

Saída: Um valor informando o sucesso da operação

1. Crie uma nova tabela de dispersão cuco com tamanho maior do que o tamanho daquela recebida como entrada

2. Insira as chaves da antiga tabela na nova tabela

3. Libere o espaço ocupado pela antiga tabela

4. Insira o novo elemento na nova tabela

Figura 7–24: Algoritmo de Redimensionamento de Tabela de Dispersão Cuco

Remoção

Uma operação de remoção numa tabela de dispersão cuco segue o algoritmo apresentado na **Figura 7–25**.

Algoritmo RemoveEmDispersãoCuco

Entrada: A chave c do elemento a ser removido

Entrada/Saída: Uma tabela de dispersão cuco

Saída: Um valor informando o sucesso da operação

1. Obtenha o valor de dispersão d_1 de c usando a função de dispersão associada à primeira tabela

2. Se a chave na posição d_1 da primeira tabela for igual a c, remova o elemento que se encontra nessa posição e encerre informando o sucesso da operação

---

Figura 7–25: Algoritmo de Remoção em Dispersão Cuco

ALGORITMO REMOVEEMDISPERSÃOCUCO (CONTINUAÇÃO)

3. Se a chave na posição d_2 da segunda tabela for igual a c, remova o elemento que se encontra nessa posição e encerre informando o sucesso da operação

4. Retorne um valor informando que a remoção não obteve sucesso

---

FIGURA 7–25 (CONT.): ALGORITMO DE REMOÇÃO EM DISPERSÃO CUCO

7.6.3 Implementação

Definições de Tipos

Além dos tipos `tCEP` e `CEP_Ind` definidos na Seção 7.3.2, os seguintes tipos serão usados na implementação de dispersão cuco a ser apresentada aqui:

```
/* Tipo usado para indicar o status de um elemento da tabela */
typedef enum {VAZIO, OCUPADO} tStatusCuco;

/* Tipo de um ponteiro para uma função de dispersão cuco */
typedef unsigned int (*tFDispersaoCuco) (tCEP, int);

/* Tipo dos elementos de uma tabela de dispersão cuco */
typedef struct {
        tCEP_Ind       chaveEIndice;
        tStatusCuco status;
    } tColetorCuco;

/* Tipo de uma tabela de dispersão cuco */
typedef struct {
        tColetorCuco   *tab1; /* Tabela 1 */
        tColetorCuco   *tab2; /* Tabela 2 */
        tFDispersaoCuco fD1;  /* Função de dispersão 1  */
        tFDispersaoCuco fD2;  /* Função de dispersão 2  */
        int             tam;  /* Tamanho de cada tabela */
        int             nChaves; /* Número de chaves       */
    } tTabelaCuco;
```

Criação

A função `CriaTabelaCuco()` cria e inicializa uma tabela de dispersão cuco e seus parâmetros são:

- **tabelas** (saída) — a tabela cuco criada e iniciada
- **nElementos** (entrada) — número de posições da tabela de dispersão
- **fD1, fD2** (entrada) — endereços das funções de dispersão utilizadas

```
void CriaTabelaCuco( tTabelaCuco *tabelas, int nElementos,
                     tFDispersaoCuco fD1, tFDispersaoCuco fD2 )
{
  int i;

    /* Aloca espaço para as duas tabelas */
  tabelas->tab1 = calloc(nElementos, sizeof(tColetorCuco));
  tabelas->tab2 = calloc(nElementos, sizeof(tColetorCuco));
  ASSEGURA( tabelas->tab1 && tabelas->tab2,
          "\nImpossivel alocar a tabela de dispersão\n" );

    /* Inicia as duas tabelas */
  for (i = 0; i < nElementos; ++i) {
      /* Todos os elementos estão inicialmente desocupados */
    tabelas->tab1[i].status = VAZIO;
```

```
            tabelas->tab2[i].status = VAZIO;
    }

        /* Inicia as funções de dispersão */
    tabelas->fD1 = fD1;
    tabelas->fD2 = fD2;

    tabelas->nChaves = 0; /* Inicia o número de chaves nas tabelas */
}
```

Busca

A função **BuscaCuco()**, apresentada a seguir, executa uma busca simples numa tabela de dispersão cuco. Essa função retorna o índice do registro no arquivo de registros, se a chave for encontrada, ou **-1**, em caso contrário, e seus parâmetros são:

- **tabela** (entrada) — a tabela de dispersão
- **chave** (entrada) — a chave de busca

```
int BuscaCuco( tTabelaCuco tabela, tCEP chave )
{
    int pos; /* Essa variável não é estritamente necessária, mas */
             /* ela facilita a escrita das expressões seguintes  */

    pos = tabela.fD1(chave, tabela.tam);

        /* Verifica se a chave se encontra na primeira tabela */
    if ( tabela.tab1[pos].status == OCUPADO &&
         !strcmp(tabela.tab1[pos].chaveEIndice.chave, chave) )
        return tabela.tab1[pos].chaveEIndice.indice; /* Chave encontrada */

    /* A chave ainda não foi encontrada. Verifica */
    /* se ela se encontra na segunda tabela.      */

    pos = tabela.fD2(chave, tabela.tam);

    if ( tabela.tab2[pos].status == OCUPADO &&
         !strcmp(tabela.tab2[pos].chaveEIndice.chave, chave) )
        return tabela.tab2[pos].chaveEIndice.indice; /* Chave encontrada */

    return -1; /* A chave não foi encontrada em nenhuma das tabelas */
}
```

Inserção

A função **InsereCuco()**, apresentada a seguir, insere uma chave de uma tabela de dispersão cuco. Essa função retorna **1**, se a chave for inserida, ou **0**, em caso contrário, e seus parâmetros são:

- **tabela** (entrada/saída) — a tabela de dispersão
- **chave** (entrada) — a chave de busca

```
int InsereCuco(tTabelaCuco *tabela, tCEP_Ind chaveEIndice)
{
    int         i,
                pos,
                maxDesalojamentos;
    tCEP_Ind    aux;

        /* Verifica se a chave já existe na tabela */
    if (BuscaCuco(*tabela, chaveEIndice.chave) >= 0)
        return 0; /* Chave já existe na tabela */
```

```
    /* Calcula o valor limite de desalojamentos. O valor    */
    /* nlog n é sugerido pelos criadores da dispersão cuco */
maxDesalojamentos = tabela->nChaves*log2(tabela->nChaves);

    /* Tenta efetuar a inserção numa das tabelas */
for (i = 0; i < maxDesalojamentos; ++i) {
    /*                                           */
    /* Tenta inserir na primeira tabela */

    pos = tabela->fD1(chaveEIndice.chave, tabela->tam);

    if (tabela->tab1[pos].status == VAZIO) {
        /*                                                     */
        /* Foi encontrado um espaço vazio na primeira tabela. Efetua-se a */
        /* inserção e retorna-se  indicando o sucesso da operação    */
        /*                                                     */

            /* Insere o par chave/índice */
        tabela->tab1[pos].chaveEIndice = chaveEIndice;

        tabela->tab1[pos].status = OCUPADO; /* Esta posição passa a ser ocupada */

        ++tabela->nChaves; /* O número de chaves aumentou */

        return 1;
    } else {
        /*                                                     */
        /* Não foi encontrado um espaço vazio. É preciso desalojar a chave que */
        /* se encontra nessa posição e tentar inseri-la na segunda tabela    */
        /*                                                     */

        aux = tabela->tab1[pos].chaveEIndice; /* Guarda chave a ser desalojada */
            /* Armazena a nova chave no lugar da chave desalojada */
        tabela->tab1[pos].chaveEIndice = chaveEIndice;
            /* Tentar-se-a inserir a chave desalojada na segunda tabela */
        chaveEIndice = aux;
    }

    /*                                    */
    /* Tenta inserir na segunda tabela */

    pos = tabela->fD2(chaveEIndice.chave, tabela->tam);

    if (tabela->tab2[pos].status == VAZIO) {
        /*                                                 */
        /* Foi encontrado um espaço vazio na segunda tabela. Efetua-se */
        /* a inserção e retorna-se indicando o sucesso da operação   */

            /* Insere o par chave/índice */
        tabela->tab2[pos].chaveEIndice = chaveEIndice;

            /* Esta posição passa a ser ocupada */
        tabela->tab2[pos].status = OCUPADO;

        ++tabela->nChaves; /* O número de chaves aumentou */

        return 1;
    } else {
        /*                                                     */
        /* Não foi encontrado um espaço vazio. É preciso desalojar a chave que */
        /* se encontra nessa posição e tentar inseri-la na primeira tabela    */

        aux = tabela->tab2[pos].chaveEIndice; /* Guarda a chave a ser desalojada */
            /* Armazena a nova chave no lugar da chave desalojada */
```

```
        tabela->tab2[pos].chaveEIndice = chaveEIndice;

            /* Tentar-se-á inserir a chave desalojada na primeira tabela */
        chaveEIndice = aux;
    }
}

/*                                                                    */
/* Se o laço terminou sem que houvesse retorno, considera-se que      */
/* o processo entrou em repetição  sem fim (de acordo com o critério  */
/* especificado). Portanto, a tabela será reconstruída e a chave      */
/* restante será inserida nessa nova tabela.                          */

RedimensionaCuco(tabela, chaveEIndice);

return 1;
}
```

Note que a função `InsereCuco()` tem uma condição para detectar a ocorrência de ciclo sem fim na sequência de inserções. Existem várias maneiras de expressar precisamente essa condição. Pode-se, por exemplo, contar o número de iterações do laço de repetição e considerar que existe um ciclo se esse número ultrapassar um certo valor como, por exemplo, $n·log\ n$ (esse valor é sugerido pelos criadores da dispersão cuco). Essa função faz uso da função `RedimensionaCuco()`, que redimensiona as tabelas de dispersão quando se percebe, de acordo com um critério previamente especificado, que ocorreu um ciclo sem fim ao se tentar inserir uma chave.

A função `RedimensionaCuco()`, vista abaixo, redimensiona uma tabela de dispersão cuco e seus parâmetros são:

- **tabela** (entrada/saída) — a tabela de dispersão
- **chaveEIndice** (entrada) — o par chave/índice que será inserido após o redimensionamento da tabela

```
static void RedimensionaCuco(tTabelaCuco *tabela, tCEP_Ind chaveEIndice)
{
    tTabelaCuco novaTabela; /* A nova tabela */
    int        i,
               teste, /* Resultado de uma inserção */
               novoTamanho; /* Tamanho da nova tabela */

    /* O novo tamanho será 50% maior do que o antigo valor */
    novoTamanho = 1.5*tabela->tam;

    /* Cria uma nova tabela de dispersão cuco */
    CriaTabelaCuco(&novaTabela, novoTamanho, tabela->fD1, tabela->fD2);

    /* Insere as chaves da antiga tabela na nova tabela */
    for (i = 0; i < tabela->tam; ++i) {
        /* Verifica se a posição corrente da primeira tabela contém uma chave */
        if (tabela->tab1[i].status == OCUPADO) {
            /* Existe uma chave nesta posição */
            teste = InsereCuco( &novaTabela, tabela->tab1[i].chaveEIndice );
            /* Esta inserção não pode falhar */
            ASSEGURA( teste, "Falha de insercao em redimensionamento" );
        }

        /* Verifica se a posição corrente da segunda tabela contém uma chave */
        if (tabela->tab2[i].status == OCUPADO) {
            /* Existe uma chave nesta posição */
            teste = InsereCuco( &novaTabela, tabela->tab2[i].chaveEIndice );
            /* Esta inserção não pode falhar */
            ASSEGURA( teste, "Falha de insercao em redimensionamento" );
        }
    }
```

```
    /* Neste ponto, todas as chaves da antiga tabela foram   */
    /* inseridas, de modo que a tabela antiga pode ser extinta */
  DestroiTabelaCuco(tabela);

  *tabela = novaTabela; /* Substitui a tabela antiga com a nova tabela */

  teste = InsereCuco(tabela, chaveEIndice); /* Insere a chave que restou */

    /* Esta inserção não pode falhar */
  ASSEGURA(teste, "Falha de insercao em redimensionamento");
}
```

A função `DestroiTabelaCuco()` chamada por `RedimensionaCuco()` libera o espaço ocupado por uma tabela de dispersão cuco e é relativamente fácil de implementar.

Remoção

A função `RemoveCuco()`, apresentada a seguir, remove uma chave de uma tabela de dispersão cuco. Essa função retorna 1, se a chave for encontrada e removida, ou 0, em caso contrário, e seus parâmetros são:

- **tabela** (entrada/saída) — a tabela de dispersão
- **chave** (entrada) — a chave de busca

```
int RemoveCuco(tTabelaCuco *tabela, tCEP chave)
{
  int pos; /* Essa variável não é estritamente necessária, mas */
           /* ela facilita a escrita das expressões seguintes  */

  pos = tabela->fD1(chave, tabela->tam);

    /* Tenta efetuar a remoção na primeira tabela */
  if ( tabela->tab1[pos].status == OCUPADO &&
       !strcmp(tabela->tab1[pos].chaveEIndice.chave, chave) ) {
    tabela->tab1[pos].status = VAZIO; /* Chave encontrada */

    --tabela->nChaves;

    return 1;
  }

  /*** A chave ainda não foi removida. Tenta removê-la da segunda tabela. ***/

  pos = tabela->fD2(chave, tabela->tam);

  if ( tabela->tab2[pos].status == OCUPADO &&
       !strcmp(tabela->tab2[pos].chaveEIndice.chave, chave) ) {
    tabela->tab2[pos].status = VAZIO; /* Chave encontrada */

    --tabela->nChaves;

    return 1;
  }

  return 0;  /* A chave não foi encontrada */
}
```

7.6.4 Análise

Dispersão cuco é relativamente pouco usada. Ela requer tabelas de dispersão com preenchimento muito esparso para que possa obter um bom tempo em operações de inserção. De fato, é preciso ter cerca de *50%* de cada tabela vazia para obter bom desempenho. Assim dispersão cuco ora é rápida, mas ocupa muito espaço, ora é lenta e usa espaço eficientemente. Ou seja, as duas coisas nunca ocorrem ao mesmo tempo. Outros algoritmos são eficientes em termos de tempo e espaço, embora eles sejam piores do que dispersão cuco quando apenas tempo ou espaço é levado em consideração.

De acordo com os inventores da dispersão cuco, esse esquema de dispersão é extremamente sensível à escolha das funções de dispersão usadas. Segundo eles, funções de dispersão padrão por eles testadas não funcionaram satisfatoriamente com esse esquema de dispersão. Além disso, o custo temporal, que se espera que seja $\theta(1)$ quando o fator de carga é menor do que $0,5$, é severamente afetado quando esse fator de carga se aproxima de $0,5$ ou é maior do que esse valor.

É relativamente fácil mostrar que o custo temporal amortizado de inserção numa tabela de dispersão cuco é $\theta(1)$ (v. artigo de Pagh e Rodler enumerado na **Bibliografia**). Portanto uma tabela de dispersão cuco tem custo temporal $\theta(1)$ no pior caso para buscas e remoções e custo temporal amortizado $\theta(1)$ para inserções.

Uma desvantagem de dispersão cuco é que à medida que o fator de carga aumenta, o mesmo ocorre com o número médio de operações de desalojamentos. Isso retarda inserções consideravelmente. Assim é aconselhável manter o fator de carga abaixo de 0,5 no caso de dispersão cuco com duas funções de dispersão. Outra desvantagem de dispersão cuco é que, mesmo que o número de comparações entre chaves seja limitado, elas são sempre feitas em tabelas diferentes, o que prejudica a localidade de referência do processo (v. **Capítulo 1**). Com endereçamento aberto básico (v. **Seção 7.4**), a principal vantagem é que as chaves se encontram em posições próximas de memória, o que favorece a localidade de referência. Essa vantagem é perdida com dispersão cuco, pois ela troca boa localidade de referência por um menor número de comparações.

A **Tabela 7–2** resume vantagens e desvantagens de dispersão cuco.

Vantagens	Desvantagens
Busca e remoção apresentam custo temporal $\theta(1)$	Inserção é muito sensível à escolha das funções de dispersão utilizadas
Inserção tem custo temporal amortizado $\theta(1)$, desde que $\alpha < 0,5$	Custo espacial $\theta(n)$

TABELA 7–2: VANTAGENS E DESVANTAGENS DE DISPERSÃO CUCO

Existem esquemas alternativos baseados na dispersão cuco discutida aqui. Por exemplo, uma alternativa é usar mais de duas funções de dispersão (e mais de duas tabelas). Explorar essas alternativas está além do escopo deste livro.

7.7 Análise de Técnicas de Dispersão

Tabelas de dispersão apresentam como principal vantagem a rapidez com que efetuam busca, inserção e remoção. Quando ocorrem poucas colisões, o custo temporal dessas operações é $\theta(1)$. Por outro lado, a principal desvantagem do uso de dispersão é que, no pior caso, essas operações têm custo temporal linear, o que equipara tabelas de dispersão a tabelas indexadas com busca sequencial. Além disso, tabelas de dispersão não facilitam o acesso a chaves em ordem, como ocorre, por exemplo, com árvores de busca. Usando-se tabelas de dispersão também não é fácil encontrar a maior ou a menor chave nem efetuar buscas de intervalo.

Árvores binárias de busca são capazes de efetuar esses tipos de busca além de busca convencional com custo temporal $\theta(\log n)$, que muitas vezes não é tão superior ao custo $\theta(1)$ atribuído a operações básicas em tabelas de dispersão. Por outro lado, enquanto o pior caso de busca em tabela de dispersão é tipicamente resultante de erro de implementação, o mau desempenho pode facilmente afligir árvores binárias de busca que não são balanceadas. Ademais, implementações de árvores binárias de busca balanceadas são complicadas, o que as tornam suscetíveis a erros de programação. Portanto, quando são desejadas apenas buscas exatas ou quando se suspeita que os dados podem resultar em árvores não balanceadas, tabela de dispersão é uma boa escolha como estrutura de dados.

Quando se usa uma tabela de dispersão, é importante escolher cuidadosamente a função de dispersão e dar atenção especial ao fator de carga, pois, caso contrário, corre-se o risco de obter o custo temporal de pior caso.

Em dispersão com encadeamento, o fator de carga deve ser próximo de *1*, embora a eficiência não seja tão afetada se esse não for o caso, a não ser que o fator de carga se torne grande demais. Em dispersão com endereçamento aberto, o fator de carga não deve ser maior do que *0,5*. Se for usada sondagem linear, o desempenho degenera-se rapidamente à medida que o fator de carga se aproxima de *1*. Redimensionamento deve ser implementado para aumentar ou diminuir de tamanho da tabela de modo a manter o fator de carga dentro de limites aceitáveis.

Em dispersão com endereçamento aberto, dispersão dupla é a melhor abordagem de resolução de colisões, seguida de perto por sondagem quadrática. Mas, se existe muita memória disponível e espera-se que haja muitas inserções depois de a tabela ter sido criada, sondagem linear é mais simples de implementar. Nesse último caso, se o fator de carga for mantido abaixo de *0,5*, a eficiência não será afetada de modo significativo.

Se o número de chaves que serão inseridas numa tabela de dispersão for desconhecido quando ela for criada, é aconselhável usar dispersão com encadeamento, pois o acréscimo de dados que não foram previstos não causará grandes danos à eficiência. O aumento do fator de carga em dispersão com encadeamento causa maior perda em eficiência do que em dispersão com endereçamento aberto, mas, em dispersão com encadeamento, essa queda de eficiência é apenas linear.

Em dispersão cuco, busca requer verificação de apenas dois coletores da tabela de dispersão, de maneira que, no pior caso, o custo temporal dessa operação é $\theta(1)$. Remoções também podem ser efetuadas com custo temporal constante no pior caso tempo. Esses custos contrastam com aqueles obtidos no pior caso para muitos outros algoritmos usados com tabelas de dispersão. Contudo o processo de inserção em dispersão cuco pode fracassar, entrando em repetição infinita ou encontrando uma cadeia mais longa do que um limite prefixado. Nesse caso, a tabela de dispersão precisa ser reconstruída usando novas funções de dispersão, de sorte que o custo temporal de inserção no pior caso é $\theta(n)$.

7.8 Exemplos de Programação

7.8.1 Testando Funções de Dispersão Prontas

Problema: Escreva um programa que teste algumas funções de dispersão prontas (v. **Apêndice C**) para verificar se cada uma delas apresenta boa distribuição de valores de dispersão. O banco de dados a ser usado nos testes é o de CEPs (v. **Seção 3.2**).

Solução: A função **main**() do programa é apresentada abaixo.

```
int main(void)
{
    tLista      lista; /* Lista de chaves */
    const char *opcoes[] = { "Testa Dispersao de Jenkins",
                             "Testa Dispersao DJB",
                             "Testa Dispersao DJB2",
                             "Testa Dispersao SAX",
                             "Testa Dispersao FNV",
                             "Testa Dispersao JSW",
                             "Testa Todas as Dispersoes",
                             "Encerra o programa"
                           };
    int         op, /* Opção escolhida pelo usuário */
```

```
            nOpcoes = sizeof(opcoes)/sizeof(opcoes[0]);
FILE       *stream;

MedidaDeTempo();
printf("\nCriando lista...");

IniciaLista(&lista); /* Inicia a lista que armazena as chaves */

    /* Lê o conteúdo do arquivo de dados e armazena as chaves na lista */
LeArquivo(NOME_ARQUIVO_BIN, &lista);

printf("\n...lista criada com sucesso\n");
MedidaDeTempo();

    /* O laço a seguir encerra quando o usuário */
    /* escolher a opção de encerramento        */
while (1) {
    ApresentaMenu(opcoes, nOpcoes);

    op = LeOpcao("12345678");

        /* Verifica se o usuário quer encerrar o programa */
    if (op == '8') { /* Encerra o programa */
        DestroiLista(&lista);
        break; /* Saída do laço */
    }

        /* Processa as demais opções */
    switch (op) {
        case '1': /* Dispersão de Jenkins */
            printf("\n\t>>> Dispersao de Jenkins <<<\n");
            TestaDispersao(&lista, DispersaoJenkins, stdout);
            break;

        case '2': /* Dispersão DJB */
            printf("\n\t>>> Dispersao DJB <<<\n");
            TestaDispersao(&lista, DispersaoDJB, stdout);
            break;

        case '3': /* Dispersão DJB2 */
            printf("\n\t>>> Dispersao DJB2 <<<\n");
            TestaDispersao(&lista, DispersaoDJB2, stdout);
            break;

        case '4': /* Dispersão SAX */
            printf("\n\t>>> Dispersao SAX <<<\n");
            TestaDispersao(&lista, DispersaoSAX, stdout);
            break;

        case '5': /* Dispersão FNV */
            printf("\n\t>>> Dispersao FNV <<<\n");
            TestaDispersao(&lista, DispersaoFNV, stdout);
            break;

        case '6': /* Dispersão JSW */
            printf("\n\t>>> Dispersao JSW <<<\n");
            TestaDispersao(&lista, DispersaoJSW, stdout);
            break;

        case '7': /* Testa todas as funções */
            stream = fopen(NOME_ARQUIVO_RES, "w");
            ASSEGURA(stream, "Arquivo nao foi aberto");
```

```
        fprintf( stream, "***** Testes de Funcoes de "
                "Dispersao Prontas *****\n" );

        fprintf(stream, "\n\t>>> Dispersao de Jenkins <<<\n");
        TestaDispersao(&lista, DispersaoJenkins, stream);

        fprintf(stream, "\n\t>>> Dispersao DJB <<<\n");
        TestaDispersao(&lista, DispersaoDJB, stream);

        fprintf(stream, "\n\t>>> Dispersao DJB2 <<<\n");
        TestaDispersao(&lista, DispersaoDJB2, stream);

        fprintf(stream, "\n\t>>> Dispersao SAX <<<\n");
        TestaDispersao(&lista, DispersaoSAX, stream);

        fprintf(stream, "\n\t>>> Dispersao FNV <<<\n");
        TestaDispersao(&lista, DispersaoFNV, stream);

        fprintf(stream, "\n\t>>> Dispersao JSW <<<\n");
        TestaDispersao(&lista, DispersaoJSW, stream);

        fclose(stream);

     printf("\n\t>>> Resultado escrito no arquivo "%s\" <<<\n", NOME_ARQUIVO_RES);
        break;

     default: /* O programa não deve chegar até aqui */
        printf("\nEste programa contem um erro\n");
        return 1;
     }
  }
  printf( "\n\t>>> Obrigado por usar este programa\n\n"); /* Despede-se do usuário */

  return 0;
}
```

A função `MedidaDeTempo()` chamada pela função **main**() acima foi definida na **Seção 1.7.1**.

Essa função **main**() começa lendo o conteúdo do arquivo de dados e armazenando suas chaves numa lista indexada. Então essa função leva a cabo uma interação dirigida por menu clássica. Um exemplo dessa interação é apresentado abaixo:

```
Escolha uma das opcoes a seguir:
        [1] Testa Dispersao de Jenkins
        [2] Testa Dispersao DJB
        [3] Testa Dispersao DJB2
        [4] Testa Dispersao SAX
        [5] Testa Dispersao FNV
        [6] Testa Dispersao JSW
        [7] Testa Todas as Dispersoes
        [8] Encerra o programa

        >>> 3

        >>> Dispersao DJB2 <<<

>>> Tamanho da tabela: 673580
>>> Posicoes nao ocupadas: 245936
>>> Numero total de colisoes: 423737
>>> Maximo de colisoes numa posicao: 9
>>> Desperdicio de memoria: 36.51%
```

O teste de cada função de dispersão é efetuado pela função `TestaDispersao()`, que tem como parâmetros:

- `lista` (entrada) — a lista de chaves que será utilizada no teste
- `funcao` (entrada) — ponteiro para a função de dispersão que será testada
- `stream` (entrada) — stream de texto associado ao meio de saída no qual o resultado será escrito

```
void TestaDispersao( tLista *lista, tFDispersao funcao, FILE *stream )
{
   int        i,
              tam; /* Número de chaves na lista */
   unsigned   dispersao; /* Um valor de dispersão */
   tElemento  elemento;  /* Um elemento da lista  */
   int        *colisoes; /* Ponteiro para um array que conta o número de colisões */

   tam = Comprimento(lista);

      /* Aloca o array que contará o número de colisões */
   colisoes = calloc(tam, sizeof(int));
   ASSEGURA(colisoes, "Impossivel alocar array");

   for (i = 0; i < tam; ++i) {
      elemento = ObtemElemento(lista, i); /* Obtém um elemento da lista */

         /* Calcula o valor de dispersão da chave */
      dispersao = funcao(elemento.chave)%tam;

         /* Conta quantas vezes esse valor de dispersão foi obtido */
      ++colisoes[dispersao];
   }

      /* Analisa e apresenta o resultado do teste */
   AnalisaColisoes(colisoes, tam, stream);

   free(colisoes); /* Esse array não é mais necessário */
}
```

A função `AnalisaColisoes()` escreve num stream de texto o resultado de uma análise da lista de colisões obtida pela função `TestaDispersao()`. Os parâmetros da função `AnalisaColisoes()` são:

- `colisoes[]` (entrada/saída) — array que representa a lista de colisões
- `tam` (entrada) — tamanho da lista de colisões
- `stream` (entrada) — stream de texto associado ao meio de saída no qual o resultado será escrito

```
void AnalisaColisoes(int colisoes[], int tam, FILE *stream)
{
   int i,
       vazio = 0,
       nColisoes = 0;

      /* Ordena a lista de colisões em ordem decrescente de número de colisões */
   qsort(colisoes, tam, sizeof(colisoes[0]), ComparaColisoes);

   for (i = 0; i < tam; ++i) {
         /* Calcula o número de posições da tabela que não foram usadas */
      if (!colisoes[i])
         ++vazio;

         /* Calcula o número de colisões */
      if (colisoes[i] > 1)
         nColisoes += colisoes[i];
   }
```

```
    /* Escreve os resultados no stream */
  fprintf( stream, "\n>>> Tamanho da tabela: %d", tam );
  fprintf( stream, "\n>>> Posicoes nao ocupadas: %d", vazio );
  fprintf( stream, "\n>>> Numero total de colisoes: %d", nColisoes );
  fprintf( stream, "\n>>> Maximo de colisoes numa posicao: %d", colisoes[0] );
  fprintf( stream, "\n>>> Desperdicio de memoria: %4.2f%%\n",
           100*((double) vazio/tam) );
}
```

O leitor encontrará o programa completo no site dedicado a este livro na internet.

7.8.2 O Filtro de Bloom

Preâmbulo: O **filtro de Bloom**, criado por Burton Howard Bloom em 1970 (v. **Bibliografia**), é uma estrutura de dados probabilística que usa espaço de modo bem eficiente. Ele usa o conceito de dispersão para memorizar dados que lhe tenham sido apresentados sem precisar armazená-los e, assim, é usado para testar se um elemento é um membro de um conjunto (**consulta de pertinência**). Casamentos falso-positivos são possíveis, mas casamentos falso-negativos não o são (v. adiante), de modo que um filtro de Bloom tem uma taxa de recordação de 100%. Em outras palavras, uma consulta retorna *possivelmente está no conjunto* ou *definitivamente não está no conjunto*. Num filtro de Bloom original, elementos podem ser acrescentados ao conjunto, mas não podem ser removidos. Quanto maior o número de elementos acrescentados ao conjunto, maior será a probabilidade de falso-positivos.

Um **erro falso-positivo**, ou apenas **falso-positivo** ou um **alarme falso**, é um resultado que indica que uma dada condição foi satisfeita, quando ela realmente não foi satisfeita. Isto é, um efeito positivo foi assumido erroneamente. Por exemplo, em Engenharia de Software, um programa sendo testado é considerado reprovado num teste quando, de fato, ele funciona corretamente. Isso pode ocorrer quando o engenheiro responsável pelos testes registra, por engano ou negligência, que encontrou um bug numa função que funciona perfeitamente bem.

Um **erro falso-negativo**, ou apenas **falso-negativo**, ocorre quando o resultado de um teste indica que uma condição não foi satisfeita, quando realmente ela foi bem-sucedida. Isto é, erroneamente nenhum defeito foi encontrado. Considerando o mesmo exemplo de teste de programas, isso ocorre quando um programa é considerado aprovado num teste quando, na realidade, ele contém pelo menos um bug que passou despercebido. Falso-negativos são mais perigosos do que falso-positivos porque eles podem causar sérios danos (p. ex., quando um programa antivírus não identifica um vírus).

A criação de um filtro de Bloom começa com um array de bits iniciados com zero. Para registrar a ocorrência de um valor simplesmente avaliam-se k funções de dispersão diferentes e consideram-se os k valores resultantes como índices do array e liga-se (i.e., atribui-se 1 a) cada um dos k elementos do array. Esse processo é repetido para cada item que seja encontrado. A probabilidade de falso-positivo num filtro de Bloom pode ser controlada variando-se o tamanho da tabela e o número de funções de dispersão utilizadas. Isto é, o valor de dispersão não é único para um dado item de dados e não se pode inverter uma função de dispersão para obter valores.

Um filtro de Bloom vazio é um array de m bits, todos eles iniciados com 0. Deve existir também k funções de dispersão diferentes, cada uma das quais associa algum elemento do conjunto a uma das m posições do array com uma distribuição aleatória uniforme. Tipicamente, k é uma constante muito menor do que m, que é proporcional ao número de elementos a ser acrescentados. As escolhas de k e da constante de proporcionalidade m são determinadas pela taxa de falsos positivos pretendida para o filtro. Para acrescentar um elemento, alimenta-se cada uma das k funções de dispersão com o valor desse elemento de modo a obter k posições no array de bits. Então ligam-se os bits em todas essas posições (i.e., atribui-se *1* ao conteúdo de cada uma dessas posições).

Para verificar se um item se encontra no filtro, as k funções de dispersão são aplicadas e examinam-se quais elementos do array estão ligados. Se qualquer um deles é zero pode-se ter 100% de certeza que o item nunca foi encontrado antes. Entretanto, mesmo que todos os bits sejam iguais a *1*, não se pode concluir que o item tenha sido encontrado antes porque todos os bits poderiam ter sido ligados pelas k funções de dispersão aplicadas a vários outros itens. Tudo que se pode concluir é que é *provável* que se tenham encontrado os itens antes.

Note que é impossível remover um item de um filtro de Bloom original, pois não se pode desligar um bit que pertença a um item porque ele também pode ter sido ligado por outro item. Quer dizer, um elemento é associado a k bits e, embora atribuir *0* a qualquer um desses k bits seja suficiente para remover um elemento, isso também resulta na remoção de qualquer outro elemento que esteja associado a esse mesmo bit. Uma vez que não há nenhuma maneira de determinar se qualquer outro elemento tenha sido acrescentado que afeta os bits de um elemento a ser removido, desligar (i.e., atribuir *0* a um bit) qualquer dos bits introduziria uma possibilidade para falso-negativos.

Se boa parte de um array de bits está vazio (i.e., se a maioria dos seus bits está desligada) e as k funções de dispersão são independentes entre si, então a probabilidade de um resultado falso-positivo (i.e., concluir que item foi encontrando antes quando realmente ele não foi) é baixa. Por exemplo, se há apenas k bits ligados (i.e., iguais a *1*) pode-se concluir que a probabilidade de um resultado falso-positivo é muito próxima de zero, visto que a única possibilidade de erro é que se tenha introduzido um item que produza os mesmos k valores de dispersão, o que é improvável desde que as funções sejam independentes.

À medida que o array de bits é preenchido a probabilidade de um falso-positivo gradualmente aumenta. Obviamente, quando o array de bits está completo (i.e., com todos os bits ligados) cada item consultado é tido como sendo encontrado antes. Assim pode-se trocar espaço por precisão assim como tempo. Um filtro de Bloom pode também trocar precisão por espaço. Se você pensa que para armazenar um string de n bytes requer n bytes, então num filtro de Bloom ele consome apenas k bits e k comparações, mas existe a possibilidade de falso-positivos. À medida que k aumenta o armazenamento necessário aumenta assim como o número de comparações, mas a possibilidade de falso-positivo decresce.

A **Figura 7–26 (a)** mostra um filtro de Bloom recém-iniciado, enquanto a **Figura 7–26 (b)** apresenta esse mesmo filtro após a inserção do string s_1, com as funções de dispersão f_1, f_2, f_3 e f_4 que resultam, respectivamente, em *2, 3, 6* e *9*.

Embora arriscando falso-positivos, filtros de Bloom têm uma grande vantagem em termos de uso de espaço com relação a outras estruturas de dados usadas para representar conjuntos, tal como árvores binárias de busca autoajustáveis, tabelas de dispersão ou simples arrays ou listas encadeadas. Muitas dessas estruturas requerem armazenamento dos dados, enquanto filtros de Bloom não os armazenam.

Diferente de uma tabela de dispersão padrão, um filtro de Bloom de tamanho fixo pode representar um conjunto com um número arbitrariamente grande de elementos; acrescentar um elemento nunca fracassa devido ao preenchimento da estrutura de dados. Entretanto a taxa de falsos positivos aumenta à medida que elementos são acrescentados até que todos os bits no filtro sejam iguais a 1, nesse ponto qualquer consulta apresenta um resultado positivo.

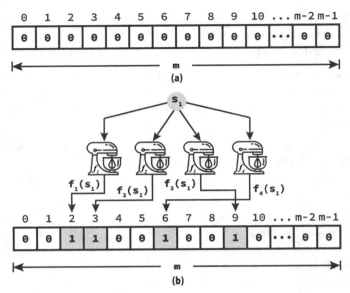

FIGURA 7–26: FILTRO DE BLOOM

Problema: Implemente um filtro de Bloom.

Solução: As seguintes definições de tipos serão usadas na implementação do filtro de Bloom:

```
/* Tipo de ponteiro para uma função de dispersão */
typedef unsigned int (*tFDispersao)(const char *);

/* Tipo de nó de lista encadeada que armazena */
/* ponteiros para funções de dispersão         */
typedef struct rotNoListaBloom {
        tFDispersao           fDispersao;
        struct rotNoListaBloom *proximo;
    } tNoListaBloom, *tListaBloom;

/* Tipo de estrutura que representa um filtro de Bloom */
typedef struct {
        tListaBloom listaDispersao;
        void        *bits;
        size_t      tamanho;
    } tFiltroBloom, *tFiltroBloomPtr;
```

A função `CriaFiltro()` a seguir cria um novo filtro de Bloom e seu único parâmetro é o tamanho do filtro em bytes. O retorno dessa função é o endereço do filtro criado.

```
tFiltroBloomPtr CriaFiltro(size_t tamanho)
{
    tFiltroBloomPtr filtroPtr = calloc(1, sizeof(tFiltroBloom));

    /* Garante que houve alocação */
    ASSEGURA(filtroPtr, "Alocação filtro fracassou");

    filtroPtr->tamanho = tamanho;
    filtroPtr->bits = calloc(1, tamanho);
    filtroPtr->listaDispersao = NULL;

    /* Garante que houve alocação do array de bits */
    ASSEGURA(filtroPtr->bits, "Alocação do array fracassou");

    return filtroPtr;
}
```

Na implementação completa do programa que você encontra no site dedicado ao livro na internet existe uma função, denominada `DestroiFiltro()`, que libera o espaço ocupado por um filtro de Bloom. A implementação dessa função é relativamente trivial.

A função `AcrescentaFuncaoAFiltro()` a seguir acrescenta uma função de dispersão ao filtro de Bloom. Os parâmetros da função `AcrescentaFuncaoAFiltro()` são:

- `filtro` (entrada/saída) — ponteiro para o filtro de Bloom
- `fDispersao` (entrada) — função de dispersão que será acrescentada

```c
void AcrescentaFuncaoAFiltro(tFiltroBloomPtr filtro, tFDispersao fDispersao)
{
    tListaBloom pNo = malloc(sizeof(tListaBloom *));

    ASSEGURA(pNo, "Impossivel alocar no de lista encadeada");

    /* Armazena no novo nó o endereço da função recebido como parâmetro */
    pNo->fDispersao = fDispersao;

    /* O novo nó apontará para o início corrente da lista */
    pNo->proximo = filtro->listaDispersao;

    /* O início da lista passa a apontar para o novo nó */
    filtro->listaDispersao = pNo;
}
```

A função `AcrescentaItemAFiltro()` acrescenta um item a um filtro de Bloom e seus parâmetros são:

- `filtro` (entrada/saída) — ponteiro para o filtro de Bloom
- `item` (entrada) — item que será acrescentado

```c
void AcrescentaItemAFiltro(tFiltroBloomPtr filtro, const void *item)
{
    tListaBloom     pNo; /* Apontará para um nó da lista de endereços de funções */
    unsigned char *byte; /* Apontará para cada byte do     */
                         /* array que representa o filtro */
    unsigned int   dispersao, /* Armazenará um valor de dispersão */
                   nBits; /* Número de bits do filtro */

    nBits = CHAR_BIT*filtro->tamanho; /* Calcula o número de bits do filtro */

    /* Faz 'byte' apontar para o primeiro byte  */
    /* do array que constitui o filtro de Bloom */
    byte = filtro->bits;

    /* Faz 'pNo' apontar para o primeiro nó da lista que */
    /* contém os endereços das funções de dispersão      */
    pNo = filtro->listaDispersao;

    /* Aplica cada função de dispersão cujo endereço se encontra na   */
    /* lista e liga o bit correspondente ao valor de dispersão obtido */
    while (pNo) {
        /* Obtém o valor de dispersão aplicando a função */
        /* cujo endereço se encontra no nó corrente      */
        dispersao = pNo->fDispersao(item);

        /* Assegura que o valor de dispersão obtido é */
        /* menor do que o número de bits do filtro    */
        dispersao %= nBits;
```

```
        /* Liga o bit correspondente ao valor de dispersão */
    byte[dispersao/CHAR_BIT] |= 1 << dispersao%CHAR_BIT;

    pNo = pNo->proximo; /* Passa para o próximo nó da lista */
  }
}
```

Para entender bem a instrução da função `AcrescentaFuncao()` que liga o bit desejado, consulte o **Apêndice B**.

A função `ItemEstaEmFiltro()` verifica se um item se encontra num filtro de Bloom. Os parâmetros dessa função são:

- `filtro` (entrada/saída) — ponteiro para o filtro de Bloom
- `item` (entrada) — item que será acrescentado

A função `ItemEstaEmFiltro()` retorna 0, se o item nunca foi acrescentado ao filtro, ou 1, se o item foi provavelmente acrescentado ao filtro.

```
int ItemEstaEmFiltro(tFiltroBloomPtr filtro, const void *item)
{
  tListaBloom     pNo; /* Apontará para um nó da lista de endereços de funções */
  unsigned char *byte; /* Apontará para cada byte do array que representa o filtro */
  unsigned int   dispersao, /* Armazenará um valor de dispersão */
                 nBits; /* Número de bits do filtro */

  nBits = CHAR_BIT*filtro->tamanho; /* Calcula o número de bits do filtro */

    /* Faz 'byte' apontar para o primeiro byte  */
    /* do array que constitui o filtro de Bloom */
  byte = filtro->bits;

    /* Faz 'pNo' apontar para o primeiro nó da lista que */
    /* contém os endereços das funções de dispersão      */
  pNo = filtro->listaDispersao;

    /* Aplica cada função de dispersão cujo endereço se encontra na lista e */
    /* verifica se o bit correspondente ao valor de dispersão obtido está   */
    /* ligado. O laço encerra quando é encontrado algum bit desligado ou    */
    /* quando todas as funções tiverem sido aplicadas sem que isso aconteça */
  while (pNo) {
      /* Obtém o valor de dispersão aplicando a função */
      /* cujo endereço se encontra no nó corrente      */
    dispersao = pNo->fDispersao(item);

      /* Assegura que o valor de dispersão obtido é */
      /* menor do que o número de bits do filtro    */
    dispersao %= nBits;

      /* Verifica se o bit correspondente ao valor de dispersão está ligado */
    if ( !(byte[dispersao/CHAR_BIT] & (1 << dispersao%CHAR_BIT)) )
      return 0; /* Item não se encontra no filtro */

    pNo = pNo->proximo;
  }
  return 1; /* Talvez o item faça parte do filtro */
}
```

Consulte o **Apêndice B** para entender a instrução da função `ItemEstaEmFiltro()` que verifica se um bit está ligado. O complemento do programa que implementa o filtro Bloom encontra-se no site dedicado ao livro na internet.

7.9 Exercícios de Revisão

Observação: Algumas questões propostas nesta seção requerem conhecimento prévio de programação de baixo nível em C. O **Apêndice B** apresenta o conhecimento mínimo necessário sobre esse assunto que permite o leitor responder essas questões.

Conceitos, Terminologia e Aplicações (Seção 7.1)

1. Descreva os seguintes conceitos:
   (a) Dispersão
   (b) Função de dispersão
   (c) Valor de dispersão
   (d) Tabela de dispersão
   (e) Coletor

2. Quais são os problemas centrais de dispersão?

3. Apresente exemplos de aplicação da técnica básica de dispersão.

4. (a) O que é uma tabela de dispersão diretamente endereçável? (b) Apresente um exemplo de tabela de dispersão diretamente endereçável.

5. (a) O que é colisão? (b) Cite duas estratégias comumente utilizadas para lidar com colisão.

6. Por que não é fácil encontrar a maior (ou menor) chave armazenada numa tabela de dispersão?

7. Por que não é fácil encontrar o piso (ou teto) de uma chave armazenada numa tabela de dispersão?

8. Por que uma tabela de dispersão não é uma boa escolha como tabela de busca para um programa que permite consultas de intervalo?

Funções de Dispersão (Seção 7.2)

9. Que propriedades deve possuir uma boa função de dispersão?

10. (a) Descreva e apresente um exemplo de função de dispersão que utilize o método de divisão modular. (b) Por que divisão modular é usada com tanta frequência no cálculo de valores de dispersão?

11. O que é dispersão uniforme?

12. (a) Por que o método aditivo para funções de dispersão não é conveniente? (b) Que tipo de chave deve ser usado com esse método?

13. Descreva e apresente um exemplo de função de dispersão que utilize o método de multiplicação.

14. O que é um método de dispersão genérico?

15. Descreva o método tabular para criação de funções de dispersão.

16. Descreva o método de dispersão *xor* para criação de funções de dispersão.

17. Em que difere o método de dispersão rotativa do método de dispersão *xor*?

18. (a) Descreva o método de dispersão por mistura. (b) Explique a construção da função de dispersão por mistura apresentada no **Apêndice B**.

19. Suponha que x seja um valor negativo na expressão x % y. (a) Qual é o valor dessa expressão em C se o compilador usado segue o padrão C99 ou o padrão C11? (b) E se o compilador segue um padrão ISO anterior a C99?

20. (a) Como uma função de dispersão deve ser testada? (b) Por que é importante testar uma função de dispersão?

21. (a) Por que todos os componentes relevantes de uma chave devem ser levados em consideração quando se cria uma função de dispersão? (b) Por que componentes irrelevantes ou redundantes de uma chave não devem ser levados em conta quando se cria uma função de dispersão?

22. Qual é a importância do método de Horner em dispersão?

23. Quando o programa a seguir é executado, ele apresenta dois valores de dispersão diferentes para duas estruturas com o mesmo conteúdo. (a) Explique por que isso acontece. (b) Mostre como corrigir esse problema.

```c
#include <stdio.h>

typedef struct {
            char a;
            int  b;
        } tEstrutura;

unsigned G(tEstrutura *c)
{
    unsigned  i, dispersao = 0, m = 541,
            tam = sizeof(tEstrutura);
    char      *p = (char *) c;

    for (i = 0; i < tam; ++i)
        dispersao += *p++ % m;

    return dispersao;
}

int main(void)
{
    tEstrutura e1 = {'a', 10}, e2 = {'a', 10};

    printf("\nDispersao de e1: %d", G(&e1));
    printf("\nDispersao de e2: %d\n", G(&e2));

    return 0;
}
```

24. Qual é o problema com a seguinte função de dispersão?

```c
unsigned F(const char *c)
{
    return 10;
}
```

Observação: As questões a seguir (até a questão **44**) requerem conhecimento de programação de baixo nível em C (consulte o **Apêndice B**).

25. O que é manipulação de bits?

26. (a) Qual é o propósito do operador de complemento? (b) Quais são os tipos de operandos que podem ser utilizados com esse operador?

27. (a) Descreva os três operadores lógicos binários que atuam sobre bits. (b) Quais são os tipos de operandos que podem ser utilizados com esses operadores?

28. Supondo que x, y e z são variáveis de algum tipo inteiro, a expressão a seguir realiza uma operação bem comum em programação, mas de modo mais eficiente do que por meio de métodos convencionais. Qual é essa operação?

```c
z = y + ((x - y) & -(x < y));
```

29. Suponha que x, y e z sejam variáveis do tipo **unsigned char** e que n seja uma constante tal que $1 \leq n \leq$ **CHAR_BIT**, em que **CHAR_BIT** é número de bits utilizados para representar um valor do tipo **char**. Quais serão os efeitos colaterais sobre x, y e z resultantes das seguintes operações:

(a) `x |= (1 << n)`

(b) `y &= ~(1 << n)`

(c) `z ^= (1 << n)`

30. (a) O que é uma operação de mascaramento? (b) Qual é o propósito de cada operando numa operação desse tipo?

31. (a) O que é uma máscara numa operação de mascaramento? (b) Como uma máscara é escolhida?

32. Calcule o valor de $\sim 9430_{10}$ e escreva o resultado em hexadecimal. (Note que 9430_{10} é um número em formato decimal.)

33. Escreva uma operação de mascaramento independente de implementação para copiar os seis bits mais à direita de um valor do tipo **int** para uma outra variável desse tipo, com cada bit restante mais à esquerda sendo preenchido com **1**.

34. (a) Descreva, utilizando diagramas, uma operação de mascaramento na qual uma porção de um dado padrão de bits é copiada enquanto os bits restantes são todos igualados a zero. (b) Que operação sobre bits é utilizada nessa operação? (c) Como a máscara é selecionada?

35. (a) Descreva uma operação de mascaramento na qual uma porção de um dado padrão de bits é copiada enquanto os bits restantes são todos igualados a *1*. (b) Que operação sobre bits é utilizada nessa operação? (c) Como a máscara é selecionada? (d) Compare este exercício com o exercício anterior.

36. (a) Descreva uma operação de mascaramento na qual uma porção de um dado padrão de bits é copiada enquanto os bits restantes são todos invertidos. (b) Que operação sobre bits é utilizada nessa operação? (c) Como a máscara é selecionada? (d) Compare este exercício com os dois últimos exercícios.

37. Em que situações o uso do operador complemento de um é recomendável em operações de mascaramento?

38. (a) Como um determinado bit de uma variável inteira pode passar de **0** a **1** ou vice-versa? (b) Que operador lógico sobre bits é utilizado para esse propósito?

39. (a) Descreva as duas operações de deslocamento sobre bits. (b) Qual é o papel de cada operando? (c) Que requisitos esses operandos devem satisfazer?

40. Compiladores de C nem sempre tratam operações de deslocamento à direita da mesma maneira. Em que situações as operações de deslocamento à direita não são portáveis?

41. (a) Qual seria o nome mais apropriado para a função **F()** a seguir? (b) Qual seria o nome mais apropriado para a variável local **retorno** desta função?

```
unsigned F(int x)
{
    unsigned retorno = 0;

    while (x) {
        if (x & 0x1)
            retorno++;
        x >>= 1;
    }

    return retorno;
}
```

42. Demonstre que as seguintes propriedades da operação $\oplus$ (*xor*) são válidas:

(a) Para qualquer inteiro x, $x \oplus x = 0$

(b) Para quaisquer inteiros x e y, $(x \oplus y) \oplus y = x$

(c) Para quaisquer inteiros x e y, $x \oplus y = y \oplus x$

43. O que as funções **Misterio1()** e **Misterio2()**, definidas a seguir, calculam?

```
unsigned Misterio1(unsigned a, unsigned b)
{
    unsigned x = 0,
             y = 0,
             z = ~0;

    for (z = ~0; z; z >>= 1) {
        y <<= 1;
        y |= (a^b^x) & 1;
        x = ((a | b) & x | a & b) & 1;
        a >>= 1;
        b >>= 1;
    }
    for (z = ~0, x = ~z; z; z >>= 1) {
        x <<= 1;
        x |= y & 1;
        y >>= 1;
    }
    return x;
}
unsigned Misterio2(unsigned a, unsigned b)
{
    unsigned resultado;

    for (resultado = 0; a; b <<= 1, a >>= 1)
        if (a&1)
            resultado = Misterio1(resultado, b);

    return resultado;
}
```

44. Por que o programa a seguir é executado indefinidamente?

```
#include <stdio.h>

int main(void)
{
    int  i;
    char c;

    for (i = 0x80; i != 0; i = i >> 1)
        printf("i = %x (%d)\n", i, i);

    for (c = 0x80; c != 0; c = c >> 1)
        printf("c =  %x (%d)\n", c, c);

    return 0;
}
```

Dispersão com Encadeamento (Seção 7.3)

45. O que é dispersão com encadeamento?

46. Quando ocorre uma colisão em dispersão com encadeamento, como ela é resolvida?

47. A ordem de inserção de chaves numa tabela de dispersão com encadeamento influencia o posicionamento delas na tabela? Explique seu raciocínio.

48. Descreva cada um dos seguintes algoritmos para tabelas de dispersão com encadeamento:

(a) Algoritmo de busca

(b) Algoritmo de inserção

(c) Algoritmo de remoção

49. (a) O que é fator de carga? (b) Qual é o fator de carga recomendável para dispersão com encadeamento?

50. Na implementação de tabelas de dispersão encadeadas apresentada neste capítulo, o valor real de dispersão usado para acessar a tabela é o valor de dispersão módulo o tamanho da tabela. Por que é assim?

51. Supondo uma distribuição uniforme de chaves, se houver n chaves numa tabela de dispersão com encadeamento e uma média de M chaves em cada lista, quanto tempo leva em média para encontrar uma determinada chave?

52. Em dispersão com encadeamento, o que é mais rápida: uma busca bem-sucedida ou uma busca malsucedida? Explique seu raciocínio.

53. (a) Em dispersão com encadeamento, é possível que o fator de carga seja menor do que *1*? (b) É possível que ele seja maior do que *1*?

54. Mostre como são inseridas as chaves *A*, *B*, *C*, *D*, *E*, *F*, *G*, *H*, *I*, *J* e *K* numa tabela de dispersão com encadeamento contendo *m = 7* listas e cuja função de dispersão seja *f(c) = 13·c mod m*. Suponha que o valor de *A* seja *1*, o valor de *B* seja *2* e assim por diante.

55. Apresente uma representação gráfica da tabela de dispersão com encadeamento resultante da inserção das chaves *13, 41, 12, 79, 21, 89, 11, 37, 33, 19, 16, 44* e *3*, supondo que a função de dispersão é *f(c) = (2·c + 5) mod 13* e que a tabela contém *13* coletores (listas).

56. Dadas as chaves *3461, 1733, 4163, 2189, 2324, 9359* e *1999* e a função de dispersão *f(c) = c mod 5*, apresente graficamente a tabela de dispersão com encadeamento que contém essas chaves supondo que *m = 5*, em que *m* é o número de listas da tabela.

57. (a) Qual é o custo temporal no pior caso de busca numa tabela de dispersão com encadeamento? (b) Como se assegura que esse caso não irá ocorrer?

Dispersão com Endereçamento Aberto (Seção 7.4)

58. O que é dispersão com endereçamento aberto?

59. Descreva os seguintes conceitos:

(a) Sondagem

(b) Sequência de sondagem

(c) Passo de sondagem

(d) Índice de sondagem

60. Qual é a diferença entre busca e sondagem?

61. Por que não existem sondagens em operações básicas com tabelas de dispersão com encadeamento?

62. A ordem de inserção de chaves numa tabela de dispersão com endereçamento aberto influencia o posicionamento delas na tabela? Explique seu raciocínio.

63. (a) O que é uma função de dispersão primária? (b) O que é uma função de sondagem ou função de resolução de colisões?

64. (a) Qual é a vantagem do uso de dispersão com endereçamento aberto com relação a dispersão com encadeamento? (b) Qual é a desvantagem do uso de dispersão com endereçamento aberto com relação a dispersão com encadeamento?

65. (a) O que é agrupamento primário? (b) Por que agrupamento primário deve ser evitado?

66. Descreva as seguintes técnicas de resolução de colisões:

(a) Sondagem linear

(b) Sondagem quadrática

(c) Sondagem com dispersão dupla

67. (a) O que determina o tamanho do passo de sondagem na sondagem quadrática? (b) O que determina o tamanho do passo de sondagem na sondagem dupla?

68. Qual é a desvantagem de sondagem quadrática com relação a sondagem dupla?

69. Por que o tamanho da tabela deve ser um número primo quando se usa sondagem dupla?

70. O que é agrupamento secundário?

71. (a) Por que quando se usa sondagem quadrática o tamanho da tabela de dispersão deve ser um número primo? (b) Por que esse requisito não é necessário quando se usa sondagem linear?

72. (a) Qual é a desvantagem de sondagem quadrática com relação a dispersão dupla? (b) Por que se utiliza sondagem quadrática se ela é pior do que dispersão dupla?

73. Quais são os critérios que deve satisfazer uma função de dispersão secundária usada em dispersão dupla?

74. Por que uma função de dispersão secundária usada em dispersão dupla não pode resultar em zero?

75. Quais são as principais desvantagens de todas as técnicas de resolução de colisões usadas em endereçamento aberto?

Para os **Exercícios 76–79**, utilize as seguintes chaves:

34	52	76	92	118	135	140	151
166	244	371	386	444	555	660	777

76. Mostre como são armazenadas essas chaves numa tabela de dispersão com *20* elementos, usando o método de divisão modular de dispersão e o método de sondagem linear para resolução de colisões.

77. Mostre como são armazenadas essas chaves numa tabela de dispersão com *20* elementos, usando dispersão dupla como método de resolução de colisão. Use *c mod m* como função de dispersão e *(c + 3) mod m* como função de dispersão secundária.

78. Mostre como essas chaves são armazenadas numa tabela de dispersão com encadeamento que usa a função de dispersão *c mod 10* para determinar em qual das dez listas encadeadas a chave deve ser armazenada.

79. Preencha a seguinte tabela mostrando o número de comparações necessárias para encontrar cada chave usando os esquemas de dispersão dos **Exercícios 76–78**.

Chave	Exercício 76	Exercício 77	Exercícios 78
34			
444			
555			
777			
244			
76			

80. Mostre como são inseridas as chaves *A, B, C, D, E, F, G, H, I, J* e *K* numa tabela de dispersão com endereçamento aberto e sondagem linear com *m = 19* e cuja função de dispersão seja $f(c) = 13 \cdot c \bmod m$. Suponha que o valor de *A* seja *1*, o valor de *B* seja *2* e assim por diante.

81. Dadas as chaves *3461, 1733, 4163, 2189, 2324, 9359* e *1999* e a função de dispersão $f(c) = c \bmod 10$, apresente a tabela de dispersão com endereçamento aberto supondo que *m = 10* e que o método de resolução de colisões é:

(a) Sondagem linear

(b) Sondagem quadrática

(c) Dispersão dupla com $f_2(c) = 7 - (c \bmod 7)$

82. Classifique cada uma das seguintes afirmações como verdadeira (**V**) ou falsa (**F**):

(a) Aumentar o tamanho de uma tabela de dispersão sempre reduz o número de colisões.

(b) Quando se usa dispersão com endereçamento aberto, não é preciso preocupar-se com resolução de colisão.

(c) Quando se usa dispersão com encadeamento, não é preciso preocupar-se com resolução de colisão.

(d) O objetivo de um esquema de dispersão bem-sucedido é busca com custo temporal $\theta(1)$.

(e) A eficiência de dispersão com encadeamento degrada rapidamente à medida que o fator de carga se aproxima de *1*.

83. Uma tabela de dispersão com endereçamento aberto pode apresentar um fator de carga maior do que *1*? Explique.

84. Apresente uma representação gráfica da tabela de dispersão com endereçamento aberto resultante da inserção das chaves *13, 41, 12, 79, 21, 89, 11, 37, 33, 19, 16, 44* e *3*, supondo que a função de dispersão é $f(c) = (2 \cdot c + 5) \bmod 13$ e que as colisões são resolvidas por sondagem linear numa tabela com *13* elementos.

85. Resolva o **Exercício 84** supondo que as colisões são resolvidas por meio de sondagem quadrática.

86. Resolva o **Exercício 84** supondo que as colisões são resolvidas por meio de dispersão dupla com a função de dispersão secundária sendo $f'(c) = 7 - (c \bmod 7)$.

87. Por que na implementação de uma função de redimensionamento de dispersão em C não se deve usar **realloc()**?

88. Qual é a vantagem de usar ponteiros para funções como parâmetros de funções que implementam operações de busca, inserção e remoção?

89. (a) Qual é o papel desempenhado pelo tipo enumeração `tStatusDEA` na implementação de tabela de dispersão com endereçamento aberto apresentada na **Seção 7.4.4**? (b) Por que esse tipo de enumeração não é usado na implementação de tabelas de dispersão com encadeamento?

90. (a) Qual é o desempenho no pior caso de busca por uma chave numa tabela de dispersão com endereçamento aberto? (b) Como assegurar que esse caso não irá ocorrer?

91. Considerando uma tabela de dispersão com endereçamento aberto com *m* coletores, quantas sequências de sondagem existem quando a sondagem é: (a) linear, (b) quadrática e (c) com dispersão dupla?

92. (a) Que método de sondagem apresenta a melhor localidade de referência? (b) Que método de sondagem apresenta a pior localidade de referência?

Redimensionamento de Dispersão (Seção 7.5)

93. O que é redimensionamento de dispersão?

94. Apresente uma análise amortizada formal usando o método de potencial para mostrar que o custo amortizado de uma inserção numa tabela de dispersão com endereçamento aberto é $\theta(1)$, mesmo considerando redimensionamento.

Dispersão Cuco (Seção 7.6)

95. (a) O que é dispersão cuco? (b) Por que dispersão cuco recebe essa denominação?

96. Descreva o mecanismo de inserção usado por uma tabela de dispersão cuco.

97. Em que situação pode ocorrer um ciclo infinito durante uma inserção numa tabela de dispersão cuco?

98. Quando as tabelas usadas em dispersão cuco precisam ser redimensionadas?

99. Por que, numa operação de remoção numa tabela de dispersão cuco, o elemento removido não precisa ser marcado como *removido*?

100. Qual é o custo temporal de cada uma das seguintes operações em tabelas de dispersão cuco?
- (a) Busca
- (b) Inserção
- (c) Remoção

101. Compare dispersão cuco com outros esquemas de dispersão apresentados neste capítulo em termos de vantagens e desvantagens.

Análise de Técnicas de Dispersão (Seção 7.7)

102. Quais são as vantagens e desvantagens das abordagens de resolução de colisões discutidas neste capítulo?

103. Por que tabelas de dispersão são boas para acesso direto, mas não o são para acesso sequencial?

104. (a) Qual é o desempenho no pior caso de busca por uma chave numa tabela de dispersão encadeada? (b) Como se assegura que esse caso não irá ocorrer?

105. (a) Em geral, qual é a principal vantagem do uso de dispersão com relação a outros métodos de implementação de tabelas de busca? (b) Quando essa aparente vantagem não se concretiza?

106. Quais são as desvantagens do uso de dispersão com relação a outras abordagens de implementação de tabelas de busca em memória principal apresentadas neste livro?

107. Suponha que você tenha uma função de dispersão que se tenha assegurado que produz uma dispersão uniforme para o conjunto esperado de chaves. Como você escolheria a implementação mais adequada para sua tabela de dispersão? Justifique sua escolha.

108. Quando o número de chaves que serão inseridas numa tabela de dispersão é desconhecido, qual é a melhor abordagem a ser adotada para a tabela? Justifique sua resposta.

109. O que é mais rápido em dispersão com encadeamento: uma busca bem-sucedida ou uma busca malsucedida? Explique sua resposta.

110. Compare implementação de tabela de busca usando dispersão com implementação de tabela de busca usando árvore binária.

Exemplos de Programação (Seção 7.8)

111. Como se testa uma função de dispersão para verificar se ela produz uma distribuição uniforme?

112. (a) O que é filtro de Bloom? (b) Descreva seu funcionamento.

113. O que é uma consulta de pertinência?

114. Por que remoção não é permitida num filtro de Bloom convencional?

115. (a) O que é falso-positivo? (b) O que é falso-negativo?

116. O que é pior para um programa antivírus: um erro falso-positivo ou um erro falso-negativo?

117. Num exame médico, o que é pior: um erro falso-positivo ou um erro falso-negativo?

118. Você tenta entrar num banco e a porta giratória o impede devido ao fato de você portar um chaveiro no bolso. Esse alarme é falso-positivo ou falso-negativo?

119. (a) Como se liga um bit? (b) Como se verifica se um bit está ligado?

7.10 Exercícios de Programação

Observação: Alguns exercícios de programação propostos nesta seção requerem conhecimento prévio de programação de baixo nível em C. O **Apêndice B** apresenta o conhecimento mínimo necessário sobre o assunto.

EP7.1   Generalize a função `RepresentacaoBinaria()` apresentada no **Apêndice B**, de modo que a nova versão possa exibir a representação binária de um parâmetro de qualquer tipo. Essa nova versão da função `RepresentacaoBinaria()` deve ter como protótipo:

```
void   RepresentacaoBinaria2(const void *ptrValor, size_t tamanhoDoValor)
```

EP7.2   (a) Escreva uma função, denominada `InverteBits()`, que inverte os bits de um parâmetro do tipo **unsigned int**. (b) Escreva um programa que recebe como entrada um valor do tipo **unsigned int**, converte-o utilizando a função `InverteBits()` e apresenta o valor original recebido como entrada e o valor alterado pela função `InverteBits()` em formato binário.

EP7.3   Na implementação de dispersão com encadeamento, assumiu-se que cada elemento da tabela de busca era um ponteiro para uma lista encadeada, o que desperdiça espaço no caso em que uma lista armazena apenas uma chave. Apresente uma implementação alternativa de dispersão com encadeamento na qual não ocorra esse tipo de desperdício.

EP7.4   Implemente um algoritmo de detecção de ciclo no esquema de dispersão cuco sem ser por meio de contagem de repetições, como foi efetuado na **Seção 7.6.3**.

EP7.5   Escreva um programa que calcula o número de colisões numa longa sequência aleatória de inserções usando sondagem linear, sondagem quadrática e dispersão dupla.

EP7.6   Numa variante de dispersão cuco, a tabela de dispersão é dividida em duas tabelas menores de tamanhos iguais e cada função de dispersão provê um índice para uma dessas duas metades. Implemente essa variante de dispersão cuco.

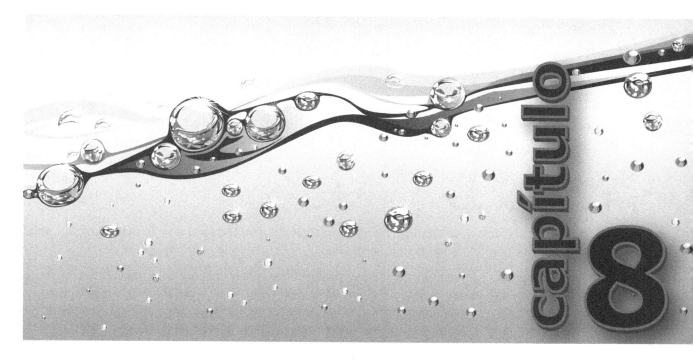

DISPERSÃO EM MEMÓRIA SECUNDÁRIA

Após estudar este capítulo, você deverá ser capaz de:

➤ Descrever os seguintes conceitos:

- ❏ Coletor primário
- ❏ Coletor excedente
- ❏ Coletor camarada
- ❏ Dispersão estática
- ❏ Dispersão extensível
- ❏ Profundidade global
- ❏ Profundidade local
- ❏ Diretório de dispersão extensível

➤ Especificar e implementar operações de busca, inserção e remoção em tabela de dispersão estática

➤ Comparar dispersão em memória principal com dispersão em memória secundária

➤ Discutir as limitações das técnicas de dispersão em memória secundária

➤ Extrair bits mais significativos ou menos significativos de uma chave de busca

➤ Mostrar como são efetuadas operações de busca, inserção e remoção em tabela de dispersão extensível

➤ Contrastar técnicas de dispersão em memória secundária com o uso de árvores da família B

objetivos

capítulo
8

O MESMO MODO que não é conveniente o uso de listas indexadas ou encadeadas para armazenar tabelas de busca em memória secundária, também não é conveniente usar tabelas de dispersão com encadeamento ou com endereçamento aberto nesse meio de armazenamento.

Este capítulo discute dois métodos de dispersão em memória secundária. Na **Seção 8.1**, dispersão estática será discutida, enquanto o conceito e a implementação de dispersão extensível serão explorados na **Seção 8.2**.

8.1 Dispersão Estática

8.1.1 Motivação e Conceitos

Esta seção discute a maneira mais simples de implementar tabelas de dispersão em memória secundária, que é por meio da técnica conhecida como **dispersão estática**.

No contexto de dispersão em memória secundária, **coletor** (*bucket*, em inglês) é uma unidade de armazenamento externo capaz de conter um ou mais registros de uma tabela de busca. Pelas mesmas razões expostas no **Capítulo 6**, idealmente, o tamanho de um coletor deve ser igual ou um pouco menor do que o tamanho de um bloco no meio de armazenamento utilizado. Como todos os coletores têm o mesmo tamanho, eles podem ser indexados como se fossem elementos de um array.

Uma tabela de busca que usa a técnica de dispersão estática consiste em dois tipos de coletores:

- ❏ **Coletor primário**. O número de coletores primários deve ser decidido a priori e é considerado o **tamanho da tabela**. Esses coletores são acessados diretamente por intermédio de um índice resultante da aplicação de uma função de dispersão sobre uma chave.

- ❏ **Coletor excedente**. Um coletor excedente é usado como complemento de um coletor primário que se encontra repleto e pode ser acessado apenas por meio do coletor primário associado a ele.

A **Figura 8–1** ilustra uma tabela de dispersão estática com coletores primários e excedentes.

Idealmente, uma tabela de dispersão estática contém apenas coletores primários, pois, nesse caso, uma operação de busca requer apenas uma leitura em memória secundária e uma operação de inserção ou de remoção requer uma leitura e uma escrita nesse meio de armazenamento. Essa situação ideal, contudo, pode ser difícil de obter na prática.

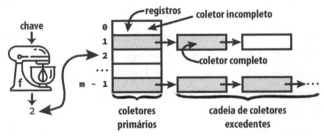

FIGURA 8–1: DISPERSÃO ESTÁTICA EM MEMÓRIA SECUNDÁRIA

8.1.2 Operações Básicas

Inserção

Para inserir um registro numa tabela de dispersão estática, aplica-se uma função de dispersão sobre a chave do registro (como é usual) e obtém-se o índice do coletor primário no qual o registro deverá ser inserido. Se houver espaço nesse coletor, o registro será inserido normalmente nele.

O problema é que o coletor primário que deveria acomodar um novo registro nem sempre tem espaço disponível. Nesse caso, deve-se alocar um coletor excedente e fazer com que o coletor primário aponte para o novo coletor excedente. Então o registro é inserido no referido coletor.

Obviamente, um coletor excedente também pode se tornar repleto, de maneira que vários coletores excedentes podem ser associados a um coletor primário, formando uma **cadeia de coletores excedentes** que se assemelha a uma lista encadeada (v. **Figura 8–1**).

O algoritmo de inserção em tabela de dispersão estática é apresentado na **Figura 8–2**.

ALGORITMO INSEREEMTABELADEDISPERSÃOESTÁTICA

ENTRADA: Um novo registro

ENTRADA/SAÍDA: Uma tabela de dispersão estática

1. Aplique a função de dispersão e obtenha o índice do coletor primário no qual o registro poderá ser inserido
2. Leia o coletor primário no arquivo e torne-o o coletor corrente
3. Enquanto o coletor corrente estiver repleto, faça:
    3.1 Se o coletor não possuir coletor excedente:
        3.1.1 Crie um novo coletor excedente e torne-o o coletor corrente
        3.1.2 Encerre o laço
    3.2 Caso contrário, torne-o o coletor corrente
4. Acrescente o novo registro ao final do coletor corrente
5. Atualize o número de registros do coletor corrente

FIGURA 8–2: ALGORITMO DE INSERÇÃO EM TABELA DE DISPERSÃO ESTÁTICA

Busca

Para efetuar uma busca numa tabela de dispersão estática, aplica-se a função de dispersão sobre a chave de busca, o que resulta no índice do coletor primário que poderá conter a chave. Então esse coletor é lido e efetua-se uma busca sequencial em memória principal. Se essa busca não for bem-sucedida e houver coletores excedentes, eles serão lidos um a um e a busca prossegue até que a chave seja encontrada ou não haja mais possibilidade de encontrá-la. A **Figura 8–3** mostra o algoritmo de busca em tabela de dispersão estática.

ALGORITMO BUSCAEMTABELADEDISPERSÃOESTÁTICA

ENTRADA: Uma chave de busca e uma tabela de dispersão estática

SAÍDA: O registro associado à chave de busca, se ele for encontrado, ou um valor indicando o fracasso da operação, em caso contrário

1. Aplicando a função de dispersão, obtenha o índice do coletor primário no qual o registro poderá ser encontrado e torne-o índice corrente
2. Enquanto o índice corrente for válido, faça:
    2.1 Leia o coletor associado ao índice corrente
    2.2 Efetue uma busca sequencial no coletor lido usando a chave de busca
    2.3 Se a chave foi encontrada, retorne o registro associado a ela
    2.4 Atribua ao índice corrente o índice do próximo coletor excedente
3. Retorne um valor informando que a chave de busca não foi encontrada

---

FIGURA 8–3: ALGORITMO DE BUSCA EM TABELA DE DISPERSÃO ESTÁTICA

Remoção

Se a chave do registro a ser removido for encontrada, conforme foi descrito acima, efetua-se, em memória principal, a remoção do registro do coletor em que ele se encontra e, em seguida, o coletor é reescrito no arquivo. Essa remoção em memória principal segue o algoritmo padrão de remoção em lista indexada discutido no **Volume 1**.

Se um coletor excedente ficar vazio após a remoção de um registro, operações posteriores de busca, inserção e remoção podem ser aceleradas se o referido coletor for removido de sua cadeia. Essa **remoção completa** é similar à remoção de um nó de uma lista simplesmente encadeada, mas não é tipicamente implementada, visto que não se espera que essa situação ocorra com frequência. Assim, normalmente, implementa-se apenas a **remoção simples** que foi descrita no parágrafo anterior.

O algoritmo de remoção em tabela de dispersão estática é apresentado na **Figura 8–4**.

ALGORITMO REMOVEEMTABELADEDISPERSÃOESTÁTICA

ENTRADA: A chave do registro a ser removido

ENTRADA/SAÍDA: Uma tabela de dispersão estática

SAÍDA: Um valor informando se a operação foi bem-sucedida

1. Encontre o coletor que contém o registro com a chave de entrada usando um algoritmo semelhante a BUSCAEMTABELADEDISPERSÃOESTÁTICA

2. Se o registro a ser removido não foi encontrado, retorne um valor informando que a operação foi malsucedida

3. Remova o registro que contém a chave de entrada do coletor que o contém

4. Atualize o número de registros do referido coletor

5. Escreva o coletor atualizado no arquivo

FIGURA 8–4: ALGORITMO DE REMOÇÃO EM TABELA DE DISPERSÃO ESTÁTICA

8.1.3 Implementação

Definições de Tipos e Constantes

O seguinte tipo de estrutura pode ser usado para implementar uma tabela de busca com dispersão estática em memória secundária. O tipo **tRegistroMEC** que aparece nesta definição é definido no **Apêndice A**.

```
typedef struct {
        tTipoDeColetorDEst tipo; /* Tipo de coletor */
        tRegistroMEC       registros[M]; /* Array de registros  */
        int                nRegistros;   /* Número de registros num coletor */
        int                proximo; /* Próximo coletor excedente */
    } tColetorDEst;
```

Nessa definição de tipo, M é uma constante simbólica que representa o número máximo de registros armazenados num coletor. O tipo **tTipoDeColetorDEst** é um tipo de enumeração usada para classificar um coletor como primário ou excedente e é definido como:

```
typedef enum {PRIMARIO, EXCEDENTE} tTipoDeColetorDEst;
```

Idealmente, o tamanho de um coletor deve ser o mais próximo possível do tamanho de um bloco em memória secundária, de modo que o cálculo do número máximo de registros num coletor é similar àquele apresentado na **Seção 6.3.1** para dimensionamento de grau para árvores multidirecionais. Para efetuar esse cálculo, suponha que:

- ❑ *TT* é o tamanho de uma variável do tipo **tTipoDeColetor**.
- ❑ *TB* é o tamanho de um bloco lido ou escrito num arquivo (v. **Seção 1.5.3**).

❑ *TR* é o tamanho de um registro armazenado num coletor; esse valor pode ser calculado usando-se o operador **sizeof** como `sizeof(tRegistroMEC)`, sendo que `tRegistroMEC` é o tipo do registro armazenado na tabela (v. **Apêndice A**).

❑ *TI* é a largura do tipo inteiro usado para representar o número de registros num coletor e a posição do próximo coletor excedente.

❑ *M* é o número máximo de registros num coletor, que se deseja determinar.

Assim pode-se calcular o tamanho (*TC*) de um coletor da seguinte maneira:

$$TC = TT + M \cdot TR + 2 \cdot TI$$

Como, idealmente, deve-se ter *TC* ≤ *TB*, obtém-se:

$$M \le (TB - 2 \cdot TI - TT)/TR$$

Idealmente, deve-se escolher o tamanho de um coletor de acordo com o tamanho de cada bloco lido/escrito no meio de armazenamento externo no qual o coletor se encontra armazenado. Portanto, sem levar em consideração um possível preenchimento de estrutura (v. **Seção 6.3.1**), basta considerar o tamanho (*M*) de um coletor como:

$$M = (TB - 2 \cdot TI - TT)/TR - 1$$

As definições de constantes a seguir refletem o que foi discutido acima.

```
#define TB 4096 /* Tamanho do bloco lido ou escrito */
#define TT (int) sizeof(tTipoDeColetorDEst) /* Tamanho de tTipoDeColetorDEst */
#define TR (int) sizeof(tRegistroMEC) /* Tamanho de um registro */
#define TI (int) sizeof(int) /* Tamanho de um campo do tipo int */

    /* Cálculo do número máximo de registros num coletor */
#define M (((TB - 2*TI - TT)/TR) - 1)
```

Funções Auxiliares

As funções a seguir são usadas como auxiliares na implementação de dispersão estática.

A função `NovoColetorDEst()` cria um novo coletor num arquivo e seus parâmetros são o stream associado ao arquivo que contém os coletores e o tipo do coletor que será criado. Essa função retorna o índice do coletor criado.

```
static int NovoColetorDEst(FILE *stream, tTipoDeColetorDEst tipo)
{
   tColetorDEst coletor;
   int          indice;

   coletor.nRegistros = 0;
   coletor.proximo = POSICAO_NULA;
   coletor.tipo = tipo;

      /* Move o apontador de posição do arquivo para seu final */
   MoveApontador(stream, 0, SEEK_END);

   indice = ftell(stream)/sizeof(coletor); /* Obtém o índice do coletor */

   fwrite(&coletor, sizeof(coletor), 1, stream); /* Escreve o coletor no arquivo */

   return indice;
}
```

A função `LeColetorDEst()` lê um coletor em arquivo e seus parâmetros são:

■ `stream` (entrada) — stream associado ao arquivo contendo os coletores no qual será feita a leitura

■ `pos` (entrada) — posição no arquivo na qual será feita a leitura

■ `coletor` (saída) — ponteiro para o coletor que conterá o resultado da leitura

```
static void LeColetorDEst(FILE *stream, int pos, tColetorDEst *coletor)
{
    /* Tenta mover o apontador de arquivo para o local */
    /* de leitura; se não conseguir, aborta o programa */
  MoveApontador(stream, sizeof(tColetorDEst)*pos, SEEK_SET);

  fread(coletor, sizeof(tColetorDEst), 1, stream); /* Efetua a leitura */

    /* Certifica-se que não houve erro de leitura */
  ASSEGURA(!ferror(stream),  "Erro de leitura em LeColetorDEst()");
}
```

A função `EscreveColetorDEst()` escreve um coletor em arquivo e tem como parâmetros:

- **stream** (entrada) — stream associado ao arquivo contendo os coletores no qual será feita a escrita
- **pos** (entrada) — posição no arquivo no qual será feita a escrita
- ***coletor** (entrada) — coletor que será escrito no arquivo

```
static void EscreveColetorDEst(FILE *stream, int pos, const tColetorDEst *coletor)
{
    /* Tenta mover o apontador de arquivo para o local */
    /* de escrita; se não conseguir, aborta o programa */
  MoveApontador(stream, sizeof(tColetorDEst)*pos, SEEK_SET);

  fwrite(coletor, sizeof(tColetorDEst), 1, stream); /* Efetua a escrita */

    /* Certifica-se que não houve erro */
  ASSEGURA(!ferror(stream), "Erro de escrita em EscreveColetorDEst()");
}
```

Iniciação

A função `IniciaTabDEst()` inicia uma tabela de busca com dispersão estática e seus parâmetros são:

- **streamCol** (entrada) — stream associado ao arquivo que contém os coletores
- **nRegistros** (entrada) — número de registros iniciais da tabela
- **maxRegs** (entrada) — número máximo de registros num coletor

```
int IniciaTabDEst( FILE *streamCol, int nRegistros, int maxRegs )
{
  int i,
      nColetores;

  nColetores = nRegistros/maxRegs; /* Obtém o número de coletores */

    /* Aloca os coletores primários no arquivo */
  for (i = 0; i < nColetores; ++i)
    (void) NovoColetorDEst(streamCol, PRIMARIO);

  return nColetores;
}
```

A função `IniciaTabEstatica()` retorna o número de coletores primários da tabela.

Busca

A função `BuscaDEst()` efetua uma busca numa tabela de dispersão estática e tem como parâmetros:

- **stream** (entrada) — stream associado ao arquivo que contém os coletores
- **nColetores** (entrada) — número de coletores primários da tabela
- **chave** (entrada) — a chave de busca
- **reg** (saída) — o registro encontrado

Essa função retorna o endereço do registro, se ele for encontrado, ou **NULL**, em caso contrário.

```
tRegistroMEC *BuscaDEst(FILE *stream, int nColetores, tChave chave, tRegistroMEC *reg)
{
    int          iColetor, i;
    tColetorDEst coletor;

        /* Obtém o índice do coletor primário que pode conter o registro */
    iColetor = FDispersao(chave, nColetores);

        /* Efetua uma busca no coletor primário e em seus coletores excedentes */
    while (iColetor != POSICAO_NULA) {
        /* Lê um coletor que pode conter o registro */
        LeColetorDEst(stream, iColetor, &coletor);

            /* Efetua uma busca sequencial pelo registro em memória principal */
        for (i = 0; i < coletor.nRegistros; i++)
            /* Verifica se a chave foi encontrada */
            if (chave == ObtemChave(&coletor.registros[i])) {
                *reg = coletor.registros[i]; /* Chave encontrada */
                return reg; /* Serviço completo */
            }

        iColetor = coletor.proximo; /* Passa para o próximo coletor excedente */
    }

    return NULL; /* A chave não foi encontrada */
}
```

Inserção

A função `InsereDEst()` insere um registro numa tabela de busca com dispersão estática e seus parâmetros são:

- `nColetores` (entrada) — número de coletores primários da tabela na qual será efetuada a inserção
- `registro` (entrada) — o registro que será inserido
- `stream` (entrada) — stream associado ao arquivo que contém os coletores

```
void InsereDEst(int nColetores, const tRegistroMEC *registro, FILE *stream)
{
    int          iColetor;
    tChave       chave;
    tColetorDEst coletor;

    chave = ObtemChave(registro); /* Obtém a chave do registro */

    iColetor = FDispersao(chave, nColetores); /* Obtém o índice do coletor */

        /* Lê o coletor primário em arquivo */
    LeColetorDEst(stream, iColetor, &coletor);

        /* Encontra o coletor no qual será efetuada a inserção */
    while (coletor.nRegistros == M) {
        /* O coletor está repleto. Portanto passa-se para o     */
        /* próximo coletor excedente. Se o próximo coletor       */
        /* excedente ainda não existe, cria-se um novo coletor */
        if (coletor.proximo == POSICAO_NULA) {
            /* Cria um novo coletor excedente */
            coletor.proximo = NovoColetorDEst(stream, EXCEDENTE);

            /* O coletor foi alterado e precisa ser reescrito */
            EscreveColetorDEst(stream, iColetor, &coletor);
        }
```

```
        /* Guarda a posição do próximo coletor a ser lido */
    iColetor = coletor.proximo;

        /* Lê um coletor excedente em arquivo */
    LeColetorDEst(stream, coletor.proximo, &coletor);
}

    /* Acrescenta o novo registro ao final do coletor */
coletor.registros[coletor.nRegistros] = *registro;

coletor.nRegistros++; /* O número de registros no coletor aumentou */

    /* O coletor foi alterado e é preciso reescrevê-lo no arquivo */
EscreveColetorDEst(stream, iColetor, &coletor);
}
```

Remoção

A função `RemoveDEst()` remove um registro de uma tabela de dispersão estática e tem como parâmetros:

■ `nColetores` (entrada/saída) — número de coletores primários da tabela de dispersão

■ `chave` (entrada) — a chave do registro que será removido

■ `stream` (entrada) — stream associado ao arquivo que contém os coletores

Essa função retorna `1`, se a remoção foi bem-sucedida, ou `0`, em caso contrário.

```
int RemoveDEst(int nColetores, tChave chave, FILE *stream)
{
    int           i, j, iColetor, encontrada = 0;
    tColetorDEst coletor;

        /* Obtém o índice do coletor que pode conter o registro */
    iColetor = FDispersao(chave, nColetores);

        /* Efetua uma busca no coletor primário e em seus coletores excedentes */
    while (iColetor != POSICAO_NULA) {
            /* Lê o coletor que pode conter o registro */
        LeColetorDEst(stream, iColetor, &coletor);

            /* Efetua uma busca sequencial pelo registro em memória principal */
        for (i = 0; i < coletor.nRegistros && !encontrada; i++)
                /* Verifica se a chave foi encontrada */
            if (chave == ObtemChave(&coletor.registros[i]))
                encontrada = 1;

            /* Se a chave foi encontrada, encerra a busca */
        if (encontrada)
            break;

        iColetor = coletor.proximo; /* Passa para o próximo coletor excedente */
    }

        /* Verifica se a chave foi encontrada */
    if (!encontrada)
        return 0;  /* A chave não foi encontrada */

        /* Corrige o valor de i que foi incrementado e deixou */
        /* de ser o índice do elemento a ser removido        */
    --i;

        /* O registro a ser removido encontra-se na posição i do */
        /* coletor corrente. É necessário mover uma posição para */
        /* trás todos os registros que se encontram à sua frente */
    for (j = i; j < coletor.nRegistros - 1; ++j)
```

```
    coletor.registros[j] = coletor.registros[j + 1];

  --coletor.nRegistros; /* O número de registros no coletor diminuiu */

    /* O coletor foi alterado e é preciso reescrevê-lo no arquivo */
  EscreveColetorDEst(stream, iColetor, &coletor);

  return 1;  /* Remoção bem-sucedida */
}
```

A função `RemoveEstatica()` implementa apenas a remoção simples descrita na **Seção 8.1.2**. A implementação de uma função que efetua remoção completa é deixada como exercício para o leitor.

8.1.4 Análise

O desempenho das operações com tabelas de busca com dispersão estática pode ser severamente prejudicado devido à ocorrência de longas cadeias de coletores excedentes. Essas cadeias podem ser ocasionadas por dois fatores principais: (1) número insuficiente de coletores primários e (2) excesso de colisões de chaves.

Se o número de registros crescer muito além do previsto, esses coletores excedentes poderão prejudicar consideravelmente o desempenho das operações de busca, inserção e remoção. Por outro lado, se o número de registros ficar muito abaixo do previsto, haverá desperdício de espaço de armazenamento. A única maneira eficiente de resolver o problema decorrente do uso de coletores excedentes é redimensionar a tabela com um número maior de coletores primários.

O redimensionamento de tabela e o uso de uma nova função de dispersão podem aliviar consideravelmente esses problemas, mas aí cria-se um novo obstáculo, pois essas soluções são bastante onerosas em se tratando de tabela de busca implementada em memória secundária. Por exemplo, um redimensionamento de tabela, como aquele descrito na **Seção 7.5**, poderia tornar um programa inutilizável por um período inaceitável se ela fosse implementada em memória secundária.

8.2 Dispersão Extensível

A abordagem que será discutida na presente seção para implementação de tabelas de dispersão mostra como o número de coletores e a função de dispersão de uma tabela de busca implementada em memória secundária podem ser alterados dinamicamente. Essa abordagem, denominada **dispersão extensível**, foi desenvolvida por Fagin, Nievergelt, Pippenger e Strong em 1979 (v. **Bibliografia**). A descrição a ser apresentada aqui é mais simples e diverge consideravelmente da versão original do ponto de vista conceitual, mas o resultado prático é o mesmo.

8.2.1 Conceitos

Tabela de dispersão extensível é uma tabela de busca baseada em memória secundária que usa uma função de dispersão e um diretório para localizar o coletor no qual um registro pode ser encontrado ou inserido. Diferentemente do que ocorre com dispersão estática (v. **Seção 8.1**), dispersão extensível raramente usa coletores excedentes.

O **diretório** (ou **índice**) de uma tabela de dispersão extensível é um array, idealmente, mantido em memória principal durante as operações, com as seguintes características:

1. Cada índice do array está associado a um valor obtido por meio da aplicação de uma função de dispersão sobre uma chave.
2. O conteúdo de cada elemento do array representa uma referência para um coletor armazenado em memória secundária, sendo que dois ou mais desses elementos podem fazer referência a um mesmo coletor.

O diretório de uma tabela de busca com dispersão extensível é dinamicamente ajustado para refletir alterações no número de registros da tabela. A principal característica de dispersão extensível é essa organização de diretório, que é uma **tabela extensível**, visto que seu tamanho pode aumentar ou diminuir de acordo com a demanda.

Quando uma função de dispersão é aplicada a uma determinada chave, o valor resultante indica uma posição no diretório e não no arquivo que contém os registros. Desse modo, o arquivo não requer nenhuma reorganização quando registros são acrescentados ou removidos dele, porque essas alterações são indicadas no diretório.

Para obter o efeito desejado considera-se o valor resultante da aplicação da função de dispersão como um string de bits do qual apenas os g bits mais à esquerda podem ser usados. O valor de g é denominado **profundidade global** ou **profundidade do diretório**. Precisamente, se g representa o número de bits usados para definir cada índice do diretório, o número de índices (i.e., o tamanho) desse diretório é 2^g. Como exemplo, suponha que a função de dispersão gera sequências de 5 bits. Se uma dessas sequências é *01011* e a profundidade global é *2*, os dois bits mais à esquerda (i.e., *01*) constituem uma posição no diretório contendo a referência para um coletor no qual a chave pode ser encontrada ou inserida.

Cada coletor possui uma **profundidade local** l, que é o número de bits iniciais que todas as chaves desse coletor têm em comum. Quer dizer, os bits mais à esquerda são os mesmos para todas as chaves no coletor. O valor de l depende de cada coletor, sendo que $l \leq g$. A profundidade local de um diretório permite não apenas decidir se o diretório será duplicado como também o número de referências para o coletor no diretório. Precisamente, o número de elementos de um diretório de profundidade global g de tabela de dispersão extensível que fazem referência a um coletor de profundidade local l é 2^{g-l}.

A **Figura 8–5** resume a terminologia empregada em dispersão extensível. Nessa figura, a profundidade global é igual a *2* e o tamanho do diretório é *4* (i.e., 2^2). Os coletores são rotulados como t_{00}, t_{01} e t_1, em que os subscritos indicam os bits iniciais que são comuns a todas as chaves armazenadas no respectivo coletor. Por exemplo, os valores de dispersão de todas as chaves armazenadas no coletor t_{00} iniciam com os bits *00*, enquanto os valores de dispersão das chaves armazenadas no coletor t_1 têm apenas um bit inicial em comum, que é *1*. Na **Figura 8–5**, a capacidade de cada coletor é de três registros[1], o que significa que os coletores t_{00} e t_1 estão completos, o que não ocorre com o coletor t_{01}. Nessa figura, a profundidade local de cada coletor aparece no topo dele.

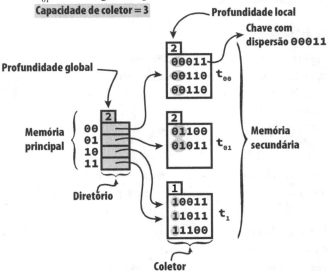

FIGURA 8–5: TERMINOLOGIA USADA EM DISPERSÃO EXTENSÍVEL

8.2.2 Inserção

Supondo que g seja a profundidade global de uma tabela de busca com dispersão extensível, uma operação de inserção começa obtendo os g bits iniciais da chave a ser inserida. Esses bits representam o índice do elemento

---

[1] Para simplificar a discussão, fazem-se referências apenas a chaves nos coletores. Mas coletores armazenam registros, e não apenas as chaves desses registros.

do diretório que armazena a posição em arquivo do coletor que armazenará a nova chave. De posse dessa posição, o referido coletor é lido e, se ele tiver espaço disponível, efetua-se a devida inserção e escreve-se o coletor de volta no arquivo que o contém. Se o referido coletor estiver completo, ele precisará ser dividido antes que a inserção ocorra.

A profundidade local de um coletor determina se a duplicação do diretório será necessária após ele ser dividido. Suponha que a profundidade global de um diretório e a profundidade local de um coletor sejam, respectivamente, g e l. Então, quando esse coletor requer divisão, podem acontecer duas situações:

1. $l < g$. Quando a profundidade local é menor do que a profundidade global, dividir o coletor requer apenas alterar metade das referências para esse coletor, de modo que elas apontem para o coletor recentemente criado. Nesse caso, o coletor que será dividido possui mais de uma referência para si no diretório, de sorte que o diretório não precisará ser duplicado. Ou seja, basta que metade das referências para o coletor dividido seja redirecionada para o novo coletor.

2. $l = g$. Nesse caso, o coletor a ser dividido possui apenas uma referência para si no diretório, de modo que o diretório precisará ser duplicado (talvez mais de uma vez), para que sejam criadas referências para os coletores resultantes da divisão. Cada coletor, com possível exceção daquele dividido e do novo coletor, terá um número maior de referências para si. O número de referências repetidas em cada coletor depende do número de vezes que o diretório for duplicado (v. abaixo).

Em qualquer caso, as chaves presentes no antigo coletor e a nova chave são divididas de acordo com o valor do bit de ordem $l + 1$. Quer dizer, se uma chave apresentar *0* como valor desse bit, ela permanece no antigo coletor; se o valor desse bit for *1*, por outro lado, ela será armazenada no novo coletor. Acontece, porém, que, após essa divisão de chaves, pode acontecer que todas elas terminem num mesmo coletor, de modo que o processo precisa ser repetido. Felizmente, isso só ocorre quando as chaves em questão apresentam o mesmo valor de dispersão devido ao fato de elas serem iguais ou porque a função de dispersão não foi convenientemente escolhida. Quando todas as chaves sob consideração são iguais, duplicações múltiplas do diretório não resolverão o problema, que só poderá ser solucionado com o uso de coletores excedentes, como ocorre com dispersão estática (v. **Seção 8.2.5**).

Considerando a **Figura 8–5**, suponha que se deseja inserir uma chave cujo valor de dispersão seja *11001*. Levando em conta esse valor de dispersão, conclui-se que ela deve ser inserida no coletor t_1, pois a profundidade global é *2* e, no índice do diretório correspondente aos dois primeiros bits do valor de dispersão (*11*), emana um ponteiro para esse coletor. Ocorre, porém, que esse coletor se encontra repleto [v. **Figura 8–6 (a)**], já que se supõe que a capacidade de cada coletor corresponde a três chaves. Assim o coletor t_1 é dividido em dois coletores: t_{10}, contendo a chave com valor de dispersão *10011*, e t_{11}, contendo as chaves com valores de dispersão *11011*, *11100* e *11001* [v. **Figura 8–6 (b)**]. Cada um desses dois novos coletores possui profundidade local igual a *2*.

Nesse último exemplo, não é necessário criar os dois novos coletores (t_{10} e t_{11}) e liberar o antigo coletor (t_1). Quer dizer, o coletor já existente precisa apenas ter sua profundidade alterada de *1* para *2*, de maneira que ele passa a ser o coletor t_{10}. Por sua vez, o coletor t_{11} precisa realmente ser criado. Para esse último coletor, são copiadas as chaves do antigo coletor t_1 que têm valores de dispersão que começam com *11* mais a nova chave com valor de dispersão *11001*. Além disso, é necessária apenas uma alteração no diretório: o ponteiro que emanava da posição *11* do diretório e apontava para o coletor t_1 passa a apontar para o coletor t_{11}.

A **Figura 8–6** ilustra o caso mais simples de divisão de coletor, pois ele não requer reestruturação de diretório. A situação é mais complicada quando a capacidade de um coletor é excedida e sua profundidade local é igual à profundidade do diretório. Por exemplo, considere o caso em que uma chave com valor de dispersão igual a *00001* deve ser inserida na tabela da **Figura 8–7 (a)** e é despachada usando-se a posição *00* (seus dois primeiros bits) do diretório para o coletor t_{00}. Nesse caso, ocorre uma divisão, mas o diretório não tem elemento disponível para fazer referência para o novo coletor resultante dessa divisão. Consequentemente, o tamanho do diretório é duplicado, de modo que sua profundidade passa a ser igual a *3*, t_{00} passa a ser t_{000} e o novo coletor é t_{001}. Todas as chaves de t_{00} são divididas entre t_{000} e t_{001}: aquelas cujos valores de dispersão começam com *000* ficam no coletor t_{000} e as chaves restantes, com prefixo *001*, são alocadas em t_{001}. Além disso, todos os elementos do novo diretório são devidamente alterados, como mostra a **Figura 8–7 (b)**.

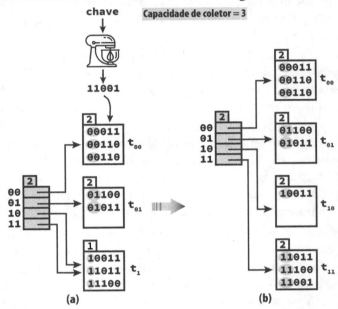

FIGURA 8–6: **DISPERSÃO EXTENSÍVEL: DIVISÃO DE COLETOR SEM DUPLICAÇÃO DE DIRETÓRIO**

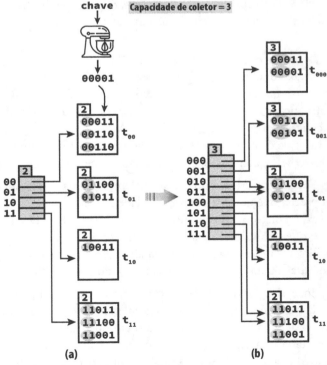

FIGURA 8–7: **DISPERSÃO EXTENSÍVEL: DIVISÃO DE COLETOR COM DUPLICAÇÃO DE DIRETÓRIO**

O algoritmo de inserção em tabela de dispersão extensível é apresentado na **Figura 8–8**.

Algoritmo INSEREEMTABELADEDISPERSÃOEXTENSÍVEL

ENTRADA: Um novo registro

ENTRADA/SAÍDA: Uma tabela de dispersão extensível

1. Obtenha o índice do coletor primário no qual o registro poderá ser inserido usando a chave de busca e a profundidade global da tabela
2. Leia o coletor primário no arquivo
3. Insira, de maneira ordenada, o novo registro no coletor
4. Atualize o número de registros no coletor
5. Se o coletor ficou repleto, divida-o usando o algoritmo DIVIDECOLETORDEDISPERSÃOEXTENSÍVEL
6. Escreva o coletor que foi alterado no arquivo

FIGURA 8–8: ALGORITMO DE INSERÇÃO EM TABELA DE DISPERSÃO EXTENSÍVEL

A **Figura 8–9** exibe o algoritmo DIVIDECOLETORDEDISPERSÃOEXTENSÍVEL invocado pelo algoritmo de inserção da **Figura 8–8**.

Algoritmo DIVIDECOLETORDEDISPERSÃOEXTENSÍVEL

ENTRADA: O índice do coletor que será dividido no arquivo de coletores

ENTRADA/SAÍDA: Uma tabela de dispersão extensível e o coletor que será dividido

1. Crie um novo coletor e obtenha seu índice em arquivo
2. Divida os elementos do antigo coletor com o novo coletor
3. Se o coletor não pode ser dividido:
   3.1 Insira o novo registro no novo coletor
   3.2 Torne o novo coletor um coletor excedente
4. Escreva o novo coletor no arquivo
5. Insira uma referência para o novo coletor no diretório usando o algoritmo INSEREEMDIRETÓRIODEDISPERSÃOEXTENSÍVEL

FIGURA 8–9: ALGORITMO DE DIVISÃO DE COLETOR EM TABELA DE DISPERSÃO EXTENSÍVEL

Os detalhes de execução do **Passo 2** do algoritmo DIVIDECOLETORDEDISPERSÃOEXTENSÍVEL foram descritos anteriormente nesta seção e o uso de coletores excedentes em dispersão extensível (**Passo 3.2**) será explorado na **Seção 8.2.5**. A **Figura 8–10** mostra o algoritmo INSEREEMDIRETÓRIODEDISPERSÃOEXTENSÍVEL invocado pelo algoritmo DIVIDECOLETORDEDISPERSÃOEXTENSÍVEL.

Algoritmo INSEREEMDIRETÓRIODEDISPERSÃOEXTENSÍVEL

ENTRADA: O coletor que será inserido e seu índice no arquivo de coletores

ENTRADA/SAÍDA: Uma tabela de dispersão extensível

1. Atribua a pl a profundidade local do coletor
2. Enquanto a profundidade global do diretório for menor do que pl, faça
   2.1 Crie um novo diretório com o dobro do tamanho do diretório atual
   2.2 Copie as referências do antigo diretório para a metade final do novo diretório
   2.3 Atualize a profundidade global e o tamanho do novo diretório
3. Utilizando os bits menos significativos coincidentes no coletor, corrija as referências do diretório para o novo coletor

---

FIGURA 8–10: ALGORITMO DE INSERÇÃO EM DIRETÓRIO DE DISPERSÃO EXTENSÍVEL

8.2.3 Busca

Supondo que g seja a profundidade global de uma tabela de busca com dispersão extensível, uma operação de busca em dispersão extensível começa obtendo os g bits iniciais da chave de busca, que representam o índice do elemento do diretório que armazena a posição em arquivo do coletor que pode conter o registro procurado. De posse dessa posição, o referido coletor é lido e efetua-se uma busca sequencial em memória principal.

Operações de busca tornam-se mais complicadas se forem usados coletores excedentes (v. **Seção 8.2.5**). Nesse caso, usa-se a abordagem discutida na **Seção 8.1**.

O algoritmo de busca em tabela de dispersão extensível é apresentado na **Figura 8–11**.

ALGORITMO BuscaEmTabelaDeDispersãoExtensível

ENTRADA: Uma tabela de dispersão extensível e uma chave de busca

SAÍDA: O registro associado à chave de busca, se ela for encontrada, ou um valor informando o fracasso da operação

1. Obtenha o índice do coletor que contém o registro
2. Leia o coletor primário no arquivo e torne-o o coletor corrente
3. Enquanto não houver retorno, faça:
   - **3.1** Efetue uma busca sequencial pelo registro no coletor corrente usando a chave de busca
   - **3.2** Se a chave de busca foi encontrada, retorne o registro associado a ela
   - **3.3** Se houver coletor excedente associado ao coletor corrente, leia o coletor excedente no arquivo e torne-o o coletor corrente
   - **3.4** Caso contrário, retorne um valor informando o fracasso da operação

---

FIGURA 8–11: ALGORITMO DE BUSCA EM TABELA DE DISPERSÃO EXTENSÍVEL

8.2.4 Remoção

Às vezes, quando chaves são removidas de uma tabela de dispersão extensível, é possível recombinar coletores adjacentes, e essa recombinação de coletores pode também permitir uma redução de tamanho do diretório. Quer dizer, a remoção de uma chave pode fazer com que o coletor que a continha torne-se vazio. Nesse caso, talvez, ele possa ser combinado com outro coletor. Coletores que são candidatos a união são chamados **coletores camaradas**.

Coletores camaradas são aqueles cujas referências no diretório diferem apenas em seu último bit. Quando ocorre uma união de coletores, o tamanho do diretório pode ser reduzido à metade e, consequentemente, sua profundidade global também é reduzida, fazendo com que todas as profundidades locais sejam estritamente menores do que a profundidade global. Formalmente, para que dois coletores X e Y sejam camaradas, eles devem satisfazer os seguintes critérios:

- ❏ As profundidades locais de X e de Y devem ser iguais à profundidade global do diretório
- ❏ Se o índice do endereço de X for $b_0\, b_1 \ldots 0$, o índice do endereço de seu camarada Y deve ser $b_0\, b_1 \ldots 1$ ou vice-versa
- ❏ Juntas, as chaves contidas em X e Y cabem num único coletor

Se dois coletores forem unidos, talvez seja possível reduzir o tamanho do diretório. Isso pode acontecer se cada par de elementos do diretório indexados por $b_0\, b_1 \ldots 0$ e $b_0\, b_1 \ldots 1$ apontar para um coletor comum. Se esse for o caso, o bit final desses índices do diretório não está sendo usado para diferenciar coletores, de modo que um dos constituintes de cada par pode ser removido e o tamanho do diretório pode ser reduzido pela metade.

Considere como exemplo a tabela ilustrada na **Figura 8–12 (a)** e suponha que se remova uma chave do coletor *X*. O endereço de *X* encontra-se no índice *100* do diretório, de modo que seu camarada é o coletor *Y* cujo endereço encontra-se no índice *101*. Se o número combinado de chaves dos coletores *X* e *Y* couber num único coletor, esses coletores podem ser unidos num único coletor, que é o coletor *Y* na **Figura 8–12 (b)**. Cada par de elementos no diretório ilustrado nessa última figura faz referência a um coletor comum. Isso significa que o tamanho desse diretório pode ser reduzido de *3* bits para *2* bits. Fazendo-se isso, obtém-se como resultado o diretório com *4* elementos mostrado na **Figura 8–12 (c)**.

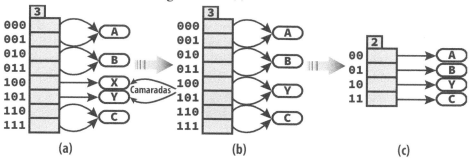

FIGURA 8–12: REDUÇÃO DE DIRETÓRIO EM DISPERSÃO EXTENSÍVEL

Combinar coletores após uma operação de remoção é relativamente fácil e de baixo custo. Por sua vez, a redução de tamanho do diretório acarretada por essa operação pode ser onerosa quando o tamanho do diretório é muito grande, de maneira que reduzir o tamanho do diretório só é recomendável quando o número de coletores é substancialmente reduzido com relação ao tamanho do diretório. Outro revés decorrente da combinação de coletores é que um coletor vazio sem referência para si continuará a ocupar espaço no arquivo mesmo que não possa mais ser acessado, a não ser que seja adotado um esquema de gerenciamento de coletores vazios, o que complicaria ainda mais a implementação de uma tabela de busca com dispersão extensível.

Os exemplos de inserção apresentados acima também podem servir como exemplos de remoção se forem examinados de trás para a frente. Isto é, se você começar com a tabela resultante de uma inserção e, então, remover o elemento inserido, o resultado deverá ser a tabela original antes da inserção.

O algoritmo de remoção em tabela de dispersão extensível segue os passos vistos na **Figura 8–13**.

ALGORITMO REMOVEEMTABELADEDISPERSÃOEXTENSÍVEL

ENTRADA: A chave do registro a ser removido

ENTRADA/SAÍDA: Uma tabela de dispersão extensível

SAÍDA: Um valor informando se a operação foi bem-sucedida

1. Encontre o coletor que contém o registro com a chave de entrada usando um algoritmo semelhante a BUSCAEMTABELADEDISPERSÃOEXTENSÍVEL
2. Se o registro a ser removido não foi encontrado, retorne um valor informando que a operação foi malsucedida
3. Remova o registro que contém a chave de entrada do coletor que o contém
4. Atualize o número de registros do referido coletor

FIGURA 8–13: ALGORITMO DE REMOÇÃO EM TABELA DE DISPERSÃO EXTENSÍVEL

O algoritmo da **Figura 8–13** não leva em consideração uma possível redução de diretório em virtude de uma operação de remoção.

8.2.5 Uso de Coletores Excedentes

Na prática, tipicamente, em vez dos bits mais significativos usados para indexação de diretórios como foi visto na **Seção 8.2.2**, usam-se os bits menos significativos, pois isso facilita a implementação. Por exemplo, desse modo, pode-se duplicar um diretório simplesmente copiando-o (v. **Seção 8.2.6**). Essa opção será adotada no exemplo a ser apresentado nesta seção.

Nesta seção, será apresentado um exemplo completo de construção de uma tabela de dispersão fictícia. Para ilustrar esse exemplo, será usado o conjunto de registros mostrado na **Tabela 8–1**. Cada registro dessa tabela consiste em apenas dois campos: *nome* e *idade*, mostrados com fundo colorido nessa tabela. A chave do registro é o campo *nome* e a função de dispersão usa uma digital de Rabin[2] para obter os dígitos menos significativos necessários para indexar o diretório. Apesar de esse exemplo ser irrealista, o leitor poderá com ele dirimir dúvidas referentes aos conceitos expostos acima.

Nº	Nome	Idade	Valor de Dispersão
1	Jose	21	00001001
2	Joaquim	19	01010101
3	Manoel	31	00011000
4	Jose	18	00001001
5	Maria	22	00110111
6	Mario	25	01000101
7	Isabel	25	00011100
8	Jose	20	00001001

Tabela 8–1: Registros do Exemplo de Dispersão Extensível

No exemplo a ser desenvolvido aqui, assume-se que um coletor tem capacidade para conter apenas dois registros. A **Figura 8–14** ilustra o estado inicial da tabela de busca com dispersão extensível (i.e., logo após ela ter sido criada).

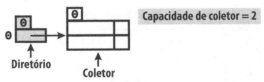

Figura 8–14: Exemplo de Dispersão Extensível: Estado Inicial

A **Figura 8–15** mostra o estado da tabela de busca após as inserções dos dois primeiros registros da **Tabela 8–1**. Essas inserções ocorrem sem divisão de coletor.

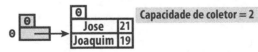

Figura 8–15: Exemplo de Dispersão Extensível: Primeiras Duas Inserções

A **Figura 8–16** mostra o estado da tabela de busca após a inserção do terceiro registro. Essa operação é um pouco mais complexa do que a anterior porque requer a criação de um novo coletor e a duplicação do diretório. Note, nessa figura, que os coletores passam a ter profundidades locais iguais a *1*, e o mesmo ocorre com a profundidade global do diretório. Portanto as chaves nesses coletores passam a ter em comum o último bit à direita (i.e., o

---

[2] Digital de Rabin é um método polinomial de cálculo de valores de dispersão que será explorado na **Seção 9.6**.

bit menos significativo). Mais precisamente, os dois registros do coletor inferior na figura apresentam *1* como último bit de suas chaves (v. **Tabela 8–1**), enquanto a chave do único registro no coletor superior da figura é *0*.

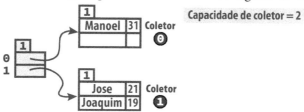

FIGURA 8–16: EXEMPLO DE DISPERSÃO EXTENSÍVEL: TERCEIRA INSERÇÃO

A inserção do quarto registro da **Tabela 8–1** é complicada pelo fato de essa operação requerer duas divisões de coletores e duas duplicações do diretório. Na primeira tentativa de inserção da chave desse registro, verifica-se que ele deveria ser inserido no coletor ❶ da **Figura 8–16**. Ocorre, porém, que esse coletor encontra-se repleto, o que requer a primeira divisão de coletor. Mas a divisão desse coletor não é produtiva, pois os dois bits menos significativos das chaves dos três registros em questão não podem ser usados para distingui-los. Ou seja, os dois bits menos significativos dos registros **1**, **2** e **4** da **Tabela 8–1** são os mesmos. Esse impasse leva à situação intermediária mostrada na **Figura 8–17**.

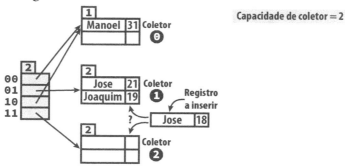

FIGURA 8–17: EXEMPLO DE DISPERSÃO EXTENSÍVEL COM DUPLICAÇÃO DOBRADA **1**

Neste ponto, duas questões podem estar intrigando o leitor:

1. Por que o novo registro não é inserido no novo coletor ❷ na **Figura 8–17**? A resposta para essa questão é simples. Basta notar que o elemento de índice 11_2 aponta para o novo coletor, de modo que nesse coletor devem residir registros cujas chaves tenham **11** como seus dois bits menos significativos, o que não é o caso do novo registro.

2. Se o novo coletor não armazena nenhum registro, por que ele precisa existir? A resposta a essa questão é um pouco sutil e está relacionada ao fato de todo elemento do diretório dever estar associado a algum coletor e não há nenhum outro coletor com o qual o elemento de índice 11_2 possa estar associado.

A **Figura 8–18** mostra o estado da tabela de busca após a criação de um novo coletor seguida de uma nova duplicação de diretório.

A **Figura 8–19** ilustra o estado da tabela de busca após as inserções dos registros **5**, **6** e **7** da **Tabela 8–1**. Essas inserções são efetuadas normalmente sem que haja necessidade de criação de novo coletor ou duplicação de diretório.

A inserção do registro número 8 da **Tabela 8–1**, ilustrada na **Figura 8–20**, pode ser mais intrigante, pois ela faz com que o algoritmo de inserção descrito na **Seção 8.2.2** deixe de funcionar. Ou seja, ele entra em repetição infinita porque não é capaz de distinguir as chaves dos registros que ora se encontram no coletor ❶ da chave do registro a ser inserido para qualquer que seja o número de bits usados para tentar fazer essa distinção. A razão para esse imbróglio é óbvia: simplesmente, as três chaves em questão são iguais e supõe-se que um coletor tem capacidade para apenas dois registros. Essa situação é a grande fraqueza do esquema de dispersão extensível e sua única solução é a adoção do uso de coletores excedentes, assim como ocorre com dispersão estática discutida na **Seção 8.1**, como mostra a **Figura 8–20**.

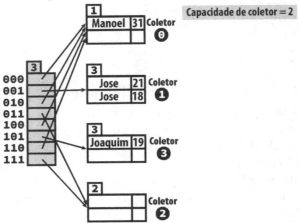

FIGURA 8–18: EXEMPLO DE DISPERSÃO EXTENSÍVEL COM DUPLICAÇÃO DOBRADA 2

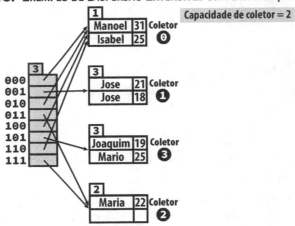

FIGURA 8–19: EXEMPLO DE DISPERSÃO EXTENSÍVEL: INSERÇÃO NORMAL DE TRÊS REGISTROS

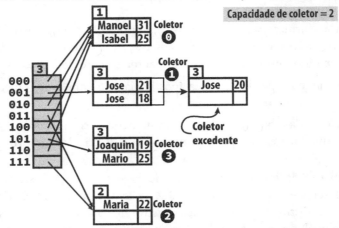

FIGURA 8–20: EXEMPLO DE DISPERSÃO EXTENSÍVEL COM USO DE COLETOR EXCEDENTE

8.2.6 Implementação

A implementação a ser apresentada aqui usa os bits menos significativos dos valores de dispersão das chaves conforme foi visto no exemplo da **Seção 8.2.5**, em vez de usar bits mais significativos desses valores, como aparece nas ilustrações apresentadas antes da referida seção. De fato, a implementação da operação de busca independe dessa escolha, mas a implementação da operação de inserção depende substancialmente dela. Se a remoção simples (i.e., sem compressão de diretório) for implementada, ela também não depende dessa escolha, mas, por outro lado, remoção completa com compressão de diretório sofre tal influência.

Definições de Tipos e Constantes

As seguintes definições de tipos serão usadas na implementação de dispersão extensível a ser desenvolvida aqui. O tipo **tRegistroMEC** que aparece na primeira destas definições de tipo é definido no **Apêndice A**.

```
/* Tipo de uma variável que armazena um coletor */
typedef struct {
        tRegistroMEC registros[M]; /* Array de registros  */
        int          nRegistros;   /* Número de registros num coletor */
        int          profLocal;    /* Profundidade local  */
    } tColetorDExt;

/* Tipo de uma variável que representa uma  */
/* tabela de busca com dispersão extensível */
typedef struct {
        long *dir;         /* Diretório          */
        int   profGlobal;  /* Profundidade global */
        int   tamDir;      /* Tamanho do diretório */
        int   nReg;        /* Número de registros  */
    } tTabelaDExt;
```

O valor da constante M, que determina o número máximo de registros num coletor, é calculado de modo semelhante ao cálculo efetuado para determinação do número máximo de registros armazenados num coletor de dispersão estática (v. **Seção 8.1.3**). Assim o dimensionamento do número de elementos armazenados num coletor (i.e., da constante M) é obtido por intermédio das seguintes definições de macros:

```
#define TB 4096 /* Tamanho do bloco lido ou escrito  */
#define TR (int) sizeof(tRegistroMEC) /* Tamanho de um registro   */
                                      /* armazenado nos coletores */
#define TI (int) sizeof(int) /* Tamanho de um campo do tipo int */

    /* Cálculo do número máximo de registros num coletor */
#define M (((TB - (2*TI))/TR) - 1)
```

Iniciação

A função **IniciaTabelaDExt()** inicia uma tabela de busca com dispersão extensível e seus parâmetros são:

- **tabela** (entrada) — a tabela que será iniciada
- **stream** (entrada) — stream associado ao arquivo que contém os coletores

```
void IniciaTabelaDExt(tTabelaDExt *tabela, FILE *stream)
{
    /* A tabela é iniciada com um tamanho de diretório */
    /* igual a 1 que aponta para um coletor vazio       */

    tabela->profGlobal = 0;
    tabela->nReg = 0;
    tabela->tamDir = 1;
```

```
    tabela->dir = malloc(tabela->tamDir*sizeof(int));
    tabela->dir[0] = NovoColetorDExt(stream);
}
```

A função `NovoColetorDExt()`, chamada por `IniciaTabela()` e definida a seguir, cria um novo coletor. O único parâmetro dessa função é o stream associado ao arquivo que contém os coletores.

```
static int NovoColetorDExt(FILE *stream)
{
    tColetorDExt coletor;
    int          indice;

    coletor.nRegistros = 0;
    coletor.profLocal = 0;

        /* Move o apontador de posição do arquivo para seu final */
    MoveApontador(stream, 0, SEEK_END);

    indice = ftell(stream)/sizeof(coletor); /* Obtém o índice do coletor */

    fwrite(&coletor, sizeof(coletor), 1, stream); /* Escreve o coletor no arquivo */

    return indice;
}
```

As funções `MoveApontador()` e `ObtemApontador()` chamadas por `NovoColetor()` foram discutidas na Seção 2.11.2.

Busca

A função `BuscaDExt()` efetua uma busca numa tabela de busca com dispersão extensível e seus parâmetros são:
- **stream** (entrada) — stream associado ao arquivo que contém os coletores
- **tab** (entrada) — a tabela de busca
- **chave** (entrada) — a chave de busca

Essa função retorna o índice do registro no arquivo de registros, se ele for encontrado, ou **-1**, em caso contrário. É importante observar que os elementos são ordenados por chave em cada coletor, de modo que busca binária poderia ter sido utilizada.

```
tRegistroMEC *BuscaDExt( FILE *stream, const tTabelaDExt *tab, tChave chave,
                         tRegistroMEC *reg )
{
    int       iColetor, i;
    tColetorDExt coletor;

        /* Obtém índice do coletor que contém o índice do registro */
    iColetor = tab->dir[ObtemBitsDeChave(chave, tab->profGlobal)];

        /* Lê o coletor que contém o índice do registro */
    LeColetorDExt(stream, iColetor, &coletor);

        /* Efetua uma busca sequencial pelo */
        /* registro em memória principal    */
    for (i = 0; i < coletor.nRegistros; i++)
        /* Verifica se a chave foi encontrada */
        if (chave == ObtemChave(coletor.registros + i)) {
            *reg = coletor.registros[i]; /* Chave encontrada */
            return reg;
        }
    return NULL; /* A chave não foi encontrada */
}
```

A função `LeColetorDExt()` chamada por `BuscaExt()` é semelhante à função `LeColetorDEst()` apresentada na **Seção 8.1.3**.

A função `ObtemBitsDeChave()`, chamada por `BuscaExt()` e definida abaixo, resulta nos bits menos significativos de uma chave e seus parâmetros são:

- `chave` (entrada) — a chave da qual os bits serão obtidos
- `bits` (entrada) — o número de bits que serão extraídos da chave

Essa função retorna um valor de dispersão inteiro que representa esses bits e o **Apêndice B** explica detalhadamente seu funcionamento.

```
static int ObtemBitsDeChave(tChave chave, int bits)
{
    int mascara = (1 << bits) - 1;

    return chave & mascara;
}
```

A função `ObtemBitsDeChave()` supõe que as chaves são bem distribuídas, de sorte que ela usa a própria chave (em vez de um valor de dispersão dela). Se for desejado usar uma função de dispersão adicional, a instrução de retorno da função `ObtemBitsDeChave()` deve ser substituída por:

```
return FuncaoDeDispersao(chave) & mascara;
```

sendo `FuncaoDeDispersao()` a função de dispersão utilizada.

Inserção

Para inserir um novo registro, primeiro, emprega-se o mesmo procedimento usado para busca, a fim de determinar em qual coletor o registro deve ser inserido. Todavia coletores têm tamanhos fixos, de modo que pode ser que não haja espaço no referido coletor para conter mais um registro. Para lidar com esse problema, deve-se criar um novo coletor e fazer com que um elemento do diretório faça referência a esse coletor. Além disso, pode ser necessário mover alguns registros do antigo coletor para o novo coletor.

A função `InsereDExt()` insere um novo registro numa tabela de busca com dispersão extensível e seus parâmetros são:

- `tab` (entrada/saída) — a tabela na qual será efetuada a inserção
- `item` (entrada) — o elemento que será inserido
- `stream` (entrada) — stream associado ao arquivo que contém os coletores

```
void InsereDExt( tTabelaDExt *tab, const tRegistroMEC *item, FILE *stream )
{
    int           i, j, iColetor;
    tChave        chave;
    tColetorDExt  coletor;

    chave = ObtemChave(item); /* Obtém a chave do item */

        /* Obtém o índice do coletor */
    iColetor = tab->dir[ObtemBitsDeChave(chave, tab->profGlobal)];

    LeColetorDExt(stream, iColetor, &coletor); /* Lê o coletor em arquivo */

        /* O número de registros num coletor deve ser menor do que M */
    ASSEGURA( coletor.nRegistros < M, "Excesso de registros em coletor" );
        /* Como os registros são ordenado, é preciso encontrar */
        /* a posição de inserção do novo item no coletor      */
```

```
    for (i = 0; i < coletor.nRegistros; i++)
      if ( chave < ObtemChave(coletor.registros + i) )
        break;

    /* Abre espaço no coletor para o novo item */
  for (j = coletor.nRegistros; j > i; j--)
    coletor.registros[j] = coletor.registros[j - 1];

  coletor.registros[i] = *item; /* Insere o novo item no coletor */

    /* O número de registros no coletor aumentou */
  coletor.nRegistros++;

  ++tab->nReg; /* O número de registros na tabela também aumentou */

    /* Verifica se o coletor ficou repleto */
  if (coletor.nRegistros == M)
      /* O coletor ficou repleto e é preciso dividi-lo */
    DivideColetorDExt(tab, &coletor, iColetor, stream);
  else
      /* O coletor foi alterado e é necessário reescrevê-lo no arquivo */
    EscreveColetorDExt(stream, iColetor, &coletor);
}
```

Observe que, para facilitar a implementação, o número máximo de elementos em qualquer coletor é M - 1, de modo que sempre há espaço para inserção.

A função `EscreveColetorDExt()` chamada por `InsereExt()` é semelhante à função `EscreveColetorDEst()` apresentada na **Seção 8.1.3**.

A função `DivideColetorDExt()`, que será apresentada a seguir, divide um coletor de uma tabela de busca com dispersão extensível e tem como parâmetros:

- **tab** (entrada/saída) — a tabela de busca que contém o coletor que será dividido
- **coletor** (entrada) — o coletor que será dividido
- **iColetor** (entrada) — índice do coletor que será dividido no arquivo de coletores
- **stream** (entrada) — stream associado ao arquivo contendo os coletores

```
static void DivideColetorDExt( tTabelaDExt *tab, tColetorDExt *coletor,
                               int iColetor, FILE *stream )
{
  int           i, iNovo, chave, bits;
  tColetorDExt novo;

    /* Cria um novo coletor e obtém seu índice em arquivo */
  iNovo = NovoColetorDExt(stream);

  LeColetorDExt(stream, iNovo, &novo); /* Lê o novo coletor em arquivo */

    /* Divide registros do antigo coletor com o novo coletor */
  while (coletor->nRegistros == M) {
      /* Zera os registros do antigo e do novo coletor */
    coletor->nRegistros = 0;
    novo.nRegistros = 0;

      /* Distribui registros entre o antigo e o novo coletor */
    for (i = 0; i < M; i++) {
      /* Para cada item do antigo coletor, verifica-se se o bit de ordem      */
      /* profLocal + 1 da chave é 0 ou 1. Se ele for 0, o respectivo item fica */
      /* no antigo coletor. Caso contrário, esse item vai para o novo coletor  */

        /* Obtém a chave do item corrente */
```

```
        chave = ObtemChave(coletor->registros + i);

        /* Obtém profLocal + 1 bits menos significativos */
        bits = ObtemBitsDeChave(chave, coletor->profLocal + 1);

        /* Obtém o valor do bit mais significativo    */
        /* dessa sequência de bits e testa esse valor */
        if (ValorBit(bits, coletor->profLocal) == 0)
            /* Este item fica no antigo coletor */
            coletor->registros[coletor->nRegistros++] = coletor->registros[i];
        else
            /* Este item vai para o novo coletor */
            novo.registros[novo.nRegistros++] = coletor->registros[i];
    }

    /* O novo e o antigo coletor terão a mesma profundidade local, */
    /* que é a profundidade local do antigo coletor mais um        */
    novo.profLocal = ++coletor->profLocal;

    /* Se não ficou nenhum item no coletor antigo, é preciso  */
    /* repetir o processo usando uma profundidade local maior */
    if (novo.nRegistros == M)
        /* Copia os registros do novo coletor de volta para o antigo coletor */
        *coletor = novo;
    else if (novo.nRegistros == 0) {
        /* Verifica se o antigo coletor pode ser dividido. Se ele não pode */
        /* ser dividido, o novo registro deve ser inserido no novo coletor */
        /* que deverá se  tornar um coletor excedente. Como esta implemen- */
        /* tação não lida com esse caso, o programa será abortado se o      */
        /* coletor não puder ser dividido.                                  */
        ASSEGURA( PodeDividirColetorDExt(coletor),
                "Erro: O coletor nao pode ser dividido\n" );

        /* Insere uma referência para o novo coletor vazio no diretório */
        InsereColetorVazioDExt(tab, coletor, iColetor, iNovo);

        /* Escreve o coletor vazio no arquivo */
        EscreveColetorDExt(stream, iNovo, &novo);

        /* Cria um novo coletor e o lê em arquivo */
        iNovo = NovoColetorDExt(stream);
        LeColetorDExt(stream, iNovo, &novo);
    }
}

    /* Escreve os dois coletores no arquivo */
    EscreveColetorDExt(stream, iColetor, coletor);
    EscreveColetorDExt(stream, iNovo, &novo);

    /* Insere uma referência para o novo coletor no diretório */
    InsereEmDiretorioDExt(tab, &novo, iNovo);
}
```

A função `DivideColetorDExt()` cria um novo coletor e, então, examina o bit de ordem k (contando a partir do bit menos significativo) da chave de cada registro. Se esse bit for 0, o registro fica no coletor antigo; se esse bit for 1, o registro é deslocado para o novo coletor. O valor $k + 1$ é atribuído ao campo que representa a profundidade local de cada um desses dois coletores depois da divisão. Todavia pode acontecer que todas as chaves tenham o mesmo valor para o bit de ordem k, o que ainda deixa um desses coletores repletos. Se esse for o caso, prossegue-se usando o próximo bit até que se tenha pelo menos um registro em cada coletor. O processo deve eventualmente terminar, a não ser que se tenham *M* ou mais chaves iguais ou com o mesmo valor de dispersão (v. abaixo). Ao final dessa divisão, insere-se uma referência para o novo coletor no diretório.

Quando *M* ou mais de registros têm chaves duplicadas, o algoritmo descrito na **Seção 8.2.2** entra em repetição infinita tentando fazer distinção entre as chaves. Quer dizer, esse algoritmo deixa de funcionar completamente se houver mais chaves iguais do que cabem num coletor. Assim é necessário acrescentar um teste à função `DivideColetorDExt()` para protegê-la contra a ocorrência desse problema. É para isso que a função `PodeDividirColetorDExt()` é chamada.

A função `PodeDividirColetorDExt()` verifica se um coletor pode ser dividido. Ou seja, essa função testa se todas as chaves de um coletor são iguais e, quando esse é o caso, ela retorna `0`, informando que o coletor recebido como parâmetro não pode ser dividido, de acordo com o que o foi exposto no último parágrafo. Quando o coletor pode ser dividido, essa função retorna `1`.

```
static int PodeDividirColetorDExt(const tColetorDExt *coletor)
{
   tChave chave;
   int    i;

      /* Esta função deve ser chamada apenas quando o coletor está repleto */
   ASSEGURA( coletor->nRegistros == M,
             "PodeDividirColetorDExt() nao deveria ter sido chamada" );

   chave = ObtemChave(coletor->registros); /* Obtém a chave do primeiro registro */

   for (i = 1; i < coletor->nRegistros; ++i)
      if ( chave != ObtemChave(coletor->registros + i) )
         return 1; /* Coletor pode ser dividido */

      /* As chaves deste coletor são todas iguais e, */
      /* portanto, ele não pode ser dividido         */
   return 0;
}
```

Quando se cria um novo coletor, é necessário inserir uma referência para ele no diretório. O caso mais simples é aquele no qual, antes da inserção, o diretório tem exatamente duas referências para o coletor que será dividido. Nesse caso, é necessário apenas fazer com que uma dessas referências aponte para o novo coletor. Se profundidade local do novo coletor for maior do que profundidade global do diretório, deve-se duplicar o tamanho do diretório para que ele possa acomodar o novo coletor e atualizam-se as referências do diretório para refletir essa duplicação.

A função `InsereEmDiretorioDExt()` duplica, quando é necessário, o diretório de uma de tabela de busca com dispersão extensível e acrescenta a ele uma referência para um novo coletor. Os parâmetros dessa função são:

- `tab` (entrada/saída) — a tabela de busca
- `pColetor` (entrada) — endereço do coletor que será inserido
- `iColetor` (entrada) — índice do coletor no arquivo de coletores

```
static void InsereEmDiretorioDExt( tTabelaDExt *tab, const tColetorDExt *pColetor,
                                   int iColetor )
{
   int    i, bits, pLocal;
   tChave chave;

      /* Obtém a chave do primeiro item do coletor */
   chave = ObtemChave(pColetor->registros);

   pLocal = pColetor->profLocal; /* Obtém a profundidade local do coletor */
```

```
    /* Duplica o tamanho do diretório enquanto sua profundidade */
    /* global for menor do que a profundidade local do coletor  */
while (tab->profGlobal < pLocal) {
    /* Duplica o tamanho do diretório */
    tab->dir = realloc(tab->dir, 2*tab->tamDir*sizeof(long));
    ASSEGURA(tab->dir, "Impossivel alocar novo diretorio");

    /* Copia as referências do antigo diretório */
    /* para a metade final do novo diretório   */
    memcpy(tab->dir + tab->tamDir, tab->dir, tab->tamDir*sizeof(int));

    /* Atualiza a profundidade global e o tamanho do diretório */
    ++tab->profGlobal;
    tab->tamDir = 2*tab->tamDir;
}
/***                                                              ***/
/* Se a profundidade local do novo coletor for menor do que a profundidade */
/* global, será preciso atualizar mais de uma referência do diretório    */
/***                                                              ***/

    /* Obtém os bits menos significativos coincidentes no coletor */
bits = ObtemBitsDeChave(chave, pLocal);

    /* Corrige as referências do diretório para o novo coletor */
for (i = 0; i < tab->tamDir; ++i)
    if (ObtemLSBs(i, pLocal) == bits)
        tab->dir[i] = iColetor;
}
```

A função `DivideColetorDExt()` chama `InsereColetorVazioDExt()` para inserir uma referência para um coletor vazio no diretório de uma tabela de busca. Essa última função é semelhante à função `InsereEmDiretorioDExt()` e sua necessidade é esclarecida na **Seção 8.2.5**. Os parâmetros da função `InsereColetorVazioDExt()` são:

- ■ `tab` (entrada/saída) — a tabela de busca
- ■ `pColetor` (entrada) — endereço do coletor que deu origem ao coletor vazio
- ■ `iColetor` (entrada) — índice do coletor que deu origem ao coletor vazio no arquivo de coletores
- ■ `iVazio` (entrada) — índice do coletor vazio no arquivo de coletores

```
static void InsereColetorVazioDExt( tTabelaDExt *tab, const tColetorDExt *pColetor,
                                    int iColetor, int iVazio )
{
    int    i, bits, pLocal;
    tChave chave;

    pLocal = pColetor->profLocal; /* Obtém a profundidade local do coletor */

    /* Duplica o tamanho do diretório enquanto sua profundidade global */
    /* for menor do que a profundidade local do coletor              */
    while (tab->profGlobal < pLocal) {
        /* Duplica o tamanho do diretório */
        tab->dir = realloc(tab->dir, 2*tab->tamDir*sizeof(int));
        ASSEGURA(tab->dir, "Impossivel alocar novo diretorio");

        /* Copia as referências do antigo diretório */
        /* para a metade final do novo diretório    */
        memcpy(tab->dir + tab->tamDir, tab->dir, tab->tamDir*sizeof(int));

        /* Atualiza a profundidade global e o tamanho do diretório */
        ++tab->profGlobal;
```

```
        tab->tamDir = 2*tab->tamDir;
    }

    /* Obtém a chave do primeiro item do coletor que deu origem ao coletor vazio */
    chave = ObtemChave(pColetor->registros);

        /* Obtém os bits menos significativos coincidentes no */
        /* coletor que deu origem ao coletor vazio            */
    bits = ObtemBitsDeChave(chave, pLocal);

        /* Corrige as referências para o coletor vazio */
    for (i = 0; i < tab->tamDir; ++i)
        if (tab->dir[i] == iColetor && ObtemLSBs(i, pLocal) != bits)
            tab->dir[i] = iVazio;
}
```

Remoção

A função **RemoveExt()** remove um registro de uma tabela de dispersão extensível e tem como parâmetros:

- **tab** (entrada/saída) — a tabela de dispersão
- **chave** (entrada) — a chave do registro que será removido
- **stream** (entrada) — stream associado ao arquivo que contém os coletores

Essa função retorna **1**, se a remoção foi bem-sucedida, ou **0**, caso contrário.

```
int RemoveDExt(tTabelaDExt *tab, tChave chave, FILE *stream)
{
    int           i, j, iColetor;
    tColetorDExt coletor;

        /* Obtém o índice do coletor */
    iColetor = tab->dir[ObtemBitsDeChave(chave, tab->profGlobal)];

    LeColetorDExt(stream, iColetor, &coletor); /* Lê o coletor em arquivo */

        /* Efetua uma busca sequencial pelo item em memória principal */
    for (i = 0; i < coletor.nRegistros; i++)
        /* Verifica se a chave foi encontrada */
        if (chave == ObtemChave(coletor.registros + i))
            break;

        /* Verifica se a chave foi encontrada */
    if (i >= coletor.nRegistros)
        return 0;  /* A chave não foi encontrada */

        /* O item a ser removido se encontra na posição i. É necessário mover uma */
        /* posição para trás todos os registros que se encontram à sua frente.    */
    for (j = i; j < coletor.nRegistros - 1; ++j)
        coletor.registros[j] = coletor.registros[j + 1];

    --coletor.nRegistros; /* O número de registros no coletor diminuiu */

    --tab->nReg; /* O número de registros na tabela também diminuiu */

        /* Verifica se o coletor ficou vazio */
    if (coletor.nRegistros == 0)
        /* O coletor ficou vazio. Talvez o tamanho do diretório possa ser    */
        /* reduzido, mas é possível que, mesmo assim, essa operação não valha a */
        /* pena.  Substituir a instrução vazia a seguir pela implementação de  */
        /* uma operação que reduza o tamanho do diretório fica como exercício. */

        ;
```

```
    /* O coletor foi alterado e é preciso reescrevê-lo no arquivo */
    EscreveColetorDExt(stream, iColetor, &coletor);

    return 1;  /* Remoção bem-sucedida */
}
```

8.2.7 Análise

Vantagens

Uma propriedade interessante de qualquer tabela de dispersão extensível é que sua configuração depende apenas dos valores das chaves dos registros que a constituem, e não depende da ordem na qual esses registros são inseridos na tabela.

A principal vantagem de dispersão extensível é que o desempenho de suas operações não é degradado quando o número de registros na tabela cresce muito, como ocorre com dispersão estática. Isso ocorre porque o uso de dispersão extensível evita uma reorganização do arquivo que contém os coletores quando a capacidade do diretório é excedida. Nessa situação, apenas o diretório é afetado. Ou seja, apenas os valores de dispersão das chaves envolvidas nesse processo são recalculados. Como, frequentemente, o diretório é mantido em memória principal, o custo de expansão e atualização dele é muito baixo.

Desvantagens

O fato de dispersão extensível raramente usar coletores excedentes (v. **Seção 8.2.5**) pode aumentar de modo significativo o tamanho do diretório, visto que uma única operação de inserção pode fazer com que o diretório seja duplicado várias vezes.

Mesmo quando um coletor pode ser dividido, o diretório pode se tornar desnecessariamente imenso se as chaves apresentarem um número excessivo de bits iniciais coincidentes usados na indexação. Além disso, o tamanho de um diretório não cresce proporcionalmente, pois ele é duplicado quando um coletor com profundidade local igual à profundidade do diretório é dividido, o que pode fazer com que haja muitos elementos redundantes no diretório. Ademais, quando a tabela possui um grande número de coletores pequenos, o tamanho do diretório pode se tornar tão grande que pode ser necessário mantê-lo em memória secundária, o que irá requerer um acesso adicional a esse meio de armazenamento.

Árvores B+, que exibem custos logaritmos para operações de entrada e saída (v. **Seção 6.5.7**), são quase tão eficientes quanto tabelas de dispersão extensível, que têm custo $\theta(1)$ para as mesmas operações. Além do mais, árvores B+ permitem outros tipos de busca, que não são facilmente executadas com tabelas de dispersão extensível. Ou seja, dispersão extensível dá suporte apenas a busca exata. Buscas de intervalo, por exemplo, que podem ser facilmente implementadas com árvores B+, não são facilmente implementadas com dispersão extensível. Por isso, a maioria dos sistemas comerciais de gerenciamento de bancos de dados usam apenas árvores B+.

Na implementação de dispersão extensível apresentada na **Seção 8.2.6** foram utilizadas representações binárias das próprias chaves como índices do diretório, em vez de valores de dispersão dessas chaves, mas isso nem sempre é conveniente. Muitos conjuntos de chaves não exibem distribuição uniforme, de sorte que, se elas forem usadas diretamente, o diretório pode tornar-se bem maior do que deveria ser. Por outro lado, uma boa função de dispersão produz valores de dispersão uniformemente distribuídos, o que garante que alguns coletores não sejam favorecidos em detrimento de outros durante operações de inserção.

Custo Espacial

Pode-se mostrar que, usando-se coletores que contenham no máximo m registros, uma tabela de dispersão extensível contendo n registros requer cerca de $1,44 \cdot n/m$ coletores e o tamanho esperado do diretório é cerca de:

$$\frac{3,92}{m} n^{(1+\frac{1}{m})}$$

Assim a taxa de crescimento do tamanho do diretório com relação a *n* é mais acentuada do que uma taxa linear, principalmente para valores pequenos de *m*. Entretanto, para valores típicos de *n* e *m*, $n^{1/m}$ é bem próximo de *1*, de forma que se pode esperar que, na prática, o diretório tenha cerca de *4·n/m* elementos.

Com relação à eficiência de uso de espaço, o artigo original sobre dispersão extensível sugere que a utilização média de espaço é 69% do espaço total alocado para todos os coletores. Isso é comparável a árvores B, que têm taxa de utilização de espaço próxima de 67% (v. **Seção 6.4.8**). À medida que coletores são preenchidos, a utilização aproxima-se de 90%, mas, a partir desse ponto, eles são divididos e a taxa de utilização cai para cerca de 50%.

8.3 Avaliação de Dispersão em Memória Secundária

Uma aparente desvantagem de dispersão extensível em relação à dispersão estática é que ela requer acesso indireto. Ou seja, antes de acessar um coletor, é necessário acessar o diretório antes. Entretanto, como, na maioria das vezes, o diretório é mantido em memória principal, esse acréscimo no custo pode ser considerado desprezível.

Se o uso de coletores excedentes não puder ser evitado ou substancialmente aliviado em dispersão extensível, é mais aconselhável usar dispersão estática, pois, pelo menos, a implementação de dispersão estática é bem mais simples. Mas é bom lembrar que o uso de dispersão estática pode requerer múltiplos acessos à memória secundária se uma dada operação precisar acessar coletores excedentes.

Em comparação com árvores da família B (i.e., árvores B, B+, etc.) discutidas no **Capítulo 6**, as tabelas de dispersão apresentadas neste capítulo podem até ser mais rápidas e ocupar menos espaço, mas apresentam como desvantagens:

- ❏ Não permitem encontrar o registro com a menor ou maior chave (v. **Seção 6.8.2**)
- ❏ Não permitem busca de intervalo (v. **Seção 6.8.6**)
- ❏ Não facilitam busca pelo piso ou teto de uma chave
- ❏ Não admitem bulkloading (v. **Seção 12.6**)

8.4 Exemplos de Programação

8.4.1 Coletores Excedentes em Tabela de Dispersão Estática

Problema: Escreva uma função que calcula o número de coletores excedentes numa tabela de dispersão estática considerando a definição de tipos apresentado na **Seção 8.1.3**.

Solução: A função `NColetoresExcedentesDEst()` calcula e retorna o número de coletores excedentes numa tabela de dispersão estática e seus parâmetros são:

- ■ `nColetores` (entrada) — número de coletores primários
- ■ `stream` (entrada) — stream associado ao arquivo que contém os coletores

```
int NColetoresExcedentesDEst(int nColetores, FILE *stream)
{
   int         i, n = 0;
   tColetorDEst coletor;

   /* Para cada coletor primário, conta quantos coletores excedentes ele possui */
   for (i = 0; i < nColetores; ++i) {
     LeColetorDEst(stream, i, &coletor);

       /* Conta os coletores excedentes do coletor primário corrente  */
```

```
    while (coletor.proximo != POSICAO_NULA) {
        ++n;
        LeColetorDEst(stream, coletor.proximo, &coletor);
    }
}

return n;
}
```

8.4.2 Maior Profundidade Local em Tabela de Dispersão Extensível

Problema: Escreva uma função que calcula a maior profundidade local encontrada numa tabela de dispersão extensível.

Solução: A função `ProfLocalMaxDExt()` calcula e retorna a profundidade local máxima. Seu único parâmetro é o stream associado ao arquivo que contém os coletores.

```
int ProfLocalMaxDExt(FILE *stream)
{
    int           max;
    tColetorDExt umColetor;

    rewind(stream); /* Assegura que a leitura começa no início do arquivo */

        /* Lê um coletor */
    fread(&umColetor, sizeof(umColetor), 1, stream);

        /* Verifica se ocorreu erro de leitura */
    ASSEGURA( !ferror(stream), "Erro de leitura em ProfLocalMaxDExt" );

    max = umColetor.profLocal;

    while (1) {
        fread(&umColetor, sizeof(umColetor), 1, stream); /* Lê um coletor */

            /* Se ocorreu erro de leitura ou o final  */
            /* do arquivo foi atingido encerra o laço */
        if (feof(stream) || ferror(stream))
            break;

        if (umColetor.profLocal > max)
            max = umColetor.profLocal;
    }

        /* Verifica se ocorreu erro de leitura */
    ASSEGURA( !ferror(stream), "Erro de leitura em ProfLocalMaxDExt" );

    return max;
}
```

8.5 Exercícios de Revisão

Observação: Algumas questões propostas nesta seção requerem conhecimento prévio de programação de baixo nível em C. O **Apêndice B** apresenta o conhecimento mínimo necessário sobre esse assunto que permite o leitor responder essas questões.

Dispersão Estática (Seção 8.1)

1. Descreva a técnica de dispersão estática.

2. (a) O que é um coletor primário em dispersão estática? (b) O que é um coletor excedente nessa técnica de dispersão?

3. Descreva as operações de busca, inserção e remoção numa tabela de dispersão estática.

4. O que prejudica o desempenho de operações com tabelas de busca implementadas com dispersão estática?

5. (a) Quais são as causas de ocorrências de coletores excedentes numa tabela de dispersão estática? (b) O que pode ser feito para reduzir essas ocorrências?

6. (a) Quais são as semelhanças entre tabela de dispersão estática e tabela de dispersão com encadeamento (discutida no **Capítulo 7**)? (b) Quais são as diferenças entre tabela de dispersão estática e tabela de dispersão com encadeamento?

7. (a) O que é remoção simples numa tabela de dispersão estática? (b) O que é remoção completa numa tabela de dispersão estática?

8. Por que redimensionamento de uma tabela de dispersão estática não é viável, como ocorre com dispersão com endereçamento aberto visto no **Capítulo 7**?

Dispersão Extensível (Seção 8.2)

9. O que é dispersão extensível?

10. Em que situações práticas utiliza-se dispersão extensível?

11. Descreva os seguintes conceitos usados em dispersão extensível:
    (a) Profundidade global
    (b) Profundidade local
    (c) Diretório

12. (a) Para que serve a profundidade local de um coletor? (b) Qual é a relação entre a profundidade local de um coletor e a profundidade global do diretório numa tabela de dispersão extensível?

13. Sejam g a profundidade global de um diretório de uma tabela de dispersão extensível e l a profundidade local de um coletor da mesma tabela. Quantos elementos do referido diretório apontam para esse coletor?

14. Por que o diretório usado em dispersão extensível é denominado *tabela extensível*?

15. Apresente graficamente o resultado de inserção das chaves em formato binário *10111101, 00000010, 10011011, 10111110, 01111111, 01010001, 10010110, 00001011, 11001111, 10011110, 11011011, 00101011, 01100001, 11110000, 01101111* numa tabela de dispersão extensível inicialmente vazia supondo que os bits menos significativos das chaves sejam usados na indexação do diretório. Suponha que a capacidade de um coletor é de quatro registros.

16. Repita o exercício **15** supondo que os bits mais significativos das chaves sejam usados na indexação do diretório.

17. Considere a tabela de dispersão extensível ilustrada na figura a seguir, na qual os valores de dispersão das chaves dos registros aparecem no interior dos coletores. Suponha que a indexação seja efetuada considerando os bits menos significativos dos valores de dispersão.

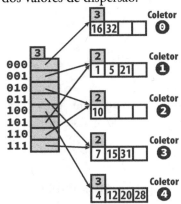

(a) Apresente a tabela resultante da inserção de um registro cujo valor de dispersão de sua chave é *44*.

(b) Apresente a tabela resultante de inserções na tabela original dos registros cujos valores de dispersão de suas chaves são *25* e *77*.

(c) Apresente a tabela resultante da remoção do registro cujo valor de dispersão de sua chave é *10*.

18. (a) Como são obtidos os bits menos significativos de uma chave inteira? (b) Como são obtidos os bits mais significativos de uma chave inteira?

19. Por que obter os bits mais significativos de um valor inteiro é mais complicado do que obter bits mais significativos do mesmo valor?

20. (a) Qual é a vantagem decorrente do uso de bits mais significativos em detrimento a bits menos significativos na indexação do diretório de uma tabela de dispersão extensível? (b) Qual é a vantagem decorrente do uso de bits menos significativos em vez de bits mais significativos nessa indexação?

21. (a) Por que coletores excedentes são às vezes necessários em dispersão extensível? (b) Quando o uso de coletores excedentes se faz necessário em dispersão extensível?

22. Se coletores excedentes são usados em dispersão extensível, qual é a vantagem desse tipo de organização de tabela de busca em relação a dispersão estática?

23. (a) Quando o algoritmo de inserção para dispersão extensível descrito na **Seção 8.2.2** entra em repetição infinita? (b) O que pode ser feito para evitar esse problema?

24. Explique a inserção de coletores vazios aparentemente redundantes em tabelas de dispersão extensível.

25. Qual é a consequência do uso de chaves duplicadas em extensão extensível?

26. Explique o funcionamento do mecanismo de duplicação de diretório em extensão extensível.

27. O que são coletores camaradas?

28. (a) Quando a remoção de uma chave de uma tabela de dispersão extensível permite que coletores sejam recombinados? (b) Quando a remoção de uma chave de uma tabela de dispersão extensível permite que um diretório seja comprimido?

29. Quando uma redução de tamanho de diretório de uma tabela de dispersão extensível é recomendável? Explique sua resposta.

30. (a) Suponha que uma inserção cause duplicação do diretório de uma tabela de dispersão extensível. Quantos coletores terão exatamente uma referência para si nesse diretório? (b) Se, após uma remoção subsequente de registro, um desses coletores ficar vazio, o referido diretório pode ser comprimido?

31. Que pré-requisitos devem ser satisfeitos para que uma tabela de dispersão extensível garanta que apenas um acesso ao meio de armazenamento externo seja necessário para operações de busca, inserção e remoção?

32. Supondo que os bits menos significativos das chaves sejam usadas na indexação do diretório de uma tabela de dispersão extensível, quando ele for duplicado, quais serão os elementos desse diretório que precisarão ser alterados?

Avaliação de Dispersão em Memória Secundária (Seção 8.3)

33. (a) Uma implementação de tabela de dispersão com encadeamento é conveniente para memória secundária? (b) Uma implementação de tabela de dispersão com endereçamento aberto é conveniente para memória secundária?

34. Quais são as vantagens e desvantagens do uso de dispersão extensível com relação a dispersão estática?

35. Quais são as vantagens e desvantagens do uso de dispersão extensível em comparação com árvores B+?

Exemplos de Programação (Seção 8.4)

36. Qual é o custo de transferência da função `NColetoresVaziosDEst()` em termos do número de registros armazenados na tabela de dispersão?

37. Descreva o funcionamento da função `ProfLocalMaxDExt()` que calcula a profundidade local máxima encontrada numa tabela de dispersão extensível.

8.6 Exercícios de Programação

Observação: Alguns exercícios de programação propostos nesta seção requerem conhecimento prévio de programação de baixo nível em C. O **Apêndice B** apresenta o conhecimento mínimo necessário sobre o assunto.

EP8.1 Escreva uma função que calcula o tamanho da maior cadeia de coletores excedentes de uma tabela de dispersão estática considerando a definição de tipos apresentado na **Seção 8.1.3**.

EP8.2 A implementação de dispersão extensível apresentada na **Seção 8.2.6** não usa coletores excedentes, de modo que um programa-cliente que usa tal implementação é abortado quando um coletor não pode ser dividido. Elabore uma nova implementação baseada naquela apresentada na referida seção que considere o uso de coletores excedentes.

EP8.3 A implementação apresentada na **Seção 8.2.6** usa chave externa. Elabore uma nova implementação baseada naquela apresentada na referida seção que use chave interna e compare sua implementação com aquela apresentada na referida seção.

EP8.4 Escreva uma função que calcula o número de registros armazenados numa tabela de dispersão extensível.

EP8.5 Escreva uma função que calcula o número total de coletores de uma tabela de dispersão extensível.

EP8.6 Escreva uma função que calcula o número total de coletores vazios de uma tabela de dispersão extensível.

EP8.7 Escreva uma função que calcula a menor profundidade local encontrada numa tabela de dispersão extensível.

EP8.8 Escreva uma função que calcula o número de coletores primários vazios numa tabela de dispersão estática considerando a definição de tipos apresentado na **Seção 8.1.3**.

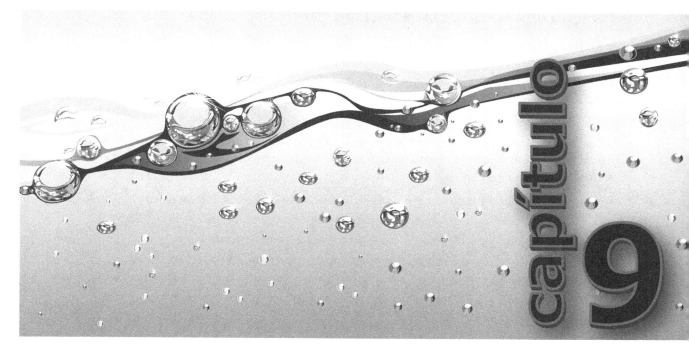

CASAMENTO DE STRINGS E TRIES

Após estudar este capítulo, você deverá ser capaz de:

➤ Definir os seguintes conceitos no contexto de casamento de strings:

❑ Padrão	❑ FB	❑ Prefixo e prefixo próprio
❑ Texto	❑ KMP	❑ Sufixo e sufixo próprio
❑ Janela de texto	❑ BM	❑ Algoritmo de força bruta
❑ Alfabeto	❑ BMH	❑ Retrocesso
❑ Substring	❑ KR	❑ Fluxo contínuo
❑ Borda	❑ Trie	❑ Casamento de palavras
❑ Salto	❑ Léxico	

➤ Analisar, usando notação θ, o pior e o melhor casos de um algoritmo de casamento de strings
➤ Evitar ocorrência de overflow numa implementação do algoritmo de Karp e Rabin
➤ Implementar os algoritmos FB, KMP e BMH
➤ Discutir diferenças e semelhanças entre os algoritmos FB, KMP, BM, BMH e KR
➤ Diferenciar nó final e nó-folha de uma trie
➤ Explicar as operações de busca, inserção e remoção em tries
➤ Implementar uma trie simples
➤ Justificar os custos temporais de operações com tries
➤ Discutir vantagens e desvantagens do uso de tries com relação a outras estruturas de dados usadas em implementações de tabelas de busca
➤ Representar prefixos usando uma trie

ASAMENTO DE STRINGS é uma operação fundamental em programação. Cada vez que um usuário efetua uma operação de busca num documento de texto, banco de dados ou mecanismo de busca da internet, essa operação recebe o suporte de um algoritmo de casamento de strings. Outras aplicações comuns de casamento de strings incluem processamento de linguagem natural, bioinformática, checagem de *spam* e varredura antivírus.

Dado um string (**texto**) de comprimento n e outro string de comprimento m, denominado **padrão**, casamento de strings consiste em verificar se o padrão ocorre no texto ou, mais precisamente, se o padrão é um substring do texto. Tipicamente, o valor de n é muito maior do que m.

Existem inúmeros algoritmos de casamento de strings com texto. Neste capítulo, cinco deles serão discutidos:

- ❑ Algoritmo de casamento por força bruta — abreviadamente, algoritmo **FB** (v. **Seção 9.2**)
- ❑ Algoritmo de Knuth, Morris e Pratt — abreviadamente, algoritmo **KMP** (v. **Seção 9.3**)
- ❑ Algoritmo de Boyer e Moore — abreviadamente, algoritmo **BM** (v. **Seção 9.4**)
- ❑ Algoritmo de Boyer e Moore e Horspool — abreviadamente, algoritmo **BMH** (v. **Seção 9.5**)
- ❑ Algoritmo de Karp e Rabin — abreviadamente, algoritmo **KR** (v. **Seção 9.6**)

O problema de casamento de strings pode ser visto como um problema de busca no qual o padrão é a chave de busca, mas as estruturas de dados e os algoritmos para busca vistos até aqui não são convenientes para lidar com esse tipo específico de problema.

Todos os algoritmos de casamento de strings discutidos aqui dedicam-se a encontrar a primeira ocorrência de um padrão num texto, mas eles podem ser facilmente estendidos para encontrar todas as ocorrências de um determinado padrão num texto.

Neste capítulo, a estrutura de dados **trie**, usada principalmente para representar strings, é examinada na **Seção 9.8**.

9.1 Conceitos

9.1.1 Terminologia

Casamento de strings (ou **de padrões**) consiste em verificar se um string faz parte de outro string; ou, em outras palavras, se um string é **substring** de outro. O string que se tenta verificar se é substring de outro (i.e., o string menor) é denominado **padrão** neste contexto e representado pela letra P, enquanto o string maior é denominado **texto** e representado por T. O comprimento do string menor (o padrão) será sempre representado por m e o comprimento do string maior será sempre n. O termo *texto* é usado neste contexto mesmo que o string assim denominado não constitua um texto no sentido convencional.

Um algoritmo de casamento de strings retorna o índice que indica a posição da primeira ocorrência do padrão no texto quando ocorre casamento (i.e., quando o padrão realmente ocorre no texto). Caso contrário, o algoritmo retorna um valor (normalmente, -1) que indica a ausência do padrão no texto.

No presente contexto, **alfabeto** consiste no conjunto dos símbolos do qual são derivados os componentes dos strings sob discussão. Esses símbolos continuarão sendo chamados **caracteres** (como é usual) e alfabetos serão representados por Σ (letra grega sigma maiúscula). Exemplos de alfabetos são:

- ❑ $\Sigma = \{0,\ 1\}$ — alfabeto binário
- ❑ $\Sigma = \{A,\ C,\ G,\ T\}$ — alfabeto genético
- ❑ $\Sigma = \{a,\ b,\ ...,\ z\}$ — alfabeto romano (ou latino)

O **tamanho de um alfabeto** Σ é representado por $|\Sigma|$, de modo que, por exemplo, se $\Sigma = \{0,\ 1\}$, $|\Sigma| = 2$. De modo semelhante, o tamanho de um string s será representado por $|s|$.

Um **substring** *s[i..j]* de um string *s* é o string constituído pelos caracteres de *s* que se encontram entre os índices (posições) *i* e *j*, incluindo os caracteres nessas posições. A indexação de strings começa com zero (como é usual em C). Por exemplo, no string *s* **"CCCAAACTGCTTTAATCAAAAAC"**, o string **"GCTTT"** é um substring de *s* que se encontra entre os índices *8* e *12* e, assim, ele pode ser representado por *s[8..12]*.

Um string s_1 é **prefixo** de outro string *s* se ele é um substring de *s* que ocorre entre os índices *0* e *j*, sendo *j < |s|*. Um string s_1 é **prefixo próprio** de outro string *s* se ele é prefixo de *s* e $s_1 \neq s$. Note que, de acordo com essa definição, qualquer string é prefixo de si próprio, mas um string não pode ser prefixo *próprio* de si mesmo.

Um string s_1 é **sufixo** de outro string *s* se ele é um substring de *s* que ocorre entre os índices *i* e *|s| − 1*, sendo *i ≥ 0*. Um string s_1 é **sufixo próprio** de outro string *s* se ele é sufixo de *s* e $s_1 \neq s$.

Uma **borda** de um string é um substring que tanto é prefixo próprio quanto sufixo próprio desse string. Por exemplo, o substring **"ab"** é uma borda do string **"abcab"**. Um string pode ter mais de uma borda. Por exemplo, o string **"aaaa"** possui três bordas: **"a"**, **"aa"** e **"aaa"** (mas **"aaaa"** não é uma borda desse string). Os conceitos de prefixos e sufixos próprios e de borda são ilustrados na **Figura 9–1**.

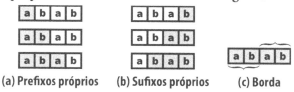

(a) Prefixos próprios   **(b) Sufixos próprios**   **(c) Borda**

FIGURA 9–1: PREFIXOS E SUFIXOS PRÓPRIOS E BORDA

Convencionalmente, quando um string não possui borda, diz-se que o tamanho de sua borda é zero.

9.1.2 Visualização

Um artifício que facilita o entendimento de algoritmos de casamento de strings consiste em imaginar que enquanto um casamento não é encontrado ou o final do texto não é atingido o padrão **desliza** paralelamente ao texto no sentido do início para o final do texto, como é ilustrado na **Figura 9–2**.

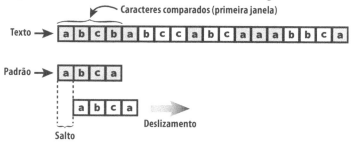

FIGURA 9–2: DESLIZAMENTO DE PADRÃO COM RELAÇÃO A TEXTO

Cada deslizamento do padrão corresponde a pelo menos um caractere no texto e é denominado **salto**. O número de caracteres saltados antes do início de uma nova comparação depende do algoritmo em questão. Por exemplo, o tamanho do salto nos algoritmos de força bruta (v. **Seção 9.2**) e de Karp e Rabin (v. **Seção 9.6**) é igual a *1*. Por outro lado, os saltos efetuados de acordo com os algoritmos de Knuth, Morris e Pratt (v. **Seção 9.3**) e de Boyer e Moore (v. **Seção 9.4**) podem ser maiores do que *1*.

O substring do texto que se encontra alinhado com o padrão é denominado **janela de texto** (ou apenas **janela**). Durante uma operação de casamento de strings, a janela de texto move-se para a direita. Por exemplo, na **Figura 9–2**, inicialmente, a janela de texto é o substring **"abcb"**; após o deslizamento mostrado nessa figura, a janela de texto passa a ser **"bcba"**. Em qualquer caso, o tamanho da janela de texto é igual ao tamanho do padrão.

Em qualquer algoritmo de casamento, a primeira janela é obtida alinhando-se o primeiro caractere do padrão com o primeiro caractere do texto (v. **Figura 9–2**).

9.1.3 Casamento de Strings com Retrocesso

Um algoritmo de casamento de strings atua com **retrocesso** quando o próximo caractere do texto a ser comparado pode estar numa posição anterior àquela do último caractere do texto que foi comparado. Um exemplo de algoritmo dessa natureza, ilustrado na **Figura 9–3**, é o algoritmo de casamento por força bruta (v. **Seção 9.2**). Por outro lado, num algoritmo de casamento de strings que não apresenta retrocesso, o índice do próximo caractere do texto a ser comparado é sempre maior do que ou igual ao índice do último caractere do texto comparado, como mostra a **Figura 9–4**. O algoritmo de Knuth, Morris e Pratt, apresentado na **Seção 9.3**, é um exemplo de algoritmo sem retrocesso.

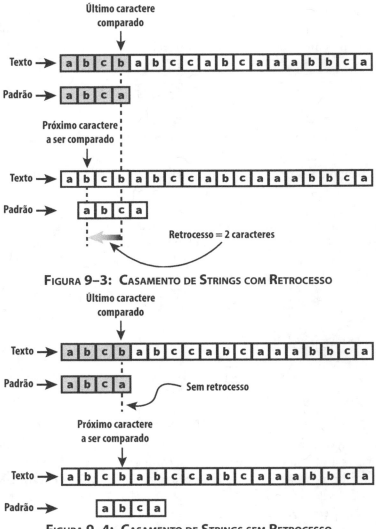

FIGURA 9–3: CASAMENTO DE STRINGS COM RETROCESSO

FIGURA 9–4: CASAMENTO DE STRINGS SEM RETROCESSO

O fato de um algoritmo de casamento de strings apresentar ou não retrocesso é importante porque, às vezes, não há espaço ou tempo disponível para armazenamento do texto com o qual se procura casar um padrão, conforme será visto na **Seção 9.10.7**.

9.2 Casamento de Strings por Força Bruta (FB)

9.2.1 Visão Geral

O algoritmo mais óbvio de casamento de strings consiste em checar, para cada posição possível no texto, se o padrão se encontra nessa posição. Esse raciocínio dá origem ao **algoritmo de casamento por força bruta** (ou **algoritmo FB**, de modo abreviado), que recebe essa denominação porque, ao contrário dos demais algoritmos de casamento, ele não usa qualquer informação que possa ser obtida sobre o texto ou o padrão. Esse algoritmo é o mais fácil de ser implementado, mas, em compensação, também é o mais ineficiente.

Usando a primeira janela de texto, o algoritmo **FB** compara sequencialmente os respectivos caracteres no texto e no padrão até que (1) ocorra uma discordância entre caracteres ou (2) todos os caracteres tenham sido comparados sem haver discordância. No primeiro caso, passa-se para a próxima janela, que se encontra um caractere adiante, e repete-se o procedimento. Assim o algoritmo encerra em duas situações:

[1] É encontrado um casamento. Isso ocorre quando, durante uma comparação de caracteres numa janela, não aparece nenhuma discordância entre caracteres.

[2] Não há mais possibilidade de sucesso. Ou seja, não há mais janela de texto a ser comparada.

A **Figura 9–5** ilustra um exemplo de casamento utilizando o algoritmo **FB**. Retângulos em coloridos representam caracteres que são comparados. Nesse exemplo ocorrem *24* comparações antes que o padrão seja encontrado no texto.

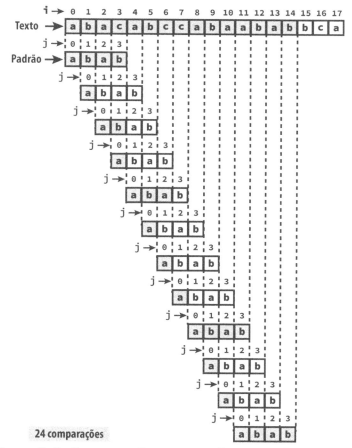

FIGURA 9–5: EXEMPLO DE CASAMENTO DE STRINGS POR FORÇA BRUTA

9.2.2 Algoritmo

A **Figura 9–6** apresenta o algoritmo de casamento por força bruta.

ALGORITMO FB

ENTRADA: O texto t de comprimento n e o padrão p a ser procurado de comprimento m

SAÍDA: A posição no texto da primeira ocorrência do padrão, se ele for encontrado no texto, ou um valor negativo, em caso contrário

1. Atribua 0 a i
2. Atribua 0 a j
3. Enquanto $i < n$ e $j < m$, faça:
    3.1 Enquanto os caracteres no índice i do texto e no índice j do padrão forem diferentes, faça:
        3.1.1 Atribua a i o índice do próximo caractere a ser comparado no texto
        3.1.2 Atribua a j o índice do primeiro caractere do padrão
4. Se $j = m$, retorne a posição do padrão no texto
5. Caso contrário, retorne um valor negativo

FIGURA 9–6: ALGORITMO DE CASAMENTO POR FORÇA BRUTA

9.2.3 Implementação

A função `CasamentoFB()` a seguir implementa o algoritmo de casamento de strings por força bruta. Essa função usa os seguintes parâmetros:

- **t** (entrada) — string que representa o texto
- **p** (entrada) — string que representa o padrão

A função `CasamentoFB()` retorna a posição no texto da primeira ocorrência do padrão, se ele for encontrado no texto, ou **-1**, em caso contrário.

```c
int CasamentoFB(const char *t, const char *p)
{
   int n = strlen(t), /* Comprimento do texto  */
       m = strlen(p), /* Comprimento do padrão */
       i, /* Índice de um caractere do texto */
       j; /* Índice de um caractere do padrão */

   /* Enquanto os índices i e j referem-se a caracteres coincidentes eles  */
   /* são incrementados. Se eles se referirem a caracteres que não casam,   */
   /* enquanto isso ocorrer, j é reiniciado com o índice inicial do padrão */
   /* e i é associado ao próximo caractere do texto a ser comparado.        */
   for (i = 0, j = 0; i < n && j < m; ++i, ++j) {
      /* Enquanto os caracteres ora sendo comparados não casarem, */
      /* associa j ao índice inicial do padrão e i ao índice do   */
      /* próximo caractere a ser comparado no texto               */
      while (t[i] != p[j]) {
         i = i - j + 1;
         j = 0;
      }
   }

   /* Se o índice j for igual ao tamanho do padrão, todos */
   /* os caracteres do padrão casaram com caracteres do   */
   /* texto. Caso contrário, o laço for encerrou porque   */
   /* todos os caracteres do texto foram examinados       */
   /* (i.e., i == n) sem que o padrão fosse encontrado.   */
```

```
   if (j == m)
      return i - m; /* O padrão foi encontrado. Retorna-se sua posição no texto. */
   else
      return -1; /* Padrão não foi encontrado no texto */
}
```

9.2.4 Análise

Lema 9.1: Existem $n - m + 1$ janelas de tamanho m num texto contendo n caracteres.

Prova: A **Figura 9–7** ilustra o posicionamento da última janela de texto. Como mostra essa figura, antes da última janela de texto, há $n - m$ janelas. Portanto, levando-se em conta essa última janela, existem $n - m + 1$ janelas de texto. ∎

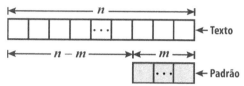

FIGURA 9–7: NÚMERO DE JANELAS NUM TEXTO

Teorema 9.1: No pior caso, o custo temporal do algoritmo **FB** é $\theta(m \cdot (n - m))$, em que n é o tamanho do texto e m é o tamanho do padrão.

Prova: O pior caso de casamento por força bruta ocorre numa das seguintes situações:

1. Quando todos os caracteres do texto e do padrão são iguais a um certo caractere, com exceção do último caractere do padrão, como, por exemplo:

   ```
   texto[] = "aaaaaaaaaaaaaaaaaaa"
   padrao[] = "aaaab"
   ```

2. Quando todos os caracteres do texto e do padrão são iguais a um certo caractere x e o último de cada um desses strings é igual a um certo caractere y, como no exemplo:

   ```
   texto[] = "aaaaaaaaaaaaaaaaaab"
   padrao[] = "aaaab"
   ```

Nesses dois casos, todas as janelas de texto são usadas e, de acordo com o **Lema 9.1**, o número dessas janelas é $n - m + 1$. No pior caso, em cada janela de texto, é necessário efetuar m comparações de caracteres até descobrir se o padrão casa ou não com a janela de texto. Assim o custo temporal do algoritmo de força bruta é, no pior caso, $\theta(m \cdot (n - m))$. ∎

Teorema 9.2: No melhor caso[1], o custo temporal do algoritmo **FB** é $\theta(n - m)$, em que n é o tamanho do texto e m é o tamanho do padrão.

Prova: O melhor caso do algoritmo **FB** ocorre quando o primeiro caractere do padrão não ocorre no texto, como, por exemplo:

```
texto[]  = "aabccaabbaa"
padrao[] = "xaa"
```

Nesse caso, é efetuada apenas uma comparação em cada uma das $n - m + 1$ janelas, de modo que o custo temporal do algoritmo **FB** no melhor caso é $\theta(n - m)$. ∎

Embora strings como aqueles que aparecem em casos extremos sejam improváveis numa linguagem natural, eles podem ocorrer com frequência, por exemplo, em linguagem binária ou genética.

---

[1] O melhor caso de um algoritmo de casamento de strings exclui a situação trivial na qual o padrão encontra-se no início do texto. Em tal situação, o custo temporal de qualquer desses algoritmos é $\theta(m)$.

Em termos de análise espacial, o algoritmo de casamento de strings por força bruta, tem custo $\theta(1)$, pois ele não requer espaço adicional proporcional a qualquer dos strings.

9.3 Algoritmo de Knuth, Morris e Pratt (KMP)

9.3.1 Visão Geral

O **algoritmo de Knuth, Morris e Pratt** (doravante **algoritmo KMP**) foi concebido por Donald Knuth e Vaughan Pratt e, independentemente, por James Morris em 1974. O artigo que descreve esse algoritmo foi publicado conjuntamente pelos três cientistas em 1977 (v. **Bibliografia**).

A ideia central que norteia o algoritmo **KMP** consiste em tomar conhecimento de alguns caracteres no texto sempre que eles casarem com alguns caracteres do padrão antes que ocorra uma discordância entre caracteres. Ou seja, esse algoritmo baseia-se no fato de que, quando ocorre uma tentativa frustrada de casamento, o próprio padrão contém informações suficientes para determinar em que posição do texto um casamento poderá ocorrer. Portanto esse algoritmo efetua um pré-processamento do padrão P para obter informações que permitam efetuar saltos maiores do que aqueles efetuados pelo algoritmo de força bruta. Mais precisamente, o algoritmo **KMP** cria uma tabela contendo informações sobre o padrão que permitem saltar caracteres do texto quando essas informações indicarem que existem comparações que não têm chance de ser bem-sucedidas.

No artigo original de Knuth, Morris e Pratt, essa tabela é denominada **função de falha**, mas ela recebe diversas denominações (p. ex., **tabela de prefixos**) dependendo do livro-texto ou artigo consultado sobre o assunto. Aqui, essa tabela será denominada **tabela de maiores bordas** (abreviadamente, **TMB**), pois parece que essa é a denominação que melhor lhe faz jus, como você verá adiante.

Antes de prosseguir, é importante alertar o leitor que a interpretação que será adotada para o algoritmo **KMP** é um pouco diferente daquela do artigo que lhe deu origem (e de muitos outros textos relacionados ao tema também), embora a ideia original seja preservada.

9.3.2 Tabela de Maiores Bordas

A tabela utilizada pelo algoritmo **KMP** é baseada nos maiores prefixos próprios que também são sufixos de cada substring do padrão. Ora, como foi visto na **Seção 9.1.1**, um prefixo próprio que também é sufixo é denominado *borda*, o que justifica a denominação adotada. A **Tabela 9–1** mostra como se calcula a tabela de maiores bordas (*TMB*) do string **"abab"**, ao passo que a **Figura 9–8** mostra essa tabela já pronta.

STRING (PADRÃO): "abab"			
j	**SUBSTRING**	**TMB[j]**	**JUSTIFICATIVA**
0	"a"	0	O substring não tem borda
1	"ab"	0	O substring não tem borda
2	"aba"	1	A única borda do substring é "a"
3	"abab"	2	A única borda do substring é "ab"

TABELA 9–1: EXEMPLO DE CÁLCULO DE TABELA DE MAIORES BORDAS 1

j	0	1	2	3
p[j]	a	ab	aba	abab
TMB[j]	0	0	1	2

FIGURA 9–8: EXEMPLO DE TABELA DE MAIORES BORDAS 1

A **Tabela 9–2** e a **Figura 9–9** apresentam outro exemplo de cálculo de tabela de maiores bordas.

STRING (PADRÃO): "aaaa"			
j	**SUBSTRING**	**TMB[j]**	**JUSTIFICATIVA**
0	"a"	0	O substring não tem borda
1	"aa"	1	A única borda do substring é "a"
2	"aaa"	2	O substring tem duas bordas: "a" e "aa" e o tamanho da maior borda é 2
3	"aaaa"	3	O substring tem três bordas: "a", "aa" e "aaa" e o tamanho da maior borda é 3

TABELA 9–2: EXEMPLO DE CÁLCULO DE TABELA DE MAIORES BORDAS 2

j	0	1	2	3
p[j]	a	aa	aaa	aaaa
TMB[j]	0	1	2	3

FIGURA 9–9: EXEMPLO DE TABELA DE MAIORES BORDAS 2

Como se vê nos exemplos acima, para cada posição j do padrão, armazena-se na tabela TMB o tamanho de sua maior borda até a posição anterior. Esse valor representa o quanto se deve recuar para tentar encontrar um casamento após uma discordância de caracteres na posição j.

9.3.3 Algoritmos

Criar uma tabela de maiores bordas para um string manualmente é uma tarefa relativamente simples, conforme foi visto acima. A questão agora é como desenvolver um algoritmo que descreva os passos necessários para criação de uma tal tabela. Essa questão será respondida a seguir.

Suponha que os valores de uma TMB entre os índices 0 e $i - 1$ de um string p sejam conhecidos. Então como se calcula $TMB[i]$? Seja j o comprimento da maior borda do substring $p[0.. i - 1]$, como mostra **Figura 9–10**. Sob essas considerações, tem-se que o prefixo que começa em 0 e termina em $j - 1$ é igual ao sufixo que termina em $i - 1$, de modo que ambos têm comprimento j. Assim se $p[j]$ for igual a $p[i]$, então $TMB[i]$ será igual a $j + 1$. Depois que se calcula o valor de $TMB[i]$, prossegue-se com o cálculo de TMB para os próximos valores de i e j. O trecho do algoritmo correspondente a esse arrazoado é apresentado usando a sintaxe de C na porção direita da **Figura 9–10**.

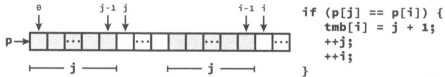

FIGURA 9–10: IMPLEMENTAÇÃO DE TMB DO ALGORITMO KMP 1

Agora suponha que, na **Figura 9–10**, $p[j]$ seja diferente de $p[i]$. Nesse caso, é preciso encontrar o maior substring B que seja uma borda para $p[0..i - 1]$ (v. **Figura 9–11**). Como o substring B é sufixo do substring que termina em $i - 1$, ele também é sufixo do substring que termina em $j - 1$. Logo B é a maior borda do substring $p[0..j - 1]$, de modo que o comprimento c de B deve ser $TMB[j - 1]$, que, por hipótese, é o tamanho da maior borda do substring $p[0..j - 1]$. Assim, nesse caso, quando j é diferente de 0, ele deve ser atualizado para $TMB[j - 1]$, enquanto, quando j é igual a 0, $TMB[i]$ deve ser igual a 0 e o valor de i deve ser incrementado, como mostra o código na porção direita da **Figura 9–11**.

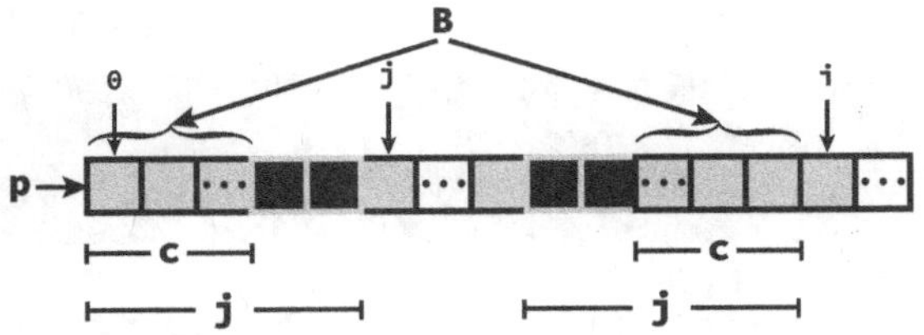

```
if (p[j] != p[i])
    if (j != 0)
        j = tmb[j - 1];
    else {
        tmb[i] = 0;
        ++i;
    }
```

FIGURA 9–11: IMPLEMENTAÇÃO DE TMB DO ALGORITMO KMP 2

A **Figura 9–12** apresenta o algoritmo **KMP**.

ALGORITMO KMP

ENTRADA: O texto *t* de comprimento *n* e o padrão *p* a ser procurado de comprimento *m*

SAÍDA: A posição no texto da primeira ocorrência do padrão, se ele for encontrado no texto, ou um valor negativo, em caso contrário

1. Crie a tabela de maiores bordas (*TMB*) usando o algoritmo **CRIATMB**
2. Atribua a *i* o índice do primeiro caractere do texto
3. Atribua a *j* o índice do primeiro caractere do padrão
4. Enquanto *i* < *n* e *j* < *m*, faça:
    4.1 Se os caracteres nas posições *i* do texto e *j* do padrão forem iguais:
        4.1.1 Se *j* = *m* – *1*, retorne a posição do padrão no texto
        4.1.2 Caso contrário, incremente *i* e *j*
    4.2 Caso contrário, se *j* > *0*, atribua a *j* o valor de *TMB[j* – *1]*
    4.3 Caso contrário, incremente *i*
5. Retorne um valor negativo

FIGURA 9–12: ALGORITMO KMP

A **Figura 9–13** mostra o algoritmo de criação da tabela de maiores bordas do algoritmo **KMP**.

ALGORITMO CRIATMB

ENTRADA: Um string de comprimento *m*

SAÍDA: A tabela de maiores borda (*TMB*) do string

1. Atribua *1* a *i*
2. Atribua *0* a *j*
3. Atribua *0* ao primeiro elemento da tabela
4. Enquanto *i* < *m*, faça:
    4.1 Se os caracteres nas posições *i* e *j* forem iguais:
        4.1.1 Atribua *j* + *1* a *TMB[i]*
        4.1.2 Incremente *i*
        4.1.3 Incremente *j*
    4.2 Caso contrário, se *j* ≠ *0*, atribua a *j* o valor de *TMB[j* – *1]*
    4.3 Caso contrário:
        4.3.1 Atribua *0* a *TMB[i]*
        4.3.1 Incremente *i*

FIGURA 9–13: ALGORITMO DE CRIAÇÃO DE TMB

Inicialmente, o algoritmo **KMP** funciona como o algoritmo de força bruta buscando no texto o primeiro caractere do padrão. Se ocorrer casamento, o segundo caractere do padrão é comparado com o próximo caractere do texto após o casamento. Essa comparação continua até que todos os caracteres do padrão casem ou até que ocorra uma discordância entre caracteres. Então o algoritmo usa o conhecimento adquirido com a análise prévia do padrão para saltar algumas comparações. Se não existirem bordas no padrão, o algoritmo **KMP** compara o primeiro caractere do padrão com o caractere após o último casamento. Desse modo, o algoritmo **KMP** pode saltar comparações entre caracteres que já casaram. Usando informações sobre bordas, o algoritmo **KMP** garante que não salta caracteres muito adiante. Se existe uma borda e ela casa no início do texto, o algoritmo **KMP** saltará apenas a borda inicial. Ou seja, ele não irá cotejar o primeiro caractere do padrão com o caractere após o último casamento; em vez disso, ele comparará o caractere depois da primeira ocorrência da borda no padrão com o caractere após a discordância no texto. Isso faz com que um possível casamento não seja saltado.

A **Figura 9–14** apresenta um exemplo de casamento de strings utilizando o algoritmo **KMP**. Nessa figura, o padrão e o texto são os mesmos do exemplo ilustrado na **Figura 9–5**. Note que a tabela de maiores bordas é usada para evitar uma das comparações entre um caractere do padrão e um caractere do texto. Observe ainda que o número de comparações neste exemplo é menor do que o número de comparações no exemplo da **Figura 9–5**.

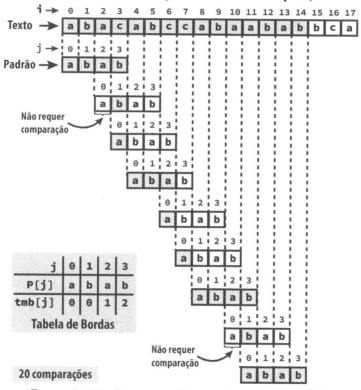

FIGURA 9–14: EXEMPLO DE USO DO ALGORITMO KMP 1

9.3.4 Implementação

A função `CriaTMB()` exibida adiante atribui valores para os elementos da tabela de maiores bordas usada pelo algoritmo **KMP** de acordo com a **Figura 9–13**. Essa função retorna o endereço da tabela e seus parâmetros são:

- `tabela` (saída) — array que armazenará a tabela
- `p` (entrada) — string que representa o padrão
- `m` (entrada) — tamanho do padrão

```
int *CriaTMB(int tmb[], const char *p, int m)
{
    int i = 1 , j = 0;

    tmb[0] = 0; /* O primeiro elemento da tabela é sempre 0 */

    while (i < m)
        if (p[j] == p[i]) {
            tmb[i] = j + 1;
            ++j;
            ++i;
        } else {
            if (j != 0) {
                j = tmb[j - 1];
            } else {
                tmb[i] = 0;
                ++i;
            }
        }

    return tmb;
}
```

A função `CasamentoKMP()` verifica se um padrão (representado pelo parâmetro **p**) ocorre num texto (representado pelo parâmetro **t**) usando o algoritmo **KMP**. Ela retorna a posição (índice) do padrão no texto, se ele for encontrado, ou **-1**, em caso contrário.

```
int CasamentoKMP(const char *t, const char *p)
{
    int n = strlen(t), /* Comprimento do texto  */
        m = strlen(p), /* Comprimento do padrão */
        i, /* Índice de um caractere do texto  */
        j, /* Índice de um caractere do padrão */
        *tmb; /* Ponteiro para a tabela de maiores bordas */

    /* Aloca espaço para a tabela de maiores bordas */
    ASSEGURA( tmb = malloc(m*sizeof(int)), "Impossivel aloca tabela de bordas" );

    CriaTMB(tmb, p, m); /* Cria a tabela de maiores bordas */

    /* Efetua a busca pelo padrão no texto */
    for (i = 0, j = 0; i < n; ) {
        /* Verifica se os caracteres ora comparados casam */
        if (t[i] == p[j]) {
            /* Caracteres comparados casaram. Se esse era o último caractere do */
            /* padrão, retorna-se a  posição na qual ocorreu o casamento. Caso  */
            /* contrário, incrementam-se os índices.                            */
            if (j == m - 1) {
                free(tmb); /* A tabela tmb não é mais necessária */
                return i - j; /* Padrão foi encontrado no texto */
            } else {/* Compara os dois próximos caracteres */
                ++i;
                ++j;
            }
        } else if (j > 0) {
            /* Os caracteres não casaram e j é diferente */
            /* de 0. Ajusta-se j, mas não se ajusta i.   */
            j = tmb[j - 1];
        } else {
```

```
            /* Os caracteres não casaram e j é igual a   */
            /* 0 (i.e., o primeiro caractere do padrão). */
      ++i; /* Incrementa-se i, mas não se altera j.      */
    }
  }

  free(tmb); /* A tabela tmb não é mais necessária */

  return -1; /* O padrão não foi encontrado no texto */
}
```

A parte principal da função `CasamentoKMP()` é o laço **for** que compara um caractere em `t[]` com outro caractere em `p[]` a cada iteração. Sempre que ocorre um casamento entre um caractere do texto e outro do padrão, os índices `i` e `j` são incrementados. Se ocorrer uma discordância após alguns caracteres já terem casado, consulta-se a tabela de maiores bordas para determinar o novo índice em `p[]` no qual a comparação irá continuar. Se houver uma discordância e a comparação estiver no início de `p[]`, incrementa-se o índice de `t[]` e mantém-se o índice de `p[]` onde ele estava (i.e., no início de `p[]`). Esse processo continua até que se encontre um casamento ou até que o índice `i` seja igual a `n`, que é o comprimento de `t[]`. As comparações saltadas são desnecessárias, pois a tabela de bordas garante que todas as comparações evitadas são redundantes; i.e., elas envolvem comparar caracteres que já se sabe que casam.

9.3.5 Análise

Lema 9.2: O custo temporal de construção da tabela de maiores bordas de um string com m caracteres é $\theta(m)$.

Prova: O laço (**Passo 4** na **Figura 9–13**) do algoritmo de construção dessa tabela é executado m vezes e, portanto, seu custo é $\theta(m)$. Todos os demais passos têm custo $\theta(1)$. ∎

Teorema 9.3: No pior caso, o custo temporal do algoritmo **KMP** é $\theta(m + n)$, em que n é o tamanho do texto e m é o tamanho do padrão.

Prova: Cada vez que o laço do algoritmo **KMP** (**Passo 4** na **Figura 9–12**) é executado, o valor de i é incrementado ou o padrão desliza para a direita por um valor determinado pela tabela de saltos. Ambos os eventos podem ocorrer no máximo n vezes, de modo que o laço pode ser executado, no máximo, $2 \cdot n$ vezes. Como o custo de cada passo do corpo do laço é $\theta(1)$, o custo desse laço é $\theta(n)$. Por outro lado, de acordo com o **Lema 9.2**, o custo temporal do algoritmo de construção da tabela de maiores bordas é $\theta(m)$. Como as duas partes do algoritmo **KMP** têm custos temporais $\theta(m)$ e $\theta(n)$, o custo temporal no pior caso do algoritmo é $\theta(m + n)$. ∎

A título de ilustração, suponha que se tenha um padrão com *1000* caracteres, sendo que os primeiros *999* caracteres são iguais a `'a'` enquanto o último caractere é igual a `'b'`. Suponha ainda que se tenha um texto com um milhão de caracteres `'a'` e que o algoritmo **KMP** processe esse padrão e esse texto. Quando esse algoritmo encerrar sua primeira tentativa frustrada de casamento ele incrementará o índice de busca no texto, mas ele sabe que os primeiros *998* caracteres na nova posição já casam. Quer dizer, o algoritmo **KMP** compara *999* caracteres do padrão antes de descobrir que o milésimo caractere não casa. Avançando uma posição no texto, descarta-se o primeiro `'a'`, de modo que o algoritmo **KMP** desvenda que há *998* caracteres `'a'` que casam com o padrão e não os compara novamente. Ou seja, nesse caso, o algoritmo **KMP** atribui *998* à nova posição de comparação no texto. O conhecimento usado pelo algoritmo **KMP** para efetuar esse salto é derivado da tabela de maiores bordas. Em idêntica situação, o algoritmo **FB** efetuaria cerca de um bilhão de comparações. A **Figura 9–15** ilustra esse exemplo.

O custo temporal do algoritmo **KMP** é considerado ótimo para o pior caso, pois, nesse caso, inevitavelmente, qualquer algoritmo de casamento de strings deve comparar todos os caracteres do texto com todos os caracteres do padrão um número constante de vezes. A eficiência do algoritmo **KMP** é derivada do fato de ele não efetuar comparações que são redundantes.

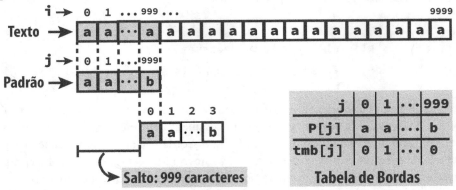

FIGURA 9–15: EXEMPLO DE USO DO ALGORITMO KMP 2

Na prática, o melhor desempenho do algoritmo **KMP** com relação ao algoritmo de força bruta não é tão importante porque poucas aplicações envolvem casamentos de padrões e textos tão repetitivos. Quer dizer, o algoritmo **KMP** é mais conveniente para casamento de strings derivados de pequenos alfabetos, como aquele que contém símbolos de DNA. Além disso, como esse algoritmo não retrocede no texto, ele é conveniente para casamento de padrão com texto que flui continuamente (p.ex., texto introduzido via teclado — v. **Seção 9.10.7**) e que não tem tamanho definido a priori. Algoritmos que requerem retrocesso no texto (p.ex., o algoritmo de força bruta) não são adequados para essa última tarefa. É importante ainda mencionar que o custo do algoritmo **KMP** não depende do tamanho do alfabeto, como ocorre, por exemplo, com o algoritmo **BM** (v. **Seção 9.4**).

9.4 Algoritmo de Boyer e Moore (BM)

9.4.1 Visão Geral

O **algoritmo de Boyer e Moore**, doravante também denominado **algoritmo BM**, foi desenvolvido por Robert Boyer e J Moore em 1977 (v. **Bibliografia**) baseado na ideia básica que norteia o algoritmo **KMP**. Ou seja, assim como ocorre com o algoritmo KMP, o algoritmo **BM** usa informações sobre bordas para saltar caracteres no texto e assim acelerar a busca. Agora, as semelhanças entre esses dois algoritmos param por aqui, pois o algoritmo **BM** possui três características que o distingue dos demais algoritmos de casamento de strings:

- O algoritmo **BM** inicia as comparações de caracteres a partir do final do padrão, em vez de a partir do seu início, como fazem os demais algoritmos de casamento de strings discutidos até aqui.

Além disso, ele usa duas regras para saltar caracteres de modo semelhante ao que o algoritmo **KMP** faz. As regras usadas pelo algoritmo **BM** são:

- **Regra do mau caractere**. Quando se compara um caractere do padrão com outro no texto, se ocorre uma discordância, o algoritmo verifica se o caractere discordante no texto aparece no padrão. Se esse for o caso, alinha-se a ocorrência mais à direita desse caractere no padrão com o caractere no texto que provocou a última discordância.
- **Regra do bom sufixo**. Essa regra procura sufixos repetidos no padrão (assim como **KMP** faz com prefixos). Se um caractere no texto e outro no padrão não casam, move-se o padrão para a direita de modo a alinhar qualquer sufixo que tenha casado até então com a ocorrência mais à direita do sufixo no padrão.

Essas regras são denominadas *heurísticas*, pois quando uma delas é usada isoladamente, é possível que não se obtenha o salto almejado. Por exemplo, quando é usada isoladamente, a regra do mau caractere pode resultar num salto negativo (v. **Seção 9.5**).

Assim como ocorre com o algoritmo **KMP**, o algoritmo **BM** também tem uma **fase de pré-processamento**. Durante essa fase, ele usa ambas as regras descritas acima para criar duas tabelas que estipulam, para cada posição do padrão, de quanto será o salto dele com relação ao texto quando ocorrer uma discordância entre caracteres na respectiva posição. Durante a segunda fase do algoritmo **BM**, denominada **fase de casamento**, ele consulta essas duas tabelas para obter o maior salto possível durante o deslizamento do padrão em busca de uma nova tentativa de casamento.

9.4.2 Heurística do Mau Caractere

De acordo com o algoritmo **BM**, um **mau caractere** é um caractere do texto que causa uma discordância quando é comparado com um caractere do padrão. Quando tal caractere aparece em alguma posição no padrão, pode-se deslocar o padrão adiante de modo que essa ocorrência seja alinhada com o mau caractere, como mostra a **Figura 9–16**. Nessa figura, os caracteres `'b'` e `'c'` são discordantes, de maneira que o caractere `'b'` (no texto) se torna um mau caractere. Esse caractere aparece nas posições *0* e *2* do padrão, sendo que a última ocorrência é na posição *2*. Assim o padrão pode ser avançado, de modo que essa última ocorrência seja alinhada com o mau caractere.

```
                              ↓
    0    1    2    3    4    5    6    7    8    9   10   ...

    a    b    b    a    b    a    b    a    c    b    a   ...

    b    a    b    a    c

         b    a    b    a    c
```

FIGURA 9–16: REGRA DO MAU CARACTERE DO ALGORITMO BM

9.4.3 Heurística do Bom Sufixo

Algumas vezes, a regra do mau caractere não funciona. Por exemplo, na situação mostrada na **Figura 9–17**, os caracteres `'a'` no texto e `'b'` no padrão são discordantes. Nesse caso, um alinhamento do mau caractere (i.e., `'a'`) do texto com o último respectivo caractere do padrão não é a melhor opção, pois esse deslocamento seria negativo (i.e., o caractere `'a'` na posição *3* do padrão seria alinhado com o caractere `'a'` na posição *2* do texto). É num caso como esse que se usa a regra do bom sufixo. Quer dizer, como mostra a **Figura 9–17**, o sufixo `"ab"` do padrão casou com o substring `"ab"` no texto e esse mesmo sufixo aparece novamente na posição **1** do padrão. Assim o padrão pode ser deslocado de modo que essa ocorrência do sufixo seja alinhada com o referido substring do texto, como mostra as áreas escuras da referida figura.

```
             ↓
    0    1    2    3    4    5    6    7    8    9   10   ...

    a    b    a    a    b    a    b    a    c    b    a   ...

    c    a    b    a    b    →

         c    a    b    a    b
```

FIGURA 9–17: REGRA DO BOM SUFIXO VERSUS REGRA DO MAU CARACTERE DO ALGORITMO BM

Na **Figura 9–18**, não há nenhuma outra ocorrência de `"ab"` no padrão, de maneira que ele pode ser deslocado para logo adiante de `"ab"` (i.e., para a posição *5* do texto). Utilizando-se a regra do mau caractere (`'c'`, nesse caso), o salto seria menor porque o caractere `'c'` no padrão seria alinhado com o caractere `'c'` na posição *2* do texto.

```
             ↓
   0    1    2    3    4    5    6    7    8    9   10   ...

   a    b    c    a    b    a    b    a    c    b    a   ...

   c    b    a    a    b    →

                       c    b    a    a    b
```

FIGURA 9–18: CASO 1 DA REGRA DO BOM SUFIXO DO ALGORITMO BM

A aplicação da regra do bom sufixo nem sempre é tão simples quanto parece. Considere, por exemplo, o caso apresentado na **Figura 9–19**. Nessa situação, não há nenhuma outra ocorrência do substring **"bab"** além daquela que já casou com o texto. Mas, nesse caso, o padrão não pode ser deslocado para a posição 5 como no caso anterior. Ou seja, ele pode ser deslocado apenas para a posição 3, uma vez que o prefixo **"ab"** do padrão casa com o final de **"bab"**.

```
             ↓
   0    1    2    3    4    5    6    7    8    9   10   ...

   a    a    b    a    b    a    b    a    c    b    a   ...

   a    b    b    a    b

             a    b    b    a    b
```

FIGURA 9–19: CASO 2 DA REGRA DO BOM SUFIXO DO ALGORITMO BM

Na discussão a seguir, a situação ilustrada na **Figura 9–17** será rotulada como **Caso 1**, ao passo que aquela apresentada na **Figura 9–19** será denominada **Caso 2**. A **Figura 9–20** resume esses dois casos.

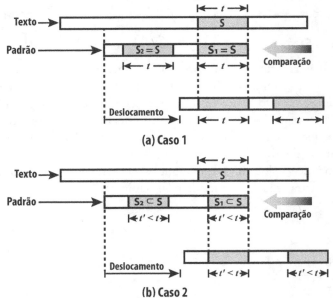

FIGURA 9–20: CASOS DE BOM SUFIXO DO ALGORITMO BM

O processamento do **Caso 1** é semelhante à criação da tabela de maiores bordas do algoritmo **KMP**, pois um bom sufixo é uma borda de um sufixo do padrão. Portanto as bordas dos sufixos do padrão devem ser determinadas. Contudo, agora, é necessário um mapeamento inverso entre uma dada borda e o menor sufixo do padrão que contém essa borda. Além disso, é preciso que as bordas em questão não tenham o mesmo caractere como vizinho esquerdo, pois isso poderá causar uma discordância entre esses caracteres após deslocar o padrão.

No **Caso 2**, uma parte do bom sufixo ocorre no início do padrão, o que significa que essa parte é uma borda do padrão. Assim o padrão pode ser deslocado tanto quanto sua borda correspondente permitir [v. **Figura 9–20 (b)**]. No processamento desse caso, para cada sufixo, a maior borda do padrão que está contida nesse sufixo é determinada.

9.4.4 Algoritmos

A **Figura 9–21** apresenta o algoritmo BM.

ALGORITMO BM

ENTRADA: O texto t de comprimento n e o padrão p a ser procurado de comprimento m

SAÍDA: A posição no texto da primeira ocorrência do padrão, se ele for encontrado no texto, ou um valor negativo, em caso contrário

1. Atribua a i o índice do primeiro caractere do texto
2. Armazene no array tm a tabela de maus caracteres obtida usando o algoritmo CRIATBMAUSCARACTERES
3. Armazene no array tb a tabela de bons sufixos obtida usando o algoritmo CRIATBBONSSUFIXOS
4. Enquanto $i \leq n - m$, faça:
   - 4.1 Atribua a j o índice do último caractere do padrão
   - 4.2 Enquanto $j \geq 0$ e os caracteres na posição j do padrão e na posição $i + j$ do texto forrem iguais, decremente o valor de j
   - 4.3 Se $j < 0$, retorne o valor de i
   - 4.4 Atribua a c o caractere que se encontra na posição $i + j$ no texto
   - 4.5 Acrescente a i o maior valor dentre $tb[j + 1]$ e $j - tm[c]$
5. Retorne -1

FIGURA 9–21: ALGORITMO BM

O algoritmo CRIATBMAUSCARACTERES invocado pelo algoritmo BM é exibido na **Figura 9–22**.

ALGORITMO CRIATBMAUSCARACTERES

ENTRADA: Um string p de comprimento m

SAÍDA: A tabela de maus caracteres criada

1. Crie um array tm do tamanho do alfabeto sob consideração
2. Atribua -1 a cada elemento do array tm
3. Para cada caractere c do padrão, atribua sua posição no padrão a $tm[c]$

FIGURA 9–22: ALGORITMO DE CRIAÇÃO DA TABELA DE MAUS CARACTERES

A **Figura 9–23** apresenta o algoritmo CRIATBBONSSUFIXOS invocado pelo algoritmo BM.

ALGORITMO CRIATBBONSSUFIXOS

ENTRADA: Um string p de comprimento m

SAÍDA: A tabela de bons sufixos criada (tb)

1. Atribua 0 a cada elemento de tb
2. Atribua 0 a cada elemento de um array auxiliar aux com $m + 1$ elementos
3. Atribua m a i
4. Atribua $m + 1$ a j
5. Atribua $m + 1$ ao último elemento do array aux

FIGURA 9–23: ALGORITMO DE CRIAÇÃO DA TABELA DE BONS SUFIXOS

ALGORITMO CRIATBBONSSUFIXOS (CONTINUAÇÃO)

6. Enquanto $i > 0$, faça:

    6.1 Enquanto $j \le m$ e os caracteres nas posições $i - 1$ e $j - 1$ de p forem diferentes, faça:

        6.1.1 Se $tb[j] = 0$, atribua $j - 1$ a $tb[j]$

        6.1.2 Atribua $aux[j]$ a j

    6.2 Decremente i

    6.3 Decremente j

    6.4 Atribua j a $aux[i]$

7. Atribua $aux[0]$ a j

8. Atribua 0 a i

9. Enquanto $i \le m$, faça:

    9.1 Se $tb[i] = 0$, atribua j a $tb[i]$

    9.2 Se $i = j$, atribua $aux[j]$ a j

FIGURA 9–23 (CONT.): ALGORITMO DE CRIAÇÃO DA TABELA DE BONS SUFIXOS

A **Figura 9–24** mostra um exemplo de uso do algoritmo **BM**. Nessa figura, o texto e o padrão são os mesmos usados nos exemplos da **Figura 9–5** e da **Figura 9–14**. Note que, na **Figura 9–24**, o número de comparações é o menor dentre todos esses exemplos.

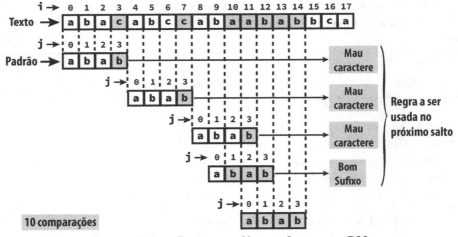

FIGURA 9–24: EXEMPLO DE USO DO ALGORITMO BM

9.4.5 Implementação

A função `TabelaMauCaractereBM()` atribui valores para os elementos da tabela de maus caracteres usada pelo algoritmo **BM**. Seus parâmetros são o padrão **p** e seu tamanho **m**.

```c
int *TabelaMauCaractereBM(const char *p, int m)
{
   int *tab,
       caractere,
       i;

    /* O número de elementos do array que representa a tabela de */
    /* maus caracteres é igual ao tamanho do alfabeto utilizado  */
   tab = calloc(TAM_ALFABETO, sizeof(int));
```

```
   ASSEGURA(tab, "Impossivel alocar tabela de maus caracteres");

      /* Inicialmente, supõe-se que nenhum caractere do     */
      /* alfabeto faz parte do padrão e portanto o elemento */
      /* correspondente a cada caractere é iniciado com -1   */
   for (i = 0; i < TAM_ALFABETO; ++i)
      tab[i] = -1;

      /* Atribui valores aos elementos correspondentes */
      /* aos caracteres que fazem parte do padrão       */
   for (i = 0; i < m; ++i) {
         /* Obtém o caractere que está na posição i do padrão */
      caractere = (int) p[i];

         /* O valor da tabela correspondente ao */
         /* caractere é a sua posição no padrão */
      tab[caractere] = i;
   }

   return tab;
}
```

A constante `TAM_ALFABETO` usada pela função `TabelaMauCaractereBM()` especifica o tamanho do alfabeto usado no contexto dos strings que serão comparados. Essa função é relativamente fácil de entender seguindo os comentários que a acompanham. Note que, nessa tabela, cada caractere é associado à sua última posição no padrão. Se um caractere do alfabeto em consideração não aparece no padrão, seu valor é -1. Por exemplo, quando a função `TabelaMauCaractereBM()` recebe como parâmetro o padrão `"abacab"`, ela produz a seguinte tabela:

CARACTERE (c)	tab[c]
'a'	4
'b'	5
'c'	3
Qualquer outro caractere	-1

A função `TabelaSufixosBM()`, apresentada a seguir, cria a tabela de bons sufixos do algoritmo **BM** e seus parâmetros são:

- **p** (entrada) — string que representa o padrão
- **m** (entrada) — tamanho do padrão

```
int *TabelaSufixosBM(const char *p, int m)
{
   int  i = m,
        j = m + 1,
        *bons, /* Tabela de bons sufixos */
        *aux;  /* Tabela auxiliar */

      /* Aloca espaço para os arrays bons[] e aux[] e testa suas alocações */
   bons = calloc(m + 1, sizeof(int));
   ASSEGURA(bons, "Impossivel alocar array bons[]");
   aux = calloc(m + 1, sizeof(int));
   ASSEGURA(aux, "Impossivel alocar array aux[]");

            /* Caso 1 */

      /* O sufixo que inicia na posição m não possui   */
      /* borda. Portanto, aux[m] recebe o valor m + 1. */
```

```
    aux[m] = m + 1;

    while (i > 0) {
        while (j <= m && p[i - 1] != p[j - 1]) {
            /* O salto correspondente à posição j é armazenado em s[j], */
            /* desde que o valor de s[j] seja diferente de 0            */
            if (bons[j] == 0)
                bons[j] = j - i;

            j = aux[j]; /* Passa para a próxima borda do padrão */
        }
        --i; /* Passa para o próximo sufixo */
        --j;

            /* Cada elemento do array aux[] contém a posição inicial da */
            /* maior borda do sufixo do padrão que inicia na posição i  */
        aux[i] = j;
    }

                /* Caso 2 */

        /* Armazena em j a posição inicial da maior    */
        /* borda do padrão, que é armazenada em aux[0] */
    j = aux[0];

        /* Armazena o valor de aux[0] em cada elemento de s[] que é igual a 0.  */
        /* Quando o sufixo do padrão se torna menor do que aux[0], mantém-se a  */
        /* próxima borda mais larga do padrão (i.e., aux[j]).                   */
    for (i = 0; i <= m; i++) {
        if (bons[i] == 0)
            bons[i] = j;

        if (i == j)
            j = aux[j];
    }
    free(aux); /* A tabela auxiliar não é mais necessária */

    return bons;
}
```

A seção intitulada **Caso 1** da função `TabelaSufixosBM()` usa o array auxiliar `aux[]` do qual cada elemento `aux[i]` contém a posição inicial da maior borda do sufixo do padrão que inicia na posição `i`. O sufixo que inicia na posição `m` não possui borda, de modo que `aux[m]` recebe o valor `m + 1`. O tamanho de cada borda é calculado checando-se se uma borda menor que já tenha sido encontrada tem como vizinho esquerdo o mesmo caractere. Entretanto o caso em que uma borda não pode ser estendida para a esquerda também é de interesse, visto que ele pode levar a um possível deslocamento do padrão quando ocorre uma discordância entre caracteres. Portanto o salto correspondente é armazenado no array `s[]`, desde que a respectiva posição do array ainda não esteja ocupada (i.e., desde que o valor desse elemento seja `0`), o que ocorre quando um sufixo menor tem a mesma borda. A **Figura 9–25** apresenta um exemplo dos resultados obtidos com a execução da seção intitulada **Caso 1** da função `TabelaSufixosBM()`.

i	0	1	2	3	4	5	6	7
p	a	b	b	a	b	a	b	
aux[i]	5	6	4	5	6	7	7	8
s[i]	0	0	0	0	2	0	4	1

Figura 9–25: Exemplo de Caso 1 da Regra do Bom Sufixo do Algoritmo BM

A maior borda do sufixo **"babab"**, que começa na posição *2*, é **"bab"**, que começa na posição *4*. Portanto `aux[2]` é igual a **4**. A maior borda do sufixo **"ab"** que começa na posição *5* é o string vazio, que começa na posição *7*. Portanto `aux[5]` é igual a **7**.

Os valores do array `s[]` são determinados pelas bordas que não podem ser estendidas à esquerda. O sufixo **"babab"** que começa na posição *2* tem borda igual a **"bab"**, que começa na posição *4*. Essa borda não pode ser estendida à esquerda porque *p[1] ≠ p[3]*. O resultado da diferença *4 − 2* é o salto quando ocorre um casamento com **"bab"** seguido por uma discordância entre caracteres. Portanto `s[4]` é igual a **2**.

O mesmo sufixo **"babab"** também tem borda igual a **"b"**, que começa na posição *6*. Essa borda também não pode ser estendida à esquerda. O resultado da diferença *6 − 2* é o tamanho do salto quando ocorre um casamento com **"b"** seguido por uma discordância entre caracteres. Portanto `s[6]` é igual a **4**.

O sufixo **"b"** que começa na posição *6* tem borda vazia, que começa na posição *7*. Essa borda não pode ser estendida à esquerda e o resultado da diferença *7 − 6* é o tamanho do salto quando ocorre discordância entre caracteres na primeira comparação (i.e., quando não há bom sufixo). Portanto `s[7]` é igual a **1**.

Na seção intitulada **Caso 2** da função `TabelaSufixosBM()`, a posição inicial da maior borda do padrão é armazenada em `aux[0]`, que, no exemplo da **Figura 9–25**, é *5*, uma vez que a borda **"ab"** começa na posição *5*. Nessa função, o valor `aux[0]` é inicialmente armazenado em cada posição disponível (i.e., cujo elemento vale **0**) do array `s[]`, mas, quando o sufixo do padrão se torna menor do que `aux[0]`, a função mantém a próxima borda mais larga do padrão; ou seja, `aux[j]`. A **Figura 9–26** apresenta um exemplo dos resultados obtidos com a execução da função `TabelaSufixosBM()`. Nessa figura, usa-se o mesmo padrão utilizado no exemplo da **Figura 9–25**.

i	0	1	2	3	4	5	6	7
p	a	b	b	a	b	a	b	
aux[i]	5	6	4	5	6	7	7	8
s[i]	5	5	5	5	2	5	4	1

FIGURA 9–26: EXEMPLO DE CASO 2 DA REGRA DO BOM SUFIXO DO ALGORITMO BM

A função `CasamentoBM()` verifica se um padrão ocorre num texto usando o algoritmo **BM**. Seus parâmetros são `t` e `p`, que são strings que representam, respectivamente, o texto e o padrão.

```
int CasamentoBM(const char *t, const char *p)
{
   int i = 0,
       j,
       caractere,
       n = strlen(t), /* Tamanho do texto  */
       m = strlen(p), /* Tamanho do padrão */
      *maus, /* Tabela de maus caracteres */
      *bons; /* Tabela de bons sufixos    */

   maus = TabelaMauCaractereBM(p, m); /* Obtém a tabela de maus caracteres */

   bons = TabelaSufixosBM(p, m); /* Obtém a tabela de bons sufixos */

      /* Compara caracteres do padrão com caracteres do texto da direita para a */
      /* esquerda. Quando ocorre uma discordância entre caracteres, o padrão é  */
      /* deslocado pelo maior valor dentre aqueles encontrados nos arrays       */
      /* bons[] e maus[].                                                       */
   while (i <= n - m) {
      j = m - 1;
```

```
    while (j >= 0 && p[j] == t[i + j])
       j--;

    if (j < 0) {
       break; /* O padrão foi encontrado no texto */
    } else {
       caractere = (int) t[i + j];
       i += MAX(bons[j + 1], j - maus[caractere]);
    }
}

free(bons); /* O array bons[] não é mais necessário */
free(maus); /* O array maus[] não é mais necessário */

    /* Verifica se o padrão foi encontrado no texto */
if (i <= n - m)
    return i; /* O padrão foi encontrado */
else
    return -1; /* O padrão não foi encontrado */
}
```

A função `CasamentoBM()` compara caracteres do padrão com caracteres do texto da direita para a esquerda. Quando ocorre uma discordância entre caracteres, o padrão é deslocado pelo maior valor dentre os valores resultantes das regras do mau caractere e do bom sufixo.

9.4.6 Análise

No pior caso, o custo temporal do algoritmo **BM** é $\theta(m + n)$, quando o padrão encontra-se no texto, e $\theta(m \cdot n)$, quando o padrão não aparece no texto. A prova dessa afirmação é bem complicada e está além do escopo deste livro. O leitor interessado poderá encontrar essa prova no artigo original de Boyer e Moore (1977) e no artigo de Richard Cole (1991) (v. **Bibliografia**).

O melhor caso do algoritmo **BM** acontece quando em cada nova tentativa de casamento o primeiro caractere comparado não ocorre no padrão. Nesse caso, esse algoritmo requer apenas $\theta(n/m)$ comparações. Se o tamanho do alfabeto for grande em comparação com o tamanho do padrão, o algoritmo **BM** tem custo médio $\theta(n/m)$. Isso ocorre porque saltos de m caracteres ocorrem com frequência devido à regra do mau caractere[2].

O processamento do padrão para atender a regra do bom sufixo é um tanto complicado de entender e implementar, de modo que muito autores deixam essa regra de lado com a desculpa de que essa regra não economiza tantas comparações e que a regra do mau caractere é suficiente. Todavia essas afirmações nem sempre correspondem à realidade, notadamente quando se lida com alfabetos pequenos, como o alfabeto binário ou o alfabeto genético.

9.5 Algoritmo (ou Simplificação) de Horspool (BMH)

9.5.1 Visão Geral

O **algoritmo de Horspool** é uma simplificação do algoritmo de Boyer e Moore, mas, apesar disso, ele é bem mais simples de entender e implementar do que o algoritmo no qual ele se baseia. O algoritmo de Horspool, tipicamente denominado **algoritmo de Boyer, Moore e Horspool** (ou **algoritmo BMH**), foi desenvolvido por Nigel Horspool em 1980 (v. **Bibliografia**).

A regra do mau caractere usada pelo algoritmo de Boyer e Moore não é muito eficiente para alfabetos pequenos, mas quando o alfabeto é relativamente grande em comparação ao tamanho do padrão (p.ex., quando o alfabeto

---

[2] As provas dessas últimas afirmações podem ser encontradas no artigo de Baeza-Yates e Régnier (1992) (v. **Bibliografia**).

sob consideração é usado em linguagem natural), essa regra é bastante útil. Assim uma adaptação dessa regra para uso isolado resulta num algoritmo de casamento bem eficiente na prática.

Na fase de pré-processamento do algoritmo **BMH**, o alfabeto e o padrão são levados em consideração na criação de uma **tabela de saltos**. Essa tabela associa cada caractere do alfabeto a um valor inteiro não negativo que indica o tamanho do salto a ser efetuado quando ocorre uma discordância entre o caractere do padrão e o respectivo caractere do texto ora sendo comparados. Quando um caractere do alfabeto não faz parte do padrão, o tamanho do salto é igual ao tamanho do padrão; caso contrário, o tamanho do salto é igual ao número de caracteres entre o caractere em questão e o último caractere do padrão. Ou seja, formalmente, o valor de cada salto é determinado pela fórmula:

$$tab(c) = \begin{cases} m & se\ c \notin P \\ m - i - 1 & se\ c \in P \end{cases}$$

Nessa fórmula, c é o caractere para o qual o salto será calculado, m é o tamanho do padrão e i é a posição do caractere no padrão. É importante salientar que, embora não esteja explícito nessa fórmula, o último caractere do padrão não é levado em consideração na construção dessa tabela.

Observe que existem duas diferenças visíveis entre uma tabela de maus caracteres do algoritmo **BM** e uma tabela de saltos do algoritmo **BMH**:

[1] A cada caractere que não faz parte do padrão, o algoritmo que calcula tabela de maus caracteres associa −1. Por outro lado, nesse caso, a tabela de saltos do algoritmo **BMH** atribui ao mesmo caractere o tamanho m do padrão.

[2] A cada caractere que se encontra na posição i do padrão, uma tabela de maus caracteres associa o valor de i; por sua vez, uma tabela de saltos associa $m - i - 1$ ao mesmo caractere.

Mas a principal diferença entre os algoritmos **BM** e **BMH** diz respeito a como essas tabelas são interpretadas pelos respectivos algoritmos. A tabela de maus caracteres é consultada usando-se como índice um mau caractere, como foi visto na **Seção 9.4**. Por sua vez, o algoritmo **BMH** consulta sua tabela de saltos usando como índice o caractere mais à direita da janela de texto, como mostra a **Figura 9–27**. Além disso, quando a tabela de maus caracteres é usada isoladamente (i.e., sem a tabela de bons sufixos do algoritmo **BM**), ela pode produzir saltos negativos, como mostra essa mesma figura.

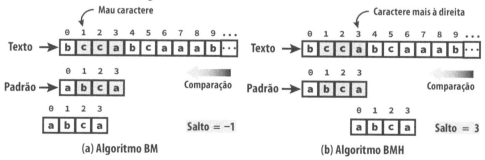

(a) Algoritmo BM   **(b) Algoritmo BMH**

FIGURA 9–27: ALGORITMO BM VS ALGORITMO BMH

A **Figura 9–28** mostra um exemplo de criação de uma tabela de saltos do algoritmo **BMH**. Neste exemplo, o padrão é **"AGCCAGC"** e o alfabeto considerado é o alfabeto genético. Note que, na construção da tabela, levam-se em consideração informações sobre o padrão e sobre o alfabeto, e não apenas sobre o padrão, como ocorre com o algoritmo **KMP**. Note ainda que o tamanho da tabela de saltos é igual ao tamanho do alfabeto (como ocorre com a tabela de maus caracteres do algoritmo **BM**) e que o último caractere do padrão não é levado em consideração (o que não ocorre com uma tabela de maus caracteres).

Alfabeto

$$\Sigma = \{A, C, G, T\}$$

Tamanho do Alfabeto

$$|\Sigma| = 4$$

Padrão

0	1	2	3	4	5	6
A	G	C	C	A	G	C

Tamanho do padrão

$m = 7$

Tabela de Saltos

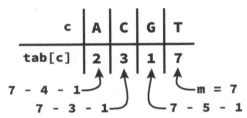

c	A	C	G	T
tab[c]	2	3	1	7

7 - 4 - 1 ⟶
7 - 3 - 1 ⟶
7 - 5 - 1 ⟶
m = 7

FIGURA 9–28: EXEMPLO DE TABELA DE SALTOS DO ALGORITMO BMH

A **Figura 9–29** mostra um exemplo completo de casamento utilizando o algoritmo **BMH**. Note que o padrão e o texto nesse exemplo são os mesmos do exemplo da **Figura 9–24** que explora o algoritmo **BM**. Enfim observe que o número de comparações é o mesmo nesses dois exemplos.

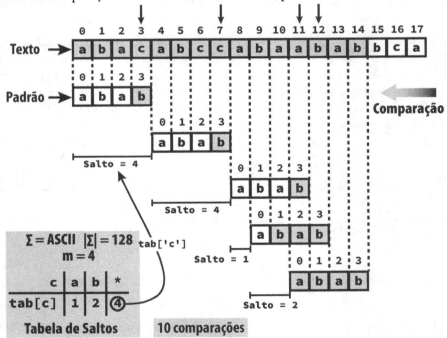

FIGURA 9–29: EXEMPLO DE CASAMENTO USANDO O ALGORITMO BMH

9.5.2 Algoritmos

O algoritmo **BMH** é apresentado na **Figura 9–30**.

ALGORITMO BMH

ENTRADA: O texto *t* de comprimento *n*, o padrão *p* a ser procurado de comprimento *m*

SAÍDA: A posição no texto da primeira ocorrência do padrão, se ele for encontrado no texto, ou um valor negativo, em caso contrário

1. Armazene num array (*ts*) a tabela de saltos obtida utilizando o algoritmo CRIATABELADESALTOSBMH
2. Atribua a *i* o índice do primeiro caractere do texto
3. Enquanto $i \leq n - m$, faça:
   - 3.1 Atribua a *j* a posição do último caractere do padrão
   - 3.2 Enquanto $j \geq 0$ e os caracteres na posição *j* do padrão e $i + j$ do texto são iguais, decremente *j*
   - 3.3 Se $j < 0$, retorne o valor de *i*
   - 3.4 Atribua a *c* o caractere que se encontra na posição $i + m - 1$ do texto
   - 3.5 Acrescente a *i* o valor de *ts[c]*
4. Retorne −*1*

FIGURA 9–30: ALGORITMO BMH

O algoritmo CRIATABELADESALTOSBMH invocado pelo algoritmo BMH é exibido na **Figura 9–31**.

ALGORITMO CRIATABELADESALTOSBMH

ENTRADA: Um string *p* de comprimento *m* e o tamanho $|\sum|$ do alfabeto

SAÍDA: A tabela de saltos (*ts*) criada

1. Crie um array *ts* de tamanho $|\sum|$
2. Atribua *m* a cada elemento do array *ts*
3. Para cada caractere *c* do padrão, atribua $m - i - 1$ a *ts[c]*

FIGURA 9–31: ALGORITMO DE CRIAÇÃO DE TABELA DE SALTOS

9.5.3 Implementação

A função `TabelaDeSaltosBMH()` exibida abaixo cria uma tabela de saltos usada pelo algoritmo BMH de acordo com aquilo que foi discutido acima. Essa função retorna o endereço da tabela criada e seus parâmetros são:

- ■ `p` (entrada) — string que representa o padrão
- ■ `m` (entrada) — tamanho padrão
- ■ `tamAlfabeto` (entrada) — tamanho do alfabeto

```c
int *TabelaDeSaltosBMH(const char *p, int m, int tamAlfabeto)
{
   int i, *tab, caractere;

      /* Aloca espaço para a tabela e checa alocação */
   tab = malloc(tamAlfabeto*sizeof(int));
   ASSEGURA(tab, "Impossivel alocar tabela de saltos");

      /* Inicia o valor do salto de cada caractere */
      /* do alfabeto com o tamanho do padrão        */
   for (i = 0; i < tamAlfabeto; ++i)
      tab[i] = m;

      /* Determina o valor do salto de cada caractere  */
      /* do padrão de acordo com sua posição no padrão */
```

```
    for (i = 0; i < m - 1; ++i) {
        caractere = p[i];
        tab[caractere] = m - i - 1;
    }

    return tab;
}
```

A função `CasamentoBMH()` verifica se um padrão (representado pelo parâmetro **p**) ocorre num texto (representado pelo parâmetro **t**) usando o algoritmo de Boyer, Moore e Horspool (**BMH**). O parâmetro **tamAlfabeto** representa o tamanho do alfabeto usado pelo padrão e pelo texto. Essa função retorna a posição (índice) do padrão no texto, se ele for encontrado, ou **-1**, caso contrário.

```
int CasamentoBMH(const char *t, const char *p, int tamAlfabeto)
{
    int i = 0, /* Índice do primeiro caractere do texto alinhado com o padrão */
        j,
        *tabela, /* Tabela de saltos */
        m = strlen(p), /* Tamanho do padrão */
        n = strlen(t), /* Tamanho do texto */
        c; /* Último caractere do texto alinhado com o padrão */

    /* Fase 1: Pré-processamento */
    tabela = TabelaDeSaltosBMH(p, m, tamAlfabeto);

    /* Fase 2: Casamento */
    while (i <= n - m) {
        /* Compara, da direita para a esquerda, os caracteres alinhados do */
        /* padrão e do texto até todos os caracteres do padrão terem sido  */
        /* comparados ou até encontrar uma discordância                    */
        for (j = m - 1; j >= 0 && t[i + j] == p[j]; --j)
            ; /* Vazio */

        if (j < 0) /* Verifica se houve casamento */
            return i; /* Padrão encontrado no texto */

        /* Obtém o último caractere do texto alinhado com o padrão */
        c = t[i + m - 1];

        i += tabela[c]; /* Calcula o tamanho do próximo salto */
    }

    return -1; /* O padrão não foi encontrado no texto */
}
```

9.5.4 Análise

Teorema 9.4: O custo espacial do algoritmo **BMH** é $\theta(|\sum|)$, sendo $|\sum|$ o tamanho do alfabeto.

Prova: O algoritmo **BMH** usa uma tabela (array) de tamanho igual a $|\sum|$. Portanto o custo espacial desse algoritmo é $\theta(|\sum|)$. ∎

Teorema 9.5: O custo temporal da fase de pré-processamento do algoritmo **BMH** é $\theta(m + |\sum|)$, sendo $|\sum|$ o tamanho do alfabeto e m o tamanho do padrão.

Prova: O custo temporal do **Passo 2** do algoritmo de criação da tabela de saltos é $\theta(|\sum|)$ e o custo temporal do **Passo 3** desse algoritmo é $\theta(m)$. Logo o custo temporal desse algoritmo é $\theta(m + |\sum|)$. ∎

No pior caso, o custo temporal do algoritmo **BMH** é $\theta(m \cdot n)$, sendo m o tamanho do padrão e n o tamanho do texto. No caso médio, o algoritmo **BMH** apresenta custo temporal $\theta(n)$. As provas dessas afirmações podem ser encontradas no artigo de Baeza-Yates e Régnier (1992) (v. **Bibliografia**).

O algoritmo **BMH** tem seu melhor desempenho quando é usado com padrões longos, sempre que ele consistentemente encontra um caractere dissonante no final ou próximo do caractere final da posição corrente no texto e o caractere final do padrão não ocorre em nenhum outro local dentro do padrão. Por exemplo, a tentativa de casamento de um padrão com *32* caracteres terminando com **'z'** com um texto com *255* caracteres no qual não aparece **'z'** custaria *224* comparações de caracteres. O pior caso do algoritmo de Horspool semelhante a esse exemplo é um padrão de um caractere **'a'** seguido por *31* caracteres **'z'** num texto consistindo de *255* caracteres **'z'**. Isso acarretará *31* comparações de caracteres bem-sucedidas, uma comparação de um caractere que falha e então passa adiante um caractere. Esse processo irá se repetir *223* mais vezes (*255 – 32*), de modo que o número total de comparações será *7.168 (32×224)*.

Assim o pior caso do algoritmo de Horspool ocorre quando o salto prescrito pela tabela de saltos é consistentemente pequeno e uma grande porção do padrão casa com o texto. Nesse caso, o custo é bem maior do que aquele apresentado pelo algoritmo original de Boyer e Moore.

9.6 Algoritmo de Karp e Rabin (KR)

9.6.1 Visão Geral

O **algoritmo de Karp e Rabin** (abreviadamente, **algoritmo KR**) é um algoritmo de casamento de strings desenvolvido por Richard Karp e Michael Rabin em 1987 (v. **Bibliografia**). Esse algoritmo tem como destaque principal o uso de dispersão, que foi estudada exaustivamente na implementação de tabelas de busca no **Capítulo 7**.

O uso de dispersão no algoritmo **KR** consiste inicialmente em aplicar uma função de dispersão ao padrão que se deseja procurar de modo a obter um valor de dispersão. Então essa função é aplicada a cada janela de texto e o valor obtido é comparado com o valor de dispersão do padrão. Se eles forem iguais, o casamento precisa ser confirmado comparando-se os caracteres, assim como faz o algoritmo **FB**. Essa comparação parece ser redundante, mas ela é realmente necessária, pois existe a possibilidade de ocorrência de um **casamento falso** (v. adiante).

Uma ideia inicial, mas bastante ingênua, para obtenção de um valor de dispersão associado a um string resume-se em simplesmente somar os valores dos caracteres que constituem o string no código de caracteres utilizado. Por exemplo, o valor de dispersão do string **"bola"** seria obtido simplesmente como[3]:

$$f("bola") = 'b' + 'o' + 'l' + 'a'$$

Essa singela ideia, entretanto, não funciona, pois qualquer string obtido a partir da permutação dos caracteres de outro string resultaria num mesmo valor de dispersão devido à comutatividade da operação de adição. Ou seja, dois strings que contêm os mesmos caracteres sempre resultarão em colisão quando essa técnica aditiva é usada.

O algoritmo **KR** é conhecido como algoritmo de **casamento por impressão digital** porque ele usa uma pequena quantidade de informação (i.e., um valor de dispersão, que é tal qual uma *impressão digital*) para representar um padrão relativamente grande. Então ele procura essa impressão digital (valor de dispersão) no texto.

O algoritmo **KR** baseia-se no fato de dois strings iguais apresentarem sempre os mesmos valores de dispersão. Portanto, em princípio, para resolver o problema de casamento, bastaria encontrar um substring no texto que possuísse o mesmo valor de dispersão que o padrão que se tenta encontrar. No entanto, existem dois problemas com essa abordagem básica que precisam ser resolvidos para que essa ideia prospere.

O primeiro problema é que, como foi visto acima, pode ser que dois strings diferentes resultem no mesmo valor de dispersão. Isso ocorre porque, como tipicamente há muitas janelas a ser comparadas, para manter os valores de dispersão pequenos e assim evitar a ocorrência de overflow, colisões são praticamente inevitáveis. Portanto,

---

[3]   Aqui, o valor de um caractere entre plicas resulta no valor inteiro associado a ele no código de caracteres utilizado, assim como ocorre em C. Os valores utilizados neste livro são obtidos na implementação de C utilizada pelo autor. Em outra implementação esses valores podem ser diferentes, mas esse fato não invalida o raciocínio desenvolvido aqui.

quando o valor de dispersão do padrão coincide com o valor de dispersão de alguma janela do texto, deve-se checar se ocorreu de fato um casamento. Essa verificação é efetuada por meio de força bruta (v. **Seção 9.2**). Assim, se ocorrerem muitas colisões, haverá muitas comparações entre o padrão e janelas do texto e, como cada comparação tem custo temporal $\theta(m)$, o algoritmo terá custo temporal igual àquele do algoritmo de força bruta.

A solução para o primeiro problema apontado acima é o uso de uma boa função de dispersão, como aquela conhecida como (**impressão**) **digital de Rabin**. Essa função trata cada substring como um valor inteiro expresso em alguma base numérica e considera o resto da divisão do valor assim obtido por um número primo relativamente grande. Formalmente, o cálculo do valor de dispersão do string s indexado de 0 a $m - 1$ pode ser expresso como:

$$f(s[0..m-1]) = (c_0\,b^{m-1} + c_1\,b^{m-2} + ... + c_{m-1}\,b^0)\ mod\ q \qquad \text{Fórmula 9–1}$$

Nessa fórmula, c_i $(0 \leq i < m)$ é o valor inteiro do caractere que se encontra no índice i do string, $b > 1$ é a aludida base numérica, q é o número primo mencionado e *mod* denota o resto da divisão (que, em C, é representado pelo operador %). Por exemplo, o valor de dispersão do string **"bola"** calculado de acordo com a digital de Rabin usando 2 como base numérica e o número primo 1009 poderia ser[4]:

$$f("bola") = ('b'{\cdot}2^3 + 'o'{\cdot}2^2 + 'l'{\cdot}2^1 + 'a'{\cdot}2^0)\ mod\ 1009 = 532$$

É importante observar que, qualquer que seja a base numérica considerada, a fórmula de cálculo de valores de dispersão usados pela digital de Rabin leva em consideração a posição de cada caractere no string, de modo que strings constituídos pelos mesmos caracteres em posições distintas são associados a valores de dispersão distintos.

Nos exemplos apresentados aqui, a base é arbitrariamente escolhida como sendo igual a 2, mas é aconselhável que a base usada no cálculo de valor de dispersão seja igual a $|\Sigma|$ (i.e., do tamanho do alfabeto sob consideração). Se o valor de b for menor do que o tamanho do alfabeto, poderão ocorrer muitas colisões triviais. Além disso, os caracteres devem ser mapeados no intervalo $[0..b-1]$. Se você não seguir essas recomendações, poderá encontrar sérias dificuldades na implementação do algoritmo **KR**.

Do ponto de vista matemático, a **Fórmula 9–1** produz resultados rigorosamente corretos, mas a implementação direta dessa fórmula pode resultar em valores de dispersão indesejados, como mostra a função **DigitalRabinErrada()** a seguir. Essa função calcula e retorna, propositalmente de modo incorreto e ineficiente, o valor de dispersão de um string e seus parâmetros são:

- **s** (entrada) — o string
- **b** (entrada) — a base numérica utilizada no cálculo
- **q** (entrada) — o número primo usado no cálculo

```
int DigitalRabinErrada(const char *s, int b, int q)
{
   int i,   /* Índice de um caractere do string */
       grau, /* Grau do polinômio */
       potencia = 1, /* Base elevada a uma potência */
       valor = 0; /* Valor de dispersão a ser retornado */

   grau = strlen(s) - 1; /* Calcula o grau do polinômio */

   for (i = grau; i >= 0; --i) { /* Obtém o valor do polinômio */
      valor += s[i]*potencia;
      potencia *= b;
   }
   return valor%q; /* Retorna o valor de dispersão */
}
```

[4] Esses valores foram escolhidos arbitrariamente com o propósito de facilitar o entendimento e não devem ser imitados na prática.

A função `DigitalRabinErrada()` é uma implementação direta da **Fórmula 9–1** discutida acima e funciona razoavelmente bem com strings curtos, como `"bola"`, por exemplo. Acontece, porém, que essa função não funciona adequadamente quando o comprimento do string que ela recebe como primeiro parâmetro é muito grande, como ocorre, por exemplo, com o string `"anticonstitucionalissimamente"`. De fato, quando essa função é chamada tendo como primeiro parâmetro esse string, ela retorna um valor de dispersão negativo. Mas como esse resultado é possível? Afinal, a função obtém esse valor somando termos que são sempre positivos.

O que ocorre quando a função `DigitalRabinErrada()` recebe um string de comprimento tão grande como parâmetro é aquilo que já era esperado: overflow. Antes de conhecer a solução adequada para o problema apresentado por essa função, é conveniente que se entenda os papéis desempenhados pelo resto da divisão (*mod*) por um número primo q utilizado na **Fórmula 9–1**, que são dois:

[1] **Evitar a ocorrência de overflow**. Isso independe do fato de q ser primo, mas requer que seu valor seja tal que mantenha os valores calculados abaixo do maior valor do tipo inteiro usado para representá-los. Na função `DigitalRabinErrada()`, esse tipo é **int**, mas substituí-lo por um tipo mais largo (p. ex., **long long**) não resolve definitivamente o problema.

[2] **Reduzir o número de casamentos falsos**. Em outras palavras, deseja-se distribuir uniformemente os valores de dispersão de modo a reduzir o número de colisões. Uma maneira de obter essa distribuição é usar um número primo relativamente grande.

Em resumo, o valor de q não pode ser tão grande que deixe de evitar overflow nem tão pequeno que permita muitas colisões.

Um problema com a função `DigitalRabinErrada()` é que, quando o operador `%` é aplicado, um eventual overflow já terá ocorrido. Outro problema com essa função é sua ineficiência. Quer dizer, se você observar atentamente a **Fórmula 9–1**, constatará que ela se trata simplesmente da avaliação para um valor igual à base numérica em questão de um polinômio de grau $m - 1$ cujos coeficientes são os valores inteiros atribuídos aos caracteres do string.

Provavelmente, você já deve ter estudado o famoso **método de Horner** que, entre outras coisas, permite calcular o valor numérico de qualquer polinômio utilizando um procedimento simples e eficiente[5]. O método de Horner é eficiente nesse caso porque ele não requer que as potências dos termos do polinômio sejam explicitamente calculadas, de modo que as instruções que envolvem a variável `potencia` na função `DigitalRabinErrada()` podem ser dispensadas.

Utilizando esse conhecimento matemático, a **Fórmula 9–1** pode ser corretamente implementada em C como:

```c
int DigitalRabin(const char *s, int b, int q)
{
   int i, valor = 0,
       grau = strlen(s) - 1; /* Grau do polinômio */
   for (i = 0; i <= grau; ++i)
      valor = (valor*b + s[i])%q;
   return valor%q;
}
```

Outro problema que não é aparente na função `DigitalRabin()` diz respeito ao próprio cálculo dos valores de dispersão dos substrings (janelas) que constituem o texto no qual as buscas serão efetuadas. Quer dizer, como esses valores dependem dos valores dos caracteres que constituem esses substrings, o custo temporal da aplicação de uma função de dispersão é $\theta(m)$, em que m é o tamanho do padrão (e de cada janela de texto). Mas, se esse for o caso e se for necessário calcular um valor de dispersão para cada substring (janela) do texto, então

[5]   Se você desconhece o método de Horner ou a implementação dele, consulte o **Apêndice B** do **Volume 1**.

o algoritmo até então descrito é praticamente equivalente ao algoritmo de força bruta. Aliás, isso tornaria o algoritmo proposto um pouco pior do que o algoritmo **FB**, visto que calcular os valores de dispersão do padrão e do texto envolve muito mais processamento do que simplesmente comparar os mesmos caracteres. O mesmo método usado para cálculo do valor de dispersão do padrão pode ser usado para cálculo dos valores de dispersão das janelas que serão comparadas, mas o custo temporal corresponderia ao número de operações de multiplicação, soma e resto de divisão para cada janela do texto, o que resultaria num total de $n \cdot m$ operações no pior caso. Novamente, não há nenhuma evolução com relação ao algoritmo **FB**.

A solução do problema exposto no parágrafo precedente constitui o grande insight do algoritmo de Karp e Rabin e consiste em usar uma **função de dispersão rolante**. Tal função permite que se calcule o valor de dispersão de uma janela do texto a partir do valor de dispersão da janela precedente do mesmo texto. Ou seja, para um dado padrão, usando-se uma função de dispersão rolante, apenas o cálculo do valor de dispersão da primeira janela de um texto terá custo temporal $\theta(m)$, visto que ela não possui janela precedente. As demais janelas terão seus valores de dispersão calculados com custo temporal $\theta(1)$.

A impressão digital de Rabin é uma função de dispersão que pode ser efetivamente usada como função de dispersão rolante. Para tal, deve-se subtrair o valor do termo correspondente ao primeiro caractere do substring precedente e acrescentar um termo novo correspondente ao último caractere do substring corrente utilizando a **Fórmula 9–2**:

$$f(s') = (b \cdot (f(s) - s[0] \cdot b^{m-1}) + s'[m-1] \cdot b^0) \bmod q \qquad \text{**Fórmula 9–2**}$$

Nessa fórmula, tem-se que:

- ❏ s' e s representam, respectivamente, a janela corrente e a janela precedente.
- ❏ $f(s')$ e $f(s)$ são os valores de dispersão das janelas corrente e precedente, respectivamente.

Na **Fórmula 9–2**, o termo:

$$b \cdot (f(s) - s[0] \cdot b^{m-1})$$

corresponde à remoção da contribuição do primeiro caractere da janela precedente para o valor de dispersão dessa janela. Nessa remoção, a multiplicação pela base b aparece porque os caracteres restantes na janela precedente passam a ocupar uma posição anterior na janela corrente. Por exemplo, considerando `"bol"` como a janela precedente s e `"ola"` como a janela corrente s', o caractere `'o'` ocupa a posição 1 na janela s e a posição 0 na janela s'. Assim o expoente desse caractere, que era 1 no cálculo do valor de dispersão da janela s, passa a ser 2 no cálculo do valor de dispersão da janela s', como mostra a **Figura 9–32**.

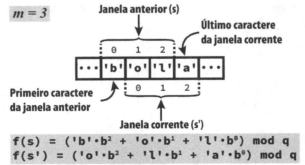

$$f(s) = ('b' \cdot b^2 + 'o' \cdot b^1 + 'l' \cdot b^0) \bmod q$$
$$f(s') = ('o' \cdot b^2 + 'l' \cdot b^1 + 'a' \cdot b^0) \bmod q$$

FIGURA 9–32: USO DE DISPERSÃO ROLANTE NO ALGORITMO KR

Na **Fórmula 9–2**, o termo:

$$s'[m-1] \cdot b^0$$

representa o acréscimo da contribuição do último caractere da janela corrente no cálculo do valor de dispersão dessa janela.

É muito importante notar que o valor da expressão:

$$b \cdot (f(s) - s[0] \cdot b^{m-1})$$

pode ser negativo, o que pode parecer estranho à primeira vista. Afinal, como essa expressão pode eventualmente ser negativa se ela representa o valor de dispersão de um string menos a contribuição de um caractere desse mesmo string para esse valor? Não seria o caso de se estar afirmando que uma porção é maior do que o todo do qual ela faz parte? De fato, essas questões são intrigantes se você esqueceu que na realidade *f(s)* não representa um *todo*, pois ele foi obtido como um resto de divisão por meio da **Fórmula 9–1**. Portanto o resultado dessa última expressão pode realmente ser negativo e, como consequência, o valor da expressão:

$$b \cdot (f(s) - s[0] \cdot b^{m-1}) + s'[m-1] \cdot b^0$$

também pode ser negativo.

Esse último fato não constitui nenhum problema do ponto de vista conceitual, visto que, em aritmética modular (euclidiana), o resultado de uma operação como:

$$a \bmod b$$

em que $b > 0$, resulta sempre num valor *r*, sendo que $0 \leq r < |b|$.

Acontece, porém, que raramente o operador *mod* da aritmética modular é implementado dessa maneira em linguagens de programação. Por exemplo, em C, o operador é representado pelo operador **%,** que nem sempre resulta no valor esperado com o uso de *mod*. Precisamente, em compiladores que seguem os padrões mais recentes da linguagem C (C99 e C11)[6], o resultado da divisão inteira é obtido como se o quociente da divisão real dos respectivos operandos tivesse sua parte fracionária descartada. Por exemplo, o quociente da divisão real de *–17* por *5* é *–3,4*; desprezando-se a parte fracionária desse resultado, obtém-se *–3*, que é o quociente da divisão inteira *–17/5*. Tendo calculado o resultado de uma divisão inteira, o resto dessa mesma divisão pode ser obtido por meio da fórmula:

$$resto = numerador - quociente \times denominador$$

Assim, utilizando essa última fórmula e o resultado obtido para *–17/5*, tem-se que:

–17%5 é igual a *–17 – –3×5*, que é igual a *–17 + 15*, que é igual a *–2*

Em contraste, o resultado dessa operação obtido com o operador *mod* da aritmética modular euclidiana seria *3*, pois *5×(–4) + 17* é igual a *3*. É fácil mostrar que, em geral, quando o resultado de *x%y* é negativo e *y* é positivo, obtém-se o resultado (euclidiano) desejado somando-se esse resultado com *y*.

Outras propriedades importantes da operação *mod* [que, aliás, já foram empregadas na implementação da função `DigitalRabin()` exibida acima] são as seguintes:

- ❑ *(x + y) mod z* é equivalente a *[(x mod z) + (y mod z)] mod z*
- ❑ *(x·y) mod z* é equivalente a *[(x mod z)·(y mod z)] mod z*

De acordo com essas propriedades, cada operação de soma ou multiplicação deve ser seguida por uma redução de valor usando *mod* para tornar os resultados intermediários pequenos e eliminar a possibilidade de overflow (desde que o valor de *q* utilizado no cálculo do resto da divisão não seja grande demais).

Para afastar a possibilidade de ocorrência de overflow no cálculo de valores de dispersão, deve-se levar em consideração que cada parcela da **Fórmula 9–2** deve caber numa variável do tipo inteiro utilizado. Ou seja, supondo que *max* seja o maior valor desse tipo, o seguinte raciocínio é empregado para determinar qual deve ser o maior valor do número primo que pode ser utilizado:

1. A maior parcela da **Fórmula 9–2** é $b \cdot s[0] \cdot b^{m-1}$.

---

[6] Em padrões anteriores, a situação era ainda pior porque o resultado não era portável se o numerador ou o denominador fosse negativo. Para uma discussão completa sobre esse assunto, sugere-se que o leitor consulte *Programando em C: Volume 1 – Fundamentos (2008)* deste autor (v. **Bibliografia**).

2. Como, seguindo as recomendações expostas acima, os valores inteiros associados aos caracteres do alfabeto em questão são restritos ao intervalo $[0..b-1]$, o maior valor de $s[0]$ é $b-1$.

3. Como o valor de b^{m-1}, que é a maior potência do polinômio usado para calcular valores de dispersão, é determinado utilizando-se $mod\ q$, o maior valor de b^{m-1} é $q-1$.

4. Supondo que max seja o maior valor do tipo inteiro utilizado e considerando os argumentos precedentes, tem-se:

$$b \cdot (b-1) \cdot (q-1) \leq max \Rightarrow q \leq max/(b^2 - b) + 1$$

Logo, para evitar uma eventual ocorrência de overflow, o valor de q deve ser o maior número primo que satisfaça essa última relação.

9.6.2 Algoritmo

A **Figura 9–33** apresenta o algoritmo **KR**.

ALGORITMO KR

ENTRADA: O texto t de comprimento n e o padrão p a ser procurado de comprimento m

SAÍDA: A posição no texto da primeira ocorrência do padrão, se ele for encontrado no texto, ou um valor negativo, em caso contrário

1. Calcule o valor de dispersão do padrão (dp)
2. Calcule o valor de dispersão da primeira janela do texto (dt)
3. Atribua a i o índice do primeiro caractere do texto
4. Enquanto $i < n$, faça:
   4.1 Se $dp = dt$ e p casar com a janela de texto que começa em i, retorne i
   4.2 Incremente i
   4.3 Atribua a dt o valor de dispersão da janela de texto que começa em i
5. Retorne um valor negativo

FIGURA 9–33: ALGORITMO KR

Os cálculos dos valores de dispersão aos quais o algoritmo da **Figura 9–33** faz referência usa o algoritmo de Horner descrito no **Apêndice B do Volume 1**.

9.6.3 Implementação

A função `CasamentoKR()` apresentada abaixo verifica se um padrão ocorre num texto usando o algoritmo **KR**. Ela implementa o arrazoado apresentado acima e seus parâmetros são:

- **t** (entrada) — string que representa o texto
- **p** (entrada) — string que representa o padrão
- **b** (entrada) — a base numérica utilizada
- **q** (entrada) — o número primo utilizado

```c
int CasamentoKR(const char *t, const char *p, int b, int q)
{
    int dispersaoPadrao = 0, /* Valor de dispersão do padrão */
        dispersaoTexto = 0, /* Valor de dispersão de cada janela */
        maiorPotencia = 1,   /* Valor da base elevado a m - 1 */
        i, /* Índice da primeira ocorrência do padrão no texto encontrada */
        m = strlen(p), /* Tamanho do padrão */
        n = strlen(t); /* Tamanho do texto   */
```

```
    /* Se o tamanho do texto for menor do que o tamanho */
    /* do padrão, o padrão jamais será encontrado         */
if (n < m)
    return -1;

    /* Calcula a maior potência do polinômio */
for (i = 0; i < m - 1; ++i)
    maiorPotencia = maiorPotencia*b%q;

    /* Calcula o valor de dispersão do padrão e da primeira janela do texto */
for (i = 0; i < m; ++i) {
    dispersaoPadrao = (dispersaoPadrao*b + p[i])%q;
    dispersaoTexto = (dispersaoTexto*b + t[i])%q;
}

    /* Efetua a busca pelo padrão no texto */
for (i = 0; i < n; ++i) {
        /* Se os valores de dispersão do padrão e da janela coincidem, */
        /* verifica se os strings correspondentes realmente são iguais */
    if (dispersaoPadrao == dispersaoTexto && !memcmp(p, t+i, m))
        return i; /* Padrão encontrado no texto */

        /* Calcula o valor de dispersão da próxima janela */
    dispersaoTexto = ( b*(dispersaoTexto - t[i]*maiorPotencia) + t[i + m] )%q;

        /* Corrige o valor da dispersão se ele ficou negativo */
    if (dispersaoTexto < 0)
        dispersaoTexto += q;
}

    return -1; /* Se ainda não houve retorno, o padrão não foi encontrado */
}
```

A função **main**() a seguir pode ser utilizada para testar a implementação do algoritmo **KR**. Nessa função, `BASE` e `PRIMO` são constantes simbólicas previamente definidas que representam, respectivamente, os valores de b e q discutidos acima. Note que essa função testa os valores dessas constantes para verificar se é seguro chama a função `CasamentoKR()` sem que ocorra overflow. A função `MaiorPrimo()` chamada por **main**() retorna o maior número primo menor do que ou igual ao valor recebido como parâmetro e é relativamente simples de implementar.

```
int main(void)
{
   char *texto = "caabaccabacabaabbabacaabaccabacabaabbabaca";
   char *padrao = "abacaabacc";
   int   posicao,
         b = BASE,
         q = PRIMO,
         qMax = INT_MAX/(BASE*BASE - BASE);

    /* Teste preventivo de overflow */
   if (q > qMax) {
      qMax = MaiorPrimo(qMax);
      printf("\n\t\a>>> Ocorrera' overflow!\n"
             "\n\t>>> O maior valor de q deveria ser %d\n", qMax);
      return 1;
   }

   printf("\n>>>> Usando Algoritmo KR <<<\n");
```

```
    posicao = CasamentoKR(texto, padrao, b, q);

    if (posicao >= 0)
       printf( "\n>>> \"%s\" encontrado em \"%s\" na posicao %d\n",
               padrao, texto, posicao );
    else
       printf( "\n>>> \"%s\" nao foi encontrado em \"%s\"\n", padrao, texto );

    return 0;
}
```

9.6.4 Análise

Lema 9.3: O custo temporal da fase de pré-processamento do algoritmo **KR** é $\theta(m)$.

Prova: Em qualquer caso, os dois primeiros laços da função `CasamentoKR()`, que constituem a fase de pré-processamento do algoritmo **KR**, são executados m vezes, de modo que o custo temporal dessa fase do algoritmo **KR** tem custo temporal $\theta(m)$. ∎

Teorema 9.6: No melhor caso, o algoritmo **KR** tem custo temporal $\theta(m + n)$.

Prova: No melhor caso, o custo de processamento de cada uma das $n - m + 1$ janelas de texto (v. **Lema 9.1**) é $\theta(1)$. Logo o custo temporal da fase de processamento nesse caso é $\theta(n - m)$. Como o custo temporal de pré-processamento é $\theta(m)$, de acordo com o **Lema 9.3**, o custo temporal do algoritmo **KR** inteiro, no melhor caso, é $\theta(m + n)$. ∎

Teorema 9.7: No pior caso, o algoritmo **KR** tem custo temporal $\theta(m \cdot (n - m))$.

Prova: No pior caso, ocorrem colisões nas $n - m + 1$ janelas de texto. O restante da prova é similar àquela do **Teorema 9.1**. ∎

Na prática, o pior caso desse algoritmo é muito raro de acontecer (v. abaixo). Esse caso ocorre quando o valor de dispersão do padrão e aquele de cada janela do texto são iguais e o padrão em si não casa com nenhuma dessas janelas. A **Figura 9–34** ilustra essa situação. No caso ilustrado nessa figura, o custo temporal de processamento é $\theta(m \cdot (n - m))$, visto que todas as $n - m + 1$ janelas do texto são comparados [e cada comparação tem custo temporal $\theta(m)$], pois eles resultam no mesmo valor de dispersão. Contudo o programador precisará se esforçar muito para criar uma função de dispersão tão ruim...

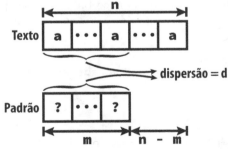

Figura 9–34: Pior Caso do Algoritmo KR

Para casamentos envolvendo um texto e um único padrão, o algoritmo de Karp e Rabin não é bom, em termos de custo temporal, a outros algoritmos tais como **KMP** (v. **Seção 9.3**) e **BM** (v. **Seção 9.4**). Por outro lado, o algoritmo **KR** é imbatível quando a tarefa consiste em verificar possíveis casamentos entre um conjunto de padrões de mesmo tamanho e um texto (v. **Seção 9.10.6**). Nesse caso, cria-se uma tabela contendo os valores de dispersão de todos os substrings do texto com o mesmo tamanho do padrão. O custo de criação dessa tabela é relativamente alto [i.e., $\theta(m \cdot n)$], mas, em compensação, a soma de todas as buscas por casamentos passa a ter custo $\theta(m + k)$, sendo k o número de padrões que serão testados. Isso ocorre porque, usando-se a tabela de dispersão, pode-se verificar se o valor de dispersão de um dado padrão coincide com o valor de dispersão de um substring do texto com custo $\theta(1)$.

9.7 Comparando Algoritmos de Casamento de Strings

A Tabela 9–3 apresenta um resumo das avaliações dos algoritmos de casamento de strings apresentados neste livro.

Algoritmo	Pré-processamento	Processamento		
		Melhor Caso	Caso Médio	Pior Caso
FB	*Não há*	$\theta(n-m)$	$\theta(m+n)$	$\theta(m\cdot(n-m))$
KMP	$\theta(m)$	$\theta(n)$	$\theta(n)$	$\theta(n)$
BM	$\theta(m+|\sum|)$	$\theta(n/m)$	$\theta(n)$	$\theta(m\cdot n)$
BMH	$\theta(m+|\sum|)$	$\theta(n/m)$	$\theta(n)$	$\theta(m\cdot n)$
KR	$\theta(m)$	$\theta(n-m)$	$\theta(m+n)$	$\theta(m\cdot(n-m))$

TABELA 9–3: CUSTOS TEMPORAIS DE ALGORITMOS DE CASAMENTO DE STRINGS

Com exceção do algoritmo de força bruta discutido na **Seção 9.2**, todos os demais algoritmos de casamento de strings apresentados neste capítulo têm uma **fase de pré-processamento** do padrão que precede a **fase de processamento**, que é aquela na qual o algoritmo tenta encontrar um casamento do padrão com o texto. A Tabela 9–3 mostra, para cada algoritmo discutido neste capítulo, o custo de pior caso de cada uma dessas fases. Obviamente, o custo total de cada algoritmo é a soma dos custos dessas respectivas fases.

É interessante notar que, na prática, esses custos nem sempre refletem a realidade. Por exemplo, no pior caso, algoritmo de Karp e Rabin tem custo igual a $\theta(m\cdot(n-m))$, o que parece indicar que ele não é melhor do que o algoritmo de força bruta, mas de fato o algoritmo **KR**, em média, é excelente em situações práticas.

Cada algoritmo de casamento de strings apresenta características atraentes dependendo do contexto em que são utilizados. O algoritmo **FB** é o mais fácil de implementar e funciona bem em casos comuns. O algoritmo **KMP** tem custo temporal linear garantido e não requer retrocesso. O algoritmo **BM** tem custo temporal sublinear no melhor caso. Esse último algoritmo é bem mais eficiente do que o algoritmo **BMH** para pequenos alfabetos, mas sua regra de bom sufixo não é fácil de implementar e isso faz com que o algoritmo **BMH** seja preferido em detrimento ao algoritmo **BM**.

Os algoritmos **BMH** e **KMP** aceleram a operação de casamento de um padrão com um texto pré-processando o padrão para determinar o tamanho de cada salto após ocorrer um descasamento. Em algumas aplicações, contudo, é interessante adotar uma abordagem complementar, na qual se consideram algoritmos de casamento que pré-processam o texto para dar suporte a consultas múltiplas. Essa abordagem é conveniente para aplicações nas quais uma série de consultas sejam executadas sobre um texto fixo, de modo que o custo inicial de pré-processamento do texto é compensado pela aceleração de cada consulta subsequente. Por exemplo, um site que permita ao usuário buscas sobre a obra de um determinado autor. O algoritmo **KR** permite facilmente a implementação dessa abordagem.

A Tabela 9–4 resume as principais vantagens e desvantagens dos algoritmos de casamento de string discutidos neste capítulo.

Algoritmo	Prós	Contras
FB	❑ Fácil de implementar ❑ Útil em muitas situações triviais	❑ Muito lento ❑ Tem retrocesso
KMP	❑ Não apresenta retrocesso ❑ Muito rápido	❑ Usa espaço adicional com custo $\theta(m)$
BM	❑ Rápido	❑ Usa espaço adicional com custo $\theta(\lvert\sum\rvert)$ ❑ Não serve para casamento usando texto com fluxo contínuo ❑ A regra do bom sufixo não é fácil de implementar
BMH	❑ Rápido	❑ Usa espaço adicional com custo $\theta(\lvert\sum\rvert)$ ❑ Não serve para casamento usando texto com fluxo contínuo
KR	❑ Não usa espaço adicional ❑ Adequado para casamento de um texto fixo com vários padrões	❑ Difícil de implementar se o programador não dispõe de conhecimento matemático adequado

Tabela 9–4: Vantagens e Desvantagens de Algoritmos de Casamento de Strings

9.8 Tries

Os algoritmos de casamento vistos na última seção melhoravam suas eficiências pré-processando padrões (para determinar os valores dos saltos nos algoritmos **KMP** e **BMH** e para calcular valores de dispersão no algoritmo **KR**). Nesta seção, serão apresentados algoritmos de casamento de strings que pré-processam o texto, em vez do padrão. Essa abordagem é adequada para aplicações nas quais várias consultas são executadas num texto mantido fixo, de modo que o custo inicial de pré-processamento do texto é compensado por uma maior rapidez em cada busca subsequente. Um exemplo de tal situação seria um site que permite efetuar buscas por palavras na obra de Machado de Assis.

9.8.1 Conceitos

Trie é um tipo especializado de árvore multidirecional utilizado para armazenar pares chave/valor nos quais as chaves podem ser decompostas em partes menores, como, por exemplo, strings que podem ser decompostos em caracteres. Aliás, tries são tipicamente usadas para representar chaves que são strings. Desse modo, os caracteres que constituem uma chave são usados para guiar as buscas, como será visto adiante. Tries foram inventadas por Edward Fredkin em 1960 (v. **Bibliografia**).

Em geral, trie é um tipo de árvore que usa as partes constituintes de uma chave para guiar operações de busca, inserção e remoção[7]. Em particular, tries são usadas para armazenar strings de modo a suportar operações sobre eles de modo bastante eficiente. Nesse último caso, as principais operações que são facilitadas com o uso de tries são casamento de strings e casamento de prefixos. Essa última operação consiste em encontrar todos os strings no conjunto de strings armazenados numa trie que apresentem um determinado prefixo.

---

[7] A denominação trie é derivada de quatro letras da palavra *retrieval*, que significa recuperação (de informação, neste contexto) em inglês. Portanto *trie* não possui tradução em outra língua. Para evitar confusão com a palavra *tree*, que significa árvore em inglês, nativos dessa língua pronunciam *trai*. Em português, você pode pronunciar trie como bem desejar, pois não haverá confusão alguma..

Se um texto for grande, imutável e forem efetuadas operações frequentes de casamento com diferentes padrões (p. ex., busca por palavras na obra de Machado de Assis), é mais sensato pré-processar o texto em vez de pré-processar cada padrão. Assim, na prática, tries são estruturas de dados usadas para representar um conjunto de palavras de um texto. Desse modo, tries suportam casamento de strings em tempo proporcional ao tamanho do padrão. Tries também são usadas para armazenar grandes dicionários, em programas de verificação de ortografia e em processamento de linguagem natural. Outras aplicações de tries que merecem destaque são: compressão de dados, bioinformática (p.ex., casamento de segmentos de DNA), mecanismos de busca e autocompletação de código (encontrada em bons editores de programas).

Formalmente, uma **trie padrão** que armazena um conjunto S de n strings de comprimento total M de um alfabeto $\sum$ de tamanho $|\sum|$ é uma árvore multidirecional T que apresenta as seguintes propriedades:

- ❏ Cada nó de T, com exceção da raiz, é rotulado com um caractere de $\sum$.
- ❏ Os filhos de um nó de T são ordenados alfabeticamente; i.e., a ordenação desses filhos é determinada pela ordenação canônica do alfabeto $\sum$.
- ❏ T possui n nós finais (v. adiante), cada um dos quais associado a um string de S, de modo que a concatenação dos caracteres associados aos nós no caminho da raiz até um nó final f de T resulta no string de S associado com f.
- ❏ Cada nó interno de T pode ter entre 1 e $|\sum|$ filhos.
- ❏ A altura de T é igual ao comprimento do string mais longo do conjunto S.
- ❏ O número de nós de T é $\theta(M)$. O pior caso para o número de nós de uma trie ocorre quando não existe nenhum par de strings que compartilhe um prefixo comum. Ou seja, qualquer nó interno, com exceção da raiz, tem apenas um filho.
- ❏ O formato de uma trie é independente da ordem com que suas chaves são inseridas. Essa propriedade significa que existe apenas um formato de trie para um conjunto de chaves, independentemente da ordem na qual essas chaves aparecem. Como comparação, lembre-se que o formato de árvores binárias de busca depende da ordem na qual as chaves são inseridas (v. **Capítulo 4**).

Considere como exemplo, a trie da **Figura 9–35**, que armazena o seguinte conjunto de strings:

```
S = {"a", "da", "de", "do", "o", "que", "rata", "rato",
     "rei", "roeu", "roma", "rouba", "roupa"}
```

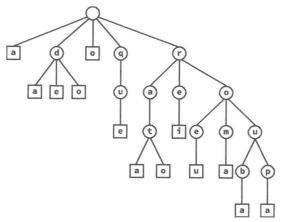

FIGURA 9–35: EXEMPLO DE TRIE BÁSICA

Nesse último exemplo, o alfabeto em consideração é o alfabeto latino, mesmo que apenas algumas letras (símbolos) desse alfabeto sejam utilizadas na composição da árvore.

Se o alfabeto usado na construção de uma trie consistir de apenas dois caracteres, ela será essencialmente uma árvore binária. Por outro lado, se $|\textstyle\sum| > 2$, então a trie será uma árvore multidirecional de ordem $|\textstyle\sum|$. Apesar disso, é comum que vários nós internos de uma trie padrão tenham bem menos que $|\textstyle\sum|$ filhos. Por exemplo, a trie apresentada na **Figura 9–35** possui vários nós internos com apenas um filho.

Note que, na **Figura 9–35**, nenhuma chave é prefixo de outra chave. Mas esse fato não constitui um problema para a forma de representação de tries proposta aqui. Na referida figura, cada nó retangular é denominado **nó final**, pois ele indica o final de uma chave (string). Nós finais não devem ser confundidos com nós folhas, que são nós cujos filhos são todos nulos, como foi visto nos **Capítulos 4** e **6**. De fato, todos os nós finais na **Figura 9–35** também são folhas, mas esse nem sempre é o caso, como mostra a **Figura 9–36**, na qual estão representados os string **"rei"** e **"reino"**, sendo que o primeiro deles é prefixo do segundo. Resumindo, todo nó-folha de uma trie é um nó final, mas nem todo nó final é um nó-folha.

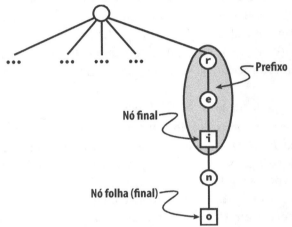

FIGURA 9–36: REPRESENTAÇÃO DE PREFIXO EM TRIE

Busca

Uma busca por um string numa trie começa em sua raiz e segue o caminho indicado pela sequência determinada pelos caracteres do string procurado. Inicialmente, o primeiro caractere da chave é usado como índice para determinar qual é a ramificação a ser seguida. Se essa ramificação for nula, conclui-se que a chave não está na trie. Caso contrário, usa-se o segundo caractere da chave para determinar qual é a próxima ramificação a ser seguida no próximo nível, e assim por diante. A busca encerra quando se encontra um nó final (que pode ser folha ou não) que corresponda ao último caractere da chave de busca (string) ou quando não se encontra uma ramificação correspondente a um caractere do string. Se esse caminho pode ser seguido e termina num nó final, então pode-se concluir que o string procurado se encontra na trie. Por exemplo, o caminho de nós visitados numa busca pelo string **"roupa"** na **Figura 9–35** é determinado pela sequência de caracteres:

$$r \rightarrow o \rightarrow u \rightarrow p \rightarrow a$$

Assim, na trie ilustrada na **Figura 9–35**, seguindo-se esse caminho chega-se a um nó final que representa o caractere **'a'**, que é o último caractere desse string. Por outro lado, se o caminho determinado pelo string procurado não pode ser seguido até o último caractere do string, sendo esse caractere representado por um nó final da trie, então conclui-se que o string não se encontra na trie. Por exemplo, na trie da **Figura 9–35**, o caminho especificado pelo string **"querubim"** é interrompido na letra **'e'**, o que permite concluir que esse string não faz parte da trie. Mais um exemplo: o caminho determinado pelo string **"rom"** pode ser seguido até o final, mas o caminho termina num nó que não é final (i.e., nesse caminho, o último caractere **'m'** não é representado por um nó final).

A **Figura 9–37** mostra a busca bem-sucedida da chave **"roma"** numa trie, enquanto a **Figura 9–38** ilustra a busca malsucedida da chave **"quepe"** na mesma trie.

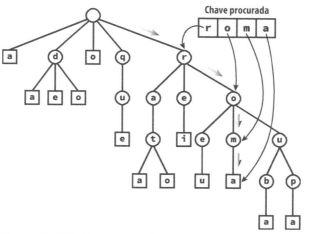

FIGURA 9–37: EXEMPLO DE BUSCA BEM-SUCEDIDA EM TRIE

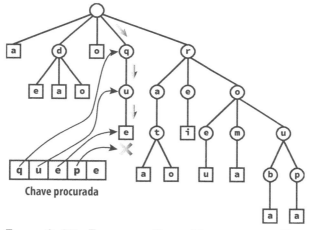

FIGURA 9–38: EXEMPLO DE BUSCA MALSUCEDIDA EM TRIE

A **Figura 9–39** apresenta o algoritmo de busca em trie.

ALGORITMO BUSCAEMTRIE
ENTRADA: Uma trie e uma chave de busca (string)
SAÍDA: *1*, se a chave for encontrada ou *0*, em caso contrário
1. Atribua a uma variável c o primeiro caractere da chave de busca
2. Faça um ponteiro p apontar para o filho da raiz da trie associado a c
3. Enquanto o ponteiro p não for nulo e c não for o último caractere da chave, faça:
3.1 Atribua a c o próximo caractere da chave de busca
3.2 Se o nó para o qual p aponta possuir um filho nulo associado a c, retorne *0*
3.3 Caso contrário, faça p apontar para o filho associado a c
4. Se p for nulo ou estiver apontando para um nó que não é final, retorne *0*
5. Caso contrário, retorne *1*

FIGURA 9–39: ALGORITMO DE BUSCA EM TRIE

Inserção

Para inserir uma chave numa trie, segue-se o caminho especificado pelos caracteres da chave até que não se consiga mais prosseguir. Se durante esse percurso, for encontrada uma folha na trie, novos nós devem ser criados e acrescentados à trie de modo a completar o caminho correspondente à nova chave. Se a chave for nova ou for uma extensão de uma chave já presente na trie, é necessário acrescentar os nós da chave que ainda não existem e assinalar o nó que representa seu último caractere como um nó final. Se a chave ora acrescentada for prefixo de uma chave já presente na trie, deve-se simplesmente assinalar o nó que representa o último caractere da nova chave como um nó final. A **Figura 9–40** ilustra o processo de inserção do string **"romano"** na trie da **Figura 9–38**.

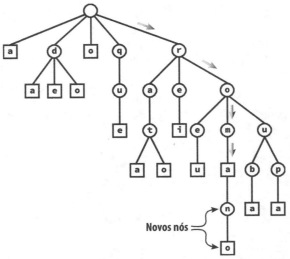

FIGURA 9–40: EXEMPLO DE INSERÇÃO DE CHAVE (STRING) EM TRIE

A **Figura 9–41** apresenta o algoritmo de inserção em trie.

ALGORITMO INSEREEMTRIE

ENTRADA: Uma chave (string)

ENTRADA/SAÍDA: Uma trie

1. Considere a raiz da trie o nó corrente
2. Atribua a uma variável c o primeiro caractere da chave a ser inserida
3. Repita o seguinte:
   - **3.1** Se o nó corrente possuir um filho nulo associado a c, crie um novo filho f para o nó corrente e associe-o a c
   - **3.2** Faça com que f seja o novo nó corrente
   - **3.3** Se c não for o último caractere da chave, atribua a c o próximo caractere da chave de busca
   - **3.4** Caso contrário:
     - **3.4.1** Faça com que o nó corrente seja um nó final
     - **3.4.2** Encerre

FIGURA 9–41: ALGORITMO DE INSERÇÃO EM TRIE

Remoção

A remoção de uma chave de uma trie é efetuada recursivamente de modo ascendente, como é usual em remoção em árvores. Mas não se aflija, pois remoção em tries é muito mais fácil do que remoção em árvores binárias balanceadas (v. **Capítulo 4**) ou mesmo em árvores B (v. **Capítulo 6**). Para remover uma chave de uma trie, percorre-se o caminho determinado pelos caracteres da chave. Então supondo que essa chave tenha sido encontrada, se o nó que representa o último caractere da chave (i.e., o nó final da chave) não possuir nenhum filho, ele é removido da trie, como mostra a **Figura 9–42**. Caso esse nó possua pelo menos um filho, seu conteúdo é alterado, de modo que ele deixa de ser um nó final, como mostra a **Figura 9–43**.

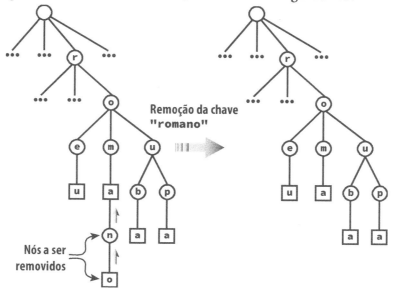

FIGURA 9–42: EXEMPLO DE REMOÇÃO DE CHAVE EM TRIE COM REMOÇÃO DE NÓS

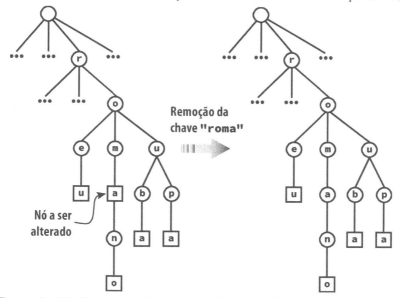

FIGURA 9–43: EXEMPLO DE REMOÇÃO DE CHAVE EM TRIE SEM REMOÇÃO DE NÓ

Após a remoção do nó final de uma chave, visita-se o pai desse nó e verifica-se se ele (o pai) é um nó final (de outra chave, obviamente). Se esse for o caso, o processo de remoção está encerrado. Em caso contrário, verifica-se se esse nó tinha como filho apenas o nó que foi removido e, se for assim, ele também é removido; se não for assim, a remoção é encerrada. Esse processo prossegue enquanto estiver ocorrendo remoção de nós ou até que a raiz da trie seja alcançada. É importante lembrar que a raiz de uma trie nunca é removida, pois, diferentemente do que ocorre com outros tipos de árvores, uma trie nunca é vazia (no sentido usual de árvore vazia), mesmo que ela não contenha nenhuma chave. Na trie ilustrada na **Figura 9–42**, apenas dois nós são removidos na remoção da chave **"romano"**. Por sua vez, na remoção da chave **"roma"** mostrada na **Figura 9–43**, não ocorre remoção de nenhum nó.

A **Figura 9–44** apresenta o algoritmo de remoção em trie.

ALGORITMO REMOVEEMTRIE

ENTRADA: A chave (c) a ser removida

ENTRADA/SAÍDA: Uma trie

RETORNO: Um valor informando o sucesso ou o fracasso da operação

1. Se c não estiver presente na trie, encerre informando o fracasso da operação
2. Se c não for prefixo de outra chave na trie nem houver nenhuma outra chave que seja prefixo de c, faça o seguinte:
   - 2.1 Remova todos os nós no caminho desde a raiz da trie até o nó final de c
   - 2.2 Retorne informando o sucesso da operação
3. Se c for prefixo de outra chave da trie:
   - 3.1 Faça com que o nó final que representa o último caractere de c deixe de ser nó final
   - 3.2 Retorne informando o sucesso da operação
4. Se houver na trie pelo menos uma chave que seja prefixo de c:
   - 4.1 Remova os nós no caminho do nó final de c até o nó final do maior prefixo de c, sem incluir esse nó final do referido prefixo
   - 4.2 Retorne informando o sucesso da operação

FIGURA 9–44: ALGORITMO DE REMOÇÃO EM TRIE

O **Passo 3.1** do algoritmo REMOVEEMTRIE é ilustrado na **Figura 9–43**, enquanto o **Passo 3.2** é demonstrado na **Figura 9–42**.

9.8.2 Implementação

Tries podem ser implementadas de diversas maneiras e a implementação que será adotada aqui tem motivação didática. Quer dizer, essa implementação não é eficiente em termos de uso de espaço, mas é bastante eficiente em termos de custo temporal.

A **Figura 9–45** mostra as representações expandida (i.e., fiel à implementação) e simplificada (i.e., conceitual) do string **"que"**. A representação simplificada [v. **Figura 9–45(b)**] é aquela que tem sido utilizada neste livro para ilustrar graficamente o conceito de trie, enquanto a representação expandida [v. **Figura 9–45(a)**] reflete o modo como os nós de uma trie são implementados.

Como ilustra a **Figura 9–45(a)**, na implementação de trie desenvolvida aqui, um nó é representado por uma estrutura com dois campos:

[1] O primeiro campo de um nó é um array de ponteiros de tamanho igual a $|\sum|$, que apontam para os filhos do nó. Desse modo, a associação de cada caractere ao respectivo nó é implícita, pois quando um ponteiro da trie aponta para um filho, esse ponteiro está associado a um caractere e esse caractere é exatamente aquele associado ao filho, como mostra a **Figura 9–45 (a)**. Nessa figura, o ponteiro que emana do elemento do array rotulado com q indica que o filho para o qual esse ponteiro aponta está associado a esse caractere. É importante notar que os caracteres que constituem os strings armazenados na trie não são realmente armazenados na trie, como parece indicar a **Figura 9–45 (a)**. Quer dizer, as

letras que aparecem no array de ponteiros de cada nó devem ser interpretadas como os índices desse array correspondentes a essas letras. Ou seja, o que existe de fato é um mapeamento entre os caracteres do alfabeto em consideração e os índices desse array. Nessa implementação específica na qual o alfabeto é constituído por todas as letras minúsculas do alfabeto latino (sem inclusão de diacríticos), esse mapeamento é obtido por meio da definição de macro:

```
#define INDICE_CARACTERE(c) ((c) - 'a')
```

[2] O segundo campo de cada nó da trie é um inteiro, denominado **ehFinal**, que indica se esse nó é um nó final (nesse caso, o valor desse campo é **1**) ou não (nesse caso, o valor desse campo é **0**). Na implementação de um dicionário[8], no sentido mais amplo desse termo, esse campo pode ser substituído por um ponteiro para uma lista encadeada que armazena os valores associados a cada chave (v. exemplo na **Seção 9.10.2**).

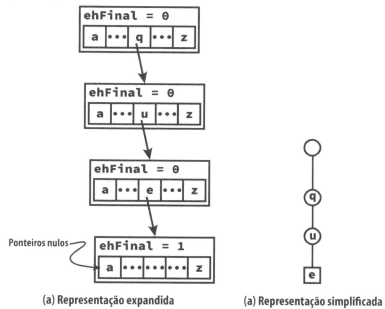

(a) Representação expandida   (a) Representação simplificada

FIGURA 9–45: REPRESENTAÇÕES EXPANDIDA E SIMPLIFICADA DE TRIE

As seguintes definições de tipo são usadas para definir nós e ponteiros para nós da trie:

```
typedef struct rotNoTrie {
        struct rotNoTrie *filhos[TAM_ALFABETO];
        int              ehFinal;
    } tNoTrie, *tTrie;
```

Por simplicidade, serão considerados apenas caracteres que sejam letras minúsculas não acentuadas do alfabeto latino, de modo que a constante **TAM_ALFABETO**, que especifica o tamanho do alfabeto pode ser especificado como[9]:

```
#define TAM_ALFABETO 'z' - 'a' + 1
```

A função **IniciaTrie()** inicia uma trie contendo apenas uma raiz vazia e retorna o endereço da raiz da trie.

---

[8]   No presente contexto, um dicionário é simplesmente uma tabela de busca que permite chaves secundárias.

[9]   Essa definição é portável, pois não se conhece qualquer código de caracteres no qual as letras, maiúsculas ou minúsculas, não estejam ordenadas. Entretanto pode haver um desperdício adicional de memória se houver espaço entre letras que não sejam caracteres. Por exemplo, no código EBCDIC, o resultado dessa operação é *41*, o que significa que cinco caracteres que não são letras e que nunca serão usados estão incluídas no alfabeto.

```
tTrie IniciaTrie(void)
{
   tNoTrie *pNo = NovoNoDeTrie();

   ASSEGURA(pNo, "Impossivel alocar no' de trie");

   return pNo;
}
```

A função `NovoNoDeTrie()`, aloca dinamicamente um nó de uma trie e inicia seus campos. Ela retorna o endereço do nó criado, se a alocação foi bem-sucedida, ou **NULL**, em caso contrário.

```
tNoTrie *NovoNoDeTrie(void)
{
   int      i;
   tNoTrie *pNo = malloc(sizeof(*pNo));

   if (pNo) {
      pNo->ehFinal = 0; /* Por enquanto, o nó não é final */

         /* Inicia cada filho do nó com NULL */
      for (i = 0; i < TAM_ALFABETO; i++)
         pNo->filhos[i] = NULL;
   }

   return pNo;
}
```

A função `InsereEmTrie()` insere uma nova chave (string) numa trie. Essa função tem como parâmetros:

- **raiz** (entrada/saída) — endereço da raiz da trie
- **chave** (entrada) — chave que será inserida

É importante notar que, se a chave já existir, ela não será inserida. Além disso, o último nó visitado indica o final de um string, de modo que se a chave era apenas um prefixo de alguma outra chave na trie, ele passará a ser uma chave.

```
void InsereEmTrie(tNoTrie *raiz, const char *chave)
{
   int      indice; /* Índice de um caractere no array de filhos de um nó */
   tNoTrie *p; /* Ponteiro usado para descer na trie */

   for (p = raiz; *chave; ++chave) {
         /* Obtém o índice do caractere corrente da chave */
      indice = INDICE_CARACTERE(*chave);

         /* Certifica-se que o índice obtido é válido */
      ASSEGURA(indice >= 0 && indice < TAM_ALFABETO, "Indice invalido em InsereEmTrie()");

         /* Verifica se o caractere corrente */
         /* existe no presente nó            */
      if (!p->filhos[indice])
            /* O referido caractere não existe e é preciso */
            /* criar mais um filho para o corrente nó      */
         p->filhos[indice] = NovoNoDeTrie();

      p = p->filhos[indice]; /* Passa para o próximo nível da trie */
   }

      /* O último nó visitado deve indicar o final de um string */
   p->ehFinal = 1;
}
```

A função **InsereEmTrie()** utiliza a macro **INDICE_CARACTERE** apresentada acima para obter o índice de um ponteiro que representa um caractere no array de ponteiros de um nó:

A função **BuscaEmTrie()** efetua uma busca numa trie e seus parâmetros são:

- **raiz** (entrada) — endereço da raiz da trie
- **chave** (entrada) — a chave de busca

A função **BuscaEmTrie()** retorna **1**, se a chave for encontrada, ou **0**, em caso contrário.

```
int BuscaEmTrie(tNoTrie *raiz, const char *chave)
{
    int       indice; /* Índice de um caractere no array de filhos de um nó  */
    tNoTrie *p; /* Ponteiro usado para descer na trie */

    for (p = raiz; *chave && p; ++chave) {
            /* Obtém o índice do caractere corrente da chave */
        indice = INDICE_CARACTERE(*chave);

            /* Certifica-se que o índice obtido é válido */
        ASSEGURA( indice >= 0 && indice < TAM_ALFABETO,
                "Indice invalido em BuscaEmTrie()" );

            /* Se o caractere corrente da chave não existe     */
            /* no presente nó, a chave não faz parte da trie */
        if (!p->filhos[indice])
            return 0;

        p = p->filhos[indice]; /* Passa para o próximo nível da trie */
    }

        /* Se o laço encerrou porque p assumiu NULL, a chave não se encontra na trie */
    if (!p)
        return 0;

        /* A chave está presente na trie se o último nó visitado for um nó final */
    return p->ehFinal;
}
```

A função **EhNoFinalDeTrie()** verifica se um nó de uma trie indica o final de um string e seu único parâmetro é o endereço do referido nó. Ela retorna **1**, se o nó indicar o final de um string, ou **0**, em caso contrário.

```
int EhNoFinalDeTrie(const tNoTrie *pNo)
{
    return pNo->ehFinal;
}
```

A função **EhNoVazioDeTrie()** verifica se um nó de uma trie está vazio. O único parâmetro dessa função é o endereço do referido nó e ela retorna **1**, se esse nó estiver vazio, ou **0**, em caso contrário.

```
int EhNoVazioDeTrie(const tNoTrie *pNo)
{
    int i;

        /* Verifica se o nó possui algum filho */
    for(i = 0; i < TAM_ALFABETO; i++)
            /* Se o nó tiver pelo menos um filho, ele não está vazio */
        if(pNo->filhos[i])
            return 0; /* Nó não está vazio */

    return 1; /* Nó não possui nenhum filho */
}
```

A função `RemoveEmTrie()` é chamada para remover uma chave de uma trie e seus parâmetros são:

- `pTrie` (entrada) — raiz da trie
- `chave` (entrada) — chave a ser removida

Na realidade, essa função é apenas uma interface para a função `EhNoVazioDeTrie()` que realmente realiza a tarefa de remoção e que será apresentada mais adiante.

```
void RemoveEmTrie(tTrie pTrie, const char *chave)
{
   int tam = strlen(chave);

      /* Se a chave não for um string vazio, chama */
      /* a função EhNoVazioDeTrie() para removê-la */
   if(tam > 0) {
         /* O nível inicial de remoção é 0, que corresponde à raiz da trie */
      EhNoVazioDeTrie(pTrie, chave, 0, tam);
   }
}
```

A função `RemoveEmTrieAux()` é aquela que de fato efetua remoção e seus parâmetros são:

- `pNo` (entrada/saída) — endereço do nó que poderá ser removido
- `chave` (entrada) — chave a ser removida
- `nivel` (entrada) — nível de remoção (v. adiante)
- `tam` (entrada) — tamanho da chave a ser removida

Note que o parâmetro `nivel` varia de 0, que corresponde à raiz da trie até `tam - 1`, que corresponde ao último caractere da chave. A função `RemoveEmTrieAux()` retorna 1, se o nó estiver vazio; ou 0, em caso contrário.

```
int RemoveEmTrieAux(tNoTrie *pNo, const char *chave, int nivel, int tam)
{
   int indice; /* Índice de um caractere no array de filhos de um nó  */

   if (!pNo)
      return 0; /* pNo não aponta para nenhum nó */
   /* A recursão encerra quando o nível for maior do que o */
   /* nível do último caractere da chave, dado por tam - 1 */

      /* Verifica se o nível corrente é igual ao tamanho da chave  */
   if (nivel == tam) { /* Base da recursão */
         /* Se o nó indicar o final da chave, ele deixará de ser um nó final */
      if (pNo->ehFinal) {
      pNo->ehFinal = 0; /* Nó deixa de ser final de string */

         /* Se o nó estiver vazio, ele precisa ser removido */
      if(EhNoVazioDeTrie(pNo))
         return 1;

      return 0; /* Nó não deve ser removido */
   }
   } else { /* Caso recursivo */
         /* Obtém o índice do caractere corrente da chave */
      indice = INDICE_CARACTERE(chave[nivel]);

         /* Certifica-se que o índice obtido é válido */
      ASSEGURA( indice >= 0 && indice < TAM_ALFABETO,
            "Indice invalido em RemoveEmTrieAux()" );

         /* Efetua a remoção no nó do próximo nível e */
         /* verifica se esse nó precisa ser removido  */
```

```
    if(RemoveEmTrieAux(pNo->filhos[indice], chave, nivel + 1, tam)) {
        FREE(pNo->filhos[indice]); /* Nó precisa ser removido */

            /* Sobe a árvore recursivamente removendo */
            /* os nós que devem ser removidos          */
        return !EhNoFinalDeTrie(pNo) && EhNoVazioDeTrie(pNo);
    }
  }
}
```

A função `RemoveEmTrieAux()` faz uso da seguinte macro, que libera um nó e torna nulo o ponteiro usado para liberá-lo:

```
#define FREE(p) do {free(p); p = NULL;} while(0)
```

9.8.3 Análise

Teorema 9.8: No pior caso, o custo temporal de uma operação de busca numa trie por um string de comprimento m é $\theta(m)$.

Prova: Numa operação de busca, no máximo $m + 1$ nós da trie são visitados e o custo de visita a cada nó é $\theta(1)$, visto que o tempo gasto para verificar se um caractere encontra-se ou não num nó é constante (i.e., basta obter o índice do ponteiro associado ao caractere no array de ponteiros e verificar se esse ponteiro é **NULL** ou não). Portanto, no pior caso, o custo temporal de uma operação de busca numa trie por um string de comprimento m é $\theta(m)$. ∎

Teorema 9.9: O custo temporal de remoção de um string de comprimento m de uma trie é $\theta(m)$.

Prova: O raciocínio é o mesmo empregado na prova do **Teorema 9.8**. ∎

Teorema 9.10: No pior caso, os custos temporal e espacial de inserção de um string de comprimento m numa trie são $\theta(m \cdot |\sum|)$.

Prova: No pior caso, a inserção de uma chave de comprimento m requer a criação de m nós e a criação de um nó tem custos temporal e espacial $\theta(|\sum|)$. Portanto, no pior caso, o custo temporal e o custo espacial de uma operação de inserção são $\theta(m \cdot |\sum|)$. ∎

Do ponto de vista teórico, os resultados exibidos nesses teoremas, representam o melhor que se pode obter como custo temporal para essas operações, pois é impossível obter um custo temporal para uma operação de busca melhor do que o tamanho da chave de busca. Quer dizer, qualquer que seja a estrutura de dados ou algoritmo usado para implementar uma tabela de busca, não é possível saber que uma chave de busca se encontra na tabela se todos os caracteres que a constituem não forem comparados. Como as operações de inserção e remoção também envolvem busca, esse mesmo raciocínio é aplicável. Outra implicação importante dos resultados do último parágrafo é que eles indicam que os custos das operações de busca, inserção e remoção são independentes do número de chaves armazenadas numa trie.

Agora suponha que se esteja procurando por uma chave numa trie e se verifica que o primeiro caractere dessa chave não se encontra nessa trie. Então obviamente, pode-se concluir que a chave não faz parte da trie examinando-se apenas um nó. De fato, esse exemplo não representa um caso isolado, pois, tipicamente, verificar que uma chave não se encontra numa trie requer que apenas alguns nós sejam examinados. Mais precisamente, é possível demonstrar que, quando uma chave não se encontra numa trie construída a partir de n chaves formadas aleatoriamente com caracteres de um alfabeto $\sum$, o número médio de nós examinados numa operação de busca por uma chave é dado aproximadamente por $log_{|\sum|} n$. Isso significa que, considerando-se essas suposições, a busca por uma chave que não se encontra numa trie não depende do comprimento da chave. Por exemplo, de acordo com essa proposição, a busca por uma chave que representa uma palavra da língua portuguesa numa trie contendo um milhão de chaves requer que se examinem apenas cerca de quatro nós (pois, log_{26} *1.000.000 ≈ 4,24*), independentemente do tamanho dessa chave[10].

Ocorre, porém, que não é o caso que palavras da língua portuguesa (ou qualquer outra língua natural) sejam obtidas por meio de escolhas ao acaso das letras que constituem o alfabeto utilizado. Contudo, mesmo que a precisão do raciocínio apresentado no último parágrafo seja meramente teórica, essa alegação é capaz de prever com razoável exatidão aquilo que ocorre na prática. Ou seja, com efeito, a busca por chaves inexistentes numa trie requer que apenas alguns poucos nós sejam examinados.

O principal problema apresentado por tries é a quantidade de espaço que elas necessitam e, pior, uma grande quantidade desse espaço é desperdiçado. Ou seja, muitos nós podem ter apenas algumas poucas ramificações que não são nulas, mas, mesmo assim, eles usam espaço proporcional a $|\sum|$. Quanto maior for o tamanho $|\sum|$ do alfabeto e quanto maiores forem os tamanhos das chaves, maior será o gasto de memória.

O custo espacial de uma trie é $\theta(|\sum| \cdot M \cdot n)$, sendo n o número de chaves e M é o tamanho médio das chaves armazenadas na trie. Existem representações eficientes de tries (p.ex., trie PATRICIA — v. **Seção 9.8.4**) que minimizam o uso de espaço de memória, mas essas representações não são tão fáceis de implementar quanto o tipo básico de trie apresentado aqui.

A **Tabela 9–5** apresenta uma comparação entre tries e outros tipos de árvores de busca, notadamente árvores binárias.

VANTAGENS DE TRIES	DESVANTAGENS DE TRIES
Numa trie, busca, inserção e remoção usando uma chave de comprimento m tem custo temporal $\theta(m)$ no pior caso. Numa árvore binária balanceada, essas operações têm custo temporal $\theta(log\ n)$, em que n é o número de chaves na árvore. Por uma questão de justiça, nessa comparação, o custo temporal para tries pode ser considerado $\theta(1)$.	Tries são capazes de apresentar as chaves que elas armazenam de modo ordenado, mas essa ordenação corresponde à ordenação lexicográfica.
Uma trie pode requerer menos espaço do que uma árvore binária quando ela contém um grande número de chaves curtas, porque elas não são armazenadas explicitamente e existe um compartilhamento de nós entre as chaves.	Tries não são adequadas para implementação de tabelas de busca residentes em memória secundária.
A maioria dos tipos de chaves pode ser interpretada como string. Por exemplo, um número inteiro pode ser visto como um string de dígitos da base decimal ou binária.	Nem sempre é fácil representar chaves de determinado tipo (p.ex., números reais) como strings.
Tries não requerem balanceamento, como ocorre com árvores binárias.	—
Tries permitem encontrar prefixos de chaves facilmente. Elas também permitem associar um valor a um conjunto de chaves que compartilham um prefixo comum.	—

TABELA 9–5: TRIES VERSUS OUTROS TIPOS DE ÁRVORES DE BUSCA

Tries são especialmente adequadas quando as chaves apresentam tamanhos variados e quando se espera que um número razoável de buscas não seja bem-sucedido (porque a chave não faz parte da trie). Por outro lado, se as chaves têm tamanho fixo ou se existe a expectativa que a maioria das buscas seja bem-sucedida, então tries compactadas podem ser uma melhor opção (v. **Seção 9.8.4**).

---

[10]   Aqui, consideram-se palavras que usam apenas letras maiúsculas sem acentuação que ainda persistem em muitos sistemas antigos.

A altura de uma trie é determinada pela maior chave armazenada nela, de modo que, se as chaves forem palavras da língua portuguesa, a profundidade de uma trie não deve ser muito grande. De acordo com artigo publicado por Pedro Quaresma e Augusto Pinho em 2007 (v. **Bibliografia**), a média de comprimento das palavras da língua portuguesa é de *4,64*. Portanto esse último valor corresponde ao número médio de comparações de caracteres numa trie contendo um número razoável de palavras dessa língua, independentemente de esse número ser *10.000*, *100.000* ou *1.000.000*. A título de comparação, uma árvore binária de busca balanceada (v. **Seção 4.3**) contendo *100.000* chaves tem uma altura dada por $\lceil log_2\ 100.000 \rceil = 19$. Concluindo, em situações nas quais rapidez de processamento é essencial e uso excessivo de espaço não constitui um problema, tries podem ser a melhor escolha.

9.8.4 Implementações Alternativas de Tries

Conforme já foi afirmado, existem diversas maneiras de implementar o conceito de trie. Como é usual, cada uma dessas alternativas possui vantagens e desvantagens. Algumas dessas implementações alternativas de tries serão brevemente discutidas nesta seção.

A principal razão pela qual o espaço ocupado por uma trie é demasiadamente grande é o fato de chaves longas tenderem a apresentar sufixos longos na trie, com cada nó tendo um único ponteiro para o próximo nó (e, portanto, $|\sum| - 1$ ponteiros nulos). Essa situação não é difícil de corrigir.

A **Figura 9–46** mostra uma implementação alternativa de tries que resolve o problema indicado no último parágrafo. Nessa implementação, em vez de usar um array de ponteiros como na implementação discutida na **Seção 9.8.2**, cada nó, com exceção da raiz da trie, contém apenas dois ponteiros: o primeiro deles aponta para o primeiro filho do nó e o segundo ponteiro aponta para uma lista encadeada que armazena os irmãos desse nó. Esse tipo de representação de trie não é difícil de implementar, mas é um pouco complicado visualizar os strings armazenados usando essa representação. Por exemplo, tente descobrir quais são os strings armazenados na trie da **Figura 9–46** e confira sua resposta na nota de rodapé[11].

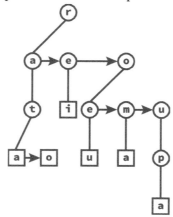

FIGURA 9–46: IMPLEMENTAÇÃO DE TRIE USANDO LISTA ENCADEADA

Outra alternativa de implementação de trie, que é baseada na ideia anterior, consiste em substituir a lista encadeada que une os filhos de um nó por uma árvore binária de busca. Essa nova ideia dá origem a uma estrutura de dados denomina **árvore ternária de busca**. Essa estrutura é explorada em profundidade no livro de seu criador — Robert Sedgewick (v. **Bibliografia**).

Outra técnica de implementação de tries é denominada **redução de alfabeto** e consiste em interpretar os strings originais como strings mais longos que usam um alfabeto de menor tamanho. Por exemplo, um string que usa

---

[11]   Os strings são: `"rata"`, `"rato"`, `"rei"`, `"roeu"`, `"roma"` e `"roupa"`.

originalmente *n* bytes passa a ser considerado um string que usa *2n* metades de um byte. Então uma trie básica que usa um array de *256* (i.e., 2^8) ponteiros em cada nó passa a usar um array com apenas 16 (i.e, 2^4) ponteiros em cada nó. Embora a economia de espaço seja substancial, cada operação básica sobre uma trie implementada de acordo com esse esquema requer o dobro de visitas a nós. Além disso, a implementação dessa ideia requer programação de baixo nível e não é tão trivial quanto a implementação apresentada aqui.

Uma trie pode apresentar longas cadeias de nós, cada um dos quais contendo apenas uma ramificação. Essa situação pode causar enorme desperdício de memória e uma maneira de resolver esse problema é usando uma **trie compactada** (ou **trie PATRICIA**[12]).

Uma trie compactada é uma variante de trie na qual cadeias de nós que possuem apenas um filho são compactados num único nó. Quer dizer, numa trie convencional, cada nó representa um único caractere, enquanto numa trie compactada um nó pode representar um string inteiro. Portanto numa trie compactada, o grau de cada nó é pelo menos igual a dois.

Uma trie compactada pode ser obtida a partir de uma trie padrão por meio da compressão de cadeias de nós redundantes. Um nó é considerado **redundante** se ele possui apenas um filho e não é a raiz da trie. A **Figura 9–47** mostra uma trie compactada obtida a partir da eliminação dos nós redundantes da trie ilustrada na **Figura 9–35**.

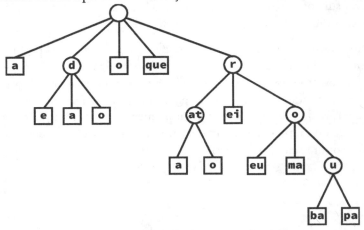

FIGURA 9–47: TRIE COMPACTADA (PATRICIA)

De fato, tries compactadas ocupam bem menos espaço do que tries tradicionais, mas, em compensação, são muito mais difíceis de implementar e são muito mal documentadas na literatura de programação.

9.9 Casamento de Strings vs Casamento de Palavras

Tries facilitam um tipo especial de casamento de strings denominado **casamento de palavras**. Numa operação de casamento de palavras, tenta-se determinar se uma determinada palavra casa exatamente com uma palavra do texto. Assim casamento de palavras difere de casamento ordinário de strings porque agora não se permite a um padrão (no sentido descrito na **Seção 9.1**) casar com um substring qualquer do texto.

Informalmente, casamento ordinário de strings e casamento de palavras são operações que o leitor provavelmente utiliza em seu cotidiano. Quer dizer, a maioria dos editores e processadores de texto oferecem a opção de busca por palavra inteira e, quando essa opção é escolhida, ocorre casamento de palavras; caso contrário, ocorre casamento de strings com texto, que foi discutido na **Seção 9.1**. Por exemplo, a **Figura 9–48** mostra a janela de diálogo apresentada pelo aplicativo Microsoft Word 2010 quando um usuário deseja localizar uma palavra

---

[12]   A denominação *PATRICIA* insinua um nome feminino. No entanto, ela foi cunhada por Donald Morrison em 1969 (v. **Bibliografia**) como acrônimo de *Practical Algorithm To Retrieve Information Coded in Alphanumeric*.

inteira ou parte de uma palavra. No primeiro caso, o usuário está usando casamento de palavras, enquanto no segundo caso, ele usa casamento de strings.

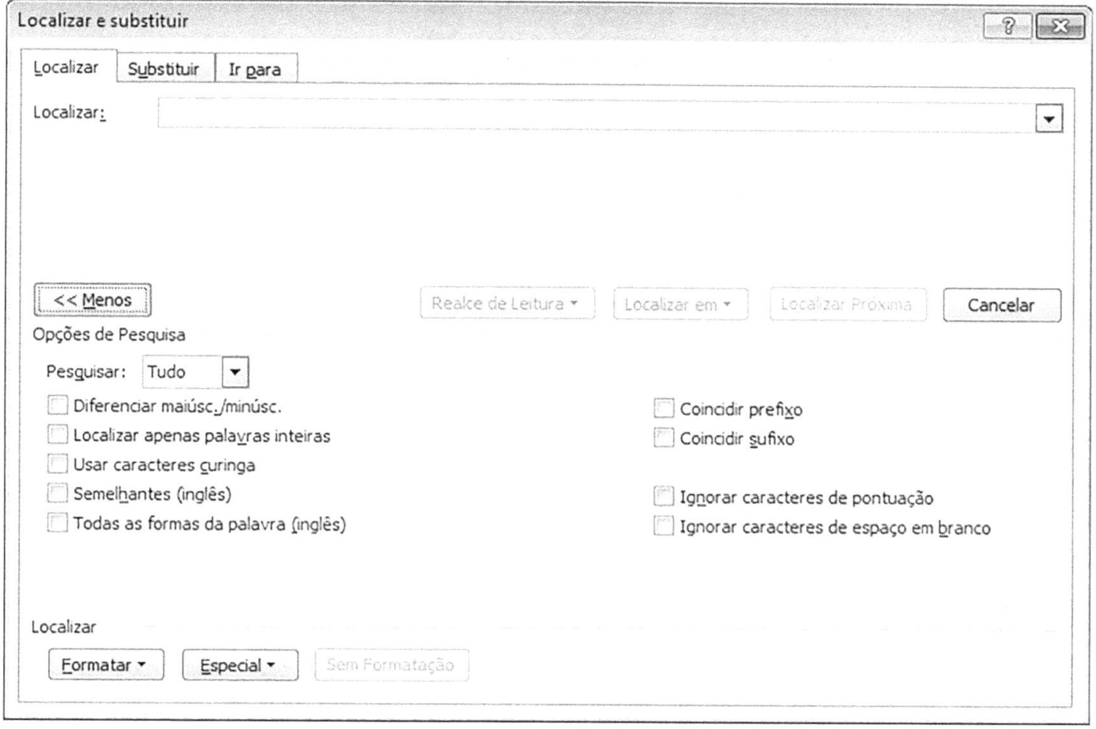

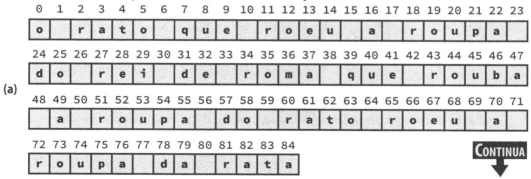

FIGURA 9–48: CASAMENTO DE PALAVRAS E DE STRINGS EM MICROSOFT WORD 2010

Em casamento de palavras, um padrão pode casar apenas com as palavras de um texto. Agora, aquilo que é considerado palavra depende da aplicação e deve ser decidido antes da construção da trie que representa as palavras do texto. Tipicamente, num texto em linguagem natural, palavras são separadas por espaços em branco e símbolos de pontuação (v. exemplo na **Seção 9.10.2**).

A **Figura 9–49** mostra o texto *o rato que roeu a roupa do rei de roma que rouba a roupa do rato roeu a roupa da rata* codificado numa trie. Note, nessa figura, que existem três casamentos do string **"ra"** com esse texto, mas não há nenhum casamento da palavra **"ra"** com o texto em questão.

FIGURA 9–49: EXEMPLO DE TRIE REPRESENTANDO PALAVRAS DE UM TEXTO

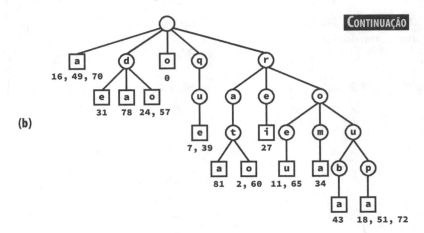

(b)

FIGURA 9–49 (CONT.): EXEMPLO DE TRIE REPRESENTANDO PALAVRAS DE UM TEXTO

Na Seção 9.10.2 você aprenderá como indexar texto de modo que ele permita casamento de palavras.

9.10 Exemplos de Programação

9.10.1 Separando um String em Partes (Tokens)

Preâmbulo: Um **token** é uma sequência de caracteres considerada como uma unidade que possui significado próprio num determinado contexto. Tokens num string são identificados por caracteres separadores que os delimitam. Por exemplo, um comando de um sistema operacional pode ser considerado como um string composto de tokens, como o comando **ls** de sistemas da família Unix a seguir:

```
ls -alt
```

Nesse exemplo, o comando é composto por dois tokens: (1) **ls**, que é o nome do comando, e (2) **-alt**, que são as opções do comando. Nesse caso, o separador de tokens é espaço em branco. O comando completo é considerado um string, mas cada token que o compõe também é considerado um string (ou, melhor, um substring).

A função **strtok()** divide um string em tokens e seu protótipo é:

```
char *strtok(char *str, const char *separadores)
```

Nesse protótipo, os parâmetros têm os seguintes significados:

❑ **str** é o string a ser dividido em tokens

❑ **separadores** é um string contendo os caracteres que separam as partes

A primeira chamada de **strtok()** retorna o endereço do primeiro token encontrado no string **str** e um caractere terminal de string é colocado nesse parâmetro ao final do referido token. Chamadas subsequentes dessa função usando **NULL** como primeiro parâmetro retornarão os tokens seguintes até que nenhum deles seja remanescente no string original. Quando nenhum token é encontrado, a função **strtok()** retorna **NULL**. Deve-se chamar atenção para o fato de a função **strtok()** modificar o string passado como primeiro parâmetro. Portanto se for necessário preservar o string original, faça uma cópia dele antes de chamar essa função.

A função **strtok()** apresenta um sério problema quando o string que está sendo separado em partes contém dois ou mais separadores seguidos. Nesse caso, essa função não funciona como se poderia esperar, pois ela considera esses separadores como se fossem um único separador. Como ilustração desse problema, considere o seguinte programa:

```c
#include <stdio.h>
#include <string.h>

int main(void)
{
    char string[] = "um,dois,,quatro,cinco";
    char separadores[] = " ,"; /* Note o espaço em branco */
    char *token;
    int  i = 0;

    printf("\nString a ser separado em tokens: \"%s\"\n", string);
    printf("\nOs tokens sao:\n");

    token = strtok(string, separadores);

    while (token) {
        printf("\tToken %d: %s\n", ++i, *token ? token : "<vazio>");
        token = strtok(NULL, separadores);
    }
    return 0;
}
```

Quando executado, o programa acima escreve o seguinte na tela:

```
String a ser separado em tokens: "um,dois,,quatro,cinco"

Os tokens sao:
        Token 1: um
        Token 2: dois
        Token 3: quatro
        Token 4: cinco
```

O problema ilustrado acima ocorre em muitas situações de natureza prática, como por exemplo, quando se processam arquivos de dados em formato CSV. Um **arquivo CSV** é um arquivo de texto contendo um registro em cada linha, sendo que os campos de cada registro são separados por vírgulas. Num arquivo CSV, quando um campo não possui valor, o espaço que esse valor deveria ocupar é vazio, de modo que aparecem duas vírgulas em sequência. Um programa que processa um arquivo CSV precisa ler cada linha do arquivo e separar seus campos. Assim a maneira mais fácil de fazer isso é armazenar cada linha como string e separar esse string em tokens. É aí que a função **strtok()** se mostra inconveniente.

Problema: Escreva uma função que corrige essa deficiência da função **strtok()**.

Solução: A função ObtemTokens() apresentada a seguir corrige a deficiência da função **strtok()** apontada acima. Os parâmetros e os valores retornados por essas duas funções têm as mesmas interpretações.

```c
char *ObtemTokens(char *str, char const *sep)
{
    static char *proximoToken; /* Aponta para o próximo token, se ele existir */
    char        *s, /* Apontará para o string no qual a */
                    /* busca pelo token será efetuada    */
                *inicio = NULL; /* Guardará o início do token corrente */

    /* Se 'str' não for um ponteiro nulo, o próximo  */
    /* token será obtido a partir do início de 'str' */
    if (str)
        proximoToken = str;
```

```
      /* Se 'proximoToken' for um ponteiro nulo, o */
      /* string ora explorado não tem mais tokens  */
  if (!proximoToken)
      return NULL; /* Não há mais token nesse string */

      /* Obtém o endereço do primeiro separador encontrado em 'proximoToken' */
  s = strpbrk(proximoToken, sep);
      /* Verifica se foi encontrado algum separador no string ora sendo explorado */
  if (s) {
          /* Termina o token corrente na posição em */
          /* que se encontra o separador encontrado */
      *s = '\0';
      inicio = proximoToken; /* Guarda o início do token corrente */

          /* O próximo token começará no primeiro caractere após o separador */
      proximoToken = ++s;
  } else
      if (*proximoToken) {
              /* Não foi encontrado nenhum separador, mas o string  */
              /* corrente não é vazio e seu endereço será retornado */
          inicio = proximoToken;

              /* Não foi encontrado nenhum separador, de modo que */
              /* não haverá mais nenhum token na próxima chamada  */
          proximoToken = NULL;
      }

      return inicio;
}
```

A função **strpbrk()**, que é chamada por `ObtemTokens()`, procura num string (primeiro parâmetro) a primeira ocorrência de qualquer caractere presente noutro string (segundo parâmetro). A função **strpbrk()** retorna o endereço do primeiro caractere do segundo parâmetro encontrado no primeiro parâmetro ou **NULL**, se tal caractere não for encontrado.

9.10.2 Quantas Vezes Machado Fala em Amor?

Preâmbulo: O escritor brasileiro **Machado de Assis** é considerado pela maioria dos críticos o maior nome da literatura nacional. Sua obra inclui romances, poemas, crônicas, peças de teatro, contos, críticas literárias e muito mais. Machado foi fundador e primeiro presidente da Academia Brasileira de Letras. Nosso orgulho por ele nivela-se ao que o povo inglês tem por Shakespeare e o russo tem por Dostoiévski.

Problema: (a) Escreva um programa que utilize uma trie básica, como aquela apresentada na **Seção 9.8**, para indexar as palavras da obra de Machado de Assis, de tal modo que o programa permita consultas como:

```
>>> Digite a palavra a ser procurada: amor

>>> "amor" foi encontrada 84 vezes.
>>> Deseja exibir as ocorrencias (s/n)? s

Linha: 2627     Posicao: 51
... [Trecho removido]
Linha: 224      Posicao: 37
```

(b) Apresente uma análise do custo temporal da solução em termos de notação ó.

Observação: Obviamente, Machado seria considerado um insensível se falasse em *amor* apenas 84 vezes em sua obra. Ocorre, porém, que, apesar de a obra de Machado ser de domínio público há longo tempo, o autor não conseguiu encontrar um único arquivo de texto puro contendo toda a obra desse gigante da literatura nacional. Portanto o exemplo apresentado acima refere-se apenas ao romance *Ressurreição*, publicado em 1872 (v. **Bibliografia**), que o autor da presente obra dedicou-se a converter em texto puro (v. **Apêndice A**).

Solução de (a): O conceito básico de trie discutido na **Seção 9.8** continuará sendo válido aqui, de modo que apenas as alterações na implementação vista naquela seção serão apresentadas a seguir.

Em primeiro lugar, o tipo de nó apresentado na **Seção 9.8.2** precisa ser alterado para permitir que se armazenem as posições nas quais os strings se encontram no texto. O novo tipo de nó é apresentado a seguir:

```
typedef struct rotNoTrieMachado {
            struct rotNoTrieMachado *filhos[TAM_ALFABETO];
            tListaSE                valores;
        } tNoTrieMachado, *tTrieMachado;
```

Note que a única alteração com relação ao tipo apresentado na **Seção 9.8.2** é que o segundo campo de cada nó (i.e., `valores`) representa um ponteiro para uma lista simplesmente encadeada do tipo **tListaSE**, que foi discutida no **Capítulo 10** do **Volume 1**. O conteúdo efetivo de cada nó dessa lista armazena o índice da linha do arquivo e a posição nessa linha na qual a palavra se encontra. Assim o tipo desse conteúdo é definido como:

```
typedef struct {
            int linha;
            int pos;
        } tConteudoMachado;
```

A função `NovoNoDeTrie()`, discutida na **Seção 9.8.2**, que cria um nó da trie também precisa ser ligeiramente alterada para refletir a alteração do tipo de nó, como na função `NovoNoTrieMachado()` a seguir.

```
static tNoTrieMachado *NovoNoTrieMachado(void)
{
    tNoTrieMachado *pNo;
    int            i;

    pNo = malloc(sizeof(*pNo));

    if (pNo) {
        IniciaListaSE(&pNo->valores); /* Por enquanto, o nó não é final */

        for (i = 0; i < TAM_ALFABETO; i++) /* Inicia cada filho do nó com NULL */
            pNo->filhos[i] = NULL;
    }

    return pNo;
}
```

A função `IniciaListaSE()` chamada por `NovoNoTrieMachado()` inicia a lista encadeada representada pelo campo `valores` como uma lista vazia.

A função `EhNoFinalTrieMachado()` vista abaixo recebe o endereço de um nó como parâmetro e retorna **1**, se esse nó for final, ou **0**, em caso contrário. Nesta implementação, um nó é final se a lista encadeada apontada pelo campo `valores` não for vazia; se essa lista estiver vazia, o nó não é um nó final.

```
static int EhNoFinalTrieMachado(const tNoTrieMachado *pNo)
{
    return !EstaVaziaLSE(pNo->valores);
}
```

A função `InsereTrieMachado()` apresentada a seguir insere uma nova palavra (string) na trie. Comparada com a função de idêntica denominação apresentada na **Seção 9.8.2**, a função a seguir apresenta um parâmetro a mais (i.e., `valor`). Esse parâmetro será o conteúdo efetivo do nó que será acrescentado à lista encadeada apontada pelo campo `valores` do nó associado ao último caractere de uma palavra (representada pelo parâmetro `chave`).

```c
void InsereTrieMachado(tNoTrieMachado *raiz, const char *chave, const tConteudo *valor)
{
    int             indice;/* Índice de um caractere no array de filhos de um nó */
    tNoTrieMachado *p = raiz; /* Ponteiro usado para descer na trie */

    for (; *chave; ++chave) {
        /* Obtém o índice do caractere corrente da chave */
        indice = INDICE_CARACTERE(*chave);

        /* Certifica-se que o índice obtido é válido */
        ASSEGURA( indice >= 0 && indice < TAM_ALFABETO,
                "Indice invalido em InsereTrieMachado()" );

        /* Verifica se o caractere corrente existe no presente nó */
        if (!p->filhos[indice])
            /* O referido caractere não existe e é preciso */
            /* criar mais um filho para o corrente nó      */
            p->filhos[indice] = NovoNoTrieMachado();

        p = p->filhos[indice]; /* Passa para o próximo nível da trie */
    }

    /* O último nó visitado deve indicar o final de uma chave. Neste */
    /* caso, armazena-se o valor  associado a essa chave na lista.    */
    InsereNoLSE(&p->valores, *valor);
}
```

As seguintes observações sobre a função `InsereTrieMachado()` são pertinentes:

☐ Se a chave já existir, um novo nó será inserido na lista encadeada apontada pelo campo `valores`. Esse nó conterá o índice da linha no texto e o índice da palavra nessa linha.

☐ O último nó visitado indica o final de um string, de maneira que se a chave era apenas prefixo de alguma outra chave na trie, ele passará a ser uma chave.

A função `BuscaTrieMachado()` a seguir efetua uma busca numa trie do tipo discutido aqui e retorna o endereço da lista encadeada contendo os valores associados à chave, se ela for encontrada, ou **NULL**, em caso contrário.

```c
tListaSE BuscaTrieMachado(tNoTrieMachado *raiz, const char *chave)
{
    int             indice; /* Índice de um caractere no array de filhos de um nó */
    tNoTrieMachado *p = raiz; /* Ponteiro usado para descer na trie */

    for (; *chave && p; ++chave) {
        /* Obtém o índice do caractere corrente da chave */
        indice = INDICE_CARACTERE(*chave);

        /* Certifica-se que o índice obtido é válido */
        ASSEGURA(indice >= 0 && indice < TAM_ALFABETO, "Indice invalido em Busca()");

        /* Se o caractere corrente da chave não existe   */
        /* no presente nó, a chave não faz parte da trie */
        if (!p->filhos[indice])
            return NULL;

        p = p->filhos[indice]; /* Passa para o próximo nível da trie */
    }
```

```
      /* Se p aponta para um nó válido, esse nó aponta */
      /* para a lista que contém os valores procurados */
   if (p)
      return p->valores;

   return NULL; /* A chave não foi encontrada */
}
```

A função `RemoveEmTrie()`, que remove chaves e foi discutida na **Seção 9.8.2**, não precisa ser alterada para se adaptar à corrente situação, mas a função `RemoveEmTrieAux` daquela mesma seção precisa ser modificada para remover a lista encadeada apontada por um nó final que é removido ou deixa de ser um nó final. A alteração dessa última função é relativamente simples e não será apresentada aqui, mas o programa completo pode ser obtido no site dedicado ao livro na internet.

A função **main**() do programa que resolve o problema proposto é apresentada a seguir:

```c
int main(void)
{
   tListaSE        lista;
   tTrieMachado    raiz;
   char            *umaPalavra;
   tConteudoMachado conteudo = {0, 0};
   int             op,
                   nOcorrencias;

   raiz = ConstroiTrieMachado(NOME_ARQUIVO); /* Cria a trie */

   while (1) {
      ApresentaMenu();

      op = LeOpcao("12345");

      if (op == '5') { /* Encerra o programa */
         printf("\nBye!\n");
         break; /* Saída do laço */
      }

      switch (op) {
         case '1': /* Acrescenta uma palavra na trie */
            printf("\n>>> Digite a palavra a ser acrescentada: ");
            umaPalavra = LeLinhaIlimitada(NULL, stdin);

            if (umaPalavra && ValidaPalavra(umaPalavra) )
               InsereTrieMachado(raiz, umaPalavra, &conteudo);

            free(umaPalavra);
            printf("\n>>> Acrescimo efetuado\n");

            break;
         case '2': /* Remove uma palavra da trie */
            printf("\n>>> Digite a palavra a ser removida: ");
            umaPalavra = LeLinhaIlimitada(NULL, stdin);

            RemoveTrieMachado(&raiz, umaPalavra);

            break;
         case '3': /* Verifica se uma palavra faz parte da trie */
            printf("\n>>> Digite a palavra a ser procurada: ");
            umaPalavra = LeLinhaIlimitada(NULL, stdin);

            lista = BuscaTrieMachado(raiz, umaPalavra);
```

```
            if (!lista) {
                printf("\n>>> \"%s\" nao foi encontrado\n", umaPalavra);
            } else {
                nOcorrencias = ComprimentoListaSE(lista);

                printf( "\n>>> \"%s\" foi encontrada %d vezes. "
                        "\n>>> Deseja exibir as ocorrencias" (s/n)? ",
                        umaPalavra, nOcorrencias );

                op = LeOpcao("sSnN");

                if (op == 's' || op == 'S')
                    ExibeLista(lista);
            }

            free(umaPalavra);

            break;

        case '4': /* Numero de palavras */
            printf( "\n\n>>> Numero de chaves na trie: %d\n",
                    NumeroDeChavesTrieMachado(raiz) );

            break;

        default: /* O programa não deve chegar até aqui */
            printf("\nEste programa contem um erro\n");
            return 1;
        }
    }

    return 0;
}
```

A função `NumeroDeChavesTrieMachado()`, que é chamada quando o usuário escolhe a opção `'4'`, calcula o número de chaves armazenadas na trie e sua implementação é deixada como exercício para o leitor.

A função `ConstroiTrieMachado()`, que é responsável pela construção da trie contendo as palavras da obra de Machado de Assis, é definida como:

```
tTrieMachado ConstroiTrieMachado(const char *nomeArq)
{
    FILE         *stream; /* Stream associado ao arquivo */
                          /* no qual ocorrerá a leitura  */
    char         *linha; /* Apontará para cada linha lida */
    int          nLinha = 0;
    tTrieMachado trie = IniciaTrieMachado();

    /* Abre arquivo em formato de texto para leitura */
    stream = fopen(nomeArq, "r");

    /* Se o arquivo não foi aberto, nada mais pode ser feito */
    ASSEGURA(stream, "Arquivo não foi aberto");

    while (1) {
        /* Lê uma linha no arquivo de entrada */
        linha = LeLinhaIlimitada(NULL, stream);

        /* Verifica se o final do arquivo foi atingido */
        if (feof(stream))
            break;

        /* Verifica se ocorreu erro de leitura */
```

```
        ASSEGURA(!ferror(stream), "Erro de leitura");

        ++nLinha; /* Mais uma linha lida */

            /* Insere as palavras da linha lida na trie */
        InsereLinhaEmTrieMachado(trie, linha, nLinha);

        free(linha);
    }

    fclose(stream); /* Processamento terminado. Fecha o arquivo. */

    free(linha);

    return trie;
}
```

A função `ConstroiTrieMachado()` cria uma trie com o conteúdo de um arquivo de texto e seu único parâmetro especifica o nome desse arquivo. Essa função retorna o endereço da trie criada e usa as seguintes funções auxiliares:

- `LeLinhaIlimitada()` — que foi definida no **Capítulo 9** do **Volume 1**
- `InsereLinhaEmTrieMachado()` — que será definida a seguir

A função `InsereLinhaEmTrieMachado()` insere as palavras que fazem parte de uma linha numa trie e seus parâmetros são:

- `raiz` (entrada) — raiz da trie
- `linha` (entrada/saída) — string que contém as palavras
- `nLinha` (entrada) — índice associado ao string que contém as palavras

```
void InsereLinhaEmTrieMachado(tTrieMachado raiz, char *linha, int nLinha)
{
    tConteudoMachado conteudo;
    int              posPalavra = 0;
    char             *pPalavra;

    pPalavra = strtok(linha, SEPARADORES); /* Obtém o primeiro token */

        /* Verifica se foi obtido algum token não vazio */
    if (!pPalavra || !*pPalavra)
        return; /* Não há palavras */

        /* O valor do campo 'linha' será o mesmo para todas as palavras desta linha */
    conteudo.linha = nLinha;

        /* A função ValidaPalavra() remove símbolos diacríticos e converte */
        /* maiúsculas em minúsculas para simplificar o problema. Se, após  */
        /* tudo isso, não sobrarem apenas letras de 'a' a 'z', o token é    */
        /* rejeitado como palavra.                                          */
    if (ValidaPalavra(pPalavra)) {
            /* Se desejar indexação de palavras a partir de */
            /* zero, troque incremento prefixo por sufixo   */
        conteudo.pos = ++posPalavra;

        InsereTrieMachado(raiz, pPalavra, &conteudo);
    }

        /* Obtém as demais palavras da linha e insere-as na trie */
    while (1) {
        pPalavra = strtok(NULL, SEPARADORES); /* Obtém o próximo token */

            /* Se não houver mais tokens, encerra o laço */
```

```
    if (!pPalavra)
      break;

    /* Insere apenas palavras válidas na trie */
    if (pPalavra && ValidaPalavra(pPalavra)) {
      conteudo.pos = ++posPalavra;

      InsereTrieMachado(raiz, pPalavra, &conteudo);
    }
  }
}
```

A função `ValidaPalavra()` chamada por `InsereLinhaEmTrieMachado()` remove símbolos diacríticos e converte maiúsculas em minúsculas para simplificar o problema. Se, após tudo isso, não sobrarem apenas letras de `'a'` a `'z'`, o token é rejeitado como palavra. Essa função é relativamente fácil de implementar e não será discutida em detalhes aqui. Ela não seria necessária na língua nativa de Shakespeare...

Quando esse programa é executado, ele apresenta o seguinte menu de opções:

```
    >>>>> Opcoes <<<<<

    (1) Acrescenta palavra
    (2) Remove palavra
    (3) Busca palavra
    (4) Numero de palavras
    (5) Encerra o programa

    >>> Escolha sua opcao: 4
```

Quando o usuário escolhe a opção **4**, como mostrado acima, o programa responde:

```
>>> Numero de chaves na trie: 5843
```

Se o usuário escolher a opção **3**, poderá ocorrer o seguinte diálogo:

```
>>> Digite a palavra a ser procurada: amor
```

E o usuário obterá como resultado aquilo que aparece no início desta seção.

Solução de (b): Usando uma trie, casamento de palavras (texto) com um padrão de comprimento *m* tem custo temporal $\theta(m \cdot |\sum|)$, independentemente do tamanho do texto. Se o tamanho do alfabeto não muda (como ocorre com texto em linguagem natural), uma busca por palavra tem custo temporal $\theta(m)$; i.e., esse custo é proporcional ao tamanho do padrão.

9.10.3 Maior Prefixo Comum (MPC) a um Conjunto de Strings

Preâmbulo: Suponha que se tenha o seguinte conjunto de strings:

```
{"rata", "rato", "ratazana", "ratao", "ratinho"}
```

Então a pergunta é: *qual é o maior prefixo comum a todos esses strings?* Essa questão é fácil de responder por mera inspeção dos strings em apreço. Os prefixos comuns a todos strings desse conjunto são: `"r"`, `"ra"` e `"rat"`. Portanto a resposta à questão é `"rat"`, que é o maior desses strings.

Agora torna-se bem complicado encontrar o maior prefixo comum a um conjunto de strings quando esse conjunto é bem grande (imagine, por exemplo, um conjunto contendo milhares de strings). Nesse caso, existem diversas maneiras de resolver este problema e uma das mais fáceis e elegantes é usando uma trie para representar o conjunto de strings. A **Figura 9–50** mostra como o problema pode ser resolvido usando trie.

Como mostra a **Figura 9–50**, o prefixo comum a um conjunto de strings é obtido percorrendo-se o caminho que vai da raiz da trie até a primeira bifurcação dos strings na trie que começam com o mesmo caractere.

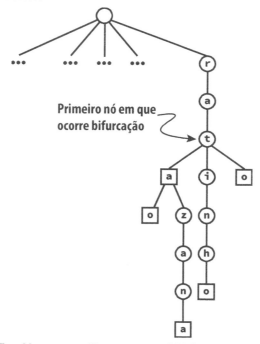

FIGURA 9–50: TRIE USADA PARA DETERMINAR O MPC DE UM CONJUNTO DE STRINGS

Problema: Escreva um programa que utilize uma trie para armazenar um conjunto de strings e determine o maior prefixo comum a esse conjunto de strings.

Solução: A implementação de trie apresentada na **Seção 9.8.2** pode ser utilizada com o acréscimo da função `MPC()` apresentada a seguir. Essa função encontra o maior prefixo comum (MPC) de um conjunto de strings armazenados numa trie e seu único parâmetro é o endereço da raiz da trie.

```
char *MPC(const tNoTrie *raiz)
{
    static char     prefixo[TAM_MAIOR_PALAVRA] = {0};
    const tNoTrie *p = raiz;
    int             indice,
                    tamPrefixo = 0;

        /* Tenta encontrar a primeira bifurcação da trie */
    while (NumeroDeFilhosDeNoDeTrie(p, &indice) == 1 && !p->ehFinal) {
        p = p->filhos[indice];

            /* Certifica-se que não haverá corrupção de memória */
        ASSEGURA(tamPrefixo < TAM_MAIOR_PALAVRA, "A Wikipedia estava errada");

            /* Acrescenta o caractere encontrado ao array que armazena o prefixo */
        prefixo[tamPrefixo] = 'a' + indice;

        ++tamPrefixo; /* O tamanho do prefixo aumentou */
    }

    return prefixo;
}
```

A constante `TAM_MAIOR_PALAVRA` utilizada pela função acima é definida como:

```
#define TAM_MAIOR_PALAVRA 46 + 1
```

Essa constante especifica o tamanho de um string capaz de conter a maior palavra da língua portuguesa (de acordo com a Wikipédia).

A função `MPC()` retorna o endereço do string que armazena o prefixo desejado. É importante notar que, como ela retorna o endereço de um array de duração fixa, a cada chamada dessa função, esse array pode ser sobrescrito. Essa função faz uso da função `NumeroDeFilhos()`, que conta e retorna o número de filhos de um nó de uma trie, e que usa os seguintes parâmetros:

- `pNo` (entrada) — endereço do referido nó
- `indice` (saída) — índice do último filho do nó que não é **NULL**

A função `NumeroDeFilhosDeNoDeTrie()` é definida como:

```c
int NumeroDeFilhosDeNoDeTrie(const tNoTrie *pNo, int *indice)
{
   int i,
       nFilhos = 0; /* Armazenará o número de filhos */

   for (i = 0; i < TAM_ALFABETO; ++i)
      if (pNo->filhos[i]) {
         nFilhos++; /* Mais um filho encontrado */

         *indice = i; /* Atualiza o parâmetro indice */
      }

   return nFilhos;
}
```

A função **main()** a seguir complementa o programa solicitado:

```c
int main(void)
{
   const char *chaves[] = { "rata", "rato", "ratazana", "ratao", "ratinho" };
   tTrie       raiz = IniciaTrie();
   int         i, nChaves;

   raiz = IniciaTrie(); /* Inicia a trie */

   nChaves = sizeof(chaves)/sizeof(chaves[0]);

      /* Constrói a trie */
   for (i = 0; i < nChaves; ++i)
      InsereEmTrie(raiz, chaves[i]);

      /* Efetua buscas na trie e apresenta os resultados */
   ResultadoBuscaEmTrie(raiz, "rato");
   ResultadoBuscaEmTrie(raiz, "ratazana");
   ResultadoBuscaEmTrie(raiz, "romano");
   ResultadoBuscaEmTrie(raiz, "ratinho");

   printf("\n\n>>> Numero de chaves na trie: %d\n", NumeroDeChavesEmTrie(raiz));

   printf("\n>>> Maior prefixo na trie: %s\n", MPC(raiz));

   RemoveEmTrie(raiz, "rato");
   RemoveEmTrie(raiz, "ratinho");

   printf("\n>>> Removida a chave \"%s\"", "rato");
   printf("\n>>> Removida a chave \"%s\"\n", "ratinho");
```

```
    /* Efetua buscas na trie e apresenta os resultados */
    ResultadoBuscaEmTrie(raiz, "rato");
    ResultadoBuscaEmTrie(raiz, "ratinho");

    printf("\n\n>>> Numero de chaves na trie: %d\n", NumeroDeChavesEmTrie(raiz));

    printf("\n>>> Maior prefixo na trie: %s\n", MPC(raiz));

    return 0;
}
```

Quando executado, o programa acima apresenta o seguinte resultado:

```
>>> A chave "rato" esta' presente na trie
>>> A chave "ratazana" esta' presente na trie
>>> A chave "romano" NAO esta' presente na trie
>>> A chave "ratinho" esta' presente na trie

>>> Numero de chaves na trie: 5

>>> Maior prefixo na trie: rat

>>> Removida a chave "rato"
>>> Removida a chave "ratinho"

>>> A chave "rato" NAO esta' presente na trie
>>> A chave "ratinho" NAO esta' presente na trie

>>> Numero de chaves na trie: 3

>>> Maior prefixo na trie: rata
```

A função `ResultadoBuscaEmTrie()` chamada por **main()** simplesmente efetua uma busca na trie usando a função `BuscaEmTrie()`, definida na **Seção 9.8.2**, e apresenta o resultado.

9.10.4 Maior Subsequência Comum (MSC) a Dois Strings

Preâmbulo: Aplicações em bioinformática precisam com frequência comparar cadeias de DNA de dois ou mais organismos diferentes. Uma **cadeia de DNA** consiste num string constituído por letras de um alfabeto de quatro letras $\sum = \{A, C, G, T\}$ que representam moléculas denominadas **bases**[13]. Assim qualquer cadeia de DNA pode ser representada como um string que usa apenas as letras desse alfabeto. Por exemplo, o DNA de um organismo (fictício) pode ser representado como S_1 = "ACCGGTCGAGTGCGCGGAAGCCGGCCGAA" e o DNA de outro organismo pode ser representado como S_2 = "GTCGTTCGGAATGCCGTTGCTCTGTAAA".

Uma das razões pelas quais se desejam comparar duas cadeias de DNA é determinar a similaridade entre elas, de modo que se possa decidir qual é a proximidade entre dois organismos. Essa similaridade pode ser definida de diversas maneiras. Por exemplo, pode-se concluir que duas cadeias de DNA são similares se uma delas é substring da outra. Mas outra abordagem pode considerar duas cadeias S_1 e S_2 similares se existe uma terceira cadeia S_3 na qual suas letras aparecem tanto em S_1 quanto em S_2. Nesse caso, as letras de S_3 aparecem na mesma ordem em que elas aparecem em S_1 e em S_2, mas não são necessariamente consecutivas. Ainda nesse caso, quanto maior for o comprimento de S_3, maior será a similaridade entre S_1 e S_2. Por exemplo, se S_1 for "ACCGGTCGAGTGCGCGGAAGCCGGCCGAA" e S_2 for "GTCGTTCGGAATGCCGTTGCTCTGTAAA", a maior cadeia S_3 será "GTCGTCGGAAGCCGGCCGAA". Essa será a noção de similaridade a ser adotada aqui. Encontrar tal cadeia S_3 é um exemplo de um problema de determinação da **maior subsequência comum** (abreviadamente, **MSC**) a dois strings, que será formalmente descrito a seguir.

---

[13] Essas bases são **adenina** (representada por **A**), **guanina** (**G**), **citosina** (C) e **timina** (**T**).

Uma subsequência de um dado string é uma sequência obtida removendo-se zero ou mais caracteres desse string. Formalmente, dada uma sequência $X = \{x_1, x_2, ..., x_m\}$, outra sequência $Z = \{z_1, z_2, ..., z_k\}$ é uma subsequência de X se existe uma sequência estritamente crescente $\{i_1, i_2, ..., i_k\}$ de índices de X tal que $\forall j = 1, 2, ..., k$, tem-se que $x_{ij} = z_j$. Por exemplo, $Z = \{B, C, D, B\}$ é uma subsequência de $X = \{A, B, C, B, D, A, B\}$ sendo $\{2, 3, 5, 7\}$ a sequência correspondente de índices. Enfim essa definição significa que uma subsequência de X é uma sequência de caracteres presentes em X que não são necessariamente contíguos em X, mas que aparecem na mesma ordem em X.

Dadas duas sequências X e Y, diz-se que uma sequência Z é uma subsequência comum de X e Y se Z for a subsequência tanto de X quanto de Y. Por exemplo, se $X = \{A, B, C, B, D, A, B\}$ e $Y = \{B, D, C, A, B, A\}$, a sequência $\{B, C, A\}$ é uma subsequência comum de X e Y. No entanto, a sequência $\{B, C, A\}$ não é uma subsequência comum mais longa (MSC) de X e Y, pois ela tem comprimento 3 e a sequência $\{B, C, B, A\}$, que também é comum a X e Y, tem comprimento 4. Assim a sequência $\{B, C, B, A\}$ é uma MSC de X e Y, assim como é o caso da sequência $\{B, D A, B\}$, uma vez que X e Y não possuem nenhuma subsequência comum de comprimento maior do que 4.

Resolver o problema MSC usando uma abordagem de bruta força requer enumerar todas as subsequências de X e testar cada uma delas para verificar se também é uma subsequência de Y, sempre considerando a maior subsequência que seja encontrada. Como X possui 2^m subsequências (pois cada caractere de X faz parte ou não de uma subsequência de X), essa abordagem tem custo temporal exponencial, o que a torna impraticável para sequências longas.

Problema: (a) Escreva uma função que apresenta a MSC de dois strings. (b) Usando a notação ó, avalie o custo temporal dessa função.

Observações: Este problema não deve ser confundido com os seguintes problemas clássicos, que são semelhantes em termos de enunciado, mas não são semelhantes em termos de complexidade de solução:

- Menor prefixo comum a um conjunto de string — esse problema foi resolvido na **Seção 9.10.3**.

- Menor substring a um conjunto de string — esse problema pode ser resolvido utilizando-se árvores de sufixos, que não são discutidas neste livro.

A solução a ser apresentada aqui é baseada no paradigma algorítmico conhecido como **programação** (ou **otimização**) **dinâmica**, mas você não precisa conhecer os princípios que norteiam esse paradigma para entender a solução proposta.

No problema MSC, têm-se dois strings, X e Y, de comprimento n e m, respectivamente, e pede-se para encontrar um string mais longo Z que seja uma subsequência de X e Y. Como X e Y são strings, tem-se um conjunto natural de índices com os quais subproblemas podem ser definidos. Tal subproblema consiste em determinar o comprimento de uma MSC de $X[0..i]$ e $Y[0..j]$ representada por $M[i, j]$.

Essa definição permite escrever $M[i, j]$ em termos de soluções de subproblemas divididos em dois casos:

- **Caso 1**: $X[i] = Y[j]$. Seja $c = X[i] = Y[j]$. Nesse caso, pode-se mostrar[14] que uma MSC de $X[0..i]$ e $Y[0..j]$ termina com c. Portanto pode-se considerar:

$$M[i, j] = M[i - 1, j - 1] + 1 \text{ se } X[i] = Y[j] \tag{1}$$

---

[14] O leitor interessado em aspectos teóricos deste problema pode consultar Goodrich (2015) ou Cormen (2009) (v. **Bibliografia**).

A **Figura 9–51** ilustra este caso:

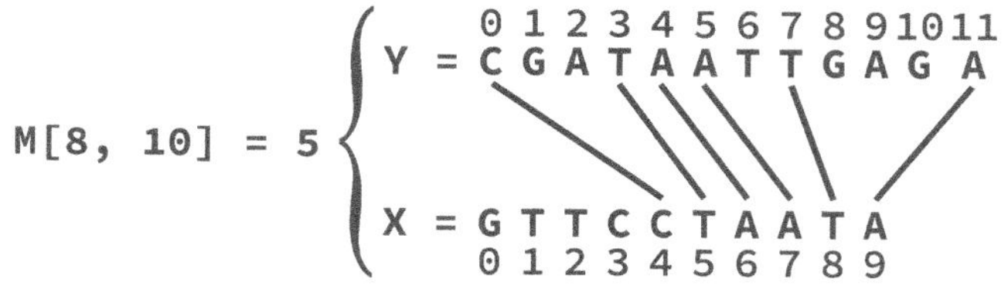

$$M[8, 10] = 5 \begin{cases} & \begin{array}{c} 0\ 1\ 2\ 3\ 4\ 5\ 6\ 7\ 8\ 9\ 10\ 11 \\ Y = C\ G\ A\ T\ A\ A\ T\ T\ G\ A\ G\ A \end{array} \\ \\ & \begin{array}{c} X = G\ T\ T\ C\ C\ T\ A\ A\ T\ A \\ 0\ 1\ 2\ 3\ 4\ 5\ 6\ 7\ 8\ 9 \end{array} \end{cases}$$

FIGURA 9–51: EXEMPLO DO CASO 1 DO ALGORITMO MSC

■ **Caso 2**: $X[i] \neq Y[j]$. Neste caso, não se pode ter uma subsequência comum que inclua tanto $X[i]$ quanto $Y[j]$. Quer dizer, uma subsequência comum pode terminar com $X[i]$, com $Y[j]$ ou com nenhum dos dois, mas não com esses dois valores ao mesmo tempo. Portanto considera-se:

$$M[i, j] = max\{M[i - 1, j], M[i, j - 1]\} \text{ se } X[i] \neq Y[j] \tag{2}$$

A **Figura 9–52** ilustra este caso:

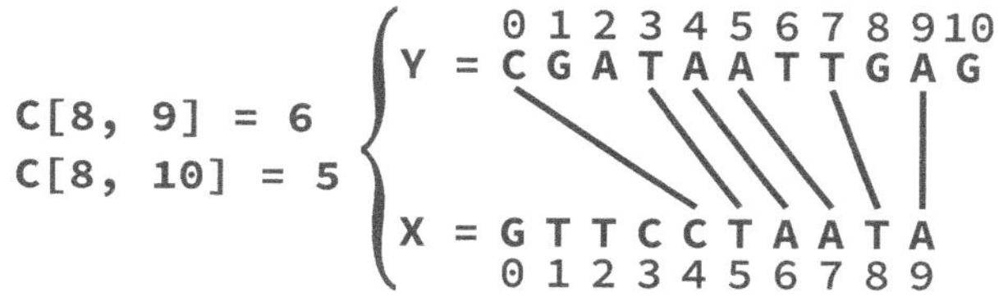

$$\begin{aligned} C[8, 9] &= 6 \\ C[8, 10] &= 5 \end{aligned} \begin{cases} & \begin{array}{c} 0\ 1\ 2\ 3\ 4\ 5\ 6\ 7\ 8\ 9\ 10 \\ Y = C\ G\ A\ T\ A\ A\ T\ T\ G\ A\ G \end{array} \\ \\ & \begin{array}{c} X = G\ T\ T\ C\ C\ T\ A\ A\ T\ A \\ 0\ 1\ 2\ 3\ 4\ 5\ 6\ 7\ 8\ 9 \end{array} \end{cases}$$

FIGURA 9–52: EXEMPLO DO CASO 2 DO ALGORITMO MSC

Resumindo o que foi exposto acima, tem-se que:

$$M[i, j] = \begin{cases} 0 & se\ i = 0\ ou\ j = 0 \\ M[i - 1, j - 1] + 1 & se\ i, j > 0\ e\ x_i = x_j \\ max(M[i, j - 1], M[i - 1, j]) & se\ i, j > 0\ e\ x_i \neq x_j \end{cases}$$

Para que as equações **[1]** e **[2]** façam sentido quando $i = 0$ ou $j = 0$, define-se $M[i, -1] = 0$ para $i = -1, 0, 1, ..., n - 1$ e $C[-1, j] = 0$ para $j = -1, 0, 1, ..., m - 1$.

Para transformar a definição de $M[i, j]$ num algoritmo, é necessário usar uma matriz $M_{(n + 1) \times (m + 1)}$ iniciada com os casos de fronteira em que $i = 0$ ou $j = 0$. Ou seja, $M[i, -1] = 0$ para $i = -1, 0, 1, ..., n - 1$ e $M[-1, j] = 0$ para $j = -1, 0, 1, ..., m - 1$. Então iterativamente os valores de M são construídos até que se obtenha $M[n - 1, m - 1]$, que é o comprimento da MSC de X e Y.

Após obter os valores da matriz $M[i, j]$, construir uma MSC é relativamente fácil. Um método consiste em iniciar em $M[n - 1, m - 1]$ e examinar os elementos da matriz, construindo uma MSC do final para o início. Em qualquer elemento $M[i, j]$, determina-se se $X[i] = Y[j]$. Se esse for o caso, então considera-se $X[i]$ como o próximo caractere da subsequência (lembrando que $X[i]$ deve vir antes do último caractere encontrado, a não ser que não haja nenhum outro). Em seguida, passa-se para $M[i - 1, j - 1]$. Se $X[i] \neq Y[j]$, então passa-se para o maior valor entre $M[i, j - 1]$ e $M[i - 1, j]$. Esse procedimento encerra quando se atinge um valor de fronteira (i.e., com $i = -1$ ou $j = -1$).

A **Figura 9–53** ilustra o procedimento descrito acima. Nessa figura, o valor do elemento $M[6, 5]$, que se encontra na última linha e na última coluna da tabela, é o comprimento de uma MSC de X e Y. Para $i, j > 0$, o elemento $M[i, j]$ depende apenas do fato de $x_i = y_j$ e dos valores dos elementos *M[i − 1, j]*, *M[i, j − 1]* e *M[i − 1, j − 1]* que são calculados antes de *M[i, j]*. Para obter os caracteres que constituem uma MSC, seguem-se as setas a partir do canto inferior direito da matriz. Na mesma figura, a sequência seguida aparece com fundo escurecido. Cada seta ⬉ na sequência com fundo escurecido corresponde a um elemento para o qual $x_i = y_j$ de modo que o caractere correspondente faz parte de uma MSC.

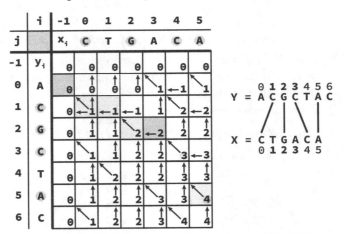

FIGURA 9–53: EXEMPLO DE DETERMINAÇÃO DE MSC

Solução de (a): A função ExibeMSC(), apresentada adiante, exibe na tela o comprimento do MSC de dois strings e o primeiro MSC encontrado seguindo o procedimento descrito acima. Os parâmetros dessa função são os strings que representam as sequências e os tamanhos desses strings.

```c
void ExibeMSC( const char *X, const char *Y, int m, int n )
{
    int    i, j,
           indice,
           M[m + 1][n + 1]; /* Válido nos padrões C99 e C11 */
    char   *MSC;

    /* O primeiro segmento da função é dedicado ao cálculo do comprimento do MSC */

        /* Constrói a tabela M[m + 1][n + 1] de modo ascendente. M[i][j] */
        /* contém o comprimento de MSC de X[0..i - 1] e Y[0..j - 1]      */
    for (i = 0; i <= m; ++i)
        for (j = 0; j <= n; ++j)
            if (i == 0 || j == 0)
                M[i][j] = 0;
            else if (X[i - 1] == Y[j - 1])
                M[i][j] = M[i - 1][j - 1] + 1;
            else
                M[i][j] = MAX(M[i - 1][j], M[i][j - 1]);

        /* Exibe na tela o comprimento de MSC */
    printf( "\n>>> Comprimento de MSC de %s e %s: %d\n", X, Y, M[m][n] );

    /* O segundo segmento a seguir é dedicado à apresentação do MSC */

        /* Inicia 'indice' com o último valor da tabela */
    indice = M[m][n];

        /* Cria um array de caracteres para armazenar o MSC */
    MSC = calloc(indice + 1, sizeof(char));
```

```
    /* Inicia com o último elemento da matriz e prossegue */
    /* armazenando os caracteres no array MSC[]           */
i = m;
j = n;

while (i > 0 && j > 0) {
        /* Se os caracteres corrente em X e Y são os      */
        /* mesmos, então esse caractere faz parte do MSC */
    if (X[i - 1] == Y[j - 1]) {
            /* Acrescenta o caractere corrente ao resultado */
        MSC[indice - 1] = X[i - 1];

        --i; /* Atualiza os valores de i, j e indice */
        --j;
        --indice;
    } else if (M[i - 1][j] > M[i][j - 1]) {
            /* Os caracteres correntes em X e Y não são os */
            /* mesmos. Prossegue em direção do valor maior */
        --i;
    } else
        --j; /* Idem */
}

printf("\n>>> MSC de %s e %s: %s\n", X, Y, MSC); /* Exibe na tela o MSC */

free(MSC); /* Libera o espaço ocupado pelo array */
}
```

Solução de (b): A função `ExibeMSC()` é dividida em dois segmentos distintos: o primeiro segmento é responsável pelo cálculo do comprimento de uma MSC e o segundo segmento é responsável por encontrar uma MSC. O custo temporal do primeiro segmento é $\theta(n·m)$, enquanto o segundo segmento apresenta um custo temporal adicional $\theta(n + m)$. Portanto o custo temporal dessa função é $\theta(n·m)$.

9.10.5 Distância de Edição

Preâmbulo: Um verificador ortográfico faz sugestões para palavras que ele não encontra em seu repertório por julgá-las incorretas. Considerando uma palavra *s* (string) incorreta, um verificador ortográfico sugere palavras que se encontram em sua lista de palavras e que são próximas de *s*. Uma das formas mais rudimentares de implementar essas sugestões é por meio do conceito de **distância de edição**.

A distância de edição entre dois strings é o número mínimo de caracteres alterados, inseridos ou removidos num dos strings de modo que se obtenha como resultado o outro string. A **Tabela 9–6** apresenta exemplos de distâncias de edição entre dois strings.

Strings	Distância de Edição	Justificativa
s1 = "abc" s2 = "abd"	1	Basta alterar um caractere de s1 para obter s2 (ou vice-versa)
s1 = "abc" s2 = "bd"	2	O caractere 'a' de s1 deve ser removido e o caractere 'c' deve ser alterado para 'd' para obter s2
s1 = "abc" s2 = "abc"	0	Não é preciso alterar, inserir ou remover qualquer caractere de s1 para obter s2

TABELA 9–6: EXEMPLOS DE DISTÂNCIA DE EDIÇÃO

Observação: Tipicamente, verificadores ortográficos utilizam um algoritmo conhecido como **distância de Levenshtein** ou um algoritmo ainda mais sofisticado com o mesmo propósito. Portanto distância de edição, conforme descrito aqui, serve apenas como introdução a esse tema.

Problema: (a) Escreva uma função que recebe dois strings como parâmetros e retorna a distância de edição entre eles. (b) Avalie o custo temporal dessa função em termos de notação ó.

Solução de (a): A função `DistanciaDeEdicao()` apresentada a seguir calcula e retorna a distância de edição de dois strings recebidos como parâmetros.

```
int DistanciaDeEdicao( char *s1, const char *s2)
{
   int da, /* Distância de edição devido a alteração */
       di, /* Distância de edição devido a inserção  */
       dr; /* Distância de edição devido a remoção    */

   /* Se um dos strings é vazio, a distância de edição é o tamanho do outro string */

   if(*s1 == 0)
      return strlen(s2);

   if(*s2 == 0)
      return strlen(s1);

     /* Se os dois primeiros caracteres correspondentes nos dois */
     /* strings são iguais, passa-se para os caracteres seguintes */
   if(*s1 == *s2)
      da = DistanciaDeEdicao(s1 + 1, s2 + 1);
   else /* Alteração */
      da = 1 + DistanciaDeEdicao(s1 + 1, s2 + 1);

   di = 1 + DistanciaDeEdicao(s1, s2 + 1); /* Inserção */

   dr = 1 + DistanciaDeEdicao(s1 + 1, s2); /* Remoção */

   return MenorDe3(da, di, dr);
}
```

A função `DistanciaDeEdicao()` verifica se algum dos strings recebidos como parâmetro é vazio. Se esse for o caso, ela retorna o comprimento do outro string como distância de edição. Caso contrário, ela verifica se os dois primeiros caracteres dos dois strings são iguais. Se eles forem iguais, a função obtém o valor de **da** chamando a si mesma recursivamente usando como parâmetros **s1 + 1** e **s2 + 1**. Por outro lado, se os dois primeiros caracteres dos dois strings não são iguais, a função supõe que a alteração de um caractere se faz necessária e o valor da variável **da** é obtido acrescentando-se **1** (devido a atualização) à distância de edição entre os strings **s1 + 1** e **s2 + 1**. Em seguida, a função `DistanciaDeEdicao()` é chamada recursivamente duas vezes:

[1] Na primeira dessas chamadas, essa função calcula a distância de edição devido a uma eventual inserção. Ou seja, ela calcula o valor de **di** acrescentando **1** à distância de edição entre os strings **s1** e **s2 + 1** para levar em consideração a remoção de um caractere de **s1** de modo a obter **s2**.

[2] Na segunda dessas chamadas, a função calcula o valor de **dr** acrescentando **1** à distância de edição entre os strings **s1 + 1** e **s2** para levar em consideração a inserção de um caractere em **s1** de modo a obter **s2**.

Ao final, após determinar os valores de **da**, **di** e **dr**, a função `DistanciaDeEdicao()` chama a função `MenorDe3()` para calcular o menor valor dentre os três valores inteiros **d1**, **d2**, **d3** e retorna esse valor. A função `MenorDe3()` é muito fácil de ser implementada e sua apresentação não cabe num livro de estruturas de dados.

Solução de (b): Como, para cada caractere em `s1`, a função `DistanciaDeEdicao()` é chamada recursivamente três vezes, o custo temporal pode ser calculado usando-se a seguinte relação de recorrência (v. **Capítulo 6** e **Apêndice B do Volume 1**):

$$T(n) = 3 \cdot T(n-1)$$

em que $n = min\{|s1|, |s2|\}$ (i.e., n é o menor comprimento entre os strings `s1` e `s2`, que são parâmetros da função). Resolvendo-se essa relação de recorrência, obtém-se que o custo temporal da função é $\theta(3^n)$. Portanto esse custo é exponencial e não pode ser subestimado. Por exemplo, considere um programa contendo a função `DistanciaDeEdicao()` que seja executado como mostrado a seguir:

```
>>> Digite o primeiro string: Otorrinolaringol
>>> Digite o segundo string: Otorrinolaringl
Calculando distancia de edicao...
>>> Distancia de edicao entre
"Otorrinolaringol" (16 caracteres) e
"Otorrinolaringl" (15 caracteres): 1
```

O problema com o programa acima é que ele leva quase 20 minutos para encontrar a distância de edição entre os strings `"Otorrinolaringol"` e `"Otorrinolaringl"`. O computador utilizado na execução desse programa usa um processador Intel de *3,5 GHz* e tem memória de *16 GiB*. Para um programa que se propõe a ser um verificador ortográfico esse tempo corresponde a uma eternidade para o usuário, mas como o leitor foi avisado no início desta seção, esse tipo de distância de edição tem objetivo meramente didático e não deve ser usado na prática.

9.10.6 Casamento Léxico

Preâmbulo: Uma vantagem do algoritmo **KR** (v. **Seção 9.6**) é que ele permite resolver de modo eficiente uma generalização do problema de casamento de strings denominada **casamento léxico**. Nesse tipo de problema, tem-se um conjunto $P = \{p_1, p_2, \ldots, p_k\}$ contendo k padrões diferentes e um texto T. Então o problema consiste em encontrar todas as posições em T nos quais um padrão p_i de P é um substring. Neste contexto, o conjunto P é o **léxico** de strings que se espera verificar se eles se encontram em T. Por exemplo, P poderia consistir de um conjunto de palavras (ou frases) comumente encontradas na obra de um certo autor (p. ex., Machado de Assis) e T poderia ser um artigo que se suspeita que seja um plágio da obra desse mesmo autor. Então o investigador dessa suspeita tentaria encontrar as frases de P em T de modo a confirmar sua suspeita.

Problema: Escreva uma função que mostre com que frequência um léxico ocorre num texto. Para simplificar, suponha que todos os padrões desse léxico sejam do mesmo tamanho m.

Solução: A solução para o problema proposto consiste em duas etapas:

1. Na primeira etapa, o valor de dispersão de cada padrão do léxico é calculado e armazenado numa tabela que associa cada padrão a seu respectivo valor de dispersão.

2. Na segunda etapa, calcula-se o valor de dispersão de cada substring do texto que tenha tamanho m. Se for encontrado um casamento entre um determinado valor de dispersão encontrado no texto e um valor de dispersão calculado na primeira fase, comparam-se os respectivos strings para verificar se eles realmente casam ou se ocorre um falso casamento, como ilustra a **Figura 9–54**.

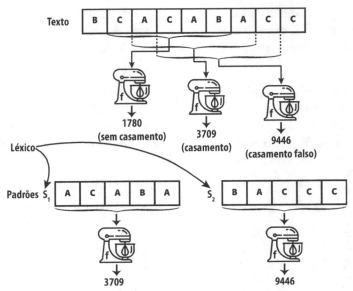

FIGURA 9–54: EXEMPLO DE CASAMENTO LÉXICO

Será usada a seguinte definição de tipo para a estrutura que armazena um padrão do léxico em questão:

```
typedef struct {
        char *padrao;      /* O padrão */
        int   dispersao;   /* Seu valor de dispersão */
        int   ocorrencias; /* Número de ocorrências no texto */
    } tPadraoLexico;
```

A função `DispersoesLexico()` calcula os valores de dispersão de um array de padrões (léxico) usando uma digital de Rabin e seus parâmetros são:

- `lexico` (entrada/saída) — array que contém os padrões
- `n` (entrada) — número de elementos do array
- `m` (entrada) — tamanho de cada string do array
- `base` (entrada) — base que será usada no cálculo dos valores de dispersão
- `primo` (entrada) — número primo que será usado no cálculo dos valores de dispersão

```
void DispersoesLexico(tPadraoLexico lexico[], int n, int m, int b, int q)
{
   int i, j;

     /* Calcula os valores de dispersão dos padrões */
   for (i = 0; i < n; ++i)
      for (j = 0; j < m; ++j)
         lexico[i].dispersao = ( lexico[i].dispersao*b + lexico[i].padrao[j] )%q;
}
```

A função `CasamentoLexico()`, definida adiante, verifica a ocorrência de algum padrão de um conjunto de padrões (léxico) num texto usando o algoritmo **KR**. Os parâmetros dessa função são:

- `nomeArq` (entrada) — nome do arquivo que contém o texto
- `lexico` (entrada) — array que contém os padrões
- `k` (entrada) — número de elementos do array (léxico)
- `m` (entrada) — tamanho de cada padrão no léxico
- `b` (entrada) — a base numérica utilizada em cálculo de valores de dispersão
- `q` (entrada) — o número primo utilizado em cálculo de valores de dispersão

```c
void CasamentoLexico( const char *nomeArq, tPadraoLexico lexico[],
                      int k, int m, int b, int q)
{
    int    dispersaoTexto = 0, /* Dispersão de cada janela */
           maiorPotencia = 1, /* Valor da base elevado a m - 1 */
           i, j,
           nLinha; /* Tamanho de uma linha lida no arquivo */
    char *linha; /* Apontará para cada linha lida */
    FILE *stream; /* Stream associado ao arquivo no qual ocorrerá a leitura */

    stream = fopen(nomeArq, "r"); /* Abre arquivo em formato de texto para leitura */

        /* Se o arquivo não foi aberto, nada mais pode ser feito */
    ASSEGURA(stream, "Arquivo não foi aberto");

        /* Calcula o valor da maior potência do polinômio */
    for (i = 0; i < m - 1; ++i)
        maiorPotencia = maiorPotencia*b%q;

        /* Lê cada linha do arquivo de texto e conta o número de ocorrências */
        /* de cada padrão que compõe o léxico nessa linha                    */
    while (1) {
            /* Lê uma linha no arquivo de entrada */
        linha = LeLinhaIlimitada(&nLinha, stream);

            /* Se a linha for NULL, encerra-se o laço */
        if (!linha)
            break;

        dispersaoTexto = 0; /* Inicia o valor de dispersão das janelas da linha */

            /* Calcula o valor de dispersão da primeira */
            /* janela da linha lida recentemente        */
        for (i = 0; i < m; ++i)
            dispersaoTexto = (dispersaoTexto*b + linha[i])%q;

            /* Procura casamentos entre os padrões do léxico e a linha corrente */
        for (i = 0; i <= nLinha - m; ++i ) {
                /* Checa casamentos dos padrões com a janela corrente da linha corrente */
            for (j = 0; j < k; ++j)
                if ( lexico[j].dispersao == dispersaoTexto &&
                     !memcmp(lexico[j].padrao, linha + i, m) )
                    ++lexico[j].ocorrencias;

                /* Calcula o valor de dispersão da próxima janela da linha */
            dispersaoTexto = (b*(dispersaoTexto-linha[i]*maiorPotencia) + linha[i+m])%q;

                /* Corrige o valor de dispersão se ele for negativo */
            if(dispersaoTexto < 0)
                dispersaoTexto += q;
        }

        free(linha); /* Libera o espaço ocupado pela linha */
    }

    fclose(stream); /* Fecha o arquivo */

        /* Verifica se ocorreu erro de leitura */
    ASSEGURA(!ferror(stream), "Erro de leitura");
}
```

A função **main**() apresentada a seguir pode ser usada para completar o programa de casamento léxico:

```
int main(void)
{
   tPadraoLexico lexico[] = { {"casa", 0, 0}, {"olho", 0, 0},
                              {"vida", 0, 0}, {"hora", 0, 0},
                              {"amor", 0, 0}, {"alma", 0, 0},
                              {"nome", 0, 0}, {"modo", 0, 0},
                              {"novo", 0, 0}, {"self", 0, 0}
                            };
   int           m = strlen(lexico->padrao), /* Os padrões têm o mesmo tamanho */
                 k = sizeof(lexico)/sizeof(lexico[0]), /* No. de padrões no léxico */
                 i,
                 b = BASE,
                 q = PRIMO,
                 qMax = INT_MAX/(BASE*BASE - BASE);

   /* Teste preventivo de overflow */
   if (q > qMax) {
      qMax = MaiorPrimo(qMax);
      printf("\n\t\a>>> Ocorrera' overflow!\n"
             "\n\t>>> O maior valor de q deveria ser %d\n", qMax);
      return 1;
   }

   /* Calcula os valores de dispersão dos padrões que constituem o léxico */
   DispersoesLexico(lexico, k, m, b, q);

   /* Efetua o casamento dos padrões com o texto */
   CasamentoLexico(NOME_ARQUIVO, lexico, k, m, b, q);

   /* Apresenta o resultado do casamento léxico */
   for (i = 0; i < k; ++i)
      if (lexico[i].ocorrencias)
         printf("\n\t>>> \"%s\" foi encontrado %d %s no texto", lexico[i].padrao,
                lexico[i].ocorrencias, lexico[i].ocorrencias > 1 ? "vezes" : "vez");
      else
         printf("\n\t>>> \"%s\" nao foi encontrado no texto", lexico[i].padrao);

   putchar('\n'); /* Enfeite */

   return 0;
}
```

Essa função **main**() faz uso das constantes simbólicas PRIMO e BASE, que foram discutidas na **Seção 9.6**, e da constante NOME_ARQUIVO, que representa nome do arquivo de texto utilizado. A função MaiorPrimo() chamada por **main**() também foi discutida na referida seção.

Quando um programa constituído pelas funções acima é executado, ele produz como resultado:

```
>>> "casa" foi encontrado 119 vezes no texto
>>> "olho" foi encontrado 114 vezes no texto
>>> "vida" foi encontrado 83 vezes no texto
>>> "hora" foi encontrado 66 vezes no texto
>>> "amor" foi encontrado 128 vezes no texto
>>> "alma" foi encontrado 52 vezes no texto
>>> "nome" foi encontrado 7 vezes no texto
>>> "modo" foi encontrado 30 vezes no texto
>>> "novo" foi encontrado 14 vezes no texto
>>> "self" nao foi encontrado no texto
```

9.10.7 Casamento de Strings em Fluxo Contínuo

Problema: (a) Escreva um programa que procura casar um string (padrão) com um texto cujos caracteres são lidos um a um num meio de entrada. (b) Apresente uma função **main()** que use a função solicitada no item (a) para (1) tentar casar um determinado padrão com um texto introduzido pelo usuário via teclado e (2) tentar casar outro padrão com um texto armazenado em arquivo. **Observação:** Em nenhuma situação, o texto deve ser armazenado pelo programa que o recebe como entrada.

Solução de (a): De todos os algoritmos de casamento de strings examinados neste livro, o algoritmo de Knuth, Morris e Pratt (**KMP**) é o mais adequado para resolver o problema proposto, pois ele não apresenta retrocesso (v. **Seção 9.1.3**).

A função `CasaFluxoContinuo()` a seguir é uma adaptação do algoritmo **KMP** para resolver o problema em questão. Ou seja, ela tenta casar um string (padrão) com um texto cujos caracteres são lidos um a um num meio de entrada. Essa função retorna a posição da primeira ocorrência do padrão no texto, se ele for encontrado, ou **-1**, em caso contrário. Os parâmetros da função `CasaFluxoContinuo()` são:

- **p** (entrada) — string que representa o padrão
- **stream** (entrada) — stream associado ao arquivo que contém o texto
- **num** (saída) — se não for **NULL**, esse parâmetro armazenará o número de caracteres lidos

O parâmetro **num** da função `CasaFluxoContinuo()` é útil na fase de testes e depuração do programa que usa essa função.

```c
int CasaFluxoContinuo(const char *p, FILE *stream, int *num)
{
   int c,          /* Armazena cada caractere lido */
       nCar = 0, /* Número de caracteres lidos */
       m = strlen(p), /* Comprimento do padrão */
       i = 0, /* Índice de um caractere do padrão */
      *tab; /* Ponteiro para a tabela de prefixos */

    /* Cria a tabela de prefixos */
   tab = CriaTabelaKMP(malloc(m*sizeof(int)), p);

   c = fgetc(stream); /* Lê o primeiro caractere do texto */

    /* O laço a seguir encerra quando o final do arquivo */
    /* for atingido ou for encontrado um casamento       */
   while (1) {
       /* Verifica se o final de arquivo foi atingido */
       /* ou ocorreu algum erro de leitura            */
      if (c == EOF)
         break;

      ++nCar; /* Foi lido mais um caractere */

       /* Enquanto os caracteres ora sendo comparados não casarem, associa */
       /* i ao índice do padrão indicado pela tabela de prefixos           */
      while (i >= 0 && c != p[i])
          i = tab[i];

      ++i; /* Passa para o próximo caractere do padrão */

       /* Se já ocorreu casamento, encerra o laço */
      if (i >= m)
         break;

      c = fgetc(stream); /* Lê o próximo caractere do texto */
   }
```

```
      /* O array que armazena a tabela de prefixos não é mais necessário */
   free(tab);

      /* Se o terceiro parâmetro não for NULL, armazena */
      /* nele o número de caracteres lidos            */
   if (num)
      *num = nCar;

      /* Se o padrão foi encontrado, retorna-se sua    */
      /* posição no texto; caso contrário, retorna-se -1 */
   return i == m ? nCar - m : -1;
}
```

Note que a função `CasaFluxoContinuo()` chama a função `CriaTMB()`, que é aquela mesma definida na **Seção 9.3.**

É importante ainda observar que a função `CasaFluxoContinuo()` encerra apenas quando é encontrado um casamento ou quando o final do arquivo é atingido, o que pode ser um problema para o usuário desavisado que introduz um texto via teclado e não sabe simular final de arquivo. Ou seja, o usuário precisa ser um tanto *nerd* para saber que `[CTRL] + [D]` e `[CTRL] + [Z]` são usados com esse propósito em sistemas das famílias Unix e Windows/DOS, respectivamente.

Solução de (b): A função **main**() a seguir atende o requisito (b) do enunciado do problema.

```
int main(void)
{
   char *p1 = "amor",/* Padrão usado na primeira parte do programa */
        *p2 = "ATGAGCGGCGCCTGCA"; /* Padrão a ser usado na       */
                                  /* segunda parte do programa */
   int  pos, /* Possível posição de casamento  */
        nCaracteres; /* Número de caracteres lidos */
   FILE *stream; /* Stream associado ao arquivo que contém um */
                 /* banco de dados de DNA em formato FASTA    */

      /*                                                   */
      /* Primeira parte: casamento com texto digitado via teclado */
      /*                                                   */

   printf("Digite um texto falando em \"%s\":\n> ", p1);

      /* Chama a função CasaFluxoContinuo() para ler */
      /* o texto e verificar se ele contém o padrão  */
   pos = CasaFluxoContinuo(p1, stdin, &nCaracteres);

      /* Apresenta o resultado */
   if (pos >= 0)
      printf("\n\t>>> \"%s\" aparece na posicao %d do texto\n", p1, pos);
   else
      printf( "\n\t>>> \"%s\" NAO aparece no texto\n", p1);

      /* Informa quantos caracteres foram lidos */
   printf("\n\t>>> Foram lidos %d caracteres\n", nCaracteres);

      /*** Segunda parte: casamento com texto armazenado em arquivo ***/

      /* Tenta abrir arquivo de dados em modo de texto apenas para leitura */
   stream = fopen(NOME_ARQ, "r");

      /* Se o arquivo não foi aberto, encerra o programa */
   if (!stream) {
```

```
        printf("\nArquivo \"%s\" nao pode ser aberto\n", NOME_ARQ);
        return 1;
    }

    /* Chama a função CasaFluxoContinuo() para ler   */
    /* o arquivo e verificar se ele contém o padrão */
    pos = CasaFluxoContinuo(p2, stream, &nCaracteres);

    fclose(stream); /* Arquivo já pode ser fechado */

    /* Apresenta o resultado */
    if (pos >= 0)
        printf("\n\t>>> \"%s\" aparece na posicao %d do \n", p2, pos);
    else
        printf( "\n\t>>> \"%s\" NAO aparece no \n", p2);

    printf("\t>>> arquivo \"%s\"\n", NOME_ARQ);

    /* Informa quantos caracteres foram lidos */
    printf("\n\t>>> Foram lidos %d caracteres\n", nCaracteres);

    return 0;
}
```

Um exemplo de execução de um programa contendo essas duas últimas funções é apresentado a seguir:

```
Digite um texto falando em "amor":
> E' o amor oooooo

        >>> "amor" aparece na posicao 5 do texto

        >>> Foram lidos 9 caracteres

        >>> "ATGAGCGGCGCCTGCA" aparece na posicao 54161148 do
        >>> arquivo "I:\Dados\DNA.txt"

        >>> Foram lidos 54161164 caracteres
```

O valor da constante NOME_ARQ usada pela função **main**() acima é **"DNA.txt"**, que é o nome de um arquivo de texto contendo parte do genoma humano (v. **Apêndice A**).

9.11 Exercícios de Revisão

Conceitos (Seção 9.1)

1. (a) O que é casamento de strings? (b) Por que essa operação é tão importante em programação?
2. No contexto de casamento de strings, defina:
   (a) Padrão
   (b) Texto
   (c) Alfabeto
   (d) Substring
3. Defina os seguintes conceitos no contexto de casamento de strings:
   (a) Prefixo
   (b) Prefixo próprio
   (c) Sufixo
   (d) Sufixo próprio
4. (a) O que é uma borda? (b) Qual deve ser o comprimento mínimo de um string para que ele possa ter uma borda?

5. Quais são as bordas (se alguma existe) de cada um dos seguintes strings:

    (a) `"CGATT"`

    (b) `"AAA"`

6. Qual é o tamanho da maior borda de cada um dos seguintes strings?

    (a) `"A"`

    (b) `"AA"`

    (c) `"AAA"`

    (d) `"ACCA"`

7. Defina o conceito de salto utilizado por um algoritmo de casamento de strings.

8. (a) O que é um algoritmo de casamento de strings com retrocesso? (b) Exiba um exemplo de algoritmo de casamento de strings que apresente retrocesso e de outro que não apresenta retrocesso.

9. Em quais situações o uso de um algoritmo de casamento de strings com retrocesso não é apropriado?

10. Nas análises de algoritmos de casamento de strings, por que não se considera como melhor caso a situação na qual o padrão encontra-se na primeira janela de texto?

Casamento de Strings por Força Bruta (FB) (Seção 9.2)

11. (a) Descreva o algoritmo de casamento de strings por força bruta. (b) Por que esse algoritmo recebe essa denominação?

12. (a) Qual é o melhor caso do algoritmo **FB**? (b) Qual é o custo temporal desse algoritmo nesse caso?

13. (a) Qual é o pior caso do algoritmo **FB**? (b) Qual é o custo temporal desse algoritmo nesse caso?

14. Mostre por meio de diagramas quais são as comparações efetuadas quando se tenta casar o padrão `"10001"` com o texto `"000010001010001"` usando o algoritmo **FB**.

Algoritmo de Knuth, Morris e Pratt (KMP) (Seção 9.3)

15. Quais são as duas principais diferenças entre os algoritmos **FB** e **KMP**?

16. Apresente a tabela de maiores bordas do string `"AGCTAGT"`.

17. Apresente a tabela de maiores bordas do string `"abacab"`.

18. Qual é o papel desempenhado pela tabela de maiores bordas no algoritmo **KMP**?

19. (a) Apresente todos os prefixos próprios do string `"CGTACGTT"`. (b) Apresente todos os sufixos próprios do string `"CGTACGTT"`. (c) Que prefixos próprios do string `"CGTACGTT"` também são sufixos próprios desse mesmo string?

20. Apresente a tabela de maiores bordas para o padrão `"aaaaaaaa"` de acordo com o algoritmo **KMP**.

21. Quais são as bordas do string `"aaabbaaa"`?

22. Qual é a maior borda do string `"CGTACGTTCGTACG"`?

23. Apresente a tabela de maiores bordas para o padrão `"01101011111011"`.

24. (a) Apresente a tabela de bordas para o padrão `"10001"`. (b) Mostre por meio de diagramas quais são as comparações efetuadas quando se tenta casar o padrão `"10001"` com o texto `"000010001010001"` usando o algoritmo **KMP**.

25. (a) Qual é o melhor caso do algoritmo **KMP**? (b) Qual é o custo temporal desse algoritmo nesse caso?

26. (a) Qual é o pior caso do algoritmo **KMP**? (b) Qual é o custo temporal desse algoritmo nesse caso?

Algoritmo de Boyer e Moore (BM) (Seção 9.4)

27. Em linhas gerais, em que diferem os algoritmos **BM** e **KMP**?

28. Descreva a regra do mau caractere usada pelo algoritmo **BM**.

29. O que é um bom sufixo de acordo com o algoritmo **BM**.

30. (a) Descreva o **Caso 1** da regra do bom sufixo do algoritmo **BM**. (b) Descreva o **Caso 2** da regra do bom sufixo do algoritmo **BM**.

31. Por que as regras usadas pelo algoritmo **BM** são denominadas *heurísticas*?

32. Descreva o algoritmo usado para obtenção da tabela de bons sufixos do algoritmo **BM**.

33. Por que a regra do bom sufixo do algoritmo **BM** não deve ser desprezada?

34. Mostre por meio de diagramas quais são as comparações efetuadas quando se tenta casar o padrão `"10001"` com o texto `"000010001010001"` usando o algoritmo **BM**, supondo o uso do alfabeto Σ = {0, 1}.

Algoritmo (ou Simplificação) de Horspool (BMH) (Seção 9.5)

35. Descreva a simplificação de Horspool.

36. Qual é a característica única no algoritmo **BMH** que o torna diferente dos demais algoritmos de casamentos de strings apresentados neste livro?

37. Quais são as diferenças entre a tabela de mau caractere do algoritmo **BM** e a tabela de saltos do algoritmo **BMH**?

38. Mostre por meio de diagramas quais são as comparações efetuadas quando se tenta casar o padrão `"10001"` com o texto `"000010001010001"` usando o algoritmo **BMH**, supondo o uso do alfabeto Σ = {0, 1}.

39. Apresente a tabela resultante do processamento do padrão `"CGTACGTTCGTAC"` por cada um dos seguintes algoritmos. Quando for necessário, suponha que o alfabeto em questão é Σ = {A, C, G, T}.

(a) Algoritmo **KMP**

(b) Algoritmo **BM** (nesse caso, apenas a tabela de maus caracteres)

(c) Algoritmo **BMH**

40. Apresente a tabela de saltos usada pelo Algoritmo **BMH** para o padrão:

```
"tv faz quengo explodir com whisky jb"
```

supondo que o alfabeto em questão seja (note que o primeiro caractere desse alfabeto é espaço em branco):

```
Σ = { , a, b, c, d, e, f, g, h, i, j, k, l, m,
      n, o, p, q, r, s, t, u, v, w, x, y, z}
```

Algoritmo de Karp e Rabin (KR) (Seção 9.6)

41. Qual é a característica única no algoritmo **KR** que o torna diferente dos demais algoritmos de casamentos de strings apresentados neste capítulo?

42. (a) O que é valor de dispersão? (b) O que é função de dispersão?

43. Por que uma função que soma os valores dos caracteres de um string não deve ser usada como função de dispersão para strings?

44. (a) O que é um casamento falso no algoritmo **KR**? (b) Por existem casamentos falsos no algoritmo **KR**?

45. Descreva o método de Horner. (Essa é uma questão mais apropriada para o ENEM!)

46. Qual é a importância desse método no algoritmo **KR**? (Essa é uma questão de estruturas de dados.)

47. (a) O que é uma função de dispersão rolante? (b) Que vantagens uma função dessa natureza oferece com relação a uma função de dispersão comum no algoritmo **KR**?

48. (a) O que é casamento por impressão digital? (b) Qual é a justificativa para essa denominação?

49. Por que se usa resto de divisão (*mod*) em funções de dispersão no algoritmo **KR**?

50. (a) Qual é o melhor caso do algoritmo **KR**? (b) Qual é o custo temporal desse algoritmo nesse caso?

51. (a) Qual é o pior caso do algoritmo **KR**? (b) Qual é o custo temporal desse algoritmo nesse caso?

52. (a) O que é fase de pré-processamento de um algoritmo de casamento de strings? (b) Qual é o único algoritmo de casamento de strings discutido aqui que não apresenta essa fase?

53. O que ocorre na fase de pré-processamento do algoritmo **KR**?

54. Na utilização do algoritmo **KR**, suponha que a base de conversão seja **10** e que o número primo utilizado seja **31**. Quantas tentativas de casamento o referido algoritmo efetuará antes de encontrar o padrão **"53"** no texto **"4131592653589793"**?

55. Considerando o alfabeto genético Σ = {A, C, G, T} e supondo que $q = 13$, determine o número de casamentos falsos encontrados pelo algoritmo **KR** quando ele tenta casar o padrão **"GCGG"** com o texto **"AAGCGATCGGTCCAGCGGCCAB"**.

56. Quais são os problemas apresentados pela função `DigitalRabinErrada()` discutida na **Seção 9.6**?

57. Quais são as diferenças entre o operador euclidiano *mod* e o operador **%** da linguagem C?

58. Explique como são escolhidos os valores de *b* e *q* do algoritmo **KR**.

59. Quando a aplicação do operador **%** de C resulta num valor negativo, como se corrige esse resultado para que ele se assemelhe ao resultado do operador euclidiano *mod*?

60. Considerando o alfabeto genético Σ = {A, C, G, T}, suponha que se deseja procurar casamentos entre strings constituídos por símbolos desse alfabeto (e. g, entre **"ACCT"** e **"TAAGGACCTCCAAA"**). Se forem usados os valores *b = 4* como tamanho do alfabeto e *q = 65075243* como número primo, poderá ocorrer overflow? Explique.

Comparando Algoritmos de Casamento de Strings (Seção 9.7)

61. Considerando o padrão **"AGAGAGAG"** e o texto **"AGAGAGAGAAGAGAGAGAGAAAAAAAA"**, apresente diagramas semelhantes àqueles apresentados na **Seção 9.1** que mostrem todos os passos seguidos pelos seguintes algoritmos até encontrar o primeiro casamento.
   (a) Algoritmo **FB**
   (b) Algoritmo **KMP**
   (c) Algoritmo **BM**
   (d) Algoritmo **BMH**
   (e) Algoritmo **KR**

62. Considerando o padrão **"aaaaaaab"** e o texto **"aaaaaaaaaaaaaaaaaaaaaaaab"**, apresente diagramas semelhantes àqueles apresentados na **Seção 9.1** que mostrem todos os passos seguidos pelos seguintes algoritmos até encontrar o primeiro casamento.
   (a) Algoritmo **FB**
   (b) Algoritmo **KMP**
   (c) Algoritmo **BM**
   (d) Algoritmo **BMH**
   (e) Algoritmo **KR**

63. Qual é o custo espacial de cada um dos seguintes algoritmos:
   (a) Algoritmo **FB**
   (b) Algoritmo **KMP**
   (c) Algoritmo **BM**
   (d) Algoritmo **BMH**
   (e) Algoritmo **KR**

64. Em que situações o uso de cada um dos seguintes algoritmos de casamento de strings é recomendável?

(a) Algoritmo **FB**

(b) Algoritmo **KMP**

(c) Algoritmo **BM**

(d) Algoritmo **BMH**

(e) Algoritmo **KR**

Tries (Seção 9.8)

65. (a) O que é uma trie? (b) Cite três aplicações de tries.

66. Tries podem ser usadas para implementação de tabelas de busca do mesmo modo que árvores binárias, por exemplo? Explique.

67. Considerando o alfabeto genético Σ = {A, C, G, T}, desenhe uma trie para o seguinte conjunto de strings:

S = {"ACAC", "CACA", "GGGGG", "CCAAAA", "GAA", "CCAAGG", "GCGG", "GCGA"}

68. Construa uma trie que contenha todos os strings resultantes da combinação das letras **a**, **b**, **c**, **d** e que comecem com a letra **a**. O alfabeto considerado deve ser Σ = {a, b, c, d}.

69. (a) O que é nó final de uma trie? (b) Qual é a diferença entre nó final e nó-folha de uma trie?

70. Por que tries não são adequadas para implementação de tabelas de buscas residentes em memória secundária?

71. Como prefixos podem ser representados numa trie?

72. Descreva os algoritmos de (a) busca, (b) inserção e (c) remoção numa trie.

73. Como é feito o mapeamento entre os caracteres de um alfabeto e o array de ponteiros de cada nó usado na implementação trie apresentada na **Seção 9.8.2**?

74. (a) Qual é o custo temporal de uma operação de busca numa trie? (b) Qual é o custo temporal de uma operação de inserção numa trie? (c) Qual é o custo temporal de uma operação de remoção numa trie?

75. Qual é o custo espacial da implementação de trie apresentada na **Seção 9.8.2**.

76. Apresente vantagens e desvantagens do uso de tries com relação a outras estruturas de dados hierárquicas usadas na implementação de tabelas de busca.

77. Apresente duas maneiras alternativas de implementação de tries que apresentem custo espacial bem menor do que a implementação de trie apresentada na **Seção 9.8.2**.

Casamento de Strings vs Casamento de Palavras (Seção 9.9)

78. (a) O que é uma palavra no contexto de casamento de strings? (b) O que é casamento de palavras? (c) Qual é a diferença entre casamento de palavras e casamento de strings?

79. (a) Como você efetua buscas por palavras em seu editor de texto favorito? (b) Como você efetua buscas por strings em seu editor de texto favorito?

80. Descreva como tries facilitam casamentos de palavras.

Exemplos de Programação (Seção 9.10)

81. (a) Descreva o funcionamento da função **strtok()**. (b) Qual é um possível problema dessa função quando ela é usada no processamento de arquivos CSV?

82. (a) Por que o primeiro parâmetro de **strtok()** não deve ser um string constante? (b) O que pode acontecer se essa recomendação não for seguida?

83. Em que diferem as funções `ObtemTokens()` e **strtok()**?

84. Por que, quando uma palavra é encontrada, o programa da **Seção 9.10.2** apresenta suas ocorrências em ordem inversa de linhas?

85. Descreva o algoritmo usado para encontrar o maior prefixo comum (MPC) a um conjunto de strings implementado na **Seção 9.10.3**.

86. Encontre um MSC para os strings `"10010101"` e `"010110110"`.

87. Apresente uma situação em Engenharia de Software na qual o problema de determinação da maior subsequência comum (MSC) a dois strings discutido na **Seção 9.10.4** esteja presente.

88. O que é distância de edição e qual é sua importância prática?

89. Por que o algoritmo para cálculo de distância de edição descrito e implementado na **Seção 9.10.5** é impraticável?

90. Utilize seu mecanismo de busca favorito para pesquisar sobre a distância de Levenshtein e descreva o algoritmo utilizado para calcular essa distância.

91. (a) O que é casamento léxico? (b) Que vantagens o algoritmo **KR** apresenta com relação aos demais algoritmos de casamento de strings discutidos neste capítulo que o faz ser escolhido para resolver o problema casamento léxico?

92. (a) Descreva o problema de casamento de padrão com texto em fluxo contínuo. (b) Explique por que, dentre os algoritmos de casamento de strings estudados neste capítulo, o mais adequado para resolver esse problema é o algoritmo **KMP**.

93. O algoritmo **FB** pode ser utilizado para resolver o problema de casamento de padrão com texto em fluxo contínuo discutido na **Seção 9.10.7**? Explique sua resposta.

94. O algoritmo **KR** pode ser utilizado para resolver o problema de casamento de padrão com texto em fluxo contínuo discutido na **Seção 9.10.7**? Explique sua resposta.

95. Se o algoritmo **BM** (ou **BMH**) não apresenta retrocesso, por que ele não pode ser usado para resolver o problema de casamento de padrão com texto em fluxo contínuo discutido na **Seção 9.10.7**?

96. A função `CasaFluxoContinuo()` apresenta uma pequena inconveniência para o usuário de um programa que a utiliza. (a) Qual é essa inconveniência? (b) Esse problema pode resolvido simplesmente substituindo-se a instrução **if**:

```
if (c == EOF)
    break;
```

por:

```
if (c == '\n' || c == EOF)
    break;
```

Explique por que essa solução não foi adotada.

9.12 Exercícios de Programação

EP9.1 Escreva uma função que retorna o token de ordem **n** de um string, se ele existir; caso contrário, a função deve retornar **NULL**.

EP9.2 Escreva um programa que verifica se um número de CPF introduzido pelo usuário é válido. Um número de CPF tem 11 dígitos divididos em duas partes: a parte principal com 9 dígitos e os dígitos verificadores, que são os dois últimos dígitos. A validação de um número de CPF segue o procedimento descrito abaixo:

■ Verificação do primeiro dígito de controle (penúltimo dígito do número):

◊ Multiplique os inteiros representados pelos dígitos da parte principal, do primeiro ao último, respectivamente, por **10**, **9**, **8**, ..., **2** e some os resultados obtidos.

◊ Calcule o resto da divisão do resultado obtido no item anterior por **11**.

◊ Se o resto da divisão for 0 ou 1, o primeiro dígito verificador deverá ser igual a 0; caso contrário, esse dígito deverá ser igual a 11 menos o referido resto de divisão.

■ Verificação do segundo dígito de controle (último dígito do número):

◊ Multiplique os inteiros representados pelos dígitos da parte principal e pelo primeiro dígito de controle, do primeiro ao último, respectivamente, por 11, 10, 9, ..., 2 e some os resultados obtidos.

◊ Calcule o resto da divisão do resultado obtido no item anterior por 11.

◊ Se o resto da divisão for 0 ou 1, o segundo dígito verificador deverá ser igual a 0; caso contrário, esse dígito deverá ser igual a 11 menos o último resto de divisão.

A principal diferença entre essas duas verificações é que a segunda inclui o primeiro dígito de controle.

EP9.3 (a) Escreva uma função, denominada `OcorrenciasStr()`, que conta o número de ocorrências de um string (primeiro parâmetro) em outro string (segundo parâmetro). (b) Escreva um programa para testar a função solicitada no item (a).

EP9.4 Escreva uma função que remove de um string todas as ocorrências de um dado caractere. O protótipo dessa função deve ser:

```
char *RemoveCaractere(char *str, int remover)
```

Nesse protótipo, `str` é o string que será eventualmente modificado, `remover` é o caractere a ser removido e o retorno da função deve ser o endereço inicial do string.

EP9.5 (a) Implemente uma função, cujo protótipo é:

```
char *RemoveCaracteres(char *str, const char *aRemover)
```

que remove do primeiro string recebido como parâmetro todos os caracteres presentes no segundo parâmetro, que também é um string. O retorno dessa função deve ser o endereço do string eventualmente alterado. (b) Escreva uma função **main()** que recebe dois strings como argumentos de linha de comando e remove do primeiro string todos os caracteres presentes no segundo string. [**Sugestão:** Use a função `RemoveCaractere()` solicitada no exercício **EP9.4**.]

EP9.6 Escreva uma função que remove todas as ocorrências de um dado string em outro string e retorna o número de remoções efetuadas.

EP9.7 Escreva uma função que substitui todas as ocorrências de um substring num string por outro substring.

EP9.8 Escreva uma função, denominada `IntEmString()`, que converte um valor do tipo **int** em string.

EP9.9 Escreva uma função que implemente o algoritmo **KMP** e que retorne o número de ocorrências do padrão no texto.

EP9.10 Escreva uma função que implemente o algoritmo **KR** e retorne o endereço de uma lista simplesmente encadeada contendo em cada nó da lista a posição de uma ocorrência do padrão no texto. Se não houver nenhuma ocorrência do padrão no texto, a função deve retornar **NULL**.

EP9.11 Escreva uma função que efetua um caminhamento sobre uma trie do tipo definido na **Seção 9.8.2** e exibe na tela todos os strings armazenados na trie em ordem alfabética.

EP9.12 Escreva uma função que resolve o problema de casamento de padrão com texto em fluxo contínuo discutido na **Seção 9.10.7** utilizando o algoritmo **KR**.

EP9.13 Escreva uma função, denominada `DestroiTrie()`, que libera o espaço ocupado por uma trie.

EP9.14 Escreva a função `NumeroDeChaves()` que calcula e retorna o número de chaves de uma trie.

EP9.15 Na **Seção 9.8.4**, foi descrita uma implementação alternativa de tries que, em vez de usar um array de ponteiros como na implementação discutida em detalhes no texto, cada nó, com exceção da raiz da trie, contém apenas dois ponteiros: o primeiro deles aponta para o primeiro filho do nó e o segundo ponteiro aponta para uma lista encadeada que armazena os irmãos desse nó. Implemente funções que executem as operações de busca, inserção e remoção em tries implementadas desse modo.

EP9.16 Quando a primeira letra não é comum ao conjunto de strings armazenados numa trie a função `MPC()` apresentada na **Seção 9.10.3** retorna **NULL**, de modo que numa aplicação real provavelmente ela sempre retornará esse valor, pois raramente se terá uma trie em que todas as chaves começam pela mesma letra. Escreva uma função denominada `MPC2()` semelhante à função `MPC()` que recebe um parâmetro adicional que representa a letra inicial dos prefixos a ser procurados.

EP9.17 Altere o programa apresentado na **Seção 9.10.6** de modo que, ao final, ele apresente o número de casamentos falsos encontrados.

EP9.18 Altere o programa apresentado na **Seção 9.10.6** de modo que os padrões não tenham o mesmo tamanho.

Ordenação

parte 3

FILAS DE PRIORIDADE E HEAPS

Após estudar este capítulo, você deverá ser capaz de:

➤ Descrever os seguintes conceitos:

- ❑ Fila de prioridade
- ❑ Heap binário
- ❑ Árvore binária completa
- ❑ Heaps de máximo e de mínimo

- ❑ Heaps ascendente e descendente
- ❑ Evento discreto e evento contínuo
- ❑ Simulação de eventos
- ❑ Codificação de Huffman

➤ Comparar os diversos modos de implementação de filas de prioridade explicitando vantagens e desvantagens de cada uma delas em termos de notação θ

➤ Explicar o esquema de numeração de nós para árvores binárias completas

➤ Demonstrar como se encontram o pai, o filho esquerdo e o filho direito de um nó de uma árvore binária completa implementada usando array

➤ Descrever as propriedades estrutural e de ordenação de um heap

➤ Recuperar a ordenação de um heap após uma remoção ou inserção

➤ Explicar como funcionam os algoritmos de percolação ascendente e descendente

➤ Justificar o uso de heap na implementação de fila de prioridade

➤ Implementar um heap binário usando array dinâmico

➤ Descrever, em linhas gerais, a codificação de Huffman

➤ Justificar o uso de fila de prioridade em simulação de eventos discretos

objetivos

STE CAPÍTULO DESCREVE o conceito de lista de prioridade e apresenta diversas maneiras de implementação dessa estrutura de dados. Uma delas, o heap binário, merece destaque especial.

Assim como arrays, heaps são usados apenas como estruturas básicas na implementação de estruturas de dados de maior nível de abstração. A principal aplicação para heaps é na implementação de filas de prioridade, mas eles também são usados na implementação de um famoso algoritmo de ordenação.

Antes de prosseguir, é importante notar que a estrutura de dados heap não deve ser confundida com a área de memória disponível para dados alocados dinamicamente, que também é denominada *heap* (v. **Capítulo 4** do **Volume 1**).

10.1 Filas de Prioridade

10.1.1 Conceitos

Uma **fila de prioridade** é uma estrutura de dados que permite acesso apenas ao elemento considerado de maior prioridade. Aqui, *maior prioridade* pode significar coisas diferentes, dependendo do uso de uma fila de prioridade. Por exemplo, num sistema de atendimento telefônico, chamadas são respondidas na ordem em que elas são recebidas; i.e., a chamada de maior prioridade é aquela que esteja esperando há mais tempo. Assim uma fila comum (v. **Capítulo 8 do Volume 1**) pode ser considerada uma fila de prioridade cujo elemento de maior prioridade é aquele elemento que tenha sido enfileirado há mais tempo.

Responsáveis por salas de emergência de hospitais ordenam pacientes numa fila de prioridade de acordo com as gravidades de seus estados de saúde, de maneira que o paciente com o mal mais grave é atendido primeiro.

Uma fila de prioridade é uma estrutura de dados que permite pelo menos as seguintes operações:

- ❏ **Inserção** (ou **enfileiramento**), que insere um elemento de acordo com sua prioridade.
- ❏ **Remoção** (ou **desenfileiramento**), que remove o elemento de menor valor ou o elemento de maior valor, dependendo do fato de se estar lidando, respectivamente, com uma fila de prioridade **ascendente** ou **descendente**.

Uma fila de prioridade ordinária não pode ser simultaneamente ascendente e descendente. Portanto uma fila de prioridade implementa exclusivamente remoção do elemento de menor valor ou a remoção do elemento de maior valor, mas nunca as duas remoções. O fato de uma fila de prioridade ser ascendente ou descendente deve ser decidido de antemão.

10.1.2 Aplicações

Algumas aplicações de filas de prioridade são enumeradas a seguir:

- ❏ **Gerenciamento de filas de impressão**. Alguns trabalhos de impressão podem ter mais importância ou serem mais curtos e, assim, terem maior precedência sobre os demais.
- ❏ **Controle de tempo de uso de CPU**. Um sistema operacional multiusuário pode usar filas de prioridade para armazenar solicitações do usuário na ordem em que elas são feitas. Mas tais solicitações também podem ser tratadas de acordo com a importância do serviço requisitado ou do usuário que o requisitou. Por exemplo, uma solicitação do chefe de uma empresa pode ter maior prioridade do que uma solicitação de um subalterno. Além disso, um programa interativo pode ter maior prioridade do que um serviço de impressão de um relatório que não é urgente.
- ❏ **Ordenação de dados**. Dado um conjunto de itens para ordenar, eles podem ser enfileirados numa fila de prioridade e depois desenfileirados em ordem do maior para o menor ou vice-versa (v. **Capítulo 11**).

10.1.3 Implementações

Existem diversas maneiras de se implementar uma fila de prioridade. Em qualquer implementação, o objetivo é acessar eficientemente o item de maior prioridade que se encontra na lista. As abordagens mais comuns são:

- **Lista encadeada sem ordenação.** Nesse caso, a inserção é feita no início da lista com custo temporal $\theta(1)$ e a remoção pode ocorrer em qualquer nó da lista com custo temporal $\theta(n)$. Ou seja, remoção requer uma busca sequencial na lista para encontrar o item com a maior prioridade.

- **Lista encadeada ordenada.** Supondo que uma lista encadeada seja mantida ordenada em ordem decrescente de prioridade, inserir um item requer que a posição de inserção seja encontrada para manter a lista ordenada a cada inserção e, portanto, o custo temporal dessa operação é $\theta(n)$. A remoção é sempre feita no início da lista com custo temporal $\theta(1)$.

- **Lista indexada sem ordenação.** Nesse caso, a inserção é feita ao final da lista com custo temporal $\theta(1)$ e a remoção pode ocorrer em qualquer posição da lista com custo temporal $\theta(n)$ (v. **Capítulo 3**).

- **Lista indexada ordenada.** Remoção é uma operação com custo temporal $\theta(1)$ se a lista estiver em ordem crescente de prioridade, de modo que o elemento removido é sempre o último elemento da lista. Inserção requer que se encontre o local de inserção do item com custo $\theta(log\ n)$, se for usada busca binária. Mas, por outro lado, inserção também requer rearranjo dos elementos da lista, que é uma operação com custo temporal $\theta(n)$. Logo a combinação das duas operações tem custo $\theta(n)$.

- **Árvore binária de busca balanceada.** Nessa abordagem, inserção e remoção têm o mesmo custo temporal $\theta(log\ n)$. Por outro lado, essa é a opção com mais alto custo de implementação (lembra de árvores AVL?).

- **Heap binário** (ou apenas **heap**). Essa abordagem oferece várias vantagens, tais como simplicidade, rapidez e uso de pouco espaço de armazenamento. Além do mais, essa abordagem é muito fácil de implementar.

Este capítulo irá explorar essa última abordagem de implementação. Espera-se que, a esta altura, o leitor já tenha adquirido cabedal para implementar as demais abordagens.

10.2 Heaps Binários

10.2.1 Conceitos

Um **heap binário** (doravante referido apenas como **heap**) é uma árvore binária com duas propriedades: (1) **estrutural**, referente ao seu formato, e de **ordenação**, referente à ordem de seus elementos. De acordo com a propriedade estrutural, um heap deve ser uma **árvore binária completa**. Por sua vez, a propriedade de ordenação depende do fato de se estar lidando com um **heap de máximo** (também conhecido como **heap descendente**) ou um **heap de mínimo** (também conhecido como **heap ascendente**). Num heap de máximo, o valor armazenado em cada nó é maior do que ou igual ao valor armazenado em cada um de seus filhos, enquanto num heap de mínimo, o valor armazenado em cada nó é menor do que ou igual ao valor armazenado em cada um de seus filhos. As denominações *heap ascendente* e *heap descendente* são derivadas do fato de se os elementos do heap forem removidos consecutivamente e inseridos numa lista, essa lista será ordenada em ordem ascendente ou descendente, respectivamente.

A **Figura 10–1 (a)** mostra um heap de mínimo ao passo que a **Figura 10–1 (b)** mostra um heap de máximo (considerando-se a ordem alfabética usual). Como mostram essas figuras, a raiz de um heap de mínimo contém o menor valor do heap e a raiz de um heap de máximo contém o maior valor do heap.

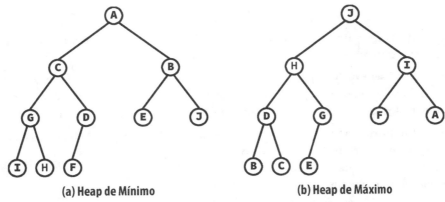

(a) Heap de Mínimo **(b) Heap de Máximo**

FIGURA **10–1:** HEAP DE MÍNIMO E HEAP DE MÁXIMO

A **Figura 10–2** mostra dois heaps de mínimo contendo as letras de *A* a *J*, considerando a ordem alfabética usual. Note que os posicionamentos das letras diferem nas duas árvores, mas o formato permanece o mesmo. Note que ambos os heaps têm a mesma raiz, que contém a menor letra. Porém a maior letra (i.e., *J*) ocupa níveis diferentes nos dois heaps. Isso indica que um conjunto de valores pode ser armazenado numa árvore binária de diversas maneiras e ainda satisfazer a propriedade de ordenação de heaps. De acordo com a propriedade estrutural de heaps, o formato de qualquer heap com um determinado número de elementos é o mesmo. Por exemplo, qualquer heap com dez elementos tem o formato exibido na **Figura 10–2**.

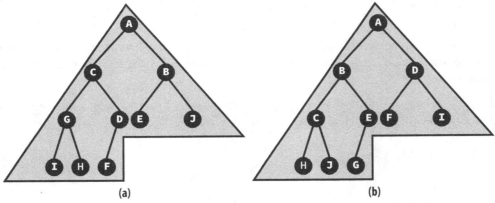

(a) **(b)**

FIGURA **10–2:** DOIS HEAPS DIFERENTES CONTENDO OS MESMOS ELEMENTOS

Como a propriedade estrutural de heaps afirma que todo heap é uma árvore binária completa, pode-se facilmente armazenar a árvore num array, como foi discutido no **Capítulo 12** do **Volume 1**. Como foi visto naquele capítulo, uma árvore binária completa pode ser representada facilmente usando arrays, de modo que ponteiros não são necessários para implementar um heap. A desvantagem dessa abordagem é que o tamanho (i.e., número de elementos) máximo do heap deve ser estimado a priori. As fórmulas para cálculo das posições de pai e filhos que foram apresentadas no **Teorema 12.7** do referido capítulo assumem que a numeração de nós começa com 1. Quando a numeração começa com zero, como será o caso aqui, novas fórmulas são necessárias, como mostra o **Teorema 10.1**, cuja prova é semelhante à prova do **Teorema 12.7** apresentada no **Apêndice B** do **Volume 1**.

Teorema 10.1: Se uma árvore binária completa com *n* nós for representada sequencialmente conforme foi descrito acima, então, para qualquer nó numerado por *i*, $0 \leq i < n - 1$, tem-se:

    (i) *Pai(i)* é numerado como $\lfloor (i - 1)/2 \rfloor$, se $i \neq 0$. Se $i = 0$, o nó *i* é a raiz da árvore, que não possui pai.

(ii) *FilhoEsquerda(i)* é numerado como *2i + 1*, se *2i + 1 < n*. Se *2i + 1 ≥ n*, então o nó *i* não possui filho esquerdo.

(iii) *FilhoDireita(i)* é numerado como *2i + 2*, se *2i + 2 < n*. Se *2i + 2 ≥ n*, então o nó *i* não possui filho direito.

Prova: A prova desse teorema encontra-se no **Apêndice B do Volume 1**.

A **Figura 10–3** apresenta um exemplo de heap e o respectivo array que o representa.

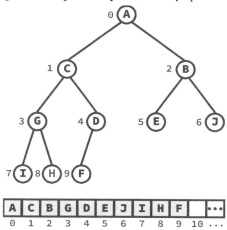

FIGURA 10–3: ÁRVORE BINÁRIA COMPLETA E RESPECTIVO ARRAY ASSOCIADO

Operações de inserção e remoção tendem a destruir a propriedade de ordenação de um heap, que deve ser restaurado antes que uma tal operação seja concluída, como será visto adiante.

10.2.2 Operações Básicas

Inserção

Para inserir um elemento num heap ascendente, considera-se, em princípio, seu armazenamento na próxima posição disponível no array que representa o heap. No exemplo apresentado na **Figura 10–4**, o índice dessa posição seria *10*. Como uma inserção pode destruir a ordem do heap, é necessário verificar se isso ocorre e, se for o caso, reordenar o heap.

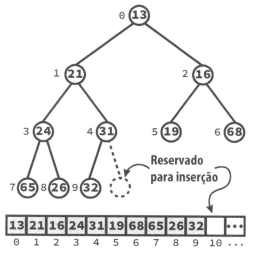

FIGURA 10–4: HEAP BINÁRIO ASCENDENTE E SEU ARRAY ASSOCIADO

O algoritmo completo de inserção num heap ascendente é apresentado na **Figura 10–5**.

ALGORITMO INSEREEMHEAPASCENDENTE

ENTRADA: O conteúdo de um novo nó

ENTRADA/SAÍDA: Um heap ascendente

1. Acrescente o novo elemento ao final do array que armazena o heap
2. Enquanto o novo elemento não estiver na raiz do heap e seu valor for menor do que o valor do seu pai, troque-o de posição com seu pai

---

FIGURA 10–5: ALGORITMO DE INSERÇÃO EM HEAP ASCENDENTE

O algoritmo de reajuste de ordenação de um heap é denominado **percolação ascendente**, pois (imagina-se que) o elemento a ser inserido é *filtrado* (i.e., *percolado*) em direção à raiz da árvore. Se o heap sob consideração for descendente, deve-se trocar no algoritmo acima a palavra *maior* por *menor* e vice-versa (mas o processo de inserção continua sendo de percolação ascendente).

Considere como exemplo a inserção do elemento cujo valor é *14* no heap ascendente da **Figura 10–4**. Como se vê nessa figura, a primeira posição reservada para inserção é a próxima posição disponível no array, que, no exemplo acima, é a posição de índice *10*. O valor do novo elemento (i.e., *14*) é menor do que o valor do nó que seria seu pai (i.e., *31*). Portanto desloca-se esse pai para a posição antes reservada para inserção e o espaço ora ocupado por esse pai passa a ser o novo nó reservado para inserção, conforme ilustrado na **Figura 10–6 (a)**. Agora o valor do nó a ser inserido (i.e., *14*) ainda é menor do que o valor do seu suposto pai, cujo valor é *21* [v. **Figura 10–6 (b)**].

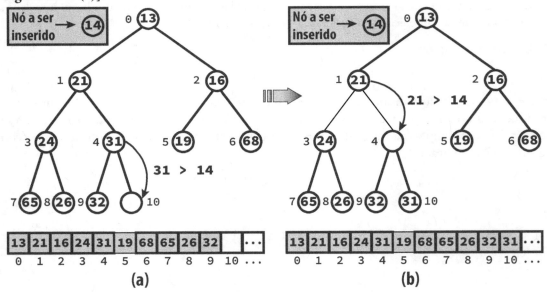

FIGURA 10–6: INSERÇÃO DE NÓ EM HEAP ASCENDENTE 1

Prosseguindo com o último exemplo, o nó cujo valor é *21* ocupa o espaço ora reservado para inserção e depois torna-se o novo espaço reservado para inserção, como mostra a **Figura 10–7 (a)**. Finalmente, verifica-se que o valor do novo elemento é maior do que seu pai (a raiz) nessa nova posição e o novo elemento é acomodado nessa posição, conforme mostrado na **Figura 10–7 (b)**.

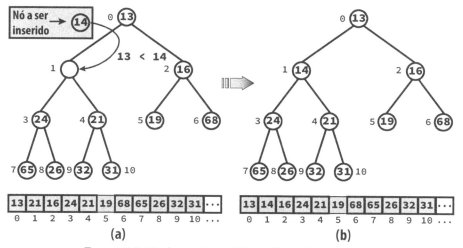

FIGURA 10–7: INSERÇÃO DE NÓ EM HEAP ASCENDENTE 2

A **Figura 10–8** mostra um exemplo de inserção de nó num heap descendente. Espera-se que o leitor seja capaz de descrever em detalhes todos os passos envolvidos nesse processo.

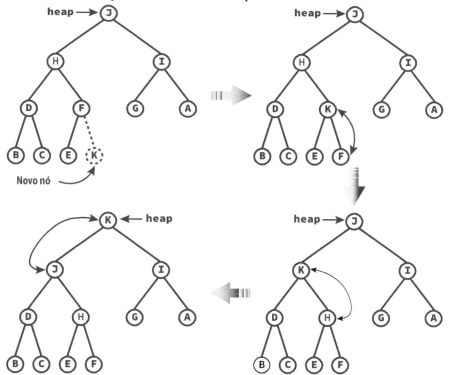

FIGURA 10–8: PERCOLAÇÃO ASCENDENTE EM HEAP DESCENDENTE

Remoção

Encontrar o nó contendo o menor valor de um heap ascendente é fácil, pois ele é exatamente a raiz do heap. Portanto a tarefa reduz-se a reorganizar o heap após a remoção. O algoritmo completo de remoção num heap ascendente é apresentado na **Figura 10–9**. Esse algoritmo de reajuste de ordenação de heap é denominado **percolação descendente**, pois o elemento a ser inserido é filtrado (i.e., percolado) em direção às folhas da árvore.

Se o heap sob consideração for descendente, deve-se trocar no algoritmo da **Figura 10–9** a palavra *maior* por *menor* e vice-versa (mas o processo de remoção continua sendo de percolação descendente).

ALGORITMO REMOVEEMHEAPASCENDENTE

ENTRADA/SAÍDA: Um heap ascendente

SAÍDA: O conteúdo da raiz do heap

1. Guarde o valor do elemento que se encontra na raiz do heap

2. Remova o último elemento do heap e insira-o na raiz

3. Enquanto a raiz não se tornar uma folha e seu valor não for menor do que o valor de cada um dos seus filhos, troque-a de posição com o filho que possui o menor valor

---

FIGURA 10–9: ALGORITMO DE REMOÇÃO EM HEAP ASCENDENTE

A **Figura 10–10 (a)** apresenta o passo inicial da remoção do menor elemento de um heap ascendente. Nela, a raiz torna-se disponível para inserção, enquanto a última folha do heap (i.e., aquela cujo valor é *32*) é removida e passa a ser tratada como uma nova chave a ser inserida a partir da posição selecionada para inserção. Por sua vez, a **Figura 10–10 (b)** mostra que o elemento com valor *32* não pode ser inserido na posição ora disponível para inserção, pois, nesse caso, os valores de seus filhos seriam menores do que seu valor. Então o nó com valor igual a *14* é selecionado para ocupar o lugar da raiz, visto que ele é o nó contendo o menor valor dentre os referidos filhos.

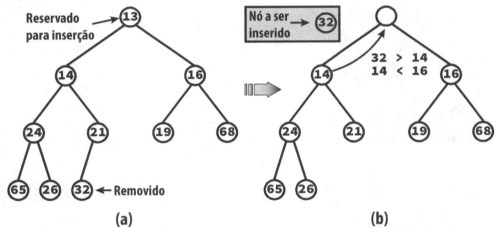

FIGURA 10–10: REMOÇÃO DE ELEMENTO COM REORDENAÇÃO DE HEAP ASCENDENTE 1

Continuando com o último exemplo, a **Figura 10–11 (a)** mostra que o nó contendo *14* ocupou o lugar da raiz e o espaço que ele ocupava antes tornou-se disponível para inserção. Ocorre, porém, que o valor do nó a ser inserido nessa posição é maior do que os valores dos nós que seriam seus filhos, o que inviabiliza essa inserção. Logo o nó contendo *21* passa a ocupar o espaço agora disponível, pois ele é o nó de menor conteúdo entre os filhos em questão, como mostra a **Figura 10–11 (b)**. Essa última figura também mostra que o espaço vazio deixado com a inserção do nó com valor *21* no nível superior do heap pode agora ser ocupado pelo nó que se pretende inserir, pois esse espaço refere-se a uma folha.

Criação

A criação de um heap a partir de uma coleção de elementos é uma operação comum que, evidentemente, pode ser realizada inserindo os vários elementos conforme descrito acima. Entretanto é mais eficiente considerar o array de elementos como sendo um heap desordenado e aplicar uma operação de reordenação de heap (i.e., percolação para baixo) a partir do pai do último elemento do heap, como será detalhado na **Seção 11.3.3**.

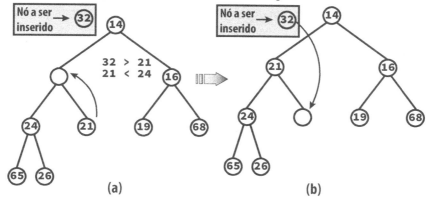

FIGURA 10–11: REMOÇÃO DE ELEMENTO COM REORDENAÇÃO DE HEAP ASCENDENTE 2

10.2.3 Outras Operações

Consulta

Consultar o elemento com maior prioridade é uma operação útil em filas de prioridade e pode ser implementada de modo trivial e com custo constante quando uma fila de prioridade é implementada usando heap, pois esse elemento se encontra na raiz do heap e nenhum reajuste se faz necessário.

Acréscimo de Prioridade

Uma operação relativamente comum em filas de prioridade é aquela que aumenta a prioridade de um item da fila. Essa operação é útil, por exemplo, para um administrador de sistema que pode aumentar a prioridade de seus próprios programas para que eles sejam executados mais rapidamente.

Quando uma fila de prioridade é implementada por meio de um heap, essa operação pode violar a propriedade de ordenação do heap. Portanto, nesse caso, essa operação deve ser seguida por uma percolação descendente, quando o heap é ascendente, ou por uma percolação ascendente, quando o heap é descendente.

Decréscimo de Prioridade

Outra operação útil em filas de prioridade é reduzir a prioridade de um item da fila. Essa operação pode ser usada por um sistema operacional para reduzir a prioridade de um processo que esteja consumindo muito tempo de CPU.

Essa operação pode violar a propriedade de ordenação de um heap usado para implementar uma fila de prioridade. Nesse caso, essa operação deve ser seguida por uma percolação ascendente, quando o heap é ascendente, ou por uma percolação descendente, quando o heap é descendente.

Remoção de Elemento Específico

Suponha que um passageiro faça parte de uma lista de espera e que essa lista seja uma fila de prioridade (ordenada de acordo com as idades dos passageiros, por exemplo). Então, se um determinado passageiro que faça parte dessa lista fica cansado de esperar e desiste de fazer parte dela, ele deve ser removido da lista. Portanto a remoção de um elemento específico de uma fila de prioridade é uma operação importante.

Quando a fila de prioridade é implementada usando um heap, tal remoção pode ser efetuada em dois passos:

1. Aumenta-se a prioridade do item que se deseja remover até que ela seja maior do que a prioridade da raiz do heap.

2. Remove-se o elemento conforme foi descrito na **Figura 10–9**, pois, depois do primeiro passo, o elemento se encontra na raiz do heap.

10.2.4 Implementação

Os seguintes tipos serão usados na implementação de heap a ser desenvolvida:

```
typedef int tNoHeap; /* Tipo de nó de um heap */

typedef struct {
        tNoHeap *itens;        /* Array de elementos */
        int      capacidade; /* Quantos elementos o heap pode conter */
        int      nItens;       /* Número de elementos do heap */
    } tHeap;

  /* Tipo de ponteiro para função de comparação que compara elementos do heap */
typedef int (*tFCompara) (const void *, const void *);
```

As definições de macros a seguir não são essenciais, mas facilitam o entendimento e a implementação das operações com heaps:

```
#define FILHO_E(x) (2*(x) + 1)
#define FILHO_D(x) (2*(x) + 2)
#define PAI(x) (((x) - 1)/2)
```

A função `IniciaHeap()` inicia um heap binário e seu único parâmetro é o endereço do heap que será iniciado. Essa função retorna seu único parâmetro.

```
tHeap *IniciaHeap(tHeap *heap)
{
   heap->capacidade = TAMANHO_INICIAL_HEAP;
   heap->nItens = 0;
   heap->itens = calloc(TAMANHO_INICIAL_HEAP, sizeof(tNoHeap));

   ASSEGURA(heap->itens, "Impossivel alocar heap");

   return heap;
}
```

A constante `TAMANHO_INICIAL_HEAP` representa o tamanho inicial do array que armazena os elementos do heap e pode ser definida como:

```
#define TAMANHO_INICIAL_HEAP 10 /* Capacidade inicial do heap */
```

A função `DestroiHeap()` libera o espaço ocupado por um heap e seu único parâmetro é o endereço do heap cujo espaço será liberado.

```
void DestroiHeap(tHeap *heap)
{
    /* Libera o espaço ocupado pelos nós do heap */
   free(heap->itens);
   heap->nItens = 0;
}
```

A função `InsereEmHeap()` insere um novo item num heap e tem como parâmetros:

- `heap` (entrada/saída) — heap no qual será feita a inserção
- `item` (entrada) — o item a ser inserido

■ `Compara` (entrada) — ponteiro para uma função que compara dois elementos de array armazenados no heap

```
void InsereEmHeap(tHeap *heap, tNoHeap item, tFCompara Compara)
{
   int i;

      /* Se o array que suporta o heap estiver repleto, redimensiona-o */
   if(HeapCheio(heap))
      RedimensionaHeap(heap);

      /* Acrescenta o novo elemento ao final do array */
      /* e incrementa o número de elementos no heap   */
   heap->itens[heap->nItens] = item;
   heap->nItens++;

      /* Reordena o heap se for necessário */
   for ( i = heap->nItens - 1; i &&
         Compara( &heap->itens[PAI(i)], &heap->itens[i] ) > 0; ) {
      TrocaGenerica(&heap->itens[i], &heap->itens[PAI(i)], sizeof(tNoHeap));
      i = PAI(i);
   }
}
```

A função `InsereEmHeap()` verifica se o array que armazena os elementos do heap está repleto chamando a função `HeapCheio()` e, se esse for o caso, ela chama a função `RedimensionaHeap()` para aumentar a capacidade desse array. Essas duas funções são definidas a seguir.

```
static int HeapCheio(const tHeap *heap)
{
   return heap->nItens == heap->capacidade;
}

static tHeap *RedimensionaHeap(tHeap *heap)
{
   heap->capacidade *= 2; /* Tenta duplicar a capacidade do heap */

      /* Aqui não há problema em atribuir o retorno de realloc() */
      /* ao ponteiro passado como parâmetro, pois se realloc()    */
      /* fracassar, o programa será abortado                      */
   heap->itens = realloc(heap->itens, heap->capacidade*sizeof(tNoHeap));
   ASSEGURA(heap->itens, "Impossivel redimensionar heap");

   return heap;
}
```

A função `RemoveMinHeap()` remove e retorna o menor elemento de um heap binário ascendente e seus parâmetros são:

■ `heap` (entrada/saída) — heap no qual será feita a remoção

■ `Compara` (entrada) — ponteiro para uma função que compara dois elementos de array armazenados no heap

```
tNoHeap RemoveMinHeap(tHeap *heap, tFCompara Compara)
{
   tNoHeap menorElemento;

   ASSEGURA( !HeapVazio(heap), "Tentativa de remover elemento de heap vazio" );

      /* O menor elemento está sempre na raiz de um heap de mínimo */
   menorElemento = heap->itens[0];
```

```
    /* Coloca o último elemento do heap em sua raiz e reordena o heap */
  heap->itens[0] = heap->itens[--heap->nItens];
  OrdenaHeap(heap, 0, Compara);

  return menorElemento;
}
```

A função `OrdenaHeap()`, chamada por `RemoveMinHeap()`, é usada para restaurar a propriedade de ordenação do heap caso tenha sido desordenado após a operação de remoção. A função `OrdenaHeap()` tem como parâmetros:

- **heap** (entrada e saída) — ponteiro para o heap
- **indice** (entrada) — índice do elemento do heap a partir do qual será efetuada a restauração
- **Compara** (entrada) — ponteiro para uma função que compara dois elementos de array armazenados no heap

```
static void OrdenaHeap(tHeap *heap, int indice, tFCompara Compara)
{
  int iEsq = FILHO_E(indice), /* Índice do filho esquerdo */
      iDir = FILHO_D(indice), /* Índice do filho direito  */
      iMenor = indice; /* Supõe que o menor elemento é o pai */

    /* Compara o filho esquerdo com seu pai */
  if ( iEsq < heap->nItens &&
      Compara(&heap->itens[iEsq], &heap->itens[indice] ) < 0 )
    iMenor = iEsq; /* O filho esquerdo é menor do que o pai */

    /* Compara o filho direito com o menor entre seu pai e seu irmão */
  if ( iDir < heap->nItens &&
      Compara( &heap->itens[iDir], &heap->itens[iMenor] ) < 0 )
    iMenor = iDir; /* O filho direito é o menor de todos */

    /* Se o nó não for menor do que seus filhos, */
    /* troca-o de posição com o menor deles      */
  if (iMenor != indice) {
      /* O pai e o menor filho trocam de posição */
    TrocaGenerica(&heap->itens[indice], &heap->itens[iMenor], sizeof(tNoHeap));

      /* Reordena o heap a partir do filho que se tornou pai */
    OrdenaHeap(heap, iMenor, Compara);
  }
}
```

A função `TrocaGenerica()` chamada por `OrdenaHeap()` é uma função genérica que troca os valores de duas variáveis (`var1` e `var2`) do mesmo tamanho (`tam`) definida como:

```
static void TrocaGenerica(void *var1, void *var2, size_t tam)
{
  void *p;

  p = malloc(tam);
  ASSEGURA(p, "Impossivel trocar duas variaveis");

  memmove(p, var1, tam);
  memmove(var1, var2, tam);
  memmove(var2, p, tam);

  free(p);
}
```

A função `ObtemMinimoHeap()` retorna o menor elemento de um heap de mínimo sem removê-lo e é implementada como:

```
tNoHeap ObtemMinimoHeap(const tHeap *heap)
{
    /* O menor elemento de um heap de mínimo está na raiz */
    return heap->itens[0];
}
```

A função `HeapVazio()` a seguir verifica se um heap está vazio:

```
int HeapVazio(const tHeap *heap)
{
    return !heap->nItens;
}
```

A função `TamanhoHeap()` retorna o número de itens de um heap e sua implementação é exibida abaixo:

```
int TamanhoHeap(const tHeap *heap)
{
    return heap->nItens;
}
```

A função de comparação, cujo endereço deve ser passado para algumas das funções apresentadas acima, pode ser definida como a função `ComparaInts()` a seguir:

```
int ComparaInts(const void *e1, const void *e2)
{
    ASSEGURA(e1 && e2, "Elemento nulo recebido");

    return *(int *)e1 - *(int *)e2;
}
```

A função `ComparaInts()` compara dois elementos de um heap e seus parâmetros são ponteiros para esses elementos. Ela retorna:

- 0, se os dois elementos forem iguais
- Um valor menor do que zero, se o primeiro elemento for menor do que o segundo
- Um valor maior do que zero, se o primeiro elemento for maior do que o segundo

Evidentemente, se o tipo do elemento armazenado no heap não for **int**, essa função deve ser convenientemente reescrita. Uma vantagem do uso de ponteiros para função na implementação de heaps é que um programa-cliente dessa estrutura de dados pode decidir se o heap desejado é de mínimo ou de máximo de acordo com a função de comparação passada como parâmetro para as funções de implementação de heap que podem alterar a propriedade de ordenação do heap. Por exemplo, usando a função `ComparaInts()` do modo que ela foi definida acima, tem-se um heap de mínimo. Por outro lado, se a instrução de retorno dessa função for trocada por:

```
return *(int *)e2 - *(int *)e1;
```

o resultado obtido será um heap de máximo.

10.2.5 Análise

Teorema 10.2: No pior caso, o custo temporal de uma operação de inserção em heap é $\theta(\log n)$.

Prova: No pior caso, uma operação de inserção requer visita a um nó em cada nível da árvore desde uma folha até a raiz. Como todo heap é uma árvore binária completa e a altura de uma árvore binária completa é dada por $\lfloor \log_2 n + 1 \rfloor$ (v. **Capítulo 12** do **Volume 1**), no pior caso, o custo temporal de uma operação de inserção é $\theta(\log n)$. ∎

Teorema 10.3: No pior caso, o custo temporal de uma operação de remoção é $\theta(\log n)$.

Prova: Uma operação de remoção requer, no pior caso, que cada nó desde a raiz até uma folha seja visitado. Portanto, usando um raciocínio similar àquele usado na prova do **Teorema 10.2**, o custo temporal de uma operação de remoção nesse caso também é $\theta(log\ n)$. ∎

Pode-se facilmente mostrar usando um argumento semelhante aos apresentados nas provas desses teoremas que as operações de acréscimo ou decréscimo de prioridade e de remoção de um elemento específico, descritas na **Seção 10.2.3**, também têm custo temporal $\theta(log\ n)$. A operação de consulta descrita nessa seção tem custo $\theta(1)$, pois o elemento consultado sempre se encontra na raiz do heap.

10.3 Análise de Filas de Prioridade

A **Tabela 10–1** resume a eficiência das várias implementações de filas de prioridade com respeito às operações de enfileiramento e desenfileiramento.

IMPLEMENTAÇÃO VIA...	CUSTO TEMPORAL DE...	
	ENFILEIRAMENTO	DESENFILEIRAMENTO
Heap	$\theta(log\ n)$	$\theta(log\ n)$
Lista encadeada sem ordenação	$\theta(1)$	$\theta(n)$
Lista encadeada ordenada	$\theta(n)$	$\theta(1)$
Lista indexada sem ordenação	$\theta(1)$	$\theta(n)$
Lista indexada ordenada	$\theta(n)$	$\theta(1)$
Árvore binária ordinária de busca	$\theta(n)$	$\theta(n)$
Árvore binária de busca balanceada	$\theta(log\ n)$	$\theta(log\ n)$

TABELA 10–1: COMPARAÇÃO DE IMPLEMENTAÇÕES DE FILAS DE PRIORIDADE

Como mostra a **Tabela 10–1**, as principais operações sobre listas de prioridade apresentam o mesmo custo temporal quando uma fila de prioridade é implementada usando heap ou usando árvore binária de busca balanceada. Porém a grande vantagem do uso de heaps em implementações de filas de prioridade não aparece na referida tabela, que é a simplicidade.

10.4 Simulação de Eventos Discretos

Um dos usos mais comuns de filas de prioridade é uma forma comum de simulação denominada **simulação discreta dirigida por eventos**. No presente contexto, um **evento** é uma representação de uma ação que deve ocorrer num instante específico. Nesse tipo de simulação, um programa age de acordo com os eventos gerados aleatoriamente que devem ser processados. O papel desempenhado por uma fila de prioridade na simulação dirigida por eventos é armazenar esses eventos de acordo com uma prioridade determinada pelo instante em que ele deve ocorrer.

Uma simulação discreta de eventos modela o funcionamento de um sistema (p. ex., um banco ou uma lanchonete) como uma sequência discreta de eventos que devem ocorrer em instantes específicos, A ocorrência de um evento altera o estado do sistema que está sendo modelado e pode originar novos eventos. Por exemplo, numa simulação de funcionamento de uma lanchonete, quando ocorre um evento relacionado à chegada de clientes, o número de cadeiras disponíveis na lanchonete pode ser diminuído, alterando, assim, o estado do sistema (i.e., da lanchonete). Esse mesmo evento pode dar origem a um evento de atendimento de pedido, que, por sua vez, quando processado dará origem a um evento de saída dos clientes da lanchonete e assim por diante.

Numa simulação discreta de eventos, não ocorre nenhuma alteração no sistema modelado entre eventos consecutivos, de modo que o programa de simulação pode saltar no tempo entre um evento e o próximo evento sem ter que se preocupar com o que ocorre nesse intervalo de tempo. Numa **simulação contínua**, por outro lado, o programa de simulação deve checar, de tempos em tempos, o estado do sistema.

Uma simulação contínua atualiza constantemente o estado do sistema. Nesse caso, um relógio virtual avança o tempo em segundos ou numa unidade mais conveniente e, após cada intervalo de tempo, o estado do sistema é atualizado de alguma maneira. Por exemplo, numa simulação de tráfego numa estrada, cada automóvel é caracterizado por sua posição que precisa ser atualizada a cada intervalo de tempo. Em contraste, o tempo numa simulação discreta avança em intervalos discretos e aleatórios (e consequentemente irregulares), que, tipicamente, são bem maiores do que numa simulação contínua. Nesse caso, o tempo avança do final de um evento para o início do próximo evento programado. Discutir simulação contínua em detalhes está bem além do escopo deste livro.

Uma simulação discreta deve manter, pelo menos, uma fila de prioridade que armazena os eventos pendentes.

Uma representação de eventos deve incluir, ao menos, o instante em que ele deverá ocorrer e o tipo de evento. Esse tipo indica como o evento deve ser processado; i.e., qual é a ação que deve ser realizada quando o evento ocorrer. Muitos eventos são programados dinamicamente (i.e., à medida que a simulação evolui). Por exemplo, numa simulação de lanchonete, eventos de saída são gerados à medida que eventos de atendimento são processados.

Suponha, por exemplo, que uma simulação pretende modelar o funcionamento de uma pequena lanchonete. Nesse caso, há três tipos de eventos de interesse na simulação, a saber:

- ❑ **Evento de chegada**, que corresponde à chegada de um grupo de clientes na lanchonete. (Um cliente solitário é considerado um grupo de apenas um cliente, obviamente.)
- ❑ **Evento de pedido** (ou **evento de atendimento**), que representa o atendimento que o grupo de clientes recebe, o que inclui o número de sanduíches que seus integrantes solicitam.
- ❑ **Evento de saída**, que corresponde à saída dos clientes da lanchonete, cedendo, assim, espaço para o atendimento de novos clientes.

Nesse exemplo de lanchonete, cada evento pode ser caracterizado pelo número de pessoas que dele participam, pelo instante em que ele deve ocorrer e pelo tipo de evento, como ilustra a **Figura 10–12**.

FIGURA 10–12: REPRESENTAÇÃO E SEQUÊNCIA DE EVENTOS DISCRETOS

No início de uma simulação, é gerado aleatoriamente um certo número de eventos de chegada com um número de clientes também produzidos ao acaso. Esses eventos iniciais são adicionados à fila de prioridade na medida em que são criados e, então, a execução da simulação é iniciada. A execução da simulação completa segue os passos descritos na **Figura 10–13**.

> 1. Crie uma sequência de eventos iniciais e insira-os na lista de eventos
> 2. Enquanto a fila de eventos não estiver vazia, faça:
>   2.1 Remova o próximo evento da fila
>   2.2 Processe o evento

Figura 10–13: Laço Principal de Simulação de Eventos Discretos

O **Passo 2.2** do algoritmo delineado na **Figura 10–13** consiste em agir como se um evento de fato ocorresse. Por exemplo, processar um evento de entrada consiste em verificar se há espaço disponível na lanchonete e, se esse for o caso, gerar um evento de pedido que será inserido na fila de eventos. Quando não há espaço disponível, nesse caso, os clientes podem ser acomodados numa lista de espera ou simplesmente ir embora. No exemplo da lanchonete, processar um evento de pedido resulta na geração de um evento de saída e, quando esse último evento ocorre, surge espaço vazio que pode ser ocupado por novos clientes. Em qualquer tipo de evento, processá-lo tipicamente envolve a exibição de suas informações para facilitar a avaliação da simulação e, talvez, a criação de novos eventos.

A geração de intervalos de tempo aleatórios entre dois eventos independentes pode ser emulada usando **distribuição exponencial** por meio da seguinte fórmula[1]:

$$t = -m \cdot ln\ (1 - \alpha)$$

Nessa fórmula, tem-se que:

- ❏ m é o intervalo de tempo médio decorrido entre dois eventos e deve ser estimado experimentalmente
- ❏ α é um número real aleatório com ocorrência equiprovável no intervalo *[0, 1]*
- ❏ *ln(x)* é o logaritmo neperiano de x

Para facilitar as implementações, frequentemente, os instantes de ocorrência dos eventos são considerados valores inteiros, que representam intervalos de tempo decorridos a partir de um instante de referência.

Tipicamente, simulações usam geradores de números aleatórios para obter, entre outras coisas, os instantes nos quais os eventos devem ocorrer. O uso de algoritmos que geram números pseudoaleatórios em detrimento daqueles que geram números genuinamente aleatórios é benéfico porque permite que a execução de uma simulação possa ser repetida usando parâmetros diferentes. Para tal, basta alimentar o gerador de número pseudoaleatórios com a mesma semente.

É responsabilidade do programador decidir quando a execução de uma simulação deve terminar. Tal execução pode encerrar após um determinado período ou quando o sistema atinge um determinado estado. Por exemplo, a execução de uma simulação de funcionamento de uma lanchonete pode encerrar após um predeterminado tempo de funcionamento ou após a venda de um número específico de sanduíches.

Simulações são usadas para testar e ajustar quando necessário o funcionamento de um sistema. Por exemplo, uma simulação de funcionamento de uma lanchonete pode indicar que, com base na frequência de clientes e no tempo de permanência deles, o número de cadeiras oferecidas não é suficiente e que, se esse número for aumentado, o faturamento pode ser aumentado. Do ponto de vista de programação, entender como funciona simulação de eventos discretos certamente também facilitará o aprendizado de programação baseada em eventos que permeia a construção de interfaces gráficas.

---

[1] Se você desconhece distribuição exponencial, consulte um bom texto sobre Estatística.

Um exemplo completo de simulação discreta será apresentado na **Seção 10.5.2**. Outros tipos de simulações podem ser descritos de modo semelhante a esse exemplo.

10.5 Exemplos de Programação

10.5.1 Codificação Canônica de Huffman

Preâmbulo: A **codificação padrão de Huffman** é uma técnica básica de compressão de arquivos que foi discutida exaustivamente no **Capítulo 12** do **Volume 1**. Em resumo, a codificação padrão de Huffman é representada por uma árvore estritamente binária e o algoritmo na **Figura 10–14** mostra como essa árvore pode ser obtida:

ALGORITMO CONSTRÓIÁRVOREDEHUFFMAN

ENTRADA: O arquivo a ser codificado

SAÍDA: Uma árvore de codificação de Huffman

1. Leia o arquivo e associe cada byte ao seu número de ocorrências (i.e., sua **frequência**) no arquivo
2. Crie nós-folhas, cada um dos quais contendo o valor de um byte e a frequência com que esse valor ocorre no arquivo
3. Insira os nós numa fila de prioridade de tal modo que, quanto menor for a frequência de um nó, maior seja sua prioridade
4. Enquanto a fila de prioridade não estiver vazia, faça:
   4.1 Remova um nó da fila de prioridade
   4.2 Se a fila ficou vazia, encerre (esse nó será a raiz da árvore de codificação)
   4.3 Remova outro nó da fila de prioridade
   4.4 Crie um nó cuja frequência seja a soma das frequências dos nós recém-removidos
   4.5 Insira o novo nó na fila de prioridade

FIGURA 10–14: ALGORITMO DE CONSTRUÇÃO DE ÁRVORE DE CODIFICAÇÃO DE HUFFMAN

A **Figura 10–15** mostra uma possível árvore de codificação obtida seguindo o algoritmo da **Figura 10–14** para um arquivo contendo os caracteres `'b'`, `'o'`, `'l'` e `'a'`. Nessa figura, o conteúdo de cada nó é dividido em duas partes: o byte (caractere) que o nó representa e a frequência de ocorrência desse byte. Nós que não são folhas não representam nenhum byte e, por isso, em vez do valor de byte na respectiva parte do conteúdo, aparece um símbolo de interrogação. A frequência de cada byte determina a profundidade da folha que o representa na árvore, de modo que os bytes que apresentam frequências altas são representados por folhas mais rasas e bytes que apresentam frequências baixas são representados por folhas mais profundas. Por exemplo, na **Figura 10–15**, a folha que representa o caractere `'a'`, que tem frequência igual a `14.26`, encontra-se no nível 1, enquanto a folha que representa o caractere `'b'`, que tem frequência igual a `1.54`, encontra-se no nível 3 (considera-se que a raiz tem nível 0). A razão pela qual existe essa relação entre a frequência de um byte e a profundidade da folha que o representa, bem como os significados dos números que rotulam as ramificações da árvore, serão esclarecidos em breve.

Se você não entendeu a sucinta explicação sobre a construção da árvore de codificação de Huffman, não adianta prosseguir nesta seção. O conselho, nesse caso, é consultar o **Capítulo 12** do **Volume 1** ou algum outro texto sobre o assunto antes de seguir em frente.

A árvore de codificação será utilizada para a obtenção do código que será associado a cada caractere. A principal diferença entre uma **codificação padrão de Huffman** e uma **codificação canônica** reside exatamente em *como* ela é usada. Numa codificação padrão, o código associado a cada byte é obtido descendo-se a árvore até encontrar a folha que representa esse byte. À medida que se desce a árvore, os bits que representarão a codificação do byte são coletados de tal maneira que, *tipicamente*, o bit *0* seja associado a uma descida seguindo uma ramificação esquerda e o bit *1* seja associado a uma descida seguindo uma ramificação direita. Assim, na **Figura 10–15**, a codificação do caractere `'a'` é 0 e a codificação do caractere `'b'` é 100. Isso explica por que as folhas que representam os bytes com maiores frequências estão em níveis mais rasos da árvore: desse modo, a eles serão atribuídos códigos mais curtos e, assim, o tamanho do arquivo codificado será menor.

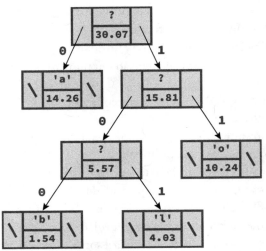

FIGURA 10–15: ÁRVORE RESULTANTE DE UMA CODIFICAÇÃO DE HUFFMAN

É importante ressaltar que qualquer árvore resultante do algoritmo de Huffman é estritamente binária, o que quer dizer que um nó dessa árvore ou é folha ou possui dois filhos (i.e., não existe nó com apenas um filho em tal árvore). Uma importante consequência disso é que a máxima de uma árvore dessa natureza é igual ao seu número de folhas. E, se você estiver acompanhando o raciocínio desenvolvido até aqui, irá concluir que o número máximo de bits na codificação de um byte é igual ao número de folhas da árvore de codificação. Essa conclusão tem uma importante consequência prática na implementação do algoritmo de compressão (v. adiante).

O algoritmo de codificação canônica de Huffman parte do princípio de que os códigos atribuídos aos bytes obtidos usando o mecanismo descrito no último parágrafo não são de fato importantes; i.e., o que realmente importa é o *tamanho* deles. Há, porém, uma ressalva: esses códigos devem ainda ser considerados livres de prefixo como ocorre quando se segue o algoritmo padrão de codificação[2]. A codificação canônica oferece duas vantagens em relação à codificação tradicional:

1. Ela permite que o **cabeçalho** da codificação ocupe menos espaço no arquivo codificado. Esse cabeçalho, também denominado **metadados**, contém informações vitais para que o arquivo possa ser decodificado posteriormente. Na codificação padrão, a árvore de codificação precisa ser armazenada nesse cabeçalho.

---

[2]   Uma codificação é livre de prefixo quando o código atribuído a um byte não faz parte da porção inicial do código atribuído a outro byte. Por exemplo, na **Figura 10–15**, o código do caractere `'a'` é 0, de sorte que o código de nenhum outro caractere começa com 0.

2. Ela é mais fácil de implementar, pois não requer que a árvore de codificação seja usada na codificação após os tamanhos de códigos terem sido obtidos. Na codificação padrão, essa árvore é usada na codificação de cada byte lido no arquivo que está sendo codificado.

A obtenção dos códigos associados aos bytes numa codificação canônica segue o algoritmo apresentado na **Figura 10–16**.

ALGORITMO ObtémCódigosDeHuffman

ENTRADA: Uma árvore de codificação de Huffman

SAÍDA: Uma lista de códigos canônicos

1. Efetue um caminhamento na árvore de codificação e obtenha o **comprimento** (i.e., o **número de bits**) do código associado a cada byte armazenado na árvore
2. Libere o espaço ocupado pela árvore de codificação (ela não é mais necessária)
3. Ordene os bytes que serão codificados de acordo com os tamanhos de seus códigos (se dois bytes tiverem os mesmos tamanhos de códigos, use os valores desses bytes como critério de desempate)
4. Atribua *0* ao byte cujo tamanho de código seja o menor de todos
5. Para cada valor de byte restante, atribua um código do seguinte modo:
   5.1 Acrescente *1* ao código do byte anterior para obter o código do byte corrente
   5.2 Se o tamanho do código do byte corrente for maior do que o tamanho do byte anterior na sequência, efetue um deslocamento de bits à esquerda (ou seja, acrescente *0* à direita do código corrente)

FIGURA 10–16: CODIFICAÇÃO CANÔNICA DE HUFFMAN: OBTENÇÃO DOS CÓDIGOS

Resumidamente, a seguinte fórmula pode ser usada para atribuir valores aos códigos dos bytes:

$$c_i = \begin{cases} 0 & se\ i = 0 \\ (c_{i-1} + 1) << (t_i - t_{i-1}) & se\ i > 0 \end{cases}$$

Nessa fórmula, c_i é o código atribuído a um byte, t_i é o seu tamanho e $<<$ representa o operador de deslocamento à esquerda (v. **Apêndice B**).

Suponha, por exemplo, que os caminhamentos prescritos no **Passo 1** do algoritmo da **Figura 10–16** sejam efetuados na árvore da **Figura 10–15**. Então os **códigos canônicos** (i.e., aqueles obtidos usando o algoritmo de codificação canônica de Huffman) serão aqueles exibidos na **Tabela 10–2**. A última coluna da **Tabela 10–2** apresenta a justificativa, baseada no algoritmo da **Figura 10–16**, para a obtenção do respectivo código canônico.

BYTE	TAMANHO	CÓDIGO CANÔNICO	JUSTIFICATIVA
'a'	1	0	Passo 3
'o'	2	10	Incremento seguido de deslocamento (Passos 4.1 e 4.2)
'b'	3	110	Incremento seguido de deslocamento (Passos 4.1 e 4.2)
'l'	3	111	Incremento (Passo 4.1)

TABELA 10–2: EXEMPLO DE CODIFICAÇÃO CANÔNICA

Para efeito de comparação, a **Tabela 10–3** mostra a codificação que seria obtida usando o algoritmo de codificação padrão de Huffman.

Byte	Tamanho	Código Canônico	Código Padrão
`'a'`	1	0	0
`'o'`	2	10	11
`'b'`	3	110	100
`'l'`	3	111	101

Tabela 10–3: Codificação Canônica versus Codificação Padrão

Neste ponto, o leitor atento pode estar confuso. Afinal, foi dito acima que os valores específicos dos códigos atribuídos aos bytes numa codificação de Huffman são irrelevantes. Quer dizer, por exemplo, qual é a diferença entre atribuir 10 ou 11 ao caractere `'o'` quando o que realmente importa é o tamanho desses códigos e, nesse caso, ambos têm o mesmo tamanho? Ou seja, qual é a vantagem da codificação canônica? A resposta a essa questão está no fato de a codificação canônica não requerer que a árvore de codificação seja armazenada no cabeçalho do arquivo codificado para permitir que ele seja decodificado. Mais precisamente, para permitir que um arquivo codificado seguindo esse algoritmo seja decodificado, basta armazenar no arquivo codificado uma lista na qual cada elemento seja constituído por um byte do arquivo e o comprimento de sua codificação. Então, usando-se essa lista e o algoritmo usado para obtenção dos códigos dos bytes, pode-se decodificar o arquivo e, enfim, obter de volta o arquivo original.

Após a obtenção dos códigos associados aos bytes do arquivo de entrada, a criação do arquivo codificado de saída pode ser efetuada seguindo o algoritmo apresentado na **Figura 10–17**.

Algoritmo CodificaArquivo

Entrada: O arquivo que será codificado e sua lista de códigos canônicos

Saída: O arquivo codificado

1. Escreva o cabeçalho da codificação no arquivo de saída
2. Enquanto houver bytes a ser lidos no arquivo de entrada, faça o seguinte:
   2.1 Leia um byte no arquivo de entrada
   2.2 Encontre o valor do byte lido na lista de códigos canônicos
   2.3 Escreva os bits que constituem o código do referido byte no arquivo de saída
3. Libere o espaço ocupado pela lista de códigos canônicos
4. Feche os arquivos

Figura 10–17: Codificação Canônica de Huffman: Escrita de Arquivo

Problema: Escreva um programa que lê um arquivo e codifica-o ou decodifica-o (se ele estiver codificado, obviamente) usando o algoritmo de codificação canônica descrito no preâmbulo.

Solução: A implementação do algoritmo de Huffman irá requerer o uso de três estruturas de dados básicas:

□ **Árvore de codificação** que é uma árvore estritamente binária da qual se obtêm os tamanhos das sequências de bits (códigos) almejadas.

□ **Fila de prioridade** implementada num heap binário de mínimo que armazena os nós da árvore de codificação em ordem crescente de frequência. No começo da execução do algoritmo de construção da referida árvore, esse heap conterá apenas suas folhas, que são os nós que armazenam os bytes a ser codificados. Após a execução do último passo do algoritmo de construção da árvore, o heap deverá estar vazio e não será mais necessário.

❑ **Lista de códigos canônicos** que armazena um mapeamento entre os valores de bytes encontrados no arquivo sendo codificado e os códigos aos quais eles serão associados. Como o número de elementos dessa lista é relativamente bem pequeno[3], pode-se usar uma lista indexada comum para representá-la sem que essa decisão afete o desempenho da implementação.

As duas primeiras estruturas de dados descritas acima requerem as seguintes definições de tipos:

```
typedef unsigned char tByte; /* Tipo de um byte */

    /* Tipo do campo de informação dos nós da árvore de codificação */
typedef struct {
        tByte   byte;
        double  frequencia;
    } tByteFreq;

    /* Tipo de cada nó e tipo de ponteiro para nó da árvore de codificação */
typedef struct rotNoArvoreHuff {
        tByteFreq               byteFreq;
        struct rotNoArvoreHuff *filhoEsquerda;
        struct rotNoArvoreHuff *filhoDireita;
    } tNoArvoreHuff, *tArvoreHuff;

    /* Tipo de nó de um heap que armazena ponteiros para */
    /* os nós da árvore de codificação temporariamente   */
typedef tNoArvoreHuff *tNoHeapHuff;

    /* Tipo de heap que armazena as informações */
    /* sobre os nós da árvore de codificação     */
typedef struct {
        tNoHeapHuff *itens;      /* Array de elementos */
        int          capacidade; /* Quantos elementos o heap pode conter */
        int          nItens;     /* Número de elementos do heap */
    } tHeapHuff;

    /* Tipo de ponteiro para função de comparação que compara elementos do heap */
typedef int (*tFComparaHuff) (const void *, const void *);
```

O tipo de heap, que armazena as informações sobre os nós da árvore de codificação, e o tipo de ponteiro para função de comparação, que compara elementos do heap, são definidos do mesmo modo que ocorre na **Seção 10.2.4**. Note, entretanto, que a função de comparação a ser usada aqui deve ser definida de modo diferente, já que o tipo de informação armazenada no heap agora é diferente daquele usado na referida seção. Essa função deve ser definida como:

```
static int ComparaNosHeapHuff(const void *e1, const void *e2)
{
   tNoHeapHuff elemento1 = (tNoHeapHuff)e1, elemento2 = (tNoHeapHuff)e2;
   ASSEGURA(e1 && e2, "Elemento nulo recebido");

   return elemento1->byteFreq.frequencia - elemento2->byteFreq.frequencia;
}
```

Compressão

A função `Codifica()` codifica um arquivo seguindo o algoritmo de codificação de Huffman e seus parâmetros são o nome do arquivo que será codificado (`arqEntrada`) e o nome do arquivo que conterá a codificação (`arqSaida`).

[3] No máximo, essa lista terá 256 elementos, que é o número máximo de valores distintos de bytes.

```
void CodificaHuff(const char *arqEntrada, const char *arqSaida)
{
    FILE          *streamE, /* Associado ao arquivo a ser codificado */
                  *streamS; /* Associado ao arquivo resultante */
    tHeapHuff     *pHeap; /* Apontará para o heap que armazena       */
                       /* temporariamente os nós da codificação */
    tNoArvoreHuff *no1, /* Ponteiro para o nó com a menor frequência no heap */
                  *no2, /* Ponteiro para o nó com a segunda menor frequência no heap */
                  *noNovo; /* Ponteiro para um novo nó da árvore */
                       /* que terá no1 e no2 como filhos       */
    tNoListaCanHuff *lista; /* Lista que conterá os códigos canônicos */
    tCabecalhoHuff    cabecalho; /* Cabeçalho da codificação */
    int               i, j,
                      c, /* Armazenará um byte lido */
                      bits, /* Empacotará os bits */
                      nFolhas, /* Número de valores de bytes distintos no arquivo */
                      contaBits, /* Conta os bits de um byte */
                      tamArquivo; /* Número de bytes do arquivo */

    streamE = AbreArquivo(arqEntrada, "rb"); /* Abre o arquivo que será codificado */

    /* Cria o heap que armazena temporariamente os nós da árvore de codificação */
    pHeap = CriaHeapHuff(streamE, &tamArquivo);

    /* O número de folhas da árvore de codificação será igual ao tamanho */
    /* inicial do heap. Esse valor é igual ao número de valores de bytes */
    /* distintos encontrados no arquivo.                                 */
    nFolhas = TamanhoHeapHuff(pHeap);

    /* Constrói a árvore de codificação */
    while (!HeapVazioHuff(pHeap)) {
        /* Remove o nó com a menor frequência do heap */
        no1 = RemoveMinHeapHuff(pHeap, ComparaNosHeapHuff);

        /* Se o heap ficou vazio, o último nó removido é */
        /* a raiz da árvore que representa a codificação */
        if (HeapVazioHuff(pHeap))
            break; /* Construção de árvore concluída */

        /* Remove o nó com a segunda menor frequência do heap  */
        no2 = RemoveMinHeapHuff(pHeap, ComparaNosHeapHuff);

        noNovo = ConstroiNoArvoreHuff(); /* Tenta alocar um novo nó */

        /* Armazena a frequência do novo nó. O conteúdo do campo 'byte' não */
        /* tem importância porque este nó não é uma folha.                  */
        noNovo->byteFreq.frequencia=no1->byteFreq.frequencia no2->byteFreq.frequencia;

        /* O filho esquerdo do novo nó é o primeiro nó removido do heap */
        /* e o filho direito é o segundo nó removido do heap            */
        noNovo->filhoEsquerda = no1;
        noNovo->filhoDireita = no2;

        InsereEmHeapHuff(pHeap, noNovo, ComparaNosHeapHuff); /* Insere o nó no heap */
    }

     /* Neste ponto, a árvore de codificação já foi concluída e sua raiz é no1 */

    /* Obtém a lista de códigos canônicos */
    lista = CriaListaCanonicaHuff(no1, nFolhas);

    /* Nem o heap nem a árvore são mais necessários */
```

```
DestroiHeapHuff(pHeap);
free(pHeap);
DestroiArvoreHuff(no1);

streamS = AbreArquivo(arqSaida, "wb"); /* Abre o arquivo de saída */

   /* Cria o cabeçalho da codificação */
cabecalho.tamLista = nFolhas;
cabecalho.lista = lista;

   /* Escreve o cabeçalho da codificação no arquivo de saída */
EscreveCabecalhoHuff(&cabecalho, streamS);

bits = 0; /* Zera o empacotador de bits */
contaBits = 0; /* Inicia a contagem de bits */

   /* Faz o apontador de posição do arquivo apontar para o seu primeiro byte */
rewind(streamE);

   /* Lê cada byte no arquivo de entrada, codifica-o usando a lista */
   /* de códigos e escreve a codificação no arquivo de saída        */
while(1) {
   c = fgetc(streamE); /* Lê um byte no arquivo de entrada */

      /* Verifica se ocorreu erro */
   ASSEGURA(!ferror(streamE), "Erro de leitura");

   if (feof(streamE))
      break; /* Acabou a leitura */

      /* Encontra o valor do byte lido na lista de códigos. */
   for (i = 0; i < nFolhas; ++i)
      if (lista[i].valor == c)
         break;

      /* O valor do byte deve ter sido encontrado */
   ASSEGURA(i < nFolhas, "Valor de byte nao encontrado");

      /* Empacota os bits do código deste byte */
   for(j = 0; j < lista[i].nBits; ++j) {
      contaBits++; /* Mais um bit neste código */

         /* Armazena bit na variável que empacota os bits */
      bits = (bits << 1) | ConsultaBitEmArray(lista[i].cod, j);

         /* Se já houver um byte na variável de          */
         /* empacotamento, escreve-o no arquivo de saída */
      if (contaBits == CHAR_BIT) {
         fputc(bits, streamS); /* Escreve byte no arquivo */

            /* Verifica se ocorreu erro de escrita */
         ASSEGURA(!ferror(streamS), "Erro de escrita");

         contaBits = 0; /* Reinicia a contagem de bits */
      }
   }
}

   /* Escreve os bits que restaram no último empacotamento */
if (contaBits) {
   bits <<= CHAR_BIT - contaBits; /* Alinha bits à esquerda */
   fputc(bits, streamS); /* Escreve-os no arquivo */
   ASSEGURA(!ferror(streamS), "Erro de escrita"); /* Testa */
}
```

```
    free(lista); /* Libera o espaço ocupado pela lista de códigos */

    FechaArquivo(streamE, arqEntrada); /* Fecha os arquivos */
    FechaArquivo(streamS, arqSaida);
}
```

A função **CodificaHuff()** chama as funções descritas na Tabela 10–4. A última coluna dessa tabela indica onde o leitor pode encontrar a definição da respectiva função ou de uma função similar.

Função	O que faz	Referência
AbreArquivo()	Abre um arquivo	Seção 2.3
CriaHeapHuff()	Cria um heap contendo as folhas de uma árvore de codificação de Huffman	Discutida abaixo
TamanhoHeapHuff()	Calcula o tamanho de um heap	Seção 10.2.4
HeapVazioHuff()	Verifica se um heap está vazio	Seção 10.2.4
RemoveMinHeapHuff()	Remove a raiz de um heap de mínimo	Seção 10.2.4
ConstroiNoArvoreHuff()	Constrói um nó de uma árvore binária	Semelhante à função vista na Seção 4.1.2
InsereEmHeapHuff()	Insere um nó num heap	Seção 10.2.4
CriaListaCanonicaHuff()	Constrói uma lista de códigos canônicos	Discutida adiante
DestroiHeapHuff()	Libera o espaço ocupado por um heap	Seção 10.2.4
DestroiArvoreHuff()	Libera o espaço ocupado por uma árvore binária	Capítulo 12 do Volume 1
EscreveCabecalhoHuff()	Escreve o cabeçalho da codificação no arquivo de saída	Discutida adiante
ConsultaBitEmArray()	Verifica se um bit está ligado num array de elementos do tipo **unsigned char**	V. função **ConsultaBit()** no Apêndice B
FechaArquivo()	Fecha um arquivo	Seção 4.1.2

Tabela 10–4: Funções Chamadas pela Função Codifica()

A função **CriaHeapHuff()** apresentada a seguir implementa os três primeiros passos do algoritmo de construção da árvore de codificação exibido na **Figura 10–14**. Quer dizer, essa função cria um heap contendo nós de uma árvore que armazenam valores de bytes e suas respectivas frequências. Essa função retorna o endereço do heap criado e seus parâmetros são:

- **stream** — stream associado ao arquivo no qual os bytes serão lidos
- **nBytes** (saída) - número total de bytes lidos no arquivo

```
static tHeapHuff *CriaHeapHuff(FILE *stream, int *nBytes)
{
    tHeapHuff       *pHeap; /* Ponteiro para o heap que será criado */
    tNoArvoreHuff   *ptrNovoNo; /* Apontará para o novo nó alocado */
    int             *byteFreq, /* Apontará para um array contendo os */
                    /* números de ocorrências dos bytes   */
                    umByte, /* Armazena um byte */
                    tamArquivo = 0, /* Número de bytes do arquivo */
                    i;
```

```
    /* Aloca um array para conter as ocorrências dos bytes */
byteFreq = calloc(UCHAR_MAX + 1, sizeof(int));
ASSEGURA(byteFreq, "Array de ocorrencias nao foi alocado");

rewind(stream); /* Move o apontador de posição para o início do arquivo */

    /* Obtém o número de ocorrências de cada byte */
while (1) {
    umByte = fgetc(stream); /* Lê um byte */

        /* Verifica se ocorreu erro */
    ASSEGURA(!ferror(stream), "Erro de leitura de arquivo");

    if (feof(stream))
        break; /* Não há mais bytes a serem lidos */

        /* Verifica se o programa pode lidar a frequência de ocorrência */
        /* desse byte. A ausência desse teste causará overflow.        */
    ASSEGURA(byteFreq[umByte] < INT_MAX,
            "Este programa nao suporta um arquivo tao grande");

        /* Incrementa o número de ocorrências do último byte lido */
    ++byteFreq[umByte];

        /* Verifica se o programa pode lidar com o tamanho do */
        /* arquivo. A ausência desse teste causará overflow.  */
    ASSEGURA( tamArquivo < INT_MAX,
            "Este programa nao suporta um arquivo tao grande" );

    ++tamArquivo; /* Mais um byte foi lido */
}

    /* Aloca a variável que armazenará o heap */
ASSEGURA(pHeap = malloc(sizeof(*pHeap)), "Heap nao alocado");

IniciaHeapHuff(pHeap); /* Inicia o heap */

    /* Constrói o heap */
for (i = 0; i < UCHAR_MAX; ++i)
        /* Cria um nó para cada valor de byte encontrado no arquivo */
    if (byteFreq[i]) {
        ptrNovoNo = ConstroiNoArvoreHuff(); /* Tenta alocar um novo nó */

            /* Armazena o byte corrente e sua frequência no novo nó */
        ptrNovoNo->byteFreq.byte = i;
        ptrNovoNo->byteFreq.frequencia = (double) 100*byteFreq[i]/tamArquivo;

            /* Insere o novo nó no heap */
        InsereEmHeapHuff(pHeap, ptrNovoNo, ComparaNosHeapHuff);
    }

free(byteFreq); /* O array de ocorrências não é mais necessário */

*nBytes = tamArquivo; /* Atualiza o segundo parâmetro antes de retornar */

return pHeap; /* Retorna o endereço do heap */
}
```

O tipo de elemento usado na obtenção dos códigos canônicos é definido como:

```
typedef struct {
        tByte valor;             /* Valor do byte */
        tByte nBits;             /* Número de bits na codificação */
        tByte cod[MAX_BYTES];    /* Codificação do byte */
    } tNoListaCanHuff;
```

A constante simbólica MAX_BYTES usada na definição do tipo tNoListaCanHuff representa o número máximo de bytes de um código associado a um byte e é definida como:

```
/* Número máximo de bits num código associado a um byte */
#define MAX_BITS  (UCHAR_MAX + 1)

/* Número máximo de bytes num código associado a um byte */
#define MAX_BYTES MAX_BITS/CHAR_BIT
```

Nessas definições de constantes, **UCHAR_MAX** e **CHAR_BIT** são constantes definidas no cabeçalho <limits.h>. O tamanho máximo de um código é calculado levando em conta as seguintes considerações:

1. Como qualquer árvore de codificação é estritamente binária, a profundidade máxima dela é igual ao seu número de folhas.

2. O número máximo de folhas possível numa árvore de codificação é igual ao número de possíveis valores distintos de bytes. Nesse caso, o menor valor é *0* e o maior valor é igual ao valor da constante **UCHAR_MAX**. Portanto a profundidade máxima possível de uma árvore de codificação é **UCHAR_MAX + 1**, que corresponde ao tamanho máximo de uma sequência de bits que representa um código de byte.

A função CriaListaCanonicaHuff() constrói uma lista de códigos canônicos e tem como parâmetros:

- arvore (entrada) — ponteiro para raiz da árvore a partir da qual a lista será criada
- nItens (entrada) — número de elementos que a lista terá

```
static tNoListaCanHuff *CriaListaCanonicaHuff(tArvoreHuff arvore, int nItens)
{
   tNoListaCanHuff *listaCanonica;
   int             *tamanhos, i, j;

      /* Aloca um array para conter os tamanhos dos */
      /* códigos associados aos valores de bytes    */
   tamanhos = calloc(UCHAR_MAX + 1, sizeof(int));
   ASSEGURA(tamanhos, "Array de tamanhos nao foi alocado");

      /* Obtém os tamanhos dos códigos dos bytes */
   ObtemTamanhosHuff(arvore, tamanhos, 0);

      /* Aloca a lista de códigos canônicos */
   listaCanonica = calloc(nItens, sizeof(tNoListaCanHuff));
   ASSEGURA(listaCanonica, "Lista canonica nao foi alocada");

      /* Copia os tamanhos dos códigos para a lista de códigos canônicos */
   for (i = 0, j = 0; i < UCHAR_MAX + 1; ++i)
      if (tamanhos[i]) { /* A lista canônica contém apenas tamanhos não nulos */
         listaCanonica[j].valor = i;
         listaCanonica[j].nBits = tamanhos[i];
         ++j;
      }

   free(tamanhos); /* O array que contém os tamanhos não é mais necessário */

      /* Ordena lista de códigos canônicos por tamanho de código e valor de byte */
   qsort( listaCanonica, nItens, sizeof(tNoListaCanHuff), ComparaTamanhosHuff );

      /* Obtém os códigos canônicos */
   ObtemCodigosCanonicosHuff(listaCanonica, nItens);

   return listaCanonica;
}
```

A função `ObtemTamanhos()`, que será exibida a seguir, implementa o **Passo 1** do algoritmo da **Figura 10–16**. Quer dizer, ela é responsável pela obtenção dos tamanhos dos códigos associados aos bytes armazenados nas folhas de uma árvore de codificação de Huffman. Os parâmetros dessa função são:

- `raiz` (entrada) — ponteiro para a raiz da árvore que contém a codificação
- `tabela[]` (saída) — tabela de consulta que conterá os tamanhos dos códigos canônicos
- `n` (entrada) — nível da árvore na qual a visitação dos nós será iniciada. Na primeira chamada dessa função, o valor desse parâmetro deve ser `0`

```
static void ObtemTamanhosHuff(tArvoreHuff raiz, int tabela[], int n)
{
    /* A árvore não pode estar vazia */
    ASSEGURA(raiz, "A raiz da arvore e' nula");

    /* Se for possível, caminha na subárvore esquerda do próximo nível */
    if (raiz->filhoEsquerda)
        ObtemTamanhosHuff(raiz->filhoEsquerda, tabela, n + 1);

    /* Se for possível, caminha na subárvore direita do próximo nível */
    if (raiz->filhoDireita)
        ObtemTamanhosHuff(raiz->filhoDireita, tabela, n + 1);

    /* Se o nó corrente for uma folha, ele armazena um valor de byte do arquivo */
    if (!raiz->filhoEsquerda && !raiz->filhoDireita)
        /* Armazena no índice da tabela correspondente ao valor do byte      */
        /* armazenado nessa folha o tamanho que foi acumulado no caminhamento */
        tabela[raiz->byteFreq.byte] = n;
}
```

A função `ObtemTamanhos()` possui dois casos recursivos e um caso terminal e funciona assim:

- ❑ São efetuados caminhamentos na árvore de codificação, sendo que cada caminhamento começa sempre na raiz de uma subárvore e termina numa folha dessa subárvore.
- ❑ Quando, num desses caminhamentos, se segue um filho esquerdo ou direito, incrementa-se o nível da raiz da subárvore na qual o próximo caminhamento recursivo iniciará.
- ❑ A base da recursão é atingida quando se visita uma folha. Nesse caso, armazena-se no elemento que se encontra no índice da tabela correspondente ao valor do byte representado nessa folha o nível em que ela se encontra. O valor desse nível é exatamente o tamanho da codificação desse valor de byte.

O **Passo 2** do algoritmo da **Figura 10–16** é implementado por meio de uma chamada da função **qsort()** da biblioteca padrão de C (v. **Capítulo 11** do **Volume 1**). A função `CompараTamanhosHuff()`, apresentada a seguir, é a função de comparação usada por **qsort()** para ordenar a lista de códigos canônicos por tamanhos de códigos e por valores de bytes e seus parâmetros são ponteiros para elementos de uma lista de códigos canônicos.

```
static int CompараTamanhosHuff(const void *e1, const void *e2)
{
    int nBits1 = ((tNoListaCanHuff *)e1)->nBits,
        nBits2 = ((tNoListaCanHuff *)e2)->nBits,
        valor1 = ((tNoListaCanHuff *)e1)->valor,
        valor2 = ((tNoListaCanHuff *)e2)->valor;

    if (nBits1 > nBits2)
        return 1; /* e1 > e2 */
    else if (nBits1 < nBits2)
        return -1; /* e1 < e2 */

    /* Se ainda não houve retorno, os tamanhos são iguais e */
    /* o maior elemento será aquele que tiver o maior valor */
```

```
   if (valor1 > valor2)
      return 1;   /* e1 > e2 */
   else if (valor1 < valor2)
      return -1;   /* e1 < e2 */

      /* Já deveria ter havido retorno */
   ASSEGURA(0, "Erro: houve empate em ComparaTamanhosHuff()");
}
```

Nessa última função, note que, se os tamanhos dos códigos forem iguais, os valores dos bytes serão usados para desempatar, de modo que essa função nunca retorna zero.

Os demais passos do algoritmo da **Figura 10–16** são implementados pela função `ObtemCodigosCanonicosHuff()` que atribui um código canônico para cada byte de uma lista ordenada de acordo com os tamanhos de códigos e os valores dos bytes. Os parâmetros dessa função são:

- `lista` (entrada e saída) — a lista ordenada de bytes
- `nItens` (entrada) — número de elementos da lista

```
static void ObtemCodigosCanonicosHuff(tNoListaCanHuff lista[], int nItens)
{
   int   i;
   tByte tamanho;
   tByte codigo[MAX_BYTES] = {0};

      /* Obtém o tamanho do código armazenado no primeiro elemento da lista */
   tamanho = lista[0].nBits;

      /* Atribui códigos aos elementos da lista */
   for(i = 0; i < nItens; ++i) {
         /* Verifica se o tamanho do código é válido */
      ASSEGURA(lista[i].nBits, "Tamanho de codigo e' zero");

      IncrementaBits(codigo); /* Soma 1 ao código do byte anterior */

         /* Ajusta o código se seu tamanho for menor */
         /* do que o tamanho do código anterior     */
      if (lista[i].nBits > tamanho) {
         DeslocaBitsEsquerda(codigo, lista[i].nBits - tamanho);
         tamanho = lista[i].nBits;
      }

         /* Copia o código obtido para o respectivo */
         /* elemento da lista e alinha-o à esquerda */
      memmove(lista[i].cod, codigo, MAX_BYTES);
      DeslocaEsquerda(lista[i].cod, MAX_BITS - tamanho);
   }
}
```

A função `ObtemCodigosCanonicos()` chama as seguintes funções de processamento de bits:

- `DeslocaBitsEsquerda()`, que desloca à esquerda os bits de um array de bytes pela quantia de posições especificada
- `IncrementaBits()`, que incrementa um array de elementos do tipo **unsigned char** como se ele fosse um único valor inteiro de 256 bits

Discutir essas funções em detalhes está além do escopo deste livro, mas suas definições podem ser encontradas no site dedicado ao livro na internet.

O cabeçalho a ser armazenado no arquivo de saída usa a seguinte definição de tipo:

```
       /* Tipo de estrutura que armazena os dados de um cabeçalho */
typedef struct {
            int              tamLista; /* Número de elementos da lista */
                                       /* de códigos canônicos        */
        tNoListaCanHuff *lista; /* A lista de códigos canônicos */
      } tCabecalhoHuff;
```

A função `EscreveCabecalhoHuff()` escreve o cabeçalho da codificação no início do arquivo de saída e tem como parâmetros:

- ■ `cabecalho` (entrada) — ponteiro para o cabeçalho que será escrito
- ■ `stream` (entrada) — stream associado ao arquivo de saída

```
static void EscreveCabecalhoHuff(const tCabecalhoHuff *cabecalho, FILE *stream)
{
     /* Escreve o número de elementos da lista */
   fwrite( &cabecalho->tamLista, sizeof(cabecalho->tamLista), 1, stream );

     /* Escreve a lista de códigos canônicos */
   fwrite(cabecalho->lista, sizeof(tNoListaCanHuff), cabecalho->tamLista, stream);
}
```

Embora tenha sido dito que apenas os tamanhos dos códigos precisariam ser armazenados no cabeçalho, por comodidade do *programador*, a função `EscreveCabecalhoHuff()` armazena não apenas esses tamanhos como também os próprios códigos.

Descompressão

A decodificação de um arquivo codificado usando o algoritmo de codificação canônica de Huffman apresentado acima é descrito na **Figura 10–18**.

ALGORITMO DECODIFICAARQUIVO

ENTRADA: Arquivo codificado (seguindo o mesmo algoritmo)

SAÍDA: Arquivo decodificado

1. Leia o cabeçalho no arquivo de entrada
2. Usando a lista de códigos canônicos armazenada no cabeçalho, construa a árvore de codificação
3. Enquanto houver bytes a serem lidos no arquivo de entrada, faça o seguinte:
   3.1 Leia no arquivo codificado e armazene num buffer um número de bits igual ao número máximo de bits de um código
   3.2 Decodifique os bits lidos
   3.3 Escreva o resultado da decodificação no arquivo de saída

---

FIGURA 10–18: CODIFICAÇÃO CANÔNICA DE HUFFMAN: DECODIFICAÇÃO DE ARQUIVO

A implementação do **Passo 1** do algoritmo de decodificação é realizada pela função `LeCabecalhoHuff()` que lê o cabeçalho da codificação num arquivo de entrada codificado e tem como parâmetros:

- ■ `cabecalho` (saída) — ponteiro para o cabeçalho que será lido
- ■ `stream` (entrada) — stream associado ao arquivo de saída

Essa função retorna o endereço da lista de códigos canônicos lida no arquivo ou **NULL**, se ocorrer algum erro.

```
static tNoListaCanHuff *LeCabecalhoHuff(tCabecalhoHuff *cabecalho, FILE *stream)
{
     /* Lê o número de elementos da lista */
```

```
    fread( &cabecalho->tamLista, sizeof(cabecalho->tamLista), 1, stream );

    if (ferror(stream))
       return NULL; /* Ocorreu erro de leitura */

       /* Aloca espaço para a lista de códigos canônicos */
    cabecalho->lista = calloc( cabecalho->tamLista, sizeof(tNoListaCanHuff) );
    if(!cabecalho->lista)
       return NULL; /* Alocação falhou */

       /* Lê a lista de códigos canônicos */
    fread(cabecalho->lista, sizeof(tNoListaCanHuff), cabecalho->tamLista, stream);

    if (ferror(stream))
       return NULL; /* Ocorreu erro de leitura */

    return cabecalho->lista;
}
```

A construção da árvore de codificação (**Passo 2** do algoritmo de decodificação) é implementada pela função `ReconstroiArvoreHuff()` que reconstrói uma árvore de codificação a partir de uma lista de códigos. Essa função retorna o endereço da raiz da árvore assim construída e usa os seguintes parâmetros:

- `lista` (entrada) — a lista de códigos
- `tamLista` (entrada) — tamanho da lista

```
static tArvoreHuff ReconstroiArvoreHuff(tNoListaCanHuff lista[], int tamLista)
{
    tNoArvoreHuff *raiz, /* Raiz da árvore a ser criada */
                  *p, /* Ponteiro usado para descer a árvore    */
                  *q; /* Segue o ponteiro p um nível acima dele */
    int           i, j;

    raiz = ConstroiNoArvoreHuff(); /* Cria a raiz da árvore */

       /* Para cada valor de byte da lista, desce-se a árvore criando ou */
       /* visitando nós de acordo com o código associado ao byte         */
    for (i = 0; i < tamLista; ++i) {
        /* A descida começa sempre pela raiz */
        q = NULL;
        p = raiz;

           /* Acessa cada bit do código associado ao byte corrente e desce a */
           /* árvore de acordo com seu valor: se o bit for 0, desce-se pela   */
           /* esquerda; se o bit for 1, desce-se pela direita                 */
        for (j = 0; j < lista[i].nBits; ++j) {
            q = p; /* Guarda o endereço do nó corrente antes de descer */

            if (ConsultaBitEmArray(lista[i].cod, j)) {
                p = p->filhoDireita; /* O bit é 1 e a descida é pela direita */

                /* Se o nó não existir, cria-se um nó que será filho direito de q */
                if (!p) {
                    p = ConstroiNoArvoreHuff();
                    q->filhoDireita = p; /* Inclui novo nó na árvore */
                }
            } else {
                p = p->filhoEsquerda; /* O bit é 0 e a descida é pela esquerda */

                /* Se o nó não existir, cria-se um nó que será filho esquerdo de q */
                if (!p) {
                    p = ConstroiNoArvoreHuff();
```

```
                q->filhoEsquerda = p;/* Inclui novo nó na árvore */
            }
        }
    }

        /* Neste ponto, p deve estar apontando para uma folha */
    ASSEGURA( !p->filhoEsquerda && !p->filhoDireita, "Deveria ser folha!" );

    p->byteFreq.byte = lista[i].valor; /* Armazena o valor do byte na folha */
    }

    return raiz;
}
```

A função `DecodificaHuff()`, apresentada a seguir, completa a implementação do algoritmo de decodificação descrito na **Figura 10–18**. Os parâmetros dessa função são:

- `arqEntrada` (entrada) — nome do arquivo a ser decodificado
- `arqSaida` (entrada) — nome do arquivo no qual o resultado será escrito

```
void DecodificaHuff(const char *arqEntrada, const char *arqSaida)
{
    tNoListaCanHuff *listaCanonica; /* Lista de códigos canônicos */
    tByte           buffer[MAX_BYTES]; /* Buffer que armazenará cada leitura */
                                /* efetuada no arquivo de entrada     */
    int             i,
                    byte; /* Decodificação de um byte */
    FILE            *streamE, /* Stream associado ao arquivo a ser decodificado */
                    *streamS; /* Associado ao arquivo resultante */
    tCabecalhoHuff  cabecalho; /* Cabeçalho da codificação */
    tArvoreHuff     arvore; /* Raiz da árvore de codificação */

    streamE = AbreArquivo(arqEntrada, "rb"); /* Tenta abrir o arquivo de entrada */

    streamS = AbreArquivo(arqSaida, "wb"); /* Tenta abrir o arquivo de saída */

    /* Lê o cabeçalho no arquivo de entrada */
    listaCanonica = LeCabecalhoHuff(&cabecalho, streamE);

    /* Verifica se ocorreu erro na leitura do cabeçalho */
    if (!listaCanonica) {
        /* Fecha os arquivos e aborta o programa */
        FechaArquivo(streamE, arqEntrada);
        FechaArquivo(streamS, arqSaida);
        ASSEGURA(0, "Impossivel ler lista de codigos");
    }

    /* Constrói a árvore de codificação usando a lista de códigos canônicos */
    arvore = ReconstroiArvoreHuff(listaCanonica, cabecalho.tamLista);

    /* Decodifica o arquivo de entrada */
    while(1) {
        /* Lê um array de bytes no arquivo codificado. O tamanho desse array */
        /* é igual ao número máximo de bytes que pode constituir um código   */
        fread(buffer, sizeof(buffer), 1, streamE);

        /* Verifica se houve erro de leitura */
        ASSEGURA(!ferror(streamE), "Erro de leitura");

        /* Verifica se a leitura acabou */
        if (feof(streamE))
            break;
```

```
      /* Decodifica os bytes lidos e armazenados no buffer */
      /* e escreve o resultado no arquivo de saída         */
   for (i = 0; i < MAX_BITS; ++i) {
      /* Obtém um byte da decodificação do buffer */
      byte = ObtemByteHuff( arvore, buffer, MAX_BITS, &i );

         /* Se um byte foi obtido, escreve-o no arquivo de saída; caso */
         /* contrário, ele deverá ser completado na próxima leitura     */
      if (byte > 0)
         fputc(byte, streamS);
   }
}

   /* Fecha arquivos */
FechaArquivo(streamE, arqEntrada);
FechaArquivo(streamS, arqSaida);

free(listaCanonica); /* A lista de códigos canônicos não é mais necessária */
}
```

No site dedicado ao livro na internet (*http://www.ulysseso.com/ed2*), encontra-se a implementação completa do programa de codificação canônica de Huffman. Em particular, essa implementação mostra como é levado a efeito o **Passo 3.2** do algoritmo de decodificação descrito na **Figura 10–18**.

10.5.2 A Lanchonete HeapBurger

Problema: Desenvolva uma simulação de eventos discretos de funcionamento de uma lanchonete usando o conhecimento descrito na **Seção 10.4**. A lanchonete em questão não tem fila de atendimento nem de espera, de maneira que os clientes são atendidos em suas mesas. Essa simulação deve apresentar na tela um resultado como o seguinte:

```
>>> Este programa simula o funcionamento da lanchonete virtual HeapBurger

>>> 10:00       Abertura da lanchonete
                Numero de cadeiras disponiveis: 10
                Preco de um sanduiche BigHeap: R$8.00
>>> 12:00       Fechamento da lanchonete

>>> Numero de grupos que chegaram na lanchonete: 5
>>> Numero de clientes que chegaram na lanchonete: 14

>>> 10:08       4 fregueses chegam e sentam
>>> 10:08       Atendido pedido de 1 sanduiche
>>> 10:08       Atendido pedido de 3 sanduiches
>>> 10:08       Atendido pedido de 2 sanduiches
>>> 10:08       Atendido pedido de 3 sanduiches
>>> 10:09       Grupo de 4 pessoas sai
>>> 10:29       1 fregues chega e senta
>>> 10:30       Atendido pedido de 3 sanduiches
>>> 10:46       Grupo de 1 pessoa sai
>>> 11:46       3 fregueses chegam e sentam
>>> 11:51       Atendido pedido de 1 sanduiche
>>> 11:51       Atendido pedido de 1 sanduiche
>>> 11:51       Atendido pedido de 2 sanduiches
>>> 11:47       2 fregueses chegam e sentam
>>> 11:52       Atendido pedido de 3 sanduiches
>>> 11:52       Atendido pedido de 2 sanduiches
>>> 11:50       4 fregueses chegam e sentam
```

```
>>> 11:50          Atendido pedido de 1 sanduiche
>>> 11:50          Atendido pedido de 2 sanduiches
>>> 11:50          Atendido pedido de 2 sanduiches
>>> 11:50          Atendido pedido de 2 sanduiches
>>> 11:51          Grupo de 3 pessoas sai
>>> 11:55          Grupo de 4 pessoas sai
>>> 11:58          Grupo de 2 pessoas sai

>>> Faturamento da lanchonete: R$224.00
>>> Lucro da lanchonete: R$67.20

>>> Fim da simulacao
```

Solução: Para implementar a simulação solicitada, as seguintes constantes simbólicas serão usadas[4]:

```
#define N_CADEIRAS  10 /* Número de cadeiras da lanchonete */
#define MAX_PESSOAS_GRUPO 4 /* Número máximo de pessoas num grupo */
#define ATENDIMENTO 3.5 /* Tempo médio de atendimento */
#define MAX_SAND  3 /* Número máximo de sanduíches que uma pessoa pede */
#define PERMANENCIA 7 /* Tempo médio de permanência de um */
                      /* grupo de clientes na lanchonete  */
#define PRECO     8.00  /* Preço de um sanduíche */
#define MARGEM    0.30  /* Margem de lucro */
#define H_ABERTURA 10   /* Hora de abertura da lanchonete */
#define PERIODO   120 /* Período de funcionamento da lanchonete */
#define INTERVALO_CHEGADA 15 /* Intervalo de tempo médio de chegada de clientes */
```

As definições de tipos a seguir serão utilizadas nesta simulação:

```
  /* Tipo que define um tipo de evento */
typedef enum {CHEGADA, SAIDA, PEDIDO} tTipoDeEvento;

  /* Tipo de variável que contém informações sobre um evento */
typedef struct {
        int           instante; /* Instante no qual o evento será processado */
        int           nPessoas; /* Número de pessoas */
        tTipoDeEvento tipoDeEvento; /* Tipo do evento */
    } tEvento;

  /* Tipo de nó de um heap */
typedef tEvento *tNoHeap;

  /* Tipo da variável que conterá informações sobre a lanchonete */
typedef struct {
        int    nCadeiras;
        double faturamento;
    } tLanchonete;
```

Os tipos **tHeap** e **tFCompara** que representam, respectivamente, um heap e um ponteiro para função de comparação que compara elementos do heap, são definidos como na **Seção 10.2.4**. É importante notar ainda que um evento representado pela constante **PEDIDO** inclui três ações: (1) pedido de um sanduíche, (2) seu recebimento e (3) sua deglutição.

A função **main()** a seguir executa uma simulação da Lanchonete HeapBurger:

```
int main(void)
{
    int          t = 0, /* Instante de chegada de um grupo de clientes */
```

---

[4] Os valores dessas constantes foram simplesmente *chutados* pelo autor com o único propósito de tornar o exemplo mais palpável e não têm nenhum compromisso com a realidade.

```
                tMax = 0, /* Instante limite para chegada */
                nEventos = 0, /* Número de grupos de clientes */
                              /* que chegam à lanchonete */
                nPessoasGrupo, /* Número de pessoas num grupo de clientes */
                nPessoasTotal = 0; /* Número total de pessoas */
                                   /* que chegam à lanchonete */
    tHeap         fila; /* Fila de eventos */
    tEvento       *evento; /* Ponteiro para um evento */
    tLanchonete lanchonete = { N_CADEIRAS, /* Número de cadeiras */
                               0.0         /* Faturamento         */
                             };

        /* Apresenta o programa */
    printf( "\n\t>>> Este programa simula o funcionamento da "
            "\n\t>>> lanchonete virtual HeapBurger\n\n" );

    IniciaHeap(&fila); /* Inicia a fila de eventos */

        /* Exibe informações básicas sobre a lanchonete */
    ApresentaHora(H_ABERTURA, 0);
    printf( "\tAbertura da lanchonete");
    printf( "\n\t\t\tNumero de cadeiras disponiveis: %d", N_CADEIRAS );
    printf( "\n\t\t\tPreco de um sanduiche BigHeap: R$%.2f\n", PRECO );
    ApresentaHora(H_ABERTURA, PERIODO);
    printf( "\tFechamento da lanchonete\n");

        /* Cria alguns eventos de chegada e armazena-os na fila */
    while (1) {
        t += IntervaloExponencial(INTERVALO_CHEGADA);

            /* Atualiza o tempo máximo de funcionamento */
        if (t > tMax)
            tMax = t;

            /* Verifica se o instante de ocorrência do próximo */
            /* evento será após o limite de funcionamento      */
        if (tMax > PERIODO)
            break;

            /* Obtém o número de pessoas no grupo do presente evento */
        nPessoasGrupo = NAleatorio(1, MAX_PESSOAS_GRUPO);

        nPessoasTotal += nPessoasGrupo; /* Atualiza o número total de pessoas */

        evento = CriaEvento(CHEGADA, t, nPessoasGrupo); /* Cria o evento de chegada */

            /* Insere o evento recém-criado na fila de eventos pendentes */
        InsereEmHeap(&fila, evento, ComparaEventos);

        ++nEventos; /* Atualiza o número total de eventos */
    }
    printf("\n\t>>> Numero de grupos que chegaram na lanchonete: %d", nEventos);
    printf( "\n\t>>> Numero de clientes que chegaram na lanchonete: %d\n\n",
            nPessoasTotal );

        /* Executa a simulação */
    while (!HeapVazio(&fila)) {
        evento = RemoveMin(&fila, ComparaEventos);
        DespachaEvento(evento, &lanchonete, &fila);
    }

    printf( "\n\t>>> Faturamento da lanchonete: R$%.2f", lanchonete.faturamento );
```

```
printf( "\n\t>>> Lucro da lanchonete: R$%.2f\n", MARGEM*lanchonete.faturamento );
printf("\n\t>>> Fim da simulacao\n\n");

return 0;
}
```

Essa função **main**() inicia exibindo informações elementares (p. ex., o preço de um sanduíche) sobre a simulação. A função `ApresentaHora()`, chamada pela função **main**(), apresenta uma hora em formato amigável e sua implementação é relativamente trivial para ser discutida aqui.

Em seguida, a **main**() cria alguns eventos de chegada e armazena-os na fila de prioridade implementada como heap que armazena os eventos. Para criar esses eventos, a função `CriaEvento()`, definida a seguir, é chamada. Essa última função retorna o endereço do evento criado e tem como parâmetros:

- `tipoDeEvento` (entrada) — o tipo de evento
- `instante` (entrada) — o instante do evento
- `nPessoas` (entrada) — número de pessoas do evento

```
tEvento *CriaEvento( tTipoDeEvento tipoDeEvento, int instante, int nPessoas )
{
    tEvento *evento;

    evento = malloc(sizeof(tEvento));
    ASSEGURA(evento, "Impossivel alocar evento");

    evento->instante = instante;
    evento->nPessoas = nPessoas;
    evento->tipoDeEvento = tipoDeEvento;

    return evento;
}
```

O instante de ocorrência de cada evento de entrada gerado pela função **main**() é obtido por meio de uma chamada da função `IntervaloExponencial()` que retorna um intervalo de tempo aleatório usando uma distribuição exponencial (v. **Seção 10.4**) e é definida como:

```
double IntervaloExponencial(double intervaloMedio)
{
    return -intervaloMedio*log(1 - DRand());
}
```

O parâmetro único da função `IntervaloExponencial()` representa o intervalo de tempo médio decorrido entre duas chegadas de clientes. Essa função chama `DRand()` que retorna um número aleatório entre `0.0` e `1.0` e é implementada como:

```
double DRand(void)
{
    static int primeiraChamada = 1; /* Esta variável checa se a função está */
                                    /* sendo chamada  pela primeira vez e   */
                                    /* deve ter duração fixa                */

    /* Se esta for a primeira chamada da função, */
    /* alimenta o gerador de números aleatórios  */
    if (primeiraChamada) {
        srand(time(NULL)); /* Alimenta o gerador de números aleatórios */

        primeiraChamada = 0; /* A próxima chamada não será mais a primeira */
    }
    return (double)rand() / (double)RAND_MAX;
}
```

Para obter o número de pessoas num grupo de evento de chegada, a função **main**() chama a função NAleatorio() que retorna um número aleatório entre os valores recebidos como parâmetros e é definida como:

```
int NAleatorio(int m, int n)
{
   static int primeiraChamada = 1; /* Esta variável checa se a função está sendo   */
                                   /* chamada pela primeira vez e deve ter duração fixa */

      /* Se esta for a primeira chamada da função, */
      /* alimenta o gerador de números aleatórios  */
   if (primeiraChamada) {
      srand(time(NULL)); /* Alimenta o gerador de números aleatórios */

      primeiraChamada = 0; /* A próxima chamada não será mais a primeira */
   }

      /* Leva em consideração o fato de n poder ser menor do que m */
   if (n < m)
      return rand()%(m - n + 1) + n;

      /* m é menor do que ou igual a n */
   return rand()%(n - m + 1) + m;
}
```

Os eventos de chegada criados pela função **main**() são colocados na fila de prioridade pela função InsereEmHeap() descrita na **Seção 10.2.4**. O laço **while** da função **main**() implementa o laço de simulação visto na **Seção 10.4**. No corpo desse laço, um evento é removido da fila utilizando-se a função RemoveMinHeap(), definida na **Seção 10.2.4**, e, então, a função DespachaEvento() é chamada.

A função DespachaEvento() despacha um evento para a função que se dedica a processá-lo. Os parâmetros de DespachaEvento() são:

- ■ **evento** (entrada e saída) — o evento que será despachado
- ■ **lanchonete** (entrada e saída) — a lanchonete
- ■ **heap** (entrada e saída) — a fila de eventos

```
void DespachaEvento( tEvento *evento, tLanchonete *lanchonete, tHeap *heap )
{
   tEvento *novoEvento;
   int      i;

      /* Processa o evento de acordo com seu tipo */
   switch (evento->tipoDeEvento) {
   case CHEGADA:
         /* Verifica se existem cadeiras para o grupo de clientes. Se houver   */
         /* disponibilidade, os clientes ficam; caso contrário, eles desistem. */
      if (ProcessaChegada(evento, lanchonete)) {
            /* Os clientes foram acomodados. Cria um novo   */
            /* evento de pedido e processa-o imediatamente. */
         novoEvento = CriaEvento( PEDIDO, evento->instante +
                        IntervaloExponencial(ATENDIMENTO), evento->nPessoas );
         DespachaEvento(novoEvento, lanchonete, heap);
      }

      free(evento); /* Esse evento não é mais necessário */

      break;

   case SAIDA:
         /* Chama a função responsável por processamento de eventos de saída */
      ProcessaSaida(evento, lanchonete);
```

```
            free(evento); /* Esse evento não é mais necessário */
            break;

        case PEDIDO:
            /* Cada pessoa do grupo pede um certo número */
            /* de sanduíches (entre 1 e MAX_SAND)         */
            for (i = 0; i < evento->nPessoas; i++)
                ProcessaPedido( evento, NAleatorio(1, MAX_SAND), lanchonete );

            /* Cria um evento de saída e insere-o na fila */
            novoEvento = CriaEvento( SAIDA, evento->instante +
                            IntervaloExponencial(PERMANENCIA), evento->nPessoas);
            InsereEmHeap(heap, novoEvento, ComparaEventos);

            free(evento); /* Esse evento não é mais necessário */
            break;

        default:
            printf("\nErro indeterminado no programa\n");
            exit(1);
    }
}
```

A função `ProcessaChegada()` processa um evento de chegada verificando se a lanchonete pode acomodar mais clientes. Essa função retorna `1`, se os clientes forem acomodados, ou `0`, se eles desistirem porque não há acomodação. Deve-se notar que a lanchonete só atende clientes sentados e não há fila de espera. Os parâmetros dessa função são:

- ■ `evento` (entrada) — evento de chegada
- ■ `lanchonete` (entrada e saída) — a lanchonete

```
int ProcessaChegada(const tEvento *evento, tLanchonete *lanchonete)
{
    /* Este deve ser um evento de chegada */
    ASSEGURA(evento->tipoDeEvento == CHEGADA, "O evento deveria ser de chegada");

    /* Descreve o evento na tela */
    ApresentaHora(H_ABERTURA, evento->instante);
    printf( "\t%d %s", evento->nPessoas,
            evento->nPessoas > 1 ? "fregueses chegam" : "fregues chega");

    /* Verifica se os novos clientes ficam ou desistem */
    if (evento->nPessoas < lanchonete->nCadeiras) {
        /* Apresenta na tela o que ocorre */
        printf( " e %s\n", evento->nPessoas > 1 ? "sentam" : "senta");

        /* O número de cadeiras disponíveis diminui */
        lanchonete->nCadeiras -= evento->nPessoas;
        return 1; /* Clientes ficaram */
    } else {
        printf( ".\n\t\t\tNao ha' espaco e %s embora.\n",
                evento->nPessoas > 1 ? "eles vao" : "ele vai" );

        return 0; /* Clientes foram embora */
    }
}
```

A função `ProcessaPedido()` atende o pedido de um grupo de clientes e tem como parâmetros:

- ■ `evento` (entrada) — evento de pedido

■ nSanduiches (entrada) — número de sanduíches que serão servidos

■ lanchonete (entrada e saída) — a lanchonete

```
void ProcessaPedido(const tEvento *evento, int nSanduiches, tLanchonete *lanchonete)
{
    /* Este evento deve ser de pedido */
  ASSEGURA( evento->tipoDeEvento == PEDIDO, "O evento deveria ser de pedido" );

    /* Informa o que acontece */
  ApresentaHora(H_ABERTURA, evento->instante);
  printf( "\tAtendido pedido de %d %s\n", nSanduiches,
          nSanduiches > 1 ? "sanduiches" : "sanduiche" );

    /* Atualiza o faturamento da lanchonete */
  lanchonete->faturamento += PRECO*nSanduiches;
}
```

A função `ProcessaSaida()` processa um evento de saída e seus parâmetros são:

■ evento (entrada) — evento de saída

■ lanchonete (entrada e saída) — a lanchonete

```
void ProcessaSaida(const tEvento *evento, tLanchonete *lanchonete)
{
    /* Este evento deve ser de saída */
  ASSEGURA(evento->tipoDeEvento == SAIDA, "O evento deveria ser de saida");

    /* Informa o que acontece */
  ApresentaHora(H_ABERTURA, evento->instante);
  printf( "\tGrupo de %d %s sai\n", evento->nPessoas,
          evento->nPessoas > 1 ? "pessoas" : "pessoa" );

      /* O número de cadeiras disponíveis aumenta */
  lanchonete->nCadeiras += evento->nPessoas;
}
```

10.6 Exercícios de Revisão

Filas de Prioridade (Seção 10.1)

1. (a) O que é uma fila de prioridade? (b) Apresente exemplos cotidianos de filas de prioridade. (c) Apresente exemplos computacionais de filas de prioridade.

2. Descreva os seguintes modos de implementação de filas de prioridade:
   (a) Lista encadeada sem ordenação
   (b) Lista encadeada ordenada
   (c) Lista indexada sem ordenação
   (d) Lista indexada ordenada
   (e) Árvore binária de busca balanceada
   (f) Árvore binária de busca sem balanceamento

3. Suponha que você precisa implementar uma lista de prioridade na qual haverá um enorme número de inserções e muito poucas remoções. Que tipo de implementação você usaria?

Heaps Binários (Seção 10.2)

4. (a) Descreva a propriedade de ordenação de heaps binários. (b) Descreva a propriedade estrutural de heaps binários.

5. Descreva os seguintes conceitos relacionados a heaps binários:

(a) Heap de máximo

(b) Heap de mínimo

(c) Heap ascendente

(d) Heap descendente

6. Por que um heap descendente recebe essa denominação?

7. Descreva o esquema de numeração de nós utilizado na representação de árvores binárias utilizando arrays.

8. Usando a representação de heaps por meio de arrays apresentada no texto, como se encontram os seguintes nós:

(a) O pai de um nó de índice i

(b) O filho direito de um nó de índice i

(c) O filho esquerdo de um nó de índice i

9. Um esquema de numeração de nós de árvores binárias diferente daquele usado neste capítulo atribui índices aos nós a partir de 1, em vez de 0, de modo que, quando um heap é implementado numa linguagem que faz indexação de arrays a partir de zero (como C, por exemplo), o primeiro elemento do array não é usado. Apresente uma vantagem do uso desse esquema de numeração.

10. Usando a representação de heaps por meio de arrays apresentada na questão anterior, como se encontram os seguintes nós:

(a) O pai de um nó de índice i

(b) O filho direito de um nó de índice i

(c) O filho esquerdo de um nó de índice i

11. (a) A abordagem de representação de árvores binárias por meio de arrays pode ser usada com árvores binárias que não são completas? (b) Se sua resposta for afirmativa, como é possível representar uma árvore binária que não é completa usando um array?

12. Mostre graficamente o resultado da construção de um heap ascendente quando são inseridos nós com os seguintes valores *13, 15, 4, 17, 11, 18, 6, 12, 11, 14,* e *16*. Suponha que o heap está inicialmente vazio e que os valores são inseridos na ordem em que se encontram.

13. Mostre graficamente o heap resultante de três remoções no heap da questão anterior.

14. Mostre graficamente o resultado da construção de um heap descendente quando são inseridos nós com os seguintes valores *13, 15, 4, 17, 11, 18, 6, 12, 11, 14,* e *16*. Suponha que o heap está inicialmente vazio e que os valores são inseridos na ordem em que se encontram.

15. (a) Se os valores da questão anterior forem inseridos na ordem inversa, o formato do heap será diferente? (b) Nesse caso, os posicionamentos desses valores serão diferentes?

16. Mostre graficamente o heap resultante de três remoções no heap da questão **14**.

17. (a) Qual é o nó que contém o segundo maior valor de um heap de máximo? (b) Em que nível se encontra o terceiro maior valor de um heap de máximo?

18. Desenhe todos os heaps de mínimo diferentes que podem ser construídos de maneira que os conteúdos dos nós sejam as letras *A, B, C, D* e *E* considerando a ordem alfabética usual.

19. (a) Descreva o algoritmo de percolação ascendente. (b) Em que situação ele é aplicado?

20. (a) Descreva o algoritmo de percolação descendente. (b) Em que situação ele é aplicado?

21. (a) Quando é necessário inserir um novo item num heap ascendente, que tipo de percolação é usado? (b) Quando é necessário inserir um novo elemento num heap descendente, que tipo de percolação é usado?

22. Quais são as alterações que devem ser efetuadas nos algoritmos que descrevem as operações de inserção e remoção sobre heap de mínimo apresentadas neste capítulo para implementar um heap de máximo?

23. Uma fila de prioridade é implementada como heap descendente conforme mostra a figura a seguir:

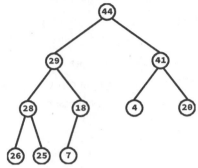

Apresente uma representação gráfica desse heap depois da seguinte sequência de operações:

(i)   Enfileiramento de *27*

(ii) Enfileiramento de *2*

(iii) Enfileiramento de *39*

(iv) Desenfileiramento

(v)   Desenfileiramento

(vi) Desenfileiramento

24. Mostre que um heap que armazena *n* chaves tem profundidade (altura) dada por $p = \lfloor log_2\, n + 1 \rfloor$.

25. Mostre que existem exatamente $\lceil n/2 \rceil$ folhas num heap contendo *n* elementos.

26. Em qual nó de um heap ascendente pode ser encontrado o maior valor armazenado nesse heap?

27. Uma fila de prioridade contendo caracteres é implementada como um heap armazenado num array. Suponha que essa fila de prioridade não contém elementos duplicados. Correntemente, a fila de prioridade contém 10 elementos, como mostrado na figura abaixo. Quais são as letras que podem ser armazenadas nas posições 7, 8 e 9 do array de modo que as propriedades de heap sejam satisfeitas?

0	Z
1	F
2	J
3	E
4	B
5	G
6	H
7	?
8	?
9	?

28. Visitar um heap em ordem prefixa, infixa ou sufixa tem algum significado especial?

29. Apresente um array que armazene os nós do heap da figura a seguir de acordo com o esquema de numeração de nós visto na **Seção 10.2**.

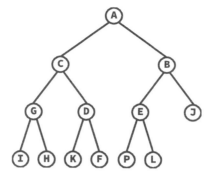

30. Mostre todos os passos envolvidos na remoção do nó contendo *A* no heap da figura do **Exercício 29**.

31. Mostre todos os passos envolvidos na inserção do nó contendo *M* no heap da figura do **Exercício 29**.

32. Apresente um array que armazene os nós do heap da figura a seguir de acordo com o esquema de numeração de nós visto na **Seção 10.2**.

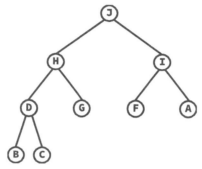

33. Mostre todos os passos envolvidos na remoção do nó contendo *J* no heap da figura do **Exercício 32**.

34. Mostre todos os passos envolvidos na inserção do nó contendo *M* no heap da figura do **Exercício 32**.

35. (a) Em que consiste uma operação de acréscimo de prioridade? (b) Apresente uma situação prática na qual essa operação é útil. (c) Como uma operação de acréscimo de prioridade pode ser implementada num heap ascendente?

36. (a) Em que consiste uma operação de decréscimo de prioridade? (b) Apresente uma situação prática na qual essa operação é útil. (c) Como uma operação de decréscimo de prioridade pode ser implementada num heap ascendente?

37. (a) Em que consiste uma operação de remoção de elemento específico? (b) Apresente uma situação prática na qual essa operação é útil. (c) Como uma operação de remoção de elemento específico pode ser implementada num heap ascendente?

38. (a) Um array ordenado em ordem crescente constitui um heap? (b) Se for o caso, será um heap ascendente ou descendente?

39. O array {21, 14, 11, 3, 10, 7, 1, 2, 9} constitui um heap de máximo?

40. Suponha que um heap tenha profundidade p. Mostre que existem 2^i nós com profundidade $i < p$ num heap com n elementos, desde que n seja uma potência de 2.

41. (a) Qual é o número mínimo de elementos num heap de altura a? (b) Qual é o número máximo de elementos nesse heap?

42. Mostre que a altura de um heap contendo n elementos é $\lfloor log\ n \rfloor$.

43. Mostre que, num heap de mínimo, a raiz de qualquer subárvore contém a chave de menor valor dessa subárvore.

Análise de Filas de Prioridade (Seção 10.3)

44. Preencha a tabela a seguir com os custos temporais de enfileiramento e desenfileiramento de cada abordagem de implementação de lista de prioridade.

IMPLEMENTAÇÃO VIA...	CUSTO TEMPORAL DE...	
	INSERÇÃO	REMOÇÃO
Lista encadeada sem ordenação		
Lista encadeada ordenada		
Lista indexada sem ordenação		
Lista indexada ordenada		
Árvore binária de busca balanceada		
Árvore binária de busca sem balanceamento		

45. Uma fila de prioridade pode ser implementada de tal modo que tanto enfileiramento quanto desenfileiramento tenham custo temporal $\theta(1)$?

46. Quais são as vantagens da implementação de fila de prioridade por meio de heap em detrimento a implementação de fila de prioridade usando árvore AVL?

Simulação de Eventos Discretos (Seção 10.4)

47. (a) O que é um evento discreto? (b) O que é um evento contínuo?

48. Descreva o laço principal de uma simulação de eventos discretos.

49. Quais são os principais componentes de um programa de simulação de eventos discretos?

50. (a) O que é um despachante de eventos? (b) O que é um processador de eventos?

51. Qual é o papel desempenhado por distribuição exponencial em simulação de eventos discretos?

Exemplos de Programação (Seção 10.5)

52. Descreva o algoritmo de codificação padrão de Huffman.

53. Por que a árvore resultante de uma codificação de Huffman é estritamente binária?

54. Mostre que se o número de caracteres codificados for igual a n, a árvore de codificação de Huffman conterá n folhas e $n - 1$ nós internos.

55. Que vantagens apresenta a codificação canônica com relação à codificação padrão de Huffman?

56. Qual é a profundidade máxima de uma árvore de codificação de Huffman usada na compressão de um arquivo contendo informações sobre DNA que usa o alfabeto genético $\Sigma = \{A, C, N, T\}$?

57. Suponha que num arquivo de texto contendo informações sobre DNA os símbolos do alfabeto genético apresentem as seguintes frequências:

SÍMBOLO	FREQUÊNCIA (%)
A	18.5
C	23.8
N	44.0
T	13.7

Quais serão os códigos canônicos atribuídos a cada um dos símbolos desse arquivo quando o algoritmo apresentado na **Figura 10–16** for seguido?

58. (a) Por que o buffer que armazena a codificação de um byte é dimensionado com **UCHAR_MAX + 1** elementos do tipo de **char**? (b) Por que raramente esse buffer contém a codificação de apenas um byte?

59. Por que a profundidade máxima de uma árvore de codificação de Huffman é igual ao número de bytes distintos do arquivo que está sendo codificado?

60. (a) Como se determina número de folhas da árvore de codificação de Huffman? (b) Qual é a importância prática desse cálculo?

61. Por que o número máximo de bits na codificação de um byte é igual ao número de folhas da árvore de codificação de Huffman?

62. (a) O que é cabeçalho de uma codificação de Huffman? (b) Quais são as informações mínimas armazenadas no cabeçalho de uma codificação canônica de Huffman? (c) O que está implícito nessas informações?

63. Quando um arquivo comprimido usando o algoritmo de Huffman apresenta sua menor taxa de compressão?

64. O que é uma codificação livre de prefixo?

65. Um estudante desatento estranhou o fato de o código atribuído a um byte na codificação de Huffman poder usar uma sequência de até 256 bits. De acordo com o raciocínio desse estudante, se o objetivo final dessa codificação é comprimir um arquivo, não faz sentido utilizar sequências desse tamanho, pois, num arquivo sem codificação, um byte usa uma sequência de apenas 8 bits. Como você clarificaria o raciocínio tortuoso desse estudante?

10.7 Exercícios de Programação

EP10.1 (a) Implemente uma fila de prioridade como uma lista indexada de modo que o item com maior prioridade encontra-se na primeira posição da lista, o item com a segunda maior prioridade encontra-se na segunda posição da lista e assim por diante. (b) Compare em termos de notação ó essa implementação com aquela que usa heap.

EP10.2 Implemente uma fila de prioridade como uma lista encadeada ordenada.

EP10.3 Implemente fila de prioridade como lista encadeada sem ordenação.

EP10.4 Implemente uma fila de prioridade como uma lista indexada ordenada.

EP10.5 Implemente uma fila de prioridade como uma lista indexada sem ordenação.

EP10.6 Implemente uma fila de prioridade como uma árvore AVL.

EP10.7 Implemente uma versão iterativa da função `OrdenaHeap()` apresentada na **Seção 10.2.4**.

EP10.8 Implemente uma nova versão do programa de simulação de lanchonete apresentada na **Seção 10.5.2** de tal modo que as constantes simbólicas sejam substituídas por variáveis cujos valores são introduzidos pelo usuário. Por exemplo, em vez de usar a constante **N_CADEIRAS**, o programa deve solicitar que o usuário introduza um valor com a mesma interpretação que será armazenada numa variável denominada **nCadeiras**.

EP10.9 Apresente uma implementação de heap ascendente usando nós e ponteiros dos tipos definidos abaixo:

```
typedef struct no {
        int       valor;     /* Valor do nó    */
        struct no *esquerda; /* Filho direito  */
        struct no *direita;  /* Filho esquerdo */
        struct no *pai;      /* Pai do nó      */
    } tNo, *tHeap;
```

EP10.10 Implemente uma função que verifica se um array de elementos do tipo **int** representa um heap ascendente.

EP10.11 Escreva uma função que verifique se uma árvore binária que usa os tipos definidos abaixo é um heap.

```
typedef struct rotNoArvore {
        struct no *esquerda;
        int        conteudo;
        struct no *direita;
    } tNoArvore, *tArvore;
```

EP10.12 Altere o programa apresentado na **Seção 10.5.2** de modo que ele apresente o número de sanduíches vendidos pela lanchonete.

EP10.13 Uma das vantagens da codificação canônica é que ela requer que apenas os tamanhos dos códigos sejam armazenados no cabeçalho do arquivo codificado. No entanto, a função `EscreveCabecalho()` apresentada na **Seção 10.5.1** escreve todo o conteúdo da lista de códigos canônicos, incluindo os códigos atribuídos aos bytes do arquivo original. (a) Reimplemente a referida função de tal modo que ela escreva apenas os apenas os tamanhos dos códigos nesse cabeçalho. (b) Reimplemente a função `Decodifica()` para que ela seja readaptada para essa nova situação.

ORDENAÇÃO EM MEMÓRIA PRINCIPAL

Após estudar este capítulo, você deverá ser capaz de:

➤ Definir e usar os seguintes conceitos:

❒ Chave de ordenação	❒ INSERTIONSORT	❒ RADIXSORT
❒ Ordenação in loco	❒ BUBBLESORT	❒ Ordenações estável e instável
❒ Estado de ordenação	❒ QUICKSORT	❒ Ordenações interna e externa
❒ Ordenação por troca	❒ MERGESORT	❒ Ordenação por comparação
❒ Pivô de QUICKSORT	❒ HEAPSORT	❒ Estado de ordenação
❒ Partição de QUICKSORT	❒ COUNTINGSORT	❒ Inversão
❒ SELECTIONSORT	❒ BUCKETSORT	

➤ Descobrir o melhor o pior casos de um algoritmo de ordenação e analisá-lo usando notação θ

➤ Classificar métodos de ordenação de acordo com seus custos temporal e espacial

➤ Descrever três métodos de ordenação por troca

➤ Implementar os algoritmos: SELECTIONSORT, INSERTIONSORT, BUBBLESORT, QUICKSORT, MERGESORT, HEAPSORT, COUNTINGSORT e BUCKETSORT

➤ Explicar o que é um algoritmo de divisão e conquista e por que o algoritmo de busca binária é erroneamente assim denominado

➤ Implementar um algoritmo de ordenação de lista simplesmente encadeada

➤ Escolher o algoritmo mais adequado para ordenação de uma dada tabela específica

➤ Expressar o limite inferior para algoritmos baseados em comparações usando notação Ω

➤ Definir e saber usar ordenação de ponteiros

objetivos

STE CAPÍTULO LIDA com **ordenação de dados em memória principal**, um dos mais antigos e bem estudados problemas em computação. Organizações governamentais, instituições financeiras e comerciais organizam suas informações ordenando-as. Manter dados ordenados torna possível efetuar buscas eficientemente.

Embora alguns algoritmos de ordenação apresentados neste capítulo sejam fáceis de entender e implementar, outros algoritmos levam um pouco mais de tempo para entender e um pouco mais de prática para implementar. Tipicamente, os algoritmos de ordenação mais fáceis de entender e implementar têm aplicações limitadas a pequenas quantidades de dados e vice-versa. Deve-se notar ainda que os algoritmos mais eficientes (i.e., aqueles com custo temporal linear) apresentam aplicabilidade limitada.

Os algoritmos de ordenação discutidos neste livro possuem denominações derivadas da língua inglesa. Todas elas terminam com *sort*, que significa ordenação em inglês. Essas denominações são tão comuns que se decidiu mantê-las. Este capítulo não tenta descrever todos os algoritmos de ordenação conhecidos. Em vez disso, serão apresentados aqueles que são mais populares, dos quais muitas variações existem. Deve ficar claro nesta discussão que nenhuma ordenação funciona otimamente em todas as situações.

11.1 Fundamentos de Ordenação

11.1.1 Conceitos Básicos

Ordenação (ou **classificação**) é um dos processos mais comuns de programação e consiste em ordenar uma coleção de dados segundo algum critério (**chave de ordenação**).

Define-se uma **tabela** de tamanho n como uma sequência de n **registros** (ou, simplesmente, **itens**) $r_1, r_2, ..., r_n$. Uma **chave** c_1 é associada com cada registro r_i. A chave é usualmente um campo do registro. Uma tabela ordenada é uma permutação da tabela original com as chaves ordenadas em alguma ordem. Ou seja, uma tabela é considerada **ordenada** por uma chave c se $i < j$ implica em $c_i < c_j$, para alguma ordem definida sobre as chaves (p. ex., a ordem natural dos números inteiros, se as chaves forem números inteiros). Considerando uma lista telefônica como exemplo, a tabela consiste da lista inteira e cada entrada na lista é um registro. Cada registro possui campos para o nome do assinante, seu endereço e seu número do telefone. A chave sobre a qual a tabela é ordenada é o nome do assinante.

Normalmente, as tabelas usadas em ordenação são indexadas; i.e., representadas por meio de arrays. Por isso, frequentemente, se usa *ordenação de array* ou *ordenação de lista* (indexada) em vez de *ordenação de tabela*.

Estabilidade

É possível que dois (ou mais) registros numa mesma tabela possuam uma mesma chave. Uma técnica de ordenação é denominada **estável** se, para todos registros r_i e r_j com chaves de ordenação c_i e c_j tais que $c_i = c_j$, se r_i precede r_j na tabela original, então r_i precede r_j na tabela ordenada. Ou seja, informalmente, numa ordenação estável, a ordem dos registros que possuem a mesma chave de ordenação é mantida.

Algumas vezes, é importante usar um método de ordenação estável quando a ordenação é feita sobre uma chave de registro que contém vários campos ou sobre parte de uma chave. Por exemplo, uma ordenação estável é indicada quando se deseja ordenar uma lista de pessoas pelo nome e depois pelo sobrenome.

A **Figura 11–1** e a **Figura 11–2** mostram exemplos de ordenações estável e instável.

A estabilidade de um algoritmo de ordenação só deve ser levada em consideração quando os registros cujas chaves estão sendo ordenadas são distinguíveis por um campo que não seja a chave de ordenação. Mas, mesmo em tal situação, nem sempre é necessário dar atenção a essa propriedade. Além disso, algoritmos de ordenação instáveis podem ser tornados estáveis. Um modo de fazer isso é estender a comparação de chaves de modo a incluir a ordem em que os respectivos registros aparecem na tabela original como critério de desempate quando as chaves forem iguais. Evidentemente, isso tornaria o algoritmo menos eficiente do que ele seria sem essa comparação adicional.

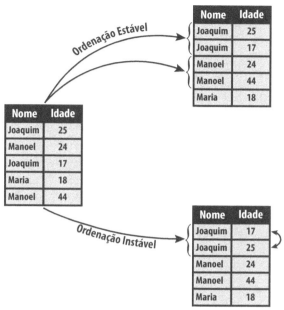

FIGURA 11–1: ORDENAÇÃO ESTÁVEL E ORDENAÇÃO INSTÁVEL DE REGISTROS

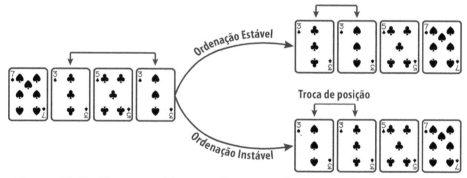

FIGURA 11–2: ORDENAÇÃO ESTÁVEL E ORDENAÇÃO INSTÁVEL DE CARTAS DE BARALHO

Alguns algoritmos, como, por exemplo, INSERTIONSORT (v. **Seção 11.2.3**), são **inerentemente estáveis**, enquanto outros (p. ex., HEAPSORT — v. **Seção 11.3.3**) são **inerentemente instáveis**. A estabilidade da maioria dos algoritmos discutidos neste capítulo depende de implementação. Aqui, algoritmos que são implementados *naturalmente* de modo estável, são classificados como estáveis.

Uso de Espaço Adicional

Alguns poucos algoritmos de ordenação utilizam espaço adicional proporcional ao número de itens a ordenar. Algoritmos que não usam espaço adicional são classificados como **in loco**.

Ordenações Interna e Externa

Uma ordenação pode ser classificada como **interna**, se os registros que estão sendo ordenados estão na memória principal, ou **externa**, se alguns dos registros que estão sendo ordenados estiverem em memória auxiliar.

Algoritmos de Propósito Geral e Específico

Alguns algoritmos podem ser usados para ordenação de tabelas cujas chaves de ordenação podem ser de qualquer natureza. Tais algoritmos são considerados de **propósito geral**. Por outro lado, alguns algoritmos impõem certas restrições sobre as chaves de ordenação. Esses algoritmos são considerados de **propósito específico**. Os algoritmos COUNTINGSORT, BUCKETSORT e RADIXSORT (v. **Seção 11.4**) têm propósitos específicos, enquanto todos os demais algoritmos discutidos neste capítulo são de propósito geral. Todos os algoritmos de propósito geral são baseados em comparações (v. adiante).

Ordenações Baseadas em Comparações e Distribuições

Um **algoritmo de ordenação baseado em comparação** recebe como entrada uma tabela $r_1, r_2, ..., r_n$ com n itens e obtém informação sobre os itens comparando pares deles. Cada comparação verifica se um registro é considerado maior, menor ou igual a outro. O algoritmo pode reordenar itens com base no resultado de tal comparação.

Em resumo, esses são algoritmos de ordenação que apenas comparam pares de elementos e movem elementos com base no resultado dessas comparações. Por exemplo, QUICKSORT e MERGESORT (v. **Seção 11.3**) são algoritmos de ordenação baseados em comparação.

As operações básicas efetuadas por um algoritmo de ordenação baseado em comparações são: comparação de chaves e troca ou cópia de registros. Em alguns casos, cópia é mais onerosa do que comparação; em outros casos, comparação é mais onerosa do que cópia. Por exemplo, se as chaves de ordenação forem números inteiros e os registros são bem grandes, copiar registros tem custo mais elevado do que comparar chaves. Além disso, troca é a mais onerosa dessas operações, pois, usualmente, envolve três operações de cópia e uma variável auxiliar.

Algoritmos de ordenação baseados em distribuições (p. ex., BUCKETSORT — v. **Seção 11.4.2**) contam com o conhecimento prévio sobre o conjunto de chaves possíveis e não são considerados algoritmos de propósito geral.

Ordenação Adaptativa

Algoritmos que levam em consideração ou se beneficiam do fato de a tabela a ser ordenada já estar previamente ordenada são chamados **adaptativos**. O algoritmo INSERTIONSORT (v. **Seção 11.2.3**) é um exemplo de algoritmo adaptativo.

Ordenações Online e Offline

Um algoritmo é **online** quando ele pode ordenar chaves à medida que as recebe num fluxo contínuo; caso contrário, ele é classificado como **offline**. Um exemplo de algoritmo online é INSERTIONSORT (v. **Seção 11.2.3**).

Métodos de Ordenação

Não há nenhum método de ordenação que seja universalmente superior a todos os demais, de maneira que o programador deve examinar cuidadosamente o problema em mãos antes de decidir sobre qual método escolher. Existe um grande número de métodos de ordenação que podem ser utilizados para ordenar uma tabela. O programador deve estar ciente das várias considerações de eficiência para escolher adequadamente o método de ordenação que é mais conveniente para determinado problema particular. Considerações importantes são:

- ❑ Tempo a ser despendido para codificar o algoritmo de ordenação
- ❑ Tempo de execução do algoritmo
- ❑ Quantidade de memória adicional gasta pelo algoritmo
- ❑ Informações específicas sobre a tabela a ser ordenada (p. ex., se ela é grande ou pequena, se ela está quase ordenada ou não, tipo de chave de ordenação)

Se a tabela for pequena, técnicas sofisticadas de ordenação elaboradas para minimizar o uso de tempo e espaço são às vezes piores ou apenas ligeiramente melhores do que métodos mais simples e geralmente menos eficientes. Da mesma forma, se um algoritmo de ordenação deve ser executado apenas uma vez, não faz sentido que um programador leve dias tentando encontrar o melhor método para obter a eficiência máxima.

É importante que o programador tenha conhecimento de várias técnicas de ordenação e reconheça as vantagens e desvantagens de cada uma, de forma que, quando for necessária a utilização de ordenação ele seja capaz de escolher o método mais conveniente para uma situação particular.

Neste capítulo, serão analisados vários métodos de ordenação agrupados de acordo com seus custos temporais.

Estado de Ordenação e Inversões

Um algoritmo de ordenação pode receber uma tabela de entrada com seus registros arranjados de três maneiras, denominadas **estados de ordenação**, que são:

- ❑ **Tabela ordenada**. Nesse caso os registros já se encontram na ordem desejada. Esse tipo de arranjo de registros corresponde ao melhor caso para a maioria dos algoritmos de ordenação.
- ❑ **Tabela inversamente ordenada**. Nesse caso os registros se encontram em ordem inversa da ordem desejada e corresponde ao pior caso para a maioria dos algoritmos de ordenação.
- ❑ **Tabela aleatória** (ou **desordenada**). Nesse caso, os registros não obedecem a nenhuma ordem. O fato de os registros estarem ordenados aleatoriamente corresponde ao caso médio de qualquer algoritmo de ordenação.

Uma **inversão** é um par de registros que se encontram em ordem trocada.

11.1.2 Aplicações de Ordenação

O conceito de ordenação de itens tem uma importância considerável no cotidiano. Considere, por exemplo, o processo de encontrar um número de telefone numa lista telefônica. Esse processo é consideravelmente simplificado se os nomes na lista telefônica estiverem em ordem alfabética. Imagine a dificuldade que se teria se os números dos telefones fossem colocados na lista segundo a ordem com que foram adquiridos na companhia telefônica. Os livros numa biblioteca também mantêm uma dada ordem (sistema de catalogação), de forma que cada livro é mantido numa posição específica relativa aos outros, o que permite encontrá-los facilmente. Em geral, um conjunto de itens é mantido ordenado para produzir um relatório (para simplificar a recuperação manual de informação, como no caso da lista telefônica) ou para tornar mais eficiente o acesso aos dados. Mas existem outras situações nas quais a ordenação de dados simplifica o processamento de informação, como, por exemplo:

- ❑ **Teste de unicidade**, que verifica se todos os elementos de uma coleção são distintos.
- ❑ **Remoção de duplicatas**, que remove itens duplicados de uma coleção de dados. Existem chaves duplicadas numa coleção de itens comparáveis? Quantas chaves distintas existem numa tabela? Que valor aparece mais frequentemente? Com ordenação, pode-se responder essas questões com custo temporal linear logarítmico: primeiro ordena-se a tabela, então faz-se uma passagem pela tabela ordenada, anotando-se os valores duplicados que aparecem consecutivamente na tabela ordenada.
- ❑ **Operações sobre tabelas de busca**, que conforme foi visto em capítulos anteriores (v. **Capítulo 3**, por exemplo), são bastante facilitadas quando os dados são ordenados.
- ❑ **Problemas de seleção**, nos quais se tenta encontrar o i-ésimo maior (ou menor) item de uma coleção.
- ❑ **Contagem de frequência** (**moda**) que encontra o elemento que ocorre com mais frequência numa coleção.

❑ Algumas **operações sobre conjuntos**, tais como encontrar a união ou a interseção de dois conjuntos.

11.2 Ordenação com Custo Temporal Quadrático

Os algoritmos de ordenação apresentados nesta seção são os mais fáceis de entender e todo programador deve saber implementar sem hesitar pelo menos um desses métodos de ordenação em sua linguagem favorita. Contudo esses são os algoritmos de ordenação que apresentam o pior custo temporal, de maneira que eles só são convenientes para tabelas relativamente pequenas.

Por simplicidade, em todas as implementações de algoritmos de ordenação apresentadas neste capítulo, a tabela a ser ordenada é um array de elementos do tipo **int**. Além disso, nessas implementações, são usados dois parâmetros:

- **tabela** (entrada/saída) — tabela que será ordenada
- **nElem** (entrada) — número de elementos na tabela

Algumas funções de ordenação chamam a função `TrocaGenerica()`, que troca os valores de duas variáveis e foi definida na **Seção 10.2.4**.

11.2.1 Ordenação por Borbulhamento (BubbleSort)

Descrição

O algoritmo BUBBLESORT é provavelmente o mais conhecido e elementar algoritmo de ordenação. Esse algoritmo é apresentado na **Figura 11–3**.

ALGORITMO BUBBLESORT

ENTRADA/SAÍDA: Uma tabela indexada com *n* elementos

1. Use uma variável (*emOrdem*) para indicar quando a tabela estiver ordenada e inicie-a com um valor que indique que a tabela não está ordenada
2. Enquanto a tabela não estiver ordenada, faça o seguinte:
   2.1 Atribua à variável *emOrdem* um valor que indique que a tabela está ordenada
   2.2 Para cada par de elementos adjacentes da tabela, faça o seguinte:
      2.2.1 Se os elementos estiverem fora de ordem, troque-os de posição
      2.2.2 Atribua à variável *emOrdem* um valor que indique que a tabela não está ordenada
   2.3 Decremente o número de elementos da tabela que precisam ser ordenados

---

FIGURA 11–3: ALGORITMO BUBBLESORT

Cada execução do laço interno (**Passo 2.2**) do algoritmo da **Figura 11–3** é denominada **passagem** e, em resumo, consiste em comparar cada par de elementos da tabela que podem estar fora de ordem.

Depois da primeira passagem, o maior elemento da tabela terá sido movido para sua última posição. Desse modo, não faz sentido levá-lo novamente em consideração na próxima passagem, posto que ele já se encontra em sua posição definitiva. Aplica-se o mesmo raciocínio aos demais elementos da tabela. Quer dizer, na segunda passagem, o segundo maior elemento é colocado em sua devida posição, na terceira passagem, o terceiro maior elemento é colocado em seu devido lugar e assim por diante. Logo, após cada passagem, o número de elementos que serão comparados é um a menos do que na última passagem. Se você ainda não entendeu: na segunda passagem, o último elemento do array não precisa ser levando em consideração; na terceira passagem os dois últimos elementos não precisam mais ser considerados; e assim por diante. Esses elementos deixam de ser levados em conta porque eles já se encontram em suas posições definitivas. Por isso, o número de elementos que precisam ser ordenados é decrementado após cada passagem (**Passo 2.3** do algoritmo).

A denominação do algoritmo BUBBLESORT é derivada do fato de os elementos maiores irem *subindo* aos poucos para o final da tabela, como se fossem *bolhas*. A **Figura 11–4** ilustra a ordenação de um array de inteiros usando o método da bolha.

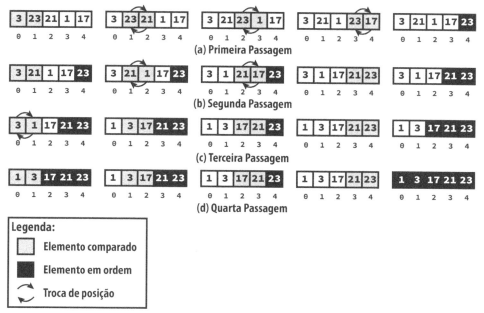

FIGURA 11–4: ORDENAÇÃO PELO MÉTODO BUBBLESORT

Implementação

A função `BubbleSort()` apresentada a seguir ordena uma tabela usando BUBBLESORT.

```
void BubbleSort(int tabela[], int nElem)
{
    int i, emOrdem = 0;

    while (!emOrdem){
        emOrdem = 1; /* Supõe que a tabela está ordenada */

        for (i = 0; i < nElem - 1; i++)
            /* Compara elementos adjacentes */
            if (tabela[i] > tabela[i + 1]){
                emOrdem = 0; /* Pelo menos um par de elementos está fora de ordem */

                /* Troca elementos que estão fora de ordem */
                TrocaGenerica(tabela + i, tabela + i + 1, sizeof(tabela[0]));
            }

        --nElem; /* Mais um elemento já está em seu devido lugar */
    }
}
```

Análise

Teorema 11.1: No pior caso, o custo temporal do algoritmo BUBBLESORT é $\theta(n^2)$.

Prova: No pior caso, o número de comparações efetuadas pelo algoritmo BUBBLESORT é $[(n - 1)n]/2$ (v. **Capítulo 6** do **Volume 1**). Logo o custo temporal de pior caso desse algoritmo é $\theta(n^2)$. ∎

Teorema 11.2: No melhor caso, o custo temporal do algoritmo BUBBLESORT é $\theta(n)$.

Prova: Em qualquer caso, o custo temporal do corpo do laço interno é $\theta(n)$. No melhor caso, ao final da primeira execução do laço interno, a variável que indica se a tabela está ordenada não será alterada, informando que ela já está ordenada. Portanto, isoladamente, o custo temporal do laço externo nesse caso é $\theta(1)$. Usando a regra do produto (v. **Capítulo 6** do **Volume 1**), o custo temporal de melhor caso desse algoritmo é $\theta(n)$. ∎

Teorema 11.3: No caso médio, o custo temporal do algoritmo BUBBLESORT é $\theta(n^2)$.

Prova: Se a tabela estiver ordenada aleatoriamente e o tamanho da tabela for suficientemente grande, cerca de metade das comparações de chaves resultarão em troca, de maneira que o laço externo só terá certeza de que a tabela está ordenada na última passagem desse laço. Logo o custo temporal desse último laço é $\theta(n)$ e, usando a regra do produto, o custo temporal no caso médio é $\theta(n^2)$. ∎

O algoritmo BUBBLESORT é estável, pois dois registros só trocam de posição quando um registro com chave maior precede um registro com chave menor. Ou seja, quando dois registros possuem a mesma chave, eles não trocam de lugar.

Um resumo da avaliação desse algoritmo é apresentado na **Tabela 11-1**.

CUSTO TEMPORAL	❑ Melhor caso: $\theta(n)$ ❑ Caso médio: $\theta(n^2)$ ❑ Pior caso: $\theta(n^2)$
VANTAGENS	❑ Facilidade de implementação ❑ In loco ❑ Estável
DESVANTAGEM	❑ Lentidão
INDICAÇÕES	❑ Tabelas muito pequenas ❑ Tabelas quase ordenadas ❑ Demonstrações didáticas

TABELA 11-1: ANÁLISE RESUMIDA DE BUBBLESORT

11.2.2 Ordenação por Seleção Direta (SelectionSort)

Descrição

O algoritmo de **ordenação por seleção direta** (SELECTIONSORT) é apresentado na **Figura 11-5**.

ALGORITMO SELECTIONSORT

ENTRADA/SAÍDA: Uma tabela indexada com n elementos

1. Para cada elemento da tabela, faça o seguinte:
   1.1 Encontre o menor elemento
   1.2 Troque o elemento corrente de posição com o menor elemento

---

FIGURA 11-5: ALGORITMO SELECTIONSORT

O algoritmo SELECTIONSORT usa um índice i para marcar o início da parte desordenada do array. Inicialmente o índice do primeiro elemento é atribuído a i, de maneira que a parte desordenada do array fica entre os índices i e $n - 1$, em que n é o número de elementos da tabela. O processamento principal ocorre num laço no qual, em cada iteração, o elemento com a menor chave na parte desordenada do array é trocado com o elemento no índice i. Depois da troca, i está na parte ordenada do array, de modo que se reduz o tamanho da parte desordenada incrementando i. Na expressão condicional do laço interno, a parte desordenada do array varia de i até *n − 1*. Sabe-se que cada elemento na parte desordenada tem chave maior do que ou igual à chave de qualquer elemento na parte ordenada do array. Quando *i = n − 1*, a parte desordenada do array contém apenas um elemento e a chave desse elemento deve ser maior do que ou igual à chave de qualquer elemento na parte ordenada. Assim o elemento no índice *n − 1* está em seu correto lugar e a ordenação está completa.

A **Figura 11–6** ilustra o uso de SELECTIONSORT na ordenação de um array de valores inteiros.

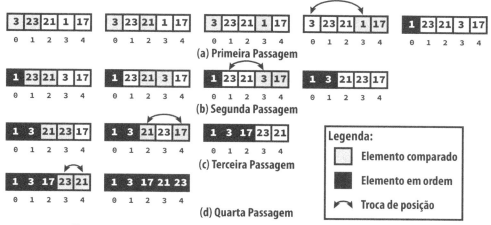

FIGURA 11–6: ORDENAÇÃO POR SELEÇÃO DIRETA (SELECTIONSORT)

Um algoritmo equivalente ao descrito na **Figura 11–5** pode efetuar a ordenação do final para o início do array colocando os maiores elementos em suas posições ordenadas a cada iteração.

Implementação

A função **SelectionSort()** ordena uma tabela usando seleção direta.

```
void SelectionSort(int tabela[], int nElem)
{
  int i, j, iMenor;

    /* A porção ordenada do array está entre os índices 0 e i - 1, */
    /* enquanto a porção desordenada está entre i e n - 1          */

    /* Obtém o menor elemento na parte desordenada e troca-o de posição */
    /* com o primeiro elemento da parte desordenada (que é i)           */
  for (i = 0; i < nElem - 1; ++i) {
      /* Supõe que o primeiro elemento da parte desordenada é o menor */
    iMenor = i;

      /* Verifica se existe um elemento menor do 'iMenor' na parte desordenada */
    for (j = i + 1; j < nElem; ++j)
        /* Se o elemento corrente for menor do que */
        /* 'iMenor', ele passará a ser o menor      */
      if (tabela[j] < tabela[iMenor])
        iMenor = j; /* O novo mínimo passa a ser j */

      /* Se foi encontrado um elemento menor do que aquele que se encontra   */
      /* na posição i, trocam-se as posições desses elementos. Caso          */
      /* contrário, o elemento na posição i já está em sua posição ordenada. */
    if (iMenor != i)
      TrocaGenerica(tabela + i, tabela + iMenor, sizeof(tabela[0]));
  }
}
```

Análise

Lema 11.1: No algoritmo SELECTIONSORT, o número de comparações de chaves efetuadas é igual a $(n^2 - n)/2$.

Prova: Na primeira execução do laço **for** interno, a instrução que efetua comparações de chaves é executada $n - 1$ vezes, na segunda execução desse laço, essa instrução é executada $n - 2$ vezes, e assim por diante, até que, na última execução desse laço, a instrução de comparação é executada apenas uma vez. Assim o número total de comparações é dado por:

$$1 + 2 + ... + (n - 2) + (n - 1) = (n^2 - n)/2$$ ∎

Teorema 11.4: Em qualquer caso, o custo temporal do algoritmo SELECTIONSORT é $\theta(n^2)$.

Prova: De acordo com o **Lema 11.1**, o número de comparações de chaves efetuadas pelo algoritmo SELECTIONSORT é sempre $(n^2 - n)/2$, independentemente de caso. Logo, em qualquer caso, o custo temporal desse algoritmo é $\theta(n^2)$. ∎

Teorema 11.5: No algoritmo SELECTIONSORT, o número máximo de trocas de posições entre elementos é $n - 1$.

Prova: O número máximo de trocas acontece quando, em cada passagem do laço externo, ocorre uma troca e o número de passagens do laço externo é $n - 1$. ∎

No algoritmo SELECTIONSORT, o número de comparações de chaves é igual a $(n^2 - n)/2$ e o número máximo de trocas é $n - 1$, que é o melhor que se pode esperar de um algoritmo de ordenação que conta apenas com trocas para colocar seus elementos na posição correta. Assim esse algoritmo é bom para chaves pequenas e registros grandes.

O algoritmo SELECTIONSORT não é estável, pois, após encontrar um registro contendo a menor chave na parte desordenada da tabela, ele troca esse registro de posição com outro, de modo que esse outro registro pode ser posicionado adiante de um registro que tem a mesma chave. A **Figura 11–7** ilustra essa situação. Nessa figura, a lista que está sendo ordenada possui dois elementos com a mesma chave *3*, sendo que o elemento com fundo escurecido antecede o outro com fundo branco que possui a mesma chave. Após a troca dos elementos com chaves *1* e *3*, o elemento com fundo escurecido passou a suceder o elemento com fundo branco que possui a mesma chave. É possível tornar o algoritmo SELECTIONSORT estável evitando esse tipo de troca, mas acrescentar essa alteração no algoritmo SELECTIONSORT básico teria um custo adicional elevado.

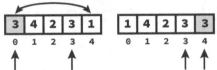

FIGURA 11–7: INSTABILIDADE DE SELECTIONSORT

A **Tabela 11–2** apresenta um resumo da avaliação desse algoritmo.

CUSTO TEMPORAL	□ $\theta(n^2)$ nos três casos
VANTAGENS	□ Facilidade de implementação □ In loco
DESVANTAGENS	□ Lentidão □ Instável
INDICAÇÕES	□ Tabelas muito pequenas □ Chaves pequenas e registro grandes

TABELA 11–2: ANÁLISE RESUMIDA DE SELECTIONSORT

11.2.3 Ordenação por Inserção (InsertionSort)

Descrição

O algoritmo de **ordenação por inserção** (INSERTIONSORT) é apresentado na **Figura 11–8**.

ALGORITMO INSERTIONSORT

ENTRADA/SAÍDA: Uma tabela indexada com n elementos

1. A partir do segundo elemento da tabela, para cada um deles, faça o seguinte:

   1.1 Armazene o valor do elemento corrente numa variável auxiliar

   1.2 Mova cada elemento maior do que a variável auxiliar uma posição adiante a partir da posição do elemento anterior ao elemento corrente

   1.3 Armazene o valor da variável auxiliar na posição do elemento anterior ao elemento corrente

---

FIGURA 11–8: ALGORITMO INSERTIONSORT

A **Figura 11–9** ilustra a ordenação de um array de inteiros usando o método de inserção[1].

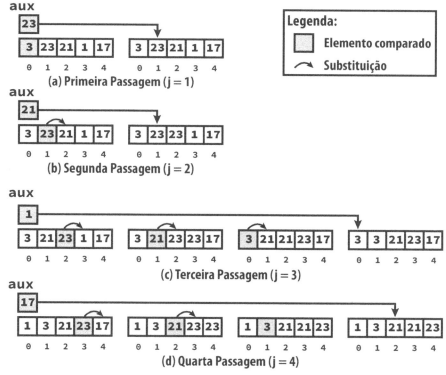

FIGURA 11–9: ORDENAÇÃO PELO MÉTODO DE INSERÇÃO (INSERTIONSORT)

Implementação

A função `InsertionSort()` ordena uma tabela usando ordenação por inserção.

```
void InsertionSort(int tabela[], int  nElem)
{
    int i, j, aux;
```

---

[1] Talvez, estudar a implementação de algoritmo antes de examinar essa figura facilite o entendimento de ambas.

```
    /* Inicialmente, o array tabela[] é considerado uma tabela ordenada.   */
    /* Então, a cada iteração, os elementos entre 0 e j estarão ordenados. */

    /* Insere tabela[j] na parte ordenada da tabela */
for (j = 1; j < nElem; ++j) {
    aux = tabela[j];

        /* Move cada elemento maior do que aux uma posição adiante */
        for (i = j-1; i >= 0 && aux < tabela[i]; --i)
            tabela[i + 1] = tabela[i];

        tabela[i + 1] = aux; /* Insere aux na posição correta */
    }
}
```

Análise

Lema 11.2: O número máximo de comparações de chaves efetuadas pelo algoritmo INSERTIONSORT é *(n² − n)/2.*

Prova: A primeira passagem do algoritmo INSERTIONSORT compara, no máximo, uma chave; a segunda passagem compara, no máximo, duas chaves; e assim por diante, de modo que, na última passagem, no máximo, são comparadas *n − 1* chaves. Portanto tem-se que o número máximo de comparações de chaves é dado por: *1 + 2 + 3 + ... + n − 1*, que pode ser escrito como:

$$\sum_{i=1}^{n-1} i = \frac{(n^2 - n)}{2}$$

∎

Teorema 11.6: No pior caso, o custo temporal do algoritmo INSERTIONSORT é *θ(n²)*.

Prova: De acordo com o **Lema 11.2**, o número máximo de comparações de chaves é *θ(n²)* e esse é o custo temporal de pior caso do algoritmo INSERTIONSORT. ∎

Teorema 11.7: No melhor caso, o custo temporal do algoritmo INSERTIONSORT é *θ(n)*.

Prova: No melhor caso, o corpo do laço interno (**Passo 1.2** do algoritmo INSERTIONSORT) não é executado e o laço externo é executado *n − 1* vezes. Logo o custo temporal é *θ(n)*. ∎

Lema 11.3: No caso médio, o algoritmo INSERTIONSORT efetua *θ(n²)* comparações de chaves e *θ(n²)* atribuições.

Prova: Assuma que a tabela a ser ordenada está ordenada aleatoriamente, o que significa que qualquer ordenação das chaves é igualmente provável. Suponha que um elemento da tabela encontra-se na posição *i*. Existem *i − 1* movimentos que podem ser efetuadas sobre esse elemento, desde uma posição até *i − 1* posições para o início da lista. Além disso ele pode ficar onde está (pois já se encontra na posição correta). Portanto, no total, há *i* ações possíveis, que, por hipótese, são todas equiprováveis. Assim a probabilidade de o elemento não ser movido é *1/i* e, nesse caso, ocorre apenas uma comparação de chaves. As demais movimentações têm probabilidade *(i − 1)/i*.

Como todas as *i − 1* movimentações indicadas acima são igualmente prováveis, o número médio de iterações do laço interno do algoritmo INSERTIONSORT é dado por:

$$\frac{1 + 2 + ... + i - 1}{i - 1} = \frac{(i-1) \cdot i}{2} \times \frac{1}{i-1} = \frac{i}{2}$$

Em cada uma dessas iterações, ocorre uma comparação e uma atribuição. No laço externo, ocorrem mais duas atribuições, de modo que, nesse caso, o elemento de índice *i* requer, em média, *i/2* comparações de chaves e *i/2 + 2* atribuições. Quando esses dois casos são combinados, obtém-se que o número médio de comparações de chaves é dado por:

$$\frac{i}{2} \times 1 + \frac{i-1}{i} \times \frac{i}{2} = \frac{2i-1}{2}$$

[1]

Por sua vez, o número médio de atribuições é dado por:

$$\frac{i}{2} \times 0 + \frac{i-1}{i} \times \left(\frac{i}{2} + 2\right) = \frac{i+3}{2} - \frac{2}{i}$$

[2]

O número total de comparações de chaves é determinado pelo somatório da expressão [1] e o número total de atribuições é obtido pelo somatório da expressão [2], sendo que, em ambos os casos, os limites do somatório são $i = 2$ e $i = n - 1$. Não é necessário obter o resultado preciso desse somatório para concluir que o número total de comparações de chaves é $\theta(n^2)$ e o número total de atribuições também é $\theta(n^2)$.

∎

Teorema 11.8: No caso médio, o custo temporal do algoritmo INSERTIONSORT é $\theta(n^2)$.

Prova: A prova é consequência imediata do **Lema 11.3**.

∎

Assim como BUBBLESORT, o melhor caso de INSERTIONSORT também ocorre quando as chaves já estão ordenadas e o pior caso ocorre quando as chaves estão em ordem inversa.

Como INSERTIONSORT requer atribuições entre chaves, em vez de trocas de chaves (que requerem três atribuições), e o número de atribuições é aproximadamente igual ao número de comparações de chaves (v. prova do **Lema 11.3**), esse algoritmo é aproximadamente duas vezes mais rápido do que BUBBLESORT para chaves distribuídas aleatoriamente, embora, nesse caso, ambos tenham custo temporal $\theta(n^2)$.

INSERTIONSORT é o mais versátil dos algoritmos básicos de ordenação e é uma boa escolha quando a tabela a ser ordenada estiver quase ordenada ou for pequena. Ele é o algoritmo mais usado dentre aqueles com custo temporal quadrático e é frequentemente usado como algoritmo auxiliar de QUICKSORT e MERGESORT (v. **Seção 11.3**). INSERTIONSORT pode ainda ser facilmente adaptado para ordenação de listas encadeadas.

O algoritmo INSERTIONSORT é estável, pois, quando um registro é inserido na parte ordenada da tabela, apenas registros maiores do que ele mudam de posição. Assim, um registro que antecedesse o registro inserido antes da inserção, continuaria a antecedê-lo depois dessa inserção.

Um resumo da avaliação do algoritmo INSERTIONSORT é vista na **Tabela 11–3**.

CUSTO TEMPORAL	❑ Melhor caso: $\theta(n)$ ❑ Caso médio: $\theta(n^2)$ ❑ Pior caso: $\theta(n^2)$
VANTAGENS	❑ Simplicidade do algoritmo ❑ In loco ❑ Estável ❑ Melhor algoritmo com custo $\theta(n^2)$
DESVANTAGENS	❑ Lentidão
INDICAÇÕES	❑ Tabelas pequenas ❑ Tabelas quase ordenadas

TABELA 11–3: ANÁLISE RESUMIDA DE INSERTIONSORT

11.3 Ordenação com Custo Temporal Linear Logarítmico

11.3.1 QuickSort

Descrição

O método de ordenação QuickSort consiste em dividir a tabela a ser ordenada em duas **partições**, de modo que os elementos da primeira partição tenham chaves menores do que as chaves dos elementos da segunda partição. A divisão em partições é feita comparando-se a chave de cada elemento com a chave de um elemento denominado **pivô**. Então, as duas partições da tabela são ordenadas recursivamente invocando o próprio algoritmo QuickSort. Esse algoritmo foi inventado por Charles Hoare em 1962 (v. **Bibliografia**) e é apresentado na **Figura 11–10**.

ALGORITMO QuickSort

ENTRADA/SAÍDA: Uma tabela indexada com *n* elementos

1. Se houver apenas um elemento na tabela, encerre
2. Eleja um elemento da tabela para servir como pivô
3. Divida a tabela em duas metades, sendo que na primeira metade ficam os elementos menores do que o pivô e na segunda metade ficam os elementos maiores do que o pivô
4. Ordene a primeira metade da tabela usando QuickSort
5. Ordene a segunda metade da tabela usando QuickSort

FIGURA 11–10: ALGORITMO QuickSort

Supondo que a tabela a ser ordenada possui pelo menos um elemento, o primeiro passo do algoritmo QuickSort é a escolha do pivô, que é sempre o elemento que termina em sua posição final ordenada depois de cada divisão da tabela, sendo que elementos com chaves menores do que a dele ficam na partição esquerda e elementos com chaves maiores do que a dele ficam na partição direita. Há muitas maneiras usadas para escolha do pivô e a mais simples delas é elegê-lo como o primeiro elemento da tabela[2]. Entretanto essa escolha pode criar problemas de desempenho para o algoritmo QuickSort (v. adiante).

O problema central do método de ordenação QuickSort é como fazer a partição da tabela (**Passo 3** na **Figura 11–10**). O algoritmo de partição usado por QuickSort é apresentado na **Figura 11–11**.

ALGORITMO PartiçãoDeQuickSort

ENTRADA/SAÍDA: Uma tabela indexada com *n* elementos

1. Atribua o primeiro índice da tabela à variável *Esq*
2. Atribua o último índice da tabela à variável *Dir*
3. Enquanto *Esq* < *Dir*, faça:
   3.1 Enquanto a chave do elemento apontado por *Esq* não for maior do que o pivô, incremente *Esq*
   3.2 Enquanto a chave do elemento apontado por *Dir* não for menor do que o pivô, decremente *Dir*
   3.3 Se os elementos nos índices *Esq* e *Dir* estiverem em partições erradas, troque-os de posição

---

FIGURA 11–11: ALGORITMO DE PARTIÇÃO USADO POR QuickSort

O algoritmo PartiçãoDeQuickSort usa dois índices, sendo um em cada metade da tabela. Inicialmente, esses índices são associados, respectivamente, ao primeiro e ao último elementos da tabela [v. **Figura 11–12 (a)**]. Na **Figura 11–12**, esses índices são representados por *Esq* e *Dir*. O algoritmo de partição avança os índices esquerdo e direito em direção um do outro até que eles se encontrem. O índice esquerdo é incrementado até

---

[2] Escolher o último elemento da tabela como pivô é uma abordagem equivalente que não será usada aqui.

que se encontre um elemento cuja chave é maior do que aquela do pivô [v. **Figura 11–12 (c)**]. Por outro lado, o índice direito é decrementado até que seja encontrado um elemento cuja chave é menor do que aquela do pivô [v. **Figura 11–12 (e)**]. Então o elemento que se encontra no índice direito troca de posição com o elemento que se encontra no índice esquerdo [v. **Figura 11–12 (f)**]. Como mostra a **Figura 11–12 (l)**, quando esses índices se cruzam, o índice direito indica exatamente a posição definitiva do pivô. Nesse ponto, o pivô troca de posição com o elemento no índice direito [v. **Figura 11–12 (m)**] e a presente divisão de tabela está completa com chaves menores à esquerda do pivô e chaves maiores à direita do pivô, como se vê na **Figura 11–12 (n)**.

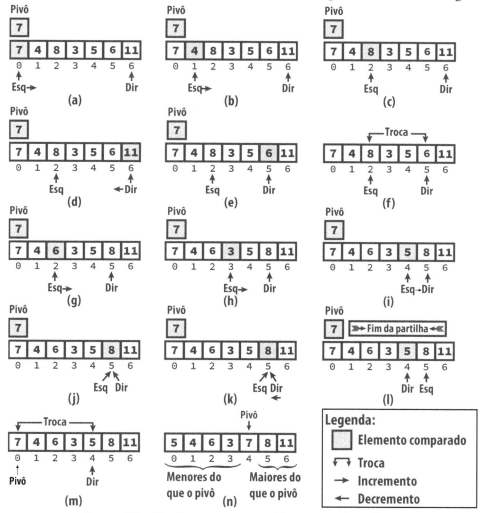

FIGURA 11–12: PARTILHANDO UMA TABELA COM QUICKSORT

Após a partição, a tabela terá sido dividida em duas partes que não estão necessariamente ordenadas. Essas duas partições serão ordenadas em seguida nos próximos dois passos do algoritmo. Esses dois últimos passos invocam o próprio algoritmo QUICKSORT para ordenar cada uma dessas partições.

O pior caso de QUICKSORT ocorre quando uma tabela com n elementos é dividida numa partição contendo um único elemento (que é o pivô) e noutra com os $n - 1$ elementos restantes. Se tal divisão ocorre com cada par de subtabelas, cada elemento da tabela requer uma partição. É isso que ocorre quando a tabela já está ordenada (ou inversamente ordenada) e o pivô é seu primeiro ou último elemento, pois, em cada divisão de tabelas, o pivô terá sempre a menor (ou a maior) chave, de modo que cada partição resultará em $n - 1$ elementos numa partição e apenas o pivô na outra partição[3].

Uma possível solução para esse problema é usar como pivô o elemento com a chave mediana entre o primeiro elemento, o último elemento e o elemento do meio da tabela. Essa abordagem é chamada **mediana de três** e é ilustrada na **Figura 11–13**[4].

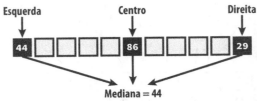

FIGURA 11–13: USO DE MEDIANA DE TRÊS EM QUICKSORT

A chave do elemento mediano de uma tabela é maior do que as chaves de uma metade dos elementos e menor do que as chaves da outra metade desses elementos. A escolha dessa chave mediana ideal resultaria numa tabela partilhada em duas subtabelas de mesmo tamanho, que seria a situação ótima para o algoritmo QUICKSORT. Contudo essa escolha ideal iria requerer a ordenação de toda a tabela, que é exatamente o objetivo final.

Encontrar a mediana de três elementos de uma tabela é obviamente muito mais fácil e rápido do que encontrar a mediana de todos os elementos da tabela. Mesmo assim, essa simples abordagem evita que se use como pivô a maior ou a menor chave em casos nos quais os dados já estão ordenados ou inversamente ordenados. Infelizmente, é provável que ainda existam alguns estados de ordenação patológicos nos quais a abordagem de mediana de três não funciona bem (p. ex., quando todas as chaves são iguais), mas, normalmente, essa é uma técnica rápida e efetiva de escolha de pivô.

Pode-se usar a abordagem mediana de três não apenas para selecionar o pivô, mas também para ordenar os três elementos usados nesse processo de seleção, como mostra a **Figura 11–14**. A ordenação desses três elementos influencia a chave que será usada como pivô na próxima divisão de tabela e ajuda a limitar o efeito de ordenação prévia da tabela.

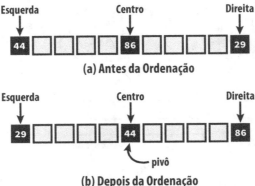

(a) Antes da Ordenação

(b) Depois da Ordenação

FIGURA 11–14: USO DE MEDIANA DE TRÊS COM REORDENAÇÃO EM QUICKSORT

Usando a abordagem mediana de três, o algoritmo QUICKSORT não funciona para partições com três ou menos itens. Nesse caso, o valor *3* é chamado **ponto de corte**[5]. Quando o tamanho de uma partição atinge o ponto de corte, ela é ordenada por outro algoritmo de ordenação diferente de QUICKSORT (tipicamente, INSERTIONSORT).

---

[3]   O mesmo ocorre quando todas as chaves de ordenação são iguais.

[4]   O leitor que não é habituado com Estatística não deve confundir mediana com média. A mediana de um conjunto finito de números é obtida ordenando-os. Se a quantidade de valores for ímpar, o valor central é a mediana. Se essa quantidade for par, considera-se a média dos valores centrais.

[5]   Knuth (1997, Volume 3 — v. **Bibliografia**) recomenda um ponto de corte igual a 9.

Como o ponto de corte é relativamente bem pequeno, não importa que um algoritmo com custo temporal $\theta(n^2)$ seja usado nessa situação.

A escolha aleatória de um pivô é outra opção comumente utilizada com QUICKSORT. Nesse caso, o pivô é escolhido aleatoriamente entre os limites de cada subtabela resultante de uma partição. Com isso, espera-se que as partições sejam equitativas e previnam o pior caso. Quando o pivô é escolhido aleatoriamente, QUICKSORT torna-se um exemplo de algoritmo aleatório, pois seu desempenho depende das propriedades estatísticas do gerador de números aleatórios utilizado na escolha do pivô.

Implementação Básica

Nesta implementação, o pivô é escolhido como o primeiro elemento da tabela e a função `Quick1()`, apresentada a seguir, é a função auxiliar que implementa o algoritmo QUICKSORT. Os parâmetros dessa função são:

- `tabela` (entrada/saída) — tabela que será ordenada
- `inf` (entrada) — limite inferior da tabela
- `sup` (entrada) — limite superior da tabela

```c
static void Quick1(int tabela[], int inf, int sup)
{
    int esq,    /* Índice da esquerda */
        dir,    /* Índice da direita  */
        iPivo; /* Índice do pivô      */

    /* Se a tabela está vazia ou contém apenas um elemento, ela já está ordenada */
    if (inf >= sup)
        return; /* A tabela já está ordenada */

    /* Nesta implementação, o pivô é sempre o primeiro elemento da tabela */
    iPivo = inf;

    /* Início da operação de partição */

    for (esq = inf, dir = sup; esq < dir; ) {
        /* Enquanto os elementos da primeira metade da tabela forem */
        /* menores do que o pivô,  incrementa-se o índice esquerdo  */
        while (tabela[esq] <= tabela[iPivo] && esq < sup)
            ++esq;

        /* Enquanto os elementos da segunda metade da tabela forem */
        /* maiores do que o pivô,  decrementa-se o índice direito  */
        while (tabela[dir] > tabela[iPivo])
            --dir;

        /* Se os elementos nos índices esq e dir estiverem  */
        /* em partições erradas, deve-se trocá-los de lugar */
        if (esq < dir)
            Troca(tabela + esq, tabela + dir, sizeof(tabela[0]));
    }

    /* Fim da operação de partição */

    /* Coloca o pivô em sua correta posição */
    Troca(tabela + iPivo, tabela + dir, sizeof(tabela[0]));

    /* Ordena recursivamente a primeira metade da tabela */
    Quick1(tabela, inf, dir - 1);

    /* Ordena recursivamente a segunda metade da tabela */
    Quick1(tabela, dir + 1, sup);
}
```

A função `Quick1()` reflete fielmente os algoritmos apresentados na **Figura 11–10** e na **Figura 11–11**. Essa função é implementada usando duas chamadas recursivas, sendo que a segunda delas é uma recursão de cauda que pode ser facilmente ser substituída por iteração (v. **Capítulo 4** do **Volume 1**), mas a primeira chamada só pode ser substituída com o uso explícito de pilha, que é incapaz de melhorar significativamente o desempenho do algoritmo.

Um detalhe, que talvez passe despercebido, referente à função `Quick1()` é que a expressão:

```
esq < sup
```

presente no primeiro laço **while** impede que sejam acessadas posições de memória além do limite superior da tabela quando seus elementos estão ordenados em ordem decrescente.

A função `QuickSort1()` abaixo é uma função acionadora (v. **Capítulo 4** do **Volume 1**) que provê uma interface para a função `Quick1()`, que de fato realiza a tarefa de ordenação.

```c
void QuickSort1(int tabela[], int nElem)
{
    /* Simplesmente chama Quick1() para fazer o serviço */
  Quick1(tabela, 0, nElem-1);
}
```

Implementação com Mediana de Três e Ponto de Corte

A função `Quick2()`, encontrada no site dedicado a este livro na internet, difere da função `Quick1()` pelo fato de usar a abordagem de mediana de três com ordenação discutida acima. Além disso, a função `Quick2()` usa INSERTIONSORT quando um ponto de corte é atingido.

Implementação com Pivô Aleatório

A função `Quick3()`, encontrada no site dedicado a este livro na internet, ordena uma tabela usando o algoritmo QUICKSORT com o pivô escolhido aleatoriamente.

Análise

Teorema 11.9: No pior caso, o número de comparações de chaves efetuadas por QUICKSORT é $n^2/2 + n/2 - 1$.

Prova: Seja $C(n)$ o número de comparações de chaves efetuadas pelo algoritmo QUICKSORT na ordenação de uma lista de tamanho n. Cada divisão da lista em partições compara cada elemento com o pivô, de modo que, na primeira dessas divisões, ocorrem n comparações. Se, nessa divisão, uma partição tiver tamanho t, a outra terá tamanho $n - t - 1$. Portanto pode-se escrever a seguinte relação de recorrência para representar a operação de partição:

$$C(n) = n + C(t) + C(n - t - 1) \qquad [\dagger]$$

No pior caso, tem-se que $t = 0$, de sorte que essa relação de recorrência torna-se:

$$C(n) = n + C(n - 1) \qquad [\dagger\dagger]$$

Nessa última passagem, levou-se em conta que $C(0) = 0$. Além disso, tem-se que $C(1) = 0$, pois, se uma lista só tem um elemento não há comparação de chaves (i.e., o algoritmo de partição não será sequer invocado).

A solução da relação de recorrência $[\dagger\dagger]$ será apresentada a seguir.

$$\begin{aligned}
C(n) &= n + C(n - 1) \\
&= n + n - 1 + C(n - 2) \\
&= n + n - 1 + n - 2 + C(n - 3)
\end{aligned}$$

$$= \ldots$$
$$= n + n - 1 + n - 2 + \ldots + 3 + 2 + C(1)$$
$$= n + n - 1 + n - 2 + \ldots + 3 + 2 + 0$$
$$= (1 + 2 + 3 + \ldots + n - 2 + n - 1 + n) - 1$$
$$= \left(\sum_{i=1}^{n} i \right) - 1 = \frac{n \cdot (n+1)}{2} - 1 = \frac{n^2}{2} + \frac{n}{2} - 1$$

Corolário 11.1: O custo temporal do algoritmo QUICKSORT é $\theta(n^2)$ no pior caso.

Prova: Essa afirmação é consequência direta do **Teorema 11.9**.

Teorema 11.10: No pior caso, o número de trocas efetuadas por QUICKSORT, é $n^2/2 + n/2 - 1$.

Prova: Seja $T(n)$ o número de trocas efetuadas pelo algoritmo QUICKSORT ao ordenar uma tabela de tamanho n. O algoritmo de partição efetua n comparações. No pior caso, o pivô contém a maior (ou menor) chave da lista, de modo que o algoritmo de partição efetua n trocas (todas elas envolvendo o pivô). Assim, no pior caso, obtém-se a seguinte relação de recorrência:

$T(n) = n + T(n - 1)$

Essa relação de recorrência é a mesma obtida na prova do **Teorema 11.9** e sua solução é $n^2/2 + n/2 - 1$.

Teorema 11.11: No melhor caso, o custo temporal do algoritmo QUICKSORT é $\theta(n \cdot \log n)$.

Prova: Supondo que uma partição tenha tamanho t, a relação de recorrência que se obtém é aquela representada por [†] na prova do **Teorema 11.9**.

No melhor caso, o algoritmo de partição divide a tabela em duas partes aproximadamente iguais. Isto é, uma partição terá $\lfloor (n - 1)/2 \rfloor$ elementos e a outra terá $\lceil (n - 1)/2 \rceil$ elementos. Como não se está tentando determinar o número exato de trocas ou comparações, esses números de elementos podem ser ambos aproximados por $n/2$. Desse modo, a relação de recorrência [†] torna-se:

$C(n) = n + 2 \cdot C(n/2)$

Seja k o número de vezes que a tabela é dividida até que cada partição tenha tamanho unitário (i.e., k é a profundidade da árvore de recursão — v. **Capítulo 6** do **Volume 1**). Então o custo temporal de QUICKSORT é dado por:

$$\begin{aligned} C(n) &= n + 2 \cdot C(n/2) \\ &= n + 2 \cdot (n/2 + 2 \cdot C(n/2^2)) \\ &= n + n + 2^2 \cdot C(n/2^2) \\ &= 2 \cdot n + 2^2 \cdot (n/2^2 + 2 \cdot C(n/2^3)) \\ &= 3 \cdot n + 2^3 \cdot C(n/2^3) \\ &= \ldots \\ &= k \cdot n + 2^k \cdot C(n/2^k) \end{aligned}$$

Como se supõe que k é o número de vezes que a tabela é dividida, tem-se que:

$n/2^k = 1 \Rightarrow k = \log n$

Levando isso em conta, obtém-se:

$C(n) = k \cdot n + 2^k \cdot C(n/2^k) = n \cdot \log n + n \cdot C(1) = n \cdot \log n + c \cdot n$, em que c é uma constante, visto que, quando $n = 1$, o algoritmo simplesmente retorna após verificar esse fato.

Esse último resultado mostra que o custo temporal de QUICKSORT é $\theta(n·log\ n)$ no melhor caso. ∎

Teorema 11.12: O custo temporal do algoritmo QUICKSORT básico no caso médio é $\theta(n·log\ n)$.

Prova: A prova desse teorema requer conhecimento de teoria das probabilidade e, por ser relativamente longa, não será apresentada aqui. Recomenda-se que o leitor interessado nessa prova consulte Cormen et al. (2009) (v. **Bibliografia**).

Teorema 11.13: O custo temporal esperado de QUICKSORT aleatório é $\theta(n·log\ n)$.

Prova: A prova desse teorema também requer conhecimento de teoria das probabilidade e está fora do escopo deste livro. O leitor interessado nessa prova deve consultar Cormen et al. (2009) (v. **Bibliografia**).

O algoritmo QUICKSORT não requer tabela adicional, mas ele usa uma abordagem recursiva, de modo que registros de ativação de muitas chamadas recursivas podem ser armazenados na pilha de execução num dado instante. Assim, no melhor caso, esse algoritmo requer $\theta(log\ n)$ de espaço extra para conter dados relativos a cada chamada (i.e., registros de ativação — v. **Capítulo** 4 do **Volume** 1) e, no pior caso, esse algoritmo requer espaço extra com custo $\theta(n)$. Os dois próximos teoremas apresentam esses resultados formalmente.

Teorema 11.14: No melhor caso, o custo espacial do algoritmo QUICKSORT é $\theta(log\ n)$.

Prova: Em cada nível de recursão apresentado na **Figura 11–15**, o algoritmo QUICKSORT efetua duas chamadas recursivas, sendo que cada uma delas é responsável pela alocação de um registro de ativação (v. **Capítulo** 4 do **Volume** 1). Cada uma dessas chamadas tem custo espacial $\theta(1)$, pois ela usa a tabela original. Como há $\theta(log\ n)$ chamadas recursivas, o custo espacial do algoritmo QUICKSORT no melhor caso é $\theta(log\ n)$. ∎

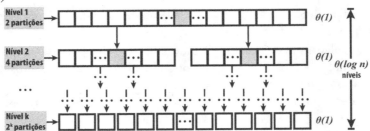

FIGURA 11–15: CUSTO ESPACIAL DO MELHOR CASO DE QUICKSORT

Teorema 11.15: No pior caso, o custo espacial do algoritmo QUICKSORT é $\theta(n)$.

Prova: A prova é semelhante àquela do **Teorema 11.14**. A diferença é que, agora, existem $\theta(n)$ chamadas recursivas (v. **Figura 11–16**). ∎

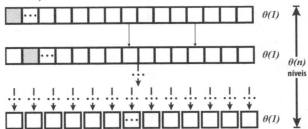

FIGURA 11–16: CUSTO ESPACIAL DO PIOR CASO DE QUICKSORT

O algoritmo QUICKSORT não é estável, pois, durante o passo de partição da tabela, os registros podem mudar de posição, de modo que, ao final, dois registros com mesmas chaves podem ter suas posições relativas iniciais trocadas.

Em geral, QUICKSORT é o melhor para tabelas grandes e, escolhendo-se cuidadosamente o pivô, pode-se tornar o pior caso muito pouco provável. A **Tabela 11–4** exibe um resumo da avaliação do algoritmo QUICKSORT.

CUSTO TEMPORAL	❏ Melhor caso: $\theta(n \cdot log\ n)$ ❏ Caso médio: $\theta(n \cdot log\ n)$ ❏ Pior caso: $\theta(n^2)$
VANTAGENS	❏ Muito rápido em média ❏ Pior caso é muito raro
DESVANTAGENS	❏ Eficiência depende da escolha correta do pivô ❏ Custo espacial $\theta(log\ n)$ no melhor caso e $\theta(n)$ no pior caso ❏ Instável
INDICAÇÕES	❏ Situações práticas nas quais o estado inicial de ordenação da tabela seja desconhecido

TABELA 11–4: ANÁLISE RESUMIDA DE QUICKSORT

11.3.2 Ordenação por Intercalação (MergeSort)

Descrição

O algoritmo de **ordenação por intercalação** (MERGESORT) é baseado no conceito de **intercalação**. Intercalar duas tabelas ordenadas significa criar uma terceira tabela ordenada que contém todos os elementos de ambas as tabelas ordenadas. Mais precisamente, o procedimento de intercalação recebe como entrada duas tabelas já ordenadas e produz uma nova tabela ordenada contendo, em ordem, todos os elementos das tabelas de entrada. Em MERGESORT, subtabelas contendo um elemento são intercaladas em subtabelas de dois elementos, subtabelas de dois elementos são intercaladas em subtabelas de quatro elementos e assim por diante até que a tabela inteira esteja ordenada. A **Figura 11–17** ilustra um exemplo detalhado de intercalação. Nesse processo, os itens no início de cada tabela são comparados e o menor deles é acrescentado à tabela que conterá o resultado. Então o próximo item da tabela da qual o menor item foi copiado é considerado e o processo se repete até que todos os elementos de uma das tabelas ou de ambas as tabelas tenham sido levados em conta. Caso restem elementos numa das tabelas que ainda não tenham sido levados em consideração, eles são simplesmente copiados para a tabela resultante, como mostra a **Figura 11–17 (d)**.

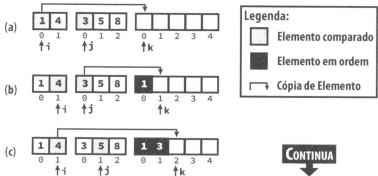

FIGURA 11–17: EXEMPLO DE INTERCALAÇÃO DE TABELAS

FIGURA 11-17 (CONT.): EXEMPLO DE INTERCALAÇÃO DE TABELAS

O algoritmo MERGESORT é apresentado na **Figura 11-18**.

ALGORITMO MERGESORT

ENTRADA/SAÍDA: Uma tabela indexada de n elementos

1. Se a tabela contiver menos de dois elementos, encerre
2. Divida a tabela em duas partes, cada uma das quais contendo a metade dos elementos da tabela original
3. Ordene a primeira subtabela usando MERGESORT
4. Ordene a segunda subtabela usando MERGESORT
5. Intercale as duas subtabelas ordenadas usando o algoritmo INTERCALATABELAS

FIGURA 11-18: ALGORITMO MERGESORT

O algoritmo de intercalação invocado por MERGESORT é exibido na **Figura 11-19**.

ALGORITMO INTERCALATABELAS

ENTRADA: Duas tabelas indexadas ordenadas

SAÍDA: Uma tabela indexada ordenada (tabela auxiliar)

1. Atribua a uma variável i o índice do primeiro elemento da primeira tabela (essa variável indicará a posição do elemento sob consideração na primeira tabela)
2. Atribua a uma variável j o índice do primeiro elemento da segunda tabela (essa variável indicará a posição do elemento sob consideração na segunda tabela)
3. Atribua a uma variável k o índice do primeiro elemento da tabela auxiliar (essa variável indicará a posição do elemento sob consideração na tabela auxiliar)
4. Enquanto i não for maior do que o índice do último elemento da primeira tabela e j não for maior do que o índice do último elemento da segunda tabela, faça o seguinte:
   4.1 Se o elemento na posição i da primeira tabela for menor do que ou igual ao elemento na posição j da segunda tabela
       4.1.1 Acrescente o referido elemento da primeira tabela na tabela auxiliar
       4.1.2 Incremente i
   4.2 Caso contrário, faça o seguinte:
       4.2.1 Acrescente na tabela auxiliar o elemento que se encontra na posição j da segunda tabela
       4.2.2 Incremente j
   4.3 Incremente k
5. Enquanto i não for maior do que o índice do último elemento da primeira tabela, faça:
   5.1 Acrescente o elemento na posição i da primeira tabela na tabela auxiliar

---

FIGURA 11-19: ALGORITMO DE INTERCALAÇÃO USADO POR MERGESORT

ALGORITMO INTERCALATABELAS (CONTINUAÇÃO)
5.2 Incremente i
5.3 Incremente k
6. Enquanto j não for maior do que o índice do último elemento da segunda tabela, faça:
6.1 Acrescente o elemento na posição j da segunda tabela na tabela auxiliar
6.2 Incremente j
6.3 Incremente k

FIGURA 11–19 (CONT.): ALGORITMO DE INTERCALAÇÃO USADO POR MERGESORT

A diferença principal entre MERGESORT e QUICKSORT é que o modo como a tabela é dividida em MERGESORT é completamente independente dos dados de entrada. MERGESORT simplesmente divide a tabela, enquanto QUICKSORT partilha a tabela com base na chave de um determinado elemento (o pivô), que pode dividir a tabela em qualquer ponto.

A **Figura 11–20** ilustra um exemplo de ordenação efetuada pelo algoritmo MERGESORT.

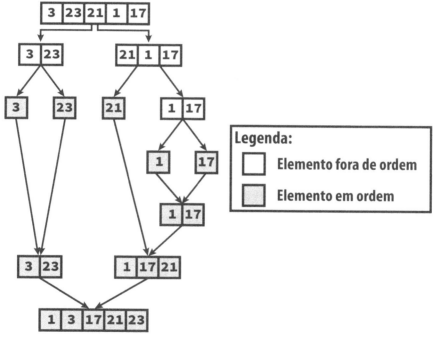

FIGURA 11–20: EXEMPLO DE ORDENAÇÃO USANDO MERGESORT

Implementação

A função `Intercala2Tabelas()` faz a intercalação de duas subtabelas e tem como parâmetros:

- `tabela` (entrada/saída) — tabela contendo as duas subtabela que serão intercaladas
- `aux` (entrada/saída) — tabela auxiliar que conterá o resultado
- `iniEsq` (entrada) — início da metade da esquerda
- `iniDir` (entrada) — início da metade da direita
- `finalDir` (entrada) — final da metade da direita

```
static void Intercala2Tabelas( int tabela[], int aux[], int iniEsq, int iniDir,
                               int finalDir )
{
   int i, finalEsq, nElementos, posAux;

   finalEsq = iniDir - 1;
   posAux = iniEsq;
   nElementos = finalDir - iniEsq + 1;

      /* Intercala as duas metades e coloca o resultado na tabela auxiliar */
   while((iniEsq <= finalEsq) && (iniDir <= finalDir))
      if(tabela[iniEsq] <= tabela[iniDir])
         aux[posAux++] = tabela[iniEsq++];
      else
         aux[posAux++] = tabela[iniDir++];

      /* Copia o restante da primeira metade */
   while(iniEsq <= finalEsq)
      aux[posAux++] = tabela[iniEsq++];

      /* Copia o restante da segunda metade */
   while(iniDir <= finalDir)
      aux[posAux++] = tabela[iniDir++];

      /* Copia a tabela auxiliar de volta na tabela original */
   for(i = 0; i < nElementos; i++,finalDir--)
      tabela[finalDir] = aux[finalDir];
}
```

A função `MergeSortAux()` ordena uma tabela usando intercalação com uma tabela auxiliar. Os parâmetros dessa função são:

- **tabela** (entrada/saída) — tabela a ser ordenada
- **aux** (entrada/saída) — tabela auxiliar
- **esquerda** (entrada) — início da metade da esquerda da tabela
- **direita** (entrada) — início da metade da direita da tabela

```
static void MergeSortAux(int *tabela, int *aux, int esquerda, int direita)
{
   int centro;

   if(esquerda < direita) {
      centro = esquerda + (direita - esquerda)/2;

         /* Ordena metade inferior da tabela */
      MergeSortAux(tabela, aux, esquerda, centro);
         /* Ordena metade superior da tabela */
      MergeSortAux(tabela, aux, centro + 1, direita);

         /* Intercala as duas metades da tabela na tabela auxiliar */
      Intercala2Tabelas(tabela, aux, esquerda, centro + 1, direita);
   }
}
```

Cuidado: A expressão utilizada para calcular o índice central da tabela poderia ser calculado usando a expressão aparentemente equivalente:

```
centro = (esquerda + direita)/2;
```

Essa última expressão pode, entretanto, causar overflow (v. **Seção 3.5.1**).

A função `MergeSort()` cria uma tabela auxiliar e chama `MergeSortAux()` para completar o serviço de ordenação.

```
void MergeSort(int tabela[], int nElem)
{
   int *aux;

      /* Aloca espaço para a tabela auxiliar */
   aux = malloc(nElem*sizeof(int));
   ASSEGURA(aux, ERRO: Impossivel alocar tabela auxiliar);

      /* Chama MergeSortAux() para fazer o serviço */
   MergeSortAux(tabela, aux, 0, nElem - 1);

   free(aux); /* Libera o espaço ocupado pela tabela auxiliar */
}
```

Ordenação de Listas Encadeadas com MergeSort

Dentre os algoritmos de ordenação discutidos neste capítulo, MERGESORT é o mais adequado para ordenar listas simplesmente encadeadas. Do mesmo modo que o algoritmo MERGESORT descrito acima, esse algoritmo aplicado à ordenação de listas encadeadas requer que a lista ora sendo ordenada seja dividida ao meio, o que tem custo temporal $\theta(n)$, já que não se pode encontrar o meio de uma lista encadeada sem que se efetue um acesso sequencial completo na lista. Porém, em compensação, diferentemente do que ocorre com o algoritmo MERGESORT original, o custo espacial de MERGESORT para listas encadeadas é $\theta(1)$. Quer dizer, ele não usa espaço adicional.

A **Figura 11–21** mostra um exemplo de intercalação de duas listas simplesmente encadeadas previamente ordenadas. Essa intercalação consiste simplesmente em comparar o primeiro elemento de cada lista e acrescentar o menor deles ao final da lista que resultará da operação. Note nessa figura que a soma do número de elementos e do número de ponteiros é o mesmo em cada passo da intercalação, o que mostra (informalmente) que o custo espacial desse algoritmo é, de fato, $\theta(1)$.

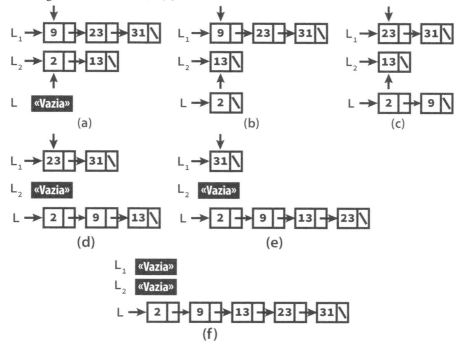

FIGURA 11–21: INTERCALAÇÃO DE DUAS LISTAS ENCADEADAS

O algoritmo MERGESORT dedicado à ordenação de listas encadeadas segue o algoritmo apresentado na **Figura 11–22**.

ALGORITMO MERGESORTDELISTAENCADEADA

ENTRADA/SAÍDA: Uma lista encadeada L

1. Se a lista L estiver vazia ou contiver apenas um elemento, encerre
2. Divida a lista em duas metades L_1 e L_2
3. Ordene a lista L_1 usando este mesmo algoritmo
4. Ordene a lista L_2 usando este mesmo algoritmo
5. Intercale as listas L_1 e L_2

FIGURA 11–22: ALGORITMO MERGESORT PARA LISTAS ENCADEADAS

O custo temporal do algoritmo apresentado na **Figura 11–22** é $\theta(n \log n)$ e, se não for usada recursão no passo de intercalação, o custo espacial desse algoritmo, surpreendentemente, é $\theta(1)$.

Análise

Lema 11.4: A intercalação de duas tabelas efetuada pelo algoritmo INTERCALATABELAS resultando numa lista de tamanho n realiza, no máximo, $n - 1$ comparações de chaves.

Prova: No pior caso, cada elemento (com uma exceção) precisa ser comparado com outro antes de ser acrescentado à lista resultante da intercalação. A única exceção é o último elemento acrescentado a essa lista, que não é comparado com nenhum outro elemento. Portanto, se a lista resultante possuir n elementos, no máximo, $n - 1$ deles serão comparados. ∎

Lema 11.5: O custo temporal $T(n)$ do algoritmo MERGESORT satisfaz a seguinte relação:

$$\tfrac{1}{2}\, n \log n \leq T(n) \leq 2n \log n, \text{ para } n \geq 1$$

Prova: A relação de recorrência associada ao algoritmo MERGESORT pode ser escrita como:

$$T(n) = \begin{cases} 0 & \text{se } n = 1 \\ T(\lfloor n/2 \rfloor) + T(\lceil n/2 \rceil) + n - 1 & \text{se } n > 1 \end{cases}$$

A justificativa para essa afirmação é baseada no número de comparações necessárias para ordenar um array de tamanho n usando MERGESORT e é a seguinte:

◆ O número de comparações necessárias para ordenar um array usando MERGESORT é igual a zero quando o array só possui um elemento, visto que, nesse caso, nenhuma comparação é necessária.

◆ Quando o array tem mais de um elemento, o número de comparações necessárias para ordená-lo usando MERGESORT é igual ao número de comparações necessárias para ordenar cada uma de sua partições, sendo que uma delas tem tamanho $\lfloor n/2 \rfloor$ e o tamanho da outra é $\lceil n/2 \rceil$. Além disso, deve-se acrescentar o número de comparações necessárias para intercalar esses arrays ordenados, que, de acordo com **Lema 11.4**, é $n - 1$.

O restante da prova é longa e enfadonha, de modo que sugere-se ao leitor afeito à matemática que tente completá-la (v. questão 87). (A prova completa encontra-se no **Apêndice E**.) ∎

Teorema 11.16: O custo temporal do algoritmo MERGESORT é $\theta(n \cdot \log n)$ em qualquer caso.

Prova: Seja $T(n)$ o custo temporal do algoritmo MERGESORT. De acordo com o **Lema 11.5**, $T(n) \geq \tfrac{1}{2} n \log n$, o que implica que $T(n)$ é $\Omega(n \cdot \log n)$. Tem-se ainda, de acordo com o mesmo lema, que $T(n) \leq 2n \log n$, o que acarreta em *T(n)* ser *O(n·log n)*. Como *T(n)* é *Ω(n·log n)* e *T(n)* é *O(n·log n)*, conclui-se que *T(n)* é *θ(n·log n)*. ∎

Teorema 11.17: Em qualquer caso, o custo espacial do algoritmo MERGESORT é *θ(n)*.

Prova: A etapa de intercalação do algoritmo MERGESORT usa uma tabela auxiliar com tamanho igual à soma dos tamanhos das tabelas ora sendo concatenadas. No último nível de concatenação, tem-se uma tabela de tamanho ⌈*n/2*⌉ e outra de tamanho ⌊*n/2*⌋, de modo que, nesse caso, o tamanho da tabela auxiliar é *n*, e não há tabela auxiliar com tamanho maior do que esse. Além disso, assim como faz QUICKSORT, o algoritmo MERGESORT efetua *θ(log n)* chamadas recursivas, mas o custo *θ(n)* devido ao uso de array auxiliar domina o custo espacial *θ(log n)* decorrente do uso de recursão. Quer dizer, aqui aplica-se a regra da soma, e não a regra do produto (v. **Capítulo 6** do **Volume 1**). Portanto o custo espacial do algoritmo MERGESORT é *θ(n)*. ∎

A ideia que norteia MERGESORT é difícil de ser superada por qualquer outro algoritmo de ordenação em algumas situações específicas como, por exemplo, ordenação de listas encadeadas (v. **Seção 11.8.1**) e ordenação de arquivos (v. **Capítulo 12**).

Uma desvantagem do algoritmo MERGESORT decorre do fato de ele requerer uma tabela auxiliar que é tão grande quanto a tabela a ser ordenada. Portanto, se essa tabela for grande e o espaço disponível em memória for crítico, esse algoritmo de ordenação pode não ser uma escolha apropriada. A **Tabela 11–5** mostra um resumo da avaliação do algoritmo MERGESORT.

CUSTO TEMPORAL	❑ *θ(n·log n)* nos três casos
VANTAGENS	❑ No pior caso, é mais rápido do que QUICKSORT ❑ Mais fácil de implementar do que QUICKSORT ❑ Não é afetado por ordenação prévia ❑ Estável
DESVANTAGENS	❑ Usa espaço adicional igual ao tamanho da tabela original
INDICAÇÕES	❑ Quando há espaço sobrando em memória ❑ Ordenação em memória secundária

TABELA 11–5: ANÁLISE RESUMIDA DE MERGESORT

11.3.3 Ordenação com Heap (HeapSort)

Descrição

No **Capítulo 10**, discutiu-se heap, uma estrutura de dados com uma característica muito especial que é o fato de sempre se saber onde encontrar seu maior elemento (ou menor elemento, dependendo do tipo de heap), que está localizado na raiz. Pode-se levar vantagem disso e usar heap para ordenação. Nesse caso, se a ordenação pretendida for em ordem crescente, como será feito aqui, usa-se um heap de máximo e se a ordenação desejada for em ordem decrescente, usa-se um heap de mínimo.

HEAPSORT faz parte da família de algoritmos de ordenação por seleção. Essa família de algoritmos funciona determinando o maior (ou o menor) elemento da tabela a ser ordenada e colocando-o no início (ou no final) da tabela resultante da ordenação. Esse algoritmo é apresentado na **Figura 11–23**.

Algoritmo HeapSort

Entrada/Saída: Uma tabela indexada de n elementos

1. Construa um heap de máximo (v. **Seção 10.2**) usando os elementos da tabela a ser ordenada.
2. Enquanto o heap contiver mais de um elemento faça o seguinte:
   - **2.1** Guarde o valor do último elemento do heap.
   - **2.2** Remova o maior elemento do heap e armazene-o no lugar do último elemento do heap. Esse último elemento (i.e., a antiga raiz) deixa de fazer parte do heap e passa a fazer parte da tabela ordenada.
   - **2.3** Insira no heap o elemento que foi guardado. (Este passo reordena o heap, como foi visto na **Seção 10.2**.)

Figura 11–23: Algoritmo HeapSort

No **Capítulo 10**, foi visto como heaps podem ser representados num array. De acordo com a propriedade estrutural, sabe-se que os elementos de um heap ocupam posições consecutivas no array. De fato, qualquer array, ordenado ou não, satisfaz a propriedade estrutural de heaps. A **Figura 11–24** mostra um array desordenado e sua árvore completa associada (que ainda não é heap).

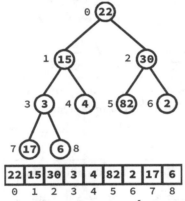

Figura 11–24: Array Desordenado e sua Árvore Completa Associada

Para transformar a árvore associada a um array num heap é necessário fazer com que ela satisfaça a propriedade de ordenação de heaps. Primeiro, verifica-se se qualquer parte da árvore já satisfaz a propriedade de ordenação. Na **Figura 11–25 (a)**, as subárvores cujas raízes contêm os valores *17, 6, 4, 82* e *2* são heaps porque essas raízes são folhas.

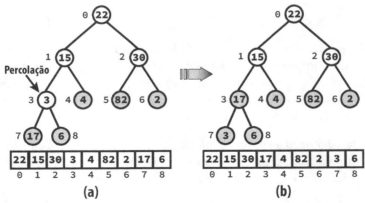

(a)   **(b)**

Figura 11–25: Transformação de Árvore Completa em Heap 1

A seguir, examina-se, de baixo para cima da árvore, seu primeiro nó interno, que é aquele que é pai da última folha da árvore. Como, de acordo com o **Teorema 10.1**, o índice do pai de um nó é dado por $\lfloor (i-1)/2 \rfloor$ e o índice da última folha é $n-1$, o índice desse primeiro nó é obtido usando a fórmula: $\lfloor (n-2)/2 \rfloor$. Na **Figura 11–24**, o índice desse primeiro nó é *3* (e seu conteúdo também é *3*). A subárvore enraizada nesse nó não é um heap, mas é quase um heap, pois todos os nós, exceto a raiz, dessa subárvore satisfazem a propriedade de ordenação. No **Capítulo 10**, apresentou-se o algoritmo de percolação descendente, que pode ser usada para corrigir esse problema. Dada uma árvore cujos elementos satisfazem a propriedade de ordenação de heaps exceto a raiz, esse algoritmo rearranja os nós, de modo que se garanta que a árvore será um heap. Aplicando-se esse algoritmo de percolação a todos os nós desde o pai da última folha até a raiz da árvore, ao final a árvore estará ordenada como um heap. A **Figura 11–25** mostra a percolação do pai da última folha, enquanto a **Figura 11–26** exibe as percolações dos nós que se encontram no próximo nível acima. Finalmente, a **Figura 11–27** ilustra a percolação da raiz da árvore.

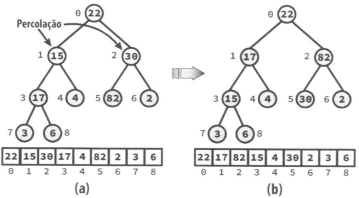

FIGURA 11–26: TRANSFORMAÇÃO DE ÁRVORE COMPLETA EM HEAP 2

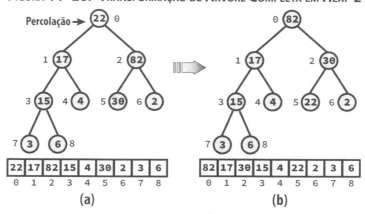

FIGURA 11–27: TRANSFORMAÇÃO DE ÁRVORE COMPLETA EM HEAP 3

Tendo construído o heap conforme foi descrito acima, resta utilizá-lo para ordenar o array (**Passo 2** do algoritmo da **Figura 11–27**). A **Figura 11–28** ilustra o processo de remoção do heap e subsequente inserção no array ordenado. Esse processo é repetido até que todos os elementos do array estejam em suas posições corretas. Isto é, até que o heap contenha apenas um único elemento, que deve ser o menor item no array. Essa localização é sua correta posição, de modo que o array agora está completamente ordenado do menor para o maior elemento. Note que em cada iteração o tamanho da porção desordenada (representada por um heap) torna-se cada vez menor e o tamanho da porção ordenada torna-se cada vez maior. No final do algoritmo, o tamanho da porção ordenada torna-se igual ao tamanho do array original. Note que o heap em HEAPSORT é apenas uma estrutura temporária interna ao algoritmo. Ele é criado no início do processo para auxiliar a ordenação e então é gradativamente reduzido à medida que a parte ordenada do array cresce. Ao final do processo, a parte ordenada ocupa todo o array e o heap desaparece.

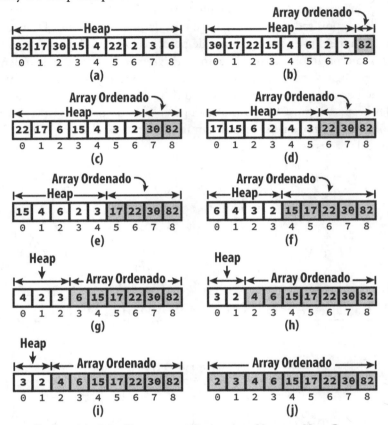

FIGURA 11-28: EXEMPLO DE ORDENAÇÃO USANDO HEAPSORT

Implementação

A função `HeapSort()` a seguir ordena uma tabela usando o algoritmo HEAPSORT.

```
void HeapSort(int tabela[], int nElem)
{
  int i;

    /* Constrói o heap a partir do pai do último elemento da tabela */
  for(i = (nElem - 2)/2; i >= 0; i--)
    OrdenaHeap(tabela, i, nElem);

    /* Neste ponto, o heap está construído. Troca-se o primeiro elemento */
    /* do heap, diminuído de um elemento, com o último elemento e        */
    /* reordena-se o heap.                                               */
  for(i = nElem-1; i >= 1; i--) {
      /* Remove o maior elemento do heap e coloca no final da tabela */
    TrocaGenerica(tabela, tabela + i, sizeof(tabela[0]));

    OrdenaHeap(tabela, 0, i);  /* Reordena o heap */
  }
}
```

A função `OrdenaHeap()`, chamada por `HeapSort()`, é similar àquela de idêntica denominação discutida no **Capítulo 10**.

Análise

A operação óbvia de criação de um heap a partir de um array consiste em inserir cada elemento do array no heap. Como cada operação de inserção tem custo $\theta(log\ n)$, construir um heap com n nós dessa maneira tem custo temporal $\theta(n \cdot log\ n)$. Mas a operação de criação de heap implementada pela função `HeapSort()` tem custo temporal $\theta(n)$, como afirma o **Teorema 11.18** adiante.

Lema 11.6: Para todo $x \in \mathbb{R}$, se $0 < x < 1$, então:

$$\sum_{i=0}^{\infty} i \cdot x^i = \frac{x}{(1-x)^2}$$

Prova: A prova dessa afirmação é relativamente fácil, mas requer conhecimento de séries de potências e cálculo diferencial, o que está além do escopo deste livro.

Teorema 11.18: A criação de um heap tem custo temporal $\theta(n)$.

Prova: A abordagem utilizada consiste, inicialmente, em transformar em heap a subárvore cuja raiz se encontra na posição $\lfloor n/2 \rfloor - 1$. Depois transforma-se em heap a subárvore cuja raiz está na posição $\lfloor n/2 \rfloor - 2$ e assim por diante até que se tenha transformado em heap a árvore com raiz na posição 0.

Suponha que o heap é uma árvore binária repleta[6]. Então, em cada nível i dessa árvore, há 2^{i-1} nós. No último nível da árvore, não ocorre percolação, pois todos os nós nesse nível são folhas. No penúltimo nível, a percolação desce, no máximo, um nível da árvore. No antepenúltimo nível, a percolação desce, no máximo, dois níveis da árvore. E assim por diante, de modo que, sendo a altura da árvore, o número total de comparações (i.e., descidas na árvore) efetuadas nas percolações necessárias para transformar o array em heap é dado por:

$$\sum_{i=0}^{a} i \cdot 2^{a-i} = 2^a \cdot \sum_{i=0}^{a} \frac{i}{2^i} < 2^a \cdot \sum_{i=0}^{\infty} i \cdot \left(\frac{1}{2}\right)^i$$

Agora, de acordo com o **Lema 11.6**, tem-se que:

$$2^a \cdot \sum_{i=0}^{\infty} i \cdot \left(\frac{1}{2}\right)^i = 2^a \cdot 2 = 2^{a+1}$$

Portanto tem-se que o número de comparações efetuadas na ordenação do heap é menor do que 2^{a+1}. Mas, como se supõe que a árvore é repleta, sua altura a é dada por: $a = \lfloor log\ n \rfloor + 1$, em que n é o número de nós da árvore. Assim esse número de comparações é menor do que $n + 1$, que é $\theta(n)$. Como o algoritmo de criação do heap deve acessar cada elemento do array, pelo menos, uma vez, tem-se ainda que seu custo temporal mínimo é $\Omega(n)$. Consequentemente, tem-se que o custo temporal de construção de um heap é $\theta(n)$. ∎

Teorema 11.19: Em qualquer caso, o custo temporal do algoritmo HEAPSORT é $\theta(n \cdot log\ n)$.

Prova: De acordo com o **Teorema 11.18**, custo temporal de criação do heap (**Passo 1** do algoritmo HEAPSORT) é $\theta(n)$ e, conforme o **Teorema 10.3**, o custo temporal de uma operação de remoção é $\theta(log\ n)$. Como o algoritmo HEAPSORT efetua n operações de remoção, o custo temporal do **Passo 2** desse algoritmo é $\theta(n \cdot log\ n)$. Usando o teorema da soma da análise assintótica, o custo temporal do algoritmo HEAPSORT é $\theta(n \cdot log\ n)$. ∎

---

[6] Essa suposição afasta a necessidade de uso de piso e teto e não prejudica a prova.

O algoritmo HEAPSORT é instável e, para entender a razão disso, considere dois registros R_1 e R_2 que tenham a mesma chave e que essa seja a maior chave encontrada na tabela. Então, se R_1 preceder R_2 antes da ordenação, após a ordenação, R_1 sucederá R_2. A **Figura 11–29** ilustra essa situação. Nessa figura, R_1 seria representado pelo elemento com fundo escurecido e R_2 seria o elemento com fundo branco que tem a mesma chave de R_1.

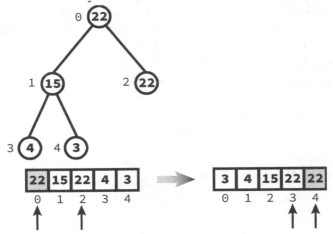

FIGURA 11–29: INSTABILIDADE DE HEAPSORT

Para arrays pequenos, o algoritmo HEAPSORT não é muito eficiente por causa do ônus associado à criação do heap, mas, para arrays grandes, ele é bem eficiente. Além disso, diferentemente de QUICKSORT, a eficiência de HEAPSORT não é afetada pela ordenação inicial dos elementos, embora, na prática, ele seja um pouco mais lento do que uma boa implementação de QUICKSORT. HEAPSORT também é eficiente em termos de espaço, pois ele não usa espaço adicional. Por outro lado, dentre os métodos de ordenação discutidos neste livro, HEAPSORT é o mais difícil de tornar estável, pois não há como ordenar de modo estável uma tabela usando as propriedades originais de um heap.

Um resumo da avaliação do algoritmo HEAPSORT é visto na **Tabela 11–6**.

CUSTO TEMPORAL	☐ $\theta(n{\cdot}log\ n)$ nos três casos
VANTAGENS	☐ **In loco** ☐ **Não usa ponteiros** ☐ **É rápido, mesmo no pior caso**
DESVANTAGENS	☐ **Não é muito eficiente para tabelas pequenas** ☐ **Instável** ☐ **Desordena a tabela no primeiro passo, se ela já estiver ordenada**
INDICAÇÕES	☐ **Tabelas que não sejam muito pequenas**

TABELA 11–6: ANÁLISE RESUMIDA DE HEAPSORT

11.4 Ordenação com Custo Temporal Linear

Existem algoritmos capazes de ter custos temporais menores do que $\Omega(n{\cdot}log\ n)$, mas eles requerem suposições especiais sobre as chaves de ordenação. Mesmo assim, tais situações frequentemente aparecem na prática, de modo que discuti-los vale a pena. Nesta seção, serão discutidos três desses algoritmos.

11.4.1 Ordenação por Contagem (CountingSort)

Descrição

Tipicamente, a entrada para o algoritmo de ordenação por contagem (CountingSort) é uma tabela com n elementos, cada um dos quais contém uma chave inteira não negativa cujo maior valor é k. Esse valor k deve ser conhecido antecipadamente e deve fazer parte da entrada do algoritmo. Caso contrário, se ele não for conhecido, será necessário um acesso sequencial inicial na tabela para determinar qual é esse valor.

Em resumo, o algoritmo CountingSort acessa sequencialmente os elementos da tabela de entrada e calcula o número de vezes que cada chave ocorre na tabela. Os resultados dessa contagem são armazenados num array auxiliar de contagem. Então esse array é alterado de modo que ele determine, para cada chave, a posição inicial dos elementos que tenham essa chave na tabela ordenada, que é armazenada em outro array auxiliar. Finalmente, o algoritmo acessa sequencialmente os elementos desse array ordenado, copiando cada um deles para sua posição ordenada na tabela de saída.

O algoritmo de ordenação CountingSort segue os passos descritos na **Figura 11–30**.

Algoritmo CountingSort

Entrada/Saída: Uma tabela indexada cujos elementos contêm chaves inteiras não negativas e a maior dessas chaves (k)

1. Crie um array de contagem com tamanho igual a k
2. Conte as ocorrências de cada chave e atualize os valores dos elementos do array de contagem
3. Acesse todos os elementos do array de contagem a partir do segundo elemento somando a cada um deles o valor de seu antecessor
4. Usando a tabela de entrada e o array de contagem, armazene a tabela ordenada num array auxiliar
5. Copie o conteúdo do array auxiliar para a tabela recebida como entrada

---

Figura 11–30: Algoritmo CountingSort

Se os elementos da tabela a ser ordenada forem *valores inteiros* (em vez de *registros contendo chaves inteiras*), o algoritmo pode ser substancialmente simplificado. Mais especificamente, os três últimos passos podem ser fundidos num único passo.

A **Figura 11–31** ilustra os quatro primeiros passos do algoritmo CountingSort.

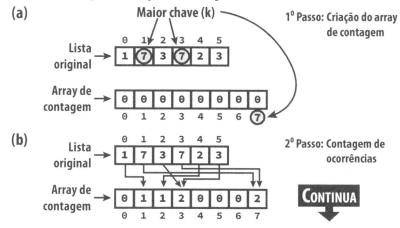

Figura 11–31: Exemplo de Ordenação Usando CountingSort 1

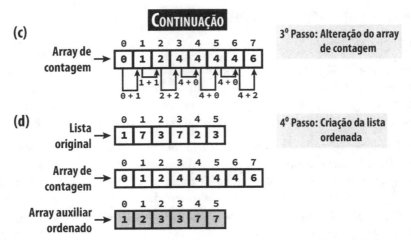

FIGURA 11–31 (CONT.): EXEMPLO DE ORDENAÇÃO USANDO COUNTINGSORT 1

Implementação

A função `CountingSort()` abaixo ordena uma tabela usando o algoritmo COUNTINGSORT.

```
void CountingSort(int tabela[], int nElem)
{
   int *resultado, /* Apontará para o array auxiliar que */
                   /* conterá os elementos ordenados     */
       *contagem,  /* Apontará para o array de contagem  */
       maiorValor, /* Maior valor da tabela */
       tamCont,    /* Tamanho do array de contagem */
       i;

       /* Encontra o maior valor da tabela */
   maiorValor = tabela[0];
   for (i = 1; i < nElem; ++i)
      if (tabela[i] > maiorValor)
         maiorValor = tabela[i];

            /*** Passo 1 ***/

   tamCont = maiorValor + 1; /* Calcula o tamanho do array de contagem */

       /* Aloca o array de contagem */
   ASSEGURA( contagem = calloc(tamCont, sizeof(int)),
            "Array de contagem nao foi alocado" );

            /*** Passo 2 ***/

       /* Efetua a contagem de elementos e armazena-a no array de contagem */
   for (i = 0; i < nElem; i++)
      ++contagem[tabela[i]];

            /*** Passo 3 ***/

       /* Altera o array de contagem de modo que contagem[i] passe */
       /* a conter as posições  desse elemento no array ordenado   */
   for (i = 1; i < tamCont; ++i)
      contagem[i] += contagem[i - 1];

            /*** Passo 4 ***/

       /* Aloca o array que conterá o resultado ordenado */
```

```
ASSEGURA(resultado = calloc(nElem, sizeof(int)), "Array auxiliar nao foi alocado");

    /* Copia cada elemento da lista original para sua posição ordenada    */
    /* no array que conterá o resultado. Esse posicionamento é feito do    */
    /* último para o primeiro elemento para que a ordenação seja estável.  */
    for (i = nElem - 1; i >= 0; --i) {
        /* Armazena um elemento da lista original em sua       */
        /* posição ordenada no array que conterá o resultado   */
        resultado[contagem[tabela[i]] - 1] = tabela[i];
        /* Decrementa o valor deste elemento do array de contagem para que */
        /* o próximo elemento da lista que seja igual ao elemento corrente */
        /* seja colocado uma posição atrás                                 */
        --contagem[tabela[i]];
    }

            /*** Passo 5 ***/

    /* Copia o resultado para a tabela original */
    for (i = 0; i < nElem; ++i)
        tabela[i] = resultado[i];

    /* Libera o espaço ocupado pelos arrays auxiliares */
    free(contagem);
    free(resultado);
}
```

O modo como o **Passo** 4 do algoritmo da **Figura 11–30** é realmente levado a efeito é esclarecido na **Figura 11–32**, que mostra como os dois últimos elementos da tabela original são armazenados no array auxiliar que armazena a tabela ordenada.

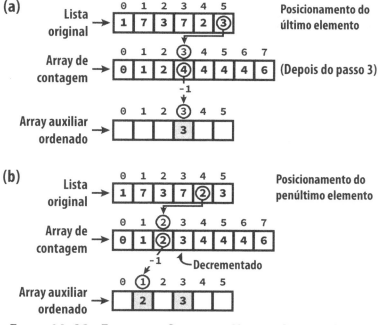

FIGURA 11–32: EXEMPLO DE ORDENAÇÃO USANDO COUNTINGSORT 2

Análise

Teorema 11.20: Em qualquer caso, o custo temporal do algoritmo COUNTINGSORT é $\theta(n + k)$.

Prova: O custo temporal de cada passo do algoritmo COUNTINGSORT é apresentado na **Tabela 11–7**.

Passo	Custo temporal
1	$\theta(k)$
2	$\theta(n)$
3	$\theta(k)$
4	$\theta(n)$
5	$\theta(n)$

Tabela 11–7: Custo Temporal de Cada Passo do Algoritmo CountingSort

Levando em consideração o custo de cada passo do algoritmo CountingSort, conclui-se que o custo temporal total desse algoritmo é, nos três casos de análise, $\theta(n + k)$, em que n é o número de elementos da tabela de entrada e k é a maior chave dessa tabela. ∎

Teorema 11.21: Em qualquer caso, o custo espacial do algoritmo CountingSort é $\theta(n + k)$.

Prova: O algoritmo CountingSort usa dois arrays auxiliares: o array de contagem tem tamanho $k + 1$ e o array que armazena temporariamente a tabela ordenada tem o mesmo tamanho n da tabela. ∎

É fácil verificar que o algoritmo CountingSort é estável, pois os elementos são inseridos no array auxiliar que armazena a tabela ordenada na ordem em que eles se encontram na tabela original.

Ordenação por contagem, que funciona bem quando se tem um número limitado de chaves possíveis e há muitas duplicatas, apresenta algumas limitações. A mais significativa delas é que ele funciona apenas com chaves inteiras ou que possam ser associadas a valores inteiros. Isso ocorre porque ordenação por contagem faz uso de um array de contadores indexados por essas chaves inteiras para acompanhar quantas vezes cada uma delas ocorre.

O array de contagem usado em CountingSort tem tamanho k, o que não é um problema quando o intervalo de valores é pequeno, mas, para grandes intervalos, haverá grande desperdício de memória. Quer dizer, esse algoritmo é conveniente apenas para situações nas quais a largura desse intervalo de chaves não é significativamente maior do que o número de elementos. Por exemplo, suponha que se deseja ordenar a lista: *133, 121, 423, 616, 980, 330*. Como o maior valor nessa lista é *980*, para ordenar uma lista com apenas 6 elementos, usa-se um array auxiliar com 980 elementos, a maioria dos quais é zero. Pior ainda, se o intervalo dos n elementos que se desejam ordenar variasse, por exemplo, de *0* a n^3, então simplesmente criar o array de contagem consumiria um tempo $\theta(n^3)$ e ordenação por contagem teria desempenho pior do que InsertionSort. Nesse último exemplo, o custo espacial seria $\theta(n^3)$, o que é significativamente maior do que o custo espacial de qualquer outro algoritmo de ordenação examinado até aqui.

Um resumo da avaliação do algoritmo CountingSort é apresentado na **Tabela 11–8**.

Custo temporal	☐ $\theta(n + k)$ nos três casos
Vantagens	☐ Muito rápido ☐ Estável
Desvantagens	☐ Depende do tipo das chaves ☐ Requer espaço adicional com custo $\theta(n + k)$
Indicações	☐ Quando as chaves são inteiras ☐ Quando o intervalo de chaves não é muito grande

Tabela 11–8: Análise Resumida de CountingSort

11.4.2 Ordenação com Coletores (BucketSort)

Descrição

O algoritmo de **ordenação com coletores** (abreviadamente, Bucket Sort) funciona distribuindo os elementos de uma tabela num certo número de coletores. Cada coletor é então ordenado individualmente usando um algoritmo de ordenação diferente ou invocando recursivamente o próprio algoritmo Bucket Sort. A **Figura 11–33** ilustra ordenação com coletores.

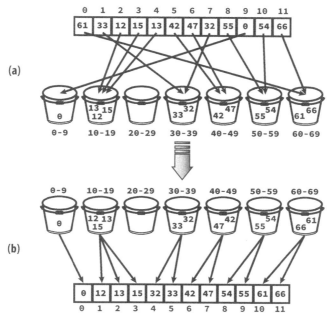

FIGURA 11–33: Ordenação com Coletores (Bucket Sort)

Bucket Sort é um algoritmo de **ordenação por distribuição** que pode ser implementado usando comparações. Portanto ele pode também ser considerado um algoritmo de ordenação por comparação. Precisamente, Bucket Sort segue os passos descritos na **Figura 11–34**.

Algoritmo Bucket Sort

Entrada/Saída: Uma tabela indexada cujos n elementos contêm chaves inteiras não negativas

1. Crie um array com k coletores (listas encadeadas) inicialmente vazios
2. Insira de maneira ordenada cada elemento da tabela de entrada em seu coletor (**fase de distribuição**)
3. Visite os coletores em ordem e coloque os elementos de volta na tabela original (**fase de coleta**)

FIGURA 11–34: Algoritmo Bucket Sort

Bucket Sort está para ordenação assim como dispersão está para busca. Isto é, ele usa os valores das chaves para ordenar os itens assim como dispersão usa os valores das chaves para determinar onde armazenar e encontrar itens.

Funções diferentes podem ser usadas para converter as chaves em índices do array de n coletores. Por exemplo, pode-se usar uma função para converter letras no intervalo *[A..Z]* em índices no intervalo *[0..25]*.

A variante mais comum de Bucket Sort opera sobre uma tabela contendo n chaves numéricas cujos valores estão entre *0* e algum valor máximo *M* e divide o intervalo de valores em n coletores, cada um dos quais com tamanho *M/n*. Se cada coletor for ordenado usando um método de ordenação razoavelmente eficiente (p. ex.,

INSERTIONSORT), pode-se mostrar que a ordenação tem custo temporal linear. Entretanto o desempenho de BUCKETSORT é degradado com o surgimento de agrupamentos, semelhantes àqueles que ocorrem com dispersão com endereçamento aberto (v. **Capítulo 8**). Ou seja, se muitas chaves forem concentradas num mesmo coletor, elas serão ordenadas lentamente.

Implementação

As seguintes definições de constantes e tipos são usadas pelo programa que implementa BUCKETSORT:

```
#define N_COLETORES 8 /* Número de coletores */

    /* Número de bits mais significativos que serão obtidos de cada chave */
#define N_BITS_SIG  3

    /* Tipo de um coletor, que é uma lista simplesmente encadeada */
typedef struct rotNoLSE {
        unsigned          conteudo; /* Conteúdo efetivo do nó     */
        struct rotNoLSE *proximo;   /* Próximo elemento da lista */
    } tNoListaSE, *tBucket;
```

A função `BucketSort()` implementa o método de ordenação BUCKETSORT.

```
void BucketSort(unsigned tabela[], unsigned nElem)
{
    tBucket  coletores[N_COLETORES]; /* Array de coletores */
    unsigned iColetor, i, j;

    for (i = 0; i < N_COLETORES; i++) /* Inicia os coletores */
        coletores[i] = NULL;

        /* Armazena as chaves em ordem nos coletores */
    for (i = 0; i < nElem; i++) {
        iColetor = MSBits(tabela[i], N_BITS_SIG); /* Obtém o índice do coletor */
        InsereEmColetor(coletores + iColetor, tabela[i]);/* Insere no devido coletor */
    }

        /* Coloca as chaves de volta na tabela */
    for (i = 0, j = 0; i < N_COLETORES; i++) {
        while (coletores[i]) {
            tabela[j++] = coletores[i]->conteudo;
            coletores[i] = coletores[i]->proximo;
        }

        /* Libera o espaço ocupado pelo coletor corrente */
        DestroiColetor(coletores + i);
    }
}
```

A função `MSBits()` chamada por `BucketSort()` é responsável pela fase de distribuição do algoritmo BUCKETSORT (i.e., ela é responsável pela distribuição de chaves nos coletores). A função `MSBits()` assume que o maior valor de chave cabe no tipo **unsigned char** e retorna o valor inteiro correspondente aos bits extraídos. Os parâmetros dessa função e sua implementação são apresentados abaixo.

- **chave** (entrada) — a chave cujos bits serão extraídos
- **bits** (entrada) — o número de bits mais significativos que serão extraídos

```
unsigned MSBits(unsigned chave, unsigned bits)
{
    ASSEGURA(chave <= UCHAR_MAX, "A chave e' grande demais");
    ASSEGURA(bits <= CHAR_BIT, "Numero de bits e' grande demais");
```

```
   /* UCHAR_MAX mascara os primeiros bits de um valor do    */
   /* tipo char, de modo que se o valor da chave for maior  */
   /* do que um valor do tipo char, o restante é descartado */
  return (chave & UCHAR_MAX) >> (CHAR_BIT - bits);
}
```

Análise

Teorema 11.22: No melhor caso, o algoritmo BUCKETSORT tem custo temporal $\theta(n + k)$, em que n é o número de chaves da tabela a ser ordenada e k é o número de coletores utilizados.

Prova: O melhor caso desse algoritmo ocorre quando as chaves são uniformemente distribuídas. Claramente, o custo temporal do **Passo 1** do algoritmo da **Figura 11–34** é $\theta(k)$. Levando em consideração a hipótese de as chaves serem uniformemente distribuídas, o número máximo de chaves que se espera encontrar num coletor é n/k. Assim, como o custo de acesso a um coletor é $\theta(1)$ (pois eles são acessados diretamente), o custo do **Passo 2** do algoritmo é $\theta(n/k)$. Usando um raciocínio similar, tem-se que o tempo despendido na remoção de um elemento de um coletor e subsequente armazenamento na tabela resultante(**Passo 3**) é dado por $c_0 \cdot n/k + c_1$, em que c_0 e c_1 são constantes que dependem de diversos fatores, tais como a implementação do algoritmo. Como há k coletores que precisam ser acessados sequencialmente, o tempo gasto no **Passo 3** é $k \cdot (c_0 \cdot n/k + c_1)$, que é $\theta(n + k)$. Logo o custo temporal do algoritmo BUCKETSORT é $\theta(n + k)$. ∎

Uma consequência **Teorema 11.22**, por exemplo, é que, se k é $\theta(n)$, pode-se ordenar a tabela com custo temporal $\theta(n)$.

Teorema 11.23: Em qualquer caso, o algoritmo BUCKETSORT tem custo espacial $\theta(n + k)$.

Prova: O algoritmo usa um array de k coletores. Em conjunto, esses coletores devem ser capazes de armazenar os n registros da tabela a ser ordenada. ∎

O algoritmo BUCKETSORT é eficiente quando o número de coletores k é pequeno comparado com o número de elementos (n) da tabela, por exemplo, $k = \theta(n)$ ou $k = \theta(n \cdot \log n)$. O desempenho de BUCKETSORT se deteriora quando k cresce em comparação com n.

A descrição de BUCKETSORT não garante estabilidade, mas isso não é inerente ao próprio método BUCKETSORT, pois pode-se facilmente modificar essa descrição para torná-lo estável e ainda preservar seu custo temporal $\theta(n + k)$. Precisamente, se os coletores forem ordenados usando um algoritmo de ordenação que não é estável, BUCKETSORT não será estável.

Um resumo da avaliação do algoritmo BUCKETSORT é apresentado na **Tabela 11–9**.

CUSTO TEMPORAL	☐ $\theta(n + k)$ nos três casos, em que k é a largura do intervalo de chaves
VANTAGENS	☐ Muito rápido quando devidamente implementado
DESVANTAGENS	☐ Usa espaço adicional $\theta(n + k)$ ☐ Restrição sobre as chaves
INDICAÇÕES	☐ Tabelas cujas chaves satisfaçam os requisitos do algoritmo

TABELA 11–9: ANÁLISE RESUMIDA DE BUCKETSORT

11.4.3 Ordenação por Base (RadixSort)

Descrição

O **algoritmo de ordenação por base** (abreviadamente, **RadixSort**) não é um algoritmo de ordenação por comparação. Esse algoritmo assume que as chaves a ser ordenadas podem usar uma **representação posicional**, como uma chave inteira ou um string. Ou seja, diferentemente do que ocorre com outros métodos de ordenação vistos até aqui, RADIXSORT leva em consideração a estrutura das chaves. Por exemplo, uma chave inteira com quatro dígitos pode ser apresentada em sua notação posicional como:

$$milhar \times 10^3 + centena \times 10^2 + dezena \times 10^1 + unidade \times 10^0$$

A ideia que norteia RADIXSORT é dividir os valores a ser ordenados em tantos subgrupos quanto as possíveis alternativas para cada **posição** na chave. Por exemplo, se a chave for um número inteiro, cada posição (i.e., unidade, dezena, centena etc.) é um dígito com dez possibilidades que variam entre *0* e *9*. Se a chave for um string de letras e diferenciar maiúsculas e minúsculas não for importante, cada posição tem *26* possibilidades que variam de *a* a *z*. Esse número de possibilidades é chamado **base** (*radix*, em inglês).

O algoritmo RADIXSORT funciona de modo (mais ou menos) similar ao método que as pessoas usam para ordenar uma lista de nomes em ordem alfabética (nesse caso, a base é *26*): primeiro ordenam-se os nomes por sua letra inicial, depois, para cada valor de letra inicial, ordena-se pela segunda letra e assim por diante. Entretanto o algoritmo RADIXSORT faz o caminho inverso; i.e., ele começa com o dígito menos significativo (ou último caractere) e, para cada dígito, faz-se uma ordenação estável, colocando-se as chaves que possuem o mesmo valor do dígito sendo ordenado numa fila e, ao final, copia-se o resultado de volta na tabela original. Quando terminar a ordenação pelo último (mais significativo) dígito, a tabela original estará ordenada.

Esse algoritmo será ilustrado ordenando valores inteiros positivos de dois dígitos a seguir. Inicialmente, cria-se um array de filas indexado de *0* a *9*. Então todas as chaves com *0* na posição de unidade são enfileirados na fila que se encontra no índice *0* desse array. Todos os itens com *1* na posição de unidade são enfileirados na fila que se encontra no índice *1* desse array e assim por diante. Depois disso, coletam-se os itens das filas na ordem em que elas se encontram. Repete-se o processo usando a posição das dezenas e, depois, a posição das centenas. Quando os itens forem coletados pela última vez, eles estarão em ordem. Considere como exemplo a ordenação da seguinte tabela:

15	32	13	17	22	43

O primeiro passo do algoritmo RADIXSORT consiste em ordenar as chaves pela unidade, que resulta nas filas mostradas na **Figura 11–35**.

	FRENTE ↓	FUNDO ↓
Fila 0		
Fila 1		
Fila 2	32	22
Fila 3	13	43
Fila 4		
Fila 5	15	
Fila 6		
Fila 7	17	
Fila 8		
Fila 9		

FIGURA 11–35: EXEMPLO DE ORDENAÇÃO USANDO RADIXSORT 1

Após coletar as chaves de volta na tabela, o conteúdo alterado dessa tabela passa a ser:

32	22	13	43	15	17

O próximo passo consiste na coleta das chaves de acordo com suas ordenações pela dezena, o que resulta nas filas mostradas na **Figura 11–36**.

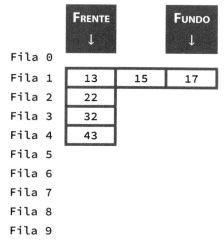

FIGURA 11–36: EXEMPLO DE ORDENAÇÃO USANDO RADIXSORT 2

Após coletar as chaves de volta na tabela, seu conteúdo final ordenado passa a ser:

13	15	17	22	32	43

Para chaves inteiras, o uso de exponenciação e aritmética modular para obter o valor de cada dígito funciona bem. Diferentes tipos de dados requerem diferentes abordagens. Por exemplo, se uma chave é alfabética, deve-se considerar cada caractere e convertê-lo em um número entre 0 e 25, se distinção entre maiúsculas e minúsculas não importa, ou entre 0 e 51, em caso contrário. A implementação do algoritmo a ser usada depende do conjunto de caracteres sob consideração.

O algoritmo RADIXSORT segue os passos descritos na **Figura 11–37**.

ALGORITMO RADIXSORT

ENTRADA/SAÍDA: Uma tabela indexada contendo n chaves inteiras não negativas, cada uma das quais contém d dígitos

1. Crie um array contendo d filas capazes de armazenar os registros da tabela
2. Para i variando de 0 (que corresponde ao dígito menos significativo de cada chave) até $d - 2$ (que corresponde ao dígito mais significativo de cada chave), faça o seguinte:
    2.1 Insira cada registro da tabela na fila de índice d
    2.2 Esvazie as filas e armazena os registros de volta na tabela começando com a fila associada ao menor dígito e terminando com a fila associada ao maior dígito de cada chave

---

FIGURA 11–37: ALGORITMO RADIXSORT

Implementação

As seguintes definições de constantes e tipos são usadas pela implementação de ordenação por base:

```
#define TAM_CHAVE_RADIX       5   /* Número de dígitos na chave */
#define BASE_RADIX            10   /* A base numérica utilizada   */
#define PRIMEIRO_DIGITO_RADIX '0'  /* O primeiro dígito da base   */

typedef char tChaveRadix[TAM_CHAVE_RADIX + 1];

typedef struct rotNoLSE {
        tChaveRadix      chave;
        struct rotNoLSE *proximo;
    } tNoListaSE, *tListaSE;
```

A função `RadixSort()` implementa o método de ordenação RADIXSORT e tem como parâmetros:

- **tabela** (entrada/saída) — tabela que será ordenada
- **nChaves** (entrada) — número de chaves na tabela
- **tamChave** (entrada) — tamanho da chave (v. observações adiante)

```
void RadixSort(tChave tabela[], int nChaves, int tamChave)
{
    int        i, d, b;
    tListaSE  *listas, pNo, p, q;
    char       *pDigito;

    listas = calloc(BASE_RADIX, sizeof(tListaSE));

    for (d = 0; d < tamChave; ++d) {
        /* Armazena as chaves em filas de acordo com o dígito */
        /* na posição d (contando de trás para a frente)       */
        for (i = 0; i < nChaves; ++i) {
            /* Para cada chave é alocado um nó que  */
            /* será inserido em alguma das filas    */
            pNo = malloc(sizeof(tNoListaSE));
            strcpy(pNo->chave, tabela[i]);
            pNo->proximo = NULL;

            /* Faz pDigito apontar para o dígito da corrente coleta de chaves */
            pDigito = (char *)pNo->chave + tamChave - 1 - d;

            /* Determina a fila na qual a chave corrente será colocada */
            p = listas[*pDigito - PRIMEIRO_DIGITO_RADIX];
            q = NULL;

            while(p) { /* O fundo da fila é o final da lista encadeada */
                q = p;
                p = p->proximo;
            }

            if (!q) /* Esta fila está vazia */
                listas[*pDigito - PRIMEIRO_DIGITO_RADIX] = pNo;
            else /* A fila já contém pelo menos um elemento */
                q->proximo = pNo;
        }

        i = 0;

        /* Esvazia todas as filas e armazena as chaves na tabela */
        /* começando-se com a fila associada ao menor dígito e   */
        /* terminando-se com a fila associada ao maior dígito    */
        for (b = 0; b < BASE_RADIX; ++b) {
            p = listas[b];

            while (p) { /* Esvazia a fila corrente */
                strcpy(tabela[i], p->chave);
                ++i;
                q = p->proximo;
                free(p);
                p = q;
            } /* while */

            /* As filas foram todas esvaziadas. É necessário anular    */
            /* os ponteiros para os inícios das filas antes de iniciar */
            /* uma nova rodada do processo.                            */
```

```
        listas[b] = NULL;
    } /* for */
} /* for */

free(listas);
}
```

Na função `RadixSort()`, assume-se que os elementos do array a ser ordenado são strings numéricos em base *10* e de mesmo tamanho. Essa função não faz nenhum teste para verificar se isso realmente ocorre. O tamanho da chave não leva em consideração o caractere terminal de string (`'\0'`). Note ainda que não foi implementado o devido tratamento de exceção (p.ex., em alocação de memória) para não tornar o código ainda mais longo.

Análise

Teorema 11.24: Em qualquer caso, o custo temporal do algoritmo RADIXSORT é $\theta(n \cdot d)$.

Prova: Cada item da tabela é processado *d* vezes, em que *d* é o número de dígitos de cada chave. O processamento inclui extrair um valor da chave, inseri-lo numa fila, remover cada item da fila e copiá-lo de volta na tabela. Cada uma dessas operações tem custo temporal $\theta(1)$. Assim o custo temporal desse método de ordenação é $\theta(n \cdot d)$. ∎

Teorema 11.25: Em qualquer caso, o custo espacial do algoritmo RADIXSORT é $\theta(n)$.

Prova: Os *n* elementos da tabela são armazenados em filas. Se as filas forem encadeadas, como na implementação apresentada acima, usa-se espaço adicional, pelo menos, para *n* ponteiros. ∎

Se as filas forem implementadas em arrays, a quantidade de espaço gasto é proibitiva porque cada fila deve ter espaço para cada elemento.

RADIXSORT é menos flexível do que métodos de ordenação baseados em comparações, pois depende dos formatos das chaves. Assim é muito difícil codificá-lo com o propósito geral de lidar com todos os tipos de chaves. Por exemplo, se as chaves não forem do mesmo tamanho, é necessário um teste adicional para verificar, para cada chave, quando os dígitos são exauridos.

Um resumo da avaliação do algoritmo RADIXSORT é apresentado na **Tabela 11–10**.

CUSTO TEMPORAL	❑ $\theta(n \cdot d)$ nos três casos, sendo **d** o número de dígitos de cada chave
VANTAGENS	❑ Muito rápido quando apropriadamente codificado
DESVANTAGENS	❑ Requer espaço adicional com custo $\theta(n)$ ❑ Desempenho depende de como as operações de comparação e seleção de dígitos são codificadas ❑ Depende do formato das chaves
INDICAÇÕES	❑ Quando as chaves são inteiras com o mesmo número de dígitos ou strings com o mesmo número de caracteres

TABELA 11–10: ANÁLISE RESUMIDA DE RADIXSORT

11.5 Limite Inferior de Algoritmos Baseados em Comparações

O menor custo de um algoritmo de ordenação de qualquer natureza é $\theta(n)$, pois é impossível ordenar uma tabela com *n* elementos sem que eles sejam todos acessados. Contudo, se uma ordenação for baseada em comparação, esse limite inferior é um pouco maior como será mostrado nesta seção. Mais precisamente, se a operação básica usada por um algoritmo de ordenação for a comparação de dois elementos, o melhor que se pode obter para uma ordenação baseada em comparações (de chaves) tem limite inferior $\Omega(n \cdot log\ n)$ no pior caso. Nesta seção será provado que não é possível existir um algoritmo de ordenação baseado em comparação de chaves que tenha custo temporal menor do que $\theta(n \cdot log\ n)$ no pior caso.

Suponha que se tenha uma lista $L = (x_0, x_1, ..., x_{n-1})$ que se deseja ordenar e assuma que todos os elementos de L são distintos. Cada comparação entre dois elementos x_i e x_j efetuada por um algoritmo de ordenação corresponde à pergunta: x_i *é menor do* x_j? Obviamente, só existem duas respostas possíveis para essa pergunta: *sim* ou *não*. Baseado no resultado dessa comparação, o algoritmo de ordenação pode executar uma operação de troca e, depois, executar outra comparação entre dois outros elementos de L, que, novamente, tem dois resultados possíveis e assim por diante. Consequentemente, pode-se representar um algoritmo de ordenação baseado em comparação como uma árvore de decisão A (v. **Capítulo 12** do **Volume 1**).

A **Figura 11–38** ilustra uma árvore de decisão associada à ordenação da sequência *xyz*. Nessa árvore, cada nó interno corresponde a uma comparação e as ligações de um nó para seus filhos correspondem às operações resultantes da resposta (*sim* ou *não*) de uma comparação. Essa árvore representa todas as possíveis sequências de comparações de chaves que o algoritmo de ordenação hipotético pode fazer, começando com a primeira comparação (associada à raiz) e terminando com a última comparação (associada ao pai de um nó-folha). A profundidade dessa árvore de decisão é o número de comparações no caminho mais longo desde a raiz até uma folha (que, na **Figura 11–38**, é 3) e representa exatamente o pior caso do algoritmo de ordenação. Qualquer permutação da lista de entrada deve aparecer como uma folha na árvore de decisão, pois, se uma tal permutação não for uma folha da árvore, quando o algoritmo for alimentado com essa mesma permutação, ele não terminará. Como, numa lista com n elementos, há $n!$ permutações possíveis, o número de folhas é, pelo menos, $n!$. Cada ordenação (ou **permutação**) possível dos elementos de L faz com que o algoritmo hipotético de ordenação execute uma série de comparações, caminhando desde a raiz até alguma folha de A.

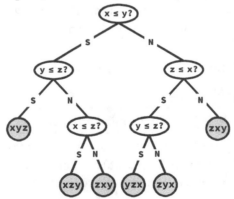

Figura 11–38: Árvore de Decisão de um Algoritmo Baseado em Comparações

Lema 11.7: Uma árvore binária de altura a possui, no máximo, 2^{a-1} folhas.

Prova: A prova será feita por indução sobre a.

    Base da indução. Se $a = 1$, o lema é válido, pois, nesse caso, a árvore possui apenas um nó que é raiz e folha.

    Hipótese indutiva. Suponha que o lema é válido para $a = k$; i.e., uma árvore de altura k tem no máximo 2^{k-1} folhas.

    Passo indutivo. Suponha que se tenha uma árvore de altura k. De acordo com a hipótese indutiva, o número máximo de folhas dessa árvore é 2^{k-1}. Se forem acrescentados dois filhos para cada uma dessas folhas, obtém-se uma árvore de altura $k + 1$, cujo número de máximo de filhos é $2 \cdot 2^{k-1} = 2^{k+1-1}$. Portanto, o lema vale para $k + 1$. ∎

Lema 11.8: Uma árvore binária com n folhas deve ter altura mínima igual a $\lceil log\, n \rceil + 1$.

Prova: De acordo com o **Lema 11.7**, tem-se que $n \leq 2^{a-1} \Rightarrow a \geq \lceil log\, n \rceil + 1$. ∎

Teorema 11.26: No pior caso, qualquer algoritmo de ordenação baseado em comparações deve efetuar, pelo menos, $\lceil log\, (n!) \rceil + 1$ comparações para ordenar uma tabela com n elementos.

Prova: A árvore de decisão associada a um algoritmo possui, pelo menos, $n!$ folhas, sendo uma para cada permutação da tabela de entrada, como mostra a **Figura 11–39**. Para obter a permutação correta, deve-se percorrer um desses caminhos da raiz até uma folha. Portanto, no pior caso, o número de nós visitados é igual à altura mínima dessa árvore, que, de acordo com o **Lema 11.8**, é, pelo menos, $\lceil log\, (n!) \rceil + 1$. Ademais, cada nó visitado corresponde a uma comparação. ∎

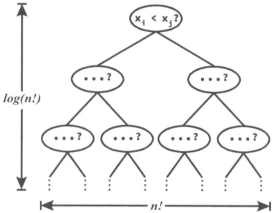

FIGURA 11–39: TAMANHO DA ÁRVORE DE DECISÃO DE UM ALGORITMO BASEADO EM COMPARAÇÕES

Teorema 11.27: Qualquer algoritmo de ordenação baseado em comparação deve efetuar $\Omega(n\, log\, n)$ comparações para ordenar n elementos no pior caso.

Prova: Usando o resultado do **Teorema 11.26**, resta mostrar que $\lceil log\, (n!) \rceil + 1$ é $\Omega(n\, log\, n)$, o que será feito a seguir.

$$
\begin{aligned}
\lceil log\, (n!) \rceil \; &\geq \; log\, (n!) \\
&= \; log[n \cdot (n-1) \cdot (n-2)...2 \cdot 1] \\
&= \; log\, n + log\, (n-1) + log\, (n-2) + ... + log\, 2 + log\, 1 \\
&= \; \sum_{i=1}^{n} log\, i \\
&= \; \sum_{i=1}^{n/2-1} log\, i + \sum_{i=n/2}^{n} log\, i \\
&\geq \; 0 + \sum_{i=n/2}^{n} log\, \frac{n}{2} \\
&= \; \frac{n}{2} \cdot log\, \frac{n}{2}
\end{aligned}
$$

Logo $\lceil log\, (n!) \rceil$ é $\Omega(n\, log\, n)$, o que prova o teorema. ∎

O **Teorema 11.27** pode ser generalizado para mostrar que qualquer algoritmo de ordenação baseado em comparação deve ter custo temporal $\theta(n \cdot log\ n)$ em média, e não apenas no pior caso. A prova dessa afirmação é deixada como exercício para o leitor (v. questão **118** na **página 643**).

11.6 Algoritmos de Divisão e Conquista

Tanto MERGESORT quanto QUICKSORT utilizam um paradigma de construção de algoritmos denominado **divisão e conquista**. Nesse paradigma, um algoritmo é dividido em três partes:

1. **Divisão**. Se o tamanho do problema é menor do que um certo limite previamente estabelecido, ele pode ser resolvido diretamente por outro algoritmo mais trivial e a solução obtida pode ser retornada. Caso contrário, o problema é dividido em duas ou mais porções menores.
2. **Recursão**. Nessa etapa, os subproblemas resultantes da divisão são resolvidos.
3. **Conquista**. As soluções dos subproblemas são combinadas de modo que resultem na solução final do problema original.

Usando o paradigma de divisão e conquista o algoritmo MERGESORT, pode ser descrito como:

1. Divisão. Se a tabela contém menos de dois elementos encerre. Caso contrário, divida a tabela em duas partes, cada uma das quais contendo a metade dos elementos da tabela original.
2. Recursão. Recursivamente ordene as subtabelas resultantes da divisão.
3. Conquista. Intercale as duas subtabelas ordenadas.

A **Figura 11–40** ilustra as fases de divisão e conquista do algoritmo MERGESORT.

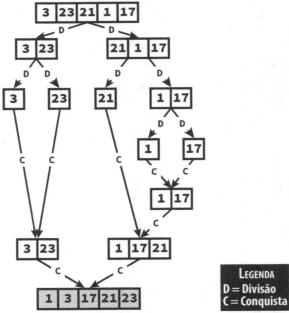

FIGURA 11–40: DIVISÃO E CONQUISTA NO ALGORITMO MERGESORT

11.7 Avaliações de Métodos de Ordenação

Neste capítulo, foram estudados métodos de ordenação, tais como INSERTIONSORT e SELECTIONSORT, que têm custo $\theta(n^2)$ no caso médio e no pior caso. Também foram estudados os métodos HEAPSORT, MERGESORT e

QuickSort, que têm custos temporais $\theta(n \cdot log\ n)$. Finalmente, foram estudados algoritmos especiais de ordenação, a saber os métodos CountingSort, BucketSort e RadixSort, que são executados com custo linear, mas requerem que as chaves exibam características especiais.

Não há nenhum *melhor* algoritmo de ordenação dentre esses candidatos. O algoritmo de ordenação mais conveniente para uma aplicação particular depende de várias propriedades da aplicação que o usa. Para escolher o algoritmo de ordenação apropriado, é importante conhecer algumas propriedades dos dados de entrada. Mas, mesmo quando esse não é o caso, é possível oferecer alguma orientação com base nas propriedades dos algoritmos de ordenação que foram discutidos neste capítulo.

Esta seção avalia cada algoritmo de ordenação discutido neste capítulo usando uma abordagem prática que não tem a pretensão de ser uma lista definitiva de critérios para selecionar um algoritmo.

Para a maioria das aplicações de ordenação interna, InsertionSort, MergeSort, HeapSort ou QuickSort é o método de escolha. A decisão sobre qual método de ordenação usar depende evidentemente do tamanho da tabela a ser ordenada e do espaço disponível em memória. Ordenação com custo temporal $\theta(n^2)$ é apropriada apenas para ordenação de tabelas muito pequenas.

Uma consideração na escolha do algoritmo de ordenação mais adequado é o estado inicial de ordenação dos dados a ser ordenados (v. **página 583**). Se eles já estiverem ordenados (ou quase ordenados), BubbleSort tem custo temporal $\theta(n)$, enquanto algumas versões de QuickSort têm custo temporal $\theta(n^2)$.

Quando um algoritmo será usado poucas vezes, é preferível que ele seja fácil de entender, codificar e depurar. Por outro lado, se o algoritmo será usado muitas vezes ou com entradas muito grandes, a implementação de um algoritmo mais complicado pode compensar, se ela garantir execuções mais rápidas e que ocupem pouco espaço em memória.

11.7.1 Algoritmos com Custos Temporais Quadráticos

Embora os algoritmos mais simples tenham custos temporais $\theta(n^2)$, alguns podem ser substancialmente mais rápidos do que outros. Os algoritmos SelectionSort, InsertionSort e BubbleSort têm todos custo temporal quadrático no pior caso e no caso médio, e nenhum deles requer memória adicional. Assim seus custos temporais diferem por apenas um fator constante. BubbleSort e SelectionSort sempre efetuam exatamente o mesmo número de comparações de chaves, mas o número de comparações de chaves requerido por BubbleSort e SelectionSort é independente do estado dos dados de entrada. Por outro lado, o número de comparações requerido por InsertionSort é sensível ao estado de ordenação dos dados de entrada. Na pior das hipóteses, esse último algoritmo requer tantas comparações de chaves quanto os demais algoritmos com custo temporal $\theta(n^2)$. Porém, na melhor das hipóteses, ele requer menos comparações do que o número de elemento da tabela de entrada.

Se o algoritmo InsertionSort for bem implementado, seu custo temporal é $\theta(n + m)$, sendo m o número de inversões (i.e., o número de pares de elementos fora de ordem). Assim InsertionSort é um excelente algoritmo para ordenar tabelas pequenas, porque tabelas pequenas necessariamente têm poucas inversões. InsertionSort também é bem efetivo para ordenar tabelas que já estão quase ordenadas. Aqui, *quase* quer dizer que o número de inversões é pequeno. Mas o custo temporal $\theta(n^2)$ de InsertionSort faz com que esse algoritmo seja uma má escolha fora desses contextos especiais.

11.7.2 Algoritmos com Custos Temporais Linear Logarítmicos

O uso de espaço adicional por MergeSort torna-o menos atrativo do que HeapSort e QuickSort para tabelas que possam ser contidas inteiramente em memória principal. O algoritmo MergeSort é um bom algoritmo para situações nas quais os dados a ser ordenados não cabem em memória principal e são armazenados em memória secundária (v. **Capítulo 12**).

QUICKSORT é uma excelente escolha como algoritmo de ordenação de propósito geral. Ele é implementado na função **qsort()** provida pela biblioteca padrão da linguagem C. Mas, se estabilidade for importante e houver espaço suficiente disponível, MERGESORT pode ser uma opção melhor do que QUICKSORT, pois MERGESORT tem custo temporal $\theta(n \cdot log\ n)$ garantido no pior caso. Então por que QUICKSORT é considerado o algoritmo mais usado na prática? A resposta a essa questão é simples: quando bem implementado, o custo de pior caso $\theta(n^2)$ desse algoritmo é muito raro de ocorrer na prática. Logo, quando o estado dos dados a ser ordenados é desconhecido e não se tem espaço sobrando em memória, o algoritmo de ordenação recomendado é QUICKSORT.

A análise assintótica de HEAPSORT sugere que, dentre os algoritmos com custo linear logarítmico, esse é o melhor método de ordenação. Mas, na realidade, esse não é bem o caso porque HEAPSORT é totalmente insensível ao estado de ordenação da tabela que ele recebe como entrada. Por exemplo, quando essa tabela já está ordenada, a primeira providência desse algoritmo é desordená-la para transformá-la em heap. Nessa mesma situação, o algoritmo QUICKSORT usando mediana de três efetua um número ínfimo de trocas de posições de elementos. Além disso, QUICKSORT exibe melhor localidade de referência (v. **Seção 1.5**) do que HEAPSORT.

11.7.3 Algoritmos com Custos Temporais Lineares

Se uma aplicação requer ordenar elementos com chaves inteiras pequenas, COUNTINGSORT, BUCKETSORT ou RADIXSORT é uma excelente escolha, porque esses algoritmos funcionam com custo temporal linear. Assim, se todos os requisitos para uso desses algoritmos forem atendidos, eles devem funcionar mais rápido do que QUICKSORT, MERGESORT ou HEAPSORT. Em particular, COUNTINGSORT é recomendável em situações nas quais o valor máximo de chave é significativamente menor do que o número de chaves. Strings também podem ser ordenados com custo temporal linear usando BUCKETSORT ou RADIXSORT, mas esses métodos de ordenação apresentam custo espacial linear. Os algoritmos COUNTINGSORT, BUCKETSORT e RADIXSORT usam espaço adicional e, dentre eles, o pior algoritmo nesse quesito é COUNTINGSORT que usa dois arrays adicionais.

11.7.4 Resumo das Avaliações

A **Tabela 11–11** compara os algoritmos de ordenação discutidos nesse capítulo em termos de custos temporais. Nessa tabela, *n* é o número de chaves e, no caso de COUNTINGSORT e BUCKETSORT, *k* é a maior chave. No caso de RADIXSORT, *d* é o número de dígitos de cada chave.

MÉTODO	MELHOR CASO	CASO MÉDIO	PIOR CASO
BUBBLESORT	$\theta(n)$	$\theta(n^2)$	$\theta(n^2)$
SELECTIONSORT	$\theta(n^2)$	$\theta(n^2)$	$\theta(n^2)$
INSERTIONSORT	$\theta(n)$	$\theta(n^2)$	$\theta(n^2)$
QUICKSORT	$\theta(n \cdot log\ n)$	$\theta(n \cdot log\ n)$	$\theta(n^2)$
MERGESORT	$\theta(n \cdot log\ n)$	$\theta(n \cdot log\ n)$	$\theta(n \cdot log\ n)$
HEAPSORT	$\theta(n \cdot log\ n)$	$\theta(n \cdot log\ n)$	$\theta(n \cdot log\ n)$
COUNTINGSORT	$\theta(n + k)$	$\theta(n + k)$	$\theta(n + k)$
BUCKETSORT	$\theta(n + k)$	$\theta(n + k)$	$\theta(n + k)$
RADIXSORT	$\theta(n \cdot d)$	$\theta(n \cdot d)$	$\theta(n \cdot d)$

TABELA 11–11: CUSTOS TEMPORAIS DE MÉTODOS DE ORDENAÇÃO

A **Tabela 11–12** compara os algoritmos de ordenação discutido nesse capítulo em termos de estabilidade e uso de espaço adicional. A última coluna dessa tabela apresenta o número da página na qual se inicia a descrição do respectivo método.

MÉTODO	ESTÁVEL?	IN LOCO?	ESPAÇO ADICIONAL	REFERÊNCIA
BUBBLESORT	Sim	Sim	$\theta(1)$	página 584
SELECTIONSORT	Não	Sim	$\theta(1)$	página 586
INSERTIONSORT	Sim	Sim	$\theta(1)$	página 589
QUICKSORT	Não	Não	☐ $\theta(\log n)$ (melhor caso) ☐ $\theta(n)$ (pior caso)	página 592
MERGESORT	Sim	Não	$\theta(n)$	página 599
HEAPSORT	Não	Sim	$\theta(1)$	página 605
COUNTINGSORT	Sim	Não	$\theta(n + k)$	página 611
BUCKETSORT	Sim	Não	$\theta(n + k)$	página 615
RADIXSORT	Sim	Não	$\theta(n)$	página 617

TABELA 11–12: ESTABILIDADE E CUSTOS ESPACIAIS DE MÉTODOS DE ORDENAÇÃO

11.7.5 Avaliação Experimental

Antes de usar um método de ordenação que o programador julga ser o melhor para uma determinada situação, é recomendável que ele conduza alguns experimentos para certificar-se de que sua hipótese é, de fato, válida. Um programa que usa a função **main**() exibida a seguir pode ser usado para testar vários métodos de ordenação.

```c
int main(void)
{
    int   nChaves, maxRegs;
    FILE *stream;

    printf("\n>>> Numero maximo de registros (0 = todos): ");
    maxRegs = LeInteiro();

       /* Cria o arquivo binário */
    nChaves = CriaArquivoApenasCEPs( NOME_ARQUIVO_TEXTO, NOME_ARQUIVO_BIN, maxRegs );

       /* Verifica se ocorreu erro na criação do arquivo binário */
    ASSEGURA(!maxRegs || maxRegs == nChaves, "Ocorreu erro na criacao do arquivo");

       /* Apresenta o resultado da conversão */
    printf( "\n    >>> Armazenados %d registros no arquivo "
            "\"%s\" <<<\n", nChaves, NOME_ARQUIVO_BIN );

    stream = AbreArquivo(NOME_ARQUIVO_BIN, "rb"); /* Tenta abrir o arquivo binário */

    printf("\n       ***** Tamanho da tabela: %d *****\n", nChaves);

    TestaMetodo(stream, nChaves, BubbleSort, "BubbleSort");
    TestaMetodo(stream, nChaves, InsertionSort, "InsertionSort");
    TestaMetodo(stream, nChaves, SelectionSort, "SelectionSort");
    TestaMetodo(stream, nChaves, QuickSort1, "QuickSort Basico");
    TestaMetodo(stream, nChaves, QuickSort2, "QuickSort Mediana");
    TestaMetodo(stream, nChaves, QuickSort3,"QuickSort Aleatorio");
    TestaMetodo(stream, nChaves, MergeSort, "MergeSort");
```

```
    TestaMetodo(stream, nChaves, HeapSort, "HeapSort");
    putchar('\n');
    fclose(stream);
    return 0;
}
```

Essa função **main**() solicita que o usuário introduza o número de chaves com o qual o ele deseja testar os métodos de ordenação e, então, chama a função `CriaArquivoApenasCEPs()` para criar um arquivo binário contendo apenas chaves inteiras. Essas chaves são obtidas convertendo-se em números inteiros os campos `CEP` do arquivo do `CEPs.bin` (v. **Apêndice A**). Em seguida, a função **main**() chama `TestaMetodo()` para testar cada método de ordenação de interesse para o experimento. Essa última função, que será apresentada a seguir, tem como parâmetros:

- **stream** (entrada) — stream associado ao arquivo que contém as chaves que serão ordenadas
- **nChaves** (entrada) — número de elementos da tabela
- **ordena** (entrada) — ponteiro para a função de ordenação
- **nome** (entrada) — nome do método de ordenação

```
void TestaMetodo( FILE *stream, int nChaves, tFOrdena ordena, const char *nome )
{
    int *tabela; /* Ponteiro para a tabela utilizada */

    tabela = CriaTabelaApenasCEPs(stream, nChaves);
    ExibeResultadoDeTeste(tabela, nChaves, ordena, nome);
    ExibeResultadoDeTeste(tabela, nChaves, ordena, nome);
    InverteTabela(tabela, nChaves, ComparaIntsInv);
    ExibeResultadoDeTeste(tabela, nChaves, ordena, nome);
    free(tabela);
}
```

O tipo do terceiro parâmetro da função `TestaMetodo()` um tipo de ponteiro para função de ordenação definido como:

```
typedef void (*tFOrdena) (int *, int);
```

Note que a função `TestaMetodo()` chama `ExibeResultadoDeTeste()` três vezes. Na primeira dessas chamadas, espera-se que a tabela esteja desordenada, enquanto, na segunda vez, a tabela deverá estar ordenada. Antes da terceira dessas chamadas, a função `InverteTabela()` é chamada para ordenar a tabela em ordem inversa. Essa última função simplesmente usa a função **qsort**() da biblioteca padrão de C para executar sua tarefa de ordenação e é relativamente trivial. A função `ComparaIntsInv()` cujo nome é passado como parâmetro de `InverteTabela()` semelhante à função `ComparaInts()` apresentada na **Seção 10.2.4**, porém elas comparam inteiros em ordens diferentes.

A função `CriaTabelaApenasCEPs()` lê números inteiros estocados num arquivo binário e armazena-os num array alocado dinamicamente. Essa função retorna o endereço da tabela criada e seus parâmetros são:

- **stream** (entrada) — stream associado ao arquivo
- **nEle** (entrada) — número de elementos da tabela

```
int *CriaTabelaApenasCEPs(FILE *stream, int nEle)
{
    int *tabela; /* Ponteiro para um array que armazena a tabela */
    int  i = 0, umaChave;

       /* Tenta alocar espaço para a tabela */
```

```
   tabela = calloc(nEle, sizeof(int));
   ASSEGURA( tabela, "Tabela nao foi alocada" );

   rewind(stream); /* Garante leitura a partir do início do arquivo */

      /* Lê cada número inteiro do arquivo e armazena-o na tabela */
   while (1) {
      fread(&umaChave, sizeof(umaChave), 1, stream);

      ASSEGURA(!ferror(stream), "Erro de leitura");

      if (feof(stream))
         break;

         /* Testa se o número de elementos da tabela é  */
         /* menor do que o número de valores no arquivo */
      ASSEGURA(i < nEle, "Tabela subdimensionada");

      tabela[i++] = umaChave;
   }
   return tabela;
}
```

A função `ExibeResultadoDeTeste()` chamada por `TestaMetodo()` apresenta na tela o resultado de um teste de método de ordenação e seus parâmetros são:

- **tabela** (entrada) — tabela que será ordenada
- **n** (entrada) — número de elementos da tabela
- **ordena** (entrada) — ponteiro para a função de ordenação
- **nome** (entrada) — nome do método de ordenação

```
void ExibeResultadoDeTeste(int *tabela, int n, tFOrdena ordena, const char *nome)
{
   printf("\n>>>>>>>>>>>>>>>>>>>> %s <<<<<<<<<<<<<<<<<<<<", nome);

   printf("\n*** Antes da Ordenacao: ");

   if (TabelaEstaOrdenada(tabela, n))
      printf("Tabela ordenada ***\n");
   else if (TabelaEstaEmOrdemInversa(tabela, n))
      printf("Tabela em ordem inversa ***\n");
   else
      printf("Tabela desordenada ***\n");

   printf("*** Ordenando a tabela...");
   MedidaDeTempo();

   ordena(tabela, n);

   printf(" fim da ordenacao ***");
   MedidaDeTempo();

   if (!TabelaEstaOrdenada(tabela, n))
      printf("\n\n\a>>> A tabela NAO foi ordenada <<<\n");
}
```

A função `TabelaEstaOrdenada()` chamada por `TestaMetodo()` testa se uma tabela está ordenada em ordem crescente e tem como parâmetros:

- **tabela** (entrada/saída) — tabela que será a testada
- **nElementos** (entrada) — número de elementos na tabela

Essa função retorna **1**, se a tabela estiver ordenada ou **0**, em caso contrário.

```c
int TabelaEstaOrdenada(int tabela[], int nElementos)
{
   int i;

   for (i = 0; i < nElementos - 1; ++i) {
      if (tabela[i] > tabela[i + 1]) {
         return 0; /* Encontrado um par fora de ordem */
      }
   }

   return 1; /* Se ainda não houve retorno, a tabela está ordenada */
}
```

A função `TabelaEstaEmOrdemInversa()` chamada por `ExibeResultadoDeTeste()` testa se uma tabela está ordenada em ordem decrescente e é similar à função `TabelaEstaOrdenada()`.

A seguir um trecho de uma sessão de execução do programa:

```
      ***** Tamanho da tabela: 40000 *****

>>>>>>>>>>>>>>>>>>> BubbleSort <<<<<<<<<<<<<<<<<<<<
*** Antes da Ordenacao: Tabela desordenada ***
*** Ordenando a tabela... fim da ordenacao ***
*** Tempo gasto na operacao:  4.07600 segundos ***
>>> Numero maximo de registros (0 = todos): 40000

   >>> Armazenados 40000 registros no arquivo "ApenasCEPs.bin" <<<

>>>>>>>>>>>>>>>>>>> BubbleSort <<<<<<<<<<<<<<<<<<<<
*** Antes da Ordenacao: Tabela ordenada ***
*** Ordenando a tabela... fim da ordenacao ***
*** Tempo gasto na operacao:  0.00000 segundos ***

>>>>>>>>>>>>>>>>>>> BubbleSort <<<<<<<<<<<<<<<<<<<<
*** Antes da Ordenacao: Tabela em ordem inversa ***
*** Ordenando a tabela... fim da ordenacao ***
*** Tempo gasto na operacao:  4.43900 segundos ***

>>>>>>>>>>>>>>>>>>> InsertionSort <<<<<<<<<<<<<<<<<<<<
*** Antes da Ordenacao: Tabela desordenada ***
*** Ordenando a tabela... fim da ordenacao ***
*** Tempo gasto na operacao:  1.39500 segundos ***

[Trecho removido]
```

O programa descrito acima é usado com o arquivo de dados **CEPs.bin** (v. **Apêndice A**) e os resultados obtidos são aqueles mostrados na **Tabela 11–13**. Nessa tabela, **D** significa que a tabela estava desordenada antes de a ordenação acontecer. Por sua vez, **O** significa que a tabela já estava ordenada e **I** significa que a tabela estava inversamente ordenada[7].

---

[7]   O programa foi compilado com clang versão 7.3.0 e executado num computador iMac com processador Intel Core i5 de 2.5 MHz e 4 GB de memória usando o sistema Mac OS X versão 10.11.5. O tamanho padrão da pilha de execução usado pelo sistema precisou ser aumentado para que a implementação básica de QuickSort pudesse ser executada sem ocorrência de *stack overflow*.

Número de Registros ☞		100.000	200.000
Método	**Status**	**Tempo (s)**	**Tempo (s)**
BubbleSort	D	29,71501	96,67553
	O	0,00029	0,00054
	I	34,25861	137,0634
InsertionSort	D	7,27757	33,82525
	O	0,00046	0,00089
	I	15,12504	60,56307
SelectionSort	D	12,38761	49,53647
	O	12,19441	48,84231
	I	12,28336	49,12317
QuickSort ELEMENTAR	D	0,01435	0,03071
	O	10,85462	43,35838
	I	11,18969	44,74479
QuickSort COM MEDIANA DE TRÊS	D	0,01109	0,02522
	O	0,00387	0,00818
	I	0,00722	0,01383
QuickSort ALEATÓRIO	D	0,01403	0,03226
	O	0,00966	0,01875
	I	0,01051	0,01943
MergeSort	D	0,01648	0,03364
	O	0,01197	0,02507
	I	0,01279	0,02529
HeapSort	D	0,02310	0,04662
	O	0,02089	0,04188
	I	0,01855	0,04057

TABELA 11–13: AVALIAÇÃO EXPERIMENTAL DE MÉTODOS DE ORDENAÇÃO

Os valores reais apresentados na **Tabela 11–13** não são tão importantes, pois eles refletem o desempenho de uma plataforma específica na qual os testes foram executados. Em vez disso, deve-se dar atenção ao desempenho relativo dos algoritmos nos conjuntos de dados correspondentes.

11.8 Exemplos de Programação

11.8.1 Ordenação de Lista Simplesmente Encadeada

Preâmbulo: Quando se deseja ordenar uma lista encadeada, o fato de ela não permitir acesso direto a seus elementos faz com que alguns algoritmos de ordenação (p. ex., QUICKSORT) apresentem baixo desempenho, enquanto outros sejam totalmente impossíveis de usar (p. ex., HEAPSORT). De qualquer modo, muitos algoritmos (p. ex., BUBBLESORT e MERGESORT) são bem adaptáveis para ordenação de listas encadeadas.

Problema: Escreva uma função que ordena uma lista simplesmente encadeada cujo conteúdo efetivo de seus nós é do tipo **int**.

Solução: Uma maneira bem simples de ordenar uma lista encadeada é usando o algoritmo BUBBLESORT, que pode ser aplicado a uma lista simplesmente encadeada como mostra a **Figura 11–41**.

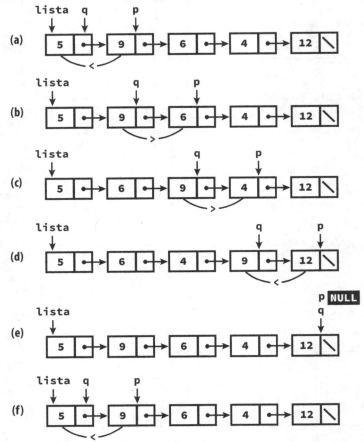

FIGURA 11–41: ORDENAÇÃO DE LISTA SIMPLESMENTE ENCADEADA

A função **OrdenaListaSE()** implementa essa abordagem. O tipo **tNoListaSE** usado nesta implementação é o mesmo usado na **Seção 11.4.2**.

```
void OrdenaListaSE(tNoListaSE *lista)
{
   tNoListaSE *p, *q; /* Ponteiros usados para visitar os nós da lista */
   int        ordenada = 0; /* Informará se a lista está ordenada */
```

```
        /* Se a lista estiver vazia ou tiver apenas um elemento, ela está ordenada */
    if (!lista || !lista->proximo)
        return;

        /* O laço encerra quando não houver troca de nós */
    while (!ordenada) {
        ordenada = 1; /* Supõe que a lista está ordenada */

        p = lista->proximo; /* p segue à frente de q */
        q = lista; /* q segue atrás de p */

            /* O laço a seguir encerra quando cada nó   */
            /* tiver sido comparado com seu antecessor */
        while (p) {
            /* Compara conteúdos dos nós apontados por q e p */
            if (q->conteudo > p->conteudo) {
                ordenada = 0; /* Nós estão fora de ordem*/

                /* Troca os conteúdos dos nós */
                TrocaGenerica(&q->conteudo, &p->conteudo, sizeof(p->conteudo));
            }

            /* Passa para os nós seguintes */
            q = p;
            p = p->proximo;
        }
    }
}
```

11.8.2 Ordenação de Ponteiros

Preâmbulo: A ordenação de registros que ocupam muito espaço em memória usando algum tipo de ordenação que troca suas posições pode consumir muito tempo apenas para mover muitos bytes de um lugar para outro cada vez que se faz uma troca de dois elementos. Pode-se reduzir esse tempo de movimentação criando-se um array de ponteiros para os registros e, então, ordenando-se esses ponteiros, em vez de ordenando-se os registros para os quais os ponteiros apontam. Depois dessa ordenação, os registros ainda ocupam os mesmos respectivos espaços em memória, mas eles podem ser acessados de modo ordenado por meio do array ordenado de ponteiros. A **Figura 11–42** ilustra essa abordagem, que é conhecida como **ordenação de ponteiros**.

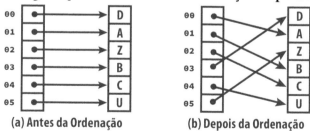

(a) Antes da Ordenação   (b) Depois da Ordenação

FIGURA 11–42: ORDENAÇÃO DE PONTEIROS

Problema: Escreva um programa que demonstre a técnica de ordenação de ponteiros.

Solução: O primeiro passo dessa técnica é a associação de ponteiros aos elementos da tabela que se deseja acessar de modo ordenado, como faz a função **AssociaPonteiros()** a seguir.

```
tAluno **AssociaPonteiros(tAluno tabela[], int nElem)
{
    tAluno **ponteiros;
```

```
    int      i;

    /* Aloca o array de ponteiros e verifica se a alocação foi bem sucedida */
    ponteiros = malloc(nElem*sizeof(tAluno *));
    ASSEGURA(ponteiros, "Impossivel alocar array de ponteiros");

    /* Faz cada ponteiro apontar para o elemento correspondente da tabela */
    for (i = 0; i < nElem; ++i)
      ponteiros[i] = tabela + i;

    return ponteiros;
}
```

O tipo **tAluno** usado pela função **AssociaPonteiros()** é definido no **Apêndice A.**

O segundo passo da ordenação de ponteiros consiste na ordenação do array que contém os ponteiros obtidos no passo anterior, que é o que faz função **OrdenaPonteiros()** apresentada adiante. Os parâmetros dessa função são:

- **ptr** (entrada/saída) — array de ponteiros associado à tabela
- **nElem** (entrada) — número de elementos do array
- **F** (entrada) - endereço da função que compara dois elementos da tabela. Essa função deve ter a mesma especificação de retorno da função **strcmp**() da biblioteca padrão de C.

```
void OrdenaPonteiros(tAluno *ptr[], int nElem, int (*F)(void *e1, void *e2))
{
    int i, ordenado = 0;

    while (!ordenado){
        ordenado = 1; /* Supõe que a tabela está ordenada */

        for (i = 0; i < nElem - 1; i++)
            /* Compara elementos adjacentes */
            if (F(ptr[i], ptr[i + 1]) > 0) {
                ordenado = 0; /* Pelo menos um par de elementos está fora de ordem */

                /* Troca ponteiros para os elementos adjacentes */
                TrocaGenerica(ptr + i, ptr + i + 1, sizeof(ptr[0]));
            }

        --nElem; /* Mais um elementos ficou em seu devido lugar */
    }
}
```

Observação: A função **OrdenaPonteiros()** usa o algoritmo BUBBLESORT para facilitar o entendimento, mas alguns outros métodos de ordenação, como MERGESORT (v. **Seção 11.3.2**), poderiam ter sido usados.

Para completar o programa, é necessária uma função para exibição dos registros da tabela usando o array de ponteiros ordenados. Essa função é relativamente trivial e não será exibida aqui. O programa completo pode ser encontrado no site dedicado a este livro na internet.

11.8.3 O Problema da Bandeira Holandesa

Preâmbulo: O **problema da bandeira holandesa** foi proposto por Edsger Dijkstra e, originalmente, consiste no seguinte: dada uma coleção de bolas de três cores distintas[8], deve-se arranjá-las de modo que as bolas que possuem a mesma cor permaneçam juntas. Esse problema pode ser enunciado de diversas maneiras distintas. Por exemplo, em programação, um problema análogo consiste em

---

[8] A bandeira holandesa apresenta três cores distintas: azul, branco e vermelho, mas, de fato, as cores das bolas não têm nenhuma importância na definição do problema.

separar em três partições um array que contém apenas três valores distintos (p. ex., *0, 1* e *2*) de tal modo que cada partição do array contenha valores iguais. Para tornar ainda mais palpável esse último problema, considere um array contendo os elementos *0, 1, 1, 2, 1, 0, 2*. Esse array atende ao pressuposto do problema e, após sua solução, ele se apresentará como: *0, 0, 1, 1, 1, 2, 2*.

Problema: Suponha que se tenha um array de elementos do tipo **int** contendo apenas os valores *0, 1* e *2*. Escreva uma função em C que divide o array em três partições: uma contendo apenas elementos com valores iguais a *0*, outra com elementos com valores iguais a *1* e a última com valores iguais a *2*.

Solução: Inicialmente, o array é dividido em três partições:

- ❏ Entre os índices *0* e *inf − 1* encontram-se os valores iguais a *0*
- ❏ Entre os índices *inf* e *meio* encontram-se os valores iguais a *1*
- ❏ Entre os índices *sup + 1* e *n − 1* encontram-se os valores iguais a *2*
- ❏ Entre os índices *meio* e *sup* encontram-se os elementos que ainda não foram classificados

A **Figura 11–43** ilustra essas partições durante um certo ponto do processamento.

FIGURA 11–43: PROBLEMA DA BANDEIRA HOLANDESA

A solução para o problema estará completa quando todos os elementos que se encontram entre *meio* e *sup* forem movidos para suas respectivas partições, como mostra a implementação da função `SeparaEm3Particoes()` a seguir.

```c
void SeparaEm3Particoes(int lista[], int n)
{
   int inf = 0,
       sup = n - 1,
       meio = 0;

   /* Coloca cada elemento em sua devida partição */
   while (meio <= sup) {
     switch (lista[meio]) {
       case 0:
         TrocaGenerica(lista + inf, lista + meio, sizeof(lista[0]));
         ++inf;
         ++meio;
         break;
       case 1:
         meio++;
         break;
       case 2:
         TrocaGenerica(lista + meio, lista + sup, sizeof(lista[0]));
         --sup;
         break;
       default:
         printf("\nValor de array diferente de 0, 1 ou 2\n");
         exit(1);
     }
   }
}
```

11.8.4 Encontrando Chaves Duplicadas Eficientemente

Problema: Suponha que se tenha uma lista indexada cujos elementos são do tipo **int**. (a) Escreva uma função em C que verifica se há algum elemento duplicado nessa lista, supondo que ela não está ordenada. (b) Escreva uma função semelhante àquela do item (a) supondo que a lista está ordenada. (c) Qual é o custo temporal no pior caso de cada uma dessas funções?

Solução de (a): A função `ContemDuplicatasListaIdx()` verifica se uma lista indexada contém pelo menos um elemento duplicado.

```c
int ContemDuplicatasListaIdx(int lista[], int n)
{
   int i, j;

     /* Compara elementos */
   for (i = 0; i < n; ++i)
      for (j = i + 1; j < n; ++j)
         if (lista[i] == lista[j])
            return i; /* Encontrada uma chave duplicada */

   return -1; /* Não foi encontrada nenhuma duplicata */
}
```

Solução de (b): A função `ContemDuplicatasListaIdxOrd()` verifica se uma lista indexada ordenada contém pelo menos um elemento duplicado.

```c
int ContemDuplicatasListaIdxOrd(int lista[], int n)
{
   int i;

     /* Compara elementos adjacentes */
   for (i = 0; i < n - 1; ++i)
      if (lista[i] == lista[i + 1])
         return i; /* Encontrada uma chave duplicada */

   return -1; /* Não foi encontrada nenhuma duplicata */
}
```

Solução de (c): É fácil verificar que a função `ContemDuplicatasListaIdx()` tem custo temporal $\theta(n^2)$ e que a função `ContemDuplicatasListaIdxOrd()` tem custo temporal $\theta(n)$ no pior caso.

11.8.5 Lista Bitônica

Preâmbulo: Uma lista indexada L com n elementos é **bitônica** se existe um índice i, com $0 < i < n - 1$, tal que $L[0], ..., L[i]$ é uma sequência crescente e $L[i + 1], ..., L[n - 1]$ é uma sequência decrescente. Nesse caso, o elemento que se encontra no índice i é denominado **ponto bitônico**. Por exemplo, a lista contendo os elementos $5, 8, 9, 12, 6, 4, 1$ e 0 é uma lista bitônica e o ponto bitônico é 12, pois os elementos $5, 8, 9$ e 12 formam uma sequência crescente, enquanto os elementos $6, 4, 1$ e 0 formam uma sequência decrescente.

Problema: Escreva uma função em C que encontre o índice do ponto bitônico de uma lista bitônica.

Solução: A função `PontoBitonico()` abaixo implementa aquilo que foi solicitado.

```c
int PontoBitonico(int lista[], int n)
{
   int inf = 0,
       sup = n - 1,
       meio;
```

```
while (inf < sup) {
    /* Se o array só possui um elemento,  ele é o ponto bitônico */
    if (inf == sup)
        return inf;

    /* Se o array possui dois elementos, o ponto bitônico é o maior deles */
    if (inf == sup - 1)
        return lista[inf] > lista[sup] ? inf : sup;

    /* O array possui pelo menos três elementos */

    meio = inf + (sup - inf)/2;

    if (lista[meio - 1] < lista[meio] && lista[meio] > lista[meio + 1])
        return meio;
    else if (lista[meio - 1] < lista[meio] && lista[meio] < lista[meio + 1])
        inf = meio + 1;
    else if (lista[meio - 1] > lista[meio] && lista[meio] > lista[meio + 1])
        sup = meio - 1;
    else
        return -1; /* A lista não é bitônica */
}
return -1; /* A lista não é bitônica */
}
```

11.9 Exercícios de Revisão

Fundamentos de Ordenação (Seção 11.1)

1. Como métodos de ordenação podem ser classificados?
2. Por que são estudados tantos métodos de ordenação?
3. O que é chave de ordenação?
4. (a) O que é ordenação por comparação? (b) Quais são os métodos de ordenação descritos neste capítulo que não usam comparação?
5. (a) Como uma pessoa (normal) ordena uma lista de nomes alfabeticamente? (b) Como esse tipo de ordenação é classificado?
6. (a) O que é um algoritmo de ordenação estável? (b) Quando é desejável que um algoritmo de ordenação apresente essa propriedade?
7. Dentre os algoritmos de ordenação discutidos neste capítulo, quais deles são estáveis?
8. O que é uma ordenação in loco?
9. (a) O que é ordenação interna? (b) O que é ordenação externa?
10. (a) O que é estado de ordenação de uma tabela? (b) Quais são os possíveis estados de ordenação que uma tabela pode apresentar?
11. (a) O fato de uma tabela já estar ordenada constitui o melhor caso de qualquer algoritmo de ordenação? (b) Quando uma tabela está inversamente ordenada constitui o pior caso de qualquer algoritmo de ordenação? (c) O fato de uma tabela estar aleatoriamente ordenada constitui o caso médio de qualquer algoritmo de ordenação?
12. Descreva o conceito de inversão no contexto de ordenação.
13. Apresente três problemas cujas soluções sejam facilitadas com o uso de ordenação informando qual é a contribuição da ordenação na solução de cada problema.
14. (a) O que é ordenação por troca? (b) Quais são os métodos de ordenação descritos neste capítulo que se enquadram nessa classificação?

Ordenação com Custo Temporal Quadrático (Seção 11.2)

15. (a) Descreva o método de ordenação por borbulhamento (BubbleSort). (b) Por que esse método é assim denominado?

16. Suponha que a tabela abaixo seja ordenada utilizando o algoritmo BubbleSort. Apresente o conteúdo dessa tabela após a terceira iteração do laço externo do referido algoritmo.

0	1	2	3	4	5	6	7	8	9
55	8	13	28	23	9	25	11	70	19

17. Mostre que, no pior caso, o número de comparações de chaves efetuadas pelo algoritmo BubbleSort é $n^2 - 3n + 2$.

18. Considerando o método BubbleSort, preencha a seguinte tabela informando quando ocorre o melhor caso desse algoritmo e qual é seu custo temporal em termos de notação ó. Repita o mesmo procedimento para o caso médio e o pior caso desse algoritmo.

MÉTODO DE BORBULHAMENTO (BUBBLESORT)					
MELHOR CASO		CASO MÉDIO		PIOR CASO	
Quando ocorre?	Custo?	Quando ocorre?	Custo?	Quando ocorre?	Custo?

19. (a) Em que situações o uso do método de ordenação BubbleSort é aceitável? (b) Em que situações o uso desse método de ordenação não é aceitável?

20. Qual é o custo espacial do método BubbleSort?

21. (a) Descreva o método de ordenação por inserção. (b) Por que esse método é assim denominado?

22. Suponha que o array abaixo seja ordenado utilizando o algoritmo InsertionSort. Apresente o conteúdo desse array após a terceira iteração do laço externo do referido algoritmo.

0	1	2	3	4	5	6	7	8	9
55	8	13	28	23	9	25	11	70	19

23. Considerando o método InsertionSort, preencha a seguinte tabela informando quando ocorre o melhor caso desse algoritmo e qual é seu custo temporal em termos de notação ó. Repita o mesmo procedimento para o caso médio e o pior caso desse algoritmo.

MÉTODO DE INSERÇÃO (INSERTIONSORT)					
MELHOR CASO		CASO MÉDIO		PIOR CASO	
Quando ocorre?	Custo?	Quando ocorre?	Custo?	Quando ocorre?	Custo?

24. (a) Em que situações o uso do método InsertionSort é recomendável? (b) Em que situações o uso desse método de ordenação não é recomendável?

25. Qual é o custo espacial do método InsertionSort?

26. (a) O que é ordenação por seleção? (b) Quais são os métodos de ordenação descritos neste capítulo que se enquadram nessa classificação?

27. (a) Descreva o método de ordenação por seleção direta. (b) Por que esse método é assim denominado?

28. Suponha que o array abaixo seja ordenado utilizando o algoritmo SelectionSort. Apresente o conteúdo desse array após a terceira iteração do laço externo do referido algoritmo.

0	1	2	3	4	5	6	7	8	9
55	8	13	28	23	9	25	11	70	19

29. Considerando o método SELECTIONSORT, preencha a seguinte tabela informando quando ocorre o melhor caso desse algoritmo e qual é seu custo temporal em termos de notação ó. Repita o mesmo procedimento para o caso médio e o pior caso desse algoritmo.

MÉTODO DE SELEÇÃO DIRETA (SELECTIONSORT)					
MELHOR CASO		CASO MÉDIO		PIOR CASO	
Quando ocorre?	Custo?	Quando ocorre?	Custo?	Quando ocorre?	Custo?

30. Qual é o custo espacial do método ordenação de seleção direta?

31. (a) Explique por que o método SELECTIONSORT descrito neste capítulo não é estável. (b) Que modificações são necessárias para tornar o método SELECTIONSORT estável?

32. Qual é o custo temporal de INSERTIONSORT quando todas as chaves da tabela a ser ordenada são iguais?

33. Mostre passo a passo como é efetuada a ordenação das chaves 9, 8, 7, 6, 5, 4, 3, 2, 1 usando INSERTIONSORT.

34. Qual dos três métodos SELECTIONSORT, INSERTIONSORT ou BUBBLESORT é executado mais rapidamente para uma tabela com todas as chaves iguais?

35. Qual dos três métodos SELECTIONSORT, INSERTIONSORT ou BUBBLESORT é executado mais rapidamente para uma tabela cujas chaves estão em ordem invertida?

36. (a) Qual é o número mínimo de comparações necessárias para concluir que uma lista está ordenada? (b) Qual é o número mínimo de comparações necessárias para concluir que uma lista não está ordenada?

37. O que é necessário para tornar o algoritmo INSERTIONSORT estável?

38. Qual é a principal vantagem do algoritmo SELECTIONSORT?

39. Por que SELECTIONSORT não é considerado um algoritmo adaptável?

40. Todos os algoritmos discutidos na **Seção 11.2** apresentam custo temporal $\theta(n^2)$ no caso médio. Isso significa que, considerando uma tabela aleatoriamente ordenada, todos eles apresentarão o mesmo desempenho? Explique seu raciocínio.

41. Qual é o número de trocas efetuadas pelo algoritmo INSERTIONSORT no pior caso?

42. Qual é o número máximo de atribuições efetuadas pelo algoritmo SELECTIONSORT?

43. Mostre que, no pior caso, o algoritmo BUBBLESORT efetua $(n - 2)^2$ comparações de chaves.

Ordenação com Custo Temporal Linear Logarítmico (Seção 11.3)

44. (a) Descreva o método de ordenação QUICKSORT. (b) Por que esse método é assim denominado?

45. (a) O que é pivô no método QUICKSORT? (b) Qual é a importância da escolha do pivô no desempenho do método QUICKSORT?

46. O algoritmo QUICKSORT é sensível ao estado inicial de ordenação da tabela de entrada?

47. Considerando o método de ordenação QUICKSORT, preencha a seguinte tabela informando quando ocorre o melhor caso desse algoritmo e qual é seu custo temporal em termos de notação ó. Repita o mesmo procedimento para o caso médio e o pior caso desse algoritmo.

MÉTODO QUICKSORT					
MELHOR CASO		CASO MÉDIO		PIOR CASO	
Quando ocorre?	Custo?	Quando ocorre?	Custo?	Quando ocorre?	Custo?

48. (a) Em que situações o uso do método de ordenação QUICKSORT é recomendável? (b) Em que situações o uso do método de ordenação QUICKSORT não é recomendável?

49. Qual é o custo espacial do método de ordenação QUICKSORT?

50. (a) Em que consiste o método de ordenação de árvore binária de busca? (b) Quando esse método de ordenação é vantajoso? (c) Quando esse método de ordenação não é vantajoso? (d) Qual é o pior caso desse método? (e) Qual é o custo de pior caso desse método de ordenação? (f) Qual é o custo de melhor caso desse método? (g) Qual é o custo espacial desse método?

51. Descreva o método de ordenação por intercalação (MERGESORT).

52. Suponha que o array abaixo seja ordenado utilizando o algoritmo MERGESORT. Apresente o conteúdo desse array logo antes da etapa de intercalação do referido algoritmo.

0	1	2	3	4	5	6	7	8	9
55	8	13	28	23	9	25	11	70	19

53. Considerando o método MERGESORT, preencha a seguinte tabela informando quando ocorre o melhor caso desse algoritmo e qual é seu custo temporal em termos de notação ó. Faça o mesmo para o caso médio e o pior caso desse algoritmo.

ORDENAÇÃO POR INTERCALAÇÃO (MERGESORT)					
MELHOR CASO		**CASO MÉDIO**		**PIOR CASO**	
Quando ocorre?	**Custo?**	**Quando ocorre?**	**Custo?**	**Quando ocorre?**	**Custo?**

54. Qual é o custo espacial do método de ordenação por intercalação?

55. (a) Em que situações o uso do método de ordenação por intercalação é recomendável? (b) Em que situações o uso desse método não é recomendável?

56. Descreva o método HEAPSORT.

57. (a) O método QUICKSORT é estável? (b) Se sua resposta for negativa, como ele pode se tornar estável?

58. (a) Quando o algoritmo QUICKSORT apresenta custo temporal $\theta(n^2)$? (b) Como esse custo pode ser amenizado?

59. (a) Descreva a técnica mediana de três usada com QUICKSORT. (b) Para que serve essa técnica?

60. Suponha que o array abaixo represente os nós de uma árvore binária completa e que o primeiro elemento represente a raiz dessa árvore. Desenhe a referida árvore.

0	1	2	3	4	5	6	7	8	9
55	8	13	28	23	9	25	11	70	19

61. Apresente o conteúdo do array do exercício **60** quando a árvore que ele representa é transformada num heap de máximo.

62. Apresente o conteúdo do array do exercício **60** quando a árvore que ele representa é transformada num heap de mínimo.

63. Considerando o método de ordenação HEAPSORT, preencha a seguinte tabela informando quando ocorre o melhor caso desse algoritmo e qual é seu custo temporal em termos de notação ó. Faça o mesmo para o caso médio e o pior caso desse algoritmo.

MÉTODO HEAPSORT					
MELHOR CASO		**CASO MÉDIO**		**PIOR CASO**	
Quando ocorre?	**Custo?**	**Quando ocorre?**	**Custo?**	**Quando ocorre?**	**Custo?**

64. Por que o algoritmo de ordenação HEAPSORT é inerentemente instável?

65. Em que situações o algoritmo QUICKSORT não é apropriado?

66. Por que o algoritmo QUICKSORT é normalmente escolhido quando não se tem noção sobre o estado de ordenação da tabela a ser ordenada?

67. (a) Existe alguma situação específica na qual a versão de QUICKSORT que usa a última chave da tabela como pivô não é adequada? (b) Por que essa versão de QUICKSORT é tão lenta quando os dados estão ordenados na ordem inversa?

68. Por que a abordagem mediana de três usada pelo algoritmo QUICKSORT não deve ser usada para partições muito pequenas?

69. O que é ponto de corte no algoritmo QUICKSORT?

70. Mostre como ocorre a ordenação dos valores *3, 1, 4, 1, 5, 9, 2* e *6* usando QUICKSORT com mediana de três e um ponto de corte igual a *3*.

71. Usando a implementação básica de QUICKSORT, determine o custo temporal desse algoritmo para uma tabela:

(a) Ordenada

(b) Inversamente ordenada

(c) Sem ordenação

72. Determine o custo temporal de MERGESORT para uma tabela:

(a) Ordenada

(b) Inversamente ordenada

(c) Sem ordenação

73. Mostre como HEAPSORT ordena o array contendo os valores: *142, 543, 123, 65, 453, 879, 572, 434, 111, 242, 811* e *102*.

74. Se você desejar ordenar um array em ordem decrescente usando HEAPSORT, você utilizará um heap de máximo ou um heap de mínimo?

75. Qual é o custo temporal de HEAPSORT quando a tabela já está ordenada?

76. Suponha que uma tabela T_1 já esteja ordenada na ordem desejada e que outra tabela T_2 contendo os mesmos elementos da tabela T_1 esteja ordenada em ordem inversa. Qual das duas tabelas, T_1 ou T_2, é ordenada mais rapidamente por HEAPSORT?

77. Mostre como são ordenados os valores *3, 1, 4, 1, 5, 9, 2* e *6* usando MERGESORT.

78. (a) Na implementação básica de QUICKSORT, qual é o custo temporal quando todas as chaves da tabela a ser ordenada são iguais? (b) E se a abordagem mediana de três for utilizada com QUICKSORT?

79. Suponha que se escolha o elemento na posição média do array como pivô. Isso torna improvável que QUICKSORT tenha custo temporal quadrático?

80. (a) Mostre, usando análise assintótica, que o algoritmo HEAPSORT tem custo temporal $\theta(n)$ quando as chaves da tabela a ser ordenada são iguais. (b) Isso não contradiz o **Teorema 11.19**? Explique sua resposta.

81. Assim como ocorre com QUICKSORT, o algoritmo MERGESORT também efetua $\theta(log\ n)$ chamadas recursivas. (a) Essa afirmação é verdadeira? (b) Se esse for o caso, por que, então, o custo espacial de MERGESORT não é $\theta(n \cdot log\ n)$ em vez de $\theta(n)$?

82. O algoritmo QUICKSORT apresenta recursão de cauda (v. **Capítulo 4** do **Volume 1**). Então, por que ele não pode ser transformado facilmente num algoritmo iterativo e apresentar custo espacial $\theta(1)$?

83. (a) Como o algoritmo QUICKSORT pode ser transformado num algoritmo iterativo (em vez de recursivo)? (b) Efetuando essa transformação o custo temporal ou espacial ser melhorado em termos de análise assintótica?

84. Que garantia oferece HEAPSORT em relação a QUICKSORT?

85. Supondo que o pivô seja o primeiro elemento, ilustre graficamente (v. **Figura 11–12**) a operação de partição usada por QUICKSORT do array `{15, 21, 10, 7, 11, 6, 9, 4, 22, 3, 5, 10}`.

86. Como se modifica QUICKSORT de modo que esse algoritmo ordene em ordem decrescente?

87. Complete a prova do **Lema 11.5**, mostrando que a relação de recorrência:

$$T(n) = \begin{cases} 0 & se\ n = 1 \\ T(\lfloor n/2 \rfloor) + T(\lceil n/2 \rceil) + n - 1 & se\ n > 1 \end{cases}$$

tem uma solução $T(n)$ tal que satisfaz as seguintes relações:

(a) $T(n) \geq n\ log_2\ n$

(b) $T(n) \leq 2n\ log_2\ n$

88. Por que na análise espacial do algoritmo MERGESORT (v. **Teorema 11.17**) utiliza-se a regra da soma, em vez da regra do produto?

Ordenação com Custo Temporal Linear (Seção 11.4)

89. (a) Descreva o método COUNTINGSORT. (b) Que restrições esse método de ordenação impõe às chaves da tabela a ser ordenada?

90. Suponha que um array contém números inteiros, sendo que alguns dos quais são negativos. Como se poderia ordenar esse array usando COUNTINGSORT?

91. Como o **Passo 4** do algoritmo COUNTINGSORT é realmente levado a efeito?

92. Por que um array auxiliar é necessário para armazenar a lista ordenada no algoritmo COUNTINGSORT? Ou, em outras palavras, por que o resultado do **Passo 4** não é copiado diretamente para o array recebido como parâmetro?

93. Como o algoritmo COUNTINGSORT pode ser simplificado quando os elementos do array a ser ordenado são valores inteiros?

94. Considerando o método COUNTINGSORT, preencha a seguinte tabela informando quando ocorre o melhor caso desse algoritmo e qual é seu custo temporal em termos de notação ó. Faça o mesmo para o caso médio e o pior caso desse algoritmo.

MÉTODO COUNTINGSORT					
MELHOR CASO		CASO MÉDIO		PIOR CASO	
Quando ocorre?	Custo?	Quando ocorre?	Custo?	Quando ocorre?	Custo?

95. (a) Descreva o método BUCKETSORT. (b) Que restrições esse método de ordenação impõe às chaves da tabela a ser ordenada?

96. Qual é a fase mais complicada do método BUCKETSORT? Explique sua resposta.

97. O método de ordenação BUCKETSORT usa comparações? Explique sua resposta.

98. Por que se diz que o uso do método BUCKETSORT em ordenação é análogo ao uso de dispersão em busca?

99. Considerando o método BUCKETSORT, preencha a seguinte tabela informando quando ocorre o melhor caso desse algoritmo e qual é seu custo temporal em termos de notação ó. Faça o mesmo para o caso médio e o pior caso desse algoritmo.

MÉTODO BUCKETSORT					
MELHOR CASO		CASO MÉDIO		PIOR CASO	
Quando ocorre?	Custo?	Quando ocorre?	Custo?	Quando ocorre?	Custo?

100. Compare ordenação por contagem com ordenação com coletores, apresentando as semelhanças e diferenças entre esses dois métodos de ordenação.

101. Descreva o método de ordenação por base (RADIXSORT).

102. Considerando o método RADIXSORT, preencha a seguinte tabela informando quando ocorre o melhor caso desse algoritmo e qual é seu custo temporal em termos de notação ó. Faça o mesmo para o caso médio e o pior caso desse algoritmo.

MÉTODO RADIXSORT					
MELHOR CASO		**CASO MÉDIO**		**PIOR CASO**	
Quando ocorre?	Custo?	Quando ocorre?	Custo?	Quando ocorre?	Custo?

103. Em que situações o método RADIXSORT é viável?

104. Por que se diz que o método RADIXSORT não usa comparações?

105. Como o algoritmo RADIXSORT consegue obter custo temporal $\theta(n\cdot d)$?

106. Como o algoritmo RADIXSORT pode ser alterado de modo que ele ordene tabelas em ordem decrescente?

107. O algoritmo de ordenação RADIXSORT poderia usar um array de pilhas em vez de um array de filas? Elabore seu raciocínio.

108. Qual é a maneira mais eficiente de ordenar um milhão de inteiros de 32 bits?

109. É possível escrever uma função genérica [tal como **qsort**() da biblioteca padrão de C] para o algoritmo BUCKETSORT?

110. O que há de comum entre os métodos de ordenação COUNTINGSORT, BUCKETSORT e RADIXSORT?

111. Por que ordenação com coletores é mais eficiente para listas com chaves densamente distribuídas, enquanto ordenação por base é melhor para listas com chaves esparsamente distribuídas?

112. É correto afirmar que ordenação de palavras da língua portuguesa pode ser efetuada com RADIXSORT considerando a base igual a 26, que é o tamanho do alfabeto usado nessa língua?

113. (a) Por que o algoritmo RADIXSORT ordena o dígito menos significante antes de ordenar os dígitos mais significantes? (b) Por que esse algoritmo efetua mais de uma ordenação com coletores se é a última dessas ordenações que coloca os elementos da lista em ordem?

114. Por que o subalgoritmo de ordenação usado por RADIXSORT tem que ser estável?

115. Qual é a suposição fundamental adotada para que o algoritmo BUCKETSORT tenha custo $\theta(n + k)$?

Limite Inferior para Algoritmos Baseados em Comparações (Seção 11.5)

116. No pior caso, qual é o menor custo temporal de um método que de ordenação que usa comparação?

117. (a) Por que a árvore de decisão associada a um algoritmo arbitrário baseado em comparações tem altura dada por $log_2 (n!)$, em que n é o número de itens a ser ordenados? (b) Por que o número de folhas dessa árvore é $n!$?

118. Mostre que, no caso médio, qualquer algoritmo de ordenação baseado em comparações efetua pelo menos $\lfloor log_2(n!) \rfloor$ comparações.

Algoritmos de Divisão e Conquista (Seção 11.6)

119. (a) O que é um algoritmo de divisão e conquista? (b) Por que QUICKSORT e MERGESORT são considerados algoritmos de divisão e conquista?

120. (a) Apresente outros algoritmos de divisão e conquista além daqueles apresentados neste livro. (b) Apresente dois exemplos de problemas que não podem ser resolvidos por um algoritmo de divisão e conquista.

121. Por que, apesar das aparências, busca binária não é um algoritmo de divisão e conquista?

Avaliações de Métodos de Ordenação (Seção 11.7)

122. Suponha que se deseje ordenar em ordem crescente uma tabela com *100* elementos e que tal tabela já esteja assim ordenada. Quantas comparações de chaves serão efetuadas se o algoritmo de ordenação utilizado for:

    (a) BUBBLESORT

    (b) QUICKSORT

    (c) SELECTIONSORT

    (d) INSERTIONSORT

123. Suponha que se deseje ordenar em ordem crescente uma tabela com *100* elementos e tal tabela esteja ordenada em ordem decrescente. Quantas comparações serão efetuadas se o algoritmo de ordenação utilizado for:

    (a) BUBBLESORT

    (b) QUICKSORT

    (c) SELECTIONSORT

    (d) INSERTIONSORT

124. Além de custo temporal e custo espacial, qual é o outro custo que se deve levar em consideração na análise de um algoritmo de ordenação?

125. Apresente uma situação na qual o custo de programação justifique o uso de um algoritmo de ordenação com custo temporal $\theta(n^2)$.

126. Por que é desejável que funções chamadas no corpo de uma função de ordenação sejam substituídas por instruções equivalentes que não envolvem chamadas de funções?

127. Qual é o ganho que se obtém quando se transforma uma função de ordenação recursiva numa função equivalente iterativa?

128. Por que, normalmente, não faz sentido usar análise amortizada na avaliação de algoritmos de ordenação?

129. Suponha que um algoritmo de ordenação deva satisfazer as seguintes condições:

    (1) A ordenação deve ser estável

    (2) As chaves estão ordenadas em ordem crescente

    (3) O espaço disponível é muito restrito

    Que método de ordenação deve ser escolhido de modo a satisfazer todas essas condições?

130. Se tanto BUBBLESORT quanto INSERTIONSORT têm o mesmo custo temporal $\theta(n^2)$ e BUBBLESORT é mais fácil (i.e., intuitivo) de implementar, por que se dá preferência a INSERTIONSORT em detrimento à BUBBLESORT?

131. Suponha que se tenha um milhão de cadeias de DNA cada uma das quais com exatamente 100 caracteres derivados do alfabético genético $\sum = \{A, C, N, T\}$. Que algoritmo de ordenação seria a melhor opção?

132. Preencha a segunda coluna da tabela a seguir com *E*, para algoritmos estáveis, ou *I*, para algoritmos instáveis.

ALGORITMO DE ORDENAÇÃO	ESTÁVEL?
BUBBLESORT	
INSERTIONSORT	
SELECTIONSORT	
HEAPSORT	
QUICKSORT	
BUCKETSORT	
MERGESORT	

133. Suponha que se sabe que uma lista indexada está desordenada com relação a uma determinada chave. Qual é o menor custo temporal no pior caso com que se pode verificar se essa lista contém pelo menos dois elementos com duplicidade dessa chave?

134. Dentre os algoritmos de ordenação discutidos neste capítulo, quais deles apresentam boa localidade de referência?

135. Por que HEAPSORT não é tão bom quanto parece?

Exemplos de Programação (Seção 11.8)

136. Dada uma lista simplesmente encadeada de n elementos, como se poderia ordená-la com custo temporal $\theta(n \log n)$, de modo estável e com custo espacial $\theta(1)$?

137. (a) O que é ordenação de ponteiros? (b) Quando o uso de ordenação de ponteiros é justificável?

138. Descreva o problema da bandeira holandesa e como ele pode ser resolvido.

139. (a) O que é uma lista bitônica? (b) O que é ponto bitônico?

11.10 Exercícios de Programação

EP11.1 Escreva um programa que cria uma lista indexada com *100* elementos inteiros escolhidos aleatoriamente. Então o programa ordena essa lista usando os algoritmos BUBBLESORT, SELECTIONSORT e INSERTIONSORT e apresenta uma tabela contendo o número de comparações efetuadas por cada algoritmo.

EP11.2 Escreva um programa que cria uma lista indexada com *100* elementos inteiros escolhidos aleatoriamente. Então o programa ordena essa lista usando os algoritmos QUICKSORT, MERGESORT e HEAPSORT e apresenta uma tabela contendo o número de comparações efetuadas por cada algoritmo.

EP11.3 Implemente uma versão de BUBBLESORT que alterna passagens pela tabela da esquerda para direita e da direita para esquerda. Esse algoritmo mais rápido do que BUBBLESORT é chamado **BubbleSort bidirecional** e é uma ligeira variação de BUBBLESORT. BUBBLESORT bidirecional difere de BUBBLESORT tradicional no sentido de que em vez de repetidamente atravessar a tabela do início para o final, ele passa alternadamente do início para o final e então do final para o início.

EP11.4 Use ponteiros genéricos e ponteiro para função para implementar uma função genérica para o algoritmo INSERTIONSORT.

EP11.5 Use ponteiros genéricos e ponteiro para função para implementar uma função genérica para o algoritmo QUICKSORT.

EP11.6 Use ponteiros genéricos e ponteiro para função para implementar uma função genérica para o algoritmo MERGESORT.

EP11.7 Implemente uma função para ordenação de listas encadeadas usando o algoritmo MERGESORT descrito na **Seção 11.3.2**.

EP11.8 Use ponteiros genéricos e ponteiro para função para implementar uma função genérica para o algoritmo HEAPSORT.

EP11.9 Dado um conjunto de n pontos no plano, ponto (x_i, y_i) **domina** (x_j, y_j) se $x_i > x_j$ e $y_i > y_j$. Um **ponto máximo** é um ponto que não é dominado por nenhum outro ponto no conjunto. (a) Implemente uma função que encontra todos os máximos de um conjunto de pontos. (b) Qual é o custo temporal dessa função?

EP11.10 Escreva uma função que implementa HEAPSORT de modo que ela ordena apenas itens que estão no intervalo entre `inf` e `sup`, que são passados como parâmetros para a função.

EP11.11 Escreva uma função para comparação de datas.

EP11.12 Implemente o algoritmo MERGESORT sem usar recursão.

EP11.13 Escreva um programa que lê uma lista de palavras e as apresenta agrupadas de acordo com suas rimas. O procedimento a ser seguido é o seguinte:

646 | Capítulo 11 — Ordenação em Memória Principal

(i) Leia a lista de palavras num array de strings

(ii) Inverta as letras em cada palavra (p. ex., *laranja* se torna *ajnaral*)

(iii) Ordene o array de palavras resultante

(iv) Inverta as letras em cada palavra de volta aos seus estados originais

(v) Apresente o resultado

Agora a palavra *laranja* deverá estar próxima de palavras, como *arranja* e *canja*, que rimam com *laranja*.

EP11.14 Escreva um programa que leia uma sequência de strings e ordene-os em ordem crescente, ignorando distinção entre letras maiúsculas e minúsculas.

EP11.15 Escreva um programa para ordenar palavras da língua portuguesa.

EP11.16 Suponha que você tenha um array de *n* elementos contendo apenas duas chaves distintas, cujos valores são *verdadeiro* e *falso*. Implemente uma função que apresente custo temporal $\theta(n)$ para ordenar esse array de modo que todos os elementos falsos precedem os elementos verdadeiros. Não é permitido o uso de espaço adicional [i.e., o custo espacial deve ser $\theta(1)$].

EP11.17 Escreva um programa que cria uma lista indexada aleatória com *100* elementos inteiros. Então o programa ordena essa lista usando três versões de QUICKSORT: (1) o pivô é o primeiro elemento da lista, (2) o pivô é o último elemento da lista e (3) o pivô é o primeiro elemento que se encontra na metade da lista. O programa deve apresentar uma tabela contendo o número de comparações efetuadas por cada algoritmo.

EP11.18 Escreva um programa que cria uma lista indexada aleatória com *100* elementos inteiros. Então o programa ordena essa lista usando três versões de QUICKSORT, cada uma das quais usa mediana de três e ponto de corte igual a: (1) 3, (2) 10 e (3) 20. O programa deve apresentar uma tabela contendo o número de comparações efetuadas por cada algoritmo.

EP11.19 Dados dois vetores de mesmo comprimento no espaço de dimensão *n*, encontre uma permutação desses vetores de modo que o produto interno deles é tão pequeno quanto possível.

EP11.20 Pode-se estender o esquema de ordenação de ponteiros apresentado na **Seção 11.8.2** para manter uma grande tabela ordenada em mais de uma chave. Os dados podem ser fisicamente armazenados de acordo com a primária chave e arrays auxiliares podem conter ponteiros para os mesmos dados ordenados em chaves secundárias. Implemente.

EP11.21 Suponha que se tenha um array cujos elementos são do tipo **int**. (a) Escreva uma função em C que encontra os dois elementos desse array cuja soma seja mais próxima de zero. (b) Escreva uma função semelhante àquela do item (a) supondo que o array está ordenado. (c) Qual é o custo temporal de cada uma dessas funções?

EP11.22 Suponha que se tenha uma lista indexada cujos elementos são do tipo **int**. (a) Escreva uma função em C que verifica se há três elementos tais que a soma deles seja igual a um certo valor *x*. (b) Escreva uma função semelhante àquela do item (a) supondo que a lista está ordenada. (c) Qual é o custo temporal de cada uma dessas funções?

EP11.23 Suponha que se tenha uma lista indexada cujos elementos são do tipo **int** e na qual existem elementos repetidos. (a) Escreva uma função em C que verifica qual é o valor que mais aparece nessa lista. (b) Escreva uma função semelhante àquela do item (a) supondo que a lista está ordenada. (c) Qual é o custo temporal de cada uma dessas funções?

EP11.24 Suponha que um array de inteiros é ordenado e começa com valores negativos e termina com valores positivos. Escreva uma função em C que retorne o índice do primeiro número positivo de tal modo que ela tenha custo temporal $\theta(\log n)$.

EP11.25 Suponha que se tenha um array de elementos do tipo **int** inicialmente ordenado. Assuma que esse array tenha sofrido um número desconhecido de rotações. Apresente uma função em C que encontra um elemento nesse array com custo temporal $\theta(log\ n)$. [**Observação:** Uma rotação de um array faz com que o último elemento passe a ocupar a primeira posição do array, o primeiro elemento passe a ocupar a segunda posição e assim por diante.]

EP11.26 Escreva uma função com custo temporal $\theta(n\ log\ n)$ que encontra a mediana de um array de elementos do tipo **int**.

EP11.27 Um elemento de uma lista indexada com n elementos é uma **maioria** se seu número de ocorrência é maior do que $n/2$. Escreva uma função em C que retorne o valor da maioria de uma lista indexada com n elementos do tipo **int**, se tal elemento existir.

EP11.28 Escreva uma função em C que cria duas partições de um array de elementos do tipo **int**, de modo que a primeira partição contém apenas números pares e a segunda partição contém apenas números ímpares.

EP11.29 Existem duas vantagens no uso de base 2 na implementação de RADIXSORT para a ordenação de inteiros: (1) o uso de divisão pode ser substituído por uma operação de baixo nível que é bem mais eficiente e (2) apenas duas filas são necessárias. Implemente o algoritmo de ordenação para a base 2 descrito a seguir:

1. Inicie uma variável i com 1
2. Inicie duas filas F_0 e F_1
3. Para cada item x_j da lista a ser ordenada, aplique a operação de conjunção sobre bits entre ele e i ; i.e., efetue a operação x_j & i
4. Se o resultado de x_j & i for 0, acrescente x_j à lista F_0; caso contrário, acrescente-o à lista F_1
5. Escreva os elementos da fila F_0 seguidos dos elementos de F_1 na lista a ser ordenada
6. Se i estiver em sua posição mais à esquerda (p. ex., $1000\ 0000$, se os números que estão sendo ordenados forem de 8 bit), encerre
7. Caso contrário, efetue uma operação de deslocamento esquerdo $i << 2$ e volte ao **Passo 2**

EP11.30 Suponha que se tenha uma lista indexada cujos elementos são do tipo int. (a) Escreva uma função em C que verifica se há dois elementos tais que a soma deles seja igual a um certo valor x. (b) Qual é o custo temporal dessa função? Escreva uma função semelhante àquela do item supondo que a lista está ordenada e que tenha custo temporal linear.

EP11.31 Escreva um programa semelhante àquele apresentado na **Seção 11.7.5** para testar os métodos de ordenação COUNTINGSORT, BUCKETSORT e RADIXSORT.

ORDENAÇÃO EM MEMÓRIA SECUNDÁRIA E BULKLOADING

Após estudar este capítulo, você deverá ser capaz de:

➤ Definir e usar os seguintes conceitos no contexto de ordenação externa:

❑ Série	❑ Recarga de buffer	❑ Buffers de entrada e de saída
❑ Intercalação binária	❑ Inserção massiva	❑ Passagem de intercalação
❑ Descarga de buffer	❑ Bulkloading	❑ Intercalação multíplice

➤ Explicar por que a maioria dos algoritmos usados em memória interna não são adequados para ordenação em memória externa

➤ Avaliar o desempenho de um algoritmo de ordenação externa

➤ Explicar por que nem sempre é possível efetuar intercalação numa única passagem quando se usa intercalação multíplice

➤ Determinar o tamanho do maior arquivo que pode ser ordenado usando intercalação multíplice

➤ Explicar o papel desempenhado por um heap em intercalação multíplice

➤ Expressar as vantagens que intercalação multíplice apresenta com respeito a intercalação binária

➤ Implementar os algoritmos de intercalação binária e de intercalação multíplice

➤ Descrever o processo de criação de árvore B+ usando inserção massiva

➤ Identificar o formato de uma árvore B+ criada por meio de inserção massiva

➤ Justificar o uso de bulkloading em detrimento do método ordinário de criação de árvores B+

objetivos

N O CAPÍTULO 11, todos os algoritmos examinados requerem que a tabela a ser ordenada esteja inteiramente em memória principal. Existem, entretanto, aplicações nas quais as tabelas são grandes demais e não podem ser contidas em memória interna. Este capítulo discute algoritmos de **ordenação externa** elaborados para lidar com volumes de dados muito grandes que devem residir em memória secundária relativamente lenta (usualmente, um HD). Este capítulo lida com situações nas quais deseja-se ordenar um arquivo sem ter que mantê-lo integralmente em memória principal.

Quando dados estão armazenados em memória secundária, algoritmos que são eficientes em memória principal podem não ser eficientes se o custo temporal do algoritmo é expresso como o número de operações de entrada e saída (v. **Capítulo 6**). O que norteia ordenação externa é minimização de acesso à memória secundária, visto que ler um bloco em disco leva cerca de um milhão de vezes mais tempo do que acessar um item em RAM (v. **Capítulo 1**). Portanto algoritmos de ordenação em memória externa são elaborados para minimizar o número de operações de entrada e saída.

A maioria dos algoritmos de ordenação externa é baseada em MERGESORT. Eles tipicamente dividem um arquivo de dados grande em vários arquivos ordenados menores denominados *séries*. Essas séries são produzidas transferindo-se repetidamente uma porção do arquivo de dados para a memória principal, ordenando-a com um algoritmo de ordenação para memória principal (p. ex., QUICKSORT) e escrevendo os dados ordenados num arquivo em memória secundária. Depois de as séries ordenadas serem geradas, um algoritmo de intercalação é usado para combinar arquivos ordenados menores em arquivos ordenados maiores. A abordagem mais simples (v. **Seção 12.2**) consiste em intercalar arquivos ordenados dois a dois consecutivamente até obter apenas um grande arquivo ordenado. Entretanto a melhor abordagem é usar um algoritmo de intercalação multíplice (v. **Seção 12.4**) que pode intercalar várias séries mais curtas ao mesmo tempo.

Além de ordenação externa, este capítulo discute na **Seção 12.6** um processo de construção de árvores B+ a partir de um grande conjunto de registros armazenados em arquivo. Esse processo, denominado **inserção massiva** (*bulkloading*, em inglês), consiste na inserção de uma grande quantidade de registros ordenados numa árvore B+ por meio de uma única operação.

12.1 Conceitos Básicos

Ordenação externa tipicamente usa uma abordagem híbrida de ordenação por intercalação (v. **Seção 11.3.2**). Esse tipo de ordenação externa consiste em duas fases: (1) ordenação e (2) intercalação. Na **fase de ordenação**, parte dos registros são lidos (i.e., armazenados em memória principal), ordenados usando algum método de ordenação visto no **Capítulo 11** e escritos num arquivo temporário. Esse processo é repetido até que todos os registros do arquivo a ser ordenado sejam processados. Na **fase de intercalação**, os arquivos ordenados são combinados num único arquivo maior. Nessa fase de intercalação, cada par de arquivos resultante da fase de ordenação é intercalado de modo semelhante àquele mostrado na **Seção 11.3.2**, resultando num novo arquivo ordenado. Essa etapa é repetida até restar apenas um arquivo, que representa o arquivo original ordenado.

No contexto de ordenação externa, um conjunto de registros ordenados é denominado **série**. Num algoritmo de **intercalação binária** (v. **Seção 12.2**), as séries são intercaladas duas a duas. Um algoritmo de **intercalação multíplice** (v. **Seção 12.4**), por outro lado, intercala mais de duas séries de cada vez. De fato, o modo como a intercalação é efetuada é a principal diferença entre os métodos de ordenação externa estudados neste capítulo. Uma **passagem de intercalação** é uma operação na qual duas ou mais séries são completamente intercaladas e dão origem a uma nova série.

Na discussão sobre ordenação em memória secundária a ser apresentada neste capítulo, serão utilizados os parâmetros e respectivas interpretações apresentados na **Tabela 6–3** vista no **Capítulo 6**.

12.2 Intercalação Binária

12.2.1 Descrição

Suponha que E representa o arquivo que armazena os registros que precisam ser ordenados e S representa um arquivo vazio. O algoritmo de intercalação binária em memória secundária é dividido em duas fases principais. A **Fase 1**, mostrada na **Figura 12–1**, é responsável pela produção de séries iniciais. Ao final da **Fase 1**, tem-se, no arquivo S, $\lceil N/M \rceil$ séries de M registros, sendo N o número total de registros e M o número máximo de registros que cabem em memória principal. Contudo a última série pode ser mais curta. Por exemplo, se $N = 50000$ e $M = 1500$, o número de séries será $\lceil 50000/1500 \rceil = 34$, sendo que 33 séries terão 1500 registros e a última delas terá 500 registros.

ALGORITMO CRIASÉRIES

ENTRADA: Arquivo E contendo os registros que serão ordenados

ENTRADA: Arquivo S contendo as séries criadas

1. Repita os seguintes passos até que o final do arquivo E seja atingido:

   1.1 Leia os próximos M registros do arquivo E em memória principal

   1.2 Ordene-os em memória principal usando um algoritmo de ordenação usado em memória principal (v. **Capítulo 11**)

   1.3 Escreva os registros ordenados ao final do arquivo S

FIGURA 12–1: ALGORITMO DE CRIAÇÃO DE SÉRIES

O algoritmo mostrado na **Figura 12–2** representa a **Fase 2** encarregada da intercalação dessas séries. A cada passo desse algoritmo, o número de séries é dividido por dois e o algoritmo para quando resta apenas uma série.

ALGORITMO INTERCALAÇÃOBINÁRIA

ENTRADA: Arquivo E contendo as séries que serão intercaladas

SAÍDA: Arquivo S contendo os registros ordenados

1. Enquanto houver mais de uma série no arquivo E, faça:

   1.1 Esvazie o arquivo S

   1.2 Se restar apenas uma série no arquivo E, copie-a para o final do arquivo S

   1.3 Caso contrário:

      1.3.1 Intercale as próximas duas séries do arquivo E numa série

      1.3.2 Escreva a série resultante da intercalação ao final do arquivo S

   1.4 Faça com que o arquivo S passe a ser o arquivo E

   1.5 Faça com que o arquivo E passe a ser o arquivo S

2. Garanta que arquivo S seja o arquivo que contém o resultado

---

FIGURA 12–2: ALGORITMO DE INTERCALAÇÃO BINÁRIA

O último passo do algoritmo INTERCALAÇÃOBINÁRIA é necessário devido à frequente troca de papéis dos arquivos envolvidos no processo. Quer dizer, ora o arquivo E serve como entrada ora ele serve como saída e o mesmo ocorre com o arquivo S, como ilustra a **Figura 12–3**.

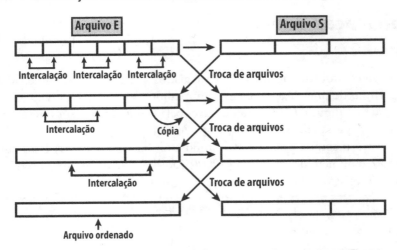

FIGURA 12–3: TROCA DE PAPÉIS DE ARQUIVOS EM INTERCALAÇÃO BINÁRIA

Qualquer implementação per si do algoritmo de intercalação binária apresentado na **Figura 12–2** está fadada à ineficiência devido ao fato de ele requerer acesso direto aos registros que constituem as séries que estão sendo intercaladas. Assim uma abordagem bem melhor para esse algoritmo mantém três arrays de tamanho B em memória principal (i.e., armazenando um bloco de disco cada). Os primeiros dois arrays, B_1 e B_2, são **buffers** (**de entrada**) para blocos de disco lidos da primeira e da segunda séries. O terceiro array é um **buffer de saída**. Esse algoritmo funciona como MERGESORT em memória principal, intercalando os arrays B_1 e B_2 e resultando no array B_0. Se o final de B_1 ou B_2 for atingido, o próximo bloco da série correspondente é lido e armazenado em memória principal. Também, tão logo o array B_0 se torne repleto, ele é escrito no arquivo de saída. A **Figura 12–4** ilustra essa intercalação de blocos em memória principal.

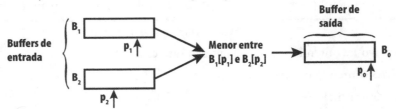

FIGURA 12–4: INTERCALAÇÃO BINÁRIA EM MEMÓRIA PRINCIPAL

12.2.2 Implementação

A função **CriaSeriesMS()** lê os registros de um arquivo a ser ordenado e cria séries usando a função **qsort()** da biblioteca padrão de C (v. **Capítulo 11** do **Volume 1**). A função **CriaSeriesMS()** retorna o número de séries criadas e seus parâmetros são:

- **nomeE** (entrada) — nome do arquivo que origina as séries
- **nomeS** (entrada) — nome do arquivo que armazenará as séries

```
int CriaSeriesMS(const char *nomeE, const char *nomeS)
{
    tRegistroMEC *registros; /* Ponteiro para um array que armazena */
                             /* uma série em memória principal       */
    int          nRegistros,  /* Número de registros numa série */
                 nSeries = 0; /* Número de séries */
    FILE         *streamS, /* Stream associado ao arquivo que armazenará as séries */
                 *streamE; /* Stream associado ao arquivo original */
```

```
    /* Aloca espaço para o array. Um array deste */
    /* tamanho não pode ser alocado na pilha      */
registros = calloc(MAX_REGISTROS, TAM_REG);
ASSEGURA( registros, "Buffer nao foi alocado" );

    /* Tenta criar o arquivo que conterá as séries */
streamS = AbreArquivo(nomeS, "wb");

    /* Tenta abrir o arquivo original */
streamE = AbreArquivo(NOME_ARQUIVO_BIN, "rb");

    /* Lê o arquivo a ser ordenado e cria as séries */
while (1) {
    /* Lê os registros da série corrente */
    nRegistros = fread( registros, TAM_REG, MAX_REGISTROS, streamE );

    /* Verifica se ocorreu erro de leitura */
    ASSEGURA( !ferror(streamE), "Erro de leitura em arquivo" );

    /* Encerra o laço se nenhum registro foi lido */
    if (!nRegistros)
        break;

    /* Ordena os registros lidos */
    qsort(registros, nRegistros, TAM_REG, ComparaInts2);

    /* Escreve a série corrente no arquivo */
    fwrite(registros, TAM_REG, nRegistros, streamS);

    /* Verifica se ocorreu erro de escrita */
    ASSEGURA( !ferror(streamS), "Erro de escrita em arquivo de series" );

    ++nSeries; /* Atualiza o número de séries */
}

FechaArquivo(streamS, nomeS); /* Fecha os arquivos */
FechaArquivo(streamE, nomeE);

free(registros); /* Libera o espaço ocupado pelo array */

return nSeries;
}
```

A função `CriaSeriesMS()` usa as macros `MAX_REGISTROS` e `TAM_REG` definidas como:

```
/* Número máximo de registros que (hipoteticamente) cabe em memória principal */
#define MAX_REGISTROS 80000

#define TAM_REG        sizeof(tRegistroMEC)  /* Tamanho de um registro  */
```

A constante `MAX_REGISTROS` representa, supostamente, em número de registros, a capacidade da memória principal disponível para execução do programa de ordenação. O tipo `tRegistroMEC` é definido no **Apêndice A**.

A função `IntercalaBinMS()` efetua intercalação binária de séries armazenadas num arquivo e seus parâmetros são:

- **nomeE** (entrada) — nome do arquivo que inicialmente contém as séries que serão intercaladas
- **nomeS** (entrada) — nome do arquivo que inicialmente conterá o resultado de intercalação das séries do primeiro arquivo
- **nSeries** (entrada) — número inicial de séries
- **tamSerie** (entrada) — tamanho (número de registros) máximo de cada série inicial

A função `IntercalaBinMS()` retorna o nome do arquivo que contém o resultado da intercalação (v. adiante).

```
const char *IntercalaBinMS( const char *nomeE, const char *nomeS,
                           int nSeries, int tamSerie )
{
    FILE        *streamS, /* Stream associado ao arquivo que contém */
                          /* o resultado de concatenação de séries  */
                *streamE; /* Stream associado ao arquivo que contém */
                          /* séries que serão concatenadas          */
    int         ns = nSeries, /* Número corrente de séries */
                ts = tamSerie; /* Tamanho máximo de cada série */
    int         i1, i2; /* Índices de duas séries que serão intercaladas */
    const char *aux;

    while (ns > 1) {
        /* Tenta abrir o arquivo contendo as séries que serão intercaladas */
        streamE = AbreArquivo(nomeE, "rb");

        /* Tenta criar o arquivo que conterá as séries resultantes */
        streamS = AbreArquivo(nomeS, "wb");

        i1 = 0; /* Índice inicial da primeira série */
        i2 = 1; /* Índice inicial da segunda série  */

        /* As séries são indexadas de 0 a ns - 1. */
        /* Portanto o maior valor de i2 é ns - 1. */
        while (i2 < ns) {
            /* Intercala as duas séries correntes */
            IntercalaDuasSeriesMS(streamE, streamS, i1, i2, ts);

            i1 += 2; /* Passa para as próximas séries */
            i2 += 2;
        }

        /* Se o número corrente de séries for ímpar, resta */
        /* copiar a última série para o arquivo resultante */
        if (i1 < ns) {
            /* Verificação de consistência */
            ASSEGURA(ns%2, "O numero de series deveria ser impar");
            ASSEGURA(i1 == ns - 1, "Deveria ser a ultima serie");

            /* Move apontador para o primeiro byte a ser copiado */
            /* e copia a última série para o arquivo resultante  */
            MoveApontador( streamE, (long)i1*ts*TAM_REG, SEEK_SET );
            CopiaRestoArquivo(streamE, streamS, 0);
        }

        FechaArquivo(streamE, nomeE); /* Fecha os arquivos */
        FechaArquivo(streamS, nomeS);

        ns = ns/2 + ns%2; /* O número de séries foi reduzido à metade */

        /* O número máximo de registros de cada série dobra de tamanho,  */
        /* sendo que o número de registros da última série pode ser menor */
        ts *= 2;

        aux = nomeE; /* Troca os papéis dos arquivos */
        nomeE = nomeS;
        nomeS = aux;
    }

    return nomeE; /* Retorna o nome do arquivo que contém o resultado */
}
```

Na função `IntercalaBinMS()`, os nomes associados aos arquivos de entrada e saída mudam durante sua execução (i.e., eles trocam de papéis, como mostra a **Figura 12–3**). Assim, ao final da operação, o resultado pode estar armazenado no arquivo representado pelo primeiro ou pelo segundo parâmetro dessa função. Essa é a razão pela qual ela retorna o nome do arquivo que contém o resultado, mas é fácil alterá-la de modo que o resultado seja sempre armazenado no segundo parâmetro.

A função `IntercalaDuasSeriesMS()`, chamada por `IntercalaBinMS()`, intercala duas séries armazenadas num arquivo e armazena o resultado noutro arquivo, de acordo com o que foi ilustrado na **Figura 12–4**. Os parâmetros de `IntercalaDuasSeriesMS()` são:

- `streamE` (entrada) — stream associado ao arquivo que contém as séries
- `streamS` (entrada) — stream associado ao arquivo que conterá o resultado da intercalação
- `is1` (entrada) — índice da primeira série
- `is2` (entrada) — índice da segunda série
- `tamSerie` (entrada) — tamanho máximo de uma série

```c
static void IntercalaDuasSeriesMS( FILE *streamE, FILE *streamS,
                                   long is1, long is2, int tamSerie )
{
    tRegistroMEC *buf1, *buf2, /* Buffers de entrada */
                 *bufS; /* Buffer de saída */
    int          ir1 = 0, /* Índice do próximo registro a ser lido no buffer 1 */
                 ir2 = 0, /* Índice do próximo registro a ser lido no buffer 2 */
                 irs = 0, /* Índice do próximo registro a   */
                          /* ser escrito no buffer de saída */
                 tamBuffer, /* Tamanho de um buffer */
                 n1, n2, /* Números de registros nos buffers associados */
                         /* respectivamente às séries 1 e 2         */
                 resto1 = tamSerie,/* Registros restantes na série 1 */
                 resto2 = tamSerie;/* Registros restantes na série 2 */
    long         pos1, /* Posição de leitura de um byte da série 1 */
                 pos2; /* Posição de leitura de um byte da série 2 */

    /* A primeira série deve preceder a segunda série */
    ASSEGURA(is1 < is2, "Indice da 1a serie e' maior do que indice da 2a");

    /* Divide a memória supostamente disponível pelos três buffers */
    tamBuffer = MAX_REGISTROS/3;

    /* Aloca espaço para cada buffer */
    buf1 = calloc(tamBuffer, TAM_REG);
    buf2 = calloc(tamBuffer, TAM_REG);
    bufS = calloc(tamBuffer, TAM_REG);
    ASSEGURA( buf1 && buf2 && bufS, "Pelo menos um buffer nao foi alocado" );

    /* Calcula a posição do primeiro byte de cada série */
    pos1 = is1*tamSerie*TAM_REG;
    pos2 = is2*tamSerie*TAM_REG;

    /* Efetua os primeiros carregamentos de buffers */
    n1 = CarregaBufferMS(streamE, buf1, MIN(tamBuffer, resto1), &pos1);
    n2 = CarregaBufferMS(streamE, buf2, MIN(tamBuffer, resto2), &pos2);

    /* Calcula o número de registros restantes em cada série */
    resto1 -= n1;
    resto2 -= n2;

    /* Intercala as duas séries */
```

```
while (1) {
        /* Se o buffer de saída estiver cheio descarrega-o para o arquivo de saída */
    if (irs >= tamBuffer) {
        fwrite(bufS, TAM_REG, tamBuffer, streamS);
        ASSEGURA(!ferror(streamS), "Erro de escrita");

        irs = 0; /* Buffer ficou novinho em folha */
    }

        /* Verifica se o buffer 1 está esgotado */
    if (ir1 >= n1) {
            /* Se ainda houver registros na série 1, recarrega esse buffer. */
            /* Caso contrário, o processamento dessa série está concluído    */
        if (resto1 > 0) {
                /* Ainda há registros da série 1 em arquivo */
            n1 = CarregaBufferMS( streamE, buf1, MIN(tamBuffer, resto1), &pos1 );
            ir1 = 0;
            resto1 -= n1;
        } else {
            /*                                                        */
            /* Não há mais registros na série 1. Copia o restante da  */
            /* segunda série para o arquivo de saída e encerra o laço. */
            /*                                                        */

                /* Primeiro, copia os registros que se encontram no buffer de */
                /* saída e depois copia aqueles que se encontram no buffer 2  */
            fwrite(bufS, TAM_REG, irs, streamS);
            fwrite(buf2 + ir2, TAM_REG, n2 - ir2, streamS);
            ASSEGURA(!ferror(streamS), "Erro de escrita");

                /* Se houver registros da série 2 restantes no */
                /* arquivo, copia-os para o arquivo de saída   */
            if (resto2 > 0) {
                MoveApontador(streamE, pos2, SEEK_SET);
                CopiaRestoArquivo(streamE, streamS, (long) resto2*TAM_REG);
            }
            break;
        }
    }

        /* Verifica se o buffer 2 está esgotado */
    if (ir2 >= n2) {
            /* Se ainda houver registros na série 2, recarrega esse buffer. */
            /* Caso contrário, o processamento da série 2 está concluído.    */
        if (resto2 > 0) {
                /* Talvez, ainda haja registros da série 2 em arquivo, mas o    */
                /* número inicial de registros dessa série pode ter sido menor */
            n2 = CarregaBufferMS(streamE, buf2, MIN(tamBuffer, resto2), &pos2);
            ir2 = 0;
            resto2 = n2 ? resto2 - n2 : 0;
        } else {
            /*                                                        */
            /* Não há mais registros na série 2. Copia o restante da */
            /* série 1 para o arquivo de saída e encerra o laço.     */
            /*                                                        */

                /* Primeiro, copia os registros que se encontram no buffer de */
                /* saída e depois copia aqueles que se encontram no buffer 1  */
            fwrite(bufS, TAM_REG, irs, streamS);
```

```
            fwrite(buf1 + ir1, TAM_REG, n1 - ir1, streamS);
            ASSEGURA(!ferror(streamS), "Erro de escrita");

                /* Se houver registros da série 1 restantes no */
                /* arquivo, copia-os para o arquivo de saída   */
            if (resto1 > 0) {
                MoveApontador(streamE, pos1, SEEK_SET);
                CopiaRestoArquivo( streamE, streamS, (long) resto1*TAM_REG );
            }
            break;
        }
    }

        /* O teste a seguir é necessário, pois a série 2 pode */
        /* ser a última do arquivo e seu tamanho inicial pode */
        /* ser menor do que o tamanho das demais séries       */
    if (n2 > 0)
            /* Copia o menor dos dois registros correntes nos  */
            /* buffers de entrada 1 e 2 para o buffer de saída */
        bufS[irs++] = ComparaInts2(buf1 + ir1, buf2 + ir2) < 0 ? buf1[ir1++]
                                                               : buf2[ir2++];
}

free(buf1); /* Libera os buffers */
free(buf2);
free(bufS);
}
```

A função `IntercalaDuasSeriesMS()` considera que as séries são indexadas de *0* a *ns – 1*, em que *ns* é o número de séries. Em cada série, os registros são indexados de *0* a *ts – 1*, sendo *ts* o número máximo de registros numa série, como ilustra a **Figura 12–5**. De fato, todas as séries, com a possível exceção da última série, têm exatamente *ts* registros. A função `ComparaInts2()` utilizada por `CriaSeriesMS()` e `IntercalaDuasSeriesMS()` compara duas chaves inteiras de registros do tipo **tRegistroMEC** e é relativamente fácil de implementar.

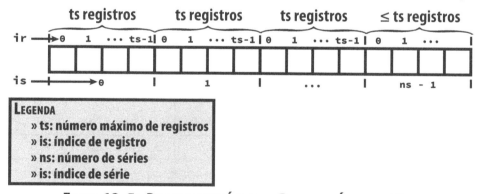

FIGURA 12–5: RELAÇÃO ENTRE ÍNDICE DE REGISTRO E ÍNDICE DE SÉRIE

A função `CarregaBufferMS()` preenche o conteúdo de um buffer com registros ordenados lidos do arquivo que contém as séries. Essa função retorna o número de registros lidos e seus parâmetros são:

- `stream` (entrada) — stream associado ao arquivo que contém os registros ordenados
- `buffer` (entrada) — o buffer que será preenchido
- `maxRegs` (entrada) — número máximo de registros que serão lidos
- `*pos` (entrada/saída) — posição da próxima leitura no arquivo

```
static int CarregaBufferMS(FILE *stream, tRegistroMEC *buffer, int maxRegs, long *pos)
{
    int nRegistros; /* Número de registros lidos */

        /* Move o apontador de posição para o local de leitura */
    MoveApontador(stream, *pos, SEEK_SET);

        /* Lê os registros no arquivo */
    nRegistros = fread(buffer, TAM_REG, maxRegs, stream);
    ASSEGURA(!ferror(stream), "Erro de leitura");

    *pos = ObtemApontador(stream); /* Obtém a posição da próxima leitura */

    return nRegistros;
}
```

A função `CopiaRestoArquivo()` chamada por `IntercalaDuasSeriesMS()` é semelhante à função `CopiaArquivo()` definida na **Seção 2.15.2**. Uma diferença entre elas é que a função utilizada aqui copia um arquivo para outro a partir da posição em que se encontram seus apontadores de posição. Além disso, função `CopiaRestoArquivo()` permite limitar o número de bytes copiados. As funções `AbreArquivo()` e `FechaArquivo()` chamadas pelas funções exibidas acima foram discutidas na **Seção 2.3**. As funções `MoveApontador()` e `ObtemApontador()` chamadas pelas funções `IntercalaBinMS()` e `IntercalaDuasSeriesMS()` foram definidas na **Seção 2.11.2**.

O leitor encontrará o código completo do programa de intercalação binária no site dedicado ao livro na internet. Além disso, nesse site, aparecem duas implementações alternativas de ordenação de arquivos por intercalação binária. A única diferença entre a primeira implementação alternativa e aquela apresentada aqui é que a função `IntercalaDuasSeriesMS()` da implementação alternativa não usa buffers (i.e., ela segue rigorosamente o algoritmo da **Figura 12–2**). O uso de buffers faz com que a implementação explorada acima seja bem mais eficiente do que essa implementação alternativa, como mostra a **Tabela 12–1**.

# Registros	# Séries	Implementação Corrente		Implementação Alternativa 1		Implementação Alternativa 2	
		Fase 1	Fase 2	Fase 1	Fase 2	Fase 1	Fase 2
600.000	8	3,00 s	2,00 s	3,00 s	33,0 s	3,00 s	26,0 s
1.200.000	15	8,00 s	6,00 s	8,00 s	1,48 m	9,00 s	1,13 m
2.400.000	30	14,00 s	1,12 m	14,00 s	3,58 m	20,00 s	3,02 m
4.800.000	60	28,00 s	4,08 m	28,00 s	8,90 m	37,00 s	6,97 m
9.565.483	120	58,00 s	8,75 m	58,00 s	20,28 m	1,23 m	16,17 m

Tabela 12–1: Implementações Alternativas de Intercalação Binária de Arquivos

Na segunda implementação alternativa, cada série criada é armazenada num arquivo próprio. Essa implementação é relativamente mais fácil de entender do que aquela apresentada acima, mas ela não segue os algoritmos apresentados na **Figura 12–1** e na **Figura 12–2**. Examinando a **Tabela 12–1**, note que a implementação exibida acima apresenta uma ligeira vantagem com relação a essa segunda implementação alternativa, pois, além do uso de buffers, suas séries são armazenadas num mesmo arquivo. Por outro lado, essa segunda implementação alternativa leva uma sensível vantagem com relação à primeira implementação alternativa. Isso ocorre porque, apesar do ônus envolvido na criação e remoção de vários arquivos, durante a fase de intercalação, a segunda implementação alternativa lê os registros usando um padrão de acesso sequencial. A primeira implementação alternativa, por sua vez, efetua esse processamento usando um padrão de acesso direto, que, como foi visto no **Capítulo 1** (v. **Seção 1.1.3**), é bem mais lento do que acesso sequencial.

12.2.3 Análise

Na análise de um algoritmo baseado em entrada e saída, leva-se em conta a quantidade de operações de acesso à memória secundária que são efetuadas, sendo que a unidade de acesso é o bloco. Assim o custo temporal de um algoritmo de ordenação externa é estimado pelo número de operações de entrada e saída efetuadas durante o processo de ordenação. Isso significa que eliminar uma única dessas operações pode melhorar significativamente o desempenho de tal algoritmo. Como se supõe que o custo temporal de um método de ordenação externa é dominado por entrada e saída, pode-se estimar o custo temporal de um método de ordenação externa multiplicando-se o número de acessos à memória secundária pelo tempo requerido para ler e escrever um bloco. De modo semelhante ao que ocorre com busca em memória secundária (v. **Capítulo 6**), supõe-se que ordenar dados em memória principal é desprezível em face a esse número de acessos.

Teorema 12.1: O custo de transferência do algoritmo de intercalação binária é $\theta(n \cdot log_2(n/m))$.

Prova: A **Fase 1** do algoritmo de intercalação binária (v. **Figura 12–1**) lê todos os blocos de um arquivo E e escreve a mesma quantidade de blocos num arquivo S. Assim $2n$ operações de entrada e saída são efetuadas, em que n é o número de blocos de disco no arquivo inicial. Numa iteração do laço principal da **Fase 2** (v. **Figura 12–2**), blocos de todas as séries no arquivo E são lidos e essa mesma quantidade de blocos é escrita no arquivo S. Novamente, $2n$ [i.e., $\theta(n)$] operações de entrada ou saída são efetuadas. Nessa fase, cada iteração reduz o número de séries pela metade. Como começa-se com $\lceil N/M \rceil = \lceil n/m \rceil$ séries e termina-se com uma única série, há $log_2(n/m)$ iterações, cada uma das quais executando $\theta(n)$ operações de entrada e saída. Somando os custos da **Fase 1** e da **Fase 2**, obtém-se o custo temporal total $\theta(n \cdot log_2(n/m))$. ∎

12.3 Intercalação Multíplice de Arrays

12.3.1 Descrição do Problema

A compreensão da próxima técnica de ordenação externa a ser discutida e de sua análise serão bastante facilitadas se o leitor estudar previamente o problema a ser descrito na presente seção. Esse problema é relativamente trivial e consiste em ordenar k arrays, sendo que cada um dos quais contém n elementos já ordenados. O resultado da ordenação deve ser armazenado em outro array.

Uma solução óbvia para esse problema seria armazenar os elementos dos arrays no array que conterá os itens ordenados e, então, ordená-los usando um método de ordenação com o melhor custo temporal possível, que, em geral, é $\theta(n \cdot k \cdot log\ n \cdot k)$, como foi visto no **Capítulo 11**. Mas essa é uma abordagem ingênua que não leva em consideração o fato de os k arrays já estarem ordenados.

Uma abordagem melhor para o problema em questão consiste em intercalar os k arrays contendo n elementos ordenados usando um heap de mínimo (v. **Capítulo 10**). Usando essa abordagem, pode-se mostrar que o custo da ordenação cai para $\theta(n \cdot k \cdot log\ k)$, que, à primeira vista, parece ser um ganho irrelevante com relação à abordagem ingênua, mas que, de fato, não o é, quando essa mesma abordagem é usada em ordenação externa, como será visto na próxima seção.

12.3.2 Algoritmo

Precisamente, a técnica de **intercalação multíplice de arrays** por intermédio de heap consiste dos passos apresentados na **Figura 12–6**.

ALGORITMO INTERCALAÇÃOMULTÍPLICEDEARRAYS

ENTRADA: k arrays ordenados, cada um dos quais com tamanho n

SAÍDA: Um array de tamanho $n \cdot k$ contendo os elementos dos k arrays de entrada

1. Aloque um array com capacidade suficiente para conter o resultado (i.e., com tamanho igual a $n \cdot k$)

2. Crie um heap de mínimo de tamanho igual a k

3. Insira o primeiro elemento de cada array no heap

4. Enquanto os k arrays não estiverem exauridos, faça o seguinte:

    4.1 Obtenha o menor elemento do heap (que se encontra em sua raiz)

    4.2 Armazene esse elemento no array que conterá o resultado

    4.3 Se ainda houver algum elemento a ser considerado no array ao qual a raiz do heap pertencia, substitua-a pelo próximo elemento desse array

    4.4 Caso contrário, substitua a raiz do heap por seu último elemento

    4.5 Reorganize o heap de modo que ele continue satisfazendo sua propriedade de ordenação

---

FIGURA 12–6: ALGORITMO DE INTERCALAÇÃO MULTÍPLICE DE ARRAYS

12.3.3 Implementação

A implementação do algoritmo descrito na **Figura 12–6** será apresentada adiante. As seguintes definições de tipos serão utilizadas:

```
typedef int tElemArray; /* Tipo de cada elemento dos arrays */

  /* Tipo de nó de um heap */
typedef struct {
        tElemArray elemento; /* Elemento do array */
        int        i;        /* Índice do elemento em seu array */
        int        iArray;   /* Índice do array ao qual o elemento pertence */
    } tNoHeapIM_Arr;

  /* Tipo que representa um heap */
typedef struct {
        tNoHeapIM_Arr *itens;  /* Array de elementos */
        int           nItens; /* Número de elementos do heap */
    } tHeapIM_Arr;

  /* Tipo de ponteiro para função de comparação que compara elementos do array */
typedef int (*tFCompara) (const void *, const void *);
```

A função `IniciaHeapIM_Arr()` inicia um heap e usa como parâmetros:

- `*heap` (saída) — heap que será iniciado
- `nElementos` (entrada) — número de elementos do heap

Essa função retorna seu primeiro parâmetro.

```
tHeapIM_Arr *IniciaHeapIM_Arr(tHeapIM_Arr *heap, int nElementos)
{
  heap->nItens = nElementos;
  heap->itens = calloc(nElementos, sizeof(tNoHeapIM_Arr));

  ASSEGURA(heap->itens, "Impossivel alocar heap");

  return heap;
}
```

A função `ObtemMinimoIM_Arr()` retorna o menor elemento de um heap de mínimo e seu único parâmetro é um ponteiro para o heap.

```
tNoHeapIM_Arr ObtemMinimoIM_Arr(const tHeapIM_Arr *heap)
{
    return heap->itens[0]; /* O menor elemento de um heap de mínimo se acha na raiz */
}
```

A função `SubstituiMinimoIM_Arr()` substitui o menor elemento de um heap de mínimo e tem como parâmetros:

- `heap` (entrada e saída) — ponteiro para o heap que terá seu menor elemento substituído
- `item` (entrada) — ponteiro para o conteúdo do elemento que substituirá o menor elemento do heap
- `Compara` (entrada) — ponteiro para uma função que compara dois elementos de array armazenados no heap

```
void SubstituiMinimoIM_Arr(tHeapIM_Arr *heap, const tNoHeapIM_Arr *item, tFCompara Compara)
{
    heap->itens[0] = *item; /* Efetua a substituição */

        /* Talvez a substituição da raiz faça com que o heap */
        /* deixe de satisfazer sua propriedade de ordenação  */
    OrdenaHeapIM_Arr(heap, 0, Compara);
}
```

A função `OrdenaHeapIM_Arr()`, chamada por `SubstituiMinimo()`, restaura a propriedade de ordenação de um heap de mínimo após ele ter sido alterado. Essa função é semelhante à função `OrdenaHeap()` definida na **Seção 10.2.4**.

A função `ReduzHeapIM_Arr()` reduz o tamanho de um heap e retorna seu último elemento. O único parâmetro (de entrada e saída) dessa função é um ponteiro para o heap.

```
tNoHeapIM_Arr ReduzHeapIM_Arr(tHeapIM_Arr *heap)
{
    return heap->itens[--heap->nItens];
}
```

A função `IntercalaNArrays()` intercala *k* arrays ordenados de *n* elementos cada usando um heap de mínimo e tem como parâmetros:

- `ar[][]` (entrada) — os arrays ordenados
- `k` (entrada) — o número de arrays ordenados

Essa função retorna o endereço do array que contém o resultado da intercalação

```
tElemArray *IntercalaNArrays(tElemArray ar[][N_ELEMENTOS], int k)
{
    tElemArray     *resultado;
    tHeapIM_Arr    heap;
    int            i;
    tNoHeapIM_Arr raiz;

        /* Aloca espaço para o array que conterá o resultado */
    resultado = calloc(N_ELEMENTOS*k, sizeof(tElemArray));
    ASSEGURA(resultado, "Impossivel alocar array");

    IniciaHeapIM_Arr(&heap, k); /* Inicia o heap */

        /* Associa o primeiro elemento de cada array a um nó do heap */
```

```
for (i = 0; i < k; i++) {
   heap.itens[i].elemento = ar[i][0];
   heap.itens[i].i = 0;
   heap.itens[i].iArray = i;
}

   /* Ordena o heap */
for (i = (k - 1)/2; i >= 0; --i)
   OrdenaHeapIM_Arr(&heap, i, ComparaInts);

   /* Obtém o menor elemento do heap e o substitui pelo próximo elemento */
   /* do array que o contém até que todos os arrays estejam esgotados    */
for (i = 0; i < N_ELEMENTOS*k; ++i) {
   raiz = ObtemMinimoIM_Arr(&heap); /* Obtém o menor valor armazenado no heap */

      /* Armazena o menor valor no array que */
      /* conterá o resultado da intercalação */
   resultado[i] = raiz.elemento;

      /* O elemento que substituirá a raiz pertence ao mesmo array ao */
      /* qual pertence raiz, a não ser que esse array esteja esgotado */
   if (++raiz.i < N_ELEMENTOS)
      /* Substitui a raiz por um novo elemento */
      /* do array ao qual ela pertencia       */
      raiz.elemento = ar[raiz.iArray][raiz.i];
   else
      /* Os elementos desse array estão esgotados. A nova raiz será o    */
      /* último elemento do heap, que passará a ter um elemento a menos */
      raiz = ReduzHeapIM_Arr(&heap);

      /* Substitui a raiz do heap pelo novo elemento */
   SubstituiMinimoIM_Arr(&heap, &raiz, ComparaInts);
}
   return resultado; /* Retorna o array resultante da intercalação */
}
```

12.3.4 Análise

Teorema 12.2: O custo temporal do algoritmo de intercalação multíplice de arrays é $\theta(n \cdot k \cdot \log k)$.

Prova: Examinando-se o algoritmo apresentado na **Seção 12.4.1**, nota-se que seu custo temporal corresponde ao custo temporal de seu **Passo 4**, que é um laço executado nk vezes, que é igual ao número de elementos nos k arrays. Por outro lado, o custo do corpo desse laço é determinado pelo **Passo 4.4**, que, conforme foi visto na **Seção 10.2.5**, é $\theta(\log k)$. Logo o custo temporal do algoritmo é $\theta(n \cdot k \cdot \log k)$. ∎

12.4 Intercalação Multíplice de Arquivos

12.4.1 Descrição

Para tornar o algoritmo de intercalação binária mais eficiente, deve-se notar que, enquanto se usa toda a memória principal disponível na **Fase 1**, apenas três de cada m blocos de memória principal disponível são usados na **Fase 2**. É fácil ver que alocar arrays maiores B_1, B_2 e B_0 não altera o número de operações de entrada ou saída disponíveis. Em vez disso, mais séries precisam ser intercaladas ao mesmo tempo.

Um algoritmo de **intercalação multíplice** (ou **de múltiplas vias**) recebe como entrada vários arquivos ordenados e intercala-os num único arquivo ordenado usando, tipicamente, um número de vias de intercalação bem maior do que dois. Além disso, a ideia que norteia intercalação multíplice é a mesma que norteia intercalação binária. Entretanto, em vez de usar dois arrays de entrada de B elementos, usam-se $\lceil N/M \rceil$ arrays de entrada, cada um deles com B elementos. Cada array corresponde a uma série não concluída (ou **ativa**).

Inicialmente, todas as séries estão ativas e cada array tem um ponteiro[1] para seu primeiro elemento que ainda não foi levado em consideração. A **Figura 12–7** mostra como ocorre intercalação multíplice em memória principal.

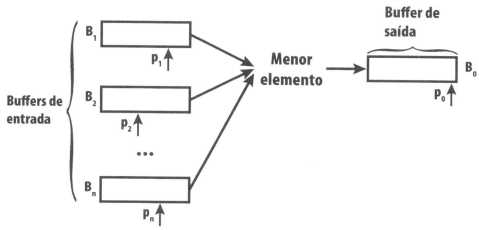

FIGURA 12–7: INTERCALAÇÃO MULTÍPLICE EM MEMÓRIA PRINCIPAL

Uma intercalação multíplice permite que os arquivos em memória secundária sejam intercalados com um menor número de operações de entrada ou saída do que numa intercalação binária. Se houver seis séries que precisam ser intercaladas, uma intercalação binária usaria três intercalações, em oposição a uma única passagem de intercalação sêxtupla. Essa redução de passagens de intercalação é importante considerando a grande quantidade de dados que está usualmente sendo ordenada, permitindo maior rapidez ao mesmo tempo que também reduz a quantidade de acessos à memória secundária.

A intercalação multíplice é levada a efeito seguindo o algoritmo da **Figura 12–8**.

ALGORITMO IntercalaçãoMultípliceDeArquivos

ENTRADA: Séries contendo registros ordenados

SAÍDA: Arquivo contendo todos os registros das séries ordenados

1. Preencha os buffers de entrada com blocos de registros de suas respectivas séries
2. Enquanto houver buffer de entrada ativo, faça o seguinte:
   2.1 Encontre o menor registro que se encontra nos buffers de entrada
   2.2 Mova esse registro para a primeira posição disponível no buffer de saída
   2.3 Se o buffer de saída estiver cheio:
      2.3.1 Escreva o conteúdo do buffer de saída no arquivo resultante
      2.3.2 Reinicie o buffer de saída
   2.4 Se o buffer de entrada do qual o menor registro foi obtido ficar vazio:
      2.4.1 Se ainda houver bloco disponível na série correspondente, preencha esse buffer de entrada com o próximo bloco de registros
      2.4.2 Caso contrário, se não houver bloco disponível na série correspondente, considere desativado esse buffer de entrada
3. Se houver registros remanescentes no buffer de saída, escreva o conteúdo desse buffer no arquivo resultante

---

FIGURA 12–8: ALGORITMO DE INTERCALAÇÃO MULTÍPLICE DE ARQUIVOS

[1] No presente contexto, ponteiro é uma variável que armazena um índice de array.

12.4.2 Exemplo

Considere um exemplo fictício de ordenação externa por intercalação multíplice no qual deseja-se ordenar um arquivo contendo *24* registros, mas apenas *8* deles cabem inteiramente na memória principal disponível[2]. Os passos seguidos para ordenação desse arquivo serão descritos abaixo.

1. São lidos *8* registros do arquivo em memória principal. Em seguida, esses registros são ordenados por algum método convencional de ordenação visto no **Capítulo 11**, tal como QuickSort.

2. Os registros ordenados no passo anterior constituem a primeira série do processo. Essa série é escrita num novo arquivo em disco. A **Figura 12–9** mostra o resultado dos dois primeiros passos. A despeito de essa figura parecer mostrar que em memória principal há dois arrays, de fato, em qualquer instante, há apenas um array.

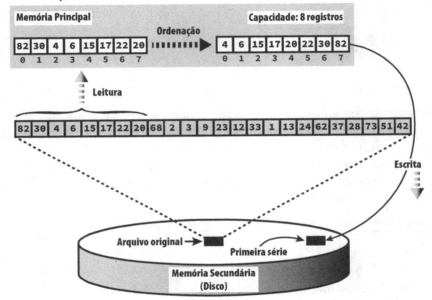

Figura 12–9: Exemplo de Intercalação Multíplice: Ordenação de Série

3. Os **Passos 1** e **2** são repetidos até que todos os registros estejam ordenados em novos arquivos de *8* registros. Como há *24* registros, haverá *3* novos arquivos ordenados (séries), como mostra a **Figura 12–10**.

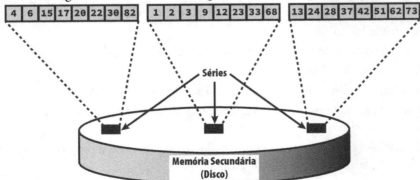

Figura 12–10: Exemplo de Intercalação Multíplice: Arquivos Contendo as Séries

---

[2] Não esqueça que esse é um exemplo fictício que não tem nenhum compromisso com as dimensões envolvidas. Portanto não tente imaginar uma situação real correspondente a esse exemplo. Em vez disso, concentre-se em entender o funcionamento do processo, que é real.

4. Para efetuar a intercalação das séries, são alocados *4* arrays em memória principal. Três desses arrays são buffers de entrada enquanto o outro array é um buffer de saída. Cada buffer de entrada está associado a uma série armazenada em arquivo. Por sua vez, o buffer de saída estará associado a um novo arquivo que conterá o resultado da intercalação dessas séries. A **Figura 12–11** mostra os buffers de entrada *E1*, *E2* e *E3* e o buffer de saída *S*. Como, por hipótese, a capacidade total da memória principal é de *8* registros, cada buffer tem capacidade para conter apenas dois registros.

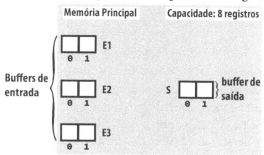

FIGURA 12–11: EXEMPLO DE INTERCALAÇÃO MULTÍPLICE: BUFFERS DE ENTRADA E SAÍDA

5. Os primeiros dois registros de cada série são lidos e armazenados no respectivo buffer de entrada associado à série. A **Figura 12–12** ilustra a situação após a execução desse passo. Note que acima de cada buffer existe uma seta para baixo. Cada uma dessas setas representa a posição do **elemento ativo** corrente do respectivo buffer. O menor elemento ativo corrente nos buffers de entrada é aquele que será escrito na posição do elemento ativo corrente do buffer de saída. Cada seta para baixo que aparece sobre uma série na **Figura 12–12** indica a posição do apontador de arquivo dessa série.

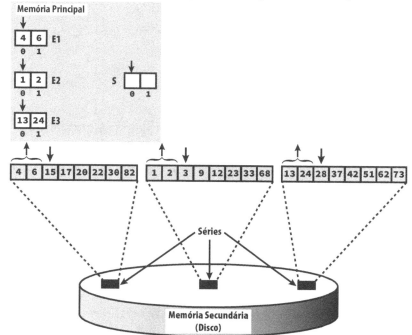

FIGURA 12–12: EXEMPLO DE INTERCALAÇÃO MULTÍPLICE: LEITURA DE REGISTROS DE SÉRIES

6. Efetua-se uma intercalação de três vias e armazena-se o resultado no buffer de saída. A **Figura 12–13** ilustra a intercalação dos registros contendo as chaves *4*, *1* e *13*. Nesse caso, como a menor chave é *1*, o registro que contém essa chave é copiado para o buffer de saída.

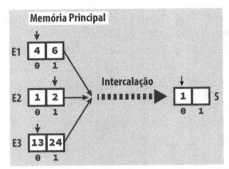

FIGURA 12–13: EXEMPLO DE INTERCALAÇÃO MULTÍPLICE: INTERCALAÇÃO DE TRÊS REGISTROS

7. Sempre que um elemento de um buffer de entrada é copiado para o buffer de saída, o indicador de elemento ativo desse buffer é incrementado, e o mesmo ocorre com o indicador de elemento ativo do buffer de saída (v. **Figura 12–13**). Quando o indicador de um buffer de entrada ultrapassa o limite do buffer (array), ele é considerado um **buffer de entrada vazio**, visto que ele não possui mais nenhum elemento ativo. Por outro lado, quando o indicador do buffer de saída ultrapassa o limite desse buffer, ele é considerado **repleto**, pois todas as suas posições já foram preenchidas. Sempre que o buffer de saída se torna repleto, ele é escrito no arquivo que conterá o resultado da intercalação, como mostra a **Figura 12–14**. Como no presente exemplo essa é a primeira escrita efetuada após o buffer se tornar repleto, um novo arquivo é criado. Após a **descarga do buffer de saída** em arquivo, seu indicador de elemento ativo volta para o início do buffer, de modo que ele é considerado vazio novamente (v. **Figura 12–15**).

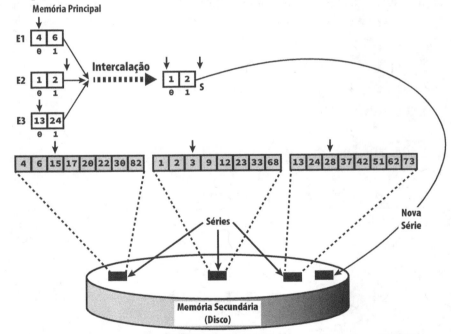

FIGURA 12–14: EXEMPLO DE INTERCALAÇÃO MULTÍPLICE: ESCRITA DE NOVA SÉRIE

8. Sempre que qualquer buffer de entrada ficar vazio, ele será preenchido com os próximos registros de sua série de entrada associada até que não haja mais dados disponíveis nessa série. Na **Figura 12–15**, os registros com chaves *3* e *9* da segunda série de entrada foram lidos e usados para **recarregar o buffer de entrada** *E2* associado a essa série.

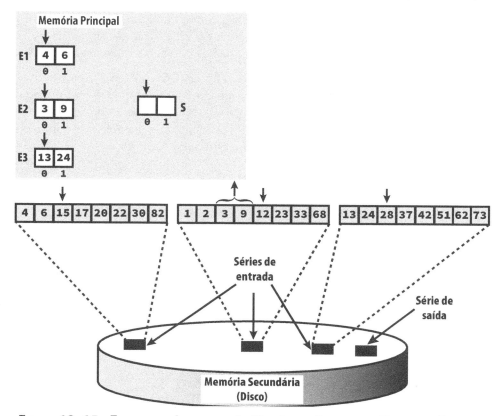

FIGURA 12–15: EXEMPLO DE INTERCALAÇÃO MULTÍPLICE: RECARGA DE BUFFER DE ENTRADA

9. A **Figura 12–16** mostra a próxima descarga do buffer de saída após duas intercalações de registros.

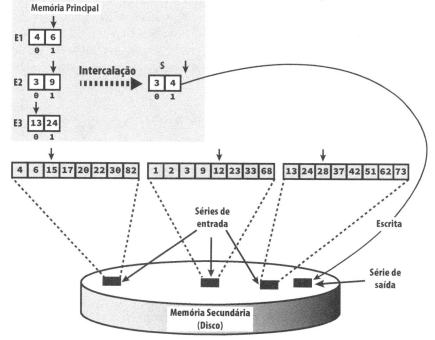

FIGURA 12–16: EXEMPLO DE INTERCALAÇÃO MULTÍPLICE: DESCARGA DE BUFFER DE SAÍDA

A partir deste ponto, a história se repetirá e espera-se que o leitor tenha adquirido cabedal suficiente para completo entendimento do exemplo. Ao final desse exemplo, todas as séries terão sido intercaladas e esses arquivos podem ser removidos do disco. A série de saída, por outro lado, conterá o arquivo original ordenado.

O exemplo acima ilustra uma ordenação de dois passos: (1) ordenação (i.e., criação das séries ordenadas de entrada) e (2) intercalação, como ocorre com intercalação binária. Note, contudo, que, aqui, houve uma única passagem de intercalação múltipla em três vias. Se intercalação binária tivesse sido usada, seriam necessárias duas passagens de intercalação. O ganho nesse exemplo foi pequeno, mas, na prática, é comum ocorrerem várias intercalações simultâneas e não apenas três como foi o caso nesse exemplo.

A título de comparação, considere uma intercalação de seis séries ordenadas. Numa intercalação binária haveria 5 passagens [v. **Figura 12–17 (a)**], enquanto numa intercalação multíplice haveria apenas uma passagem [v. **Figura 12–17 (b)**].

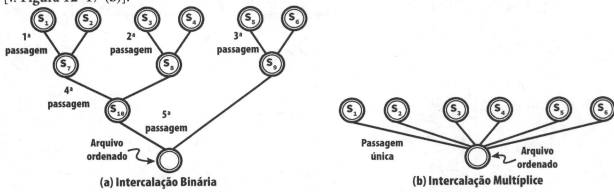

(a) Intercalação Binária

(b) Intercalação Multíplice

Figura 12–17: Passagens de Intercalação Binária e Multíplice

Existe uma limitação para intercalação numa única passagem. Isto é, quando o número de séries cresce muito, divide-se o espaço disponível em memória principal num número maior de buffers de tamanhos cada vez menores, de modo que um número maior de leituras menores precisa ser feito. Assim, por exemplo, ordenar 50 GiB usando 100 MiB de RAM com uma única passagem de intercalação não é eficiente, pois os acessos a disco requeridos para preencher os buffers de entrada com dados de cada uma das 500 séries de 200 KiB de cada vez consome muito tempo. Agora usando-se duas passagens de intercalação, resolve-se o problema.

12.4.3 Implementação

A implementação de intercalação multíplice usa os seguintes tipos:

```
    /* Tipo de variável que contém informação sobre uma série */
typedef struct {
        long         pos; /* Posição da próxima leitura */
        tRegistroMEC *buffer; /* Buffer associado à série */
        int          nRegs; /* Número de registros que se encontram no buffer */
        int          resto; /* Número de registros da série   */
                            /* que restam em arquivo          */
    } tSerieMS;

    /* Tipo de nó de um heap */
typedef struct {
        tRegistroMEC *elemento; /* Ponteiro para um registro de uma série */
        int          ir; /* Índice do registro em seu buffer */
        int          is; /* Índice da série à qual o registro pertence */
    } tNoHeapIM_Arq;
```

```
        /* Tipo de um heap */
typedef struct {
        tNoHeapIM_Arq *itens;  /* Array de elementos do heap   */
        int           nItens;  /* Número de elementos do array */
    } tHeapIM_Arq;
```

O tipo **tRegistroMEC** usado nas definições acima é definido no **Apêndice A**. Além desses tipos, usa-se ainda nesta implementação o tipo **tFCompara** definido na **Seção 12.3.3**.

A implementação da **Fase 1** de intercalação multíplice é idêntica àquela que cria as séries iniciais da intercalação binária vista na **Seção 12.2.2**. Por sua vez, a **Fase 2** de intercalação multíplice é implementada pela função **IntercalaMultiArq()** cujos parâmetros são:

- **nomeE** (entrada) — nome do arquivo que contém as séries
- **nomeS** (entrada) — nome do arquivo resultante da intercalação
- **nSeries** (entrada) — o número de séries que serão intercaladas
- **tamSerie** (entrada) — tamanho máximo de uma série

```
void IntercalaMultiArq(const char *nomeE, const char *nomeS, int nSeries, int tamSerie)
{
    tSerieMS      *series; /* Ponteiro para um array contendo */
                          /* informações sobre as séries      */
    int           tamBuffer; /* Tamanho de um buffer de entrada ou saída */
    FILE          *streamS, /* Stream associado ao arquivo que */
                          /* conterá os registros ordenados   */
                  *streamE; /* Stream associado ao arquivo que contém as séries */
    tHeapIM_Arq   heap; /* Heap usado na ordenação dos elementos */
                          /* dos buffers de entrada                */
    int           i,
                  ibs = 0, /* Índice no qual o próximo registro   */
                          /* do buffer de saída será armazenado */
                  iHeap = 0; /* Índice de um elemento do heap */
    tNoHeapIM_Arq raiz; /* Uma raiz do heap */
    tRegistroMEC *bufferS; /* Apontará para o buffer de saída */

    tamBuffer = MAX_REGISTROS/(nSeries + 1); /* Calcula o tamanho de cada buffer */

    /* O tamanho de um buffer não pode ser zero */
    ASSEGURA(tamBuffer, "O tamanho de cada buffer e' zero");

    /* Aloca espaço para o buffer de saída */
    bufferS = calloc(tamBuffer, TAM_REG);
    ASSEGURA(bufferS, "Impossivel alocar buffer de saida");

    IniciaHeapIM_Arq(&heap, nSeries); /* Inicia o heap */

    /* Tenta abrir o arquivo contendo as séries que serão intercaladas */
    streamE = AbreArquivo(nomeE, "rb");

    /* Aloca um array que contém informações sobre as séries */
    series = calloc(nSeries, sizeof(tSerieMS));
    ASSEGURA(series, "Impossivel alocar array de series");

    /* Aloca espaço para cada buffer de entrada, preenche cada um */
    /* com o conteúdo inicial de sua respectiva série e associa o */
    /* primeiro registro de cada buffer a um nó do heap          */
    for (i = 0; i < nSeries; ++i) {
        /* Aloca espaço para o buffer de entrada corrente */
        series[i].buffer = calloc(tamBuffer, TAM_REG);
```

```
    ASSEGURA( series[i].buffer, "Impossivel alocar um buffer de entrada" );

    /* Obtém a posição do primeiro byte da série */
  series[i].pos = i*tamSerie*TAM_REG;

    /* Preenche o conteúdo do buffer de entrada corrente */
  series[i].nRegs = CarregaBufferMS( streamE, series[i].buffer,
                                     tamBuffer, &series[i].pos );

    /* Obtém o número de registros restantes na série */
  series[i].resto = tamSerie - series[i].nRegs;

    /* Associa dados do primeiro registro do buffer corrente a um nó do heap */
  heap.itens[iHeap].elemento = series[i].buffer;/* Endereço do registro */
  heap.itens[iHeap].ir = 0; /* Seu índice no buffer */
  heap.itens[iHeap].is = i; /* Índice de sua série */

  ++iHeap; /* Passa para o próximo elemento do heap */
}

  /* Ordena o heap */
for (i = (nSeries - 1)/2; i >= 0; --i)
  OrdenaHeapIM_Arq(&heap, i, ComparaInts2);

  /* Abre o arquivo que conterá o resultado da ordenação */
streamS = AbreArquivo(nomeS, "wb");

  /* Obtém o menor elemento do heap e o substitui pelo próximo elemento */
  /* da série que o contém até que todas as séries estejam esgotadas    */
while (!SeriesEstaoVaziasMS(series, nSeries, &heap)) {
  raiz = ObtemMinimoIM_Arq(&heap); /* Obtém o menor valor armazenado no heap */

    /* Verifica se o buffer de saída está repleto */
  if (ibs > tamBuffer - 1) {
      /* O buffer de saída está repleto e é necessário  */
      /* descarregá-lo no stream que contém o resultado */
    fwrite( bufferS, TAM_REG, tamBuffer, streamS );
    ASSEGURA(!ferror(streamS), "Erro de escrita 1");

    ibs = 0; /* Reinicia o buffer de saída */
  }

    /* Armazena o menor valor do heap no buffer */
    /* que conterá o resultado da intercalação   */
  bufferS[ibs++] = *raiz.elemento;

    /* O elemento que substituirá a raiz pertence */
    /* à mesma série à qual pertencia a raiz       */
  if (++raiz.ir < series[raiz.is].nRegs) {
      /* Obtém o próximo elemento da série à qual a raiz pertencia */
    raiz.elemento = &series[raiz.is].buffer[raiz.ir];
  } else { /* Esse buffer está esgotado */
      /* Tenta renovar o buffer de entrada  */
    series[raiz.is].nRegs = CarregaBufferMS(streamE, series[raiz.is].buffer,
                                  MIN(tamBuffer, series[raiz.is].resto),
                                  &series[raiz.is].pos);

      /* Calcula o restante da série em arquivo */
    series[raiz.is].resto = series[raiz.is].nRegs
                      ? series[raiz.is].resto - series[raiz.is].nRegs
                      : 0;
```

```
                /* Se o buffer foi renovado, obtém os dados do seu primeiro registro */
            if (series[raiz.is].nRegs > 0) {
                raiz.elemento = series[raiz.is].buffer;
                raiz.ir = 0;
            } else {
                /* O buffer não foi renovado porque todos os registros de sua série */
                /* já foram consumidos. A nova raiz será o último elemento do heap, */
                /* que passará a ter um elemento a menos.                           */

                    /* Teste de consistência */
                ASSEGURA(!series[raiz.is].resto, "Nao deveria haver mais registros");

                raiz = ReduzHeapIM_Arq(&heap); /* O heap terá um elemento a menos */
            }
        }

            /* Substitui a raiz do heap pelo novo elemento e reordena o heap */
        SubstituiMinimoIM_Arq(&heap, &raiz, ComparaInts2);
    }

        /* Verifica se restam registros no buffer de saída */
    if (ibs > 0) {
            /* Escreve os registros restantes no stream que contém o resultado */
        fwrite( bufferS, TAM_REG, ibs, streamS );
        ASSEGURA(!ferror(streamS), "Erro de escrita 2");
    }

        /* Libera os buffers de entrada */
    for (i = 0; i < nSeries; ++i)
        free(series[i].buffer);

    free(series); /* Libera array com informações sobre as séries */

    free(bufferS); /* Libera o buffer de saída */

    FechaArquivo(streamE, nomeE); /* Fecha os arquivos */
    FechaArquivo(streamS, nomeS);
}
```

A função `IntercalaMultiArq()` chama as funções `CarregaBufferMS()`, discutida na **Seção 12.2.2**, e `SeriesEstaoVaziasMS()`. Essa última função verifica se todos os registros já foram processados e seus parâmetros são:

- ■ `series` (entrada) — lista indexada contendo informações sobre as séries
- ■ `nSeries` (entrada) — número de séries
- ■ `*heap` (entrada) — o heap usado na intercalação

A função `SeriesEstaoVaziasMS()` retorna **1**, se os registros já foram todos processados, ou **0**, em caso contrário.

```
static int SeriesEstaoVaziasMS(tSerieMS *series, int nSeries, tHeapIM_Arq *heap)
{
    int i;

    for (i = 0; i < nSeries; ++i)
        if (series[i].nRegs > 0 && series[i].resto > 0)
            return 0;

    return HeapVazioIM_Arq(heap) ? 1 : 0;
}
```

12.4.4 Análise

A **Tabela 12–2** mostra dados comparativos de desempenhos das implementações de intercalações binária e multíplice apresentadas acima. Essa tabela leva em consideração apenas a **Fase 2** de cada respectiva implementação, que é aquela que efetivamente efetua as intercalações. Note como, em termos de tempo de processamento, a intercalação multíplice é de fato bem mais eficiente do que a intercalação binária.

# Registros	# Series	Intercalação Binária	Intercalação Multíplice
600.000	8	2,00 s	1,00 s
1.200.000	15	6,00 s	1,00 s
2.400.000	30	1,12 m	8,00 s
4.800.000	60	4,08 m	36,00 s
9.565.483	120	8,75 m	2,73 m

Tabela 12–2: Intercalação Binária versus Intercalação Multíplice

Teorema 12.3: O custo de transferência do algoritmo de intercalação multíplice é $\theta(n)$.

Prova: A **Fase 2** do algoritmo de intercalação multíplice descrito na **Figura 12–8** executa $\theta(n)$ operações de entrada ou saída e esse é o custo temporal do algoritmo inteiro. ∎

O algoritmo de intercalação multíplice tem uma limitação: ele não pode ordenar arquivos arbitrariamente grandes. Ou seja, se a **Fase 1** do algoritmo produzir um número demasiadamente grande de séries, não será possível intercalar todas elas de uma vez na **Fase 2**. Isso ocorre porque cada série requer um buffer de entrada e, além disso, um buffer de saída também é requerido. Idealmente, o tamanho de cada um desses buffers deve ser, pelo menos, igual ao tamanho de um bloco de disco. Logo, supondo que o tamanho de um bloco seja B, o número de séries seja ns e o tamanho de um buffer seja tb, deve-se ter:

$$tb = \frac{M}{ns+1} \geq B \Rightarrow ns \leq \frac{M}{B} - 1$$

Fórmula 12–1

Como $ns = \lceil N/M \rceil \geq N/M$, tem-se que o tamanho máximo de um arquivo que pode ser ordenado pelo algoritmo da **Figura 12–8** é dado por:

$$\frac{N}{M} \leq ns \leq \frac{M}{B} - 1 \Rightarrow N \leq \frac{M^2}{B} - M \approx \frac{M^2}{B}$$

Fórmula 12–2

Uma maneira óbvia de estender o algoritmo de intercalação multíplice de duas fases para suportar arquivos de qualquer tamanho é fazer várias iterações na **Fase 2** do algoritmo, em vez de apenas uma. Isto é, usa-se o algoritmo de intercalação em memória secundária descrito na **Figura 12–2**, mas, em vez de usar intercalação binária, usa-se intercalação multíplice (como foi descrito nesta seção) para intercalar $M/B - 1$ séries. Então, após cada iteração do laço principal da **Fase 2**, o número de séries é reduzido de $M/B - 1$.

A **Fase 1** executa $\theta(n)$ operações de entrada ou saída, e o mesmo ocorre com cada iteração do laço principal da **Fase 2**. Depois da **Fase 1**, inicia-se com $\lceil N/M \rceil = \lceil n/m \rceil$ séries, cada iteração do laço principal da **Fase 2** reduz de $m - 1$ o número de séries e encerra-se quando se tem apenas uma série. Assim há $log_{m-1}(n/m)$ iterações do laço principal da **Fase 2**. Consequentemente o custo temporal total do algoritmo é:

$$\theta(n \cdot log_{m-1}(n/m)) = \theta(n \cdot log_m n - n \cdot log_m m) = \theta(n\ logm\ n - n) = \theta(n \cdot log_m n)$$

Outra abordagem similar para ordenação de arquivos arbitrariamente grandes consiste em utilizar um número de fases (ou **passos**) maior do que dois. Por exemplo, suponha que sejam produzidas tantas séries na **Fase 1**, que não se pode alocar pelo menos um bloco para cada série na **Fase 2**. Então, primeiro, produzem-se séries muito maiores usando a intercalação multíplice de duas fases descrita na **Figura 12–8**. Nesse caso, cada série produzida terá comprimento máximo $M \times M/B$. Na **Fase 3**, intercalam-se essas séries, sendo que o número máximo de séries que podem ser processadas nessa fase é M/B, cada uma delas com tamanho M^2/B. Assim, usando um algoritmo com três passos, arquivos de tamanho M^3/B^2 bytes podem ser ordenados.

Em geral, pode-se ordenar um arquivo de tamanho N em p passos quando o valor de N é dado por:

$$N = M^p/B^{p-1}$$

Aplicando-se log_B em ambos os lados dessa última equação, obtém-se uma estimativa para o número de passos necessários p:

$$log_B N = p \cdot log_B M - (p-1) \cdot log_B B \Rightarrow p \approx log_B N / log_B M = log_M N$$

Assim o custo de transferência é $\theta(N \cdot log_M N)$.

Como exemplo, uma intercalação multíplice usando *0,5 MiB* de RAM e tamanho de bloco de *4 KiB* é capaz de conter *128* blocos em memória principal de uma vez. Isso permitiria que *127* séries fossem intercaladas num único passo. Um arquivo com tamanho igual a *128 MiB* poderia ser ordenado em dois passos: um para construir as séries iniciais e outro para intercalá-las. Por outro lado, um arquivo com *16 GiB* poderia ser ordenado em apenas três passos. (Como exercício, verifique a validade dessas afirmações.)

12.5 Limite Inferior para Ordenação em Memória Secundária

O **Teorema 12.4** define o limite inferior para qualquer algoritmo de ordenação externa.

Teorema 12.4: Ordenar n registros armazenados em memória secundária requer pelo menos:

$$\Omega\left(\frac{n}{B} \cdot \frac{\log(n/B)}{\log(M/B)} \right)$$

transferências de bloco, em que M é o tamanho da memória interna e B é o tamanho de um bloco.

Prova: Se for possível executar o processo de intercalação usando apenas $O(n/B)$ transferências de disco, então para valores suficientemente grandes de n, o número total de transferências executadas por esse algoritmo satisfaz a seguinte relação de recorrência:

$$T(n) = d \cdot T(n/d) + c \cdot n/B$$

para alguma constante $c \geq 1$ e sendo $d = M/B - 1$. Pode-se encerrar a recursão quando $n \leq B$, pois, nesse ponto, pode-se executar uma única transferência de bloco, obter todos os itens que se encontram em memória principal e, então, ordenar o conjunto com um algoritmo eficiente para memória interna. Assim o caso base da relação de recorrência é:

$$T(n) = 1 \text{ se } n/B \leq 1$$

O resultado dessa relação de recorrência, cuja resolução está além do escopo deste livro, implica que $T(n)$ é $O((n/B) log_d (n/B))$, que é:

$\Omega((n/B) \log(n/B)/ \log M/B)$ ■

A razão M/B é o número de blocos de memória secundária que podem caber em memória interna (v. **Tabela 6–3**). Assim o **Teorema 12.4** diz que o melhor desempenho que se pode obter para ordenação externa equivale àquele obtido acessando todos os dados de entrada, o que consome $\theta(n/B)$ transferências, pelo menos um número logarítmico de vezes, em que a base desse logaritmo é o número de blocos que cabe em memória interna.

12.6 Inserção Massiva em Árvores B+ (Bulkloading)

12.6.1 Conceito

Frequentemente, tem-se um grande conjunto de registros e deseja-se construir uma árvore B+ para indexá-los. Evidentemente, pode-se começar com uma árvore B+ vazia e inserir um registro de cada vez usando algoritmo de inserção em árvores B+ descrito na **Figura 6–37**. Entretanto essa abordagem não é eficiente, pois, inserindo um par chave/índice de cada vez na árvore, é bem provável que cada folha acessada numa inserção esteja num bloco diferente no arquivo que contém a árvore, o que pode requerer uma operação de leitura para cada inserção. Como provavelmente essa folha não permanecerá em memória cache, uma operação de escrita via acesso direto poderá ser requerida para atualizá-la antes da leitura da próxima folha. Desse modo uma operação de leitura e outra de escrita por meio de acesso direto podem ser necessárias para a inserção de cada chave. Por exemplo, se um arquivo contém 10 milhões de registros e cada operação de leitura ou escrita via acesso direto leva cerca de 10 milissegundos, a construção de uma árvore B+ inserindo chaves individualmente poderia demorar mais de 27 horas.

Inserção massiva (*bulk loading* ou *bulkloading*, em inglês) é o processo de inserção numa tabela de busca de uma grande quantidade de chaves numa única operação. Esse termo é usado principalmente quando a tabela de busca é implementada usando árvores B+, pois, para tais implementações, existem algoritmos específicos. Muitos sistemas de gerenciamento de bancos de dados implementam inserção massiva para reduzir o custo de criação de índices.

Em resumo, o mecanismo de inserção massiva para criação de uma árvore B+ consiste em três passos:

1. Criação de um arquivo temporário contendo os pares chave/índice que serão inseridos nas folhas da árvore B+
2. Ordenação desse arquivo usando a chave de cada par como chave de ordenação
3. Construção da árvore B+

Como o segundo passo de inserção massiva é a ordenação do arquivo contendo os pares chave/índice que serão inseridos numa árvore, esse tema foi adiado para este capítulo, em vez de ter sido discutido no **Capítulo 6**.

Usando *bulkloading* na construção de uma árvore B+, cada folha precisa ser escrita apenas uma vez. Além disso, nenhum nó, interno ou folha, precisa ser lido no arquivo que contém a árvore. Portanto muitas chaves podem ser inseridas numa árvore B+ ao custo de apenas uma operação de escrita. Suponha, por exemplo, que cada folha de uma árvore B+ contém *200* pares chave/índice e que o número total desses pares é *10* milhões. Então haverá *50.000* folhas que poderão ser escritas sequencialmente, o que é bem mais rápido do que via acesso direto (v. **Seção 1.1.3**). Considerando que uma operação de acesso sequencial a um bloco de disco leva *1* milissegundo (em vez de *10* ms para acesso direto), a escrita das folhas consumiria cerca de *50* segundos. Suponha ainda que os nós internos têm grau *200*. Como quase todos os nós internos são preenchidos pela metade (v. adiante) e a primeira chave de cada folha aparece no índice (exceto aquela mais à esquerda — v. **Seção 6.5.4**), o número de nós internos neste exemplo será aproximadamente *500* (*50.000/100*), o que requer cerca de *0,5* segundo de operações de escrita via acesso sequencial para armazenar esses nós internos em arquivo. Concluindo, o tempo consumido na construção da árvore B+ desse exemplo usando *bulkloading* seria aproximadamente *50* segundos.

12.6.2 Algoritmos

Como foi visto acima, a primeira fase de inserção massiva é relativamente trivial, pois consiste apenas em ler o arquivo de registros e obter os pares chave/índice que serão inseridos nas folhas da árvore B+. A segunda etapa dessa implementação é a ordenação do arquivo de pares que será usado na construção da árvore. Essa operação pode ser efetuada de modo eficiente usando a técnica de intercalação multíplice descrita na **Seção 12.4**. Resta a ser discutida a terceira etapa, o que será feito a seguir.

O algoritmo CRIAÁRVOREB+, que representa a terceira etapa do mecanismo de inserção massiva para árvores B+, é apresentado na **Figura 12–18**.

ALGORITMO CRIAÁRVOREB+COMBULKLOADING

ENTRADA: Arquivo contendo pares chave/índice ordenados

SAÍDA: Arquivo contendo a árvore B+ construída

1. Leia no arquivo ordenado de pares um número de pares suficiente para preencher a primeira folha da árvore mantida em memória principal (essa folha será denominada *folha esquerda*)

2. Escreva essa folha no arquivo da árvore

3. Se o final do arquivo de entrada foi atingido, torne essa folha a raiz da árvore e encerre

4. Crie um nó interno (raiz) em memória principal e faça com que seu primeiro filho aponte para a primeira folha

5. Crie uma lista indexada para armazenar os nós internos mantidos em memória principal (doravante denominada *lista de nós ativos*)

6. Enquanto o final do arquivo de pares não for atingido, faça o seguinte:

    6.1 Efetue uma leitura no arquivo de pares, preencha outra folha da árvore em memória principal (essa folha será denominada *folha direita*)

    6.2 Acrescente a folha direita ao arquivo da árvore e obtenha sua posição nesse arquivo

    6.3 Faça com que a folha esquerda aponte para a folha direita

    6.4 Atualize a folha esquerda no arquivo

    6.5 Insira a primeira chave da folha direita juntamente com a posição dessa folha em arquivo usando o algoritmo INSEREACIMAEMÁRVOREB+

    6.6 Faça com que a folha esquerda passe a ser a folha direita

7. Atualize no arquivo da árvore todos os nós ativos

FIGURA 12–18: ALGORITMO DE INSERÇÃO MASSIVA EM ÁRVORE B+

O algoritmo INSEREACIMAEMÁRVOREB+ invocado pelo algoritmo CRIAÁRVOREB+ é apresentado na **Figura 12–19**.

ALGORITMO INSEREACIMAEMÁRVOREB+

ENTRADA: Lista de nós ativos, arquivo que contém a árvore, a chave a ser inserida e seu filho direito

SAÍDA: Arquivo contendo a árvore B+

1. Para cada nó da lista de nós ativos, faça o seguinte:

    1.1 Se o nó não estiver repleto:

        1.1.1 Acrescente a chave e seu filho direito ao final do nó

        1.1.2 Encerre

CONTINUA

FIGURA 12–19: ALGORITMO INSEREACIMAEMÁRVOREB+ DE BULKLOADING DE ÁRVORES B+

ALGORITMO INSEREACIMAEMÁRVOREB (CONTINUAÇÃO)

1.2 Caso contrário:

    1.2.1 Divida o nó usando o algoritmo DIVIDENOINTERNOB+

    1.2.2 Armazene o nó dividido no arquivo

    1.2.3 Substitua o nó dividido pelo novo nó resultante da divisão na lista de nós ativos

2. Crie uma nova raiz tendo como filho esquerdo a antiga raiz (que foi dividida), como filho direito o novo nó resultante da divisão e como chave aquela que subiu para o próximo nível superior

3. Acrescente a nova raiz ao final da lista de nós ativos

FIGURA 12–19 (CONT.): ALGORITMO INSEREACIMAEMÁRVOREB+ DE BULKLOADING DE ÁRVORES B+

O algoritmo DIVIDENOINTERNOB+ invocado pelo algoritmo INSEREACIMAEMÁRVOREB+ é semelhante ao algoritmo DIVIDENO para árvores B apresentado na **Seção 6.4.3**.

Note que, quando um nó é dividido, nenhuma chave é anexada ao nó que deu origem à divisão. Em outras palavras, essa chave sempre é inserida no novo nó resultante dessa divisão (i.e., no nó mais à direita de cada nível). Isso faz com que a maioria dos nós internos sejam preenchidos apenas pela metade.

12.6.3 Exemplo

Suponha que se tenha um arquivo de registros já ordenado. Esta seção apresentará um exemplo (fictício, como sempre) de criação de uma árvore B+ usando a técnica de inserção massiva descrita acima.

Depois de criar a primeira folha, aloca-se um novo nó para servir de raiz e faz-se o filho esquerdo desse nó apontar para essa folha. Em seguida, para cada nova folha acrescentada à árvore, inclui-se a menor chave dessa folha à raiz e faz-se o filho direito dessa chave apontar para essa última folha. Esse procedimento prossegue até que a raiz da árvore esteja completa. Nesse caso, a próxima chave a ser inserida nessa raiz causa uma divisão de nós com a consequente criação de uma nova raiz.

É interessante notar que, como as chaves estão ordenadas, o nó interno esquerdo resultante de uma divisão não terá mais chaves acrescidas a ele. Portanto esses nós podem ser definitivamente escritos no arquivo que armazena a árvore. O mesmo ocorre com folhas que já foram acrescentadas à árvore, de modo que, durante o processo de bulkloading, em memória principal haverá apenas um nó para cada nível da árvore, incluindo a última folha acrescentada à árvore. Esse fato é mostrado nas figuras dos exemplos a seguir. Nessas figuras, o sombreamento de alguns nós indica que eles já foram escritos em arquivo, enquanto os demais nós (um por nível) permanecem (temporariamente) em memória principal.

A **Figura 12–20** mostra a criação da primeira folha e do primeiro nó interno, que, por enquanto, é a raiz da árvore. Essa figura corresponde à execução dos **Passos 2** e **4** do algoritmo da **Figura 12–18**.

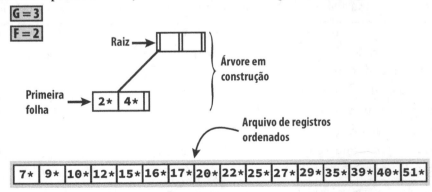

FIGURA 12–20: EXEMPLO DE INSERÇÃO MASSIVA EM ÁRVORES B+ 1

A **Figura 12–21** mostra a criação da segunda folha que corresponde aos **Passos 6.1** a **6.4** do algoritmo da **Figura 12–18**. Nessa e nas demais figuras desse exemplo os números indicam valores de chaves, sendo que aqueles que são acompanhados com asterisco indicam que essas chaves estão acompanhadas de seus respectivos registros, mas apenas as chaves aparecem. Também, dados armazenados em memória secundária são circundados por um sombreado, ao passo que aqueles que se encontram em memória principal não apresentam esse sombreado.

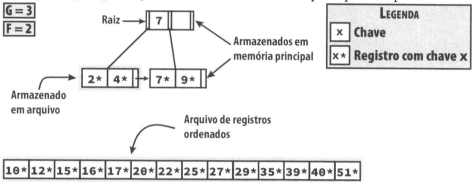

FIGURA 12–21: EXEMPLO DE INSERÇÃO MASSIVA EM ÁRVORES B+ 2

A **Figura 12–22** mostra a criação da terceira folha seguida da inserção de sua primeira chave na raiz da árvore.

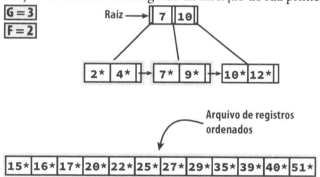

FIGURA 12–22: EXEMPLO DE INSERÇÃO MASSIVA EM ÁRVORES B+ 3

Na criação da quarta folha da árvore do presente exemplo, mostrada na **Figura 12–23**, ocorre uma divisão da raiz dessa árvore. Note que, nesse instante, há três nós armazenados em memória principal e quatro nós em arquivo.

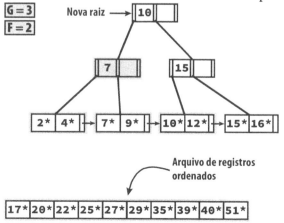

FIGURA 12–23: EXEMPLO DE INSERÇÃO MASSIVA EM ÁRVORES B+ 4

As demais figuras exibidas a seguir ilustram o complemento do exemplo. Em caso de dúvida, o leitor é convidado a estudar novamente o **Capítulo 6** para dirimi-las.

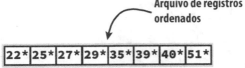

FIGURA 12–24: EXEMPLO DE INSERÇÃO MASSIVA EM ÁRVORES B+ 5

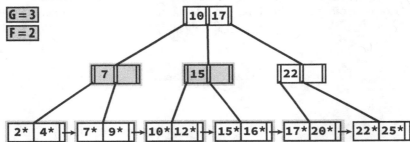

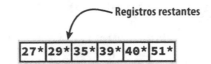

FIGURA 12–25: EXEMPLO DE INSERÇÃO MASSIVA EM ÁRVORES B+ 6

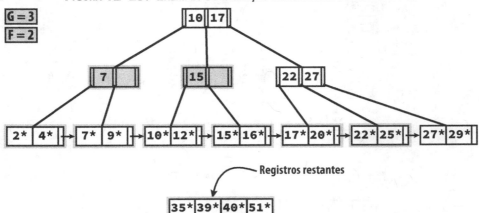

FIGURA 12–26: EXEMPLO DE INSERÇÃO MASSIVA EM ÁRVORES B+ 7

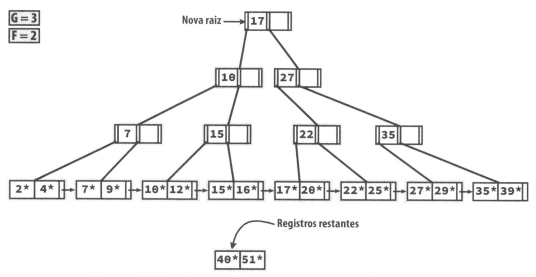

FIGURA 12–27: EXEMPLO DE INSERÇÃO MASSIVA EM ÁRVORES B+ 8

Os dois últimos registros desse exemplo serão inseridos sem qualquer divisão de nós, de modo que todos os nós podem ser armazenados no arquivo que armazena a árvore.

12.6.4 Implementação

Além dos tipos usados na implementação de árvores B+ (v. **Seção 6.5.6**), a implementação de inserção massiva apresentada nesta seção utiliza o seguinte tipo de lista usada para guardar nós ativos durante o processo de bulkloading.

```
/* Tipo de variável usada para armazenar um nó e sua posição em arquivo */
typedef struct {
        tNoBM   no;  /* O nó */
        int     pos; /* Posição do nó no arquivo que o contém */
     } tNoPos;

/* Tipo de lista indexada usada para guardar    */
/* nós ativos durante o processo de bulkloading */
typedef struct {
        tNoPos *nosPos; /* Array contendo nós ativos e suas */
                        /* respectivas posições em arquivo  */
        int    nNos;    /* Número de nós ativos */
        int    tamArray; /* Tamanho corrente do array */
     } tListaNosAtivos;
```

A função **CriaArvoreBM()** insere um conjunto de pares chave/índice ordenados numa árvore B+ usando o algoritmo descrito na **Figura 12–18**. Essa função tem como parâmetros:

- **streamOrd** (entrada) — stream associado ao arquivo contendo os pares ordenados
- **streamArv** (entrada) — stream associado ao arquivo que conterá a árvore
- **raiz** (saída) — ponteiro para a raiz da árvore em memória principal

A função **CriaArvoreBM()**, apresentada adiante, assume os seguintes pressupostos:

1. Ela não checa se há chaves repetidas
2. O arquivo que conterá a árvore deverá estar aberto num modo que permita escrita
3. Esse arquivo deve estar inicialmente vazio

```
static void CriaArvoreBM( FILE *streamOrd, FILE *streamArv, tNoBM *raiz )
{
    tChave          chaveQSobe; /* Chave a ser inserida num nó interno da árvore */
    tNoBM           folhaEsq, /* Folha esquerda ativa */
                    folhaDir; /* Folha direita ativa  */
    int             posFolhaEsq, /* Posição no arquivo de 'folhaEsq' */
                    posFolhaDir, /* Posição no arquivo de 'folhaDir' */
                    i;
    tListaNosAtivos nosAtivos; /* Lista de nós ativos */

    /* Garante que a leitura de pares começa no início do arquivo que os contém */
    MoveApontador(streamOrd, 0L, SEEK_SET);

    IniciaNoBM(FOLHA, &folhaEsq); /* Inicia a primeira folha da árvore */

    /* Copia pares para a primeira folha */
    folhaEsq.conteudo.noFolha.nChaves = fread(folhaEsq.conteudo.noFolha.chaves,
                                              sizeof(tChaveIndice), F, streamOrd);

    ASSEGURA(!ferror(streamOrd), "CriaArvoreBM: erro de leitura");

    /* Se o final do arquivo foi atingido, a árvore terá */
    /* apenas um nó, que é a única folha preenchida       */
    if (feof(streamOrd)) {
        /* Torna a folha a raiz da árvore */
        *raiz = folhaEsq;

        EscreveNoBM(streamArv, 0, raiz); /* Escreve a folha (raiz) no arquivo */

        return; /* Serviço concluído */
    }

    IniciaNoBM(INTERNO, raiz); /* Inicia a raiz da árvore */

    /* A raiz da árvore será o primeiro nó do arquivo */
    EscreveNoBM(streamArv, 0, raiz);

    /* O primeiro filho da raiz apontará para a primeira folha */
    raiz->conteudo.noInterno.filhos[0] = posFolhaEsq =
        AcrescentaNoBM(streamArv, &folhaEsq);
    raiz->conteudo.noInterno.nFilhos = 1;

    /* Aloca um array para armazenar os nós internos ativos.  */
    /* O número mágico 5 é uma boa estimativa inicial, já que */
    /* não se espera que a árvore tenha altura maior do que 4 */
    nosAtivos.tamArray = 5;
    nosAtivos.nosPos = calloc(nosAtivos.tamArray, sizeof(tNoPos));
    ASSEGURA(nosAtivos.nosPos, "CriaArvoreBM(): Impos'sivel alocar lista de nos");

    /* Por enquanto, a raiz corrente é o único nó ativo */
    nosAtivos.nosPos[0].no = *raiz;
    nosAtivos.nosPos[0].pos = 0;
    nosAtivos.nNos = 1;

    IniciaNoBM(FOLHA, &folhaDir); /* Inicia a segunda folha da árvore */

    /* Lê os demais pares e acrescenta-os à árvore */
    while (1) {
        /* Copia pares para a folha direita */
        folhaDir.conteudo.noFolha.nChaves = fread(folhaDir.conteudo.noFolha.chaves,
                                                  sizeof(tChaveIndice), F, streamOrd);
        ASSEGURA(!ferror(streamOrd), "Erro de leitura em CriaArvoreBM()");
```

```
        /* Se não foi lido nenhum par, encerra o laço */
    if (!folhaDir.conteudo.noFolha.nChaves)
        break;

        /* Acrescenta a folha direita ao arquivo */
        /* e obtém sua posição nesse arquivo      */
    posFolhaDir = AcrescentaNoBM(streamArv, &folhaDir);

        /* Efetua o encadeamento das folhas */
    folhaEsq.conteudo.noFolha.proximaFolha = posFolhaDir;
    folhaDir.conteudo.noFolha.proximaFolha = POSICAO_NULA;

        /* Atualiza a folha esquerda no arquivo */
    EscreveNoBM(streamArv, posFolhaEsq, &folhaEsq);

        /* A primeira chave do nó da direita será inserida num nó interno */
    chaveQSobe = folhaDir.conteudo.noFolha.chaves[0].chave;

        /* Insere a chave em algum nó interno da árvore */
    InsereAcimaBM(&nosAtivos, chaveQSobe, posFolhaDir, streamArv);

        /* A folha direita passará a ser a folha esquerda */
    folhaEsq = folhaDir;
    posFolhaEsq = posFolhaDir;
    }

    /* A raiz é o último nó da lista de nós ativos */
    *raiz = nosAtivos.nosPos[nosAtivos.nNos - 1].no;

    /* Atualiza no arquivo todos os nós ativos */
    for (i = 0; i < nosAtivos.nNos; ++i)
        EscreveNoBM(streamArv, nosAtivos.nosPos[i].pos, &nosAtivos.nosPos[i].no);

    free(nosAtivos.nosPos); /* A lista de nós ativos não é mais necessária */
}
```

A função `CriaArvoreBM()` chama a função `InsereAcimaBM()` que insere a primeira chave de uma folha num nó interno de uma árvore B+ e usa como parâmetros:

- `*nosAtivos` (entrada/saída) — lista de nós internos ativos (i.e., armazenados em memória principal)
- `chave` (entrada) — chave a ser inserida num nó do último nível de nós internos
- `pFilhoDireito` (entrada) — posição no arquivo do nó que será filho direito da chave a ser inserida
- `streamArvore` (entrada) — stream associado ao arquivo que contém a árvore

```
static void InsereAcimaBM( tListaNosAtivos *nosAtivos, tChave chave,
                           int pFilhoDireito, FILE *streamArvore )
{
    int    iChave, /* Índice da chave no nó no qual ela será inserida */
           i;
    tChave chaveQSobe; /* Chave a ser inserida um nível acima */
    tNoBM  noDireito, /* Nó direito que conterá as chaves */
                      /* superiores de um nó dividido      */
           antigaRaiz, /* Antiga raiz, se foi criada uma nova */
           novaRaiz;   /* Uma nova raiz */

    /* A lista não pode estar vazia */
    ASSEGURA(nosAtivos->nNos > 0, "InsereAcimaBM: lista de nos esta vazia");

    for (i = 0; i < nosAtivos->nNos; ++i) {
        /* O nó corrente deve ser um nó interno */
        ASSEGURA( nosAtivos->nosPos[i].no.tipoDoNo == INTERNO,
                "InsereAcimaBM: No' deveria ser interno" );
```

```
    /* A chave a ser inserida será a última chave do nó */
iChave = nosAtivos->nosPos[i].no.conteudo.noInterno.nFilhos - 1;

    /* O índice de inserção da chave não pode ser negativo */
ASSEGURA(iChave >= 0, "InsereAcimaBM: Indice de insercao e' negativo");

    /* Se o nó corrente não estiver repleto, insere nele */
if (iChave < G - 1) {
    /* Efetua a inserção */
  nosAtivos->nosPos[i].no.conteudo.noInterno.chaves[iChave] = chave;
  nosAtivos->nosPos[i].no.conteudo.noInterno.filhos[iChave+1]=pFilhoDireito;

    /* O número de filhos do nó aumentou */
  nosAtivos->nosPos[i].no.conteudo.noInterno.nFilhos++;

    /* Atualiza o nó no arquivo */
  EscreveNoBM( streamArvore, nosAtivos->nosPos[i].pos,
            &nosAtivos->nosPos[i].no );

  return; /* Serviço completo */
}

   /* O nó corrente é completo e precisa ser dividido */
DivideNoInternoBM( &nosAtivos->nosPos[i].no, iChave, chave,
                pFilhoDireito, &noDireito, &chaveQSobe );

    /* Atualiza o nó dividido no arquivo */
EscreveNoBM(streamArvore, nosAtivos->nosPos[i].pos, &nosAtivos->nosPos[i].no);

    /* O filho direito da chave que subirá para o nível superior será o */
    /* novo nó criado no nível corrente. Armazena este nó no arquivo e  */
    /* guarda sua posição neste arquivo.                                */
pFilhoDireito = AcrescentaNoBM(streamArvore, &noDireito);

    /* Substitui na lista de nós ativos o nó */
    /* que foi dividido pelo novo nó direito */
  nosAtivos->nosPos[i].no = noDireito;
  nosAtivos->nosPos[i].pos = pFilhoDireito;
}
/****                                                             ****/
/* Neste ponto, sabe-se que o último nó divido no laço for era uma raiz  */
/* completa. Agora cria-se uma nova raiz contendo a chave que subiu tendo */
/* como filho esquerdo o nó dividido e como filho direito o novo nó       */
/****                                                             ****/

IniciaNoBM(INTERNO, &novaRaiz); /* Inicia a nova raiz */

novaRaiz.conteudo.noInterno.chaves[0] = chaveQSobe; /* Copia a chave */

   /* Lê a antiga raiz em arquivo, pois ela  */
   /* foi substituída na lista de nós ativos */
LeNoBM(streamArvore, 0, &antigaRaiz);

   /* O filho da esquerda da nova raiz é a antiga raiz que */
   /* precisa ser armazenada em outra posição no arquivo   */
   /* porque a raiz deve sempre ocupar a primeira posição   */
novaRaiz.conteudo.noInterno.filhos[0] =
    AcrescentaNoBM(streamArvore, &antigaRaiz);

   /* O filho direito da raiz já foi inserido antes no arquivo e sua */
   /*  posição neste arquivo está guardada em 'pFilhoDireito'        */
novaRaiz.conteudo.noInterno.filhos[1] = pFilhoDireito;
```

```
    /* A nova raiz tem dois filhos */
novaRaiz.conteudo.noInterno.nFilhos = 2;

    /* Armazena a raiz da árvore a posição 0 do arquivo */
EscreveNoBM(streamArvore, 0, &novaRaiz);

    /* Verifica se lista de nós ativos ainda tem espaço */
if (nosAtivos->nNos == nosAtivos->tamArray) {
    /* Array está repleto. Dobra sua capacidade */
    nosAtivos->tamArray *= 2;
    nosAtivos->nosPos = realloc( nosAtivos->nosPos, nosAtivos->
                                 tamArray* sizeof(tNoPos) );
    ASSEGURA( nosAtivos->nosPos, "InsereAcimaBM: "
            "Impossivel redimensionar lista de nos ativos" );
}

    /* Acrescenta a nova raiz à lista de nós ativos */
nosAtivos->nosPos[nosAtivos->nNos].no = novaRaiz;
nosAtivos->nosPos[nosAtivos->nNos].pos = 0;
nosAtivos->nNos++;
}
```

12.6.5 Análise

Em resumo, o algoritmo visto na **Figura 12–18** apresenta as seguintes vantagens:

- Não é necessário descer a árvore para efetuar inserções
- Esse algoritmo requer um menor número de operações de entrada e saída durante a construção do que seria o caso se as inserções fossem individuais
- Folhas são armazenadas sequencialmente (e encadeadas, evidentemente), o que favorece o princípio de localidade de referência (v. **Capítulo 1**)
- Todas as folhas são completamente preenchidas, com exceção, talvez, da última delas, o que faz com que a árvore assim criada ocupe menos espaço

Se os registros já estiverem ordenados, o algoritmo de inserção massiva tem custo de transferência de $\theta(n/B)$. Caso contrário, esse algoritmo tem o mesmo custo da ordenação externa, que é $\theta(n/B \cdot log_B n)$. Assim, mesmo que o algoritmo de inserção massiva execute uma ordenação primeiro, ele ainda é G vezes mais rápido do que inserir chaves individualmente numa árvore B+, sendo G o grau da árvore.

O primeiro passo de *bulkloading* consiste em ler todos os registros e escrever os pares chave/índice correspondentes em arquivo. O custo desse passo é $\theta(R + P)$, em que R é o número de blocos contendo os registros e P é o número de blocos contendo esses pares. Como foi visto na **Seção 12.4.4**, o custo de ordenação usando intercalação multíplice é $\theta(n/B \cdot log_B n)$. O custo do terceiro passo é igual ao custo de escrita de todos os nós da árvore mais o custo de leitura de cada folha.

A única desvantagem aparente do método de inserção massiva descrito aqui é que os nós internos têm 50% de ocupação, com exceção do nó mais à direita de cada nível, que pode ter uma ocupação maior. Esse índice de ocupação está um pouco acima da média para árvores B e B+ (v. **Seção 6.4.8**) e isso faz com que uma árvore B+ criada dessa maneira possa ter uma altura um pouco maior do que poderia ter se ela fosse criada do modo tradicional.

12.7 Exemplos de Programação

12.7.1 (Pseudo–) Ordenação de Arquivos por Indexação

Preâmbulo: Um método antigo de ordenação de arquivos é denominado **ordenação por indexação**. Usando-se esse método, leem-se apenas as chaves de ordenação e emparelha-se cada chave com um índice que representa a posição no arquivo do registro que contém a respectiva chave. A vantagem desse método com relação à ordenação interna é a economia de memória, pois ordenar uma coleção de chaves e índices é mais econômico do que ordenar uma coleção de registros inteiros. Quanto maior for o tamanho de cada registro em relação à chave, maior será a economia de memória. A grande desvantagem é que o arquivo não é realmente ordenado, de forma que, se outra exibição ordenada se fizer necessária, o processo terá que ser repetido.

A título de ilustração, suponha que o arquivo `Tudor.bin` (v. **Apêndice A**) seja um arquivo tão grande que justifique o uso do método de ordenação externa por indexação. Os registros desse arquivo podem ser indexados de `0` até o número de registros menos um, como se vê na **Tabela 12–3**.

ÍNDICE	REGISTRO			
0	Henrique VIII	1029	9.5	9.0
1	Catarina Aragon	1014	5.5	6.5
2	Ana Bolena	1012	7.8	8.0
3	Joana Seymour	1017	7.7	8.7
4	Ana de Cleves	1022	4.5	6.0
5	Catarina Howard	1340	6.0	7.7
6	Catarina Parr	1440	4.0	6.0

TABELA 12–3: REGISTROS INDEXADOS NUM ARQUIVO

Suponha que a chave de ordenação escolhida seja o campo **nome** (primeiro campo de cada registro). Então o primeiro passo da ordenação por indexação consiste em associar cada chave ao seu respectivo índice, conforme ilustrado na **Tabela 12–3**.

ÍNDICE	CHAVE
0	Henrique VIII
1	Catarina Aragon
2	Ana Bolena
3	Joana Seymour
4	Ana de Cleves
5	Catarina Howard
6	Catarina Parr

TABELA 12–4: ORDENAÇÃO DE ARQUIVOS POR INDEXAÇÃO: PARES DESORDENADOS

Após serem ordenados pela chave, esses pares de chaves e índices apresentar-se-iam na ordem vista na **Tabela 12–5**.

ÍNDICE	CHAVE
2	Ana Bolena
4	Ana de Cleves
1	Catarina Aragon
5	Catarina Howard
6	Catarina Parr
0	Henrique VIII
3	Joana Seymour

TABELA 12–5: ORDENAÇÃO DE ARQUIVOS POR INDEXAÇÃO: PARES ORDENADOS

Com esses pares ordenados, sabe-se que o primeiro registro a ser exibido é o de índice *2* (i.e., aquele cujo nome é `Ana Bolena`), depois o de índice *4* (`Ana de Cleves`), depois o de índice *1* (`Catarina Aragon`) e assim por diante.

Problema: Supondo que o arquivo `Tudor.bin` seja tão grande que justifique o uso do método de ordenação externa por indexação, crie um programa que implemente esse método e teste seu funcionamento com o arquivo mencionado.

Solução: Para armazenamento de cada par chave/índice, será utilizada uma estrutura do tipo `tParChaveIndice` definido como:

```
typedef  struct {
        int  indice;
        char chave[MAX_NOME + 1];
    } tParChaveIndice;
```

O primeiro passo na ordenação por indexação é a leitura sequencial das chaves, com o subsequente emparelhamento de cada chave com seu índice. Essa missão é cumprida pela função `ColetaPares()` que lê cada registro no arquivo e armazena seu índice e seu campo **nome** (i.e., a chave de ordenação) num elemento do tipo `tParChaveIndice` de um array. Os parâmetros dessa função são:

- `stream` (entrada) — stream no qual será feita a leitura
- `pares` (saída) — array que armazenará os pares chave/índice
- `maxPares` (entrada) — número de elementos do array

A função `ColetaPares()` retorna o número de registros lidos, se não houver erro, ou um valor negativo em caso contrário. O tipo `tAluno` usado por essa função é definido no **Apêndice A**.

```
int ColetaPares(FILE *stream, tParChaveIndice pares[], int maxPares)
{
   int    i;
   tAluno registro;

   rewind(stream); /* Move o indicador de posição para o início do arquivo */

      /* Lê cada registro do arquivo e armazena sua chave e seu índice no arquivo */
   for (i = 0; i < maxPares; i++) {
       /* Lê um registro */
     fread(&registro, sizeof(registro), 1, stream);

       /* Se o final de arquivo for atingido ou ocorrer */
       /* algum erro de leitura, encerra o laço        */
     if ( feof(stream) || ferror(stream) )
       break;
```

```
            /* Armazena o par chave/índice do registro */
            /* lido num elemento do array pares[]       */
        strcpy(pares[i].chave, registro.nome);
        pares[i].indice = i;
    }

    return ferror(stream) ? -1 : i;
}
```

A próxima tarefa é ordenar a lista de estruturas do tipo **tPares**. Essa tarefa pode ser efetivada com uma única chamada da função **qsort()** da biblioteca padrão de C. Depois disso, resta apenas exibir os registros do arquivo em ordem. Essa é a tarefa da função **ExibeRegistrosOrdenados()** definida abaixo e cujos parâmetros são:

- **stream** (entrada) — stream binário no qual será feita a leitura de registros
- **pares[]** (entrada) — array que armazena os pares chave/índice ordenados pela chave
- **nElementos** (entrada) — número de elementos do array

A função **ExibeRegistrosOrdenados()** retorna zero, se não houver erro, ou um valor diferente de zero em caso contrário.

```
int ExibeRegistrosOrdenados(FILE *stream, const tParChaveIndice pares[], int nElementos)
{
    tAluno registro;
    int    i;

    /* Verifica se há elementos a serem escritos */
    if (!nElementos)
        return 1; /* Não há */

    /* Escreve o cabeçalho da tabela */
    printf( "\n\tNome\t\tMatricula\tNota 1\tNota 2"
            "\n\t====\t\t=========\t======\t======\n\n" );

    /* Acessa cada registro do arquivo na ordem    */
    /* indicada pela sua posição no array pares[] */
    for (i = 0;  i < nElementos; i++) {
            /* Move o indicador de posição do arquivo para  */
            /* o local calculado utilizando pares[i].indice */
        MoveApontador(stream, sizeof(tAluno)*pares[i].indice, SEEK_SET);

        fread(&registro, sizeof(tAluno), 1, stream); /* Lê o registro */

            /* Se o final do arquivo foi atingido ou ocorreu erro, encerra o laço */
        if (feof(stream) || ferror(stream))
            break;

            /* Escreve o registro lido com algum embelezamento */
        printf( "    %-15s\t%6s\t\t %3.1f\t %3.1f\n", registro.nome,
                registro.matr, registro.n1, registro.n2 );
    }

    /* Se não ocorreu erro de leitura, o retorno é 0; */
    /* caso contrário, o retorno é diferente de 0     */
    return ferror(stream);
}
```

A função **main**() que completa o programa é relativamente fácil de implementar e o leitor a encontrará no site dedicado ao livro na internet. Na chamada de **qsort**() para ordenação dos pares pode-se usar a função **ComparaStr**() definida como:

```
int ComparaStr(const void *p1, const void *p2)
{
   return strcmp(((tParChaveIndice *)p1)->chave, ((tParChaveIndice *)p2)->chave);
}
```

12.7.2 Testando Ordenação em Memória Secundária

Problema: Escreva uma função que verifica se um arquivo está ordenado em ordem crescente. Suponha que a chave de ordenação seja um campo de um tipo, denominado **tRegistro**, que representa cada registro do arquivo e que a chave de ordenação desses registros é um string denominado **chave**.

Solução: A função **TestaOrdenacaoMS()**, apresentada a seguir, recebe um stream associado ao arquivo que se deseja testar e retorna **1**, se o arquivo estiver ordenado ou **0**, em caso contrário. Note que o stream recebido como parâmetro por essa função deve estar aberto em formato binário que permita leitura.

```
int TestaOrdenacaoMS(FILE *stream)
{
   tRegistro registroAtual, registroAnterior;
   int        teste;

   rewind(stream);

      /* Lê o primeiro registro do arquivo */
   fread(&registroAnterior, sizeof(registroAnterior), 1, stream);
   ASSEGURA( !ferror(stream), "Erro de leitura" );

      /* Lê os demais registros e testa se eles estão ordenados */
   while (1) {
         /* Lê o próximo registro */
      fread(&registroAtual, sizeof(registroAtual), 1, stream);
      ASSEGURA( !ferror(stream), "Erro de leitura" );

      if (feof(stream))
         break; /* Leitura acabou */

         /* Compara a chave do registro atual */
         /* com a chave do registro anterior  */
      teste = memcmp( registroAtual.chave, registroAnterior.chave, TAM_CHAVE );

         /* Verifica se as duas últimas chaves estão em ordem crescente */
      if (teste < 0)
         return 0;

         /* A chave anterior passa a ser a chave corrente */
      memcpy( &registroAnterior, &registroAtual, sizeof(registroAtual) );
   }

      /* Se ainda não houve retorno, o arquivo está ordenado */
   return 1;
}
```

12.8 Exercícios de Revisão

Conceitos Básicos (Seção 12.1)

1. O que é ordenação externa?
2. Por que QUICKSORT não é adequado para ordenação externa?
3. Como se avalia o desempenho de um algoritmo de ordenação externa?
4. O que é uma passagem de intercalação?

Intercalação Binária (Seção 12.2)

5. (a) Como são denominadas as duas fases tipicamente usadas em ordenação externa? (b) Descreva cada uma delas.

6. Descreva o algoritmo de intercalação binária em memória secundária.

7. Quais são as diferenças entre intercalação binária em memória secundária e o método de ordenação MERGESORT estudado no **Capítulo 11**?

8. Qual é a diferença básica entre avaliar um algoritmo de ordenação em memória principal, como aqueles vistos no **Capítulo 11**, e avaliar um algoritmo de ordenação em memória secundária?

9. Qual é o custo de uma ordenação externa por intercalação binária?

10. Suponha que se tenha um arquivo ocupa 30.000 blocos em disco e que o tamanho da memória principal disponível corresponda a 6 desses blocos. Se o algoritmo de ordenação por intercalação binária for usado para ordenar esse arquivo, apresente o número de séries que serão produzidas na segunda passagem de intercalação. (b) Quantas passagens de intercalação serão necessárias para ordenar esse arquivo completamente? (c) Quantas operações de entrada ou saída serão realizadas?

Intercalação Multíplice de Arrays (Seção 12.3)

11. (a) Descreva o problema de intercalação multíplice de arrays. (b) Descreva as duas técnicas para resolução desse problema que foram discutidas na **Seção 12.3**.

12. Qual é o papel desempenhado pelo heap na solução do problema de intercalação multíplice de arrays?

13. O que intercalação multíplice de arrays tem a ver com ordenação externa?

14. Qual é o custo do algoritmo de intercalação multíplice de arrays apresentado na **Seção 12.3**?

15. Suponha que os k arrays do problema discutido na **Seção 12.3** não estejam ordenados. (a) Qual é o melhor custo que se pode obter para que seus dados resultem num outro array ordenado? (b) Usar o algoritmo da referida seção é compensador?

Intercalação Multíplice de Arquivos (Seção 12.4)

16. O que é intercalação multíplice?

17. O que é intercalação de vias múltiplas?

18. Descreva o algoritmo de intercalação multíplice.

19. Que vantagens intercalação multíplice apresenta com respeito a intercalação binária?

20. O que é uma série no algoritmo de intercalação multíplice?

21. Por que a escolha do método de ordenação utilizado para ordenar séries no algoritmo de intercalação multíplice não é tão importante?

22. Descreva os seguintes conceitos relacionados a intercalação multíplice:

    (a) Buffer de entrada

    (b) Buffer de saída

    (c) Descarga de buffer

    (d) Recarga de buffer

23. (a) O que é um elemento ativo num buffer de entrada? (b) O que é um elemento ativo num buffer de saída?

24. O que ocorre quando o indicador de posição de um buffer de entrada ultrapassa seu limite?

25. O que ocorre quando o indicador de posição de um buffer de saída ultrapassa seu limite?

26. Por que nem sempre é possível efetuar intercalação numa única passagem quando se usa intercalação multíplice?

27. Apresente diagramas semelhantes àqueles da **Seção 12.4.2** que ilustrem o complemento do exemplo apresentado na referida seção.

28. (a) Por que o algoritmo de ordenação multíplice não é capaz de ordenar arquivos arbitrariamente grandes? (b) Como se determina o tamanho do maior arquivo que pode ser ordenado por esse método?

29. Suponha que um computador possua 512 MiB de memória principal disponível, o tamanho de bloco de disco seja igual a 8 KiB e que o tamanho de cada registro seja 256 KiB. Determine o número máximo de registros que podem ser ordenados usando ordenação multíplice.

30. Determine o tamanho máximo de um arquivo que pode ser ordenado pelo algoritmo apresentado na **Seção 12.4.1** considerando um computador com 1 GiB de memória principal disponível (i.e., $M = 2^{30}$ bytes) e um tamanho de bloco de memória secundária igual a 4 KiB (i.e., $B = 2^{12}$ bytes).

31. Suponha que se tenham *10.000.000* registros, cada um dos quais com *200* bytes, constituindo um arquivo de *2* GB. Esse arquivo é armazenado em disco com blocos de *20* KB, cada um dos quais contendo 100 registros. O arquivo inteiro ocupa *100.000* blocos (número de bytes/tamanho de bloco = $200 \times 10^7 / 20 \times 10^3$). Supondo ainda que haja *100* MB disponíveis em memória principal e que o tempo de transferência médio por bloco seja *11,5 ms*, quanto tempo levará a ordenação?

32. Qual é o número máximo de registros se podem ordenar em dois passos na questão **31**?

33. Suponha que se tenham os seguintes parâmetros numa operação de ordenação externa: $M = 100$ MB $= 100.000.000$ bytes $= 10^8$ bytes, $B = 20.000$ bytes, $R = 100$ bytes (número de registros). Qual é o número máximo de registros que podem ser ordenados em dois passos?

34. Quantas séries serão necessárias na ordenação da questão **33**?

35. Suponha que se tenha uma memória disponível $M = 100\ MB = 10^8$ bytes e blocos com tamanho igual a *20 KB* = 2×10^4 bytes. Qual é o tamanho máximo de arquivo que se pode ordenar usando três passos?

Limite Inferior para Ordenação em Memória Secundária (Seção 12.5)

36. Qual é o menor custo que se pode obter com um algoritmo de ordenação em memória secundária?

Inserção Massiva em Árvores B+ (Bulkloading) (Seção 12.6)

37. (a) O que é inserção massiva? (b) Quando inserção massiva deve ser utilizada?

38. (a) Quais são as estruturas de dados propícias para inserção massiva? (b) Por que essas estruturas favorecem inserção massiva?

39. Descreva o algoritmo de inserção massiva.

40. Qual é o percentual de preenchimento de cada folha de uma árvore B+ criada usando *bulkloading*?

41. (a) Qual é o percentual de preenchimento de cada nó interno de uma árvore B+ criada usando *bulkloading*? (b) Como esse percentual poderia ser aumentado?

42. Apresente um algoritmo de inserção massiva (*bulkloading*) para árvores B.

43. (a) Qual é o percentual de preenchimento de cada folha de uma árvore B criada usando o algoritmo apresentado como resposta da questão **42**? (b) Qual é o percentual de preenchimento de cada nó interno de uma árvore B criada usando esse mesmo algoritmo?

44. Apresente uma representação gráfica que represente uma árvore B+ com grau (*G*) igual a *5* construída por intermédio de inserção massiva das chaves *1, 2, 3, 4, 5, 6, 7, 8, 9, 10, 11, 12, 13, 14, 15* e *16*. Considere o número máximo de chaves numa folha (*F*) igual a *5*.

45. Realize a mesma tarefa da questão **44** considerando agora que as chaves são inseridas uma a uma na ordem em que se encontram.

46. Qual é o número máximo de nós mantidos em memória principal durante uma operação de inserção massiva numa árvore B+?

47. (a) Por que usando a técnica descrita na **Seção 12.6** a maioria dos nós internos é preenchida apenas pela metade? (b) Qual é a consequência desse fato?

48. Desenhe a árvore B+ mais alta possível que se pode obter com as chaves da questão **44**.

49. Como seria a árvore B+ do exemplo discutido na **Seção 12.6.3** se os registros fossem inseridos um a um na ordem em que eles se encontram?

Exemplos de Programação (Seção 12.7)

50. (a) Descreva o método de ordenação por indexação. (b) Quais são as vantagens e desvantagens desse método de ordenação?

51. Avalie o custo temporal do algoritmo de ordenação por indexação.

12.9 Exercícios de Programação

EP12.1 Reimplemente a função `IntercalaBinMS()` apresentada na **Seção 12.2.2** de tal maneira que o arquivo ordenado seja aquele cujo nome é representado pelo segundo parâmetro da função. Nessa nova implementação, a função não retorna nada (pois não é mais necessário).

EP12.2 Escreva uma função que lê em dois arquivos contendo strings em ordem alfabética e intercala-os criando um terceiro arquivo contendo todos os strings dos dois arquivos originais em ordem alfabética.

EP12.3 Implemente funções para inserção massiva de chaves em árvores B semelhantes àquelas apresentadas na **Seção 12.6**.

apêndices

ARQUIVOS DE DADOS

N ESTE LIVRO são utilizados seis arquivos de dados para tornar mais concretos os exemplos dos diversos tipos de busca e ordenação. As interpretações dos conteúdos desses arquivos são menos importantes do que seus tamanhos, pois o que determina se um certo arquivo é adequado para um determinado tipo de busca ou ordenação é sua dimensão. Esses arquivos e os capítulos nos quais eles são usados são apresentados na **Tabela A–1**.

NOME DO ARQUIVO	TAMANHO	TIPO	CAPÍTULOS
`Tudor.txt`	*197 Bytes*	Texto	2
`Tudor.bin`	*336 bytes*	Binário	2, 11 e 12
`CEPs.bin`	*151 MiB*	Binário	3, 4 e 7
`CensoMEC.bin`	*4,29 GiB*	Binário	3 e 6
`Machado.txt`	*210 KiB*	Texto	9
`DNA.txt`	*53.6 MiB*	Texto	9

TABELA A–1: ARQUIVOS USADOS EM EXEMPLOS

Esses arquivos de dados, que serão descritos neste apêndice, podem ser encontrados no site dedicado ao livro na internet (v. **Prefácio**).

A.1 Tudor

`Tudor.txt` é um arquivo de texto no qual cada linha (**registro**) é dividida em quatro partes (**campos**) separadas por caracteres de tabulação. Os dados constituem uma turma escolar surreal formada pelo rei Henrique VIII e suas seis esposas. O conteúdo desse minúsculo arquivo é mostrado na **Tabela A–2**.

Henrique VIII	1029	9.5	9.0
Catarina Aragon	1014	5.5	6.5
Ana Bolena	1012	7.8	8.0
Joana Seymour	1017	7.7	8.7
Ana de Cleves	1022	4.5	6.0
Catarina Howard	1340	6.0	7.7
Catarina Parr	1440	4.0	6.0

TABELA A–2: CONTEÚDO DO ARQUIVO TUDOR.TXT

O arquivo **Tudor.bin** é a versão binária do arquivo **Tudor.txt** e possui os campos descritos na **Tabela A–3**.

NOME DO CAMPO	INTERPRETAÇÃO	TIPO DE DADO
nome	Nome do aluno	char[21]
matr	Matrícula do aluno	char[5]
n1	Primeira nota	double
n2	Segunda nota	double

TABELA A–3: CAMPOS DO ARQUIVO TUDOR.BIN

Os tipos de dados que representam os registros do arquivo **Tudor.bin** são definidos em C como:

```
   /* Tipo do nome */
typedef char tNome[MAX_NOME + 1];

   /* Tipo da matrícula */
typedef char tMatricula[TAM_MATR + 1];

typedef struct {
        tNome       nome;   /* Nome do aluno */
        tMatricula matr;    /* Sua matrícula */
        double     n1, n2;  /* Suas notas    */
     } tAluno;
```

Nessas definições de tipos, MAX_NOME e TAM_MATR são constantes simbólicas previamente definidas com os valores **20** e **4**, respectivamente.

O arquivo **Tudor.bin** é usado nos **Exemplos de Programação (Seção 2.15)** do **Capítulo 2**, no exemplo de ordenação de ponteiros (v. **Seção 11.8.2**) e no exemplo de ordenação de arquivos por indexação (v. **Seção 12.7.1**).

A.2 CEPs

O arquivo **CEPs.bin** possui *673580* registros e seu tamanho é cerca de *151* MiB. Esse arquivo é usado em todos os exemplos de tabelas de busca dos **Capítulos 3, 4 e 7**. Como esse arquivo é relativamente grande para ser completamente carregado em memória, as tabelas de busca que o utilizam são mantidas em memória principal e armazenam apenas as chaves dos registros com as respectivas posições desses registros no arquivo (i.e., elas são tabelas de busca interna com chaves externas).

O arquivo **CEPs.bin** é composto por registros que contêm os campos apresentados na **Tabela A–4**.

Campo	Interpretação	Tipo
numero	Número do registro na lista	int
UF	Estado do CEP	char[2]
localidadeNumero	Número identificador da localidade	int
nomeAbr	Nome abreviado da localidade	char[40]
nome	Nome completo da localidade	char[40]
bairroInicio	Bairro onde se inicia a contagem dos CEPs da localidade	int
bairroFim	Bairro que delimita o fim da contagem dos CEPs	int
CEP	Número do CEP	char[8]
complemento	Algum complemento da localidade	char[60]
tipoLogradouro	Rua, praça, avenida etc.	char[10]
statusLogradouro	Status da atividade postal do logradouro	char
nomeSemAcento	Nome sem acentuação do logradouro	char[40]
chaveDNE	Chave do registro da localidade no banco de dados dos correios (DNE)	char[16]

TABELA A–4: CAMPOS DO ARQUIVO CEPs.BIN

O tipo de dado que representa os registros do arquivo CEPs.bin é definido em C como:

```c
typedef struct {
        long numero;
        char UF[TAM_UF];
        int  localidadeNumero;
        char nomeAbr[MAX_NOME];
        char nome[MAX_NOME];
        int  bairroInicio;
        int  bairroFim;
        char CEP[TAM_CEP];
        char complemento[MAX_COMP];
        char tipoLogradouro[MAX_TIPO_LOG];
        char statusLogradouro;
        char nomeSemAcento[MAX_NOME];
        char chaveDNE[TAM_DNE];
} tRegistroCEP;
```

As constantes simbólicas (TAM_UF, MAX_NOME etc) são previamente definidas e seus valores não contribuem para o entendimento dos exemplos que usam o arquivo CEPs.bin, de modo que você não precisa preocupar-se com eles. As definições dessas constantes são as seguintes:

```c
#define MAX_NOME     40 /* Número máximo de caracteres num nome */
#define TAM_UF        2 /* Número de dígitos num UF */
#define TAM_CEP       8 /* Número de dígitos num CEP */
#define MAX_COMP     60 /* Número máximo de caracteres num complemento */
#define MAX_TIPO_LOG 10 /* Número máximo de caracteres num tipo de logradouro */
#define TAM_DNE      16 /* Número de dígitos numa chave DNE */
```

Nos exemplos de tabelas de busca que usam chave interna o conteúdo efetivo de cada elemento (ou nó) da tabela é definido usando os seguintes tipos:

```
typedef char tCEP[TAM_CEP + 1]; /* Tipo de chave */

   /* Tipo de conteúdo de um elemento */
typedef struct {
        tCEP chave; /* CEP */
        int  valor; /* Índice do CEP no arquivo de registos de CEPs */
    } tCEP_Ind;
```

Observação: É importante notar que o conteúdo do arquivo `CEPs.bin` é muito antigo e foi obtido via internet numa época em que ele era acessível livremente sem nenhum custo. Atualmente, um banco de dados completo de CEPs contendo cerca de *900.000* registros é vendido pelos Correios pela bagatela de *R$2.500*. Portanto esse arquivo está totalmente desatualizado e não serve para nenhum propósito prático. Como foi dito acima, sua importância nesse livro deve-se ao seu tamanho, e não à interpretação de seu conteúdo.

A.3 Censo Escolar

O tamanho do arquivo `CensoMEC.bin` é cerca de *4,29 GiB* e seu número de registros é *9.565.483*. Esse arquivo é derivado do **Censo da Educação Superior 2012** realizado pelo Instituto Nacional de Estudos e Pesquisas Educacionais Anísio Teixeira (INEP) vinculado ao Ministério da Educação (MEC). Em seu formato original CSV[1], cada registro desse banco de dados possui *98* campos e o tamanho do arquivo é uma aberração: cerca de *16 GiB* (a maior parte dele inútil!). Para facilitar o manuseio desse arquivo, o número de campos foi reduzido para apenas *8*, que são descritos na **Tabela A–5**.

Campo	Interpretação	Tipo
codigoAluno	Código de identificação atribuído ao aluno	long
codAlunoCurso	Combinação do código do aluno com o curso que ele frequenta (chave primária)	int
nomeIES	Nome da instituição à qual o aluno pertence	char[200]
nomeCurso	Nome do curso que o aluno frequenta	char[200]
sexoAluno	Sexo do aluno	char
idadeAluno	Idade do aluno	int
UFNascimento	UF na qual o aluno nasceu[†]	char[30]
anoIngresso	Ano de ingresso do aluno no curso	int

Tabela A–5: Campos do Arquivo CensoMEC.bin

[†] Se o leitor ficar surpreso com o fato de UF ser representada com 30 caracteres, o autor lhe é solidário...

O tipo de dado que representa os registros do arquivo `CensoMEC.bin` é definido em C como:

```
typedef struct {
        long codigoAluno;
        int  codAlunoCurso; /* chave */
        char nomeIES[MAX_NOME_IES];
```

[1]   **CSV** é um tipo de arquivo de texto bastante utilizado em programas de bancos de dados e planilhas eletrônicas no qual cada dois campos consecutivos são separados por ponto e vírgula.

```
        char nomeCurso[MAX_NOME_CURSO];
        char sexoAluno;
        int  idadeAluno;
        char UFNascimento[MAX_UF_NASCIMENTO];
        int  anoIngresso;
    } tRegistroMEC;
```

As definições das constantes simbólicas que aparecem nessa última definição de tipo são as seguintes:

```
#define TAM_CODIGO_ALUNO   12 /* Número de dígitos num código de aluno */
#define TAM_ALUNO_CURSO     8 /* Número de dígitos num código de aluno/curso */
#define MAX_NOME_IES       200 /* Tamanho máximo de um nome de IES   */
#define MAX_NOME_CURSO     200 /* Tamanho máximo de um nome de curso */
#define MAX_UF_NASCIMENTO  30 /* Tamanho máximo de um nome de UF    */
```

Nos exemplos de tabelas de busca que usam chaves externas o conteúdo efetivo de cada elemento (ou nó) da tabela é definido usando os seguintes tipos:

```
typedef int tChave; /* Tipo da chave */

  /* Tipo de conteúdo de um elemento */
typedef struct {
        tChave chave;  /* Chave do registro */
        int    indice; /* Posição do registro no arquivo */
} tChaveIndice;
```

O arquivo `CensoMEC.bin` é usado apenas em buscas (v. capítulos **6** e **8**) e ordenações (v. **Capítulo 11**) em memória secundária.

A.4 Machado

O arquivo `Machado.txt` é uma transcrição do romance *Ressurreição* de Machado de Assis, publicado em 1872 (v. **Bibliografia**), convertido pelo autor desta obra em texto puro. Esse arquivo é usado na **Seção 9.10.2** e na **Seção 9.10.6**.

A.5 DNA

O arquivo `DNA.txt` é um arquivo de texto em formato **FASTA** contendo parte do genoma humano **HG-19**[2]. Esse arquivo pode ser facilmente obtido em formato comprimido via internet e é usado no exemplo apresentado na **Seção 9.10.7**. Ele também está disponível no site dedicado a este livro.

---

[2] Arquivo do tipo FASTA representa um padrão internacional para arquivos de texto representando nucleotídeos e peptídeos. HG-19 é o mapa cromossômico mitocondrial de número 19 do genoma humano realizado em fevereiro de 2009. Se o leitor não entende nada disso, está quite com o autor... O importante, neste caso, é o formato e o tamanho do arquivo e não sua interpretação.

PROGRAMAÇÃO BÁSICA DE BAIXO NÍVEL EM C

 STE APÊNDICE apresenta tópicos de programação de baixo nível que podem ser necessários para completo entendimento do texto principal, notadamente aquele dos capítulos 7 e 8.

B.1 Bases Numéricas

Como as operações apresentadas aqui envolvem manipulações de sequências de bits que são um tanto incômodas de ser escritas em formato binário, usualmente, o formato hexadecimal é utilizado para representá-las. Assim, antes de prosseguir, é importante que o leitor adquira a habilidade de transformar sequências de bits entre esses formatos. A **Tabela B–1** serve como referência auxiliar para essa tarefa.

BASE NUMÉRICA		
DECIMAL	BINÁRIA	HEXADECIMAL
0	0000	0x0
1	0001	0x1
2	0010	0x2
3	0011	0x3
4	0100	0x4
5	0101	0x5
6	0110	0x6

TABELA B–1: CONVERSÕES ENTRE BASES NUMÉRICAS

Base Numérica		
Decimal	**Binária**	**Hexadecimal**
7	0111	0x7
8	1000	0x8
9	1001	0x9
10	1010	0xA
11	1011	0xB
12	1100	0xC
13	1101	0xD
14	1110	0xE
15	1111	0xF

Tabela B–1: Conversões entre Bases Numéricas

Em programação de baixo nível, que envolve manipulação de bits, o formato mais comumente utilizado é o hexadecimal. Para converter uma sequência de bits do formato binário para hexadecimal, separe a sequência dada em sequências menores de quatro bits, completando, se for o caso, a primeira sequência de quatro bits com zeros à esquerda. Por exemplo, a sequência de bits 110101 pode ser separada em 0011 e 0101 (note que a primeira sequência foi completada com zeros à esquerda). Após fazer essa separação, escreva os números hexadecimais correspondentes a cada sequência de quatro bits utilizando a **Tabela B–1**. Na sequência de bits do exemplo, 0011 corresponde a 3 e 0101 corresponde a 5. Portanto 110101 corresponde a 35 em hexadecimal, que se escreve em C como 0x35.

Para converter de hexadecimal para binário, transforme cada dígito hexadecimal numa sequência de quatro bits utilizando a **Tabela B–1**. Por exemplo: 0xA52B corresponde a 1010010100101011, pois 0xA corresponde a 1010, 0x5 corresponde a 0101, 0x2 corresponde a 0010 e 0xB corresponde a 1011.

B.2 Operadores Lógicos de Bits

Existem quatro operadores lógicos de bits, que são resumidamente apresentados na **Tabela B–2**.

Operador	Símbolo	Aridade	Precedência	Associatividade
Operador de complemento	~	1	Alta	À direita
Conjunção de bits	&	2	⬇	À esquerda
Disjunção exclusiva de bits	^	2		À esquerda
Disjunção de bits	|	2	Baixa	À esquerda

Tabela B–2: Operadores Lógicos Binários de Bits

Todos os operadores de bits requerem que seus operandos sejam inteiros. Com exceção do operador de complemento, que é unário, cada um dos demais operadores de bits requer dois operandos inteiros e as operações são executadas sobre cada par de bits correspondentes nos dois operandos. Isto é, o primeiro bit do primeiro operando é avaliado com o primeiro bit do segundo operando, o segundo bit do primeiro operando é avaliado com o segundo bit do segundo operando, e assim por diante até que todos os bits sejam avaliados. O resultado dessas avaliações para cada operador binário lógico de bits é apresentado na **Tabela B–3**. Nessa tabela, b_1 e b_2 representam um bit do primeiro operando e o bit correspondente do segundo operando, respectivamente.

b_1	b_2	$b_1 \& b_2$	$b_1 \mid b_2$	$b_1 \wedge b_2$
0	0	0	0	0
1	0	0	1	1
0	1	0	1	1
1	1	1	1	0

TABELA B–3: RESULTADOS DE OPERAÇÕES LÓGICAS BINÁRIAS DE BITS

O operador de complemento, representado pelo símbolo ~ (til), é um operador unário cujo efeito é o de inverter os bits de seu operando.

B.3 Operadores de Deslocamento de Bits

Existem dois operadores de deslocamento de bits em C, que são resumidamente apresentados na **Tabela B–4**.

OPERADOR	SÍMBOLO
Deslocamento de bits à esquerda	<<
Deslocamento de bits à direita	>>

TABELA B–4: OPERADORES DE DESLOCAMENTO

Cada um desses operadores de deslocamento requer dois operandos inteiros: o primeiro operando representa uma sequência de bits a ser deslocada, enquanto o segundo operando representa o número de deslocamentos que cada bit do primeiro operando irá experimentar. O valor do segundo operando não deverá ser maior do que o número de bits utilizados para representar o primeiro operando. A operação de deslocamento à esquerda faz com que os bits do primeiro operando sejam deslocados para a esquerda no número de posições indicado pelo segundo operando. Os bits mais à esquerda do primeiro operando, em número igual ao valor do segundo operando, serão perdidos na operação, enquanto os bits mais à direita do primeiro operando, também em número igual ao valor do segundo operando, serão preenchidos com 0.

Operadores de deslocamento possuem a mesma precedência, que é maior do que a precedência dos demais operadores binários de bits. A associatividade dos operadores de deslocamento é à esquerda.

É importante salientar que qualquer das operações de deslocamento apresentará um comportamento imprevisível e que não é portável quando o segundo operando é negativo ou maior do que o tamanho do tipo do valor deslocado.

A operação de deslocamento à direita é similar à operação de deslocamento à esquerda quando o primeiro operando é sem sinal (i.e., **unsigned**), mas agora os bits são deslocados para a direita. Aliás, é sempre recomendável que o primeiro operando do operador de deslocamento à direita seja de fato **unsigned**, pois, se esse não for o caso e se o primeiro operando do operador de deslocamento à direita for um número negativo, o resultado do deslocamento é dependente de implementação.

B.4 Mascaramento

Provavelmente, os usos práticos mais comuns de programação de baixo nível envolvem **mascaramento**, que é uma operação na qual uma dada sequência de bits é transformada em outra sequência desejada por meio de uma operação lógica de bits. Nessa operação, a sequência dada é um dos operandos do operador de bits e o outro operando é uma sequência denominada **máscara**. Mais precisamente, uma máscara é um valor que, usado em conjunto com uma dada operação de bits, é empregado para extrair ou alterar o conteúdo de alguma variável. Numa operação de mascaramento, a máscara e a operação lógica são escolhidas de modo que a operação resulte na sequência de bits desejada.

Existem vários tipos de operações de mascaramento. Por exemplo, parte de uma variável pode ser copiada para outra variável, enquanto o restante da nova variável é preenchida com zeros, conforme mostra a **Figura B–1**.

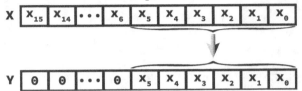

FIGURA B–1: EXEMPLO DE MASCARAMENTO: COPIANDO BITS DE UMA VARIÁVEL 1

Suponha que X seja uma variável do tipo **int** e que se deseje extrair os seis bits mais à direita de X e atribuí-los a uma variável Y, como mostra o diagrama da **Figura B–1**. Os bits restantes de Y devem ser preenchidos com zeros. A questão é: como escolher o operador lógico de bits e a máscara para essa operação de mascaramento? Para uma melhor visualização do problema, a operação de mascaramento é ilustrada na **Figura B–2**. Nessa figura, é feita a suposição de que o tipo **int** ocupa 16 bits, mas isso é apenas comodidade e não constitui uma limitação.

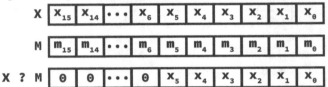

FIGURA B–2: EXEMPLO DE MASCARAMENTO: COPIANDO BITS DE UMA VARIÁVEL 2

Na **Figura B–2**, X é uma variável qualquer do tipo **int** e, consequentemente, os bits x_i de X também são arbitrários. Os bits que compõem a máscara M devem ser escolhidos adequadamente, de modo a resultar na sequência de bits dada por X ? M, em que ? representa um operador de bits a ser convenientemente escolhido. Examinando-se a **Tabela B–3** dos operadores de bits apresentada na **Seção B.2**, pode-se concluir que esse operador deve ser **&** e que a máscara deve ser constituída por uma sequência de zeros, correspondente à porção do resultado contendo apenas zeros (i.e., os bits numerados de **6** a **31**) e uma sequência de uns, correspondente à porção do resultado contendo os valores originais do operando dado (i.e., os bits numerados de **0** a **5**). Levando isso em consideração, o resultado da operação de mascaramento pode ser visualizado como é ilustrado na **Figura B–3**.

FIGURA B–3: EXEMPLO DE MASCARAMENTO: COPIANDO BITS DE UMA VARIÁVEL 3

Portanto a máscara da operação de mascaramento do exemplo acima tem a seguinte representação binária:

$$0000\ 0000\ 0011\ 1111_2$$

que corresponde, em formato hexadecimal, a `0x3F`.

É interessante notar que a máscara do último exemplo é independente do tamanho do tipo **int** utilizado na operação, pois seus bits mais à esquerda são todos zeros. Por exemplo, se o tipo **int** ocupasse 32 bits, o valor da máscara continuaria sendo `0x3F`. Nesse caso, a única diferença seria que a representação binária conteria mais zeros à esquerda, mas o valor da máscara seria o mesmo. Entretanto máscaras cujos bits mais à esquerda são iguais a `1` não são independentes do tamanho do tipo inteiro utilizado na operação de mascaramento.

B.5 Extraindo Bits Significativos

O bit menos significativo (**LSB**[1]) de um número inteiro em base binária é aquele que se encontra mais à direita no número (i. e, ele é o bit que ocupa a posição zero). Por sua vez, o bit mais significativo (**MSB**[2]) de um número inteiro diferente de zero em base binária é o bit mais à esquerda do número, desde que ele seja diferente de 0 e não seja um bit de sinal. Por exemplo, o bit mais significativo e o bit menos significativo do número 58_{10} representado em base binária como um inteiro de 32 bits é apresentado na **Figura B–4**.

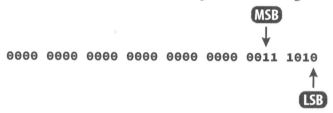

FIGURA B–4: BIT MAIS SIGNIFICATIVO (MSB) E BIT MENOS SIGNIFICATIVO (LSB)

Note que o MSB e o LSB apresentam as seguintes propriedades:

❒ O LSB de um número inteiro ocupa sempre a posição 0, mas seu valor depende do valor do número.

❒ O MSB de um número inteiro diferente de zero é sempre 1, mas sua posição depende do valor do número.

Alguns programas, tal como a implementação de dispersão extensível apresentada na **Seção 8.2**, requerem que n bits menos ou mais significativos sejam extraídos de um número inteiros e esta seção mostrará como esses bits podem ser obtidos por meio de operações de mascaramento (v. **Seção B.4**).

B.5.1 Bits Menos Significativos (LSBs)

Como foi visto na **Seção B.4**, para obter os seis bits menos significativos de um número inteiro, usa-se uma máscara cujos seis bits mais à direita são iguais a 1 e cujos demais bits são iguais a 0. Após essa máscara ter sido obtida, aplica-se o operador de conjunção de bits para extrair os bits desejados. Intuitivamente, pode-se generalizar esse raciocínio para a extração dos n bits menos significativos de um número inteiro: basta considerar uma máscara semelhante que, em vez de seis, tenha n bits iguais a 1 e usar esse mesmo operador. O problema agora é como obter essa máscara.

Suponha que se deseje extrair os quatro bits menos significativos de um número inteiro. Então, seguindo o raciocínio exposto acima, a máscara a ser utilizada será[3]:

$$0000\ 0000\ 0000\ 1111_2$$

Se a essa máscara for acrescentado 1, o resultado obtido é aquele apresentado na **Figura B–5**.

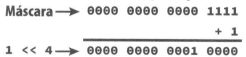

FIGURA B–5: EXTRAÇÃO DE BITS MENOS SIGNIFICATIVOS

[1] A sigla *LSB* é derivada de *least significant bit* em inglês.

[2] A sigla *MSB* é derivada de *most significant bit* em inglês.

[3] Novamente, para facilitar o entendimento, serão usados inteiros de 16 bits, mas o mesmo raciocínio pode ser aplicado para inteiros de qualquer largura.

Agora, se somando-se *1* à máscara obtém-se o resultado da operação *1 << 4*, subtraindo-se *1* dessa última expressão, obtém-se a máscara desejada. Essa conclusão pode ser generalizada numa fórmula em C para obtenção de uma máscara para extração dos *n* bits menos significativos de um número inteiro como:

```
mascara = (1 << n) - 1
```

A função `ObtemLSBs()` a seguir retorna os bits menos significativos de um número inteiro e seus parâmetros são:

- `chave` (entrada) — o número inteiro do qual os bits serão extraídos
- `nBits` (entrada) — o número de bits menos significativos que serão extraídos da chave

```c
int ObtemLSBs(int chave, int nBits)
{
    int mascara = (1 << nBits) - 1;

    return chave & mascara;
}
```

B.5.2 Bits Mais Significativos (MSB)

Para a extração dos *n* bits mais significativos de um número inteiro não negativo, pode-se usar a mesma fórmula para máscara apresentada na **Seção B.5.1**, mas a extração desse bits é uma tarefa um tanto sutil, pois, em princípio, não se sabe onde eles se encontram.

Suponha, por exemplo, que se deseja extrair os quatro bits mais significativos de 2568_{10}, cuja representação em base binária é:

$$0000\ 1010\ 0000\ 1000_{2}$$

Agora, usando-se máscara para extração de quatro bits obtida na **Seção B.5.1**, a presente situação é aquela mostrada na **Figura B–6**.

Note que, como mostra a **Figura B–6**, não há nenhum operador de bits que possa ser aplicado aos números em questão para resultar nos bits almejados. Então a ideia é fazer com que o número sofra sucessivos deslocamentos de bits para a direita até que os bits desejados coincidam com a porção da máscara contendo apenas bits iguais a *1*, como mostra a **Figura B–7**.

Bits desejados

Número ➔ 0000 $\overbrace{1010}$ 0000 1000

Máscara ➔ 0000 0000 0000 1111

FIGURA B–6: EXTRAÇÃO DE BITS MAIS SIGNIFICATIVOS 1

Bits desejados

Número ➔ 0000 0000 0000 $\overbrace{1010}$

Máscara ➔ 0000 0000 0000 1111

FIGURA B–7: EXTRAÇÃO DE BITS MAIS SIGNIFICATIVOS 2

A questão agora é: como saber se os bits mais significativos estão alinhados da maneira preconizada? Bem, como se observa na **Figura B–7**, nessa situação, todos os bits que antecedem os bits desejados e aqueles que antecedem a porção de bits iguais a *1* da máscara são iguais a *0*, de modo que, no máximo, o número será igual à máscara (na referida figura, o número é menor do que a máscara).

A função `ObtemMSBs()` abaixo retorna os bits mais significativos de um número inteiro positivo seguindo o arrazoado apresentado no último parágrafo. Os parâmetros dessa função são:

- `chave` (entrada) — o número inteiro positivo do qual os bits serão extraídos
- `nBits` (entrada) — o número de bits mais significativos que serão extraídos da chave

```
int ObtemMSBs(int chave, int nBits)
{
    int mascara = (1 << nBits) - 1;

    ASSEGURA(chave >= 0, "A chave nao pode ser negativa");

        /* Desloca a chave para a direita, um bit de cada vez, até que */
        /* seu valor seja menor do que ou igual ao valor da máscara    */
    while (chave > mascara)
        chave >>= 1;

    return chave;
}
```

B.6 Ligando e Desligando Bits

Ligar um bit significa torná-lo igual a *1* e **desligar um bit** significa torná-lo igual a *0*.

Para ligar um bit que se encontra numa posição *j*, usa-se uma máscara contendo *1* nessa posição e *0* nas demais posições e, então, usa-se o operador de disjunção de bits |, como ilustra a **Figura B–8**. Para obter a máscara desejada, a ela deve ser atribuído o valor da expressão *1 << j*, como mostra essa mesma figura.

Para desligar um bit que se encontra numa posição *j*, usa-se uma máscara contendo *0* nessa posição e *1* nas demais posições e, então, usa-se o operador de conjunção de bits **&**, como ilustra a **Figura B–9**. Para obter a máscara desejada, obtém-se o valor da expressão *1 << j* e depois aplica-se a ele o operador de negação de bits, como mostra a **Figura B–9**.

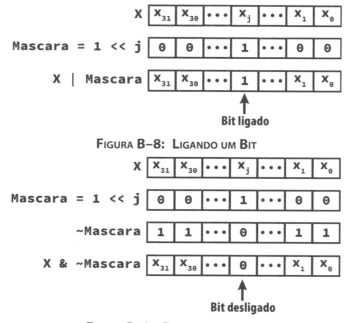

FIGURA B–8: LIGANDO UM BIT

FIGURA B–9: DESLIGANDO UM BIT

As funções `LigaBit()` e `DesligaBit()` apresentadas a seguir são usadas, respectivamente, para ligar e desligar um bit.

```c
int LigaBit(int valor, int pos)
{
    int mascara = 1 << pos;
    return valor | mascara;
}

int DesligaBit(int valor, int pos)
{
    int mascara = 1 << pos;
    return valor & ~mascara;
}
```

B.7 Invertendo um Bit

Para inverter o valor de um bit, usa-se a mesma máscara usada para ligar um bit (v. **Seção B.4**) em conjunto com o operador de disjunção exclusiva de bits ^, como mostra a **Figura B–10**.

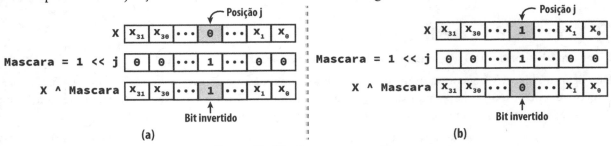

FIGURA B–10: INVERTENDO UM BIT

A função **InverteBit()** retorna o valor resultante da inversão de um bit de um número inteiro recebido como parâmetro.

```c
int InverteBit(int valor, int pos)
{
    int mascara = 1 << pos;
    return valor ^ mascara;
}
```

B.8 Consultando um Bit

Para verificar se o valor de um bit de um número inteiro é *0* (desligado) ou *1* (ligado), usa-se uma máscara com valor igual a *1*. Então deslocam-se os bits do número para a direita por um valor igual à posição do número que se deseja consultar. Finalmente, aplica-se o operador de conjunção de bits **&**, como mostra a **Figura B–11**.

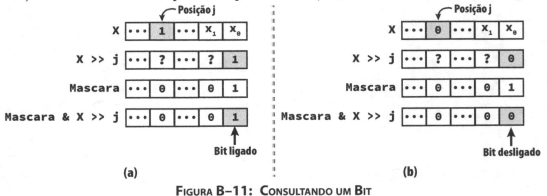

FIGURA B–11: CONSULTANDO UM BIT

A função `ConsultaBit()` pode ser usada para consultar o bit de um número inteiro que se encontra numa determinada posição.

```
int ConsultaBit(int valor, int pos)
{
    return 1 & valor >> pos;
}
```

B.9 Exemplos de Programação

B.9.1 Representação Binária

Esta seção apresenta uma função denominada `RepresentacaoBinaria()`, que exibe, no meio de saída padrão, a sequência de bits correspondente à representação binária de um valor do tipo **int** passado como parâmetro para a função.

```
void RepresentacaoBinaria(int numero)
{
    int          i, bit, numeroDeBits;
    unsigned int  mascara; /* A máscara deve ser unsigned */

        /* Cada byte contém um número de bits igual a CHAR_BIT */
    numeroDeBits  = CHAR_BIT*sizeof(int);

        /* Coloca 1 na posição mais à esquerda da  */
        /* máscara. Todos os outros bits terão 0s. */
    mascara = 0x1 << (numeroDeBits - 1);

    for (i = 1; i <= numeroDeBits; i++) {/* Exibe cada bit a partir da esquerda */
        bit = (numero & mascara) ? 1 : 0;

        printf("%d", bit); /* Apresenta um bit na tela */

            /* Separa sequências de bytes com espaços em branco */
            /* para melhor visualização da representação         */
        if (i % CHAR_BIT == 0)
            printf(" ");

        mascara >>= 1; /* Move bit com valor 1 da máscara uma posição para a direita */
    }
}
```

A função `RepresentacaoBinaria()` merece alguns comentários:

❑ A constante **CHAR_BIT** é utilizada para calcular o número de bits utilizados pelo valor que será representado. Essa constante está definida no arquivo de cabeçalho `<limits.h>`[4].

❑ A máscara utilizada é representada pela variável `mascara`. Em qualquer instante, essa variável possui apenas um bit `1` e os demais bits são todos zeros. A posição do bit com valor `1` na máscara corresponde à posição do bit que se está testando se é `0` ou `1` no número recebido como parâmetro. Inicialmente, o bit mais à esquerda da máscara recebe o valor `1`. Esse bit é deslocado uma posição para a direita, utilizando o operador `>>`, a cada execução do corpo do laço **for**.

❑ No interior do laço, a expressão `x & y` resulta num valor diferente de zero quando o bit do número a ser representado na posição correspondente ao bit com valor *1* na máscara for também igual a `1`; caso contrário, esse bit deve ser `0`.

❑ A instrução **if** no interior do laço serve apenas para inserir alguns espaços em branco separando os bits da representação em bytes para facilitar a visualização.

---

[4]   A constante **CHAR_BIT** existe porque a linguagem C não especifica quantos bits um byte deve possuir. Mas mesmo que você não conheça nenhum computador cujo número de bits num byte seja diferente de 8, é melhor utilizar essa constante por questão de legibilidade.

A função `RepresentacaoBinaria()` não é apenas um exemplo interessante de manipulação de bits. Ela é bastante útil na depuração de programas que processam bits.

B.9.2 Dispersão por Mistura

Suponha que se deseja elaborar uma função de dispersão que resulta num índice entre *0* e *255* e a representação interna de chaves do tipo **int** é uma sequência binária de *32* bits. Nesse caso, são usados *8* bits para representar os *256* valores de índices (pois 2^8 é igual a *256*). Um algoritmo de dispersão por mistura usado para criar essa função de dispersão é mostrado na **Figura B–12**.

ALGORITMO DISPERSÃOPORMISTURA

ENTRADA: Uma chave de 32 bits

SAÍDA: O valor de dispersão da chave

1. Divida a chave em quatro sequências de bits, cada uma das quais com 8 bits (**octetos**)
2. Aplique XOR ao primeiro e ao último octetos
3. Aplique XOR aos dois octetos intermediários
4. Aplique XOR ao resultado dos **Passos 2** e **3** e retorne o valor obtido

---

FIGURA B–12: ALGORITMO DE DISPERSÃO POR MISTURA

Esse algoritmo é exemplificado usando-se a chave *205405*, cuja representação binária é apresentada na **Figura B–13**.

FIGURA B–13: PRIMEIRO PASSO DE DISPERSÃO POR MISTURA

O segundo passo do algoritmo da **Figura B–12** consiste em aplicar XOR ao primeiro e ao último octetos, enquanto o terceiro passo efetua a mesma operação com o segundo e o terceiro octetos. Os resultados dessas operações são apresentados na **Figura B–14**.

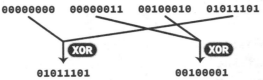

FIGURA B–14: SEGUNDO E TERCEIRO PASSOS DE DISPERSÃO POR MISTURA

O último passo do algoritmo da **Figura B–12** aplica XOR ao resultado dos dois passos anteriores. O resultado dessa última operação é apresentado na **Figura B–15**. Note que o número binário obtido é equivalente ao número decimal **124**, de modo que a chave **205405** resulta no valor de dispersão **124**.

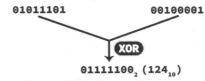

FIGURA B–15: QUARTO PASSO DE DISPERSÃO POR MISTURA

A implementação de uma função de dispersão por mistura pode não ser tão trivial quanto aparenta ser se o leitor não possuir treinamento adequado em programação de baixo nível. Espera-se que as seções anteriores deste apêndice tenham provido o conhecimento mínimo necessário para o leitor acompanhar a implementação do algoritmo de dispersão por mistura delineado na **Figura B–12**.

O maior problema com esse algoritmo é que ele não detalha como obter os octetos de bytes com os quais se efetuam as operações XOR. Mais precisamente, esse algoritmo não especifica como obter os octetos que compõem o valor inteiro que representa a chave. E esse é exatamente o passo mais complicado desse algoritmo.

A **Figura B–16** apresenta dois exemplos de extração de octetos por meio de mascaramento, que é uma operação que foi discutida na **Seção B.4**. A **Figura B–16 (a)** mostra a extração do segundo octeto da chave do exemplo apresentado acima, ao passo que a **Figura B–16 (b)** mostra a extração do terceiro octeto dessa mesma chave.

Infelizmente, os octetos obtidos com essas operações de mascaramento não produzem o resultado desejado quando for aplicada a operação XOR sobre eles. Por exemplo, considerando os octetos obtidos na **Figura B–16**, o resultado obtido quando se aplica o operador XOR (representado por ^ em C) é aquele mostrado na **Figura B–17**, que não corresponde àquilo que se esperava obter.

Em contraste com o que mostra a **Figura B–17**, esperava-se obter como resultado apenas um único octeto, em vez de dois. Mais precisamente, esperava-se obter o octeto `00100001`, conforme foi visto acima (v. **Figura B–14**). O resultado inesperado é advindo do fato de os octetos sobre os quais incide a operação XOR estarem desalinhados. Para alinhar esses octetos, aplica-se um deslocamento à direita a cada um deles, de modo que eles ocupem os bits de menor ordem, como mostra a **Figura B–18**.

Note que o uso de parênteses nas expressões:

```
(valor & mascara2) >> 2*8
```

e

```
(valor & mascara2) >> 1*8
```

na **Figura B–18** são de fato necessários porque o operador **>>** tem precedência maior do que o operador **&**. A **Figura B–19** mostra como, agora, o resultado desejado é obtido.

(a) Extração do Segundo Octeto

(b) Extração do Terceiro Octeto

FIGURA B–16: EXTRAÇÃO INCORRETA DE OCTETOS EM DISPERSÃO POR MISTURA

```
octeto2 ──▶ 00000000   00000011   00000000   00000000
octeto3 ──▶ 00000000   00000000   00100010   00000000
                                     ⬇ octeto2 ^ octeto3
            00000000   00000011   00100010   00000000
```

FIGURA B-17: RESULTADO INCORRETO DE DISPERSÃO POR MISTURA

```
   valor ──▶ 00000000   00000011   00100010   01011101
mascara2 ──▶ 00000000   11111111   00000000   00000000
                   ⬇ (valor & mascara2) >> 2*8
octeto2 ──▶ 00000000   00000000   00000000   00000011
```

(a) Extração do Segundo Octeto com Deslocamento

```
   valor ──▶ 00000000   00000011   00100010   01011101
mascara3 ──▶ 00000000   00000000   11111111   00000000
                   ⬇ (valor & mascara3) >> 1*8
octeto3 ──▶ 00000000   00000000   00000000   00100010
```

(b) Extração do Terceiro Octeto com Deslocamento

FIGURA B-18: EXTRAÇÃO CORRETA DE OCTETOS COM DESLOCAMENTO

```
octeto2 ──▶ 00000000   00000000   00000000   00000011
octeto3 ──▶ 00000000   00000000   00000000   00100010
                                     ⬇ octeto2 ^ octeto3
            00000000   00000000   00000000   00100001
```

FIGURA B-19: RESULTADO CORRETO DE DISPERSÃO POR MISTURA

O valor resultante de cada operação XOR acima cabe num byte, o que significa dizer que esse resultado cabe numa variável do tipo **char**. Uma consequência dessa última conclusão é que o método de mistura descrito aqui só pode ser usado para tabelas com tamanho máximo de *256* elementos, o que constitui uma limitação desse método. Mas, de qualquer modo, as técnicas de manipulação de bits que você deve ter aprendido aqui servirão para compreender outros métodos de dispersão e ser capaz de desenvolver seus próprios algoritmos de cálculo de valores de dispersão.

A função **DispersaoMisturaJunior()** calcula o valor de dispersão de uma chave usando o método de mistura e seus parâmetros são a chave e o tamanho da tabela de dispersão. Essa função não é a melhor implementação para o algoritmo descrito nesta seção. Ou seja, ela é dirigida para leitores iniciantes em programação de baixo nível em C.

```c
unsigned DispersaoMisturaJunior(int chave)
{
    unsigned mascara[4] = { 0xFF000000, /* 11111111 00000000 00000000 00000000 */
                            0x00FF0000, /* 00000000 11111111 00000000 00000000 */
                            0x0000FF00, /* 00000000 00000000 11111111 00000000 */
                            0x000000FF, /* 00000000 00000000 11111111 00000000 */
                          };
```

```
char      octetos[4] = { (chave & mascara[0]) >> 3*8,
                          (chave & mascara[1]) >> 2*8,
                          (chave & mascara[2]) >> 1*8,
                          (chave & mascara[3]) >> 0*8
                       };
unsigned i, xor1, xor2;

xor1 = octetos[0] ^ octetos[3];
xor2 = octetos[1] ^ octetos[2];

return xor1 ^ xor2;
}
```

O array `mascara[]` contém os valores que serão empregados na extração das sequências de bits. A **Tabela B–5** ajuda a entender os valores usados na iniciação desse array.

HEXADECIMAL	BINÁRIO			
0xFF000000	11111111	00000000	00000000	00000000
0x00FF0000	00000000	11111111	00000000	00000000
0x0000FF00	00000000	00000000	11111111	00000000
0x000000FF	00000000	00000000	00000000	11111111

TABELA B–5: MÁSCARAS EM FORMATOS HEXADECIMAL E BINÁRIO

O array `octetos[]` armazena os octetos extraídos da chave e, se você realmente entendeu o arrazoado apresentado acima, não terá dificuldade em compreender como esse array é iniciado.

Uma versão um pouco mais sofisticada da função `DispersaoMisturaJunior()` leva em consideração o fato de, com exceção da primeira máscara, as demais máscaras poderem ser obtidas por meio da aplicação do operador de deslocamento à direita, de modo que não é necessário um array para armazená-las: basta uma única variável do tipo **unsigned**, como mostra a função `DispersaoMisturaMedio()` a seguir.

```
unsigned DispersaoMisturaMedio(int chave)
{
   unsigned mascara = 0xFF000000,
            i, xor1, xor2;
   char     octetos[4];

   for (i = 0; i < 4; ++i) {
      octetos[i] = (chave & mascara) >> ((3 - i)*8);

      mascara = mascara >> 8;
   }

   xor1 = octetos[0] ^ octetos[3];
   xor2 = octetos[1] ^ octetos[2];

   return xor1 ^ xor2;
}
```

A função `DispersaoMisturaMedio()` ainda está longe de ser a melhor implementação para a situação corrente, mas se você tinha deficiência em programação de baixo nível e entendeu o que foi exposto nesta seção, parabéns! Foi uma grande evolução. No site dedicado ao livro na internet você encontrará uma versão ainda mais sofisticada de função que implementa dispersão por mistura.

Funções de Dispersão Prontas

ELABORAR UMA FUNÇÃO DE DISPERSÃO é, em boa proporção, uma arte. Assim é sempre melhor usar uma função de dispersão reconhecidamente boa (i.e., que tenha sido exaustivamente testada e aprovada) do que tentar inventar uma. Há muitos algoritmos de dispersão bons disponíveis que passaram por análise rigorosa e têm excelentes distribuições para quase todos os tipos de chaves. Algumas são extremamente simples. Todas elas quase certamente superam qualquer função que você (ou o próprio autor) pode desenvolver em termos de distribuição uniforme. Muitas delas são executadas bem mais rapidamente do que uma solução amadora.

Frequentemente, encontram-se funções de dispersão que afirmam que são *a melhor para strings* ou *a melhor para inteiros*. Essas funções devem ser evitadas porque, se uma função de dispersão não é boa para todos os tipos de dados, provavelmente, ela representa um algoritmo ruim. Algumas vezes, por outro lado, uma função de dispersão pode ser otimizada para um único tipo por questão de eficiência. É bom aprender a discernir essas nuances, mas uma prática segura é usar apenas funções gerais de dispersão que são reconhecidamente boas.

Como a cuidadosa elaboração de uma função de dispersão não é uma tarefa fácil para muitos programadores, o melhor conselho é usar funções consagradas que já tenham sido exaustivamente estudadas. Este apêndice irá descrever várias boas funções de dispersão, de modo que o programador não sucumba à tentação de escrever um algoritmo *ad hoc* quando uma boa função de dispersão for necessária.

C.1 JOAAT

Uma das funções de dispersão favoritas dos especialistas com relação a rapidez, simplicidade e qualidade é a função **JOAAT** de Robert Jenkins[1]. A função de dispersão de Jenkins excede as sugestões apresentadas no

---

[1] A denominação *JOAAT* é derivada das letras iniciais de *Jenkins one-at-a-time*, na qual Jenkins é o autor da função e o restante refere-se ao fato de um byte ser processado a cada iteração.

Capítulo 7 e é baseada em análise com respeito a colisões. O que há de ruim sobre a função de Jenkins é que o algoritmo é confuso e usa um grande número de constantes misteriosas difíceis de entender. Jenkins é uma conhecida autoridade no projeto de funções de dispersão para tabela de busca. Uma implementação da função **JOAAT** é apresentada a seguir.

```
unsigned int DispersaoJOAAT(const char *chave)
{
    unsigned int dispersao = 0;

    while (*chave) {
        dispersao += *chave++;
        dispersao += (dispersao << 10);
        dispersao ^= (dispersao >> 6);
    }
    dispersao += (dispersao << 3);
    dispersao ^= (dispersao >> 11);
    dispersao += (dispersao << 15);

    return dispersao;
}
```

A função `DispersaoJOAAT()` é uma boa escolha como uma primeira tentativa de função de dispersão, pois ela atinge avalanche (v. **Seção 7.2.1**) rapidamente e funciona muito bem. Por conseguinte essa função deve ser uma das primeiras a ser testada em qualquer implementação de tabela de dispersão.

C.2   DJB e DJB2

A função **DJB** criada por Daniel Julius Bernstein é bastante utilizada na prática com sucesso. Mas, apesar disso, o algoritmo em si não é muito confiável com relação a avalanche. Essa função tem provado ser muito boa para chaves pequenas constituídas por caracteres. Em tal caso, ela pode superar algoritmos que resultam numa distribuição mais aleatória. A função `DispersaoDJB()` abaixo é uma implementação da função **DJB**.

```
unsigned int DispersaoDJB(const char *chave)
{
    unsigned int dispersao = 0;

    while (*chave) dispersao = 33*dispersao + *chave++;

    return dispersao;
}
```

A função **DJB** deve ser usada com cautela, pois, apesar de ela funcionar muito bem na prática, teoricamente, ela não é razoável. O papel desempenhado pela misteriosa constante *33* e a razão pela qual ela funciona melhor do que outras constantes são questões ainda não respondidas. Sempre teste essa função com amostras de dados para cada uso para assegurar que ela não causa colisões excessivas.

Substituindo-se soma por XOR na instrução que efetua a combinação de bytes (i.e., o corpo do laço), obtém-se a função **DJB2** mostrada abaixo. Essa nova função parece não ser tão conhecida ou frequentemente usada quanto a função **DJB** original, mas, aparentemente, resulta numa melhor distribuição de chaves.

```
unsigned int DispersaoDJB2(const char *chave)
{
    unsigned int dispersao = 0;

    while (*chave)
        dispersao = 33*dispersao ^ *chave++;
    return dispersao;
}
```

C.3 SAX

A função de dispersão SAX[2] foi criada como uma função de dispersão para strings, mas ela também funciona para qualquer tipo de dado com a mesma eficiência. O algoritmo seguido por essa função é similar àquele de dispersão rotativa apresentado na **Seção 7.2.3**, mas a função **SAX** usa constantes diferentes para rotação e a operação usada para a mistura é soma. Essa função é muito poderosa e flexível, mas, como a maioria das funções apresentadas aqui, ela não é aprovada em testes para avalanche, mesmo que isso não pareça afetar sua eficiência na prática.

```
unsigned int DispersaoSAX(const char *chave)
{
    unsigned int dispersao = 0;
    while (*chave) dispersao ^= (dispersao << 5) + (dispersao >> 2) + *chave++;
    return dispersao;
}
```

C.4 FNV

A função de dispersão **FNV**, cuja denominação é derivada das iniciais de Fowler, Noll e Vo, em homenagem a seus criadores, é um algoritmo poderoso que segue a mesma linha que as funções de dispersão de Bernstein (v. **Seção C.2**) com constantes cuidadosamente escolhidas. Esse algoritmo tem sido usado em muitas aplicações práticas com excelentes resultados e, por sua simplicidade, a função de dispersão **FNV** deve ser uma das primeiras a ser experimentadas numa implementação de tabela de dispersão.

```
unsigned int DispersaoFNV(const char *chave)
{
    unsigned int dispersao = 2166136261;
    while (*chave) dispersao = (dispersao*16777619) ^ *chave++;
    return dispersao;
}
```

Uma versão mais sofisticada da função **FNV**, denominada **FNV–1A**, pode ser facilmente encontrada na internet.

C.5 JSW

A função de dispersão **JSW**, assim denominada em homenagem a seu criador — Julienne S. Walker — combina dispersão rotativa com dispersão tabular, na qual uma tabela de números aleatórios é utilizada. O algoritmo acessa cada byte da chave de entrada e usa-o como um índice da tabela de números aleatórios. Os bits de uma chave são deslocados à esquerda e à direita, então aplica-se XOR com o número aleatório obtido dessa tabela, cujo tamanho deve ser igual ao número de possíveis valores inteiros não negativos de um byte. Por exemplo, se um byte contiver 8 bits (como ocorre normalmente nos dias atuais), a tabela conterá 256 (i.e., 2^8) números aleatórios. O resultado obtido é uma distribuição uniforme se os números aleatórios utilizados na construção da tabela também forem uniformemente distribuídos.

O programa apresentado a seguir ilustra o uso de uma função de dispersão **JSW**.

```
#include <stdio.h>    /* printf()        */
#include <stdlib.h>   /* srand() e rand() */
#include <time.h>     /* time()          */
#include <limits.h>   /* UCHAR_MAX       */
```

---

[2] O nome SAX é derivado das letras iniciais de *Shift*, *Add* e *Xor*, que representam as operações sobre as quais essa função é baseada: deslocamento (*shift*, em inglês), soma (*add*) e disjunção exclusiva sobre bits (XOR).

```
static void CriaTabela(int tab[], int tam)
{
   int i;

   srand((unsigned)time(NULL)); /* Inicia o gerador de números aleatórios */

   for (i = 0; i < tam; ++i)   /* Cria a tabela de valores aleatórios */
      tab[i] = rand();
}
unsigned int DispersaoJSW(const char *chave)
{
   unsigned int dispersao = 16777551; /* Número mágico */
   static int   primeiraChamada = 1, tabela[UCHAR_MAX + 1];

   if (primeiraChamada) {
      CriaTabela(tabela, UCHAR_MAX + 1);
      primeiraChamada = 0;
   }

   while (*chave)
      dispersao = (dispersao << 1 | dispersao >> 31) ^ tabela[*chave++];

   return dispersao;
}
int main(void)
{
   printf( "\n   >>>> Usando Dispersao DispersaoJSW <<<<\n");
   printf( "\n>>> Dispersao de \"bola\" = %u", DispersaoJSW("bola") );
   printf( "\n>>> Dispersao de \"loba\" = %u\n", DispersaoJSW("loba") );
   printf( "\n>>> Dispersao de \"bola\" = %u", DispersaoJSW("bola") );
   printf( "\n>>> Dispersao de \"loba\" = %u\n", DispersaoJSW("loba") );

   return 0;
}
```

Uma execução desse último programa produz como resultado:

```
   >>>> Usando Dispersao DispersaoJSW <<<<

>>> Dispersao de "bola" = 268690024
>>> Dispersao de "loba" = 268643032

>>> Dispersao de "bola" = 268690024
>>> Dispersao de "loba" = 268643032
```

Como a função `DispersaoJSW()` usa uma tabela de números aleatórios que são diferentes a cada execução do programa, obviamente, os valores de dispersão produzidos serão diferentes a cada execução desse programa. Note, entretanto que, apesar de parecer o contrário, essa função é bem determinística no sentido de que ela produz sempre o mesmo valor de dispersão para uma dada chave em cada execução do programa que a utiliza, como você pode conferir no exemplo de execução acima. O problema com essa função é que ela não pode ser utilizada para armazenamento persistente de tabelas de dispersão.

C.6 Breve Avaliação das Funções de Dispersão Prontas

De acordo com o que foi discutido na **Seção 7.2.1**, as principais propriedades que uma função de dispersão devem satisfazer para que seja considerada adequada são:

❏ **Apresentar baixo custo computacional**. Todas as funções de dispersão prontas discutidas neste apêndice apresentam custo temporal $\theta(k)$, em que k é o tamanho (i.e., número de caracteres) da chave. Além disso, todas elas, com exceção da função de dispersão **JSW**, apresentam custo espacial $\theta(1)$. A função de dispersão **JSW** tem custo $\theta(|\sum|)$, em que $|\sum|$ é o tamanho do alfabeto do qual se derivam as chaves, mas, mesmo assim, esse custo é irrelevante, visto que ele é decorrente do uso de uma tabela de números aleatórios que é criada uma única vez para um dado conjunto de chaves.

❏ **Ser determinística**. Todas as funções de dispersão discutidas neste apêndice são determinísticas. A única função discutida naquela seção que aparenta não ser determinística é a função **JSW**, pois essa função usa uma tabela de valores aleatórios.

❏ **Lidar com normalização de dados**. Nenhuma das funções discutidas neste apêndice trata de normalização de dados. Nem poderia, pois essa é uma propriedade característica de cada conjunto de chaves, que, evidentemente, não é de conhecimento dos criadores dessas funções que, nesse aspecto, são genéricas.

❏ **Apresentar avalanche**. O atendimento a essa propriedade não tem grande importância prática para o uso de funções de dispersão na implementação de tabelas de busca. Ou seja, essa propriedade reveste-se de maior importância quando uma função de dispersão é usado em segurança de dados (p. ex., criptografia).

❏ **Apresentar boa distribuição**. Uma das afirmações mais categóricas dos autores dessas funções é elas distribuem chaves uniformemente. Essa propriedade, entretanto, precisa ser testada com cada conjunto particular de chaves.

Guia de Nomenclatura Usada em Identificadores

STE APÊNDICE é dividido em duas seções. A primeira delas resume brevemente as regras básicas seguidas na escrita de identificadores. Essas regras são descritas em maiores detalhes no **Apêndice C do Volume 1** desta obra. A segunda seção deste apêndice explica o significado das terminações (sufixos) desses identificadores.

D.1 Regras Básicas de Escrita de Identificadores (Resumo)

Os identificadores deste livro são baseados na notação camelo e seguem as regras brevemente descritas abaixo e apresentadas detalhadamente no **Apêndice C do Volume 1**.

- O nome de uma variável ou parâmetro formal inicia com letra minúscula e, se for composto, utiliza-se letra maiúscula no início de cada palavra seguinte, incluindo palavra de ligação (p. ex., `umaMatricula`)

- Macros e constantes de enumeração usam apenas letras maiúsculas e, se seus nomes forem compostos, utilizam-se subtraços para separar as palavras constituintes (p. ex., `TAM_MAIOR_PALAVRA`).

- Cada palavra constituinte de um nome de função começa por letra maiúscula e é seguida por letras minúsculas (p. ex., `CriaTabelaIdx`)

- Identificadores de tipos comecem com a letra *t*. Em seguida, procede-se como na criação de um nome de função (p. ex., `tCEP`, `tAluno`)

- A diferença entre a notação usada para tipos e aquela usada para rótulos de estruturas é que esses rótulos começam com *rot* (p. ex., `rotTabelaIdx`) em vez de *t*

D.2 Glossário de Sufixos de Identificadores

Muitos identificadores que aparecem em implementações deste livro têm uma terminação (sufixo) que indica a estrutura de dados ou operação à qual ele se refere. Por exemplo, identificadores que terminam em *idx* (como `tTabelaIdx`) referem-se a tabelas de busca indexadas. Consulte a **Tabela D–1** para esclarecer alguma dúvida referente essas terminações. Sufixos que não aparecem nessa tabela devem ter significados óbvios no contexto em que eles se encontram. Por exemplo, parece evidente que a função `RemoveNoArvoreFunil()` refere-se a árvores afuniladas na conjuntura em que ela se encontra.

CAPÍTULOS	TERMINAÇÃO	REFERE-SE A...	EXEMPLOS
3 e 11	`idx`	Tabela de busca indexada (dinâmica)	☐ Rótulo: `rotTabelaIdx` ☐ Função: `CriaTabelaIdx()`
3, 5, 7 e 11	`SE`	Lista simplesmente encadeada	☐ Tipo: `tNoListaSE`
4	☐ `ABB` ☐ `ArvoreBB`	Árvore binária de busca	☐ Tipo: `tNoArvoreBB` ☐ Função: `IniciaArvoreBB()`
6	`Multi`	Árvores multidirecionais descendentes de busca em memória principal	☐ Rótulo: `rotNoMulti` ☐ Tipo: `tNoMulti`
6	`MultiMS`	☐ Árvores multidirecionais de busca em memória secundária ☐ Alguns desses identificadores também são usados com árvores B	☐ Tipo: `tNoMultiMS` ☐ Função: `LeNoMultiMS()`
6	`B`	Árvores B	☐ Tipo: `tNoCaminhoB` ☐ Função: `CopiaChavesB()`
6 e 12	`BM`	Árvores B+	☐ Tipo: `tNoBM` ☐ Função: `CriaArvoreBM()`
7	`DE`	Tabela de dispersão com encadeamento	☐ Função: `CriaTabelaDE()`
7	`DEA`	Tabela de dispersão com endereçamento aberto	☐ Tipo: `tColetorDEA` ☐ Função: `BuscaDEA()`
8	`DEst`	Tabela de busca com dispersão estática em memória secundária	☐ Tipo: `tColetorDEst` ☐ Função: `LeColetorDEst()`
8	`DExt`	Tabela de busca com dispersão extensível em memória secundária	☐ Tipo: `tTabelaDExt` ☐ Função: `BuscaDExt()`
12	`MS`	Ordenação em memória secundária	☐ Função: `CriaSeriesMS()`
12	`BinMS`	Intercalação binária de arquivos em memória secundária	☐ Função: `IntercalaBinMS()`
12	`IM_Arr`	Intercalação multíplice de arrays (em memória principal)	☐ Tipo: `tHeapIM_Arr` ☐ Função: `ReduzHeapIM_Arr()`
12	`IM_Arq`	Intercalação multíplice de arquivos em memória secundária	☐ Tipo: `tNoHeapIM_Arq` ☐ Função: `ObtemMinimoIM_Arq()`

TABELA D–1: SUFIXOS DE IDENTIFICADORES

Respostas e Sugestões para os Exercícios de Revisão

Capítulo 1 — Organização de Memória

1. Consulte a **Seção 1.1.1**.
2. Consulte a **Seção 1.1.1**.
3. Consulte a **Seção 1.1.1**.
4. Consulte a **Seção 1.1.1**.
5. Consulte a **Seção 1.1.1**.
6. (a) Consulte a **Seção 1.1.1**. (b) Consulte a **Seção 1.1.2**. (c) Memória RAM, registradores, memória cache. (d) Memórias ROM, discos, fitas magnéticas, memórias flash.
7. Leia a **Nota de rodapé [1]** na **página 56**.
8. Consulte a **Seção 1.1.2**.
9. Leia a **Nota de rodapé [2]** na **página 57**.
10. Consulte a **Seção 1.1.3**.
11. Consulte a **Seção 1.1.3**.
12. Consulte a **Seção 1.1.3**.
13. Consulte a **Seção 1.1.3**.
14. Consulte a **Seção 1.1.3**.
15. Um sistema de arquivos dá suporte a tarefas, tais como organização, armazenamento e recuperação de dados, e gerenciamento de informações num meio de armazenamento não volátil. Um sistema de arquivos é parte integrante de qualquer sistema operacional.

16. Consulte a **Seção 1.1.3**.
17. Consulte a **Seção 1.1.3**.
18. Aproximadamente 18,4 GB.
19. Consulte a **Seção 1.1.3**.
20. Consulte a **Seção 1.1.3**.
21. Consulte a **Seção 1.1.3**.
22. Se todos os blocos que compõem um arquivo fazem parte de um mesmo cilindro, o acesso a esses blocos será mais rápido porque as cabeças de leitura/escrita só precisam ser movidas uma única vez.
23. Consulte a **Seção 1.1.4**.
24. Consulte a **Seção 1.1.4**.
25. Consulte a **Seção 1.1.4**.
26. Consulte a **Seção 1.1.4**.
27. Consulte a **Seção 1.1.4**.
28. Consulte a **Seção 1.1.5**.
29. A justificativa é a enorme quantidade de dados que uma fita magnética pode armazenar.
30. Aproximadamente 8,2 GB.
31. *10,51 ms.*
32. Consulte a **Seção 1.1.3**.
33. Consulte a **Seção 1.1.3**.
34. Consulte a **Seção 1.1.3**.
35. Consulte a **Seção 1.1.3**.
36. Consulte a **Seção 1.1.3**.
37. Bloco.
38. Consulte a **Seção 1.1.3**.
39. É o mesmo que bloco.
40. Consulte a **Seção 1.1.3**.
41. Veja a **Nota de rodapé** [7] na **página 65**.
42. Consulte a **Seção 1.1.3**.
43. Consulte a **Seção 1.1.3**.
44. Porque se um registro ocupar apenas um bloco, será necessária apenas uma operação de acesso para lê-lo ou escrevê-lo.
45. Consulte a **Seção 1.2.2**.
46. Consulte a **Seção 1.2.2**.
47. Consulte a **Seção 1.2.2**.
48. Consulte a **Seção 1.2.2**.
49. Consulte a **Seção 1.2.3**.
50. Consulte a **Seção 1.2.3**.
51. Consulte a **Seção 1.2.3**.
52. Consulte a **Seção 1.2.3**.
53. Consulte a **Seção 1.2.3**.
54. (a) Em programação, *buffer* tem vários significados dependendo do contexto no qual esse termo é empregado. Neste livro, buffer é sempre um espaço em memória principal no qual são temporariamente armazenados dados que foram lidos ou que serão escritos num arquivo. (b) Os objetivos de um buffer e de uma memória

cache são os mesmos: acelerar o processamento de dados que residem num meio de armazenamento mais lento, mas existem muitas diferenças entre buffer e cache, dentre as quais podem ser mencionadas: memória cache armazena temporariamente dados que se encontrem numa memória mais lenta de uma hierarquia de memória e não apenas dados armazenados em arquivo, como faz um buffer; tipicamente, o programador tem controle direto sobre buffers, o que não ocorre com memórias cache; as políticas de desalojamento de cache normalmente não se aplicam a gerenciamento de buffers.

55. Consulte a **Seção 1.3**.

56. Existem inúmeras variações. Pesquise na internet.

57. Para ter conhecimento para decidir, por exemplo, qual é a estrutura de dados mais adequada para ser usada num certo nível da hierarquia. Por exemplo, árvores binárias são adequadas para memória principal, mas esse não é o caso para memória secundária. Além disso, o conhecimento de localidade de referência, que é baseado em hierarquias de memória, permite ao programador escrever programas mais eficientes.

58. Precisamente, memória externa recebe essa denominação porque ela está associada a um periférico de armazenamento, que, por definição, se encontra fisicamente fora do computador. Memória secundária está num nível logo abaixo da memória principal e também está associada a um periférico. Portanto toda memória secundária é uma memória externa, mas a recíproca não é necessariamente verdadeira. Quer dizer, memória terciária, por exemplo, também é memória externa. Além disso, nem memória externa nem memória secundária precisam estar associados a um disco. Neste livro, porém, por razões práticas, na maioria das vezes, memória externa, memória secundária e disco significam a mesma coisa. Disco magnético é um meio de armazenamento usado para compor uma memória externa e HD é um tipo de disco magnético.

59. Consulte a **Seção 1.4**.

60. O conceito de caching é baseado em localidade de referência que, por sua vez, é baseado em hierarquias de memória.

61. Consulte a **Seção 1.4**.

62. Porque o tamanho de uma memória cache é tipicamente bem menor do que o tamanho da memória da qual provêm os dados.

63. Consulte a **Seção 1.4**.

64. Consulte a **Seção 1.4**.

65. Consulte a **Seção 1.4**.

66. Consulte a **Seção 1.5**.

67. Consulte a **Seção 1.5.1**.

68. Consulte a **Seção 1.5.1**.

69. Consulte a **Seção 1.5.1**.

70. Consulte a **Seção 1.5.1**.

71. Consulte a **Seção 1.5.1**.

72. Consulte a **Seção 1.5.4**.

73. Consulte a **Seção 1.5.2**.

74. Consulte a **Seção 1.5.3**.

75. Consulte a **Seção 1.5.3**.

76. Depende do sistema de arquivos utilizado. Consulte a **Seção 1.5.3**.

77. (a) 2. (b) Trocando os índices `i` e `j` dos laços, como na função `Transposta2()` a seguir:

```
typedef int tMatriz[200][200];

void Transposta2(tMatriz destino, tMatriz origem)
{
    int i, j;

    for (j = 0; j < 200; j++)
        for (i = 0; i < 200; i++)
            destino[j][i] = origem[i][j];
}
```

78. Examine a V. **Figura E–1**, que mostra como um elemento de um array de elementos do tipo **tPonto** é armazenado em memória. A função **F1()** acessa os elemento do array com padrão de referência 1 e, portanto, possui a melhor localidade espacial. A função **F2()** acessa os elemento do array sequencialmente, mas não faz o mesmo com os elementos dos arrays que constituem os campos de cada elemento do array recebido como parâmetro. Portanto **F2()** tem padrão de referência pior do que aquele de **F1()**. A função **F1()** tem o pior padrão de referência das três funções. Agora faça sua parte e explique por quê.

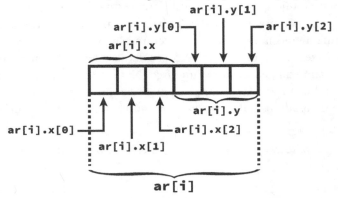

FIGURA E–1: QUESTÃO 78 — CAPÍTULO 1

79. Compiladores modernos conhecem ótimas estratégias de alocação de registradores.
80. Consulte a **Seção 1.5.3**.
81. Ambos os casos exibem boa localidade de referência.
82. (a) Sim. (b) Não.
83. Sim. Os laços devem ser trocados, de tal modo que os índices mais à direita sejam alterados mais rapidamente, como mostra a função **SomaArrayTri2()** abaixo.

```
#define N 10

int SomaArrayTri2(int ar[][N][N], int n1, int n2, int n3)
{
    int  i, j, k, soma = 0;

    for (k = 0; k < n3; k++)
        for (i = 0; i < n1; i++)
            for (j = 0; j < n2; j++)
                soma += ar[k][i][j];

    return soma;
}
```

84. O padrão de referência da função **MultiplicaMatrizes()** pode ser melhorado trocando-se a ordem dos laços internos, assim:

```
for (i = 0; i < N; i++)
   for (k = 0; k < N; k++)
      for (j = 0; j < N; j++)
         C[i][j] = C[i][j] + A[i][k] * B[k][j];
```

85. Aquele cujos código e dados cabem inteiramente em memória cache.

86. Consulte a **Seção 1.6**.

87. Em memória interna, o custo temporal de um algoritmo é medido em termos do número de operações executadas. Quando se lida com memória externa, esse custo é medido em termos do número de acessos à memória.

88. Consulte a **Seção 1.6**.

89. Consulte a **Seção 1.6**.

90. Leia os comentários que acompanham a essa função.

91. Consulte a **Seção 1.7**.

Capítulo 2 — Processamento de Arquivos em C

1. Consulte a introdução do **Capítulo 2**.

2. Consulte a introdução do **Capítulo 2**.

3. Consulte a introdução do **Capítulo 2**.

4. Esse cabeçalho contém componentes que lidam com entrada e saída em geral.

5. Consulte a **Seção 2.1**.

6. Consulte a **Seção 2.1**.

7. Consulte a **Seção 2.1**.

8. Consulte a **Seção 2.2**.

9. Consulte a **Seção 2.2**.

10. Por meio de estruturas do tipo **FILE**.

11. Na maioria das vezes, não faz diferença.

12. (a) Consulte a **Seção 2.2**. (b) No cabeçalho `<stdio.h>`.

13. Consulte a **Seção 2.2**.

14. Consulte a **Seção 2.3**.

15. Consulte a **Seção 2.3**.

16. Essa constante simbólica representa o tamanho mínimo que deve ter um array que armazena um nome de arquivo numa dada implementação de C.

17. (1) O arquivo não existe, (2) falha de dispositivo de entrada ou saída, (3) o programa não tem permissão do sistema operacional para acessar o arquivo.

18. (a) Consulte a **Seção 2.3**. (b) Aborto de programa.

19. Consulte a **Seção 2.3**.

20. (a) Não há interpretação de caracteres que representam quebras de linha. (b) Ocorre a referida interpretação. (**NB**: Em sistemas da família Unix, não há diferença.)

21. Pode. Mas, normalmente, não deve.

22. Consulte a **Seção 2.3**.

23. É um modo de abertura de arquivo que permite leitura e escrita.

24. Consulte a **Seção 2.3**.

25. Formato de texto.

26. Modos de abertura para streams binários incluem a letra *b*. (Modos de abertura para streams de texto podem incluir a letra *t*, mas, na prática, raramente ela é usada.)

27. (a) `"r"` é usado com streams de texto; `"rb"` é usado com streams binários. (b) Não há diferença; ambos são usados com streams de texto. (c) A diferença é que `"rt"` é usado com streams de texto, enquanto `"rb"` é usado com streams binários.

28. Consulte a **Tabela 2–3** na **Seção 2.3**.

29. Modos de abertura que contêm a letra *w* detonam arquivos que tenham o mesmo nome usado como primeiro parâmetro de **fopen()**.

30. (a) Sim. (b) Sim, mas se ele for aberto em modo binário será mais eficiente, pois não haverá interpretação de quebra de linha. Em sistemas da família Unix não faz a menor diferença.

31. Testar se a abertura do arquivo foi bem-sucedida.

32. Consulte a **Seção 2.3**.

33. Usando a constante simbólica **FILENAME_MAX**, definida em `<stdio.h>`.

34. A constante simbólica **FILENAME_MAX** deve ser usada para dimensionar arrays que armazenam nomes de arquivos.

35. A constante simbólica **FOPEN_MAX** representa o número máximo de arquivos que a implementação de C ora utilizada garante que podem estar abertos simultaneamente.

36. O problema é que, muito provavelmente, o nome do arquivo introduzido pelo usuário inclui o caractere `'\n'` e esse caractere não faz parte de nenhum nome de arquivo. Esse problema só não ocorre se o usuário digitar um nome de arquivo contendo um número de caracteres igual `FILENAME_MAX - 1`, o que é pouco provável porque esse valor é muito grande. A **Seção 2.11.1** mostra como remover o caractere `'\n'` de um string lido com **fgets()**.

37. Consulte a **Seção 2.3**.

38. Um valor que indica se operação que ela tenta realizar foi bem-sucedida ou não.

39. Consulte a **Seção 2.3**.

40. Sim, porque libera o espaço ocupado pela estrutura **FILE** associada ao arquivo.

41. A função **fclose()** deveria receber o ponteiro **p** como parâmetro, e não o string `"teste.bin"`.

42. Consulte a **Seção 2.3**.

43. Consulte a **Seção 2.4**.

44. Pode ser, mas, hoje em dia, é muito pouco provável.

45. Consulte a **Seção 2.4**.

46. Porque o valor dessa constante pode indicar que o final do arquivo ora processado foi atingido ou a ocorrência de erro de processamento do mesmo arquivo.

47. Consulte a **Seção 2.4**.

48. Porque o uso de **EOF** pode ser ambíguo. O valor retornado por **feof()** nunca é ambíguo.

49. A função **ferror()** permite verificar se ocorreu erro numa operação de entrada ou saída.

50. O valor retornado por **ferror()** não é ambíguo.

51. Ele continuará indicando ocorrência de erro em operações subsequentes de entrada ou saída, mesmo que esse não seja o caso.

52. (a) Por meio de uma chamada de **rewind()**, **fseek()** ou **ungetc()**. (b) Por meio de uma chamada de **clearerr()**.

53. (a) Por meio de uma chamada de **fseek()**, **rewind()** ou **ungetc()**. (b) Por meio de uma chamada de **clearerr()**.

54. (a) A função **clearerr()** serve para remover indicativo de erro ou final de arquivo. (b) Porque existem funções que efetuam essa tarefa implicitamente.

55. Consulte a **Seção 2.5**.

56. Consulte a **Seção 2.5**.
57. Consulte a **Seção 2.5**.
58. Consulte a **Seção 2.5**.
59. Para descarregar explicitamente streams de saída (apenas).
60. A função **fflush**() não deve ser usada com parâmetros que representam streams de entrada, como é o caso de **stdin**.
61. Todos os streams de saída correntemente abertos no programa que contém essa instrução serão descarregados.
62. Consulte a **Seção 2.6**.
63. Porque existem funções [p. ex., **scanf**() e **printf**()] que realizam operações de entrada e saída nesses streams sem que eles precisem ser especificados explicitamente.
64. Consulte a **Seção 2.7**.
65. A função **scanf**() efetua leitura apenas no stream padrão **stdin**. A função **fscanf**() permite que se especifique o stream no qual a leitura será feita.
66. (a) Sim. (b) O primeiro parâmetro deve ser **stdin**. (c) Apenas se o primeiro parâmetro de **fscanf**() for **stdin**.
67. A função **printf**() escreve apenas em **stdout**; a função **fprintf**() permite que se especifique um stream no qual a escrita será efetuada.
68. (a) Sim. (b) O primeiro parâmetro deve ser **stdout**. (c) Apenas se o primeiro parâmetro de **fprintf**() for **stdout**.
69. (a) Consulte a **Seção 2.7**. (b) Quando se deseja converter números em strings, por exemplo.
70. Ela pode escrever além do limite do array recebido como parâmetro, causando corrupção de memória.
71. Arquivos temporários são usados para armazenar dados temporariamente enquanto outro arquivo, que irá armazenar esses dados definitivamente, está sendo processado.
72. Consulte a **Seção 2.8**.
73. Não.
74. Sim. Nesse caso, o segundo parâmetro da função `FechaArquivo()` deve ser **NULL**, já que não se conhece o nome do arquivo temporário.
75. Consulte a **Seção 2.8**.
76. Consulte a **Seção 2.8**.
77. Consulte a **Seção 2.8**.
78. Consulte a **Seção 2.8**.
79. (a) Sim. (b) Não.
80. A função **tmpfile**() cria e fecha arquivos temporários automaticamente. A função **tmpnam**() não faz isso.
81. Nesse caso, deve-se usar **tmpnam**(), pois o arquivo criado por **tmpfile**() é sempre aberto no modo **"w+b"**.
82. Consulte a **Seção 2.9**.
83. Consulte a **Seção 2.9**.
84. O resultado da operação não é especificado pelo padrão de C e, assim, depende de implementação.
85. Consulte a **Seção 2.9**.
86. Consulte a **Seção 2.10**.
87. A função **ungetc**() *escreve* em streams de *entrada*.
88. A função **ungetc**() é normalmente usada quando se deseja devolver um caractere, que não deve ser processado, ao stream no qual esse caractere foi lido.
89. Quando há duas ou mais chamadas dessa função sem instruções de leitura intervenientes entre elas.
90. Porque **ungetc**() decrementa o indicador de posição de arquivo.
91. Consulte a **Seção 2.11**.

92. Consulte a **Seção 2.11**.

93. (a) Streams de texto ou binários. (b) Streams de texto. (c) Streams binários. (d) Streams de texto.

94. (a) **fgetc()** e **fputc()**. (b) **fgets()** e **fputs()**. (c) **fread()** e **fwrite()**. (d) Funções das famílias scanf e printf.

95. (a) São partições conceituais (ou lógicas) de um arquivo. (b) É uma partição de um registro.

96. (a) Consulte a **Seção 2.11**. (b) Porque, quando um arquivo é aberto em modo de texto, pode ocorrer interpretação de caractere que representa quebra de linha. Quando um arquivo é aberto em modo binário, tal interpretação nunca ocorre.

97. Não.

98. Devido ao fato de o operador diferente (representado por != em C) ter precedência maior do o operador de atribuição, à variável **c** será sempre atribuído **1** ou **0**.

99. Se a função **fgetc()** retornar **EOF**, esse valor será escrito no stream `streamSaida`. Para piorar, a expressão condicional do laço **while** não testa a ocorrência de erro de leitura ou escrita.

100.

```
rewind(streamA);

while (1) {
    c = fgetc(streamA);

    if (feof(streamA) || ferror(streamA))
        break;

    fputc(c, streamB);

    if (ferror(streamB))
        break;
}
```

101. Consulte a **Seção 2.11**.

102. Consulte a **Seção 2.11**.

103. Consulte a **Seção 2.11**.

104. **getchar()** só efetua leitura em **stdin**; **fgetc()** permite a especificação de um stream de entrada.

105. A função **fscanf()** deve ser usada em leitura formatada (em streams de texto), enquanto **fread()** deve ser usada em processamento de blocos (em streams binários).

106. O tipo da variável **c** deveria ser **int**, em vez de **char**.

107. Esse programa escreve a última linha do arquivo duas vezes na tela. Uma maneira de corrigir esse programa é substituindo o laço **while** desse programa por:

```
while(1) {
    fgets(linha, sizeof(linha), stream);

    if (feof(stream))
        break;

    fputs(linha, stdout);
}
```

108. Esse programa é abortado porque, quando o final do arquivo é atingido, a função **fgets()** retorna **NULL**, de modo que **fputs()** é chamada tendo esse valor como primeiro parâmetro. Como, para um string ser escrito, seus caracteres precisam ser acessados, essa última função aplica o operador de indireção sobre um ponteiro nulo, o que causa o aborto do programa.

109. (1) O tipo da variável **ch** deveria ser **int**, e não **char**. (2) A chamada de **feof()** deveria ocorrer antes do processamento do caractere, e não depois.

110. Consulte a **Seção 2.11**.

111. Consulte a **Seção 2.11.2**.

112. stdin.

113. Se os dois nomes de arquivo recebidos como argumentos pelo programa forem os mesmos e existir um arquivo com esse nome, seu conteúdo será destruído.

114. Consulte a **Seção 2.11**.

115. Consulte a **Seção 2.11**.

116. Zero indica que a chamada dessa função foi bem-sucedida; um valor diferente de zero indica o contrário.

117. Para streams binários, o valor retornado por **ftell()** representa o número de bytes calculado a partir do início do arquivo. Para streams de texto, o valor retornado por **ftell()** é dependente de implementação.

118. Consulte a **Seção 2.11**.

119. (a) Chamar uma função de posicionamento. (b) Chamar uma função de posicionamento ou **fflush()**.

120. Consulte a **Seção 2.11.3**.

121. (a) Antes da inserção de um registro, consulta-se a estrutura de dados `removidos` (v. **Seção 2.11.3**) para verificar se existe algum registro logicamente removido. Se esse for o caso, substitui-se o primeiro registro removido encontrado pelo novo registro. (b) Se o número de registros inseridos for maior do que ou igual ao número de registros removidos, ao final do programa o arquivo de dados não precisará ser reconstruído.

122. Consulte a **Seção 2.11.2**.

123. Consulte a **Seção 2.11.2**.

124. Consulte a **Seção 2.12**.

125. Consulte a **Seção 2.12**.

126. A função **rewind()** é recomendada quando se deseja garantir que o processamento de um arquivo começa em seu primeiro byte. (Mas, o uso de **fseek()** tem preferência.)

127. (a) Para garantir que a leitura começa no início do stream. (b) Porque, nesse caso, com certeza, o apontador de posição do arquivo aponta para o primeiro byte desse arquivo.

128. Suponha que `stream` é um stream que permite acesso direto. Então a chamada de **fseek()**: `fseek(stream, 0, SEEK_SET)` pode ser usada em substituição à chamada de **rewind()**: `rewind(stream)`.

129. Porque a função **fseek()** permite verificar quando ela é bem-sucedida, o que não é caso de **rewind()**.

130. Consulte a **Seção 2.13**.

131. Consulte a **Seção 2.13**.

132. Consulte a **Seção 2.13**.

133. Consulte a **Seção 2.13**.

134. Consulte a **Seção 2.14**.

135. Consulte a **Seção 2.14**.

136. Consulte a **Seção 2.14**.

137. Consulte a **Seção 2.14**.

138. Consulte a **Seção 2.14**.

139. Consulte a **Seção 2.14**.

140. Os registros devem ter tamanho fixo (i.e., todos eles devem ter o mesmo tamanho).

141. Consulte a **Seção 2.15.1**.

142. Sim. Consulte a **Seção 2.15.2**.

143. Consulte a **Seção 2.15.2**.

144. (a) Consulte a **Seção 2.15.3**. (b) Idem.

Capítulo 3 — Busca Linear em Memória Principal

1. Consulte a **Seção 3.1**.
2. Consulte a **Seção 3.1**.
3. Consulte a **Seção 3.1**.
4. Quando se procura um livro usando um catálogo de biblioteca, se a busca for bem-sucedida, obtém-se uma indicação (seção da biblioteca, prateleira, etc.) de onde o livro se encontra. De posse dessa informação, o usuário obtém finalmente o livro procurado. Uma busca com chave externa funciona de modo análogo.
5. (a) Sim. (b) Sim.
6. Consulte a **Seção 3.1**.
7. Consulte a **Seção 3.1**.
8. Quando a chave é secundária e a busca retorna um registro de cada vez.
9. (a) Consulte a **Seção 3.1**. (b) Lista indexada ordenada e sem ordenação, lista encadeada e lista com saltos.
10. Consulte a **Seção 3.1**.
11. Consulte a **Seção 3.2**.
12. Para que o programador não precise digitar os valores dos registros que constituem as tabelas de busca.
13. Consulte a **Seção 3.3**.
14. Porque talvez todas as chaves precisem ser comparadas.
15. (a) $\theta(n)$. (b) Não, porque, em qualquer situação, todas as chaves precisam ser comparadas.
16. Como a tabela é alocada dinamicamente, é de bom alvitre ter uma função que libere o espaço ocupado pela tabela, que é o que faz a função `DestroiTabelaIdx()`.
17. (a) Por causa do uso de **realloc()** que, no pior caso, tem custo $\theta(n)$. (b) $\theta(n)$.
18. Porque, nessa abordagem, a remoção física de um registro requer reconstrução do arquivo (mas existem outras abordagens).
19. (a) 100. (b) 50. (c) 50.
20. Faça você mesmo.
21. Idem.
22. Se a chave não se encontra na tabela, $2 \cdot n + 1$ comparações são necessárias: duas em cada execução do corpo do laço e uma que determina o final do laço. Suponha agora que a chave se encontra na posição i ($1 \le i < n$) da tabela. Como, por hipótese, qualquer valor de i é equiprovável, o número médio de comparações quando a chave se encontra na tabela é dado por:

$$\frac{\sum_{i=1}^{n} 2i}{n} = \frac{2n(n+1)}{2n} = n+1$$

Portanto o número esperado de comparações efetuadas para encontrar uma chave é dado por:

$[(2 \cdot n + 1) + (n + 1)]/2 = (3 \cdot n + 2)/2$

A primeira expressão entre parênteses é decorrente da situação quando a chave não se encontra na tabela enquanto a segunda expressão entre parênteses é derivada do caso em que a chave é encontrada.

23. (a) 100. (b) 50. (c) 50.
24. (a) 50 (v. Prova do **Teorema 3.3**). (b) 50. (c) 50.
25. $\theta(1)$.
26. Porque, se não houver redimensionamento da tabela indexada, em ambos os casos o custo de inserção é $\theta(1)$.
27. Consulte a **Seção 3.4**.

28. Consulte a **Seção 3.4**.

29. Porque elas criam expectativas que nem sempre são satisfeitas.

30. Porque essa operação pode requerer movimentação de quase todos os elementos da lista, de modo que o custo temporal da movimentação é $\theta(n)$.

31. (a) $\theta(1)$. (b) Não.

32. (a) $\theta(1)$ se a lista for encadeada; $\theta(n)$ se a lista for indexada. (b) Sim.

33. No pior caso, o custo temporal de uma busca sem movimentação é $\theta(n)$. O custo da operação de movimentação também é $\theta(n)$. Portanto o custo de uma busca com movimentação é $\theta(n)$, que é o mesmo custo de uma busca sem movimentação.

34. Faça você mesmo.

35. Consulte a **Seção 3.5**.

36. Suponha que a chave de busca seja menor do que a chave que se encontra no meio da tabela. Então, de acordo com o algoritmo de busca binária, a busca deve prosseguir na metade inferior da tabela. Mas, se a tabela não estiver ordenada, a chave procurada poderá se estar na metade superior e nunca será encontrada. Um raciocínio semelhante pode ser aplicado se a chave de busca for maior do que a chave que se encontra no meio da tabela.

37. O algoritmo de busca binária sempre compara a chave de busca com a chave que se encontra no meio de uma tabela. Portanto, se houver chaves duplicadas, essa chave do meio pode não ser a primeira chave da tabela que casa com a chave de busca. Um exemplo trivial é uma lista na qual todas as chaves são iguais.

38. Porque busca binária requer acesso direto aos elementos da lista e lista encadeada só permite acesso sequencial.

39. Consulte a **Seção 3.5**.

40. Consulte a **Seção 3.5**.

41. (a) Leia os comentários incluídos na função. (b) Essa função compara dois elementos da tabela de busca.

42. (a) O índice é **5** e é feita apenas uma comparação. (b) Três comparações.

43. (a) Na prática, uma pessoa não começa procurando um nome que começa, por exemplo, com Z na metade de uma lista telefônica. Ou seja, uma pessoa normal sabe que, nesse caso, o nome está mais próximo do final da lista. (b) Porque, se o elemento que se está procurando começa com uma letra próxima ao início do alfabeto, abre-se o dicionário próximo ao seu início, se a palavra começa com uma letra próxima ao final do alfabeto, abre-se o dicionário próximo ao seu final e assim por diante.

44. A primeira expressão é mais eficiente porque contém uma operação a menos, mas pode causar overflow. A segunda expressão não oferece esse perigo.

45. (a) Consulte a **Seção 3.5.2**. (b) Consulte a **Seção 3.5.2**. (c) Consulte a **Seção 3.5.3**.

46. Consulte a **Seção 3.5.3**.

47. Consulte a **Seção 3.5.3**.

48. (a) O índice é **3** e são feitas quatro comparações. (b) Quatro comparações.

49. Consulte a **Seção 3.5.3**.

50. Siga a prova do **Caso 1** como modelo.

51. Consulte a **Seção 3.6**.

52. Consulte a **Seção 3.6.1**.

53. Consulte a **Seção 3.6**.

54. Consulte a **Seção 3.6**.

55. Consulte a **Seção 3.6**.

56. Consulte a **Seção 3.6**.

57. Porque criar e manter uma lista dessa natureza tem custo computacional muito elevado.

58. (a) Consulte a **Seção 3.6**. (b) Porque qualquer busca termina nesse nível.

59. Consulte a **Seção 3.6.1**.

60. Consulte a **Seção 3.6**.

61. Consulte a **Seção 3.6**.

62. Consulte a **Seção 3.6**.

63. Consulte a **Seção 3.6**.

64. A cabeça da lista desempenha o papel de sentinela.

65. Consulte a **Seção 3.6.2**.

66. S → 25 → S → 37 → 29 (S = sentinela)

67. S → 25 → S → 37 → 29 → 37 (S = sentinela)

68. V. **Figura E–2**.

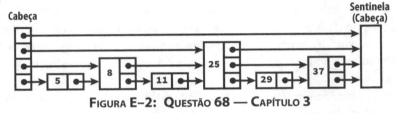

FIGURA E–2: QUESTÃO 68 — CAPÍTULO 3

69. V. **Figura E–3**.

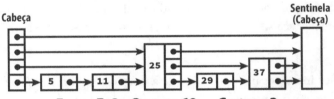

FIGURA E–3: QUESTÃO 69 — CAPÍTULO 3

70. Acessando cada nó no primeiro nível da lista e contando quantos nós são acessados.

71. O fato de duas estruturas de dados apresentarem o mesmo custo espacial não significa que eles usam a mesma quantidade de espaço. Consulte o **Capítulo 6** do **Volume 1**.

72. Consulte a **Seção 3.7.1**.

73. Consulte a **Seção 3.7.1**.

74. (a) Consulte a **Seção 3.7.1** (**Figura 3–24**). (b) Consulte a **Seção 3.7.1** (**Figura 3–25**).

75. (1) Encontre a posição (índice) de uma ocorrência da chave usando busca binária. (2) A partir dessa posição, acesse as chaves que antecedem a referida ocorrência até encontrar uma chave diferente. (3) Faça o mesmo com as chaves que sucedem a referida ocorrência. O custo temporal da etapa (1) é $\theta(log\ n)$ e o custo temporal das etapas (2) e (3) é $\theta(s)$. Logo o custo temporal de toda a operação é $\theta(log\ n + s)$.

76. Encontre a chave usando busca binária. Como a chave de busca é primária e a tabela está ordenada, o piso será a chave do elemento antecessor daquele que contém a chave de busca e o teto será a chave do elemento sucessor daquele que contém a chave de busca.

77. (a) Encontre a chave usando busca binária. Para encontrar o piso, efetue uma busca sequencial descendente na metade inferior da tabela a partir da posição da chave de busca até encontrar a primeira chave diferente da chave de busca. Para encontrar o teto, use um raciocínio semelhante usando a metade superior da tabela. (b) $\theta(n)$. (c) $\theta(log\ n)$.

78. 1. Encontre a chave inicial do intervalo usando busca binária. 2. Encontre as $s - 1$ chaves subsequentes usando busca sequencial. O custo do **Passo 1** é $\theta(log\ n)$ e o custo do **Passo 2.** é $\theta(s)$, de modo que os dois passos combinados apresentam custo temporal $\theta(log\ n + s)$.

Capítulo 4 — Busca Hierárquica em Memória Principal

1. Consulte a **Seção 4.1**.
2. Consulte a **Seção 4.1**.
3. Basta apresentar exemplos que contrariem as afirmações, como as árvores da **Figura E–4**.

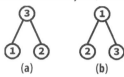

FIGURA E–4: QUESTÃO 3 — CAPÍTULO 4

4. (a) Encontrando a menor chave da subárvore que tem como raiz o filho direto do nó. (b) Encontrando a maior chave da subárvore que tem como raiz o filho esquerdo do nó.
5. (a) A folha mais à esquerda na árvore. (b) A folha mais à direita na árvore.
6. (a) Se o sucessor imediato tivesse filho esquerdo, esse filho seria o sucessor imediato. (b) Use um raciocínio similar.
7. (a) É necessário usar recursão ou uma pilha, pois o sucessor é um dos ancestrais do nó. (b) Idem.
8. O resultado é mostrado na **Figura E–5**.

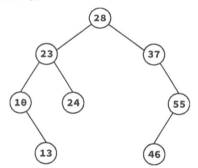

FIGURA E–5: QUESTÃO 8— CAPÍTULO 4

9. Consulte a **Seção 4.1**.
10. Sim. Substituir o nó a ser removido por seu antecessor imediato tem o mesmo efeito e é igualmente eficiente.
11. Sim, a não ser que ele contenha a maior chave da árvore. Nesse caso, o sucessor encontra-se num dos ancestrais do nó.
12. Consulte a **Seção 4.1**.
13. Consulte a **Seção 4.1**.
14. A árvore resultante é mostrada na **Figura E–6**.

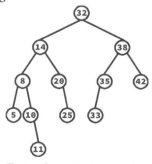

FIGURA E–6: QUESTÃO 14 — CAPÍTULO 4

15. A árvore resultante é mostrada na **Figura E–7**.

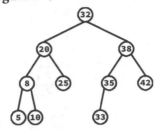

Figura E–7: **Questão 15 — Capítulo 4**

16. A árvore resultante é mostrada na **Figura E–8**.

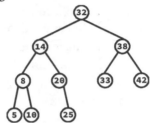

Figura E–8: **Questão 16 — Capítulo 4**

17. A árvore resultante é mostrada na **Figura E–9**.

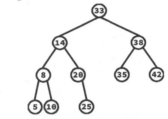

Figura E–9: **Questão 17 — Capítulo 4**

18. Considere todas as permutações de ordem das chaves *1, 2* e *3* (que são *3! = 6* permutações) e você obterá todas as árvores binárias de busca possíveis (v. **Figura E–10**).

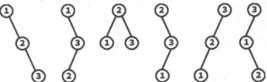

Figura E–10: **Questão 18 — Capítulo 4**

19. Esse programa cria uma árvore de busca tendo como chaves os elementos do array `alfabeto[]`. Como essas chaves estão em ordem crescente, a árvore obtida será inclinada à direita.

20. Usando essa abordagem, primeiro insere-se a chave que se encontra no meio do array. Depois repete-se o procedimento para as metades inferior e superior do array. Desse modo, a árvore obtida será bem balanceada.

21. (a) Por meio de um caminhamento. (b) $\theta(n)$. (c) Se o nó que armazena a chave a ser removida tiver, no máximo, um filho, procede-se como numa remoção em árvore binária. Se esse nó tiver dois filhos, substitui-se sua chave pela chave do nó mais à esquerda de sua subárvore esquerda e, em seguida, remove-se esse último nó como no caso trivial (pois ele tem no máximo um filho).(d) Não faz sentido balancear uma *CrazyTree* porque o custo de busca em tal árvore continuará sendo $\theta(n)$ mesmo se ela for balanceada.

22. A árvore resultante é mostrada na **Figura E–11**.

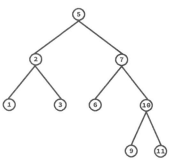

FIGURA E–11: QUESTÃO 22 — CAPÍTULO 4

23. (a) A árvore resultante é mostrada na **Figura E–12 (a)**. A árvore resultante é mostrada na **Figura E–12 (b)**.

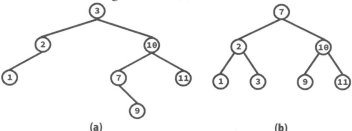

(a)   (b)

FIGURA E–12: QUESTÃO 23 — CAPÍTULO 4

24. (a) Como se supõe que se trata de uma árvore binária de busca, um caminhamento em ordem infixa acessa as chaves armazenadas dessa árvore em ordem crescente, de acordo com o **Teorema 4.1**. Substituindo-se um nó pelo nó que contém a chave sucessora (ou antecessora) resulta na mesma sequência crescente de chaves, mas sem a chave removida. Portanto a árvore continua sendo uma árvore binária de busca, de acordo com o mesmo teorema.

25. Cinco dessas permutações são as seguintes:
- *5, 2, 10, 1, 3, 7, 11, 9*
- *5, 2, 10, 3, 1, 11, 7, 9*
- *5, 10, 2, 1, 3, 7, 11, 9*
- *5, 10, 2, 3, 1, 7, 11, 9*
- *5, 10, 2, 3, 1, 7, 9, 11*

26. (a) Essa função testa se a chave do filho esquerdo de cada nó é menor do que a chave de seu pai e se a chave do filho direito de cada nó é maior do que a chave do seu pai. (b) De acordo com essa função, a árvore da **Figura E–13** é uma árvore binária de busca (verifique isso).

27. Vantagem: as remoções serão razoavelmente mais rápidas. Desvantagens: além de haver desperdício de memória, as operações de busca e inserção serão mais lentas.

28. Em ordem decrescente, pois, desse modo, as chaves com maiores frequências estarão mais próximas da raiz da árvore.

29. Utilize o mesmo raciocínio empregado na resolução da questão **18**.

30. Para uso didático.

31. Melhor caso: $\theta(\log n)$. Pior caso: $\theta(n)$. Caso médio: $\theta(n)$.

32. Basta apresentar uma árvore binária cuja menor chave esteja na folha mais à esquerda que não seja árvore de busca, como a árvore da **Figura E–13**.

33. Caminhando-se numa árvore binária de busca em ordem infixa e inserindo-se as chaves sequencialmente no array à medida que os nós são visitados.

34. O antecessor imediato desse nó é seu primeiro ancestral esquerdo, como mostra a **Figura E–14**.

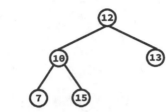

FIGURA E–13: QUESTÃO 32 — CAPÍTULO 4

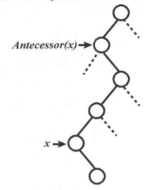

FIGURA E–14: QUESTÃO 34 — CAPÍTULO 4

35. Consulte a **Seção 4.2**.

36. Consulte a **Seção 4.2**.

37. Consulte a **Seção 4.2**.

38. A seguinte sequência de rotações produz o resultado desejado [*RD(n)* significa rotação direita do nó com conteúdo *n*]:

$$RD(23) \rightarrow RD(15) \rightarrow RD(10) \rightarrow RD(10)$$

39. Subárvores.

40. A resposta pode ser deduzida examinando-se a **Figura 4–25** na **Seção 4.2**.

41. (a) V. **Figura E–15 (a)**. (b) V. **Figura E–15 (b)**.

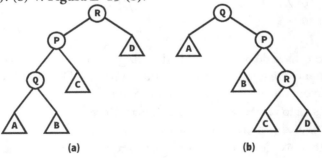

(a)   (b)

FIGURA E–15: QUESTÃO 41 — CAPÍTULO 4

42. $\theta(1)$.

43. A seguinte sequência de rotações produz o resultado desejado [*RD(n)* e *RE(n)* significam, respectivamente, rotação direita e rotação esquerda do nó com conteúdo *n*]:

$$RE(21) \rightarrow RD(21) \rightarrow RD(21)$$

44. Consulte a **Seção 4.3**.

45. Uma árvore perfeitamente balanceada é uma árvore binária repleta e, como é mostrado no **Capítulo 12** do **Volume 1**, seu número de nós é exatamente $2^p - 1$.

46. No **Capítulo 12** do **Volume 1**, mostra-se que o número de folhas numa árvore binária repleta é *(n + 1)/2*, em que *n* é número total de nós. Como o número total de nós é dado por *2^p – 1*, tem-se que o número de folhas numa árvore binária repleta é *2^{p-1}*.

47. Porque essas árvores têm altura *θ(log n)*, de modo que as operações de busca, inserção e remoção têm custo temporal *θ(log n)*.

48. Considerando-se a árvore da **Figura E–16 (a)** e removendo-se as chaves *16*, *23*, *19* e *26* obtém-se a árvore da **Figura E–16 (b)**, que é degenerada.

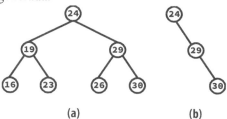

(a)   (b)

FIGURA E–16: QUESTÃO 48 — CAPÍTULO 4

49. (a) Essas árvores têm altura *θ(log n)*. (b) São difíceis (ou mesmo impossíveis) de construir e manter.

50. A profundidade de *a* decresce de *1*, a profundidade de *c* é acrescida de *1* e a profundidade de *b* permanece a mesma.

51. Consulte a **Seção 4.4**.

52. Consulte a **Seção 4.4** e faça sua parte.

53. Árvores AVL são relativamente fáceis de balancear. Além disso, árvores binárias perfeitamente balanceadas são, frequentemente, impossíveis de obter na prática devido à quantidade de chaves disponíveis.

54. Consulte a **Seção 4.4**.

55. Por definição, uma árvore AVL é uma árvore binária de busca na qual as alturas de quaisquer duas subárvores nunca diferem em mais de *1*. O balanceamento de um nó é definido como a altura de sua subárvore esquerda menos a altura de sua subárvore direita. Portanto existem três hipóteses a considerar: (1) a altura da subárvore esquerda de um nó é *a* e a altura de sua subárvore direita é *a + 1*, (2) a altura da subárvore direita de um nó é *a* e a altura de sua subárvore esquerda é *a + 1* ou (3) as duas subárvores de um nó possuem a mesma altura *a*. No caso (1), o balanceamento é *–1*; no caso (2), o balanceamento é *1* e, no caso (3), o balanceamento é *0*.

56. Consulte a **Seção 4.4**.

57. Para rebalancear a árvore.

58. Consulte a **Seção 4.4**.

59. V. **Figura E–17**.

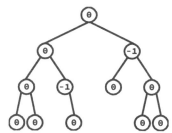

FIGURA E–17: QUESTÃO 59 — CAPÍTULO 4

60. Na **Figura E–18**, esses nós são rotulados com **B**.

61. Consulte a **Seção 4.4**.

62. Consulte a **Seção 4.4**.

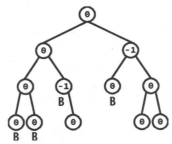

Figura E-18: Questão 60 — Capítulo 4

63. *D1*, *D2*: esquerda-esquerda; *D3*, *D4*: esquerda-direita; *D5*, *D6*: esquerda-esquerda; *D7*, *D8*: esquerda-direita; *D9*, *D10*: direita-esquerda; *D11*, *D12*: direita-direita.

64. (a) Esquerda-esquerda. (b) Esquerda-direita. (c) Direita-esquerda. (d) Direita-direita.

65. V. **Figura E–19**.

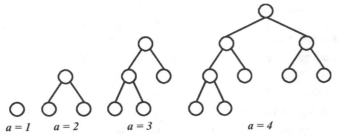

Figura E-19: Questão 65 — Capítulo 4

66. $\theta(\log n)$ para as três operações.

67. (a) V. **Figura E–20**. (b) Sim.

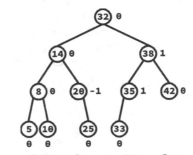

Figura E-20: Questão 67 — Capítulo 4

68. V. **Figura E–21**.

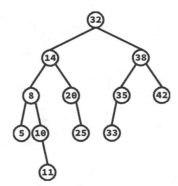

Figura E-21: Questão 68 — Capítulo 4

69. V. Figura E–22.

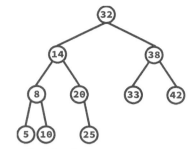

FIGURA E–22: QUESTÃO 69 — CAPÍTULO 4

70. V. Figura E–23.

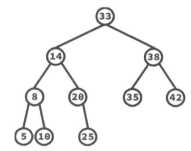

FIGURA E–23: QUESTÃO 70 — CAPÍTULO 4

71. Não. O custo temporal das operações básicas será sempre $\theta(\log n)$.
72. V. Figura E–24.

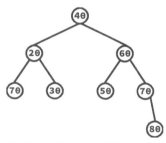

FIGURA E–24: QUESTÃO 72 — CAPÍTULO 4

73. (a) Não. Se a árvore for inclinada, o balanceamento de sua raiz será *2* ou *−2* e, portanto, ela não será AVL.
(b) Não (usando um raciocínio similar).
74. Essa remoção torna desbalanceado o nó com chave *3*. O rebalanceamento desse último nó é feito por meio de uma rotação direita como se vê na **Figura E–25**.

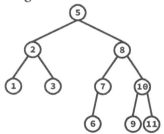

FIGURA E–25: QUESTÃO 74 — CAPÍTULO 4

75. V. Figura E–26.

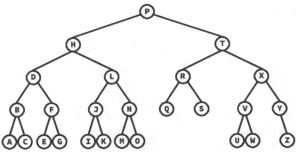

FIGURA E–26: **QUESTÃO 75 — CAPÍTULO 4**

76. (a) O número mínimo de nós de uma árvore AVL é dado por: $n_a = n_{a-1} + n_{a-2} + 1$, em que a é a altura da árvore, $a > 0$, $n_1 = 1$ e $n_2 = 2$. Portanto $n_3 = n_2 + n_1 + 1 = 4$, $n_4 = n_3 + n_2 + 1 = 7$. Agora que você já conhece os números de nós das árvores AVL mínimas, construa-as você mesmo. (b) $n_5 = n_4 + n_3 + 1 = 12$.

77. A remoção do nó com chave *6* requer rebalanceamento da subárvore cuja raiz contém a chave *7*. Esse rebalanceamento é efetuado por meio de uma rotação esquerda, resultando na árvore da **Figura E–27**.

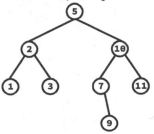

FIGURA E–27: **QUESTÃO 77 — CAPÍTULO 4**

78. O rebalanceamento envolve rotações direita e esquerda (nessa ordem). A árvore resultante é mostrada na **Figura E–28**.

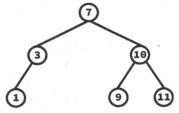

FIGURA E–28: **QUESTÃO 78 — CAPÍTULO 4**

79. O rebalanceamento envolve uma simples rotação direita. A árvore resultante é mostrada na **Figura E–29**.

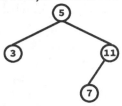

FIGURA E–29: **QUESTÃO 79 — CAPÍTULO 4**

80. Consulte a **Seção 4.5**.

81. Consulte a **Seção 4.5**.

82. V. **Figura E–30**.

83. V. **Figura E–31**.

FIGURA E–30: QUESTÃO 82 — CAPÍTULO 4

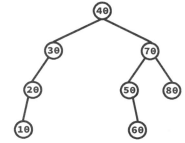

FIGURA E–31: QUESTÃO 83 — CAPÍTULO 4

84. V. Figura E–32.

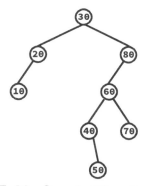

FIGURA E–32: QUESTÃO 84 — CAPÍTULO 4

85. V. Figura E–33.

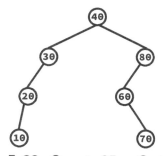

FIGURA E–33: QUESTÃO 85 — CAPÍTULO 4

86. Resposta curta: árvore afunilada não tem compromisso com balanceamento, como ocorre com árvores AVL. Resposta longa: releia a **Seção 4.5.**

87. Consulte a **Seção 4.5.**

88. Consulte a **Seção 4.5.**

89. Consulte a **Seção 4.5.**

90. Consulte a **Seção 4.5.**

91. Consulte a **Seção 4.5.**

92. V. **Figura E–34.**

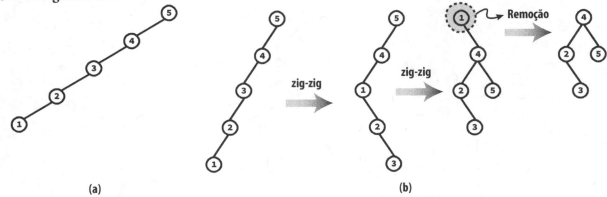

FIGURA E–34: QUESTÃO 92 — CAPÍTULO 4

93. V. **Figura E–35.**

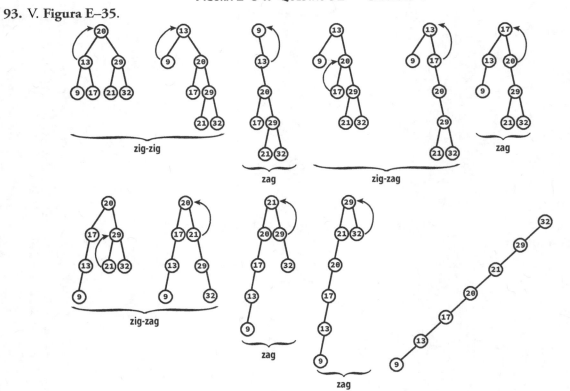

FIGURA E–35: QUESTÃO 93 — CAPÍTULO 4

94. V. **Figura E–36.**

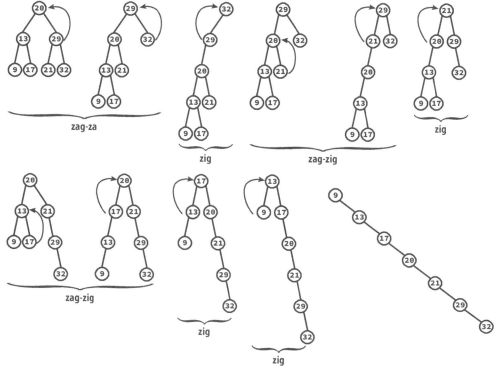

FIGURA E–36: QUESTÃO 94 — CAPÍTULO 4

95. Consulte a **Seção 4.5.1**.

96. Estude os exemplos da **Seção 4.5.1** e apresente seus próprios exemplos.

97. (a) zag-zig e zig-zig (nessa sequência, sendo c_i o alvo). (b) A sequência de rotações é a seguinte [*RD(n)* e *RE(n)* significam, respectivamente, rotação direita e rotação esquerda do nó com conteúdo *n*]:
$$RD(c_i) \rightarrow RE(c_i) \rightarrow RE(c_i) \rightarrow RE(c_i)$$

98. (a) Consulte a **Seção 4.5.2**. (a) Consulte a **Seção 4.5.2**. (c) Tente implementar afunilamento ascendente.

99. *θ(n)*.

100. (a) V. **Figura E–37**. (b) Não. A árvore resultante é aquela mostrada na **Figura E–38**.

101. Porque todas elas são árvores binárias de busca.

102. Consulte a **Seção 4.6**.

103. Quando é admissível que, eventualmente, ocorram operações com custo *θ(n)*.

104. Quando o custo de qualquer operação deve sempre ser *θ(log n)*.

105. Consulte a **Seção 4.7.2**.

106. Consulte a **Seção 4.7.3**.

107. (a) Essa variável armazena o endereço do último nó visitado no caminhamento em ordem infixa efetuado pela função. (b) Porque, se ela tivesse duração automática, ela seria reiniciada a cada chamada recursiva da função.

108. Consulte a **Seção 4.7.4**.

109. *θ(n)*.

110. *θ(n)* (se a árvore for ordinária ou afunilada) ou *θ(log n)* (se a árvore for AVL).

111. *θ(n)*.

112. *θ(n)*.

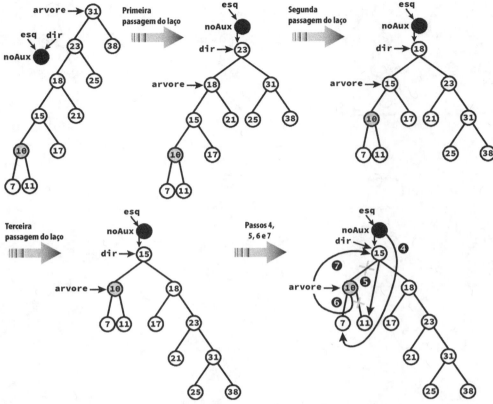

FIGURA E–37: QUESTÃO 100 (A) — CAPÍTULO 4

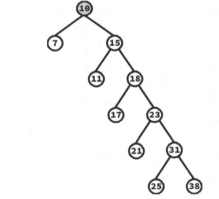

FIGURA E–38: QUESTÃO 100 (B) — CAPÍTULO 4

Capítulo 5 — Análise Amortizada

1. Consulte a **Seção 5.1**.
2. Consulte a **Seção 5.1**.
3. Consulte a **Seção 5.1**.
4. Consulte a **Seção 5.1**.
5. Consulte a **Tabela 5–1**.
6. Não faz sentido considerar uma sequência de operações de ordenação.

7. (a) Tabela de dispersão e pilha dinâmica. (b) Lista indexada estática e lista com saltos.
8. Consulte a **Seção 5.2**.
9. Consulte a **Seção 5.2.2**.
10. Não. Consulte a **Seção 5.2.2**.
11. É um somatório no qual todos os termos, com exceção do primeiro e do último, são mutuamente cancelados. Consulte o **Apêndice B** do **Volume 1**.
12. Consulte a **Seção 5.2.3**.
13. Informalmente, em conformidade com a Física, um objeto armazena energia potencial (mecânica) de acordo com sua posição espacial. Analogamente, segundo a análise amortizada, uma estrutura de dados armazena *energia potencial* de acordo com sua configuração.
14. (a) Consulte a **Seção 5.2.5**. (b) Essa estrutura de dados não tem nenhuma utilidade prática. Ela é usada apenas como uma ferramenta didática.
15. Consulte a **Seção 5.3.4**.
16. Consulte a **Seção 5.3.4**.
17. Consulte a **Seção 5.3.1**.
18. Consulte a **Seção 5.4**.
19. (a) V. **Figura E–39**. Nessa figura, números em círculos escuros representam tamanhos e números em círculos claros representam postos. (b) O potencial é *4*.

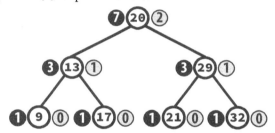

FIGURA E–39: QUESTÃO 19 — CAPÍTULO 5

20. $O(n)$.
21. $O(\log n)$.
22. (a) Potencial máximo: $O(n \cdot \log n)$; potencial mínimo: $O(1)$. (b) No máximo, $O(n \cdot \log n)$. (c) No máximo, $O(n \cdot \log n)$.
23. Siga os seguintes passos:
    1. Suponha que o crédito atribuído a cada nó da árvore seja seu posto (conforme foi definido na **Seção 5.4**). Note que, se árvore estiver vazia ou contém apenas um nó, seu crédito será 0. À medida que a árvore cresce, seu saldo vai aumentando.
    2. Prove, como um lema, que o número de moedas virtuais necessárias para efetuar o afunilamento de um nó x de uma árvore afunilada A é, no máximo, $3 \cdot [c(A) - c(x) + O(1)]$, em que $c(A)$ é o crédito da árvore (i.e., a soma dos créditos de todos os nós). Por razões de simetria, esse lema precisa considerar separadamente apenas as operações zig, zig-zig e zig-zag, como foi feito na **Seção 5.4**. Esse passo é o mais complicado e sugere-se que o leitor imite a sequência seguida na prova do **Teorema 5.3**.
    3. Como teorema, prove que qualquer operação de afunilamento tem custo amortizado $O(\log n)$.
    4. Prove, como corolário, que os custos amortizados de busca, inserção e remoção numa árvore afunilada são todos $O(\log n)$.
24. Não, pois essa é uma afirmação vaga. O que diferencia os custos temporais dessas estruturas são os adjetivos empregados para qualificá-los. O custo temporal de uma lista com saltos é *esperado*, o custo temporal de

uma árvore AVL é *garantido* e o custo temporal de uma árvore afunilada é *amortizado*. Portanto, dentre essas estruturas, aquela que realmente apresenta o melhor custo temporal é a árvore AVL.

25. Estude a prova do **Teorema 5.3**.

26. Estude a prova do **Teorema 5.3**.

27. Porque o potencial poderia aumentar até n durante o acesso a um nó.

Capítulo 6 — Busca Hierárquica em Memória Secundária

1. (a) Consulte a **Seção 6.1**. (b) Bancos de dados, sistemas de arquivos, etc.

2. (a) Consulte a **Seção 6.1**. (b) Consulte a **Seção 6.2**.

3. Consulte a **Seção 6.1**.

4. Porque, tipicamente, um nó de uma árvore multidirecional não possui apenas dois filhos, como ocorre com árvores binárias.

5. (a) Consulte a **Seção 6.1**. (b) Por definição, qualquer folha é uma semifolha. Resta mostrar que um nó incompleto que não seja folha não pode ser semifolha. Agora, numa árvore multidirecional de busca descendente, um nó só terá seu primeiro filho após possuir o número máximo de chaves (i.e., se ele for completo). Portanto um nó incompleto só será semifolha se ele for folha e um nó completo poderá ser semifolha mesmo sem ser folha. ∎

6. Consulte a **Seção 6.1**.

7. Porque, normalmente, armazenando apenas chaves e as posições dos respectivos registros em arquivo, cada nó da árvore é capaz de armazenar um número bem maior de chaves do que seria o caso se registros inteiros fossem armazenados em cada nó. Para entender melhor esse argumento, consulte a **Seção 6.3**.

8. Consulte a **Seção 6.1.3**.

9. Consulte a **Seção 6.1.3**.

10. Uma desvantagem do método de inserção em árvores multidirecionais descendentes é que são criadas folhas contendo apenas uma chave e algumas folhas podem ser criadas antes que outras folhas estejam completas. Por isso, esse método pode causar grande desperdício de memória e fazer com que essa árvore torne-se profunda.

11. (a) Consulte a **Seção 6.1.4**. (b) Porque após essa operação, pode-se obter uma árvore com um nó incompleto que não é folha.

12. (a) Pela mesma razão pela qual árvores binárias ordinárias de busca: elas podem se tornar degeneradas. (b) Para facilitar a aprendizagem de árvores B, por exemplo.

13. Consulte a **Seção 6.2**.

14. Consulte a **Seção 6.2**.

15. Consulte a **Seção 6.2**.

16. Consulte a **Seção 6.2**.

17. Consulte a **Seção 6.2**.

18. Índice de registro num arquivo contendo partições (registros) de mesmo tamanho. Para entender melhor, consulte a **Seção 6.2**.

19. Usando um valor inteiro negativo.

20. Consulte a **Seção 6.3**.

21. Consulte a **Seção 6.3**.

22. (a) Consulte a **Seção 6.3.5**. (b) Consulte a **Seção 6.3.4**.

23. Consulte a **Seção 6.3.1**.

24. Essa constante indica uma posição inválida em arquivo, assim como **NULL** indica um endereço inválido em memória principal.

25. Consulte a **Seção 6.3.3**.

26. Consulte a **Seção 6.3.6**.

27. Consulte a **Seção 6.3.1**.

28. (a) Todos os elementos de um array têm o mesmo tamanho, de maneira que basta alinhar o primeiro elemento que os demais estarão alinhados. (b) Não.

29. Escrevendo cada campo da estrutura separadamente.

30. Consulte a **Seção 6.3.1**.

31. Consulte a **Seção 6.4**.

32. Consulte a **Seção 6.4**.

33. Numa árvore B, uma operação de inserção começa sempre numa folha e essa folha nunca deixa de ser folha. Quando ocorre uma divisão de folhas, uma chave e um ponteiro para a nova folha sobem para serem inseridos num nó interno. Nessa última inserção, o nó interno não passa a ser semifolha, pois ele recebe uma chave e um filho dessa chave que não é nulo. Portanto, numa árvore B, uma semifolha só pode ser folha. ■

34. Porque, certamente, essa raiz não caberá num único bloco. Assim, apesar de a raiz poder ser lida com uma única chamada de função [**fread()**, por exemplo] serão necessários múltiplos acessos ao meio de armazenamento para lê-la ou escrevê-la.

35. Consulte a **Seção 6.4**.

36. (a) Porque pode ser que ocorram divisões de nós que se propaguem até a raiz. (b) Porque quando um nó que se encontra no caminho é alterado, é preciso saber em que posição ele se encontra no arquivo para que se possa atualizá-lo. (c) V. implementação da função **InsereB()** na **Seção 6.4.5**.

37. Consulte a **Seção 6.4**.

38. Consulte a **Seção 6.4**.

39. As chaves **C**, **N**, **G** e **A** são inseridas normalmente na raiz. Quando se tenta inserir **H** na raiz, não se encontra mais espaço. Assim esse nó é dividido em dois nós, movendo-se **G** para cima e criando-se uma nova raiz. Note que, na prática, deixam-se **A** e **C** no corrente nó e coloca-se **H** e **N** num novo nó à direita do nó antigo. O resultado é mostrado na **Figura E–40**.

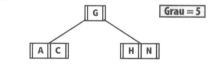

FIGURA E–40: QUESTÃO 39 — CAPÍTULO 6

40. V. **Figura E–41**.

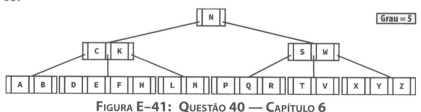

FIGURA E–41: QUESTÃO 40 — CAPÍTULO 6

41. (a) Descendo-se até a folha mais à esquerda da árvore, a menor chave é a primeira chave dessa folha. (b) Descendo-se até a folha mais à direita da árvore, a maior chave é a última chave dessa folha.

42. Antecessora.

43. Uma árvore B de altura a contendo o número máximo de nós possui a seguinte distribuição de nós por nível:

Número máximo de nós no nível 0: 1 $+$

Número máximo de nós no nível 1: G $+$

Número máximo de nós no nível 2: G^2 $+$

$\vdots$ $\vdots$ $+$

Número máximo de nós no nível $a-1$: G^{a-1}

Assim o número de nós dessa árvore B é dado por:

$$N_{max} = \sum_{i=0}^{a-1} G^i = \frac{G^a - 1}{G - 1}$$

É fácil mostrar por indução (faça isso) que uma árvore B de altura a com todos os seus nós preenchidos armazena $n = G^a - 1$ chaves. Logo o número máximo de nós é dado por $N_{max} = n/(G - 1)$.

44. O que custa mais numa operação de busca é a transferência de dados entre memória principal e memória secundária. Além disso, na prática, o número de chaves num nó não é tão grande, de modo que o ganho obtido usando busca binária em detrimento a busca sequencial é irrelevante.

45. Só há duas árvores B de grau 6 possíveis contendo as chaves $1, 2, 3, 4$ e 5, como mostra a **Figura E–42**.

FIGURA E–42: QUESTÃO 45 — CAPÍTULO 6

46. A inserção de M requer uma divisão. Note que M é a chave média e por isso é movida para o nó-pai. A **Figura E–43** mostra isso.

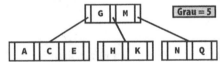

FIGURA E–43: QUESTÃO 46 — CAPÍTULO 6

47. Quando a chave Z é acrescentada, a folha mais à esquerda deve ser dividida e a chave média T é movida para o nó-pai (v. **Figura E–44**).

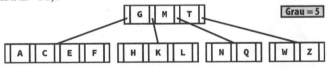

FIGURA E–44: QUESTÃO 47 — CAPÍTULO 6

48. A inserção de D faz com que a folha mais à esquerda seja dividida. A chave D é a chave média e é aquela que deve ser movida para o nó-pai. As chaves P, R, X e Y são inseridas sem necessidade de divisão de nó, como mostra a **Figura E–45**.

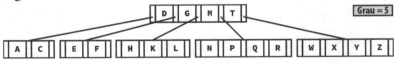

FIGURA E–45: QUESTÃO 48 — CAPÍTULO 6

49. Quando a chave S é inserida, o nó contendo N, P, Q e R é dividido, com Q subindo para o nó-pai. Como esse nó-pai está completo, ele é dividido e M sobe para formar uma nova raiz. O resultado é mostrado na **Figura E–46**.

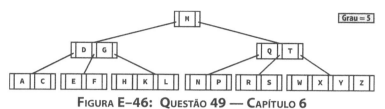

FIGURA E–46: QUESTÃO 49 — CAPÍTULO 6

50. Consulte a **Seção 6.4**.

51. Consulte a **Seção 6.4**.

52. Consulte a **Seção 6.4**.

53. Consulte a **Seção 6.4**.

54. A função `EncontraCaminhoB()` mantém numa pilha o caminho de nós visitados desde a raiz até o nó no qual a chave se encontra ou deve ser inserida. A função `EncontraNoMultiMS()` guarda apenas a posição do nó no qual a chave está ou deveria estar.

55. Consulte a **Seção 6.4**.

56. Consulte a **Seção 6.4**.

57. Porque podem ocorrer junções de nós que se propaguem até a raiz.

58. Como a chave H está numa folha e essa folha tem um número maior do que o mínimo permitido de chaves, a remoção é imediata: move-se K para a posição onde H estava e L para a posição antes ocupada por K, como mostra a **Figura E–47**.

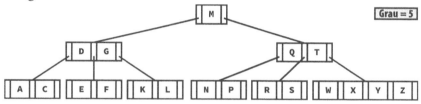

FIGURA E–47: QUESTÃO 58 — CAPÍTULO 6

59. Como T não está numa folha, primeiro encontra-se sua chave sucessora, que é a chave W e move-se W para o lugar de T. Já que essa folha tem chaves extras, a remoção está concluída. A **Figura E–48** mostra o resultado.

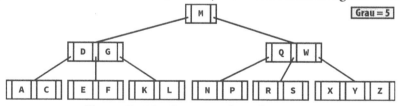

FIGURA E–48: QUESTÃO 59 — CAPÍTULO 6

60. A remoção de R resultará num nó com apenas uma chave, o que não é aceitável. Como o irmão direito do nó contendo R e S tem chave sobressalente, o sucessor de S, que é W, é movido do nó-pai para o nó contendo R e S e a chave X é movida para o nó-pai. Antes de mover W do nó-pai para o filho, deve-se afastar S para ceder espaço para W, como mostra a **Figura E–49**.

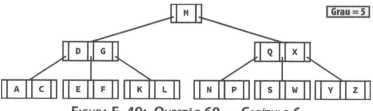

FIGURA E–49: QUESTÃO 60 — CAPÍTULO 6

61. Embora **E** esteja numa folha, essa folha não tem chave sobressalente e o mesmo ocorre com os irmãos vizinhos do nó contendo **E**. Nesse caso, a folha contendo **E** deve ser combinada com um desses irmãos. Isto inclui mover para baixo a chave do nó-pai que está entre os filhos que serão combinados. Aqui, serão combinadas a folha contendo **F** e aquela contendo **A** e **C**, com a chave **D** sendo movida para o novo nó abaixo, como mostra a **Figura E–50 (a)**. Após essas alterações, o nó contendo **G** ficou com apenas uma chave, o que não é aceitável, e esse nó não possui nenhum irmão vizinho que lhe possa ceder uma chave. Assim deve-se novamente combinar os vizinhos e mover **M** do nó-pai para baixo. Nesse caso, a profundidade da árvore diminui um nível, conforme mostra a **Figura E–50 (b)**.

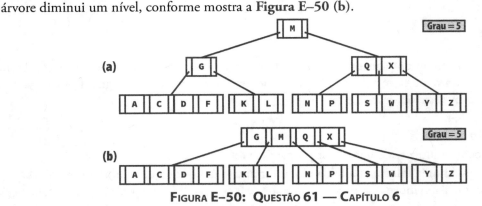

FIGURA E–50: QUESTÃO 61 — CAPÍTULO 6

62. O primeiro passo na remoção de **C** é encontrar sua chave sucessora, que é a chave **D**. Essa chave sucessora deve substituir **C**, mas essa substituição deixa o nó contendo **E** com um número de chaves menor do que o mínimo permitido [v. **Figura E–51 (a)**]. Como nenhum dos irmãos vizinhos do nó contendo **E** tem chaves sobressalentes, deve-se combinar esse nó com um dos seus irmãos. Aqui combinam-se o nó contendo **A** e **B** com aquele contendo **E** [v. **Figura E–51 (b)**]. Agora o nó contendo **F** fica com um número insuficiente de chaves, mas o irmão desse nó tem uma chave extra que pode ser cedida. Assim pega-se a chave **M** do irmão desse nó, move-se para o nó-pai e traz-se **J** para juntar-se a **F**. O nó contendo **K** e **L** torna-se ligado à direita de **J**. O resultado final é mostrado na **Figura E–51 (c)**.

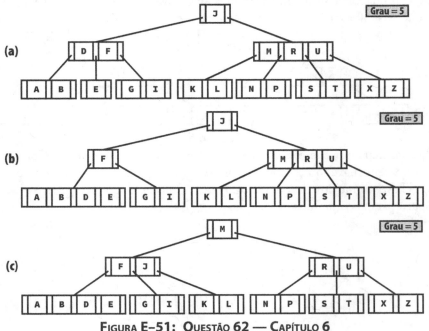

FIGURA E–51: QUESTÃO 62 — CAPÍTULO 6

63. (a) Descendo a árvore até encontrar uma folha e contando os nós encontrados nesse caminho. (É mais fácil descer até o nó mais à esquerda ou mais à direita da árvore.) (b) Porque, numa árvore multidirecional descendente, as folhas podem estar em níveis diferentes e é necessário encontrar a folha mais profunda.

64. Não.

65. Consulte a **Seção 6.4.6**.

66. Consulte a **Seção 6.4.6**.

67. Isso não é estritamente necessário, mas facilita a implementação, pois a raiz de uma árvore B pode passar a ser outro nó, o que não ocorre com árvores descendentes.

68. É número mínimo de filhos que um nó pode ter (i.e., $\lceil G/2 \rceil$, em que G é grau da árvore).

69. V. **Teorema 6.2**.

70. Consulte a **Seção 6.5**.

71. Consulte a **Seção 6.5**.

72. Todos os filhos de uma folha de árvore B são vazios. Uma folha de árvore B+ simplesmente não possui filho algum.

73. Consulte a **Seção 6.5**.

74. Consulte a **Seção 6.5**.

75. Consulte a **Seção 6.5**.

76. Estude a **Seção 6.8.6**.

77. No dimensionamento de árvores B+ devem ser levados em consideração dois tipos de nós.

78. As constantes desse tipo são usadas para informar se um nó é interno, folha ou está vazio.

79. Porque, mesmo removidas, essas chaves ainda podem guiar as operações de busca, inserção e remoção.

80. Consulte o **Teorema 6.3**.

81. (a) O número mínimo de nós no último nível do índice é dado por $2 \cdot d^{a-2}$ (mostre isso). Multiplicando-se por d, obtém-se o número de folhas dessa árvore, que é $2 \cdot d^{a-1}$. Multiplicando-se pelo número mínimo de chaves numa folha, obtém-se o resultado desejado. (b) O número máximo de filhos no último nível da árvore é G^a (mostre isso). O número máximo de chaves é obtido quando cada folha possui G chaves. (c) V. prova do **Teorema 6.1**. (d) V. resposta da questão **43**.

82. No pior caso, cada nó é preenchido pela metade, de maneira que o espaço alocado é $\theta(2 \cdot n)$. Mas $\theta(2 \cdot n)$ é o mesmo que $\theta(n)$.

83. A prova é semelhante àquela do **Teorema 6.2** para árvores B.

84. Idem.

85. Idem.

86. A maneira mais fácil é descendo até a folha mais à esquerda (ou à direita) e contando o número de nós encontrados nesse caminho.

87. A resposta é idêntica àquela da questão similar sobre árvores B.

88. Quando uma folha é dividida, a folha da esquerda não recebe mais nenhuma chave, já que as demais chaves que serão inseridas são maiores do que as chaves dessa folha. Assim a única folha que poderá ter mais da metade de sua capacidade preenchida é a última folha. Um raciocínio similar pode ser usado para mostrar que a maioria dos nós internos é preenchida apenas pela metade.

89. Consulte a **Seção 6.6**.

90. Consulte a **Seção 6.6**.

91. Não.

92. (a) Uma vantagem é que, com exceção da raiz, todos os demais nós são preenchidos com 2/3 da capacidade de cada nó. Outra vantagem é que, quando uma inserção deve ocorrer num nó que se encontra completo,

em vez de ser dividido imediatamente, como ocorre com nós de árvores B, esse nó tem suas chaves divididas entre seus vizinhos. Desse modo, divisões de nós que oneram as operações de inserção podem ser adiadas. (b) A principal desvantagem é que a implementação da operação de remoção é bem mais complicada do que ocorre com árvores B.

93. Pesquise sobre árvores B# na internet.

94. Consulte a **Seção 6.7**.

95. Consulte a **Seção 6.7**.

96. Descendo sempre pela esquerda, encontra-se a menor chave. Depois segue-se em frente na lista encadeada de folhas.

97. (a) Sim. (b) Não.

98. (a) Sim. (b) Não, mas os mesmos raciocínios que norteiam essas funções podem ser usados com árvores B+.

99. (a) Como todas as folhas estão no último nível, desce-se até a folha mais à esquerda (ou à direita) da árvore contando-se os nós encontrados no caminho. (b) Sim.

100. Numa árvore B, todas as folhas se encontram no mesmo nível, o que não ocorre com árvores multidirecionais descendentes de busca.

101. $\theta(n)$.

102. $\theta(\log_d n)$, em que d é o grau mínimo da árvore e n é seu número de chaves.

103. $\theta(n)$.

104. $\theta(n)$.

105. $\theta(\log_d n)$, em que d é o grau mínimo da árvore e n é seu número de chaves.

Capítulo 7 — Dispersão em Memória Principal

1. Consulte a **Seção 7.1.1**.

2. São dois: (1) encontrar funções de dispersão e (2) resolver colisões.

3. Consulte a **Seção 7.1.4**.

4. Consulte a **Seção 7.1.1**.

5. Consulte a **Seção 7.1.2**.

6. Porque as chaves numa tabela de dispersão não obedecem a nenhum critério de ordenação.

7. Pela mesma razão apresentada na questão anterior.

8. Nesse caso, consulta de intervalo só pode ser implementada com busca sequencial.

9. Consulte a **Seção 7.2.1**.

10. (a) Consulte a **Seção 7.2.3**. (b) Para manter os valores de dispersão dentro do intervalo de índices da tabela.

11. Consulte a **Seção 7.2.1**.

12. (a) Consulte a **Seção 7.2.3**. (b) Tipicamente, esse método é usado com strings.

13. Consulte a **Seção 7.2.3**.

14. É um método de dispersão que aceita chaves de qualquer tipo.

15. Consulte a **Seção 7.2.3**.

16. Consulte a **Seção 7.2.3**.

17. Consulte a **Seção 7.2.3**.

18. Consulte a **Seção B.9.2** no **Apêndice B**.

19. (a) O resultado (q) da divisão inteira é obtido como se o quociente da divisão real dos respectivos operandos tivesse sua parte fracionária descartada. Tendo calculado o resultado da divisão inteira, o resto (r)

dessa divisão é obtido por meio da fórmula: $r = x - q \times y$. (b) O resultado não é portável, pois existem dois resultados possíveis.

20. (a) Existem testes estatísticos mais sofisticados, mas o teste apresentado na **Seção 7.8.1** é simples e pode ser suficiente. (b) Consulte a **Seção 7.2.5**.

21. Consulte a **Seção 7.2.5**.

22. O método de Horner permite calcular valores de dispersão usando o método polinomial de modo bem eficiente sem precisar calcular explicitamente as potências dos termos do polinômio. Consulte a **Seção 9.6** para entender os detalhes desse método.

23. (a) Essa função de dispersão mistura todos os bytes de uma estrutura, inclusive aqueles que podem fazer parte de um eventual preenchimento efetuado pelo compilador. E, para azar dessa função, as estruturas desse programa são preenchidas e preenchimento não é iniciado com nenhum valor. (b) Esse problema pode ser resolvido, de modo paliativo, evitando que a estrutura seja preenchida, mas isso nem sempre é possível ou portável. Assim a solução ideal consiste em reescrever a função de dispersão de modo que ela leve em consideração cada campo da estrutura individualmente. Essa solução deve ser considerada um princípio fundamental na escrita de funções que calculam valores de dispersão de estruturas.

24. Todas as chaves colidirão no mesmo valor: *10*.

25. Consulte o **Apêndice B**.

26. Consulte o **Apêndice B**.

27. Consulte o **Apêndice B**.

28. Essa expressão atribui a **z** o menor valor dentre **x** e **y**.

29. (a) **x** recebe $2^{n+1} - 1$. (b) **y** recebe sempre *1*. (c) **z** recebe o mesmo que **x**.

30. Consulte o **Apêndice B**.

31. Consulte o **Apêndice B**.

32. `FFFFFFFFFFFFDB29`.

33. Consulte a **Seção B.4** no **Apêndice B**.

34. Consulte a **Seção B.4** no **Apêndice B**.

35. Consulte a **Seção B.4** no **Apêndice B**.

36. Consulte a **Seção B.4** no **Apêndice B**.

37. Quando a máscara é do tipo **int** ou **short** ou **long** e seu bit mais significativo é **1**, ela é dependente das larguras desses tipos, que dependem de implementação. Para torná-la independente de implementação usa-se o complemento da máscara (p. ex., `~m`) e a operação de mascaramento é escrita novamente usando esse operador (p. ex., `x & ~~m`).

38. Consulte a **Seção B.7** no **Apêndice B**.

39. Consulte a **Seção B.3**.

40. Consulte a **Seção B.3**.

41. (a) Essa função conta o número de bits de seu parâmetro que estão ligados. Portanto um bom nome seria *BitsLigados*. (b) `nBitsLigados`.

42. Consulte um bom texto sobre Lógica Matemática.

43. `Misterio1()` retorna a soma de seus parâmetros. `Misterio2()` retorna o produto de seus parâmetros.

44. Devido à ocorrência de overflow no segundo laço.

45. Consulte a **Seção 7.3.1**.

46. Consulte a **Seção 7.3.1**.

47. Não, mas influenciará seus posicionamentos nos coletores, a não ser que eles sejam ordenados, o que não faz muito sentido.

48. Consulte a **Seção 7.3.1**.

49. Consulte a **Seção 7.3.1**.

50. Para garantir que o valor de dispersão é um índice válido da tabela.

51. $\theta(M)$.

52. Uma busca bem-sucedida é normalmente mais rápida. Se uma chave não está presente numa tabela, todos os nós da respectiva lista (coletor) precisam ser acessados.

53. (a) Sim. (b) Sim.

54. V. **Figura E–52**.

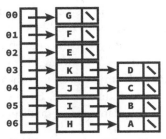

FIGURA E–52: QUESTÃO 54 — CAPÍTULO 7

55. V. **Figura E–53**.

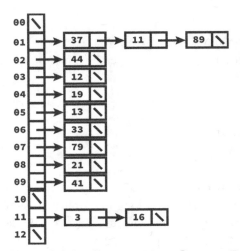

FIGURA E–53: QUESTÃO 55 — CAPÍTULO 7

56. V. **Figura E–54**.

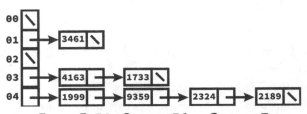

FIGURA E–54: QUESTÃO 56 — CAPÍTULO 7

57. (a) O pior caso de uma tabela de dispersão com encadeamento acontece quando todas as chaves dispersam num único coletor. Nesse caso, o custo de uma operação de busca, inserção ou remoção é $\theta(n)$, em que n é o número de chaves na tabela. Uma função de dispersão (extremamente ruim, aliás) que resultaria em tal desempenho seria $f(c) = k$, em que k é alguma constante dentro do intervalo de índices da tabela. (b) Usando uma função de dispersão que distribua as chaves uniformemente.

58. Consulte a **Seção 7.4.1**.

59. Consulte a **Seção 7.4.1**.

60. Consulte a **Seção 7.4.1**.

61. Quando o valor de dispersão de uma chave resulta no índice de um coletor (lista encadeada), não há nenhum outro coletor no qual essa chave possa estar.

62. Sim, a não ser que não ocorra nenhuma colisão. Consulte a **Seção 7.4.2**.

63. Consulte a **Seção 7.4.2**.

64. (a) O custo espacial de dispersão com endereçamento aberto é $\theta(1)$, enquanto o custo espacial de dispersão com encadeamento é $\theta(n)$. Além disso, dispersão com endereçamento aberto pode apresentar boa localidade de referência, o que não ocorre com dispersão com encadeamento. (b) A dependência do desempenho com relação ao fator de carga é menor no caso de dispersão com encadeamento do que no caso de dispersão com endereçamento aberto. Além disso, uma tabela de dispersão com encadeamento nunca deixa de funcionar devido à necessidade de redimensionamento, como ocorre com dispersão com endereçamento aberto.

65. Consulte a **Seção 7.4.2**.

66. Consulte a **Seção 7.4.2**.

67. (a) O número de passos já realizados. (b) A chave de busca.

68. Sondagem quadrática causa agrupamento secundário.

69. Se o tamanho não for primo, o tamanho do passo pode dividir a tabela em partes iguais, o que pode fazer com que uma sondagem não alcance certas posições da tabela.

70. Consulte a **Seção 7.4.2**.

71. Consulte a **Seção 7.4.2**.

72. (a) Consulte a **Seção 7.4.5**. (b) Sondagem quadrática é mais fácil de programar do que sondagem com dispersão dupla e um pouco mais rápida quando o fator de carga é pequeno.

73. Consulte a **Seção 7.4.2**.

74. Consulte a **Seção 7.4.2**.

75. V. resposta da questão **64**.

76. O resultado aparece na **Figura E–55**.

00	01	02	03	04	05	06	07	08	09
140	660	777		244	444	166	386		

10	11	12	13	14	15	16	17	18	19
	151	52	92	34	135	76	371	118	555

FIGURA E–55: QUESTÃO 76 — CAPÍTULO 7

77. O resultado aparece na **Figura E–56**.

00	01	02	03	04	05	06	07	08	09
140			660	244	371	166	92		555

10	11	12	13	14	15	16	17	18	19
	151	52	386	34	135	76	777	118	444

FIGURA E–56: QUESTÃO 77 — CAPÍTULO 7

78. V. **Figura E–57**.

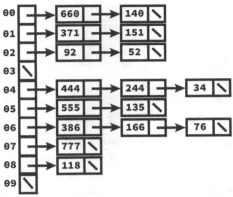

FIGURA E–57: QUESTÃO 78 — CAPÍTULO 7

79. V. **Figura E–58.**

Chave	Exercício 76	Exercício 77	Exercícios 78
34	*1*	*1*	*3*
444	*2*	*6*	*1*
555	*5*	*4*	*1*
777	*6*	*1*	*1*
244	*1*	*1*	*2*
76	*1*	*1*	*3*
16	*8*	*7*	*4*

FIGURA E–58: QUESTÃO 79 — CAPÍTULO 7

80. V. **Figura E–59.**

00	01	02	03	04	05	06	07	08	09
	C		I			F	B	E	H

10	11	12	13	14	15	16	17	18
K			A	D	G	J		

FIGURA E–59: QUESTÃO 80 — CAPÍTULO 7

81.

(a) V. **Figura E–60.**

00	01	02	03	04	05	06	07	08	09
9359	3461	1999	1733	4163	2324				2189

FIGURA E–60: QUESTÃO 81 (A) — CAPÍTULO 7

(b) V. **Figura E–61.**

00	01	02	03	04	05	06	07	08	09
9359	3461		1733	4163	2324			1999	2189

FIGURA E–61: QUESTÃO 81 (B) — CAPÍTULO 7

(c) V. **Figura E–62.**

00	01	02	03	04	05	06	07	08	09
	3461	1999	1733	2324	4163	9359			2189

FIGURA E–62: QUESTÃO 81 (C) — CAPÍTULO 7

82. (a) **F**. (b) **F**. (c) **F**. (d) **V**. (e) **F**.

83. Não, pois o número de chaves da tabela não pode ser maior do que o número de elementos capazes de armazená-las.

84. V. **Figura E–63**.

00	01	02	03	04	05	06	07	08	09	10	11	12
3	89	11	12	37	13	33	79	21	41	19	16	44

FIGURA E–63: QUESTÃO 84 — CAPÍTULO 7

85. V. **Figura E–64**. Note que a chave *3* não pode ser inserida, mesmo havendo espaço disponível.

00	01	02	03	04	05	06	07	08	09	10	11	12
	89	11	12	19	13	33	79	21	41	37	16	44

FIGURA E–64: QUESTÃO 85 — CAPÍTULO 7

86. V. **Figura E–65**.

00	01	02	03	04	05	06	07	08	09	10	11	12
13	79	41	37	11	16	19	33	21	3	44	89	12

FIGURA E–65: QUESTÃO 86 — CAPÍTULO 7

87. Se **realloc()** fosse usada, as chaves armazenadas na antiga tabela seriam copiadas com o mesmo valor de dispersão para a tabela nova.

88. Consulte a **Seção 7.4.4**.

89. (a) Uma constante do tipo `tStatusDEA` indica o status de um elemento de uma tabela de dispersão com endereçamento aberto. (b) Faça sua parte e explique por que isso não faz sentido.

90. (a) O desempenho de pior caso de busca numa tabela de dispersão com endereçamento aberto ocorre quando a tabela está repleta e a chave de busca não é encontrada. Nesse caso, o custo temporal da operação é $\theta(m)$, em que m é o número de posições da tabela. Essa situação pode ocorrer com qualquer função de dispersão. (b) Mantendo o fator de carga baixo (v. **Seção 7.4.5**).

91. (a) Como o valor inicial da sequência determina toda uma sequência de sondagem, o número de sequências possíveis é m. (b) Idem. (c) Nesse caso, uma sequência de sondagem depende de dois valores de dispersão [i.e., de $f_1(c)$ e $f_2(c)$, sendo c uma chave], de modo que o número de sequências de sondagem pode ser, no máximo, m^2.

92. (a) Sondagem linear. (b) Sondagem com dispersão dupla.

93. Consulte a **Seção 7.5**.

94. Para obter o custo amortizado sugerido pela questão, é preciso que se suponha que o redimensionamento da tabela é efetuado geometricamente. Ou seja, se a tabela precisar aumentar de tamanho, ele deverá ser dobrado e quando o tamanho tiver que ser reduzido, ele será reduzido à metade (v. **Capítulo 5**). Além disso, para simplificar, o fator de carga (α) máximo será considerado igual a *1*.

A função potencial é definida de modo que ela armazene energia suficiente para redimensionar a tabela como:

$\Phi(h) = 2|n - m/2|$

Como α é $\theta(1)$, pode-se assumir que uma operação de busca tem custo temporal $\theta(1)$.

Inserir um elemento incrementa o valor de n e três casos que devem ser levados em consideração:

- $1/2 \leq \alpha < 1$. Nesse caso, o potencial aumenta *2*, de modo que o custo temporal amortizado é *1 + 2 = 3*.
- $\alpha < 1/2$. Nesse caso, o potencial diminui *2*, de sorte que o custo temporal amortizado é *1 – 2 = –1*.
- $\alpha = 1$. Aqui, a tabela de dispersão é redimensionada, de modo que o custo temporal real é *1 + m*. Mas o potencial varia de *m* a *0*, de maneira que o custo temporal amortizado é *1 + m – m = 1*.

Numa operação de busca, o potencial não é alterado, de modo que essa operação tem custo temporal amortizado igual ao seu custo real, que é *1*.

Uma operação de remoção reduz *1* de *n* e, novamente, há três casos a ser considerados:

- $1/2 \leq \alpha < 1$. O potencial diminui *2*, de maneira que o custo temporal amortizado é $1 - 2 = -1$.

- $\alpha < 1/2$. O potencial aumenta *2* e, assim, o custo temporal amortizado é $1 + 2 = 3$.

- $\alpha = 1$. Nesse caso, a tabela de dispersão precisa ser redimensionada, de maneira que o custo temporal real é $1 + m/4$. O potencial varia de $m/2$ até *0*, de maneira que o custo temporal amortizado é $1 + m/4 - m/2 = 1 - m/4$.

Em cada caso apresentado acima, o custo temporal amortizado é $\theta(1)$. Se uma tabela de dispersão for iniciada com $\alpha = 1/2$, seu potencial inicial será *0*. Assim, sabe-se que ele nunca diminuirá, de modo que o custo temporal amortizado será um limite superior do custo temporal real. Conclui-se, portanto, que uma sequência de *n* operações sobre a tabela tem custo $\theta(n)$.

95. Consulte a **Seção 7.6**.

96. Consulte a **Seção 7.6.1**.

97. Consulte a **Seção 7.6.1**.

98. Consulte a **Seção 7.6.1**.

99. Consulte a **Seção 7.6.1**.

100. Consulte a **Seção 7.6.4**.

101. Consulte a **Seção 7.6.4** e a **Seção 7.7**.

102. Consulte a **Seção 7.7**.

103. Porque cada chave é mapeada na posição da tabela em que ela se encontra ou deveria se encontrar (ou, pelo menos, a poucos passos dessa posição quando ocorre uma colisão). Fazer uma busca sequencial numa tabela de dispersão não é diferente de fazer uma busca sequencial numa tabela indexada, como aquelas vistas no **Capítulo 3**.

104. Consulte a **Seção 7.3**.

105. Consulte a **Seção 7.7**.

106. Consulte a **Seção 7.7**.

107. Dispersão com encadeamento é a melhor escolha, pois as listas serão relativamente pequenas e terão aproximadamente o mesmo tamanho.

108. Dispersão com encadeamento é a melhor escolha, pois a tabela não precisará ser redimensionada, a não ser que o desempenho seja severamente afetado.

109. Uma busca bem-sucedida é mais rápida porque, em média, apenas metade dos elementos de uma lista precisa ser examinada.

110. Consulte a **Seção 7.7**.

111. Consulte a **Seção 7.8.1**.

112. Consulte a **Seção 7.8.2**.

113. Consulte a **Seção 7.8.2**.

114. Consulte a **Seção 7.8.2**.

115. Consulte a **Seção 7.8.2** (ou um médico...).

116. Erro falso-negativo.

117. Erro falso-negativo.

118. Erro falso-positivo.

119. Consulte o **Apêndice B**.

Capítulo 8 — Dispersão em Memória Secundária

1. Consulte a **Seção 8.1.1**.

2. Consulte a **Seção 8.1.1**.

3. Consulte a **Seção 8.1**.

4. Consulte a **Seção 8.1.4**.

5. (a) Consulte a **Seção 8.1.2**. (b) Consulte a **Seção 8.1.4**.

6. (a) Em ambos os casos são usados coletores que podem ser acessados diretamente por meio de valores de dispersão; nos dois casos, as operações de busca num coletor são sequenciais. (b) Dispersão estática é usada em memória secundária, enquanto dispersão com encadeamento é usada em memória principal; dispersão estática usa coletores excedentes, o que não faz sentido em dispersão com encadeamento; remoção de um registro em dispersão estática pode requerer movimentação de vários outros registros que fazem parte do mesmo coletor, enquanto remoção de um registros em dispersão com encadeamento requer apenas alteração de ponteiros; quando um coletor fica vazio em dispersão com encadeamento, ele deixa de ocupar espaço em memória, o que é complicado obter em dispersão em dispersão estática (pois requer reconstruir o arquivo).

7. (a) Consulte a **Seção 8.1.2**. (b) Idem.

8. Redimensionamento de uma tabela armazenada em memória secundária pode não ser tão suportável quanto o redimensionamento de uma tabela armazenada em memória principal, pois ele requer muitos acessos ao meio de armazenamento externo. Se você não entendeu, volte ao **Capítulo 1**.

9. Consulte a **Seção 8.2**.

10. Bancos de dados e sistemas de arquivos.

11. Consulte a **Seção 8.2**.

12. Consulte a **Seção 8.2.1**.

13. 2^{g-1}.

14. Consulte a **Seção 8.2.1**.

15. V. **Figura E–66**.

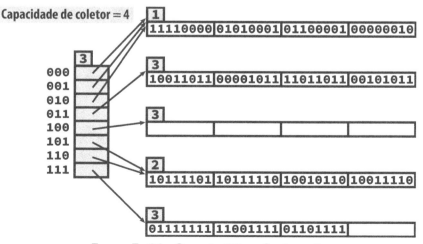

FIGURA E–66: QUESTÃO 15 — CAPÍTULO 8

16. V. **Figura E–67**.

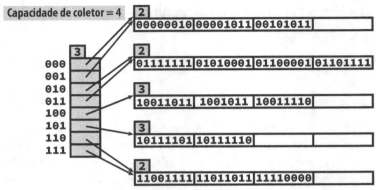

FIGURA E–67: QUESTÃO 16 — CAPÍTULO 8

17. (a) A **Figura E–68 (a)** mostra por que muitos texto sobre o assunto usam bits mais significativos nas ilustrações de dispersão extensível: usando esses bits, em vez de bits menos significativos, podem-se desenhar ilustrações sem cruzamento das linhas que representam as referências. (b) V. **Figura E–68 (b)**. (c) A remoção do registro cuja chave tem valor de dispersão igual a *10*, embora seja o último de seu coletor, não provoca compressão do diretório [v. **Figura E–68 (c)**].

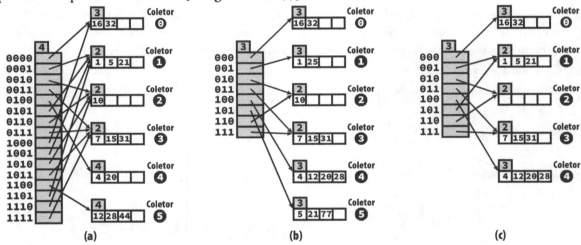

FIGURA E–68: QUESTÃO 17 — CAPÍTULO 8

18. Consulte o **Apêndice B**.
19. Consulte o **Apêndice B**.
20. Consulte a **Seção 8.2.5**.
21. Consulte a **Seção 8.2.5**.
22. A diferença é adverbial: dispersão estática *frequentemente* usa coletores excedentes, enquanto dispersão extensível *raramente* o faz.
23. Consulte a **Seção 8.2.5**.
24. Consulte a **Seção 8.2.5**.
25. Consulte a **Seção 8.2.6**.
26. Consulte a **Seção 8.2.2**.
27. Consulte a **Seção 8.2.4**.
28. Consulte a **Seção 8.2.4**.
29. Consulte a **Seção 8.2.4**.

30. (a) Exatamente dois coletores terão apenas uma referência para si após a duplicação de um diretório. Isso ocorre porque, quando o diretório é duplicado, um dos coletores deve ter sido dividido fazendo com que um elemento do diretório faça referência para cada um deles. (b) Sim, pois esses coletores são camaradas.

31. Os pré-requisitos são dois: (1) o diretório deve caber em memória principal e (2) não deve haver coletores excedentes (3) a chave deve ser armazenada junto com o registro (i.e., a tabela de busca usa chaves internas).

32. Apenas aqueles associados aos coletores que foram duplicados e que causaram a duplicação do diretório.

33. Não. Nenhum desses esquemas de tabelas de dispersão é conveniente para memória externa, pois eles podem requerer uma grande quantidade de acessos ao meio de armazenamento, o que é inaceitável para memória externa.

34. Consulte a **Seção 8.3**.

35. Consulte a **Seção 8.3**.

36. $\theta(n/M)$, em que *n* é o número de registros e *M* é o número máximo de registros num coletor.

37. Consulte a **Seção 8.4.2**.

Capítulo 9 — Strings e Texto

1. Consulte a **Seção 9.1**.

2. Consulte a **Seção 9.1**.

3. Consulte a **Seção 9.1**.

4. Consulte a **Seção 9.1**.

5. (a) Não há borda. (b) "A" e "AA".

6. (a) 0. (b) 1. (c) 2. (d) 1.

7. Consulte a **Seção 9.1**.

8. Consulte a **Seção 9.1**.

9. Quando o texto é lido num stream e não é armazenado.

10. Leia a **Nota de rodapé** [1] na **página 457**.

11. Consulte a **Seção 9.2**.

12. Consulte a **Seção 9.2**.

13. Consulte a **Seção 9.2**.

14. Imite a **Figura 9–5**.

15. Consulte a **Seção 9.3**.

16. V. **Figura E–69**.

j	0	1	2	3	4	5	6
p[j]	A	AG	AGC	AGCT	AGCTA	AGCTAG	AGCTAGT
tmb[j]	0	0	0	0	1	2	0

Figura E–69: Questão 16 — Capítulo 9

17. V. **Figura E–70**.

j	0	1	2	3	4	5
p[j]	a	ab	aba	abac	abaca	abacab
tmb[j]	0	0	1	0	0	2

Figura E–70: Questão 17 — Capítulo 9

18. Ela é usada para determinar o tamanho de cada salto quando ele é necessário.

19. (a) "C", "CG", "CGT", "CGTA", "CGTAC", "CGTACG" e "CGTACGT". (b) "T", "TT", "GTT", "CGTT", "ACGTT", "TACGTT", "GTACGTT". (c) Compare os itens (a) e (b) e conclua.

20. É sua vez.

21. Idem.

22. Idem.

23. Idem.

24. (a) Sua vez. (b) Imite a **Figura 9–8.**

25. Consulte a **Seção 9.3.**

26. Consulte a **Seção 9.3.**

27. Consulte a **Seção 9.4.**

28. Consulte a **Seção 9.4.**

29. Consulte a **Seção 9.4.**

30. Consulte a **Seção 9.4.**

31. Porque cada uma delas é baseada em expectativa e não há garantia de funcionamento do algoritmo **BM** quando uma delas é usada isoladamente.

32. Consulte a **Seção 9.4.**

33. Porque o salto obtido com a regra do mau caractere pode ser negativo.

34. Imite a **Figura 9–24.**

35. Consulte a **Seção 9.5.**

36. Consulte a **Seção 9.5.**

37. Consulte a **Seção 9.5.**

38. Imite a **Figura 9–29.**

39. Sua vez.

40. É a sua vez.

41. O uso de dispersão (*hashing*).

42. Consulte o **Capítulo 7.**

43. Porque qualquer permutação dos caracteres de um string resulta no mesmo valor de dispersão.

44. Consulte a **Seção 9.6.**

45. Consulte o **Apêndice B** do **Volume 1** ou qualquer livro-texto decente de Matemática do ensino médio.

46. Consulte a **Seção 9.6.**

47. Consulte a **Seção 9.6.**

48. Consulte a **Seção 9.6.**

49. Para evitar a ocorrência de overflow.

50. Consulte a **Seção 9.6.**

51. Consulte a **Seção 9.6.**

52. (a) Consulte a **Seção 9.6.** (b) Algoritmo de força bruta.

53. Os valores de dispersão do padrão e da primeira janela de texto e o valor da maior potência do polinômio são calculados.

54. 9.

55. Apenas um casamento falso.

56. Consulte a referida seção.

57. Consulte a **Seção 9.6.**

58. Consulte a **Seção 9.6.**

59. Consulte a **Seção 9.6.**

60. Sim, pois, apesar de *b* e *q* serem aprovados no teste $b.(b-1).(q-1) \leq max$, os valores dos caracteres do alfabeto não são mapeados no intervalo $[0..b-1]$.

61. É a sua vez.

62. Idem.

63. (a) $\theta(1)$. (b) $\theta(m)$.(c) $\theta(|\sum|)$. (d) $\theta(|\sum|)$.(e) $\theta(1)$.

64. Consulte a **Seção 9.7**.

65. Consulte a **Seção 9.8**.

66. Sim, basta associar o valor de uma chave ao seu nó final na trie.

67. V. **Figura E–71**.

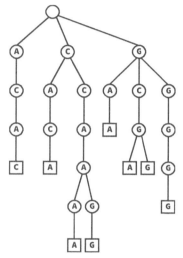

FIGURA E–71: QUESTÃO 67 — CAPÍTULO 9

68. V. **Figura E–72**.

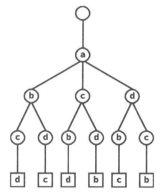

FIGURA E–72: QUESTÃO 68 — CAPÍTULO 9

69. Consulte a **Seção 9.8**.

70. Porque uma trie pode ser excessivamente profunda e, consequentemente, muito ineficiente para operações de busca, inserção e remoção em memória secundária.

71. Consulte a **Seção 9.8**.

72. Consulte a **Seção 9.8**.

73. Consulte a **Seção 9.8.2**.

74. Consulte a **Seção 9.8.3**.

75. Consulte a **Seção 9.8.3**.

76. Consulte a **Seção 9.8.3**.

77. Consulte a **Seção 9.8.4**.

78. Consulte a **Seção 9.9**.

79. Consulte a **Seção 9.9**.

80. Consulte a **Seção 9.10.2**.

81. Consulte a **Seção 9.10.1**.

82. (a) Porque a função **strtok()** pode alterar seu primeiro parâmetro. (b) Violação de memória com o consequente aborto de programa.

83. Consulte a **Seção 9.10.1**.

84. Consulte a **Seção 9.10.2**.

85. Consulte a **Seção 9.10.3**.

86. `"010101"`.

87. Sistemas de controle de versão (p. ex., Git).

88. Consulte a **Seção 9.10.5**.

89. Porque seu custo temporal é muito elevado.

90. Siga a recomendação.

91. (a) Consulte a **Seção 9.10.6**. (b) Os algoritmos KMP, BM e BMH são baseados em saltos; i.e., a eficiência deles é assegurada por meio de saltos bem maiores do os saltos unitários dos algoritmos FB e KR. Mas adaptar os algoritmos KMP, BM e BMH para casamentos múltiplos seria bem mais complicado do que ocorre com o algoritmo KR (que, aliás, é bem fácil de adaptar como foi visto na **Seção 9.10.6**). Além disso, o custo espacial desses algoritmos para k padrões com tamanhos m seria $\theta(k{\cdot}m)$, enquanto o custo espacial do algoritmo KR seria apenas $\theta(k)$. O concorrente restante é o algoritmo FB, que não tem chance de competir com o algoritmo KR.

92. Consulte a **Seção 9.10.7**.

93. Não, porque ele apresenta retrocesso.

94. Idem.

95. Porque ele faz comparações de trás para frente (i.e., do último para o primeiro caractere do padrão).

96. (a) Essa função requer que o usuário saiba simular final de arquivo via teclado (i.e., [CTRL] + [Z] no Windows ou [CTRL] + [D] em sistemas da família Unix) quando o texto digitado não casa. (b) Essa alteração não resolveria o problema porque isso impediria o funcionamento do programa com textos que contivessem quebra de linha.

Capítulo 10 — Filas de Prioridade e Heaps

1. Consulte a **Seção 10.1.1**.

2. Consulte a **Seção 10.1.3**.

3. Lista indexada sem ordenação, pois o custo temporal da inserção é $\theta(1)$. Lista encadeada sem ordenação também apresenta esse custo, mas seu custo espacial é $\theta(n)$ (devido ao armazenamento de ponteiros).

4. Consulte a **Seção 10.2.1**.

5. Consulte a **Seção 10.2.1**.

6. Consulte a **Seção 10.2.1**.

7. Consulte a **Seção 10.2.1**.

8. Consulte a **Seção 10.2.1**.

9. Os cálculos utilizados na determinação do pai e o filho esquerdo de um nó requerem uma operação aritmética a menos.

10. (a) *Pai(i) = i/2*, se $i \neq 1$. Se $i = 1$, o nó i é a raiz da árvore. (b) *FilhoEsquerdo(i) = 2i*, se $2i \leq n$. Se $2i > n$, o nó i não possui filho esquerdo. (c) *FilhoDireito(i) = 2i + 1*, se $2i + 1 \leq n$. Se $2i + 1 > n$, o nó i não possui filho direito.

11. Consulte o **Capítulo 12** do **Volume 1**.

12. V. **Figura E–73**.

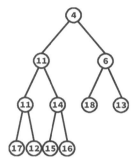

FIGURA E–73: QUESTÃO 12 — CAPÍTULO 10

13. V. **Figura E–74**.

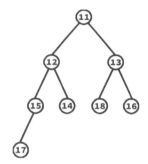

FIGURA E–74: QUESTÃO 13 — CAPÍTULO 10

14. V. **Figura E–75**.

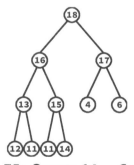

FIGURA E–75: QUESTÃO 14 — CAPÍTULO 10

15. (a) Não. (b) Sim.

16. V. **Figura E–76**.

17. (a) Não se sabe ao certo, mas, seguramente, ele está no segundo nível da árvore (i.e., ele é um dos filhos da raiz). (b) No segundo ou no terceiro nível.

18. V. **Figura E–77**.

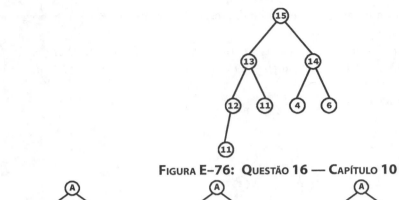

FIGURA E–76: QUESTÃO 16 — CAPÍTULO 10

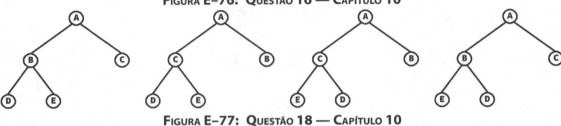

FIGURA E–77: QUESTÃO 18 — CAPÍTULO 10

19. Consulte a **Seção 10.2.2**.

20. Consulte a **Seção 10.2.2**.

21. (a) Percolação ascendente. (b) Idem.

22. Trocar *maior* por *menor* e vice-versa.

23. V. **Figura E–78**.

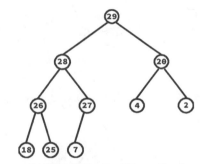

FIGURA E–78: QUESTÃO 23 — CAPÍTULO 10

24. Qualquer heap é uma árvore binária completa e, como é provado no **Apêndice B** do **Volume 1**, sua profundidade p é dada por $p = \lfloor log_2\, n + 1 \rfloor$.

25. Seja p a profundidade do heap. Até a profundidade $p - 1$, o heap é uma árvore binária repleta cujo número de nós é dado por $2^{p-1} - 1$. O índice i da última folha é $n - 1$ e, assim, o índice de seu pai é dado por: $\lceil (i - 1)/2 \rceil = \lceil (n - 2)/2 \rceil$. Portanto, até o penúltimo nível, o número de nós é: $\lceil (n - 2)/2 \rceil = \lfloor n/2 \rfloor$. Logo o número de folhas é dado por $n - \lfloor n/2 \rfloor = \lceil n/2 \rceil$. ∎

26. Numa folha, embora, em princípio, não se possa afirmar qual é essa folha.

27. Índices **7** e **8**: **A**, **B**, **C** ou **D**. Índice **9**: apenas **A**.

28. Não.

29. V. **Figura E–79**.

0	1	2	3	4	5	6	7	8	9	10	11	12
A	C	B	G	D	E	J	I	H	K	F	P	L

FIGURA E–79: QUESTÃO 29 — CAPÍTULO 10

30. (1) L é removido e ocupa o lugar de A; (2) L troca de posição com B; (3) L troca de posição com E.

31. (a) M é inserido como filho esquerdo de J e só.

32. V. **Figura E–80**.

0	1	2	3	4	5	6	7	8
J	H	I	D	G	F	A	B	C

FIGURA E–80: QUESTÃO 32 — CAPÍTULO 10

33. Sua vez.

34. Sua vez.

35. Consulte a **Seção 10.2.3**.

36. Consulte a **Seção 10.2.3**.

37. Consulte a **Seção 10.2.3**.

38. (a) Sim. (b) Ascendente.

39. Sim.

40. Use indução finita (v. **Apêndice B** do **Volume 1**).

41. (a) Como um heap é uma árvore binária completa, o número mínimo de nós é $2^a - 1 + 1 = 2^a$. (b) O número máximo de elementos é $2^{a+1} - 1$. (V. **Capítulo 12** do **Volume 1**.)

42. Suponha que um heap contendo n elementos tenha altura a. Como foi visto no **Capítulo 12** do **Volume 1**, tem-se que $2^a \leq n \leq 2^{a+1} - 1 < 2^{a+1}$, de modo que $a \leq \log n < a + 1$. Agora, como a deve ser um valor inteiro tem-se que, usando a definição de piso, $a = \lfloor \log n \rfloor$.

43. Suponha que a afirmação não é verdadeira e complete a prova por contradição.

44. V. tabela abaixo.

IMPLEMENTAÇÃO VIA...	CUSTO TEMPORAL DE...	
	INSERÇÃO	REMOÇÃO
Lista encadeada sem ordenação	$\theta(1)$	$\theta(n)$
Lista encadeada ordenada	$\theta(n)$	$\theta(1)$
Lista indexada sem ordenação	$\theta(1)$	$\theta(n)$
Lista indexada ordenada	$\theta(n)$	$\theta(1)$
Árvore binária de busca balanceada	$\theta(\log n))$	$\theta(\log n)$
Árvore binária de busca sem balanceamento	$\theta(n)$	$\theta(n)$

45. Não.

46. (1) O custo espacial é menor usando heap, pois, nesse caso, não são usados ponteiros ou informações sobre balanceamento. (2) Implementação com heap é muito mais fácil.

47. Consulte a **Seção 10.4**.

48. Consulte a **Figura 10–13**.

49. Consulte a **Seção 10.4**.

50. Consulte a **Seção 10.4**.

51. Distribuição exponencial é usada na geração de intervalos de tempo aleatórios entre eventos.

52. Consulte a **Seção 10.5.1**.

53. Consulte a **Seção 10.5.1**.

54. De acordo com o algoritmo de Huffman, o número de folhas da árvore de codificação é igual ao número n de caracteres codificados, de modo que não há o que provar. Agora, de acordo com o **Teorema 12.2** apresentado no **Capítulo 12** do **Volume 1**, o número de folhas de uma árvore binária é $n = n_2 + 1$, em que

n_2 é o número de nós de grau 2. Como essa árvore é estritamente binária, todos os nós internos possuem grau 2. Portanto, o número de nós internos é $n - 1$. ∎

55. A codificação canônica não requer que a árvore de codificação seja escrita no cabeçalho da codificação; i.e., apenas os tamanhos dos códigos precisam ser escritos. Isso, além de tornar a implementação bem mais simples, também economiza espaço.

56. 4.

57. A **Figura E–81** mostra a árvore resultante da codificação. Utilizando-se essa figura e o algoritmo da **Figura 10–16**, obtêm-se os seguintes códigos: `'N': 0, 'C': 10, 'T': 110, 'A': 111`.

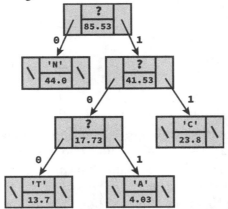

FIGURA E–81: QUESTÃO 57 — CAPÍTULO 10

58. Consulte a **Seção 10.5.1**.

59. A árvore de codificação mais profunda que pode existir é aquela que possui dois nós em cada nível abaixo da raiz, sendo que um deles é folha e o outro possui dois filhos. Assim a profundidade dessa árvore é igual ao seu número de folhas. Como, por definição, o número de folha de uma árvore de codificação é igual ao número de bytes distintos, a profundidade máxima de uma árvore de codificação é igual a esse número.

60. Consulte a **Seção 10.5.1**.

61. Consulte a **Seção 10.5.1**.

62. (a) Um cabeçalho contém informações que permitem que arquivo codificado possa ser decodificado. (b) Apenas os tamanhos dos códigos e o número de bytes do arquivo. (c) Está implícito que o mesmo algoritmo de atribuição de códigos será usado quando o arquivo for decodificado.

63. Quando todos os valores possíveis de bytes ocorrem no arquivo e eles são equiprováveis.

64. Consulte a **Seção 10.5.1**.

65. Muito raramente um byte será codificado com uma sequência de bits desse tamanho, mas, mesmo que isso aconteça, as pequenas sequências de bits associadas à maioria dos demais bytes compensam as eventuais sequências longas.

Capítulo 11 — Ordenação em Memória Principal

1. Consulte a **Seção 11.1.1**.

2. Há duas razões principais: uma de natureza didática e a outra de natureza pragmática. Do ponto de vista didático, ordenação oferece uma excelente oportunidade para a aprendizagem e a prática de análise de algoritmos. Do ponto de vista prático, cada algoritmo de ordenação tem seus méritos, de modo que cada um deles tem uma situação na qual ele é o mais apropriado.

3. Consulte a **Seção 11.1.1**.

4. (a) Consulte a **Seção 11.1.1**. (b) CountingSort, BucketSort e RadixSort.

5. (a) Normalmente, quando se tem uma lista de nomes para colocar em ordem alfabética, usa-se a seguinte abordagem: **1.** Encontra-se o nome que aparece em primeiro lugar considerando a ordem alfabética usual e escreve-se esse nome numa segunda lista. **2.** Risca-se esse nome na lista original. **3.** Repetem-se os **Passos 1** e **2** até que todos nomes na lista original tenham sido riscados e escritos na segunda lista. (b) Seleção direta (mas não é assim que SelectionSort é descrito, pois ele não precisa de uma segunda lista).

6. Consulte a **Seção 11.1.1**.

7. Consulte a **Tabela 11–12**.

8. Consulte a **Seção 11.1.1**.

9. Consulte a **Seção 11.1.1**.

10. Consulte a **Seção 11.1.1**.

11. (a) Não. (b) Não. (c) Sim.

12. Consulte a **Seção 11.1.1**.

13. Consulte a **Seção 11.1.1**.

14. (a) É um tipo de ordenação na qual ocorrem trocas *explícitas* de posições de elementos da tabela que está sendo ordenada. (b) BubbleSort, QuickSort, HeapSort e SelectionSort.

15. Consulte a **Seção 11.2.1**.

16. V. **Figura E–82**.

0	1	2	3	4	5	6	7	8	9
8	13	9	23	11	25	19	28	55	70

Figura E–82: Questão 16 — Capítulo 11

17. O número de vezes que o laço externo é executado é igual ao número de vezes que a variável *emOrdem* assume o valor *0*, que, no pior caso é *n – 1* (por que?). Agora faça sua parte e complete a prova.

18. V. **Figura E–83**.

Melhor Caso		**Caso Médio**		**Pior Caso**	
Tabela ordenada	$\theta(n)$	**Tabela aleatória**	$\theta(n^2)$	**Tabela inversamente ordenada**	$\theta(n^2)$

Figura E–83: Questão 18 — Capítulo 11

19. (a) Quando a tabela é pequena ou já está quase ordenada. (b) É a negação de (a).

20. $\theta(1)$.

21. Consulte a **Seção 11.2.3**.

22. V. **Figura E–84**.

0	1	2	3	4	5	6	7	8	9
8	13	28	55	23	9	25	11	70	19

Figura E–84: Questão 22 — Capítulo 11

23. Em termos de análise assintótica, os resultados são os mesmos apresentados pelo método BubbleSort (v. **Figura E–83**).

24. Consulte a **Seção 11.2.3**.

25. $\theta(1)$.

26. (a) É um algoritmo que seleciona o próximo elemento a ser colocado em sua posição ordenada. (b) SelectionSort e HeapSort.

27. (a) Consulte a **Seção 11.2.2**. (b) Porque ele seleciona *diretamente* o próximo elemento a ser colocado em sua posição correta. O método HeapSort também é um algoritmo de seleção, mas o próximo elemento a ser colocado em ordem não é escolhido diretamente, pois ele sempre se encontra na raiz do heap.

28. V. **Figura E–85**.

0	1	2	3	4	5	6	7	8	9
8	9	11	28	23	55	25	13	70	19

FIGURA E–85: QUESTÃO 28 — CAPÍTULO 11

29. Os resultados são quase os mesmos apresentados pelo método BUBBLESORT (v. **Figura E–83**). A diferença é que o custo de melhor caso de SELECTIONSORT é $\theta(n^2)$.

30. $\theta(1)$.

31. Consulte a **Seção 11.2.2**.

32. $\theta(n)$.

33. Siga o modelo apresentado na **Figura 11–9**. A primeira iteração do laço externo do algoritmo é mostrado na **Figura E–86**. Agora faça sua parte completando o exercício.

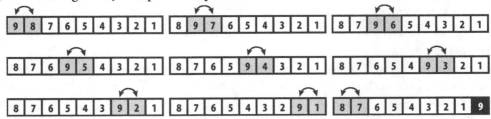

FIGURA E–86: QUESTÃO 33 — CAPÍTULO 11

34. Nesse caso, tanto INSERTIONSORT quanto BUBBLESORT serão executados com custo temporal $\theta(n)$. Ambos os algoritmos também usam o mesmo número de comparações nesse caso. O campeão nesse caso é o algoritmo BUBBLESORT, pois ele não efetua nenhuma outra operação além de comparações, enquanto INSERTIONSORT efetua duas atribuições em cada execução do corpo do laço externo.

35. INSERTIONSORT (porque esse algoritmo não efetua trocas).

36. (a) $n - 1$. (b) Uma.

37. Nada. Ele é inerentemente estável.

38. SELECTIONSORT é o algoritmo que efetua o menor número de trocas dentre todos os algoritmos baseados em trocas.

39. Porque, em qualquer caso de avaliação, seu custo é $\theta(n^2)$.

40. Não. Se você não souber explicar a razão para essa resposta, estude o **Capítulo 6** do **Volume 1** ou um bom texto sobre análise assintótica.

41. Zero, pois INSERTIONSORT não efetua trocas.

42. $4 \cdot (n - 1)$.

43. No pior caso, a atribuição da variável *emOrdem* no corpo do laço interno indica sempre que a lista está desordenada, e isso ocorre $n - 2$ vezes. Portanto, nesse caso, o corpo do laço externo será executado $n - 2$ vezes.

44. Consulte a **Seção 11.3.1**. (b) Pois, na maioria das situações práticas, ele é o método mais rápido (em inglês, *quick* significa rápido).

45. Consulte a **Seção 11.3.1**.

46. Depende de como o pivô é escolhido. Se a escolha for usando a abordagem de mediana de três, por exemplo, ele será sensível à ordenação inicial da tabela.

47. V. **Figura E–87**.

MELHOR CASO		CASO MÉDIO		PIOR CASO	
Depende do pivô	$\theta(n \cdot \log n)$	Tabela aleatória	$\theta(n \cdot \log n)$	Depende do pivô	$\theta(n^2)$

FIGURA E–87: QUESTÃO 47 — CAPÍTULO 11

48. (a) Quando o estado de ordenação dos registros é desconhecido. (b) Quando a tabela pode estar ordenada ou inversamente ordenada.

49. $\theta(log\ n)$.

50. (a) Cria-se uma árvore binária de busca usando a chave de ordenação como chave de busca. Efetuando um caminhamento em ordem infixa nessa árvore, obtêm-se os registros em ordem crescente. (b) Quando a árvore já existe. (c) Quando a árvore ainda não existe ou quando os registros estão direta ou inversamente ordenados. (d) Quando os dados estão ordenados ou inversamente ordenados. (e) $\theta(n^2)$. (f) $\theta(n\ log\ n)$. (g) $\theta(n)$.

51. Consulte a **Seção 11.3.2**.

52. O conteúdo é o mesmo.

53. Não existe pior, melhor ou médio caso. O custo é sempre $\theta(n \cdot log\ n)$.

54. $\theta(n)$.

55. (a) Quando há espaço suficiente em memória. (b) Em caso contrário.

56. Consulte a **Seção 11.3.3**.

57. (a) Não. (b) Usando uma segunda chave de ordenação.

58. (a) Quando a tabela já está ordenada ou inversamente ordenada e o pivô é escolhido como primeiro ou último elemento. (b) Usando uma técnica tal como mediana de três.

59. Consulte a **Seção 11.3.1**.

60. V. **Figura E–88**.

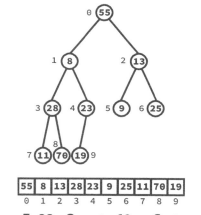

FIGURA E–88: QUESTÃO 60 — CAPÍTULO 11

61. V. **Figura E–89**.

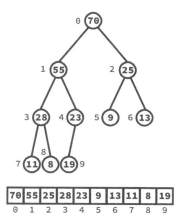

FIGURA E–89: QUESTÃO 61 — CAPÍTULO 11

62. V. **Figura E–90**.

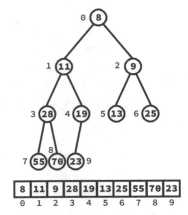

FIGURA E–90: QUESTÃO 62 — CAPÍTULO 11

63. O custo temporal é $\theta(n \cdot log\ n)$ nos três casos.

64. Por duas razões: (1) o processo de criação do heap é baseado apenas na chave de ordenação (i.e., ele não respeita a ordenação prévia dos itens da lista) e (2) o processo de reordenação do heap após uma remoção também é baseado apenas na chave de ordenação.

65. Depende de como o pivô é escolhido. Mas o uso do algoritmo básico não é indicado quando a lista está ordenada, inversamente ordenada ou as chaves são iguais.

66. Porque, quando QUICKSORT é bem implementado, seu pior caso é muito difícil de acontecer.

67. Consulte a **Seção 11.3.1**.

68. Consulte a **Seção 11.3.1**.

69. Consulte a **Seção 11.3.1**.

70. V. **Figura E–91**.

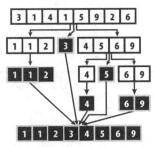

FIGURA E–91: QUESTÃO 70 — CAPÍTULO 11

71. (a) $\theta(n^2)$. (b) $\theta(n^2)$. (c) $\theta(n\ log\ n)$.

72. MERGESORT não é afetado por ordenação prévia. Portanto seu custo temporal é $\theta(n\ log\ n)$ nos três casos.

73. É sua vez. Consulte a **Seção 11.3.3** em caso de dúvida.

74. Heap de mínimo.

75. $\theta(n\ log\ n)$.

76. Nos dois casos, antes de serem ordenadas, as tabelas precisam ser transformadas em heaps. Portanto o custo é o mesmo.

77. V. **Figura E–92**.

78. (a) $\theta(n^2)$. (b) Não tem jeito, é o mesmo.

79. Sim porque e tabela estiver ordenada ou inversamente ordenada, o elemento do meio será a mediana.

80. (a) Quando as chaves são todas iguais, o custo temporal de uma operação de remoção é $\theta(1)$ (faça sua parte e explique por quê). Como o algoritmo HEAPSORT efetua n operações de remoção seu custo temporal, nesse caso, é $\theta(n)$. (b) O fato de uma tabela ter todas as chaves iguais não é considerado um *caso*, mas, mesmo que o fosse, seria um melhor caso e o teorema não seria aplicável.

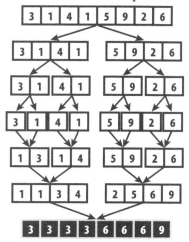

FIGURA E–92: QUESTÃO 77 — CAPÍTULO 11

81. (a) Sim. (b) Porque, nesse caso, não se aplica a regra do produto de análise assintótica (v. **Capítulo 6** do **Volume 1**). Aqui aplica-se a regra da soma: $\theta(\log n) + \theta(n)$ resulta em $\theta(n)$.

82. De fato, a segunda chamada recursiva de QUICKSORT pode ser facilmente transformada em iteração, mas esse não é o caso da primeira chamada recursiva.

83. (a) Usando uma pilha (explícita) em vez da pilha de execução (v. **Capítulo 8** do **Volume 1**). (b) Não.

84. Custo temporal $\theta(n \log n)$ sempre, o que QUICKSORT não garante.

85. É sua vez.

86. Alterando o algoritmo de partição de modo que as chaves maiores fiquem à esquerda do pivô e as chaves menores fiquem à direita.

87. As provas serão feitas por indução forte (v. **Apêndice B** do **Volume 1**).

(a) Deve-se provar que $T(n) \geq \frac{1}{2} \cdot n \cdot \log n$.

Base da indução. Para $n = 1$, tem-se: $\frac{1}{2} \cdot 1 \cdot \log 1 = 0 \leq T(1) = 0$. Portanto aquilo que se deseja provar vale para $n = 1$.

Hipótese indutiva. Suponha que $T(n) \geq \frac{1}{2} \cdot n \cdot \log n$, $\forall n \mid 1 \leq n < k$.

Passo indutivo. Deve-se mostrar que $T(k) \geq \frac{1}{2} \cdot k \cdot \log k$.

Caso 1: k é par. Neste caso, tem-se o seguinte:

		JUSTIFICATIVA
	$T(k) = T(\lfloor k/2 \rfloor) + T(\lceil k/2 \rceil) + k - 1$	Por definição de $T(k)$
$\Rightarrow$	$T(k) = T(k/2) + T(k/2) + k - 1$	Por hipótese, k é par
$\Rightarrow$	$T(k) = 2 \cdot T(k/2) + k - 1$	
$\Rightarrow$	$T(k) \geq 2 \cdot \frac{1}{2} \cdot k/2 \cdot \log k/2 + k - 1$	Hipótese indutiva e o fato: $k/2 < k$
$\Rightarrow$	$T(k) \geq k/2 \cdot (\log k - \log 2) + k - 1$	Propriedade de logaritmos
$\Rightarrow$	$T(k) \geq k/2 \cdot (\log k - 1) + k - 1$	Idem
$\Rightarrow$	$T(k) \geq k/2 \cdot \log k - k/2 + k - 1$	Fatoração
$\Rightarrow$	$T(k) \geq \frac{1}{2} \cdot k \cdot \log k + (k - 2)/2$	Idem
$\Rightarrow$	$T(k) \geq \frac{1}{2} \cdot k \cdot \log k$	Se $k > 1$, $(k - 2)/2 \geq 0$

Caso 2: k é ímpar. Neste caso, como $k > 1$, $k = 2 \cdot q + 1$, para algum inteiro q, tal que $1 \leq q < k$. Logo $\lfloor k/2 \rfloor = q$ e $\lceil k/2 \rceil = q + 1$. Assim tem-se:

	JUSTIFICATIVA
$T(k) = T(\lfloor k/2 \rfloor) + T(\lceil k/2 \rceil) + k - 1$	Por definição de $T(k)$
$\Rightarrow \; T(k) = T(q) + T(q + 1) + 2q$	Por substituição
$\Rightarrow \; T(k) \geq \frac{1}{2} \cdot q \cdot \log q + \frac{1}{2} \cdot (q + 1) \cdot \log (q + 1) + 2q$	Hipótese indutiva e os fatos: $q < k$ e $q + 1 < k$
$\Rightarrow \; T(k) \geq \frac{1}{2} \cdot [q \cdot \log q + (q + 1) \cdot \log (q + 1) + 4 \cdot q]$	Fatoração
$\Rightarrow \; T(k) \geq \frac{1}{2} \cdot [q \cdot \log q + 2 \cdot q + (q + 1) \cdot \log (q + 1) + 2 \cdot q]$	$4 \cdot q = 2 \cdot q + 2 \cdot q$
$\Rightarrow \; T(k) \geq \frac{1}{2} \cdot [q \cdot (\log q + 2) + (q + 1) \cdot \log (q + 1) + q + 1]$	Fatoração e o fato: $q \geq 1 \Rightarrow 2 \cdot q \geq q + 1$
$\Rightarrow \; T(k) \geq \frac{1}{2} \cdot [q \cdot (\log q + 2) + (q + 1) \cdot (\log (q + 1) + 1)]$	Fatoração
$\Rightarrow \; T(k) \geq \frac{1}{2} \cdot [q \cdot (\log q + \log 4) + (q + 1) \cdot (\log (q + 1) + \log 2)]$	Propriedades de logaritmos
$\Rightarrow \; T(k) \geq \frac{1}{2} \cdot [q \cdot \log 4 \cdot q + (q + 1) \cdot \log (2 \cdot q + 2)]$	Idem
$\Rightarrow \; T(k) \geq \frac{1}{2} \cdot [q \cdot \log (2 \cdot q + 1) + (q + 1) \cdot \log (2 \cdot q + 1)]$	$q \geq 1 \Rightarrow 2 \cdot q + 1 \leq 2 \cdot q + 2 \leq 4 \cdot q$
$\Rightarrow \; T(k) \geq \frac{1}{2} \cdot (2 \cdot q + 1) \cdot \log (2 \cdot q + 1)$	Fatoração
$\Rightarrow \; T(k) \geq \frac{1}{2} \cdot k \cdot \log k$	$k = 2 \cdot q + 1$, por hipótese

Os casos 1 e 2 mostram que $T(n) \geq \frac{1}{2} \cdot n \cdot \log n$. ∎

(b) Deve-se provar que $T(n) \leq 2 \cdot n \cdot \log n$.

Base da indução. Para $n = 1$, tem-se: $2 \cdot 1 \cdot \log 1 = 0 \geq T(1) = 0$. Portanto a proposição vale para $n = 1$.

Hipótese indutiva. Suponha que $T(n) \leq 2 \cdot n \cdot \log n$, $\forall n \mid 1 \leq n < k$.

Passo indutivo. Deve-se mostrar que $T(k) \leq 2 \cdot k \cdot \log k$.

Caso 1: k é par. Neste caso, obtém-se o seguinte:

	JUSTIFICATIVA
$T(k) = T(\lfloor k/2 \rfloor) + T(\lceil k/2 \rceil) + k - 1$	Por definição de $T(k)$
$\Rightarrow \; T(k) = T(k/2) + T(k/2) + k - 1$	Por hipótese, k é par
$\Rightarrow \; T(k) = 2 \cdot T(k/2) + k - 1$	
$\Rightarrow \; T(k) \leq 2 \cdot 2 \cdot k/2 \cdot \log (k/2) + k - 1$	Hipótese indutiva e o fato: $k/2 < k$
$\Rightarrow \; T(k) \leq 2 \cdot k \cdot (\log k - \log 2) + k - 1$	Propriedade de logaritmos
$\Rightarrow \; T(k) \leq 2 \cdot k \cdot (\log k - 1) + k - 1$	Idem
$\Rightarrow \; T(k) \leq 2 \cdot k \cdot \log k - 1$	Fatoração
$\Rightarrow \; T(k) \leq 2 \cdot k \cdot \log k$	

Caso 2: k é ímpar. Neste caso, como $k > 1$, $k = 2 \cdot q + 1$, para algum inteiro q, tal que $1 \leq q < k$. Logo $\lfloor k/2 \rfloor = q$ e $\lceil k/2 \rceil = q + 1$. Portanto, neste caso, tem-se:

	JUSTIFICATIVA
$T(k) = T(\lfloor k/2 \rfloor) + T(\lceil k/2 \rceil) + k - 1$	Por definição de $T(k)$
$\Rightarrow \; T(k) = T(q) + T(q + 1) + 2 \cdot q$	Por substituição de k
$\Rightarrow \; T(k) \leq 2 \cdot q \cdot \log q + 2 \cdot (q + 1) \cdot \log (q + 1) + 2 \cdot q$	Hipótese indutiva e os fatos: $q < k$ e $q + 1 < k$
$\Rightarrow \; T(k) \leq 2 \cdot [q \cdot \log q + (q + 1) \cdot \log (q + 1) + q]$	Fatoração

		JUSTIFICATIVA
⇒	$T(k) \leq 2 \cdot [q \cdot (log\ q + 1) + (q + 1) \cdot log\ (q + 1)]$	Fatoração
⇒	$T(k) \leq 2 \cdot [q \cdot (log\ q + log\ 2) + (q + 1) \cdot log\ (q + 1)]$	Propriedade de logaritmos
⇒	$T(k) \leq 2 \cdot [q \cdot log\ (2 \cdot q) + (q + 1) \cdot log\ (q + 1)]$	Idem
⇒	$T(k) \leq 2 \cdot [q \cdot log\ k + (q + 1) \cdot log\ k]$	$log_2\ x$ é crescente e os fatos: $q + 1 \leq q + q = 2 \cdot q < k$
⇒	$T(k) \leq 2 \cdot [(q + (q + 1)) \cdot log\ k]$	Fatoração
⇒	$T(k) \leq 2 \cdot (2 \cdot q + 1) \cdot log\ k$	
⇒	$T(k) \leq 2 \cdot k \cdot log\ k$	$k = 2 \cdot q + 1$, por suposição

Os casos 1 e 2 mostram que $T(n) \leq 2 \cdot n \cdot log\ n$. ■

88. Cada chamada recursiva do algoritmo MERGESORT usa o mesmo array auxiliar de tamanho igual a n (v. implementação na **Seção 11.3.2**). Isso significa que o resultado armazenado nesse array numa dessas chamadas não é mais usado na próxima chamada recursiva desse algoritmo. Ou seja, é como se existissem cerca de $log\ n$ arrays auxiliares, mas eles não fossem usados ao mesmo tempo. Como há $log\ n$ chamadas recursivas aproximadamente, o custo espacial devido à criação de registros de ativação é $\theta(log\ n)$. Assim o custo espacial do algoritmo MERGESORT é obtido usando-se a regra da soma: $\theta(n) + \theta(log\ n)$.

89. Consulte a **Seção 11.4.1**.

90. Se puder haver chaves negativas na lista a ser ordenada, deve-se encontrar a menor chave (*min*) da lista. Se o valor de *min* for negativo, cada chave da lista deve ser substituída por seu valor mais |*min*|. Depois disso, todas as chaves serão não negativas e o algoritmo descrito na **Seção 11.4.1** pode ser seguido normalmente. Antes de retornar, deve-se subtrair |*min*| de cada chave da lista para que ela volte a ter seu valor original.

91. Consulte a **Seção 11.4.1** (especialmente a **Figura 11–33**).

92. Tente implementar esse algoritmo sem o array auxiliar e veja o que acontece.

93. Os três últimos passos do algoritmo podem ser substituídos por: armazene na lista original, a partir de seu primeiro índice, o índice do array de contagem, repetindo esse armazenamento pelo número de vezes determinado pelo valor do respectivo elemento do array de contagem. Por exemplo, suponha que `lista[]` seja o array contendo a lista original, `cont[]` seja o array de contagem e `tam` seja o tamanho desse último array. Então o trecho de programa a seguir poderia implementar esse novo passo do algoritmo.

```
i = 0;
for (j = 0; j < tam; j++)
    for (k = 0; k < cont[k]; ++k)
        lista[i++] = j;
```

94. Consulte a **Seção 11.4.1**.

95. Consulte a **Seção 11.4.1**.

96. A fase mais complicada de BUCKETSORT é a fase de distribuição porque pode ser difícil encontrar um meio de distribuir as chaves uniformemente.

97. Tipicamente, a ordenação dos elementos em cada coletor é feita por um algoritmo que usa comparações. (Mas, mesmo assim, ele ainda é considerado um algoritmo que não é *baseado* em comparação.)

98. Consulte a **Seção 11.4.2**.

99. Consulte a **Seção 11.4.2**.

100. Ordenação com coletores requer o uso de um coletor para cada elemento, enquanto ordenação por contagem armazena um único número (a quantidade de elementos) por coletor.

101. Consulte a **Seção 11.4.2**.

102. Consulte a **Seção 11.4.3**.

103. Quando as chaves possuem os mesmos tamanhos (i.e., o número de componentes de cada chave é fixo).

104. Porque ele não compara as chaves que serão ordenadas.

105. Consulte a **Seção 11.4.3**.

106. Alterando-se o último passo do algoritmo de tal modo que as filas sejam esvaziadas começando-se com a fila associada ao maior dígito e terminando-se com a fila associada ao menor dígito.

107. Não. Estude a **Seção 11.4.3** e explique você mesmo.

108. Como se estão ordenando inteiros de tamanhos fixos, RADIXSORT é muito mais eficiente do que qualquer algoritmo de ordenação baseada em comparação. Os demais algoritmos com custos temporais $\theta(n)$ também não são tão eficientes quanto RADIXSORT.

109. Não, porque uma função genérica de ordenação requer um ponteiro para função como parâmetro (v. **Capítulo 11** do **Volume 1**). Esse ponteiro é usado pela função de ordenação para chamar outra função que compara elementos. Como o algoritmo BUCKETSORT não usa comparação esse ponteiro não faz sentido. Além disso, esse algoritmo faz suposições sobre a natureza das chaves que serão ordenadas, de modo que ele não pode ser aplicado a chaves genéricas. (Consulte o **Capítulo 11** do **Volume 1** para entender como uma função genérica de ordenação é implementada.)

110. Todos usam coletores. Quando se usa ordenação por base e os números são decimais, por exemplo, 10 coletores, são necessários, um para cada dígito de 0 a 9. Quando se usa ordenação por contagem, é preciso um coletor para cada valor único na lista de entrada. Quando se usa BUCKETSORT, em princípio, não se sabe quantos coletores se estará usando.

111. BUCKETSORT tem custo temporal $\theta(n + k)$ e custo espacial $\theta(n + k)$. Quando as chaves são densamente distribuídas, o valor de k é relativamente pequeno. Os custos temporal e espacial de RADIXSORT independem do tamanho do intervalo de chaves.

112. Não. Sem entrar no mérito da afirmação de que as palavras da língua portuguesa são formadas com as 26 letras do alfabeto romano, do ponto de vista de programação, há muito mais caracteres. Por exemplo, `'A'`, `'a'`, `'ã'` e `'à'` são caracteres diferentes.

113. (a) Se a ordenação for feita manualmente, primeiro se efetua uma ordenação com coletores, depois ordenam-se os valores que compartilham o primeiro dígito. Isso funciona, mas divide o problema em muitos subproblemas. Por outro lado, RADIXSORT nunca divide a lista; i.e., ele aplica ordenação com coletores várias vezes à mesma lista. (b) Em RADIXSORT, a última passagem de ordenação com coletores é aquela que tem mais efeito na ordenação geral, de modo que ela deve usar o dígito mais significativo. As ordenações anteriores são usadas apenas para lidar com o caso em que dois elementos têm a mesma chave (*mod 10*) na última passagem.

114. Porque, uma vez que um elemento tenha sido atribuído a um lugar de acordo com o valor do dígito numa posição menos significativa, seu lugar não deve mudar a não ser que a ordenação em um dos dígitos mais significativos requeira.

115. As chaves devem ser uniformemente distribuídas.

116. $\theta(n \log n)$.

117. Consulte a **Seção 11.5**.

118. Como foi argumentado na **Seção 11.5**, a árvore de decisão associada a um algoritmo de ordenação baseado em comparação possui, no mínimo, $n!$ folhas. Como se está em busca de um limite mínimo, pode-se considerar que a árvore possui exatamente esse número de folhas. O nível de uma folha corresponde ao número de comparações que o algoritmo efetua sobre a lista de entrada para obter permutação associada a essa folha. O objetivo aqui é mostrar que a profundidade média dessa folha é, pelo menos, $\lfloor \log_2 (n!) \rfloor$. Se a árvore em tela for repleta, a prova estará completa, porque todas as folhas estarão no mesmo nível e a profundidade delas é $\lceil \log_2 (n!) \rceil$ ou $\lfloor \log_2 (n!) \rfloor$ (v. **Capítulo 12** do **Volume 1**). Resta mostrar que, dentre todas as árvores com um certo número de nós, aquela que minimiza sua profundidade média é uma árvore binária completa.

Suponha que se tenha uma árvore binária que não seja completa. Suponha ainda que duas folhas irmãs que se encontram no nível mais baixo da árvore sejam removidas e acrescentadas como filhas de uma folha que se encontre na menor profundidade. Como a diferença entre a maior e a menor profundidade dessas folhas é, pelo menos, dois (caso contrário, a árvore seria completa), essa operação reduz a profundidade média das folhas (e da própria árvore). Como qualquer árvore que não é completa pode ser modificada dessa maneira para que ela tenha uma profundidade média menor, tal árvore não pode ser aquela que minimiza sua profundidade média. Logo a árvore com menor profundidade média deve ser completa. ■

119. (a) Um algoritmo de divisão e conquista divide o problema a ser resolvido em subproblemas cada vez menores, resolve-os separadamente e, finalmente, combina suas soluções. (b) Porque eles seguem essa descrição.

120. Pesquise na internet.

121. Resposta curta: busca binária não segue a descrição apresentada na resposta da questão **119**. Resposta longa: busca binária divide sucessivamente a tabela na qual será efetuada a busca em duas partes (assim como faz QuickSort, por exemplo), mas, em seguida, o algoritmo não efetua busca nessas duas partições (i.e., ele escolhe uma delas para efetuar a busca). Concluindo, o algoritmo de busca binária é mais precisamente classificado como um **algoritmo de redução e conquista**, visto que ele reduz sucessivamente o tamanho do problema para, então, resolvê-lo (i.e., conquistá-lo).

122. (a) 99. (b) 9900. (c) 9900. (d) 99.

123. (a) 9801. (b) 9900. (c) 9900. (d) 9900.

124. O custo de implementação.

125. Durante a fase de testes de um programa, precisa-se ordenar uma tabela relativamente pequena e o computador usado no desenvolvimento do programa é possante.

126. Devido ao ônus associado às chamadas de funções (v. **Capítulo 4** do **Volume 1**).

127. Consulte o **Capítulo 4** do **Volume 1**.

128. Porque não faz sentido considerar uma sequência de operações de ordenação.

129. InsertionSort.

130. Porque apesar de ambos terem custo temporal assintótico $\theta(n^2)$, InsertionSort é mais rápido (e também não é tão difícil de implementar).

131. RadixSort.

132. Consulte a **Seção 11.7**.

133. $\theta(n \cdot log\ n)$ ou $\theta(n)$, dependendo do tipo de chave e da ordenação usada para ordenar a lista.

134. Todos os algoritmos com custo temporal $\theta(n^2)$ examinados no **Capítulo 11**, pois todos eles acessam os elementos da tabela sequencialmente e, portanto, apresentam padrão de referência sequencial (v. **Seção 11.5**). Dentre os algoritmos com custo temporal $\theta(n \cdot log\ n)$ examinados na **Seção 11.3**, o único que apresenta boa localidade de referência é QuickSort. Nenhum algoritmo com custo temporal $\theta(n)$ apresentado na **Seção 11.4** possui boa localidade de referência.

135. Consulte a **Seção 11.7.2**.

136. Consulte a **Seção 11.3.2**.

137. (a) Consulte a **Seção 11.8.2**. (b) Consulte a **Seção 11.8.2**.

138. Consulte a **Seção 11.8.3**.

139. (a) Consulte a **Seção 11.8.5**. (b) Consulte a **Seção 11.8.5**.

Capítulo 12 — Ordenação em Memória Secundária e Bulkloading

1. Consulte a introdução do **Capítulo 12**.

2. Porque, se a ordenação é externa, supõe-se que não seja conveniente carregar o arquivo inteiro em memória principal e o custo temporal [$\theta(n \log n)$] desse algoritmo é considerado alto para memória externa.

3. Pelo número de transferências de blocos entre memória principal e memória secundária.

4. Consulte a **Seção 12.1**.

5. (a) Ordenação e intercalação. (b) Consulte a **Seção 12.1**.

6. Consulte a **Seção 12.2.1**.

7. V. tabela a seguir.

Intercalação Binária	MergeSort
É iterativo	É recursivo
Atua em memórias secundária e principal	Atua apenas em memória e principal
Usa um algoritmo auxiliar de ordenação	Não usa algoritmo auxiliar de ordenação
Tem custo espacial $\theta(1)$ em memória principal	Tem custo espacial $\theta(n)$

8. Em memória principal, o que conta é a taxa de crescimento do número de operações em função do tamanho da tabela a ser ordenada. Em memória secundária, o que deve ser levado em consideração é o número de operações de entrada e saída requeridas pelo algoritmo de ordenação.

9. Consulte a **Seção 12.2.3**.

10. (a) 1250. (b) 13. (c) O número de acessos ao disco é dado por $2 \cdot N \cdot (\lceil \log_2 N \rceil + 1)$, em que N é o número de blocos do arquivo, o que resulta em 960.000.

11. Consulte a **Seção 12.3**.

12. O heap é usado para escolher o menor elemento a ser incluído no array que armazena o resultado da intercalação.

13. Nos dois casos, a técnica de intercalação é essencialmente a mesma.

14. $\theta(n \cdot k \cdot \log k)$.

15. (a) $\theta(n \cdot k \cdot \log k)$ ou $\theta(n \cdot k)$, dependendo do tipo de chave de ordenação (consulte o **Capítulo 10**). (b) Não. Nesse caso é melhor copiar todos os dados para o array que conterá o resultado e ordená-lo.

16. Consulte a **Seção 12.4**.

17. É o mesmo que intercalação multíplice.

18. Consulte a **Seção 12.4.1**.

19. É mais rápida porque requer um número menor de operações de entrada/saída.

20. Consulte a **Seção 12.4.1**.

21. O tempo de processamento em memória principal é desprezível em face ao tempo de operações de entrada e saída.

22. Consulte a **Seção 12.4**.

23. (a) É um elemento que ainda não foi intercalado. (b) É um elemento que ainda não foi alterado.

24. O buffer de entrada é recarregado com dados do arquivo (série) associado a ele.

25. O buffer é descarregado para o (i.e., escrito no) arquivo associado a ele.

26. Consulte a **Seção 12.4.2**.

27. Consulte a **Seção 12.4.2** e faça sua parte.

28. Consulte a **Seção 12.4.4**.

29. Usando-se a **Fórmula 12–2** apresentada na **Seção 12.4.4**, tem-se que o tamanho máximo do arquivo em bytes deverá ser:

$$\frac{M^2}{B} = \frac{(512 \cdot 2^{20})^2}{8 \cdot 2^{10}} = 2^{45}$$

Dividindo-se esse valor pelo tamanho de um registro, obtém-se que o número máximo de registros é 2^{27}.

30. Usando-se a **Fórmula 12–2** apresentada na **Seção 12.4.4**, tem-se:

$$\frac{M^2}{B} \approx 2^{48} = 256\,TiB$$

31. **Análise da Fase 1**. O número de blocos que cabe em *100* MB de memória é *100×10⁶/(20×10³)* (tamanho de memória principal/tamanho de bloco) ou aproximadamente *5.000* blocos. Assim preenche-se a memória *20* vezes (= ⌈*100.000/5.000*⌉), ordenam-se os registros em memória principal e escrevem-se *20* séries ordenadas no disco. Nessa fase, são lidos e escritos *100.000*, de forma que ocorrem *200.000* transferências de disco e, assim, o tempo gasto será:

200.000×11,5 ms = 2.300 seg = 38 min

Análise da Fase 2. Cada bloco contendo registros das listas ordenadas é lido em arquivo exatamente uma vez. Assim o número total de leituras de bloco é *100.000* nessa fase (que é o mesmo resultado obtido para a primeira fase). De modo similar, o número de escritas de bloco na segunda fase também é *100.000*. Logo a segunda fase consumirá mais *38* minutos.

Total. As duas fases consumirão *76* minutos.

32. O número máximo de buffers de entrada que se pode ter na **Fase 2** é *M/B – 1*, sendo, pelo menos, um bloco por buffer de entrada e um bloco para o buffer de saída. O número máximo de sublistas ordenadas na **Fase 1** é *M/B – 1* e o número máximo de registros que pode ser ordenado numa sublista é *M/R*. Consequentemente é possível ordenar: *(M/R)·[(M/B) – 1]* ≅ *M²/R·B* registros.

33. O número máximo de registros é dado por *M²/RB*, enquanto o número de bytes é dado por *M²/B*. Assim *M²/RB = (10⁸)² / (100 × 20.000) = 6 × 10⁹* registros de *100* bytes cada. Ou seja, um arquivo de *600* GB (com apenas *100* MB de memória!).

34. Deseja-se ter um buffer maior para cada série no qual sejam armazenados vários blocos ao mesmo tempo, levando vantagem de acesso sequencial e, assim, deseja-se ter um número relativamente pequeno de séries grandes *s*:
   ■ **Fase 1**: *s > N/M*, porque se pode ordenar no máximo *M* bytes de entrada em memória principal
   ■ **Fase 2**: *s < M/B – 1*, porque não se pode ter mais buffers de entrada de tamanho pelo menos um bloco.
   Portanto o número de séries deve satisfazer a relação:

M/B – 1 > s > N/M

35. O tamanho máximo que se pode ordenar em três passos é: *M³/B²*. Portanto, em três passos, pode-se ordenar um arquivo com *(10⁸)³ /4×10⁸ = 2,5×10¹⁵* bytes = *2,5 PB*.

36. Consulte a **Seção 12.5**.

37. Consulte a **Seção 12.6**.

38. (a) Árvores da família de árvores B. (b) Porque são estruturas de dados apropriadas para memória secundária contendo nós com chaves ordenadas e que crescem de baixo para cima.

39. Consulte a **Seção 12.6**.

40. 100%, exceto, talvez, para a última folha (i.e., aquela mais à direita).

41. (a) 50%, exceto, talvez, para o último nó interno de cada nível. (b) Alterando o algoritmo de divisão de nós, de modo que o nó da esquerda continue repleto e o nó da direita fique temporariamente vazio. Isso poderá violar uma das regras de árvores B+, pois o último nó de cada nível poderá ficar com um número de nós abaixo do permitido (mas é por uma boa causa).

42. Supondo que já se tenha o arquivo ordenado e que o grau da árvore seja G, um algoritmo de *bulkloading* para árvores B é apresentado na **Figura E–93**.

ALGORITMO BULKLOADINGDEÁRVORESB

ENTRADA: Arquivo contendo pares chave/índice ordenados

SAÍDA: Arquivo contendo a árvore B construída

1. Leia G pares no arquivo ordenado e preencha a primeira folha da árvore mantida em memória principal (*folha esquerda*)

2. Escreva essa folha no arquivo que contém a árvore

3. Se o final do arquivo foi atingido, torne essa folha a raiz da árvore e encerre

4. Crie um nó em memória principal e faça com que seu primeiro filho aponte para a primeira folha

5. Crie uma lista indexada de nós ativos para armazenar os nós internos mantidos em memória principal

6. Enquanto o final do arquivo de pares não for atingido, faça o seguinte:

   6.1 Leia $G + 1$ pares no arquivo ordenado

   6.2 Insira os G últimos pares lidos na próxima folha em memória principal (*folha direita*)

   6.3 Acrescente a folha direita ao arquivo que contém a árvore e obtenha sua posição nesse arquivo

   6.4 Insira o primeiro par lido e a posição dessa última folha em arquivo no nó que conterá o pai dela usando um algoritmo similar a INSEREACIMAEMÁRVOREB+ descrito na **Figura 12–19**

   6.5 Faça com que a folha esquerda passe a ser a folha direita

7. Atualize no arquivo da árvore todos os nós ativos

FIGURA E–93: QUESTÃO 42 — CAPÍTULO 12

Agora faça sua parte e escreva o algoritmo equivalente a INSEREACIMAEMÁRVOREB+ para árvores B.

43. (a) É a mesma resposta da questão **40**. (b) É a mesma resposta da questão **41** (a).

44. V. **Figura E–94**.

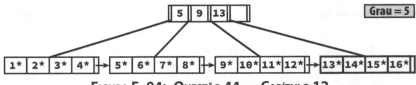

FIGURA E–94: QUESTÃO 44 — CAPÍTULO 12

45. V. **Figura E–95**.

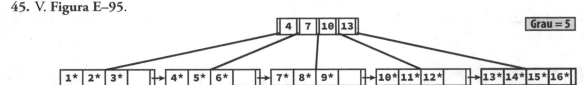

FIGURA E–95: QUESTÃO 45 — CAPÍTULO 12

46. O número de nós mantidos em memória principal é, no máximo, igual ao número corrente de níveis da árvore, incluindo o nível que contém as folhas.

47. (a) Como as chaves dos registros estão ordenadas em ordem crescente, cada nova folha pertencerá ao nó da direita mais recentemente criado (i.e., resultante de uma divisão de nós) no primeiro nível interno logo acima das chaves. Um raciocínio similar se aplica aos nós que estão em níveis superiores. (b) A altura da árvore pode ser maior do que poderia ser se esse não fosse o caso.

48. V. **Figura E–96**.
49. V. **Figura E–97** na **página** 782.
50. Consulte a **Seção 12.7.1**.
51. O custo de transferência (i.e., acesso a disco) é $\theta(n)$ e o custo temporal de ordenação em memória principal é $\theta(n \cdot \log n)$.

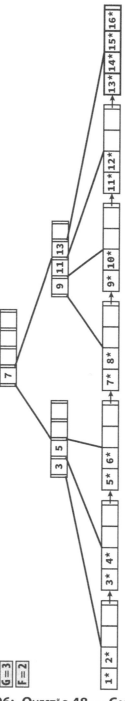

FIGURA E–96: QUESTÃO 48 — CAPÍTULO 12

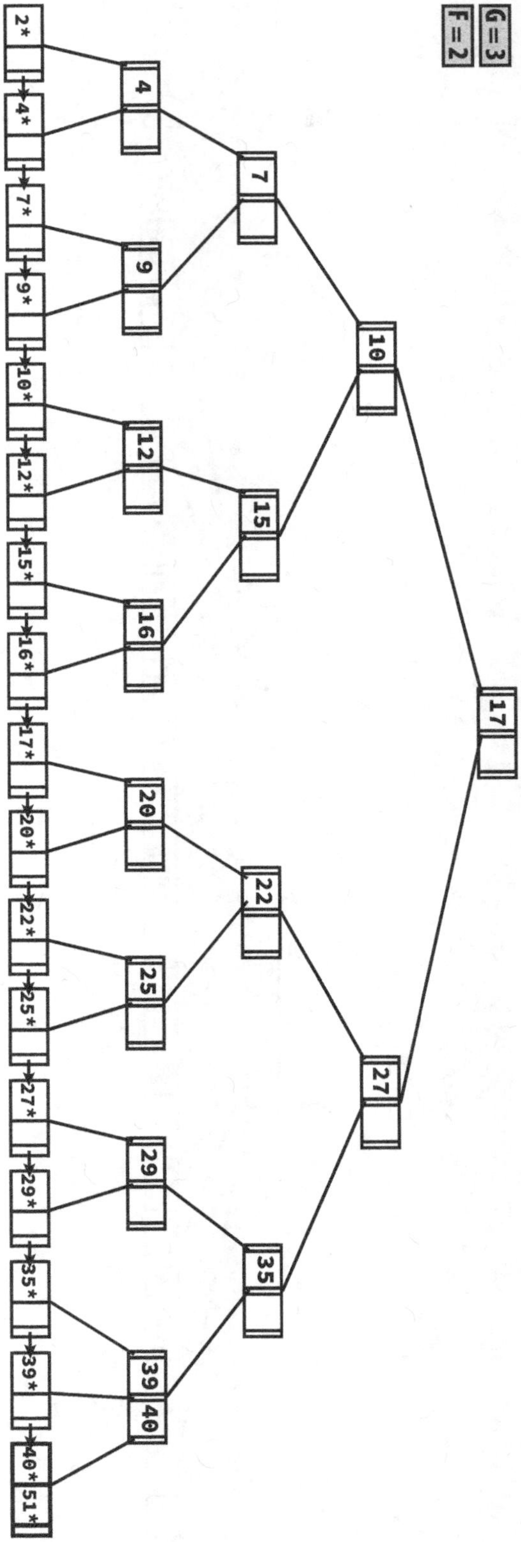

FIGURA E-97: QUESTÃO 49 — CAPÍTULO 12

referências

Aggarwal, A. e Vitter, J. S., *The Input/Output Complexity of Sorting and Related Problems*, Communications of the ACM, 31(9): 1116-1127, 1988.

Aho, A. V., Hopcroft, J. E. e Ullman, J. D., *The Design and Analysis of Computer Algorithms*, Addison-Wesley, 1974.

Aho, A. V., Hopcroft, J. E. e Ullman, J. D., *Data Structures and Algorithms*, Addison-Wesley, 1983.

Amsbury, W., *Data Structures: From Arrays to Priority Queues*, Wadsworth Series in Computer Information Systems, Thomson Learning College, 1985.

Assis, J. M. M. de, *Ressurreição*, 1872, publicado em ***http://machado.mec.gov.br/obra-completa-mainmenu-123***, acessado em 23/11/2016.

Atallah, M. J. (editor), *Algorithms and Theory of Computation Handbook*, CRC Press, 1999.

Ausubel, D. P., *The use of advance organizers in the learning and retention of meaningful verbal materia*l. Journal of Educational Psychology, 51, 267–272, 1960.

Baeza-Yates, R., Gonnet, G. e Régnier, M., *Analysis of Boyer-Moore-type String Searching Algorithms*, 1st ACM-SIAM Symposium on Discrete Algorithms, 328-343, San Francisco, Janeiro, 1990.

Baeza-Yates, R. e Régnier, M., *Average Running Rime of the Boyer-Moore-Horspool Algorithm*, Theoretical Computer Science 92: 19-31, 1992.

Bayer, R. e McCreight, E., *Organization and Maintenance of Large Ordered Indexes*, Acta Informatica, 1(3): 173–189, 1972.

Bentley, J., *Programming Pearls*, Second Edition, Addison-Wesley, 2000.

Bloom, B. H., *Space/Time Trade-offs in Hash Coding with Allowable Errors*, Communications of the ACM, 13(7): 422–426, (1970).

Blunden, B., *Memory Management: Algorithms and Implementation in C/C++*, Wordware Publishing, 2003.

Blunden, B., *Software Exorcism — A Handbook for Debugging and Optimizing Legacy Code*, Apress, 2003.

Bollobás, B., Fenner, T. I. e Frieze, A. M., *On the Best Case of Heapsort*, Journal of Algorithms, 20(2), pp. 205–217, 1996.

Boyer, R. S. e Moore, J. S., *A Fast String Searching Algorithm*, Communications of the ACM, Volume 20(10), pp. 762–772, 1977.

Bratko, I., *Prolog Programming for Artificial Intelligence*, Addison-Wesley Publishing Company, 1986.

Bryant, R. E. e O'Hallaron, D. R., *Computer Systems: A Programmer's Perspectives*, Second Edition, Addison-Wesley Publishing, 2010.

Carter, L. e Wegman, M. N., *Universal Classes of Hash Functions*, Journal of Computer and System Sciences. 18 (2): 143–154, 1979.

Clocksin, W. F. e Mellish, C. S., *Programming in Prolog*, Spring-Verlag, 1984.

Cole, R., *Tight Bounds on the Complexity of the Boyer-Moore String Matching Algorithm*, Proceedings of the 2nd Annual ACM-SIAM Symposium on Discrete Algorithms, 224–233, Setembro, 1991.

Comer, D. E., *The Ubiquitous B-Tree*, ACM Computing Surveys 11(2): 121–137, 1979.

Cormen, T. H., Leiserson, C. E., Rivest, R. L. e Stein, C., *Introduction to Algorithms*, 3rd Edition, The MIT Press, 2009.

Crawford, T. e Prinz, P., *C In a Nutshell*, O'Reilly, 2005.

Dahl, O. J., Dijkstra, E. W. e Hoare, C. A. R., *Structured Programming*, Academic Press, London, 1972.

Dale, N. B., *C++ Plus Data Structures*, Jones & Bartlett Publishers; 3rd Edition, 2003.

Darnell, P. A. e Marcolis, P. E., *C: A Software Engineering Approach*, Spring-Verlag, 1991.

Das, V. V., *Principles of Data Structures Using C and C++*, New Age International, 2008.

Davis, A. M., *201 Principles of Software Development*, McGraw-Hill, 1995.

Deshpande, P. S. e Kakde, O. G., *C and Data Structures*, Charles River Media, 2004.

Dictionary of Algorithms and Data Structures, publicado em ***https://xlinux.nist.gov/dads/***, acessado em 23/11/2014.

Dinkumware, Ltd, *Dinkum C Library Reference Manual*, publicado em ***http://www.dinkumware.com/manuals/***, acessado em 23/11/2006.

Dolenc, A. et alii, *Notes on Writing Portable Programs in C* (Novembro de 1990, 8th Revision), publicado em ***www.literateprogramming.com/portableC.pdf***, acessado em 27/09/2007.

Dr. Dobb's Essential Books on Algorithms and Data Structures, Release 2, Miller Freeman, 1999.

Drozdek, A., *Data Structures and Algorithms in Java*, Second Edition, Course Technology, 2005.

Epp, S. S., *Discrete Mathematics with Applications*, Cengage Learning, 2010.

Fagin, R., Nievergelt, J., Pippenger, N. e Strong, H. R., *Extendible Hashing — A Fast Access Method for Dynamic Files*, ACM Transactions on Database Systems, 4(3): 315–344, 1979.

Flamig, B., *Practical Data Structures in C++*, John Wiley & Sons, 1993.

Frakes, W. B. e Baeza-Yates, R. (editores), *Information Retrieval: Data Structures and Algorithms*, Prentice Hall, 1992.

Fredkin, E., *Trie Memory*, Communications of the ACM. 3 (9): 490–499, 1960.

Giampaolo, D., *Practical File System Design with the BE File System*, Morgan Kaufmann, 1999.

Goodrich, M. T., Tamassia, R. e Mount, D. M., *Data Structures and Algorithms in C++*, Second Edition, John Wiley & Sons, 2011.

Goodrich, M. T. e Tamassia, R., *Algorithm Design and Applications*, John Wiley & Sons, 2015.

Goldberg, D., *What Every Computer Scientist Should Know about Floating-Point Arithmetic*, ACM Computing Surveys, Association for Computing Machinery, Março, 1991.

Gottfried, B. S., *Programming in C*, Schaum's Outline Series, McGraw-Hill, 1990.

Gough, B., *An Introduction to GCC for the GNU Compilers gcc and g++*, Network Theory Limited, 2004.

Graefe, G., *Modern B-Tree Techniques*, Foundations and Trends in Databases, 3(4):203-402, 2010.

Graham, R. L., Knuth, D. E. e Patashnik, O., *Concrete Mathematics: A Foundation of Computer Science*, 2nd Edition, Addison-Wesley, 1994.

Grimaldi, R., *Discrete and Combinatorial Mathematics — An Applied Introduction*, 5th Edition, Pearson Education, 2004.

Guibas, L. J. e Sedgewick, R., *A dichromatic framework for balanced trees*, Proceedings of the 19th Annual Symposium on Foundations of Computer Science, pp. 8–21, 1978.

Harris, S. e Ross, J., *Beginning Algorithms*, Wiley Publishing, 2005.

Heineman, G. T., Pollice, G. e Selkow, S., *Algorithms in a Nutshell*, O'Reilly Media, 2009.

Hipson, P. D., *Advanced C*, Sams Publishing, 1992.

Hoare, C. A. R., *Quicksort*, The Computer Journal, 5(1): 10–16, 1962.

Horowitz, E. e Sahni, S., *Fundamentals of Data Structures*, W. H. Freeman, 1983.

Horspool, R. N., *Practical fast searching in strings*, Software — Practice and Experience. 10(6): 501–506, 1980.

Hyde, R., *Write Great Code — Volume 1: Understanding the Machine*, No Starch Press, 2004.

Hyde, R., *Write Great Code — Volume 2: Thinking Low-Level, Writing High-Level*, No Starch Press, 2006.

International Organization for Standardization, *ISO/IEC 9899:1999 — Programming Languages — C, International Organization for Standardization*, 1999.

International Organization for Standardization, *Rationale for International Standard — Programming Languages — C, Revisão 5.10*, International Organization for Standardization, Abril, 2003.

Johnsonbaugh, R., *Discrete Mathematics, 7th Edition*, Pearson Education, 2009.

Jannink, J., *Implementing Deletion in B+-Trees*, ACM SIGMOD Record, 24(1): 33–38, 1995.

Jenkins, B., *Hash Functions*, Dr. Dobbs Journal, Setembro 1997.

Karp, R. M. e Rabin, M. O. (1987), *Efficient randomized pattern-matching algorithms*, IBM Journal of Research and Development, 31 (2), pp. 249–260.

Karumanchi, N., *Data Structures and Algorithms Made Easy: Data Structure and Algorithmic Puzzles*, CareerMonk Publications, 2011.

Kernighan, B. W. e Pike, R., *The Practice of Programming*, Addison-Wesley, 1999.

Kernighan, B. W. e Ritchie, D. M., *The C Programming Language*, Second Edition, Prentice Hall, 1988.

King, K. N., *C Programming: A Modern Approach*, Second Edition, W. W. Norton & Company, 2008.

Koenig, A., *C Traps and Pitfalls*, Addison-Wesley, 1989.

Korsh, J. F. e Garrett, L. J., *Data Structures, Algorithms and Program Style Using C*, Pearson Education, 1998.

Koziol, J. et. alii., *The Shellcoder's Handbook: Discovering and Exploiting Security Holes*, Wiley Publishing, 2004.

Kulish, U. W. e MirankerW. L., *The Arithmetic of the Digital Computer: A New Approach*, SIAM Review, 28(1):1-40, Março, 1986.

Knuth, D., Morris, J. H. e Pratt, V., *Fast Pattern Matching in Strings*, SIAM Journal on Computing, 6(2): 323–350, 1977.

Knuth, D. E., *The Art of Computer Programming, Volume 1: Fundamental Algorithms*, 3rd Edition, Addison-Wesley, 1997.

Knuth, D. E., *The Art of Computer Programming, Volume 2: Seminumerical Algorithms*, 3rd Edition, Addison-Wesley, 1997.

Knuth, D. E., *The Art of Computer Programming, Volume 3: Sorting and Searching*, 2nd Edition, Addison-Wesley, 1997.

Kruse, R. L. e Ryba, A. J., *Data Structures and Program Design in C++*, Prentice-Hall, 2000.

Leiss, E. L., *A Programmer's Companion to Algorithm Analysis*, Chapman & Hall, 2007.

Linden, P. van der, *Expert C Programming: Deep C Secrets*, Prentice Hall, 1994.

Lipschutz, S. e Lipson, M. L., *Schaum's Outline of Theory and Problems of Discrete Mathematics*, Third Edition, McGraw-Hill, 2007.

Loudon, K., *Mastering Algorithms with C*, O'Reilly Media, 1999.

McConnell, S., *Code Complete: A Practical Handbook of Software Development*, Microsoft Press, 1993.

McKenzie, B. J., Harries, R. e Bell, T., *Selecting a Hashing Algorithm*, Journal of Software, Practice & Experience, 20(2): pp. 209–224, 1990.

Moreira, M. A., *Organizadores Prévios e Aprendizagem Significativa*, Revista Chilena de Educación Científica, ISSN 0717–9618, 7(2), pp. 23–30, 2008. Revisado em 2012.

Morrison, D. R., *PATRICIA — Practical Algorithm to Retrieve Information Coded in Alphanumeric*, Journal of the ACM, 15(4), 514–534, 1968.

Neapolitan, R. e Naimipour, K., *Foundations of Algorithms Using C++ Pseudocode*, Third Edition, Jones and Bartlett Publishers, 2004.

Oliveira, U. de, *Introdução à Programação*, Editora Universitária/UFPB, 2000.

Oliveira, U. de, *Programando em C: Volume I — Fundamentos*, Editora Ciência Moderna, 2008.

Oliveira, U. de, *Programando em C: Volume II — A Biblioteca Padrão*, Editora Ciência Moderna, 2009.

Oliveira, U. de, *Estruturas de Dados Usando a Linguagem C — Volume 1: Fundamentos*, Editora Ciência Moderna, 2009.

Oualline, S., *Practical C Programming*, Terceira edição, O'Reilly, 1997.

Pagh, R. e Rodler, F. F., *Cuckoo Hashing*, Algorithms — ESA 2001, Lecture Notes in Computer Science, pp. 121–133.

Paulsen, W., *Asymptotic Analysis and Perturbation Theory*, CRC Press, 2014.

Perl, Y., Itai, A. e Avni, H., *Interpolation Search — A log log n Search*, Communications of the ACM, Julho, 21(7): 550–553, 1978.

Plum, T., *Reliable Data Structures in C*, Plum Hall, 1985.

Pólya, G., *How to Solve It: A New Aspect of Mathematical Method*, Second Edition, Princeton University Press, 1971.

Quaresma, P. e Pinho, A., *Análise de Frequências da Língua Portuguesa*, Livro de Actas da Conferência Ibero-Americana InterTIC 2007, 3 a 5 de Dezembro de 2007, Porto, Portugal, 267-272, IASK, 2007.

Robbins, J., *Debugging Applications*, Microsoft Press, 2000.

Rosen, K. H., *Discrete Mathematics and Its Applications*, 7th Edition, McGraw-Hill, 2012.

Samanta, D., *Classic Data Structures*, Prentice-Hall of India, 2006

Schildt, H., *C/C++ Programmer's Reference*, Third Edition, McGraw-Hill/Osborne, 2003.

Schotland, T. e Petersen, P., *Exception Handling in C without C++*, Dr. Dobbs's Journal, Novembro, 2000.

Sedgewick, R., *Algorithms in C*, 3rd Edition, Addison-Wesley, 1998.

Sedgewick, R. e Wayne, K., *Algorithms*, 4th Edition, Pearson Education, 2011.

Shannon, C. E., *A Mathematical Theory of Cryptography*, Bell System Technical Memo MM 45-110-02, September 1, 1945, publicado em: ***https://www.iacr.org/museum/shannon/shannon45.pdf***, acessado em 21/12/2016.

Silberschatz, A., Korth, H. F. e Sudarshan, S., *Database System Concepts*, 6th Edition, McGraw-Hill, 2011.

Skiena, S. S., *The Algorithm Design Manual*, Second Edition, Springer-Verlag, 2008.

Skiena, S. S. e Revilla, M. A., *Programming Challenges: The Programming Contest Training Manual*, Springer-Verlag, 2003.

Sleator, D. D. e Tarjan, R. E., *Self-Adjusting Binary Search Trees*, Journal of the ACM. 32 (3): 652–686, 1985.

Soloway, E., *Learning to Program = Learning to Construct Mechanisms and Explanations*, Communications of the ACM, 29(9): 850-858, 1986.

Spencer, H. et al., *Recommended C Style and Coding Standards* (versão atualizada de *Indian Hill C Style and Coding Standards*), Rev. 6.0, 1990, publicado em ***http://www.literateprogramming.com/indhill-cstyle.pdf***, acessado em 05/06/2012.

Stein, C., Drysdale, R. L. e Bogart, K., *Discrete Mathematics for Computer Scientists*, Pearson Education, 2011.

Suchenek, M. A., A *Complete Worst-Case Analysis of Heapsort with Experimental Verification of Its Results*, Fundamenta Informaticae, v. 120, pp. 75–92, 2012.

Sutter, H., *The String Formatters of Manor Farm*, C/C++ Users Journal, 19(11), Novembro, 2001.

Tarjan, R. E., *Amortized Computational Complexity*, SIAM Journal on Algebraic Discrete Methods, 6(2), 1985.

Tenenbaum, A. M., Langsam, Y. e Augenstein, M. J., *Data Structures Using C*, Pearson Education, 1990.

Viega, J. e Messier, M., *Secure Programming Cookbook for C and C++: Recipes for Cryptography, Authentication, Input Validation and More*, O'Reilly, 2003.

Weiss, M. A., *Data Structures and Algorithm Analysis in C*, Addison Wesley, 1996.

Weiss, M. A., *Data Structures and Algorithm Analysis in C++*, 4th Edition, Pearson Education, 2013.

Wilf, H. S., *Algorithms and Complexity*, 2nd Edition, CRC Press, 2002.

Wirth, N., *Algorithms and DataStructures*, Prentice Hall, 1985.

Wirth, N., *Algorithms + Data Structures = Programs*, Prentice-Hall, 1976.

Wissink, C. e Kaplan, M., *Sorting It All Out: An Introduction to Collation*, Twenty-first International Unicode Conference, 14 a 17 de maio de 2002.

Wolf, T., *Getting Interactive Input in C*, publicado em *http://home.datacomm.ch/t_wolf/tw/c/getting_input.html*, acessado em 13/11/2004.

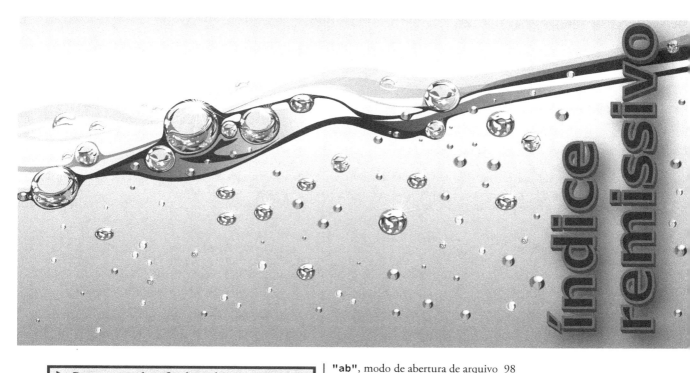

B

C

F

G

H

I

N

S

U